Handbuch der Psychotraumatologie

Herausgegeben
von Günter H. Seidler,
Harald J. Freyberger und
Andreas Maercker

Klett-Cotta

Günter H. Seidler, Harald J. Freyberger und Andreas Maercker sind Mitglieder der Redaktionskonferenz der Zeitschrift Trauma & Gewalt

Weiterführende Informationen zum Buch finden Sie unter
www.handbuch-psychotraumatologie.de

Klett-Cotta
www.klett-cotta.de
© 2011 by J.G. Cotta'sche Buchhandlung Nachfolger GmbH, gegr. 1659, Stuttgart
Alle Rechte vorbehalten
Fotomechanische Wiedergabe nur mit Genehmigung des Verlags
Printed in Germany
Umschlaggestaltung: Roland Sazinger, Stuttgart
Fotos: »© marcopalladino, © Gina Sanders, © Rajko Trostorf, © Nastya Tepikina«
Gesetzt aus der Candida von Kösel, Krugzell
Auf säure- und holzfreiem Werkdruckpapier gedruckt und gebunden von Kösel, Krugzell
ISBN 978-3-608-94665-9

Bibliografische Information der Deutschen Nationalbibliothek
Die Deutsche Nationalbibliothek verzeichnet diese Publikation in der
Deutschen Nationalbibliografie; detaillierte bibliografische Angaben sind im Internet
über <http://dnb.d-nb.de> abrufbar.

Gewidmet Herrn Prof. Dr. med. Ulrich Venzlaff,
dem Nestor der Psychotraumatologie in Deutschland

Inhalt

Ulrich Venzlaff – Nestor und Wegbereiter der Psychotraumatologie 11
Hellmuth Freyberger und Harald J. Freyberger

A Das Gegenstandsfeld der Psychotraumatologie: Definition und Beschreibung

1. Trauma und Gedächtnis 15
   Anke Kirsch, Tanja Michael und Johanna Lass-Hennemann

2. Theorien zum Verständnis von Dissoziation 22
   Carsten Spitzer, Dennis Wibisono und Harald J. Freyberger

3. Psychologische Theorien zum Verständnis der Posttraumatischen Belastungsstörung 38
   Andrea B. Horn und Andreas Maercker

4. Psychoneuroendokrinologische Befunde zum Verständnis der Posttraumatischen Belastungsstörung 50
   Nicole Schlosser, Katja Wingenfeld, Carsten Spitzer und Martin Driessen

5. Neurobiologische Theorien zum Verständnis der Posttraumatischen Belastungsstörung 61
   Peter Klaver

6. Risikofaktoren, Resilienz und posttraumatische Reifung 73
   Laura Pielmaier und Andreas Maercker

7. Transgenerationale Traumatransmission am Beispiel der Überlebenden des Holocaust 83
   Hellmuth Freyberger und Harald J. Freyberger

8. Geschlechtsspezifische Aspekte der Posttraumatischen Belastungsstörung 92
   Carsten Spitzer, Katja Wingenfeld und Harald J. Freyberger

B Die Traumatheorie in den Hauptschulen der Psychotherapie – historische Entwicklung

1. Die Traumatheorie in der Psychoanalyse 107
   Werner Bohleber

2. Posttraumatische Belastungsstörung und Verhaltenstherapie 118
   Anke Weidmann

3. Die Traumatheorie in der Gesprächspsychotherapie nach Carl R. Rogers ... 127
   Jochen Eckert und Eva-Maria Biermann-Ratjen

4. Trauma und Systemische Therapie ... 134
   Reinert Hanswille

5. Die Posttraumatische Belastungsstörung und die Anpassungsstörungen in ICD-10 und DSM-IV 144
Harald J. Freyberger und Rolf-Dieter Stieglitz

C Krankheitsbilder und Komorbiditäten

1. Diagnostik von Traumafolgestörungen und komorbiden Erkrankungen 155
Naser Morina und Julia Müller

2. Die Posttraumatische Belastungsstörung 166
Frank Wagner

3. Die komplexe Posttraumatische Belastungsstörung 178
Ulrich Sachsse und Martin Sack

4. Verbitterungsemotionen und Posttraumatische Verbitterungsstörung 189
Kai Baumann und Michael Linden

5. Der erlebnisbedingte Persönlichkeitswandel 202
Ulrich Venzlaff

6. Komplizierte Trauer 220
Rita Rosner und Birgit Wagner

7. Dissoziative Störungen 231
Carsten Spitzer und Harald J. Freyberger

8. Traumatisierung und Sucht 245
Michael Krausz und Harald J. Freyberger

9. Traumatisierung und Psychose 255
Ingo Schäfer

10. Trauma und Depression 264
Jessie Mahler und Hans J. Grabe

11. Die traumatisierte Patientin in der Gynäkologie 275
Silke Schermann und Anette Kersting

12. Trauma und Demenz 287
Matthias Vonmoos und Andreas Maercker

13. Persönlichkeitsstörungen und Trauma 292
Birger Dulz und Johanna Rönfeldt

D Spezifische Ereignisfolgen

1. Traumafolgen nach anhaltender sexueller und anderer krimineller Gewalt 317
Manuela Dudeck und Dorothee Bernheim

2. Traumafolgen nach Arbeitsunfällen und Gewalt am Arbeitsplatz 329
Rolf Manz

3. Erwerbslosigkeit als psychisches Trauma 348
Rosmarie Barwinski

4. Traumatisierungen nach militärischen Einsätzen 360
Peter L. Zimmermann

5. Traumafolgestörungen nach Verkehrsunfällen 368
Laura Pielmaier und Ulrich Frommberger

6. Traumafolgestörungen bei gefährdeten Berufsgruppen 378
Rebecca Brönnimann und Ulrike Ehlert

7. Traumatische Nebenwirkungen der Psychotherapie 391

7.a Folgen von narzisstischem und sexuellem Missbrauch in der Psychotherapie 391
Bernhard Strauß, Sophie Kaczmarek und Harald J. Freyberger

7.b Risiken und Nebenwirkungen der Traumatherapie 404
Frank Neuner

8. Sexualdelikte – eine kriminologische, juristische und psychotraumatologische Sicht 413
Ursula C. Gasch und Christopher P. Kress

E Traumata in der Lebensspanne

1. Belastende Kindheitserfahrungen und körperliche Erkrankungen 435
   Harald Schickedanz und Reinhard Plassmann

2. Traumafolgestörungen bei Kindern und Jugendlichen 450
   Annette Streeck-Fischer

3. Trauma und Alter 469
   Philipp Kuwert, Heide Glaesmer und Christine Knaevelsrud

F Traumatisierungen in gesellschaftlichen und kulturellen Kontexten

1. Wer ist ein Opfer? Über Täter- und Opferstereotypien am Beispiel des Geschlechterstereotyps 483
   Angelika Treibel und Günter H. Seidler

2. Großschadenslagen als potentiell traumatisierende Ereignisse 493
   Robert Bering, Claudia Schedlich und Gisela Zurek

3. Sexualisierte Gewalt gegen Frauen im Krieg: Hintergründe, Folgen und Unterstützungsansätze 508
   Monika Hauser und Karin Griese

4. Psychotraumatologische Folgen von Folter 519
   Alexandra Liedl und Christine Knaevelsrud

5. Migration und Posttraumatische Belastungsstörung 528
   Hans-Jörg Assion, Ahmad Bransi und José-Marie Koussemou

6. Holocaust 536
   Hellmuth Freyberger und Harald J. Freyberger

7. Traumatische Ereignisse und Erfahrungen im Kriegsroman, 1914–1938 552
   Wolfgang U. Eckart

G Therapeutische Möglichkeiten

1. Die kognitive Verhaltenstherapie ... 563
   Frank Wagner

2. EMDR 569
   Oliver Schubbe und Thomas Gruyters

3. Psychodynamische Verfahren 580
   Luise Reddemann und Wolfgang Wöller

4. Die gesprächspsychotherapeutische Behandlung 590
   Eva-Maria Biermann-Ratjen und Jochen Eckert

5. Der systemische Ansatz 603
   Reinert Hanswille

6. Ego-State-Therapie 613
   Jochen Peichl

7. Gruppentherapie 624
   Alexandra Liedl und Christine Knaevelsrud

8. Spiritualität und traumatherapeutische Ansätze 634
   Julia C. Seidler

9. Situationstypologien der Psychosozialen Notfallversorgung 644
   Robert Bering, Claudia Schedlich und Gisela Zurek

10. Akute Krisenintervention in der Psychoonkologie, Paraplegiologie und Verbrennungsmedizin 659
    Robert E. Feldmann, Jr.

11. Internet-Therapie 676
    Christine Knaevelsrud und Philipp Kuwert

12. Pharmakotherapie der frühen posttraumatischen Krise, der Akuten und der Posttraumatischen Belastungsstörung 685
Hans-Peter Kapfhammer

H Schnittstellen von Psychotraumatologie und Justiz

1. Trauma und Justiz 709
Manuela Dudeck und Kirstin Drenkhahn

2. Der strafrechtliche Kontext 721
Ursula C. Gasch

3. Die Begutachtung psychisch reaktiver Traumafolgen im Rahmen des Opferentschädigungsgesetzes 735
Ferdinand Haenel, Doris Denis und Harald J. Freyberger

4. Traumafolgestörungen bei Patienten und Patientinnen in Forensischen Kliniken 746
Manuela Dudeck

Register 753
Herausgeber, Autorinnen und Autoren 767

Ulrich Venzlaff – Nestor und Wegbereiter der Psychotraumatologie

Ulrich Venzlaff, geb. 1921 in Luckenwalde (Brandenburg), begann 1948 seine wissenschaftliche Laufbahn an der Universitäts-Nervenklinik Göttingen, die damals unter dem Direktorat des Professors Gottfried Ewald stand. Ewald zeichnete sich dadurch aus, dass er im Dritten Reich als praktisch einziger deutscher Universitätspsychiater in dieser Position gegen die Euthanasie Stellung bezogen hatte. Infolgedessen unterstützte Ewald später auch weitestgehend Venzlaffs unorthodoxe Gutachteraktivitäten angesichts von ehemaligen Nazi-Verfolgten. In diesem Kontext »ereignete sich 1952 ein Fall, der Geschichte machte« (Pross, 1988): Nachdem Venzlaff bei einem ehemaligen Nazi-Verfolgten eine »verfolgungsbedingte Neurose« erkannt hatte, geriet das zuständige Entschädigungsamt in Aufruhr wegen der »Gefahr einer nachfolgenden Lawine von Rentenansprüchen«. Der daraufhin vom Entschädigungsamt für ein Gegengutachten bemühte Tübinger Psychiater Professor Ernst Kretschmer begründete in seitenlangen, rein theoretischen Ausführungen – ohne den betroffenen ehemaligen Verfolgten persönlich gesehen zu haben –, dass es eine »verfolgungsbedingte Neurose« nicht geben könne, da die Ausgleichsfähigkeit des Organismus bei schweren psychischen Traumen unbegrenzt sei. Nunmehr sorgte die Entschädigungskammer des zuständigen Gerichtes insofern für eine große Überraschung, als sie das Gutachten des damaligen Assistenzarztes Venzlaff bejahte und jenes von Kretschmer als nicht überzeugend zurückwies. Im Jahre 1956 habilitierte Venzlaff mit einer wissenschaftlich bahnbrechenden Schrift zu den psychoreaktiven Störungen nach entschädigungspflichtigen Ereignissen. Der von ihm in diesem Kontext geprägte Begriff »erlebnisbedingter Persönlichkeitswandel« war eine der ersten Konzeptualisierungen für anhaltende Folgen schwerer Traumatisierungen, die wesentliche strukturelle Aspekte der Persönlichkeit betreffen und die u. a. in der ICD-10 unter der diagnostischen Kategorie einer anhaltenden Persönlichkeitsänderung nach Extrembelastung wieder aufgegriffen wurden.

Das Besondere dieser in den 1960er Jahren von ihm vertretenen Position stellt sich für einen jüngeren Leser angesichts der heute unbestrittenen Relevanz der Psychotraumatologie kaum mehr dar. Aber tatsächlich stand einer kleinen Gruppe von wissenschaftlich arbeitenden Psychiatern und

Psychotherapeuten, zu denen neben Venzlaff u. a. von Baeyer, Häfner, Kisker und Matussek gehörten, eine Mehrheit deutscher Universitätspsychiater gegenüber, die die Relevanz von Traumatisierungen nahezu vollständig verleugneten und die Karrieren ihrer inhaltlichen Gegner zu behindern versuchten (Freyberger & Freyberger, 2007). Kurt Eissler führte dies 1963 zu der dieses besondere affektive Klima kommentierenden Bemerkung, dass die betroffenen traumatisierten Menschen eigentlich eine Entschädigung für die Aufregungen und Erniedrigungen erhalten müssten, die sie im Zuge der entsprechenden Wiedergutmachungserfahrungen erlitten.

Von 1969 bis 1986 leitete Venzlaff das Niedersächsische Landeskrankenhaus Rosdorf bei Göttingen. Nach seiner Pensionierung gab er gemeinsam mit Klaus Foerster das umfassende Handbuch *Psychiatrische Begutachtung* heraus, das mehrere Auflagen erlebte und noch heute als Standardwerk gilt. Der Name Ulrich Venzlaff ist bis heute mit der thematischen Auseinandersetzung mit den Folgen von Realtraumatisierungen verbunden, so dass er als einer der Nestoren der Psychotraumatologie in Deutschland gelten kann.

Hellmuth Freyberger, Hannover
Harald J. Freyberger, Stralsund/Greifswald

Literatur

Eissler K.R. (1963). Die Ermordung von wie vielen seiner Kinder muss ein Mensch symptomfrei ertragen können, um eine normale Konstitution zu haben? *Psyche*, 17, 279–291.

Freyberger H.J. & Freyberger H. (2007). Zur Geschichte der Begutachtungspraxis bei Holocaust-Überlebenden. *Trauma & Gewalt*, 1, 286–292.

Pross C. (1988). *Wiedergutmachung. Der Kleinkrieg gegen die Opfer*. Frankfurt a.M.: Athenäum.

Venzlaff U. (1958). *Die psychoreaktiven Störungen nach entschädigungspflichtigen Ereignissen (Die sog. Unfallneurosen)*. Berlin, Heidelberg: Springer.

Venzlaff U. & Foerster K. (2009). *Psychiatrische Begutachtung. Ein praktisches Handbuch für Ärzte und Juristen*. Hrsg. von Foerster K. & Dreßing H. 5., neu bearb. u. erw. Aufl. München, Jena: Elsevier, Urban & Fischer.

A

Das Gegenstandsfeld der Psychotraumatologie: Definition und Beschreibung

ANKE KIRSCH, TANJA MICHAEL UND JOHANNA LASS-HENNEMANN

1. Trauma und Gedächtnis

In der Traumaforschung wird untersucht, unter welchen Umständen und auf welche Weise ein überwältigendes psychisches Ereignis sich auf das Gedächtnis und die Erinnerung auswirkt. In kognitiven Theorien zur Posttraumatischen Belastungsstörung (PTBS) wird davon ausgegangen, dass aufgrund der Art der Enkodierung, Organisation und des Abrufs der traumatischen Erinnerung intrusive Erinnerungen, ein Kernsymptom der Störung, zustande kommen (Maercker & Michael, 2009; Ehlers & Clark, 2000). Die traumatische Erfahrung wird aufgrund eines physiologischen Hyperarousals als eine sensomotorische, visuelle und affektive Erinnerung und nicht als symbolisch-linguistischer Kode in Form eines Narrativs gespeichert (Person & Klar, 1997). Dies führt dazu, dass die Erfahrungen nicht in die bestehenden Bedeutungsstrukturen des Individuums integriert werden können und daher auch der bewusste Zugang über die Erinnerung erschwert wird. An der Entstehung und Aufrechterhaltung der PTBS ist daher eine schlechte Verknüpfung mit anderen Gedächtnisinhalten und eine leichte Auslösung von Intrusionen durch perzeptuell ähnliche Stimuli beteiligt (z. B. nach einem Autounfall Intrusionen durch Scheinwerferlicht bzw. ähnliche Lichtereignisse) (Michael et al., 2005).

Im weiteren Verlauf dieses Kapitels wird ein Überblick über die Spezifika des Traumagedächtnisses gegeben, die sich aufgrund der Informationsverarbeitung von sogenannten normalen Gedächtnisprozessen unterscheiden. Die Dissoziation und spezielle Gedächtniskonzepte im Hinblick auf dissoziative Störungen werden kurz vorgestellt. Weiterhin wird ein Überblick über kognitive Traumatheorien gegeben, welche die zugrunde liegenden Emotionen beim Prozess der Informationsverarbeitung zur Zeit des traumatischen Ereignisses mit einbeziehen.

1.1 Funktionsmechanismen des Gedächtnisses unter traumatischen Bedingungen

Die Definition für die Posttraumatische Belastungsstörung (PTBS) im *Diagnostischen und Statistischen Manual Psychischer Störungen* (DSM-IV; Wittchen et al., 1996) erkennt an, dass eine traumatische Erfahrung zu extremen Formen von Merkfähigkeit wie auch des Vergessens führen kann: Die traumatischen Erfahrungen können mit starker

»Vividness« erinnert werden oder völlig resistent gegenüber einer Integration ins autobiografische Gedächtnis sein. In vielen Fällen berichten Personen von Kombinationen dieser Formen der Erinnerung. Im Allgemeinen scheinen Personen vertraute und den Erwartungen entsprechende Erfahrungen leicht zu assimilieren, wobei diese gewöhnlichen Ereignisse ihre Genauigkeit über die Zeit verlieren. Im Gegensatz dazu scheinen bestimmte Aspekte traumatischer Ereignisse mental fixiert zu sein, unveränderbar durch die Zeit oder nachfolgende Erfahrungen.

1.1.1 Dissoziation

Die Dissoziation wird als eine Möglichkeit diskutiert, Informationen, die in Verbindung mit traumatischer Erfahrung stehen, zu organisieren. Die Dissoziation erscheint sowohl während des traumatischen Ereignisses (Bremner et al., 1992) als auch posttraumatisch als Langzeit-Konsequenz etwa bei einer Mehrfachtraumatisierung (Bremner et al., 1993).

Dissoziation meint eine spezifische *Aufteilung* der Erfahrung. Elemente des Traumas sind nicht in ein einheitliches Ganzes oder ein einheitliches Selbst integriert. Zudem wird der Begriff Dissoziation mit Hinweis auf drei unterschiedliche, aber miteinander in Beziehung stehende mentale Phänomene betrachtet (van der Hart et al., 1996).

Bei der *primären Dissoziation* ist die Person, die mit einer überwältigenden Bedrohung konfrontiert wird, nicht in der Lage, die Ganzheit dessen, was sich ereignet hat, in ihr Bewusstsein zu integrieren. Sensorische und emotionale Elemente des Ereignisses können nicht in das persönliche Gedächtnis und die Identität integriert werden und verbleiben isoliert von den normalen Bewusstseinsinhalten; die Erfahrung ist in isolierte, somatosensorische Elemente gesplittet, ohne Integration in ein persönliches Narrativ.

Bei der *sekundären Dissoziation* kann eine weitere Beeinträchtigung der Integration von Elementen der persönlichen Erfahrung auftreten, wenn sich die Person in einem durch die Traumatisierung hervorgerufenen, dissoziierten Bewusstseinszustand befindet. Eine »dissociation between observing ego and experiencing ego« (siehe van der Kolk et al., 1996) wird von traumatisierten Personen, etwa Inzestopfern, Unfallopfern oder Kriegsveteranen, berichtet. Sie geben an, im Moment der Traumatisierung ihren Körper mental zu verlassen und aus der Distanz das Geschehen zu beobachten. Diese Distanzierung erlaubt es den Personen, die traumatische Erfahrung als Beobachter zu betrachten und somit den Schmerz oder die Angst zu begrenzen. Die »sekundäre Dissoziation« löst also die Personen aus dem Kontext der Affekte und Emotionen des Traumas und fungiert vergleichbar einem Anästhetikum.

Unter *tertiärer Dissoziation* ist die Entwicklung unterschiedlicher Ich-Zustände, die traumatische Erinnerungen beinhalten, zu verstehen. Diese Ich-Zustände bestehen aus komplexen Identitäten mit unterschiedlichen kognitiven, affektiven und behavioralen Mustern (van der Kolk et al., 1996). Einige dieser Ich-Zustände können die Angst, den Schmerz oder die Aggression, die mit spezifischen traumatischen Erfahrungen in Verbindung stehen, repräsentieren, während in anderen Ich-Zuständen das Trauma und die begleitenden Affekte unbewusst bleiben. Beispiele hierfür sind die multiplen, dissoziierten Identitätsfragmente der Dissoziativen Identitätsstörung (DID).

1.1.2 Gedächtniskonzepte in der kognitiven Psychologie

Im Bereich der kognitiven Psychologie werden Gedächtniskonzepte im Hinblick auf dissoziative Störungen diskutiert. Besonders der Ansatz des impliziten und expliziten Gedächtnisses und der des zustandsspezifischen Gedächtnisses werden in Bezug auf traumatische Gedächtnisprozesse immer wieder in der Literatur herangezogen.

In konnektionistischen Netzwerkmodellen (McClelland, 1997) wird davon ausgegangen, dass das Gehirn eine allgemeine Tendenz hat, seine Aktivierungszustände kohärent zu halten, das Trauma ist inkongruent und deshalb nicht integrierbar. Die Anteile des Systems, die nicht kohärent sind, werden gehemmt, d.h. sie werden von einer bewussten Repräsentation ausgeschlossen bzw. dissoziiert. Nach McClelland ist die Dissoziation eine Trennung zwischen Aktivierungszuständen.

Theorien zu impliziten und expliziten Gedächtnisprozessen (Kihlstrom & Schacter, 1995) beschreiben zwei unterschiedliche Gedächtnisformen. Unter *implizitem Gedächtnis* wird der nicht intentionale, unbewusste Gebrauch erworbener Information verstanden, wohingegen das *explizite Gedächtnis* den intentionalen, bewussten Abruf ermöglicht. Es wird davon ausgegangen, dass die Dissoziation bei der Enkodierung von Information einsetzt, woraus ein implizites Wahrnehmen ohne Selbstreferenz resultiert und die Information nicht mehr erinnert wird, d.h. der Zugang geht verloren. Bewusst bzw. explizit kann die Information erst dann werden, wenn eine Verbindung zur mentalen Selbstrepräsentanz hergestellt wird. Der Prozess der Transformation von impliziten Gedächtnisinhalten zu expliziten Erinnerungen könnte die Möglichkeit einer Neukonstruktion der Vergangenheit eröffnen, bzw. es ist fraglich, inwieweit eine Erinnerung, die nur implizit vorhanden ist, überhaupt explizit werden kann.

Theorien zur Zustandsabhängigkeit der Erinnerung (Bower, 1994) gehen davon aus, dass die Dissoziation aus einem Zustandswechsel zwischen unterschiedlichen emotionalen Zuständen und den assoziierten Erinnerungen resultiert. Die Information ist leichter abrufbar, wenn Enkodierungs- und Retrievalzustand identisch sind. Die durch Traumatisierung ausgelösten emotionalen Zustände und die damit assoziierten Erinnerungsanteile werden erst dann wieder zugänglich, wenn sich die Erlebenszustände denen der traumatischen Situation annähern.

1.2 Kognitive Traumatheorien

Kognitive Traumatheorien versuchen einen kontextuellen Rahmen für das Verständnis traumatischer Erfahrung und Speicherung zu geben, besonders im Hinblick auf die der Person inhärenten Modelle des Selbst, der anderen und der Welt. Weiterhin wird versucht, die zugrunde liegenden Emotionen beim Prozess der traumabezogenen Informationsverarbeitung mit einzubeziehen.

1.2.1 »Stress-Reaktions-Syndrom« (Horowitz, 1986)

Mardi J. Horowitz formulierte ein »Stress-Reaktions-Syndrom«, das eines der weitreichendsten sozial-kognitiven Modelle der traumatischen Informationsverarbeitung darstellt. Der für den Prozess der traumabezogenen Informationsverarbeitung innerhalb des kognitiven Systems wichtigste Faktor ist die »Vervollständigungstendenz« (completion tendency): das psychische Bedürfnis, neue Informationen in die existierenden kognitiven Modelle bzw. Schemata zu integrieren. Im Anschluss an die traumatische Erfahrung erfolgt eine Phase des »Aufschreis« (crying out) oder eine »Erstarrungsreaktion« (stunned reaction), daran schließt eine Periode der Informationsüberlastung an, in der Gedanken und Bilder des Traumas nicht in die bestehenden Bedeutungsstrukturen integriert werden können.

Dies führt dazu, dass eine Anzahl von Abwehrmechanismen eingesetzt wird, um die traumatische Erfahrung im Unbewussten zu halten, wodurch die Person eine Periode der Erstarrung im Wechsel mit Verleugnung erfährt. Aufgrund der »Vervollständigungstendenz« wird die traumabezogene Information in einem sogenannten »aktiven Gedächtnis« gehalten, was dazu führt, dass die Abwehrmechanismen schließlich zusammenbrechen und die Information dem Bewusstsein in Form von Intrusionen, Alpträumen und ungewollten Gedanken zugänglich wird. Die Person versucht die Information in ihre vorhandenen inneren Modelle zu integrieren.

Die Spannung zwischen Vervollständigungstendenz auf der einen Seite und Abwehrmechanismen auf der anderen führt dazu, dass die Person zwischen Phasen von Intrusionen und Verleugnung/Erstarrung oszilliert, wodurch es graduell zu einer Integration des traumatischen Materials in Langzeitbedeutungsrepräsentationen kommt. Ein Fehlschlagen dieses Prozesses kann bedeuten, dass die nur partiell bearbeitete Information im »aktiven Gedächtnis« verbleibt, ohne jedoch je vollständig assimiliert zu werden, woraus dann das Bild einer PTBS resultieren kann.

1.2.2 Traumagedächtnis (Ehlers & Clark, 2000)

Nach Ehlers und Clark ist das Traumagedächtnis durch mehrere Eigenschaften gekennzeichnet; es gibt eine sogenannte Hier- und-jetzt-Qualität der Intrusionen sowie Emotionen ohne Erinnerung, d. h. körperliche Reaktionen oder Emotionen können erlebt werden, ohne dass dabei eine bewusste Erinnerung an das Trauma besteht. Dies geht einher mit einer ungenügenden Elaboration des autobiografischen Gedächtnisses. Die Personen leiden darunter, dass sie eine andauernde Bedrohung wahrnehmen, was zu kognitiven Veränderungen und Verhaltensweisen führt, um die wahrgenommene Bedrohung zu mindern. Ein Beispiel ist die dysfunktionale kognitive Strategie der Gedankenunterdrückung, die dazu führt, dass die Intrusionen noch stärker zunehmen.

1.2.3 Furchtstrukturmodell (Foa & Kozak, 1986)

Foa und Kozak gehen in ihrem Furchtstrukturmodell davon aus, dass die veränderten Gedächtnisstrukturen dadurch gekennzeichnet sind, dass die traumaassoziierte Aktivierung in Form intensiver Angst verschiedene Elemente miteinander verbindet. Das Trauma mit all seinen Merkmalen, den sogenannten kognitiven Fakten, den emotionalen Bedeutungen und den physiologischen Reaktionen bildet die posttraumatischen Furchtstrukturen. Diese Furchtstruktur kann viele Elemente umfassen und durch Schlüsselreize (Fakten, Gefühle, Körperreaktionen) leicht aktiviert werden. Die sogenannten Intrusionssymptome werden durch die Aktivierung der entsprechenden Elemente hervorgerufen (vgl. Maercker & Michael, 2009).

1.2.4 Trauma und Emotionen (Power & Dalgleish, 1997)

Power und Dalgleish stellen ein Modell der Emotionen vor, das sich auf die traumabezogene Informationsverarbeitung zur Zeit des traumatischen Ereignisses bezieht und erläutert, wie diese Information und die individuelle Reaktion nachfolgend bearbeitet werden.

Während der traumatischen Erfahrung wird die Information über das Ereignis auf der Ebene des »schematischen Modells« (individuelles Modell des Selbst, der anderen und der Welt) als bedrohliche Erfahrung intensiver Furcht bewertet. Die traumabezogene Information wird ebenso auf der analogen und propositionalen Ebene der Bedeutung enkodiert und repräsentiert. Diese traumabezogene Information ist jedoch mit den individuellen Schemamodellen des Selbst, der Welt und der anderen inkompatibel. Diese Inkompatibilität führt nun dazu, dass das traumabezogene Material den persönlichen Sinnzusammenhang des Selbst und der Realität bedroht, was dazu führt, dass die Information nur geringfügig in die existierenden Repräsentationen integriert wird.

Die nicht integrierten Informationen führen auf den verschiedenen Ebenen des Modells zu Intrusionen. Auf der Ebene des »schematischen Modells« wird die Information aufgrund des Bewertungssystems als inkompatibel und als Bedrohung für die existierenden Schemata betrachtet. Dieser Prozess bedingt, dass die Person eine konstante Aktivierung und Reaktivierung des »Angst-Moduls« erfährt. Die traumatisierte Person befindet sich in einem fortlaufenden Zustand von »in Gefahr sein«, auch wenn sie nicht permanent intrusive Gedanken oder Bilder erfährt.

Weiterhin werden aufgrund der nicht integrierten Informationen Hinweisreize aus der Umwelt, die mit der traumatischen Erfahrung in Verbindung stehen, selektiv bearbeitet und aktivieren selbst die Information im Gedächtnis, wobei es zu einer Zunahme von Intrusionen kommt. Aufgrund der Desintegration der Information behält diese eine hohe interne Kohärenz innerhalb des Gedächtnisses, d. h. die repräsentationalen Verbindungen zwischen den Aspekten der traumatischen Erinnerung sind viel stärker als die Verbindungen dieser Erfahrungen mit den existierenden Gedächtnisstrukturen.

Power und Dalgleish (1997) differenzieren weiterhin zwischen unterschiedlichen Modellen der Welt, des Selbst und der anderen auf der Ebene des Schemamodells. Personen mit Erfahrungen, die als sicher, vorhersehbar und konkordant bezeichnet werden können, und deren Modelle flexibel und durch Lernprozesse modifizierbar sind, können durch eine Traumatisierung eine anfängliche Phase posttraumatischer Reaktionen erfahren, sind jedoch in der Lage, diese Informationen mit der Zeit zu integrieren.

Personen mit rigiden und unflexiblen Modellen und einem repressiven Copingstil sind gegenüber extremen Stresssituationen vulnerabel. Die Autoren führen schwere dissoziative Störungen und psychogene Amnesien auf derartige Copingmechanismen zurück, aber auch die Entwicklung einer PTBS. Weiterhin gibt es Personen mit prämorbid gestörten Modellen, deren Repräsentationen der Welt als unsicher, verletzend, unvorhersehbar beschrieben werden können. Diese Personen sehen ihre Modelle durch weitere traumatische Erfahrungen bestätigt und erfahren eine Zunahme ihrer bestehenden Symptomatik (prämorbide psychiatrische Geschichte).

1.3 Ausblick

Zusammenfassend gesagt, wurde in diesem Kapitel ein theoretischer Überblick zu Gedächtnistheorien aus der Traumaforschung gegeben. Unter traumatischen Bedingungen scheint das Gedächtnis in anderer Weise zu funktionieren, so dass die Erfahrungen vorwiegend als sensomotorische, visuelle und affektive Erinnerungen gespeichert werden.

Die traumatischen Erinnerungsfragmente besitzen eine hohe interne Kohärenz und können nur schwer in die bestehenden Modelle der Person integriert werden. Dies könnte eine Sensibilisierung der stressregulierenden Systeme widerspiegeln und/oder eine erniedrigte Fähigkeit, Stressreaktionen entgegenzuwirken, um eine Homöostase zu erlangen. Der Mangel an regulatorischen Effekten führt zu Prozessen, die einen Einfluss auf die Angstreaktionen und die Konsolidierung bzw. den Abruf von traumatischen Erinnerungen haben. Hier spielen u. a. Neurotransmitter eine wichtige Rolle; einige fördern die Enkodierung von angstbesetzten Erinnerungen, während andere den Abruf emotionaler Erinnerungen blockieren. Die Verbindung zwischen kognitiven Traumatheorien und neurobiologischen Erkenntnissen liefert daher weitreichende Erklärungen für Gedächtnisprozesse und die intrusiven Erinnerungsphänomene der PTBS und hat zudem wichtige Implikationen für die Therapie, worauf in den folgenden Kapiteln des Handbuchs näher eingegangen wird.

1.4 Literatur

Bower G. H. (1994). Temporary emotional states act like multiple personalities. In: Klein R. M. & Doane B. K. (Hrsg.). *Psychological concepts and dissociative disorders*. Hillsdale, NY: Erlbaum, 207–234.

Bremner J. D., Southwick S. M., Brett E., Fontana A., Rosenheck R. & Charney D. S. (1992). Dissociation and posttraumatic stress disorder in Vietnam combat veterans. *American Journal of Psychiatry*, 149, 328–333.

Bremner J. D., Steinberg M., Southwick S. M., Johnson D. R. & Charney D. S. (1993). Use of the Structured Clinical Interview for DSM-IV Dissociative Disorders for systematic assessment of dissociative symptoms in posttraumatic stress disorder. *American Journal of Psychiatry*, 150 (7), 1011–1014.

Ehlers A. & Clark D. M. (2000). A cognitive model of posttraumtic stress disorder. *Behavior Research and Therapy*, 38, 319–345.

Foa E. B. & Kozak M. J. (1986). Emotional processing of fear: Exposure to correcting information. *Psychological Bulletin*, 99, 20–35.

Horowitz M. J. (1986). *Stress response syndromes*. 2. Aufl. Northvale, NJ: Jason Aronson.

Kihlstrom J. F. & Schacter D. L. (1995). Functional disorders of autobiographical memory. In: Baddeley A. D., Wilson B. A. & Watts F. N. (Hrsg.). *Handbook of memory disorders*. Chichester: Wiley, 337–364.

Maercker A. & Michael T. (2009). Posttraumatische Belastungsstörung. In: Margraf J. & Schneider S. (Hrsg.). *Lehrbuch der Verhaltenstherapie. Bd. 2: Störungen im Erwachsenenalter – Spezielle Indikationen – Glossar*. Heidelberg: Springer, 105–124.

McClelland J. L. (1997). The neural basis of consciousness and explicit memory: Reflections on Kihlstrom, Mandler, & Rumelhart. In:

Cohen J. D. & Schooler J. W. (Hrsg). *Scientific approaches to consciousness*. Mahwah, NJ: Erlbaum, 499–509.

Michael T., Ehlers A., Halligan S. L. & Clark D. M. (2005). Unwanted memories of assault: What intrusion characteristics are associated with PTSD? *Behaviour Research and Therapy*, 43, 613–628.

Person E. S. & Klar H. (1997). Diagnose Trauma: Die Schwierigkeit der Unterscheidung zwischen Erinnerung und Phantasie. *Psychotherapie, Psychosomatik, medizinische Psychologie*, 47, 97–107.

Power M. & Dalgleish T. (1997). *Cognition and emotion. From order to disorder*. Cambridge: Psychological press.

van der Hart O., van der Kolk B. A. & Boon S. (1996). The treatment of dissociative disorders. In: Bremner J. D. & Marmar C. R. (Hrsg.). *Trauma, memory and dissociation*. Washington, DC: American Psychiatric Press, 216–225.

van der Kolk B. A., McFarlane A. C. & Weisaeth L. (1996). *Traumatic stress*. New York: Guilford Press.

Wittchen H. U., Saß H. & Zaudig M. (Hrsg.) (1996). *Diagnostisches und Statistisches Manual Psychischer Störungen. DSM-IV*. Göttingen: Hogrefe.

CARSTEN SPITZER, DENNIS WIBISONO UND HARALD J. FREYBERGER

2. Theorien zum Verständnis von Dissoziation

2.1 Einleitung

Als Hauptmerkmal der Dissoziation und der korrespondierenden dissoziativen Störungen beschreibt das DSM-IV-TR »eine Unterbrechung der normalerweise integrativen Funktionen des Bewusstseins, des Gedächtnisses, der Identität oder der Wahrnehmung der Umwelt«. Die ICD-10 weitet die Desintegration auch auf die neurophysiologischen Systeme der Motorik, Sensibilität und Sensorik aus. Alternative Ansätze konzipieren Dissoziation als Gegenteil von Assoziation und damit als Trennung von Wahrneh-

Tab. 1: Übersicht zu den Bedeutungsfeldern der Dissoziation (nach Cardena, 1994)

I.	**Dissoziation als nicht bewusste oder nicht integrierte mentale Module oder Systeme**
A.	Dissoziation als fehlende bewusste Perzeption von Wahrnehmungsreizen oder von Verhalten
	– Registrieren subliminaler Stimuli – automatisierte motorische Handlungen
B.	Dissoziation als Koexistenz getrennter mentaler Systeme, die normalerweise im phänomenalen Bewusstsein integriert sind
	– zustandsabhängige Amnesie – zustandsabhängiges Lernen – Existenz des versteckten Beobachters in Hypnoseexperimenten
C.	Dissoziation als Inkonsistenz der Verhaltens- und Wahrnehmungsebene und der Körperkontrolle
	– »repressiver« Copingstil mit mangelnder Übereinstimmung zwischen verbalem Bericht und objektivierbarer körperlicher Reaktionslage – Hypnose – Konversionssyndrome
II.	**Dissoziation als verändertes Bewusstsein mit einer Entfremdung von Selbst und Umwelt**
	– Depersonalisation und Derealisation – Ekstaseerlebnisse, mystische Erfahrungen – autoskopische Phänomene
III.	**Dissoziation als Abwehrmechanismus**
	– funktionale Abwehr oder grundlegender mentaler Rückzugsmodus vor einer überwältigenden physiologischen oder psychologischen Bedrohung

mungs- und Gedächtnisinhalten im Alltagsbewusstsein (Ross, 1997). Diese Aufzählung heterogener Definitionen – die problemlos zu erweitern wäre – verdeutlicht, dass sich das Konstrukt der Dissoziation »nach wie vor einer klaren begrifflichen Bestimmung« entzieht (Kapfhammer, 2008). Bereits 1994 machte Cardena auf die »semantische Offenheit« des Begriffs aufmerksam und arbeitete die vielfältigen Bedeutungsfelder des Dissoziationsbegriffs heraus, der einerseits deskriptiv, andererseits erklärend verwandt wird. Seine Systematik ist zusammenfassend in Tabelle 1 (S. 22) dargestellt.

Cardena (1994) plädiert dringend dafür, Phänomene, die aufgrund neurophysiologischer Voraussetzungen *per se* nicht bewusstseinsfähig sind (Punkt I.A), nicht unter dem Terminus *Dissoziation* zu subsumieren. Mit Blick auf die Phänomenologie können auf der Grundlage der Operationalisierungen des Dissoziationsbegriffs des DSM-IV-TR und der ICD-10 dissoziative Funktionsauffälligkeiten klinisch systematisiert werden (Spitzer et al., 2004; vgl. Tab. 2).

Dabei deckt sich diese klinische Systematik nicht vollkommen mit den als dissoziativ klassifizierten Störungsbildern, wie sie in den aktuellen Diagnosemanualen definiert sind, zumal ICD-10 und DSM-IV-TR in ihrer Einteilung differieren (vgl. dazu auch Kap. C7: Dissoziative Störungen).

Gleichzeitig verdeutlicht diese Systematik, dass sich der beschreibende und erklärende Aspekt des Dissoziationsbegriffs nicht immer eindeutig voneinander trennen

Tab. 2: Klinische Systematik dissoziativer Phänomene

Dissoziative Funktionsstörungen*	
... des Bewusstseins	
– Bewusstseinsverminderung	– Bewusstseinseinengung
– Bewusstseinstrübung	– Bewusstseinsverschiebung
... des Gedächtnisses	
– dissoziative Amnesie	– Déja-vu-Erleben
– gesteigerte Erinnerung	
... der personalen Identität	
– Besessenheit	– Identitätswechsel
– Identitätsunsicherheit	– Fugue
... der Wahrnehmung von Selbst und Umwelt	
– Depersonalisation	– verändertes Zeiterleben
– Derealisation	– verändertes Raumerleben
... der Körpermotorik	
– Bewegungsstörungen	– Sprachstörungen
– Koordinationsstörungen	– Krampfanfälle
... der Sensibilität und Sensorik	
– Sensibilitätsstörungen	– Riechstörungen
– Sehstörungen	– Geschmacksstörungen
– Hörstörungen	

* Der Begriff *(Funktions-) Störung* bezieht sich in diesem Kontext nicht auf hypothetische Krankheitsentitäten, sondern kennzeichnet eine Auffälligkeit im Sinne einer gestörten Funktion auf Symptom- bzw. Syndromebene.

lassen. Vergleichsweise gut gelingt dies z. B. bei der dissoziativen Amnesie, denn hier finden sich genügend klinische Merkmale, die auf der phänomenologischen Ebene eine Differenzierung zu organisch begründeten Amnesien erlauben. Hingegen ist bei einer Bewusstseinseinengung klinisch zunächst nicht eindeutig zu unterscheiden, ob diese als dissoziativ oder vor einem anderen ätiopathogenetischen Hintergrund zu werten ist. Kurzum: Die Klassifikation als dissoziativ rekurriert implizit auf ein ätiopathogenetisches Modell, welches in den meisten Fällen jedoch nicht explizit gemacht wird. Gemeinsam ist dabei allen Theorien, dass ihnen gemäß Dissoziation als Prozess bzw. klinisches Symptom respektive Syndrom von psychosozialen Belastungen im weiteren Sinne bzw. traumatischen Erlebnissen im engeren Sinne bedingt wird. Während jedoch das DSM-IV-TR in seinen diagnostischen Kriterien nur bei der dissoziativen Amnesie einen direkten Bezug zu traumatischen oder belastenden Erlebnissen herstellt, fordert die ICD-10 hingegen für alle dissoziativen Störungen einen zeitlichen Zusammenhang mit einer psychosozialen Belastung – auch wenn diese vom Patienten selbst geleugnet wird.

Insgesamt besteht Konsens darüber, dass die Dissoziation mit psychosozialen Belastungen bzw. traumatischem Stress assoziiert ist (Bremner & Marmar, 1998; Fiedler, 2008). Dies wird nicht zuletzt daran deutlich, dass dissoziative Symptome als wichtige diagnostische Kriterien bei der akuten und Posttraumatischen Belastungsstörung und der Borderline-Persönlichkeitsstörung, die von manchen Autoren als Variante der komplexen Posttraumatischen Belastungsstörung verstanden wird (Lewis & Grenyer, 2009), aufgeführt werden. Wie der Zusammenhang im Einzelnen zu verstehen ist, wird jedoch in den diversen theoretischen Modellen sehr unterschiedlich konzipiert (Fiedler, 2008; Eckhardt-Henn, 2004). Vor einer genaueren Erläuterung dieser Theorien werden zunächst mit Hilfe eines historischen Rückblicks die Grundlagen des Dissoziationsbegriffs dargelegt.

2.2 Historischer Rückblick

Vermutlich war es der französische Psychiater Jacques Joseph Moreau de Tours, der den Begriff Dissoziation erstmals benutzte. Er verstand darunter eine Abspaltung oder Isolation mentaler Prozesse von einem ›Ich‹. Seine Untersuchungen standen im Zusammenhang mit dem damals weitverbreiteten Interesse an Mesmerismus und künstlichem Somnambulismus, also Momenten der dynamischen Psychiatrie, die letztendlich genauso zentral waren wie das Hysteriekonzept (Ellenberger, 2005; Van der Hart & Nijenhuis, 2009). Dabei beobachtete man bei den Patienten veränderte Bewusstseinszustände mit ihnen eigenen Gedanken und Erinnerungen, die außerhalb des normalen Wachbewusstseins zu existieren schienen. Zur Beschreibung dieser Beobachtungen wurden dafür sowohl in der französischen als auch in der deutschen Psychiatrie in der zweiten Hälfte des 19. Jahrhunderts Termini wie *Teilung* und *Spaltung* oder *Verdoppelung* eingeführt.

Die Grundlagen für unser heutiges Dissoziationsverständnis wurden jedoch von Pierre Janet geschaffen, der in seiner Dissertation *L'automatisme psychologique* von 1889 ein elaboriertes Modell vorlegte.

2.2.1 Janets Ausarbeitung des Dissoziationsbegriffs

Während seiner Lehrtätigkeit als Philosophieprofessor arbeitete Pierre Janet auch im Krankenhaus von Le Havre und unternahm selbständig psychiatrische Forschungsarbeiten über Patienten mit Hysterie und Neurasthenie, welche die Grundlage für seine Doktorarbeit bildeten. Später studierte er Medizin und arbeitete auf Jean-Martin Charcots Stationen am Hôpital Salpêtrière. Charcot ließ für Janet ein Forschungslabor für Experimentalpsychologie einrichten, wo er seine Forschungen zur Hysterie und Hypnose fortsetzte (Hantke, 1999).

Ähnlich wie wenig später Freud entwickelte Janet in seiner Auseinandersetzung mit hysterischen Patienten nicht nur ein Erklärungsmodell für diese Erkrankung, sondern vielmehr eine generelle Theorie zur Funktionsweise des psychischen Apparates. Dabei ging er davon aus, dass sich das mentale Leben aus psychischen Elementen, die er als »psychologische Automatismen« bezeichnete, zusammensetze. Jedes dieser Elemente bestehe aus einer komplexen Handlungstendenz, die auf eine definierte Reizsituation gerichtet sei und sowohl eine Vorstellung als auch eine Emotion umfasse. Diese Automatismen seien das Resultat der größtenteils automatischen Integration von Umwelt- und Körperinformation. Die Anpassung an eine sich ständig verändernde Umwelt macht es nach diesem Modell erforderlich, dass neue Informationen in Abgleich und ständiger Überarbeitung der alten Automatismen verarbeitet werden können. Bei gesunden Menschen gelingt diese Synthese, und die Automatismen sind miteinander verbunden, gewissermaßen in einem dominanten Bewusstseinszustand vereint und damit zumindest potentiell der Wahrnehmung und willentlichen Kontrolle zugänglich. Durch eine Einengung des Bewusstseinsfeldes kann es zu einer Schwächung der Syntheseleistung kommen und damit zu einer Emanzipation einzelner Elemente bzw. psychischer Funktionen. Genau diese Verselbständigung nennt Janet Dissoziation. Diese dissoziierten Elemente, in denen kognitive und affektive Informationen gespeichert seien, bezeichnet er als »idées fixes«. Weil sie eben nicht angemessen synthetisiert und damit in das Bewusstsein integriert werden können, wirken sie eigendynamisch und unterliegen nicht mehr oder nur noch partiell der willentlichen Kontrolle. Die Ursache für eine geschwächte Syntheseleistung sieht Janet in intensiven emotionalen Reaktionen auf belastende respektive traumatische Erlebnisse. Durch die überwältigenden Affekte kommt es also in Janets Modell zu einem Verlust der integrierenden Kapazität des Bewusstseins, der wiederum zu einer Verengung des Bewusstseinsfeldes als Grundlage für Dissoziation führt. Dabei hängen die Auswirkungen traumatischer Ereignisse jedoch nicht nur von ihrer Intensität und Dauer ab, sondern eben auch von der Intensität der emotionalen Reaktion der Betroffenen. Diese wird ihrerseits von lebens- und lerngeschichtlichen, persönlichkeitspsychologischen, genetischen und situativen Faktoren wesentlich determiniert (Hantke, 1999).

Damit formuliert Janet ein psychotraumatologisch orientiertes Dissoziationskonzept, das letztendlich jedoch auf einem Diathese-Stress-Modell fußt (Kapfhammer, 2008). Der prämorbiden Vulnerabilität kommt eine entscheidende Bedeutung zu. Keineswegs muss eine Dissoziation immer durch ein intensives äußeres Trauma ausgelöst werden. Vielmehr ist es oft die persönlichkeitsinhärente Reagibilität einer Person zu überschießenden Emotionen, die traumatogen wirkt und zur psychopathologischen Störung führt.

Trotz seines Differenzierungsgrades und seiner hohen Erklärungskraft konnte sich Janets Dissoziationskonzept nicht durchsetzen. Obwohl um die Wende vom 19. zum 20. Jahrhundert Frederic Myers in England und William James, Morton Prince und Boris Sidis in den USA dem Modell eine zentrale Stellung beimaßen, geriet es ab etwa 1910 zunehmend in Vergessenheit. Dazu haben vor allem die Einführung des Schizophreniebegriffs durch Eugen Bleuler, das Aufkommen des Behaviorismus mit seiner Vernachlässigung innerpsychischer Vorgänge und die Dominanz psychoanalytischer Erklärungen für die Hysterie beigetragen (Kihlstrom, 1994). Dabei darf jedoch nicht übersehen werden, dass Sigmund Freud gerade zu Beginn seiner Auseinandersetzungen mit hysterischen Patienten durchaus Bezug auf Janets Dissoziationskonzept nahm, wobei er es allerdings vermied, dessen Überlegungen hervorzuheben. In Freuds weiterer Theoriebildung wurde dann die Bedeutung real-traumatischer Erfahrungen zugunsten triebbedingter, konflikthafter intrapsychischer Prozesse relativiert, und Janets Dissoziationsmodell wird in Freuds Metapsychologie durch das Konzept der Verdrängung ersetzt. Dabei handelt es sich jedoch keineswegs um eine bloße Veränderung in der Begrifflichkeit; vielmehr unterscheiden sich Janets und Freuds Vorstellungen über die Funktionsweise des psychischen Apparates fundamental (Nemiah, 1998; Hantke, 1999).

Während das Interesse am Dissoziationskonstrukt zwischen 1920 und Mitte der 1960er Jahre regelrecht abebbte, kam es spätestens seit Anfang der 1970er Jahre zu einer Renaissance. Dazu haben verschiedene Entwicklungen beigetragen:

- die Betonung der epidemiologischen und klinischen Bedeutung von Kindesmisshandlung, vor allem intrafamiliärem Inzest, durch die zweite Welle der Frauenbewegung;
- die zunehmenden Anerkennung der klinischen Relevanz von traumatischem Stress für die Psychopathologie von Kriegsveteranen des Vietnamkrieges;
- die Veröffentlichung und Rezeption des epochalen Werkes *Die Entdeckung des Unbewussten* von Henry F. Ellenberger im Jahre 1970, in dem die zentrale Rolle von Pierre Janet bei der Entwicklung der dynamischen Psychiatrie detailliert herausgearbeitet und sein Dissoziationskonzept in Erinnerung gerufen wird;
- die wissenschaftliche Auseinandersetzung mit experimentellen und therapeutischen Ansätzen zur multiplen Persönlichkeitsstörung (Van der Hart & Nijenhuis, 2009);
- die Popularisierung der multiplen Persönlichkeit über die Medien, beispielsweise durch das Buch *The three faces of Eve* von Corbett H. Thigpen und Hervey M. Cleckley (Dt.: *Die 3 Gesichter Evas*, 1957) oder das Buch *Sybil* (Dt.: *Sybil. Persönlichkeitsspaltung einer Frau*, 1974/77) und dessen Verfilmung;
- die Einführung der sogenannten Neodissoziationstheorie durch Ernest R. Hilgard (1974) im Kontext experimenteller Psychopathologie mittels Hypnose.

Diese verschiedenen Strömungen können an dieser Stelle nicht im Detail nachgezeichnet werden. Um aktuelle Modellvorstellungen zur Dissoziation angemessen zu verstehen und einzuordnen, erscheint ein kurzer Exkurs zu Hilgards Neodissoziationstheorie als sinnvoll.

2.2.2 Neodissoziationstheorie

Hilgard interessierte sich nicht nur für harte Daten, beobachtbares und messbares Verhalten, sondern auch für subjektives Erleben und damit für Bewusstsein, so dass sein Ansatz als subjektiver Behaviorismus bezeichnet wurde. Im Unterschied zu Janet ging er davon aus, dass Dissoziation ein normales kognitives Phänomen darstelle, das sich in Hypnose zeige. Als Arbeitshypothese diente die Annahme, dass unter Hypnose als einem veränderten Bewusstseinszustand eine Inkongruenz zwischen physiologischen Befunden und verbalen Berichten der Versuchspersonen bestehe. Diese konnte experimentell bestätigt werden. So berichteten beispielsweise hypnotisierte Probanden, dass sie keine Schmerzen hätten, obwohl physiologische Messungen das Gegenteil bewiesen. Die Tatsache, dass die Abspaltung der Schmerzempfindungen unter Hypnose besser gelingt als im Wachbewusstsein, wird mit einem bestimmten Kontrollmechanismus erklärt. Hilgard nahm dazu eine Hierarchie kognitiver und somatischer Subsysteme an und postulierte eine Exekutivkontrolle. Diese regle das Zusammenwirken der einzelnen Mechanismen und garantiere so Konsistenz, aber auch Übereinstimmung mit gewissen Kontextnormen und ermögliche letztendlich ein Identitätserleben der Persönlichkeit. Unter Hypnose werde nun diese oberste Kontrollinstanz zurückgedrängt und die einzelnen Subsysteme könnten größere Autonomie entfalten.

Hilgard hat das getrennte Nebeneinander unterschiedlicher autonomer Instanzen durch seine Experimente zu dem sogenannten »heimlichen Beobachter« (hidden observer) nachzuweisen versucht. Dabei wird der Hypnotisand instruiert, sich quasi in zwei Personen aufzuspalten, deren Trennung der Hypnotiseur durch eine Berührung signalisiert. Die beiden »Personen« können unterschiedliche Informationen aus der Hypnosesitzung wiedergeben. Der *hidden observer* kann dabei als der Teil verstanden werden, der die übergreifende beobachtbare Perspektive in der Hypnosesituation einnimmt. Hilgard nennt ihn deshalb »hidden«, weil diese Instanz nur durch die spezielle Instruktionstechnik evident wird. Bei hypnotischen Experimenten, in denen den Probanden durch die hypnotische Instruktion Analgesie suggeriert wurde, war es durch den *hidden observer* möglich, die volle subjektive Schmerzstärke, z. B. beim Eiswassertest, zu ermitteln. Ungeachtet der Frage, ob solche Experimente generalisierbar sind, scheint die Annahme einer hierarchischen Struktur von in sich relativ autonomen Subsystemen mit eigenen Kontrollmechanismen innerhalb des kognitiven, aber auch des somatischen Systems durchaus sinnvoll zu sein. Nach der Neodissoziationstheorie gibt es eine Exekutivkontrolle, die ganz oben in der Hierarchie angesiedelt ist und unter Hypnose ihren Einfluss zurücknimmt. Unter dieser Bedingung sind dann Informationen und prozedurale Programme ansprech- und abrufbar, die im normalen Wachbewusstsein nicht zugänglich sind. Dissoziative und hypnotische Zustände sind insofern ähnlich, als in ihnen die Exekutivkontrolle als oberste Stufe der hierarchischen Regulationssysteme weniger Einfluss nimmt als im Wachbewusstsein und so die darunter stehenden Subsysteme in anderer Form zur Geltung kommen.

2.3 Aktuelle Weiterentwicklungen des Dissoziationsmodells

Obwohl Janet in seiner Ausarbeitung des Dissoziationsbegriffs wesentliche Grundlagen geschaffen hat, zeigt seine wechselvolle Geschichte doch auch, dass ganz heterogene Einflüsse der verschiedensten theoretischen Strömungen das Konzept beeinflusst haben. Nicht zuletzt dadurch erklärt sich die eingangs erwähnte »semantische Offenheit«. Der ›scientific community‹ ist diese Problematik in den letzten Jahren zunehmend bewusst geworden, so dass es von diversen Seiten Bemühungen der Präzisierung gegeben hat. Die meistversprechenden Ansätze sind

- die Unterscheidung zwischen normaler und pathologischer Dissoziation;
- die Differenzierung zwischen ›detachment‹ und ›compartmentalization‹;
- Entwicklungsreihen von Dissoziation und das Modell der peritraumatischen Dissoziation;
- die Theorie der strukturellen Dissoziation.

2.3.1 Normale versus pathologische Dissoziation

Während Janet davon ausging, Dissoziation stelle einen diskontinuierlichen Prozess dar, der nur bei Kranken, insbesondere bei Hysterikern, vorkomme, konzeptualisierten seine Zeitgenossen William James und Morton Prince Dissoziation als dimensional, d. h. dissoziative Phänomene lassen sich auf einem Kontinuum von alltäglichen Erfahrungen wie etwa Tagträumereien bis zu schwersten und klinisch relevanten Formen wie der multiplen Persönlichkeitsstörung anordnen. Diese sogenannte »Kontinuumshypothese« prägt bis heute den klinischen und wissenschaftlichen Diskurs (Fiedler, 2008; Spitzer et al., 2007). In jüngster Zeit ist erneut gefragt worden, ob es nicht doch einen qualitativen Unterschied zwischen ›normaler‹ und ›pathologischer‹ Dissoziation gebe. Aus klinischer Perspektive sind drei Momente hervorgehoben worden, um dissoziative Phänomene als pathologisch zu charakterisieren:

- Dissoziative Symptome von klinischer Relevanz gehen bei den Betroffenen mit einem veränderten Identitätsgefühl einher,
- bei pathologischen Formen der Dissoziation bestehen typischerweise Erinnerungslücken und
- subjektives Leiden bzw. objektivierbare psychosoziale Funktionseinschränkungen treten in der Regel nur bei pathologischer Dissoziation auf.

Auch die empirische Forschung ist dieser Frage nachgegangen, indem die Datensätze der Dissociative Experiences Scale (DES) (Bernstein & Putnam, 1986) von je 228 Patienten mit einer Dissoziativen Identitätsstörung und mit gesunder Kontrolle mit Hilfe taxometrischer Verfahren reanalysiert wurden (Waller et al., 1996). Die DES ist das international gebräuchlichste und am besten evaluierte Selbstbeurteilungsverfahren zur Erfassung dissoziativer Phänomene, welches als *Fragebogen zu Dissoziativen Symptomen* (FDS) auch in einer deutschen Fassung vorliegt (Spitzer et al., 2005). Verschiedene taxometrische Ansätze kommen dabei übereinstimmend zu dem Ergebnis, dass eine Unterscheidung zwischen einem dimensionalen, nicht-pathologischen und einem diskontinuierlichen, pathologischen Typus dissoziativer Phänomene empirisch gerechtfertigt ist (Waller et al., 1996). Zudem konnten acht der ursprünglich 28 Items der DES extrahiert werden, die als Indikatoren für pathologische Dissoziation gelten und als DES-Taxon (DES-T) bezeichnet wurden. In einem weiteren Schritt konnte gezeigt werden, dass die DES-T deutlich besser zwischen verschiedenen diagnostischen Kategorien differenziert als die Originalfassung der DES; insbesondere fand sich pathologische Dissoziation fast ausschließlich bei Patienten mit einer Posttraumatischen Belastungsstörung oder dissoziativen Störung. In einer unabhängigen Untersuchung konnte die Unterscheidung zwischen dimensionaler, nicht-pathologischer und diskontinuierlicher, pathologischer Dissoziation an einem DES-Datensatz aus der Allgemeinbevölkerung bestätigtet werden (Waller & Ross, 1997).

Interessanterweise wurde in einer nichtklinischen Stichprobe eine Assoziation zwischen pathologischer Dissoziation und Kindheitstraumata, vor allem körperliche Vernachlässigung und sexuellem Missbrauch, gefunden, die für eine nicht-pathologische Dissoziation nicht bestand (Irwin, 1999). Allerdings waren die berichteten Effektstärken eher niedrig, so dass auch anderen Faktoren eine wichtige Rolle bei der Genese pathologischer Dissoziation zugeschrieben wurde (Irwin, 1999). Der Zusammenhang zwischen Kindheitstraumata und pathologischer Dissoziation wurde auch in anderen Untersuchungen repliziert, so bei delinquenten Jugendlichen und bei Patienten mit einer Depersonalisationsstörung. Hingegen lässt sich kritisch einwenden, dass pathologische Dissoziation zeitlich wenig stabil ist und möglicherweise ein empirisch-statistisches Artefakt darstellt (Übersicht bei Spitzer et al., 2007).

2.3.2 Detachment und compartmentalization

Auch von klinisch-therapeutischer Seite ist die Dissoziation in zwei qualitativ unterschiedliche Formen unterteilt worden. In einer sehr gelungenen Übersicht führen Holmes und Mitarbeiter (2005) die bisherigen Versuche der Differenzierung und Präzisierung sinnvoll und klinisch relevant zusammen. Dabei zeigen sie auf, dass die meisten Autoren sich – mit unterschiedlicher Begrifflichkeit – an der Einteilung der eingangs dargestellten Systematik von Cardena (1994) orientieren und Dissoziation entweder als desintegrierte mentale Systeme oder aber als verändertes Bewusstsein verstehen.

Bei der letztgenannten Form, dem sogenannten *detachment*, besteht das zentrale Merkmal in einem veränderten Bewusstseinszustand, der mit einem Gefühl der Entfremdung (oder des Losgelöstseins = detachment) einhergeht. Die Entfremdung kann sich dabei auf die eigene Person (Depersonalisation) oder die Umgebung (Derealisation) beziehen; oftmals findet sich in solchen Zuständen auch eine veränderte affektive Beteiligung oder diese fehlt gar völlig, so dass die Betroffenen kein Gefühl der »Meinhaftigkeit« des Erlebten haben. Ähnlichkeiten des *detachment* mit anderen Konzepten aus dem Bereich der Psychotraumatologie wie etwa dem *emotional numbing* oder der *peritraumatischen Dissoziation* sind offensichtlich.

Der zweite Typus der Dissoziation wird als *compartmentalization* bezeichnet; hier resultieren die dissoziativen Phänomene aus einer Störung des Wechselspiels von normalerweise miteinander in übergeordneten Funktionseinheiten interagierenden Systemen und Modulen. Diese Modellvorstellung weist dabei eine große Nähe zu Hilgards Neodissoziationstheorie auf. *Compartmentalization* ist durch die Unfähigkeit charakterisiert, prinzipiell bewusst kontrollierbare oder bewusstseinsfähige mentale Prozesse angemessen zu steuern.

Der heuristische Wert und die klinische Relevanz dieser Zweiteilung lassen sich beispielhaft an der dissoziativen Amnesie aufzeigen. Amnestische Phänomene im Kontext des *detachment* sind – häufig durch traumatische Erlebnisse bedingt – als Störung der Encodierung zu verstehen. Hingegen sind Amnesien im Rahmen des *compartmentalization* als Abrufstörung zu werten. Auf der Ebene klinischer Diagnosen stellt die Depersonalisationsstörung den Prototyp des *detachment* dar, während Konversionsstörungen klassische Beispiele für *compartmentalization* sind; bei der Posttraumatischen Belastungsstörung treten beiden Formen der Dissoziation auf (Holmes et al., 2005).

2.3.3 Entwicklungsreihen und peritraumatische Dissoziation

Diese Konzeption hebt weniger auf qualitative Unterschiede als auf den zeitlichen Bezug zur Traumatisierung und die Eigendynamik dissoziativer Prozesse ab. Aus dieser Perspektive lässt sich festhalten, dass eine Dissoziation sowohl unmittelbar während des traumatischen Ereignisses als auch posttraumatisch und gar als eine Langzeit-Konsequenz bei Mehrfachtraumatisierung vorkommen kann. Somit kann Dissoziation als drei unterschiedliche, aber in Beziehung stehende mentale Phänomene verstanden werden (Van der Kolk et al., 2000).

Primäre Dissoziation

Abhängig von der Intensität des Traumas und den persönlichen Voraussetzungen kann angesichts einer überwältigenden Bedrohung die individuelle Reizverarbeitungskapazität überschritten werden. Dann sind die Betroffenen nicht in der Lage, die traumatischen Erfahrungen als Ganzes in ihr Bewusstsein zu integrieren. Sensorische und emotionale Elemente werden als Fragmente und isoliert von den normalen Bewusstseinsinhalten gespeichert und können nicht in ein persönliches Narrativ integriert werden. Diese Fragmentierung wird von Ich-Zuständen begleitet, die sich von normalen Bewusstseinszuständen unterscheiden.

Sekundäre Dissoziation

Befindet sich eine Person einmal in diesem veränderten Bewusstseinszustand, kann eine weitere Desintegration des persönlichen Erlebens auftreten. Eine »Dissoziation zwischen beobachtendem Ich und erlebendem Ich« (Fromm, 1965) wird von traumatisierten Personen vielfach geschildert. Diese Personen berichten beispielsweise, dass sie im Moment der Traumatisierung mental ihren Körper verlassen und das Geschehen aus einer Distanz beobachten. Dieses Distanzierungsmanöver der sekundären Dissoziation erlaubt es den Personen, die traumatische Erfahrung als ein Beobachter zu betrachten und somit den Schmerz oder die Angst zu begrenzen. Während die primäre Dissoziation eine Einschränkung des kognitiv-perzeptiven Bezugs hinsichtlich des Traumas mit sich bringt und somit die Betroffenen in die Lage versetzt, zunächst weiter zu funktionieren, als ob nichts geschehen wäre, trennt die sekundäre Dissoziation die Betroffenen von den aversiven Affekten, die mit der Traumatisierung verknüpft sind, und fungiert quasi als Anästhetikum. Mittlerweile werden die Begriffe der sekundären und peritraumatischen Dissoziation synonym benutzt.

Neben Derealisation und Depersonalisation zählen Verwirrung, Desorientierung, Veränderungen in der Schmerzwahrnehmung und des Körperbildes, Einengung des Gesichtsfeldes und anderer Sinneskanäle sowie ein verändertes Zeitgefühl zu den typischen peritraumatischen dissoziativen Symptomen. Zur psychometrischen Erfassung genau dieser Merkmale wurde der *Peritraumatic Dissociative Experiences Questionnaire* (PDEQ; Marmar et al., 1994) entwickelt, der auch in einer autorisierten deutschen Fassung als *Peritraumatische Dissoziative Erfahrungen – Fragebogen* vorliegt (Maercker, 1994).

Die Funktionalität dissoziativer Symptome zum Zeitpunkt der akuten Traumatisierung scheint darin zu bestehen, dass über eine De-Kontextualisierung des Gesamtzusammenhangs basale und für das Überleben notwendige psychische Funktionen aufrechterhalten werden können. Trotz dieser initialen Funktionalität legen viele Arbeiten nahe, dass die peritraumatische Dissoziation einen hohen prädiktiven Wert in Bezug auf die spätere Entwicklung einer Posttraumatischen Belastungsstörung hat. Eine jüngere Metaanalyse zu dieser Problematik kommt hingegen zu dem Ergebnis, dass der kausale Zusammenhang zwischen peritraumatischer Dissoziation und Posttraumatischer Belastungsstörung nicht eindeutig positiv zu beurteilen ist (Lensvelt-Mulders et al., 2008).

Tertiäre Dissoziation

Unter *tertiäre Dissoziation* ist die Entwicklung unterschiedlicher Ich-Zustände, die traumatische Erinnerungen beinhalten, zu verstehen. Diese Ich-Zustände bestehen aus komplexen Identitäten mit unterschiedlichen kognitiven, affektiven und behavioralen Mustern. Einige dieser Ich-Zustände repräsentieren spezifische Aspekte der Traumatisierung, etwa Angst, Schmerz oder Aggression. Hingegen haben andere Ich-Zustände keinen Zugang zu den traumatischen Erfahrungen und den damit verbundenen Affekten; dadurch bleibt die Ausführung routinemäßiger Funktionen des täglichen Lebens unbeeinträchtigt.

2.3.4 Theorie der strukturellen Dissoziation

Eine für die Psychotraumatologie wichtige Konzeption des Dissoziationsbegriffs hat die Arbeitsgruppe um Onno van der Hart und Ellert Nijenhuis vorgelegt, wobei sie zum Teil direkt auf andere Theorien rekurriert (Van der Hart et al., 2008). Mit Bezug auf Janet und Charles Myers entwickeln sie folgendes Modell einer traumabezogenen strukturellen Dissoziation: Misslingt in der Folge akuter Traumatisierungen eine Bewältigung und Integration des Erlebten, kann es zu einer Teilung der Persönlichkeit in verschiedene Anteile mit jeweils eigener psychobiologischer Basis kommen. Diese Aufspaltung kann rudimentär ausgebildet oder deutlicher ausgeprägt sein; auch können die Persönlichkeitsanteile unterschiedlich stark miteinander interagieren, wobei klinisch ein Wechsel zwischen dem Wiedererleben der Traumatisierung und einer Abspaltung bzw. einem relativen Unbewusstsein des Traumas und der damit verbundenen Affekte auffällt. *Dissoziation* beschreibt diesen Wechsel zwischen dem sogenannten *emotionalen Persönlichkeitsanteil (EP)* – fixiert in der traumatischen Erinnerung und den damit verbundenen Erfahrungen – und dem *anscheinend normalen Persönlichkeitsanteil (ANP)*, welcher in einer phobischen Vermeidung der traumatischen Erinnerung fixiert ist und sich durch Abspaltung, emotionale Betäubung sowie in einer teilweisen oder kompletten Amnesie des traumatischen Erlebens äußert.

Die traumabezogene strukturelle Dissoziation hat sich im Laufe der Evolution als psychobiologisches Überlebens- oder Aktionssystem mit dem Ziel der Anpassungsregulation entwickelt. Einige Aktionssysteme sind defensiv und beziehen sich auf das Überleben des Einzelnen bei direkter Bedrohung, während andere für das Alltagsleben und für das Überleben der Spezies von Bedeutung sind. Der emotionale Persönlichkeitsanteil (EP) verkörpert das animalische Verteidigungssystem mit festgelegten Reaktionen angesichts tatsächlicher oder vermuteter Bedrohungen, mit korrespondierenden Subsystemen, die z. B. zu Hypervigilanz, Kampf, Flucht oder Unterwerfung führen. Der EP zeigt eine Bewusstseinseinengung mit einem Aufmerksamkeitsfokus auf reale oder antizipierte Bedrohungen, die (wieder-)erlebt und als aktuelles Ereignis behandelt werden. Somit kann der EP sowohl einzelne wie kombinierte Reaktionsmuster aufzeigen, die dem Verteidigungsverhalten von Tieren ähneln, als auch komplexe und elaborierte Verhaltens- und Erlebnismuster entwickeln. Im Gegensatz dazu hat der anscheinend normale Persönlichkeitsanteil (ANP) die Funktion, jene Alltagsaufgaben zu erfüllen, die für das (Über-) Leben der Art notwendig sind, wie beispielsweise Bindung, Regulation des Energiehaushaltes und Fortpflanzung. Dies gelingt jedoch nur, wenn dem ANP die traumatischen Erinnerungen des EP nicht zugänglich sind bzw. diese streng vermieden werden. Dieses Vermeidungsverhalten ist insoweit angepasst, als dem Betroffenen eine Integration der traumabezogenen Erinnerungen nicht möglich ist. In diesem Fall wären die Alltagsfunktionen des ANP gefährdet, wenn die traumatischen Erinnerungen zugänglich würden.

Bei der ungenügenden Bewältigung eines akuten und einmaligen Traumas kann es zu einer *primären strukturellen Dissoziation* kommen, die durch eine Aufteilung der Persönlichkeit in einen einzelnen ANP und einen einzelnen EP charakterisiert ist. Als klinisches Beispiel sei die ›einfache‹ Posttraumatische Belastungsstörung genannt. Wenn traumatische Ereignisse zunehmend als überwältigend erlebt werden und/oder über einen langen Zeitraum andauern, kann das eine weitere Aufspaltung des EP zur Folge haben, während ein einfacher ANP unversehrt bleibt. Diese *sekundäre strukturelle Dissoziation* findet sich klinisch bei der komplexen Posttraumatischen Belastungsstörung oder vielen Fälle mit dissoziativen Störungen, vor allem den nicht näher bezeichneten dissoziativen Störungen. Schließlich kann eine Aufspaltung des ANP geschehen, wenn unvermeidbare Aspekte des Alltagslebens auf spezielle Weise mit dem traumatischen Ereignis verknüpft werden, wenn also beispielsweise Bindungsverhalten mit traumatischen Erinnerungen verbunden ist. Zusätzlich können sich neue ANPs entwickeln, wenn der ANP ein so schlechtes Funktionsniveau hat, dass der normale Alltag nicht bewältigt werden kann. Weitere Dissoziationen des ANP als

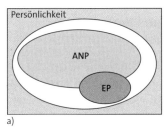 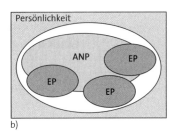 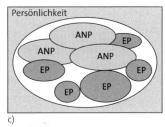

a)   b)   c)

Abb. 1a)–1c): Illustration des Modells zur strukturellen Dissoziation
a) primäre strukturelle Dissoziation (akute oder einfache posttraumatische Belastungssituation)
b) sekundäre strukturelle Dissoziation (komplexe PTBS, Borderline-Persönlichkeitsstörung)
c) tertiäre strukturelle Dissoziation (multiple Persönlichkeitsstörung bzw. Dissoziative Identitätsstörung)
ANP: Anscheinend normaler Persönlichkeitsanteil – Funktionen des Alltagslebens
EP: Emotionaler Persönlichkeitsanteil – trauma-assoziierte Verteidigungssysteme (z. B. Flucht)

Reaktion auf fortgesetzte Traumatisierungen können sich zur ›normalen‹ Lebensweise entwickeln. Diese *tertiäre strukturelle Dissoziation* umfasst also neben der Aufspaltung des EP noch die des ANP und liefert so ein sinnvolles Modell zum Verständnis der multiplen Persönlichkeitsstörung respektive der Dissoziativen Identitätsstörung.

2.4 Neurobiologische Befunde

In vielfältigen Forschungsbemühungen ist den neurobiologischen Korrelaten von dissoziativen Symptomen nachgegangen worden. Dabei sind Auffälligkeiten der Hypothalamus-Hypophysen-Nebennieren-Achse, Alterationen im serotonergen, noradrenergen, glutamatergen und im endogenen Opioidsystem sowie strukturelle und funktionelle Auffälligkeiten in zentralnervösen Netzwerken gefunden worden (Kapfhammer, 2004). Diese mannigfaltigen, zum Teil inkonsistenten Ergebnisse können hier nicht im Detail referiert werden.

Die Befunde aus jüngsten funktionellen Bildgebungsstudien sollen kurz dargestellt werden, da diese aus neurobiologischer Perspektive zentrale Annahmen der oben dargestellten Theorien untermauern. Trotz vieler funktioneller MRT-Untersuchungen, in denen Patienten mit Posttraumatischer Belastungsstörung einer Symptomprovokation unterzogen wurden, konnte kein einheitliches Bild der beteiligten Hirnareale gezeichnet werden. Erst mit einer an klinischen Merkmalen orientierten Unterteilung der PTBS-Patienten gelang es, zwei distinkte Verarbeitungsmodi in der Folge eines traumatischen Ereignisses neurobiologisch zu charakterisieren. Das klinisch führende Merkmal der einen Gruppe ist ausgeprägte Dissoziation, weshalb diese auch als dissoziativer Subtypus der PTBS bezeichnet wird (Lanius et al., 2010). Bei der anderen Form stehen Übererregung und Intrusionen im Vordergrund; allerdings können beide Verarbeitungsmodi bei ein und derselben Person gleichzeitig und/oder nacheinander vorkommen. Diese beiden Gruppen zeigen bei Konfrontation mit einem trauma-assoziierten Hinweisreiz genau gegenläufige Muster der Aktivierung in Hirnregionen, die für die Erregungsmodulation und Emotionsregulation verantwortlich sind. Dazu zählen der mediale präfrontale Kortex, das vordere Cingulum und das limbische System.

In verschiedenen Studien zeigten Patienten mit dem dissoziativen Subtypus der PTBS eine außergewöhnliche starke Aktivität des dorsalen vorderen Cingulums und des medialen präfrontalen Kortex, die mit der klinischen Dissoziation eng korrelierte. Gleichzeitig bestand eine negative Korrelation mit der Aktivität der vorderen Inselregion und der Amygdala als wichtige Strukturen des limbischen Systems, insbesondere bei der bewussten Wahrnehmung und Verarbeitung von Angstreizen. Aufgrund dieser Befunde wurde ein Modell der emotionalen Dysregulation als Antwort auf traumabezogene Stimuli entwickelt, wobei der dissoziative Subtypus mit einer Überregulation, der übererregt-intrusive Typus mit einer affektiven Unterregulation einhergeht. Für die Dissoziation wird letztendlich von einer Top-down-Regulation im Sinne einer kortiko-limbischen Inhibition ausgegangen: Wird ein bestimmtes Maß an Angst erreicht bzw. überschritten, hemmt der mediale präfrontale Kortex limbische Strukturen, vor allem die Amygdala, und damit die weitere Emotionsverarbeitung. Klinisch manifestiert sich dies als veränderte bis fehlende affektive Beteiligung, die typischerweise mit Derealisation und Depersonalisation vergesellschaftet ist. Dieses neurobiologische Modell liefert zum einen überzeugende Hinweise auf die Mechanismen, die dissoziativen Symptomen zugrunde liegen, zum anderen verweist es auf die eminent wichtige Rolle intensiver aversiver Affekte als potentielle Auslöser für diese Mechanismen (Lanius et al., 2010).

2.5 Resümee und Versuch einer Integration

In der tradtionsreichen Begriffsgeschichte hat es vielfältige Bemühungen hinsichtlich einer präziseren Ausdifferenzierung des Dissoziationskonstruktes gegeben. Dennoch werden weiterhin viele Aspekte kontrovers diskutiert und wird nicht zuletzt der kausale Zusammenhang zwischen dissoziativen Symptomen und traumatischen Erfahrungen in Frage gestellt (Giesbrecht & Merckelbach, 2005). Auch wenn alternative Erklärungsmodelle wichtige Erkenntnisse zu weiteren Determinanten geliefert haben, so kann aus psychotraumatologischer Perspektive kein Zweifel an dem Zusammenhang zwischen Trauma und Dissoziation bestehen. Allerdings ist auch klar, dass dieser Zusammenhang keineswegs monokausal und insgesamt sehr komplex ist (Bremner & Marmar, 1998).

Weiterhin offen ist die Frage, ob Bewusstseinsveränderungen im Kontext von Dissoziation ein eigenständiges und von anderen dissoziativen Symptomen distinktes Syndrom darstellen oder ob diese Phänomene letztendlich eng assoziiert sind. Im unmittelbaren Zusammenhang mit dem Trauma stellen Bewusstseinsveränderungen die typische Konstellation dar, so wie dies im Konzept der peritraumatischen Dissoziation ausformuliert ist.

Für ein Modell, das die verschiedenen Strömungen und Befunde weitestgehend zu integrieren versucht, erscheint zunächst die Unterscheidung zwischen dissoziativen Symptomen und Störungen als akute Zustände *(state)* im Gegensatz zu einer als Dissoziationsneigung zu bezeichnenden Prädisposition als sinnvoll. State- und Trait-Dissoziation interagieren dabei im Sinne eines Vulnerabilitäts-Stress-Modells: Während es bei einer hohen Dissoziationsneigung für die Symptomauslösung, also die Manifestation von dissoziativen Zuständen respektive Störungen, nur geringer psychosozialer Belastungen bedarf, können massive Traumatisierungen auch bei psychisch Gesunden ohne entsprechende Disposition dissoziative Phänomene hervorrufen. Zur Symptomauslösung kommt es immer dann, wenn die Belastung den individuellen Reizschutz überfordert bzw. die Reizverarbeitungskapazitäten übersteigt. Der bewusst weit gefasste Begriff der Belastung kann ein Realtrauma, aber eben auch einen interpersonellen oder intrapsychischen Konflikt betreffen. Die Dissoziation fungiert dabei – zumindest in der Akutsituation – als Möglichkeit, die mit der Belastung verbundenen aversiven Affekte nicht zu spüren bzw. über eine subjektive Dekontextualisierung die Belastung zu ›bewältigen‹. Gelingt diese Bewältigungsstrategie, kommt es zu einer kurzfristigen Entlastung. Qua operanter Konditionierung kann in der Folge die Schwelle für dissoziationsauslösende Hinweisreize sinken, also eine Generalisierung eintreten. Auf diese Weise beeinflusst die State-Dissoziation die Dissoziationsneigung.

Darüber hinaus wird diese Prädisposition von vielen anderen Faktoren wie genetischen Einflüssen, persönlichkeitspsychologischen Merkmalen, der individuellen Lebens- und Lerngeschichte inklusive früheren Realtraumatisierungen oder fortgesetzter emotionaler, psychischer und physischer Deprivation in vulnerablen Phasen der psychosexuellen Entwicklung sowie neurobiologischen Dysregulationen, etwa des Schlaf-Wach-Rhythmus, determiniert. Führen diese Determinanten in einem komplexen Wechselspiel zu einer hohen Dissoziationsneigung, können bereits alltägliche psychosoziale Belastungen, die eindeutig nicht als Trauma zu qualifizieren sind, dissoziative Phänomene oder gar Störungen auslösen. Abbildung 2 versucht, dieses Modell graphisch zu veranschaulichen.

Dieses Modell erlaubt es, die oben dar-

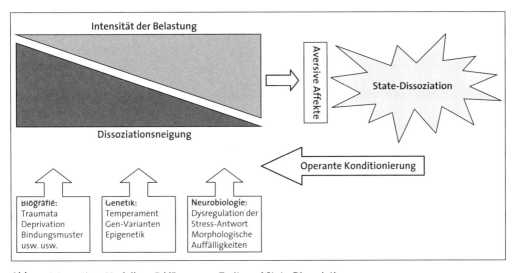

Abb. 2: Integratives Modell zur Erklärung von Trait- und State-Dissoziation

gestellten und partiell widersprüchlichen Befunde sinnvoll zu integrieren. Aus therapeutischer Sicht bietet es überdies den Vorzug, dass die Hauptschulen der Psychotherapie es mit ihrer Begrifflichkeit ›füllen‹ und somit für den klinischen Alltag nutzbar machen können.

2.6 Literatur

Bernstein E. M. & Putnam F. W. (1986). Development, reliability, and validity of a dissociation scale. *Journal of Nervous and Mental Disease*, 174, 727–735.

Bremner J. D. & Marmar C. R. (Hrsg.) (1998). *Trauma, memory, and dissociation*. Washington, DC: American Psychiatric Press.

Cardena E. (1994). The domain of dissociation. In: Lynn S. J. & Rhue R. W. (Hrsg.) *Dissociation: Theoretical, clinical, and research perspectives*. New York: Guilford Press, 15–31.

Eckhardt-Henn A. (2004). Dissoziation als spezifische Abwehrfunktion schwerer traumatischer Erlebnisse – eine psychoanalytische Perspektive. In: Eckhardt-Henn A. & Hoffmann S. O. (2004). *Dissoziative Bewusstseinsstörungen*. Stuttgart: Schattauer, 276–294.

Ellenberger H. F. (2005). *Die Entdeckung des Unbewussten*. Zürich: Diogenes.

Fiedler P. (2008). *Dissoziative Störungen und Konversion. Trauma und Traumabehandlung*. 3. Aufl. Weinheim: PVU.

Fromm E. (1965). Hypnoanalysis: Theory and two case excerpts. *Psychotherapy: Theory, Research and Practice*, 2, 127–133.

Giesbrecht T. & Merckelbach H. (2005). Über die kausale Beziehung zwischen Dissoziation und Trauma. Ein kritischer Überblick. *Nervenarzt*, 76, 20–27.

Hantke L. (1999). *Trauma und Dissoziation. Modelle der Verarbeitung traumatischer Erfahrungen*. Berlin: Wissenschaftlicher Verlag Berlin.

Hilgard E. R. (1974). Towards a neodissociation theory: Multiple cognitive controls in human functioning. *Perspectives in Biology and Medicine*, 17, 301–316.

Holmes E. A., Brown R. J., Mansell W., Fearon R. P., Hunter E. C., Frasquilho F. & Oakley D. A. (2005). Are there two qualitatively distinct forms of dissociation? A review and some clinical implications. *Clinical Psychological Review*, 25, 1–23.

Irwin H. J. (1999). Pathological and nonpathological dissociation: The relevance of childhood trauma. *Journal of Psychology*, 133, 157–164.

Janet P. (1889). *L'automatisme psychologique*. Paris: Alcan.

Kapfhammer H. P. (2004). Dissoziation und Gedächtnis als Ergebnis neurobiologisch beschreibbarer Prozesse. In: Eckhardt-Henn A. & Hoffmann S. O. (Hrsg.). *Dissoziative Bewusstseinsstörungen*. Stuttgart: Schattauer, 9–36.

Kapfhammer H. P. (2008). Dissoziative Störungen. In: Möller H. J., Laux G. & Kapfhammer H. P. (Hrsg.) *Psychiatrie und Psychotherapie*. Berlin: Springer, 1725–1767.

Kihlstrom J. F. (1994). One hundred years of hysteria. In: Lynn S. J. & Rhue R. W. (Hrsg.). *Dissociation: Theoretical, clinical, and research perspectives*. New York: Guilford Press, 365–394.

Lanius R. A., Vermetten E., Loewenstein R. J., Brand B., Schmahl C., Bremner J. D. & Spiegel D. (2010). Emotion modulation in PTSD: Clinical and neurobiological evidence for a dissociative subtype. *American Journal of Psychiatry*, 167, 640–647.

Lensvelt-Mulders G., Van der Hart O., Van Ochten J. M., Van Son M. J., Steele K. & Breeman L. (2008). Relations among peritraumatic dissociation and posttraumatic stress: A meta-analysis. *Clinical Psychology Review*, 28, 1138–1151.

Lewis K. L. & Grenyer B. F. (2009). Borderline personality or complex posttraumatic stress disorder? An update on the controversy. *Harvard Review of Psychiatry*, 17, 322–328.

Maercker A. (1994). Peritraumatische dissoziative Erfahrungen – Fragebogen. Unveröffentliches Manuskript, TU Dresden.

Marmar C. R., Weiss D. S., Schlenger W. E., Fairbank J. A., Jordan K., Kulka R. A. & Hough R. L. (1994). Peritraumatic dissociation and posttraumatic stress in male Vietnam theater veterans. *American Journal of Psychiatry*, 151, 902–907.

Nemiah J.C. (1998). Early concepts of trauma, dissociation and the unconscious: Their history and current implications. In: Bremner J.D. & Marmar C.R. (Hrsg.). *Trauma, memory, and dissociation*. Washington, DC: American Psychiatric Press, 1–26.

Ross C.A. (1997). *Multiple personality disorder. Diagnosis, clinical features, and treatment*. New York: John Wiley & Sons.

Spitzer C., Wrede K.H. & Freyberger H.J. (2004). Das AMDP-Modul zu Dissoziation und Konversion (AMDP-DK): Entwicklung einer Checkliste und erste Befunde zu ihren psychometrischen Charakteristika. *Fortschritte der Neurologie und Psychiatrie*, 72, 404–410.

Spitzer C., Stieglitz R.D. & Freyberger H.J. (2005). *Fragebogen zu Dissoziativen Symptomen (FDS). Ein Selbstbeurteilungsverfahren zur syndromalen Diagnostik dissoziativer Phänomene. Testmanual zur Kurz- und Langform (FDS-20 und FDS)*. 2. Aufl. Bern: Huber.

Spitzer C., Barnow S., Freyberger H.J. & Grabe H.J. (2007). »Pathologische Dissoziation« – ein sinnvolles Konzept? *Trauma & Gewalt*, 1, 34–44.

Van der Hart O. & Nijenhuis E.R.S. (2009). Dissociative disorders. In: Blaney P.H. & Millon T. (Hrsg). *Oxford Textbook of Psychopathology*. 2. Aufl. Oxford: Oxford University Press, 452–481.

Van der Hart O., Nijenhuis E.R.S. & Steele K. (2008). *Das verfolgte Selbst: Strukturelle Dissoziation und die Behandlung chronischer Traumatisierung*. Paderborn: Junfermann.

Van der Kolk B.A., Van der Hart O. & Marmar C.R. (2000). Dissoziation und Informationsverarbeitung beim posttraumatischen Belastungssyndrom. In: Van der Kolk B.A., McFarlane A.C. & Weisaeth L. (Hrsg). *Traumatic Stress. Grundlagen und Behandlungsansätze*. Paderborn: Junfermann, 241–261.

Waller N.G., Putnam F.W. & Carlson E.B. (1996). Types of dissociation and dissociative types. A taxometric analysis of dissociative experiences. *Psychological Methods*, 1, 300–321.

Waller N.G. & Ross C.A. (1997). The prevalence and biometric structure of pathological dissociation in the general population: Taxometric and behavior genetic findings. *Journal of Abnormal Psychology*, 106, 499–510.

ANDREA B. HORN UND ANDREAS MAERCKER

3. Psychologische Theorien zum Verständnis der Posttraumatischen Belastungsstörung

Die Posttraumatische Belastungsstörung ist definiert als eine Störung von diversen psychischen Prozessen infolge eines traumatischen Erlebnisses. In diesem Kapitel soll ein kurzer Überblick über die in diesem Zusammenhang relevanten Prozesse und deren konzeptionellen Fassung im Rahmen der Forschung zur Posttraumtischen Belastungsstörung (PTBS) gegeben werden. Dabei wird zunächst kurz auf die konstituierenden psychischen Phänomene eingegangen und werden dann einige psychische Risiko- und Schutzfaktoren vorgestellt, die im Rahmen der Entwicklung einer PTBS diskutiert werden. Dieses Kapitel schließt mit einem kurzen Überblick über bestehende psychologische Modelle der Posttraumatischen Belastungsstörung. Einige dieser Modelle werden dann im Kapitel »Verhaltenstherapeutische Theorien und Modelle zu Trauma und Posttraumatischer Belastungsstörung« von Anke Weidmann in diesem Handbuch vertieft beschrieben.

3.1 Psychische Phänomene im Rahmen der Posttraumatischen Belastungsstörung

Die PTBS zeichnet sich durch ein komplexes, einzigartiges Muster von Störungen diverser psychischer Prozesse aus. Neben Störungen des affektiven Erlebens, sind spezifische Konditionierungs- und Gedächtnisphänomene zu beobachten. Dissoziative Phänomene sind für die PTBS – im Unterschied zu vielen anderen psychischen Störungen – charakteristisch, während ihr mit anderen Störungen gemein ist, dass kognitive Bewertungsprozesse eine ätiologisch zentrale Rolle spielen. Zudem ist eine Veränderung der sozialen Wirklichkeit infolge des Traumas durch Einflüsse auf sozio-interpersonelle Prozesse eine wichtige weitere Ebene psychischer Prozesse, die es im Rahmen der PTBS zu beachten gilt.

3.1.1 Affekte

Nach dem DSM IV ist eine Voraussetzung für die Diagnose einer PTBS das Erleben von *Furcht* bis *Todesangst*, *Hilflosigkeit* oder *Horror* während des Traumas. Die Begrenzung auf diese Kriterien wird diskutiert, denn in der neueren Forschung ergibt sich, dass auch *Scham*, *Ärger* und *Ekel* vorherrschende Affekte im Rahmen von durchaus als im engeren Sinne als traumatisch zu bezeichnenden Ereignissen sein können (siehe zusammenfassend Brewin & Holmes, 2003). Weiterhin hat sich der affektiv geprägte Zustand der völligen *Selbstaufgabe*, *mental defeat*, während des Traumas als wichtiger Risikofaktor für eine schwerere Ausprägung der PTBS erwiesen (Ehlers et al., 2000).

Traumatische Erlebnisse sind aber auch dadurch gekennzeichnet, dass ihre emotionalisierende Wirkung über die Situation des Traumas selber hinaus wirksam wird. Hier spielen insbesondere *Ärger, Scham, Schuld-, Rache-* und *Ungerechtigkeitsgefühle* eine wichtige Rolle, die häufig im Rahmen einer PTBS auftreten. Diese affektiven Erlebensweisen zählen zu den sogenannten *sozialen Affekten*, da ihr Erleben immer in einem sozialen Bezugsrahmen stattfindet (siehe zusammenfassend Maercker & Horn, eingereicht). Weiterhin wird in der aktuellen PTBS-Forschung ein unspezifisches Cluster *dysphorischer Affekte* infolge eines Traumas als ein bisher vernachlässigter Symptombereich der PTBS, der einer depressiven Symptomatik nahe ist, diskutiert (Yufik & Simms, 2010).

3.1.2 Konditionierung

Die PTBS wurde ursprünglich den Angststörungen zugerechnet, da in Reaktion auf die zunächst in der traumatisierenden Situation spontan auftretende Angst Prozesse vermutet werden, die denen bei Angststörungen vergleichbar sind. Eine zentrale Theorie in diesem Zusammenhang ist die *Zwei-Faktoren-Theorie* von Mowrer (1960).

Der erste Faktor repräsentiert die *klassische Konditionierung*: Ein zunächst neutraler Reiz wird aufgrund zeitlich und räumlich kontigenten Auftretens mit einem Aspekt der traumatisierenden Situation assoziiert, der direkt – also ohne vorherige Lernerfahrung – Angst oder andere vegetativ geprägte Reaktionen auslöst, wie beispielsweise die direkte Bedrohung von körperlicher oder physischer Unversehrtheit. Dies führt im ungünstigen Fall zu einer Generalisierung der Reaktion auf verschiedene Reize, die während der Traumatisierung mit der Reaktion gekoppelt waren oder konditioniert wurden (z. B. Alarmsirenengeräusche mit Angst und Schrecken bei Fliegerangriffen). Nach Mowrers Zwei-Faktoren-Theorie spielt aber auch eine *operante Konditionierung* bei der Entstehung und insbesondere Aufrechterhaltung von Angststörungen eine Rolle: Die *Vermeidung* von konditionierten angstauslösenden Stimuli (z. B. der Ort, wo die Traumatisierung stattfand) führt zeitlich kontigent zu einer sogenannten *negativen Verstärkung*, da ein negativer Zustand (ängstlich, unruhig) unterbrochen wird. So wird das Vermeidungsverhalten operant verstärkt und eine Löschung der klassischen Konditionierungsprozesse höchst unwahrscheinlich.

Für die Therapie von Angststörungen im Allgemeinen aber auch der PTBS ist diese frühe Theorie sehr einflussreich. Vermeidung und vegetatives Hyperarousal als konstituierende Merkmale bei der Diagnose einer PTBS sind über die genannten Prozesse gut erklärbar, während komplexere Wiedererlebensphänomene sowie kognitive und sozioaffektive Prozesse bei einer Reduktion auf Konditionierungprozesse nicht befriedigend konzeptionalisiert werden können. Entsprechend erscheint es als wichtig, höherstehende kognitive Prozesse wie Gedächtnis und kognitive Bewertungsprozesse im Zusammenhang mit der PTBS zu diskutieren.

3.1.3 Gedächtnis

Die PTBS ist durch ein verstärktes Auftreten von beunruhigenden intrusiven Erinnerungen gekennzeichnet, gleichzeitig werden häufig Amnesien in Bezug auf die Details des traumatischen Ereignisses berichtet. Dieses als widersprüchlich erscheinende Muster konnte in einer Vielzahl von Studien repliziert werden: Hoch emotionalisierte traumatische Erinnerungen tendieren dazu, in der Folge häufig und lebendig wiedererlebt zu werden (Pillemer, 1998), sind aber eben auch disorganisierter und mit Lücken behaftet (Foa et al., 1995). Eine besondere Form von Gedächtnisphänomenen sind sogenannte *Flashbacks*, die durch das unmittelbare Wiedererleben sensorischer Details wie lebendiger Bilder oder Geräusche aus dem Traumakontext gekennzeichnet sind, die aber auch sehr fragmentiert auftreten können. Sie sind besonders belastend, da sie nicht das Ergebnis von gezielten Versuchen des Wiedererinnerns *(unwanted trauma memories)* sind, sondern sich unvermittelt aufdrängen. Sie gelten als klinisches Phänomen, das *charakteristisch für die Symptomatik* einer *PTBS* ist und zu dessen Kennzeichen ein *gestörtes Zeiterleben (nowness* der wiedererlebten Erinnerungen) und eine *Kontextlosigkeit* in Bezug auf den Zusammenhang sonstiger autobiographischer Erinnerungen gehören (siehe dazu die Übersicht bei Ehlers, 2010, und das duale Repräsentationsmodell von Brewin et al., 2010, siehe Abschnitt 3.3.2).

3.1.4 Dissozation

Dissoziation kann definiert werden als jede Art von zeitweisem Zusammenbruch dessen, was wir als relativ kontinuierliche, aufeinander bezogene Prozesse des Erlebens der Welt um uns herum, der Vergangenheit sowie der eigenen Identität – als kontinuitätstiftend Instanz zwischen der eigenen Vergangenheit und Zukunft – wahrnehmen (Spiegel & Cardeña, 1991). Als dissoziative Phänomene im Rahmen der PTBS sind folgende Symptome zu nennen: *emotionale Taubheit (numbing), Derealisierung, Depersonalisierung* und *out of body*-Erfahrungen. Die Dissoziation wird häufig als evolutionär sinnvolles, defensives Reagieren des Organismus auf eine massive Bedrohung der körperlichen Unversehrtheit konzeptionalisiert, eine Reaktion, die insbesondere dann auftritt, wenn die Bedrohung als nicht – etwa durch kämpferische Verteidigung – beeinflussbar erlebt wird und mit Phänomenen vergleichbar ist, wie sie bei Tieren in Bedrohungssituationen als *freezing* auftauchen.

3.1.5 Kognitive Bewertung

Die genannte Bewertung des Bedrohungsgehalts und der eigenen Ressourcen, damit umzugehen, ist ein Beispiel für *kognitive Bewertungsprozesse (appraisal,* Lazarus & Folkman, 1984). Die Bewertung erlebter Ereignisse als nicht kontrollierbar und vorhersagbar führt in der Folge zum Auftreten von Passivität und Ängstlichkeit, ein Zusammenhang, der im Tierversuch wiederholt belegt worden ist (*Erlernte Hilflosigkeitstheorie;* vgl. Peterson & Seligman, 1983); eine solche Bewertung wurde später als Erklärung zumindest für Taubheits- und

Passivitätsphänomene im Rahmen einer PTBS angenommen (siehe zusammenfassend Foa et al., 1989). Der Komplexität der als Folge eines Traumas auftretenden kognitiven Prozesse eher gerecht werden spätere Ansätze wie das kognitive Modell von Ehlers und Clark (2000): Die nach dem Trauma vorherrschende negative Bewertung des Traumas und seine Konsequenzen (»Ich bin nirgends sicher«, »Ich habe es nicht anders verdient«) führen zu einer anhaltenden Wahrnehmung von Bedrohung und Beschädigung und den entsprechenden affektiven Korrelaten, was als Faktor interpretiert wird, der die posttraumatischen Symptome aufrechterhält.

Auf diese Modelle wird im Folgenden und im Kapitel »Verhaltenstherapeutische Theorien und Modelle zu Trauma und Posttraumatischer Belastungsstörung« von Anke Weidmann (in Teil B dieses Bandes) noch eingegangen werden. Dabei steht die Bewertung des Traumas im Zusammenhang mit allgemeinen Einstellungen im Vordergrund. Schon in den frühen theoretischen Fassungen posttraumatischer Phänomene haben Janoff-Bulman (1985) und Horowitz (1976/1997) auf die Wichtigkeit der Folgen von Traumaerlebnissen für allgemeine Einstellungen – wie den Glauben an eine gerechte, kontrollierbare, bedeutungsvolle Welt und die eigene Unverletzlichkeit – verwiesen, Grundannahmen, die im Rahmen von Bewertungsprozessen nach dem Trauma empfindlich gestört werden (siehe den Begriff der *shattered assumptions* bei Janoff-Bulman, 1985).

3.1.6 Sozio-interpersonelle Prozesse

Welch große Bedeutung es für die psychische Gesundheit insbesondere nach dem Erleben eines Traumas hat, ob die Welt, das Selbst und insbesondere die soziale Umgebung als freundlich bzw. positiv oder feindlich bzw. negativ gesehen wird, ist schon seit den ersten Konzeptionalisierungen der PTBS diskutiert worden (Horowitz, 1976/1997). Neuere Metaanalysen unterstreichen die Wichtigkeit von sozio-interpersonellen Prozessen: Soziale Unterstützung erweist sich in der Metaanalyse von Brewin und Kollegen (2000) als protektiver Faktor in Bezug auf die Ausprägung einer klinisch signifikanten PTBS und zeigt dabei eine Effektstärke, die größer ist als bei »harten« Kriterien, zu denen Charakteristika des Traumas oder im Rahmen der Theorie erwartete Phänomene wie bestimmte kognitive Vulnerabilitäten gehören. Soziale Unterstützung wird meistens über das subjektive Erleben erhoben, dass man sich unterstützt und nicht allein fühlt, wenn es darauf ankommt. Somit spiegelt dieses Maß so etwas wie das Erleben eines allgemeinen sozio-interpersonellen Eingebettetseins wider, und was tatsächlich eine Vielzahl von Aspekten beinhaltet. In neuerer Zeit wird entsprechend dafür plädiert, differenziertere Maße für derartige Prozesse zu entwickeln (Bolger et al., 2000) und auch in der PTBS-Forschung einzusetzen (Maercker & Horn, eingereicht). Eine aktuelle konzeptionelle Fassung von sozio-interpersonellen Prozessen im Rahmen der PTBS stellt das Modell von Maercker und Horn dar (Maercker & Horn, eingereicht).

3.2 Psychische Risiko- und Schutzfaktoren in Bezug auf die Entwicklung einer PTBS

Zum Verständnis des Phänomens PTBS kann mittlerweile eine Vielzahl von Studien, die im Rahmen ihrer psychosozialen Erforschung durchgeführt wurden, beitragen. Die Frage nach Risiko- und Schutzfaktoren in Bezug auf die Entwicklungung und Aufrechterhaltung von psychischen Störungen stellt sich generell im Rahmen von entwicklungspsychopathologischen Fragestellungen. Aber bei der PTBS drängt sich die Frage ganz besonders auf, da hier ein eindeutiger ätiologischer Faktor – das Trauma – als Bedingung für die Diagnose definiert ist. Die Reaktion auf ein Trauma ist immer emotionalisierend und tiefgreifend, aber nicht jede Exposition gegenüber einem Trauma führt zu einer psychischen Störung. Die Frage, welche Faktoren hier protektiv wirken und welche Vulnerabilitäten für die Entwicklung einer späteren psychischen Störung verstärken, erscheint hier besonders zentral, auch für präventive und therapeutische Ansätze. Das Rahmenmodell von Maercker (1998) schlägt eine Struktur für die konzeptionelle Einordnung der bestehenden empirischen Befunde vor und fasst diese zusammen (siehe in diesem Handbuch Kap. A6: Risikofaktoren, Resilienz und posttraumatische Reifung). Einen wichtigen Beitrag zur Untersuchung der empirischen Evidenz auf diesem Gebiet stellen die vorliegenden Metaanalysen dar, insbesondere die von Brewin und Kollegen (2000).

Im Vergleich zu den sogenannten Ereignis- (wie Traumadauer und -schwere) und Aufrechterhaltungsfaktoren (wie kognitive Veränderungen) war in der Metaanalyse von Brewin et al. (2000) der Zusammenhang zwischen Risiko- und Schutzfaktoren, die zur Person gehören (wie niedriges Alter zum Zeitpunkt der Traumatisierung, weibliches Geschlecht, niedriger Bildungsstand und niedriger IQ), und der Entwicklung einer PTBS weniger ausgeprägt. Ein weiterer relevanter Bereich sind prätraumatisch bestehende *Persönlichkeitseigenschaften*, die aber methodisch schwer zu untersuchen sind, da man eine Erhebung vor dem Erleben das Traumas durchführen müsste, um traumainduzierte Persönlichkeitsveränderungen auszuschließen. Zusammenfassend kann man aber sagen, dass es Hinweise darauf gibt – wie diese Hinweise erfasst wurden, ist auf unterschiedliche Weise umstritten und damit kritikwürdig –, dass prätraumatische Persönlichkeitseigenschaften wie niedrigere emotionale Reife (Lee et al., 1995), Neigung zur Rumination (gedankliches »Wiederkäuens«, ein Konzept ursprünglich aus der Depressionsforschung, wie nachzulesen bei Nolen-Hoeksema & Morrow, 1991), niedrige Selbstwirksamkeit und stärkere Tendenzen zur Feindseligkeit gegenüber anderen Menschen (Heinrichs et al., 2005) sowie höherer Trait-Ärger (d. h. Ärger als Persönlichkeitseigenschaft; Meffert et al., 2008) Risikofaktoren darstellen, dass nach einem Trauma eine stärkere PTBS-Symptomatik entwickelt wird.

Die objektivierbaren Aspekte der Traumaschwere (Dauer, Schadensausmaß, Verletzungsgrad, Anzahl der Toten) stehen, wie eine Vielzahl von Studien zeigt, erwartungsgemäß in einer direkten Beziehung zur Schwere der posttraumatischen Symptomatik; die Effektstärken liegen jedoch nur im niedrigen bis mittleren Bereich, was die Wichtigkeit subjektiver Bewertungsprozesse und sozialer Faktoren einmal mehr unterstreicht (Brewin et al., 2000). Denn das subjektive Erleben – das von psycho-sozialen Faktoren mit abhängt – während des Traumas scheint sehr zentral zu sein: Zeigen sich beispielsweise stärkere Initialreaktionen (Maercker et al., Schützwohl & Beauducel, 2000), Selbstaufgabe (siehe oben,

Ehlers et al., 2000) oder peritraumatische Dissoziation (Marmar et al., 1998), ist die Wahrscheinlichkeit infolge des Traumas eine stärkere Symptomatik zu entwickeln, größer.

3.2.1 Aufrechterhaltungsfaktoren nach dem Trauma

Wie ein traumatisches Erlebnis verarbeitet wird, ist zu einem großen Teil von Aspekten abhängig, die erst nach dem Trauma relevant werden. So ist ganz allgemein eine erhöhte Stressbelastung (z. B. familiärer, beruflicher, finanzieller Stress) ein Risikofaktor für die Entwicklung einer PTBS (Brewin et al., 2000).

Zentral für die Psychotherapie und deren zugrunde liegende Modelle der PTBS (siehe das erwähnte Kapitel von A. Weidmann) sind *kognitiv-emotionale Veränderungen* infolge des Traumas. Schon in den ersten Formulierungen des Störungsbildes durch Horowitz (1976) wurde dem Erleben von Schuld, insbesondere der sogenannten Überlebensschuld *(survivor guilt)*, eine wichtige Rolle bei der Aufrechterhaltung von Belastungssymptomen zugesprochen: Kognitive Bewertungen wie »Ich habe Mitschuld an dem, was vorfiel. Ich hätte vielleicht andere, die nicht überlebt haben, retten können …«, implizieren, dass eine Kontrollmöglichkeit über die traumatische Situation bestand, die altruistisch zu nutzen gewesen wäre. Solche Bewertungen, die zum ersten Mal im Zusammenhang mit Holocaust-Überlebenden beschrieben wurden, sind sehr belastend und werden häufig bei Überlebenden zahlreicher ganz unterschiedlicher traumaauslösender Situationen berichtet, bei denen andere zu Tode kamen. Im Weiteren werden die wichtigsten Aspekte der das Trauma aufrechterhaltenden Faktoren noch näher beschrieben, die im Zentrum von Ehlers' und Clarks Modell (2000) stehen und die im sozio-interpersonellen Modell von Maercker und Horn (eingereicht) diskutiert werden.

3.3 Wichtige Modelle

Die psychologischen Modelle der PTBS mussten und müssen sich immer auch dem Anspruch stellen, das klinische Phänomen der PTBS hinlänglich zu beschreiben und dabei heuristisch wertvoll und für die therapeutische Behandlung handlungsleitend zu sein. Die nun kurz vorzustellenden Modelle werden, entsprechend vertieft, auch im Kapitel zu den verhaltenstherapeutischen Modellen zu PTBS und Trauma von Anke Weidmann vorgestellt werden. Im Folgenden werden die wichtigsten Modelle kurz dargestellt, wobei auf die anfangs dargestellten grundlegenden psychischen Phänomene der PTBS Bezug genommen wird.

3.3.1 Gedächtnismodelle

Erste Konzepte

Wegweisend für die Theoriebildung der Traumafolgestörung waren die Reflexionen von Mardi Horowitz (1976/1997): Von Haus aus Psychoanalytiker, hob er die große Bedeutung hervor, die das Ringen um eine Integration des erschütternden traumatischen Erlebnisses in die vorher bestehenden Gedächtnisrepräsentanzen vom Selbst, den anderen und der Welt im Rahmen des posttraumatischen Geschehens hat. Häufig überfordert dieser Prozess das psychische System, so dass zur Reduktion der Spannung, die entsteht, weil mit dem Trauma kein zu bisherigen Sichtweisen passender

Sinn verbunden werden kann, vermeidende Abwehrmechanismen zum Zuge kommen. Gleichzeitig besteht ein fundamentales Bedürfnis nach Assimilation des Geschehenen, was wiederum die Phänomene des Wiedererlebens erklären könnte.

Lerntheoretische Ansätze: das Furchtstrukturmodell

Aus lerntheoretischer Perspektive wurde von Foa und Kozak (1986) zur Erklärung der PTBS das Furchtstrukturmodell vorgeschlagen, auf dem die Expositionsbehandlung bei einer PTBS beruht: Unter Berufung auf die *Zwei-Faktoren-Theorie* von Mowrer (1960) wird hier eine konditionierte Kopplung von Angst an kognitive Repräsentanzen von traumarelevantem Gedächtnismaterial angenommen. Bezugnehmend auf die Studien von Lang (1979) wird darüber hinaus von einem *Netzwerkmodell* des Traumagedächtnisses ausgegangen. Die sogenannten Knoten des semantischen Netzwerks des Gedächtnisses repräsentieren neben den konditionierten emotionalen und physiologischen Reaktionen auf das Ereignis auch Gedächtnisinhalte – inbesondere bezüglich des Bedrohungsgehalts des Traumas. Dieses Gedächtnismodell geht also von einer integrierten Repräsentation von emotionalen und kognitiven Informationen aus, die Teil eines allgemeinen Reaktionsprogramms ist: Je umfassender das Furchtnetzwerk, von desto mehr Schlüsselreizen – sensorischer wie inhaltlicher Art – kann es aktiviert werden, und desto ausgeprägter ist die Symptomatik. Foas *Furchtstrukturmodell* integriert damit neben den basalen konditionierten Reaktionen auch die subjektive Bedeutung, die dem Trauma zugeordnet wird, und öffnet sich somit gegenüber konzeptuell kognitiven ätiologischen und therapeutischen Ansätzen (siehe auch die vertiefende Darstellung im o.g. Kapitel von A. Weidmann in diesem Handbuch).

Die Dual Representation Theory (duales Repräsentationsmodell)

Während in den bisher dargestellten Gedächtnismodellen keine qualitativen Unterschiede zwischen normalen und traumabezogenen Gedächtnisstrukturen postuliert wurden, geht die Dual Representation Theory (Brewin et al., 2010) von zwei qualitativ distinkten, parallel arbeitenden Gedächtnissystemen aus. Sogenannte *VAM*-Erinnerungen (»*v*erbally *a*ccessible *m*emory«) sind, wie der Name sagt, verbal zugänglich und in den Kontext anderer autobiografischer Erinnerungen eingebettet. Bei traumatischen Erinnerungen im VAM-System wäre also von einer Repräsentation innerhalb des Kontexts von Vergangenheit, Gegenwart und Zukunft der Person auszugehen. Diese Erinnerungen sind aufgrund ihrer verbalen Kodierung kommunizierbar und Bewertungen und Umbewertungen zugänglich, aber insofern limitiert, als sie nur die bewusst zugänglichen Anteile der traumatischen Erfahrung abspeichern. Dahingegen sind die Erinnerungen im *SAM*-System (»*s*ituational *a*ccessible *m*emory«) nicht im verbalen Code abgespeichert, sondern repräsentieren die auf basaler Ebene und nicht notwendigerweise bewusst wahrgenommenen Sinneseindrücke aufgrund internaler und externaler Stimuli. Im Rahmen eines traumatischen Erlebnisses kann es sich hierbei genauso um körperliche Angst- und Erregungssymptome wie um visuelle, akustische, olfaktorische Details des Ereignisses handeln. Diese Erinnerungen sind weitgehend dekontexualisiert und nicht in die autobiografische Erinnerung integriert, was die sensorische Unmittelbarkeit und den gestörten Zeitbezug im Rahmen des Erlebens von Flashbacks erklären kann. Auch die häufig nicht bewusst zugänglichen Assoziationen zwischen Auslöserreizen und Flashbacks wären so nachvollziehbar. Brewin und Kollegen (2010) formulieren in der aktuellen Form der *Dual Representation Theory* auch Hypothesen über die neuroanatomischen Korrelate der beiden Systeme und ihrer Mechanismen. Klinisch impliziert das Modell, dass die PTBS eine hybride Störung ist, bei der sowohl im VAM-System verbal zugängliche, kontextualisierte Bewertungsprozesse zu modifizieren sind wie auch sich in Flashbacks äußernde, rein sensorisch gespeicherte SAM-Erinnerungen mit neuen SAMs überschrieben werden müssen, wenn eine Symptomreduktion angestrebt wird.

3.3.2 Kognitive Modelle

Kognitive Schemata sind im Gedächtnis vorliegende Informationsmuster, welche die Informationsverarbeitung steuern und organisieren. Wie bereits erwähnt, spielen sie bereits bei den ersten Konzeptionalisierungen der PTBS von Horowitz eine Rolle (Horowitz 1976/1997), der auf die Wichtigkeit der Integration neuer Erfahrungen in die bestehenden Strukturen der Sicht von sich selbst, Welt und Mitmenschen hinwies. Auch im ursprünglichen Furchtstrukturmodell von Foa war die Bedeutung von kognitiven Bewertungsprozessen bereits theoretisch angelegt. Folgerichtig entwickelten Foa und Rothbaum (1998) ihr Furchtstrukturmodell weiter: In dem erweiterten Modell werden bereits vor dem Trauma vorliegende rigide positive kognitive Schemata bezüglich eigener Kontrollmöglichkeiten und einer Sicht auf die Welt als sicheren Ort als Faktoren mit einbezogen, welche die Vulnerabilität für die Entwicklung einer klinisch signifikanten PTBS und insgesamt eine ungünstige Entwicklung posttraumatischer Symptome wahrscheinlicher machen. Diese rigiden Annahmen, die schon vor dem Trauma bestanden, werden dann durch bestimmte kognitive Bewertungsmuster nach dem Trauma noch verstärkt und führen letztlich zum anderen Extrem, dem Erleben von andauernder Schwäche, Verletzlichkeit und Bedrohung. Janoff-Bulman (1985) spricht in diesem Zusammenhang von erschütterten Einstellungen *(shattered assumptions)*, die einen chronischen Verlauf der posttraumatischen Symptomatik begünstigen.

Das Modell von Ehlers und Clark (2000) baut auf diesen Überlegungen auf. Die Autoren weisen besonders auf das Paradox hin, dass sich bei der PTBS, obwohl das Trauma in der Vergangenheit liegt, die starke Angst oft auch auf die Zukunft erstreckt. Sie erklären dies durch eine bestimmte Tendenz der Informationsverarbeitung, die zu der Bewertung führt, dass weiterhin eine akute Bedrohung für die Person und deren Zukunft besteht. Der Beitrag des Modells von Ehlers und Clark hinsichtlich der Relevanz bestimmter negativer Bewertungen der Situation (»Ich bin und bleibe ein Opfer«), der eigenen Person (»Ich verdiene es, dass mir schlimme Sachen passieren«), aber auch der posttraumatischen Symptomatik (»Meine Symptome werden nie vergehen, mein Leben ist ruiniert«) ist von großer klinischer Bedeutung. Weiterhin weisen Ehlers und Clark (2000) auf die Gefahr des »Nicht-zu-Ende-Denkens« aufgrund kognitiver Vermeidung hin und sehen die Integration der fragmentierten traumabezogenen Gedächtnisinhalte – neben der Überschreibung von konditionierten Stimulus-Antwort-Assoziationen – als wichtiges therapeutisches Ziel an.

3.3.3 Das sozio-interpersonelle Kontextmodell

Alle bisher vorgestellten psychologischen Modelle gehen von einem primär individuenzentrierten Ansatz aus. Im Mittelpunkt stehen innerpsychische Prozesse wie gedankliche Bewertungen und Repräsentationen, Gedächtnis, Affekt und Dissoziation. Diese Prozesse passieren aber nicht im luftleeren Raum, vielmehr ist das Individuum eingebettet in einen sozio-interpersonellen Kontext. Ein Beispiel mag dies verdeutlichen: Eine Person wird aus politischen Gründen inhaftiert und wird gefoltert, was sie stark traumatisiert. Sie kehrt aus der Haft in ihren vorherigen sozialen Kontext zurück und wird dort von einem liebenden, verständnisvollen Partner unterstützt, von einem Freundeskreis voll Anerkennung für ihr mutiges Verhalten willkommen geheißen und mit aufrichtigem Interesse eingeladen, über ihre Erfahrungen und Erlebnisse zu sprechen, wenn sie das möchte. In den Medien wird währenddessen unterstrichen, wie wichtig die Zivilcourage der ehemaligen politischen Häftlinge war.

Ein Gegenbeispiel könnte folgendermaßen aussehen: Nach der exakt selben Art der Traumatisierung kehrt der ehemalige Häftling zurück, fühlt sich von seinen nahestehenden Vertrauten missverstanden, die ihn »überbeschützen« und wegen seiner Traumafolgesymptome für wunderlich und nicht wirklich lebensfähig halten. Seine Umgebung scheint nicht gut auszuhalten, wenn er von seinen Erlebnissen spricht. Er erlebt dies als ungerecht, schämt sich für seine Symptome und gewöhnt sich ab, über seine Erlebnisse und deren Folgen zu sprechen. Gleichzeitig muss er um eine Rente kämpfen, während seine Peiniger selbstverständlich berentet werden, und die gesellschaftlichen Reaktionen und Haltungen, die er gegenüber politisch Gefangenen wahrnimmt, sind sehr heterogen.

Die genannten Faktoren – sozialer Affekt auf *individueller Ebene*, interperpersonelle Prozesse wie soziale Unterstützung und Disclosure auf der Ebene der *nahen Beziehungen* sowie Haltungen und Tendenzen auf der Ebene von *Gesellschaft und Kultur* – spielen eine zentrale Rolle für die Ausprägung einer posttraumatischen Symptomatik (siehe Abb. 1).

Das von Maercker und Horn (eingereicht) vorgeschlagene sozio-interpersonelle Modell[1] legt einen Fokus auf die beschriebenen Prozesse.

Deren Bedeutung verdeutlichen die genannten Beispiele: Die soziale Wirklichkeit der Betroffenen beeinflusst und formt nicht nur genuin interpersonelle Prozesse, die in bisherigen Modellen häufig gänzlich vernachlässigt wurden. Sie steht auch in engem Wechselspiel mit intrapsychischen Prozessen wie kognitiver Umstrukturierung, Unterbrechung von vermeidenden kognitiven, verhaltensbezogenen und emotionsregulatorischen Strategien und damit Ermögli-

---

[1] Das sozio-interpersonelle Modell der PTBS stellt eine Weiterentwicklung des von Maercker 2009 vorgestellten Sozialen Fazilitationsmodells dar.

chung von Habituation sowie der Integration fragmentierter Gedächtnisinhalte. Ein Gedanke, der naheliegend ist, wenn man die interaktionellen Prozesse einer Psychotherapie betrachtet, die ebenso in interpersonellen Interaktionen des Alltags von Betroffenen zu erwarten sind, der allerdings konzeptionell bisher unterrepräsentiert war.

Zentrale Begriffe des Modells sind Abbildung 1 zu entnehmen. Es folgt einem Kontextebenenansatz, der zwischen individueller Ebene und der Ebene der nahen Beziehungen und entfernterer Gruppenzugehörigkeit unterscheidet. Soziale Affekte gelten in diesem Zusammenhang als wichtige Phänomene auf *individueller Ebene*. Auf der Ebene der *nahen Beziehungen* wird – unter Bezugnahme auf die bestehende Forschung – neben der *sozialen Unterstützung* besonderer Wert auf die Rolle von *Disclosure* (Selbstöffnung) und empathiebezogenen Prozessen gelegt (Müller & Maercker, 2006).

All diese Prozesse finden zwischen mindestens zwei Personen in Interaktion statt; diesen interaktionellen Charakter interpersoneller Prozesse gilt es zu berücksichtigen, was konzeptionelle wie methodische Implikationen hat. Wie am Beispiel neuerer Forschung zur sozialen Unterstützung schon dargelegt, ändert sich das Bild sozialer Einflüsse auf Traumfolgephänomene, wenn man

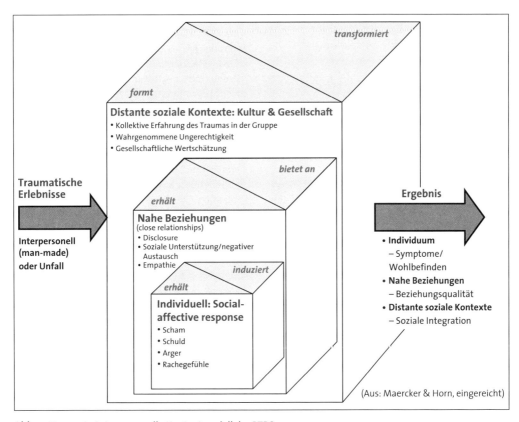

Abb. 1: Das sozio-interpersonelle Kontextmodell der PTBS

beide Perspektiven – die des empfangenden Traumatisierten und die des gebenden Nahestehenden – berücksichtigt. Auf der Ebene distanter Gruppenzugehörigkeit können der kollektive Charakter von Traumaerfahrungen, neben anderen kulturellen Einflüssen aber auch *gesellschaftliche Wertschätzung* (social acknowledgement, Maercker & Müller, 2004) und *Ungerechtigkeitserleben* eine wichtige Rolle für die Symptomentwicklung infolge eines Traumas spielen.

Für die künftige PTBS-Forschung möchte das Modell auch dazu inspirieren, die genannten Prozesse über die Zeit und auf ökologisch valide Art und Weise zu erfassen, um durch die Forschung Einblicke in soziale Wirklichkeiten zu bekommen, die eine zentrale Rolle für die Befindlichkeit aller Menschen, aber insbesondere auch traumatisierter Individuen spielen.

3.4 Literatur

Bolger N., Zuckerman A. & Kessler, R. C. (2000). Invisible support and adjustment to stress. *Journal of Personality and Social Psychology*, 71, 953–961.

Brewin C. R. & Holmes E. A. (2003). Psychological theories of posttraumatic stress disorder. *Clinical Psychology Review*, 23, 339–376.

Brewin C. R., Andrew B. & Valentine J. D. (2000). Meta-analysis of risk factors for posttraumatic stress disorder in trauma-exposed adults. *Journal of Consulting and Clinical Psychology*, 68, 748–766.

Brewin C. R., Gregory J. D., Lipton M. & Burgess N. (2010). Intrusive images in psychological disorders: Characteristics, neural mechanisms, and treatment implications. *Psychological Review*, 117, 210–232.

Ehlers A. (2010). Understanding and treating unwanted trauma memories in posttraumatic stress disorder. *Zeitschrift für Psychologie/ Journal for Psychology*, 218, 141–145.

Ehlers A. & Clark D. M. (2000). A cognitive model of posttraumatic stress disorder. *Behaviour Research & Therapy*, 38, 319–345.

Ehlers A., Maercker A. & Boos A. (2000) Predictors of chronic PTSD following political imprisonment: The role of mental defeat, alienation, and perceived permanent change. *Journal of Abnormal Psychology*, 109, 45–55.

Foa E. B. & Kozak M. J. (1986). Emotional processing of fear: Exposure to corrective information. *Psychological Bulletin*, 99, 20–35.

Foa E. B. & Rothbaum B. O. (1998). Treating the trauma of rape: Cognitive behavioral therapy for PTSD. New York: Guilford Press.

Foa E. B., Molnar C. & Cashman L. (1995). Change in rape narratives during exposure to therapy for posttraumatic stress disorder. *Journal of Traumatic Stress*, 8, 675–690.

Foa E. B., Steketee G. & Rothbaum O. B. (1998). Behavioral/cognitive conceptualization of post-traumatic stress disorder. *Behavior Therapy*, 20, 155–176.

Heinrichs M., Wagner D., Schoch W., Soravia L. M., Hellhammer D. H. & Ehlert U. (2005). Predicting posttraumatic stress symptoms from pretraumatic risk factors: A 2-Year prospective follow-up study in firefighters. *American Journal of Psychiatry*, 162, 2276–2286.

Horowitz M. J. (1976/1997). *Stress response syndromes* (1. Aufl. 1976; 3., erw. Aufl. 1997). Northvale, NJ: Aronson.

Janoff-Bulman R. (1985). The aftermath of victimization: Rebuilding shattered assumptions. In: Figley C. R. (Hrsg.). *Trauma and its wake*. New York: Brunner/Mazel, 15–35.

Lang P. J. (1979). A bio-informational theory of emotional imagery. *Journal of Psychophysiology*, 16, 495–512.

Lazarus R. S. & Folkman S. (1984). *Stress, appraisal and coping*. New York: Springer.

Lee K. A., Vaillant G. E., Torrey W. C. & Elder G. H. (1995). A 50-year prospective study of the psychological sequelae of Word War II combat. *American Journal of Psychiatry*, 152, 516–522.

Maercker A. (1998). *Posttraumatische Belastungsstörungen: Psychologie der Extrembelastungsfolgen bei Opfern politischer Gewalt*.

Lengerich: Pabst (ab 2002: eBook bei www.ciando.de).

Maercker A. (2009). *Posttraumatische Belastungsstörungen* (3., neu bearb. Aufl.). Heidelberg: Springer.

Maercker A. & Horn A. B. (eingereicht). A sociointerpersonal context model of PTSD: The case for enviroments and interpersonal processes.

Maercker A. & Müller J. (2004). Social acknowledgement as a victim or survivor: A scale to measure a recovery factor of PTSD. *Journal of Traumatic Stress*, 17, 345–351.

Maercker A., Schützwohl M. & Beauducel A. (2000). Trauma severity and initial reactions as precipitating factors for posttraumatic stress disorder and chronic dissociation. *Journal of Traumatic Stress*, 13, 651–660.

Marmar C. R., Weiss D. S. & Metzler T. J. (1998). Peritraumatic dissociation and posttraumatic stress disorder. In: Bremner J. D. & Marmar C. R. (Hrsg.). *Trauma, memory, and dissociation*, Washington: American Psychiatric Press, 229–252.

Meffert S. M., Metzler T. J., Henn-Hase C., McCaslin S., Inslicht S., Chemtob C., Neylan T. & Marmar C. (2008). A prospective study of trait anger and PTSD symptoms in police. *Journal of Traumatic Stress*, 21, 410–416.

Mowrer O. H. (1960). *Learning theory and behavior.* Hoboken, NJ: Wiley.

Müller J. & Maercker A. (2006). Disclosure und wahrgenommene gesellschaftliche Wertschätzung als Opfer als Prädiktoren von PTB bei Kriminalitätsopfern. *Zeitschrift für Klinische Psychologie und Psychotherapie*, 35, 49–58.

Nolen-Hoeksema S. & Morrow J. (1991). A prospective study of depression and posttraumatic stress symptoms after a natural disaster: The 1989 Loma Prieta Earthquake. *Journal of Personality and Social Psychology*, 61, 115–121.

Peterson C. & Seligman M. E. P. (1983). Learned helplessness and victimization. *Journal of Social Issues*, 2, 103–116.

Pillemer D. B. (1998). *Momentous events, vivid memories.* Cambridge, MA: Harvard University Press.

Spiegel D. & Cardeña E. (1991). Disintegrated experience: The dissociative disorders revisited. *Journal of Abnormal Psychology*, 100, 366–378.

Yufik T. & Simms L. J. (2010). A meta-analytic investigation of the structure of posttraumatic stress disorder symptoms. *Journal of Abnormal Psychology*, 119, 764–776.

NICOLE SCHLOSSER, KATJA WINGENFELD, CARSTEN SPITZER
UND MARTIN DRIESSEN

4. Psychoneuroendokrinologische Befunde zum Verständnis der Posttraumatischen Belastungsstörung

Die Psychoneuroendokrinologie untersucht die wechselseitigen Zusammenhänge zwischen Verhalten und Erleben einerseits und endokrinen Funktionen andererseits. Im Rahmen der psychotraumatologischen Forschung gilt das Interesse vorwiegend jenen endokrinen Prozessen, die mit der psychobiologischen Stressreaktion assoziiert sind. Eine besondere Rolle spielen dabei die Hypothalamus-Hypophysen-Nebennierenrinden-Achse (HHNA) und das noradrenerge System.

In jüngster Zeit gibt es Versuche, endokrinologische Veränderungen spezifischen Symptomen der PTBS, wie der erhöhten Erregbarkeit und Stresssensitivität, zuzuordnen. Darüber hinaus gibt es erste Forschungsbemühungen zur Frage, ob endokrinologische Veränderungen Vulnerabilitätsfaktoren sind, die bereits (vor einer Traumatisierung) bestehen, oder eher als Folgen der Traumaexposition bzw. als Epiphänomene der PTBS verstanden werden können. Ein großes Interesse gilt zudem moderierenden Faktoren, welche die hormonellen Veränderungen in Verbindung mit einer Traumaexposition beeinflussen.

4.1 Die hormonelle Stressreaktion

Grundlage für das Verständnis zentraler endokriner Dysfunktionen bei der PTBS ist die Kenntnis der hormonellen Stressreaktion. Die Aktivierung des Stresssystems führt normalerweise zu einer adaptiven Stressreaktion auf der Verhaltens- und körperlichen Ebene, die die Überlebensfähigkeit eines Individuums steigert. Die Stressreaktion wird größtenteils durch zwei interagierende Systeme, die Hypothalamus-Hypophysen-Nebennierenrinden-Achse (HHNA) und das Locus-coeruleus/Noradrenalin-System (LC/NA-System) gesteuert. In der ersten Phase, unmittelbar nach Auftreten des Stressors, wird Noradrenalin vom Locus coeruleus im Hirnstamm und Adrenalin vom Nebennierenmark in den Blutkreislauf ausgeschüttet. Einige Minuten später wird das Corticotropin-Releasing Hormon (CRH) von parvocellulären Neuronen im Nucleus paraventricularis des Hypothalamus in das Pfortadersystem ausgeschüttet, was im anterioren Hypophysenlappen die Ausschüttung von adrenocorticotrophem Hormon (ACTH) stimuliert. ACTH wiederum bewirkt die Ausschüttung von Glucocorticoiden, insbesondere von Cortisol, aus der Nebennierenrinde.

Diese als Hypothalamus-Hypophysen-Nebennierenrinden-Achse (HHNA) beschriebene hormonelle Kaskade stellt die zweite Phase der Stressreaktion dar. Die Aktivierung der HHNA wird durch ein negatives Feedback über die Bindung von Cortisol an Glucocorticoid-Rezeptoren in der Amygdala, im Hippocampus, im Hypothalamus und im vorderen Hypophysenlappen reguliert, was zu einer Wiederherstellung des hormonellen Gleichgewichts führt. Kommt es durch eine wiederholte Stressexposition jedoch zu einer anhaltenden starken Aktivierung des Stresssystems, kann dies zu Veränderungen im negativen Feedback-System und in der Stresshormonkonzentration führen.

4.2 Veränderungen des endokrinen Systems bei einer PTBS

Mit Übernahme der Diagnose »Posttraumatische Belastungsstörung« in das DSM-III zu Beginn der 80er Jahre gewann die Erforschung biologischer Ursachen der PTBS zunehmend an Bedeutung. Epidemiologischen Studien, die zeigten, dass 1.) nur eine Minderheit von Personen nach einem Trauma eine PTBS entwickelte und dass 2.) traumatische Ereignisse allgemein häufiger auftreten als angenommen, führten zu einem Paradigmenwechsel bezüglich des konzeptuell vermuteten Zusammenhangs zwischen Traumaexposition und der Entwicklung einer PTBS. Anstelle einer gewöhnlichen Reaktion auf ein Trauma wurde die PTBS nun als eine Störung solcher biologischen Reaktionen beschrieben, die mit Genesung und physiologischer Homöostase assoziiert sind (Yehuda, 2009).

Endokrinologische Studien zur PTBS können allgemein in zwei Klassen unterteilt werden: 1.) Beobachtungen unter Ruhebedingung (baseline) mit Messung der endokrinen Parameter im Blut, Urin oder Speichel; 2.) Provokationsstudien mit Aktivierung des Stresssystems durch traumaspezifische Stimuli (z. B. Traumaskripte) oder durch biologische Substanzen.

4.2.1 Hypothalamus-Hypophysen-Nebennierenrinden-Achse (HHNA)

Die ersten Studien zum Zusammenhang zwischen der Funktion der HHNA und einer PTBS in den 60er Jahren ergaben, dass chronischer Stress mit niedrigen Cortisolspiegeln assoziiert ist. Diese Befunde erschienen den Forschern rätselhaft, da sie dem damaligen zentralen von Hans Selye begründeten Paradigma – Stress verstärkt die Ausschüttung von Cortisol – widersprachen. Erst in den 80er Jahren gewannen die damaligen Befunde einer reduzierten Cortisolkonzentration wieder Beachtung, als nämlich eine Reihe von Studien mit Kriegsveteranen, Holocaust-Überlebenden und anderen Traumaopfern überraschenderweise verringerte Cortisolwerte im Vergleich zu gesunden Kontrollprobanden zeigten. Die Befundlage war jedoch nicht konsistent, die deutlichste Evidenz niedriger Cortisolspiegel fand sich bei Patienten mit chronischer PTBS, bei denen zudem das Trauma vor der Cortisolmessung schon viele Jahre zurücklag. Dennoch war ein Muster niedriger Cortisolspiegel so verbreitet, dass einige Forscher begannen, es als ein einzigartiges endokrines Merkmal der PTBS zu betrachten (Miller et al., 2007).

Eine jüngste Metaanalyse von 37 Studien, bezogen auf 828 Patienten mit einer PTBS und 800 gesunde Kontrollprobanden, fand jedoch keine Unterschiede im basalen Cortisolspiegel bei Patienten mit PTBS und Kontrollprobanden ohne PTBS (Meewisse et al., 2007). Eine Subgruppenanalyse brachte allerdings interessante Ergebnisse zutage: Erniedrigte Cortisolspiegel bei PTBS-Patienten – im Vergleich zu gesunden Kontrollprobanden – fanden sich in Studien, a) die nur Frauen untersuchten, b) zu physischem oder sexuellem Missbrauch, und c) die Cortisolproben am Nachmittag erhoben. Darüber hinaus zeigten sich erniedrigte Cortisolspiegel bei Patienten mit einer PTBS im Vergleich zu nicht traumatisierten gesunden Kontrollpersonen, jedoch nicht im Vergleich zu traumatisierten gesunden Kontrollpersonen. Dieser Befund lässt vermuten, dass Unterschiede in der Cortisol-Konzentration allgemein mit einer Traumaexposition und nicht per se mit der Diagnose einer PTBS assoziiert sind.

Trotz der methodischen Unterschiede zeigt diese Metaanalyse die Komplexität und Heterogenität neuroendokriner Korrelate einer PTBS.

Neben basalen Messungen der HHNA-Aktivität ist die Überprüfung der Feedbacksensitivität der HHNA von großem Interesse. Provokationsstudien mit niedrig dosiertem Dexamethason, einem synthetisierten Cortisolpräparat, und Metyrapon, einem Cortisol-Synthesehemmer, ergaben, dass Hypocortisolismus bei einer PTBS möglicherweise infolge einer verstärkten Sensitivität der HHNA für ein negatives Feedback durch Glucocorticoide auftritt. Befunde zu erhöhter Glucocorticoid-Rezeptorbindung und -funktion unterstützen die Vermutung einer sogenannten erhöhten negativen Feedback-Sensitivität der HHNA bei einer PTBS. Mittels Stimulation der HHNA kann die Funktionalität auf verschiedenen Ebenen überprüft werden. So erlaubt die Gabe von exogenem CRH eine Einschätzung der Reaktivität der Hypophyse. Wiederholt konnte eine abgeschwächte ACTH-Reaktion nach einer CRH-Stimulation gefunden werden, was die Hypothese unterstützt, dass die PTBS mit einer erhöhten hypothalamischen CRH-Aktivität und einer entsprechenden (kompensatorischen) Down-Regulation von hypophysären CRH-Rezeptoren assoziiert ist. Mit dieser Hypothese übereinstimmend wurden erhöhte CRH-Konzentrationen in der Cerebrospinalflüssigkeit von Patienten mit einer PTBS gemessen.

Einen möglichen Zusammenhang der HHNA-Aktivität mit der PTBS-Symptomatik zeigen Ergebnisse aus Tierstudien, die darauf hinweisen, dass erhöhte CRH-Spiegel in der Cerebrospinalflüssigkeit zu einigen Hauptsymptomen der PTBS – wie konditionierte Furchtreaktionen, erhöhte Schreckreaktion, Sensitivierung bei Stressexposition und Hyperarousal – beitragen könnten. Im Vergleich zu gesunden Kontrollprobanden wurden bei PTBS-Patienten höhere Fluktuationen von Cortisol über einen 24-Stunden-Zeitraum berichtet, was vermuten lässt, dass die HHNA bei einer PTBS »hyperdynamisch« ist und mit klinischen Befunden wie Hypervigilanz und Hyperarousal korreliert. Darüber hinaus zeigen Studien einen negativen Zusammenhang zwischen dem Cortisolspiegel und der Schwere der PTBS-Symptome (Heim & Nemeroff, 2009; Olff et al., 2006).

Während Cortisolspiegel bei Patienten mit einer PTBS intensiv untersucht wurden, wurde einem weiteren Hormon der HHNA, Dehydroepiandrosteron (DHEA), welches nach Stimulation von ACTH synchron mit

Cortisol von der Nebennierenrinde abgesondert wird, sowie seinem Sulfat-Derivat DHEA-S, bisher nur wenig Aufmerksamkeit geschenkt. DHEA und DHEA-S werden Anti-Glucocorticoid-Effekte zugesprochen und sie wirken so schädlichen Folgen von Stress entgegen. Eine erhöhte DHEA-S/Cortisol-Rate weist auf eine erfolgreichere Bewältigung negativer Stresseffekte hin, während umgekehrt eine erhöhte Cortisol/DHEA-S-Rate in einer prospektiven Studie mit Kriegsveteranen mit einer allgemein erhöhten Sterblichkeitsrate assoziiert war. Die Befundlage zu DHEA-Konzentrationen bei Patienten mit einer PTBS ist inkonsistent, es werden sowohl erhöhte als auch verringerte und normale Werte berichtet. In einer aktuellen Studie wurden die DHEA- und DHEA-S-Konzentrationen bei 33 Patienten mit chronischer PTBS, und zwar mit solchen, die sexuellem oder körperlichem Missbrauch in der Kindheit ausgesetzt waren, und mit solchen, die dem nicht ausgesetzt waren, untersucht. Es zeigte sich, dass ein Missbrauch in der Kindheit mit einer erhöhten DHEA- und DHEA-S-Konzentration und verringerten Cortisol/DHEA- bzw. Cortisol/DHEA-S-Raten assoziiert war (Kellner et al., 2010).

4.2.2 Locus-coeruleus-Noradrenalin-Achse (LC/NA-Achse)

Wegen seiner vielfältigen Funktionen bei der Regulation der autonomen Stressreaktion und seiner Wirkung für die Enkodierung von emotionalen Gedächtnisinhalten gilt dem Hormon und Neurotransmitter Noradrenalin ein besonderes Interesse bei der Erforschung der Pathophysiologie der PTBS. Noradrenalin, das zur Klasse der Katecholamine gehört, wird in Neuronen des Locus coeruleus synthetisiert, der zu verschiedenen Hirnarealen wie dem präfrontalen Cortex, der Amygdala, dem Hippocampus und Hypothalamus projiziert. In der Interaktion mit CRH fördert Noradrenalin die Furchtkonditionierung und die Enkodierung emotionaler Gedächtnisinhalte und erhöht die Erregbarkeit und Vigilanz. Im peripheren Nervensystem führt Stress zur Ausschüttung von Noradrenalin und Adrenalin im Nebennierenmark und leitet eine adaptive Alarmreaktion ein. Der konsistenteste Befund in neuroendokrinen Studien der PTBS ist eine erhöhte basale noradrenerge Aktivität, sowohl zentral als auch peripher. Die meisten Studien konnten zeigen, dass die Konzentration von Adrenalin und Noradrenalin im 24-Stunden-Sammel-Urin bei PTBS-Patienten im Vergleich zu gesunden Kontrollprobanden oder Patienten mit anderen psychischen Erkrankungen höher ist, während basal im Plasma keine Unterschiede nachgewiesen werden konnten (Pervanidou & Chrousos, 2010; O'Donnell et al., 2004).

Die Effekte von Noradrenalin werden vermittelt über postsynaptische α_1-, β_1- und β_2-Rezeptoren, während der α_2-Rezeptor als präsynaptischer Rezeptor die Ausschüttung von Noradrenalin hemmt. Eine nachgewiesene verminderte Anzahl an α_2-adrenergen Rezeptoren auf Thrombozyten lässt eine Hyperaktivität des noradrenergen Systems bei Patienten mit PTBS vermuten (Pervanidou & Chrousos, 2010; O'Donnell et al., 2004).

In Provokationsstudien rief die Verabreichung des selektiven noradrenergen α_2-Rezeptorantagonisten Yohimbin (welcher also noradrenerge Neurone durch Blockierung der α_2-Rezeptoren aktiviert) bei Patienten mit einer PTBS Symptome wie Intrusionen,

Flashbacks und erhöhte autonome Reaktionen hervor. Patienten mit einer PTBS reagierten außerdem – im Vergleich zur Kontrollgruppe – mit einer höheren Zunahme der Plasma-Noradrenalin-Metaboliten.

Da Noradrenalin die Enkodierung von Furchterinnerungen fördert, Cortisol dagegen den Abruf emotionaler Gedächtnisinhalte blockiert, könnte die Konstellation aus erhöhter noradrenerger Aktivität und relativem Hypocortisolismus zu einer verstärkten Enkodierung und einem Mangel an Hemmung des Abrufs traumatischer Erinnerungen führen, wodurch möglicherweise Intrusionen bei einer PTBS begünstigt werden. Übereinstimmend mit dieser Hypothese konnte gezeigt werden, dass der Noradrenalin-Spiegel im 24-Stunden-Sammel-Urin positiv mit der Schwere intrusiver Erinnerungen korrelierte (Heim & Nemeroff, 2009; Yehuda, 2009; O'Donnell et al., 2004). Darüber hinaus konnte in Tierstudien gezeigt werden, dass niedrige Cortisolwerte die gedächtniskonsolidierenden Effekte von Katecholaminen verstärken und hohe Cortisolwerte die Effekte vermindern. In Humanstudien konnte nachgewiesen werden, dass eine Blockierung des β-adrenergen Rezeptors mit Propanolol die Konsolidierung von emotional erregendem Material, jedoch nicht von neutralem Material, aufhebt (Delahanty & Nugent, 2006).

Eine Zusammenfassung der wichtigsten Befunde zu Abweichungen in der endokrinen Stressreaktion bei einer PTBS findet sich in Tabelle 1.

4.2.3 Hypothalamus-Hypophysen-Schilddrüsen-Achse (HHSA)

Der HHSA wurde in der psychotraumatologischen Forschung bisher nur wenig Aufmerksamkeit geschenkt. Sie besteht wie die HHNA aus einem sich selbst regulierenden Regelkreis. Das vom Hypothalamus ausgeschüttete Thyreotropin-Releasinghormon

Tab. 1: Zentrale neuroendokrinologische Befunde bei der PTBS

A.	Hypothalamus-Hypophysen-Nebennierenrinden-Achse
1.	erhöhte CRF-Werte in der Cerebrospinalflüssigkeit
2.	veränderte 24-h-Cortisolausschüttung im Urin
3.	veränderte 24-h-Cortisolkonzentration im Plasma
4.	erhöhter zirkadianer Rhythmus der Cortisolausschüttung
5.	erhöhte Anzahl an Glucocorticoid-Rezeptoren auf Lymphozyten
6.	verstärkte Cortisolsuppression nach Dexamethason-Gabe
7.	erhöhte Cortisolausschüttung nach CRH und ACTH
8.	erhöhte ACTH-Ausschüttung nach Metyrapon-Gabe
B.	Locus coeruleus/Noradrenalin-Achse
1.	erhöhte 24-h-Katecholaminausschüttung im Urin
2.	erhöhte 24-h-Katecholaminkonzentration im Plasma
3.	verringerte Anzahl adrenerger Rezeptoren auf Thrombozyten
4.	erhöhte Reaktion der Plasma-Noradrenalin-Metaboliten nach Yohimbin-Gabe
5.	abgeschwächte Prolaktin-Ausschüttung nach Clonidin-Gabe

(TRH) regt die Adenohypophyse zur Sekretion des Thyreoidea stimulierenden Hormons (TSH) an. TSH bewirkt infolgedessen in der Schilddrüse die Ausschüttung von Trijodthyronin (T3) und Tetrajodthyronin (T4, Thyroxin) an. Umgekehrt hemmen die Schilddrüsenhormone T3 und T4 im Sinne einer Gegenkopplung (negatives Feedback) die Produktion und Ausschüttung von TSH, so dass sich normalerweise ein Gleichgewicht in den Spiegeln der Schilddrüsenhormone im Blut einstellt. Viele Patienten mit einer PTBS zeigen erhöhte Werte an freiem Trijodthyronin (T3) im Verhältnis zu freiem Thyroxin (T4) und damit einen Anstieg der T3/T4-Rate. Außerdem wurde eine Erhöhung an Thyroxin bindendem Globulin (TBG) bei PTBS-Patienten gefunden. Die deutliche Erhöhung an freiem T3 und eine erhöhte T3/T4-Rate führten zu der Vermutung, dass die Synthese von T3 aus T4 gesteigert ist. Diese Umwandlung wird durch erhöhte periphere Katecholamin-Werte beeinflusst, die ein charakteristisches Merkmal der PTBS darstellen. Im standardisierten TRH-Stimulations-Test wurde eine verstärkte Reaktion des TSH bei Patienten mit einer PTBS beschrieben. Das klinische Bild des Hyperthyreoidismus ist gekennzeichnet durch Schlafstörungen, Unruhe, Angst, Reizbarkeit, Wutausbrüche, Nervosität, Schreckhaftigkeit und Konzentrationsprobleme – mit anderen Worten, kognitive und affektive Störungen, die auch bei PTBS-Patienten beobachtet werden. Die Schwere der PTBS-Symptome, insbesondere Hyperarousal, korreliert signifikant mit dem Gesamt-T3, freiem T3 und Gesamt-T4; außerdem korreliert das Gesamt-T3 signifikant mit Vermeidung und das freie T3 mit Wiedererleben. Zudem korrelieren Gesamt- und freies T3 signifikant positiv mit dissoziativen Symptomen (Newport & Nemeroff, 2003).

4.2.4 Veränderungen anderer Hormonsysteme

Neuropeptid Y

Neuropeptid Y (NPY) ist ein Neuropeptid mit anxiolytischen und stress-dämpfenden Eigenschaften. Es hemmt sowohl die Interaktion von CRH und Noradrenalin als auch die Ausschüttung von Noradrenalin. Bei Patienten mit einer PTBS wurden im Vergleich zu gesunden Kontrollpersonen verminderte Konzentrationen von NPY im Plasma und der Cerebrospinalflüssigkeit (CSF) wie auch abgeschwächte NPY-Reaktionen auf die Gabe von Yohimbin, eines α_2-Rezeptorantagonisten, nachgewiesen. Dies legt die Vermutung nahe, dass eine verminderte NPY-Aktivität die noradrenerge Hyperaktivität bei einer PTBS begünstigt (Heim & Nemeroff, 2009).

Oxytocin

Die CSF-Konzentration von Oxytocin, einem Neuropeptid von überragender Bedeutung für eine Vielzahl weiblicher Reproduktionsprozesse sowie für mütterliches Bindungsverhalten, Geburt und Stillen, das einen hemmenden Einfluss auf die Aktivität der HHNA hat, war bei erwachsenen Frauen verringert, die in ihrer Kindheit sexuellen Missbrauch erlebt hatten. Darüber hinaus wird ein signifikant negativer Zusammenhang zwischen der Oxytocin-Konzentration und der Cortisolausschüttung und ein positiver Zusammenhang zwischen Oxytocin-Konzentration und subjektivem Stresserleben berichtet. Demnach wird Oxytocin eine protektive Wirkung unter Stress zugeschrieben (Neigh et al., 2009).

Prolaktin

Prolaktin, das vom vorderen Hypophysenlappen ausgeschüttet wird und für die Milchsekretion während der Stillzeit verantwortlich ist, wurde bisher nur in wenigen Studien mit PTBS-Patienten untersucht. Mit Ausnahme einer Studie berichten diese keine Unterschiede der basalen Prolaktin-Konzentration, jedoch niedrigere Werte nach Dexamethason-Gabe bei Patienten mit einer PTBS im Vergleich zu gesunden Kontrollprobanden (Grossman et al., 1996).

Wachstumshormon

Die Befunde bezüglich des Spiegels von Wachstumshormonen in Provokationsstudien mit PTBS-Patienten sind widersprüchlich, es wurden sowohl normale, erhöhte als auch verminderte Spiegel gemessen. Eine abgeschwächte Ausschüttung von Wachstumshormonen nach Gabe von Clonidin, einem Antisympathotonikum zur Stimulation der Alpha-2-Rezeptoren, wurde als erhöhte noradrenerge Sensitivität mit Downregulation noradrenerger Rezeptoren interpretiert (Southwick et al., 1995).

Testosteron

Die Befundlage zu Testosteron bei Patienten mit einer PTBS ist widersprüchlich. Die verfügbaren Studien zeigen einerseits einen deutlich erhöhten Testosteron-Spiegel in der Cerebrospinalflüssigkeit im Vergleich zu Patienten mit Depression, bipolarer Störung und zu gesunden Kontrollprobanden, jedoch vergleichbare Spiegel wie bei Schizophrenie-Patienten. Andererseits werden – im Vergleich zu gesunden Kontrollprobanden – deutlich verringerte, aber auch vergleichbare Testosteron-Spiegel bei Patienten mit einer PTBS berichtet (Friedmann & Yehuda, 1995).

4.2.5 Moderierende Einflussgrößen

Die zum Teil inkonsistente Befundlage zur Endokrinologie der PTBS, insbesondere der HHNA-Funktion, mit einerseits erhöhten oder normalen und andererseits verringerten basalen Cortisolspiegeln, führte zu der Frage, welche Faktoren den Zusammenhang zwischen Veränderungen im Stresshormonsystem und einer PTBS beeinflussen. Es haben sich dabei im Wesentlichen zwei Faktoren herauskristallisiert.

Genetik

Genetische Variationen des Glucocorticoid-Rezeptor-Cochaperons FKBP5 beeinflussen das Risiko der Entwicklung einer PTBS infolge Missbrauchs in der Kindheit. In einer Studie mit 900 nicht-psychiatrischen Patienten ließ eine Interaktion von FKBP5-Polymorphismen und kindlichem Missbrauch die Entwicklung von PTBS-Symptomen im Erwachsenenalter voraussagen. Der FKBP5-Genotyp war darüber hinaus mit einer erhöhten Glucocorticoid-Rezeptor-Sensitivität assoziiert (Heim & Nemeroff, 2009). Zudem wurden Polymorphismen des α_2-adrenergem Rezeptorgens identifiziert, die mit der Intensität der stressinduzierten Aktivität des noradrenergen Systems und der Rate des Absinkens des Katecholamin-Spiegels zur Baseline nach Stressexposition in Zusammenhang stehen und ebenfalls eine Rolle bei der Entwicklung einer PTBS spielen könnten (Southwick et al., 2005).

Entwicklungs- und Transgenerationseffekte

Klinische Studien weisen darauf hin, dass pränataler traumatischer Stress und eine damit verbundene erhöhte Cortisolausschüttung über eine fetale Programmierung der HHNA eine Vulnerabilität für PTBS bei den

Nachkommen begünstigen. Eine Evidenz für pränatale Einflüsse ergab sich im Zusammenhang mit den New Yorker Anschlägen des 11. September 2001. 9 bis 12 Monate alte Kinder von Müttern, die infolge des 11. September an einer PTBS erkrankten, wiesen niedrigere Cortisolspiegel im Speichel auf, verglichen mit Kindern von Müttern, die keine PTBS entwickelten. Dieser Effekt war am stärksten bei Kindern, deren Mütter während der Anschläge im letzten Drittel der Schwangerschaft waren, was darauf schließen lässt, dass eine Übertragung der biologischen Vulnerabilität (›glucocorticoid programming‹) bereits im Uterus stattfindet. Es fand sich außerdem ein signifikant negativer Zusammenhang zwischen der Schwere der mütterlichen PTBS-Symptomatik und dem Cortisolspiegel der Kinder.

Kinder von Holocaust-Überlebenden haben ebenfalls deutlich geringere 24-Stunden-Sammel-Urin-Cortisolspiegel im Vergleich zu Kontrollprobanden, und Kinder von an einer PTBS erkrankten Holocaust-Überlebenden hatten geringere Cortisolspiegel als Kinder von nicht an einer PTBS erkrankten Holocaust-Überlebenden. Darüber hinaus zeigten Kinder von an einer PTBS erkrankten Holocaust-Überlebenden im Dexamethason-Suppressionstest (0,5 mg) eine stärkere Cortisolsuppression im Vergleich zu Kindern von nicht an einer PTBS erkrankten Holocaust-Überlebenden und Kindern von Kontrollprobanden ohne Trauma. Die Zusammenhänge zwischen HHNA-Befunden und elterlicher PTBS bei erwachsenen Kindern von Holocaust-Überlebenden blieben auch nach statistischer Kontrolle für kindliche traumatische Erfahrungen stabil (Neigh et al., 2009; Yehuda, 2009).

Neuere Befunde weisen darauf hin, dass bestimmte biologische Veränderungen unmittelbar nach dem Trauma mit einem erhöhten PTBS-Risiko assoziiert sind. In einer Studie mit Frauen, die nach einer Vergewaltigung in die Notaufnahme eines Krankenhauses gebracht wurden, zeigten jene mit einer früheren Geschichte sexueller Gewalt niedrigere Cortisolwerte als jene Frauen, die noch keinen sexuellen Übergriff erlebt hatten. Erstere hatten ein erhöhtes Risiko, 3 bis 4 Monate später eine PTBS zu entwickeln (Delahanty & Nugent, 2006). Eine prospektive Studie untersuchte neuroendokrine Veränderungen über die Zeit in Relation zur Entwicklung und Aufrechterhaltung einer PTBS bei 60 Kindern und Jugendlichen nach einem Autounfall. Verglichen wurde eine Gruppe, deren Mitglieder einen Monat nach dem Unfall eine PTBS entwickelten (30 %), mit einer Gruppe, die keine PTBS entwickelte sowie mit einer Kontrollgruppe, deren Mitglieder keinen Unfall erlebten. Untersucht wurde weiterhin eine Subgruppe (15 %), deren Mitglieder einen Monat nach dem Unfall eine PTBS entwickelten und welche die Diagnose nach 6 Monaten weiterhin erfüllten, im Vergleich zu der Gruppe, die weder nach einem noch nach 6 Monaten eine PTBS entwickelte. Unmittelbar nach dem Unfall (innerhalb von 24 Stunden) waren die Cortisolspiegel im Speichel insbesondere am Abend (21 Uhr) erhöht, und der zirkadiane Rhythmus der Cortisolausschüttung war in der Gruppe stärker verändert, die nach einem Monat eine PTBS entwickelte, im Vergleich zur Gruppe ohne PTBS. Die Cortisolkonzentration am Abend ließ die Entwicklung einer PTBS nach 6 Monaten vorhersagen. Im Vergleich zu den anderen beiden Gruppen wies die Gruppe mit einer PTBS sowohl nach einem als auch nach 6 Monaten erhöhte Noradrenalin-Konzentrationen auf. Die Noradrenalin-Konzentration stieg in dieser Gruppe vom ersten zum zweiten Messzeitpunkt hin an. Interessanterweise stieg auch in der Gruppe mit subklinischen PTBS-Symptomen die Noradrenalin-Konzentration an, jedoch auf einem insgesamt niedrigeren Niveau. Dies deutet darauf hin, dass auch die Aufrechterhaltung einer subklinischen PTBS-Symptomatik mit einem Anstieg der Noradrenalin-Konzentration assoziiert ist.

Während sich also die abendliche Cortisolkonzentration und die zirkadiane Rhythmik der Cortisolausschüttung im zeitlichen Verlauf in der Gruppe mit einer PTBS normalisierte, stieg die Konzentration von Noradrenalin an. Die Entwicklung und Aufrechterhaltung einer klinischen PTBS-Symptomatik könnte somit als Folge einer gestörten Hemmung des noradrenergen Systems durch eine verminderte Cortisolkonzentration verstanden werden. Pervanidou und Chrousos (2010) postulieren, dass bei Traumaopfern, die eine PTBS entwickeln, auf eine anfänglich erhöhte Cortisolkonzentration im zeitlichen Verlauf eine erniedrigte Cortisolkonzentration folgt, während gleichzeitig durch ein gestörtes Feedback in der Interaktion der HHNA mit dem noradrenergen System die Konzentration von Noradrenalin ansteigt (siehe Abb. 1). Folglich könnten erniedrigte Cortisolspiegel zusammen mit erhöhten NA-Spiegeln einen chronischen Verlauf der PTBS-Symptomatik charakterisieren.

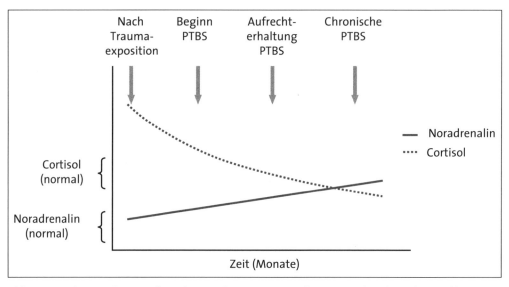

Abb. 1: Eine schematische Darstellung der Ausschüttung von peripherem Noradrenalin und Cortisol bei einer PTBS im Zeitverlauf
Die erstmalige Exposition mit einem traumatischen Ereignis führt zu einem unmittelbaren Anstieg von Cortisol in der Peripherie. Einen Monat später, mit Beginn der PTBS-Symptomatik, sind die Cortisolwerte weiter erhöht oder auf Normalniveau abgesunken, während die Ausschüttung von Noradrenalin langsam ansteigt. Die zunehmende Divergenz zwischen der Cortisol- und Noradrenalinkonzentration im Zeitverlauf ist möglicherweise verantwortlich für die Entwicklung und Aufrechterhaltung einer chronischen PTBS-Symptomatik (nach Pervanidou & Chrousos, 2010).

4.3 Fazit

Zusammengefasst beinhalten zentrale neuroendokrine Korrelate insbesondere der chronischen PTBS erniedrigte Cortisolspiegel und eine erhöhte negative Feedback-Sensitivität der HHNA bei gleichzeitiger Hyperaktivität des noradrenergen Systems. Die Integration dieser neuroendokrinen Befunde in die klinische Forschung trägt zum Verständnis der Komplexität und Heterogenität posttraumatischer Stressreaktionen bei und fördert die Suche nach effektiveren Präventions- und Behandlungsstrategien. Erste Ergebnisse aus Therapiestudien ergaben, dass die Verabreichung von Hydrocortison unmittelbar nach der Traumaexposition die Entwicklung einer PTBS verhindert und eine Hydrocortison Behandlung bei bereits bestehender PTBS die Symptomatik erfolgreich verbessert (Heim & Nemeroff, 2009). Prospektive Längsschnittstudien könnten neue Erkenntnisse in Bezug auf die Frage erbringen, ob neuroendokrine Dysregulationen Teil der PTBS-Symptomatik infolge eines Traumas darstellen oder ob bereits vor dem Trauma existierende hormonelle Veränderungen das Risiko der Entwicklung einer PTBS erhöhen.

4.4 Literatur

Delahanty D.L. & Nugent N.R. (2006). Predicting PTSD prospectively on prior trauma history and immediate biological responses. *Annals of the New York Academy of Sciences*, 1071, 27–40.

Friedmann M.J. & Yehuda R. (1995). Post-traumatic stress disorder and comorbidity. Psychobiological approaches to differential diagnosis. In: Friedmann M.J., Charney D.S. & Deutsch A.Y. (Hrsg.) *Neurobiological and clinical consequences of stress*. Philadelphia, USA: Lippincott-Raven, 429–464.

Grossman R., Yehuda R., Boisoneau D., Schmeidler J. & Giller E.L., Jr. (1996). Prolactin response to low-dose dexamethasone challenge in combat-exposed veterans with and without posttraumatic stress disorder and normal controls. *Biological Psychiatry*, 40, 1100–1105.

Heim C. & Nemeroff C.B. (2009). Neurobiology of posttraumatic stress disorder. *CNS Spectrum*, 14 (1, Suppl. 1), 13–24.

Kellner M., Muhtz C., Peter F., Dunker S., Wiedemann K. & Yassouridis A. (2010). Increased DHEA and DHEA-S plasma levels in patients with post-traumatic stress disorder and a history of childhood abuse. *Journal of Psychiatric Research*, 44, 215–219.

Meewisse M.-L., Reitsma J.B., de Vries G.-J., Gersons B.P.R. & Olff M. (2007). Cortisol and post-traumatic stress disorder in adults. *British Journal of Psychiatry*, 191, 387–392.

Miller G.E., Chen E. & Zhou E.S. (2007). If it goes up, must it come down? Chronic stress and the hypothalamic-pituitary-adrenocortical axis in humans. *Psychological Bulletin*, 133 (1), 25–45.

Neigh G.N., Gillespie C.F. & Nemeroff C.B. (2009). The neurobiological toll of child abuse and neglect. *Trauma, Violence & Abuse*, 10 (4), 389–410.

Newport D.J. & Nemeroff C.B. (2003). Neurobiology of posttraumatic stress disorder. *Focus*, 1 (3), 313–321.

O'Donnell T., Hegadoren K.M. & Coupland N.C. (2004). Noradrenergic mechanisms in the pathophysiology of post-traumatic stress disorder. *Neuropsychobiology*, 50, 273–283.

Olff M., Güzelcan Y., de Vries G.-J., Assise J. & Gersons B.P.R. (2006). HPA- and HPT-axis alterations in chronic posttraumatic stress disorder. *Psychoneuroendocrinology*, 31, 1220–1230.

Pervanidou P. & Chrousos G.P. (2010). Neuroendocrinology of post-traumatic stress disorder. *Progress in Brain Research*, 182, 149–160.

Southwick S.M., Yehuda R. & Morgan C.A. (1995). Clinical studies of neurotransmitter alterations in post-traumatic stress disorder. In: Friedmann M.J., Charney D.S. & Deutsch

A. Y. (Hrsg.). *Neurobiological and clinical consequences of stress*. Philadelphia, USA: Lippincott-Raven, 335–349.

Southwick S. M., Rasmusson A., Barron J. & Arnstein A. (2005). Neurobiological and neurocognitive alterations in PTSD. In: Vasterling J. J. & Brewin C. R. (Hrsg.). *Neuropsychology of PTSD*. New York: Guilford Press, 27–58.

Yehuda R. (2009). Status of glucocorticoid alterations in post-traumatic stress disorder. *Annals of the New York Academy of Sciences*, 1179, 56–69.

PETER KLAVER

5. Neurobiologische Theorien zum Verständnis der Posttraumatischen Belastungsstörung

Seit etwa 25 Jahren werden bildgebende Verfahren eingesetzt, um neurobiologische Grundlagen der PTBS zu untersuchen. Ähnlich wie bei anderen psychischen Störungen haben Ergebnisse dieser Studien nicht nur gezeigt, welche Hirnareale beim Entstehen der PTBS betroffen und beteiligt sind, sondern vor allem haben diese Studien Ärzten, psychologischen Beratern, Patienten und Familienangehörigen gezeigt, dass das psychische Leiden mit objektiven Veränderungen im Gehirn einhergeht. Dieses Kapitel gibt eine Übersicht über die wichtigsten Studien zu hirnstrukturellen und hirnfunktionellen Störungen, welche mit der PTBS in Zusammenhang gebracht wurden. Auch wird deutlich gemacht, wo die Stärken und Schwächen der jeweiligen Methoden liegen, die ein vertieftes Verständnis neurobiologischer Korrelate der PTBS ermöglichen.

Obwohl akute und chronische Belastungsstörungen diagnostisch (gemäß DSM IV) getrennt werden, werden in diesem Kapitel beide Störungen zusammen betrachtet. Der Grund hierfür ist, dass für die frühen Phasen nach dem Trauma deutlich weniger auf bildgebenden Verfahren beruhende Studien vorhanden sind und es wenig Hinweise gibt, dass die Phänomene, die bei akuten und chronischen Belastungsstörungen zu beobachten sind, sich neurobiologisch stark unterscheiden (Bremner, 1999). Studien zu psychoneuroendokrinologischen Befunden werden in diesem Buch in Kapitel A4 besprochen.

Das vorliegende Kapitel ist folgendermaßen gegliedert: Zuerst wird berichtet, welche hirnstrukturellen Veränderungen im Gehirn in der Kindheit und im Erwachsenenalter nach einer Traumatisierung gefunden wurden. Danach wird auf metabolische und funktionelle Befunde eingegangen, welche mittels bildgebender und elektrophysiologischer Verfahren erfasst wurden. Schließlich wird diskutiert, inwiefern diese Befunde neurobiologische Voraussetzungen oder Folgestörungen widerspiegeln und welchen Einfluss eine Therapie auf die neurobiologischen Veränderungen haben kann.

5.1 Neuroanatomische Veränderungen bei einer PTBS

Die neuroanatomischen Veränderungen, welche meistens mit einer PTBS in Verbindung gebracht werden, stehen in Zusammenhang mit dem limbischen System und Hirnarealen, die damit verbunden sind.[1] Hierzu gehören neben den beiden Hippokampi und Teilen des anterioren Cingulum auch subkortikale Areale und die Amygdala (Mandelkern), in denen Volumen und Zellverlust gemessen wurden. Viele Studien nutzen den Kernspinntomographen (MRT),[2] um strukturelle (T1-gewichtete Bildgebung) wie auch mikrostrukturelle Vergleiche (diffusionsgewichtete Bildgebung, DTI) zwischen Patienten mit PTBS und Vergleichsgruppen durchzuführen. Mittels MRT ist es möglich, hochauflösende Aufnahmen von Hirnstrukturen zu machen, ohne dabei die Patienten oder gesunden Probanden einer Strahlung auszusetzen, Kontrastmittel zu geben oder invasive Maßnahmen zu ergreifen (Jäncke, 2005).

5.1.1 Veränderungen des Hippokampus und andere Strukturveränderungen

Studien, die mit bildgebenden Verfahren arbeiten, haben häufig gezeigt, dass beide Hippokampi bei Patienten mit einer PTBS kleinere Volumina aufweisen als bei Kontrollprobanden. Dies zeigt sich vor allem im posterioren Teil des Hippokampus (Bonne et al., 2008). Die Volumenunterschiede variieren zwischen 5 und 25 % und können unilateral oder bilateral auftreten (Gurvits et al., 1996, Stein et al., 1997, Bremner et al., 1995, 1997). Der Schweregrad der PTBS-Symptome hängt auch mit dem Hippokampusvolumen zusammen, wobei sich kleine Volumina vor allem mit Intrusionssymptomen assoziiert zeigen (Hara et al., 2008).

Die ersten Theorien zur Neurobiologie der PTBS postulierten, dass Kortison eine schädigende Wirkung auf den Hippokampus habe (Sapolsky, 2000). Viele Studien weisen darauf hin, dass als Antwort auf ein Trauma die Kortisonregulierung in der Hypothalamus-Hypophysen-Nebennierenrinden-Achse (HHNA) gestört ist (siehe auch Kap. A4 zu psychoneuroendokrinologischen Befunden), was dann eben zur Schädigung des Hippokampus führe. Neuere Studien kritisieren aber dieses neurobiologische Modell des schädigenden Einflusses von Kortison auf die Hippokampi. Erstens haben weder querschnittliche noch Längsschnittstudien gezeigt, dass die Dauer der PTBS einen Einfluss auf die Hippokampusatrophie hätte. Mit anderen Worten: PTBS-Patienten haben nicht automatisch ein größeres Risiko, eine Hippokampusatrophie zu entwickeln, wenn sie länger Stresshormonen ausgesetzt sind. Die Art (z. B. bei Kriegsveteranen oder nach sexuellem Missbrauch) und Häufigkeit des Traumas scheint auch keinen Effekt zu haben (Bonne et al., 2001, Karl et al., 2006a). Zweitens weist nicht nur der Hippokampus Volumenunterschiede auf, sondern auch andere Hirnareale, was das Postulat der zentralen Rolle des Hippokampus im Kortisonregulations-

---

[1] Ein neueres Modell von Brewin und Kollegen (2010) legt ein theoretisches Modell dar, in dem Intrusionssymptome der PTBS direkt mit Veränderungen im neuronalen Netzwerk des limbischen Systems und mit auf erweiterte Wahrnehmung und Aufmerksamkeit bezogenen Arealen zusammenhängen.

[2] Die Magnetresonanztomographie (MRT oder MRI) basiert auf den magnetischen Eigenschaften von Protonen. Hiermit ist es möglich, die Protonendichte und die Bewegungseigenschaften von Protonen zu messen (z.B. Wasserstoffprotonen). Meistens wird über voxelbasierte Morphometrie ein Vergleich zwischen Versuchspersonen durchgeführt, welcher darauf hinweist, wo Probanden sich im Hinblick auf die graue und weiße Substanz anatomisch unterscheiden.

kreis schwächt. Viertens: Die größten Unterschiede im Hippokampusvolumen werden gefunden, wenn Patienten mit Kontrollprobanden, welche kein Trauma erlebt haben, verglichen werden. Die Unterschiede sind deutlich kleiner, wenn PTBS-Patienten mit Kontrollprobanden verglichen werden, welche nach Erleben eines Traumas keine PTBS entwickelt haben. Das deutet darauf hin, dass Volumenunterschiede bereits vor dem Trauma vorlagen. Diese Hypothese wird nochmals durch Befunde unterstützt, die darauf hinweisen, dass PTBS-Patienten bereits vor dem Trauma Episoden mit Hirnentwicklungsstörungen aufweisen (Gurvits et al., 2000). Weiterhin zeigten Gilbertson und Kollegen, dass sich einieige Zwillinge im Hippokampusvolumen nicht voneinander unterschieden, egal ob eines der beiden Geschwister nach der Kriegserfahrung in Vietnam eine PTBS entwickelte oder nicht. Zudem korrelierte das Hippokampusvolumen negativ mit dem Schweregrad der PTBS-Symptome des traumatisierten Geschwisters, während aber das nicht-traumatisierte Geschwister bei gleichem Hippokampusvolumen keine PTBS entwickelte. Diese Ergebnisse deuten darauf hin, dass ein prätraumatisch größerer Hippokampus vor der Entwicklung einer PTBS schützt (Gilbertson et al., 2002).

Neben den Unterschieden in Bezug auf den Hippokampus wurden vor allem noch Volumenunterschiede im anterioren Cingulum und im Nukleus caudatus diskutiert, welche mit dem Schweregrad von PTBS-Symptomen zusammenhingen (Yamasue et al., 2003, Cohen et al., 2006). Obwohl nur wenige Studien Unterschiede im Amygdalavolumen gezeigt haben, hat eine Metaanalyse gefunden, dass die linke und die rechte Amygdala bei PTBS-Patienten kleiner sind (Karl et al., 2006a). Auch wurden strukturelle und mikrostrukturelle Unterschiede im Corpus callosum und in anderen Regionen in der weißen Substanz des Frontalkortex gefunden, welche unweit des anterioren Cingulums liegen und Gebiete im limbischen System miteinander verbinden (Jackowski et al., 2008, Abe et al., 2006, Kim et al., 2006). Diese Befunde werden zudem durch beobachtete metabolische Veränderungen im Hippokampus, anterioren Cingulum und den Basalganglien ergänzt (Karl & Werner, 2010).

5.2 Die Hirnfunktion bei einer PTBS

5.2.1 Befunde mittels bildgebender Verfahren

Ähnlich wie bei den vorgestellten hirnanatomischen Studien zeigen funktionelle Studien bei Patienten mit einer PTBS ein verändertes Aktivierungsmuster in Hirnarealen, welche mit dem limbischen System in Zusammenhang stehen (Francati et al., 2007). Neuere Methoden, welche Aktivierungsmuster in neuronalen Netzwerken abbilden, legen zudem nahe, dass nicht nur selektive Areale betroffen sind. Vielmehr scheinen diese Aktivierungen eine störende Wirkung auf die Aktivität in neuronalen Netzwerken zu haben, welche mit Konzentrationsfähigkeiten und Arbeitsgedächtnis in Zusammenhang stehen. Daneben konnten auch elektrophysiologische Veränderungen nachgewiesen werden, welche auf spezifische Veränderungen in der Reizverarbeitung hindeuten.

Anteriores Cingulum, Amygdala und andere Regionen

Die meisten Studien, welche die Hirnaktivität bei einer PTBS messen, benutzen SPECT (*single photon emission computed tomography*, dt. Einzelphotonen-Emissions-Tomographie), PET (Positronenemissiontomographie) oder funktionelle Magnetresonanztomographie (fMRT), um die Hirnaktivität zu visualisieren (Jäncke, 2005). In diesen Studien wird häufig versucht, Symptome während der Messung zu provozieren. Dazu werden beispielsweise während der Messung traumabezogene Skripte präsentiert (vorgelesen oder auf einem Bildschirm gezeigt), um spezifische Erinnerungen auszulösen. Die neuronale Aktivität bei dieser und die bei einer neutralen Bedingung werden verglichen. In anderen Paradigmen werden auch Wortlisten, emotionale Bilder oder Varianten des Stroop-Tests mit traumabezogenem Material verwendet. Häufig wird in diesen Studien eine erhöhte Aktivierung bei PTBS-Patienten in der rechten Amygdala – als neuronale Antwort auf emotionale oder traumabezogene Reize berichtet –, und zwar selbst dann, wenn diese Reize nicht bewusst wahrgenommen wurden (Rauch et al., 2000; Hendler et al., 2003). Das Aktivierungsniveau hängt direkt mit den Symptomen und der wahrgenommenen Intensität von Flashbacks und Angstzuständen zusammen (Shin et al., 2006). Manchmal wurde auch eine erhöhte neuronale Aktivität in anderen Hirnarealen gefunden, wie im Precuneus, sensomotorischen Gebieten oder visuellen Arealen (Rauch et al., 1996). Andere Hirnareale, wie z. B. das anteriore Cingulum, subcallosaler Gyrus, Thalamus, Hippokampus und Insula, zeigten – im Vergleich zu Kontrollprobanden – eine eher geringere Aktivierung (Lanius et al., 2001; Shin et al., 2001; Liberzon et al., 1999). Vor allem im anterioren Cingulum wurde ein negativer Zusammenhang zwischen Symptomstärke und neuronaler Aktivität gefunden. Daraus wurde die Hypothese entwickelt, dass die medialen frontalen Hirnareale die Amygdala-Aktivität nicht gut unterdrücken können und daher verstärkt Angst- und Stressreaktionen entstehen (Shin et al., 2006). Gilboa und Kollegen überprüften diese Hypothese in einer funktionellen Konnektivitäts-Studie (Gilboa et al., 2004). Sie fanden aber, dass bei PTBS-Patienten vom anterioren Cingulum auf die Amygdala keine hemmende Wirkung ausging, sondern dass die Amygdala eine verstärkte aktivierende Wirkung auf mediale frontale und andere Areale hat. Das deutet darauf hin, dass die Emotionskontrolle bei einer PTBS zwar vermindert ist, aber dass dies nicht mit einer reduzierten Wirksamkeit des anterioren Cingulum zusammenhängt.

»Default mode« und andere neuronale Netzwerke

Seit einigen Jahren wird immer häufiger auch das »Default mode«-Netzwerk (DMN) mit verschiedenen psychischen Störungen in Zusammenhang gebracht. Das DMN wird definiert durch eine Mehraktivierung bei einer Messung ohne Aufgabe (Ruhe) im Vergleich zur neuronalen Aktivität, wenn eine kognitive Aufgabe gestellt ist. Es hat sich herausgestellt, dass nur ein Teil des Gehirns im Kontext einer kognitiven Aufgabe aktiv an der Reizverarbeitung beteiligt ist. Andere Hirnareale, verteilt über große Teile des Gehirns, sind hingegen während der Ruhebedingung aktiver oder werden während der Ausführung einer Aufgabe aktiv unterdrückt (McKiernan et al., 2003). Dieses

Netzwerk von Hirnarealen scheint also an internen Vorgängen und mentalen Prozessen beteiligt zu sein, die weniger auf die Außenwelt, sondern eher autobiografische Erinnerungen und selbstreflektierende Prozesse gerichtet ist (Gusnard & Raichle, 2001). Außerdem hat sich gezeigt, dass diese Areale anatomisch und funktionell mit Arealen des limbischen Systems verbunden sind.

Bei Patienten mit einer PTBS ist diese funktionelle Konnektivität innerhalb des Netzwerkes weniger stark (Lanius et al., 2010; Bluhm et al., 2009). Eine Erklärung dafür könnte sein, dass anatomische Verbindungen oder Hirnareale innerhalb dieses Netzwerkes Defizite aufzeigen. Eine andere Erklärungsmöglichkeit für dieses Phänomen ist, dass die Hirnareale, welche das Netzwerk bilden, weniger gut funktionieren und dass deshalb mehr »Rauschen« im Netzwerk entsteht und die enge Kooperation innerhalb des Netzwerkes verlorengeht. Eine dritte Möglichkeit wäre, dass Hirnareale außerhalb des Netzwerkes für Störungen sorgen.

Tatsächlich haben Studien Belege für jede dieser Möglichkeiten gefunden. Auf der einen Seite wurde gefunden, dass bei von einer PTBS Betroffenen die Verbindungen zwischen den Arealen im Netzwerk nicht so stark sind wie bei Patienten ohne PTBS (Kim et al., 2006). Auf der andere Seite wurde wie oben bereits berichtet, festgestellt, dass bestimmte Areale im Netzwerk (u. a. anteriores Cingulum) im Vergleich zu Kontrollgruppen einen Volumenverlust aufweisen (Jatzko et al., 2005). Schließlich wurde auch berichtet, dass während einer Aufgabe, die das Arbeitsgedächtnis fordert, die funktionelle Konnektivität zwischen Arealen im DMN bei PTBS-Patienten höher ist. Gesunde Kontrollprobanden sind anscheinend besser in der Lage, die neuronale Aktivität im DMN zu unterdrücken und zwischen Zuständen der Hinwendung zu internen und externen Prozessen zu wechseln (Daniels et al., 2010). Es wird sich künftig zeigen, ob diese Mechanismen Erklärungsmodelle für Intrusionssymptome der PTBS bieten.

5.2.2 Elektrophysiologische Befunde

Eine Vielzahl von psychophysiologischen Studien hat ereigniskorrelierte Potentiale (EKP) verwendet, um die neurobiologische Grundlagen der PTBS zu erforschen. EKPs sind kleine, aber systematische Fluktuationen im elektrischen Signal (EEG), welche an der Schädeloberfläche gemessen werden können. Diese systematischen Fluktuationen können herausgefiltert werden, wenn viele gleichartige Reize den Probanden zuerst z. B. visuell auf einem Bildschirm oder akustisch über einen Kopfhörer angeboten werden und die Probanden diese dann unter systematische Bedingungen verarbeiten. Das elektrische Signal, welches währenddessen gemessen wird, kann dann gemittelt werden und positive und negative Potentialänderungen können gegenüber einem Referenzpotential aufgezeigt werden. Diese Potentialänderungen haben eine Amplitude in der Größenordnung von selten mehr als wenigen Mikrovolt. Im Vergleich zu PET- oder fMRT-Studien haben EKPs eine deutlich bessere zeitliche Auflösung (in der Größenordnung von Millisekunden), aber eine schlechtere räumliche Auflösung, d. h. Rückschlüsse auf die Lokalisation der neuronalen Quellen im Gehirn sind nur beschränkt möglich (Michel et al., 2009). Drei EKPs wurden oft in Zusammenhang mit der PTBS gebracht: der P50, P200 und P300.

Wie der Name schon andeutet, bezieht sich der P50 auf eine positive Amplitude im EEG, welche etwa 50 ms nach Stimuluspräsentation auftritt (ca. 40–80 ms). Wenn ein akustisches Stimuluspaar mit festen Zeitintervallen (ca. 5–10 Sekunden) kurz nacheinander präsentiert wird (Doppelklick zwischen 250 und 1000 ms), dann zeigt normalerweise der zweite Stimulus im Paar eine gegenüber dem ersten Stimulus reduzierte Amplitude. Dies spiegelt eine inhibitorische Antwort oder eine sensorische Ausblendung (engl. *gating*) des zweiten Stimulus wider. Wenn aber diese Unterdrückung nicht sehr ausgeprägt ist, wird dies als atypisch verstanden. Diverse Studien zeigen, dass bei einer PTBS die P50 auf dem zweiten Stimulus im Paar weniger stark reduziert ist (Karl et al., 2006b). Die Interpretation dieser Befunde ist noch unklar. Da bei PTBS-Patienten eine atypische P50 mit der allgemeinen psychopathologischen Symptombelastung korreliert ist, eine atypische P50 aber bei mehreren Störungen gefunden wurde, ist es fraglich, ob die P50 tatsächlich mit PTBS-spezifischen Symptomen in Zusammenhang steht (Metzger et al., 2002).

Ein weiteres EKP ist die P200. Wie der Name schon andeutet, bezieht sich die P200 auf eine positive Amplitude, welche etwa 200 ms nach der Reizdarbietung auftritt. Typischerweise werden in Studien mit PTBS-Patienten intensiver werdende Reize dargeboten. Eine Veränderung der P200-Amplitude wird mit einem Tuning der sensorischen Reizverarbeitung in Zusammenhang gebracht (Karl et al., 2006b). Bei einer Steigerung der P200-Amplitude wird dies als Hinweis auf eine verstärkte Reizverarbeitung verstanden, bei einer Reduzierung der P200-Amplitude scheint die Reizverarbeitung gehemmt.

Die Ergebnisse bezüglich des Zusammenhangs zwischen PTBS und P200 sind heterogen. Die P200-Amplitude nimmt bei Patienten oder Kontrollprobanden ohne PTBS mit zunehmender Reizintensität zu. Karl und Kollegen (2006b) berichten in einer Meta-Analyse, dass Männer mit einer PTBS eine reduzierte P200-Amplitude zeigen, verglichen mit anderen Patientengruppen und Kontrollprobanden ohne PTBS. In diesen Studien wird die reduzierte P200-Amplitude als ein Verarbeitungsweg interpretiert, der Schutz vor einer Reizüberflutung bietet. Andere Studien zeigen hingegen, dass Männer und Frauen mit einer PTBS eine Erhöhung der P200-Amplitude aufweisen können. Die letztere Gruppe von Studien ist sehr heterogen und deren Ergebnisse sind schwierig zu interpretieren (Karl et al., 2006b).

Als drittes Potential unter denen mit der PTBS in Zusammenhang gebrachten EKPs ist die P300 zu nennen. In den meisten Studien wird P3 oder »Oddball-P3« synonym für P300 verwendet: In diesen Studien wird eine Reihe von gleichartigen Reizen präsentiert, unter die seltene Reize (10–20 % Auftretenswahrscheinlichkeit) gemischt werden. Meistens lautet die Instruktion, auf diese seltenen Reize zu reagieren (z. B. mit dem Drücken eines Knopfes). In einer anderen Version des Paradigmas werden seltene Distraktoren angeboten. Die P300 auf Zielreize wird auch P3b genannt, die P300 auf Distraktoren heißt auch P3a. Bei von einer PTBS Betroffenen werden häufig eine reduzierte P300-Amplitude und eine längere P300-Latenz gefunden (Felmingham et al., 2002). Diese Befunde sind auf der P3a und der P3b zu beobachten, wenn Zielreiz und Distraktoren neutrale Valenz aufweisen. Wenn aber die Distraktoren traumabezogen sind und die Zielreize neutral, dann wird bei PTBS-Patienten eher eine größere P3b und P3a gefunden. Die Studien deuten darauf hin, dass ein traumabezogener Kontext nicht nur die spezifische Reizverarbeitung traumarelevanter Stimuli, sondern auch die nicht-traumabezogene Reizverarbeitung verändert. Während eine reduzierte P300-Amplitude und eine verspätete Latenz eher auf eine geringere Fähigkeit hindeuten, relevante Reize von irrelevante Reize zu unterscheiden, kann eine erhöhte P300-Amplitude im Kontext traumabezogener Reize als eine allgemein erhöhte Aufmerksamkeit interpretiert werden, welche durch den Kontext ausgelöst werden kann (Karl et al., 2006b).

Zusammenfassend, zeigen diese Studien, dass Patienten mit einer PTBS eine veränderte Reizverarbeitung haben, vor allem dann, wenn der Kontext traumabezogen ist. Auf der einen Seite werden bestimmte irrelevante Reize nicht gut ausgefiltert, möglicherweise weil die Unterscheidungsfähigkeit bei PTBS-Patienten beeinträchtigt ist, während auf der anderen Seite bestimmte Reize verstärkt wahrgenommen werden, vor allem dann, wenn sie in einem Kontext präsentiert werden, welcher mit dem Trauma in Zusammenhang steht. Die neuralen Generatoren dieser verschiedenen EKPs sind vermutlich in verschiedenen Hirngebieten zu suchen. Sowohl für die P50, die P200 als auch die P300 wurde ein breites Netzwerk an Hirnarealen gefunden, in denen diese Potentiale generiert werden können. Daher ist es schwierig, die Elektrophysiologie direkt an Hirnstrukturen zu koppeln. Es gibt nur sehr wenige Studien, bei denen ein direkter Zusammenhang zwischen elektrophysiologischen Korrelaten und hirnanatomischen Befunden hergestellt werden konnte. Eine Ausnahme ist hier eine Studie von Araki und Kollegen (2005). Sie haben Patienten in Japan untersucht, die Opfer von traumatischen Erlebnissen beim Terroranschlag auf die Tokyoter U-Bahn (1995) wurden. Araki et al. haben gezeigt, dass die Patienten, welche eine PTBS entwickelten, zum einen niedrigere P300 aufweisen und zum anderen das anteriore Cingulum ein geringeres Volumen hat und dass ein Zusammenhang zwischen dem Ausmaß, in dem der eine, und dem Ausmaß, in dem der andere Faktor auftritt, besteht.

5.3 Risikofaktoren, Folgestörungen und Therapie

In der Regel werden psychosoziale Faktoren und eine traumabezogene Biografie als Risikofaktoren beschrieben (siehe in diesem Buch Kap. A3: Psychologische Theorien). Psychophysiologische Merkmale oder anatomische Charakteristika sind bisher nur wenig untersucht und als Prädiktor in Modellen erfasst worden. Dennoch hat die obige Beschreibung der bildgebenden Studien nahegelegt, dass eine neurobiologische Vulnerabilität auch als Risikofaktor für eine PTBS betrachtet werden kann. Vor allem wird in diesem Zusammenhang ein kleinerer Hippokampus als möglicher Risikofaktor diskutiert (Gilbertson et al., 2002). Es gibt aber auch Hinweise, dass kleinere Hippokampi nicht automatisch mit einer PTBS assoziiert sind. Zum Beispiel wurden kleinere Hippokampi und eine verkleinerte Amygdala auch bei anderen psychischen Störungen gefunden, die im Zusammenhang mit Missbrauch auftreten, etwa bei Erwachsenen, die bei einer Vergangenheit mit frühkindlichem Missbrauch unter dissoziativer Identitätsstörung, Borderline-Persönlichkeitsstörung oder Depression litten

(Schmahl et al., 2004; Vermetten et al., 2006; Vythilingam et al., 2002). Auch haben traumatisierte Kinder mit einer PTBS selten kleinere Hippokampi, während aber bei Erwachsenen, die eine traumatisierende Erfahrung entweder in der Kindheit oder im Erwachsenenalter hatten, oft eine Verminderung des Hippokampusvolumens gefunden wurde. Stattdessen wurde bei Kindern gefunden, dass globale anatomische Parameter – wie z.B. frontale graue und weiße Substanz – geringere Volumina aufwiesen. Auch wurde in diesem Kontext ein Unterschied zwischen den Geschlechtern gefunden, dass nämlich Jungen in Bezug auf neuroanatomische Veränderungen vulnerabler waren als Mädchen (De Bellis & Keshavan, 2003; De Bellis et al., 2002). Dieser Unterschied zwischen Kindern und Erwachsenen und zwischen den Geschlechtern kann damit zusammenhängen, dass sich das Gehirn in der Kindheit und Adoleszenz besonders in den frontalen Hirngebieten stark entwickelt (Fair et al., 2008; Giedd et al., 1999).

Die Frage, ob spezifische Symptome mit anatomisch vulnerablen Hirnarealen zu tun haben, ist ebenso ungeklärt. So könnte man meinen, dass der Hippokampus und die Amygdala eher mit Intrusion und Angststörungen zu tun haben (Hara et al., 2008), während ein vulnerables anteriores Cingulum möglicherweise mit einer dysfunktionalen kognitiven Kontrolle von sich aufdrängenden affektiven Gedanken in Zusammenhang steht. Brewin hat kürzlich ein interessantes Modell entwickelt, das nahelegt, dass die Kopplung und Wechselwirkung zwischen dem limbischen System und der sensorischen Wahrnehmung bzw. exekutive Funktionen bei der PTBS gestört sein dürften. Dieses Modell erklärt nicht nur, dass affektive (traumabezogene) Reize nicht im richtigen Kontext gesehen werden, sondern auch, dass spontane autobiografische Erinnerungen nicht gut kontrolliert werden können (Brewin et al., 2010).

Die Frage schließlich, ob PTBS-Symptome und neuroanatomische Veränderungen durch eine Intervention rückgängig gemacht werden können, kann zum Teil positiv beantwortet werden. Relativ erfolgreich sind medikamentöse Interventionen mit Antidepressiva. Diese Therapien bauen auf der positiven Wirkung von Antidepressiva bei der Neurogenese im Hippokampus auf. In Tierstudien wurde gezeigt, dass der Serotonin-Wiederaufnahmehemmer Paroxetin eine Hippokampusatrophie rückgängig machen kann (Malberg et al., 2000). In mehrere Studien mit PTBS-Patienten wurde dieses Medikament eingesetzt, und es wurde berichtet, dass das Hippokampusvolumen nach der Behandlung ca. 5 % größer wurde. Die verbale Gedächtnisleistung verbesserte sich, während die Symptome Intrusion, Vermeidung und Arousal bei PTBS-Betroffenen geringer wurden (Vermetten et al., 2003). In einer ähnlichen Studie wurde auch festgestellt, dass sich die neuronale Aktivität durch eine Therapie mit Paroxetin verändert hat (Seedat et al., 2004).

Es hat sich aber auch gezeigt, dass manche nicht-medikamentösen Behandlungen neurobiologische Mechanismen verändern. Studien über Therapien, welche den Abruf von traumatische Erinnerungen in Zusammenhang mit Augenbewegungen kombinieren (EMDR, »Eye Movement Desensitization and Reprocessing«), zeigen eine Normalisierung der Hirnaktivität im linken präfrontalen Kortex und im anterioren Cingulum (Levin et al., 1999; Ohtani et al., 2009). Auch die P3a-Reaktion auf traumabezogene Reize wurde nach einer EMDR-

Behandlung verringert (Lamprecht et al., 2004).

Eine Studie, in der der Effekt einer Psychotherapie auf das Hippokampusvolumen getestet wurde, zeigte keine signifikanten Unterschiede bei PTBS-Patienten vor und nach der Behandlung (Lindauer et al., 2005).

Zusammenfassend gesagt, zeigen bisherige Studien kein einheitliches Bild in der Frage, ob neurobiologische Veränderungen eine Folge oder ein Risikofaktor für das Entstehen einer PTBS sind. Die verstärkte Anwendung von integrativen bildgebenden Verfahren sowie auch die ersten Hinweise darauf, dass neurobiologische Veränderungen rückgängig zu machen sind, lassen hoffen, dass in der Zukunft neurobiologische Mechanismen der PTBS besser verstanden werden und wirkungsvollere Methoden gefunden werden, um Folgen von traumatischen Erfahrungen zu verringern.

5.4 Literatur

Abe O., Yamasue H., Kasai K., Yamada H., Aoki S., Iwanami A. et al. (2006). Voxel-based diffusion tensor analysis reveals aberrant anterior cingulum integrity in posttraumatic stress disorder due to terrorism. *Psychiatry Research: Neuroimaging*, 146 (3), 231–42.

Araki T., Kasai K., Yamasue H., Kato N., Kudo N., Ohtani T. et al. (2005). Association between lower P300 amplitude and smaller anterior cingulate cortex volume in patients with posttraumatic stress disorder: A study of victims of Tokyo subway sarin attack. *Neuroimage*, 25 (1), 43–50.

Bluhm R. L., Williamson P. C., Osuch E. A., Frewen P. A., Stevens T. K., Boksman K. et al. (2009). Alterations in default network connectivity in posttraumatic stress disorder related to early-life trauma. *Journal of Psychiatry and Neuroscience*, 34 (3), 187–94.

Bonne O., Brandes D., Gilboa A., Gomori J. M., Shenton M. E., Pitman R. K., et al. (2001). Longitudinal MRI study of hippocampal volume in trauma survivors with PTSD. *American Journal of Psychiatry*, 158 (8), 1248–51.

Bonne O., Vythilingam M., Inagaki M., Wood S., Neumeister A., Nugent A. C. et al. (2008). Reduced posterior hippocampal volume in posttraumatic stress disorder. *Journal of Clinical Psychiatry*, 69 (7), 1087–91.

Bremner J. D. (1999). Does stress damage the brain? *Biological Psychiatry*, 45 (7), 797–805.

Bremner J. D., Randall P., Scott T. M., Bronen R. A., Seibyl J. P., Southwick S. M., et al. (1995). MRI-based measurement of hippocampal volume in patients with combat-related posttraumatic stress disorder. *American Journal of Psychiatry*, 152 (7), 973–81.

Bremner J. D., Randall P., Vermetten E., Staib L., Bronen R. A., Mazure C. et al. (1997). Magnetic resonance imaging-based measurement of hippocampal volume in posttraumatic stress disorder related to childhood physical and sexual abuse – a preliminary report. *Biological Psychiatry*, 41 (1), 23–32.

Brewin C. R., Gregory J. D., Lipton M., Burgess N. (2010). Intrusive images in psychological disorders: Characteristics, neural mechanisms, and treatment implications. *Psychological Review*, 117 (1), 210–32.

Cohen R. A., Grieve S., Hoth K. F., Paul R. H., Sweet L., Tate D. et al. (2006). Early life stress and morphometry of the adult anterior cingulate cortex and caudate nuclei. *Biological Psychiatry*, 59 (10), 975–82.

Daniels J. K., McFarlane A. C., Bluhm R. L., Moores K. A., Clark C. R., Shaw M. E. et al. (2010). Switching between executive and default mode networks in posttraumatic stress disorder: Alterations in functional connectivity. *Journal of Psychiatry and Neuroscience*, 35 (4), 258–66.

De Bellis M. D. & Keshavan M. S. (2003). Sex differences in brain maturation in maltreatment-related pediatric posttraumatic stress disorder. *Neuroscience and Biobehavioral Reviews*, 27 (1–2), 103–17.

De Bellis M. D., Keshavan M. S., Shifflett H., Iyengar S., Beers S. R., Hall J. et al. (2002).

Brain structures in pediatric maltreatment-related posttraumatic stress disorder: A sociodemographically matched study. *Biological Psychiatry*, 52 (11), 1066–78.

Fair D. A., Cohen A. L., Dosenbach N. U., Church J. A., Miezin F. M., Barch D. M. et al. (2008). The maturing architecture of the brain's default network. *Proceedings of the National Academy of Sciences of the USA*, 105 (10), 4028–32.

Felmingham K. L., Bryant R. A., Kendall C. & Gordon E. (2002). Event-related potential dysfunction in posttraumatic stress disorder: The role of numbing. *Psychiatry Research*, 109 (2), 171–9.

Francati V., Vermetten E. & Bremner J. D. (2007). Functional neuroimaging studies in posttraumatic stress disorder: Review of current methods and findings. *Depression and Anxiety*, 24 (3), 202–18.

Giedd J. N., Blumenthal J., Jeffries N. O., Castellanos F. X., Liu H., Zijdenbos A. et al. (1999). Brain development during childhood and adolescence: A longitudinal MRI study. *Nature Neuroscience*, 2 (10), 861–3.

Gilbertson M. W., Shenton M. E., Ciszewski A., Kasai K., Lasko N. B., Orr S. P. et al. (2002). Smaller hippocampal volume predicts pathologic vulnerability to psychological trauma. *Nature Neuroscience*, 5 *(11)*, 1242–7.

Gilboa A., Shalev A. Y., Laor L., Lester H., Louzoun Y., Chisin R. et al. (2004). Functional connectivity of the prefrontal cortex and the amygdala in posttraumatic stress disorder. *Biological Psychiatry*, 55 (3), 263–72.

Gurvits T. V., Shenton M. E., Hokama H., Ohta H., Lasko N. B., Gilbertson M. W., et al. (1996). Magnetic resonance imaging study of hippocampal volume in chronic, combat-related posttraumatic stress disorder. *Biological Psychiatry*, 40 (11), 1091–9.

Gurvits T. V., Gilbertson M. W., Lasko N. B., Tarhan A. S., Simeon D., Macklin M. L. et al. (2000). Neurologic soft signs in chronic posttraumatic stress disorder. *Archives of General Psychiatry*, 57 (2), 181–6.

Gusnard D. A. & Raichle M. E. (2001). Searching for a baseline: functional imaging and the resting human brain. *Nature Reviews. Neuroscience*, 2 (10), 685–94.

Hara E., Matsuoka Y., Hakamata Y., Nagamine M., Inagaki M., Imoto S. et al. (2008). Hippocampal and amygdalar volumes in breast cancer survivors with posttraumatic stress disorder. *Journal of Neuropsychiatry and Clinical Neurosciences*, 20 (3), 302–8.

Hendler T., Rotshtein P., Yeshurun Y., Weizmann T., Kahn I., Ben-Bashat D. et al. (2003). Sensing the invisible: Differential sensitivity of visual cortex and amygdala to traumatic context. *Neuroimage*, 19 (3), 587–600.

Jackowski A. P., Douglas-Palumberi H., Jackowski M., Win L., Schultz R. T., Staib L. W. et al. (2008). Corpus callosum in maltreated children with posttraumatic stress disorder: A diffusion tensor imaging study. *Psychiatry Research*, 162 (3), 256–61.

Jäncke L. (2005). *Methoden der Bildgebung in der Psychologie und den kognitiven Neurowissenschaften*. Stuttgart: Kohlhammer.

Jatzko A., Schmitt A., Kordon A. & Braus D. F. (2005). Bildgebende Befunde bei der posttraumatischen Belastungsstörung (PTBS): Literaturübersicht. *Fortschritte der Neurologie-Psychiatrie*, 73 (7), 377–91.

Karl A. & Werner A. (2010). The use of proton magnetic resonance spectroscopy in PTSD research – meta-analyses of findings and methodological review. *Neuroscience and Biobehavioral Reviews*, 34 (1), 7–22.

Karl A., Malta L. S. & Maercker A. (2006a). Meta-analytic review of event-related potential studies in post-traumatic stress disorder. *Biological Psychology*, 71 (2), 123–47.

Karl A., Schaefer M., Malta L. S., Dorfel D., Rohleder N. & Werner A. (2006b). A meta-analysis of structural brain abnormalities in PTSD. *Neuroscience and Biobehavioral Reviews*, 30 (7), 1004–31.

Kim S. J., Jeong D. U., Sim M. E., Bae S. C., Chung A., Kim M. J. et al. (2006). Asymmetrically altered integrity of cingulum bundle in posttraumatic stress disorder. *Neuropsychobiology*, 54 (2), 120–5.

Lamprecht F., Kohnke C., Lempa W., Sack M., Matzke M. & Munte T. F. (2004). Event-related potentials and EMDR treatment of post-traumatic stress disorder. *Neuroscience Research*, 49 (2), 267–72.

Lanius R. A., Williamson P. C., Densmore M., Boksman K., Gupta M. A., Neufeld R. W. et al. (2001). Neural correlates of traumatic memories in posttraumatic stress disorder: A functional MRI investigation. *American Journal of Psychiatry*, 158 (11), 1920–2.

Lanius R. A., Bluhm R. L., Coupland N. J., Hegadoren K. M., Rowe B., Theberge J. et al. (2010). Default mode network connectivity as a predictor of post-traumatic stress disorder symptom severity in acutely traumatized subjects. *Acta Psychiatrica Scandinavica*, 121 (1), 33–40.

Levin P., Lazrove S. & van der Kolk B. (1999). What psychological testing and neuroimaging tell us about the treatment of Posttraumatic Stress Disorder by Eye Movement Desensitization and Reprocessing. *Journal of Anxiety Disorders*, 13 (1–2), 159–72.

Liberzon I., Taylor S. F., Amdur R., Jung T. D., Chamberlain K. R., Minoshima S. et al. (1999). Brain activation in PTSD in response to trauma-related stimuli. *Biological Psychiatry*, 45 (7), 817–26.

Lindauer R. J., Vlieger E. J., Jalink M., Olff M., Carlier I. V., Majoie C. B. et al. (2005). Effects of psychotherapy on hippocampal volume in out-patients with post-traumatic stress disorder: A MRI investigation. *Psychological Medicine*, 35 (10), 1421–31.

Malberg J. E., Eisch A. J., Nestler E. J. & Duman R. S. (2000). Chronic antidepressant treatment increases neurogenesis in adult rat hippocampus. *Journal of Neuroscience*, 20 (24), 9104–10.

Matsuoka Y., Yamawaki S., Inagaki M., Akechi T. & Uchitomi Y. (2003). A volumetric study of amygdala in cancer survivors with intrusive recollections. *Biological Psychiatry*, 54 (7), 736–43.

McKiernan K. A., Kaufman J. N., Kucera-Thompson J. & Binder J. R. (2003). A parametric manipulation of factors affecting task-induced deactivation in functional neuroimaging. *Journal of Cognitive Neuroscience*, 15 (3), 394–408.

Metzger L. J., Carson M. A., Paulus L. A., Lasko N. B., Paige S. R., Pitman R. K. et al. (2002). Event-related potentials to auditory stimuli in female Vietnam nurse veterans with posttraumatic stress disorder. *Psychophysiology*, 39 (1), 49–63.

Michel C. M., Koenig T., Brandeis D., Gianotti L. R. R. & Wackermann J. (2009). *Electrical neuroimaging*. Cambridge: Cambridge University Press.

Ohtani T., Matsuo K., Kasai K., Kato T. & Kato N. (2009). Hemodynamic responses of eye movement desensitization and reprocessing in posttraumatic stress disorder. *Neuroscience Research*, 65 (4), 375–83.

Rauch S. L., van der Kolk B. A., Fisler R. E., Alpert N. M., Orr S. P., Savage C. R. et al. (1996). A symptom provocation study of posttraumatic stress disorder using positron emission tomography and script-driven imagery. *Archives of General Psychiatry*, 53 (5), 380–7.

Rauch S. L., Whalen P. J., Shin L. M., McInerney S. C., Macklin M. L., Lasko N. B. et al. (2000). Exaggerated amygdala response to masked facial stimuli in posttraumatic stress disorder: a functional MRI study. *Biological Psychiatry*, 47 (9), 769–76.

Sapolsky R. M. (2000). Glucocorticoids and hippocampal atrophy in neuropsychiatric disorders. *Archives of General Psychiatry*, 57 (10), 925–35.

Schmahl C. G., Vermetten E., Elzinga B. M. & Bremner J. D. (2004). A positron emission tomography study of memories of childhood abuse in borderline personality disorder. *Biological Psychiatry*, 55 (7), 759–65.

Seedat S., Warwick J., van Heerden B., Hugo C., Zungu-Dirwayi N., Van Kradenburg J. et al. (2004). Single photon emission computed tomography in posttraumatic stress disorder before and after treatment with a selective serotonin reuptake inhibitor. *Journal of Affective Disorders*, 80 (1), 45–53.

Shin L. M., Whalen P. J., Pitman R. K., Bush G., Macklin M. L., Lasko N. B. et al. (2001). An fMRI study of anterior cingulate function in posttraumatic stress disorder. *Biological Psychiatry*, 50 (12), 932–42.

Shin L.M., Rauch S.L. & Pitman R.K. (2006). Amygdala, medial prefrontal cortex, and hippocampal function in PTSD. *Annals of the New York Academy of Sciences*, 1071, 67–79.

Stein M.B., Koverola C., Hanna C., Torchia M.G., McClarty B. (1997). Hippocampal volume in women victimized by childhood sexual abuse. *Psychological Medicine*, 27 (4), 951–9.

Vermetten E., Vythilingam M., Southwick S.M., Charney D.S. & Bremner J.D. (2003). Long-term treatment with paroxetine increases verbal declarative memory and hippocampal volume in posttraumatic stress disorder. *Biological Psychiatry*, 54 (7), 693–702.

Vermetten E., Schmahl C., Lindner S., Loewenstein R.J. & Bremner J.D. (2006). Hippocampal and amygdalar volumes in dissociative identity disorder. *American Journal of Psychiatry*, 163 (4), 630–6.

Vythilingam M., Heim C., Newport J., Miller A.H., Anderson E., Bronen R. et al. (2002). Childhood trauma associated with smaller hippocampal volume in women with major depression. *American Journal of Psychiatry*, 159 (12), 2072–80.

Yamasue H., Kasai K., Iwanami A., Ohtani T., Yamada H., Abe O. et al. (2003). Voxel-based analysis of MRI reveals anterior cingulate gray-matter volume reduction in posttraumatic stress disorder due to terrorism. *Proceedings of the National Academy of Sciences of the USA*, 100 (15), 9039–43.

LAURA PIELMAIER UND ANDREAS MAERCKER

6. Risikofaktoren, Resilienz und posttraumatische Reifung

Durch die Betonung eines ätiologischen Moments als notwendiges Störungskriterium nimmt die Posttraumatische Belastungsstörung (PTBS) eine Sonderstellung unter den psychischen Störungen ein. Dass jedoch eine traumatische Erfahrung keineswegs eine hinreichende Bedingung für die Störungsentwicklung darstellt, wird nicht zuletzt durch die in vielen epidemiologischen Studien bestätigte Tatsache deutlich, dass die meisten Personen nach einem Trauma keine PTBS entwickeln (Brewin et al., 2000). Vielmehr ist vom Zusammenwirken einer Reihe biologischer, psychologischer und sozialer Faktoren auszugehen, die zu unterschiedlichen Zeitpunkten (prä-, peri- und posttraumatisch) und mit unterschiedlicher Dauer einwirken und von denen es abhängt, ob das Störungsbild ausgebildet bzw. aufrechterhalten wird. Dabei können bestimmte Einflüsse das Risiko für die PTBS erhöhen (Risikofaktor), während andere trotz Exposition mit extrem aversiven Bedingungen protektiv wirken (Schutzfaktor).

Als Resilienz bezeichnet man allgemein die Widerstandskraft gegenüber Belastungen, d. h. die Fähigkeit, dem Schädigungspotenzial diverser biopsychosozialer Risikokonstellationen zu widerstehen bzw. diese zu überwinden. Mit diesem Begriff wurde zunächst in der Entwicklungspsychopathologie untersucht, unter welchen Bedingungen trotz aversiver Lebensumstände eine unbeschadete, gesunde Entwicklung erfolgen kann. Bei Aufkommen der PTBS als neues Störungskonzept Anfang der 1970er Jahre spielte zunächst auch der salutogenetische Ansatz von Antonovsky (1987) eine wichtige Rolle. In der Folgezeit wurde dieser jedoch zugunsten einer eher störungsspezifischen Perspektive zunächst in den Hintergrund gedrängt. Im Zuge einer allgemeinen Perspektivänderung im Bereich der Psychopathologie – weg von einer rein defizitorientierten, hin zu einer verstärkt kompetenz- und ressourcenfokussierenden Orientierung – werden in neuerer Zeit auch in Bezug auf Traumafolgen positive Veränderungen im Sinne psychischer Reifung in den Blickpunkt gerückt – darauf nimmt seit einigen Jahren der Begriff der posttraumatischen Reifung Bezug.

Im Folgenden werden zunächst zwei methodisch hochwertige Studien vorgestellt, die die Befunde zu Einflussfaktoren der PTBS der 1980er und 90er Jahre metaanalytisch auswerteten. Anschließend wird das multifaktorielle Rahmenmodell der

PTBS (Maercker, 2009) erläutert, das weitere, in den Metaanalysen nicht einbezogene Studienergebnisse integriert. Abschließend soll das Konzept der posttraumatischen Reifung im Mittelpunkt stehen.

6.1 Risiko- und Schutzfaktoren der PTBS

6.1.1 Vorbemerkung zur Forschungsmethodik

Um Faktoren zu identifizieren, die das Auftreten der Symptomatik bzw. die Chronifizierung der PTBS bedingen oder verhindern, bedarf es aufwendiger prospektiver Längsschnittstudien. Für Aussagen über ätiologisch relevante prätraumatische Bedingungen wäre sogar ein Studienbeginn vor Eintritt des Traumas erforderlich. Derartige Daten liegen jedoch nur für sehr wenige Merkmale und für eng umgrenzte Traumapopulationen vor (z.B. Feuerwehrleute oder Militär). Die meisten Studien sind dagegen Querschnittstudien mit retrospektiver Erfassung potenzieller Einflussfaktoren der PTBS. Die Ergebnisse können daher möglicherweise verzerrt sein, was u.a. durch störungsbedingte kognitive Veränderungen bewirkt sein kann.

Auch ist es meist nicht möglich, zwischen Risiko- und Schutzfaktoren zu unterscheiden bzw. deren komplexes Zusammenwirken nachzuvollziehen. Das Fehlen eines risikoerhöhenden Einflusses kann schützend sein, muss es aber nicht. Ein Beispiel hierfür ist der Einfluss sozialer Unterstützung. Negative Interaktionen scheinen viel stärker positiv mit der PTB-Symptomatik verknüpft zu sein, als unterstützende Interaktionen negativ assoziiert sind (Guay et al., 2006).

6.1.2 Risikofaktoren der PTBS – Ergebnisse aus Metaanalysen

Brewin et al. (2000) fassen mit ihrer Metaanalyse 77 bis zum Jahr 2000 in englischsprachiger Fachliteratur publizierte Studien zu Risikofaktoren der PTBS zusammen. Es wurden für 14 potenzielle Risikofaktoren, zu denen mindestens vier Studien vorlagen, Effektstärken berechnet (vgl. Tab. 1). Zusätzlich untersuchten die Autoren mögliche Konfundierungen der gefundenen Zusammenhänge durch die Art des gewählten Studiendesigns, der Traumapopulation und die Wahl der Untersuchungsinstrumente. Sämtliche Variablen zeigten einen hochsignifikanten Zusammenhang mit der PTB-Symptomatik, wenn auch meist mit kleinen Effekten. Die stärksten Assoziationen wurden festgestellt für:

- Mangel an sozialer Unterstützung,
- belastende Lebensbedingungen nach dem Trauma,
- Traumaintensität.

Für einige Faktoren variierten die Effektstärken stark zwischen den Studien, wobei die vergleichsweise geringen Effektstärken für frühere psychische Auffälligkeiten, Missbrauch in der Kindheit und familiäre Vorbelastung durch psychische Störungen am homogensten waren. Sehr starke Variabilität zeigte sich zwischen Studien mit Stichproben aus dem Militär im Vergleich zu Stichproben nach zivilen Traumata.

Die Metaanalyse von Ozer, Best, Lipsey und Weiss (2003) betrachtet sieben verschiedene Risikofaktoren der PTBS aus insgesamt 68 Studien. Auf die Untersuchung demografischer Merkmale wurde verzichtet. Auch bei dieser Metaanalyse zeigten sich für alle betrachteten Faktoren signifi-

Tab. 1: Ergebnisse der Metaanalysen zu Risikofaktoren der PTBS

Metaanalyse von Brewin et al. (2000)				
Risikofaktor	Anzahl Studien	Stichprobengröße	Range der Effektstärke r	Gewichtetes mittleres r
Frühere Traumata	14	5147	-.05–.36	.12
Frühere psych. Auffälligkeiten	22	7307	.00–.29	.11
Kindesmissbrauch	9	1746	.07–.30	.14
Andere negative Kindheitserfahrungen	14	6969	.09–.60	.19
Psych. Auffälligkeiten in der Familie	11	4792	.07–.28	.13
Traumaintensität	49	13653	-.14–.76	.23
Mangel an sozialer Unterstützung	11	3276	-.02–.54	.40
Lebensbelastung	8	2804	.26–.54	.32
Weibliches Geschlecht	25	11261	-.04–.31	.13
Geringes Alter	29	7207	-.38–.28	.06
Niedriger soziökonom. Status	18	5957	.01–.38	.14
Geringe Bildung	29	11047	-.11–.37	.10
Geringe Intelligenz	6	1149	.08–.38	.18
Ethnische Minderheit	22	8165	-.27–.39	.05
Metaanalyse von Ozer et al. (2003)				
Risikofaktor	Anzahl Studien	Stichprobengröße	Range der Effektstärke r	Gewichtetes mittleres r
Frühere Traumata	23	5308	.00–.46	.17
Frühere Anpassungsleistung	23	6797	-.13–.47	.17
Psych. Auffälligkeiten in der Familie	9	667	-.06–.43	.17
Wahrgenommene Lebensbedrohung	12	3524	.13–.49	.26
Peritraumatische Emotionen	5	1755	.15–.55	.26
Peritraumatische Dissoziation	16	3534	.14–.94	.35
Wahrgenommene Unterstützung	11	3537	-.57–.07	-.28

kante Assoziationen mit der PTB-Symptomatik, am stärksten ausgeprägt für peritraumatische Dissoziation, gefolgt von wahrgenommener Unterstützung. Prätraumatische Faktoren zeigten geringere Effektstärken, die jedoch weniger stark zwischen den Studien variierten. Auch diese Metaanalyse stellte gewisse Unterschiede der Zusammenhangsstärken in Abhängigkeit vom Untersuchungsdesign fest.

Obwohl nicht dieselben Prädiktoren untersucht wurden und sich damit auch Art und Anzahl der betrachteten Studien nicht vollständig überlappen, zeichnen die beiden Metaanalysen ein recht übereinstimmendes Bild: Prätraumatische Faktoren scheinen im Vergleich zu peri- und posttraumatischen Faktoren weniger bedeutsame Risikofaktoren zu sein. Dieses Ergebnis wird auch von Studien bestätigt, die zwischen Risikofaktoren für das Auftreten einer PTBS und Risiken für deren Chronifizierung direkt unterscheiden (u.a. Schnurr et al. 2004). Demnach scheinen prätraumatische Faktoren für die Aufrechterhaltung der Symptomatik weniger relevant zu sein. Im Folgenden werden die methodisch gut abgesicherten sowie weitere als evident erscheinende Faktoren ausführlich dargestellt und in ein multifaktorielles Rahmenmodell der PTBS integriert.

6.2 Multifaktorielles Rahmenmodell der PTBS

Abbildung 1 teilt Risiko- bzw. Schutzfaktoren der PTBS entsprechend dem Zeitpunkts ihres Auftretens in prä-, peri und posttraumatisch Faktoren ein (Maercker, 2009). Zu beachten ist, dass diese zeitliche Einteilung nicht mit dem Zeitpunkt des Wirkens übereinstimmen muss; so spielen etwa individuell-biografische Merkmale eine Rolle sowohl in Bezug auf die Wahrscheinlichkeit einer Traumaexposition als auch auf das peritraumatische Erleben sowie auf weitere, später auftretende Faktoren. Die beiden im Modell dargestellten Ebenen sollen andeuten, dass die individuelle Traumabewältigung nicht losgelöst vom sozialen und kulturellen Kontext betrachtet werden kann, sie ist vielmehr in diesen eingebettet, denn Umweltfaktoren spielen zu jedem Zeitpunkt eine bedeutende Rolle. Beispielsweise variiert schon die Häufigkeit des Auftretens traumatischer Erlebnisse in Abhängigkeit vom jeweiligen Kulturraum, und individuelle Verarbeitungsstile werden durch den jeweiligen gesellschaftlichen Kontext mitbestimmt.

6.2.1 Prätraumatische Faktoren

Die Metaanalysen bestätigen einen eindeutigen, wenn auch geringen Effekt von Einflussfaktoren, die bereits vor dem Trau-

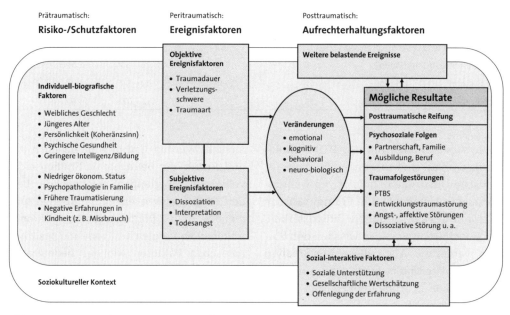

Abb. 1: Rahmenmodell zu Risiko- und Schutzfaktoren der PTBS

ma bestanden, auf das spätere Erkrankungsrisiko. Hierzu zählen einige Personenmerkmale wie weibliches Geschlecht, jüngeres Alter bei der Traumatisierung, Merkmale des sozioökonomischen Status wie niedriger Bildungsstatus und geringes Einkommen sowie geringe Intelligenz und einige Persönlichkeitseigenschaften. Hinzu kommen aversive Lebenserfahrungen wie Traumatisierungen – insbesondere (sexueller) Missbrauch oder Vernachlässigung in der Kindheit – und eine Vorgeschichte mit psychiatrischen Auffälligkeiten. All diese Merkmale werden im Modell als individuell-biografische Faktoren zusammengefasst und tangieren teilweise die zweite Ebene des sozialen bzw. kulturellen Umfeldes, was beispielsweise für psychische Erkrankungen in der Herkunftsfamilie gilt.

Weibliches Geschlecht

Aus epidemiologischen Studien ist bekannt, dass Frauen im Vergleich zu Männern etwa doppelt so häufig eine PTBS entwickeln (vgl. Metaanalyse von Tolin & Foa, 2006). Verschiedene Erklärungen für diesen ausgeprägten Geschlechtereffekt werden diskutiert, möglich ist etwa eine Konfundierung mit der Traumaexposition, denn die Wahrscheinlichkeiten für verschiedene Traumata variieren stark – Frauen sind zwar insgesamt seltener traumatischen Erfahrungen ausgesetzt, dafür aber vermehrt den stark pathogenen Traumaarten wie sexueller Missbrauch und Vergewaltigung. Darüber hinaus bleibt das Risiko, PTBS-Symptome zu entwickeln, für Frauen selbst nach Kontrolle der Traumaart doppelt so hoch, und diese sind stärker ausgeprägt und bleiben länger bestehen. Als weitere mögliche Erklärungen kommen geringeres Alter bei der Traumatisierung, stärkere Wahrnehmung von Bedrohung und Kontrollverlust, stärkere peritraumatische Dissoziation, mangelhafte soziale Unterstützungsressourcen, verstärkter Missbrauch von Alkohol als Bewältigungsstrategie, geschlechtsspezifische akute psychobiologische Reaktion in Frage. Einige neuere Studien mit Kriegsveteranen legen die Vermutung nahe, dass sich bei sehr extremen Traumatisierungen kaum noch ein Geschlechtereffekt zeigt (Nemeroff et al., 2006).

Alter

Die Metaanalyse von Brewin und Kollegen (2000) konnte für das Alter bei der Traumatisierung eine nur geringe, aber dennoch signifikante Effektstärke von .06 finden. Demnach besteht mit geringerem Alter ein erhöhtes Risiko, nach einer traumatischen Erfahrung eine PTBS zu entwickeln. Maercker (1999) fand zudem einen weiteren Anstieg des relativen Risikos im höheren Alter. Dies legt die Vermutung einer U-förmigen Beziehung zwischen Alter und PTBS nahe.

Intelligenz

Die wenigen Untersuchungen, die eine geringere Intelligenz als Risikofaktor identifizierten, stammen aus Militärstichproben, bei denen vor Kriegseinsätzen und damit vor potenziell traumatischen Erfahrungen zu Rekrutierungszwecken Testungen durchgeführt wurden. Neuerdings bemühen sich Kognitionsforscher, genauer zu spezifizieren, welche Aspekte der Intelligenz zu einer erhöhten Vulnerabilität führen. Dabei wird verstärkt der Kapazität des Arbeitsgedächtniskapazität eine große Rolle zugeschrieben, meist operationalisiert als die Fähigkeit, Aufmerksamkeit zwischen verschiedenen Aufgaben zu verteilen sowie

»hin- und herpendeln« zu lassen und dabei ungewollte Inhalte zu unterdrücken.

Frühere Psychopathologie und Traumatisierungen

Eine Vorgeschichte mit Traumaerfahrung oder chronischem Stress gilt als unspezifischer Risikofaktor für affektive und Angststörungen im Allgemeinen. Insbesondere wenn derartige Erfahrungen in frühen Lebensjahren stattfanden, werden vulnerabilisierende Auffälligkeiten in den für die Stressbewältigung relevanten neurobiologischen Systemen beobachtet (vgl. Kap. A5: Neurobiologische Theorien).

In Bezug auf prätraumatische Risikofaktoren ist festzuhalten, dass von einer Überlappung der Einflüsse untereinander und mit weiteren biologischen Faktoren auszugehen ist. Dass eine familiäre Vorbelastung durch psychiatrische Auffälligkeiten einen Risikofaktor darstellt, kann z. B. teilweise über genetische Vorgänge vermittelt sein, etwa weil eine gewisse neurobiologische Vulnerabilität bereits vor dem Trauma bestand. Andererseits ist auch denkbar, dass sich psychische Erkrankungen bei einem oder beiden Elternteilen negativ auf den sozioökonomischen Status und erreichbaren Bildungsstand auswirken sowie einen Risikofaktor für aversive Erfahrungen in der Kindheit darstellen.

Schutzfaktoren

Egle und Hardt (2005) stellen eine Übersicht zu individuell-biografischen Schutzfaktoren zusammen: Sind die psychische und körperliche Gesundheit allgemein gut, die Stresstoleranz groß und bestehen adäquate Kontrollüberzeugungen und Selbstwirksamkeitserwartung, die garantieren, dass in Extremsituationen die Handlungsfähigkeit bewahrt bleibt, so erhöht sich die Wahrscheinlichkeit, dass eine potenziell traumatisierende Erfahrung ohne fortbestehende Symptome verarbeitet werden kann. Dies ist ebenso der Fall bei geringer psychosozialer Gesamtbelastung und dem Bestehen positiver sozialer Kontakte, im Sinne einer dauerhaften Verfügbarkeit von verlässlichen Bezugspersonen, familiärer Stabilität und sicherem Bindungsverhalten.

Bei berufsbedingt vorhersehbarer, wiederholter Exposition mit Extremsituationen, wie u. a. bei Rettungskräften, Feuerwehr und militärischem Personal, sind umfangreiche Berufserfahrung und Wissen in Bezug auf potenziell traumatische Situationen und mögliche Belastungsreaktionen von protektivem Wert.

Kohärenzgefühl

Antonovsky (1987) beschreibt das Konstrukt des Kohärenzsinn als überdauerndes Persönlichkeitsmerkmal, das die Fähigkeit umfasst, belastende Ereignisse geistig einzuordnen, zu verstehen und als sinnhaft zu bewerten. Personen mit einem ausgeprägten Kohärenzsinn nehmen Situationen prinzipiell als handhabbar wahr und fühlen sich den jeweiligen Anforderungen gewachsen. Obwohl das Konzept theoretisch als sehr sinnvoll erscheint und sich in autobiografischen Berichten von Traumaüberlebenden Hinweise auf derartige Persönlichkeitszüge finden, liegt zur Erfassung des Kohärenzsinn lediglich ein eher unvalides empirisches Messkonzept (Fragebogen) vor. Daher konnten bisher keine überzeugenden Belege für die protektive Wirkung des Kohärenzgefühls erbracht werden.

6.2.2 Peritraumatische Faktoren

Während des Traumas auftretende Einflussfaktoren kann man in objektive und subjektive Ereignismerkmale einteilen. Ein sogenannter *Dosiseffekt* in Bezug auf Charakteristika des traumatischen Ereignisses wurde in vielen Studien bestätigt (Brewin et al., 2000). Demnach sind wiederholte und längerdauernde Ereignisse, Unfälle, die mit erheblichen physischen Verletzungen einhergehen, und Situationen, die von Menschen verursacht wurden und eine absichtliche Schädigung beinhalten, pathogener als einmalige, zufällige und weniger bedrohliche Ereignisse.

Subjektive Ereignismerkmale

Subjektive Ereignismerkmale spielen eine mindestens ebenso große Rolle wie die genannten objektiven Faktoren. Die drei Emotionen *intensive Furcht, Hilflosigkeit* und *Schrecken* sind als sogenanntes subjektives Traumakriterium Teil der Störungsdefinition der PTBS im DSM-IV, dem Klassifikationssystem psychischer Störungen der American Psychiatric Association. Des Weiteren sind während des Traumas erlebte Todesangst oder mentale Selbstaufgabe mit einer späteren PTB-Symptomatik assoziiert. Auch die subjektive Interpretation des Ereignisses und die zugeschriebene Bedeutung für das folgende Leben sowie dysfunktionale Gedanken bezüglich initialer Reaktionen auf das Ereignis können unter subjektiven Charakteristika des Traumas subsummiert werden.

Dissoziation

Dissoziatives Erleben ist durch Derealisation und/oder Depersonalisation gekennzeichnet. Einige Personen fühlen sich während eines traumatischen Ereignisses als Beobachter des Geschehens, als steckten sie nicht mehr im eigenen Körper oder wären betäubt. Häufig wird ein derartiges Erleben als Verteidigungsreaktion zur Abwehr der überwältigenden Belastung einer Situation beschrieben. Die längerfristige Adaptivität von peritraumatischer Dissoziation wird dagegen angezweifelt, denn in vielen Studien zeigte sich ein positiver Zusammenhang mit einer späteren PTB-Symptomatik. Einen ausführlichen Überblick zum Zusammenhang zwischen PTBS und dissoziativen Phänomenen gibt Kapitel C2 von Frank Wagner.

6.2.3 Posttraumatische Faktoren

Nach der Exposition gegenüber einem potenziell traumatisierenden Ereignis treten bei den meisten Personen anfänglich akute Belastungsreaktionen auf (siehe Kap. C2: Die Posttraumatische Belastungsstörung). Im günstigen Fall kommt es nachfolgend zu einer Wiederherstellung der prätraumatischen Gesundheit und zur Integration des Erlebten oder es entwickelt sich eine manifeste posttraumatische Belastungsreaktion. Posttraumatische Faktoren, die zur Gesundung oder aber zur Manifestation beitragen, werden allgemein auch als *Aufrechterhaltungsfaktoren* bezeichnet. Zum einen sind das Lebensereignisse, die eine zusätzliche Belastung für den Traumaüberlebenden bedeuten. Beispielsweise kann eine während des Traumas erworbene körperliche Behinderung dauerhaft zu Schwierigkeiten bei der Wahrnehmung beruflicher und familiärer Rollenfunktionen führen. Eventuell darauf folgende Probleme am Arbeitsplatz und zu Hause werden zu chronischen Stressoren und behindern den Erholungsprozess oder verstärken die Belastungssymptomatik zusätzlich.

Eine wahrgenommene soziale Unterstützung erwies sich in beiden Metaanalysen als einer der wichtigsten Aufrechterhaltungsfaktoren posttraumatischer Belastungssymptomatik. Bei der metaanalytischen Auswertung von Ozer und Kollegen (2003) wurde deutlich, dass sich dieser Zusammenhang mit zunehmender Zeit nach dem Trauma verändert. Das belegen auch neuere Längsschnittuntersuchungen, die zeigen, dass eine kurze Zeit nach dem Trauma wahrgenommene Unterstützung aus dem Umfeld protektiv gegenüber PTBS wirkt, während zu einem späteren Zeitpunkt eine chronifizierte Symptomatik zu einem Mangel an (wahrgenommener) sozialer Unterstützung führen kann (z. B. Kaniasty & Norris, 2008).

Das interpersonelle Sozialkontext-Model der PTBS von Maercker und Horn stellt eine Reihe von sozial-interaktiven Faktoren heraus, die ebenfalls zur Aufrechterhaltung der Symptomatik beitragen. In mehreren Studien konnte gezeigt werden, dass Personen, die sich nach einem traumatischen Ereignis weniger wertgeschätzt und anerkannt sowie von Familie, Freunden und dem weiteren sozialen Umfeld unverstanden fühlten, Schwierigkeiten mit der Bewältigung des Erlebten hatten. Ebenso hing der Erholungsprozess von der Art und Weise, über das Trauma zu sprechen, ab. Im Vergleich zum breiten Konzept der wahrgenommenen sozialen Unterstützung ermöglichen diese Konzepte – soziale Anerkennung als Traumaopfer und Offenlegen des Traumas – detailliertere Einblicke in zwischenmenschliche Prozesse, die sich nach dem Trauma vollziehen.

6.3 Posttraumatische Reifung

Berichte von Überlebenden extremer Traumatisierung dokumentieren häufig neben negativen Auswirkungen auch subjektiv erlebte Wachstumsprozesse in Bezug auf eine neue Sinnfindung, Identitätsentwicklung oder gar das Erlangen von »Weisheit«. Das Konzept der posttraumatischen Reifung hat im Gegensatz zum Resilienzbegriff einen direkten Traumabezug; es wurde durch die klinische Beobachtung geprägt, dass manche Betroffene nach einer traumatischen Erfahrung von einer positiven Transformation berichten, im Sinne einer Umdeutung des Erlebten sowie der Folgen und von darüber hinausgehenden psychischen Reifungsprozessen. Beiden Konzepten ist gemeinsam, dass im Zusammenhang mit Gesundheitsrisiken eine kompetenz- und ressourcenfokussierende Haltung eingenommen wird.

In der Konzeptualisierung von Tedeschi und Calhoun, die den Begriff in die Psychotraumatologie einführten, wird die posttraumatische Reifung nicht als Epiphänomen, sondern als Resultat der Auseinandersetzung mit der traumatischen Erfahrung beschrieben (z. B. Calhoun & Tedeschi, 2006). Dieser Prozess geht über die Wiederherstellung des prätraumatischen Funktionsniveaus hinaus, denn die subjektiv erlebte Reifung des Traumaüberlebenden beinhaltet eine neue positive Selbst- und Weltsicht sowie ein Wachstum in verschiedenen Lebensbereichen:

- Intensivierung der Wertschätzung des Lebens,
- Intensivierung persönlicher Beziehungen,
- Bewusstwerden der eigenen Stärken,
- Entdecken neuer Möglichkeiten,

- Intensivierung eines spirituellen Bewusstseins.

Diese Mehrdimensionalität bedingt auch die Sichtweise, dass zwischen einer Krisenfokussierung einerseits und einer Wachstumsorientierung andererseits nicht polarisiert werden sollte, vielmehr handelt es sich bei den psychopathologischen Folgen traumatischer Erfahrungen einerseits und der posttraumatischen Reifung andererseits um unabhängige Dimensionen, die nicht linear aufeinander bezogen werden können. Entwickelt ein Traumaüberlebender keine Traumafolgestörung, so bedeutet das nicht, dass sich subjektiv ein Gefühl der Reifung eingestellt haben muss.

Zwar beschreiben die meisten Autoren die posttraumatische Reifung als adaptiven Prozess, im Sinne einer gelungenen Anpassung und Integration des Erlebten, eindeutige empirische Belege für einen positiven Zusammenhang mit der psychischen Gesundheit stehen jedoch noch aus. Zoellner und Maercker (2006) leiten aus der Forschungsliteratur ab, dass lediglich die wenigen bisher vorliegenden Längsschnittstudien Hinweise auf einen längerfristigen positiven Gesundheitseffekt einer subjektiv erlebten posttraumatischen Reifung geben, während eine Vielzahl an querschnittlichen Untersuchungen keine Zusammenhänge mit der PTB-Symptomatik und Gesundheitsmaßen aufzeigen. Zur Erklärung dieser heterogenen Befundlage und klinischer Erfahrungen schlugen die Autoren ein Zweikomponentenmodell vor, das *Januskopfmodell posttraumatischer Reifung*. Danach haben Aussagen zum subjektiven Wachstum nach einer Traumatisierung zwei Seiten, die unter Berücksichtigung zeitlicher Aspekte beide adaptiv sein können:

- positive psychische Anpassung im Sinne des ursprünglichen Konzepts posttraumatischer Reifung,
- illusorische Komponente, bei der sich eine posttraumatische Reifung als Wunschdenken zur Selbsttäuschung oder -beruhigung ausdrückt (»Es muss doch für etwas gut gewesen sein«).

Die zweite Komponente scheint als palliative Bewältigungsstrategie unmittelbar nach dem traumatischen Ereignis hilfreich zu sein, um extreme emotionale Reaktionen zu ertragen, jedoch längerfristig als Form kognitiver Vermeidung die Auseinandersetzung mit dem Erlebten zu behindern. Zoellner und Maercker (2006) schlussfolgern, dass das Konstrukt zum jetzigen Zeitpunkt theoretisch nur unzureichend differenziert beschrieben ist und dass weitere Langzeitstudien notwendig sind, bei denen Wachstumsprozesse auch multimethodal erfasst werden, um die Funktionalität subjektiver posttraumatischer Reifung abschließend beurteilen zu können. Trotz dieser konzeptuellen Schwierigkeiten sollte in der klinischen Praxis eine offene und achtsame Haltung gegenüber möglichen Wachstumsprozessen eingenommen werden, ohne diese Prozesse zu forcieren.

6.4 Ausblick

In den vergangen 30 Jahren haben zahlreiche Studien dazu beigetragen, Faktoren zu identifizieren, die das Risiko für eine PTBS nach einer Traumatisierung beeinflussen. Die Ergebnisse fanden ihren Niederschlag in der Ätiologie und Behandlung der PTBS. Dabei liefern prätraumatische Faktoren wertvolle Hinweise darauf, welche Personen möglicherweise verstärkt betroffen sein könnten, während peri- und posttraumatische Faktoren direkte Ansatzpunkte für therapeutische Maßnahmen bei einer bereits aufgetretenen Symptomatik darstellen. Viele der berichteten Befunde sind jedoch nur vorläufig und bedürfen weiterer empirischer Untermauerung, denn sie beruhen auf querschnittlichen Untersuchungen mit eng umgrenzten Traumagruppen. Notwendig sind daher prospektive Längsschnittuntersuchungen mit möglichst vielen Überlebenden unterschiedlicher Traumata und die Anwendung fortgeschrittener wissenschaftlicher Methoden, um das komplexe Wirkungsgefüge aus Schutz- und Risikofaktoren zu verstehen. Die aktuell verstärkte Beachtung resilienzbasierter Forschungsansätze scheint besonders im Hinblick auf den Ausbau präventiver Interventionen sehr fruchtbar zu sein.

6.5 Literatur

Antonovsky A. (1987). *Unraveling the mystery of health*. San Francisco: Jossey-Bass.

Brewin C.R., Andrews B. & Valentine J.D. (2000). Meta-analysis of risk factors for posttraumatic stress disorder in trauma-exposed adults. *Journal of Consulting and Clinical Psychology*, 68 (5), 748–766.

Calhoun L. & Tedeschi R. (2006). *Handbook of posttraumatic growth: Research and practice*. New York: Erlbaum.

Egle U.T. & Hardt J. (2005). Pathogene und protektive Entwicklungsfaktoren für die spätere Gesundheit. In: Egle U.T., Hoffmann S.O. & Joraschky P. (Hrsg.). *Sexueller Missbrauch, Misshandlung, Vernachlässigung*. 3. Aufl. Stuttgart: Schattauer, 20–34.

Guay S.P., Billette V.R. & Marchand A. (2006). Exploring the links between posttraumatic stress disorder and social support: Processes and potential research avenues. *Journal of Traumatic Stress*, 19 (3), 327–338.

Kaniasty K. & Norris F.H. (2008). Longitudinal linkages between perceived social support and posttraumatic stress symptoms: Sequential roles of social causation and social selection. *Journal of Traumatic Stress*, 21 (3), 274–281.

Maercker A. (1999). Lifespan psychological aspects of trauma and PTSD: Symptoms and psychosocial impairments. In: Maercker A., Schützwohl M. & Solomon Z. (Hrsg.). *Posttraumatic stress disorder: A lifespan developmental perspective*. Seattle: Hogrefe & Huber, 7–42.

Maercker A. (2009). *Posttraumatische Belastungsstörungen*. 3., neu bearb. Aufl. Heidelberg: Springer.

Nemeroff C.B., Bremner J.D., Foa E.B., Mayberg H.S., North C.S. & Stein M.B. (2006). Posttraumatic stress disorder: A state-of-the-science review. *Journal of Psychiatric Research*, 40 (1), 1–21.

Ozer E.J., Best S.R., Lipsey T.L. & Weiss D.S. (2003). Predictors of posttraumatic stress disorder and symptoms in adults: A meta-analysis. *Psychological Bulletin*, 129 (1), 52–73.

Schnurr P.P., Lunney C.A. & Sengupta A. (2004). Risk factors for the development versus maintenance of posttraumatic stress disorder. *Journal of Traumatic Stress*, 17 (2), 85–95.

Tolin D.F. & Foa E.B. (2006). Sex differences in trauma and posttraumatic stress disorder: A quantitative review of 25 years of research. *Psychological Bulletin*, 132 (6), 959–992.

Zoellner T. & Maercker A. (2006). Posttraumatic growth in clinical psychology – a critical review and introduction of a two component model. *Clinical Psychology Review*, 26 (5), 626–653.

HELLMUTH FREYBERGER UND HARALD J. FREYBERGER

7. Transgenerationale Traumatransmission am Beispiel der Überlebenden des Holocaust

7.1 Einleitung

Die psychodynamischen Prozesse der transgenerationalen Traumatransmission wurden bisher vor allem für jüdische Holocaust-Überlebenden beschrieben, so dass Klein-Parker 1988 noch zu der Schlussfolgerung kommen konnte, für die Opfer weiterer Katastrophenereignisse lägen kaum analoge Traumatransmissionsbefunde vor. Inzwischen können allerdings die Kinder von Vietnamflüchtlingen (z. B. Vaage et al., 2011), die Kinder von Vietnam-Veteranen (z. B. Dekel & Goldblatt, 2008), die Kinder von Armenienflüchtlingen (Karenian et al., im Druck) und die Kinder von 9/11-Betroffenen (z. B. Pierce & Bergman, 2006; Yehouda & Bierer, 2008) als vergleichsweise gut untersucht gelten. Trotzdem soll in diesem Beitrag der Fokus auf den Mechanismen der transgenerationalen Traumatransmission bei den Holocaust-Überlebenden liegen.

Der Holocaust bedeutete unermessliches Leid nicht nur für die überlebenden Opfer, sondern möglicherweise auch im Leben ihrer Kinder und Enkelkinder. Hier handelte es sich um die identifikatorische und introjektive Weitergabe elterlicher Objektbilder und elterlicher Affekte von der direkt vom Holocaust betroffenen Generation an die nachfolgende zweite und dritte Generation. Diese transgenerationalen Traumatransmissionen, die bewusst oder unbewusst ablaufen, wurden nicht nur in jenen Familien beobachtet, in denen die Eltern wiederholt über ihre Holocausterlebnisse berichtet hatten, sondern auch dann, wenn seitens der Eltern im Rahmen ihrer Familien sehr selten oder praktisch niemals holocaustbezogene Daten und Fakten thematisiert worden waren. Infolge dieser Transmissionen wurden die Nachkommen der Überlebenden zum Container einer extremen traumatischen Erfahrung. Zur Häufigkeit des Vorkommens der transgenerationalen Traumatransmission bei den jüdischen Holocaust-Überlebenden bzw. ihren Nachkommen liegen allerdings keine verlässlichen Schätzungen vor.

7.2 Die Prozesse der Identifizierung

Im Kontext der transgenerationalen Traumatransmission beschäftigte sich die Psychoanalytikerin Ilany Kogan (2008) mit dem Thema der defekten Grenzen zwischen Holocaust-Überlebenden und ihren (Enkel-)

Kindern. In diesem Zusammenhang erwähnt sie vor allem die Möglichkeit durchlässiger zeitlicher Grenzen zwischen Vergangenheit und Gegenwart. Laut Kogan ermöglicht uns aber nur »die klare Unterscheidung zwischen Vergangenheit und Gegenwart, eine Verbindung zu unserer Vergangenheit aufrechtzuerhalten, ohne uns von ihr gefangen nehmen zu lassen« (Kogan, 2009, S. 34). Demgegenüber sei jedoch ein Teil der Nachkommen der Holocaust-Überlebenden nicht imstande, »klar zwischen Vergangenheit und Gegenwart zu trennen« (ebd.). Für sie könnten nämlich infolge von Identifizierungsprozessen die zeitlichen Grenzen derartig durchlässig werden, dass die Vergangenheit in die Gegenwart eindränge und deshalb zur Gegenwart werde. Kogan (2009) spricht von einer »primitiven Identifizierung«, »einer Art globalen Identifizierung des Kindes mit dem versehrten Elternteil« (Kogan, 2009, S. 40), ausgehend von der sekundären Teilhabe der zweiten und dritten Generation an jenen traumatischen Erfahrungen, welche die überlebenden Eltern erlitten hatten. Infolgedessen würden jetzt elterliche Gefühle der Trauer und des Schmerzes sowie der unvergänglichen lebensbedrohlichen äußeren Realität auf das Kind übertragen, das dann die Gefühle nach außen trage, als wären diese seine eigenen. Diesen Identifizierungsprozess realisiert das Kind laut der Autorin einerseits eigenständig. Andererseits kann aber die Identifizierung dem Kind seitens der Eltern auch aufgezwungen werden. Dieser Eingriff erfolge dann, wenn die Eltern intensive Trauer und (selbstzerstörerische) Aggression wegen deren verheerender Natur psychisch nicht bewältigen und auch mit erwachsenen Partnern nicht teilen könnten. Jetzt würden die elterlichen Traumaemotionen direkt auf das Kind – im Sinne der projektiven Identifizierung (Kogan, 2009) – übertragen und erhalten dort die Position von »inneren Objekten«. Diesen Prozess beschreibt Kogan so, dass die Eltern zwischen sich und dem Kind eine Art »durchlässige Membran« erzeugen, durch die dann Gefühle der Aggression und vor allem der Trauer transportiert werden, ohne dass zugehörige generationsorientierte Grenzbildungen eine Anerkennung erfahren. In diesem Zusammenhang formuliert Hirsch (2004, S. 60) provokant wie folgt: »Nicht nur das implantative Eindringen [der traumatischen Elternerfahrung als ein ausgeprägter Fremdkörperinhalt, bezeichnet als ›transgenerationales Introjekt‹, H.F u. H.J.F.], sondern auch eine *Aneignung* der Lebendigkeit des Kindes findet statt: Die narzisstischen (d.h. bedürftigen) Eltern nehmen sich von dem Kind, was ihnen Lust verschafft, und sind wütend, wenn es sich entfernt«. Im Kontext der Hirschschen Position betont Kogan (2009), dass hier das Kind – ungeachtet seiner Suche nach elterlicher Fürsorge – gezwungen sei, auf die Befriedigung eigener emotionaler Bedürfnisse zu verzichten und eine Art von Vereinigung mit dem(n) bedürftigen Elternteil(en) einleiten würde, um diesem(n) stützend beizustehen. Infolge dieses Helferprozesses entsteht für das Kind die Möglichkeit einer Traumatisierung.

Ausgehend von diesem Kontext sprechen Volkan und Ast (2002) von einer »deponierten Repräsentanz«, die vom Elternteil in die Selbstrepräsentanz des Kindes ausgestoßen werde. Deshalb werde dessen inneres Repräsentanzsystem auch zu einem Reservoir für unerwünschte Anteile von Vater oder Mutter. Infolgedessen seien die Kinder gezwungen, mit Scham, Wut, Ohnmacht und

Schuldgefühlen umzugehen, die ihre Eltern selbst nicht hätten bewältigen können. Kogan (2011) nennt die Kinder von Holocaust-Überlebenden eine spezifische, über die ganze Welt verstreute Bevölkerungsgruppe, der die Eltern die Last ihrer Schmerz- und Schuldgefühle aufgebürdet hätten. Volkan und Ast (2002) weisen darauf hin, dass nicht nur Individuen und Familien, sondern auch große Gruppen trauern können. Infolgedessen durchliefen jene Gruppenmitglieder, die von demselben Verlust betroffen seien, einen kollektiven psychischen Trauerprozess.

Bezüglich dieser Identifizierungsprozesse schreiben H. A. und C. B. Barocas (1979), die Kinder der Überlebenden schienen eine angsterfüllte, kollektive Erinnerung an den Holocaust mit sich herumzutragen, die in Träumen und Phantasien zutage trete, in denen sich immer wieder Hinweise auf die traumatischen Erfahrungen ihrer Eltern fänden. Diese Kinder wachten nachts aus schreckenerregenden Alpträumen über die Naziverfolgung auf, träumten von Stacheldraht, Gaskammern, Erschießungskommandos, Folter, Verstümmelung, von der Flucht vor feindlichen Truppen und von der Angst vor Vernichtung.

Zum Prozess der projektiven Identifizierung hat sich auch Bohleber (2009) geäußert. Er spricht von einem Phantasievorgang, bei dem unerwünschte und unerträgliche Vorstellungen aus dem eigenen Selbstbild ausgestoßen und in das Objekt als Gegenüber hineinverlagert würden, das damit identifiziert wird. Infolgedessen werde der unerwünschte Teil im Anderen beobachtet und kontrolliert. Jetzt fühle sich das Subjekt erleichtert, aber gleichzeitig auch um diesen Selbstanteil verarmt. Das Objekt dieses Vorganges könne jedoch diesen Anteil nicht assimilieren und erlebe diesen als einen Fremdkörper. Darüber hinaus ist laut Bohleber dieser Vorgang in unterschiedlichem Ausmaß auch von Aggression und Gewalt geprägt. Es handele sich um eine unbewusste Identifizierung, die aber nicht einer Verdrängungsleistung entstamme, sondern die vielmehr durch eine direkte Einfühlung in den unbewussten verschwiegenen oder totgesagten Inhalt eines elterlichen Objektes entstanden sei. Infolgedessen habe sich eine Art von Geheimnis oder »Phantom« im dynamischen Unbewussten des Kindes eingenistet. Eigene Gefühle und eigene Verhaltensweisen, die dynamisch damit zusammenhängen würden, entpuppten sich nunmehr als entlehnt und gehörten eigentlich der Geschichte der Eltern an. Gleichzeitig lässt sich laut Bohleber ein Verschwimmen der Generationsgrenzen konstatieren. Da die Kinder in zwei Wirklichkeiten lebten, sei die Vergangenheit mit der Gegenwart vermischt. Als Konsequenz ergebe sich eine partielle Identitätsverwirrung oder das Gefühl einer fragmentierten Identität. Als Langzeitauswirkung auf der Charakterebene entsteht laut Bohleber schließlich die Depression. Diese werde auf der psychischen Oberfläche nicht sofort erkennbar, sondern sei vielmehr hinter rigiden Leistungsanforderungen verborgen. Sie werde aber zumeist an der mangelnden Fähigkeit, Freude, Lust und Glück zu empfinden, erkennbar. Nach Bohlebers Erfahrung in seiner Arbeit bricht die Depression nicht selten erst mit zunehmenden Alter und nachlassender Leistungsfähigkeit offen aus.

Die Identifizierungsprozesse der Kinder basieren für Kogan (2009) inhaltlich auf immer wieder erzählten Geschichten und auf solchen, die in der Vergangenheit »die Brücke der Generationen wortlos« passiert hatten (S. 116). Mitunter würden die Kinder sich »›in einen psychischen Zeittunnel hineinbegeben‹ und die Vergangenheit ihrer Eltern, während sie heranwachsen, in ihre eigenen Erfahrungen einflechten« (ebd.). Diese Geschichten sind aus der Sicht der Autorin niemals »zu Ende«. Die Vergangenheit sei nämlich nicht tot, sondern »lebt in den Seelen fort und hört nie auf zu existieren« (Kogan, 2009, S. 117). Da für die Holocaust-Überlebenden die Vergangenheit allzeit gegenwärtig ist, erschaffen diese häufig persönliche Mythen und Phantasien, eine Art von ›Überlebensmythos‹ (Kogan, 2009). Diese Mythen sollen mit dazu beitragen, einen ›traumatischen Schutzschirm‹ zu realisieren, der bereits während des Holocaust in Gang gesetzt wurde. Das heiß laut Kogan (2009): Der Schutzschirm verberge ein ungeheures Maß an Ambivalenz und Feindseligkeit, das durch Brutalität, Angst oder emotionale Pathologie freigesetzt werden könne. Ferner ermögliche er eine Minderung der Intensität widersprüchlich-belastender Emotionen und unbewusster Wünsche, die mit den Kontexten des Lebens und des Sterbens zusammenhingen. Diese »Schutzschirm«-Inhalte bei Holocaustüberlebenden könnten aber schließlich die Grenzen zwischen den Generationen durchbrechen, um dann der nächsten und übernächsten Generation durch unbewusste Projektions- und Introjektionsprozesse vermittelt zu werden. Wenn beispielsweise die überlebenden Eltern sowohl den Wunsch zu sterben als auch den Willen, gegen den Todeswunsch anzukämpfen, transgenerationell weitergäben, könnten sich möglicherweise die Kinder subjektiv von beiden Strebungen wie zerrissen fühlen.

Auch in den Arbeiten von Reuleaux (2006) wird die Verflechtung zwischen dem Überlebensthema der Eltern und den identifikatorischen Aspekten der Kinder als relevanter Prozess betrachtet. Die Erzählungen der Eltern zum Holocaust-Trauma fänden sich im Wiederholungszwang der Kinder wieder. Der Begriff Wiederholungszwang schließt nach Bohleber (2009) die dem Trauma inhärente Tendenz ein, in Alpträumen, in Symptomen und im Verhalten wieder aufzuleben. Zum Wiederholungszwang gehöre, so Bohleber, zwar das Merkmal des Unbegriffenen, er stelle aber auch einen Heilungsversuch des Ichs dar, um nachträglich die durch den Einfluss des Traumas abgespaltenen Anteile wieder mit den übrigen zu versöhnen. Ebenso soll durch die Wiederholung – wie Reuleaux formuliert – der traumatischen Situation eine andere Wendung gegeben werden. Hier werde also im Nachhinein die aktive Umgestaltung der Situation beabsichtigt. Die Tendenz zur Reinszenierung des elterlichen Traumas, welche die beiden Generationen in der Verklammerung belässt, steht für Reuleaux im unmittelbaren Zusammenhang mit dem Phänomen der Konkretisierung. Diese betrifft laut Reuleaux wie auch Kogan (2008) den Versuch des Kindes, die Traumatisierung der Eltern zu verstehen und deren Erlebnisse samt den Begleitaffekten im eigenen Erleben nachzuvollziehen. Es gehe um das Beziehungsgefüge sowohl zu dem(n) Elternteil(en) als auch zu den weiteren in der Vergangenheit ermordeten Angehörigen. Die Kinder spürten nämlich, dass die Eltern zu diesen verlorenen Angehörigen eine besondere, intensive Beziehung aufrechterhalten hätten. Laut Reuleaux bilden die Reinszenierung und die Konkretisierung den zentralen Kern der Traumatransmission.

7.3 Die doppelte biografische Realität

Für die zweite und dritte Generation schließt die transgenerationale Traumatransmission auch das Phänomen der »doppelten biografischen Realität« ein. Dies bedeutet, dass die Angehörigen dieser Generationen einerseits in der eigenen Gegenwart und andererseits auch in der Vergangenheit ihrer Eltern leben. Sie versetzen sich gewissermaßen in die Vergangenheit ihrer Eltern zurück: Ihr Geburtsort und der Beginn ihres Lebensweges sind auch mit dem Verfolgungsdruck verbunden, den die Mitglieder der ersten Generation erfahren haben. Dementsprechend berichten die Angehörigen der zweiten und dritten Generation häufig von traumatischen Träumen, die inhaltlich jenen ihrer Eltern ähneln können (Klein-Parker, 1988). Die aus der doppelten biografischen Realität entstehenden Phantasien ihrer Kinder nehmen die Eltern nicht nur als eine Belastung, sondern auch als eine Entlastung wahr, und zwar auch dann, wenn die Phantasieren der Kinder nicht direkt gegenüber den Eltern verbalisiert werden. Darauf aufbauend werden oft Verhaltenstendenzen erkennbar, bei denen Eltern und Kinder einander beschützen. Das Einander-Beschützen führt zu Abhängigkeitskonstellationen und zu einer potentiellen Einschränkung in der Autonomieentwicklung der Kinder. Darüber hinaus kann diese Abhängigkeitskonstellation mit dem Prozess der Parentifizierung verknüpft sein: Von den Eltern wird dann einem oder mehreren Kindern – in einer Rollenumkehr – eine elternähnliche Funktion zugewiesen, die Kinder müssen frühzeitig Verantwortung übernehmen. Eine so empfundene Verantwortlichkeit kann auch dazu führen, dass die Kinder so lange wie möglich im Elternhaus verbleiben und dabei aggressiv gefärbte Triebwünsche möglichst unterdrücken, weil die Rolle des Beschützens vorherrschen sollte. Die Kinder entwickeln Schuldgefühle, wenn sie sich besser als ihre Eltern fühlen und infolgedessen effektiver am täglichen Leben teilhaben können. Ein endgültiger Ablösungsprozess scheint erst dann möglich zu werden, wenn die erwachsen gewordenen Kinder im Begriff sind, selbst die Rolle von Eltern zu übernehmen. Allerdings kann sich der Ablösungsprozess kompliziert gestalten, weil die Kinder wissen, dass ihre Eltern bei Trennungserlebnissen sehr leicht überempfindlich reagieren. Der Schritt der Kinder in die Autonomie kann im Erleben der Eltern zu einer Reaktualisierung der so schmerzlichen Trennungen von Angehörigen unter dem Druck der nationalsozialistischen Verfolgung führen. Parallel hierzu kann bei den erwachsen gewordenen Kindern auch ein spezifisches Gefühl der Trennungsschuld (Grubrich-Simitis, 1977) zutage treten, und zwar vor allem dann, wenn beide Eltern Überlebende sind und die Kernfamilie sich früher eher nach außen abgeschottet und infolgedessen eine sogenannte »Trostgemeinschaft« (Grünberg, 1997) gebildet hatte.

7.4 Die Positionen von Yolanda Gampel und Judith Kestenberg

Der Psychoanalytikerin Yolanda Gampel (2009), die mehrere Holocaust-Überlebende langzeitanalytisch behandelt hat, geht es darum, diejenigen Inhalte wiederzugeben, die ihr die Überlebenden im Verlauf der Therapie vermittelt haben. Für die Autorin ist es sehr wichtig, die ›vielen Geschichten‹ im Zusammenhang mit dem Völkermord der Shoah aufzuschreiben, da »das die Shoah umgebende Dunkel […] von Mal zu Mal dunkler« werde, statt sich zu erhellen, und vieles mit den wegsterbenden Überlebenden in Vergessenheit gerate (S. 15). Für Gampel zeigt sich die transgenerationale Dynamik darin, dass jene Spuren, die der Holocaust in den Seelen seiner Opfer hinterlassen habe, »radioaktiv« – im Sinne eines enormen Verbreitungspotentials – auf die zweite und dritte Generation »ausstrahlen« würden. Der aus der Physik entlehnte Begriff »radioaktiv« ist für Gampel eine Metapher für die schrecklichen Auswirkungen bestimmter massiver Gewaltanwendung von Seiten des Staates und der Gesellschaft: für die Auswirkungen dessen, was Menschen anderen Menschen antun können. Es gehe darum, das Eindringen jener schrecklichen, gewaltsamen und zerstörerischen Aspekte der Außenwelt in das Innere des Menschen zu veranschaulichen, ein Vorgang, dem gegenüber der Mensch letztlich vollständig wehrlos sei. Dieser Vorgang lässt sich in der Sicht von Gampel mit den Auswirkungen einer Verstrahlung vergleichen. Im Rahmen dieser Bilder führt Gampel den Begriff »radioaktive Identifikation« ein, womit sie den Prozess des Eindringens der schrecklichen, gewaltsamdestruktiven Aspekte der äußeren Realität in den psychischen Apparat beschreibt, ohne dass der Betroffene die geringsten Kontroll- oder Schutzmöglichkeiten gegen dieses Eindringen oder seine weiteren Auswirkungen besäße. Dieser Prozess der radioaktiven Identifikation erfolgt laut der Autorin vornehmlich auf unbewusstem Niveau und ist in ihrer Sicht über Erinnerungsarbeit nicht erreichbar. Eine konturierte Erinnerungsarbeit werde aber schließlich durch den »geheimnisvollen Prozess« der transgenerationalen Traumatransmission möglich. Zum Kontext der radioaktiven Identifikation gehören laut Gampel also jene nicht darstellbaren Spuren »radioaktiver Rückstände«, die sich – unverändert abgespalten – im Inneren des Betroffenen verkapselt haben, ohne dass dieser sich dessen in der Regel bewusst ist. Solche »radioaktiven Rückstände« würden dann – nach jahrelanger Latenz – von der ersten an die zweite und schließlich auch an die dritte Generation weitergegeben, ein Vorgang, den Gampel als »radioaktiven Transfer« beschreibt. Diese Weitergabe ist laut der Autorin eine Art »Verstrahlung«, ein »radioaktiver Niederschlag« an der Schnittstelle von heute und gestern.

Ergänzend zu Kogan und Gampel hat die Psychoanalytikerin Judith Kestenberg (1980) einen über die Identifikation hinausgehenden Mechanismus beschrieben, den sie als »Verschiebung in die Welt der Vergangenheit« (»Transposition«) bezeichnet. Zu dieser Begriffsbestimmung wurde sie angeregt durch jene Angstschreie, die Kinder von Überlebenden in der Therapie ausgestoßen hatten. Es handele sich um jene Kinder, die noch weitgehend im Zeittunnel der Vergangenheit leben und die Toten in sich trügen. Das »Eintauchen« der Kinder in die Vergangenheit der Eltern ist für Kestenberg etwas anderes als die Identifikation mit deren Vergangenheit. Bei diesem »Eintauchen« gehe es darum, den Eltern die in der Shoah für immer verlorenen Angehörigen zu erhalten. Das Kind aus der zweiten Generation ergründe und suche in der elterlichen Erlebniswelt der Vergangenheit, steige in die Hölle der Shoah hinab und übernehme die Rolle der damals ermordeten Familienmitglieder. Das Kind lebe so unbewusst die Illusion, seine Eltern vor der

Einsicht in ihren unwiederbringlichen Verlust bewahren zu können, weil es an ihrer Statt die Trauerarbeit übernehme. Kestenberg spricht hier von einer »Zeitüberlagerung« – so als ob zwei koexistierende Realitäten von einer künstlichen Aktualisierung überlagert würden.

7.5 Zur Generalisierbarkeit des Konstrukts der Traumatransmission

Die psychopathologischen und psychodynamischen Befunde zur Traumatransmission ergänzen wir anhand der Aussagen des israelischen Klinikpsychiaters Professor Micha Neumann (Tel Aviv; Neumann, 1999), der 1932 in Berlin geboren wurde und als Kleinkind nach Palästina emigriert war. Dieser Autor äußerte, dass in Israel keine gesicherten Befunde dazu vorlägen, wie hoch die Zahl der Überlebenden und der Angehörigen beider nachfolgender Generationen sei, die eindeutige psychische Beeinträchtigungen aufwiesen. In Israel lebten Hunderttausende von Menschen, die schwerste seelische und körperliche Holocausttraumata durchgemacht sowie Angehörige verloren hätten. Diese Überlebenden hätten nach dem Ende des Zweiten Weltkrieges ungeheure Anstrengungen unternommen, um das erlittene massive Trauma zu bewältigen. Bei diesen Verarbeitungsprozessen handele es sich um ein »wunderbares Phänomen«. Diejenigen Überlebenden, die im Anschluss an die Befreiung nach Israel eingewandert seien, hätten sich überwiegend schnell zu aktiven und produktiven Staatsbürgern entwickelt. Infolgedessen schließt Neumann, dass sich die Holocaust-Überlebenden grundsätzlich von jenen Menschengruppen unterscheiden, die qualitativ andersartige schwerwiegende Traumata erlitten hätten. Hier ergänzt der Autor, dass bei den Holocaust-Überlebenden natürlich eine erhöhte Disposition vorläge, auf die instabile Sicherheitsposition Israels emotional stärker zu reagieren. Darüber verweist Neumann darauf, dass sich in den 1960er Jahren – nach einer langen Phase des Schweigens – das Interesse an den Überlebenden und ihren Kindern plötzlich intensiviert habe. Gleichzeitig hätten jene psychotherapeutisch orientierten Ärzte und Psychologen, die Überlebende und/oder deren Kinder behandelt hätten, vermehrt publiziert. Ausgehend von dieser Publikationswelle ist es laut Neumann zu der absurden realitätswidrig-ungerechtfertigten Verallgemeinerung gekommen, dass bei Holocaust-Überlebenden und deren Kindern ausnahmslos verfolgungsbedingte seelische Schädigungen zu Tage getreten seien. Erst viel später habe sich auf der Basis vergleichender Forschung gezeigt, dass nur geringe Unterschiede zwischen jenen jungen Israelis, die Kinder von Überlebenden gewesen wären, und jenen israelischen Kindern, deren Eltern keine Holocaustvergangenheit gehabt hätten, bestünden. Infolgedessen betrachtet es der Autor als korrekter, nicht mehr von einer transgenerationalen Traumatransmission zu sprechen. Ferner meint Neumann (1999), dass auch in der entsprechenden wissenschaftlichen Diskussion in Israel eine deutliche Tendenz erkennbar sei, sich dagegen zu wehren, den psychiatrischen und klinischen pathologischen Befunden aus dem Holocaust eine zu große verallgemeinernde Relevanz zuzubilligen. Es sei vielmehr unverhältnismäßig relevanter, genauer jene Kräfte zu eruieren, mit deren Hilfe es den Naziopfern gelungen sei, ein neues Leben nach dem Holocaust aufzubauen. Man könne sich Israel kaum ohne die enorme Leistung der Überlebenden in allen Bereichen des Lebens vorstellen. Darüber hinaus verweist der Autor darauf, dass in Israel die Erinnerung an den Holocaust lebendig gehalten werde. Dieses massive traumatische Geschehen sei ein wichtiges Motiv in dem dauernden Kampf des Staates Israel um seine Existenz und seine Entwicklung. Dieser Kampf gebe dem Tod und dem Leiden seiner Opfer, die bei militärischen Einsätzen oder Anschlägen innerhalb des Staates zum Einsatz kommen, einen Sinn.

Neumanns Aussagen stellen in Frage, ob die oben dargestellten Befunden zu den Prozessen der Identifizierung und der doppelten biografischen Realität wirklich in generalisierender Weise verwendet werden können. Jedoch ist für uns – unabhängig vom jeweiligen quantitativen Ausmaß – nicht zweifelhaft, dass es diese Befunde real gibt.

Ergänzend verweisen wir auf die Forschergruppen um Kahana (Kahana et al., 1988) sowie Harel (Harel et al., 1993), welche die somatische und die psychische Verfassung sowie das soziale Funktionsniveau von osteuropäischen Holocaust-Überlebenden gemessen haben, die nach dem Zweiten Weltkrieg nach Israel (180 Personen) und in die USA (168 Personen) emigriert waren. Die Autoren verglichen diese Gruppen der Überlebenden mit Emigranten aus den gleichen osteuropäischen Gebieten, die keine Vorgeschichte der Naziverfolgung hatten und die unmittelbar vor dem Zweiten Weltkrieg als Ziele Palästina (160 Personen) und die USA (155 Personen) gewählt hatten. Ausgehend von Einzelinterviews und testpsychologischen Instrumenten (Symptom Checklist-90, Lawton's 17-Item Morale Scale) ergab die Vergleichsuntersuchung, dass somatische und psychische Symptomatologien bei den Überlebenden statistisch signifikant etwas deutlicher ausgebildet waren als entsprechende Symptome bei der Kontrollgruppe. Ergänzend machen die Autoren aber darauf aufmerksam, dass auch beträchtliche Überlappungen zwischen Überlebenden und Kontrollgruppen nachweisbar gewesen seien, dass sich ferner viele Überlebende nicht von der Kontrollgruppe unterschieden hätten und dass schließlich einige Überlebende symptomatologisch weniger auffällig gewesen wären. Die Autoren sprechen einerseits von dauerhaften psychologischen »Holocaust-Narben« und warnen andererseits davor, Holocaust-Überlebende generell zu »pathologisieren«. Kahana et al. haben ebenso wie Harel et al. bei diesen Überlebenden auch die Qualität »sozialer Netzwerke« und »sozialer Unterstützung« untersucht. Als Ergebnis zeigte sich, dass die so operationalisierten sozialen Kompetenzen der Holocaust-Überlebenden deutlich besser ausgebildet waren als die in der Kontrollgruppe. Die Überlebenden seien nämlich systematisch bemüht, zwischenmenschliche Beziehungen zu realisieren sowie nachfolgend auch sorgfältig zu pflegen, und zwar in einem deutlicheren Ausmaß, als dies bei der Vergleichs-Emigrantengruppe der Fall gewesen sei. Hier sollten wir noch ergänzen, dass laut Robinson et al. (1991) die ursprünglich aus Osteuropa stammenden Überlebenden immer wieder darauf hingewiesen hätten, dass für sie die ursprüngliche warmherzige Atmosphäre in ihren Herkunftsfamilien späterhin eine wesentliche Hilfe bei der Neuorientierung nach der Emigration dargestellt habe.

7.6 Literatur

Barocas H. A. & Barocas C. B. (1973). Wounds of the fathers: The next generation of Holocaust victims. *International Review of Psychoanalysis*, 6, 331–340.

Bohleber W. (2009). Wege und Inhalte transgenerationaler Weitergabe. Psychoanalytische Perspektiven. In: Radebold H., Bohleber W. & Zinnecker J. (Hrsg.). *Transgenerationale Weitergabe kriegsbelasteter Kindheiten*. Weinheim: Juventa, 107–118.

Dekel R. & Goldblatt H. (2008). Is there intergenerational transmission of trauma? The case of combat veterans children. *American Journal of Orthopsychiatry*, 78, 281–289.

Gampel Y. (2009). *Kinder der Shoah. Die transgenerationelle Weitergabe seelischer Zerstörung*. Gießen: Psychosozial-Verlag.

Grubrich-Simitis I. (1979). Extremtraumatisierung als kumulatives Trauma. *Psyche*, 11, 991–1023.

Grünberg K. (1997). Schweigen und Ver-Schweigen. NS-Vergangenheit in Familien von Opfern und von Tätern oder Mitläufern. *Psychosozial*, 20, 9–22.

Harel Z., Kahana B. & Kahana E. (1993). Social resources and the mental health of aging Nazi Holocaust survivors and immigrants. In: Wilson J. P. & Raphael B. (Hrsg.). *International handbook of traumatic stress syndromes*. New York u. a.: Plenum Press, 241–251.

Hirsch M. (2004). *Psychoanalytische Traumatologie – Das Trauma in der Familie*. Stuttgart: Schattauer.

Kahana B., Harel Z. & Kahana E. (1988). Predictors of psychological well-being among survivors of the Holocaust. In: Wilson J. P., Harel Z. & Kahana B. (Hrsg.). *Human adaptation to extreme stress. From the Holocaust to Vietnam*. New York u. a.: Plenum Press, 171–191.

Karenian H., Livaditis M., Karenian S., Zafiriadis K., Bochtsou V. & Xenitidis K. (im Druck). Collective trauma transmission and traumatic reactions among Armenian refugees. *International Journal of Social Psychiatry*.

Kestenberg J. (1980). Psychoanalyses of children of survivors from the Holocaust: Case presentations and assessment. *Journal of the American Psychoanalytic Association*, 28, 775–804.

Klein-Parker F. (1988). Dominant attitudes of adult children of Holocaust survivors toward their parents. In: Wilson J. P., Harel Z. & Kahana B. (Hrsg.). *Human adaptation to extreme stress. From the Holocaust to Vietnam*. New York u. a.: Plenum Press, 193–217.

Kogan, I. (2008). Die Durchlässigkeit der Grenzen bei Holocaust-Überlebenden und ihren Nachkommen. In: Radebold H., Bohleber W. & Zinnecker J. (Hrsg.). *Transgenerationale Weitergabe kriegsbelasteter Kindheiten*. Weinheim: Juventa, 119–127.

Kogan I. (2009). *Flucht vor dem Selbstsein*. Stuttgart: Klett-Cotta.

Kogan, I. (2011). *Mit der Trauer kämpfen*. Stuttgart: Klett-Cotta.

Neumann M. (1999). Psychische Folgen für die Kinder der Naziopfer. In: Friedmann A., Glück E. & Vyssoki D. (Hrsg.). *Überleben der Shoah – und danach*. Wien: Picus, 100–108.

Pierce M. & Bergman A. (2006). Intergenerational transmission of trauma: What we have learned from our work with mother and infants affected by the trauma of 9/11. *International Journal of Psychoanalysis*, 87, 555–557.

Reuleaux N. (2006). *Nationalsozialistische Täter: Die intergenerative Wirkungsmacht des malignen Narzissmus*. Gießen: Psychosozial-Verlag.

Robinson S., Rappaport J. & Durst R. (1991). Spätfolgen bei alternden Überlebenden des Holocaust. In: Stoffels H. (Hrsg.). *Schicksale der Verfolgten*. Berlin: Springer, 62–70.

Vaage A. B., Thompson P. H., Rousseau C., Wentzel-Larsen T, Ta T. V. & Hauff E. (2011): Paternal predictors of the mental health of children of Vietnamese refugees. *Child and Adolescent Psychiatry and Mental Health*, 10 (5), 2.

Volkan V. D. & Ast G. (2002). *Spektrum des Narzissmus*. Göttingen: Vandenhoeck & Ruprecht.

Yehuda R. & Bierer L. M. (2008). Transgenerational transmission of cortisol and PTSD risk. *Progress in Brain Research*, 167, 121–135.

CARSTEN SPITZER, KATJA WINGENFELD UND HARALD J. FREYBERGER

8. Geschlechtsspezifische Aspekte der Posttraumatischen Belastungsstörung

8.1 Einleitung

Das weite Feld der Psychotraumatologie betrifft vielfältige geschlechtsspezifische Aspekte. Diese können im Rahmen dieses Beitrages nicht erschöpfend behandelt werden; vielmehr beschränken wir uns auf die Kernbereiche der Psychotraumatologie, nämlich die Posttraumatische Belastungsstörung (posttraumatic stress disorder; PTSD, dt.: PTBS) als *die* prototypische Erkrankung in diesem Feld sowie die traumatische Erfahrung selbst als notwendige, aber keineswegs hinreichende Voraussetzung für ihre Manifestation. Andere Erkrankungen, die als Trauma-Spektrumstörungen zu verstehen bzw. als solche konzipiert worden sind – wie etwa die Borderline-Persönlichkeitsstörung oder dissoziative Störungen –, können hinsichtlich ihrer Geschlechtsspezifika an dieser Stelle nicht behandelt werden. Hier sei auf die entsprechenden Kapitel in diesem Buche verwiesen.

Die Einführung der PTSD als eigenständige diagnostische Kategorie im DSM-III hat die Grundlagen- und klinische Forschung extrem stimuliert – auch im Hinblick auf geschlechtsdifferentielle Dimensionen. Dabei haben Studien zu klinischen und Hoch-Risikopopulationen relativ übereinstimmend gezeigt, dass die PTBS-Prävalenz bei Frauen höher ist als bei Männern. Auch in den meisten epidemiologischen Untersuchungen an der erwachsenen Allgemeinbevölkerung fand sich konsistent eine höhere Punkt- und Lebenszeitprävalenz der PTBS bei Frauen im Vergleich zu Männern (Olff et al., 2007; Gavranidou & Rosner, 2003). Eine Auswahl von epidemiologischen Studien mit dem Schwerpunkt auf Geschlechtsunterschieden zeigt Tabelle 1. Bis auf wenige Ausnahmen (Creamer et al., 2001) zeigt sich, dass Frauen doppelt so häufig betroffen sind wie Männer.

Interessanterweise können diese Prävalenzunterschiede nicht auf eine höhere Trauma-Prävalenz bei Frauen zurückgeführt werden, denn die epidemiologischen Studien zeigen ebenfalls übereinstimmend, dass Männer tendenziell häufiger traumatischen Erfahrungen ausgesetzt sind als Frauen (vgl. auch Tab. 1). Vor diesem Hintergrund spielt die bedingte oder konditionale Wahrscheinlichkeit, also das Risiko für die Entwicklung einer PTBS unter der Bedingung eines traumatischen Erlebnisses, eine wichtige Rolle. Aus Tabelle 1 geht hervor, dass die konditionale Wahrschein-

Tab. 1: Auswahl epidemiologischer Studien an der erwachsenen Allgemeinbevölkerung zur Lebenszeitprävalenz von Trauma und PTBS

Studie	Land und Altersbereich	N	PTBS-Prävalenz (%)			Trauma-Prävalenz (%)			Konditionale Wahrscheinlichkeit (%)		
			Alle	♀	♂	Alle	♀	♂	Alle	♀	♂
Kessler et al., 1995	USA; 15–44	5877	7,8	10,4	5,0	51,2	60,7		7,8	20,4	8,1
Breslau et al., 1998	USA; 18–45	2181	8,2	18,3	10,2	87,1	92,2		9,2	13,0	6,2
Perkonigg et al., 2000	Deutschland; 14–24	3021	1,3	2,2	0,4	15,5	18,6			12,4	1,6
Norris et al., 2003	Mexiko; 18+	2509	11	14,5	7,2	71	83		15	20,5	8,6
Frans et al., 2005	Schweden; 18–70	1824	5,6	7,4	3,6	77,1	84,8		6,9	9,6	4,2
Zlotnick et al., 2006	Chile; 15+	2390	4,4	6,2	2,5	33,2	46,7		10,2	18,8	5,3
Hapke et al., 2006	Deutschland; 18–64	4075	1,4	2,2	0,6	20,0	19,5		6,9	11,1	2,9
Spitzer et al., 2008	Deutschland; 18+	3170	1,9	2,5	1,3	53,2	56,0		3,5	4,8	2,4

lichkeit zwischen knapp 4 % und 15 % schwankt. Mit anderen Worten: Unabhängig von Geschlecht und Art des Traumas erkranken von 100 traumatisierten Personen zwischen 4 und 15 an einer PTBS. Bei Frauen ist die bedingte Wahrscheinlichkeit, nach einem Trauma eine PTBS zu entwickeln, jedoch deutlich höher als bei Männern und reicht von knapp 5 % bis zu 20 %. Diese Variationsbreite lässt sich partiell auf methodische Unterschiede zurückführen (z. B. Definition von traumatischem Stress, Erfassung der PTBS, Altersstruktur der untersuchten Population), verweist aber auch darauf, dass der soziokulturelle Hintergrund nicht nur einen Einfluss auf die Trauma-Prävalenz hat, sondern offensichtlich ebenso auf die Wahrscheinlichkeit, nach einer Traumatisierung an einer PTBS zu erkranken.

Über soziokulturelle und psychosoziale Variablen könnte möglicherweise auch das etwa um den Faktor 2 erhöhte PTBS-Risiko bei Frauen erklärt werden. Der derzeitige Wissensstand erlaubt jedoch keine eindeutige Aussage darüber, ob die geschlechtsspezifische Erkrankungswahrscheinlichkeit eher auf psychosoziale oder biologische Faktoren zurückzuführen ist (Olff et al., 2007). Hinzu kommt, dass das Geschlecht möglicherweise gar keinen eigenständigen Risikofaktor darstellt: So fand beispielsweise eine Meta-Analyse, dass die meisten Untersuchungen an zivilen Stichproben die dargestellten Geschlechtsspezifika replizieren konnten, es jedoch bei Soldaten keine Unterschiede in der PTBS-Häufigkeit bei Männern und Frauen gibt (Brewin et al., 2000). Unter Berücksichtigung anderer etablierter Risikofaktoren erwies sich auch in Studien mit der Allgemeinbevölkerung das Geschlecht nicht immer als für die Entwicklung einer PTBS relevante Determinante

(Hapke et al., 2006). Es wäre daher alternativ vorstellbar, dass eine Vielzahl von Risikofaktoren bei gleichzeitigem Fehlen von Schutzfaktoren mit dem weiblichen Geschlecht assoziiert ist, dass es also bei Frauen deutlich häufiger spezifische Risikokonstellationen gibt und dem Geschlecht selbst allenfalls eine vermittelnde, jedoch keine genuin kausale Bedeutung zukommt. So kann beispielsweise als gesichert gelten, dass der sozioökonomische Status psychische Gesundheit im Allgemeinen und die Bewältigung von Belastungen im Besonderen determiniert, wobei die sozioökonomische Position von Frauen weltweit schlechter ist als die von Männern (Stewart, 2006).

Vor dem Hintergrund der dargestellten Komplexität und offenen Punkte hinsichtlich geschlechtsspezifischer Aspekte der PTBS versuchen wir in diesem Kapitel, den aktuellen Wissensstand darzulegen. Dabei orientieren wir uns an etablierten Dimensionen, die im Hinblick auf die Entwicklung und Aufrechterhaltung einer PTBS generell eine Rolle spielen. Diese sind im Einzelnen:

- Merkmale des Ereignisses bzw. traumabezogene Faktoren:
  - Art der Traumatisierung
  - Alter bei Traumatisierung
- Prätraumatische Variablen:
  - Vorgeschichte von traumatischen Erfahrungen
  - psychische Vorerkrankungen
- Reaktionen auf das Trauma und Bewältigungsmechanismen:
  - psychische Ebene mit kognitiven und affektiven Reaktionen
  - psycho-endokrine Reaktion
- Geschlechtsspezifische Besonderheiten bei manifester PTBS:
  - Phänomenologie, Komorbidität und Therapie
  - psycho-endokrine Veränderungen

8.2 Trauma-bezogene Merkmale

8.2.1 Art der Traumatisierung

Da Frauen in ihrer Lebensgeschichte eindeutig nicht häufiger traumatisiert werden als Männer, kann die Traumatisierungsrate die höhere Wahrscheinlichkeit, an einer PTBS zu erkranken, nicht erklären. Hingegen könnte die *Art der Traumatisierung* einen möglichen Erklärungsansatz liefern, denn Frauen berichten im Vergleich zu Männern relevant häufiger über interpersonale Traumatisierungen wie körperliche Gewalt, Vergewaltigung respektive sexuelle Übergriffe oder sexuellen Missbrauch in der Kindheit. Gerade diese interpersonelle Komponente hat einen erheblichen Einfluss auf die pathogene Potenz von Traumatisierungen (Breslau et al., 1998; Hapke et al., 2006; Zlotnick et al., 2006). So ist beispielsweise das konditionale Risiko, nach einer Vergewaltigung an einer PTBS zu erkranken, deutlich höher als bei einer Naturkatastrophe (Zlotnick et al., 2006; Norris et al., 2003; Breslau et al., 1998). Interessanterweise besteht eine Differenz in dem konditionalen PTBS-Risiko eines bestimmten Traumas. So ist die Wahrscheinlichkeit für eine PTBS nach einem gewaltsamen Angriff bei Frauen höher als bei Männern; hingegen erkranken Männer nach einer Vergewaltigung signifikant häufiger an einer PTBS als Frauen (Norris et al., 2003).

Möglicherweise wird hier zusätzlich ein Alterseffekt wirksam, denn bei Kindern scheinen diese Befunde nicht zuzutreffen, da Mädchen besonders ›empfänglich‹ für die desaströsen Effekte von sexuellem Missbrauch in der Kindheit sind, wohingegen Jungen vulnerabler gegenüber Vernachlässigung sind (Teicher et al., 2002). Die Mehrheit der Kinderstudien zeigt dabei auch ganz übereinstimmend, dass Mädchen eine höhere PTSD-Erkrankungswahrscheinlichkeit nach sexuellem Missbrauch haben als Jungen (Walker et al. 2004). Obwohl epidemiologische Studien an der Erwachsenenallgemeinbevölkerung zwar bestätigt haben, dass Frauen häufiger interpersonalen Traumatisierungen ausgesetzt sind als Männer, lässt sich über die Art der Traumatisierung das höhere PTBS-Risiko von Frauen nicht ausreichend erklären.

8.2.2 Alter bei der Traumatisierung

Wie bereits angedeutet, könnte dieser Aspekt eine weitere Erklärung für Geschlechtsunterschiede in der PTBS-Prävalenz liefern. So konnten verschiedene Studien zeigen, dass Frauen ein höheres PTBS-Risiko nach Kindheitstraumatisierungen haben als Männer, wobei sich dieser Unterschied bei Traumatisierungen nach dem Alter von 15 Jahren egalisierte (Olff et al., 2007). Die negativen Effekte von massiven und/oder chronischem traumatischen Stress in vulnerablen psycho-sexuellen Entwicklungsphasen sind dabei für beide Geschlechter deutlich höher als nach abgeschlossener Entwicklung, insbesondere mit Blick auf die sich entwickelnden zentral nervösen Strukturen (Teicher et al., 2002). Korrespondierend dazu zeigte eine Allgemeinbevölkerungsstudie, dass die Adoleszenz insofern eine kritische Entwicklungsphase darstellt, als Traumatisierungen vor dem Alter von 13 Jahren mit einer etwa gleich hohen Wahrscheinlichkeit zu Depressionen und einer PTBS führen. Traumatische Erlebnisse nach dem 13. Lebensjahr führen deutlich wahrscheinlicher zur Entwicklung einer PTBS als zu einer Depression (Maercker et al., 2004).

8.3 Prätraumatische Variablen

8.3.1 Die Vorgeschichte von Traumatisierungen

In der Literatur besteht nicht nur Konsens darüber, dass Traumaopfer im Vergleich zu nicht-traumatisierten Menschen eine höhere Wahrscheinlichkeit haben, abermals traumatische Erfahrungen zu machen, was als sogenannte »Reviktimisierungstendenz« bezeichnet wird (Wöller, 2005). Vielmehr ist auch klar, dass Vorerfahrungen mit traumatischem Stress den Umgang und die Bewältigung neuer Traumatisierungen erheblich ko-determinieren (Brewin et al., 2000).

Aus internationalen Studien ist bekannt, dass ca. 20 % der Frauen und etwa 5–7 % der Männer in ihrer Kindheit sexuell missbraucht wurden. Vor dem Hintergrund der Reviktimisierungshypothese legt dieser Befund nahe, dass Frauen auch im Erwachsenenalter häufiger als Männer Opfer sexueller Grenzverletzungen werden, was epidemiologische Studien bestätigen. Diese Art der Traumatisierung geht per se mit einem höheren konditionalen PTBS-Risiko einher. Hinzu kommt, dass meta-analytische Untersuchungen belegen, dass eine positive Trauma-Anamnese einen relevanten Risikofaktor für die Entwicklung einer PTBS bei erneuter Traumatisierung darstellt (Brewin et al., 2000; Ozer et al., 2003). Dies scheint insbesondere für Missbrauch und Vernachlässigung in der Kindheit zu gelten.

Die meisten retrospektiven Arbeiten, die einen Zusammenhang zwischen positiver Trauma-Vorgeschichte und erhöhtem PTBS-Risiko angesichts erneuter traumatischer Erfahrungen nahelegen, haben jedoch nicht die psychobiologische Reaktion auf die Vortraumatisierungen untersucht. In einer prospektiven Studie, die diesen methodischen Mangel überwindet, konnte gezeigt werden, dass eine Vortraumatisierung nur dann die PTBS-Wahrscheinlichkeit bei erneuter Traumatisierung erhöht, wenn auf die erste Traumatisierung posttraumatischer Stress folgte (Breslau et al., 2008). Bei dem derzeitigen Wissensstand muss also davon ausgegangen werden, dass eine Vortraumatisierung nicht per se das Erkrankungsrisiko für eine PTBS bei erneuter Traumatisierung erhöht, sondern eine eher generelle Vulnerabilität mit sich bringt, auf traumatische Erlebnisse mit posttraumatischem Stress zu reagieren.

8.3.2 Psychische Vorerkrankungen

Eine Vielzahl von klinischen und epidemiologischen Untersuchungen hat gezeigt, dass vorbestehende psychische Erkrankungen das Risiko für eine PTBS im Falle einer Traumatisierung deutlich erhöhen. Dies gilt insbesondere für Angsterkrankungen, somatoforme und depressive Störungen (Hapke et al., 2006; Olff et al., 2007). Dass gerade diese Erkrankungen – aus welchen Gründen auch immer – bei Frauen deutlich häufiger vorkommen als bei Männern, kann als gesichert gelten (Rohde & Maneros, 2007).

8.4 Reaktionen auf das Trauma und seine Bewältigung

8.4.1 Die psychische Ebene mit kognitiven und affektiven Reaktionen

Die unmittelbare Reaktion auf traumatischen Stress umfasst kognitive und emotionale Komponenten, die zum Teil auf das engste miteinander verflochten sind, wie sich am Beispiel der peritraumatischen Dissoziation gut zeigen lässt.

Insbesondere *kognitive Modelle* zur Posttraumatischen Belastungsstörung (vgl. auch Kap. A3: Psychologische Theorien) schreiben der Bewertung eines Ereignisses eine zentrale Rolle bei der Entwicklung einer PTBS zu. Dabei wird davon ausgegangen, dass die Wahrnehmung eines Ereignisses als Bedrohung oder Verlust für die Entwicklung und Aufrechterhaltung einer PTBS mindestens so bedeutsam ist wie die Schwere des Traumas oder andere individuelle Risikofaktoren. Metaanalysen zu den Risikofaktoren der PTBS (Brewin et al., 2000; Ozer et al., 2003) haben bestätigt, dass die subjektive Wahrnehmung von belastenden Ereignissen – insbesondere wenn diese als gefährlich, bedrohlich und unkontrollierbar bewertet werden – ein besserer Prädiktor für die Entwicklung einer PTBS ist als vergleichsweise objektive trauma-bezogene Merkmale. Potenziell traumatische Erlebnisse werden von Frauen im Vergleich zu Männern tatsächlich häufiger und stärker als unvorhersehbar, unkontrollierbar und überwältigend erlebt (McLean & Anderson, 2009; Olff et al., 2007).

Hinsichtlich *affektiver Reaktionen* ist aus der allgemeinen Stress- und Angstforschung bekannt, dass Frauen eine höhere Angstbereitschaft haben als Männer. Dazu tragen generelle Vulnerabilitätsfaktoren wie negative Affektivität und Ängstlichkeit als Persönlichkeitsmerkmale ebenso bei wie eine höhere Angst- und Ekelsensitivität (McLean & Anderson, 2009). In Bezug auf die Bewältigung von traumatischem Stress lässt sich in Anlehnung an das transaktionale Stressmodell von Lazarus formulieren, dass emotionsorientiertes oder auch intrapsychisches Coping von großer Bedeutung ist, zumal eine problem- oder handlungsorientierte Bewältigung aufgrund der traumatischen Situation meist nicht möglich ist. Das emotionsorientierte Coping lässt sich wiederum in zwei distinkte Muster der Antwort auf eine Bedrohung unterteilen, nämlich in angstbedingte Übererregung und Dissoziation (vgl. auch Kap. A2: Dissoziation sowie Lanius et al., 2010; Olff et al., 2007). Beide Phänomene werden dabei häufiger von Frauen berichtet. Diese erleben intensiver und häufiger als Männer eine angstbedingte Übererregung, einschließlich Furcht, Panik, Hilflosigkeit und Unkontrollierbarkeit (Olff et al., 2007). Diese unmittelbaren emotionalen Reaktionen auf das Trauma, die auch als sogenanntes A2-Kriterium in der DSM-IV-Operationalisierung von traumatischen Erlebnissen ihren Niederschlag gefunden haben, scheinen eine hohe prädiktive Bedeutung für die Entwicklung einer PTBS zu haben bzw. ein genereller Risikofaktor zu sein (Karam et al., 2010).

Auch die peritraumatische Dissoziation (vgl. auch Kap. A2: Dissoziation) als potenter Risikofaktor bzw. Prädiktor scheint bei Frauen ausgeprägter als bei Männern zu sein; allerdings ist die empirische Datenlage diesbezüglich nicht konsistent (Olff et al., 2007).

Neben den geschlechtsspezifischen Besonderheiten der Prädiktoren zeigen auch *protektive Faktoren* geschlechtsdifferentielle Effekte. Die wichtigsten Schutzfaktoren umfassen Resilienz und Selbstwirksamkeitserwartungen. Da Frauen zur Stressbewältigung generell eher emotions- als problemorientierte Bewältigungsstrategien anwenden, ist es nicht verwunderlich, dass sie meist eine geringere Resilienz und Selbstwirksamkeitserwartung haben als Männer (McLean & Anderson, 2009). Diese Geschlechtsspezifika bei der Bewältigung von Stress im Allgemeinen und traumatischem Stress im Besonderen werden von Sozialisationsfaktoren ebenso determiniert wie von neurobiologischen Geschlechtsunterschieden.

8.4.2 Geschlechtsspezifische Aspekte der psycho-endokrinen Reaktion auf Stress

Auf die Grundlagen der physiologischen Stressreaktion, insbesondere die Hypothalamus-Hypophysen-Nebennierenrinden-Achse (HHNA), wurde in diesem Band bereits in Kapitel A4 über Psychoneuroendokrinologische Befunde eingegangen. Mittlerweile ist bekannt, dass eine Vielzahl von Faktoren diese Stressreaktionen – einschließlich der Ausschüttung von Cortisol – beeinflusst. Dazu zählen unter anderen das Alter, aber auch das Geschlecht sowie die Zyklusphase und die Einnahme oraler Kontrazeptiva. Daher liegt es nahe, die Geschlechtsspezifika der psycho-endokrinen Stressreaktion als potenzielle Erklärung für die bei Frauen – im Vergleich zu Männern – höhere PTBS-Prävalenz heranzuziehen.

Relativ konsistent konnte gezeigt werden, dass Männer in Reaktion auf einen psychischen (Labor-) Stressor, wie z.B. eine freie

Rede halten oder Rechenaufgaben vor Publikum lösen, mit einer stärkeren Ausschüttung von Adrenocorticotropin (ACTH) und Cortisol reagieren als Frauen (Kirschbaum et al., 1999). Verschiedenen Studien legen nahe, dass diese Unterschiede sich besonders im freien Cortisol, also dem biologisch aktiven Teil des Gesamtcortisols, zeigen (Kudielka & Kirschbaum, 2005). Im Gegensatz zu Frauen scheinen Männer schon antizipativ mit einer stärkeren Ausschüttung von Cortisol auf einen Stressor zu reagieren. Ob eine initial stärkere Stressreaktion die Anpassung an belastende Situationen erleichtert, muss weiter erforscht werden. Allerdings scheint auch die Art des Stressors eine Rolle zu spielen: Während Männer stärker auf Situationen, die den Leistungsaspekt der Aufgabe betonen, reagieren, gibt es bei Frauen in Situationen mit sozialer Zurückweisung eine verstärkte Cortisolausschüttung.

Aber nicht nur das Geschlecht scheint bei der Ausprägung der endokrinen Stressantwort ein wichtiger Mediator zu sein, auch die Zyklusphase und die Einnahme oraler Kontrazeptiva haben offensichtlich Auswirkungen auf die Cortisolausschüttung (Kudielka & Kirschbaum, 2005). So konnte gezeigt werden, dass Frauen in der Lutealphase nach Stress eine mit Männern vergleichbare Ausschüttung von freiem Cortisol haben, während bei Frauen in der Follikelphase und Frauen, die orale Kontrazeptiva einnehmen, deutlich weniger Cortisol ausgeschüttet wird.

Die geschlechtsdifferentielle Regulation der HHNA ist auch mit Unterschieden des ›weiblichen‹ und ›männlichen‹ Gehirns in Zusammenhang gebracht worden, etwa hinsichtlich Struktur und Funktionalität bestimmter Gehirnareale. Weiterhin diskutiert wird der Einfluss von Cortisol-Bindungsglobulinen (die beispielsweise durch orale Kontrazeptiva beeinflusst werden) und anderen Hormonen wie Vasopressin und Oxytocin (Kudielka et al., 2005). So konnte für Oxytocin, welches als sogenanntes »Bindungshormon« bekannt ist, eine inhibitorische Wirkung auf die Aktivität der HHNA gezeigt werden, während Vasopressin u. a. anxiolytische Effekte hat (Heinrichs et al., 2009). Aus der präklinischen Forschung ist zudem bekannt, dass Androgene die HHNA-Responsivität auf Stress inhibieren, während Östrogene genau den gegenteiligen Effekt haben.

Zusammenfassend lässt sich festhalten, dass Frauen eine sensitivere HHNA haben als Männer, die auch bei abklingender Stressbelastung langsamer auf ihr Ausgangsniveau zurückkehrt. Damit scheint es auch eine biologische Basis für das höhere PTBS-Risiko bei Frau zu geben.

8.5 Geschlechtsspezifika bei manifester PTBS

8.5.1 Phänomenologie, Komorbidität und Therapie

Während sich die Mehrheit der klinischen und epidemiologischen Untersuchungen mit dem erhöhten Erkrankungsrisiko bei Frauen beschäftigt hat, gibt es kaum Studien zur geschlechtsspezifischen *PTBS-Phänomenologie* oder den psychosozialen Konsequenzen. Es lässt sich also bei dem derzeitigen Wissensstand nicht klar entscheiden, ob sich die klinische Präsentation der PTBS bei Frauen und Männern unterscheidet. Es gibt jedoch erste Hinweise, dass die Dauer der Erkrankung bei Frauen länger ist als bei Männern und dass sie durch die PTBS stärker psychosozial beeinträchtigt sind (Seedat et al., 2005).

Die PTBS ist generell mit vielen anderen psychischen und somatischen Erkrankungen assoziiert. Verschiedene Studien legen nahe, dass es ein *geschlechtsspezifisches Komorbiditätsprofil* sowohl hinsichtlich körperlicher als auch psychischer Krankheiten gibt (Kimerling, 2004; Olff et al., 2007). Bei Frauen wird ein enger Zusammenhang mit Depressionen, Abhängigkeitserkrankungen, Angst-, somatoformen, dissoziativen, Essstörungen sowie Borderline-Persönlichkeitsstörungen beschrieben; bei Männern hingegen mit der antisozialen Persönlichkeitsstörung, aber auch mit Depressionen, Angststörungen sowie Abhängigkeitserkrankungen (Olff et al., 2007). In epidemiologischen Studien an der erwachsenen Allgemeinbevölkerung ließ sich jedoch nicht immer ein Geschlechtereffekt bei den komorbiden psychischen Störungen finden (Creamer et al., 2001).

Gerade die Assoziation zwischen PTBS und Alkoholabhängigkeit scheint einem geschlechtsdifferentiellen Muster zu folgen: Während Männer insgesamt eine höhere Rate an komorbider Abhängigkeit aufweisen, beginnt die Mehrheit der Frauen nach dem traumatischen Erlebnis mit massivem Alkoholkonsum; bei Frauen ist also häufig die PTBS die primäre Diagnose, und ihr Trinkverhalten ist eher vom episodischen Typ, anders als bei Männern, die eher einen kontinuierlichen und schweren Konsum zeigen (Krausz & Schäfer, 2006).

Trotz der großen Aufmerksamkeit, die geschlechtsspezifischen Dimensionen bei psychischen Erkrankungen im Allgemeinen und der PTBS im Besonderen gewidmet wird, spielt dieser Aspekt bei Fragen zu *Prävention und Behandlung* allenfalls eine nachgeordnete Rolle. Eine Übersicht zu dieser Thematik arbeitete heraus, dass nur eine Minderheit von methodisch akzeptablen Therapiestudien Frauen und Männer eingeschlossen hat; von diesen hat jedoch nicht einmal die Hälfte überhaupt Geschlechtseffekte untersucht (Cason et al., 2002). In einer vorsichtigen und vorläufigen Bewertung kommen die Autoren zu dem Schluss, dass Frauen von PTBS-Therapien mindestens ebenso gut, wenn nicht gar besser profitieren als Männer. Dies scheint sowohl für eine Psycho- als auch für eine Pharmakotherapie zu gelten. Hinsichtlich wirksamer Psychotherapien ist jedoch nach wie vor unklar, wer wann von welcher psychotherapeutischen Intervention profitiert, also auch, welche Methode welche geschlechtsspezifischen Vor- oder Nachteile bietet (Robertson et al., 2004). Auch in Psychopharmakastudien wird geschlechtsdifferentiellen Effekten nur selten Aufmerksamkeit geschenkt. Eine Untersuchung zu Venlafaxin belegt, dass zwar die Art der Traumatisierung, jedoch nicht das Geschlecht einen Einfluss auf das Behandlungsergebnis hat (Rothbaum et al., 2008).

Das allgemein geringe Interesse an geschlechtsspezifischen Aspekten der Trauma- und PTBS-Behandlung verwundert insofern, als mittlerweile spezifische Therapien gerade für Frauen entwickelt worden sind wie beispielsweise das gut untersuchte schulenübergreifende Programm »Seeking Safety« (Übersicht bei Krausz & Schäfer, 2006).

8.5.2 Geschlechtsspezifische psychoendokrine Veränderungen

Für Patienten mit einer PTBS wurde wiederholt eine verringerte Cortisolausschüttung berichtet (vgl. auch Kap. A4: Psychoneuroendokrinologische Befunde). Allerdings ist die Befundlage als recht heterogen zu bewerten, wobei eine Vielzahl von Faktoren, darunter eben auch Geschlechtseffekte, die Regulation der HHNA beeinflusst. In einer Meta-Analyse konnte gezeigt werden, dass eine verringerte Cortisolausschüttung insbesondere bei Frauen mit einer PTBS gefunden wurde. Zudem war die Art des erlebten Traumas von großer Relevanz: Verringerte Cortisolwerte wurden primär im Zusammenhang mit sexuellem oder körperlichem Missbrauch gefunden, also Formen von Traumatisierungen, von denen Frauen gehäuft betroffen sind (Meewisse et al., 2007). Es konnte zudem gezeigt werden, dass Auffälligkeiten hinsichtlich der Cortisolausschüttung besonders deutlich im Vergleich zu nicht traumatisierten Kontrollprobanden gefunden wurden, während sich traumatisierte Probanden mit und ohne PTBS weniger unterschieden. Möglicherweise stellt die bei Frauen häufig geringer ausgeprägte hormonelle Stressreaktion einen Risikofaktor für die Ausbildung einer PTBS dar, wie auch Studien mit Verkehrsopfern nahelegen (Delahanty et al., 2000).

Wie schon erwähnt, spielen neben dem Cortisol auch andere Hormone eine wichtige Rolle bei der Regulation der behavioralen und endokrinen Stressreaktion, wie z.B. Oxytocin und Vasopressin, wobei die Studienlage noch relativ dünn ist (Überblick bei Heinrichs et al., 2009). So konnte bei Kindern ein Zusammenhang zwischen verringerten Vasopressinwerten und früher Vernachlässigung gefunden werden. Es existieren zudem Hinweise darauf, dass insbesondere frühe Stressoren zu Veränderungen im Oxytocinsystem führen. Frauen, die von frühem traumatischen Stress berichteten, wiesen beispielsweise verringerte Oxytocinwerte im Liquor auf, wobei emotionale Missbrauchsformen eine wichtige Rolle spielten (Heim et al., 2009). Ebenso zeigten sich Auffälligkeiten im Zusammenspiel zwischen Oxytocin und der Aktivität der HHNA bei Studierenden, die von biografisch frühem Stress, nämlich einer Trennung von den Eltern oder dem Verlust eines Elternteils, berichteten. So war die Cortisolausschüttung am Morgen in der Gruppe mit derartigen Erlebnissen geringer ausgeprägt als in der Gruppe ohne entsprechende Stressoren. Geschlechtsunterschiede fanden sich in dieser Studie nicht (Meinlschmidt & Heim, 2005).

Neben der Art der Traumatisierung, z.B. interpersonelle Gewalt, auf die gerade Frauen endokrinologisch besonders sensitiv reagieren (s.o.), steht möglicherweise auch der Umgang mit einem traumatischen Ereignis im Zusammenhang mit endokrinen Veränderungen. Frauen reagieren, wie schon erwähnt, häufiger mit dissoziativen Symptomen (während, aber auch in der Folge einer Traumatisierung) und verwenden häufiger vermeidende Copingstrategien. Erste Daten weisen darauf hin, dass bei Patienten mit einer PTBS und dissoziativen Symptomen die endokrine Stressantwort unterdrückt wird. Zudem scheint das Ausmaß der peritraumatischen Dissoziation negativ mit den Katecholaminwerten nach einer Traumatisierung zu korrelieren, und auch Patienten mit einer Depersonalisationsstörung zeigen einen Abfall der Noradrenalinausschüttung in Abhängigkeit von der Symptomstärke (Überblick bei Olff et al., 2007). Geschlechtspezifische Aspekte der psychobiologischen Korrelate dissoziativer Reaktionen und Symptome sollten zukünftig untersucht werden.

Die neuroendokrine Stressreaktion wird auch durch die Aktivität von Geschlechtshormonen beeinflusst. So haben Östrogene einen direkten Einfluss auf die Regulation des Corticotropin-Releasing-Hormons (CRH), welches zentral die Aktivität der HHNA reguliert. Veränderte CRH-Werte wurden auch für die PTBS berichtet (Heim & Nemeroff, 2009). Zudem bestehen Interaktionen zwischen Geschlechtshormonen und dem serotonergen System, welches eine wichtige Rolle bei einer Vielzahl psychischer Erkrankungen, einschließlich der PTBS, spielt. Nicht zuletzt sind die hormonellen Effekte auf die Entwicklung verschiedener Gehirnareale zu betonen, Effekte, die mit geschlechtsspezifischen Unterschieden im zentralen Nervensystem in Zusammenhang zu stehen scheinen. So konnten Unterschiede zwischen Männern und Frauen hinsichtlich der Reaktion auf Angststimuli gezeigt werden. Interessanterweise sind gerade die Regionen involviert, die auch bei der PTBS eine wichtige Rolle spielen, etwa der Hippocampus und die Amygdala (Heim & Nemeroff, 2009).

8.6 Resümee und Ausblick

Posttraumatische Belastungsstörungen und traumatischer Stress als erforderlicher, aber nicht ausreichender Ätiologiefaktor der PTBS können nur mit Hilfe einer bio-psycho-sozialen Erklärungsmatrix verstanden werden. Dies gilt insbesondere für geschlechtsspezifische Aspekte, die auf sehr komplexe Weise mit den Ereignis-, Risiko- und Schutzfaktoren verwoben sind.

Es ist zu vermuten, dass der Komplexitätsgrad dieses Themas tatsächlich noch höher ist, wie jüngste Forschungsansätze zur Genetik, Epigenetik und Gen-Umwelt-Interaktionen nahelegen. So belegen beispielsweise Zwillingsstudien, dass dissoziative Erfahrungen ebenso wie die Entwicklung einer PTBS nach Traumatisierungen zu einem substanziellen Anteil genetisch determiniert werden (Afifi et al., 2010). Ein spezifisches genetisches ›Make-up‹ kann möglicherweise die generelle Vulnerabilität gegenüber traumatischem Stress erhöhen; wahrscheinlicher ist jedoch, dass erst das komplexe Wechselspiel von Genen und Umwelteinflüssen im Verlauf der Ontogenese die Basis dafür bereitet, dass ein bestimmtes Trauma eine PTBS induziert (Koenen et al., 2009). Dieser reziproke Zusammenhang von Genen und Umwelt jenseits der DNA beschäftigt die Epigenetik, die Hinweise dafür geliefert hat, dass elterliche Faktoren oder prä-, peri- und postnatale Umwelteinflüsse sowie biografisch frühe Erfahrungen die psychische und neurobiologische Vulnerabilität bzw. Resilienz gegenüber späteren traumatischen Erfahrungen erheblich beeinflussen (Yehuda & Bierer, 2009). Zukünftige Forschungsbemühungen auf diesen Gebieten werden die geschlechtsspezifischen Besonderheiten der PTBS berücksichtigen müssen; umgekehrt ist zu hoffen, dass Studien zu den genannten Geschlechtsspezifika genetische und epigenetische Ansätze und Gen-Umwelt-Interaktionen aufgreifen, denn diese haben unseres Erachtens das Potenzial, die offenen Fragen auf diesem Gebiet zu beantworten. Dies gilt für ätiopathogenetische Aspekte gleichermaßen wie für therapeutische Interventionen.

8.7 Literatur

Afifi T.O., Asmundson G.J., Taylor S. & Jang K.L. (2010). The role of genes and environment on trauma exposure and posttraumatic stress disorder symptoms: A review of twin studies. *Clinical Psychology Review*, 30, 101–112.

Breslau N. (2002). Gender differences in trauma and posttraumatic stress disorder. *Journal of Gender-specific Medicine*, 5, 34–40.

Breslau N., Kessler R. C., Chilcoat H. D. et al. (1998). Trauma and posttraumatic stress disorder in the community: The 1996 Detroit Area Survey of Trauma. *Archives of General Psychiatry*, 55, 626–632.

Breslau N., Peterson E. L. & Schultz L. R. (2008). A second look at prior trauma and the posttraumatic stress disorder effects of subsequent trauma: a prospective epidemiological study. *Archives of General Psychiatry*, 65, 431–437.

Brewin C. R., Andrews B. & Valentine J. D. (2000). Meta-analysis of risk factors for posttraumatic stress disorder in trauma-exposed adults. *Journal of Consulting and Clinical Psychology*, 68, 748–766.

Cason D., Grubauch A. & Resnick P. (2002). Gender and PTSD treatment: Efficacy and effectiveness. In: Kimerling R., Ouimette P. & Wolfe J. (Hrsg.). *Gender and PTSD*. New York: Guilford Press, 305–334.

Creamer M., Burgess P. & McFarlane A. C. (2001). Post-traumatic stress disorder: Findings from the Australian National Survey of Mental Health and Well-being. *Psychological Medicine*, 31, 1237–1247.

Delahanty D. L., Raimonde A. J. & Spoonster E. (2000). Initial posttraumatic urinary cortisol levels predict subsequent PTSD symptoms in motor vehicle accident victims. *Biological Psychiatry*, 48 (9), 940–947.

Frans O., Rimmö P. A., Aberg L. & Fredrikson M. (2005). Trauma exposure and posttraumatic stress disorder in the general population. *Acta Psychiatrica Scandinavica*, 111, 291–299.

Gavranidou M. & Rosner R. (2003). The weaker sex? Gender and posttraumatic stress disorder. *Depression and Anxiety*, 17, 130–139.

Hapke U., Schumann A., Rumpf H. J. et al. (2006). Post-traumatic stress disorder: The role of trauma, pre-existing psychiatric disorders, and gender. *European Archives of Psychiatry and Clinical Neuroscience*, 256, 299–306.

Heim C. & Nemeroff C. B. (2009). Neurobiology of posttraumatic stress disorder. *CNS Spectrums*, 14 (1) (Suppl 1), 13–24.

Heim C., Young L. J., Newport D. J., Mletzko T., Miller A. H. & Nemeroff C. B. (2009). Lower CSF oxytocin concentrations in women with a history of childhood abuse. *Molecular Psychiatry*, 14, 954–958.

Heinrichs M., von Dawans B. & Domes G. (2009). Oxytocin, vasopressin, and human social behavior. *Frontiers in Neuroendocrinology*, 30 (4), 548–557.

Karam E. G., Andrews G., Bromet E., Petukhova M., Ruscio A. M., Salamoun M., Sampson N., Stein D. J., Alonso J., Andrade L. H., Angermeyer M., Demyttenaere K., de Girolamo G., de Graaf R., Florescu S., Gureje O., Kaminer D., Kotov R., Lee S., Lépine J. P., Medina-Mora M. E., Oakley Browne M. A., Posada-Villa J., Sagar R., Shalev A. Y., Takeshima T., Tomov T. & Kessler R. C. (2010). The role of criterion A2 in the DSM-IV diagnosis of posttraumatic stress disroder. *Biological Psychiatry*, 68, 465–473.

Kessler R. C., Sonnega A., Bromet E. et al. (1995). Posttraumatic stress disorder in the National Comorbidity Survey. *Archives of General Psychiatry*, 52, 1048–1060.

Kimerling R. (2004). An investigation of sex differences in nonpsychiatric morbidity associated with posttraumatic stress disorder. *Journal of the American Medical Women's Association*, 59, 43–47.

Kirschbaum C., Kudielka B. M., Gaab J., Schommer N. C. & Hellhammer D. H. (1999). Impact of gender, menstrual cycle phase, and oral contraceptives on the activity of the hypothalamus-pituitary-adrenal axis. *Psychosomatic Medicine*, 61 (2), 154–162.

Koenen K. C., Amstadter A. B. & Nugent N. R. (2009). Gene-environment interaction in posttraumatic stress disorder: An update. *Journal of Traumatic Stress*, 22 (5), 416–26.

Krausz M. & Schäfer I. (2006). *Trauma und Sucht. Konzepte, Diagnostik, Behandlung*. Stuttgart: Klett-Cotta.

Kudielka B. M. & Kirschbaum C. (2005). Sex differences in HPA axis responses to stress:

a review. *Biological Psychology*, 69 (1), 113–132.

Lanius R.A., Vermetten E., Loewenstein R.J., Brand B., Schmahl C., Bremner J.D. & Spiegel D. (2010). Emotion Modulation in PTSD: Clinical and neurobiological evidence for a dissociative subtype. *American Journal of Psychiatry*, 167, 640–647.

Maercker A., Michael T., Fehm L., Becker E.S. & Margraf J. (2004). Age of traumatization as a predictor of posttraumatic stress disorder or major depression in young women. *British Journal of Psychiatry*, 184, 482–487.

McLean C.P. & Anderson E.R. (2009). Brave men and timid women? A review of the gender differences in fear and anxiety. *Clinical Psychology Review*, 29, 496–505.

Meewisse M.L., Reitsma J.B., de Vries G.J., Gersons B.P. & Olff M. (2007). Cortisol and post-traumatic stress disorder in adults: systematic review and meta-analysis. *British Journal of Psychiatry*, 191, 387–392.

Meinlschmidt G. & Heim C. (2005). Decreased cortisol awakening response after early loss experience. *Psychoneuroendocrinology*, 30 (6), 568–576.

Norris F.H., Murphy A.D., Baker C.K. et al. (2003). Epidemiology of trauma and post-traumatic stress disorder in Mexico. *Journal of Abnormal Psychology*, 112, 646–56.

Olff M., Langeland W., Draijer N. et al. (2007). Gender differences in posttraumatic stress disorder. *Psychological Bulletin*, 133, 183–204.

Ozer E.J., Best S.R., Lipsey T.L. & Weiss D.S. (2003). Predictors of posttraumatic stress disorder and symptoms in adults: A meta-analysis. *Psychological Bulletin*, 129, 52–73.

Perkonigg A., Kessler R.C., Storz S. & Wittchen H.-U. (2000). Traumatic events and post-traumatic stress disorder in the community: prevalence, risk factors and comorbidity. *Acta Psychiatrica Scandinavica*, 101, 46–59.

Robertson M., Humphreys L. & Ray, R. (2004). Psychological treatments for posttraumatic stress disorder: Recommendations for the clinician based on a review of the literature. *Journal of Psychiatric Practice*, 10, 106–118.

Rohde A. & Marneros A. (Hrsg.) (2007). *Geschlechtsspezifische Psychiatrie und Psychotherapie*. Stuttgart: Kohlhammer.

Rothbaum B.O., Davidson J.R., Stein D.J., Pedersen R., Musgnung J., Tian X.W., Ahmed S. & Baldwin D.S. (2008). A pooled analysis of gender and trauma-typer effects on responsiveness to treatment of PTSD with venlafaxine extended release or placebo. *Journal of Clinical Psychiatry*, 69, 1529–1539.

Seedat S., Stein D.J. & Carey P.D. (2005). Posttraumatic stress disorder in women: Epidemiological and treatment issues. *CNS Drugs*, 19, 411–427.

Spitzer C., Barnow S., Völzke H., John U., Freyberger H.J. & Grabe H.J. (2008). Trauma and posttraumatic stress disorder in the elderly: Findings from a German community study. *Journal of Clinical Psychiatry*, 69, 693–700.

Stewart D.E. (2006). The International Consensus Statement on Women's Mental Health and the WPA Consensus Statement on Interpersonal Violence against Women. *World Psychiatry*, 5, 61–64.

Teicher M.H., Andersen S.L., Polcari A., Anderson C.M. & Navalta C.P. (2002). Developmental neurobiology of childhood stress and trauma. *Psychiatric Clinics of North America*, 25, 397–426.

Walker J.L., Carey P.D., Mohr N., Stein D.J. & Seedat S. (2004). Gender differences in the prevalence of childhood sexual abuse and in the development of pediatric PTSD. *Archives of Women's Mental Health*, 7, 111–121.

Wöller W. (2005). Traumawiederholung und Reviktimisierung nach körperlicher und sexueller Traumatisierung. *Fortschritte der Neurologie und Psychiatrie*, 73, 83–90.

Yehuda R. & Bierer L.M. (2009). The relevance of epigenetics to PTSD: Implications for the DSM-V. *Journal of Traumatic Stres*, 22 (5), 427–34.

Zlotnick C., Johnson J., Kohn R. et al. (2006). Epidemiology of trauma, post-traumatic stress disorder (PTSD) and co-morbid disorders in Chile. *Psychological Medicine*, 36, 1523–1533.

B

Die Traumatheorie in den Hauptschulen der Psychotherapie – historische Entwicklung

WERNER BOHLEBER

1. Die Traumatheorie in der Psychoanalyse

1.1 Einleitung

Beim Trauma handelt es sich um ein Konzept, das ein äußeres Ereignis oder, allgemeiner gesprochen, Einwirkungen der Außenwelt mit ihren spezifischen Folgen für die innere psychische Realität verknüpft. In dieser Verbindung von Innen und Außen liegt die Komplexität des psychoanalytischen Traumabegriffs, aber auch seine Unschärfe begründet. In der klinischen Praxis wird oft nicht genügend zwischen dem äußeren Ereignis, dem Prozess der Traumatisierung, dem traumatischen Zustand und den bleibenden pathologischen Veränderungen differenziert. Außerdem werden immer wieder Phänomene als traumatisch bezeichnet, die dies strenggenommen gar nicht sind. Meiner folgenden Darstellung der Traumatheorie liegt deshalb eine restriktivere Fassung des Begriffs zugrunde, die rein innere Ursachen, wie etwa ein endogenes, lediglich aus überaus starken Triebkonflikten stammendes Trauma oder aber auch pathogene Entwicklungsdefizite oder Entwicklungskonflikte aus der Definition ausnimmt.

Es sind die äußeren Ereignisse, vor allem die großen Katastrophen des 20. Jahrhunderts und die durch sie erlebten und erlittenen Extremerfahrungen, die die Entwicklung des Traumabegriffs voranbrachten. Nach dem Ersten Weltkrieg entwickelte Freud seine psychoökonomische Traumatheorie. Die Leiden der Überlebenden des Holocaust konfrontierten mit Extremerfahrungen und deren Auswirkungen, die bis dahin nicht bekannt waren, aber nun verstanden und konzeptuell erfasst werden mussten. Weitere Impulse zu theoretischen Reformulierungen traumatischer Phänomene stammten dann aus der gesellschaftlichen Debatte um den sexuellen Missbrauch und aus dem nach dem Vietnamkrieg eingeführten Konzept der Posttraumatischen Belastungsstörung.

1.2 Sigmund Freuds psychoökonomische Konzeption des Traumas

Breuer und Freud (1895d) fassten die Erinnerung an das Trauma als einen Fremdkörper im psychischen Gewebe auf, der dort seine Wirkung so lange entfaltet, bis er durch ein affektives Erinnern und die Abreaktion des eingeklemmten Affektes seine Fremdkörperstruktur verliert. Der Hysteriker leidet »größtenteils an Reminiszenzen«

(ebd., S. 86). Breuer und Freud sprachen auch von abgespaltenen Vorstellungsgruppen. Sie revidierten ihre Auffassung kurze Zeit später dann dahingehend, dass die abgespaltenen Vorstellungsgruppen und Erinnerungen nicht gänzlich vom umgebenden seelischen Netzwerk abgeschottet seien. Die pathogene Organisation verhalte sich weniger wie ein Fremdkörper als vielmehr wie ein »Infiltrat«. In der Therapie kann es deshalb auch nicht darum gehen, den Fremdkörper einfach zu entfernen, sondern es muss darum gehen, die Abspaltung und Isolation der traumatischen Erinnerung aufzuheben und »der Zirkulation den Weg in ein bisher abgesperrtes Gebiet zu bahnen« (1895d, S. 295).

1897 gab Freud seine bis dahin vertretene Verführungstheorie auf, dass ein sexueller Missbrauch in der Kindheit traumatisch und damit ursächlich für die hysterische Symptomatik anzusehen sei. Es handele sich bei den Erzählungen seiner Patientinnen nicht um wirkliche Erlebnisse, sondern um Phantasien. Gemeinhin wird angenommen, dass diese Wende in der Theorie aufgrund der Entdeckung des Ödipus-Komplexes und der unbewussten Phantasien erfolgte. Blass & Simon (1994) präzisieren allerdings zu Recht, dass entgegen dieser allgemein vertretenen Annahme nicht die Entdeckung ödipaler Phantasien der entscheidende Grund war, sondern die Erkenntnis, dass es möglich ist, eine Phantasie als Realität wahrzunehmen, und dass uns Phantasien auf dieselbe Weise wie reale Ereignisse beeinflussen können. Freud war dadurch gezwungen, von einer ziemlich komplexen Interaktion von Evidenz, Theoretisieren und Phantasie sowohl bei sich selbst als auch bei seinen Patienten auszugehen. Freuds Abwendung von der Rolle der Verführung öffnete den Weg zu einer komplexeren Traumatheorie, die zwar deren innere, auf der Entwicklungsgeschichte der Triebe beruhenden Aspekte betonte, aber dennoch nicht die äußere Realität traumatischer Situationen in Abrede stellte.

Der Erste Weltkrieg zwang Freud und seine Schüler, sich erneut mit der traumatischen Neurose, jetzt den Kriegsneurosen, und der pathogenen Wirkung von Außenweltfaktoren zu beschäftigen. Ein psychoökonomischer Aspekt trat in den Vordergrund, den er in »Jenseits des Lustprinzips« (1920g) mit dem Konzept des Reizschutzes weiterentwickelte. Dieser wird im traumatischen Erleben durchbrochen, die anstürmenden Quantitäten von Erregung sind zu groß, um gemeistert und psychisch gebunden zu werden. Die traumatisierende Erregungsmenge setzt das Lustprinzip, das mit einer Vermeidung von Unlust arbeitet, außer Kraft. An seine Stelle tritt der Wiederholungszwang als psychisches Prinzip. Im posttraumatischen Traum kehrt die traumatische Situation wieder. Für Freud liegt die Funktion dieser repetitiven Träume, die Angst erzeugen, in der Reizbewältigung, bei der die übergroße Erregungsmenge abreagiert und psychisch gebunden werden soll, wodurch das Lustprinzip letztendlich wieder in Kraft gesetzt wird.

In »Hemmung, Symptom und Angst« (1926d) setzte sich Freud implizit mit Otto Ranks Konzept des Geburtstraumas auseinander. Er nahm das Konzept der automatischen Angst wieder auf, wie er es für die Aktualneurosen entwickelt hatte. Die übergroße Erregungsmenge in der traumatischen Situation erzeugt eine massive automatische Angst, die das Ich überflutet und es absolut hilflos macht. Die automatische Angst hat einen unbestimmten Charakter und ist objektlos. In einem ersten Bewältigungsversuch versucht das Ich sie in Signalangst zu verwandeln und dadurch die absolute Hilflosigkeit in eine Erwartung zu transformieren. Die innere Aktivität, die das Ich entfaltet, wiederholt »eine abgeschwächte Reproduktion der traumatischen Situation«, »in der Hoffnung, deren Ablauf selbsttätig leiten zu können« (1926d, S. 200). Gelingt es, wird die traumatische Situation als eine abschätzbare Gefahrensituation verinnerlicht. Die Angst wird symbolisiert und das Trauma erlangt dadurch eine hermeneutische Struktur und wird integrierbar.

Für Freud kann eine traumatische Situation sowohl durch übermäßige Triebregungen als auch durch äußere, reale Ereignisse entstehen. Das jeweils variierende Verhältnis von äußerem Ereignis und inneren Faktoren konzeptualisiert er als Ergänzungsreihe, bestimmt es aber darüber hinaus nicht genauer. Entscheidend ist ein Zuviel an Erregung und ein gelähmtes hilfloses Ich, das außerstande ist, den seelischen Spannungszuwachs abzuführen und psychisch zu binden. Auch wenn wir heute nicht mehr mit Freuds Energie- und Erregungsvorstellungen arbeiten, so sind dennoch sein Verständnis des plötzlichen, überwältigenden Einbruchs des traumatischen Geschehens in die seelische Organisation und die Aufgabe, das Eingebrochene mit Hilfe des Wiederholungszwanges seelisch zu binden, ebenso aktuell wie sein Konzept der Hilflosigkeit des Ichs und der automatischen Angst. Als ein Beispiel zitiere ich Arnold Cooper, der in Anlehnung an Freud Trauma folgendermaßen definiert: »Ein psychisches Trauma ist ein Ereignis, das die Fähigkeit des Ichs abrupt überwältigt, für ein minimales Gefühl der Sicherheit und integrativen Vollständigkeit zu sorgen, und führt zu einer überwältigenden Angst oder Hilflosigkeit oder dazu, dass diese droht, und es bewirkt eine dauerhafte Veränderung der psychischen Organisation« (1986, S. 44).

Während der nächsten Jahrzehnte rückten in der Theoriediskussion der Psychoanalyse die traumatischen Ursachen gegenüber den triebbedingten Konflikten an den Rand. Das war auch dem Umstand geschuldet, dass viele Analytiker die Aufgabe der Psychoanalyse darin sahen, die psychische Realität und das Schicksal der unbewussten Phantasien zu untersuchen, während die Beschäftigung mit der äußeren Realität in den Hintergrund trat.

Eine Ausnahme bildete Sándor Ferenczi. Er war überzeugt, dass das traumatische Moment in der Pathogenese der Neurosen vernachlässigt werde. Die Nichtbeachtung der äußeren Faktoren führe zu falschen Schlussfolgerungen und zu vorschnellen Erklärungen der neurotischen Phänomene aufgrund von inneren Dispositionen. Für Ferenczi nimmt darüber hinaus die Beziehung zum Objekt einen zentralen Platz in der Verursachung von traumatischen Neurosen ein. Deshalb sind seine theoretischen Vorstellungen als der Beginn einer von Freuds psychoökonomischer Konzeption abweichenden alternativen Modellvorstellung anzusehen.

1.3 Die Entwicklung eines Objektbeziehungsmodells des Traumas

Ferenczi (1933) untersuchte vor allem das Trauma des sexuellen Missbrauchs. Das traumatische Ereignis zerstört das Gefühl der Sicherheit, in dem das Kind vorher gelebt hat. Der Erwachsene, einer der Garanten dieses Sicherheitsgefühls und des

Vertrauens, stößt es in einen Zustand totaler Hilflosigkeit. Um seelisch zu überleben, ist das Kind gezwungen, sich in seiner ungeheuren Angst und Schutzlosigkeit mit dem Täter zu identifizieren, um auf diese Weise ein Bild des Erwachsenen festhalten zu können, wie es vor der traumatischen Attacke war. Damit aber introjiziert das Kind auch die Schuld des Erwachsenen, die es nun sich selbst zuschreibt. Ferenczi betont, dass zur traumatischen Situation noch etwas Zweites hinzukommen muss, damit ein Trauma entsteht, nämlich das Fehlen der Unterstützung durch vertraute Erwachsene, in der Regel durch die Mutter. Deren Missbilligung, Gleichgültigkeit oder Verleugnung bildet das Element, das das eigentliche Geschehen erst traumatisch macht.

Ferenczi hat viele spätere Erkenntnisse der Traumaforschung vorweggenommen wie z.B. die Vorstellung einer Agonie und eines »toten Ich-Stücks« als Folge des Traumas, die Fragmentierung der Persönlichkeit, die Lähmung der Affekte und der Wahrnehmung, die Spaltung des Ichs in eine beobachtende Instanz, die dem Selbst helfen möchte, und in einen preisgegebenen Teil des Selbst. Weil Ferenczi entgegen den ödipalen Phantasien die Realität des sexuellen Missbrauchs betonte und weil er den Wiederholungszwang nicht dem Todestrieb zuordnete, wurden seine Vorstellungen vom Trauma in der psychoanalytischen Community lange ignoriert und verfielen dem Vergessen. Erst Ferenczis Schüler Michael Balint (1969) brachte sie wieder in die Diskussion. Spätere Untersuchungen bestätigten, dass nicht in erster Linie die physischen Verletzungen des Kindes die traumatische Störung verursachen, sondern die Misshandlung oder der Missbrauch durch die Person, die man eigentlich für Schutz und Fürsorge braucht, erwies sich als das pathogenste Element.

Außerdem eröffnete dieser objektbeziehungstheoretische Ansatz den Blick darauf, dass bei einer schweren Traumatisierung nicht nur die innere Objektbeziehung beschädigt wird, sondern auch die innere, schützende, Sicherheit gebende Kommunikation zwischen Selbst- und Objektrepräsentanzen. Die traumatische Realität zerstört den empathischen Schutzschild, den das verinnerlichte Primärobjekt bildet,[1] und destruiert das Vertrauen auf die kontinuierliche Präsenz guter Objekte und die Erwartbarkeit mitmenschlicher Empathie. Dadurch entstehen Inseln traumatischer Erfahrungen von Verlassenheit, die von der inneren Kommunikation abgekapselt bzw. abgespalten sind. Diese Erkenntnisse erwiesen sich zum Verständnis von extremen Traumatisierungen, wie sie etwa im Holocaust erlitten wurden, als sehr fruchtbar. Darauf werde ich weiter unten näher eingehen.

In den 1950er und 1960er Jahren haben die Untersuchungen der defizitären Bedingungen der frühen Mutter-Kind-Interaktionen wichtige Beiträge zu diesem objektbeziehungstheoretischen Modell geliefert. Erforscht wurde, wie traumatische Ereignisse in den präödipalen Entwicklungsphasen später schwere Neurosen mit Störungen der Ich-Entwicklung, Depressionen, Charakterstörungen und Perversionen nach sich ziehen konnten. Vielfältige Situationen wurden untersucht, in denen die Mutter als Reizschutz für das Kind versagte und

---

[1] Vorbereitet durch die neuere Säuglingsforschung wird hier das Konzept des Reizschutzes aus dem psychoökonomischen Modell in Objektbeziehungsbegriffen reformuliert.

das Kind einer es überfordernden und überwältigenden Trennungs- bzw. Verlassenheitsangst ausgesetzt war. Solche Zustände von frühem innerem Stress wirken als »silent trauma« (Hoffer, 1952). Ernst Kris (1956) führte für untergründig wirkende Dauerbelastungen des Kindes den Begriff des *Belastungstraumas* ein. Anna Freud und ihre Mitarbeiterinnen (1949) haben schon während des Zweiten Weltkriegs die Auswirkungen von Bombenangriffen auf Kleinkinder untersucht. René Spitz (1965) erforschte die Folgen des Entzugs affektiver Zufuhr. Donald Winnicott (1965, 1986) beschrieb das Entstehen eines falschen Selbst als Folge traumatischer Erfahrungen in der frühen Kindheit. Masud Khan (1963) prägte den Begriff des kumulativen Traumas, das aus wiederholtem Versagen der Mutter in ihrer Funktion als Reizschutz für das kleine Kind resultiert. Joseph Sandler (1967) spricht von retrospektivem Trauma, bei dem die Wahrnehmung einer besonderen Situation die Erinnerung an eine frühere Erfahrung wachruft, die dann unter den gegenwärtigen Bedingungen traumatisch wird. John Bowlby (1953) erforschte die verschiedenen Formen früher Deprivationstraumata.

Mit allen diesen Untersuchungen rückten die Objekte des Kindes und die Beziehung zu ihnen in den Mittelpunkt der Betrachtung. Der Trauma-Begriff wurde dadurch aber auch der Gefahr ausgesetzt, im Übermaß ausgeweitet und auf alle möglichen Defizite der Mutter-Kind-Beziehung angewandt zu werden, wodurch er seine Spezifität zu verlieren drohte.

1.4 Integration der beiden Modelle

Die objektbeziehungstheoretischen Konzeptionen stellen einen großen Fortschritt im Verständnis des Traumas dar. Dennoch benötigen wir beide Modelle, das objektbeziehungstheoretische ebenso wie das psychoökonomische Modell, um die massive traumatische Erfahrung zu konzeptualisieren, die die Basis des Erwartbaren zerbricht, indem sie das Vertrauen in die gemeinsame, symbolisch vermittelte Welt, die uns vorbewusst verbindet, zerstört (Bohleber, 2000). Das destruktive Element, die unmittelbare traumatisierende Gewalt, bleibt ein »Zuviel«, ein massiver Überschuss, der die seelische Struktur durchbricht und nicht durch Bedeutung gebunden werden kann. Baranger, Baranger & Mom (1988) betonen, dass die neueren Objektbeziehungstheorien des Traumas Gefahr laufen, die Verbindung zwischen der traumatischen Situation und der Angst aufzulösen. Der ökonomische Aspekt der Angst ist für sie das zentrale Faktum des Traumas. Die Angst ist der Prüfstein, der hilft zu unterscheiden, was traumatisch wirkt oder was nur pathogen ist. Sie greifen auf Freuds Begriff der »automatischen Angst« zurück. Im Unterschied zur Signalangst ist der Einzelne hier einer namenlosen, nicht zu lokalisierenden Gefahr ausgeliefert, deren Natur ihm nicht bekannt ist. Diese Angst ist so primitiv, dass sie nur in ökonomischen Termini beschrieben werden kann. Sie ruft eine seelische Desorganisation und eine vollständige Hilflosigkeit hervor. Diese Situation bezeichnen sie als das »reine Trauma«. Der Traumatisierte versucht dann, das reine Trauma zu zähmen und zu mildern, indem er ihm einen Namen gibt und es in ein verstehbares kausales Handlungssystem einfügt. Paradox ist, dass das Trauma eigentlich inzidentell und fremd ist, aber solange es fremd bleibt, kann es nicht integriert werden, sondern wird durch den Wiederholungszwang wiederbelebt, ohne dass es begriffen werden kann. Da der Mensch ganz allgemein nicht ohne Erklärungen leben kann, versucht er dem Trauma einen individuellen Sinn zu geben und es in dieser Absicht zu historisieren. Diese nachträglichen Historisierungen sind zumeist Deckerinnerungen. Erst die Rekonstruktion der authentischen Geschichte hilft, es als ein Ereignis der eigenen Geschichte integrieren zu können.

1.5 Die Folgen des Holocaust in ihrer Bedeutung für die psychoanalytische Traumatheorie

Durch die seelischen Folgen des Holocaust für die Überlebenden und ihre Nachkommen erzwang sich eine extreme traumatische Realität Eingang in die psychoanalytische Theorie. Die bis dahin gängigen Traumatheorien erwiesen sich als unzureichend, die spezifischen Symptome und das Erleben der Überlebenden zu erfassen. Der Monate und Jahre dauernde Terror, die physische Grausamkeit, der quälende Hunger, die Ohnmacht und die Dehumanisierung, der Verlust der Familie, das Miterleben von Folter und Mord, all das überschritt das für die Psyche Erträgliche bei weitem. Festgestellt wurden schwere psychosomatische Reaktionen, chronisch reaktive Depressionen, chronisch reaktive Aggressionen, die Gefahr einer fortschreitenden narzisstischen Entleerung und eine chronische Apathie. Niederland subsumierte 1968 diese extremtraumatischen Folgen unter den Begriff des »Überlebenden-Syndroms« (Niederland, 1980). Henry Krystal (1968, 1988) beschrieb den extremtraumatischen Prozess, der mit einem »katanoiden Zustand« beginnt und wie ein affektiver und kognitiver Filter wirkt. Dieser Prozess mündet, schreitet er fort, in einen Roboter-Zustand. Das Selbst wird gespalten in einen beobachtenden Teil und einen anderen – den Körper, den das Ich preisgibt. Erstarrung und Abstumpfung sind die Folgen, die alle Schmerzreaktionen und Affekte blockieren und die kognitiven Fähigkeiten zunehmend einengen. Wird der Prozess nicht aufgehalten, kann am Ende der psychogene Tod stehen.

Hans Keilson (1979) erforschte die Auswirkungen der extremen Belastungssituation für jüdische Kriegswaisen, die in Verstecken überlebt hatten. Er prägte den Begriff der *sequentiellen Traumatisierung*. Die jeweilige Beschaffenheit dieser Sequenzen zog klinisch und statistisch signifikante Unterschiede bei den Folgen nach sich. Dabei ergaben sich überraschende Ergebnisse. Kinder mit einem relativ günstigen Verlauf der eigentlichen traumatischen, der sog. zweiten Sequenz,[2] aber mit einer ungünstigen Betreuung in der dritten Sequenz, der Nachkriegsperiode, zeigten 25 Jahre später ein schlechteres Entwicklungsbild als Kinder mit einer ungünstigen zweiten, aber einer günstigen dritten Sequenz.

Das Erleben des Holocaust und seiner seelischen Folgen hat in der psychoanalytischen Traumatheorie zu einem vertieften Verständnis extremer traumatischer Erfah-

---

[2] Die heraufziehende Gefahr durch die feindliche Besetzung und den beginnenden Terror durch die Nazis bildet für Keilson die erste Sequenz.

rung geführt. Dori Laub und Mitarbeiter haben die kommunikative Funktion innerer Objekte beschrieben (Laub & Auerhahn, 1991; Laub & Podell, 1995). Im Zentrum extremer Traumatisierung steht der Zusammenbruch des empathischen Prozesses. Die empathisch-kommunikative Dyade zwischen dem Selbst und seinen guten inneren Objekten bricht auseinander, was absolute innere Einsamkeit und äußerste Trostlosigkeit zur Folge hat. Die traumatische Realität zerstört den empathischen Schutzschild, den das verinnerlichte Primärobjekt bildet. Im Trauma verstummt das gute innere Objekt als empathischer Vermittler zwischen Selbst und Umwelt. Das wurde verschiedentlich als Zerstörung des Urvertrauens oder als eine fortschreitende narzisstische Entleerung beschrieben.

Die traumatische Situation und deren Wirkung zerstört die Fähigkeit, sie zu symbolisieren und ihre Bedeutung zu erfassen. Die Desymbolisierung ist mit unterschiedlichen Metaphern beschrieben worden: als Fremdkörper im seelischen Gewebe, als »schwarzes Loch« (Kinston & Cohen, 1986; Kogan, 1995), als »innere Krypta« (Abraham & Torok, 2001). Diese Art von Einkapselung traumatischen Erlebens, die man bei Holocaust-Überlebenden vorfand, wurde in anderen Zusammenhängen als dissoziative Abwehr konzeptualisiert. Ich komme darauf zurück.

Der Verlust des empathischen inneren Anderen beschädigt oder zerstört die Fähigkeit, den Kern der traumatischen Erfahrung zu erzählen. Er kann nicht in ein Narrativ eingebunden werden. Erst die Gegenwart eines empathischen Zuhörers eröffnet die Möglichkeit, die Fragmente des Erlebens zu einem Narrativ zusammenwachsen zu lassen. Die Ereignisse und das Erleben werden zum Zeugnis und damit ein Stück weit externalisiert. Zeugnis zu geben hat eine wichtige therapeutische Bedeutung, wie die verschiedenen Projekte gezeigt haben, die die Erfahrungen von Holocaust-Überlebenden mittels Video-Interviews dokumentierten.

Holocaust, Krieg und ethnische Verfolgung sind sogenannte »man made disasters«, die auf eine Vernichtung der geschichtlich-sozialen Existenz des Menschen zielen. Deshalb kann es dem Einzelnen nur dann gelingen, die traumatische Erfahrung in ein übergeordnetes Narrativ einzubinden, wenn auch ein gesellschaftlicher Diskurs über die historische Wahrheit des traumatischen Geschehens und über dessen Verleugnung und Abwehr vorhanden ist. Die Opfer sind gleichzeitig Zeugen einer besonderen geschichtlichen Realität (vgl. dazu Bohleber, 2007).

Seit den 1970er Jahren sind Forschungsarbeiten erschienen, die bei Kindern von Holocaust-Überlebenden das Auftreten von Symptomen beschreiben, die Hinweise auf die traumatischen Erfahrungen der Eltern enthielten. Deren extreme Traumatisierungen überstiegen die seelische Verarbeitungsfähigkeit. Sie drangen auch in das Leben ihrer Kinder ein, die sich mit den übermittelten Fragmenten der Geschichte ihrer Eltern identifizierten. Das Trauma der Eltern wurde so zu einem besonderen organisierenden Faktor im Leben der Kinder. Daraus ergab sich zunehmend die Erkenntnis, dass politische und soziale Katastrophen eine Gesellschaft so nachhaltig erschüttern, dass wir gezwungen sind, uns noch in den Generationen danach mit den traumatischen Auswirkungen auseinanderzusetzen. Sie erzeugen neben den unmittelbaren Folgen für die Betroffenen, für die Opfer, aber auch für die Täter eine Reihe besonderer Identifizierungsprobleme und Generationskonflikte.

1.6 Neuere Entwicklungen der psychoanalytischen Traumatheorie

In den letzten 25 Jahren ist eine Fülle von psychoanalytischen Arbeiten zum Trauma erschienen, die unser Verständnis wesentlich erweitert haben. Als wichtige Anstöße dafür und als Ausgangspunkte können zwei Entwicklungen gelten.

1.) Seit den 1980er Jahren haben der sexuelle Missbrauch und allgemein die Misshandlung von Kindern ein zunehmendes gesellschaftliches Interesse gefunden. Missbrauch und Inzest waren lange Jahrzehnte innerhalb der Psychoanalyse kein Thema. Ihre langanhaltende theoretische und klinische Vernachlässigung hatte mit der Sorge zu tun, dadurch die zentrale Bedeutung des Ödipus-Komplexes in Frage zu stellen. Man schaute deshalb bei diesem Sachverhalt eher auf die ödipalen Phantasien des Kindes, anstatt auf das, was dem Kind von Seiten des Erwachsenen angetan worden war. Hier hat ein grundlegendes Umdenken stattgefunden. Zunehmend erschienen Arbeiten zum sexuellen Missbrauch und zur Kindsmisshandlung in der psychoanalytischen Literatur.

2.) Innerhalb der Psychiatrie, aber auch innerhalb der Psychoanalyse waren die nachhaltigen Folgen der Kriegstraumatisierungen des Ersten und auch des Zweiten Weltkriegs in der Zeit danach wieder in Vergessenheit geraten und die Forschungen wurden nicht weitergeführt. Das änderte sich nach dem Vietnam-Krieg mit der Einführung der diagnostischen Kategorie der »Posttraumatischen Belastungsstörung« in die psychiatrische Nomenklatur. Dadurch entstand eine intensive psychiatrische, psychologische und neurowissenschaftliche Forschung, deren Ergebnisse auch die psychoanalytische Erforschung traumatischer Störungen beeinflussten.

1.6.1 Das Schicksal des Begriffs der Dissoziation und das Konzept der dissoziierten Selbstzustände

Die überwältigende affektive Erregung in der traumatischen Situation beeinträchtigt mehr oder weniger massiv die Fähigkeit, Erinnerungsspuren in mentalen Selbst- und Objektrepräsentanzen zu organisieren. Der traumatische Zustand resultiert in einer Abwesenheit von sekundärprozesshafter Struktur und repräsentierbarer Erfahrung in dieser Region des Selbst. Die Ereignisse werden registriert, aber nicht wie andere Erfahrungen repräsentiert. Sie werden in der Regel eingekapselt und von einer Reihe schützender Vermeidungsmechanismen, wie Abspaltung und Verleugnung, umgeben. Bei diesen Phänomenen sprechen wir heute von *dissoziativer Abwehr* bzw. von *dissoziierten Selbst-Zuständen*.

Der Begriff der Dissoziation ist erst in den letzten 20 Jahren wieder in die psychoanalytische Diskussion zurückgekehrt. Breuer und Freud hatten sich in den Anfängen der Psychoanalyse mit abnormen Bewusstseinszuständen und ihrer Dissoziation befasst, um damit bei der traumatisch bedingten Hysterie abgespaltene Vorstellungsgruppen zu bezeichnen, die zu einem doppelten Bewusstsein werden und assoziativ nicht mit dem normalen Bewusstseinszustand verbunden werden können. Im Gegensatz zu Pierre Janet konzeptualisierte Freud die Dissoziation als Konfliktgeschehen. Das pathogene Erlebnis erscheint dem Ich unerträglich und ruft das Bestreben nach Abwehr und Vergessenwollen auf den Plan. Freud gab dann den Begriff der Dissoziation zugunsten der Verdrängung auf. Nur sein später Begriff der Spaltung, durch die Selbstzustände voneinander getrennt gehalten werden, erinnerte noch daran. Die Dissoziation verschwand lange Zeit aus dem Vokabular der Psychoanalyse. Die einzige Ausnahme bildete Fairbairn. Jeweils unterschiedlich wurde das Konzept der Spaltung in der Kleinianischen Psychoanalyse, bei Kernberg und bei Kohut verwendet, aber alle ließen dabei das Trauma und dessen Verständnis außer Acht.

In der neueren Traumaforschung wird die Dissoziation als spezifische Reaktion des Ichs in einer traumatische Situation bezeichnet. Dissoziative Störungen wurden vor allem bei Kriegstraumata, bei sexuellem Missbrauch, bei körperlicher Misshandlung und bei schwerer emotionaler Vernachlässigung von Kindern vorgefunden. Die Dissoziation kann plötzlich oder vorübergehend auftreten, abgestuft oder chronisch verlaufen. Als ihr zentrales Merkmal gilt die Unterbrechung der integrativen Funktionen des Bewusstseins, des Gedächtnisses und der Identität. Dissoziierte, desintegrierte oder fragmentierte Selbst-Zustände entstehen, weil durch die exzessive Erregung in der traumatischen Situation die integrativen Funktionen beeinträchtigt oder außer Kraft gesetzt sind. Je nach Massivität der traumatischen Situation bleibt das Ich als erlebende und verarbeitende Instanz in unterschiedlichem Ausmaß gegenwärtig. Davon hängt ab, in welcher Form die Erinnerung an das Trauma organisiert ist und inwieweit sie als dem Selbst zugehörig erlebt wird, was bis zu einem dissoziativen »Das bin nicht ich«-Selbst gehen kann. Der mentale Inhalt der Selbst-Zustände reicht von bewussten konkreten Erinnerungen an das Ereignis bis zu isolierten visuellen Fragmenten, die einen ins Bewusstsein einbrechenden und verfolgenden Charakter haben, aber zeitlich und räumlich nicht zugeordnet werden können.

All das sind Phänomene, die durch die Traumaforschung und die Behandlung von traumatisierten Patienten Eingang in die psychoanalytische Theorie gefunden haben. Über die psychische Organisation des dissoziierten Materials und ihr Niveau der Symbolisierung bestehen unterschiedliche konzeptuelle Auffassungen. Es kann als reines Erinnerungsfragment aufgefasst werden, aber auch als eine Mischung von Erinnerung und unbewusster Phantasie. So kann der Zusammenbruch des aktiven Ichs in der traumatischen Situation lange bestehende und verdrängte bedrohliche Phantasien, archaische Überzeugungen oder Ängste aktivieren, die als wahr geworden erlebt werden und sich fast unauflösbar mit der traumatischen Situation verbinden.

Die meisten modernen psychoanalytischen Arbeiten, die es zur Dissoziation gibt, verstehen diesen Mechanismus als einen dynamischen, aber misslingenden Abwehrprozess, der zu einer Abspaltung von mentalen Inhalten, Erinnerungen und dazugehörigen Selbstzuständen führt. Zuerst ein Schutz vor Übererregung und Schmerz, kann die Dissoziation ihre Funktion wechseln und später auch als neurotische Abwehr gegen unerträgliche Gefühle oder affektive Selbstzustände eingesetzt werden (Brenner, 2001). Anders als bei der Verdrängung bleiben dissoziierte psychische Inhalte dem Bewusstsein zugänglich, wenn auch nur in den damit assoziierten Bewusstseinszuständen.[3]

1.6.2 Das Problem der Rekonstruktion von traumatischen Erinnerungen in der analytischen Behandlung

Die Entwicklung der analytischen Behandlungstechnik rückte in den letzten Jahrzehnten die Analyse des Hier-und-Jetzt der therapeutischen Beziehung mehr und mehr ins Zentrum. Das Aufdecken von Erinnerungen und die lebensgeschichtliche Rekonstruktion gerieten in eine Randposition. Als kurativ wird weithin allein der Prozess des Durcharbeitens gegenwärtiger Erfahrung in der therapeutischen Beziehung angesehen. Die *Macht der Vergangenheit*, *Wiederholungszwang* und *Wiederkehr des Verdrängten* sind Topoi analytischen Denkens, die mehr oder weniger aus der klinischen Diskussion verschwunden sind.

In diese Entwicklungsrichtung der klinischen Theorie lassen sich das Trauma und seine therapeutische Behandlung nicht einordnen. Es bildet eine Art von dissoziiertem Fremdkörper im psychisch-assoziativen Netzwerk. Um seine Dynamik auflösen zu können, bedarf es der historischen Erinnerung und einer Rekonstruktion der traumatischen Ereignisse in der analytischen Behandlung. Häufig tauchen sie zuerst als Enactment in der Übertragungsbeziehung auf. Die Analyse des Enactments führt zur Aufdeckung der Realität des Traumas und der dazugehörigen Affekte, d. h. zu seiner Historisierung, wie fragmentarisch oder annähernd diese auch sein mag. Aber sie ist die Voraussetzung, um die sekundäre Bearbeitung und Überformung des traumatischen Erlebens mit unbewussten Phantasien und Bedeutungen, die Schuldgefühle und Bestrafungstendenzen beinhalten, aufzuklären und einsichtig zu machen, was dem Ich einen entlastenden neuen Verstehensrahmen eröffnet.

Diese große Bedeutung, die die Rekonstruktion in der Behandlung von traumatisierten Patienten hat, hilft auch innerhalb der psychoanalytischen Behandlungstechnik, die ausschließliche Betonung der analytischen Arbeit im Hier-und-Jetzt des Übertragungs-Gegenübertragungsgeschehens zu relativieren. Das Trauma ist damit in der psychoanalytischen Behandlungstechnik zum Platzhalter der Erinnerung geworden (Bohleber, 2007).

1.9 Literatur

Abraham N. & Torok M. (2001). Die Topik der Realität: Bemerkungen zu einer Metapsychologie des Geheimnisses. *Psyche – Zeitschrift für Psychoanalyse und ihre Anwendungen*, 55, 539–544.

Balint M. (1969). Trauma und Objektbeziehung. *Psyche – Zeitschrift für Psychoanalyse und ihre Anwendungen*, 24, 1970, 346–358.

Baranger M., Baranger W. & Mom J. (1988). The infantile psychic trauma from us to Freud:

---

[3] Das Konzept der Dissoziation ist noch nicht wirklich im Mainstream der Psychoanalyse angekommen. Allerdings hat die relationale Psychoanalyse den Mechanismus der Dissoziation in ihre Theorie integriert. Dort ist er ganz unabhängig von traumatischen Zuständen zu einem psychischen Hauptmechanismus avanciert. Die relationale psychoanalytische Theorie geht nicht mehr von einem integrierten Selbst aus, sondern von multiplen Selbstzuständen, die in unterschiedlichen intersubjektiven Zusammenhängen organisiert und daraus nicht wie ein sich autonom verstehendes Selbst ablösbar sind. Durch Dissoziation werden die multiplen Selbstzustände voneinander getrennt gehalten (Howell, 2005; Stern, 2003).

Pure trauma, retroactivity and reconstruction. *International Journal of Psycho-Anaylsis,* 69, 113–128.

Blass R.B. & Simon B. (1994). The value of the historical perspective to contemporary psychoanalysis: Freud's »Seduction hypothesis«. *International Journal of Psycho-Anaylsis,* 75, 677–694.

Bohleber W. (2000). Die Entwicklung der Traumatheorie in der Psychoanalyse. *Psyche – Zeitschrift für Psychoanalyse und ihre Anwendungen,* 54, 797–839.

Bohleber W. (2007). Erinnerung, Trauma und kollektives Gedächtnis – Der Kampf um die Erinnerung in der Psychoanalyse. *Psyche – Zeitschrift für Psychoanalyse und ihre Anwendungen,* 61, 293–321.

Bowlby J. (1953). *Frühe Bindung und kindliche Entwicklung.* München/Basel: Ernst Reinhardt 2001.

Brenner I. (2001). *Dissociation of trauma: Theory, phenomenology, and technique.* Madison: International Universities Press.

Cooper A. (1986). Toward a limited definition of psychic trauma. In: Rothstein A. (Hrsg.). *The reconstruction of trauma. Ist significance in clinical work.* Madison: International Universities Press, 41–56.

Ferenczi S. (1933). Sprachverwirrung zwischen den Erwachsenen und dem Kind. In: Ders.: *Schriften zur Psychoanalyse.* Bd. II. Frankfurt a.M.: Fischer, 303–313.

Freud A. & Burlingham D. (1949). Kriegskinder. In: Dies. *Heimatlose Kinder. Zur Anwendung psychoanalytischen Wissens auf die Kindererziehung.* Frankfurt a.M.: Fischer, 3–61.

Freud S. & Breuer J. (1895d). Studien über Hysterie. *GW,* Bd. I, 75–312.

Freud S. (1920g). Jenseits des Lustprinzips. *GW,* Bd. 13, 1–69.

Freud S. (1926d). Hemmung, Symptom und Angst. *GW,* Bd. 11, 21–115.

Hoffer W. (1952). The mutual influences in the development of ego and id: Earliest stages. *Psychoanalytic Study of the Child,* 7, 31–41.

Howell E. (2005). *The dissociative mind.* Hillsdale, NJ: The Analytic Press.

Keilson H. (1979). *Sequentielle Traumatisierung bei Kindern.* Stuttgart: Enke.

Khan M. (1963). Das kumulative Trauma. In: Ders.: *Selbsterfahrung in der Therapie.* München: Kindler 1977, 50–70.

Kinston W. & Cohen J. (1986). Primal repression: Clinical and theoretical aspects. *International Journal of Psycho-Anaylsis,* 67, 337–355.

Kogan I. (1995). *Der stumme Schrei der Kinder. Die zweite Generation der Holocaust-Opfer.* Frankfurt a.M.: Fischer 1998.

Kris E. (1956). The recovery of childhood memories in psychoanalysis. *Psychoanalytic Study of the Child,* 11, 54–88.

Krystal H. (Hrsg.) (1968): *Massive psychic trauma.* New York: International Universities Press.

Krystal H. (1988). *Integration and self-healing. Affect, trauma, alexithymia.* Hillsdale: The Analytic Press.

Laub D. & Auerhahn C. (1991). Zentrale Erfahrung des Überlebenden: Die Versagung von Mitmenschlichkeit. In: Stoffels H. (Hrsg.). *Schicksale der Verfolgten. Psychische und somatische Auswirkungen von Terrorherrschaft.* Berlin: Springer, 254–276.

Laub D. & Podell D. (1995). Art and trauma. *International Journal of Psycho-Anaylsis,* 76, 991–1005.

Niederland W. (1980). *Folgen der Verfolgung: Das Überlebenden-Syndrom. Seelenmord.* Frankfurt a.M.: Suhrkamp.

Sandler J. (1967). Trauma, strain, and development. In: Furst S. (Hrsg.). *Psychic trauma.* New York: Basic Books, 154–174.

Spitz R. (1965). *Vom Säugling zum Kleinkind.* Stuttgart: Klett 1972.

Stern D.B. (2003). *Unformulated experience. From dissociation to imagination in psychoanalysis.* New York: Psychology Press.

Winnicott D.W. (1065). *Reifungsprozesse und fördernde Umwelt.* München: Kindler 1974.

Winnicott D.W. (1986). *Der Anfang ist unsere Heimat.* Stuttgart: Klett-Cotta 1990.

ANKE WEIDMANN

2. Posttraumatische Belastungsstörung und Verhaltenstherapie

Die Antwort auf eine der wichtigsten Fragen bei jeder psychischen Störung, die nach ihrer Entstehung, liegt bei der Posttraumatischen Belastungsstörung (PTBS) scheinbar auf der Hand: Das charakteristische Symptombild aus Wiedererleben, Vermeidung und Hyperarousal folgt auf externe Ereignisse wie eine Vergewaltigung, einen Kriegseinsatz oder andere traumatische Erfahrungen – da liegt es nahe, von einem direkten Kausalzusammenhang auszugehen. Deutlich wird das auch in frühen Bezeichnungen für die posttraumatische Symptomatik, wie »rape trauma syndrom« (Burgess & Holmstrom, 1974) oder Kriegsneurose (Grinker & Spiegel, 1943). Und doch ist das Bild ungleich komplexer, denn nicht jeder Mensch entwickelt im Anschluss an eine traumatische Erfahrung eine PTBS.

In theoretischen Modellen geht es daher um die Rolle anderer, weniger offensichtlicher Faktoren. Dabei besteht eine Herausforderung darin, in *einem* Modell die große Bandbreite der posttraumatischen Symptomatik zu erklären, die neben klassischen Symptomen aus der Gruppe der Angststörungen – psychische Reaktionen bei Hinweisreizen, Vermeidungssymptome – auch intrusive Symptome, dissoziative Symptome und eine allgemeine Übererregung umfasst. Für eine verhaltenstherapeutische Theorie der PTBS wird ferner gefordert, dass sie empirisch überprüfbar ist, etwa durch experimentelle und naturalistische Studien. Die hier dargestellten Theorien wurden auf empirischer Grundlage entwickelt, modifiziert und integriert – und werden es noch. Diese fortlaufende Entwicklung soll im Folgenden auch dadurch deutlich werden, dass zunächst frühe theoretische Ansätze beschrieben werden, die die Wurzeln der im Anschluss dargestellten aktuellen Theorien zur PTBS darstellen. Das Kapitel schließt mit einem Ausblick zu neueren Impulsen.

2.1 Frühe theoretische Ansätze

Als Anfang der 70er Jahre heimkehrende Vietnam-Veteranen die Kliniken in den USA überfluteten und Hilfe einforderten, gab es noch nicht einmal eine einheitliche klinische Terminologie für deren Beschwerdebild. Und doch standen Psychiater und Psychotherapeuten unter massivem Druck, effektive Behandlungen für die betroffenen Veteranen zu entwickeln. Damit ergab sich die Notwendigkeit, ein Modell der

PTBS zu formulieren, das die Entstehung der Störung erklären und die Ableitung einer therapeutischen Intervention erlauben würde. Frühe Theorieansätze wurden häufig exklusiv für Personengruppen entwickelt, die eine bestimmte Art traumatischer Erfahrung – etwa Kriegstraumata oder sexuelle Gewalt – gemacht hatten (z. B. Foa & Kozak, 1986; Keane et al., 1985). Eine Generalisierung in Bezug auf verschiedene Arten traumatischer Erfahrungen fand erst später statt.

2.1.1 Posttraumatische Symptomatik als Ergebnis von Konditionierungsprozessen

Vergegenwärtigt man sich die Historie der Verhaltenstherapie und ihre frühe, ausschließlich lerntheoretische Fundierung, so überrascht es nicht, dass die ersten Ansätze Konditionierungsprozesse heranzogen, um die Entstehung einer PTBS zu erklären. Frühe Theoretiker wandten Mowrers (1960) Zwei-Faktoren-Theorie auf die PTBS an. In einem ersten Schritt kommt es hiernach zu einer klassischen Konditionierung: Ein zunächst neutraler Reiz, der während des Traumas präsent war, wird mit dem Trauma – dem unkonditionierten Reiz – gekoppelt und auf diese Weise zum konditionierten Reiz. Er ist in der Folge ebenso wie das Trauma in der Lage, Reaktionen wie beispielsweise Angst auszulösen. Eine nachvollziehbare Reaktion des Individuums besteht darin, solche konditionierten Reize daraufhin zu vermeiden, was die aversiven Konsequenzen reduziert. Durch diese negative Verstärkung wird das Vermeidungsverhalten aufrechterhalten (operante Konditionierung).

Der Konditionierungsansatz wurde beispielsweise von Keane und Kollegen (1985) in Bezug auf Vietnamveteranen und von Kilpatrick, Veronen und Best (1985) in Bezug auf die Opfer sexueller Gewalt weiter ausgeführt. Solche auf lerntheoretischen Annahmen basierende Theorien erklären gut, dass es bei der Konfrontation mit Hinweisreizen zu Angst und Körperreaktionen kommt und bestimmte Reize vermieden werden. Andere, zentrale Aspekte der posttraumatischen Symptomatik, wie Intrusionen, Alpträume oder bestimmte Hyperarousalsymptome, können sie dagegen nicht zufriedenstellend erklären.

2.1.2 Posttraumatische Symptomatik als Ergebnis von Bewertungsprozessen

Grundüberzeugungen eines Individuums in Bezug auf sich selbst und seine Umwelt können durch das Erleben eines Traumas maßgeblich herausgefordert und verändert werden. Dies ist die zentrale Annahme sozio-kognitiver Theorieansätze. Einer der ersten Theoretiker dieser Richtung, Mardi J. Horowitz, war kein Verhaltenstherapeut, sondern von Haus aus Psychoanalytiker. Gleichwohl war seine Stress Response Theory (1976) auch in verhaltenstherapeutischen Kreisen sehr einflussreich und wird auch heute noch gerne aufgegriffen.

Die *Stress Response Theory:* Ein traumatisches Erlebnis steht in völligem Widerspruch zu den Grundüberzeugungen, den »inneren Modellen« einer Person. Es kommt daher zu einer Phase der Vermeidung und Verdrängung, in der das Erlebte immer wieder mit Macht ins Bewusstsein drängt. Im Falle einer normalen Verarbeitung sorgt eine dem Menschen innewohnende Vervollständigungstendenz (»completion tendency«) dafür, dass das Erlebte mit der Zeit durchgearbeitet und integriert werden kann, im Falle einer pathologischen Reaktion misslingt die Verarbeitung: Die Person oszilliert weiter zwischen Vermeidung und Intrusionen – der typischen Symptomatik einer PTBS.

Auch Ronnie Janoff-Bulmans Theorie der »Shattered Assumptions« (Janoff-Bulman, 1992) kreist um basale Überzeugungen eines Individuums in Bezug auf sich selbst und die eigene Umwelt. Vor allem besonders positive Überzeugungen, etwa über die eigene Unverwundbarkeit, würden zerstört, wenn man ein Trauma erlebe, so Janoff-Bulman. Die Instabilität, die daraus entstehe, führe zu posttraumatischen Symptomen. Menschen mit besonders positiven Grundüberzeugungen – resultierend aus besonders positiven Lebenserfahrungen – seien demnach besonders gefährdet. Diese Annahme erwies sich jedoch rasch als empirisch nicht haltbar (Brewin & Holmes, 2003).

Welche Grundannahmen ein Mensch vor dem Trauma hat und wie er das Trauma bewertet, ist bis heute ein wichtiger Aspekt verhaltenstherapeutischer Modellvorstellungen geblieben – gerade, weil sich auf diese Weise einleuchtend erklären lässt, wie es bei einem traumatisierten Menschen zu einer PTBS kommt, während ein anderer, der Vergleichbares erlebt hat, gesundet. Die Entstehung bestimmter posttraumatischer Symptome wie das intrusive Wiedererleben und Vermeidung können auf Basis von Bewertungsprozessen einleuchtend erklärt werden – man denke etwa an die Theorie von Horowitz –, andere, etwa Hyperarousal-Symptome, dagegen nicht.

2.1.3 Posttraumatische Symptomatik als Ergebnis einer dysfunktionalen Informationsverarbeitung

Eine weitere Richtung früher Ansätze konzentriert sich auf die Repräsentation des Traumas im Gedächtnis. Posttraumatische Symptome entstehen, so die Annahme, weil die Erinnerung an das Trauma auf eine besondere Art und Weise im Gedächtnis enkodiert, abgespeichert und wieder abgerufen wird. Foa und Kozak (1986) schlugen vor, dass sich durch die traumatische Erfahrung eine netzwerkartige Furchtstruktur im Gedächtnis bilde. Foa und Kollegen entwickelten ihre Annahme im Laufe der Zeit unter Modifikationen und Ergänzungen zur *Emotional Processing Theory* weiter (z.B. Foa & Rothbaum, 1998; siehe Abschnitt 2.2.1). Während diese Theorie aus der Arbeit mit Vergewaltigungsopfern entstand, stellten Chemtob und Kollegen ein ähnliches Modell gestörter Informationsverarbeitung für Kriegsveteranen vor (Chemtob et al., 1988). Ansätze, die auf die Informationsverarbeitung des Traumas fokussieren, erklären sehr einleuchtend, wie es zur intrusiven Symptomatik kommt. Dass jedoch gleichzeitig die intentionale Erinnerung an das Trauma fragmentiert sein kann, können sie mit ihrem Ansatz nicht auflösen. Andere Kritikpunkte beziehen sich darauf, dass diese Ansätze zu isoliert das Traumagedächtnis betrachten und den weiteren Kontext einer Person außer Acht lassen (Brewin & Holmes, 2003).

2.2 Aktuelle Theorien

Die im Folgenden dargestellten Ansätze von Foa und Kollegen (z.B. Foa & Rothbaum, 1998), Brewin, Dalgleish und Joseph (1996) und Ehlers und Clark (2000) stellen die aktuell einflussreichsten theoretischen Ansätze dar. Alle integrieren verschiedene frühe Theorierichtungen und weisen – neben Besonderheiten in Bewertungs- und Copingstrategien – dem Traumagedächtnis eine zentrale Rolle zu. Damit überlappen sie sich stark, auch wenn sich die genaue Konzeptualisierung des trauma-assoziierten Gedächtnisses unterscheidet. Die Modelle sind komplex und können hier nur oberflächlich dargestellt werden. Für detailliertere Darstellungen sei auf die Originalliteratur verwiesen.

2.2.1 Die Emotional Processing Theory

Foa und Kollegen (z.B. Foa & Rothbaum, 1998) gehen davon aus, dass bei Patienten mit einer PTBS die Verarbeitung des hochemotionalen, traumatischen Erlebnisses zu einem frühen Zeitpunkt ins Stocken geraten ist. Während sich diese Verarbeitung im Normalfall dadurch zeigt, dass mit dem Ereignis assoziierte Gefühle – vergleichbar mit dem Gefühl der Trauer nach dem Verlust einer geliebten Person – zunächst sehr intensiv, mit der Zeit jedoch immer weniger stark wiedererlebt werden, findet eine solche Abnahme der Gefühlsintensität und des Erlebens bei Personen mit einer PTBS nicht statt.

Wie kommt es dazu? Foa und Kollegen (z.B. Foa & Rothbaum, 1998) postulieren, dass sich durch eine Traumatisierung eine Furchtstruktur im Gedächtnis bilde. Sie enthält Informationen über den (angstauslösenden) Reiz, die Reaktionen darauf und die subjektive Bedeutung von Reiz und Reaktionen. In Abbildung 1 (S. 122) ist beispielhaft die Struktur einer Frau dargestellt, die abends auf dem Heimweg von einem glatzköpfigen Mann überfallen und vergewaltigt wurde (modifiziert nach Foa & Rothbaum, 1998).

Im Falle einer normalen Furchtstruktur (oben) sind die Verbindungen zwischen den Elementen nachvollziehbar und entsprechen der Realität. Bei einer pathologischen Furchtstruktur jedoch, wie sie bei einer PTBS vorliegt (unten), weist die Struktur einige Besonderheiten auf.

Zentrale Annahme: Menschen mit einer PTBS weisen eine netzwerkartige Furchtstruktur auf, die 1.) extreme Reaktionselemente (z.B. Panik, intensive physiologische Reaktionen) umfasst, 2.) sehr umfangreich und dadurch leicht zu aktivieren ist und 3.) unrealistische und unangemessene Verbindungen enthält. Wird die Furchtstruktur aktiviert, entstehen PTBS-Symptome.

So bestehen in dem Beispiel Verbindungen zwischen den Elementen »glatzköpfig« und »gefährlich«, da die Frau nach der Vergewaltigung alle glatzköpfigen Männer für gefährlich hält. Die eigenen Reaktionen während der Vergewaltigung (erstarren, schreien) werden, wie auch spätere PTBS-Symptome, als Zeichen der eigenen Inkompetenz gedeutet.

Eine pathologische Furchtstruktur entsteht aus dem Zusammenspiel von drei Faktoren: vor dem Trauma vorliegenden, besonders rigiden Überzeugungen, einer problematischen Enkodierung während des Traumas und einer dysfunktionalen Interpretation eigener und fremder Reaktionen nach dem Trauma (ausführlicher in Foa & Rothbaum, 1998).

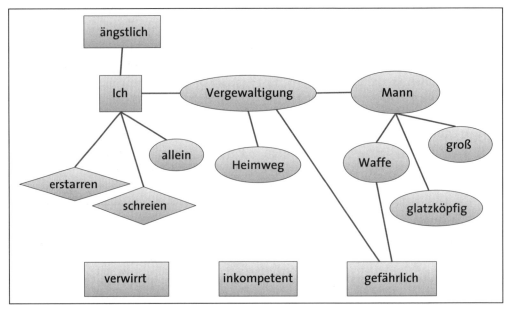
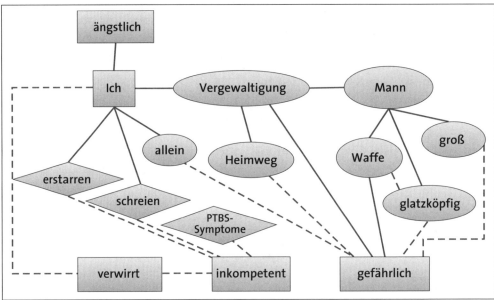

Abb. 1: Schematische Darstellung einer normalen Furchtstruktur (oben) und einer pathologischen Furchtstruktur (unten) (modifiziert nach Foa & Rothbaum, 1998)

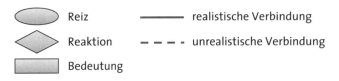

Um das Trauma zu verarbeiten, ist nach der *Emotional Processing Theory* eine Integration neuer Informationen in die bestehende Furchtstruktur notwendig. Diese können nur eingefügt werden, wenn die Struktur vollständig aktiviert ist – etwa durch eine Konfrontation in sensu im Rahmen einer verhaltenstherapeutischen Behandlung. Die Vermeidung traumarelevanter Reize dagegen verhindert eine solche Modifikation und erhält die Störung aufrecht.

2.2.2 Die Dual Representation Theory

Brewin und Kollegen (1996) machen die scheinbar widersprüchliche Qualität verschiedener Gedächtnissymptome bei einer PTBS zum Ausgangspunkt ihrer Dual Representation Theory. Während intentionale Erinnerungen an das Trauma oft fragmentiert und inkohärent sind, ist das intrusive Wiedererleben durch besonders lebendige Eindrücke sensorischer Natur gekennzeichnet. Ihre Schlussfolgerung: *Eine* Ebene der Gedächtnisrepräsentation – wie beispielsweise von Foa und Rothbaum (1998) angenommen – reicht nicht aus, um dieses Spektrum der Symptomatik zu erklären.

Zentrale Annahme: Es existieren parallel zueinander zwei Gedächtnissysteme, das eine enthält verbal repräsentierte Informationen und ist willentlich zugänglich (»verbally accessible memory«, VAM). Das andere enthält eher sensorisch repräsentierte Informationen, die nicht bewusst abgerufen werden können (»situationally accessible memory«, SAM). Das intrusive Wiedererleben entsteht vorrangig durch die automatische Aktivierung von SAM-Inhalten.

Das VAM enthält – in Anlehnung an Foa – Informationen über das Trauma und die eigenen Reaktionen sowie die individuelle Interpretation des Traumas und seiner Folgen. Es ist in einen autobiografischen Zusammenhang eingebettet. Erinnerungen an das Trauma können bewusst abgerufen werden. Das zweite Gedächtnissystem, das SAM, ist von dem biografischen Kontext des Individuums abgetrennt. Es enthält auch Elemente, denen während des Traumas keine bewusste Aufmerksamkeit zuteil wurde, wie sensorische Informationen, aber auch peritraumatische Körperempfindungen und Emotionen. Eine bewusste Aktivierung ist nicht möglich. Auslöser von SAM-Elementen können bewusste Erinnerungen an das Trauma wie auch externe Stimuli sein. Eine emotionale Verarbeitung beinhaltet die Schaffung neuer SAM-Elemente, die nicht-bedrohliche Informationen enthalten – eine Veränderung setzt allerdings die Aktivierung des SAM voraus. Neuroanatomisch korrespondiert das VAM mit dem Hippocampus und das SAM mit der Amygdala (Brewin, 2001).

2.2.3 Das kognitive Modell der PTBS

Warum entsteht bei einer chronischen PTBS immer noch ein Gefühl aktueller Bedrohung, obwohl das Trauma doch Teil der Vergangenheit ist? Diese Frage steht im Zentrum des kognitiven Modells von Ehlers und Clark (2000), das in Abbildung 2 (S. 124) veranschaulicht ist.

Mit Hilfe dreier Prozesse versuchen die Autoren die Entstehung und Aufrechterhaltung einer PTBS zu erklären.

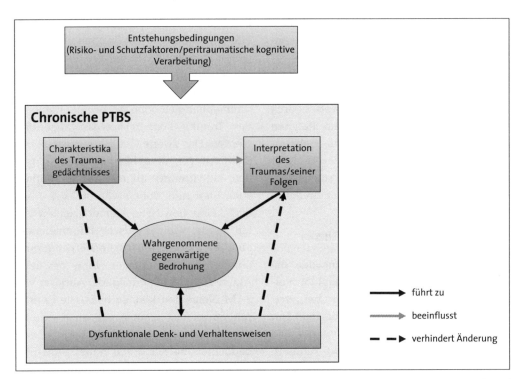

Abb. 2: Vereinfachtes Modell der chronischen Posttraumatischen Belastungsstörung nach Ehlers und Clark (2000)

Zentrale Annahme: 1.) Bestimmte Merkmale des Traumagedächtnisses und 2.) eine problematische Interpretation des Traumas und/oder seiner Konsequenzen führen zu einer wahrgenommenen gegenwärtigen Bedrohung. 3.) Ungünstige Verhaltens- und Denkweisen verhindern eine Modifikation dieser Prozesse und erhalten die posttraumatische Symptomatik damit aufrecht.

Die Annahmen zum Traumagedächtnis stellen den komplexesten Teil der Theorie dar. Um diese nachvollziehen zu können, muss man sich zunächst bewusst machen, wie normale autobiografische Erfahrungen im Gedächtnis abgespeichert werden: In verarbeiteter Form sind diese thematisch und zeitlich hierarchisch gegliedert. Erinnert sich ein Mensch etwa an seinen 18. Geburtstag, so kann er gleichzeitig Informationen über Geburtstage im Allgemeinen und über die zugehörige Zeitspanne seines Lebens abrufen. Der Abruf aus dem Gedächtnis erfolgt in der Regel auf semantischem Weg und nur selten auf sensorischem – denn ist eine autobiographische Erfahrung erst einmal elaboriert, wird letztere Abrufstrategie geschwächt: Bestimmte Hinweisreize wie Gerüche oder Geräusche würden die Erinnerung an den 18. Geburtstag dann nicht mehr oder nur noch selten aktivieren; Emotionen und Empfindungen, die mit der Erinnerung assoziiert sind, sind deutlich blasser als während des originalen Erlebens.

Die Erinnerung an ein Trauma ist jedoch, so nehmen Ehlers und Clark (2000) an, *un-*

genügend aufbereitet und nicht in einem autobiografischen Kontext verankert; die Abspeicherung erfolgt gewissermaßen in Rohform zusammen mit intensiven Gefühlen und Gedanken, die während des Erlebens präsent waren. Dies führt dazu, dass das Erlebte immer wieder in Form sensorischer Bruchstücke ins Bewusstsein drängt, eine kohärente willentliche Erinnerung an das Trauma jedoch schwerfällt. Ferner sollen *besonders starke assoziative Verbindungen* zwischen verschiedenen Reizen sowie Reizen und Reaktionen vorliegen. So kann es immer wieder dazu kommen, dass Hinweisreize aus der Umgebung Fragmente der traumatischen Erinnerung aktivieren, selbst wenn diese Hinweisreize gar nicht bewusst wahrgenommen werden. Zuletzt wird angenommen, dass Auslösereize für das intrusive Wiedererleben eine sehr geringe Wahrnehmungsschwelle haben *(starkes Priming)* und auch schon Reize mit einer vagen Ähnlichkeit in der Lage sind, intrusive Erinnerungen zu aktivieren.

Das Trauma selbst kann individuell zu ganz unterschiedlichen Bewertungen veranlassen, beispielsweise als Beleg der eigenen Inkompetenz empfunden werden (»Ich hätte es verhindern müssen«). Die Interpretation der Konsequenzen des Traumas kann sich auf anfängliche PTBS-Symptome (»Diese ständigen Erinnerungen bedeuten, dass ich langsam verrückt werde«) oder die Reaktionen anderer Menschen beziehen (»Die anderen halten mich für zu schwach, um selbst damit klarzukommen«). Die Folge solcher Bewertungen können beispielsweise sozialer Rückzug oder Gefühle der Entfremdung sein.

Greift eine Person mit einer PTBS nun auf dysfunktionale Verhaltens- und Denkweisen zurück, etwa Sicherheitsverhalten (z. B. immer eine Waffe bei sich tragen), verhaltensbasierte Vermeidung (z. B. das Haus nicht mehr verlassen) oder kognitive Vermeidung (z. B. jeden Gedanken an das Trauma unterdrücken), so verhindert sie, dass das Traumagedächtnis aufbereitet und problematische Interpretationen modifiziert werden können – die PTBS persistiert.

Doch wie entsteht eine chronische PTBS, die durch die eben beschriebenen Mechanismen gekennzeichnet ist? Ehlers und Clark (2000) nehmen hier Bezug auf verschiedene empirisch nachgewiesene Risiko- und Schutzfaktoren; außerdem messen sie der kognitiven Verarbeitung *während* des Traumas eine große Bedeutung zu. Negativ wirkten sich vor allem eine eher datenorientierte Verarbeitung der Geschehnisse aus sowie das Erleben von »mental defeat«, dem Verlust jegliche Autonomie, einhergehend mit einer totalen Selbstaufgabe bis hin zu dem Gefühl, kein Mensch mehr zu sein.

2.3 Fazit und Ausblick

Alle drei aktuellen Ansätze können durch ihre Integration interpretativer, lerntheoretischer und gedächtnisbezogener Elemente die breite Palette der PTBS-Symptomatik gut erklären. Empirische Belege für Teilaspekte finden sich vor allem für die *Dual Representation Theory* und das kognitive Modell von Ehlers und Clark (Überblick bei Brewin & Holmes, 2003). Aufgrund der Komplexität der Modelle kann dieser Prozess jedoch noch nicht als abgeschlossen gelten. Die *Emotional Processing Theory* wird häufig als zu einfach kritisiert, vor allem im Hinblick auf die Konzeptualisierung des Traumagedächtnisses (z. B. Brewin & Holmes, 2003). Auf der anderen Seite ist sie sehr eingängig und einem Patienten psychoedukativ gut vermittelbar. Aus ihr lässt sich ein kognitiv-verhaltenstherapeutisches Behandlungsrational ableiten, dessen Effektivität vielfach belegt ist (Powers et al., 2010). Gleiches gilt für das kognitive Modell von Ehlers und Clark (Ehlers et al., 2005). Die *Dual Representation Theory* ist dagegen nicht mit einem spezifischen verhaltenstherapeutischen Rational verbunden, verfügt jedoch über eine andere Stärke: Sie verlässt das in der Verhaltenstherapie traditionell aus kognitiven und lerntheoretischen Faktoren bestehende Gedankengerüst und versucht, ihre Konstrukte mit neuroanatomischen Strukturen und neurowissenschaftlichen Forschungsergebnissen in Beziehung zu setzen (Brewin, 2001). Die Einbeziehung anderer Faktoren in verhaltenstherapeutische Modelle der PTBS erscheint z.B. auch für soziale Faktoren als lohnenswert, deren Bedeutsamkeit bei der Entstehung und Aufrechterhaltung einer PTBS inzwischen empirisch untermauert ist (Überblick bei Maercker, 2009). So sei abschließend auf das kürzlich von Maercker (2009) publizierte »sozio-interpersonelle Kontext-Modell« der PTBS hingewiesen, das sich als Ergänzung bisheriger Modelle versteht und diesen Befunden Rechnung trägt.

2.4 Literatur

Brewin C.R. (2001). A cognitive neuroscience account of posttraumatic stress disorder and its treatment. *Behaviour Research and Therapy*, 39, 373–393.

Brewin C.R. & Holmes E.A. (2003). Psychological theories of posttraumatic stress disorder. *Clinical Psychology Review*, 23, 339–376.

Brewin C.R., Dalgleish T. & Joseph S. (1996). A dual representation theory of posttraumatic stress disorder. *Psychological Review*, 103, 670–686.

Burgess A.W. & Holmstrom L.L. (1974). Rape Trauma Syndrome. *American Journal of Psychiatry*, 131, 981–986.

Chemtob C., Roitblat H.L., Hamada R.S., Carlson J.G. & Twentyman C.T. (1988). A cognitive action theory of posttraumatic stress disorder. *Journal of Anxiety Disorders*, 2, 253–275.

Ehlers A. & Clark D.M. (2000). A cognitive model of posttraumatic stress disorder. *Behaviour Research and Therapy*, 38, 319–345.

Ehlers A., Clark D.M., Hackmann A., McManus F. & Fennell M. (2005). Cognitive therapy for post-traumatic stress disorder: Development and evaluation. *Behaviour Research and Therapy*, 43, 413–431.

Foa E.B. & Kozak M.J. (1986). Emotional processing of fear: Exposure to corrective information. *Psychological Bulletin*, 99, 20–35.

Foa E.B. & Rothbaum B.O. (1998). *Treating the trauma of rape*. New York: Guilford Press.

Grinker R.R. & Spiegel J.P. (1943). *War neuroses in North Africa*. New York: Josiah Macy, Jr. Foundation.

Horowitz M.J. (1976). *Stress response syndromes*. Northvale, NJ: Aronson.

Janoff-Bulman R. (1992). The aftermath of victimization: Rebuilding shattered assumptions. In: Janoff-Bulman R. (Hrsg.). *Shattered assumptions: Towards a new psychology of trauma*. New York: Free Press, 15–35.

Keane T.M., Zimering R.T. & Caddell J.M. (1985). A behavioral formulation of PTSD in Vietnam veterans. *The Behavior Therapist*, 8, 9–12.

Kilpatrick D.G., Veronen L.J. & Best C.L. (1985). Factors predicting psychological distress among rape victims. In: Figley C.R. (Hrsg.). *Trauma and its wake*. New York: Brunner/Mazel, 113–141.

Maercker A. (2009). Psychologische Modelle. In: Maercker A. (Hrsg.). *Posttraumatische Belastungsstörungen*. 3. Aufl. Heidelberg: Springer, 33–49.

Mowrer O.H. (1960). *Learning theory and behavior*. Hoboken, NJ: Wiley.

Powers M.B., Halpern J.M., Ferenschak M.P., Gillihan S.J. & Foa E.B. (2010). A meta-analytic review of prolonged exposure for posttraumatic stress disorder. *Clinical Psychology Review*, 30, 635–641.

JOCHEN ECKERT UND EVA-MARIA BIERMANN-RATJEN

3. Die Traumatheorie in der Gesprächspsychotherapie nach Carl R. Rogers

Die Grundannahme der Gesprächspsychotherapie besagt, dass die Psychotherapie ein Prozess der Selbstentwicklung innerhalb einer bestimmten Beziehung ist. Eine traumatische Erfahrung im Rahmen des klientenzentrierten Konzepts wird nicht nur als die Erfahrung der Bedrohung durch die Außenwelt aufgefasst, sondern auch als eine massive Bedrohung des Selbstkonzepts. Ein Trauma ist eine Erschütterung des gesunden Prozesses der Verarbeitung von Erfahrung.

3.1 Was kennzeichnet das klientenzentrierte Konzept?

Als Gesprächspsychotherapeuten werden in Deutschland[1] die Psychotherapeuten bezeichnet, deren Therapiekonzept auf den amerikanischen Psychologen Carl Rogers (1902–1987) zurückgeht. Es wird vom klientenzentrierten Konzept die Rede sein, wenn es um die theoretischen Vorstellungen von Gesprächspsychotherapeuten geht.

Gesprächspsychotherapeuten gehen davon aus, dass sich die Entwicklung zur Person selbstorganisiert vollzieht und – unter förderlichen Entwicklungsbedingungen – in eine positive Richtung geht. Sie nehmen eine Aktualisierungstendenz an, wonach der menschliche Organismus mit einer Tendenz ausgestattet ist, alle seine Kapazitäten so zu entwickeln, dass sie ihn erhalten und fördern, und zwar nach eigenen inneren Regeln (Eckert et al., 2006).

Ein wesentlicher Teil der Aktualisierung besteht in der Entwicklung eines Selbstkonzepts, eines mentalen – geistigen und bewusstseinsfähigen – Bildes von sich selbst in der Welt. Es hat einen großen Einfluss darauf, wie und was erlebt und mental repräsentiert wird. Das Selbstbild oder Selbstkonzept verändert sich im Verlauf des psychotherapeutischen Prozesses in der Weise, dass Selbsterfahrungen gemacht werden können, die bisher nicht in das Selbstkonzept integriert werden konnten, nicht mit dem bestehenden Selbstbild vereinbar waren und daher Angst und/oder andere Gefühle der Bedrohung ausgelöst hatten oder gänzlich abgewehrt – d. h. aus dem bewussten Erleben ausgeschlossen – worden waren.

---

[1] In Österreich und in der Schweiz wird das Psychotherapieverfahren Gesprächspsychotherapie in der Regel »personzentrierte Psychotherapie« genannt.

Wenn die Erfahrungen einer Person, die im Selbstkonzept repräsentiert werden, nur einem Teil ihrer tatsächlichen bewusstseinsfähigen Erfahrungen entsprechen, wird im Rahmen des klientenzentrierten Konzepts von Inkongruenz gesprochen. Es gibt viele Formen von Inkongruenz. Erfahrungen können abgewehrt sein, gar nicht oder nur verzerrt bewusst oder einseitig oder gespalten im Bewusstsein repräsentiert sein. Erfahrungen können abgelehnt werden, nicht als die eigenen angesehen werden, als unvereinbar mit Idealvorstellungen von sich selbst erlebt werden. Inkongruenz kann auch in der Form erlebt werden, dass die Person Erfahrungen macht, in denen sie sich nicht versteht oder die ihr bisheriges Weltbild erschüttern, oder dass sie Gefühle erlebt, die keinen Sinn haben. Inkongruenz kann darin bestehen, dass komplexe emotionale Erlebnisinhalte nur unvollständig symbolisiert werden. Schmerzen und andere körperliche Beschwerden z. B. können auf Inkongruenz hinweisen, nämlich darauf, dass die zu ihnen gehörenden Erfahrungen und Gefühle nicht vollständig, sondern nur in ihren körperlichen Aspekten bewusst werden. Alle diese Erfahrungen von Inkongruenz sind mit Gefühlen verbunden, die wiederum mehr oder weniger vollständig bewusst und verstanden sein können. Im Zustand von Inkongruenz, wenn die Person spürt, dass sie durch Erfahrungen, die sie gemacht hat, bedroht werden kann – es wird dann von Vulnerabilität gesprochen, wenn sie ahnt, dass sie mehr Erfahrungen macht, als ihr bewusst werden, und vor allem Erfahrungen macht, die nicht mit ihrem Selbstbild zu vereinbaren sind und es so in Frage stellen –, wird Angst erlebt.

Ziel einer Gesprächspsychotherapie ist die Reduktion von Inkongruenz. Die Bedingung für den therapeutischen Prozess, der zu diesem Ziel, der Reduktion von Inkongruenz, durch eine Veränderung – und zwar eine Weiterentwicklung des Selbstkonzepts – führt, besteht nach Rogers in einem psychologischen Kontakt zwischen Therapeut und Patient, in dem sich der Patient mit seinem inneren Erleben befasst, vor allem mit seinem Erleben von Inkongruenz, und dabei zumindest im Ansatz wahrnehmen kann, dass ihn der Therapeut

a) in seinem Erleben in seinem inneren Bezugsrahmen – das ist die eigene Sicht auf das eigene Erleben und die eigene Person – empathisch versteht

b) und dabei in allen seinen Erfahrungen, auch in denen von Inkongruenz, gleichermaßen positiv beachtet – Gesprächspsychotherapeuten sprechen auch davon, dass sie den Klienten unbedingt wertschätzen oder dass sie ihn bedingungsfrei positiv beachten –,

c) während der Therapeut kongruent ist, sich seiner gesamten eigenen Erfahrung in der Beziehung zum Patienten bewusst werden könnte und dem Patienten dementsprechend offen und echt als eine reale Person begegnet.

Dass der Patient eine solche Beziehung erfährt, ist nicht die Voraussetzung für die Psychotherapie, sondern ist die Therapie.

Im Verlauf des psychotherapeutischen Prozesses nimmt die Angst des Klienten ab. Er kann seine Aufmerksamkeit zunehmend auf seine innere Erfahrung richten und kann so zunehmend auch Inkongruenz zwischen seinen Erfahrungen und seinem Selbstkonzept wahrnehmen. Es werden Erfahrungen bewusst bzw. gemacht, die bisher abgewehrt worden sind und/oder mit Angst verbunden, als nicht mit dem Selbstkonzept vereinbar erlebt worden sind. Sie können nun als persönliche Erfahrungen angenommen und in die Selbsterfahrung integriert werden. Dadurch verändert sich das Selbstkonzept, es erweitert sich, und das Erleben von Inkongruenz wird seltener. Das Selbstkonzept wird durch immer weniger Erfahrungen als bedroht erlebt. Die Person integriert immer mehr Selbsterfahrung in ihr Selbstkonzept, das dadurch differenzierter und flexibler wird.

Rogers hat also die Psychotherapie als einen Prozess der Selbstkonzeptentwicklung in einer Beziehung definiert, in welcher der Klient bedingungsfreie positive empathische Beachtung für seine Erfahrung, so wie sie sich ihm aus seiner Perspektive – in seinem eigenen inneren Bezugsrahmen – darstellt, erlebt.

Ähnlich wie Winnicott, der davon ausgegangen ist, dass sich das Kind zunächst in den Augen seiner Mutter sieht, und Bowlby, der von der Entwicklung eines inneren Arbeitsmodells gesprochen hat – einem Abbild der Erfahrungen, die das Kind mit seinen Bindungsbedürfnissen im Umgang mit den Personen macht, an die es sich bindet –, gehen Gesprächspsychotherapeuten davon aus, dass sich aus Selbsterfahrungen nicht nur in der Psychotherapie, sondern auch im Verlauf der kindlichen Entwicklung in Bindungsbeziehungen ein Selbstkonzept entwickelt. Selbsterfahrungen werden in Abhängigkeit davon als solche erkannt und in ein Selbstkonzept integriert, in dem das Kind erlebt, dass es in ihnen bedingungsfrei positiv empathisch beachtet wird.

Jede in das Selbstkonzept integrierte Erfahrung ist also nicht nur eine Erfahrung, in der sich die Person selbst erlebt hat und die sie für sich selbst bewertet hat, sondern zugleich eine Erfahrung, von einer anderen Person empathisch verstanden und damit auch von ihr positiv bewertet, angenommen worden zu sein.

Indem sich das Selbstkonzept entwickelt, entwickelt sich auch eine Tendenz, es zu erhalten. Sobald sich ein erstes Selbstkonzept gebildet hat, beurteilt die Person – der Aktualisierungstendenz, sich zu erhalten und zu entwickeln, entsprechend – Erfahrungen nicht mehr nur im Hinblick darauf, ob sie solche sind, die den Organismus erhalten und seiner Entfaltung dienen. Sie beurteilt ihre Erfahrungen nun auch als zu ihrem Selbstkonzept passend oder nicht. Erfahrungen können, wie oben ausgeführt, mit dem Selbstkonzept kongruent sein. Sie können aber auch inkongruent sein. Und Inkongruenz wird als Bedrohung erlebt.

Sobald das Kind ein erstes Selbstkonzept entwickelt hat, erlebt es also Erfahrungen, in denen es zuvor nicht von einer wichtigen Bezugsperson empathisch verstanden und nicht bedingungsfrei wertgeschätzt worden ist, als nicht mit seinem Selbstkonzept vereinbar. Und es erlebt nun auch die Erfahrung, von einer wichtigen Bezugsperson nicht empathisch verstanden und nicht bedingungsfrei wertgeschätzt zu werden, als solche als bedrohlich, denn alle in das Selbstkonzept integrierten Erfahrungen beinhalten auch die Erfahrung, bedingungsfrei positiv beachtet zu werden. Die Erfahrung, nicht empathisch verstanden und/oder nicht bedingungsfrei positiv beachtet zu werden, passt also nicht zu den in das Selbstkonzept integrierten Erfahrungen.

Wie jede andere Erfahrung einer Bedrohung kann Inkongruenz Angst auslösen und in dieser bewusst werden. Sie kann aber auch nur teilweise bewusst werden, z. B. als Verteidigungs- oder Fluchtimpulse, als Aggression oder als Depression erlebt werden.

Auch in den Erfahrungen von Inkongruenz oder Angst, der Verteidigung gegen die Erfahrung oder der Flucht vor ihr, kann eine Person von einer anderen empathisch und bedingungsfrei positiv beachtet werden, und insofern können auch Erfahrungen von Inkongruenz und der Abwehr von Erfahrung in das Selbstkonzept integriert werden. In der Regel wird in Verbindung mit der Integration einer Erfahrung von Inkongruenz und der Erfahrung, in dieser verstanden und angenommen zu werden, auch die Erfahrung integrierbar, durch die Inkongruenz entstanden war.

Gesprächspsychotherapeuten betrachten eine Person als umso gesünder, je offener sie für ihre Selbsterfahrung ist und je mehr sie sich selbst in ihrem Erleben verstehen und akzeptieren kann – was wiederum von ihrem Selbstkonzept abhängig ist bzw. davon, wie genau und zuverlässig sie von ihren wichtigen Bezugspersonen in ihren Erfahrungen und darin, wie sie selbst sie bewertet hat bzw. was sie für sie selbst bedeutet haben, empathisch verstanden und angenommen worden ist und sich heute selbst differenziert sehen, verstehen und annehmen kann.

3.2 Was ist ein Trauma und wie wird es erlebt?

Im Folgenden wird beschrieben, was eine Person, die eine traumatische Erfahrung macht, aus der Sicht des Gesprächspsychotherapeuten betrachtet, erlebt. In Anschluss daran wird dieses Erleben in der Sprache des klientenzentrierten Konzepts dargestellt.

In der Psychopathologie gilt als Trauma eine Erfahrung, die erschüttert bzw. verletzt. Sie führt bei fast jedem zu einem nachhaltigen Einschnitt im normalen Prozess der Erlebnisverarbeitung.

In einer traumatischen Situation schaltet der Körper reflexhaft auf ›Überlebensreaktion‹ um. Zu dieser gehören die natürlichen Reaktionsmöglichkeiten Kampf oder Flucht. Wenn Kampf und Flucht unmöglich bzw. sinnlos sind, kommt es zu einer Situation extremer Ohnmacht bzw. Hilflosigkeit.

Innerhalb von Minuten nach dem Beginn des traumatischen Erlebnisses beginnt die akute Belastungsreaktion: typischerweise mit einer Art von »Betäubung«, einer Bewusstseinseinengung und Einschränkung der Aufmerksamkeit, einer Unfähigkeit, Reize zu verarbeiten, und einer Desorientiertheit bis hin zum dissoziativen Stupor, aber auch einem Unruhezustand und Überaktivität, verbunden mit Fluchtreaktionen oder Fugue, sowie Depression, Verzweiflung und Ärger. Meistens treten vegetative Anzeichen panischer Angst wie Tachycardie, Schwitzen und Erröten auf. Diese Symptome erscheinen und gehen innerhalb von Stunden bis Tagen zurück (vgl. WHO 1991 [ICD-10], S. 155f).

In den auf das Trauma folgenden vier bis acht Wochen ist das Erleben in erster Linie von Intrusionen und Konstriktion gekennzeichnet. Intrusion bedeutet: die traumatische Erfahrung taucht im Bewusstsein auf. Es kommt zu Flashbacks. Intrusionen können ausgelöst – angetriggert – werden durch Reize, die an die belastende Situation und die eigene Reaktion in ihr erinnern. Die Angst, solchen Reizen zu begegnen, kann zu extremem Vermeidungsverhalten führen.

Intrusionen unterbrechen bei Personen, die an einer Posttraumatischen Belastungsstörung leiden, einen allgemeinen Zustand von Konstriktion: Emotionslosigkeit, als sei man betäubt, Stumpfheit, Lustlosigkeit, Freudlosigkeit, Anhedonie, eine Art innere Lähmung.

Die Posttraumatische Belastungsstörung kann dem Trauma auch mit einer Latenz von Wochen bis Monaten – jedoch selten nach mehr als sechs Monaten – folgen, und sie kann anhalten. Sie kann einen über Jahre chronischen Verlauf nehmen und auch in eine andauernde Persönlichkeitsveränderung münden. Dann erlebt die Person immer wieder Konfusion und Orientierungsverlust. Das Vermeidungsverhalten, das vor Triggerreizen schützen soll, kann extrem werden und z. B. zu Medikamenten- und Drogenabusus entarten.

Es gilt heute als gesichert, dass das Stressverarbeitungssystem in der Folge von Traumatisierungen alteriert bleiben kann. Das heißt, dass sich das Körpererleben nicht wieder normalisiert. Die Person bleibt dünnhäutig, reizbar, schnell übererregt, und zwar somatisch bedingt. Die Schwelle für Triggerreize bleibt herabgesetzt. So kann es z. B. zu phobischen oder zwanghaften Entwicklungen kommen, deren Grundlage die niemals benennbar werdende Reaktion auf Triggerreize ist, und zu Somatisierungsstörungen, die als Körper-Flashbacks zu verstehen sind.

Bei der Beschreibung von Entwicklungen in der Folge von komplexen, oft schon in frühen Lebensjahren erfolgenden und sich über lange Zeiträume wiederholenden Traumatisierungen z. B. durch (sexuellen) Missbrauch wird entsprechend darauf hingewiesen, dass sich solche Traumatisierungen direkt auf die Gehirnentwicklung und die Strukturen der Stressverarbeitung auswirken und, damit verbunden, auf die kognitiven und emotionalen Entwicklungen. Sie haben eine gestörte oder von Anfang an defizitäre Entwicklung der Bindung zur Folge und, damit zusammenhängend, der inneren Arbeitsmodelle: der emotionalen Schemata und der mit diesen verbundenen Vorstellungen von sich selbst und der Welt.

3.3 Was ist ein Trauma aus der Sicht der Gesprächspsychotherapie?

Aus der Sicht des Gesprächspsychotherapeuten bedeutet eine traumatische Situation auch das Erleben akuter Inkongruenz (Biermann-Ratjen, 2003). Die traumatische Erfahrung beinhaltet nicht nur das Erleben einer Bedrohung durch die Außenwelt. Sie stellt auch eine massive Bedrohung des Selbstkonzepts dar. Die traumatische Erfahrung ist nicht mit den Erfahrungen zu vereinbaren, die in das Selbstkonzept integriert werden können. Traumatische Erfahrungen passen nicht in das Selbst- und Weltbild und erschüttern es.

Die akute Belastungsreaktion beinhaltet auch den Versuch, diese Erfahrung und die Wahrnehmung ihrer Bedeutung, die in den eigenen spontanen Reaktionen deutlich wird, bzw. die Selbsterfahrung in der traumatischen Situation nicht bewusst werden zu lassen. Dementsprechend beginnt die Belastungsreaktion mit einer Art von »Betäubung«. Der Erfahrung wird der Zutritt zum Bewusstsein verweigert. Es kann zu unvollständigen Symbolisierungen des Erlebens von Bedrohung und Ohnmacht auf der körperlichen bzw. motorischen Ebene kommen, zu motorischen Unruhezuständen und Überaktivität oder zu einer Lähmung bis hin zum Stupor. Und die zum Erleben der akuten Inkongruenz gehörende Angst wird meistens vor allem in ihren vegetativen Anzeichen erlebt.

In der Posttraumatischen Belastungsstörung wird die chronifizierte Inkongruenz erlebt. Einerseits wird in Intrusionen immer wieder erlebt, wie die Abwehr gegen das Bewusstwerden der traumatischen Erfahrung und gegen die persönliche Reaktion auf sie zusammenbricht und diese Intrusionen sich unkontrolliert und unverarbeitet Zugang zum Bewusstsein verschaffen und damit das Selbstkonzept in Frage stellen. Andererseits unterbrechen Intrusionen einen allgemeinen Zustand der Konstriktion, der Verschlossenheit gegenüber der Erfahrung nach außen und nach innen, und die vor allem ängstlichen und depressiven Gefühle, die diese Erfahrung begleiten. Intrusionen und Konstriktion stellen die beiden Seiten der Inkongruenz dar: ein Erleben, das offenkundig nicht mit dem Selbstkonzept zu vereinbaren ist, auf der einen Seite und im Wechsel damit auf der anderen Seite das Erleben von Angst und Anspannung in der Unterdrückung oder Vermeidung möglicherweise bedrohlicher Erfahrung.

Das Erleben der chronifizierten Inkongruenz in der Posttraumatischen Belastungsstörung ist stark durch dissoziative Phänomene gekennzeichnet. Dissoziieren bedeutet für Gesprächspsychotherapeuten vor allem, dass Zusammenhänge im komplexen Gefüge emotionaler Erlebnisinhalte unkenntlich gemacht werden. Im Prozess des Bewusstwerdens emotionaler Erlebnisinhalte, der Symbolisierung von Erfahrung, tauchen im Bewusstsein Körperempfindungen, Vorstellungen (Bilder), Gefühle, Gedanken und Worte auf, die sich gegenseitig erklären und Sinn geben. Erfahrung und ihre Bedeutung wird in diesen verschiedenen Modalitäten reflektiert. Wenn Bilder, Affekte, Körperempfindungen, Gedanken und Worte isoliert oder voneinander dissoziiert auftreten, können sie als sinnlos erlebt werden, als unverständlich oder fremd oder auch als unakzeptabel. Zum Beispiel können Leeregefühle auftreten, wenn Affekte dissoziiert werden, Handlungsimpulse werden als bedrohlich erlebt, wenn unklar ist, in welchem Zusammenhang mit welchen Vorstellungen oder Gefühlen sie stehen, usw.

Das Erleben in der chronifizierten Posttraumatischen Belastungsstörung, das sich wiederholende Wiedererleben des Traumas und vor allem der eigenen Reaktionen in der traumatischen Situation, aber auch das Erleben im Zustand der Konstriktion, in der Verschlossenheit gegenüber der Erfahrung, weil sie die Erinnerung an das Trauma wachrufen könnte, ist vielfältig und durch verschiedene Formen von Dissoziation gekennzeichnet.

Die Persönlichkeitsstörung, in die eine Posttraumatische Belastungsstörung übergehen kann, ist dadurch gekennzeichnet, dass die Person dauernd zum Reagieren mit Konfusion und Orientierungsverlust auf der einen Seite neigt, zum Reagieren mit Affektüberflutung, Panikattacken und Kontrollverlust, bevorzugt aggressiver Art, und vor allem mit Angst vor diesen Reaktionen auf der anderen Seite, was zu – der Art des Vermeidensverhaltens oder der Art des Dissoziierens entsprechenden – hysterischen, süchtigen, depressiven, phobischen und zwanghaften Entwicklungen führen kann.

Zu den posttraumatischen Entwicklungen werden heute auch Persönlichkeitsstörungen in der Folge von frühen, langfristigen und komplexen Traumatisierungen gezählt. Im Vordergrund der Problematik dieser Patienten stehen aus der Sicht des

Gesprächspsychotherapeuten eine ausgeprägte Instabilität bzw. Zerbrechlichkeit des Selbstkonzepts und der Selbstachtung und die Gefühle, in denen sie dies erleben bzw. zu vermeiden versuchen, dass sie es erleben: ihre sog. Vulnerabilität.

3.4 Literatur

Biermann-Ratjen E.-M. (2003). Das gesprächspsychotherapeutische Verständnis von Psychotrauma. *Person,* 7 (2), 128–134.

Eckert J., Biermann-Ratjen E.-M. & Höger D. (2006). *Gesprächspsychotherapie. Lehrbuch für die Praxis.* Heidelberg: Springer.

Weltgesundheitsorganisation (1991). *Internationale Klassifikation psychischer Störungen. ICD-10 Kapitel V (F).* Bern: Hans Huber.

REINERT HANSWILLE

4. Trauma und Systemische Therapie

Die traumatherapeutische Spurensuche in der Geschichte der systemischen Familientherapie gestaltet sich zum einen schwierig, weil es »*die* systemische Therapie« und »*die* Traumatherapie« natürlich so nicht gibt, zum anderen sind in der systemischen Literatur bis 2000 die Worte »Trauma« und »Traumafolgestörung« fast gänzlich gemieden worden, weil für systemische Therapeuten die Symptome und die Diagnostik nicht so zentral sind wie in anderen Verfahren.

4.1 Spurensuche in den Anfängen der Familientherapie

Die Gründerinnen und Gründer der Familientherapieschulen der 1950er und 60er Jahre sind zum Teil durch Forschungen und ihre praktische Arbeit zur Schizophrenie bekannt geworden. Andere hatten ihre primäre Wirkungsstätte in den Slums der amerikanischen Großstädte. Familientherapeutinnen und -therapeuten der ersten Jahre arbeiteten wie viele Kolleginnen und Kollegen in der Gegenwart mit Familien, die als »Multiproblemfamilien« bezeichnet werden. Heute wissen wir, dass viele dieser Familien bzw. einzelne Familienmitglieder durch die Auswirkungen komplexer Traumatisierungen und Traumafolgestörungen, die nicht selten über die Generationen hinweg weitergegeben werden, in diese ausweglose Situation gekommen sind.

Viele der bekannten Familientherapeuten und systemischen Therapeuten haben mit einer Klientel gearbeitet, die Symptome zeigt, die an Traumafolgestörungen erinnern. So stellen die Ideen von S. Minuchin, dem Gründer der strukturellen Familientherapie, viele Anregungen zur Verfügung, die auch heute noch für traumatisierte Systeme interessant sind. Er sah es für Familien als wichtig an, dass klare Regeln und Strukturen, deutliche Grenzen zwischen den Subsystemen Großeltern, Eltern, Kinder und den außerfamilialen Systemen existieren. Er ging davon aus, dass klare Regeln und Strukturen Familien stabil und sicher machen. Für ihn war es wichtig, dass destabilisierende Interaktionen in der Familie reduziert werden, um eine gute Entwicklung zu ermöglichen.

Virginia Satir war die Gründungspersönlichkeit der wachstums- und ressourcenorientierten Familientherapie. Ihre Überlegungen konzentrieren sich auf die Förderung von persönlichem und familiärem Wachstum, Stärkung der Ressourcen, das Finden einer kongruenten Kommunikation in der Familie. Ihr Ansatz enthält viele stabilisierende Elemente und Konzeptionen. Sie entwickelte vier Kommunikationsstile oder Überlebenshaltungen, die sie in den frühen 60er Jahren als »Extrakt« aus ihrer Arbeit mit Familien konzipierte. Sie scheinen die von späteren Autoren beschriebenen Persönlichkeitsanteile, die sich bei traumatischem Stress bilden, vorwegzunehmen. V. Satir zeigt in ihrer Arbeit, wie diese Überlebenshaltungen miteinander »in Kommunikation sind« und den Stress in der Familie erhöhen können und wie so traumatisierte Systeme entstehen. Die vier Überlebensstrategien bzw. Kommunikationsstile sind *beschwichtigen, anklagen/beschuldigen, übertrieben vernünftig bzw. übermäßig rational sein* und *ablenken bzw. irrelevant reagieren*.

Der *Beschwichtiger* (placating) zeichnet sich durch eine Opferhaltung aus, Affekte sind Schwäche und Hilflosigkeit, das Verhalten ist durch nachgeben, entschuldigen, jammern, betteln charakterisiert, die Menschen fühlen sich wie ein Nichts. Selbstaufopferung, Selbstverleugnung sind Ausdruck des Gefühls völliger Wertlosigkeit. Psychisch wirken sie depressiv, neurotisch und suizidal. Physisch reagieren sie oft mit Magenproblemen, Übelkeitsgefühlen, Migräne, Diabetes und Verstopfung. Die Atmung ist flach, es bedarf vieler Energie, in dieser Haltung zu bleiben, und erzeugt extreme Angst. Nach den Kategorien des *Window of Tolerance* befinden sie sich oft in einem Zustand von Hypoarousal. Sie sind nach den Beschreibungen der strukturellen Dissoziation der emotionalen Persönlichkeit (EP) der Unterwerfung sehr nah. Die Ressourcen dieser Überlebensstrategie sind Sensibilität und liebevolles Verhalten.

Die *anklagende* oder *beschuldigende* (blaming) *Überlebenshaltung* zeigt die Affekte *anklagen, Aggressivität, Wut* und *Kampf*. Dazu gehören eine kraftvolle Körperhaltung und eine hohe innere Spannung, Menschen mit dieser Haltung weisen Schuld zu, urteilen, haben eine kräftige Stimme und, in dieser Reaktion, eine hohe Adrenalinausschüttung, die ihnen hilft, ihre schwachen Gefühle nicht zu spüren und zu verdrängen. Sie erleben sich als isoliert und einsam, häufig auch paranoid, Muskelverspannungen, Rückenprobleme, Kreislaufprobleme, hoher Blutdruck, Asthma gehören zu den häufigen physischen Reaktionen. Die anklagende Haltung liegt nahe bei einem intrusiven Verarbeitungsmuster von Belastungssituationen, sie sind eher im Hyperarousal (Übererregung). In der Theorie der strukturellen Dissoziation ähnelt diese Überlebensstrategie der EP des Kampfes. Die Ressourcen dieses Typs sind Dominanz und Führungsstärke.

Übertrieben vernünftig oder übermäßig rationalisierend sein (being super-reasonable/computing) ist die dritte Überlebensstrategie. Zu ihr gehören Affekte wie Unnahbarkeit – man muss nach außen cool und gelassen sein, und das um jeden Preis. Das wird durch äußere Kontrolle – nur nicht auffallen – und zwanghaftes Vermeiden versucht. Der Körper wirkt steif, sozial sind diese Menschen zurückgezogen, soziopathisch und zwanghaft, die konstriktiven Verarbeitungsmuster stehen für diese Reaktionen im Vordergrund. Gefühle werden nicht gezeigt, aus Sorge vor Triggern. Die Menschen ziehen sich zurück und leiden unter Einsamkeit, sie wirken rigide, prinzipientreu, langweilig bis zu katatonen Zuständen, sie wirken gleichförmig, kontrolliert und ausdruckslos. Ihre Ressource ist die Intelligenz.

Ablenken oder irrelevantes Reagieren (being irrelevant/distracting) ist die vierte Überlebensstrategie. Reaktionsweisen sind Verwirrung, psychotische Verhaltensformen, Hyperaktivität, inadäquates Verhalten. Physiologisch findet sich ein gestresstes zentrales Nervensystem, Übelkeitsgefühle, typisch für die innere Erfahrungswelt solcher Menschen ist ein Satz wie: »Es gibt keinen Platz für mich, niemand kümmert sich um mich.« Sie stören, fallen auf, um bemerkt zu werden. Sie wirken sprunghaft ziellos, in frühen Lebensphasen werden sie oft als unterhaltsam erlebt oder als hyperaktiv. Sie weichen allen Situationen aus, die ihnen auch nur im geringsten Maße Stress machen könnten. Ihr Stress wirkt auf sie lebensbedrohlich, und sie tun alles, um ihm auszuweichen. Viele dissoziative Klientinnen und Klienten zeigen Verhaltensweisen, die zu dieser Reaktion gehören. Flucht-EPs zeigen ebenfalls ähnliche Symptome. Ihre Ressourcen sind Kreativität, Spaß und Spontaneität.

4.2 Die Entdeckung des inneren Systems

Virginia Satir begann bereits sehr früh mit inneren Anteilen zu arbeiten. Sie nannte sie »unsere vielen Gesichter«, methodisch schlugen sich diese Überlegungen in der Methode der »Parts-Party« nieder. Dabei geht es darum, die inneren Ressourcen zu identifizieren, zu transformieren, um sie dann zu integrieren.

In den 80er Jahren erkannten viele Systemiker, dass eine systemische Therapie, die vorzugsweise auf die Veränderungen interpersoneller Muster zielt, gerade bei traumatisierten Menschen schnell an innerpsychische Grenzen stoßen wird. Die Auseinandersetzung mit inneren Anteilen wurde von R. Schwarz, G. Schmidt und anderen aufgegriffen.

R. Schwarz hat die Ideen des inneren Systems in seinem Modell der inneren Familie konzipiert. Sein Ansatz unterscheidet sich von Überlegungen aus der Tiefenpsychologie oder Psychoanalyse vor allem dadurch, dass er die systemische Dynamik der Anteile untereinander und in Bezug aufs Selbst in den Mittelpunkt stellt. Ganz im Sinne der systemischen Theorie nutzt er die fraktale Struktur von lebenden sozialen Systemen in seinem Ansatz, bei dem das äußere System durch die einzelnen Individuen geprägt wird, jedes Individuum durch seine unterschiedlichen Anteile, und jeder Anteil wiederum viele Anteile besitzt, die alle miteinander in Interaktion stehen und sich gegenseitig beeinflussen. Alle Teile sind fähig, sich zu verändern und zu entwickeln, und werden als autonome Systeme verstanden. »Ein Teil ist nicht nur ein vorübergehender emotionaler Zustand oder ein gewohnheitsmäßiges Gedankenmuster. Vielmehr ist es ein zentrales autonomes Denksystem, das seinen eigenen Emotionsbereich, Ausdrucksstil, seine eigenen Fähigkeiten, Wünsche und seine eigene Weltsicht hat. In anderen Worten, es ist, als enthielte jeder von uns eine Gesellschaft von Leuten, von denen jeder ein anderes Alter, andere Interessen, Talente und Temperamente hat. In diesem Sinne sind wir alle multiple Persönlichkeiten, obwohl nur die wenigsten von uns an einer multiplen Persönlichkeitsstörung leiden« (Schwartz, 1997, S. 61f). In diesem Verständnis sind Menschen mit einer dissoziativen Identitätsstörung (DIS) so schwer traumatisiert worden, das sich ihre Teile in völliger Isolierung voneinander erleben. Ähnlich wie das Ehepaar Watkins (Watkins & Watkins, 2003) sieht Schwartz zwischen »multiplen« und »normalen« Menschen keinen grundsätzlichen Unterschied, sondern unterschiedliche Ausprägungen in der inneren Differenzierung. Er unterscheidet drei Formen von Anteilen:

1. *die Manager:* Diese Teile verhalten sich schützend und strategisch. Sie kontrollieren die Umgebung und wollen Sicherheit. Ihre Hauptaufgabe besteht darin, die »Verbannten« in der Verbannung zu halten. Sie weisen deutliche Strukturen von Abwehrmechanismen auf;
2. *die Verbannten* sind sensible Anteile, die starke Affekte und Gefühle zeigen. Sie werden von Managern isoliert und weggesperrt, zum Schutz vor sich selbst oder des gesamten Systems;
3. *die Feuerbekämpfer* reagieren fast automatisiert, wenn die Verbannten erregt sind. Sie werden sofort aktiv, wenn die Verbannten durch die Manager nicht mehr kontrolliert werden können. Sie agieren oft in Form von Symptomen und haben deutliche dissoziative Merkmale.

Alle Anteile können sowohl im inneren wie im äußeren System auftreten, ihre Interaktionen und gegenseitigen Beeinflussungen werden in der Therapie für hilfreiche und heilende Prozesse genutzt.

Die Heidelberger Schule um H. Stierlin beschäftigt sich seit den frühen 90er Jahren mit Modellen eines inneren Systems. Er spricht in diesem Zusammenhang von einer systemischen »Anteilspsychologie«. In diesem Zusammenhang ist auch der Ansatz von Schmidt (2004) entstanden. Sein Modell der »Konferenz der inneren Familie« geht davon aus, dass die äußeren Systeme eine Entsprechung in der Innenwelt finden. Deshalb kommt es auch zu ähnlichen systemischen Prozessen von Koalitionen, Ausschluss, Triangulation, symmetrischer Eskalation etc. Er nutzt dabei die Metapher eines inneren Konferenzleiters, um die inneren Prozesse zu beruhigen und Kooperation anzuregen. Sein Ansatz beruht auf der Integration aller Teile und deren Akzeptanz. Das Selbst hat eine zentrale Position bei der Integration. Für die innere Arbeit nutzt er viele systemische und hypnotherapeutische Überlegungen. Die Durchlässigkeit von Innenwelt und Außenwelt ist dabei von zentraler Bedeutung.

4.3 Die mehrgenerationalen Ansätze

Die mehrgenerationalen Überlegungen der Familientherapie haben bereits zu einem sehr frühen Zeitpunkt auf die Weitergabe von Traumatisierungen hingewiesen. I. Boszormenyi-Nagy hat bereits 1973 gezeigt wie Schuld, Leid, Gewalt in Familien über die Generationen hinweg weitergegeben werden und daraus Konflikte und Symptome entstehen. Die Mehrgenerationenperspektive verbindet systemische und psychodynamische Konzepte. Noch heute wird oft auf I. Boszormenyi-Nagys grundsätzliche Arbeit zurückgegriffen, wenn es z. B. um die transgenerationale Traumatisierung von KZ-Opfern und deren Nachkommen geht oder um die generationsübergreifende Weitergabe von Flucht-, Vertreibungs- und Kriegserfahrungen. Lempa spricht vom »chronischen Gift«, das sich durch unverarbeitete Traumata in der Familie ausbreitet und sich über die Generationen hinweg entwickelt. Auch er weist auf die Bedeutung der mehrgenerationalen Betrachtung hin (Lempa, 2000, S. 145ff). R. Yehuda hat in ihrer Untersuchung über Babys von Müttern mit einer PTBS zeigen können, dass bei ihnen die Cortisol-Ausschüttung niedriger ist als bei ihren Altersgenossen, was allgemein als ein Kennzeichen für das Vorliegen einer PTBS angesehen wird. Ferner konnte sie zeigen, dass diese Kinder ein erhöhtes Risiko haben, selbst eine chronische PTBS zu entwickeln (Yehuda, 2005). Diese und andere Befunde zeigen, dass es als sinnvoll erscheint, eine mehrgenerationale Traumaperspektive in Diagnostik und Therapie einzunehmen.

4.4 Die lösungsorientierte Arbeit von Steve de Shazer

Die Überlegungen und Konzeptionen der lösungsorientierten Kurzzeittherapie von S. de Shazer und I. Kim Berg finden sich in vielfältiger Form im »Handwerkszeug« der Traumatherapie. Die Betonung der Lösung, der Lösungsressourcen, der Lösungswelt hat diesen Ansatz immer schon auch für schwere Probleme und Symptome interessant gemacht. Die Philosophie Ludwig Wittgensteins bildet für de Shazer eine wichtige Rahmung seiner Überlegungen. Er sagt: »Die Welt des Glücklichen ist eine andere als die des Unglücklichen« (Tractatus, 6.43). Die lösungsorientierte Kurzzeittherapie nutzt die Resilienzen der Klienten und unterstützt die Entwicklung ihrer Selbstwirksamkeit. Der Fokus liegt dabei auf Gegenwart und Zukunft des Klienten. Der sogenannte »Solution Talk« anstelle des oft üblichen »Problem Talk« stellt eine Art »Priming« für Lösungswelten dar, wodurch entsprechende neuronale Vernetzungen angeregt werden können. Lösungsorientierung schafft Strukturen, die im Alltag der Klienten immer wieder in Fragmenten auftauchen und dann in Verknüpfung mit den Lösungsbildern erweitert werden. So können nach und nach Lösungslandschaften im Klienten entstehen, die immer öfter seinen Alltag prägen und stabilisieren.

In der lösungsorientierten Therapie gehören die Nutzung dessen, was »klappt«, der Ausbau und die Stärkung der Ressourcen, der Aufbau einer positiven Gegenwelt zu den Grundlagen. Methodisch wird das gestaltet durch die Arbeit mit Skalen, Ausnahmefragen, hypothetische Fragen, die Anbahnung von Lösungen, die Wunderfrage etc. Fast alle methodischen Überlegungen sind traumatherapeutisch nutzbar, weil der Ansatz als solcher affektregulierend wirkt.

4.5 Die 8oer Jahre – die Gewaltdiskussion erreicht die Familientherapie

C. Figley kommt sicherlich das Verdienst zu, sich als erster Familientherapeut mit den Auswirkungen einer PTBS auf das Familiensystem beschäftigt zu haben. Selbst ein Vietnam-Veteran, entwickelte er einen familientherapeutischen Ansatz für die Arbeit mit traumatisierten Soldaten. 1989 erschien sein Buch *Helping traumatized families*, leider wurden seine sehr fruchtbaren Überlegungen zur traumatherapeutischen Arbeit mit Familien kaum weitergeführt. Dafür entwickelte sich ungefähr zur gleichen Zeit eine andere traumatherapeutische Spur in der systemischen Welt: Die Diskussion auf Kongressen und Tagungen wurde von den Themen »Gewalt« und »sexuelle Gewalt in Familien« beherrscht, was sich auch in vielen Veröffentlichungen niederschlug. Am bekanntesten wurden die Publikationen von C. Madanes: *Sex, Liebe und Gewalt*, von T. Trepper und M. J. Barrett: *Inzest und Therapie*, ein Buch, das wie ein therapeutisches Handbuch einen Therapieplan und Leitfaden entwickelt, und aus dem Mailänder Team von S. Cirillo und P. Di Blasio: *Familiengewalt. Ein systemischer Ansatz*. Sie stellen ihr Therapiekonzept im Rahmen des Erfahrungskontextes des CAF (Centro die aiuto al bambinino maltrattato e alla famiglia in crisi) vor. Im gleichen thematischen Rahmen erschienen Y. Dolans Buch *Resolving sexual abuse*, ebenso: *Traumaorganisierte Systeme. Systemische Therapie bei Gewalt und sexuellem Mißbrauch in Familien* von A. Bentovim. Alle Autorinnen und Autoren sprechen sich gegen ein allgemeines Verständnis der Therapeuten als neutral aus, positionieren sich eindeutig zum Thema der Macht (wendeten sich gegen die Idee, »Macht« sei nur eine Metapher, wie es von einigen Familientherapeuten verstanden wurde, siehe dazu u. a. Dell, 1989), sie wenden sich aber auch gegen die Einseitigkeit der Opfer-Täter-Dichotomie oder den Mythos, alle Mitglieder des Familiensystems wären gleich in Bezug auf Macht, Verantwortung, Einfluss. Sie versuchen, sexuelle Gewalt und physische und psychische Gewalt im Kontext und in der Dynamik des Familiensystems zu begreifen, kombinieren dies mit individuellen, biografischen Merkmalen und nutzen das Umfeld der Familie für den therapeutischen Prozess. Dabei stehen die Sicherheit und Stabilität des Opfers und des Familiensystems nach der Trennung vom Täter, die Beendigung der Leugnungsprozesse und die Befreiung aus der Opferrolle durch Stärkung der Selbstwirksamkeit im Vordergrund.

4.6 Aufstellungen und Traumatherapie

F. Ruppert veröffentlichte 2002 sein Buch *Verwirrte Seelen. Der verborgene Sinn von Psychosen. Grundzüge einer systemischen Psychotraumatologie*. Seine Basis sind die Psychotraumatologie und die Aufstellungsarbeit. Er unterscheidet in seinem Ansatz folgende vier Formen von psychischen Traumen, denen er bestimmte Symptome schwerer psychischer Erkrankungen zuweist:

- *Existenztraumen:* Situationen auf Leben und Tod, in denen die Kontrolle über das eigene Leben verloren geht. Symptome: Ängste und Panikstörungen.
- *Verlusttraumen:* Verlust einer oder mehrerer wesentlicher seelischer Bindungen, z. B. Tod der Mutter oder eines Kindes. Symptome: schwere depressive Erscheinungen.
- *Bindungstraumen:* Traumatisierung des Bindungsbedürfnisses, so dass die Fähigkeit verloren geht, sich auf emotionale zwischenmenschliche Beziehungen einzulassen. Symptome: Borderline-Persönlichkeitsstörungen.
- *Bindungssystemtraumen:* Hier wird das gesamte Bindungssystem durch bestimmte Ereignisse traumatisiert, z. B. durch sexuelle Gewalt oder Mord in der Familie. Symptome: Psychotische Verwirrtheitszustände und Schizophrenien (vgl. Ruppert, 2002, S. 130 ff.).

In seinen nachfolgenden Veröffentlichungen hat er seinen Ansatz weiter entfaltet, der auch von anderen Autoren aufgegriffen wird.

Die Bedeutung von Aufstellungen im Rahmen einer systemischen Psychotraumatologie wird sehr kontrovers diskutiert.

Selbst wenn die Aufstellungsarbeit frei von »ideologischen Überhöhungen« und »phänomenologischen Zuschreibungen« ist, so ist dieser Ansatz nur mit Vorsicht und behutsam in der Psychotraumatologie zu verwenden. Kurz soll hier das Für und Wider diskutiert werden.

Aufstellungsarbeit ist in den meisten Fällen eine eher konfrontative Methode, durch die Inszenierung der Systemkräfte in der Aufstellung besteht im therapeutischen Prozess ständig die Gefahr der Retraumatisierung oder zumindest der Aktivierung von traumatisierten Persönlichkeitsanteilen. Trigger können aufgrund der hohen Prozessorientierung und spontanen Systementwicklung z. B. durch die stellvertretenden Wahrnehmungen der Systemmitglieder kaum verhindert werden und eröffnen so häufig die Gefahr der Destabilisierung bei den Klienten. Sehr kritisch ist auch zu sehen, dass häufig die Aufstellung nicht in einen längeren Therapieprozess integriert ist, was nicht selten dazu führt, dass Klienten mit Traumafolgestörungen sich nach einer Aufstellung wieder zurückziehen und die Einstellung verfestigt wird, sie seien nicht »therapiefähig«. Andererseits bietet die Methode vielfältige Chancen, z. B. mehrgenerationale Traumatisierungen, Traumaweitergaben zu erarbeiten, familiäre Bindungssysteme sichtbar und spürbar zu machen, Systemressourcen zu aktivieren etc. Aufstellungen sind als ergänzendes methodisches Instrument in einer Traumatherapie eine Bereicherung, als allein eingesetztes Instrument ohne traumatherapeutische Einbettung und Kompetenz des Therapeuten eher schädlich.

4.7 Die moderne Traumatherapie erreicht die Systemische Therapie – die vergangenen 10 Jahre und die Zukunft

Im deutschsprachigen Raum nimmt die traumatherapeutische Literatur seit Ende der 90er Jahre rasant zu, die Veröffentlichungen aus dem Bereich der Systemischen Therapie griffen das Thema mit einer leichten Verzögerung auf. Den Anfang machte das *Lehrbuch der systemischen Therapie und Beratung*, Bd. 2: *Das störungsspezifische Wissen* von J. Schweitzer und A. von Schlippe. Dort findet sich ein Kapitel zum Thema »Posttraumatische Belastungsstörungen – Sicherheit gemeinsam wieder herstellen«. Diese Veröffentlichung ist für die »systemische Welt« von Bedeutung, weil hier durch bekannte Vertreter ein offensiver Umgang mit Diagnosen und störungsspezifischem Wissen gezeigt wird.

In den vergangenen zwei Jahren sind zwei grundlegende Publikationen hinzugekommen, die im deutschen Sprachraum erstmalig versuchen, einen systemischen Ansatz als Grundlage für eine traumatherapeutische Konzeption zu nutzen. 2008 erschien das Buch *Systemische Traumatherapie – Konzepte und Methoden für die Praxis* von R. Hanswille und A. Kissenbeck. Die Autoren verbinden das Know-how der Traumatherapie mit den konzeptionellen und methodischen Ideen der systemischen Therapie und entwickeln daraus systemische Zugänge für die Traumatherapie. Das Buch will Familientherapeuten einen Überblick über die Traumatherapie geben und sie anregen, ihr eigenes Werkzeug traumatherapeutisch zu nutzen und mit traumatherapeutischen Überlegungen zu kombinieren. Ihm geht es darum, die Dynamiken und Prozesse des inneren Systems und der äußeren Systeme miteinander zu verbinden und therapeutisch zu nutzen. Traumatherapeutisch verwenden sie zunächst das Konzept der strukturellen Dissoziation von O. van der Hard und E. Nijenhuis als Metatheorie und verbinden diese mit den bedeutsamen systemischen Parametern wie Kontextorientierung, Ressourcenorientierung, Lösungsorientierung, Kybernetik zweiter Ordnung etc. Aus diesen eher theoretischen Überlegungen werden dann die methodischen Zugänge der Systemtherapie traumatherapeutisch weiterentwickelt und beschrieben. Der zweite Teil des Buches stellt ein umfangreiches praxisorientiertes Modell einer systemischen Traumatherapie mit Kindern, Jugendlichen und ihren Familien vor. Dabei werden Möglichkeiten einer traumaorientierten Systemdiagnostik gezeigt sowie ein traumatherapeutisches Evaluationsmodell für Interventionen und Lösungen und ein umfangreiches Modell für die Arbeit mit traumatisierten Systemen.

A. Korittko und K. H. Pleyer legten dann 2010 ihr Buch *Traumatischer Stress in der Familie. Systemtherapeutische Lösungswege* vor. Sie skizzieren darin einen Ansatz einer traumaorientierten systemischen Familientherapie bei außerfamilialen Traumatisierungen.

Beide Bücher und auch viele aktuelle Zeitschriftenaufsätze zeigen das große Interesse innerhalb der Familientherapie/systemischen Therapie, sich mit traumatherapeutischen Gedanken auseinanderzusetzen, und zeugen von einer vielfältigen traumatherapeutischen Praxis.

Im englischsprechenden Ausland finden sich in den vergangenen Jahren ebenfalls viele Veröffentlichungen im Bereich systemischer Traumatherapie.

Grob lassen sich innerhalb der systemischen Therapie der Gegenwart zwei traumatherapeutische Strömungen beobachten:

1. Die eine geht davon aus, dass die systemische Therapie mit ihrem lösungs- und ressourcenorientierten Ansatz ausreichend Möglichkeiten besitzt, um Menschen mit Traumafolgestörungen zu behandeln. C. Oestereich meint: »Systemische Therapeuten und Berater finden in ihrem systemischen Werkzeugkoffer alles Nötige zur Behandlung vor: ressourcenorientiertes systemisches Denken und systemisches Handwerkszeug« (Oestereich, 2010, S. 110).

2. Die andere Strömung versteht den systemischen Ansatz als Handlungs- und Theorierahmen, der aus ihrer Sicht aber mit spezifischen traumatherapeutischen Theorien, Methoden, Diagnosen und Behandlungskonzepten angereichert wird. Dieser eher methodenintegrative Ansatz wird z. B. in dem genannten Buch von Hanswille und Kissenbeck beschrieben.

Eine Vielzahl von unterschiedlichsten Projekten, Forschungen, Veröffentlichungen, Weiterbildungen, Workshops zum Bereich der Traumatherapie zeigt das rege Interesse an diesem Thema und den Menschen und Systemen, die an Traumafolgestörungen leiden. In der Praxis finden sich Projekte, die Aufstellungsarbeit und Traumatherapie verbinden wollen, Kombinationen von familientherapeutischen Ansätzen mit systemischer Einzeltherapie für die Behandlung von Flüchtlingstraumatisierungen, Kombinationsmodelle, bei denen EMDR in familien- und paartherapeutischen Zusammenhängen genutzt wird, systemtherapeutische Ansätze in der Behandlung von dissoziativ gestörten Kindern, Traumatherapie und Familiensysteme, Supervisions- und Coachingkonzepte für die Begleitung von traumatisierten Systemen, familientherapeutische Ansätze in der Behandlung von sekundärer Traumatisierung, co-traumatische Prozesse in stationären und teilstationären Kontexten, hypnosystemische Konzepte in der Traumatherapie, gruppentherapeutische Konzepte in stationären Kontexten auf systemischem Hintergrund u. v. a. Die Traumatherapie ist inzwischen in der Systemischen Therapie angekommen und nicht mehr aus ihr wegzudenken, zu bunt und vielfältig bereichert sie die therapeutische Praxis. Die Anerkennung der Systemischen Therapie durch den wissenschaftlichen Beirat als Psychotherapieverfahren wird zukünftig die Entwicklung traumatherapeutischer Konzepte, Projekte, Forschungen mit systemischen Hintergrund weiter beschleunigen.

4.8 Literatur

Bentovim A. (1995). *Traumatisierte Systeme. Systemische Therapie bei Gewalt und sexuellem Missbrauch in Familien.* Mainz: Grünewald Verlag.

Cirillo S. & Di Blasio P. (1989). *Familiengewalt. Ein systemischer Ansatz.* Stuttgart: Klett-Cotta.

De Shazer S. (1992). Das *Spiel mit den Unterschieden – Wie therapeutische Lösungen lösen.* Heidelberg: Carl-Auer.

Dell P. (1989). Violence and the systemic view: The problem of power. *Family Process,* 28, 1–14.

Dolan Y. (1991): *Resolving sexual abuse.* New York u. a.: Norton 1991.

Dolan Y. (2000). *Schritt für Schritt zur Freude zurück. Das Leben nach traumatischen Erfahrungen.* Heidelberg: Carl-Auer 2009.

Figley C. (1989). *Helping traumatized families.* San Francisco: Jossey Bass.

Hanswille R. (2010). Supervision in trauma-organisierten Systemen. *Zeitschrift für systemische Therapie und Beratung,* 3, 118–124.

Hanswille R. & Kissenbeck A. (2010). *Systemische Traumatherapie. Konzepte und Methoden für die Praxis.* 2. Aufl. Heidelberg: Carl-Auer.

Kissenbeck A. (in Vorbereitung). Systemische Traumatherapie. In: Hensel T. &. Landolt M. A. *Traumatherapie bei Kindern und Jugendlichen.* 2., überarb. u. erw. Aufl. Göttingen: Hogrefe.

Korittko A. & Pleyer K. H. (2010). *Traumatischer Stress in der Familie. Systemtherapeutische Lösungswege.* Göttingen: Vandenhoeck & Ruprecht.

Lempa W. (2000). Familientherapie mit Traumapatienten. In: Lemprecht F. (Hrsg.). *Praxis der Traumatherapie.* Stuttgart: Klett-Cotta, 145–163.

Madanes C. (1997). *Sex, Liebe und Gewalt. Therapeutische Strategien zur Veränderung.* Heidelberg: Carl-Auer.

Minuchin S. (1992). *Familie und Familientherapie. Theorie und Praxis struktureller Familientherapie.* 9. Aufl. Freiburg: Lambertus.

Oestereich C. (2010). Überleben? – Zurück ins Leben!. *Zeitschrift für systemische Therapie und Beratung,* 3,, 100–110.

Ruppert F. (2002). *Verwirrte Seelen. Der verborgene Sinn von Psychosen. Grundzüge einer systemischen Psychotraumatologie.* München: Kösel.

Satir V. (1990). *Kommunikation – Selbstwert – Kongruenz. Konzepte und Perspektiven familientherapeutischer Arbeit.* Paderborn: Junfermann.

Schmidt G. (2004). *Liebesaffären zwischen Problem und Lösung. Hypnosystemisches Arbeiten in schwierigen Kontexten.* Heidelberg: Carl-Auer.

Schwartz C. R. (1997). *Systemische Therapie mit der inneren Familie.* Stuttgart: Pfeiffer bei Klett-Cotta.

Schweitzer J. & v. Schlippe A. (2006). *Lehrbuch der systemischen Therapie und Beratung. Bd. 2: Das störungsspezifische Wissen.* Göttingen: Vandenhoeck & Ruprecht.

Trepper T. S. & Berret M. (1991). *Inzest und*

Therapie. Ein (system)therapeutisches Handbuch. Dortmund: Verlag modernes Lernen.

Watkins J.G. & Watkins H. (2003). *Ego-States, Theorie und Therapie*, Heidelberg: Carl-Auer.

Yehuda R., Engel S.M., Brand S.R., Seckl J., Marcus S.M. & Berkowitz G.S (2005). Transgenerational effects of posttraumatic stress disorder in babies of mothers exposed to the World Trade Center attacks during pregnancy. *Journal of Clinical Endocrinology and Metabolism*, 90, 4115–4118.

HARALD J. FREYBERGER UND ROLF-DIETER STIEGLITZ

5. Die Posttraumatische Belastungsstörung und die Anpassungsstörungen in ICD-10 und DSM-IV

5.1 Die Konzeptualisierung der PTBS in den operationalisierten Diagnosesystemen

1980 wurde im DSM-III auf der Grundlage empirischer Ergebnisse vor allem aus der US-amerikanischen Kriegsveteranenforschung die Posttraumatische Belastungsstörung (dt. PTBS, engl. PTSD) erstmalig in einem Klassifikationssystem operationalisiert. Im Sinne einer eigenen diagnostischen Entität wurden damit sehr viel frühere Konzeptualisierungen aufgegriffen, die sich etwa unter den Bezeichnungen der »traumatischen Neurose«, des »KZ«- oder »Survivor-Syndroms« zusammenfassen lassen und die auf im Wesentlichen qualitative Forschungsansätze seit Anfang diesen Jahrhunderts zurückgehen (van der Kolk et al., 1996). Diese frühen Ansätze, die sich auch im Zusammenhang mit dem Dissoziationskonzept entwickelten (vgl. Spitzer et al., 1996), gerieten in einer durch die Stichworte »Simulation«, »sekundärer Krankheitsgewinn« und »Rentenneurose« gekennzeichneten Diskussion in Vergessenheit, wurden vor dem Hintergrund der Traumatisierungen während des »Dritten Reiches« zumindest in der europäischen Psychiatrie zugunsten konservativerer Konzepte weitgehend fallen gelassen (Eissler, 1963; Freyberger & Freyberger, 2007) und erst durch die US-amerikanischen Forschungsergebnisse reintegriert. Ein wesentliches Ergebnis dieser Forschungsbemühungen war, dass in Abhängigkeit von verschiedenen ätiologischen und pathogenetischen Faktoren (s. u.) qualitativ unterschiedliche Verarbeitungsmodi aus schweren Traumatisierungen resultieren, das sich ausbildende Syndrom aber überzufällig häufig einen psychopathologisch vergleichsweise uniformen Charakter aufweist. Wie aus Tabelle 1 hervorgeht, ist das syndromale Zustandsbild der PTBS entsprechend der ICD-10 durch vier Syndromcluster charakterisiert:

1. Reaktualisierung traumaassoziierter Inhalte durch sich aufdrängende und belastende Gedanken und (bildhafte) Erinnerungen (Intrusionen, Alpträume, Flashbacks) und/oder Erinnerungslücken (partielle Amnesie);
2. Hyperarousal (u. a. Schreckhaftigkeit, Affektintoleranz, Aufmerksamkeits- und Konzentrationsstörungen, Schlafstörungen);
3. (phobisches) Vermeidungsverhalten gegenüber traumaassoziierten Stimuli;

4. emotionale Taubheit (u. a. Rückzug, Interessenverlust, Teilnahmslosigkeit) mit weiteren assoziierten dissoziativen Symptomen.

Hinsichtlich der Art des Traumas gibt es keine genauen inhaltlichen Spezifizierungen. Nach Maercker (1997) lassen sich Traumata jedoch nach verschiedenen Kriterien unterscheiden, wie:
- menschlich verursachte Traumata (z. B. Vergewaltigung, Kriegserlebnisse) versus zufällige Traumata (z. B. Katastrophen, berufsbedingte oder unfallbedingte Traumata) oder
- kurzdauernde traumatische Erlebnisse (sog. Typ-I-Trauma; z. B. Naturkatastrophen, Unfälle) versus länger andauernde, wiederholte Traumata (sog. Typ-II-Trauma; z. B. Geiselhaft, Kriegsgefangenschaft).

Bereits während oder kurz nach dem Trauma können intensive Symptome auftreten, die zunächst bei einem Teil der Betroffenen im Sinne einer akuten Belastungsstörung oder Stressreaktion zu interpretieren sind und nicht bei allen zum Vollbild einer PTBS führen. Die akute Belastungsreaktion klingt im Allgemeinen nach Stunden oder wenigen Tagen wieder ab bzw. kann in eine Posttraumatische Belastungsstörung übergehen. Bedeutsam ist, dass zwischen dem Erleben traumatisierender Ereignisse und der Ausbildung der PTBS bei einem Teil der Betroffenen zum Teil erhebliche Latenzzeiten von Monaten bis Jahren liegen können, die allerdings nur selten einen 2-Jahreszeitraum überschreiten. Die akute Belastungsreaktion als Moderator einer späteren PTBS ist hier dann häufig nicht als Übergangsphänomen zu diagnostizieren.

Tab. 1: Diagnostische Kriterien der Posttraumatischen Belastungsstörung nach ICD-10 (F43.1) (nach Dilling & Freyberger, 2008)

A.	Die Betroffenen sind einem kurz- oder langanhaltenden Ereignis oder Geschehen von außergewöhnlicher Bedrohung oder mit katastrophalem Ausmaß ausgesetzt, das nahezu bei jedem tiefgreifende Verzweiflung auslösen würde.
B.	Anhaltende Erinnerungen oder Wiedererleben der Belastung durch aufdringliche Nachhallerinnerungen (Flashbacks), lebendige Erinnerungen, sich wiederholende Träume oder durch innere Bedrängnis in Situationen, die der Belastung ähneln oder mit ihr in Zusammenhang stehen.
C.	Umstände, die der Belastung ähneln oder mit ihr in Zusammenhang stehen, werden tatsächlich oder möglichst vermieden. Dieses Verhalten bestand nicht vor dem belastenden Ereignis.

D.	Entweder 1. oder 2.
	1. teilweise oder vollständige Unfähigkeit, einige wichtige Aspekte der Belastung zu erinnern;
	2. anhaltende Symptome einer erhöhten psychischen Sensitivität und Erregung (nicht vorhanden vor der Belastung) mit zwei der folgenden Merkmale:
	  a. Ein- und Durchschlafstörungen,
	  b. Reizbarkeit oder Wutausbrüche,
	  c. Konzentrationsschwierigkeiten,
	  d. Hypervigilanz,
	  e. erhöhte Schreckhaftigkeit.

E.	Die Kriterien B, C und D treten innerhalb von 6 Monaten nach dem Belastungsereignis oder nach Ende einer Belastungsperiode auf (in einigen speziellen Fällen kann ein späterer Beginn berücksichtigt werden, dies sollte aber gesondert angegeben werden).

Tab. 2: Diagnostische Kriterien der Posttraumatischen Belastungsstörung nach DSM-IV (APA, 2000)

A.	Die Person wurde mit einem traumatischen Ereignis konfrontiert, bei dem die beiden folgenden Kriterien vorhanden waren:
	1. Die Person erlebte, beobachtete oder war mit einem oder mehreren Ereignissen konfrontiert, die tatsächlichen oder drohenden Tod oder ernsthafte Verletzung oder eine Gefahr der körperlichen Unversehrtheit der eigenen Person oder anderer Personen beinhaltet.
	2. Die Reaktion der Person umfasste intensive Furcht, Hilflosigkeit oder Entsetzen. *Beachte:* Bei Kindern kann sich dies auch durch aufgelöstes oder agitiertes Verhalten äußern.
B.	Das traumatische Ereignis wird beharrlich auf mindestens eine der folgenden Weisen wiedererlebt:
	1. wiederkehrende und eindringliche belastende Erinnerungen an das Ereignis, die Bilder, Gedanken oder Wahrnehmungen umfassen können. *Beachte:* Bei jüngeren Kindern können Spiele auftreten, in denen wiederholt Themen der Aspekte des Traumas ausgedrückt werden;
	2. wiederkehrende, belastende Träume von dem Ereignis. *Beachte:* Bei Kindern können stark beängstigende Träume ohne wiedererkennbaren Inhalt auftreten;
	3. handeln oder fühlen, als ob das traumatische Ereignis wiederkehrte (beinhaltet das Gefühl, das Ereignis wiederzuerleben, Illusionen, Halluzinationen oder dissoziative Flashback-Episoden, einschließlich solcher, die beim Aufwachen oder bei Intoxikationen auftreten). *Beachte:* Bei jüngeren Kindern kann eine traumaspezifische Neuinszenierung auftreten;
	4. intensive psychische Belastung bei der Konfrontation mit internalen oder externalen Hinweisreizen, die einen Aspekt des traumatischen Ereignisses symbolisieren oder an Aspekte desselben erinnern.
C.	Anhaltende Vermeidung von Reizen, die mit dem Trauma verbunden sind, oder eine Abflachung der allgemeinen Reagibilität (vor dem Trauma nicht vorhanden). Mindestens drei der folgenden Symptome liegen vor:
	1. bewusstes Vermeiden von Gedanken, Gefühlen oder Gesprächen, die mit dem Trauma in Verbindung stehen,
	2. bewusstes Vermeiden von Aktivitäten, Orten oder Menschen, die Erinnerungen an das Trauma wachrufen,
	3. Unfähigkeit, einen wichtigen Aspekt des Traumas zu erinnern,
	4. deutlich vermindertes Interesse oder verminderte Teilnahme an wichtigen Aktivitäten,
	5. Gefühl der Losgelöstheit der Entfremdung von anderen,
	6. eingeschränkte Bandbreite des Affekts (z. B. Unfähigkeit, zärtliche Gefühle zu empfinden),
	7. Gefühl einer eingeschränkten Zukunft (erwartet z. B. nicht, Karriere, Ehe, Kinder oder normales Leben zu haben).
D.	Anhaltende Symptome erhöhten Arousals (vor dem Trauma nicht vorhanden). Mindestens zwei der folgenden Symptome liegen vor:
	1. Schwierigkeiten, ein- oder durchzuschlafen,
	2. Reizbarkeit oder Wutausbrüche,
	3. Konzentrationsschwierigkeiten,
	4. übermäßige Wachsamkeit (Hypervigilanz),
	5. übertriebene Schreckreaktion.
E.	Das Störungsbild (Symptome unter Kriterium B, C und D) dauert länger als 1 Monat an.
F.	Das Störungsbild verursacht in klinisch bedeutsamer Weise Leiden oder Beeinträchtigungen in sozialen, beruflichen oder anderen wichtigen Funktionsbereichen.

Bestimme, ob:
– *akut:* wenn die Symptome weniger als 3 Monate andauern;
– *chronisch:* wenn die Symptome mehr als 3 Monate andauern.

Bestimme, ob:
– *mit verzögertem Beginn:* wenn der Beginn der Symptome mindestens 6 Monate nach dem Belastungsfaktor liegt.

Die heute gültige Klassifikation der Posttraumatischen Belastungsstörung nach DSM-IV (vgl. Tab. 2) unterscheidet sich in wesentlichen Aspekten vom ICD-10-Konzept. So wird die PTBS bei den »Angststörungen« eingeordnet, während die ICD-10 diese im Abschnitt F4: »Neurotische, Belastungs- und somatoforme Störungen« und dort wiederum unter F43: »Reaktion auf schwere Belastungen und Anpassungsstörungen« einordnet.

Rosner und Powell (2007) weisen darauf hin, dass das Ereigniskriterium (A) des DSM-IV enger definiert ist und z. B. Personen mehr oder weniger ausschließt, die sich in einem Kriegsgebiet aufgehalten haben oder in Kampfhandlungen verwickelt waren. Ein weiterer wichtiger Unterschied, der u. a. von Schützwohl und Maercker (1999) herausgearbeitet wird, betrifft die im DSM-IV geforderte Mindestanzahl von drei Vermeidungsmerkmalen (gegenüber einem in der ICD-10), was dazu führt, dass die kategoriale Diagnose oft verfehlt wird und die Diagnose einer partiellen oder subsyndromalen PTBS als sinnvoll erscheint. U. a. Peters et al. (1999) haben zudem darauf hingewiesen, dass im DSM-IV ein Zeitkriterium mit einer Dauer von mehr als einem Monat spezifiziert wird, das sich in der ICD-10 nicht findet, und dass das Beeinträchtigungskriterium (F) des DSM-IV in der ICD-10, wie auch bei den meisten anderen Störungen, fehlt. Dauer und Beeinträchtigung tragen danach in besonderem Ausmaß zu reduzierten Übereinstimmungsraten zwischen beiden Systemen bei. Wie verschiedene Arbeitsgruppen zeigen konnten (u. a. Andrews et al., 1999, 2001; Somasundaram & Sivayokan, 1994; Rosner & Powell, 2007), führen diese Unterschiede dazu, dass die Diagnosenraten Posttraumatischer Belastungsstörungen in verschiedenen Populationen mit der ICD-10 nahezu das doppelte Niveau der DSM-IV-Diagnosen erreichen und die Übereinstimmung zwischen den Systemen in einem Bereich von etwa 35–50 % anzusiedeln ist. So fanden z. B. Andrews et al. (1999) Prävalenzraten von 7 % nach den ICD-10-Kriterien und nur 3 % nach den DSM-IV-Kriterien, mit einer nur bei 35 % liegenden Übereinstimmung! Rosner und Powell (2007) fanden in ihrer Untersuchung zu Kriegstraumatisierten, dass sich die Geschlechtsunterschiede in der PTBS-Prävalenz bei Anwendung der ICD-10-Kriterien verringern. Sie kommen vor dem Hintergrund einer Literaturanalyse zu dem Schluss, dass die DSM-IV-Kriterien besser für die Diagnose einer PTBS nach Einzelereignissen als nach komplexen Ereignisketten geeignet erscheinen, wie sie sich etwa bei Kriegstraumatisierungen oder nach langdauerndem sexuellem oder physischen Missbrauch ergeben. Zudem weisen sie darauf hin, das die DSM-IV-Kriterien besser zwischen Behandlungsgruppen und zwischen Frauen und Männern differenzieren können, was sie auf die restriktivere Operationalisierung der Kriterien zurückführen.

5.2 Konzeptionalisierung der andauernden Persönlichkeitsänderung nach Extrembelastung in den operationalisierten Diagnosesystemen

Die andauernde Persönlichkeitsänderung nach Extrembelastung (vgl. Tab. 3, S. 148) ist als chronifizierte Verlaufsform der PTBS aufzufassen; ihre Konzeptionalisierung geht auch auf die Arbeiten des deutschen Psychiaters Ulrich Venzlaff (1958) zurück, der strukturelle Persönlichkeitsveränderungen

Tab. 3: Diagnostische Kriterien der anhaltenden Persönlichkeitsänderung nach Extrembelastung nach ICD-10 (F62.0)

A.	Eindeutige und anhaltende Änderung in der Wahrnehmung, in der Beziehung und im Denken der Betroffenen in Bezug auf ihre Umgebung und sich selbst nach einer Extrembelastung.
B.	Ausgeprägte Persönlichkeitsänderung mit unflexiblem und unangepasstem Verhalten mit mindestens zwei der folgenden Symptome: 1. Andauernde feindliche oder misstrauische Haltung gegenüber der Welt. 2. Sozialer Rückzug (Vermeidung von Kontakten mit Menschen, außer einigen wenigen Verwandten, mit denen die Betroffenen zusammenleben). 3. Andauerndes Gefühl von Leere und/oder Hoffnungslosigkeit. Dies kann mit einer gesteigerten Abhängigkeit von anderen, einer Unfähigkeit, negative oder aggressive Gefühle zu äußern, und einer anhaltenden depressiven Stimmung verbunden sein. 4. Andauerndes Gefühl von Nervosität oder von Bedrohung ohne äußere Ursache, das sich in einer gesteigerten Wachsamkeit und Reizbarkeit zeigt. Dieser Zustand einer chronischen inneren Anspannung und eines Gefühls von Bedrohtsein kann mit der Neigung zum exzessiven Konsum psychotroper Substanzen verbunden sein. 5. Andauerndes Gefühl, verändert oder anders als die anderen zu sein (Entfremdung). Dies kann mit dem Eindruck einer emotionalen Betäubung verbunden sein.
C.	Entweder eine deutliche Störung der sozialen Funktionsfähigkeit oder subjektives Leiden für die Betroffenen und negative Auswirkungen auf ihre Umgebung.
D.	Die Persönlichkeitsänderung sollte nach Extrembelastung aufgetreten sein. Aus der Anamnese sind keine Persönlichkeitsstörungen oder akzentuierte Persönlichkeitseigenschaften des Erwachsenenalters und keine Persönlichkeits- oder Entwicklungsstörungen des Kindes- oder Jugendalters bekannt, die die augenblicklichen Persönlichkeitseigenschaften erklären könnten.
E.	Die Persönlichkeitsänderung muss seit mindestens 2 Jahren bestehen. Sie steht nicht in Beziehung zu Episoden anderer psychischer Störungen (außer mit der Posttraumatischen Persönlichkeitsstörung) und kann nicht durch eine Gehirnschädigung oder Krankheit erklärt werden.
F.	Diese Persönlichkeitsänderung kann den chronischen Verlauf einer Posttraumatischen Belastungsstörung zeigen, wobei sich die Symptome dieser Störungen überlappen können. Eine anhaltende Persönlichkeitsänderung sollte dennoch nur angenommen werden, wenn nach einer mindestens zweijährigen Posttraumatischen Belastungsstörung ein Zeitraum von mindestens zwei Jahren mit den oben genannten Kriterien besteht.

bei Holocaust-Überlebenden beschrieb. Diese in der ICD-10 berücksichtigte Kategorie findet sich im DSM-IV allerdings nicht. Anders als die PTBS und die Anpassungsstörung findet sich diese Kategorie nicht im Abschnitt F4, sondern im Abschnitt F6: »Persönlichkeits- und Verhaltensstörungen«, und dort wiederum unter F62: »Andauernde Persönlichkeitsänderung, nicht Folge und Schädigung oder Krankheit des Gehirns«, wo sie als »Andauernde Persönlichkeitsänderung nach Extrembelastung« (F62.0) bezeichnet wird.

Die von Herman (1993) als »Disorder of Extreme Stress Not Otherwise Specified (DESNOS)« konzeptionalisierte Kategorie war für das DSM-IV vorgesehen, wurde aber letztlich nicht aufgenommen (vgl. Tab. 4). Im anglo-amerikanischen Sprachraum wird in diesem Kontext auch von einer komplexen PTBS (kPTBS) gesprochen (vgl. Kap. C3 zur kPTBS von Sachsse und Sack in diesem Band), die neben den charakteristischen PTBS-Symptomen einerseits Zusatzsyndrome wie Angst, Phobien, Somatisierung und affektive Veränderungen und andererseits persönlichkeitsstrukturelle Veränderungen einschließen kann. Vor dem

Hintergrund des gestörten Beziehungs- und des veränderten Identitätserlebens werden die betroffenen Patienten von einer Reihe von Autoren aufgrund emotional instabiler Persönlichkeitsänderungen der Borderline-Persönlichkeitsstörung zugerechnet wird und hervorgehoben, dass sie dafür anfällig sind, als Opfer oder Täter immer wieder in Traumatisierungen verwickelt zu werden (Herman, 1993; Lewis & Grenyer, 2009). Die Kriterien der DESNOS weisen einen deutlichen, aber keinen vollständigen Überschneidungsbereich zu der Operationalisierung von Borderline-Persönlichkeitsstörungen in beiden Diagnosesystemen auf, und hinsichtlich der mit den beiden Störungen verbundenen Komorbiditätsmuster, der Risikofaktoren, der neuropsychologischen und neurobiologischen Befunde variieren die Überschneidungsbereiche (Driessen et al., 2002).

5.3 Konzeptionalisierung der Anpassungsstörungen in den operationalisierten Diagnosesystemen

Das Konzept der Anpassungsstörungen in ICD-10 und DSM-IV ist sehr ähnlich und basiert darauf, dass die Störung innerhalb von drei Monaten (DSM-IV) bzw. innerhalb eines Monats (ICD-10) als Reaktion auf ein belastenden Ereignis auftritt und in der Regel nicht länger als sechs Monate andauert. Nach Simmen-Janevska und Maercker (2011) werden Anpassungsstörungen durch nicht traumatische Ereignisse ausgelöst, die auch als kritische Lebensereignisse bezeichnet werden können und akut (z. B. Arbeitsplatzverlust) oder chronisch auftreten können (z. B. familiäre oder finanzielle Probleme).

Im DSM-IV finden sich die Anpassungsstörungen in einem eigenen, ebenso bezeichneten Abschnitt, in der ICD-10 wie die PTBS im Abschnitt F4: »Neurotische, Be-

Tab. 4: Diagnostische Merkmale der »Disorders of Extreme Stress Not Otherwise Specified« (DESNOS) (nach Herman, 1993)

A.	Unfähigkeit, zu vertrauen und Beziehungen zu anderen aufrechtzuerhalten.
B.	Tendenz, erneut Opfer zu werden.
C.	Tendenz, andere zum Opfer zu machen.
D.	Änderungen der Selbstwahrnehmung: chronische Schuldgefühle, Selbstvorwürfe, Gefühl, nichts bewirken zu können.
E.	Impulsive und risikoreiche Verhaltensweisen.
F.	Selbstdestruktion und suizidales Verhalten.
G.	Chronische Affektdysregulation.
H.	Schwierigkeit, Ärger zu modellieren.
I.	Verzweiflung und Hoffnungslosigkeit.
J.	Verlust der bisherigen Lebensüberzeugungen.
K.	Gefühl, fortgesetzt geschädigt zu sein.
L.	Amnesie.
M.	Dissoziation.
N.	Somatisierung.

lastungs- und somatoforme Störungen«, und dort ebenfalls unter F43: »Reaktion auf schwere Belastungen und Anpassungsstörungen«. Die Subdifferenzierungen der Anpassungsstörungen sind in beiden Systemen ähnlich. So wird in der ICD-10 zum Teil nach der Dauer der Symptomatik unterschieden (z. B. kurze versus längere depressive Reaktion) und/oder nach der im Vordergrund stehenden Symptomatik (z. B. Angst und depressive Reaktion, gemischt). Zu beachten ist dabei, dass das Vollbild einer spezifischen Störung nicht erfüllt sein darf (z. B. depressive Episode). Ist dies der Fall, muss die spezifische Störung kodiert werden!

Die Akute Belastungsstörung (akute Belastungsreaktion in der ICD-10; F43.0) wurde erst im DSM-IV eingeführt und unterscheidet sich im Zeitkriterium wesentlich von der PTBS. Die Akute Belastungsstörung sollte innerhalb von vier Wochen nach dem belastenden Ereignis auftreten und innerhalb von weiteren vier Wochen abklingen. Im Unterschied zur PTBS werden explizit dissoziative Symptome berücksichtigt, wobei mindestens drei Symptome aus den Bereichen Amnesie, Depersonalisation, Derealisation, emotionale Taubheit, Losgelöstsein oder Fehlen emotionaler Reaktionsfähigkeit gefordert werden. Diese Differenzierung findet sich in der ICD-10 nicht.

Das Vorliegen einer Akuten Belastungsstörung ist trotz der eingeschlossenen dissoziativen Symptomatik kein eindeutiger Prädiktor für eine spätere Traumafolgestörung (Bryant, 2005). Dabei wird im DSM-IV stärker als in der ICD-10 die Bedeutsamkeit der subjektiven Bewertung des traumatischen Ereignisses hervorgehoben. In Abhängigkeit von der zugrunde liegenden Biografie, der möglichen Vulnerabilität, der derzeitigen Lebenssituation und dem Bewältigungsvermögen können qualitativ vergleichbare Ereignisse individuell unterschiedlich bewertet werden und eine differierende pathogene Wirkung entfalten.

5.4 Literatur

American Psychiatric Association (APA) (2000): *Diagnostic and Statistical Manual of Mental Disorders – DSM-IV-TR* (4. Aufl., Text-Revision). Washington, DC: APA.

Andrews G., Slade T. & Peters L. (1999). Classification in psychiatry: ICD-10 vs. DSM-IV. *British Journal of Psychiatry*, 174, 3–5.

Andrews G., Henderson S. & Hall W. (2001). Prevalence, comorbidity, disability and service utilization. Overview of the Australian National Mental Health Survey. *British Journal of Psychiatry*, 178, 145–153.

Brady K. T. (1997). Posttraumatic stress disorder and comorbidity: Recognizing the many faces of PTSD. *Journal of Clinical Psychiatry*, 58 (Suppl. 9), 12–15.

Bryant R. A. (2005). Predicting post traumatic stress disorder from acute reactions. *Journal of Traumatic Dissociation*, 6, 5–15.

Dilling H. & Freyberger H. J. (Hrsg.) (2008). *Taschenführer zur ICD-10-Klassifikation psychischer Störungen*. 4. Aufl. Bern: Huber.

Driessen M., Beblo T., Reddemann L., Rau H., Lange W., Silva A., Berea R. C., Wulff H. & Ratzka S. (2002). Ist die Borderline-Persönlichkeitsstörung eine komplexe posttraumatische Störung? *Nervenarzt*, 73, 820–829.

Eissler K. R. (1963): Die Ermordung von wie vielen seiner Kinder muss ein Mensch symptomfrei ertragen können, um eine normale Konstitution zu haben? *Psyche*, 17, 241–291.

Foa E. B., Stektee G. & Rothbaum B. O. (1989). Behavioural/cognitive conceptualization of post-traumatic stress disorder. *Behavioural Therapy*, 20, 155–176.

Freyberger H. J. & Freyberger H. (2007). Zur Geschichte der Begutachtungspraxis bei Holocaust-Überlebenden. *Trauma & Gewalt*, 1, 286–292.

Frommberger U., Nyberg E. & Berger M. (2006). Posttraumatische Belastungsstörungen. In: Berger M. (Hrsg.). *Psychiatrie und Psychotherapie*. 3. Aufl. München: Urban & Schwarzenberg, 742–762.

Herman J. L. (1993). Sequelae of prolonged and repeated trauma: Evidence for complex posttraumatic syndrome (DENOS). In: Davidson J. R. & Foa E. B. (Hrsg.). *Posttraumatic stress disorder: DSM-IV and beyond*. Washington DC: American Psychiatric Press, 213–228.

Kessler R. C., Sonnega A., Bromet M., Hughes M. & Nelson C. B. (1995). Posttraumatic stress disorder in the national comorbidity survey. *Archives of General Psychiatry*, 52, 1048–1060.

Lewis K. L. & Grenyer B. F. (2009). Borderline personality or complex posttraumatic stress disorder? An update on the controversy. *Harvard Review of Psychiatry*, 17, 322–328.

Maercker A. (1997). Erscheinungsbild, Erklärungsansätze und Therapieforschung. In: Maercker A. (Hrsg.). *Therapie der posttraumatischen Belastungsstörung*. Berlin: Springer, 3–49.

March J. S. (1993). What constitutes a stressor? The »criterion A« issue. In: Davidson J. R. T. & Foa E. B. (Hrsg.). *Posttraumatic stress disorder: DSM-IV and beyond*. Washington DC: American Psychiatric Press, 37–54.

Peters L., Slade T. & Andrews G. (1999). A comparison of ICD-10 and DSM-IV criteria for posttraumatic stress disorder. *Journal of Traumatic Stress*, 12, 335–343.

Rosner R. & Powell S. (2007). Überschätzt die ICD-10 die PTBS-Prävalenz? Auswirkungen unterschiedlicher Diagnosenkriterien auf Diagnoseraten der posttraumatischen Belastungsstörung nach Kriegstraumatisierung. *Trauma & Gewalt*, 1, 46–57.

Schützwohl M. & Maercker A. (1999). Effects of varying diagnostic criteria for posttraumatic stress disorder are endorsing the concept of partial PTSD. *Journal of Traumatic Stress*, 12, 155–165.

Simmen-Janevska K. & Maercker A. (2011): Anpassungsstörungen: Konzept, Diagnostik und Interventionsansätze. *Psychotherapie, Psychosomatik, Medizinische Psychologie*, 61, 183–192.

Spitzer C., Freyberger H. J. & Kessler C. (1996). Hysterie, Dissoziation, Konversion – eine Übersicht zu Konzepten, Klassifikation und diagnostischen Erhebungsinstrumenten. *Psychiatrische Praxis*, 23, 63–68.

Somasundaram D. J. & Sivayokan S. (1994). War trauma in a civilian population. *British Journal of Psychiatry*, 165, 524–527.

Van der Kolk B. A. (1996). The body keeps the score. Approaches to the psychobiology of posttraumatic stress disorder. In: Van der Kolk B. A., McFarlane A. C. & Weisaeth L. (Hrsg.). *Traumatic stress*. London: Guilford Press, 214–241.

Van der Kolk B. A., Weisaeth L. & van der Hart O. (1996). History of trauma in psychiatry. In: Van der Kolk B. A., McFarlane A. C. & Weisaeth L. (Hrsg.). *Traumatic stress*. London: Guilford Press, 47–74.

Venzlaff U. (1958). *Die psychoreaktiven Störungen nach entschädigungspflichtigen Ereignissen (die sog. Unfallneurosen)*. Berlin, Heidelberg: Springer.

C

Krankheitsbilder und Komorbiditäten

NASER MORINA UND JULIA MÜLLER

1. Diagnostik von Traumafolgestörungen und komorbiden Erkrankungen

1.1 Ausgangslage

Ziel dieses Kapitels ist die Darstellung der gebräuchlichsten Möglichkeiten der Diagnostik von Traumafolgestörungen in verschiedenen Settings. Der Schwerpunkt wird dabei auf der Erhebung Posttraumatischer Belastungsstörungen (PTBS) liegen.

Mit zunehmenden Behandlungsmöglichkeiten von Traumafolgestörungen und deren Komorbiditäten wächst auch der Bedarf an sensitiven und spezifischen diagnostischen Messinstrumenten wie strukturierten Interviews oder Fragebögen. Die Entwicklung valider standardisierter Instrumente und deren konsistenter Einsatz sind sowohl für die Forschung als auch für Praktiker von großer Bedeutung. Während die Instrumente in der Forschung Prä-post-Vergleiche bzw. Vergleiche verschiedener Behandlungsmethoden ermöglichen und zu evidenz-basierten Therapieempfehlungen führen, können in der Praxis arbeitende Therapeuten und ihre Patienten die Traumabehandlung durch den Einsatz von Messinstrumenten beobachten, welche die Intervention maßgenau an die Symptome anpassen und Behandlungserfolge detailliert feststellen.

Viele Praktiker haben allerdings häufig eine grundsätzlich skeptische Grundhaltung gegenüber einer standardisierten Diagnostik. Sie sind der Meinung, dass eine Diagnose, die auf der Basis eines freien klinischen Gesprächs gebildet wurde, valider sei als eine, die man durch standardisierte Instrumente erhält. Sie verzichten folglich lieber ganz auf den Einsatz standardisierter Instrumente, der ihnen zudem als zu zeitaufwändig erscheinen.

Selbstverständlich können standardisierte Verfahren nicht das ausführliche klinische Gespräch ersetzen. Vielmehr liegt im zusätzlichen Einsatz solcher Verfahren eine große Chance, neue Erkenntnisse zu gewinnen und DSM-IV-bzw. ICD-10-basierte Diagnosen zu erstellen. Dies umso mehr für diejenigen Kliniker, die nicht auf die Behandlung von Traumafolgestörungen spezialisiert sind und folglich nicht alle DSM-IV-bzw. ICD-10-Kriterien auswendig wissen. Für den Diagnostiker sind neben guten Kenntnissen bezüglich der Durchführung des eingesetzten Tests grundlegende therapeutische Fertigkeiten essenziell: Anamneseerhebung, Gesprächsführung und Verhaltensbeobachtung, eine kritische Bewertung des Verfahrens und die sichere Interpretation der Resultate.

Für die standardisierte Diagnostik spricht

auch, dass die PTBS eine »heimliche Störung« ist. Eines ihrer Hauptsymptome ist das *Vermeiden von Gesprächen über das Trauma*. Es ist also eher unwahrscheinlich, dass Patienten in den ersten Sitzungen frei heraus ihre Traumata ansprechen, wenn der Therapeut nicht nachfragt. Die PTBS-Symptome sind außerdem so heterogen, dass für Patienten und ihre Angehörigen der Zusammenhang zu einem Trauma, das möglicherweise viele Jahre zurückliegt, nicht ersichtlich ist. Demzufolge dauert es bei den meisten Patienten mehrere Jahre, bis die Traumagenese ihrer Symptomatik z. B. durch den Hausarzt erkannt wird. Viele Patienten berichten auch, dass sie schon verschiedene, teils langjährige Psychotherapien gemacht hätten, ohne dass je über das Trauma und seine Folgen gesprochen worden wäre.

Generell gibt es bezüglich der standardisierten PTBS-Diagnostik bei Patienten eine hohe Akzeptanz. Die meisten Instrumente sind sehr schnell abzunehmen und liefern klare Diagnosen. Dabei geht es um einen zielgerichteten Einsatz ausgewählter Instrumente für einen Patienten oder, im Rahmen der Qualitätssicherung, für spezifische Institutionen. Die Testergebnisse sollten mit den Patienten besprochen werden, sie bilden die Grundlage für eine individualisierte Therapieplanung. Viele Patienten fühlen sich durch den Einsatz standardisierter Instrumente ernst genommen. Sie erfahren durch die konkreten Fragen im Rahmen dieser Instrumente, dass ihre unterschiedlichen Symptome zu einer einzigen Störung gehören, für die es Behandlungskonzepte gibt. Insofern hat der Einsatz solcher Instrumente sogar psychoedukative Aspekte. Auch die meisten Praktiker sind überrascht über die Ergebnisse und die unkomplizierte Anwendung einer standardisierten Diagnostik.

1.2 Diagnostisches Vorgehen und Instrumente

Das professionelle diagnostische Vorgehen ist multidimensional. Es beinhaltet optimalerweise zusätzlich zu einer ersten freien Befunderhebung durch ein Gespräch mit dem Patienten die Einbeziehung verschiedener Informationsquellen (Arztberichte, Auskunft der Familie etc.) sowie den ergänzenden Einsatz strukturierter Interviews und standardisierter Fragebögen. Dieses breitangelegte Vorgehen hilft, Fehldiagnosen zu verringern. Als Standard für die Erhebung von Traumafolgestörungen wurde von einer Expertenkommission aus Traumaforschern (Keane et al., 2007) folgendes Vorgehen empfohlen:

- Einsatz standardisierter PTBS-Diagnostik (dichotom und kontinuierlich) zum Erhalt zuverlässiger Diagnosen auch in der Praxis;
- Anwendung reliabler und valider Selbstbeurteilungsverfahren zur Messung von Symptomhäufigkeit, -intensität und -dauer sowie von psychischen Einschränkungen;
- ausführliche Differentialdiagnostik (sowohl in der klinischen Praxis als auch im Rahmen gutachtlicher Tätigkeiten);
- Erhebung sekundärer Symptombeeinträchtigungen (auch als Indikator für Schweregrad der Störung) sowie die Erfassung aufrechterhaltender Faktoren;
- Erhebung möglicher komorbider Störungen;
- Erfassung von Ressourcen und Kompetenzen für Therapieplanung und -verlaufsmessung.

Innerhalb der Diagnostik von Traumafolgestörungen gibt es einerseits Instrumente, die allgemein für alle Traumaopfergruppen gültig sind, und solche, die für spezifische Traumapopulationen – wie Kriegsveteranen, Unfallopfer oder Flüchtlinge – einsetzbar sind. Im Folgenden werden wir uns auf solche Instrumente konzentrieren, die für alle Traumaopfergruppen verwendet werden können.

Für eine zuverlässige Diagnostik und Störungsklassifikation sind standardisierte oder strukturierte Interviews unentbehrlich. Bei beiden Interviewformen werden mittels vorformulierter Fragen systematisch die diagnostischen Kriterien erfasst.

Bei standardisierten Interviews werden die Fragen wörtlich vorgelesen, anschließend werden die Antworten der Patienten kodiert; die Einschätzung des Interviewers kommt nicht zum Tragen, es besteht also kein Beurteilungsfreiraum für den Beurteiler. Hingegen werden die vorformulierten Fragen von strukturierten Interviews bei Bedarf umformuliert, erklärt oder ergänzt. In die Gesamtbeurteilung fließen alle zur Verfügung stehenden Informationen ein.

Die Standardisierung von Interviews maximiert einerseits die Objektivität, berücksichtigt aber nicht mögliche Fehlerquellen wie etwa ein falsches Verständnis einer Frage oder mögliche »Antworttendenzen« der Befragten. Zum Beispiel kann ein Patient seine Symptomatik subjektiv als »sehr schwer« beurteilen, wohingegen ein erfahrener Kliniker im Vergleich mit anderen Patienten die Symptomatik nur als »mittelschwer« ausgeprägt einschätzt. Deswegen kann die Validität der Erhebung erheblich gemindert sein. In der Praxis stößt dieses Vorgehen zudem auf wenig Akzeptanz, weswegen der Einsatz standardisierter Interviews eher nicht empfohlen wird.

Strukturierte Interviews werden hingegen in sehr viel geringerem Ausmaß von Antworttendenzen beeinflusst. Sie sind in der Praxis aufgrund ihrer größeren Flexibilität die Methode der Wahl – bedürfen aber klinischer Erfahrung seitens des Interviewers.

Zur Beurteilung der PTBS wurden verschiedene strukturierte Interviews entwickelt. Es existieren sowohl PTBS-Module innerhalb umfassender Diagnostikinstrumente als auch eigenständige PTBS-Interviews. Die Entscheidung für ein Verfahren hängt von der jeweiligen Praktikabilität und der Zielsetzung der Diagnostik ab. Die gängigsten Instrumente werden im Folgenden vorgestellt.

1.2.1 Standardisiertes klinisches Interview für DSM-IV

Ein international gebräuchliches standardisiertes Interview klinischer Störungen, das ein PTBS-Modul enthält, ist das *Composite International Diagnostic Interview* (CIDI; Robins et al., 1988) bzw. seine computerisierte Version, das »Diagnostische Expertensystem für Psychische Störungen« (DIA-X; Wittchen & Pfister, 1997). Das CIDI ist ICD-10- und DSM-IV-basiert, es wird vor allem in epidemiologischen und klinischen Studien eingesetzt. Zur Durchführung des Interviews ist ein ausführliches Training erforderlich, es kann jedoch auch bei fehlender klinischer Erfahrung durchgeführt werden. Die Interpretation der Diagnosen muss allerdings klinisch erfahrenen Diagnostikern vorbehalten werden.

Die Durchführung des PTBS-Moduls dauert ca. 15–20 Minuten. Das PTBS-Modul beginnt mit einer Liste, auf der acht verschiedene Traumata aufgeführt sind (z. B. »Sie wurden ernsthaft körperlich bedroht – etwa mit einer Waffe angegriffen –, verletzt oder gequält«) und die mit einer offenen Frage nach weiteren schrecklichen Ereignissen endet. Anschließend wird DSM-IV-basiert abgeklärt, ob das A-Kriterium (nach DSM-IV) vollständig erfüllt ist, bevor die 17 PTBS-Symptome wortwörtlich abgelesen werden. Neben dem Zeitpunkt der Traumatisierung und der Dauer der Störung werden am Schluss des PTBS-Moduls Bewältigungsverhalten und Beeinträchtigung alltäglicher Aktivitäten ermittelt.

1.2.2 Strukturiertes klinisches Interview für DSM-IV

Das modular aufgebaute *Strukturierte Klinische Interview für DSM-IV – SKID* (Wittchen et al., 1997) dient der Erhebung und Diagnostik eines breiten Spektrums psychischer Achse-I- und -II-Störungen. Es ist eines der am häufigsten verwendeten klinischen Interviews und wird sowohl im ambulanten als auch im stationären Bereich eingesetzt. Das PTBS-Modul wird nur bei Hinweis auf eine vorliegende Traumatisierung abgefragt. Zu Beginn wird den Befragten eine Liste mit verschiedenen Traumata aus dem zum Interview gehörigen SKID-Listenheft vorgelegt. Wenn (mindestens) ein Trauma erlebt wurde und entsprechende emotionale Reaktionen vorlagen (DSM-IV, Kriterium A1 und A2), werden im Folgenden das Vorhandensein von PTBS-Symptomen nach DSM-IV sowie die Dauer der Störung und der daraus resultierende Leidensdruck erfragt. Für die Symptombewertung ist das klinische Urteil des Interviewers maßgeblich, der die Symptome auf einer dreistufigen Skala (nicht vorhanden – unterschwellig vorhanden – vorhanden) bewertet. Sprungregeln veranlassen, dass das PTBS-Modul direkt abgebrochen wird, wenn das DSM-IV-Kriterium nicht erfüllt ist. Nach Abschluss des Moduls wird zudem der PTBS-Schweregrad durch den Interviewer eingeschätzt.

Die Durchführung des SKID sollte nur von erfahrenen Klinikern vorgenommen werden, die darin geschult worden sind. Die Bearbeitungszeit des PTBS-Moduls beträgt ca. 15–20 Minuten, es wird als reliabel und valide eingeschätzt.

Eingangsfrage zur PTBS-Sektion des SKID (Wittchen et al., 1997, S. 75): »Manchmal passieren extrem schreckliche Dinge, wie z. B. sich in einer lebensbedrohlichen Situation zu befinden, eine Katastrophe zu erleben, einen ernsthaften Unfall zu haben, von Feuer bedroht zu werden, überfallen oder ausgeraubt zu werden, zusehen zu müssen, wie eine andere Person getötet oder verletzt wird, oder zu hören, dass einer Ihnen nahestehenden Person etwas Derartiges zugestoßen ist. Haben Sie jemals irgendeines der Ereignisse von der Liste erlebt?«

1.2.3 Diagnostisches Interview bei psychischen Störungen

Wie das SKID erlaubt das *Diagnostische Interview – DIPS* (Schneider & Margraf, 2005) mittels störungsspezifischer Module die Klassifikation der häufigsten psychischen Störungen – insbesondere Angststörungen – nach DSM-IV und ICD-10. Zudem erfasst das DIPS weitere Informationen, die für die Psychotherapieplanung und -durchführung notwendig sind. Zu Beginn jedes

Moduls wird eine allgemeine Eingangsfrage gestellt, die dem Interviewer einen ersten Eindruck über das Vorliegen des jeweiligen Störungsbildes vermitteln soll, anschließend werden die Symptome nach DSM-IV erfasst. Sprungregeln erlauben es, Fragen, die nicht relevant sind, auszulassen. Der Schweregrad jeder Störung wird vom Interviewer am Ende jedes Abschnitts auf einer fünfstufigen Skala (0 = abwesend/keine Störung, 2 = leicht, 4 = mäßig, 6 = ausgeprägt, 8 = schwer) eingeschätzt. Die Bearbeitungszeit des Gesamt-DIPS beträgt etwa 90–120 Minuten. Mit dem Mini-DIPS, das in 30 Minuten bearbeitet ist, existiert eine Kurzform zur orientierenden Erfassung von Störungen, die für den psychotherapeutischen Bereich relevant sind.

Das DIPS hat sehr gute (teststatistische) Gütekriterien. Analog zum DSM-IV beginnt der PTBS-Abschnitt mit einer genauen Erhebung potentieller Traumata und wird – falls solche vorliegen – die aktuelle Symptomatik und deren Dauer erfasst. Zusätzlich zur PTBS kann mit dem DIPS auch eine akute Belastungsstörung (ABS) diagnostiziert werden. Das DIPS ist aufgrund seines umfangreichen Materials (Handbuch zum Einarbeiten und detailliertes Zusatzmaterial wie Diagnosekriterien, Übungsfälle und Glossar psychischer Störungen) sehr benutzerfreundlich. Es kann sowohl ambulant als auch im stationären Setting eingesetzt werden, sollte jedoch nur von trainierten Klinikern durchgeführt werden.

1.2.4 Mini International Neuropsychiatric Interview

Das *Mini International Neuropsychiatric Interview* M.I.N.I. (Sheehan et al., 1998) ist ein DSM-IV- und ICD-10-basiertes psychiatrisches strukturiertes Interview zur Erfassung und Diagnostik ausgewählter Achse-I-Störungen nach DSM-IV. Seine Durchführung dauert etwa 15–20 Minuten. Das PTBS-Modul beginnt mit zwei Screeningfragen, welche die DSM-IV-Kriterien A1 (Erleben eines Traumas) und A2 (Vorhandensein emotionaler Reaktion auf das Trauma) erheben. Wenn nur eines dieser Kriterien verneint wird, wird das PTBS-Modul übersprungen. Werden beide Kriterien bejaht, folgen Fragen zum Vorhandensein/Nichtvorhandensein der einzelnen PTBS-Symptome nach DSM-IV sowie abschließend zur Symptomdauer. Symptomhäufigkeit und -intensität werden nicht erhoben.

1.2.5 Clinician-Administered PTSD Scale

Die Clinician-Administered PTSD Scale – CAPS (Blake et al., 1995; Dt. z.B. Schnyder & Moergeli, 2002) wurde von Klinikern entwickelt und ist für den Einsatz sowohl im ambulanten als auch im stationären Setting geeignet. Sie gilt international als »Goldstandard« und ist eines der am häufigsten eingesetzten Interviews zur PTBS-Diagnostik. Die psychometrischen Eigenschaften der CAPS sind ausgezeichnet. Es können vollausgeprägte sowie subsyndromale Posttraumatische Belastungsstörungen nach DSM-IV diagnostiziert werden. Anders als die vorher beschriebenen Fremdrating-Instrumente erfasst die CAPS neben der Häufigkeit der Symptome auch deren Intensität auf einer vierstufigen Skala (0–4). So kann zusätzlich zur kategorialen Diagnose ein kontinuierlicher Symptomsummenscore (Range 0–68) gebildet werden, der differenzierte Auskunft über den Schweregrad der Störung gibt. Der Vor-

> Kriterium C: Anhaltende Vermeidung von Reizen, die mit dem Trauma verbunden sind, oder eine Abflachung der allgemeinen Reagibilität (war vor dem Trauma nicht vorhanden). Mindestens drei der folgenden Symptome liegen vor:

6. (C-1) Bewusstes Vermeiden von Gedanken, Gefühlen oder Gesprächen, die mit dem Trauma in Verbindung stehen.

Frequenz	Intensität	letzte Woche
Haben Sie jemals versucht, Gedanken oder Gefühle im Zusammenhang mit [dem Ereignis] zu vermeiden? (Welche Art von Gedanken oder Gefühlen versuchten Sie zu vermeiden?) **Haben Sie versucht zu vermeiden, mit anderen Menschen über [das Ereignis] zu sprechen?** (Weshalb?) **Wie häufig im vergangenen Monat (in der vergangenen Woche)?**	**Wie sehr strengten Sie sich an, um [solche Gedanken, Gefühle oder Gespräche] zu vermeiden?** (Was taten Sie? Tranken Sie Alkohol oder nahmen Sie Medikamente bzw. Drogen zu sich?) [ALLE VERMEIDUNGSVERSUCHE, EINSCHLIESSLICH ABLENKUNG, UNTERDRÜCKUNG UND KONSUM VON ALKOHOL/DROGEN IN BETRACHT ZIEHEN] **Wie sehr störte das Ihr Leben?**	F ___ I ___ letzter Monat F ___ I ___ Sx: J N Lebenszeit F ___ I ___ Sx: J N
0 nie 1 ein- oder zweimal 2 ein- oder zweimal pro Woche 3 mehrmals pro Woche 4 täglich oder fast täglich Beschreibung/Beispiele	0 gar nicht 1 wenig: minimale Anstrengung, geringe oder keine Störung von Aktivitäten 2 mäßig: ziemliche Anstrengung, Vermeidung deutlich vorhanden, Störung von Aktivitäten 3 schwer: beträchtliche Anstrengung, ausgeprägte Vermeidung, ausgeprägte Störung von Aktivitäten, oder Engagement in gewisse Aktivitäten als Vermeidungsstrategie 4 extrem: drastische Anstrengungen zur Vermeidung, unfähig, Aktivitäten fortzusetzen, oder exzessives Engagement in gewisse Aktivitäten als Vermeidungsstrategie QV (spezifizieren) _____	

Abb. 1: Beispielfrage aus dem CAPS

teil eines solchen Summenscores liegt in der genaueren Erfassung der Störung sowie in einer höheren Änderungssensitivität, verglichen mit dichotomen Diagnosestellungen.

Der in der CAPS durch den Interviewer erfragte Zeitraum der Symptome kann – je nach Fragestellung des Diagnostikers – angepasst werden, so dass die Symptomatik in der vergangenen Woche, »im letzten Monat« bzw. über die gesamte Lebenszeit erfragt wird.

Zu Beginn des Interviews wird dem Befragten eine Checkliste mit verschiedenen traumatischen Lebensereignissen vorgelegt, zudem wird die unmittelbare emotionale Reaktion auf erlebte Traumata erfragt. Anschließend werden Frequenz und Intensität der 17 DSM-IV-Symptome erfasst und vom Interviewer klinisch beurteilt, ebenso die Störungsdauer und die subjektive, soziale und berufliche Beeinträchtigung durch die Symptomatik. Am Ende jedes Interviews beurteilt der Interviewer global die Gesamtintensität der Störung und die Validität des Interviews. Falls gewünscht, können fünf weitere Symptome erhoben werden, die häufig mit einer PTBS assoziiert sind (Schuldgefühle und dissoziative Symptome), jedoch nach DSM-IV nicht Teil der PTBS-Diagnostik sind. Wenn nur die DSM-IV-Diagnose erhoben wird, dauert die CAPS circa 30 Minuten, die Durchführung des gesamten Interviews dauert um die 60 Minuten. Grundvoraussetzung für die Abnahme eines CAPS-Interviews sind gute Psychopathologiekenntnisse sowie die Kenntnis der DSM-IV-Kriterien und insbesondere klinische Erfahrung des Interviewers in der Beurteilung des Schweregrads der Störung und der Validität der Antworten der Befragten.

1.3 Selbstbeurteilungsverfahren

Um Informationen darüber zu erhalten, ob eine PTBS vorhanden ist oder nicht, sowie deren Schweregrad zu ermessen, wurden – zumeist in englischer Sprache – verschiedene Selbstbeurteilungsverfahren entwickelt. Diese Instrumente liefern meist kontinuierliche Indikatoren für die Symptomhäufigkeit oder den Schweregrad der einzelnen PTBS-Symptome aus Sicht der Befragten. Für viele Instrumente besteht zudem ein spezifischer Cutoff-Score, ab dem von einer PTBS-Diagnose ausgegangen wird. Der Einsatz von Selbstbeurteilungsinstrumenten ist in der Regel zeit- und kostengünstiger als die Durchführung von Interviews, unterliegt jedoch Verzerrungen durch die Befragten. Dennoch sind Selbstratings als Screeninginstrumente für eine PTBS in Verbindung mit strukturierten Interviews oder, wenn Interviews nicht durchführbar oder praktisch sind, sehr wertvoll. Die Auswahl eines spezifischen Fragebogens ist abhängig von der Traumapopulation bzw. vom Ziel des Fragebogeneinsatzes.

1.3.1 Impact of Event Scale

Die Impact of Event Scale – IES (Horowitz et al., 1979) wurde von Horowitz schon in den 1970er Jahren (also noch vor der offiziellen Einführung der PTBS-Diagnose) entwickelt und stellt ein international anerkanntes und validiertes Instrument zur Selbsteinschätzung der psychischen Folgen von Traumatisierungen dar. In der IES-Originalversion wird auf einer 4-stufigen Skala (überhaupt nicht, selten, manchmal, oft) die Häufigkeit von 15 Intrusions- und Vermeidungssymptomen in der vergangenen Woche (d.h. der Woche vor Anwendung der IES) erfasst. Weder Hyperarousal noch Symptombelastung werden erhoben. Da die Items nicht mit den DSM-IV-Symptomen korrespondieren, ist eine PTBS-Diagnosestellung nicht möglich. Die IES zeigt gute Reliabilitäts- und Validitätswerte. Sie gehört zu den am häufigsten eingesetzten Untersuchungsinstrumenten in der Psychotraumatologie, ist in viele Sprachen übersetzt und kann in 5–10 Minuten bearbeitet werden.

Die revidierte Form der IES, die *IES-Revised* (Dt. Maercker & Schützwohl, 1998; Weiss & Marmar, 1997), besteht aus 22 Items zu den PTBS-Clustern *Intrusionen, Vermeidungsverhalten* und *Hyperarousal*. Die IES-Skalierung ist unverändert. Auch die IES-R ist ein sehr häufig verwendetes Selbstbeurteilungsmaß zur Erfassung von PTBS-Symptomen. Ebenso wie die IES erfasst die IES-R lediglich die Symptomhäufigkeit der letzten Woche vor der Anwendung der Skala, jedoch nicht die Belastung des Befragten durch die Symptome. Trotz der Revision der Skala ist eine zuverlässige Individualdiagnostik anhand der IES-R nicht möglich, da die Items nur zum Teil mit den DSM-IV-Symptomen korrespondieren. Ein Vorteil des Instruments ist jedoch, dass diese häufig genutzte Skala in vielen Sprachen vorliegt und validiert wurde und dass Vergleichswerte für verschiedene Traumapopulationen existieren.

1.3.2 PTSD Symtom Scale – Self Report

Der Fragebogen *PTSD Symptom Scale – Self Report – PSS-SR* (Foa et al., 1993; dt. Steil & Ehlers, 1992) erhebt zunächst 11 verschiedene Traumata sowie die emotionale Reaktion auf das subjektiv schlimmste Erlebnis, falls mehrere Traumatisierungen vorliegen. Anschließend wird die aktuelle Auftretenshäufigkeit und Intensität der 17 DSM-IV-PTBS-Symptome im letzten Monat auf einer vierstufigen Skala (0 = »überhaupt nicht/nie« bis 3 = »5-mal oder öfter pro Woche/fast immer«) erfasst. Intensität und Häufigkeit werden jedoch nicht gesondert, sondern gemeinsam in einem Rating bewertet. Es kann eine DSM-IV-Diagnose erstellt werden.

1.3.3 Posttraumatic Diagnostic Scale – PDS

Die Posttraumatic Diagnostic Scale – PDS (Dt. Ehlers et al., 1996; Foa et al., 1997) ist eine Weiterentwicklung der PSS-SR. Der Fragebogen wird sowohl in der Forschung als auch im klinischen Setting häufig eingesetzt, seine psychometrischen Eigenschaften sind hervorragend. Er besteht aus vier Teilen mit insgesamt 49 Items und ist am DSM-IV orientiert. Im ersten Teil wird erfragt, ob – und wenn ja: wie oft – die Befragten verschiedene Traumata erlebt haben. Im zweiten Teil werden der Zeitpunkt des subjektiv als das schlimmste eingeschätzten Ereignisses sowie die emotionalen Reaktionen auf die Traumatisierung (DSM-IV, A2-Kriterium) erfragt. Der dritte Teil erfasst die Symptomhäufigkeit und den -schweregrad auf einer 4-stufigen Skala (0 = »überhaupt nicht oder nur einmal im letzten Monat«, bis 3 = »5-mal oder öfter pro Woche/fast immer«). Physische Einschränkungen durch die PTBS-Symptome in neun wichtigen sozialen und beruflichen Lebensbereichen werden im vierten Teil erfasst. Beurteilungszeitraum für alle Symptome ist der Monat vor der Befragung. Die PDS ermöglicht explizit eine kategoriale PTBS-Diagnostik nach DSM-IV sowie die Berechnung eines kontinuierlichen Summenscores, der detaillierte Angaben über den Schweregrad der Symptomatik liefert. Die PDS ist ein zeitsparendes Instrument und wird häufig als Screening-Instrument und zur Verlaufsmessung von Psychotherapien eingesetzt.

1.3.4 PTSS-10

Zuletzt soll noch die sehr kurze *Posttraumatische-Stress-Skala-10 – PTSS-10* vorgestellt werden, die sich vor allem zum Screening der PTBS gut eignet (Dt. Maercker, 2003; Weisaeth, 1989). Die PTSS-10 erfasst auf einer 4-stufigen Skala (0 = »überhaupt nicht«, bis 3 = »oft«) das Vorliegen von 10 der 17 PTBS-Symptome nach DSM-IV in den letzten sieben Tagen vor der Befragung. Eine PTBS-Diagnose ist somit nicht möglich. Liegen jedoch die Werte eines Befragten über dem definierten Cutoff-Score, besteht der Verdacht auf eine PTBS – und eine ausführliche Abklärung sollte dringend durchgeführt werden. Das Instrument wurde zur schnellen Erfassung von PTBS-Symptomen in Hochrisikogruppen, wie z.B. Opfer von Katastrophen, entwickelt; sein Einsatz ist aber etwa auch in klinischen Einrichtungen als Teil der Standarddiagnostik sinnvoll.

1.3.5 Harvard Trauma Questionnaire – HTQ

Als Beispiel für ein populationsspezifisches Instrument erwähnen wir im Folgenden das *Harvard Trauma Questionnaire – HTQ* (Mollica et al., 1992). Dieser Fragebogen ist eines der wichtigsten und gebräuchlichsten Instrumente zur Erfassung kriegs- und folterspezifischer Traumafolgen; es wurde spezifisch für traumatisierte Flüchtlinge entwickelt. Das HTQ gilt als das Trauma-Assessment-Instrument mit der besten transkulturellen Validität. Er besteht aus vier Teilen. Zunächst werden 17 Traumata, unter ihnen auch solche, die für Kriegsgebiete typisch sind (z. B. Mangel an Nahrung, Erleben von Folter, Gehirnwäsche), auf einer vierstufigen Skala (selbst erfahren/Zeuge geworden/davon gehört/weder noch) erfasst. Im zweiten Teil soll das schlimmste Ereignis näher beschrieben werden (Zeitpunkt/Ort). Zudem werden die schmerzvollsten Ereignisse im aktuellen Aufenthaltsland ermittelt. Im dritten Teil werden mögliche Kopfverletzungen erfasst. Schließlich wird im vierten Teil die Belastung durch 30 verschiedene Traumasymptome erhoben. Es werden über die 17 DSM-IV-Symptome hinausgehende typische Symptome bei Opfern von Krieg und Folter erfasst (z. B. Überlebensschuld, Schamgefühle, Dissoziation). Nachteilig ist, dass mit dem Instrument weder eine DSM-IV-PTBS-Diagnose gebildet werden kann, noch dass es einen validierten Cutoff-Score gibt. Jedoch existieren Normwerte von verschiedenen Populationen (Mollica et al., 1992).

1.4 Differentialdiagnostik und Erhebung von Komorbiditäten

Wie bereits erwähnt, zeigen Studien, dass bei Personen, bei denen eine PTBS diagnostiziert ist, auch mit großer Wahrscheinlichkeit komorbide Störungen auftreten. Daher ist es sowohl zu therapeutischen als auch zu gutachterlichen Zwecken unabdingbar, eine ausführliche Differentialdiagnostik vorzunehmen. Zu den häufigsten Komorbiditäten der PTBS gehören depressive Störungen, Angststörungen, Substanzmittelabusus, somatoforme Störungen, Persönlichkeitsstörungen (insbesondere emotional instabile Persönlichkeitsstörung vom Borderlinetyp), erhöhte Suizidalität.

Beurteilungsverfahren zur komplexen PTBS: Zur Erfassung komplexer Traumata ist das *Structured Interview for Disorders of Extreme Stress – SIDES* (Pelcovitz et al., 1997; Dt. Teegen et al., 1998) entwickelt worden. Es liefert Informationen für die Diagnostik und für die Therapieplanung. Das SIDES besteht aus 48 Items zu sieben Symptomkomplexen mit 27 verschiedenen Symptomen. Diese werden auf einer 3-stufen Skala (leicht, mäßig, stark) eingetragen.

1.4.1 Erfassung weiterer wichtiger Traumafolgestörungen

Akute Belastungsstörungen können mittels DIPS (Schneider & Margraf, 2005) erhoben werden. Anpassungsstörungen können mit dem *Klinischen Interview zur Erfassung von Anpassungsstörungen* (Maercker et al., 2007) abgefragt werden. Zur Erfassung der »Komplizierten Trauer« haben Langner und Maercker (2005) das »komplizierte Trauer-Modul«, in Fragebogen- und Interviewform, entwickelt. Dissoziative Störungen können mit Hilfe des *Strukturierten Klinischen Interviews für Dissoziative Störungen – SKID-D* (Dt. Gast et al., 2000) und der *Dissociative Experience Scale – DES* (Bernstein & Putnam, 1986) – deutsche Version: FDS (Freyberger et al., 1998) – erhoben werden.

Das SKID-D wird im ambulanten und stationären Bereich eingesetzt und ist ein Verfahren zur systematischen Erfassung von Auftreten und Schweregrad dissoziativer Symptome, insbesondere von Amnesien und verschiedenen dissoziativen Störungen. Das Interview ermöglicht eine DSM-IV-basierte Diagnosestellung; die Bearbeitungsdauer variiert je nach Schweregrad zwischen 40 und 105 Minuten.

Der *Fragebogen zur dissoziativen Symptomen – FDS* (Freyberger et al., 1998) ist ein sehr gutes und kurzes Screening-Instrument mit 28 Items. Die deutsche Version besteht aus vier Subskalen und wurde – zusätzlich zu den Subskalen Amnesie, Absorption, Derealisation und Konversion – um die Subskala »somatoforme dissoziative Erfahrungen und Konversionssymptome« erweitert (16 Items). Ziel dieser Ergänzung war die Anpassung des FDS an die ICD-10-Klassifikation dissoziativer Störungen. Der DES-Fragebogen wird sowohl im klinischen Alltag als auch in der Forschung häufig eingesetzt. Insbesondere die Kurzform des FDS, die FDS-20, bietet sich als kontinuierliche Ergänzung der kategorialen Diagnostik mittels SKID-D an sowie zur Differentialdiagnostik bei einer PTBS. Die Bearbeitungsdauer beträgt 5–15 Minuten.

1.5 Literatur

Bernstein E. M. & Putnam F. W. (1986). Development, reliability, and validity of a dissociation scale. *Journal of Nervous and Mental Disease*, 174 (12), 727–735.

Blake D. D., Weathers F. W., Nagy L. M., Kaloupek D. G., Gusman F. D., Charney D. S. et al. (1995). The development of a Clinician-Administered PTSD Scale. *Journal of Traumatic Stress*, 8 (1), 75–90.

Ehlers A., Steil R., Winter H. & Foa E. (1996). *Deutsche Übersetzung der Posttraumatic Stress Diagnostic Scale (PDS)*. Oxford: University, Warneford Hospital.

Foa E. B., Riggs D. S., Dancu C. V. & Rothbaum B. O. (1993). Reliability and validity of a brief instrument for assessing post-traumatic stress disorder. *Journal of Traumatic Stress*, 6 (4), 459–473.

Foa E. B., Cashman L., Jaycox L. & Perry K. J. (1997). The validation of a self-report measure of posttraumatic stress disorder: The Posttraumatic Diagnostic Scale. *Psychological Assessment*, 9 (4), 445–451.

Freyberger H. J., Spitzer C., Stieglitz R. D., Kuhn G. Magdeburg N. & Bernstein-Carlson E. (1998). Der Fragebogen zu dissoziativen Symptomen (FDS): Deutsche Adapation, Reliabilität und Validität der amerikanischen Dissociative Experience Scale (DES). *Psychotherapie – Psychosomatik – Medizinische Psychologie*, 48 (6), 223–229.

Gast U., Oswald T., Zündorf F. & Hofmann A. (2000). *Strukturiertes Klinisches Interview für DSM-IV – Dissoziative Störungen (SKID-D)*. Göttingen: Hogrefe.

Horowitz M., Wilner N. & Alvarez W. (1979). Impact of Event Scale: A measure of subjective stress. *Psychosomatic Medicine*, 41 (3), 209–218.

Keane T. M., Brief D. J., Pratt E. M. & Miller M. W. (2007). Assessment of PTSD and its comorbidity in adults. In: Friedman M. J., Keane T. M. & Resick P. A. (Hrsg.). *Handbook of PTSD: Science and practice*. New York: Guilford Press, 497–520.

Langner R. & Maercker A. (2005). Complicated grief as a stress response disorder: Evaluating diagnostic criteria in a German sample. *Journal of Psychosomatic Research*, 58 (3), 235–242.

Maercker A. (2003). Posttraumatische-Stress-Skala-10 (PTSS-10). In: Hoyer J. & Margraf J. (Hrsg.). *Angstdiagnostik – Grundlagen und Testverfahren*. Berlin: Springer, 401–403.

Maercker A. & Schützwohl M. (1998). Erfassung von psychischen Belastungsfolgen: Die Impact of Event Skala – revidierte Version (IES-R). *Diagnostica*, 44 (3), 130–141.

Maercker A., Einsle F. & Köllner V. (2007). Adjustment disorders as stress response syndromes: A new diagnostic concept and its exploration in a medical sample. *Psychopathology*, 40 (3), 135–146.

Mollica R. F., Caspi-Yavin Y., Bollini P., Truong T., Tor S. & Lavelle J. (1992). The Harvard Trauma Questionnaire. Validating a cross-cultural instrument for measuring torture, trauma, and posttraumatic stress disorder in Indochinese refugees. *Journal of Nervous and Mental Disease*, 180 (2), 111–116.

Pelcovitz D., van der Kolk B., Roth S., Mandel F., Kaplan S. & Resick P. (1997). Development of a criteria set and a structured interview for disorders of extreme stress (SIDES). *Journal of Traumatic Stress*, 10 (1), 3–16.

Robins L. N., Wing J., Wittchen H.-U., Helzer J. E., Babor T. F., Burke J. et al. (1988). The Composite International Diagnostic Interview. An epidemiologic instrument suitable for use in conjunction with different diagnostic systems and in different cultures. *Archives of General Psychiatry*, 45 (12), 1069–1077.

Schneider S. & Margraf J. (2005). *DIPS – Diagnostisches Interview bei psychischen Störungen* Berlin: Springer.

Schnyder U. & Moergeli H. (2002). German version of Clinician-Administered PTSD Scale. *Journal of Traumatic Stress*, 15 (6), 487–492.

Sheehan D. V., Lecrubier Y., Sheehan K. H., Amorim P., Janavs J., Weiller E. et al. (1998). The Mini-International Neuropsychiatric Interview (M.I.N.I.): The development and validation of a structured diagnostic psychiatric interview for DSM-IV and ICD-10. *Journal of Clinical Psychiatry*, 59 (20), 22–33 u. 34–57.

Steil R. & Ehlers A. (1992). Erweiterte deutsche Übersetzung der PTSD-Symptom-Scale Self-Report. Georg-August-Universität Göttingen, Institut für Psychologie (unveröffentl. Manuskript).

Teegen F., Spieker-Hagelsieper C. & Grotwinkel M. (1998). *Structured Interview for Disorders of Extreme Stress (SIDES)*. [Dt. Version] Hamburg: Universität.

Weisaeth L. (1989). Torture of a Norwegian ship's crew. The torture, stress reactions and psychiatric after-effects. *Acta Psychiaticar Scandinavica*, Suppl., 355, 63–72.

Weiss D. S. & Marmar C. R. (1997). The Impact of Event Scale – revised. In: Wilson J. P. & Keane T. M. (Hrsg.). *Assessing psychological trauma and PTSD*. New York: Guilford Press, 399–411.

Wittchen H.-U. & Pfister H. (1997). *DIA-X-Interview. Instruktionsmaterial zur Durchführung von DIA-X-Interviews*. Frankfurt a. M.: Swets & Zeitlinger.

Wittchen H.-U., Wunderlich U., Gruschwitz S. & Zaudig M. (1997). *Strukturiertes Klinisches Interview für DSM-IV (SKID-I und SKID-II)*. Göttingen: Hogrefe.

FRANK WAGNER

2. Die Posttraumatische Belastungsstörung

2.1 Einleitung

Die Posttraumatische Belastungsstörung (PTBS) beruht im Gegensatz zu den meisten anderen psychischen Störungen auf der Assoziation von Symptomen mit einem vorausgegangenen extrem belastenden oder »traumatischen« Ereignis. Die Assoziation ist hierbei sowohl chronologisch – die Symptome beginnen unmittelbar oder mit einer bestimmten Latenz nach dem Ereignis – als auch inhaltlich durch die Symptomtrias intrusives Wiedererleben, Vermeidungsverhalten und psychovegetative Übererregung (Hyperarousal) definiert. Betroffene, die unter einer PTBS leiden, erleben Aspekte des Traumas ungewollt in Form von sich aufdrängenden sinnlichen Eindrücken wieder, die durch ihre Plötzlichkeit und Lebendigkeit gekennzeichnet sind. Mit den intrusiven Sinneseindrücken treten in der Regel ähnliche gefühlsmäßige und körperliche Reaktionsweisen auf, wie es zum Zeitpunkt des traumatischen Ereignisses der Fall war. Bestimmte Gedanken und sich aufdrängende Erinnerungsbilder werden unterdrückt und verschiedene Situationen, Gegenstände oder Personen vermieden, die mit Aspekten des Traumaereignisses assoziiert sind.

Die emotionale Befindlichkeit der Betroffenen kann sehr unterschiedlich sein. Sie ist jedoch gewöhnlich charakterisiert durch eine Mischung aus Angst, gedrückter Stimmung, erhöhter Reizbarkeit, emotionaler Taubheit, Selbstvorwürfen und starken Schuld- und Schamgefühlen. Darüber hinaus besteht eine ausgeprägte emotionale, kognitive und psychovegetative Übererregbarkeit.

Basierend auf den Erkenntnissen, dass Vietnamveteranen oft psychisch schwer beeinträchtigt waren, sowie auf den Ergebnissen von Untersuchungen mit Vergewaltigungsopfern, wurde die PTBS in ihrer gegenwärtigen Konzeptualisierung als Traumafolgestörung erstmals 1980 in das *Diagnostische und Statistische Manual Psychischer Störungen* (DSM-III: American Psychiatric Association, 1980) aufgenommen. Eine der treibenden Kräfte hinter der Konzeptualisierung der PTBS war die Vietnam Veterans Working Group (VVWG), eine eher heterogene Vereinigung von Wissenschaftlern und Aktivisten, gegründet 1974 und unterstützt von der American Orthopsychiatric Association und dem National Council of Churches. Die VVWG beschrieb mehrere hundert Beobachtungen und Einzelfalluntersuchungen von Vietnamveteranen, die an psychischen Beeinträchtigungen litten, und stellte eine vorläufige Symptomliste zusammen, ähnlich Abram Kardiners Beschreibung der traumatischen Neurosen unter Weltkriegsveteranen. Vor diesem Hintergrund entschloss sich die *DSM-III Task Force* der American Psychiatric Association (APA) zu einer Neuorganisation der Belastungsreaktionen im DSM.

Nach einer ersten, gröberen Beschreibung der PTBS in dieser Einleitung sollen die Kriterien einer Posttraumatischen Belastungsstörung nachfolgend näher erläutert werden.

2.2 Diagnostische Kriterien der PTBS

Die Posttraumatische Belastungsstörung wird in den zwei international gebräuchlichsten Klassifikationssystemen psychischer Störungen, DSM und ICD, weitestgehend übereinstimmend durch fünf Hauptkriterien definiert: 1.) Trauma-, Stressor-, oder Ereigniskriterium; 2.) intrusives Wiedererleben; 3.) Vermeidungsverhalten und emotionaler Taubheitszustand; 4.) physiologische Übererregung/Hyperarousal; 5.) die Symptomatik dauert länger als einen Monat an.

2.2.1 Das Ereigniskriterium

Nach der gegenwärtig gültigen internationalen Klassifikation psychischer Störungen (ICD-10: Weltgesundheitsorganisation, 1993, S. 169) ist ein Traumaereignis definiert als »belastendes Ereignis oder eine Situation kürzerer oder längerer Dauer, mit außergewöhnlicher Bedrohung oder katastrophenartigem Ausmaß, die bei fast jedem eine tiefe Verzweiflung hervorrufen würde«. Die Definition des Ereigniskriteriums nach der aktuellen Version des *Diagnostischen und Statistischen Manuals Psychischer Störungen* (A1-Kriterium nach DSM-IV-TR; American Psychiatric Association, 2000, S. 491) ist weniger streng gefasst und schließt auch Ereignisse ein, für die nicht unmittelbar eine außergewöhnliche Bedrohung und ein katastrophales Ausmaß kennzeichnend sind; hierzu zählt z. B. auch der plötzliche Tod eines Angehörigen. Nach der DSM-IV-TR kann ein Ereignis nur dann als qualifizierter Stressor für die Entwicklung einer PTBS gelten, wenn folgende zwei Bedingungen erfüllt sind: 1.) Die Person erlebte, beobachtete oder war mit einem oder mehreren Ereignissen konfrontiert, die tatsächlichen oder drohenden Tod oder ernsthafte Verletzung oder eine Gefahr der körperlichen Unversehrtheit der eigenen Person oder anderer Personen beinhalteten. 2.) Die Reaktion der Person umfasste intensive Furcht, Hilflosigkeit und Entsetzen. Der zweite Punkt in der Definition des Ereigniskriteriums kommt beim DSM-IV-TR im Vergleich zur ICD-10 als weitere Bedingung hinzu. Das Ereigniskriterium wird somit aufgeteilt in einen objektiven Teil, welcher das Traumaereignis beschreibt (A1-Kriterium), und in einen subjektiven Teil, welcher die emotionale Reaktion der Person auf das Traumaereignis erfasst (A2-Kriterium), und gilt streng genommen erst dann als erfüllt, wenn beide Teilkriterien (A1 und A2) erfüllt sind.

Die gegenwärtige Definition des A-Kriteriums ist nicht unumstritten. Einerseits wird die Bandbreite an möglichen Traumaereignissen gegenüber früheren Versionen und gegenüber dem ICD-10 stark erweitert, indem jetzt auch Ereignisse unter diese Definition fallen, die nicht direkt erlebt oder beobachtet wurden, sondern von denen man lediglich erfahren hat (z. B. Erfahren vom Tod eines Familienmitglieds, ohne dabei gewesen zu sein). Andererseits ist das A-Kriterium durch die Aufnahme des subjektiven Teilkriteriums (A2) auch eingeengt worden, was dann problematisch ist, wenn das Kriterium insgesamt – trotz deutlich erfülltem A1-Kriterium – nicht erfüllt ist, wie z. B. bei veränderten Bewusstseinszuständen oder dann, wenn Angehörige von Helferberufen im Rahmen von längeren Einsatztätigkeiten erhöhtem traumatischem Stress ausgesetzt sind. Die Nützlichkeit eines A2-Kriteriums wurde vielerorts angezweifelt (z. B. Karam, 2010), weshalb in der Neuauflage des DSM, welches voraussichtlich im Mai 2013 als DSM-V erscheint, das A2-Kriterum mit großer Wahrscheinlichkeit wegfallen wird (DSM-V Development, American Psychiatric Association, 2010).

2.2.2 Intrusives Wiedererleben

Patienten mit einer PTBS können Aspekte des Traumaereignisses und dessen Folgen ungewollt in Form von sich aufdrängenden Sinneseindrücken oder Erinnerungsbruchstücken wiedererleben. Diese sich aufdrängenden sensorischen Eindrücke oder Erinnerungsbruchstücke nennt man *Intrusionen*. Intrusionen sind mehr als ein bloßes Wiedererinnern, sie sind vielmehr ein Stück ungewolltes Neudurchleben des traumatischen Ereignisses oder von Aspekten des Ereignisses und dessen Folgen – mit allen Sinnesqualitäten und allen Affekten, so als ob es gerade in der Gegenwart geschähe. Intrusionen können in Form von Bildern, Geräuschen, Gerüchen, Geschmacksempfindungen oder Körperwahrnehmungen auftreten und zu einem permanenten Erleben von Bedrohung führen. Oft fehlen jedoch bildliche und hörbare Erinnerungen und es treten nur diffuse Gefühle wie Angst, Ohnmacht oder Betäubung auf. Ausgelöst werden solche intrusiven Sinneseindrücke in der Regel von Schlüsselreizen (»Trigger«), die eine Assoziation zum Traumaereignis beinhalten. Hierzu gehören z. B. – im Vergleich zum ursprünglichen Geschehen bzw. Erleben – ähnliche Gegenstände, Situationen, Geräusche, Düfte, aber auch Jahrestage oder Berichte in den Medien.

Die Stärke des Wiedererlebens kann hierbei sowohl quantitativ als auch qualitativ differieren und reicht von einfachen sich aufdrängenden Erinnerungen oder Sinneseindrücken bis hin zu schwereren dissoziativen Episoden, den sogenannten Flashbacks, bei denen die Person in die traumatische Situation zurückversetzt wird bzw. sie neu durchlebt; hierbei kommt es oft zu subjektiv erlebten Überflutungszuständen, die kaum kontrollierbar sind. Betroffene verhalten sich dann oft so, als ob die Bedrohung in der Gegenwart erneut stattfände. Je nach Schwere eines Flashbacks kann eine Person hierbei den Gegenwartsbezug beibehalten oder diesen verlieren, d. h. jegliches Bewusstsein dafür verlieren, was gerade in der Gegenwart geschieht. Die zeitliche Achse, d. h. die Differenzierungsfähigkeit, was in der Vergangenheit und was in der Gegenwart liegt, geht während der Episode verloren. Dieser dissoziative Zustand kann einige Sekunden bis Stunden andauern.

Eine weitere Form von intrusivem Wiedererleben stellt der Alptraum dar, wobei die Bandbreite der Trauminhalte von lebhaften Wiederholungen des Traumaereignisses bis hin zu extremen Verzerrungen reicht.

Aus der klinischen Praxis ist bekannt, dass manche Betroffene von flashbackartigen Intrusionen berichten, die nicht auf das Traumaereignis bezogen zu sein scheinen. Oft handelt es sich hierbei um Vorstellungen von Katastrophen, die bisher nicht eingetreten sind, oder um surreale Bilder und Szenen, wie z.B. das Erblicken eines Totenschädels. Es scheint sich hierbei in der Tat um eine Intrusion zu handeln, die allerdings keine Erinnerungsbruchstücke wiedergibt, sondern »konstruiert« wurde. Seidler et al. (2003) schlugen für diese Form von Intrusionen den Begriff »phantasmatische Intrusion« vor. Einen solchen Erklärungsansatz in die Diskussion einzuführen ist nicht unproblematisch, wirft doch eine solche Möglichkeit generell die Frage nach der exakten Abbildung der Ereignisse in traumatischen Erinnerungen auf.

2.2.3 Vermeidungsverhalten/ emotionale Taubheit

Da Erinnerungen an das Trauma in der Regel mit belastendem emotionalem Erleben verbunden sind, ist es ein natürlicher Schutzreflex, diese belastenden Gefühle vermeiden zu wollen. Aus diesem Grunde versuchen Betroffene oft, nicht mehr an das Erlebte zu denken, was aber in den meisten Fällen nicht gelingt. Auch werden in der Regel Situationen, Menschen, Gegenstände oder Örtlichkeiten gemieden, die mit dem Trauma assoziiert sind. Die Patienten hoffen so, die Wahrscheinlichkeit zu minimieren, dass sie Reizen ausgesetzt werden, die intrusive Erinnerungen und Sinneseindrücke des Traumas auslösen. Möglicherweise, so bemerkt Maercker (2009, S. 18), kann ein extremes Bemühen, die belastenden Erinnerungen wegzudrängen, zu dissoziativen Zuständen wie Teilamnesien führen, bei denen man sich nur sehr unscharf an das Erlebte erinnern kann. Diese willentliche Form der Vermeidung stellt eine maladaptive Bewältigungsstrategie dar, welche dazu führen kann, dass die posttraumatische Symptomatik bestehen bleibt.

Eine weitere Form der Vermeidung stellt das sogenannte Sicherheitsverhalten dar. Dieses beinhaltet Strategien, die eine befürchtete Wiederholung der Katastrophe verhindern oder deren Auswirkungen minimieren sollen. Hierzu gehören beispielsweise überzogene Schutz- und Kontrollmaßnahmen.

Eine nicht dem Willen unterworfene Form der Vermeidung ist das emotionale Betäubtsein (engl. emotional numbing). Hierzu gehören alle Symptome, die mit der Unfähigkeit, positive Gefühle adäquat auszudrücken, verbunden sind. Das sind z.B. eine Verminderung der Interessen, ein eingeschränkter Affektspielraum, eine eingeschränkte Zukunftsperspektive sowie das Gefühl, von anderen abgeschnitten zu sein oder nicht dazuzugehören. Auch die Unfähigkeit, sich an detaillierte Aspekte des Traumaereignisses zu erinnern, gehört zu dieser nicht vom Willen abhängigen Vermeidung.

Obwohl das *Numbing* Teil des Vermeidungsclusters ist, scheint eine Unterscheidung sinnvoll: Während die willentliche Vermeidung von Gedanken und Gefühlen an das Trauma sowie die Vermeidung von Aktivitäten, Situationen, Menschen oder Dingen eher phobischen Charakter haben, stellt das Numbing einen Selbstschutzmechanismus dar, der unbewusst abläuft und die Verdrängung negativer Gefühle reguliert. Für das DSM-V wird diskutiert, die Numbing-Symptomatik, die bisher dem

Vermeidungscluster zugeordnet war, einem eigenem Cluster zuzuordnen (DSM-V Development, American Psychiatric Association, 2010).

Die Kriterien der PTBS nach den beiden Klassifikationssystemen ICD-10 und DSM-IV-TR sind in den Tabellen 1 und 2 abgebildet.

2.2.4 Psychovegetative Übererregung/ Hyperarousal

Ein Hyperarousal ist ein Zustand, in dem sich das autonome Nervensystem in ständiger Alarmbereitschaft befindet. Die Erregungsschwelle ist hierbei gesenkt, so dass schon kleinste Belastungen zu übersteigerter Schreckhaftigkeit oder Reizbarkeit führen können. Die Betroffenen sind dabei hypervigilant, d.h. in übersteigertem Maße wachsam gegenüber allen möglichen Reizen. Evolutionsbiologisch betrachtet ist Hyperarousal ein funktionaler Mechanismus, der den Menschen im Angesicht von Gefahr zu überleben hilft, indem er die Sinne schärft, wachhält und Energiereserven mobilisiert, die zu einer Kampf- oder Fluchtreaktion befähigen. Bei Traumatisierten ist jedoch die Fähigkeit zur Unterscheidung zwischen dem Vorliegen einer realen Bedrohung und Sicherheit deutlich beeinträchtigt oder sogar verlorengegangen, neutrale Reize können mit dem Trauma assoziiert und als gefährlich interpretiert werden. Dies führt dazu, dass sich das autonome Nervensystem in ständiger Alarmbereitschaft befindet, was zu Schlafstörungen, Konzentrationsstörungen und erhöhter Reizbarkeit führen kann. Für das DSM-V wird diskutiert, zusätzlich selbstgefährdendes und selbstschädigendes Verhalten in das Hyperarousal-Cluster mit aufzunehmen (DSM-V Development, American Psychiatric Association, 2010).

Tab. 1: Kriterien der PTBS nach dem ICD-10

ICD-10: Posttraumatische Belastungsstörung (F43.1)
A. Die Betroffenen sind einem kurz oder lang anhaltenden Ereignis oder Geschehen von außergewöhnlicher Bedrohung mit katastrophalem Ausmaß ausgesetzt, das nahezu bei jedem tiefgreifende Verzweiflung auslösen würde.
B. Anhaltende Erinnerungen oder Wiedererleben der Belastung durch aufdringliche Nachhallerinnerungen (Flashbacks), lebendige Erinnerungen, sich wiederholende Träume oder durch innere Bedrängnis in Situationen, die der Belastung ähneln oder mit ihr in Zusammenhang stehen.
C. Umstände, die der Belastung ähneln oder mit ihr in Zusammenhang stehen, werden tatsächlich oder möglichst vermieden. Dieses Vermeiden bestand nicht vor dem belastenden Ereignis.

D. Entweder 1 oder 2:
1. Teilweise oder vollständige Unfähigkeit, einige wichtige Aspekte der Belastung zu erinnern.
2. Anhaltende Symptome (nicht vorhanden vor der Belastung) mit zwei der folgenden Merkmale:
   a. Schlafstörungen
   b. Reizbarkeit oder Wutausbrüche
   c. Konzentrationsprobleme
   d. erhöhte Schreckhaftigkeit

E. Die Kriterien B, C, D treten innerhalb von 6 Monaten nach dem Belastungsereignis oder nach Ende einer Belastungsperiode auf. In einigen Fällen kann ein späterer Beginn berücksichtigt werden, dies sollte aber gesondert angegeben werden.

Tab. 2: Kriterien der PTBS nach dem DSM-IV-TR

DSM-IV-TR: Posttraumatische Belastungsstörung (309.81)

A. Die Person wurde mit einem traumatischen Ereignis konfrontiert, bei dem die beiden folgenden Kriterien vorhanden waren:
1. Die Person erlebte, beobachtete oder war mit einem oder mehreren Ereignissen konfrontiert, die tatsächlichen oder drohenden Tod oder ernsthafte Verletzung oder eine Gefahr für die körperliche Unversehrtheit der eigenen Person oder anderer Personen beinhalteten.
2. Die Reaktion der Person umfasste intensive Furcht, Hilflosigkeit oder Entsetzen [...].

B. Das traumatische Ereignis wird beharrlich auf mindestens eine der folgenden Weisen wiedererlebt:
1. wiederkehrende und eindringliche belastende Erinnerungen an das Ereignis, die Bilder, Gedanken oder Wahrnehmungen umfassen können [...];
2. wiederkehrende, belastende Träume von dem Ereignis [...];
3. Handeln oder Fühlen, als ob das traumatische Ereignis wiederkehrte (beinhaltet das Gefühl, das Ereignis wiederzuerleben, Illusionen, Halluzinationen und dissoziative Flashback-Episoden, einschließlich solcher, die beim Aufwachen oder bei Intoxikationen auftreten) [...];
4. intensive psychische Belastung bei der Konfrontation mit internalen oder externalen Hinweisreizen, die einen Aspekt des traumatischen Ereignisses symbolisieren oder an Aspekte desselben erinnern;
5. körperliche Reaktionen bei der Konfrontation mit internalen oder externalen Hinweisreizen, die einen Aspekt des traumatischen Ereignisses symbolisieren oder an Aspekte desselben erinnern.

C. Anhaltende Vermeidung von Reizen, die mit dem Trauma verbunden sind, oder eine Abflachung der allgemeinen Reagibilität (vor dem Trauma nicht vorhanden). Mindestens drei der folgenden Symptome liegen vor:
1. bewusstes Vermeiden von Gedanken, Gefühlen oder Gesprächen, die mit dem Trauma in Verbindung stehen,
2. bewusstes Vermeiden von Aktivitäten, Orten oder Menschen, die Erinnerungen an das Trauma wachrufen,
3. Unfähigkeit, einen wichtigen Aspekt des Traumas zu erinnern,
4. deutlich vermindertes Interesse oder verminderte Teilnahme an wichtigen Aktivitäten,
5. Gefühl der Losgelöstheit oder Entfremdung von anderen,
6. eingeschränkte Bandbreite des Affekts (z. B. Unfähigkeit, zärtliche Gefühle zu empfinden),
7. Gefühl einer eingeschränkten Zukunft (erwartet z. B. nicht, Karriere zu machen, Ehe, Kinder oder normal langes Leben zu haben).

D. Anhaltende Symptome erhöhten Arousals (vor dem Trauma nicht vorhanden). Mindestens zwei der folgenden Symptome liegen vor:
1. Schwierigkeiten, ein- oder durchzuschlafen,
2. Reizbarkeit oder Wutausbrüche,
3. Konzentrationsschwierigkeiten,
4. übermäßige Wachsamkeit (Hypervigilanz),
5. übertriebene Schreckreaktion.

E. Das Störungsbild (Symptome unter Kriterium B, C und D) dauert länger als 1 Monat.

F. Das Störungsbild verursacht in klinisch bedeutsamer Weise Leiden oder Beeinträchtigungen in sozialen, beruflichen oder anderen wichtigen Funktionsbereichen.

Bestimme, ob:
akut: Wenn die Symptome weniger als 3 Monate andauern.
chronisch: Wenn die Symptome mehr als 3 Monate andauern.

Bestimme, ob
mit verzögertem Beginn: Wenn der Beginn der Symptome mindestens 6 Monate nach dem Belastungsfaktor liegt.

2.2.5 Zeitlicher Verlauf der PTBS

PTBS-Symptome können innerhalb von wenigen Stunden nach einem traumatischen Ereignis auftreten, wobei nach dem DSM-IV-TR per definitionem eine PTBS erst frühestens vier Wochen nach einem solchen Ereignis zu diagnostizieren ist. Die ICD-10 ist bezüglich der Erstmanifestation einer PTBS weniger klar und setzt den Beginn auf wenige Wochen bis Monate nach dem Trauma. Eine PTBS entwickelt sich meist innerhalb von sechs Monaten nach dem Trauma, kann aber in seltenen Fällen auch noch Jahre danach auftreten. Für die Zeit unmittelbar nach dem Traumaereignis kann eine Belastungsreaktion nach der ICD-10 als akute Belastungsreaktion (F 43.0) oder nach dem DSM-IV als »akute Belastungsstörung« (308.3) beschrieben werden. Darüber hinaus gibt es in der ICD-10 noch die »andauernde Persönlichkeitsänderung nach Extrembelastung« (F 62.0). Die Belastung muss für diese Diagnose jedoch so extrem sein (z. B. Erlebnisse in einem Konzentrationslager), dass die Vulnerabilität der betreffenden Person als Erklärung für die tiefgreifende Auswirkung auf die Persönlichkeit als Erklärung nicht ausreicht. Eine Posttraumatische Belastungsstörung kann dieser Form der Persönlichkeitsänderung vorangehen. Sie wird dann als eine chronische, irreversible Folge von Belastungen angesehen. Im DSM-IV-TR gibt es keine Entsprechung zu dieser Störung, weshalb sie in der aktuellen Traumaforschung eher eine untergeordnete Rolle spielt. An weiteren Traumafolgestörungen, die nicht in den Diagnosesystemen vertreten sind, aber der Tatsache Rechnung tragen wollen, dass manche Personen ein klinisches Bild entwickeln, das über die Symptome einer PTBS hinausgeht, werden die komplexe Posttraumatische Belastungsstörung (kPTBS) nach Herman (1992; vgl. den Beitrag von Sachsse & Sack in diesem Band) sowie die Entwicklungstraumastörung nach van der Kolk (2005) diskutiert. Ob einer dieser Diagnosevorschläge Eingang in die Neuauflagen der Klassifikationssysteme findet, bleibt abzuwarten.

In der US-amerikanischen National Comorbidity Study (Kessler et al., 1995), einer größeren epidemiologischen Untersuchung, zeigte sich bei einem großen Teil der von einer PTBS Betroffenen eine Symptomrückbildung innerhalb der ersten 12 Monate nach einem Traumaereignis. Allerdings zeigte etwa ein Drittel aller von der PTBS Betroffenen auch nach Jahren noch anhaltende PTBS-Symptome. Erhielten die Betroffenen jedoch irgendeine Form von Psychotherapie, waren diese nach drei Jahren immerhin zur Hälfte beschwerdefrei, während die Hälfte der PTBS-Betroffenen, die nicht behandelt wurden, erst nach etwas mehr als 5 Jahren beschwerdefrei waren. Die Daten sind allerdings nur eingeschränkt interpretierbar, da sie nicht auf prospektiven Längsschnittstudien beruhen; zudem wurde bei der Betrachtung des zeitlichen Verlaufs nicht zwischen der Art der Traumaereignisse und nicht zwischen Therapiemethoden unterschieden.

2.3 Spezielle Formen der PTBS

2.3.1 Delayed onset PTSD

Manifestiert sich eine PTBS-Symptomatik später als sechs Monate nach dem Ereignis, spricht man von einer *PTBS mit verzögertem Beginn*. In einer Untersuchung von Bryant & Harvey (2002) traf dies nur auf etwa 5 %

aller Probanden zu. In der klinischen Praxis mag dieses Phänomen häufiger zu beobachten sein. Einige diagnostische Schwierigkeiten sind jedoch damit verbunden. So wäre es durchaus denkbar, dass anfänglich ein partiell ausgeprägtes Störungsbild vorhanden ist, bei dem die Symptomschwere stetig zunimmt, oder dass eine bestehende PTBS-Symptomatik früh nach dem Traumaereignis remittiert oder der Betroffene zunächst eine Phase emotionaler Betäubung erfährt; oder es war ein partiell ausgeprägtes Störungsbild vorhanden, wobei gegebenenfalls Erinnerungen an das Ereignis abgespalten waren, und es setzt erst zu einem späteren Zeitpunkt angesichts einer späteren Wahrnehmung einer Bedrohung, kritischer Lebensereignisse oder nachfolgender Traumaereignisse eine PTBS-Symptomatik ein. Bei Betroffenen des 2. Weltkrieges wurde von einer Reaktivierung der PTBS berichtet. Diese scheint im Zusammenhang mit einem Rückzug aus der Arbeit, Einsamkeit, komorbiden psychiatrischen Erkrankungen oder Verlusterfahrungen zu stehen (MacLeod, 1994).

2.3.2 Partielle PTBS

Oft leiden Betroffene nach einem traumatischen Ereignis an einigen Symptomen einer PTBS, ohne jedoch alle erforderlichen Kriterien für die Vergabe einer PTBS-Diagnose zu erfüllen. In diesem Fall spricht man von einer partiellen oder einer subthreshold PTSD. Norris (1992) schätzt in einer ihrer Untersuchungen, dass die PTBS-Rate verdoppelt oder verdreifacht worden wäre, wenn man bei der Diagnose der PTBS eines der erforderlichen Vermeidungskriterien weggelassen hätte. Das Vollbild einer PTBS sei lediglich die »Spitze des Eisberges«.

Einige Forscher schlagen daher vor, Traumasymptome auf einem Kontinuum zu betrachten, mit dem Vollbild einer PTBS am äußeren Pol. Unklar bleibt hierbei allerdings, ob sich die Bilder einer PTBS entlang des Spektrums nur graduell voneinander unterscheiden oder ob es qualitative Unterschiede gibt.

2.4 Epidemiologie

Die Prävalenz (Auftretenshäufigkeit) einer PTBS ist unmittelbar von der Prävalenz von Traumaereignissen abhängig. Darüber hinaus spielen für die Entwicklung einer PTBS weitere Faktoren eine Rolle, u. a. die Art, Schwere und Dauer eines Traumaereignisses. So berichten nach Breslau (2002, S. 925) einige frühere Studien von Lebenszeitprävalenzen bezüglich der Konfrontation mit einem traumatischen Ereignis von 40–60 %, wohingegen nachfolgende Studien, die auf der Stressordefinition des DSM-IV basierten, oft noch weitaus höhere Lebenszeitprävalenz fanden (Breslau et al., 1998; de Vries & Olff, 2009). Als Lebenszeitprävalenz von Traumaereignissen ist hier der Anteil an Personen zu verstehen, dem mindestens einmal im Leben ein traumatisches Ereignis widerfahren war. Ein Grund für diese hohe Prävalenzrate, klassifiziert nach dem DSM-IV, liegt in der Erweiterung der Bandbreite an möglichen Traumaereignissen. So wurden Ereignisse aufgenommen, wie beispielsweise das Konfrontiert werden mit dem Tod, einer Verletzung oder der Bedrohung anderer Personen, was in früheren DSM-Versionen nicht ausreichte, um eine PTBS zu diagnostizieren. Ein Großteil aller Menschen wird somit in ihrem Leben mit mindestens einem traumatischen Ereignis konfrontiert werden, welches nach dem DSM-IV klassifiziert werden kann. Etwa 25–30 % aller von einem Traumaereignis Betroffenen entwickeln Symptome einer PTBS (Breslau et al., 1991; Hollander et al., 1999), wobei die bedingte Prävalenzrate bei Hochrisikogruppen und nach besonders schweren Traumaereignissen (»man-made disasters« oder Kriegserfahrungen) deutlich höher ausfallen kann. Schätzungen der Lebenszeitprävalenz der PTBS in der Bevölkerung variieren je nach Untersuchung zwischen 1 und 12 %, wobei Frauen ein doppelt so hohes Erkrankungsrisiko tragen wie Männer. (Breslau, 2002; Kessler et al., 1995, 2005; Maercker et al., 2008). Eine zufriedenstellende Erklärung der Unterschiede in der Lebenszeitprävalenz der PTBS bei den beiden Geschlechtern liegt bisher trotz zahlreicher Studien zum Thema nicht vor (siehe auch Breslau, 2009).

Die Posttraumatische Belastungsstörung (PTBS) ist nicht die einzige Traumafolgestörung, die sich aufgrund eines traumatischen Ereignisses entwickeln kann. So zeigt die PTBS eine beträchtliche Komorbidität mit anderen psychischen Störungen wie affektiven Störungen, Panikstörungen, Phobien und generalisierte Angststörungen, des Weiteren Substanzmissbrauch, Somatisierungsstörungen oder Persönlichkeitsstörungen, wobei hier insbesondere die Borderline- und die antisoziale Persönlichkeitsstörung zu nennen sind. In der oben erwähnten epidemiologischen Studie von Kessler et al. (1995) fanden sich bei 88 % der Männer und 79 % der Frauen mit einer PTBS mindestens eine oder mehrere komorbide psychische Störungen. Eine Depression entwickelte etwa die Hälfte aller von einer PTBS Betroffenen Männer und Frauen. Der Missbrauch von Alkohol trat bei etwa einem Viertel aller von einer PTBS betroffenen Frauen und der Hälfte der Männer auf.

2.5 Risikofaktoren der PTBS

Ein traumatisches Ereignis ist eine unabdingbare Voraussetzung für die Entwicklung einer PTBS, reicht aber zu deren Erklärung nicht aus, und zwar deshalb nicht, weil nach einem traumatischen Ereignis ein Großteil der Betroffenen keine PTBS entwickelt. Die Fähigkeit einer Person, ein Traumaereignis zu bewältigen, ist mit Faktoren wie dem persönlichen Glaubenssystem (Überzeugungen), traumatischen Vorerfahrungen und sozialer Unterstützung, inneren Ressourcen, genetischer Prädisposition und anderen Stressoren im Leben assoziiert. In diesem Zusammenhang sei auf Befunde verwiesen, die darauf hindeuten, dass auch Ereignisse, die nach den beiden Klassifikationssystemen nicht als »traumatisch« zu definieren sind, eine PTBS-Symptomatik hervorrufen können (siehe Seidler & Wagner, 2006).

So diskutieren Harvey und Yehuda (1999) Diathese-Stress-Modelle der PTBS. Derartige Modelle versuchen, die unterschiedliche Entwicklung psychischer Störungen bei verschiedenen Menschen beim Vorliegen der gleichen Stressoren durch die Annahme einer Diathese bzw. einer speziellen »Vulnerabilität« zu erklären. Diesen Modellen liegt die Annahme zugrunde, dass eine Vulnerabilität (d. h. eine multifaktoriell vermittelte, dispositionelle Verletzbarkeit oder Schwäche) und die Einwirkung von Stressoren in komplementärer Wirkung die Manifestation der Krankheit bedingen. Eine Erkrankung ist demnach stets eine Interaktion von prädispositionellen Faktoren und Umweltfaktoren. Von dieser Perspektive aus gesehen reicht weder ein traumatisches Ereignis noch das alleinige Vorhandensein von Risikofaktoren für die Entwicklung einer PTBS aus. Legt man der Entwicklung einer PTBS ein solches Diathese-Stress-Modell zugrunde, wäre denkbar, dass auch sogenannte Low-Magnitude-Stressoren – also Stressoren, die nach der Definition des DSM allein nicht in der Lage sind, eine PTBS auszulösen – bei einer hohen Vulnerabilität zur Entwicklung einer PTBS-Symptomatik führen können. Die Schwelle für die Entwicklung einer PTBS ist bei vulnerablen Personen somit niedriger als bei anderen Personen.

Als weiteres Erklärungsmodell wird auch das Phänomen des »Kindling« diskutiert. »Kindling« wurde zuerst von Goddard, McIntyre und Leech (1969) beschrieben. Diese Autoren untersuchten das Lernverhalten von Ratten, wobei sie die Gehirne einiger Ratten elektrisch stimulierten. Diese Stimulation war viel zu gering, um einen Krampfanfall auszulösen. Nachdem die Ratten einige Wochen mit dieser geringen elektrischen Stimulation behandelt wurden, zeigten sich letztendlich doch Krampfanfälle. Die Rattengehirne wurden offensichtlich gegenüber diesen Reizströmen sensibilisiert. Selbst nach einigen Monaten ohne Stimulation zeigte eine der Ratten nach einer erneuten Stimulation wieder Krampfanfälle. Die Autoren übertrugen dieses Modell auf die Entstehung von epileptischen Anfällen und fanden heraus, dass eine wiederholte unterschwellige elektrische Stimulation zu einem ausgeprägten zerebralen Anfall führen kann. Der Begriff des »Kindling« ist eine Metapher für diesen Prozess und bedeutet so viel wie »Entfachen, Entzünden eines Feuers«.

Post, Ballenger, Rey und Bunney (1981) schlugen vor, das Kindling-Modell auf affektive Störungen anzuwenden. Sie beschrieben ein Diathese-Stress-Modell, in dem bestimmte Lebensereignisse nach einer oder mehreren Krankheitsepisoden das limbische System gegenüber Stressoren sensibilisieren, so dass letztlich immer geringere Stressoren ausreichen, um neue Episoden auszulösen. Überträgt man dieses Modell auf die Posttraumatische Belastungsstörung, kann man sich vorstellen, dass ein aktuelles Ereignis, das für sich genommen nicht die Bedingung des A-Kriteriums erfüllt, limbische Strukturen »anfachen« kann und zu Symptomen führt, die bei einer PTBS diagnostiziert werden können, unter der weiteren Bedingung, dass bereits zahlreiche weitere derartige Belastungssituationen stattgefunden hatten und das System entsprechend sensibilisiert ist. Es kommt hierbei also zu einer fortlaufenden Vulnerabilisierung des Gehirns, so dass im weiteren Verlauf Stressoren von immer geringerer Stärke ausreichen, um eine Symptomatik auszulösen. Psychobiologisch lässt sich »Kindling« folgendermaßen erklären: Ein Stressor führt zum Anstieg des hypothalamischen Peptidhormons CRH (Corticotropin-Releasing-Hormone), welches direkt noradrenerge Neurone im Locus coeruleus stimuliert. Dies wiederum führt zu einer gesteigerten Empfindlichkeit in limbischen Kernen. Auf diese Weise können wiederholte Stressepisoden limbische Kerne »anfachen« und sie für neue Stressoren sensibilisieren (siehe Hageman et al., 2001, S. 415).

Während also das Diathese-Stress-Modell eher auf eine Diskrepanz zwischen »bedrohlichen« Situationsfaktoren und den individuellen Bewältigungsmöglichkeiten abhebt und Ursachen für die gegenüber einem bestimmten Ereignis unzulänglichen Bewältigungsmöglichkeiten nicht weiter präzisiert, geht das Kindling-Modell von einem Summationseffekt jeweils unterschwelliger Belastungsereignisse aus. Das erstgenannte Modell ist ein relationales und dynamisches, es ist auch dialektisch, insofern »Ereignis« hier als Moment eines Prozesses verstanden wird und ohne diesen nicht beschreibbar ist; das zweite Modell ist statischer, hat aber den Vorteil, besser operationalisierbar zu sein. Das Diathese-Stress-Modell kann plausibel machen, warum dieser Mensch und nicht jener eine PTBS entwickelt, das Kindling-Modell, warum beispielsweise erst das sechste – möglicherweise niedrigschwellige – Ereignis zur PTBS führte und nicht ein früheres.

2.6 Literatur

American Psychiatric Association (1980). *Diagnostic and statistical manual of mental disorders.* 3. Aufl. – *DSM-III.* Washington, DC: American Psychiatric Association. Dt.: *Diagnostisches und Statistisches Manual Psychischer Störungen. DSM-III.* Dt. Bearb. u. Einf. von K. Koehler u. H. Saß. Weinheim u.a.: Beltz 1984.

American Psychiatric Association (1994). *Diagnostic and statistical manual of mental disorders.* 4. Aufl. – *DSM-IV.* Washington, DC: American Psychiatric Association. Dt.: *Diagnostisches und Statistisches Manual Psychischer Störungen DSM-IV.* Dt. Bearb. u. Einf. von Henning Saß, Hans-Ulrich Wittchen u. Michael Zaudig. Göttingen u.a.: Hogrefe 1996.

American Psychiatric Association (2000). *Diagnostic and statistical manual of mental disorders* (4. Aufl., Textvision) *DSM-IV-TR..* Washington, DC: American Psychiatric Association. Dt.: *Diagnostisches und Statistisches Manual Psychischer Störungen, Textvision, DSM-IV-TR.* Dt. Bearb. und Einf. von Henning Saß, Hans-Ulrich Wittchen, Michael Zaudig u. Isabel Houben. Göttingen u.a.: Hogrefe 2003.

American Psychiatric Association. DSM-V Development. URL: http://www.dsm5.org (Zugriff am 01.11.2010).

Breslau N. (2002). Epidemiologic studies of trauma, posttraumatic stress disorder, and other psychiatric disorders. *Canadian Journal of Psychiatry,* 47 (10), 923–929.

Breslau N. (2009). The epidemiology of trauma, PTSD, and other posttrauma disorders. *Trauma, Violence & Abuse,* 10 (3), 198–210.

Breslau N., Davis G.C., Andreski P. & Peterson E. (1991). Traumatic events and posttraumatic stress disorder in an urban population of young adults. *Archives of General Psychiatry,* 48 (3), 216–222.

Breslau N., Davis G.C., Andreski P., Peterson E.L. & Schultz L.R. (1997). Sex differences in posttraumatic stress disorder. *Archives of General Psychiatry,* 54 (11), 1044–1048.

Breslau N., Kessler R.C., Chilcoat H.D., Schultz L.R., Davis G.C. & Andreski P. (1998). Trauma and posttraumatic stress disorder in the community: The 1996 Detroit Area Survey of Trauma. *Archives of General Psychiatry,* 55 (7), 626–632.

Bryant R.A. & Harvey A.G. (2002). Delayed-onset posttraumatic stress disorder: A prospective evaluation. *Australian and New Zealand Journal of Psychiatry,* 36 (2), 205–209.

de Vries G.-J. & Olff, M. (2009). The lifetime prevalence of traumatic events and posttraumatic stress disorder in the Netherlands. *Journal of Traumatic Stress,* 22 (4), 259–267.

Goddard G.V., McIntyre D.C. & Leech C.K. (1969). A permanent change in brain function resulting from daily electrical stimulation. *Experimental Neurology,* 25 (3), 295–330.

Hageman I., Andersen H.S. & Jørgensen M.B. (2001). Post-traumatic stress disorder: A review of psychobiology and pharmacotherapy. *Acta Psychiatrica Scandinavica,* 104 (6), 411–422.

Harvey P.D. & Yehuda R. (1999). Strategies to study risk for the development of PTSD. In: Yehuda, R. (Hrsg.). *Risk factors for posttrau-*

matic stress disorder. Washington, D.C.: American Psychiatric Press, 1–22.

Herman J.L. (1992). *Die Narben der Gewalt. Traumatische Erfahrungen verstehen und überwinden.* München: Kindler 1994.

Hollander E., Simeon D. & Gorman J.M. (1999). Anxiety disorders. In: Hales R.E., Yudofsky S.C. & Talbott J.A. (Hrsg.). *The American Psychiatric Press textbook of psychiatry.* 3. Aufl. Washington, D.C.: American Psychiatric Press, 610–619.

Karam E.G., Andrews G., Bromet E., Petukhova M., Ruscio A.M., Salamoun M. et al. (2010). The role of criterion A2 in the DSM-IV diagnosis of posttraumatic stress disorder. *Biological Psychiatry,* 68 (5), 465–73.

Kessler R.C., Sonnega A., Bromet E., Hughes M. et al. (1995). Posttraumatic stress disorder in the National Comorbidity Survey. *Archives of General Psychiatry,* 52 (12), 1048–1060.

Kessler, R.C., Chiu, W.T., Demler, O., Merikangas, K.R., Walters, E.E. (2005). Prevalence, severity, and comorbidity of twelve-month DSM-IV disorders in the National Comorbidity Survey Replication (NCS-R). *Archives of General Psychiatry,* 62(6), 617–627.

MacLeod A.D. (1994). The reactivation of posttraumatic stress disorder in later life. *Australian and New Zealand Journal of Psychiatry,* 28, 625–634.

Maercker A., Forstmeier S., Wagner B., Glaesmer H. & Brähler E. (2008). Posttraumatische Belastungsstörungen in Deutschland. Ergebnisse einer gesamtdeutschen epidemiologischen Untersuchung. *Nervenarzt,* 79, 577–586.

Maercker A (2009). Symptomatik, Klassifikation und Epidemiologie. In: Ders (Hrsg.). *Posttraumatische Belastungsstörungen.* 3. Aufl. Berlin, Heidelberg: Springer, 13–32.

Norris F.H. (1992). Epidemiology of trauma: Frequency and impact of different potentially traumatic events on different demographic groups. *Journal of Consulting & Clinical Psychology,* 60 (3), 409–418.

Post R.M., Ballenger J.C., Rey A.C. & Bunney W.E. (1981). Slow and rapid onset of manic episodes: Implications for underlying biology. *Psychiatry Research,* 4 (2), 229–237.

Seidler G.H. & Wagner F.E. (2006). The stressor criterion in PTSD: Notes on the genealogy of a problematic construct. *American Journal of Psychotherapy,* 60 (3), 261–70.

Seidler G.H., Feurer D., Wagner F. & Micka R. (2003): Zur Frage der Anwendung von EMDR bei Schädel-Hirn-Traumatisierten. *Zeitschrift für Psychotraumatologie und Psychologische Medizin,* 1 (3), 35–45.

van der Kolk B.A. (2005). Developmental trauma disorder: Toward a rational diagnosis for children with complex trauma histories. *Psychiatric Annals,* 35 (5), 401–408.

Weltgesundheitsorganisation (1994). *Internationale Klassifikation psychischer Störungen ICD-10. Kapitel V (F). Forschungskriterien.* 1. Aufl. Bern u.a.: Huber.

ULRICH SACHSSE UND MARTIN SACK

3. Die komplexe Posttraumatische Belastungsstörung

3.1 Seelische Symptombildungen infolge von Traumata

In den letzten 20 Jahren wird die Frage intensiv und kontrovers diskutiert, welche Traumata insbesondere in Kindheit und Jugend zu welchen seelischen Symptombildungen – und in welchem Ausmaß – im Erwachsenenalter beitragen können. Diese Diskussion wird sowohl gesellschaftspolitisch im Rahmen der publizistischen Medien als auch wissenschaftlich in verschiedenen Fachdisziplinen geführt. Die Wissenschaft hat hierbei auf Behauptungen aus dem gesellschaftspolitischen Feld eher reagiert, als dass diese Diskussion in wissenschaftlichen Studien ihren Ausgang genommen hätte. Das Verhältnis der Medizin allgemein, der Psychiatrie, Psychologie und Psychoanalyse insbesondere zur Frage, welchen Einfluss eine Traumatisierung auf seelische Entwicklungen nehmen kann, war und ist zwiespältig. Einerseits wurden die Auswirkungen von Kriegstraumata schon von Homer in der Ilias genau beschrieben, wenn es um die »Mänis« des schwer traumatisierten achäischen Eliteoffiziers Achill geht. Shakespeare hat mehrere Gestalten mit klarer PTBS geschaffen: Frau und Herrn Macbeth, Richard III. und Hamlet jr. etwa. Folgen traumatisierender Arbeitsunfälle durch die Industrialisierung wurden unter den Begriffen »Railway Spine« und »Railway Brain« konzeptualisiert. Den französischen und österreichischen Forschern Jean-Martin Charcot, Pierre Janet und Sigmund Freud war die Trauma-Genese vieler »hysterischer« – heute würden wir sagen: psychosomatischer und psychoneurotischer – Symptombildungen durch sexuellen Kindesmissbrauch bekannt (vgl. Teil B dieses Bandes). Andererseits relativierte Sigmund Freud nach 1897 seine ursprüngliche »Verführungstheorie«.

Die Auseinandersetzungen mit den Kriegsneurosen des Ersten Weltkrieges blieben für die allgemeine Psychotherapie und Psychiatrie relativ konsequenzlos. In den 60er Jahren des letzten Jahrhunderts musste die damals gültige psychiatrische Lehrmeinung, ein gesunder Mensch sei *jeder* seelischen Traumatisierung gewachsen, ohne einen bleibenden Schaden davonzutragen, mühsam widerlegt werden, um den Holocaust-Überlebenden gerecht zu werden. Im Rahmen dieser Diskussion wurde auch deutlich, dass es Menschen gibt, die als Kinder oder Erwachsene nie Opfer einer schweren

Traumatisierung im engeren Sinne geworden waren, die aber vergleichbare Symptombilder entwickelt hatten. Denen ging es sehr schlecht und sie berichteten von langjährig unguten Entwicklungsbedingungen aus ihrer Kindheit. Die Londoner Schule der Psychoanalyse widmete sich der Behandlung solcher Bindungstraumata, und Masud Khan formulierte den Begriff der »kumulativen Traumatisierung« durch schädigende Bindungserfahrungen. Dieses Konzept kann als Vorläufer des Konzeptes der komplexen Posttraumatischen Belastungsstörung (kPTBS) verstanden werden (Furst, 1967).

3.2 Frühe Studien zu psychischen Folgen von Traumatisierungen

Anfang der 70er Jahre des 20. Jahrhunderts begannen unter dem Einfluss der amerikanischen Frauenbewegung feministisch orientierte Forscherinnen Untersuchungen zu den psychischen Folgen von Vergewaltigungen. Dabei zeigte sich, dass die Opfer unter Symptomen litten, die bereits an Kriegsveteranen beobachtet worden waren. Nachdem man sich zu Anfang auf die Vergewaltigung *durch Fremde* konzentriert hatte, war der nächste Schritt, Vergewaltigung sowie andere Formen der Gewaltanwendung *in der Familie* zu untersuchen.

Die Beschäftigung mit der Vergewaltigung von erwachsenen Frauen rückte unweigerlich auch den sexuellen Missbrauch von Kindern ins Blickfeld. Neben der sexuellen Gewalt an Kindern dokumentierten Ergebnisse zum »Battered Child Syndrome« das Vorhandensein von aggressiver Kindesmisshandlung, Vernachlässigung und »Broken-Home«-Situationen, nachdem bereits René Spitz die Auswirkungen der Säuglingsdeprivation beschrieben hatte. Die durch diese Ergebnisse begonnene Diskussion hält bis heute auf allen genannten Ebenen an.

Ende der 70er Jahre begannen zunächst in den USA die Bemühungen, das Ausmaß von Traumatisierungen, anfangs insbesondere von sexuellem Missbrauch in der Allgemeinbevölkerung, systematisch zu untersuchen. Die »San Francisco Survey« von Diana Russell (Russel, 1986) war die erste umfangreiche und sorgfältig geplante Feldstudie, die mit einer annähernd repräsentativen Zufallsstichprobe von 930 Frauen durchgeführt wurde. Sie ist ein Bezugspunkt für viele nachfolgende Untersuchungen. Im Rahmen ihrer epidemiologischen Erhebung betonte Russell nachdrücklich die Notwendigkeit einer durch eindeutige Kriterien operationalisierbaren Definition von sexuellem Missbrauch. An der 18-stufigen »Russell-Scale« haben sich die meisten folgenden Untersuchungen orientiert. Von den Teilnehmerinnen dieser Studie waren 28 Prozent als Mädchen in einem Alter von unter 14 Jahren inner- und/oder außerfamiliär missbraucht worden. Diese Befunde wurden anfangs als tendenziös und maßlos übertrieben aufgenommen, an der Grenze zur Fälschung angesiedelt. Inzwischen liegt eine Reihe internationaler Prävalenzstudien aus dem westlichen Kulturkreis vor, die aufgrund ihrer Definitionskriterien, Methodik, Größe und der Zusammensetzung des untersuchten Kollektivs mit der *San Francisco*-Studie vergleichbar sind und die Ergebnisse in der Tendenz bestätigen. Für die Bundesrepublik sind die Studien von Bange, Richter-Appelt und Tiefensee sowie Wetzels und Pfeiffer besonders aussagefähig (Wetzels, 1997). Da hier die Gewalt-Kriterien wesentlich enger definiert wurden als in der Russell-Studie, zeigen die Ergebnisse deutlich niedrigere Zahlen: für den *wiederholten, gewalttätigen, grenzüberschreitenden sexuellen Missbrauch* bei 4–8 % (bei Mädchen) bzw. 0,5–2 % (bei Jungen) sowie für den *ständigen, brutalgewalttätigen Einsatz von körperlicher Gewalt* bei 4–8 % (bei Jungen) bzw. 1–3 % (bei Mädchen). Diese Studien beantworten aber nicht die Frage, wie schädlich diese Traumatisierungen denn mittel- und langfristig überhaupt sind. Nicht jeder als Kind misshandelte Mensch entwickelt als Jugendlicher oder Erwachsener eine behandlungsbedürftige Symptomatik.

In den 80er und 90er Jahren des 20. Jahrhunderts wurden Studien veröffentlicht, die einen empirischen Zusammenhang zwischen psychotherapeutisch oder psychiatrisch behandlungsbedürftigen Störungen im Erwachsenenalter und Kindheitstraumata belegten. Obwohl diese Ergebnisse uneinheitlich sind, zeigen sie doch einen Trend auf: einen Anstieg der Häufigkeit von psychiatrischen Störungsbildern im Vergleich zu den nicht-klinischen Kollektiven, was in einigen Studien mit ambulanten und stationären Gruppen von Patientinnen bzw. Patienten bis zu einer Verdoppelung der Zahl der Missbrauchsopfer führt (Sachsse et al., 1997).

3.3 Das Konzept der kPTBS

Von Anfang an galt neben der Gruppe der Suchtkrankheiten und der Psychosomatosen ein besonderes Interesse den Persönlichkeitsstörungen und dabei besonders der Borderline-Persönlichkeitsstörung (vgl. Kap. C13). Die Kapitel in diesem Band zur kPTBS und zu Traumata bei Persönlichkeitsstörungen weisen darum unvermeidlich Überschneidungen auf. Die Ergebnisse der empirischen Traumaforschung machen deutlich, dass das Ausmaß der nachgewiesenen Missbrauchs- und Misshandlungserfahrungen mit dem jeweilig untersuchten Kollektiv variiert. Die Prävalenz steigt, ausgehend von derjenigen in der Allgemeinbevölkerung, mit zunehmender Schwere der klinischen Störung graduell an. Außerdem wurde bald deutlich, dass es ein Unterschied ist, ob jemand einmal im Alter von 22 Jahren vergewaltigt wurde oder ob es im Alter zwischen 8 und 14 Jahren zweimal pro Woche zu Vergewaltigungen durch einen nahen Familienangehörigen gekommen war. So unterschied die amerikanische Trauma- und Gedächtnisforscherin Lenore Terr das Typ-I-Trauma (Monotrauma) vom Typ-II-Trauma (wiederholte Traumatisierung im Rahmen eines nahen Beziehungsgefüges).

Im Jahr 1976 veröffentlichte die amerikanische Traumaforscherin Judith Herman ein für die Behandlung schwerer traumainduzierter Störungsbilder wegweisendes Buch mit dem deutschen Titel *Die Narben der Gewalt* (Herman, 1994). Herman entwickelte in ihrem Buch eine auch heute noch aktuelle Systematisierung der Folgen von Traumatisierungen durch sexuellen Missbrauch, Vernachlässigung und Misshandlung in der Kindheit. Sie schlug die Bezeichnung »komplexe Posttraumatische Belastungsstörung« (kPTBS; Herman, 1992) für ein charakteristisches Syndrom nach chronischen Traumatisierungen vor, und zwar für:

- Störungen der Affektregulation,
- dissoziative Symptome,
- Störungen der Selbstwahrnehmung,
- Störungen der Sexualität und Beziehungsgestaltung,

- somatoforme Körperbeschwerden,
- Veränderungen persönlicher Glaubens- und Wertvorstellungen.

Bemerkenswerterweise, aber klinisch richtig gehört zu den Kriterien der kPTBS nicht die für die PTBS typische intrusive Symptomatik, die bei der kPTBS durchaus nicht immer festzustellen ist. Vielmehr sind viele Symptome der kPTBS geeignet, Intrusionen und Übererregung suffizient zu verhindern. Eine kPTBS bildet sich aus, um die belastende PTBS-Symptomatik mit Intrusionen, Flashbacks, Übererregung und Realitätsverlust möglichst weitgehend einzuschränken oder sogar zu verhindern. Die Vielfalt der Beschwerden, an denen Patienten mit komplexer PTBS leiden, erschließt sich dem Verständnis erst dann, wenn man die Symptomatik als Anpassungsstrategie und kompensatorische Bewältigung von zugrunde liegenden Regulationsdefiziten begreift, die Folge sowohl einzelner Traumatisierungen als auch traumatischer Beziehungserfahrungen sind (van der Kolk et al., 1996). Aus der Perspektive von Betroffenen erscheint die Umwelt aufgrund von traumatischen Erfahrungen oft als unsicher und durch nicht vorhersehbare Gefahren gekennzeichnet. Hinzu kommt ein fehlendes Gefühl von Kompetenz und Selbstsicherheit, vermittelt durch die Erfahrung, dass nicht nur die Umwelt unberechenbar ist, sondern auch die eigenen Impulse und Affekte schwer steuerbar und beherrschbar sind. Meist erleben sich Patienten den Intrusionen und Alpträumen in einer sehr quälenden Weise ausgeliefert. In Anpassung an diese selbstregulatorischen Defizite aufgrund wiederholter negativer Beziehungserfahrungen entwickeln sich in zunehmendem Maße Misstrauen, Ängste, Rückzugsverhalten sowie Kontakt- und Beziehungsschwierigkeiten. Diese Symptomatik erreicht schließlich ein so großes Ausmaß und betrifft so viele Lebensbereiche, dass sie als schwere psychische Erkrankung mit dem Rang einer Persönlichkeitsstörung in Erscheinung treten kann, z. B. einer Borderline-Persönlichkeitsstörung. Herman, van der Kolk und ihre Arbeitsgruppe stellten zeitweise zur Diskussion, dass jede Borderline-Persönlichkeitsstörung im Grunde eine kPTBS sei (Herman, 1992).

3.4 Komplexe PTBS – DESNOS – Borderline-Persönlichkeitsstörung

Das Konzept der komplexen PTBS wurde in Vorbereitung der DSM-IV-Klassifikation durch eine Expertengruppe um Herman und van der Kolk weiter ausgearbeitet. Die Arbeitsgruppe empfahl unter Berufung auf Ergebnisse einer Feldstudie mit über 500 Patienten mit traumabedingten Störungen (van der Kolk et al., 1996), die komplexe PTBS unter dem Akronym DESNOS (Disorders of Extreme Stress Not Otherwise Specified) als diagnostische Kategorie anstelle der Kategorie BPS (Borderline-Persönlichkeitsstörung) ins DSM-IV aufzunehmen. Die Kategorie DESNOS erhielt schließlich für Forschungszwecke den Rang eines zusätzlichen klinischen Beschreibungsmerkmals der PTBS. Die Bezeichnung DESNOS wird im amerikanischen Sprachraum synonym mit dem Begriff kPTBS verwandt (Sack, 2004).

Patienten mit Borderline-Persönlichkeitsstörungen schildern häufig eine Vorgeschichte körperlicher, psychischer oder sexueller Traumatisierungen. Inzwischen häufen sich Befunde, die von Prävalenzraten von über 50 % bis hin zu 80 % für schwere kindliche Traumatisierungen bei Borderline-Patienten berichten (Sachsse et al., 1997; Zanarini et al., 2006). Gleichzeitig wird von kompetenter Seite betont, dass die Rolle von Traumatisierungen in der Genese von Borderline-Persönlichkeitsstörungen wichtig ist, aber weder eine notwendige noch hinreichende ätiologische Bedingung darstellt (Dulz et al., 2010). Die Diskussion darüber, ob Borderline-Störungen komplexe Traumafolgestörungen sind, hängt ganz davon ab, wie der Begriff Trauma definiert und verstanden wird. Zweifelsfrei ist nicht jede Borderline-Persönlichkeitsstörung eine Traumafolgestörung, wenn die Trauma-Definitionen des DSM und der ICD zugrunde gelegt werden. Ein Mensch kann eine klinisch gravierende Borderline-Persönlichkeitsstörung entwickeln, ohne als Kind oder Jugendlicher ein einziges Mal vergewaltigt oder durch körperliche Gewalt traumatisiert worden zu sein.

3.4.1 Entwicklungstraumatisierungen

Entwicklungstraumatisierungen (engl.: relational traumata) in Form von schwerer Vernachlässigung (Schore, 2001) oder wiederholter psychischer Gewalt – etwa durch massive Abwertungen und Morddrohungen – die an Kindern begangen werden, sind in den Trauma-Kriterien nach DSM-IV und ICD-10 nicht explizit enthalten, obwohl Patienten mit den entsprechenden Folgen einen großen Teil der hilfesuchenden Patienten in der psychotherapeutischen Praxis ausmachen. Dies ist von erheblicher Bedeutung, wenn die traumatische Genese der BPS thematisiert wird. Nimmt man diese Zusammenhänge ernst, ergibt sich hieraus die Notwendigkeit, die Definition von Traumatisierungen um kindliche Erfahrungen von psychischer Gewalt und Vernachlässigung zu erweitern. Diese Sichtweise hat eine lange Tradition in der Psychoanalyse beispielsweise der Londoner Schule (Furst, 1967), die bei repetitiven Bindungsschädigungen von »kumulativem Trauma« gesprochen hat, und wird durch eine Vielzahl neurobiologischer Befunde bestätigt, die belegen, welche umfangreichen Schäden Traumatisierungen durch Beziehungspersonen im Gehirn des Kindes hinterlassen; solche frühen Schädigungen sind auch auf der neurobiologischen Untersuchungsebene bis ins Erwachsenenalter nachweisbar (Schore, 2001). Andererseits wird der Begriff Trauma durch diese Ausweitung kaum noch wirklich operationalisierbar; er wird zu einem Synonym für »unverarbeitet, nicht zu bewältigen, nicht integrierbar«. Der Mangel an Trennschärfe und die Probleme bei der Begriffsverwendung werden dadurch verstärkt, dass es inzwischen neben dem Begriff der »Entwicklungstraumatisierung« noch den des »Beziehungstraumas« gibt, etwa für Mobbing oder sehr belastende Partnerschaften, sowie den Begriff der »Entwicklungstraumastörung«, der für komplexe traumatisierende Einflüsse besonders in der Pubertät und Adoleszenz Anwendung findet.

Verlässliche Zahlen zur Häufigkeit von schwerer Vernachlässigung im Kindesalter liegen für Deutschland nicht vor. In der gesellschaftspolitischen Diskussion wird oft die Zahl von 5 % »Problemfamilien« genannt, die mit der Kindererziehung massiv überfordert sind. Erhebungen aus den USA kommen zu einem vergleichbaren Ergebnis. Zur Vernachlässigung zählt auch die chronische Nicht-Verfügbarkeit bzw. die chronische emotionale Abwesenheit der primären

Bezugspersonen. Dies erlebt das Kind, wenn die Eltern beispielsweise alkohol- oder drogenabhängig sind oder die signifikante Bezugsperson an einer schweren psychischen Erkrankung (etwa einer Psychose) leidet und dem Kind keine Aufmerksamkeit und Zuwendung entgegenbringen kann.

Ähnlich hohe Prävalenzraten wie für Vernachlässigung werden bezüglich psychischer Gewalt durch Anschreien, Beschimpfen, Demütigen und Entwerten berichtet. Betroffenen Kindern und Jugendlichen wird durch Schmähungen, Herabsetzen, Bedrohungen, Lächerlichmachen, Einschüchtern oder Ignorieren vermittelt, dass sie wertlos, fehlerhaft, ungeliebt oder ungewollt sind. Die Dialektisch-Behaviorale Therapie (DBT) bezeichnet dies als »Invalidierung«, Resultat sind psychisch »invalide«, sich selbst als wertlos empfindende Menschen. Ähnlich wie bei emotionaler Vernachlässigung entsteht durch psychische Gewalt eine massive Störung der emotionalen Bindung an die Bezugspersonen und in der Folge ängstliches Verhalten, Misstrauen, Rückzug oder Aufsässigkeit, letztlich also Schwierigkeiten in Beziehungen generell. Typische Folge ist auch die anhaltende und starke Verunsicherung bezüglich des Selbstwerts und des Rechts, die eigene Meinung und eigene Bedürfnisse zu vertreten, sich also abzugrenzen.

Auch im späteren Leben bleiben auf diese Weise in der Kindheit vorgeschädigte Erwachsene für Dysregulationen besonders vulnerabel. Die Selbstregulation und der Umgang mit äußeren Stressoren im Alltag sind erschwert. Besonders schwere und wiederkehrende emotionale Belastungen entstehen häufig durch Probleme in nahen zwischenmenschlichen Beziehungen, z. B. bei Konflikten und Trennungssituationen innerhalb einer Partnerschaft oder durch Konflikte am Arbeitsplatz. Nicht selten entwickeln sich bei von Entwicklungstraumatisierungen Betroffenen schon in der Adoleszenz Symptome einer Persönlichkeitsstörung, die sich als Bewältigungsversuche und als Reaktion auf die durch traumatische Erfahrungen induzierte Problematik verstehen lassen.

Aus einer Synopsis von über 50 Artikeln in der aktuellen Ausgabe des *Handbuchs der Borderline-Störungen* (Dulz et al., 2011) lässt sich folgern, dass die Borderline-Persönlichkeitsstörung im ursprünglichen Sinne mit ihrer Problematik der Identitätsdiffusion, Angst vor dem Alleinsein, gestörten Fähigkeit zur Emotionsregulation auf erheblich gestörten Bindungs- und Beziehungserfahrungen bis hin zu massiven Beziehungstraumatisierungen in der Kindheit beruht. Die Behandlung von Borderline-Patienten wird aber erheblich erschwert, wenn sie als Kinder sexualisierter Gewalt ausgesetzt waren (Zanarini et al., 2006), und die Langzeitentwicklungsprognose von Patienten mit BPS und komorbider PTBS ist ähnlich belastet wie diejenige mit BPS plus Sucht.

3.4.2 Symptome der BPS als Versuche der Traumabewältigung

Alle Kriterien und Phänomene einer BPS sind psychodynamisch auch als Traumabewältigungsversuche verstehbar (Sachsse, 1995). Nach psychoanalytischen Kriterien ist ein Trauma ein Ereignis, das aufgrund seiner Heftigkeit und/oder Plötzlichkeit das Ich in seiner Reizverarbeitungsfähigkeit massiv überfordert. Die Fähigkeiten des Ich, Außen und Innen angemessen wahrzunehmen, klare Affekte zu empfinden und mit andrängenden Gefühlen etwa von Angst oder Ekel angemessen umzugehen, werden durch das traumatische Ereignis vorübergehend außer Kraft gesetzt. Ich-psychologisch gedacht, erfolgt eine Ich-Fragmentierung mit massiven Wahrnehmungseinengungen oder -verzerrungen. Das Selbst ist einer Überflutung mit diffusen, als katastrophisch empfundenen Panikreaktionen, einem Konglomerat aus Angst, Ekel, Wut, Demütigung, Verzweiflung, Hass und Ohnmacht, ausgesetzt. Dieser Zustand wird subjektiv nur noch als Hochspannung oder unerträglicher »Druck« wahrgenommen. Die passagere Zerstörung des Ich und der Untergang des guten Objektes gehören zusammen. Bei Traumatisierten wie bei Borderline-Patientinnen und -Patienten findet sich die pathognomonische Angst, die Welt des Guten könnte durch das Schlechte in der Welt und in den Menschen zerstört werden und endgültig untergehen. Der beschriebene Zustand während einer Traumatisierung ist unerträglich.

Bereits während der Traumatisierung, zumindest aber unmittelbar danach, entwickelt das Ich Coping-Mechanismen. Dies geschieht insbesondere dann, wenn es nicht bei einem einmaligen Ereignis bleibt, das anschließend in einer tragfähigen zwischenmenschlichen Beziehung aufgefangen und bewältigt werden kann. Sofern ein Mensch mit Wiederholungen traumatischer Situationen rechnen muss, entwickelt er Bewältigungsmöglichkeiten, die er teils bewusst, teils reflexhaft einsetzen kann. Zentral ist hier insbesondere die menschliche Fähigkeit zur Dissoziation. Dissoziation definiert das *Lexikon der Psychologie* (Arnold et al., 1980, S. 383) als einen »Prozeß, durch den bestimmte Gedanken, Einstellungen oder andere psychologische Aktivitäten ihre normale Relation zu anderen, bzw. zur übrigen Persönlichkeit verlieren, sich abspalten und mehr oder minder unabhängig funktionieren. So können logisch unvereinbare Gedanken, Gefühle und Einstellungen nebeneinander beibehalten und doch ein Konflikt zwischen diesen vermieden werden.« Ein Beispiel für das Vorliegen einer Dissoziation ist ein Kind, das gerade von seinem Vater misshandelt wurde und unter Tränen stammelt »Papa ist lieb«. Besonders wirksam und besonders folgenreich ist die Fähigkeit, per Dissoziation aus dem eigenen Körpererleben auszusteigen und so Depersonalisationszustände herbeizuführen. Induzierte Depersonalisation mit der Möglichkeit, aus dem schmerzhaft-demütigenden Körpererleben auszusteigen, und induzierte Derealisation mit einer Flucht in die Phantasie sind Möglichkeiten, die widersprüchliche, konfuse Realität eines Missbrauchs oder einer Misshandlung durch ein emotional unverzichtbares Elternobjekt auszublenden, sind also wesentliche Überlebensstrategien. Da das kindliche Ich die Widersprüchlichkeit der einerseits fördernden, andererseits misshandelnden Eltern-Objekte emotional noch nicht vereinbaren kann, bildet es Fantasien von nur bösen und nur guten Objekten, um sich ein Objekt mit nur guten, nie frustrierenden und nie traumatisierenden Eigenschaften als Hoffnungsträger zu erhalten.

Erinnerungen an Traumata können auch abgespalten und durch eine rigide neurotische Abwehr aus dem Bewusstsein ausgeschlossen werden, möglicherweise um den Preis einer psychosomatischen Symptombildung oder einer heimlichen, selbstinduzierten Krankheit, einer Zwangsstörung oder einer Suchterkrankung. Können sie aber nicht stabil abgewehrt werden, dann bleiben traumatische Erinnerungen bewusstseinsnah und können durch Schlüsselreize ausgelöst, »getriggert« werden. In solchen Situationen bieten Suchtmittel, ein reiz-volles Agieren oder selbstverletzendes Verhalten (SVV) Möglichkeiten, eine Retraumatisierung durch die Überflutung mit unverarbeiteten Erinnerungen an Traumata doch noch zu verhindern. Alle wesentlichen Symptombildungen der BPS sind also nicht nur als Fixierung auf der kindlichen Entwicklungsstufe der Wiederannäherungsphase verstehbar, sondern auch als Traumafolgen und PTBS-Coping.

3.4.3 kPTBS und BPS als Entwicklungstraumafolgestörung

Empirisch und von der Klinik der Symptombildungen her liegt es also nahe, bei einer Persönlichkeitsstörung, insbesondere einer BPS, aber auch bei einer Suchtkrankheit, einer schweren Depression, eine schweren Somatisierungsstörung oder einem Schmerzsyndrom sowie bei allen dissoziativen Störungen zu überprüfen, ob es sich um eine kPTBS handeln könnte. Die Wiederentdeckung des Traumas als psychodynamisch wirksames Ereignis war ein wichtiger Impuls für Forschung und Therapie.

Schon eine erste Betrachtung der Diagnosekriterien zeigt, dass erhebliche Überschneidungen zwischen der kPTBS und der BPS bestehen (siehe Tab. 1).

Wenn der Überschneidungsbereich der Störungsbilder BPS und kPTBS – einschließlich komplexer dissoziativer Störungen – so groß ist, liegt es nahe, beide Diagnosen als Ausprägungen einer gemeinsamen, durch Entwicklungstraumatisierungen ausgelösten Grundproblematik zu fassen. Diesen Vorschlag machen Miller und Resick, die

Tab. 1: Unterschiede und Gemeinsamkeiten der Symptomkriterien von Borderline-Persönlichkeitsstörung und komplexer Posttraumatischer Belastungsstörung

Borderline-Persönlichkeitsstörung	komplexe Posttraumatische Belastungsstörung
Impulsivität in mindestens 2 potentiell selbstschädigenden Bereichen	Störung der Affektregulation mit impulsiven und risikoreichen Verhaltensweisen
Wiederholte suizidale Handlungen, Suiziddrohungen	Selbstverletzendes und suizidales Verhalten
Affektive Instabilität und Stimmungsschwankungen	Störung der Affektregulation, Impulsivität und autodestruktives oder risikoreiches Verhalten
Chronisches Gefühl von Leere	
Unangemessene heftige Wut	Schwierigkeiten, Ärger zu modulieren
Ausgeprägte Instabilität des Selbstbildes oder der Selbstwahrnehmung	Selbstvorwürfe, Schuldgefühle, Scham, Gefühl, isoliert von anderen Menschen zu sein
Vorübergehende paranoide oder dissoziative Symptome	Dissoziative Symptome
Muster instabiler, aber intensiver zwischenmenschlicher Beziehungen (Idealisierung und Entwertung)	Extremes Misstrauen, Tendenz, erneut zum Opfer zu werden
	Somatoforme Köperbeschwerden
Verzweifeltes Bemühen, Verlassenwerden zu vermeiden	
	Fehlende Zukunftsperspektive, Verlust von persönlichen Grundüberzeugungen

bei sexuell traumatisierten Frauen und bei Kriegsveteranen zwei Typen posttraumatischer Symptomatik in Form externalisierender und internalisierender Symptome fanden. Externalisierende Symptome sind durch Impulsivität, Substanzmissbrauch und Züge einer Cluster-B-Persönlichkeitsstörung charakterisiert. Internalisierende Symptome entsprechen depressiven Reaktionen, Selbstverletzungen, dissoziativen Symptomen sowie ängstlichem Vermeidungsverhalten und sozialem Rückzug. Die BPS wäre demnach als externalisierender Typus einer komplexen Traumafolgestörung zu verstehen, während die von Herman (1992) vorgeschlagene Diagnose kPTBS der internalisierenden Ausprägung einer Traumafolgestörung entspricht. Konsequenterweise wird derzeit die Strategie verfolgt, die Diagnose einer Entwicklungstraumafolgestörung (Developmental Trauma Disorder), die sowohl externalisierende als auch internalisierende Symptome und auch dissoziative Symptome umfasst, in das Kinder-Jugend-Kapitel des DSM-V einzuführen. Das Konzept einer komplexen Traumafolgestörung mit externalisierenden und internalisierenden Ausprägungen deckt sich gut mit der klinischen Beobachtung, dass es Mischformen zwischen den beiden Extrempolen der Symptomausprägung gibt und dass sich internalisierende und externalisierende Symptomatik beim gleichen Patienten zeitlich abwechseln können. Dies ist typischerweise dann zu beobachten, wenn auch erhebliche dissoziative Symptome vorliegen.

3.5 Konsequenzen für die Behandlung von traumatisierten Patienten mit einer kPTBS

Die Befunde haben eine hohe Relevanz für die Konzeption der psychotherapeutischen Behandlung. Nach unserer Erfahrung ist eine speziell auf die Traumafolgesymptomatik ausgerichtete Psychotherapie bei diesen Patienten von großem Nutzen (Sachsse, 2004; Sack, 2010). Die Diagnose einer PTBS oder einer komplexen Traumafolgestörung bei Patienten mit einer BPS zu stellen sollte unmittelbare Bedeutung für die Differentialindikation zur psychotherapeutischen Behandlung haben, so dass Patienten gezielt mit traumatherapeutischen Methoden behandelt werden können. Neben einer optional immer möglichen stabilisierenden, die Ich-Funktionen fördernden Behandlung stehen inzwischen schonende konfrontative Behandlungsstrategien zur Verfügung, die flexibel an die Belastungsfähigkeit von Patienten mit Borderline-Persönlichkeitsstörungen angepasst werden können (Sack, 2010). Besondere Aufmerksamkeit verdient dabei die Behandlung der komorbiden dissoziativen Symptomatik, insbesondere dann, wenn Symptome von Fragmentierung vorliegen.

Die psychotherapeutische Behandlung von Traumafolgesymptomen bei Patienten mit Borderline-Persönlichkeitsstörungen muss sich einer spezifischen Problematik stellen (Sachsse, 2004). Diese Problematik ist darin zu sehen, dass beide zentralen Stressbewältigungssysteme des Menschen schwer geschädigt sind: das Bindungs-Panik-System und das Furcht-Kognitions-System. Störungen im Bereich der Bindungsfähigkeit beeinträchtigen die Fähigkeit, in der Therapie eine stabile, vertrauensvolle und belastbare Arbeitsbeziehung herzustellen. Traumabedingte Störungen im Bereich des posttraumatisch sensibilisierten Furcht-Bewältigungssystems – mit den typischen Symptomen der posttraumatischen Störung wie Intrusionen, Flashbacks und insbesondere Übererregung – belasten die kognitiven Verarbeitungsmöglichkeiten. Es ist aus biologischen Gründen weder möglich, regressive Zustände psychodynamisch zu behandeln, ohne die in der Regression aktualisierten PTBS-Symptome zu desensibilisieren; noch ist es möglich, eine in Kindheit und Jugend entstandene PTBS-Symptomatik zu desensibilisieren und ins deklarative Wachbewusstsein zu integrieren, ohne die gleichzeitig aktualisierte Altersregression angemessen zu behandeln.

Diese Verschränkung von Problembereichen, die beide für sich schon vor erhebliche therapeutische Probleme stellen, hat in den letzten zehn Jahren zu intensiven Bemühungen gerade auch im stationären Bereich geführt. In Göttingen wird auf der Grundlage der Ergebnisse von Reddemann in Bielefeld stabilisierend auf die Selbstregulationsproblematik und die Schwierigkeit der Patientinnen eingegangen, mit regressiven Zuständen erwachsen umzugehen (Sachsse, 2004); in diesem ressourcenorientierten und Stabilität fördernden Stationsrahmen werden mit EMDR oder Bildschirm- bzw. Beobachtertechnik die traumatischen Komplexe gezielt aufgesucht und so weit wie möglich desensibilisiert – die Wirksamkeit dieses therapeutischen Vorgehens ist empirisch belegt. In Hamburg haben Dulz und Mitarbeiter ein spezifisch beziehungszentriertes psychodynamisches Vorgehen für Borderline-Patienten entwickelt, das den fast stets anzutreffenden Traumafolgesymptomen besonders Rechnung trägt. An der Technischen Universität München wurde eine Tagesklinik eingerichtet, die einen ressourcenfördernden Therapieansatz unter Einbeziehung traumatherapeutischer Behandlungselemente auch für Patienten mit Persönlichkeitsstörungen verfolgt. Ein spezifisch für Borderline-Patienten mit komorbider PTBS adaptiertes DBT-PTBS (Dialektisch-Behaviorale Therapie für Patienten mit Posttraumatischer Belastungsstörung nach sexuellem Missbrauch in der Kindheit) wird aktuell entwickelt und evaluiert (Steil et al., 2010).

Während vor 15 Jahren die Bearbeitung der Folgen von Realtraumata nur an wenigen Kliniken durchgeführt wurde, wächst die Kompetenz der Kliniken und der niedergelassenen Behandler hierzu kontinuierlich.

3.6 Literatur

Arnold W. et al. (1980). *Lexikon der Psychologie.* Bd. 1: A–Gyrus. Freiburg i. Br. u. a.: Herder.

Dulz B.S., Herpertz S.C., Kernberg O.F. & Sachsse U. (Hrsg.) (2011). *Handbuch der Borderline-Störungen.* Stuttgart: Schattauer.

Furst S.S. (Hrsg.) (1967). *Psychic trauma.* New York, London: Basic Books.

Herman J.L. (1992). Complex PTSD: A syndrome in survivors of prolonged and repeated trauma. *Journal of Traumatic Stress,* 5, 377–391.

Herman J.L. (1994). *Die Narben der Gewalt. Traumatische Erfahrungen verstehen und überwinden.* München: Kindler.

Russel D.E.H. (1986). *The secret trauma: Incest in the lives of girls and women.* New York: Basic Books.

Sachsse U. (1995). Die Psychodynamik der Borderlinepersönlichkeitsstörung als Traumafolge. (The psychodynamics of the borderline personality disorder as a sequel to trauma.). *Forum der Psychoanalyse,* 11 (1), 50–61.

Sachsse U. (2004). *Traumazentrierte Psychotherapie.* Stuttgart, New York: Schattauer.

Sachsse U., Eßlinger K. & Schilling L. (1997). Vom Kindheitstrauma zur schweren Persönlichkeitsstörung. *Fundamenta Psychiatrica*, 11 (1), 12–20.

Sack M. (2004). Diagnostische und klinische Aspekte der komplexen posttraumatischen Belastungsstörung. *Nervenarzt*, 75, 451–459.

Sack M. (2010). *Schonende Traumatherapie. Ressourcenorientierte Behandlung von Traumafolgestörungen.* Stuttgart: Schattauer.

Sack M., Sachsse U. et al. (2011, in Vorbereitung). Prävalenz von Traumafolgestörungen bei Patienten mit Borderline-Persönlichkeitsstörung – Erste Ergebnisse einer Multizenterstudie.

Schore A. N. (2001). The effects of early relational trauma on right brain development, affect regulation, and infant mental health. *Infant Mental Health Journal*, 22, 201–269.

Steil R., Krüger A., Dyer A., Priebe K., Feldmann R. E. jr. & Bohus M. (2010). DBT-PTBS. Dialektisch Behaviorale Therapie zur Behandlung der Posttraumatischen Belastungsstörung mit schwerer Störung der Emotionsregulation nach sexualisierter Gewalt in der Kindheit und Jugend (DBT-PTSD). *Trauma & Gewalt*, 4 (2), 106–117.

Van der Kolk B. A., Pelcovitz D., Roth S., Mandel F. S., Mc Farlane A. & Herman J. L. (1996). Dissociation, somatization, and affect dysregulation: The Complexity of adaptation to trauma. *American Journal of Psychiatry*, 153 (7) (Suppl.), 83–93.

Weniger G., Lange C., Sachsse U. & Irle E. (2009). Reduced amygdala and hippocampus size in trauma-exposed women with borderline personality disorder and without posttraumatic stress disorder. *Journal of Psychiatry & Neuroscience*, 34 (5), 383–388.

Wetzels P. (1997). *Zur Epidemiologie physischer und sexueller Gewalterfahrungen in der Kindheit.* Hannover: Kriminologisches Forschungsinstitut Niedersachsen.

Zanarini M. C., Frankenburg F. R., Hennen J., Reich D. B. & Silk K. R. (2006). Prediction of the 10-year course of borderline personality disorder. *American Journal of Psychiatry*, 163, 827–832.

KAI BAUMANN UND MICHAEL LINDEN

4. Verbitterungsemotionen und Posttraumatische Verbitterungsstörung

4.1 Psychologie der Verbitterung

Das Gefühl der Verbitterung ist jedem Menschen vertraut. Es entsteht als Folge von sozialer Zurückweisung und ungerechter und herabwürdigender Behandlung. Nach der kognitiven Theorie der Emotion kann auch Verbitterung als Produkt eines kognitiven Bewertungsprozesses beschrieben werden (Lazarus, 1991; Scherer, 2004). Die Emotionspsychologie unterscheidet Basisemotionen und Emotionen höherer Ordnung, die als zusammengesetzte Emotion verstanden werden können (Ekman, 1997; Plutchik, 1980; Merten, 2003).

Abbildung 1 (S. 190) zeigt ein zusammenfassendes Modell nach Plutchik (1980), in dem acht Basisemotionen ringförmig so angeordnet sind, dass ähnliche Emotionen nebeneinanderliegen. Emotionen, die sich aus benachbarten Emotionen zusammensetzen, sind nach Plutchik (1980) primäre Dyaden bzw. Primäremotionen. Sekundäremotionen sind komplexere Emotionen aus mehreren Basisemotionen oder tertiäre Dyaden (wenn zwei Basisemotionen dazwischenliegen). Emotionen, die sich aus Basisemotionen aus gegenüberliegenden Bereichen zusammensetzen, führen zu Handlungsblockaden, z. B. Wut und Furcht.

Nach diesem Modell kann Verbitterung als komplexe Emotion höherer Ordnung verstanden werden. Es lässt sich eine Stufenfolge und Hierarchie von Emotionen beschreiben, an deren Ende Verbitterung steht:

a) Wenn Dinge nicht wunschgemäß laufen, stellen Frustration und Ärger eine emotionale Reaktion darauf dar.
b) Wenn Dinge nicht wie gewünscht laufen und zu erkennen ist, dass dies intentional durch eine andere Person verursacht wurde, dann wird dies als Aggression verstanden, und die emotionale Reaktion darauf ist ebenfalls Aggression.
c) Wenn aggressive Akte mit Herabwürdigung verbunden sind, ist die emotionale Reaktion Scham.
d) Ist eine Person einer herabwürdigenden Aggression hilflos ausgesetzt, dann kommt es zur Verbitterung.

Verbitterung ist also eine komplexe Emotion, zu der Enttäuschung, Ärger und Wut, das Gefühl des Angegriffenseins und Aggression, Herabwürdigung und Scham, Hilflosigkeit und Verzweiflung gehören. Dies macht deutlich, welche teilweise widerstrebenden Emotionen diesen komplexen Gefühlszustand der Verbitterung ausmachen, und kann

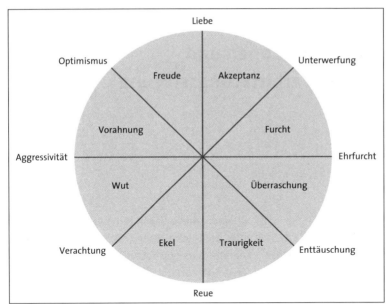

Abb. 1: Emotionspsychologisches Modell der Basisemotionen und komplexen Emotionen höherer Ordnung (Plutchik, 1980)

auch erklären, warum es aus diesem Emotionszustand nicht mehr zu eindeutigen Verhaltensfolgen, sondern zu Verhaltensblockaden kommt.

Diese komplexe Emotion der Verbitterung kann beispielsweise durch das *Berner Verbitterungs-Inventar* (Znoj, 2008, 2011) gemessen werden. Es besteht aus einer Skala mit 18 Items und setzt sich aus den Subdimensionen *Stimmungsminderung* und *Bitterkeit, Misanthropie* und *Aggressivität, Ungerechtigkeitsgefühle, Pessimismus* und *Hoffnungslosigkeit* zusammen. Der Grad der Verbitterung lässt sich in Regressionsanalysen über Aggression, fatalistische Einstellungen, Hilf- und Hoffnungslosigkeit und das Gefühl, angegriffen und verfolgt zu werden, vorhersagen. Zusammenfassend definiert Znoj (2008) Verbitterung als ein Gefühl der Enttäuschung, mit Wut und Ungerechtigkeitserleben, auf das aktiv in Form von Protest oder Aggression oder passiv mit Isolation und Rückzug reagiert wird.

Verbitterungsaffekte haben bislang in der wissenschaftlichen Forschung vergleichsweise wenig Aufmerksamkeit gefunden. Verbitterungsemotionen scheinen jedoch eine wichtige Rolle nach Erlebnissen mit sozialer Ungerechtigkeit (Pirhacova, 1997), lang andauernder Arbeitslosigkeit (Zemperl & Frese, 1997) und schwerwiegenden Lebensereignissen im Rahmen einer Extremtraumatisierung (Baures, 1996) zu spielen. Erfahren Menschen Ungerechtigkeit, dann führt das nicht unmittelbar dazu, dass ihre Überzeugung von dem, was gerecht sei, korrigiert oder aufgegeben wird. Stattdessen wird versucht, die Erfahrung von Ungerechtigkeit in diese Grundüberzeugung zu assimilieren, indem beispielsweise der Grad der Ungerechtigkeit relativiert, eigenes Versagen als mitursächlich angenommen oder auch das Geschehene durch Vergebung relativiert wird (Bulman & Wortman, 1977; Lipkus & Siegler, 1993; Strelan, 2007).

Die Erwartung, Gerechtigkeit zu erfahren, oder »der Glaube an eine gerechte Welt« ist eine basale, psychisch bedeutsame Annahme, die in vielfacher Weise menschliches Interaktionsverhalten und soziale Beziehungen prägt. Hierzu liegt inzwischen eine umfangreiche wissenschaftliche Literatur vor (Dalbert, 2011; Lerner, 1980; Rubin & Peplau, 1975; Dalbert, 1999). Die Überzeugung und Erwartung von Gerechtigkeit führt dazu, dass Menschen in ihrem eigenen Verhalten davon ausgehen, dass positives Verhalten belohnt und negatives bestraft wird, dazu, dass Menschen Ehrlichkeit im Umgang miteinander erwarten, dass man Vertrauen in andere Menschen entwickeln kann, dass man davon ausgeht, selbst Einfluss auf die eigene Lebensentwicklung nehmen zu können. Dies erklärt, dass »Gerechtigkeitsüberzeugungen« und subjektives Wohlbefinden positiv korreliert sind.

Kommt es zum Erleben von Ungerechtigkeit, so begehren Betroffene zunächst dagegen auf, um sich dann beim Erleben von Erfolglosigkeit passiv zurückziehen. Verbitterung geht mit dem Gefühl von erlittenem Unrecht einher, ist mit dem Gefühl der Herabwürdigung, mit Aggression gegen den Verursacher, gleichzeitig aber auch mit dem Gefühl der Hilflosigkeit und des Ausgeliefertseins verbunden und kann sich so nicht nur gegen andere Personen, sondern auch gegen das »Schicksal« wenden (Willebrand et al., 2002). Ist das auslösende Ereignis nicht durch eine aggressive Gegenreaktion veränderbar oder rückgängig zu machen, dann kommen zur Aggression noch Hilflosigkeit, Hoffnungslosigkeit und Vorwürfe gegen sich selbst hinzu, weil man »so etwas« nicht verhindert hat.

Das Zufügen von Ungerechtigkeit ist eine Form der Aggression. Es spielt gerade in entwickelten Gesellschaften, in denen offene gewalttätige Aggression in der Regel nicht erlaubt ist, eine zunehmende Rolle. Statt dem Gegenüber physischen Schmerz (z.B. durch Schläge) zuzufügen, wird es herabgewürdigt. Wenn jemandem Ungerechtigkeit zugefügt wird, so enthält dies daher seiner Natur nach wesentliche Elemente der oben beschriebenen Voraussetzungen für Verbitterung. Entsprechend sind Erfahrungen von Ungerechtigkeit immer auch schon mit Ärger, Gegenaggression und Rachegefühlen assoziiert. Haben Erfahrungen von Ungerechtigkeit eine Qualität und Quantität, die nicht mehr zu assimilieren ist, dann kommt es zu einem Zusammenbruch einer adaptiven Verarbeitung und der Entwicklung von Verbitterung.

Was von Menschen als ungerecht erlebt wird, hängt von ihren Grundüberzeugungen ab (Bowlby, 1969; Beck et al., 1979; Janoff-Bulman, 1992; Hautzinger, 2008). In der kognitiven Psychotherapie wird zwischen automatischen Gedanken, Schemata und Grundüberzeugungen *(basic beliefs)* unterschieden. Grundüberzeugungen werden in der Jugend erworben und steuern in der Folge lebensspannenübergreifend dazu kohärentes Verhalten. Beispiele für solche Grundüberzeugungen sind, dass das Wichtigste im Leben der Zusammenhalt in der Familie ist oder dass nur der etwas darstellt, der berufliche Kariere gemacht hat, oder dass es wichtig ist, Eigentum zu besitzen und anzusammeln. Wer die Grundüberzeugung hat, es sei von zentraler Wichtigkeit, Eigentum zu schaffen, der wird ein Leben lang in hunderten von Situationen vor einem Ausflug Brote schmieren, damit kein Geld in Lokalen ausgegeben werden muss, er wird bei einem Billiganbieter einkaufen, immer alle Reste aufessen oder einen Bausparvertrag abschließen. Werden durch Erfahrungen von Ungerechtigkeit solche zentralen Grundannahmen angegriffen, dann muss mit dysfunktionalen, wenn nicht pathologischen Reaktionen gerechnet werden.

Die Stärke der emotionalen Reaktion hängt von der subjektiven Bedeutsamkeit der erlittenen Ungerechtigkeit ab. Ausgeprägte Verbitterungsreaktionen werden bevorzugt beobachtet, wenn Menschen in den Lebensbereichen verletzt werden, die für sie von besonderer Bedeutung sind. Jemandem, dem die Ehe nicht wichtig ist und für den stattdessen der Beruf alles bedeutet, wird auf Untreue des Partners wenig und auf eine berufliche Herabwürdigung stark reagieren. Ebenso von Bedeutung ist die individuelle historische Einordnung eines Ereignisses. Wer sich jahrelang für sein Unternehmen aufgeopfert hat oder eine enge vertrauensvolle Beziehung zu einem anderen Menschen hatte, ist verletzlich, wenn er von diesem Unternehmen oder dieser Person enttäuscht wird.

Verbitterung erweist sich dann als eine »Notfallreaktion«, die einsetzt, wenn alle anderen Handlungsoptionen erschöpft sind. Alexander (1960) hat aus psychoanalytischer Perspektive Verbitterung als eine »Aggression durch Selbstzerstörung« charakterisiert. Wenn eine Situation entstanden ist, in der es keine Lösungsmöglichkeiten mehr gibt, aus der es keinen Ausweg mehr gibt und die unerträglich ist, dann ist eine allerletzte Handlungsoption ein letzter Angriff unter Missachtung aller Negativfolgen für einen selbst. Beispiele sind der Einsatz aller finanziellen Mittel für Prozesse, die absehbar nicht zu gewinnen sind, die Aufgabe jeder Berufstätigkeit bis hin zur Obdachlosigkeit oder sogar erweiterte Suizide (Felber et al., 2010). Dieser Reaktionstyp kann bereits in der Kindheit beobachtet werden, wenn Kinder sich der Phantasie hingeben oder damit drohen, »nach draußen in den Schnee zu gehen und zu erfrieren, um Mama zu bestrafen«. Wenn Kinder z. B. gehindert werden, schon um 12.00 Uhr auf den Jahrmarkt zu gehen, dann kann es passieren, dass sie um 14.00 Uhr »jetzt gar nicht mehr« gehen wollen, obwohl sie sich damit eine Möglichkeit verbauen. Bei Jugendlichen können solche Reaktionen gefährlich werden, bis hin zu Amokläufen.

4.2 Verbitterung im Kontext psychischer Erkrankungen

Wenn man die verschiedenen Facetten von Verbitterungserleben beschreiben und klassifizieren will, dann kann dies analog zur Angst geschehen. Angst ist ebenfalls eine Emotion, die allen Menschen eigen ist, die situationsabhängig und dimensional zu beschreiben ist, was bedeutet, dass die Intensität ab einer gewissen Schwelle zu einer neuen Qualität führt, d. h. als pathologische Angst charakterisiert werden muss. Im Kontext psychischer Erkrankungen gibt es primäre Angsterkrankungen, von der ängstlichen Persönlichkeit bis zur posttraumatischen Stresserkrankung. Daneben ist Angst als Symptom auch bei einer Reihe anderer Erkrankungen zu beobachten, von der Schizophrenie über die Depression bis hin zu organischen Störungen. Entsprechende Unterscheidungen gelten auch für die Verbitterung.

Nach vorläufigen epidemiologischen Untersuchungen gibt mehr als die Hälfte der Menschen in der Normalbevölkerung an, Gefühle von Verbitterung zu erleben, wenn sie an bestimmte Ereignisse der zurückliegenden Jahre denken (Linden et al., 2007).

Etwa fünf Prozent berichten, dass diese Gefühle so ausgeprägt seien, dass sie mit einem Rückzug von sozialen Aktivitäten und Einschränkungen in der Lebensführung einhergingen. Die Daten zeigen, dass Verbitterung, ähnlich wie Angst, eine durchaus häufige Emotion ist, die mit relevanter Häufigkeit auch stärker ausgeprägt vorkommt.

Es gibt bislang keine wissenschaftlichen Untersuchungen zu der Frage, ob es – analog zur ängstlichen Persönlichkeit – auch verbitterungsgeneigte Persönlichkeiten gibt. Die Lebenserfahrung und klinische Beobachtungen sprechen für diese Annahme. Jeder kennt Menschen, die leicht kränkbar sind (»beleidigte Leberwurst«), die mit misanthroper Grundhaltung die Welt kommentieren und unter der generellen Ungerechtigkeit der Welt leiden. Es ist eine Aufgabe für die zukünftige Forschung, die Schwelle zu definieren, ab der Kränkbarkeit, die Neigung, Ungerechtigkeit zu erleben, und eine verbitterte Weltabkehr eine derartige Intensität haben, dass von einer Persönlichkeitsstörung gesprochen werden muss.

So wie Angst kann auch Verbitterung im Kontext anderer psychischer Erkrankungen auftreten. In einer Untersuchung von Rotter (2011) fand sich, dass erhöhte Verbitterungsraten vor allem bei Persönlichkeitsstörungen und Anpassungsstörungen vorkommen und vergleichsweise seltener bei Angststörungen oder somatoformen Störungen und eher nicht bei einer Gruppe von Migränepatienten. Da die Verbitterungsemotion ihrer Natur nach mit Stimmungsverschlechterung, Angst, aber auch interaktionellen Störungen einhergeht, bleibt zunächst einmal unklar, ob die beschriebene Komorbidität dadurch zu erklären ist, dass Verbitterung ein Symptom der entsprechenden Erkrankungen ist, oder ob es sich nicht eher um primäre Verbitterungsreaktionen handelt, die aufgrund des heterogenen Syndroms diagnostisch anders einklassifiziert wurden.

Die Annahme, Verbitterung sei Teil einer anderen psychischen Grunderkrankung, könnte beispielsweise für narzisstische oder paranoide Persönlichkeitsstörungen gelten. Die narzisstische Persönlichkeitsstörung ist durch ein überhöhtes Selbstbild gekennzeichnet, wobei diese Patienten in ihrem Selbstbild oft eher unsicher und damit auch zu verunsichern sind. Vor allem werden die Selbsteinschätzung der eigenen Bedeutsamkeit und daraus abgeleitete Ansprüche von der Umwelt nicht geteilt, sondern zum Teil mit offensiven Reaktionen beantwortet. Von daher ist es naheliegend, dass Menschen mit narzisstischen Persönlichkeitsstörungen in erhöhtem Maße Kränkungserfahrungen machen und damit auch in der Gefahr stehen, Verbitterungsreaktionen zu entwickeln. Die paranoide Persönlichkeitsstörung ist durch das Erleben, in einer feindlichen Umwelt zu leben, charakterisiert. Übliche soziale Interaktionen oder auch positive Äußerungen des Gegenübers werden mit Misstrauen beantwortet und paranoid verarbeitet. Auch dies kann in eine erhöhte Rate erlebter, wenn auch nicht notgedrungen faktischer Erfahrungen von Kränkung, Treuebruch oder Hinterhältigkeit münden, mit der Folge von Verbitterungsreaktionen.

4.3 Die Posttraumatische Verbitterungsstörung (PTED)

Eine pathologische primäre Verbitterungsstörung stellt die erst in den letzten Jahren beschriebene »Posttraumatische Verbitterungsstörung (posttraumatic embitterment disorder, PTED)« dar (Linden, 2003; Linden et al., 2007). Bei der PTED sind die vorrangigen Affekte Kränkung, Hilflosigkeit, Ärger, Beleidigtsein, Selbstaggression oder Vorwürfe gegen sich und andere. Der Patient hadert mit dem Schicksal, es kommt zu einer Antriebsblockade und zum Teil zur Ablehnung von Hilfsangeboten. Ein Rückzug aus Sozialbeziehungen und dem beruflichen Leben ist eine weitere Folge. Orte und Personen, die mit dem traumatischen Ereignis zu tun haben, werden gemieden, was vordergründig den Eindruck einer Phobie erwecken kann.

Das beschriebene Syndrom kann gemäß ICD-10 F 43,8 (sonstige Reaktion auf schwere Belastung) als Anpassungsstörung und länger dauernde abnorme Erlebnisreaktion eingeordnet werden, wobei allerdings das sonst für Anpassungsstörungen gültige Sechs-Monats-Kriterium in der Regel überschritten wird. Die diagnostischen Kriterien der PTED (Linden et al., 2008) sind in Tabelle 1 zusammengefasst.

Fallbeispiel
Eine 44-jährige Patientin war 11 Jahre lang mit einem Mann verheiratet, der unter einer Spielsucht litt. Im Laufe der Jahre hatte dieser das ihr durch Erbschaft zugefallene und von ihm verwaltete Vermögen nach und nach verspielt, Teile ihres im Bankschließfach deponierten Schmuckes verkauft und zusätzlich Schulden gemacht. Als ihr die finanzielle Situation klar wurde, beauf-

Tab. 1: Diagnostische Kriterien der Posttraumatischen Verbitterungsstörung (PTED)

A Kernkriterien der PTED
1. Es ist ein einmaliges schwerwiegendes negatives Lebensereignis zu identifizieren, in dessen Folge sich die psychische Störung entwickelt hat.
2. Dem Patienten ist dieses Lebensereignis bewusst, und er sieht seinen Zustand als direkte und anhaltende Konsequenz aus dem Ereignis.
3. Der Patient erlebt das kritische Lebensereignis als »ungerecht«.
4. Wenn das kritische Ereignis angesprochen wird, reagiert der Patient mit Verbitterung und emotionaler Erregung.
5. Der Patient berichtet wiederholte intrusive Erinnerungen an das Ereignis. Teilweise ist es ihm sogar wichtig, nicht zu vergessen.
6. Die emotionale Schwingungsfähigkeit ist nicht beeinträchtigt. Der Patient zeigt normalen Affekt, wenn er abgelenkt wird, oder kann beim Gedanken an Rache lächeln.

B Zusatzsymptome der PTED
1. Der Patient nimmt sich als Opfer und hilflos wahr und sieht sich nicht in der Lage, das Ereignis oder seine Ursache zu bewältigen.
2. Der Patient macht sich selbst Vorwürfe, weil er das Ereignis nicht verhindert hat oder nicht damit umgehen kann.
3. Der Patient meint, dass es ihm »egal« sei, wie es ihm gehe, und dass er nicht wisse, ob er die Wunde heilen lassen wolle.
4. Der Patient kann Suizidgedanken äußern, bis hin zu einem erweitertem Suizid.
5. Die emotionale Grundstimmung ist dysphorisch-aggressiv-depressiv getönt und erinnert auf den ersten Blick an eine Depression mit somatischem Syndrom (sog. endogene Depression).
6. Patienten können eine Reihe unspezifischer somatischer Beschwerden zeigen, z.B. Schlafstörungen, Appetitverlust oder Schmerzen.
7. Der Patient berichtet über eine phobische Symptomatik, die eng mit dem Ort oder Urheber des kritischen Ereignisses verbunden ist.
8. Der Antrieb ist reduziert und wirkt blockiert. Der Patient erlebt sich weniger als antriebsgehemmt, sondern eher im Sinne einer Antriebsverharrung als antriebsunwillig.

C Differentialdiagnose
Die Symptomatik kann nicht durch eine vorbestehende andere psychische Erkrankung erklärt werden.

tragte sie einen Steuerberater mit der Übernahme der finanziellen Geschäfte, hielt aber trotz großer Zweifel und entgegen der Aufforderung aus ihrer Familie weiterhin zu ihrem Mann. Für sie galt, dass man gerade auch in schwierigen Zeiten, in Krankheit und Not als Partner zusammenstehen müsse. Als ihr Mann sich dann wegen seiner Spielsucht einer stationären Behandlung unterzog, lernte er dort eine andere Frau kennen und trennte sich von der Patientin. Die Patientin war tief getroffen und schwer gekränkt. Ihre Lebensregel, dass man sich auch in schweren Zeiten auf seinen Partner verlassen können müsse, war zerbrochen, ihr eigener Einsatz und ihre Opfer für die Partnerschaft entwertet. Sie war niedergeschlagen, kraft- und antriebslos, litt unter Schlafstörungen, musste immer wieder an das Vorgefallene denken, was jeweils mit emotionalen Ausbrüchen einherging, sie hatte Wutausbrüche und Rachephantasien, sie verließ kaum noch das Haus, sie hatte Angst, im Ort bekannten Personen zu begegnen, zog sich aus dem Freundeskreis zurück und vermied Kontakte mit der eigenen Familie, die ihr von Beginn an geraten hatte, dem Mann nicht zu helfen. Sie war langfristig arbeitsunfähig.

Das Beispiel zeigt, dass der Auslöser für die Reaktion, eine Trennung, nicht ungewöhnlich, sondern lebensüblich ist und in einem anderen Kontext sogar zur Entlastung führen könnte. Entscheidend ist hier nicht der objektive Vorgang oder Auslöser, also die Trennung, sondern dessen subjektive Bewertung durch die Betroffene, hier vor dem Hintergrund des eigenen Festhaltens an der Ehe trotz großer eigener Zweifel und entgegen dem Druck von außen. Ursache des Erlebens von »Ungerechtigkeit« ist hier die Diskrepanz zwischen dem eigenen kräftezehrenden bedingungslosen Befolgen der Regel, an der Ehe auch in schweren Zeiten festzuhalten und dafür Leid und Ärger in Kauf zu nehmen, und der als leichtfertig erlebten Trennung durch den Ehemann, der sich diese Mühe nicht gab, sich also letztlich nicht an die aus Sicht der Frau bestehende implizite Regel gehalten hat.

Posttraumatische Verbitterungsstörungen haben sich in der klinischen Praxis als schwer behandelbar erwiesen, weil diese Patienten wegen ihrer Resignation und ihres Negativismus auch therapeutische Hilfe oft zurückweisen bzw. eine Besserung ausschließlich von Änderungen anderer erwarten und nicht sehen, dass sie selbst dazu beitragen müssen. Ein speziell für derartige Störungen entwickelter Behandlungsansatz ist die *Weisheitstherapie*. Diese basiert auf dem für die Anwendung bei klinischen Gruppen erweiterten *Berliner Weisheitsparadigma* (Staudinger & Baltes, 1996). Das Ziel des Ansatzes ist, eine durch das traumatische Ereignis ausgelöste Blockade von Weisheitskompetenzen aufzulösen und den Betroffenen wieder in die Lage zu versetzen, dass er sein Problem bewältigen kann (Baumann & Linden, 2008). Anhand verschiedener Techniken wird dabei versucht, die Betroffenen entlastende, sinnstiftende Perspektiven zu erarbeiten und die Ereignisse mit Hilfe eines Perspektivwechsels zu reattribuieren. Um das Erreichen dieses anspruchsvollen Ziels zu erleichtern, werden die Techniken zunächst an fiktiven Lebensproblemen geübt.

4.4 Differentialdiagnostische Überlegungen zur Klassifikation reaktiver und posttraumatischer psychischer Störungen

Wegen der Vielgestaltigkeit der Symptomatik stellt sich bei PTED-Patienten eine Reihe differentialdiagnostischer Fragen. Sie leiden unter ausgeprägter Stimmungsminderung, Antriebsdefizit und haben keine Freude mehr am Leben, so dass sich die Frage stellt, ob eine depressive Störung vorliegt. Im Unterschied zu depressiven Erkrankungen ist bei der PTED die affektive Modulation in der Regel ungestört, bei Ablenkung können die Patienten durchaus auch einen wechselnden und holothymen Affekt zeigen. Die Antriebsreduktion erscheint des Weiteren weniger als eine Antriebsminderung, sondern vielmehr als eine aktive dynamische Antriebsblockade. Schließlich gehören Gefühle der Aggression, Rache oder Verbitterung auch nicht zur Depression.

Die Patienten können über vielfältige Ängste klagen – Angst vor der Zukunft, Angst vor der Begegnung mit anderen Menschen – und sogar ausgeprägte phobische Reaktionen zeigen. Patienten vermeiden Stadtteile oder ganze Orte, die sie an das negative Lebensereignis erinnern. Im Gegensatz zu einer primären Angsterkrankung sind derartige phobische Reaktionen jedoch inhaltlich unmittelbar an das Negativerleben gebunden und sind nicht über die Stimulusqualität des vermiedenen Objekts zu erklären.

Die Patienten klagen über multiple psychosomatische Beschwerden, wie Schlafstörungen, Appetitlosigkeit, Muskelverspannungen, Kopfschmerzen, Abgeschlagenheit und anderes. Von daher stellt sich immer auch die Frage nach einer somatoformen Störung. Die PTED-Patienten sind jedoch nicht um ihren Gesundheitszustand besorgt, wie es bei einer Somatisierungsstörung zu erwarten wäre, oder erleben sich auch nicht als vegetativ instabil, wie dies für die autonomen somatoformen Störungen gelten würde, sondern die körperliche Symptomatik ist Ausdruck des allgemeinen schlechten Befindens.

Von besonderem Interesse ist die Abgrenzung zur Posttraumatischen Belastungsstörung (PTBS; oder PTSD: Posttraumatic Stress Disorder). Die PTBS hat eine grundsätzliche Neuerung in der Beschreibung und Klassifikation reaktiver Störungen gebracht, indem eine »reaktive« Störung ohne Bezug auf den Inhalt des auslösenden Ereignisses rein deskriptiv ermöglicht wurde. Um die Diagnose einer PTBS zu stellen, muss a) eine Panikreaktion durch einen unbedingten Stimulus ausgelöst worden sein, b) es müssen sich wiederkehrende Erinnerungen (Intrusionen), die mit dem ursprünglichen Affekt assoziiert sind, aufdrängen, so dass c) der Patient in der Folge unter einer negativen emotionalen Dauerstimulation steht, die er d) zu vermeiden versucht, mit der Folge u. a. von dissoziativen Zuständen. Eine PTBS kann nicht über den Inhalt des Auslösers diagnostiziert werden. Die Tatsache, dass jemand in einen Autounfall verwickelt war, ist kein hinreichendes Kriterium, um daraus folgende psychische Störungen als PTBS zu bezeichnen. Die PTBS ist eine Angsterkrankung, ähnlich der Agoraphobie. Auch bei der Agoraphobie steht in vielen Fällen am Anfang ein unbedingt angstauslösendes Ereignis, ähnlich wie bei der PTBS. Patienten mit einer Agoraphobie können die Konfrontation mit der angstauslösenden Situation jedoch vermeiden. Sie fühlen sich subjektiv wohl, so lange sie nicht mit dem gefürchteten Stimulus konfrontiert werden. Sie haben deshalb zu Hause in der Regel keine Probleme. Kommen zu der Agoraphobie jedoch Intrusionen hinzu, dann geht eine Agoraphobie in eine PTBS über.

Ähnlich wie die PTBS wird auch die PTED durch ein Negativerlebnis ausgelöst.

Es handelt sich jedoch nicht um einen unbedingt Panik auslösenden Stimulus, sondern ein Erleben von Ungerechtigkeit und Kränkung. Während unbedingt Panik auslösende Stimuli, z. B. ein Unfall oder eine andere lebensbedrohliche Situation, bei allen Menschen in ähnlicher Form Angst auslösen, findet sich bezüglich der Stimuli, die ein Erleben von Kränkung und Ungerechtigkeit bewirken, eine sehr viel größere Individualität und Heterogenität. Es können scheinbar banale und lebensübliche Ereignisse sein, z. B. eine Negativbewertung im Beruf, ein falsches Wort des Partners, das als Bloßstellung erlebt wird, eine Kündigung, eine Scheidung usw. Der resultierende Affekt ist, anders als bei der PTBS, keine Angst, sondern Verbitterung. Gemeinsam sind beiden Störungen wiederkehrende Erinnerungen mit ständiger Reaktivierung des belastenden Affekts, d. h. Intrusionen.

Im klinischen Alltag wie auch in der wissenschaftlichen Literatur ist seit einiger Zeit eine Ausweitung des PTBS-Konzepts zu beobachten. Unter dem Stichwort der *komplexen PTBS* (Sack, 2004; vgl. Kap. C3) wird ein Symptombild zusammengefasst, das Störungen der Affektregulation, dissoziative Symptome und Somatisierung, gestörte Selbstwahrnehmung, Störungen der Sexualität und Beziehungsgestaltung sowie Veränderungen persönlicher Glaubens- und Wertvorstellungen umfasst. Damit werden nun nahezu alle reaktiven Störungen als PTBS bezeichnet. So besteht die Gefahr, dass das ursprünglich sehr präzise abgegrenzte Syndrom der PTBS seine diagnostische wie auch therapeutische Nützlichkeit verliert.

Allerdings zeigt diese Entwicklung auch, dass der Bereich der reaktiven Störungen offenbar noch nicht hinreichend differentialdiagnostisch gegliedert ist. Die Einführung der PTED als zweite posttraumatische Störung neben der PTBS hat insofern grundsätzliche Bedeutung, als dadurch das Prinzip erkennbar wird, wie eine weitere Subdifferenzierung reaktiver Störungen vorgenommen werden könnte.

Um von einer reaktiven Störung ausgehen zu können, muss eine stimulusgebundene Psychopathologie vorliegen. »Stimulusgebundenheit« bedeutet nicht, dass es vor Beginn der Erkrankung negative Lebensereignisse gab, sondern dass die aktuelle Symptomausgestaltung in direktem Zusammenhang mit dem Stimulus steht. Die Literatur zu negativen Lebensereignissen im Vorfeld psychischer Erkrankungen zeigt, dass von nahezu allen Patienten rückblickend negative Erfahrungen als »Ursache« für die Entwicklung einer psychischen Erkrankung geltend gemacht werden. In der Regel sind dies jedoch nur Ex-post-factum-Erklärungen, die aus einer zeitlichen Koinzidenz abgeleitet werden. Selbst in den Fällen, in denen ein negatives Lebensereignis dazu geführt hat, dass eine psychische Erkrankung entstanden ist, wäre zunächst einmal nur von einem »Auslöserereignis« zu sprechen (Kendler et al., 1998; Linden et al., 1998; Linden, 2006).

Dies beinhaltet jedoch noch keine posttraumatische Störung. Von posttraumatischen Störungen kann erst dann gesprochen werden, wenn die fortlaufende Psychopathologie weiterhin stimulusgetriggert ist. Eine stimulusgetriggerte Psychopathologie kann beispielsweise über Konditionierungsprozesse erfolgen. Das Überqueren einer Straße, an der man einen Unfall erlitten hat, führt zu einem konditionierten Wiederaufleben von Angst. Eine andere Form der stimulusgebundenen Psychopathologie wird über Erinnerungen bzw. Intrusionen vermittelt. Die Erinnerung an eine öffentliche Blamage führt zum Wiedererleben von Scham und Hilflosigkeit.

Liegt einer derartige »reaktive« Störung vor, dann kann eine weitere Subdifferenzierung nach der Art der vorherrschenden emotionalen Reaktion erfolgen (Abb. 2). Bei der PTBS ist das Angst, bei der PTED Verbitterung. Andere reaktive Emotionen können Gefühle der Erschöpfung, Überforderung und Insuffizienzerleben (Erschöpfungsdepression oder Burn-out, Csef, 2001) oder ein andauernder Trennungsschmerz (pathologische bzw. Komplizierte Trauer, Horowitz et al., 1997; vgl. Kap. C6) sein.

Dasselbe Auslöseereignis kann zu völlig unterschiedlichen psychopathologischen Entwicklungen führen. Dies soll an folgenden Überlegungen gezeigt werden (Abb. 2): Eine Frau hat ihren Mann bei einer schweren Erkrankung begleitet und seinen Tod miterlebt. Das Ereignis an sich erlaubt nicht, vorherzusagen, ob es psychopathologisch relevant ist. Der Normalfall ist, dass die Ehefrau den Tod ihre Mannes betrauert, ihre Lebensaktivitäten unbeeinträchtigt fortführt und nach einer angemessenen Trauerzeit, etwa nach einem halben Jahr, ihr Leben neu organisiert hat, wozu auch gehören kann, neue Kontakte aufzunehmen.

Kommt es in der Zeit nach dem Todesfall zu einer psychischen Erkrankung, dann begründet die zeitliche Koinzidenz für sich genommen immer noch keinen kausalen Zusammenhang. Es könnte sich auch um eine zufällige Koinzidenz handeln. Das tägliche Leben aller Menschen ist voller Belastungen, so dass sich im Nachhinein immer ein »Grund« für die Entwicklung psychischer Störungen finden lässt. Derartige Kausalattributionen im Nachhinein dürfen jedoch nicht mit Kausalitäten verwechselt werden.

Von einer posttraumatischen Störung im Sinne einer PTBS wäre auszugehen, wenn die Patientin im Zusammenhang mit dem Ableben ihres Mannes eine panische Angst erlebt hätte, die sie nun bei der Erinnerung an dieses Todesereignis immer wieder erneut überfiele, weshalb sie versuchen würde, die Erinnerung zu unterdrücken, was wiederum zu einer Zunahme unerwünschter Erinnerungen und letztlich zu einer emotionalen Dauerstimulation führte. Von einer Posttraumatischen Verbitterungsstörung wäre zu sprechen, wenn die Patientin den Tod ihres Mannes mit Vorwürfen und Verbitterung verarbeitet hätte. Dies kann beispielsweise dadurch geschehen, dass der behandelnde Arzt, »weil man ja nur einfacher Kassenpatient ist«, nicht noch einmal hereingeschaut hat (Vorwürfe gegenüber dem Arzt); oder der Mann ist gestorben, ohne dass man in der letzten Stunde bei ihm war, weil man genau in diesem Moment zu Hause war, um Dinge zu holen (Selbstvorwürfe), nachdem man aber zuvor monatelang am Bett gesessen hat. Oder es kann als Ungerechtigkeit des Schicksals oder Gottes erlebt werden, so früh Witwe zu werden, nachdem man stets ein gottgefälliges Leben geführt hat.

Ebenso gut könnte das Ereignis auch eine Erschöpfungsdepression bzw. ein Burn-out-Syndrom zur Folge haben (Csef, 2001). Der eigentliche pathogenetische Mechanismus wäre in diesem Fall nicht der Tod, sondern die andauernde überfordernde Erschöpfung im Rahmen der monatelangen, 24-stündigen Pflege. Die Stimulusgebundenheit würde sich dann darin niederschlagen, dass jegliche Leistungsanforderung ein Gefühl der Überforderung und Abwehr auslöste.

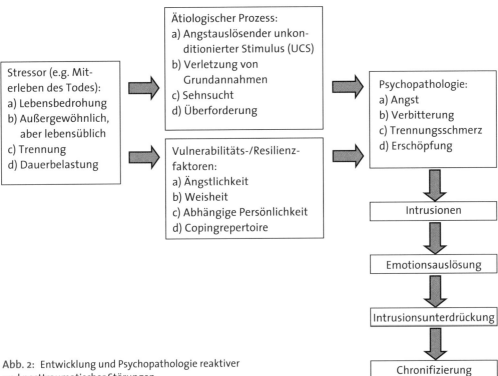

Abb. 2: Entwicklung und Psychopathologie reaktiver und posttraumatischer Störungen

Der Tod des Ehemannes könnte schließlich auch einen andauernden Trennungsschmerz zur Folge haben. Der Begriff der pathologischen Trauer ist insofern falsch, als Trauer ein gesunder, normaler und holothymer Affekt ist, der – wie alle normalen Emotionen – abklingt und dem normalen Wechsel der verschiedenen Emotionszustände unterworfen ist. Davon abzugrenzen ist das Gefühl des Trennungsschmerzes und der Sehnsucht (Longing; Horowitz et al., 1997; Scheibe et al., 2007). Dieses Gefühl ist phänomenologisch dem Liebeskummer verwandt. Es handelt sich um eine Mischung aus Sehnsucht, aus Vorwürfen wegen der Trennung und auch einer Infragestellung des Selbstwertes, ebenfalls wegen der Trennung. Dieses komplexe Gefühl des Trennungsschmerzes klingt nicht in jedem Fall spontan ab. Es kommt zur ständigen Reaktivierung durch jedwede Erinnerung an das verlorene Beziehungsobjekt. In diesem Fall beziehen sich die auslösenden Stimuli gar nicht auf das Todesereignis, sondern auf die verlorene Person an sich. Entsprechend sind die Emotionsauslöser andere Erinnerungen, beispielsweise Fotos oder Möbelstücke.

4.5 Ausblick

Verbitterung ist eine häufige Emotion, die in der psychologischen und psychopathologischen Forschung erst ansatzweise Beachtung gefunden hat und fraglos mehr wissenschaftliche Aufmerksamkeit verdient.

Die Posttraumatische Verbitterungsstörung, PTED, ist eine psychoreaktive Erkrankung mit schwerwiegenden Folgen für den

Betroffenen wie seine Umwelt. Ihre diagnostische Abgrenzung ist eine unabdingbare Voraussetzung für adäquate therapeutische Maßnahmen. Die PTED sollte daher neben der PTBS und anderen psychoreaktiven Erkrankungen als eigenständige diagnostische Kategorie gelten. Die Beschreibung der PTED ermöglicht es, die Diagnose der PTBS im ursprünglichen Sinne und enger gefasst zu belassen. Dies kann einer inadäquaten Ausweitung des PTBS-Begriffs vorbeugen, der ansonsten seine diagnostische und therapeutische Spezifität und Nützlichkeit verlieren würde.

Die Nebeneinanderstellung von PTBS und PTED lässt das Prinzip erkennen, wie reaktive Störungen deskriptiv definiert werden können. Damit fügen sich die sogenannten reaktiven Störungen in das deskriptive System der Klassifikation psychischer Erkrankungen ein. Die Nebeneinanderstellung von PTBS und PTED weist auch darauf hin, welche emotionalen Reaktionstypen als weitere posttraumatische Störungen anzusehen sind, d. h. insbesondere pathologische Trauer bzw. pathologischer Trennungsschmerz oder Erschöpfungsdepression bzw. Burn-out.

4.6 Literatur

Alexander J. (1960). The psychology of bitterness. *International Journal of Psycho-Analysis*, 41, 514–520.

Baumann K. & Linden M. (2008). *Weisheitskompetenzen und Weisheitstherapie – Die Bewältigung von Lebensbelastungen und Anpassungsstörungen*. Lengerich: Pabst Science Publishers.

Baures M.M. (1996). Letting go of bitterness and hate. *Journal of Humanistic Psychology*, 36, 75–90.

Beck A.T., Rush A.J., Shaw B.F. & Emery G. (1979). *Cognitive therapy of depression*. New York: Guilford Press.

Bowlby J. (1969). *Bindung – Eine Analyse der Mutter-Kind-Beziehung*. München: Kindler 1982.

Bulman R.J. & Wortman C.B. (1977). Attributions of blame and coping in the »real world«: Severe accident victims react to their lot. *Journal of Personality and Social Psychology*, 35 (5), 351–363.

Csef H. (2001). Chronische Müdigkeit. *Der Internist*, 42, 1495–1506.

Dalbert C. (1999). The world is more just for me than generally: About the personal belief in a just world scale's validity. *Social Justice Research*, 12, 79–98.

Dalbert C. (2011). Embitterment – from the perspective of justice psychology. In: Linden M. & Maercker A. (Hrsg.). *Embitterment*. Wien: Springer, 30–41.

Ekman P. (1997). Expression or communication about emotion. In: Segal N.L., Weisfeld G.E. & Weisfeld C.C. (Hrsg.). *Uniting psychology and biology. Integrative perspectives on human development*. Washington, DC: American Psychological Association, 315–338.

Felber W., Lammel M., Sutarski S. & Lau S. (Hrsg.) (2010). *Plurale Suizide*. Berlin: Mwv Medizinisch Wissenschaftliche Verlagsgesellschaft.

Hautzinger M. (2008). Grundüberzeugungen ändern. In: Linden M. & Hautzinger M. (Hrsg.). *Verhaltenstherapiemanual*. 6. Aufl. Berlin: Springer, 173–177.

Horowitz M.J., Siegel B., Holen A., Bonanno G.A., Milbrath C. & Stinson C.H. (1997). Diagnostic criteria for complicated grief disorder. *American Journal of Psychiatry*, 154, 904–910.

Janoff-Bulman R. (1992). *Shattered assumptions: Towards a new psychology of trauma*. New York: Free Press.

Kendler K.S., Karakowski L.M. & Prescott C.A. (1998). Stressful life events and major depression: Risk period, long-term contextual threat, and diagnostic specificity. *Journal of Nervous & Mental Disease*, 186, 661–669.

Lazarus R.S. (1991). *Emotion and adaption*. New York: Oxford University Press.

Lerner M.J. (1980). *The belief in a just world: A fundamental delusion.* New York: Plenum-Press.

Linden M. (2003). The posttraumatic embitterment disorder. *Psychotherapy and Psychosomatics,* 72, 195–202.

Linden M. (2006). Reaktionen auf belastende Lebensereignisse und Anpassungsstörungen. In: Hohagen F. & Nesseler T. (Hrsg.). *Wenn Geist und Seele streiken. Handbuch seelische Gesundheit.* München: Südwest Verlag, 250–261.

Linden M., Kirchmann S. & Schaub R.T. (1998). Vermutete krankheitsfördernde Einflüsse im Vergleich manischer und depressiver Episoden. In: Stieglitz R.D., Fähndrich E. & Möller H.J. (Hrsg.) *Syndromale Diagnostik psychischer Störungen.* Göttingen: Hogrefe, 141–147.

Linden M., Rotter M., Baumann K. & Lieberei B. (2007). *Posttraumatic embitterment disorder. Definition, evidence, diagnosis, treatment.* Cambridge, Mass. u.a.: Hogrefe.

Linden M., Baumann K., Rotter M. & Schippan B. (2008). Diagnostic criteria and the standardized diagnostic interview for posttraumatic embitterment disorder (PTED). *International Journal of Psychiatry in Clinical Practice,* 12, 93–96.

Lipkus I.M. & Siegler I.C. (1993). The belief in a just world and perceptions of discrimination. *Journal of Psychology,* 127, 465–474.

Merten J. (2003). *Einführung in die Emotionspsychologie.* Stuttgart: Kohlhammer.

Pirhacova I. (1997). Perceived social injustice and negative affective states. *Studia Psychologica,* 39, 133–136.

Plutchik R. (1980). *Emotion. A psychoevolutionary synthesis.* New York: Harper & Row.

Rotter, M. (2011). Embitterment and personality disorder. In: Linden M. & Maercker A. (Hrsg.). *Embitterment.* Wien: Springer, 177–186.

Rubin Z. & Peplau L.A. (1975). Who believes in a just world? *Journal of Social Issues,* 31 (3), 65–89.

Sack M. (2004). Diagnostische und klinische Aspekte der komplexen posttraumatischen Belastungsstörung. *Der Nervenarzt,* 75, 451–459.

Scheibe S., Freund A.M. & Baltes P.B. (2007). Toward a developmental psychology of Sehnsucht (life longings): The optimal (utopian) life. *Developmental Psychology,* 43, 778–795.

Scherer K.R. (2004). Feelings integrate the central representation of appraisal-driven response organization in emotion. In: Manstead A.S.R., Frijda N.H. & Fischer H. (Hrsg.). *Feelings and emotions: The Amsterdam symposium.* Cambridge: Cambridge University Press, 136–157.

Staudinger U.M. & Baltes P.B. (1996). Weisheit als Gegenstand psychologischer Forschung. *Psychologische Rundschau,* 47, 57–77.

Strelan P. (2007). The prosocial, adaptive qualities of just world beliefs: Implications for the relationship between justice and forgiveness. *Personality and Individual Differences,* 43, 881–890.

Willebrand M., Kildal M., Andersson G. & Ekselius L. (2002). Long-term assessment of personality after burn trauma in adults. *Journal of Nervous and Mental Disease,* 190, 53–56.

Zemperl J. & Frese M. (1997). Arbeitslose: Selbstverwaltung überwindet die Lethargie. *Psychologie Heute,* 24, 36–41.

Znoj H. (2008). *BVI. Berner Verbitterungs-Inventar. Manual.* Bern: Huber.

Znoj H (2011). Embitterment – a larger perspective on a forgotten emotion. In: Linden M. & Maercker A. (Hrsg.). *Embitterment.* Wien: Springer, 5–16.

ULRICH VENZLAFF

5. Der erlebnisbedingte Persönlichkeitswandel[1]

5.1 Der gemeinsame bionegative Akzent in den Begriffen »Krankheit« und »Kranksein«

Der naturwissenschaftlich-medizinische Krankheitsbegriff ist vom Körperlichen her entwickelt. Wir sprechen von »krankhaft verändert« oder »pathologisch«, wenn körperliche Funktionen oder Strukturen von einer in ihrem Kern fest umrissenen, in ihren Grenzen aber unscharfen biologisch-anthropologischen Durchschnittsnorm abweichen. Der Begriff des Krankhaften oder des Pathologischen hat also stets einen bionegativen Akzent. Wenn wir den Begriff des körperlich Krankhaften als eine bionegative Funktions- oder Strukturabweichung definieren, so schließen wir auch jene Zustände ein, deren bionegativer Akzent nicht klar erkennbar auf der Hand liegt, sondern in denen er potentiell schlummert.

Der psychiatrische Krankheitsbegriff ist an denselben Grundsätzen ausgerichtet. So schreibt Schneider: »Krankheit selbst gibt es nur im Leiblichen, und ›krankhaft‹ heißen wir seelisch Abnormes dann, wenn es auf krankhafte Organprozesse zurückzuführen ist.« Ein krankhaft psychisches

---

[1] Dieses Kapitel basiert auf den Kapiteln »Erlebnisbedingter Persönlichkeitswandel« und »Ergebnisse« der Monographie: Ulrich Venzlaff: *Die psychoreaktiven Störungen nach entschädigungspflichtigen Ereignissen (Die sogenannten Unfallneurosen)*, Berlin u. a.: Springer-Verlag 1958. Es versteht sich als Zeitdokument. Passagen ausschließlich zeitgebundener Diskussionen wurden nicht aufgenommen; sie können im Original studiert werden. Andererseits wurde der Text auch nicht »modernisiert«, um nachvollziehbar zu machen, in welcher Form es nach dem II. Weltkrieg eine intensive Diskussion gab zu Folgen des Holocaust und des Krieges. Das Buch hat wesentlich dazu beigetragen, den generellen Krankheitsbegriff in der Psychiatrie in Frage zu stellen, und die wegweisenden Inhalte zur Psychotraumatologie sind erst gut 40 Jahre später voll zu würdigen gewesen. Die wesentlichen Diskussionsinhalte sind auch heute, 55 Jahre später, noch aktuell.

Auch formal wurde nicht »modernisiert«. Es war nach so vielen Jahren nicht mehr möglich, die wörtlichen Zitate nachträglich mit Jahreszahlen und Seitenangaben zu versehen. Das Literaturverzeichnis konzentriert sich auf die zentralen Werke der wesentlichen Autoren der damaligen Zeit, die an der Diskussion über Traumafolgeschäden beteiligt waren. – An der Überarbeitung des Kapitels war Ulrich Sachsse beteiligt, dem ich dafür herzlich danke (Ulrich Venzlaff).

Phänomen ist also das seelische Erscheinungsbild eines krankhafte Veränderungen anzeigenden Lebensprozesses (Müller-Suur), d. h. mit anderen Worten, dass das Seelische an sich – also die immaterielle Repräsentanz des Seins – nicht im naturwissenschaftlichen Sinne erkranken, wohl aber in seinen Abläufen durch körperliche Veränderungen gehindert oder gestört sein kann, so dass seine nur seelisch erfassbaren Erscheinungsformen als abnorm imponieren. Dieser Krankheitsbegriff ist zwanglos aus unserer heutigen wissenschaftlichen Erkenntnis auf Verstandesmängel durch Gehirnmissbildungen, auf psychische Störungen durch exogene Schäden (Infektionen, Intoxikationen, Traumen usw.), auf Demenzen durch Abbauerkrankungen des Alters, kurzum also auf alle durch sinnfällige anatomische Hirnveränderungen hervorgerufenen geistigen Störungen anwendbar. Schwierig wird aber bei einer solchen Betrachtungsweise die Einordnung der sogenannten endogenen Psychosen, für die ursächlich noch kein pathologisch-anatomisches Substrat oder eine erfassbare körperliche Funktionsstörung gefunden werden konnte. Es ist aber die Annahme, dass ihnen Krankheiten zugrunde liegen, gut gestützt, denn ihre führenden Symptome haben im normalen Seelenleben einschließlich seiner abnormen Varianten keine Analogien. Sie sind nicht aus Erlebnissen motiviert oder situativ ableitbar und auch keiner seelischen, wohl aber einer körperlichen Behandlung zugänglich. Obwohl sie also noch weitestgehend unerforscht sind, ist aus diesen Tatsachen die Berechtigung herzuleiten, sie den körperlich verursachten Seelenstörungen zuzuordnen und diese Gesamtgruppe in einer psychiatrischen Krankheitssystematik von den seelisch entstandenen, nicht organisch begründeten Störungen scharf zu trennen. Ebenso wie den körperlichen Krankheiten wohnt den krankhaften seelischen Phänomenen ein bionegativer Akzent inne.

Dem naturwissenschaftlichen steht der existentiell-metaphysische Krankheitsbegriff – das »Kranksein« (Müller-Suur) – gegenüber. Definieren wir den Begriff der Krankheit als eine bionegative funktionale oder strukturelle Normabweichung in der Dimension des Materiell-Körperlichen, so wollen wir das Kranksein als leidvolles Erleben einer Not in der Dimension des Seelisch-Geistigen bezeichnen. Kranksein ist also das Leiden an einer Krankheit, es ist aber auch das Leiden an einer inneren, nicht körperlichen Not. Es gibt manche Krankheiten, die zu keinem subjektiven Leidenszustand führen, weil sie die Erlebnisfähigkeit zerstören – manche Hirnprozesse – oder weil sie noch nicht erlebnisfähig sind – z. B. ein beginnendes Carzinom. Aber nicht jedes subjektive »Erleiden« ist dem Begriff des Krankseins gleichzusetzen, denn die Fähigkeit zum Leiden ist – soweit wir sehen – eine spezifisch menschliche Seinsqualität, die man nicht wegdenken kann, ohne dem Dasein eine seiner wesentlichen biologischen und metaphysischen Grundvoraussetzungen zu rauben. Wir kennen ein lebensförderndes Erleiden nicht-krankhafter körperlicher Not oder Bedrohung, z. B. Hunger, Durst, Frieren, Höhenschwindel usw., ohne das der biologische Bestand bedroht wäre. – Wir kennen ein Erleiden äußerer Not, z. B. der Armut oder der Unfreiheit, das den Menschen zu Leistung, Streben und Bewältigung von Widerständen anspornt, und wir kennen den positiven metaphysischen Sinn des Leidens, das edelste menschliche Kräfte erwecken, das

Wertbewusstsein erhöhen und im Letzten die Glücksfähigkeit vertiefen kann. Die Leidensfähigkeit ist also unabdingbar für den körperlichen Bestand und die geistig-existentielle Verwirklichung des Menschen, sie ist der Wegbereiter schlechthin für Dasein und Entwicklung, sie ist lebensfördernd, also biopositiv.

Im seelischen Kranksein drückt sich dahingegen das Unvermögen aus, sich mit dem Leiden im weitesten Sinne des Wortes auseinanderzusetzen. Der Mensch wird überwältigt vom Leid, oder er versucht, ihm zu entfliehen. Seelisches Kranksein ist, wie man es auch anders formuliert hat, die Regression in das Stadium der infantilen Geborgenheit, der Schutz- und Hilfsbedürftigkeit, weil die Kraft oder der Wille zur Bewältigung des Leides fehlen. Er führt daher zu einer inadäquaten Haltung zum Dasein oder entwickelt sich bereits aus einer solchen und ist so letzten Endes bionegativ. Diese Erkenntnis gibt uns das Recht, seelisches Kranksein und körperliche Krankheit insoweit gleichzusetzen, als beides zum Objekt für ärztliches Helfen wird, ein Helfen aus körperlicher oder aus seelischer Not.

5.2 Die Entstehungsbedingungen des psychogenen Krankseins (die Erlebnisrepräsentanz)

Wir haben am Beispiel der verschiedenen Formen psychoreaktiver Störungen im Entschädigungsverfahren bereits eine Reihe von Voraussetzungen für das Auftreten erlebnisbedingter seelischer Störungen aufgezeigt: abnorme Charaktereigenschaften, erlebnisbedingte Fehlhaltungen, ungerechtfertigte Wünsche oder unbegründete Befürchtungen. Dies besagt aber nicht, dass auch der charakterlich durchschnittlich Strukturierte nicht unter besonderen Verhältnissen einmal mit einer Störung der Erlebnisverarbeitung reagieren kann. Hierbei handelt es sich meist um situationsgebundene Reaktionen, die dann auftreten, wenn das Individuum einem Übermaß von Erlebnisdruck gewissermaßen hilflos ausgeliefert ist. Die Leitgefühle derartiger situationsgebundener Reaktionen sind entsprechend dem Inhalt der meist in Frage kommenden Situationen Traurigkeit, Schreck und Angst (Schneider). Es entstehen hieraus die übercharakterlichen Primitivreaktionen, wie sie Kretschmer genannt hat, auf Schreck, Ängstigung, auf massive Bedrohung und die vielfältigen depressiven Reaktionen auf schicksalhafte Eingriffe in die Daseinsordnung, z. B. Verlust von Angehörigen, von Heimat, von Beruf, Arbeit oder überhaupt des Lebensraumes. Nach Jaspers ist es nun das Kriterium der abnormen Reaktionen und Verhaltensweisen auf Erlebnisse, dass sie nach Aufhören der Ursache abklingen, ein Grundsatz der auch von allen anderen maßgeblichen Autoren – wir nennen nur Schneider und Kretschmer – vorbehaltlos vertreten wird. Das würde bedeuten, dass eine Persönlichkeit, die frei von charakterlichen Abnormitäten, Fehlhaltungen, unlauteren Wünschen usw. ist, von einem Erlebnis zwar vorübergehend erschüttert, niemals aber für dauernd gekennzeichnet werden kann. Eine derartige Ansicht scheinen uns vor allem jene eingangs zitierten Beobachtungen zu bestätigen, die über das Verhalten in Extremsituationen (Naturkatastrophen, Trommelfeuer, Bombenterror, Fluchtnöte, Kriegsgefangenschaft usw.) zusammengetragen wurden, da diese Ereignisse nach allgemeiner Erfahrung keine seelischen Dauerschäden bzw. bestenfalls stärker affektbesetzte Erinnerungen bei den Betroffenen zurückgelassen haben und höchstens zu vorübergehenden, rasch abklingenden »Randneurosen« führten. Diese Erfahrungen werden auch immer wieder als Beispiele dafür herangezogen, dass es angeblich keine Grenze der menschlichen Trag- und Belastungsfähigkeit gibt, »die seelische Belastungsfähigkeit des Menschen liegt im Unendlichen« (Hoff), und kein seelisch wirksam werdendes Ereignis in der Lage sei, das seelische Gefüge eines Menschen dauerhaft zu erschüttern und zu zerstören oder fortwirkend zu erschüttern und zu beeinträchtigen. Wir haben aber Bedenken, aus den ausgeführten Beobachtungen derart weittragende Schlussfolgerungen herzuleiten, denn sie sind eben lediglich an der durch die äußeren Umstände bestimmten Erlebnisintensität orientiert und lassen den unseres Erachtens in erster Linie maßgeblichen Faktor für die innere Verarbeitung außer Acht, nämlich die individuelle Erlebnisrepräsentanz.

Es ist eben nicht nur von der Intensität und der Dauer eines Geschehnisses abhängig, welche seelischen Wirkungen es auslöst, sondern in erster Linie von seiner spezifischen Bedeutung für das betreffende Individuum im Hinblick auf seine besondere Artung, seine lebensgeschichtliche Entwicklung, seine Wertbildungen und die auf solchem Hintergrunde und entsprechend innerer Haltung aus dem Ereignis erwachsenden Folgen. Für Untersuchungen über das seelische Wirksamwerden von Geschehnissen eignen sich nun die Erfahrungen über das Verhalten in den geschilderten Extremsituationen nur bedingt. Die Tatsache, dass man in ausweglosen Kampfsituationen, bei Fliegerangriffen oder in Gefangenenlagern praktisch keine abnormen Reaktionen zu sehen bekam, rührt weniger daher, dass der Mensch nun einmal jede Not seelisch ertragen kann, sondern dass er in Extremsituationen von Notfallfunktionen beherrscht wird, die ihn zu übermenschlichen Leistungen, etwa auf der Flucht, befähigen und die letzten rettenden Reserven auszuschöpfen imstande sind. Ebenso wie etwa Soldaten unter der Wirkung lebenserhaltender Notfallfunktionen einmalige Strapazen unvorstellbarer Art bewältigen, um einer Gefangennahme zu entgehen, Strapazen, zu denen sie im zivilen Leben auch bei größter Willensanspannung niemals fähig gewesen wären, gibt es auch psychische Notfallfunktionen, durch die einerseits psychische Energien freigelegt, andererseits die emotionale Resonanz auf körperliche Not und existentielle Bedrohung ausgelöscht werden kann, damit der Mensch nicht von ihnen überwältigt wird. Man könnte in solchen Fällen von der biologisch sinnvollen Form eines »Emotionsstupors« – einer rettenden Gefühlsleere – sprechen. Schulte hat in einer lesenswerten Studie die Belastung als lebensförderndes Moment, als trophischen Reiz angesprochen, die geeignet sei, ungeahnte körperliche und seelische Kräfte zu mobilisieren. Er hat aber auch darauf hingewiesen, dass sich die Belastung in einem biologisch eben noch angemessenen Rahmen halten muss. Unseres Erachtens wird man die individuelle körperlich-seelische Widerstandsfähigkeit und die Fähigkeit zur Mobilisierung letzter Reserven als Grenze ansehen müssen und nicht das gelegentlich erstaunliche Maß solcher Widerstandsfähigkeit als Beweis für die schlechthin unendliche Belastungsfähigkeit des Menschen. Man muss die individuelle Widerstandsfähigkeit vielmehr als Auswirkung einer biologisch begründeten und in ihrer Wirksamkeit begrenzten Notfallreaktion betrachten, die möglicherweise den vegetativ-humoralen Umstellungen des von Selye beschriebenen Adaptionssyndroms nahesteht. Aber sie bleibt eben individuell verschieden. Dieser Gedanke liegt auch deshalb nahe, weil die fast einförmig zu nennenden, überwiegend körperlich-sympathicotonen Erscheinungen nach schweren psychischen Belastungen (z. B. die vegetativen Schreck- und Angstreaktionen) viel eher eine Verwandtschaft zu den körperlichen Nachwirkungen physischer Belastungen erkennen lassen als zu der unendlichen Vielfalt von Konversionssyndromen neurotischer Art auf seelische Konflikte, was für ein Dominieren somatischer Regulationsumstellungen über psychoreaktive Faktoren in der sogenannten Extremsituation spricht.

Die Tatsache, dass verschiedene Menschen auf ein und dasselbe Ereignis außerordentlich unterschiedlich reagieren, lässt erkennen, dass man verbindliche Maßstäbe nicht allein an einem einfachen Ursache-Wirkungsverhältnis gewinnen kann. Man muss als weiteren Faktor die individuelle emotionale Erschütterungsfähigkeit, Beeindruckbarkeit und Aufwühlbarkeit hinzunehmen, die als innerseelisches qualitativ-energetisches Moment charakter- und temperamentsgebunden und damit angeboren, d. h. in der Anlage verankert ist. Von ihr hängt es ebenso wie von der Qualität des »Exogenen« ab, wie sich die seelische Resonanz auf ein Ereignis gestaltet, wie es verarbeitet und beantwortet wird; ob ein negativer Eindruck verwunden oder als affektstarker Komplex zu intrapsychischen Störungen Anlass gibt oder ob positive Eindrücke auf einen fruchtbaren Boden fallen und gefühlsstarke, gesinnungsbildende Wirkungen entfalten.

Wir kommen aber mit diesen beiden Faktoren immer noch nicht aus, wenn wir uns ein Bild der Erlebniswirkung auf eine Persönlichkeit machen wollen, vielmehr müssen wir noch drittens ein qualitativ-dynamisches Moment berücksichtigen, das den eigentlichen persönlichkeitsadäquaten Faktor darstellt, der durch die Wechselwirkung von Erlebnisinhalt und der gesamten lebensgeschichtlichen Situation des Individuums bestimmt wird. Das heißt mit anderen Worten, dass ein Erlebnis seinen subjektiven Bedeutungs- und Sinngehalt aus der Beziehung zwischen seinem Inhalt und der besonderen individuellen Bedeutung, der »individuellen Repräsentanz« (Strauss) für die Person gewinnt. Hiervon hängt es also ebenfalls noch ab, von welcher Qualität die jeweilige seelische Erschütterung für die einzelne Person ist, welche Wandlungen von Haltungen und seelischen Vollzügen die Persönlichkeit erfährt und in welchem Sinne sie durch das Erlebnis geprägt wird.

Es ist ersichtlich, dass ein Geschehnis durch seine Intensität, seine besondere Beziehung zur Wesensart oder seine individuelle Bedeutung seelisch wirksam werden kann, oder aber, dass es erst durch das Zusammenwirken mehrerer spezifischer Momente seinen Stellenwert innerhalb der Persönlichkeit gewinnt. Ausmaß, Dauer und Qualität der seelischen Erschütterung sind nun abhängig davon, welche Faktoren im Einzelfalle dominieren. Die ichfernen, nur durch die kollektive Repräsentanz erlebnismäßig wirksam werdenden Geschehnisse mögen zwar zu vorübergehenden schwersten Erschütterungen führen (leibliche Bedrohung, Schreck, Ängstigung usw.), hinterlassen aber keine nachhaltigen seelischen Spuren, solange sie die Daseinsordnung des Individuums nicht antasten. Dies erhellt die durchweg günstige Prognose der hieraus entstehenden sogenannten übercharakterlichen Erlebnisreaktionen etwa auf Schreck, Ängstigung oder Bedrohungen, unter die auch die von Kretschmer beschriebenen Primitivreaktionen zu subsumieren wären.

Bei den Persönlichkeitsreaktionen im Sinne Kretschmers und Ewalds dominieren dahingegen die charakterlichen repräsentanten Facetten des Geschehnisses, wie überhaupt bei all jenen abnormen Erscheinungen, die wir als psychopathische Reaktionen beschrieben haben. Ihr Wegbereiter ist nicht die Geschehnisintensität an sich, sondern die in der Anlage verankerte Wesensart: So kann ein belanglos erscheinendes Ereignis durch seine besondere, charakterstrukturbedingte Verarbeitung der Ausgangspunkt einer mehr und mehr unkorrigierbaren krankheitswertigen Persönlichkeitsentwicklung sein, wie etwa bei der sensitiven oder paranoischen Entwicklung, bei der Zwangskrankheit oder dem Abgleiten in eine Sucht, bei der ja im Allgemeinen die Ursache im Grunde nicht das Schmerzerlebnis und die erste Begegnung mit dem Alkaloid, sondern die individuelle charakterliche Veranlagung ist.

Schließlich ist in der Neurose – im eigentlichen psychogenen Kranksein – die seinshistorische Repräsentanz des Geschehnisses der eigentlich maßgebliche Faktor der Ausprägung, Erscheinungsform und Tiefe. Unverarbeitete, existentielle Konflikte, eine nur trügerische Harmonisierung der Beziehungen zum Dasein, falsche individuelle Wertnormen, Beeinträchtigung von Lebenserfüllung und Selbstverwirklichung bilden hier den Hintergrund, auf dem sich unter der Wirkung repräsentanter innerer oder äußerer Erlebnisse die abnorme Haltung bis zum seelischen Kranksein entwickeln kann.

Psychotherapie bedeutet ja im Letzten nichts anderes als die Hilfe, die wir dem Kranken zur Gewinnung neuer Wertsetzungen, Ordnungen und einer neuen, normadäquaten Haltung in die Hand zu geben versuchen. Es gibt aber auch Grenzen der Psychotherapie, die aus dem Hintergrund der Persönlichkeitshaltung erwachsen: wenn durch die übermächtige seinshistorische Repräsentanz schicksalhafter Erlebnisse und Konstellationen das Ordnungsgefüge der Persönlichkeit einen zu tiefen Bruch erlitten hat, wenn Inhalte und Werte, auf die das Leben aufgebaut war, unwiederbringlich zerstört wurden, wenn der Mensch in seinem Leid und seiner Not, durch Jahre in die Isolierung gedrängt, nicht mehr an der Kommunikation mit der Gemeinschaft teilhat und wenn hierbei der Lebensabschnitt überschritten wurde, in dem die Persönlichkeit formbar ist und neue Wertbildungen und Zielsetzungen erringen kann. Es sind dies jene – wenn auch wenigen – Fälle, von denen Müller-Suur sagt: »Es zeigt sich nämlich, dass, wie es unheilbare Krankheiten gibt, es auch unheilbares seelisches Leid gibt, das sich im Kranksein äußert und dem abzuhelfen nicht menschenmöglich ist, – dem wir nur ergriffen gegenüberstehen können, in der Ergriffenheit innewerdend unseres eigenen menschlichen Unvermögens und zugleich der Ahnung der Möglichkeit einer Hilfe und eines Trostes, den wir ›göttlich‹ nennen, ohne zu wissen, was Gott ist.«

Wir möchten dann nicht mehr von Neurose, sondern von erlebnisbedingtem Persönlichkeitswandel sprechen.

5.3 Der bionegative – krankheitswertige – Persönlichkeitswandel

Die Entwicklung einer Persönlichkeit ist eine Funktion seinshistorisch repräsentativer Erlebnisse, durch die auf dem Untergrund der angestammten Wesensart und mitbestimmt von den intellektuellen Entwicklungsmöglichkeiten sich das abspielt, was wir Reifung, Differenzierung, Anpassung, Gesinnungsbildung und Erwerb von Lebenstüchtigkeit nennen. Ohne die stete Wandlung und Prägung durch Erlebnisse im weitesten Sinne des Wortes, durch Begegnungen, Kommunikationen und auch leidvolle Erfahrungen würde der Mensch ein seelenloser Automat, eine rein biologisch-tierhafte Existenz bleiben, der das eigentliche metaphysisch-sinnhafte menschliche Sein verschlossen wäre. Seinshistorisch repräsentante Erlebnisse sind daher im anthropologischen Sinne persönlichkeitsprägend, und zwar nicht allein durch das Ausmaß der erlebnisbedingten einmaligen Erschütterung und der hiervon abhängigen Nachdauer und Affektbesetzung, sondern in erster Linie durch die mit dem Erlebnis sich vollziehenden inneren Wandlungen und erlebnisbedingte Gestaltung der individuellen Seinsform. So kann z.B. aus der Wiederbegegnung mit dem Werk eines Dichters oder Philosophen, die beim ersten Mal indifferent blieb, später eine bestimmende Leitlinie für das Dasein erwachsen, weil sich inzwischen der geistige Horizont geweitet hat, neu aufgetauchte, ungelöste Probleme nunmehr angesprochen und erhellt werden. Eine tief schmerzliche Erfahrung kann die bislang oberflächliche Einstellung zum Leben wandeln, die innere Haltung vertiefen und neue, gesinnungsbildende Werte vermitteln. Ebenso gibt es natürlich auch prägende Einflüsse im negativen Sinne – durch wiederholte Enttäuschungen, Fehlschläge, Versagung der Lebenserfüllung oder durch den permanenten Einfluss eines schädlichen Milieus –, durch die die Haltung einer Persönlichkeit verbogen werden, erstarren und in ihren positiven Radikalen verkümmern kann. Es sind dies aber noch Abläufe und Wandlungen, die sich an sich im Bereich des Normalpsychologischen bewegen und die noch nicht im eigentlichen Sinne krankheitswertig zu werden brauchen. Sie werden nur dann einen neurotisierenden Einfluss haben, wenn es zu neuen, nicht zu bewältigenden persönlichkeitsspezifischen Erlebnissen kommt, wenn die Erlebniswirkung bionegativ wird.

Wir wissen aus der Neurosenlehre, dass gerade die Kindheits- und Entwicklungsphase von entscheidender Bedeutung für die Ausbildung von Haltungen im weitesten Sinne des Wortes ist. Während die rein analytischen Forschungsrichtungen, beginnend bei Freud, bis zu der neopsychoanalytischen Schule von Schultz-Henke, die maßgeblich neurotisierenden Einflüsse in frühkindlichen seelischen »Traumen« sehen – eine unseres Erachtens spekulative und nur sehr mit Vorsicht zu gebrauchende unbewiesene Hypothese –, sind aus dem Arbeitskreis um Kretschmer wertvolle Untersuchungen über die reifungsbiologischen Faktoren, die Folgen einer Störung des puberalen Instinktwandels, die Probleme der Retardierung und der seelischen Einflüsse auf die Heranwachsenden hervorgegangen. Wer Psychotherapie treibt, wird bei seinen Patienten immer wieder auf die besondere Bedeutung der gestörten Erlebnisverarbeitung in der Reifungsphase stoßen und immer wieder gerade diesen Lebensabschnitt analytisch »aufzuarbeiten« haben. Dies versteht sich auch aus unseren obigen Ausführungen, da der junge Mensch in diesem Abschnitt gewissermaßen in das Leben tritt, sich mit ihm und seinen Problemen erst auseinanderzusetzen beginnt und gerade hier der sozusagen unbestellte Acker durch prägende, repräsentante Erlebnisse gepflügt und gesät wird.

Aber auch eine reife, geprägte und harmonische Persönlichkeit kann durch Erlebnisse nicht nur wachsen und an Gehalt gewinnen, sondern auch leider durch ihre übermächtige seinshistorische Repräsentanz unwiderruflich gewandelt, in ihren Zielsetzungen und Wertbildungen verbogen, ja, zerbrochen und durch den Verlust des Daseinsinhaltes und die Unmöglichkeit einer neuen Ausrichtung in einen krankheitswertigen Leidenszustand – in eine bionegative Haltung – gedrängt werden.

Ein Beispiel für eine solche bionegative Umprägung, d.h. also einen erlebnisbedingten Persönlichkeitswandel, bieten in unseren Tagen zahlreiche Entwurzelungsreaktionen bei Flüchtlingen, die wir als psychoreaktives Massenphänomen in den letzten Jahren in ungezählten Fällen und allen erdenkbaren Gradausprägungen in unseren Sprechstunden sahen. Sie gestalteten sich bei den Personen, die psychisch unelastischer, endgültig geprägt und biologisch dem Lebenskampf nicht mehr gewachsen waren, ungleich nachhaltiger als bei denen, die als jüngere und psychophysisch rüstigere ihr Dasein auf neue Ziele ausrichten konnten. Für die Ersteren bedeuteten nicht selten die Entwurzelung und Entbehrung, der Verlust von Lebensinhalt, Heimat und angestammtem Daseinskreis zusammen mit dem Bewusstsein des Unwiederbringlichen einen unheilbaren Bruch der Daseinsordnung, dem gerade ältere und nicht mehr formbare Personen durch die immer neue Konfrontation mit dem Alltagselend des Flüchtlings und die Verpflanzung in einen ihnen wesensfremden Lebenskreis oft nicht gewachsen waren. Es braucht sich in solchen Fällen nicht immer um behandlungsbedürftige psychiatrische Krankheitsbilder zu handeln. Weit verbreiteter sind jene »stillen Entwurzelungsreaktionen« (Janz), die, durch das »depressive Grundgefühl der Ungeborgenheit« gekennzeichnet, zu einer »Schwächung der positiven Selbstwertgefühle und der Selbstsicherheit« geführt haben. Bei vielen dieser Menschen hat »die Zeit« nicht geheilt, sondern durch die Unwiderruflichkeit die Kluft im Lebensfortgang gegenüber früher nur vertieft, und jene unabdingbaren lebensfördernden Impulse wie Freude, Hoffnung, Optimismus und Tatkraft sind verlorengegangen. Im Lärm des gegenwärtigen »Wiederaufstieges« stehen sie aber beiseite, sind die Minderzahl und werden übersehen. Wir sehen jene Menschen aber häufiger in der Sprechstunde: Vornehmlich sind es ältere, emotional differenzierte Frauen, die vorgealtert und verbraucht wirken, die in stiller Resignation von einer kärglichen Rente oder Unterstützung auf einem kleinen Dorfe leben, genügsam, anspruchslos, vom Leben nichts mehr erwartend. In den ersten Jahren haben sie vielleicht versucht, ein wenig zur Rente zuzuverdienen, aber sie konnten mit den anderen nicht Schritt halten. Sie reiben sich am täglichen Kleinkrieg mit dem Hauswirt und den Ämtern auf, dem sie nicht mehr gewachsen sind, sind schüchterne, leicht verletzliche, bescheidene und zurückhaltende Menschen, für die das Gestern unwiederbringlich vergangen ist, die hilflos dem Heute gegenüberstehen und für die es kein Morgen gibt. Sie kommen nur selten wegen typischer psychoreaktiver Störungen in die Sprechstunde, sondern meist wegen körperlicher Beschwerden und Krankheiten, hinter denen nicht als treibendes Moment der Kampf um etwas, das Anrufen der Umwelt, das Sich-zur-Schau-Stellen oder das zweckvolle Ausweichen steht. Matte Resignation, die seelische Adynamie, die Entdifferenzierung, der Verlust lebensfördernder psychischer Energien und die farblose depressive Gestimmtheit, die mit ängstlicher Selbstunsicherheit verbunden ist: Komponenten des seelischen Wandels, aus denen heraus sie keinen Abstand mehr zum »Ich« haben, durch die sie von körperlicher Missbefindlichkeit immer wieder überwältigt werden.

Wir können bei diesen Menschen vielleicht Krankheiten heilen, wir können sie aber nicht »gesund machen«, ihnen ihr Kranksein nehmen, weil es aus tieferen Wurzeln kommt als nur körperliche Störungen. Es sind dies Fälle, die weitab von den Begriffen der Neurose oder der abnormen Erlebnisreaktion im eigentlichen Sinne stehen, die unseres Erachtens besser gekennzeichnet sind durch den Begriff des erlebnisbedingten Persönlichkeitswandels. Die Determinanten des »Krankseins« sind hier nicht mehr ein Ausweichen oder ein Versagen – es wäre ja auch ein vergebliches Bemühen gewesen, und viele sind vielleicht gerade deshalb auf der Strecke geblieben –, eine Suche nach Krankheitsgewinn oder Geborgenheit.

Unsere Beobachtungen an Entwurzelten sollen nur ein Beispiel für das geben, was wir erlebnisbedingten Persönlichkeitswandel nennen möchten. Ähnliches sahen wir übrigens auch an manchen nach dem Zusammenbruch jahrelang der Ächtung anheimgefallenen nationalsozialistischen Idealisten, um ein weiteres Beispiel zu nennen. Wir sehen an derartigen Fällen immer wieder ein sehr wesentliches Moment, nämlich die geringere Stabilität gegenüber dem Erlebnisdruck, die stärkere Starrheit und Fixierung und das geringere Vermögen, zu sich zurückzufinden, bei älteren Personen, die biologisch nicht mehr elastisch und psychisch nicht mehr in dem Maße umstellungsfähig wie jüngere sind. Die stärkere Ausgewogenheit der psychischen Kräfte und die an Erfahrungen gewonnene Prägung des reiferen Menschen verleihen ihm einerseits eine größere Erlebnisstabilität als dem Heranreifenden, lassen ihn aber umgekehrt schwerer neue Wege und Inhalte finden, wenn das seelische Gefüge einen zu tiefen Bruch erlitten hat.

Die Behandlung solcher Menschen stellt für den Arzt im Allgemeinen eine ungewöhnlich schwierige, vielfach unlösbare Aufgabe dar. Für den Gutachter erwächst aber aus diesen Reaktionen und Wandlungen keine Problematik – es sei denn die Aufgabe einer differentialdiagnostischen Abgrenzung gegenüber Kriegsleiden oder Unfallfolgen. Ganz anders liegen die Dinge dann, wenn wir uns gutachtlich mit der Nachwirkung von Erlebnissen oder Konstellationen zu befassen haben, die grundsätzlich entschädigungspflichtig sind. Hier stehen wir vielfach vor einer neuen Problematik, wenn es gilt, krankheitswertige Nachwirkungen seelischer Erschütterungen – also einen erlebnisbedingten Persönlichkeitswandel – in Beziehung zu bestimmten Ereignissen zu bringen. Wir möchten daher im Folgenden die Voraussetzungen und Bedingungen besprechen, unter denen ein innerer Zusammenhang zwischen seelischen Störungen und vorausgehenden entschädigungspflichtigen Ereignissen anzunehmen ist, nachdem wir die Vorfrage, ob überhaupt krankheitswertige Dauerverbiegungen der Persönlichkeit durch Erlebnisse denkbar und möglich sind, bejaht haben. Als Beispiel hierfür wählen wir die Ergebnisse unserer Untersuchungen eines größeren Kreises politisch Verfolgter des Dritten Reiches aus, bei denen ja entsprechend den Bestimmungen des Bundesentschädigungsgesetzes grundsätzlich sämtliche Auswirkungen der erlittenen Verfolgung entschädigungspflichtig sind, sofern ein Zusammenhang hinreichend wahrscheinlich gemacht werden kann, unbeschadet der Tatsache, ob es sich um körperliche oder seelische Folgen dieser Ereignisse handelt. Wir stellen zunächst drei besonders charakteristische Fälle und Verläufe anhand unserer Krankengeschichten dar:

Fallbeispiel 1:

Der 1895 geborene Kaufmann N. stammte aus einer wohlsituierten Kaufmannsfamilie einer norddeutschen Großstadt und besuchte die Oberrealschule bis zur mittleren Reife. Zusammen mit seinen Eltern trat er früh von der mosaischen zur lutherischen Religion über. Nachdem er den kaufmännischen Beruf erlernt hatte, ging er 1914 als Kriegsfreiwilliger zu einem Infanterieregiment, in dem er bis zum Kriegsende an der Front stand und mit dem EK I und II ausgezeichnet wurde. Nach dem Tode des Vaters übernahm er dessen Textilgeschäft und erbte ein größeres Wohnhaus. In der Ehe mit einer Nichtjüdin hatte er eine Tochter. Bis 1933 lebte er in gesicherten Verhältnissen, hatte im Kreise anderer wohlhabender und angesehener Bürger regen geselligen Verkehr, war aktiver Sportler und im Vorstand eines Rudervereins. Wegen Überhandnehmens der Judenpogrome gab er 1933 sein Geschäft auf und lebte von den Einkünften aus seinem Hause und aus einer Tätigkeit als Vertreter für eine Reihe von Geschäftsfreunden. In den folgenden Jahren zogen sich die alten Bekannten immer mehr von ihm zurück, er wurde aus dem Sportklub ausgeschlossen und von seinen Mietern verächtlich behandelt, denen gegenüber er sich als Jude nicht mehr durchzusetzen vermochte. Nach einer Misshandlung in der »Kristallnacht« 1938 musste er das Haus zwangsweise für einen Spottpreis veräußern, da er seinen Anteil an der »Judenbuße« nicht aufzubringen vermochte. Unmittelbar danach wurde er zwangsweise aus seiner Wohnung evakuiert, musste im Verlaufe weniger Monate mehrfach wegen Protestes der anderen Mieter die neubezogene Wohnung räumen und wurde schließlich auf dem Hinterhof einer Mietskaserne in einer ehemaligen Waschküche einquartiert. In der Folgezeit, insbesondere nach Kriegsbeginn, kamen weitere Beschämungen und Entwürdigungen hinzu: Zwangsverpflichtung zu Schwerstarbeit, der er nicht gewachsen war, Hungerrationen auf besonders gekennzeichneten Lebensmittelkarten, Tragen des Judensterns, Bespöttelung durch Kinder und eine mehrwöchige »Schutzhaft« durch die Gestapo mit häufigen Misshandlungen. Ab 1942 kamen Ausgehverbot bei Dunkelheit und bei Zunahme der Fliegerangriffe das Verbot, einen Luftschutzkeller aufzusuchen, hinzu. Seine – »arische« – Ehefrau wurde immer wieder gedrängt, sich scheiden zu lassen; sie weigerte sich aber, obwohl er es ihr mehrfach anbot. – »Jeder Tag brachte etwas Neues: Wir waren verfemt, geächtet und ausgestoßen; wir lebten unter Menschen, die uns nicht mehr als Menschen ansahen. Man wurde auf der Straße angepöbelt, von den Mitbewohnern gemieden, von der Gestapo vorgeladen oder bei Haussuchungen schlimmer als ein Verbrecher behandelt.« – »Wir wagten uns nicht mehr auf die Straße, sahen in jedem Menschen einen Ver-

folger, und wenn Schritte die Treppe zu unserer Wohnung heraufkamen, fuhren wir zusammen: Vielleicht holen sie uns jetzt, und wir folgen den anderen, die nicht wiederkamen und von denen wir nie wieder etwas gehört haben.« – »Wissen Sie, was es heißt, mit einem Judenstern am Mantel in den Laden zu gehen, die mit dem Stern gestempelten Karten über den Ladentisch zu reichen und dann zu erleben, wie andere zur Seite gehen oder einen wieder wegdrängen, bis man vom Verkäufer barsch und verächtlich abgefertigt wird – jahraus, jahrein?«

»In den ersten Jahren haben wir noch hassen, weinen und mit unserem Schicksal hadern können, dann wurde es immer leerer, es war nur noch die Angst, die einen nicht mehr verließ. Vor jedem Blick schrak man zusammen. Die Angst lähmte alles, den Körper, das Denken, die Entschlüsse, und es gab nichts mehr, woran wir uns aufrichten und auf was wir hoffen konnten. Als man mich ins KZ abholte, habe ich das stumpf über mich ergehen lassen, was auf dem Transport alles Schreckliches mit mir und den anderen geschah, das weiß ich gar nicht mehr, so ausgebrannt war man.«

N. entging als einer der wenigen, im Sommer 1945 an seinen Heimatort zurückgekehrt, dem Abtransport in ein Vernichtungslager. Die Ehefrau war getrennt von ihm in ein Arbeitslager gebracht worden, aus dem sie nach einer Hepatitis schwerkrank zurückkehrte. N. versuchte in den folgenden Jahren mehrmals vergeblich wieder, als Handelsvertreter zu arbeiten, wurde aber wegen schlechter Abschlüsse immer wieder gekündigt. Er erhielt für den wirtschaftlichen Verfolgungsschaden eine Abfindung, die aber für die Bezahlung der notwendigen Anschaffungen und der Arzt- und Krankenhausrechnungen der chronisch leberkranken Frau verbraucht wurde. Gesundheitliche Störungen wurden von der Entschädigungsbehörde auf Grund zweier ärztlicher Gutachten nicht anerkannt, woraufhin er beim zuständigen Gericht Klage erhob.

Sein seelisches Befinden schilderte N. bei der Begutachtung etwa folgendermaßen: Er sei ständig traurig verstimmt, habe keinen Mut, keine Entschlusskraft, keinen Optimismus mehr. Obwohl Jahre seit der Verfolgung vergangen seien, lebe er noch unter einem ständigen Druck, der ihn überall hemme und lähme. Er könne sich nur schwer zu etwas entschließen, und das meiste bleibe dann doch unausgeführt, weil er sich zu nichts aufraffen könne. Am liebsten geht er gar nicht oder nur bei Dunkelheit aus dem Hause, denn am Tage fühle er die Blicke der Passanten auf sich gerichtet, beziehe die Unterhaltungen im Laden, in der Straßenbahn und an der Haltestelle auf sich: »Die Angst verlässt mich nicht mehr. Ich spüre körperlich, wie sich alles in mir verkrampft. Es gibt Tage, an denen fühle ich mich so schlecht, dass ich gar nicht aufstehe oder zumindest nicht vor die Tür gehe, weil mich eine unsagbare Angst lähmt und ich fürchten muss, dass die Beine ihren Dienst versagen.« – »Ich kenne keine Freude mehr. Woran und worüber soll ich mich freuen? Mit wem soll ich mich freuen? Wir beide sind einsam geworden, die Menschen haben uns ausgestoßen, wir finden nicht zu ihnen zurück, und sie finden nicht mehr zu uns. Wir kennen zwar eine Reihe von Leidensgefährten, aber worüber sollen wir miteinander sprechen? Wir können uns nicht helfen und wir können einander nichts geben, wir haben Furcht, über das zu sprechen, was wir durchgemacht haben. Was vor diesem allem lag, ist für uns unwiederbringlich, mit dem, was jetzt ist, werden wir alle nicht fertig, und eine Zukunft gibt es für uns nicht mehr.«

Fallbeispiel 2:

Die 1895 geborene Ehefrau L., die gleichfalls in einer Mischehe lebte, musste in den Jahren nach 1938 miterleben, wie ihre 5 Geschwister auf Grund ihrer Rassenzugehörigkeit nacheinander nachts von der Polizei abgeholt und mit der Bahn abtransportiert wurden. Der 70-jährige

Vater wurde 1940 auf der Straße so schwer misshandelt, dass er an den Folgen verstarb. Die Mutter verstarb ebenfalls im Kriege an Unterernährung, nachdem man sie zwangsweise aus dem eigenen Hause in ein Altersheim für Juden überführt hatte, dessen Einrichtung und Betreuung jeder Beschreibung spotteten. Ihr Ehemann verlor, da er in einer Mischehe lebte, mehrfach seine Stellungen und schlug sich mühsam von einem kärglichen Lohn durch, bis er 1943 in ein Arbeitslager überführt wurde. Das den Geschwistern aus einer Erbschaft gehörende Haus wurde zwangsweise verkauft und der Erlös für die Abdeckung der »Judenbuße« beschlagnahmt.

Von 1938 ab fanden bei ihr mehrfach Haussuchungen, Verhaftungen und Verhöre statt, bei denen sie auch misshandelt wurde. »Für meine heranwachsenden Kinder gab es keine Bezugsscheine. Ich wusste nicht, was ich ihnen anziehen sollte; sie hatten keine Schuhe mehr, und ich musste für sie von Tür zu Tür betteln gehen bei Leuten, von denen ich glaubte, dass sie keine Nazis waren. Oft wusste ich nicht, was ich ihnen zu essen geben sollte, denn es kam immer wieder vor, dass uns der Kaufmann auf die kärglichen Marken nichts gab: Erst müssen die Deutschen satt werden, hieß es dann. Die Kinder mussten aus der höheren Schule, der Junge wurde sogar nachher vom Lehrherrn hinausgeworfen, weil ich Jüdin war. Ich durfte nicht einmal mit den Kindern zusammen auf die Straße, denn ich musste den Judenstern tragen und durfte mit niemandem ohne Stern auf der Straße gehen oder stehen.« – »Dreimal mussten wir die Wohnung wechseln, und zum Schluss wohnten wir in einem öffentlich gekennzeichneten Judenhaus«. – »Niemand wollte uns mehr kennen: Im Laden rückten die Leute von mir weg, und die Kinder wurden auf der Straße gehänselt und geschlagen.« – »Und dann die Schritte auf der Treppe und das Klingeln. In unserem Haus wohnten zum Schluss nur Juden, und immer wieder war irgendwo Haussuchung, oder sie holten jemanden ab, der dann nicht wiederkam. Wenn wir Schritte hörten, saßen wir zitternd da und glaubten, dass wir jetzt dran seien.« – »Dann holte man mir den Jungen ab, ins KZ, da bin ich zusammengebrochen, und kurz darauf haben sie mich geholt – mein Mann war schon weg –, und ich musste meine 14-jährige Tochter zurücklassen; man erlaubte mir nicht einmal, sie zu anderen Leuten zu bringen!«

»Das Schlimmste in diesen Jahren war die Angst, in der man immer lebte, sie lag wie ein Druck auf uns, und wir wurden sie nicht mehr los: Wir waren ja Freiwild, jeder durfte uns anspucken oder als dreckiges Judenweib beschimpfen, und dann musste man noch froh sein, wenn es nur bei Beschimpfungen blieb. Niemand war da, der für einen eintreten konnte; niemand wollte etwas von uns wissen, keiner kannte uns mehr. Sie kamen in unsere Wohnung und nahmen Sachen heraus, das Radio, Möbel und Schmuck, wir waren dann noch dankbar, dass sie uns nicht selber mitnahmen.«

8 Jahre nach der Entlassung aus dem KZ wurde Frau L. durch uns untersucht. Die 58-jährige Frau machte einen über ihre Jahre gealterten, müden und verbrauchten Eindruck. Zu Hause lebte sie zusammen mit ihrem Mann, die Kinder waren inzwischen verheiratet. Das Einkommen des Ehemannes sicherte ein sorgenfreies Leben. Von der Haftentschädigung hatte man den Hausrat wieder ausreichend ergänzen können. – »Wirtschaftliche Sorgen haben wir nicht, aber es ist alles anders geworden als früher. Wir haben schon vieles wieder erreicht, aber ich kann mich daran nicht freuen, denn ich komme von früher nicht los. Am liebsten gehe ich gar nicht vor die Tür, denn ich meine, dass man mir auf der Straße nachblickt wie früher. Ich glaube immer wieder noch, ich trage den Judenstern, und die Leute flüstern hinter mir her oder rücken von mir ab. Unter vielen Menschen in geschlossenen Räumen überfällt mich eine solche Angst, dass ich wieder ins Freie muss. Ich kann deshalb auch nicht mehr ins Kino oder ins Theater gehen und ich wage mich nicht einmal in die Straßenbahn, denn ich denke immerzu, jetzt kommt gleich der Kontrolleur und schickt mich wie damals von meinem Sitzplatz weg auf das Perron, oder einer, der neben mir sitzt, sieht meinen Judenstern und steht wieder auf.« – »Ich kann den Gedanken an meinen Vater nicht loswerden, wie er nach der Misshandlung starb, wie meine Mutter langsam verhungerte und wie meine 5 Schwestern nach Auschwitz abgeholt wurden und nicht zurückkamen.« – »Wir leben allein für uns und kommen mit niemandem zusammen. Zu wem kann man denn noch Vertrauen haben, nachdem uns jahrelang alle gemieden haben? Wenn es klingelt oder nur jemand die Treppe heraufkommt, fahre ich zusammen und bin wie gelähmt; dann steht mir wieder alles vor den Augen, wie es damals war, und ich komme vor Schwäche in den Beinen kaum bis zur Tür. Wenn mein Mann und die Kinder da sind, nehme ich mich nach Möglichkeit zusammen. Aber alles, woran sie sich freuen und worüber sie sprechen, liegt so weit weg von mir, und ich muss mich zwingen, zu folgen und Interesse zu zeigen.«

Fallbeispiel 3:
Der 1908 geborene Facharbeiter G., ein sehr aktiver, betriebsamer politischer Idealist, geistig gut begabt und vielseitig interessiert, wurde 1933 wegen der Zugehörigkeit zu einer Linkspartei und aktiven Widerstandes gegen das damalige Regime zu 15 Jahren Zuchthaus verurteilt, die er ohne Unterbrechung bis 1945 verbüßte. – »Was soll ich viel aus dieser Zeit erzählen. Es war immer dasselbe, 12 Jahre lang. Kein Tag war anders als der vorhergehende. Schwere Arbeit, schlechtes Essen, barsche Behandlung und kleinliche Schikanen. Wenn man mal krank war, wurde nicht viel darauf gegeben. Weil ich es mit dem Magen zu tun hatte, bekam ich in den ersten Jahren manchmal Schonkost verordnet. Im Kriege hieß es dann aber: »Da haben Sie eben Pech gehabt«, und ich bekam auch nichts anderes zu essen. Einmal habe ich versucht, von einer Außenarbeitsstelle zu fliehen, dafür bekam ich 8 Wochen Arrest. Im Kriege hätte ich nach einem Fliegerangriff einmal ohne weiteres weglaufen können, aber es war mir schon alles zu gleichgültig. Post und Besuch bekam ich nicht, die Geschwister waren alle Nazis geworden und wollten mit mir als Staatsfeind nichts mehr zu tun haben.«

G. wurde wegen eines Magenleidens internistisch begutachtet und uns auf Grund seines auffallend stumpfen seelischen Verhaltens zur psychiatrischen Beurteilung überwiesen. Aus den Angaben und den Akten geht hervor, dass G. nach der Entlassung Anstellung beim Arbeitsamt einer Kleinstadt fand und zunächst bedürfnislos ohne Kontakt mit anderen in einer Dachkammer für sich lebte. Später baute er sich von seiner Haftentschädigung ein Häuschen weit außerhalb des Stadtrandes, wo er sich nach seinem Dienst aufhielt und einen kleinen Garten bestellte. Von Vorgesetzten wurde er als einzelgängerischer Sonderling geschildert, der seine Aufgaben gleichgültig-automatenhaft, wenn auch zufriedenstellend erledige. Er lebe nur für sich, habe keinen Kontakt mit Kollegen und freunde sich auch in anderen Kreisen nicht an. Er hatte inzwischen nicht geheiratet und keine Beziehungen zum anderen Geschlecht aufgenommen. »Die Menschen sind mir alle so gleichgültig geworden. Was die anderen reden, das interessiert mich gar nicht mehr. In den ersten Jahren bin ich hin und wieder mal zum Sportplatz und ins Kino gegangen, aber das bedeutet mir alles nichts mehr.« – Politisch hatte G. sich nicht mehr betätigt: »Wissen Sie, das war früher; das ist für mich jetzt so unwichtig, es kommt ja doch alles, wie es kommen soll, ich gehe auch gar nicht zur Wahl.« – »Ich habe extra draußen gebaut, ich kann die Enge nicht ertragen, dann bekomme ich

Angst. Ich bin immer froh, wenn ich aus der Stadt herauskomme. Die Menschen sind so anders als ich, mich will ja keiner mehr haben, ich kann ja auch keinem etwas bedeuten.« – »In den ersten Jahren der Haft habe ich noch viele Pläne gemacht und mir vorgestellt, was ich alles tun werde, wenn ich wieder herauskomme. Jetzt will ich nur meine Ruhe haben und so viel arbeiten, dass die Langeweile getötet wird und ich zu leben habe.« – Den Rentenantrag hatte G. übrigens erst gestellt, nachdem er häufiger längere Zeit wegen eines Magengeschwürs krankgeschrieben wurde und aus diesem Grunde bei seiner Dienststelle die Kündigung zu befürchten hatte.

Bei der Auswahl dieser Fälle aus dem Kreise der von uns behandelten und begutachteten politisch Verfolgten haben wir einmal darauf Wert gelegt, typische Situationen und Schicksale aufzuzeigen, zum anderen nur solche Fälle aufzuführen, bei denen sich anhand objektiver Unterlagen die Kontinuität der seelischen Störungen seit Beendigung der Verfolgung bzw. ihre Feststellung schon zu Zeiten, als noch keinerlei rechtliche Grundlagen für eine eventuelle Berentung vorlagen, nachweisen ließen. Wir haben ferner nur solche ausgewählt, bei denen aus Lebensgeschichte, Verhalten und Wesensart weder abnorme Charakterzüge noch anders gelagerte neurotische Konfliktsituationen zu erkennen waren. Sie erscheinen uns als beispielhaft für das, was wir als erlebnisbedingten Persönlichkeitswandel bezeichnen möchten.

Im Gegensatz zu den psychiatrisch seit der Jahrhundertwende häufig untersuchten seelischen Störungen nach extremen Angst- und Schrecksituationen, deren auf die Dauer gesehen geringe pathogene Bedeutung wir oben erörtert haben, stehen wir hier vor einer quantitativ und qualitativ neuartigen Erlebnissituation, die für zahllose Personen durch das makabre und hoffentlich einmalige Experiment des Dritten Reiches, das nur ein geringer Bruchteil von ihnen überlebte, geschaffen wurde. Sie ist in ihrer wohl einmaligen seinshistorischen Repräsentanz keinesfalls einer zeitlich begrenzten, und sei sie noch so schweren, leiblichen Bedrohung gleichzusetzen, da ihr Hauptangriffspunkt in ganz anderen und tieferen Schichten, denen des eigentlichen menschlichen Seins, zu suchen ist. Es begann in diesen und in zahllosen anderen ungenannten Fällen mit der brüsken Vernichtung der materiellen Existenz, dem Verlust des Lebensinhaltes und der Unterbrechung der Lebenskontinuität, an deren Stelle ein ärmlich-kärgliches Dasein trat. Der Lebensinhalt, die Frucht jahrelangen Mühens und die Quelle von Hoffnung und Streben nach Fortschritt versiegten. Hinzu trat eine umfassende menschliche Entwürdigung und Erniedrigung in jeder nur denkbaren Form, systematisch und grausam konsequent, bis in das Detail abgestimmt auf eine fortgesetzte Diskriminierung, Schmähung, Kränkung und Ängstigung, die nach und nach jeden inneren Wertbesitz, jeden Stolz, Glauben, Hoffnung und die Zuversicht zerstören mussten, wodurch die Betroffenen, ausgestoßen und geächtet, in ihrer nackten menschlichen Not von der Gemeinschaft nicht nur verlassen, sondern noch verhöhnt, entehrt und äußerlich gezeichnet wurden. War so auf der einen Seite dem Dasein der Sinn entzogen, so wurde sein Bestand darüber hinaus ständig in Frage gestellt: Verhaftungen, Verhöre, Haussuchungen, Misshandlungen, die ständige Furcht vor Wiederholung der körperlichen Quälerei und der Verhaftung; und schließlich das endgültige Verschwinden immer neuer Leidensgefährten, bis es jeden eines Tages traf und er interniert wurde: in Auschwitz, Theresienstadt usw., wo man in stumpfer Apathie nur noch darauf wartete, bis man den Weg der anderen ging, und dann nur durch das Überstürzen der Kriegsereignisse mit dem Leben davonkam. Es sind dies Menschen, die die tiefste menschliche Not bis ins Letzte durch sieben, zehn und zwölf Jahre auskosten mussten, wehrlos ausgeliefert einem Schicksal, das seinesgleichen im 20. Jahrhundert bisher nicht hatte. Für andere, die sich rechtzeitig durch Emigration dem härtesten Schicksal entziehen konnten, erwuchsen zum Teil aus der Emigration und der damit verbundenen Entwurzelung andersartige, aber gleichfalls nicht zu unterschätzende seelische Belastungen, denn nur wenigen namhaften Gelehrten und Künstlern bot sich ja neben dem rettenden Asyl auch die helfende Hand, ihr Lebenswerk fortzusetzen. Die meisten, die oft unter unsäglichen Schwierigkeiten, Verlust allen Besitzes, Zurücklassen von Angehörigen und seelisch vielleicht schon gekennzeichnet von Inhaftierungen und Misshandlungen das Ausland erreichten, fanden zwar Schutz und Rettung vor dem Schwersten, doch nicht allen – vor allem nicht den Älteren, Labilen, Passiven und Vitalitätsarmen – gelang die Anpassung an einen neuen, wesensfremden Lebenskreis: die Bewältigung der sprachlichen Schwierigkeiten, das Wiederbeginnen auf einer tieferen sozialen Stufe, so dass sie mehr und mehr in die Isolierung und Resignation gedrängt wurden.

Man wird eine besondere, früh erworbene Leidensfähigkeit und innerseelische Widerstandskraft oder umgekehrt ein hohes Maß von seelischer Abgestumpftheit voraussetzen müssen, wenn man von solchen Menschen erwartet, dass sie alle nach Wiedererlangung ihrer Freiheit oder nach geglückter Emigration in kurzer Zeit diese Erlebnisse überwunden und ihr Dasein an neuen Zielsetzungen ausgerichtet hätten. Für die meisten von ihnen, vor allem natürlich die besonders schwer betroffenen, bedeutete das Erlebnis jahrelanger Ächtung und Verfolgung oder der Entwurzelung durch Emigration eine einschneidende Kontinuitätsunterbrechung der Lebenslinie, einen nachhaltigen Bruch des seelischen Ordnungsgefüges und damit eine für manche bionegative Persönlichkeitsumprägung und Wandlung der inneren Seinsform, in deren Rahmen sie ihres inneren Wertbesitzes beraubt wurden, den neu aufzubauen nicht jedem gelungen ist. Das Verwinden gerade existenziell bedeutsamer Erlebnisse ist nicht oder nur zum Teil die Funktion eines Verblassens der Erinnerungen und der emotionalen Besetzung, das sich gewissermaßen als automatischer psychischer Akt vollzieht, mit dem man ohne Einschränkung rechnen kann. Es wird vielmehr bewirkt durch das Auftauchen neuer Inhalte, Werte und Zielsetzungen, die die Persönlichkeit in ihren Strebungen und Leitlinien umprägen, die ihr neue Impulse und positive Normen geben.

Überblicken wir den Kreis rassisch und politisch Verfolgter, die wir in den letzten Jahren begutachteten oder als Patienten behandelten, so finden wir auffällige Gemeinsamkeiten der psychischen Prägung, die uns immer wieder bei Menschen verschiedener sozialer und Bildungsschichten, unterschiedlicher Intelligenzgrade und psychischer Primärstruktur beggnen, sofern man sich auf solche mit einer in etwa durchschnittlichen emotionalen Differenziertheit beschränkt und jene mit abnormen Charakteranlagen und unterdurchschnittlicher Begabung ausscheidet. Es lässt sich das psychische Bild des Geächteten am besten umreißen als Auswirkung eines Verlustes des Kommunikationsvermögens, des Selbstwertgefühls und der Selbstsicherheit. Die Einstellung zur Umwelt hat sich gewandelt, an die Stelle des positiv-sinnerfüllten Daseins in einer Gemeinschaft, des Mit-anderen-in-der-Welt-Seins, ist eine permanente sensitive Scheu und Eigenbezüglichkeit bis zur paranoisch gefärbten Unsicherheit gegenüber anderen getreten, das schmerzlich empfundene Abseitsstehen und Nichtzurückfinden des Ausgestoßenen. Affektstarke Erinnerungen an Beschämung und Erniedrigung nehmen der Umwelt und ihrem Geschehen die natürliche Harmlosigkeit und drängen sich fast zwanghaft gegen jede bessere Einsicht immer wieder auf. Die Vereinsamung bewirkt eine ständige Konfrontation mit der entstandenen inneren Leere und der Sinnentnahme des Daseins, das keinen Fortschritt und keine Hoffnungen mehr kennt, dem die früheren Freuden, Abwechslungen und Liebhabereien schal und inhaltslos geworden sind. Hieraus erwächst unseres Erachtens das besonders häufige Angstsyndrom. Eine Angst, die sich aus der Furcht vor Quälereien, Beschämungen und Tod in eine Lebensangst verwandelt hat, eine permanente Angstbereitschaft, die aus den Erinnerungen immer neue Nahrung erhält, die erwacht bei Schritten auf der Treppe, beim Klingeln an der Tür, aber auch körperlich beengend und lähmend empfunden wird. Misstrauen, Selbstunsicherheit, Verlust des Selbstwertgefühls und tiefe Angst hemmen und lähmen die psychische Aktivität, erschweren Entschlüsse, lassen immer wieder müde resignieren, verzichten und keinen Weg zum Nächsten finden. Das Aufatmen der Glücklicheren oder glücklicher Veranlagten ist ihnen versagt geblieben. Auch unter Leidensgefährten oder mit dem Ehepartner hat man sich trotz warmherziger Zuneigung nichts mehr zu sagen, es gibt keine Grundlage mehr für ein gemeinsames Gespräch, jenen eigentlichen geistigen Akt einer Kommunikation, allenfalls noch über das gemeinsame Leid. Die Personen, die wir untersuchten, waren stille, schwermütige Menschen von auffallender depressiver Adynamie, stumm-resigniert, gehemmt verzagt, aber dankbar für ein mitfühlendes Wort und für eine Gelegenheit, sich einmal auszusprechen. Gemeinsam bestanden also bei diesen und anderen Patienten mit gleichen und ähnlichen Schicksalen auffallend einförmigfarblose, adynamisch-depressive Bilder, mitunter akzentuiert durch ängstlich-sensitive Züge bis zu Anklängen an paranoische Einstellungen. Auf der Krankenstation still und bescheiden, zurückhaltend und höflich, traten sie nicht hervor. Sie fanden keinen rechten Kontakt zu den übrigen Kranken, bemühten sich aber, nicht aufzufallen und sich gut einzufügen. Wir vermissten in den beschriebenen und entsprechenden Fällen völlig jene ansprüchlerisch-tendenziöse Haltung und das sthenisch-fordernde Auftreten, das den eigentlichen »Rentenneurotiker« kennzeichnet, wie auch querulatorische oder hysterische Züge. Am Rande darf erwähnt werden, dass wir hirnorganische Störungen durch Traumen, Unterernährung oder schicksalhafte Abbauerkrankung durch geeignete Untersuchungen differentialdiagnostisch ausschließen konnten.

Wir glauben, dass unsere Untersuchungen dieses Personenkreises mit den dabei gefundenen auffälligen Gemeinsamkeiten der psychischen Eigenart, die wir immer wieder bestätigt fanden, einen Beitrag zu der Frage zu liefern vermögen, ob es nicht doch eine Grenze der seelischen Trag- und Belastungsfähigkeit beim Menschen gibt. Das Versagen des charakterlich oder biologisch Abnormen in Grenzsituationen ist ein Kriterium dieses Personenkreises. Aber auch für den seelisch »durchschnittlich« oder »normal« Strukturierten gibt es ordnungsspezifische Grenzsituationen, seinshistorisch-repräsentante Erlebnisse, die einen Wandel der inneren Seinsform bedeuten, und es gibt äußere, schicksalhafte Konstellationen, wie auch biologische – aus dem Lebensabschnitt erwachsende – Faktoren, durch die der Mensch sich nicht mehr überwinden, sich nicht mehr neu ausrichten und damit in keine bergende Ordnung zurückfinden kann.

Mit diesen Ausführungen soll nun allerdings keineswegs gesagt sein, dass das, was wir einen erlebnisbedingten Persönlichkeitswandel nennen, grundsätzlich die Folge schwerer, ich-naher Erlebnisse ist. Selbstverständlich haben wir in der Gutachterpraxis auch reine Zweck- und Entschädigungsreaktionen, ferner individuelle Neurosen ohne Beziehung des Konfliktstoffes zum Verfolgungserlebnis gesehen. Wir wissen ferner sowohl aus dem Alltag als auch aus unserer Gutachterpraxis, dass andere, die jünger, stabiler und vielleicht auch von Haus aus unempfindlicher waren, die seelischen Folgen solcher Erlebnisse überwinden und sich neu ausrichten konnten. Wir haben keinen Zweifel daran, dass Letztere in der Mehrzahl sind. Es ist dies aber – d. h. also, ob das Erlebnis verwunden wird oder ob eine bionegative Wandlung eintritt – keine vorgeschriebene biologische Gesetzmäßigkeit, und es wäre ein einseitiger Dogmatismus, im negativen Falle ohne begründeten Anhalt sogleich eine psychopathische Struktur, eine Wunscheinstellung oder die Ablösung durch anders geartete neurotisierende Faktoren zu unterstellen. Die Tatsache, dass die Ereignisse der letzten 20 Jahre für einen großen Personenkreis zum Teil jahrelange seelische Dauerbelastungen von einem bisher in einer zivilisierten Welt nicht vorstellbaren Ausmaß mit sich brachten, verpflichtet vielmehr, voraussetzungslos zu prüfen, ob unsere bisherige Erkenntnis über die Erlebnisverarbeitung nicht zumindest in einigen Punkten einer Revision bedarf.

5.4 Zusammenfassung

Die fast zum biologischen Gesetz erhobene Beobachtung, dass die seelischen Folgen schwerer Erlebnisse bei psychisch Gesunden grundsätzlich nach Aufhören der Belastung abzuklingen pflegen, lässt sich unseres Erachtens nicht in allen Fällen bestätigen. Ebenso, wie wir im positiven Sinne den prägenden und formenden Einfluss von Erlebnissen anerkennen, gibt es auch unter bestimmten Voraussetzungen extreme Erlebniskonstellationen, die nach Qualität und spezifischer Bedeutung für die Betroffenen von einer solchen individuellen Repräsentanz sind, dass aus ihnen eine innere Wandlung, ein Anderswerden der Seinsform und eine Umprägung im bionegativen Sinne resultiert, die als Dauerverbiegung unter bestimmten Voraussetzungen bestehen bleiben kann. Dort, wo einerseits durch äußere Ereignisse Lebensinhalt und Wertbesitz unwiederbringlich zerstört wurden und andererseits z.B. aus biologischen Gründen eine Neuausrichtung der Persönlichkeit nicht mehr gelingt, werden wir mit mehr oder minder ausgeprägten Nachwirkungen der Erlebnisse rechnen müssen, die wir, wenn sie die Gradausprägung eines echten Krankseins erreichen, als erlebnisbedingten Persönlichkeitswandel bezeichnen möchten. Wenn auch derartige Fälle zweifellos selten sind, so wird man doch heute in der Gutachterpraxis eher sein Augenmerk auf sie richten müssen als früher, da gerade die Ereignisse der letzten 20 Jahre Situationen geschaffen haben, mit deren Folgen sich früher, weil sie nicht vorkamen, der Gutachter nicht zu beschäftigen hatte.

5.5 Literatur

Ewald G. (1954). *Neurologie und Psychiatrie*. 3. Aufl. München, Berlin: Urban & Schwarzenberg.

Jaspers K. (1946). *Allgemeine Psychopathologie*. Berlin, Göttingen, Heidelberg: Springer.

Kretschmer E. (1946). *Hysterie, Reflex und Instinkt*. 4. Aufl. Stuttgart: Thieme.

Müller-Suur H. (1950). *Das psychisch Abnorme*. Berlin, Göttingen, Heidelberg: Springer.

Schneider K. (1950). *Die psychopathischen Persönlichkeiten*. 3. Aufl. Wien: Deuticke.

Schulte W. (1951). Die Entlastungssituation als Wetterwinkel für Pathogenese und Manifestation neurologischer und psychiatrischer Krankheiten. *Der Nervenarzt*, 22, 140–149.

Strauss E. (1930). *Geschehnis und Erlebnis*. Berlin: Springer.

RITA ROSNER UND BIRGIT WAGNER

6. Komplizierte Trauer

Trauer nach dem Tod einer nahestehenden Person ist ein normaler, wenn auch häufig sehr schmerzhafter und langwieriger Prozess, der psychische und physische Beschwerden zur Folge haben kann. Trauernde zeigen in den Jahren nach dem Verlust eine deutlich erhöhte Mortalitäts- und Morbiditätsrate. Dennoch entwickeln nur wenige Trauernde tatsächlich eine pathologische Symptomatik, die vergleichsweise länger andauert und intensiver und schmerzhafter erlebt wird als bei der Mehrheit der Trauernden. Pathologische Trauerprozesse wurden über die Jahrzehnte mit unterschiedlichen Begriffen beschrieben, wie »Traumatische Trauer«, »Prolongierte Trauer« oder »Komplizierte Trauer«. Zum besseren Verständnis des Kapitels verwenden wir hier im Text den Begriff Komplizierte Trauer. Komplizierte Trauer ist durch eine Symptomatik gekennzeichnet, die in Einzelaspekten derjenigen der Posttraumatischen Belastungsstörung (PTBS) ähnelt, unterscheidet sich allerdings in relevanten Aspekten, und zwar vor allem durch das Erleben von Trennungsschmerz.

6.1 Normale und Komplizierte Trauer

Trauer nach dem Verlust einer nahestehenden Person wird individuell unterschiedlich erlebt und ausgedrückt, ist stark von kulturellen Normen beeinflusst und kann als ein natürliches und nicht-pathologisches Phänomen bezeichnet werden. Nur in ca. 5–15 % aller Trauerfälle entwickelt sich eine Komplizierte Trauer. Auch der normale Trauerprozess kann durch eine starke Sehnsucht nach der verstorbenen Person und intensive Traurigkeit gekennzeichnet sein und wird durch die Todesumstände, intrapsychische und soziale Faktoren beeinflusst. Aufgrund dieses individuellen Leidens galt es lange Zeit als schwierig, klare Kriterien bezüglich der Dauer und Intensität verschiedener Symptome für die Diagnose einer Komplizierten Trauer festzulegen. Aber im Gegensatz zu kompliziert Trauernden können sich die normal Trauernden nach einiger Zeit wieder ihren sozialen Beziehungen und ihrem Alltag zuwenden.

In den vergangenen Jahren gab es eine Reihe von Theorien, die versuchten, den normalen Trauerprozess zu beschreiben. Zu den ältesten und am weitesten verbreiteten

Modellen gehören die Phasenmodelle der Trauer als einer »idealen Erklärungsansatz« Trauerverarbeitung (z. B. Kübler-Ross, 1973). Obwohl diese Phasenmodelle bisher selten empirisch abgesichert werden konnten, ist anzunehmen, dass der Trauerprozess einem systematischen Verlauf unterliegt:
1. Nicht-wahrhaben-Wollen und Schock,
2. Trennungsschmerz, Zorn und Depression,
3. Akzeptanz.

In der *Yale Bereavement Study* (Maciejewski et al., 2007) wurde versucht, diese Phasen nachzuweisen: Dazu wurden Trauernde über einen Zeitraum von 24 Monaten bezüglich der Faktoren »Nicht-wahrhaben-Wollen«, »Sehnsucht nach der verstorbenen Person«, »Zorn«, »Depression« und »Akzeptanz« untersucht. Diese Faktoren spiegeln die einzelnen, nacheinander abfolgenden Phasen der bisher angenommenen Trauerverarbeitung wider. Die Ergebnisse der Studie bestätigen im Wesentlichen die in den Phasenmodellen angenommene Aufeinanderfolge der Trauerindikatoren, und zwar in dem Sinne, dass die Prozesse ihre höchste Ausprägung in der Reihenfolge des Modells erreichten. Alle negativen Symptome waren innerhalb der ersten sechs Monate nach dem Tod am stärksten ausgeprägt und nahmen dann stetig ab.

Zu den neueren Modellen der Trauerverarbeitung, welche die Balance zwischen Trauerarbeit und der wiederherstellungsorientierten Zuwendung zu neuen Aufgaben aufzeigen, gehört das *Duale Prozess-Modell* (Stroebe & Schut, 1999). Danach spielen zwei Verarbeitungsprozesse eine wichtige Rolle und wechseln sich während des Trauerverarbeitungsprozesses kontinuierlich ab: 1.) verlustorientiertes Verarbeiten (z. B. Trauerarbeit, Auflösen der Bindung zur verstorbenen Person) und 2.) wiederherstellungsorientiertes Bewältigen (z. B. neue Rollen übernehmen und neue Beziehungen aufnehmen, neue Dinge unternehmen). Im Modell wird die fortwährende Oszillation zwischen verlustorientierter und wiederherstellungsorientierter Bewältigung beschrieben.

Die Diagnose »Komplizierte Trauer« ist bisher weder ins DSM-IV noch in die ICD-10 als eigenständige diagnostische Kategorie aufgenommen. Derzeit gibt es Bestrebungen, die Komplizierte Trauer in die nächste Version des DSM mit einzuschließen. Dieser Schritt würde eine Anerkennung der Komplizierten Trauer als eigenständiges Krankheitsbild bedeuten. Bisherige Forschungsergebnisse konnten bestätigen, dass sich die Komplizierte Trauer in der Symptomatik deutlich von Depression (Boelen & van den Bout, 2005) und PTBS unterscheidet. Vor allem zwei Forschergruppen bemühten sich in den letzten Jahren darum, valide diagnostische Kriterien zu entwickeln, die der Vielfalt der Symptomatik gerecht werden (Horowitz et al., 1997; Prigerson et al., 1999). Im Folgenden werden die beiden bisher relevanten Diagnosekriterien beschrieben.

6.1.1 Definition der Komplizierten Trauer nach Horowitz et al. (1997)

Die Forschergruppe um Horowitz ist vor allem durch ihre Arbeiten im Bereich der Posttraumatischen Belastungsstörung (PTBS) bekannt. Dies erklärt auch die theoretische Nähe der Definition der Komplizierten Trauer zum Stress-Reaktions-Modell. Nach Horowitz et al. entwickeln sich sowohl die Komplizierte Trauer als auch die Anpassungsstörung und die PTBS aufgrund eines vorangegangenen Stressors. Horowitz et al. unterteilen die sich auffällig stark äußernden Symptome in Intrusionen (z. B. Flashbacks: wiederkehrende ungewollte Gedanken und Emotionen, die mit dem belastenden Ereignis zusammenhängen), Vermeidungsverhalten und die Unfähigkeit, das Alltagsverhalten dem Verlust anzupassen. Als Zeitkriterium wählen Horowitz et al. bewusst einen Zeitpunkt, der mehr als 12 Monate nach dem Verlust liegt, da es bei vielen Hinterbliebenen mit der ersten Jährung des Todestages zu einer kurzfristigen Intensivierung der Trauersymptomatik kommen kann.

6.1.2 Definition nach Prigerson et al. (1999)

Parallel zu den Arbeiten von Horowitz et al. begann eine zweite Forschergruppe (Prigerson et al., 1999) die Symptome der Komplizierten Trauer empirisch zu evaluieren, nachdem sie ein Symptomcluster gefunden hatte, das sich qualitativ von der Depression und Angst nach dem Tod einer nahestehenden Person unterschied. Das Diagnosekriterium lässt sich in zwei Subkategorien aufteilen: *Trennungsschmerz* (z. B. intrusive Gedanken bezüglich der verstorbenen Person, Sehnsucht und Suchen nach der verstorbenen Person, Einsamkeit) und *traumatische Belastung* (z. B. Schwierigkeiten, den Tod zu akzeptieren, Bitterkeit und Ärger, Gefühl von Sinnlosigkeit, kein Gefühl von Sicherheit, Vertrauen und Kontrolle, Gefühl von Leere).

6.1.3 Konsensuskriterien

Erst im Jahr 2009 wurden beide Ansätze erstmalig in einem diagnostischen Kriterienkatalog zusammengefasst (Prigerson et al., 2009). Der Vorschlag, die Prolongierte Trauer als Diagnose in die nächste Ausgabe des DSM-V aufzunehmen, wird in Abbildung 1 beschrieben. Allerdings wurde das neue Diagnosekriterium bisher nur einmalig in einer US-Studie validiert. Das heißt, weitere Validierungsstudien mit unterschiedlichen Trauergruppen (z. B. trauernde Eltern, ältere Trauernde, Menschen mit traumatischen Verlusten, Adaptation auf Kinder), auch unter Berücksichtigung kultureller Unterschiede, sollten durchgeführt werden, um diese ersten Ergebnisse zu bestätigen.

6.2 Differentialdiagnostik und Komorbidität

6.2.1 Komplizierte Trauer und Posttraumatische Belastungsstörung

Ähnlich wie bei der PTBS ist ein ätiologisches Ereignis, das Trauma bzw. der Tod einer nahestehenden Person, Teil des Syndroms. Aus dem Grund stellt sich die grundlegende Frage, inwieweit sich der Tod einer nahestehenden Person und ein *allgemein* traumatisches Erlebnis voneinander unterscheiden. Betrachtet man die Symptomatik der Komplizierten Trauer, so fallen vor allem die PTBS-ähnlichen Symptome auf, wie beispielsweise intrusive Symptome, das Vermeiden von Erinnerungen (bei der Komplizierten Trauer: an die verstorbene Person) und Gefühlsstarre seit dem Verlust. Das Vermeidungsverhalten bezieht sich allerdings im Gegensatz zur PTBS nicht nur auf ein spezifisches Ereignis (z. B. ein traumatisches Ereignis, die Umstände des Todes), sondern es werden zum einen Erinnerungen vermieden, die mit der verstorbenen Person in Zusammenhang stehen, so dass über die Verstorbenen in Familien

---
Prolongierte Trauer (Prigerson et al., 2009)

A) Ereignis-Kriterium
Verlust durch den Tod einer nahestehenden Person.

B) Trennungsstress
Die trauernde Person sehnt sich stark nach der verstorbenen Person (z. B. nach ihr verlangen, physisches oder emotionales Leiden durch das Sich-Sehnen bedingt, verbunden mit dem starken Wunsch, mit der verstorbenen Person wieder vereint zu sein).

C) Kognitive, emotionale und behaviorale Symptome
Die trauernde Person sollte fünf oder mehr der folgenden Symptome täglich oder in einer sehr stark ausgeprägten Form erleben:
1. Unsicherheit bezüglich der eigenen Rolle im Leben oder das Gefühl, das eigene Leben habe keinen Sinn mehr (z. B. das Gefühl, ein Teil von einem selbst wäre gestorben).
2. Schwierigkeiten, den Tod zu akzeptieren.
3. Vermeiden von Erinnerungen, die mit dem Verlust in Zusammenhang stehen.
4. Unfähigkeit, anderen seit dem Verlust zu vertrauen.
5. Verbitterung und Wut im Zusammenhang mit dem Verlust.
6. Schwierigkeiten, das eigene Leben fortzuführen (z. B. neue Beziehungen einzugehen, eigene Interessen zu verfolgen).
7. Emotionale Taubheit seit dem Verlust.
8. Das Gefühl, dass das eigene Leben seit dem Verlust unerfüllt, leer und bedeutungslos geworden ist.
9. Das Gefühl von Unglauben (in Bezug darauf, dass die jeweilige Person wirklich tot ist) und Schock durch den Verlust.

D) Zeitkriterium
Der Trauerfall muss mindestens 6 Monate zurückliegen.

E) Psychosoziale Beeinträchtigungen
Die Störung verursacht klinisch relevante Einbußen psychischen Funktionierens in sozialen Bereichen, im Beruf oder in anderen wichtigen Lebensbereichen.

F) Differentialdiagnostik
Die Beeinträchtigungen können nicht als Folgen oder Symptome einer Depression, Generalisierten Angststörung oder Posttraumatischen Belastungsstörung diagnostiziert werden.

Abb. 1: Diagnostische Kriterien der Prolongierten Trauer (Prigerson et al. 2009)

häufig nicht gesprochen wird; und zum andern wird vermieden, wieder im Leben »voranzugehen«. Das PTBS-Symptom der Übererregtheit und die Angst vor dem Wiedererleben des traumatischen Ereignisses spielen bei der Komplizierten Trauer kaum eine Rolle.

Sowohl PTBS als auch Komplizierte Trauer haben Intrusionen als wichtiges Kernsymptom, wobei diese sich qualitativ unterscheiden können. Intrusionen der PTBS beinhalten negative, belastende und überwiegend von Angst begleitete Erinnerungen an das traumatische Ereignis, wohingegen sich die Intrusionen bei der Komplizierten Trauer auf den Verstorbenen beziehen und auch als positiv und tröstend erlebt werden können. Diese positiven Intrusionen können so überwältigend für den Trauernden sein, dass sie ihn möglicherweise daran hindern, sich der neuen Situation ohne die verstorbene Person anzupassen und neu zu orientieren. Trotz der Unterschiede treten bei rund 15 Prozent der Betroffenen beide Syndrome komorbid auf.

6.2.2 Komplizierte Trauer und Depression

Zur Komplizierten Trauer gehören häufig Symptome einer depressiven Verstimmung, was eine Differentialdiagnostik zur Unterscheidung zwischen den beiden Störungsbildern erschwert. Trotzdem konnte nachgewiesen werden, dass Komplizierte Trauer und Depression einen unterschiedlichen klinischen Verlauf und eine andere Symptomatik haben (Boelen & van den Bout, 2005). So zeigen beispielsweise EEG-Befunde bei an Komplizierter Trauer leidenden Personen eine andere Schlafphysiologie auf als bei Menschen, die an einer Depression erkrankt sind. Des Weiteren konnte bei Komplizierter Trauer keine Wirkung von trizyklischen Antidepressiva nachgewiesen werden. Diese Befunde lassen auf eine unterschiedliche zugrunde liegende Neurophysiologie der Komplizierten Trauer schließen. Dennoch treten die Komplizierte Trauer und die Depression häufig komorbid auf. So konnte etwa in einer Studie gezeigt werden, dass etwa 50 Prozent der Personen, die an Komplizierter Trauer litten, auch die Diagnose Depression erhielten. Dies ist ein wichtiger Befund, der zeigt, dass beide Störungen zusammen auftreten können und infolgedessen auch eine Intervention entsprechend angepasst werden sollte. Gezeigt hat sich aber auch, dass eine pharmakologische Behandlung die Symptomatik der Komplizierten Trauer nicht reduzieren kann.

6.3 Klinische Diagnostik

Obwohl es eine Vielzahl von Messinstrumenten zur Abbildung von Trauerprozessen gibt, ist dieser Bereich mit einer Reihe von Problemen verbunden. Dies ist zum einen den unterschiedlichen Konstrukten zur Komplizierten Trauer geschuldet, zum anderen zeigen die Verfahren Mängel bei der psychometrischen Evaluation. Eine Übersicht zum Thema »Messinstrumente bei Trauer allgemein« gibt der Artikel von Kersting et al. (2003). Innerhalb der Verfahren zum Erfassen der normalen Trauer dürfte das *Texas Revised Inventory of Grief* (Faschingbauer et al., 1987) das am besten evaluierte Verfahren sein. Von den Messinstrumenten zur Unterscheidung von pathologischen und normalen Formen der Trauer sollen nun exemplarisch einige besprochen werden.

Im Bereich der Interviewverfahren sind aktuell zwei Interviews verbreitet, die sich auf die jeweiligen Kriterien zur Unterscheidung von Komplizierter und Traumatischer Trauer beziehen: Entsprechend dem oben dargestellten Modell von Horowitz et al. (1997) wurden Items zu den Symptomgruppen gebildet, die *Complicated-Grief-Symptoms-Questions,* und an das Interviewformat des SKID (Strukturiertes Klinisches Interview für DSM-IV) angeglichen. Dieses strukturierte diagnostische Interview mit 30 Fragen, als Ergänzung des *Structured Clinical Interview* für die DSM-III-R-Non-Patient Edition (SCID-NP), wurde ins Deutsche übertragen, und in einer deutschen Erhebung konnte das Stress-Reaktions-Modell für die Komplizierte Trauer bestätigt werden.

Bei dem zweiten Interviewverfahren, der *Traumatic Grief Evaluation of Response to Loss,* handelt es sich um ein strukturiertes klinisches Interview, das die Diagnose einer Traumatischen Trauer basierend auf den Kriterien von Prigerson, Shear, Jacobs et al. (1999) ermöglicht. In der ersten Version lag dabei die geforderte Beeinträchtigungsdauer bei zwei Monaten. Die Beeinträchtigungsdauer wurde in verschiedenen Veröffentlichungen modifiziert, da die Werte nach sechs Monaten als stabiler bewertet wurden. Prigerson empfiehlt die Diagnose einer Komplizierten Trauer, wenn fünf oder mehr Symptome vorliegen.

Das in den letzten Jahren am häufigsten verwendete Selbstbeurteilungsmaß ist das *Inventory of Complicated Grief* (ICG; Prigerson et al. 1995). Es ist angelehnt an die von Prigerson veröffentlichten Kriterien zur Komplizierten Trauer (Prigerson et al., 1995), besteht aus 19 Items und zeigt zufriedenstellende psychometrische Kennwerte. Werte über 25, die in der Evaluationsstichprobe die oberen 20 Prozent der Werteverteilung beschreiben, gelten dabei als Indikator für eine Komplizierte Trauer. Zu den abgefragten Symptomen gehören die andauernde Beschäftigung mit dem Verlust, Sehnsucht, Suchverhalten, die Unfähigkeit, den Verlust zu akzeptieren, Ärger, Bitterkeit, Neid, Unglauben (in Bezug darauf, dass die jeweilige Person wirklich tot ist), intensive Einsamkeit, innere Leere, Benommenheit, Schwierigkeiten, anderen Personen zu vertrauen, die Vermeidung von Erinnerungsreizen, das Hören der Stimme oder das Sehen des Verstorbenen. Als Zeitkriterium wird hier eine Zeitspanne von zwei Monaten angegeben.

Wichtig: International ist das ICG in der Fragebogenform das am weitesten verbreitete Instrument.

6.4 Therapie

6.4.1 Meta-Analysen und Wirksamkeitsstudien

Die Effektivitätsforschung zur Komplizierten Trauer ist mit den Problemen der Begriffsvielfalt und der mangelnden Differenzierung zwischen pathologischer und normaler Trauer konfrontiert. Entsprechend unterscheiden die älteren veröffentlichten Meta-Analysen zur Behandlungseffektivität bei Trauer nicht zwischen Befunden zu pathologischen und normalen Prozessen.

In den Jahren 1999 und 2000 erschienen drei Meta-Analysen zum Thema »Behandlungseffektivität« (Übersicht bei Rosner & Hagl, 2007). Insgesamt waren die Effektstärken bei den Meta-Analysen, die nur randomisierte kontrollierte Studien berücksichtigten, klein (ES um 0.12). Eine weitere Meta-Analyse zeigte zwar einen mittleren Effekt, berücksichtigte aber auch unkontrollierte Studien. Da sich aber Symptome und Intensität der Trauer vor allem im ersten Jahr nach dem Verlust in der Regel von selbst stark zurückentwickeln, ist es insbesondere im Bereich der Trauer notwendig, kontrollierte Studien durchzuführen: Eine Intervention muss gegenüber dem normalen Verlauf bessere Ergebnisse zeigen.

In den neueren Literaturübersichten (Rosner & Hagl, 2007; Currier et al., 2008) zeigte sich, dass sich die allgemeine Effektivität der Interventionen nicht wesentlich verbessert hat. Ebenso wie in den oben erwähnten Meta-Analysen liegen die Effekte immer noch im kleinen Bereich, obwohl sich die Zahl der vorhandenen Studien mehr als verdoppelt hat. Dies ist nicht weiter verwunderlich, da die meisten Studien einem

Präventionsansatz folgen und im Präventionsbereich Effekte generell kleiner sind als im Bereich der Psychotherapie. In einer typischen Studie aus dieser Gruppe wird allen Trauernden eine psychotherapeutische Intervention angeboten, egal ob bei den Trauernden Symptome über das normale Maß hinaus vorliegen, ob sie eine Beeinträchtigung in verschiedenen psychosozialen Bereichen zeigen oder besonders lange trauern (z. B. mehrere Jahre nach dem Verlust).

Studien, die vom Design her einer indizierten Prävention zuzuordnen sind, zeigen eine mittlere Effektstärke. Studien dieser Gruppe verwenden üblicherweise »ein« erschwerendes Kriterium. Die Patienten sollten etwa eine bestimmte generelle Symptomschwere haben oder etwa die Kriterien für eine Major Depression erfüllen. Manche Studien verwenden auch einen bereits bekannten Prädiktor der Komplizierten Trauer als Aufnahmekriterium in die entsprechend Studie. So weiß man, dass es bei sogenannten traumatischen Todesfällen (also plötzlichen und unerwarteten Todesfällen oder solchen durch Gewalteinwirkung) oder nach einem Suizid bei den Hinterbliebenen häufiger zu schweren oder »komplizierten« Trauerverläufen kommt.

Die besten Effektstärken werden dann gefunden, wenn die Patienten die Kriterien für eine Komplizierte Trauer erfüllen. Im Folgenden sollen nun einige aktuelle, vielversprechende Interventionen mit *sehr hohen* Effektstärken aus dem Bereich der Psychotherapie Komplizierter Trauer vorgestellt werden. Allerdings muss kritisch angemerkt werden, dass zu kaum einer vorgeschlagenen Intervention mehr als eine Studie vorliegt.

6.4.2 Complicated Grief Treatment (CGT)

Dieser Ansatz besteht aus drei Therapiephasen (Shear et al., 2005), mit insgesamt 14 bis 18 Doppelstunden. In Phase 1 stehen das Sammeln von Informationen, der Aufbau der therapeutischen Beziehung, Psychoedukation und die Planung der Intervention im Vordergrund. Phase 2 besteht aus Exposition, strukturierter Verhaltensänderung und einer aktiven Arbeit an den Erinnerungen. Phase 3 beinhaltet entweder eine weitere Exposition oder Interventionen aus der Interpersonellen Psychotherapie (IPT).

In Phase 1 (etwa drei Sitzungen) wird die Beziehungsgeschichte erhoben und eine umfangreiche Diagnostik durchgeführt. Weiterhin werden der Patient und eine nahestehende Person, meist ein Familienmitglied, über die Behandlung aufgeklärt, und der Therapeut entwickelt zusammen mit dem Patienten individuelle Ziele und Pläne zu deren Umsetzung. Da viele »kompliziert Trauernde« eine schwankende Behandlungsmotivation zeigen, ist es von besonderer Wichtigkeit, dass der Therapeut die Tiefe der Trauer und die Ziele des Patienten bezüglich seiner Trauerintensität anerkennt und Aspekte der motivationsfördernden Interviewmethoden verwendet, um eine mögliche Ambivalenz aufzudecken und aufzulösen.

Die zweite Phase der CGT dauert in etwa sechs Sitzungen und enthält die eigentliche aktive Behandlung der Trauersymptome. Shear et al. arbeiten dabei mit einer Exposition *in sensu*, die sich meist auf den Tod und seine Begleitumstände bezieht. Diese wird mit einer Intervention zur Verhaltensänderung kombiniert, die ähnlich einer Konfrontation in vivo durchgeführt wird.

Die Expositionen werden innerhalb kurzer Zeit wiederholt, bis die emotionale Intensität des Erlebens nachlässt. Während die ersten Expositionen für den Patienten sehr schmerzhaft sind, verringert sich die Belastung meist relativ schnell und die Exposition wird nur noch für die am intensivsten erlebten Gedanken und Erinnerungen wiederholt. Mit der erfolgreichen Exposition kommt es zu einem kohärenteren und vollständigeren Narrativ des Verlustereignisses. Dies führt wiederum zu einer Verringerung der Verwirrung über den Tod und letztendlich zur Akzeptanz des Geschehens. Schuld, Scham und andere für den Patienten unangenehme Emotionen und Kognitionen, die während der Exposition auftauchen, werden dadurch dann neu bewertet.

Eine ähnliche, aber fast entgegengesetzte Problematik ist die Besessenheit, mit der manche Trauernde sich immer wieder an den Verstorbenen erinnern. Dieses Verhalten schützt zwar vor Verlustgefühlen, verhindert aber, dass sich der Trauernde auf neue soziale Aktivitäten und Beziehungen einlässt. Die Expositionsübungen zielen in diesem Fall auf Trennungsängste und Schuldgefühle ab. Ein weiteres Ziel der Behandlung ist der Aufbau von positiven und tröstenden Erinnerungen an den Verstorbenen. Manchmal entwickeln sich diese positiven Erinnerungen nach den Expositionsübungen spontan, manchmal müssen sie therapeutisch stimuliert werden. In Phase 3 wird dann weiter mit Exposition gearbeitet oder IPT-Interventionen – bezogen auf Rollenübergänge – werden verwendet.

6.4.3 Kognitive Verhaltenstherapie

Boelen, de Keijser, van den Hout und van den Bout (2007) haben ein kognitives Modell der Komplizierten Trauer erarbeitet und leiten daraus ihre Interventionen ab. Zentral sind dabei drei Prozesse, die in Zusammenhang mit der Symptomatik der Komplizierten Trauer und mit dem Ziel einer Verbesserung der Symptomatik bearbeitet werden müssen: 1.) Elaboration und Integration des Verlustes, 2.) die Bearbeitung dysfunktionaler Überzeugungen und Interpretationen und 3.) der Abbau ängstlichen und depressiven Vermeidungsverhaltens.

In einer ersten Phase wird eine Reihe trauerspezifischer Informationen erhoben, wie etwa, ob der Verlust als vorübergehend oder als dauerhaft empfunden wird oder welche Charakteristika die Intrusionen haben. Maladaptive Kognitionen werden erfasst. Gleichzeitig erfolgen Psychoedukation und Normalisierung der Symptome. Zentral für die Behandlung ist, dass erfasst wird, welche Prozesse die Symptomatik aufrechterhalten. Als Behandlungsfokus wird der Prozess gewählt, der den größten Beitrag zur Aufrechterhaltung der Symptomatik liefert. Sollte dies die Thematik von Prozess 1) sein, wählen die Autoren eine Exposition *in sensu*. Um eine emotionale Überflutung zu vermeiden, gehen die Therapeuten graduiert vor und verwenden auch Schreibaufgaben. Eine In-vivo-Exposition wird bei Bedarf, also wenn eine Vermeidung von Erinnerungstriggern vorliegt, verwendet. Sollten dysfunktionale Gedanken den Behandlungsfokus bilden, werden die üblichen Methoden einer kognitiven Umstrukturierung verwendet.

6.4.4 Internetbasierte Psychotherapie bei Komplizierter Trauer

Wagner, Knaevelsrud und Maercker (2006) entwickelten eine internetbasierte Intervention. Ähnlich wie bei der PTBS besteht das Therapiemanual aus drei Phasen: 1.) Konfrontation mit den Todesumständen, 2.) kognitive Umstrukturierung und 3.) Social Sharing. Inhaltlich werden vor allem in der Phase der kognitiven Umstrukturierung Schuldgefühle in Bezug auf den Tod und die Mitverantwortlichkeit am Tode des Verstorbenen reflektiert. Die Patientin bzw. der Patient wird in dieser Behandlungsphase gebeten, einen unterstützenden Brief an einen Freund/eine Freundin zu schreiben, der oder die genau das Gleiche erlebt hat wie sie oder er. Ein weiterer Bestandteil dieser Phase ist das Entwickeln von Ritualen oder Aktivitäten, um des Verstorbenen zu gedenken. Es geht hier vor allem darum, dem Verstorbenen einen festen Platz im Alltag zu geben und Prioritäten neu zu ordnen und darum, wie der Patient glaubt, erreichen zu können, dass er sein Leben wieder genießen und mehr am Sozialleben teilnehmen kann. Die Teilnehmer schreiben dabei insgesamt zehn Aufsätze in einem Zeitraum von fünf Wochen. Zu diesen Schreibaufgaben erhalten sie innerhalb eines Arbeitstages per E-Mail ein individuelles Feedback durch den Therapeuten.

Da diese Intervention über das Internet erfolgt, ist davon auszugehen, dass es sich um eine stark selektierte Patientengruppe handelt, die ein doch sehr spezifisches Behandlungsangebot annimmt. So gab es etwa eine Reihe von Ausschlusskriterien, die durch den nur virtuellen persönlichen Kontakt zwischen Therapeut und Patient nötig wurden. Andererseits ist das Angebot einer Therapie über das Internet weitgehend orts- und zeitunabhängig und ermöglicht den Patienten über das Nachlesen der Behandlungsprotokolle jederzeit wieder einen Zugang zum eigenen Therapieprozess.

6.4.5 Integrative kognitive Verhaltenstherapie

Basierend auf den oben dargestellten Interventionen und Meta-Analysen wurde ein Manual zu einer integrativ-kognitiven Verhaltenstherapie entwickelt, das in zwei Versionen, für eine stationäre Gruppentherapie und für eine ambulante Einzeltherapie, vorliegt (Rosner & Geissner, in Vorb.). Das stationäre Manual enthält zusätzlich zur KVT kunsttherapeutische Elemente und entspricht insgesamt elf Doppelstunden. Das ambulante Manual umfasst 20 Einzelstunden, gefolgt von bis zu drei Auffrischungsstunden, und kann mit Einzelinterventionen aus der Systemischen Therapie und der Gestalttherapie erweitert werden. Die Evaluation beider Manuale führte zu hohen Effektstärken. Auch hier lassen sich drei Phasen unterscheiden: In Phase 1 wird intensiv an einem Beziehungsaufbau gearbeitet und der Stellenwert einer möglicherweise vorliegenden Ambivalenz gegenüber einer Veränderung geklärt. Um die Beziehung zu verbessern, werden neben den bekannten Methoden auch Bilder und Gegenstände, die an den Verstorbenen erinnern, gemeinsam in der Therapiestunde betrachtet. Im stationären Setting wird hier eine kunsttherapeutische Stunde eingeschoben, in der in einem Bild, einer Skulptur oder einem Musikstück der Verlust deutlich gemacht wird. Gleichzeitig wird der Verlust aktualisiert, indem von Anfang an in der Vergangenheit über den Verstorbenen gesprochen wird. Eine mögliche Ambivalenz kann hier mit motivationsfördernden Interviewmethoden bearbeitet werden.

Für Phase 2 ergeben sich vier mögliche Schwerpunkte: 1.) die Bearbeitung von Schuldgefühlen, 2.) die Anpassung an veränderte Lebensbedingungen, 3.) die Funktion der Trauer als Mittel zur Aufrechterhaltung der Bindung zum Verstorbenen, 4.) Vermeidungssymptomatik. Je nach Fokus kommen unterschiedliche Interventionen zum Einsatz. Schuldgefühle werden etwa mit Methoden der KVT bearbeitet. In jedem Falle wird eine Exposition *in sensu* bezüglich der schmerzhaftesten Aspekte des Verlustes durchgeführt. Dies sind häufig Aspekte, die mit dem eigentlichen Tod zusammenhängen, wie etwa, dass der Patient nicht beim Sterbeprozess anwesend war, oder etwa schwierige Umstände bei der Beerdigung.

Neben der Konfrontation ist aber auch eine Umbewertung des Geschehens für viele Patienten hilfreich. Ziel ist hier der Aufbau positiver und tröstlicher Erinnerungen. In Phase 3 steht die veränderte Beziehung zu dem Verstorbenen im Vordergrund. Themen sind hier, wie die Beziehung aufrechterhalten werden kann und welche Eigenschaften oder Botschaften des Verstorbenen der Patient leben möchte (z. B. auf die eigenen Interessen besser achten, Mitgefühl für schwierige Personen entwickeln).

Generell ist eine Psychotherapie in der Folge eines Verlustes nicht immer sinnvoll, denn dies wäre eine Pathologisierung eines zwar schmerzhaften, aber nicht krankheitswertigen Prozesses. Psychotherapeutische Interventionen sind in diesem Fall nicht effektiv. Erst wenn eine Komplizierte Trauer oder eine andere psychische Störung vorliegt, ist eine Intervention sinnvoll. Alle bisher vorliegenden effektiven Interventionen ähneln sich in wichtigen Komponenten. So werden in allen Interventionen neben einer Konfrontation in sensu Methoden der kognitiven Umstrukturierung verwendet.

6.5 Literatur

Boelen P. A., de Keijser J., van den Hout M. A. & van den Bout J. (2007). Treatment of complicated grief: A comparison between cognitive-behavioral therapy and supportive counselling. *Journal of Consulting and Clinical Psychology*, 75, 277–284.

Boelen P. A. & van den Bout J. (2005). Complicated grief, depression, and anxiety as distinct postloss syndromes: A confirmatory factor analysis study. *American Journal of Psychiatry*, 162 (11), 2175.

Currier J. M., Neimeyer R. A. & Berman J. S. (2008). The effectiveness of psychotherapeutic interventions for bereaved persons: A comprehensive quantitative review. *Psychological Bulletin*, 134, 648–661.

Faschingbauer T. R., Zisook S. & de Vaul R. (1987). The Texas Revised Inventory of Grief. In: Zisook S. (Hrsg.). *Biopsychosocial aspects of bereavement*. Washington, DC: American Psychiatric Press, 111–124.

Horowitz M. J., Siegel B., Holen A., Bonanno G. A., Milbrath C. & Stinson C. H. (1997). Diagnostic criteria for complicated grief disorder. *American Journal of Psychiatry*, 154 (7), 904–910.

Kersting A., Fisch S., Suslow T., Ohrmann P. & Arolt V. (2003). Messinstrumente zur Erfassung von Trauer – ein kritischer Überblick. *Psychotherapie, Psychosomatik und Medizinische Psychologie*, 5, 475–484.

Kübler-Ross E. (1973). *Interviews mit Sterbenden*. Stuttgart: Kreuz-Verlag 1975.

Maciejewski P.K., Zhang B., Block S.D. & Prigerson H.G. (2007). An empirical examination of the Stage Theory of Grief. *JAMA*, 297 (7), 716.

Prigerson H.G., Maciejewski P.K., Reynolds C.F., Bierhals A.J., Newsom J.T., Fasiczka A., Frank E., Doman J. et al. (1995). Inventory of complicated grief: A scale to measure maladaptive symptoms of loss. *Psychiatry Research*, 59 (1–2), 65–79.

Prigerson H.G., Shear M.K., Jacobs S.C., Reynolds C.F., Maciejewski P.K., Davidson J.R., Rosenheck R., Pilkonis P.A. et al. (1999). Consensus criteria for traumatic grief. A preliminary empirical test. *British Journal of Psychiatry*, 174, 67–73.

Prigerson H.G., Horowitz M.J., Jacobs S.C., Parkes C.M., Aslan M., Goodkin K. Raphael B., Marwit S.J. et al. (2009). Prolonged grief disorder: Psychometric validation of criteria proposed for DSM-V and ICD-11. *PLOS medicine*, 6, e1000121. doi:10.1371/journal.pmed.1000121.

Rosner R. & Hagl M. (2007). Was hilft bei Trauer nach interpersonalen Verlusten? Eine Literaturübersicht zu Behandlungsstudien bei Erwachsenen. *Psychodynamische Psychotherapie*, 6, 47–54.

Rosner R. & Geissner E. (in Vorbereitung). *Behandlung Komplizierter Trauer*. Göttingen: Hogrefe.

Shear M.K., Frank E., Houck P.R. & Reynolds C.F. 3rd. (2005). Treatment of complicated grief: A randomized controlled trial. *Journal of the American Medical Association*, 29, 2601–08.

Stroebe M. & Schut H. (1999). The dual process model of coping with bereavement: Rationale and description. *Death Studies*, 23 (3), 197–224.

Wagner B., Knaevelsrud C. & Maercker A. (2006). Internet-based cognitive-behavioral therapy for complicated grief: A randomized controlled trial. *Death Studies*, 30, 429–53.

CARSTEN SPITZER UND HARALD J. FREYBERGER

7. Dissoziative Störungen

7.1 Einleitung

Dissoziative Symptome und Störungen gehören klinisch und konzeptuell zu den schillerndsten Phänomenen in der Psychiatrie und Psychotraumatologie (Mentzos, 2004; Fiedler, 2008). So differiert nicht nur die nosologische Stellung der dissoziativen Störungen in der ICD-10 und dem DSM-IV, sondern es bleibt auch offen, welche klinischen Bilder darunter zu subsumieren sind (Kihlstrom, 2005; Isaac & Chand, 2006). So werden beispielsweise die Konversionsstörungen – also Erkrankungen mit einer Körpersymptomatik, die eine neurologische Ursache nahelegt, ohne dass sich diese bestätigen lässt – in der ICD-10 zu den dissoziativen Störungen gezählt, im DSM-IV jedoch den somatoformen Störungen zugerechnet. Unter welcher Kategorie die Konversionsstörungen in den Weiterentwicklungen DSM-V und ICD-11 zu finden sein werden, ist angesichts der kontroversen Diskussionen zu dieser Frage noch offen. In der unklaren nosologischen Stellung spiegeln sich auch wechselhafte und widersprüchliche theoretische Modelle wider, die das Verhältnis dissoziativer Störungen zu Traumatisierungen ganz unterschiedlich konzipiert haben (Fiedler, 2008; Isaac & Chand, 2006).

7.2 Historischer Rückblick

Historisch und inhaltlich ist der Dissoziationsbegriff eng mit dem Konzept der Hysterie verbunden (Mentzos, 2004; Fiedler, 2008; Ellenberger, 2005). Dieser Krankheitsbegriff bezeichnete eine Vielzahl psychischer und körperlicher Funktionsstörungen ohne ausreichendes organisches Korrelat, häufig in Kombination mit einer dramatisierenden, emotionalisierenden und daher als »unecht« empfundenen Symptomdarbietung. Derartige klinische Bilder wurden bereits in der ägyptischen Hochkultur beobachtet, in der angenommen wurde, dass eine im Körper umherwandernde Gebärmutter für die vielfältige Symptomatik verantwortlich sei. Die griechische Antike übernahm diese Vorstellung und prägte den Terminus Hysterie (von dem griechischen Begriff »hystera« für Gebärmutter).

Erste wissenschaftliche Auseinandersetzungen mit diesen Störungsbildern datieren aus der Neurologie des 19. Jahrhunderts. Paul Briquet legte mit seiner Systematisierung der vielgestaltigen hysterischen Symptome eine erste, phänomenologisch orientierte Ausdifferenzierung der schillernden und unscharfen Hysterie vor. Jean-Martin Charcot entdeckte, dass sich hysterische Symptome unter Hypnose auflösen und induzieren lassen. Er vermutete, dass alterierte Bewusstseinsanteile den Pathomechanismus darstellen (Fiedler, 2008; Ellenberger, 2005). Dies veranlasste seinen Schüler Pierre Janet zur Einführung des Konzepts der Dissoziation als Erklärungsmodell für hysterische Phänomene. Nach ihm sind sogenannte »psychologische Automatismen« in ihrer Gesamtheit in einem phänomenalen Bewusstsein vereint. Durch traumatische Erfahrungen können sich einzelne Elemente abspalten, die dadurch der willentlichen Kontrolle und Beeinflussbarkeit entzogen werden. In der Folge wirken diese jedoch eigendynamisch weiter und sind so für die hysterischen Symptome verantwortlich. Die Bereitschaft zu dieser Dissoziation hängt dabei nicht allein von der Schwere des Traumas, sondern vielmehr von der individuellen Disposition ab. Janet formulierte somit ein erstes Diathese-Stress-Modell von Dissoziation (Ellenberger, 2005; Fiedler, 2008).

Auch für Sigmund Freud spielten in seinen ersten Auseinandersetzungen mit der Hysterie Traumatisierungen, insbesondere intrafamiliäre sexuelle Grenzverletzungen, und ein dissoziativer Bewusstseinszustand eine wesentliche Rolle. In seiner weiteren Theoriebildung relativierte er jedoch die Bedeutung real-traumatischer Erfahrungen zugunsten triebbedingter, konflikthafter intrapsychischer Prozesse. Folglich bestand für Freud der zentrale Mechanismus der Hysterie im Konversionsprozess, d.h. der Umsetzung eines intrapsychischen Konfliktes in ein körperliches Symptom, welches den Konflikt symbolhaft darstellt. Der innerseelische Konflikt besteht dabei zwischen verbotenen, nicht zugelassenen Wünschen und Phantasien (meist sexueller Natur), die ins Bewusstsein drängen, und den Strebungen, die diese Wünsche nicht zulassen. Um diesen Konflikt zu lösen, werden die Triebregungen in ein symbolisches Körpersymptom umgewandelt, ohne jedoch ins Bewusstsein zu gelangen (Kößler & Scheidt, 1997; Mentzos, 2004; Ellenberger, 2005).

Die anfänglich komplementären Konzepte der Dissoziation und Konversion, die beide eng mit der Erklärung hysterischer Phänomene assoziiert sind, entwickelten sich in der Folgezeit vergleichsweise unabhängig voneinander. Während innerhalb der psychoanalytischen Gemeinschaft traumatisierenden Erlebnissen, insbesondere sexuellem Missbrauch in der Kindheit, kaum pathogene Potenz zugesprochen wurde, dominierte das Konversionsmodell die Auseinandersetzung mit hysterischen Erkrankungen (Krutzenbichler, 2005). Erst im Zuge theoretischer Erweiterungen, im Wesentlichen durch die psychoanalytische Ich-Psychologie und die Objektbeziehungstheorie, kam es zu einer Renaissance des Traumadiskurses, etwa durch den von Khan eingeführten Begriff des kumulativen Traumas. Moderne Konzepte einer psychoanalytischen Traumatologie gehen von komplexen Interaktionen zwischen traumatischer Realität und psychischem Binnenraum aus (Hirsch, 2004).

Hingegen verlor das Konstrukt der Dissoziation ab etwa 1910 seine Erklärungskraft, u.a. durch die Einführung des Schizophreniebegriffs durch Eugen Bleuler und die Dominanz psychoanalytischer Erklärungsbemühungen (Kihlstrom, 1994). Mit der zunehmenden Anerkennung der epidemiologischen und klinischen Bedeutung kindlicher Traumatisierungen und der klinischen Relevanz von traumatischem Stress bei den Kriegsveteranen des Vietnamkrieges wurde seit den 1970er Jahren das Konzept wiederentdeckt. So unterschiedlich beide Opfergruppen sind, so zeigen sie doch übereinstimmend, dass spezifische psychische und körperliche Beschwerden – wie beispielsweise Gedächtnislücken, Entfremdungserleben, vorübergehende Analgesie und Bewegungslosigkeit – als Folgen traumatischer Erlebnisse verstanden werden können (Frewen & Lanius, 2006).

Während die sehr heterogenen einzelnen dissoziativen Symptome durchaus im Kontext von Realtraumatisierungen auftreten und auch als diagnostische Kriterien für die akute Belastungsreaktion und die Posttraumatische Belastungsstörung Eingang in die Klassifikationssysteme gefunden haben, ist auf der kategorialen Ebene der Zusammenhang zwischen Trauma und dissoziativen Störungen keineswegs monokausal und deutlich komplizierter (Bremner & Marmar, 1998; Kihlstrom, 2005).

7.3 Klinische Bilder

Das gemeinsame Charakteristikum der dissoziativen Störungen besteht in einem teilweisen oder vollständigen Verlust der normalerweise gelingenden Integration der Erinnerung an persönlich relevante Inhalte (autobiografisches Gedächtnis), des Identitätsbewusstseins, der Wahrnehmung von Sinnesempfindungen sowie der Kontrolle willkürlicher Körperbewegungen, wobei eine im weitesten Sinne psychische Verursachung angenommen wird und keine ausreichende körperliche Ursache für die Symptome vorliegt (ICD-10 und DSM-IV). Trotz dieser vordergründig vereinheitlichenden Definition erscheint es als sinnvoll, die phänomenologischen Unterschiede auch begrifflich zu differenzieren und die dissoziativen Störungen in zwei Gruppen zu unterteilen (vgl. Tab. 1):

Tab. 1: Übersicht über die dissoziativen Störungen in ICD-10 und DSM-IV

ICD-10		DSM-IV	
F44.0	Dissoziative Amnesie	300.12	Dissoziative Amnesie
F44.1	Dissoziative Fugue	300.13	Dissoziative Fugue
F44.2	Dissoziativer Stupor		
F44.3	Trance- und Besessenheitszustände		
F44.4	Dissoziative Bewegungsstörungen	300.11	Konversionsstörungen
F44.5	Dissoziative Krampfanfälle		
F44.6	Dissoziative Sensibilitäts- und Empfindungsstörungen		
F44.7	Dissoziative Störungen, gemischt		
F44.80	Ganser-Syndrom		
F44.81	Multiple Persönlichkeitsstörung	300.14	Dissoziative Identitätsstörung
F44.88	Sonstige näher bezeichnete dissoziative Störungen		
F44.9	Nicht näher bezeichnete dissoziative Störungen	300.15	Nicht näher bezeichnete dissoziative Störungen
F48.1	Depersonalisationsstörung	300.60	Depersonalisationsstörung

- dissoziative Bewusstseinsstörungen (Dissoziation rein auf der psychischen Ebene; Eckhardt-Henn & Hoffmann, 2004),
- Konversionsstörungen (Dissoziation ausschließlich auf der Körperebene; Kößler & Scheidt, 1997).

Jedoch ist der Überschneidungsbereich zwischen Dissoziation auf psychischer Ebene und pseudoneurologischer Konversion sowohl im Quer- als auch im Längsschnitt groß (Spitzer et al., 1999). So kommen z. B. bei einem Patienten mit dissoziativen Krampfanfällen auch häufig dissoziative Amnesien oder stuporöse Zustände vor.

7.3.1 Dissoziative Bewusstseinsstörungen

Die *dissoziativen Bewusstseinsstörungen* umfassen die Amnesie, die Fugue, die Depersonalisationsstörung, den Stupor, Trance- und Besessenheitszustände, das Ganser-Syndrom, nicht näher bezeichnete dissoziative Störungen und die multiple Persönlichkeitsstörung, die in Analogie zum DSM-IV besser als dissoziative Identitätsstörung bezeichnet werden sollte.

Die *dissoziative Amnesie* ist durch eine defizitäre Erinnerung an persönlich relevante Informationen wie die eigene Identität, wichtige Lebensereignisse oder -abschnitte gekennzeichnet. Die Amnesie bezieht sich also auf das autobiografisch-deklarative Gedächtnis, wobei die vergessenen Inhalte ganz überwiegend traumatischen Charakter haben oder die psychische Integrität massiv in Frage stellen. In der Regel ist die Amnesie unvollständig, selektiv und im Verlauf fluktuierend, übersteigt jedoch immer das Ausmaß natürlicher Vergesslichkeit.

Das zentrale Charakteristikum der *dissoziativen Fugue* besteht in einer zielgerichteten Ortsveränderung (etwa ein plötzliches, unerwartetes Weggehen von zu Hause, vom Arbeitsplatz), die über die gewöhnliche Alltagsaktivität des Betroffenen hinausgeht. Obwohl für die Zeit der Fugue eine Amnesie besteht, sind die sonstigen psychosozialen Kompetenzen wie z. B. die Selbstversorgung weitgehend erhalten, so dass die Betroffenen auf Außenstehende unauffällig wirken.

Bei der *Depersonalisationsstörung* wird das eigene Selbst als verändert, entfremdet und unwirklich wahrgenommen. Gedanken, Gefühl und Handlungen werden als nicht mehr zum Selbst gehörig erlebt. Die Betroffenen schildern, dass sie »wie Roboter« funktionieren, das eigene Tun erscheint automatenhaft. Auch einzelne Körperteile werden als verändert (viel dicker oder dünner, wie tot) empfunden. Obwohl die Patienten nach außen unauffällig bleiben, erleben sie ihren Zustand als ich-dyston. Auch die emotionale Reagibilität ist deutlich eingeschränkt, was häufig als quälend erlebt wird. Im Extremfall versuchen Betroffene durch Selbstverletzungen den Depersonalisationszustand vorübergehend zu beenden.

Der *dissoziative Stupor* zeichnet sich durch eine beträchtliche Verringerung oder ein vollständiges Fehlen willkürlicher Spontanbewegungen, der Sprache und der normalen Reaktionen auf Licht, Geräusche oder Berührung aus. Im Gegensatz zu organisch stuporösen Bildern ist der Muskeltonus normal und die aufrechte Haltung und die Atmung bleiben erhalten. Gerade beim dissoziativen Stupor ist eine schnelle Differentialdiagnostik wichtig, weil sich daraus erhebliche therapeutische Konsequenzen ergeben.

Dissoziative Trance- und Besessenheitszustände sind überwiegend in Ländern der

Dritten Welt zu beobachten und sind durch einen vorübergehenden Verlust der persönlichen Identität und Umgebungswahrnehmung gekennzeichnet. Einerseits kommt es zu tranceartigen Bildern mit Bewusstseinseinengung und eingeschränkter Psychomotorik. Andererseits finden sich Zustandsbilder, bei denen die Betroffenen davon überzeugt sind, sie würden von einer Gottheit, einem Geist oder einer unheimlichen Kraft beherrscht. Dieser Überzeugung folgt ihr Verhalten, was dadurch oft bizarr und inadäquat wirkt.

Das führende Merkmal des *Ganser-Syndrom*s stellt das sogenannte »haarscharfe« Vorbeiantworten im Gespräch dar: So antworten beispielsweise die Betroffenen auf die Frage: »Wie viel ist 2 plus 2?« mit »5«. Diese Störung kommt sehr selten vor und wird überwiegend in forensischen Settings berichtet.

Bei den *nicht näher bezeichneten dissoziativen Störungen* (Dissociative Disorders Not Otherwise Specified; DDNOS) ist das vorherrschende Merkmal ein dissoziatives Symptom, das jedoch die Diagnosekriterien für eine spezifische dissoziative Störung nicht oder nicht vollständig erfüllt. Typische Beispiele hierfür sind nach dem DSM-IV Fälle, die der dissoziativen Identitätsstörung ähneln, bei denen sich jedoch keine eindeutig abgrenzbaren Teilpersönlichkeiten nachweisen lassen (Typ 1a) oder bei denen klinisch relevante Amnesien für wichtige persönliche Informationen fehlen (Typ 1b), Fälle von Derealisation ohne begleitende Depersonalisation (Typ 2), die dissoziative Trancestörung (Typ 4; die in der ICD-10 eine eigenständige diagnostische Kategorie darstellt) oder Zustände von Dissoziation bei Personen, die einem langen und intensiven Prozess von Zwangsmaßnahmen zur Veränderung von Einstellungen (z. B. »Gehirnwäsche«, Gedankenbeeinflussung oder Indoktrination in Gefangenschaft; Typ 3) ausgesetzt waren (Gast et al., 2001).

Als charakteristisch für die *multiple Persönlichkeitsstörung* (mulitple personality disorder, MPD) gilt das Vorhandensein von zwei oder mehreren verschiedenen Persönlichkeiten bzw. Persönlichkeitsanteilen innerhalb eines Individuums, wobei jeweils nur eine in Erscheinung tritt. Jeder Teil hat sein eigenes Gedächtnis, eigene Vorlieben und Verhaltensweisen und übernimmt in unterschiedlich zeitlichem Ausmaß die volle Kontrolle über das Verhalten der Betroffenen. In der Regel haben die verschiedenen Persönlichkeitsanteile keinen Zugang zu der Existenz oder den Erinnerungen der anderen Anteile. Klinisch wegweisend ist die direkte Beobachtung eines Wechsels zwischen den verschiedenen Persönlichkeit(santeil)en, die im Englischen als »switches« bezeichnet werden (Gast, 2004). Im DSM-IV erfolgte eine Umbenennung der multiplen Persönlichkeitsstörung zur dissoziativen Identitätsstörung (dissociative identity disorder, DID). Die nosologische Stellung der DID ist umstritten, und die umfassendste Kritik findet sich in dem sogenannten soziokognitiven Modell der DID (Spanos, 2001). Ob veränderte Diagnosekriterien (Gast, 2004) zu einer besseren Akzeptanz führen, bleibt abzuwarten. Aus klinischer Perspektive ist jedoch unbestritten, dass gerade biografisch früh, schwer und chronisch traumatisierte Patienten unterschiedliche Persönlichkeitskonfigurationen zeigen. Daher ist es folgerichtig, die DID als posttraumatische Störung zu konzipieren. Hingegen ist derzeit offen, ob die DID am besten als eigene klinische Entität, als Variante der komplexen Posttraumatischen Belastungsstörung oder als eine Variante der bzw. Syndroms innerhalb der Borderline-Persönlichkeitsstörung zu verstehen ist.

7.3.2 Konversionsstörungen

Zu den *Konversionsstörungen* zählen die Bewegungsstörungen, die Krampfanfälle sowie die Sensibilitäts- und Empfindungsstörungen. Im Gegensatz zur ICD-10, welche die Konversions- und dissoziativen Störungen in einer Kategorie bündelt, subsumiert das DSM-IV die Konversionsstörungen als eine Variante unter die somatoformen Störungen.

Die *dissoziativen Bewegungsstörungen* umfassen alle psychogenen Dysfunktionen der Willkürmotorik, wobei Lähmungen aller Schweregrade am häufigsten sind. Es kommen jedoch auch A- bzw. Dysphonien, Dysarthrien, Dyskinesien und Koordinationsstörungen (z. B. Ataxie, Abasie und Astasie) vor. Oft gleicht die Symptomatik tatsächlichen neurologischen Erkrankungen, etwa einer brachiofazial betonten Hemiparese bei einem cerebralen Insult oder einem »bunten« Bild wie bei der multiplen Sklerose.

Dissoziative Krampfanfälle ähneln in ihrer Vielgestaltigkeit epileptischen Anfällen. Die klinische Symptomatik reicht dabei von nicht-konvulsiven Synkopen (»Ohnmachtsanfälle«) über »Wutanfälle« mit Kratzen, Schlagen oder Beißen zu Anfällen, bei denen es zu rhythmischen Bewegungen kommt, die als Koitusäquivalente interpretiert wurden (z. B. »arc de cercle«) und daher auch »symbolische Anfälle« genannt werden. Im Gegensatz zu epileptischen Anfällen finden sich bei den dissoziativen Anfällen keine lichtstarren Pupillen, kaum Zungenbisse, Einnässen oder -koten, keine vegetative Dysregulation (z. B. Blutdruckspitzen, Zyanose oder Hypersalivation) und wenig schwere Verletzungen.

Dissoziative Sensibilitäts- und Empfindungsstörungen sind durch Veränderungen bzw. Ausfälle der Sensibilität und Sensorik gekennzeichnet. Klinisch kommt es zu Dys-, Hypästhesien und Anästhesien, die in ihrer Ausdehnung häufig nicht den anatomisch-physiologischen Strukturen (z. B. Dermatomen) folgen, sondern vielmehr den laienhaften Vorstellungen des Patienten entsprechen (»schneidermusterartige« Verteilung, z. B. eine handschuhartig begrenzte Anästhesie). Unter dieser Diagnose werden auch Störungen des Visus bis zur Blindheit, Hörstörungen bis zur Taubheit und Anosmie subsumiert. Liegt mehr als eine dissoziative Störung vor (z. B. eine motorische und sensible Hemisymptomatik), sollte eine dissoziative Störung, gemischt, diagnostiziert werden.

7.4 Epidemiologie

Die Prävalenz für dissoziative Bewusstseinsstörungen liegt in der Allgemeinbevölkerung bei 2–3 %, wobei abhängig von der Erfassungsmethodik und dem kulturellen Hintergrund die Angaben variieren. Die Konversionsstörungen sind mit einer Lebenszeitprävalenz von 0,6 % in der mitteleuropäischen Allgemeinbevölkerung deutlich seltener. Zunächst scheinen Frauen häufiger betroffen zu sein, werden jedoch die konfundierenden Effekte allgemeiner Psychopathologie kontrolliert, zeigen sich keine bedeutsamen Geschlechtsunterschiede in der dissoziativen Symptomatik (Spitzer et al., 2005b; Kößler & Scheidt, 1997).

Bei psychiatrischen Patienten liegen die Prävalenzraten bei bis zu 30 %. Klinisch werden die dissoziativen Störungen allerdings häufig übersehen. Pseudoneurologische Störungen finden sich im stationär neurologischen Bereich bei ca. 8–9 % aller Patienten und im stationär psychiatrischen Bereich bei ca. 6–8 % der Patienten (Spitzer et al., 2005 b; Kößler & Scheidt, 1997).

In größeren klinisch behandelten Populationen liegt bei ca. 75 % der Patienten der Erkrankungsbeginn zwischen dem 17. und 32. Lebensjahr. In Ermangelung breiter angelegter epidemiologischer und von Verlaufsstudien sind bisher noch keine präzisen Aussagen zur Inzidenz möglich. Die Praxis weist aber auf einen typischen Gipfel in der Altersverteilung vor Beginn bzw. am Anfang des dritten Lebensjahrzehnts hin.

Dissoziative Störungen, die durch ein hohes Ausmaß an Desintegration psychischer Funktionen (Krampfanfälle, Fugue, multiple Persönlichkeitsstörung) gekennzeichnet sind, verlaufen in der Regel eher chronisch. Hingegen zeigen Amnesien, Bewegungs-, Sensibilitäts- und Empfindungsstörungen häufig einen episodenhaften Verlauf. Patienten mit dissoziativen Störungen weisen eine hohe Komorbidität mit Persönlichkeitsstörungen (ca. 30 %), Phobien und anderen Angsterkrankungen (25–90 %), depressiven (70–90 %) und somatoformen Störungen (ca. 15 %) auf (Spitzer et al. 2005 b).

Das Risiko einer ungünstigen Prognose scheint dabei mit dem Ausmaß der Komorbidität, mit dem Zeitpunkt einer adäquaten Diagnosestellung und der Erkrankungsdauer zu steigen. Als problematisch erweist sich vor allem bei Patienten mit Konversionsstörungen, dass sie zum Teil über lange Zeiträume als neurologisch erkrankt verkannt werden. In Stichproben von Patienten mit dissoziativen Störungen, die in der Neurologie hospitalisiert wurden, wurde eine mittlere Erkrankungsdauer von ca. 7 Jahren gefunden, bevor erstmalig eine psychiatrisch-psychotherapeutische Intervention erfolgte. Während zu Beginn einer dissoziativen Störung auslösende Ereignisse und das Auftreten der Symptomatik inhaltlich und zeitlich korreliert sind, kommt es im Verlauf häufig zu einer zunehmenden Generalisierung auf unspezifische innere und äußere Stimuli.

7.5 Diagnose und Differentialdiagnose

Für die Diagnose einer dissoziativen Störung fordert die ICD-10 das Vorliegen aller der folgenden drei Merkmale.
1. klinische Charakteristika, wie sie für die einzelnen Störungen (Amnesie, Fugue, Anfälle, Paresen etc.) typisch sind;
2. keine körperliche Erkrankung, welche die Symptome ausreichend erklären könnte;
3. Nachweis einer psychogenen Verursachung, d.h. zeitlicher Zusammenhang mit einer psychosozialen Belastung (auch wenn eine solche vom Patienten selbst geleugnet wird).

Damit wird deutlich, dass dissoziative Störungen keine Ausschlussdiagnosen darstellen; vielmehr ist bei entsprechenden klinischen Verdachtsmomenten sofort eine mögliche Psychogenese zu berücksichtigen. Dennoch ist bei allen Erstmanifestationen eine eingehende somatische, vor allem neurologische Diagnostik unabdingbar. Die gleichzeitig erfolgende psychiatrisch-psychotherapeutische Diagnostik berücksichtigt folgende Aspekte, um zum einen eine Psychogenese plausibel zu machen und zum anderen erste Behandlungsschritte zu planen und zu initiieren (Dammann & Overkamp, 2004):

- schwere Symptomatik mit psychosozialen Funktionseinschränkungen;
- kategoriale Diagnose (primär dissoziative Störung oder Bestandteil einer »übergeordneten« Störung);
- differentialdiagnostisch relevante Symptome;
- komorbide Erkrankungen;
- Beginn und potentielle Auslöser;
- Verlauf und verlaufsmodifizierende Einflüsse;
- psychosoziale Situation;
- Therapievoraussetzungen und -motivation;
- Persönlichkeitsstruktur und -variablen;
- Vorerfahrungen mit Psychotherapie und/oder Psychopharmaka (Art, Dauer, Erfolg oder Misserfolg von Vorbehandlungen);
- Störungswissen der Betroffenen und Krankheitsmodell.

Zur erweiterten Symptomerfassung, diagnostischen Sicherheit und Verlaufsmessung können ergänzend psychometrische Verfahren als Screeninginstrumente oder im Sinne diagnostischer Interviews eingesetzt werden. International ist die Selbstbeurteilungsskala *Dissociative Experiences Scale* am besten etabliert, die als Kurz- und Langversion sowie in einer modifizierten deutschen Version als *Fragebogen zu Dissoziativen Symptomen* (FDS) vorliegt (Spitzer et al., 2005a). Sie weist eine gute Validität, Reliabilität bzw. diagnostische Spezifität/Sensitivität auf und erfasst die dissoziative Symptomatik auf den Ebenen Amnesie, Absorption/imaginatives Erleben, Derealisation und Depersonalisation. Für die kategoriale Diagnostik hat sich das in deutscher Übersetzung vorliegende *Strukturierte Klinische Interview für DSM-IV – Dissoziative Störungen* (SKID-D; Gast et al., 2000) gut bewährt.

Differentialdiagnostisch ergibt sich bei allen dissoziativen Störungen die Notwendigkeit, eine ausreichend erklärende organische Basis der Symptomatik auszuschließen. Hinzu kommt, dass dissoziative Symptome bei anderen psychischen Störungen häufig vorkommen. Bei der akuten und Posttraumatischen Belastungsstörung und der Borderline-Persönlichkeitsstörung gehören sie gar zu den diagnostischen Kriterien. Daher ist immer zu klären, ob die dissoziative Symptomatik allein das klinische Bild dominiert oder ob sie in einen weiteren Störungszusammenhang eingebettet ist. Die zusätzliche Diagnose einer dissoziativen Störung erscheint dann als gerechtfertigt, wenn diese das klinische Bild maßgeblich mit prägt. Zu den weiteren Differentialdiagnosen gehören affektive, Angst- und somatoforme Störungen, Schizophrenien, hirnorganische und artifizielle Störungen sowie Simulationstendenzen.

Konversionsstörungen sind in erster Linie von neurologischen Krankheiten abzugrenzen, die die Beschwerden hinreichend erklären könnten. Am relevantesten sind hier Epilepsien, zerebrovaskuläre Erkrankungen, Kleinhirnsyndrome und die Encephalomyelitis disseminata. Eine Differenzierung allein auf der Basis des klinischen Bildes ist in der Regel nicht möglich, zumal die Komorbidität zwischen neurologischen Erkrankungen und dissoziativen Störungen hoch ist. Liegt etwa eine gesicherte organische Störung vor, ist immer zu fragen, ob diese ausreicht, um die Symptomatik zu erklären.

Bei allen differenzialdiagnostischen Erwägungen und sich daraus ergebenden diagnostischen Maßnahmen ist besonders bei den Konversionsstörungen zu beachten, dass die Betroffenen überwiegend ein somatisches Krankheitskonzept haben. Sie halten sich selbst für körperlich krank und stehen einer möglichen Psychogenese ihrer Beschwerden skeptisch bis ablehnend gegenüber. Eine umfassende Organdiagnostik birgt daher die Gefahr einer iatrogenen Fixierung dieses somatischen Krankheitskonzepts, was die Initiierung einer Psychotherapie deutlich erschwert oder gar unmöglich macht. Daher sollte in enger Kooperation mit der Organmedizin sorgfältig abgewogen werden, welche diagnostischen Maßnahmen notwendig und welche womöglich entbehrlich sind. Das ist insbesondere bei Patienten mit chronifizierten Erkrankungen relevant, die meist schon eine Vielzahl umfassender organdiagnostischer Prozeduren durchlaufen haben.

7.6 Ätiopathogenese

7.6.1 Psychodynamische Konzepte

Nach psychodynamischem Verständnis (Eckhardt-Henn & Hoffmann, 2004; Mentzos 2004) sind dissoziative Symptome und Störungen als unspezifische Reaktionsmodi auf intrapsychische und interpersonelle Konflikte, welche die Ich-Integrität massiv bedrohen, ebenso zu verstehen wie als Folge schwerer Realtraumatisierungen. Grundlegend ist die Annahme, dass die kognitive und emotionale Reizverarbeitungskapazität überschritten wird, unabhängig davon, ob es sich um innere Reize (z. B. intrapsychische Konflikte) oder äußere Stimuli (etwa traumatische Erfahrungen) handelt. Somit können dissoziative Störungen als *Konfliktpathologie* konzipiert werden, wobei neben einem unspezifischen Konflikt meist eine *Strukturpathologie* im Sinne defizitärer Ich-Funktionen vorliegt. Diese kann jedoch bis zur symptomauslösenden Situation klinisch »stumm« gewesen sein. Diese strukturellen Mängel verweisen dabei auf entwicklungsbedingte Defizite, die der Ausbildung eines kohäsiven Selbst und stabiler innerer Objekte entgegenstanden, z. B. in Form von Realtraumatisierungen in sehr frühen Lebensphasen oder fortgesetzter emotionaler, psychischer und physischer Deprivation. Die Symptommanifestation erfolgt dann häufig in Versuchungs- und Versagungssituationen oder durch Reaktualisierungen. Aber auch bei strukturell gesunden Menschen können massive Traumatisierungen dissoziative Phänomene hervorrufen: Die Intensität eines exzessiven Traumas überfordert den individuellen Reizschutz und übersteigt die Fähigkeiten des Ichs, es zu bearbeiten. In der Folge wird dann durch Wiederholungen des Traumas (z. B. in Form von Träumen oder Re-Inszenierungen) eine angemessene intrapsychische Bearbeitung und dadurch eine Wiederherstellung der gestörten Homöostase angestrebt, wobei dies nicht immer gelingt.

Aufgrund der gestörten Körperfunktionen sind bei den Konversionssyndromen weitere psychodynamische Aspekte von hoher Relevanz (Kößler & Scheidt, 1997; Mentzos, 2004). So kann die »Symptomwahl« als Kompromiss zwischen Triebwunsch und seiner Abwehr verstanden werden, wobei sich der zugrunde liegende Konflikt im Symptom symbolisiert. Häufig finden sich auch unbewusste Identifikationen mit real erkrankten relevanten Objekten, die die Konversionssymptomatik determinieren. Der Betroffene erscheint als somatisch erkrankt, was für ihn selbst oft eine Über-Ich-Entlastung bedeutet, weil der initial intrapsychische Konflikt auf eine körperliche Ebene verschoben wird (primärer Krankheitsgewinn). Im Hinblick auf seine Umwelt eröffnet ihm die vermeintliche körperliche Krankheit neue Beziehungsmöglichkeiten, da sie ihm im sozialen Raum die Übernahme der klassischen Krankenrolle erlaubt (sekundärer Krankheitsgewinn). Gerade dem letztgenannten Aspekt kommt oft eine interpersonell regulierende und damit symptomaufrechterhaltende Funktion zu (Spitzer et al., 2005 b).

7.6.2 Kognitiv-behaviorale Konzepte

Das kognitiv-behaviorale Verständnis (Fiedler, 2008) ist Vulnerabilitäts-Stress-Modellen verpflichtet, welche die Dissoziation als autoregulative Verarbeitungsstörung traumatischer Erfahrungen respektive als Komponente trauma-assoziierter Spaltungsvorgänge auffassen. Demnach werden im Zuge des traumatischen Geschehens emotionale, kognitive, motorische und sensorische Sinneseindrücke abgespalten, weil ihr Impetus und ihre Bedrohlichkeit die normale Reizverarbeitungskapazität übersteigen (peritraumatische Dissoziation). Während diese initiale Reaktion funktional ist, kann es im Verlauf zu einer dysfunktionalen Dissoziationsneigung kommen. Dissoziation fungiert dabei als Vermeidungsstrategie in sensu, d. h. die hoch aversiven emotionalen und kognitiven Elemente eines Reizes werden nicht bewusst erlebt, sondern gewissermaßen »ausgeblendet«, was kurzfristig zu einer Entlastung führt. Auf diese Weise findet dann eine operante Konditionierung statt, die dazu führt, dass die Schwelle für dissoziation-auslösende Hinweisreize zunehmend sinkt, also eine Generalisierung eintritt.

Neurobiologische Korrelate bzw. Folgen von Traumatisierungen umfassen eine Dysregulation der Hypothalamas-Hypophysen-Nebennieren-Achse, Alterationen im serotonergen, noradrenergen, glutamatergen und im endogenen Opioidsystem sowie strukturelle und funktionelle Auffälligkeiten im präfrontalen und temporalen Kortex, im limbischen System (v. a. im Bereich der Amygdalae) und im Thalamus (Kapfhammer, 2004; Frewen & Lanius, 2006).

7.7 Therapie

Eine Psychotherapie gilt – unabhängig von ihrer Provenienz – als Mittel der Wahl bei den dissoziativen Störungen, obwohl systematische kontrollierte Therapiestudien ausstehen (Brand et al., 2009). Erste experimentelle psychopharmakologische Behandlungsansätze, z. B. mit Opioidantagonisten, haben sich klinisch bislang nicht durchsetzen können. Es gibt kein zugelassenes »Anti-Dissoziativum«; jedoch kann angesichts komorbider psychischer Störungen eine psychopharmakologische Mitbehandlung sinnvoll sein.

7.7.1 Dissoziative Bewusstseinsstörungen

Die Behandlung der dissoziativen Identitätsstörung lässt sich nach der Richtlinie der International Society for the Study of Dissociation (1997) schematisch in 4 Phasen unterteilen:
1. Stabilisierung,

2. Förderung der Kommunikation zwischen den Teilpersönlichkeiten,
3. Traumabearbeitung und Integration der Teilpersönlichkeiten,
4. postintegrative Psychotherapie.

Es wird darauf abgezielt, ein zunehmendes Gefühl innerer Verbundenheit und Beziehungen zwischen den alternierenden Persönlichkeitsanteilen zu fördern. Die Patienten sollen ein zunehmendes Gefühl für ein einheitliches und alltagstaugliches Selbst entwickeln. Als übergeordnetes Therapieziel gilt die vollständige Integration aller Teilidentitäten in die Gesamtpersönlichkeit (Gast et al., 2001; Reddemann et al., 2004).

Obwohl für die anderen dissoziativen Bewusstseinsstörungen keine Richtlinien existieren, kann, verallgemeinernd, ihre Behandlung analog den oben genannten Phasen erfolgen:
1. Stabilisierung und Symptomreduktion,
2. Auseinandersetzung mit den traumatischen Erlebnissen, inneren Konflikten, interpersonellen Schwierigkeiten oder ich-strukturellen Defiziten,
3. Integration, Alltagstransfer und Rehabilitation.

Psychodynamische, kognitiv-behaviorale, hypnotherapeutische und familientherapeutische Vorgehensweisen werden miteinander kombiniert, die letztendlich auf eine genügende Affektkontrolle und Fähigkeit zur Selbststeuerung abzielen (Reddemann et al., 2004).

7.7.2 Konversionsstörungen

Auch wenn bei der Konversionsstörung eine Psychotherapie das Mittel der Wahl ist (Scheidt et al., 1998), stellt gerade deren Initiierung ein besonderes Problem dar: Aufgrund ihrer körperlichen Funktionsausfälle haben die Betroffenen häufig ein somatisches Krankheitskonzept, welches möglicherweise durch eine umfangreiche Organdiagnostik iatrogen fixiert wird. In solchen Fällen ist eine vorschnelle Konfrontation mit einem Psychogenesemodell zu vermeiden; vielmehr hat sich folgendes Vorgehen bewährt (Scheidt et al., 1998; Spitzer et al., 2005b):
1. Aufklärung, dass psychologische Faktoren einen verlaufsmodifizierenden oder (teil-) ursächlichen Einfluss haben;
2. Anerkennung des Leidensdrucks und der psychosozialen Konsequenzen;
3. keine Beschämung durch Andeutungen, dass der Patient »nichts hat«;
4. Einleitung einer symptomorientierten Behandlung;
5. Angebot suggestiv-hypnotherapeutischer Verfahren, die den Patienten initial einen eher passiv-rezeptiven Zugang ermöglichen.

Auf der Grundlage der hierdurch gewonnenen Behandlungserfahrungen kann die differentielle Indikation einer konfliktbearbeitenden bzw. verhaltenstherapeutischen Therapie gestellt werden.

Eine *konflikt-zentrierte, psychodynamisch orientierte Vorgehensweise* ist zu wählen, wenn der Patient die prinzipiellen Eingangskriterien erfüllt. Für eine gelingende Therapie ist es dabei unbedingt ratsam, gemeinsam mit dem Patienten Behandlungsziele zu erarbeiten, die auch in Abhängigkeit von der Prognose zu formulieren sind. Als prognostisch günstige Faktoren gelten bei Patienten mit Konversionsstörungen folgende spezifischen und allgemeinen Konstellationen:

- akut aufgetretene Symptomatik,
- Symptomdarbietung nicht ausschließlich auf der Körperebene,
- erstmalige Erkrankung an einer Konversionssymptomatik,
- keine oder allenfalls geringe psychiatrische Komorbidität,
- niedriger sekundärer Krankheitsgewinn und hoher Leidensdruck,
- hohe Psychotherapiemotivation,
- hohe Einsichtsfähigkeit in psychodynamische Zusammenhänge,
- gutes persönlichkeitsstrukturelles Niveau,
- klar umrissener Konflikt intrapsychischer oder interpersoneller Art,
- hohe Intelligenz und Introspektionsfähigkeit.

Je nach Behandlungsziel erscheint es als sinnvoll, den Fokus der Therapie auf drei mögliche Schwerpunkte zu legen (Spitzer et al., 2005b):
1. die Symptomebene,
2. die Konfliktebene (unbewusste, interpersonelle und Aktualkonflikte) und
3. die Ebene struktureller Defizite.

Verhaltenstherapeutische Interventionen (Fiedler, 2008) sind vor allem dann sinnvoll, wenn beispielsweise angesichts eines hohen Chronifizierungsgrades die Symptomreduktion und das Inanspruchnahmeverhalten im Vordergrund stehen.

Das grundsätzlich zu bevorzugende ambulante Behandlungssetting muss bei folgenden Indikationen verlassen werden:
- schwere Symptomatik, die eine ambulante Behandlung unmöglich macht (z. B. dissoziative Halbseitenlähmung, wiederholte dissoziative Krampfanfälle),
- Therapieresistenz über einen Zeitraum von mehr als 6 Monaten,
- rezidivierende Störungen,
- hohe Komorbidität mit anderen psychischen Störungen,
- Symptomverschiebungen und Komplikationen.

Neben dem Ziel einer Besserung der Symptome und einer Differenzierung der Krankheitsverarbeitung besteht die Aufgabe stationärer psychotherapeutischer Ansätze vor allem darin, die zugrunde liegende Konfliktdynamik herauszuarbeiten. Hilfreich scheinen vor allem gruppenpsychotherapeutische Ansätze zu sein, in denen dissoziative Abwehrprozesse möglicherweise besser als in einzeltherapeutischen Settings identifiziert und korrigiert werden können (Freyberger et al., 1996). Für die therapeutische Bearbeitung der realtraumatischen Aspekte ist allerdings eine Kombination mit einer Einzeltherapie indiziert. Komplikationen, mit denen auch bei behutsamer Planung im psychotherapeutischen Prozess vor allem dann zu rechnen ist, wenn es plötzlich zu einschneidenden Symptombesserungen kommt, sind:
1. schwere Krisen mit Suizidalität, Selbstbeschädigung, psychotischen, schweren affektiven und Angstsymptomen;
2. Re-Inszenierung erlittener Realtraumatisierungen im therapeutischen oder nichttherapeutischen Raum.

7.8 Fazit

Bei allen dissoziativen Störungen können Realtraumata eine prominente Rolle spielen – sei es in der Ätiologie, als symptomauslösendes Ereignis oder als den Verlauf komplizierende Faktoren. Hier kann es nützlich sein, eine traumazentrierte Psychotherapie (oder Elemente daraus) zu wählen (Sachsse, 2004). Unabhängig von der Art der Psychotherapie gestaltet sich die Behandlung von Patienten mit dissoziativen Bewusstseins- und Konversionsstörungen häufig als längerfristiger Prozess, bei dem sich ambulante und stationäre Behandlungen im Sinne einer Intervalltherapie abwechseln können.

Leider liegen bisher keine kontrollierten Psychotherapiestudien zu dissoziativen Störungen im engeren Sinne vor (Brand et al., 2009). Ein klinisch erfolgreiches Vorgehen scheint unserer Auffassung nach davon abzuhängen, dass die Betroffenen in ihrem Krankheits-, Pathogenese- und Ätiologieverständnis respektiert und nicht mit Interventionen konfrontiert werden, die ihre Beziehungs- und Bindungsfähigkeit, ihre Konflikteinsicht und ihr strukturelles Niveau überfordern. Insbesondere die Betroffenen mit einem neurologischen oder anderweitig somatischen Krankheitsverständnis sind in einem sorgfältigen Vorgehen dort »abzuholen«, wo sie sich in ihrem, möglicherweise noch brüchigen, Psychogeneseverständnis befinden.

7.9 Literatur

Brand B.L., Classen C.C., McNary S.W. & Zaveri P. (2009). A review of dissociative disorders treatment studies. *Journal of Nervous and Mental Disease*, 197, 646–654.

Bremner J.D. & Marmar C.R. (Hrsg.) (1998). *Trauma, memory, and dissociation*. Washington, DC: American Psychiatric Press.

Dammann G. & Overkamp B. (2004). Diagnose, Differentialdiagnose und Komorbidität dissoziativer Störungen des Bewußtseins. In: Reddemann L., Hofmann A. & Gast U. (Hrsg.). *Psychotherapie dissoziativer Störungen*. Stuttgart: Thieme, 3–25.

Eckhardt-Henn A. & Hoffmann S.O. (2004). *Dissoziative Bewusstseinsstörungen*. Stuttgart: Schattauer.

Ellenberger H.F. (2005). *Die Entdeckung des Unbewussten*. Zürich: Diogenes.

Fiedler P. (2008). *Dissoziative Störungen und Konversion. Trauma und Traumabehandlung*. 3. Aufl. Weinheim: PVU.

Frewen P.A. & Lanius R.A. (2006). Neurobiology of dissociation: Unity and disunity in mind-body-brain. *Psychiatric Clinics of North America*, 29, 113–128.

Freyberger H.J., Drescher S., Dierse B. & Spitzer C. (1996). Psychotherapeutic outcome among inpatients with neurotic and personality disorders with and without benzodiazepine dependence syndrome. *European Addiction Research*, 2, 53–61.

Gast U. (2004). Dissoziative Identitätsstörung – valides und dennoch reformbedürftiges Konzept. In: Reddemann L., Hofmann A. & Gast U. (Hrsg.). *Psychotherapie dissoziativer Störungen*. Stuttgart: Thieme, 26–36.

Gast U., Zündorf F. & Hofmann A. (2000). *Strukturiertes Klinisches Interview für DSM-IV – Dissoziative Störungen (SKID-D)*. Göttingen: Hogrefe.

Gast U., Rodewald F., Kersting A. & Emrich H.M. (2001). Diagnostik und Therapie Dissoziativer (Identitäts-) Störungen. *Psychotherapeut*, 46, 289–200.

Hirsch M. (2004). *Psychoanalytische Traumatologie. Das Trauma in der Familie. Theorie und Therapie schwerer Persönlichkeitsstörungen*. Stuttgart: Schattauer.

International Society for the Study of Dissociation (1997). *Guidelines for treating dissociative identity disorder (multiple personality disorder) in adults*. http://www.issd.org/isd guide.html.

Isaac M. & Chand P.K. (2006). Dissociative and conversion disorders: Defining boundaries. *Current Opinion in Psychiatry*, 19, 61–66.

Kapfhammer H.P. (2004). Dissoziation und Gedächtnis als Ergebnis neurobiologisch beschreibbarer Prozesse. In: Eckhardt-Henn A. & Hoffmann S.O. (Hrsg.). *Dissoziative Bewusstseinsstörungen*. Stuttgart: Schattauer, 9–36.

Kihlstrom J.F. (1994). One hundred years of hysteria. In: Lynn S.J. & Rhue R.W. (Hrsg.).

Dissociation: Theoretical, clinical, and research perspectives. New York: Guilford Press, 365–394.

Kihlstrom J.F. (2005). Dissociative disorders. *Annual Review of Clinical Psychology,* 1, 227–53.

Kößler M. & Scheidt C.E. (1997). *Konversionsstörungen.* Stuttgart: Schattauer.

Krutzenbichler S. (2005). Sexueller Missbrauch als Thema der Psychoanalyse von Freud bis zur Gegenwart. In: Egle T.U., Hoffmann S.O. & Joraschky P. (Hrsg). *Sexueller Missbrauch, Misshandlung, Vernachlässigung.* Stuttgart: Schattauer, 170–179.

Mentzos S. (2004). *Hysterie. Zur Psychodynamik unbewusster Inszenierungen.* 9. Aufl. Göttingen: Vandenhoeck & Ruprecht.

Reddemann L., Hofmann A. & Gast U. (Hrsg.) (2004). *Psychotherapie dissoziativer Störungen.* Stuttgart: Thieme.

Sachsse U. (2004). *Traumazentrierte Psychotherapie.* Stuttgart: Schattauer.

Scheidt C.E., Hartkamp N. & Loew T. (1998). Diagnose und Behandlung von Konversionsstörungen. *Zeitschrift für Psychosomatische Medizin und Psychoanalyse,* 44, 233–250.

Spanos N.P. (2001). *Multiple identities and false memories: A sociocognitive perspective.* Washington, DC: American Psychological Association.

Spitzer C., Spelsberg B., Grabe H.J., Mundt B. & Freyberger H.J.: (1999). Dissociative experiences and psychopathology in conversion disorders. *Journal of Psychosomatic Research,* 46, 291–294.

Spitzer C., Stieglitz R.D. & Freyberger H.J. (2005a). *Fragebogen zu dissoziativen Symptomen (FDS). Ein Selbstbeurteilungsverfahren zur syndromalen Diagnostik dissoziativer Phänomene. Testmanual zur Kurz- und Langform (FDS-20 und FDS).* 2. Aufl. Bern: Huber.

Spitzer C., Grabe H.J., Barnow S. & Freyberger H.J. (2005b). Dissoziative Störungen mit pseudoneurologischer Konversionssymptomatik – Besonderheiten und Therapieempfehlungen. *Psychodynamische Psychotherapie,* 4, 162–172.

INGO SCHÄFER

8. Traumatisierung und Sucht

8.1 Einleitung

Substanzmissbrauch und -abhängigkeit, im Folgenden als »substanzbezogene Störungen« bezeichnet, zählen zu den häufigsten Folgen traumatischer Erfahrungen. Studien an der Allgemeinbevölkerung weisen darauf hin, dass nach sexueller und/oder körperlicher Gewalt in der Kindheit 14–35 % der Betroffenen während ihres Lebens an einer substanzbezogenen Störung leiden, verglichen mit 3–12 % der Personen ohne diese Erfahrungen (z. B. Mullen et al., 1993; MacMillan et al., 2001). Bei Vorliegen einer Posttraumatischen Belastungsstörung (PTBS) erhöht sich die Lebenszeitprävalenz substanzbezogener Störungen in der Allgemeinbevölkerung auf 22 %–43 % (Jacobsen et al., 2001). Patienten, die sich aufgrund früher Traumatisierungen in Therapie befinden, leiden zu 30–35 % während ihres Lebens an einer substanzbezogenen Störung (z. B. Levitt & Cloitre, 2005), und mindestens 30–50 % der Patienten in Suchtbehandlung berichten von Gewalterfahrungen in frühen Lebensabschnitten (z. B. Simpson & Miller, 2002).

Im Folgenden wird ein Überblick über Zusammenhänge zwischen traumatischen Erfahrungen und substanzbezogenen Störungen, über die Häufigkeit und klinische Bedeutung von Traumatisierungen bei Personen in Suchtbehandlung und den aktuellen Stand traumatherapeutischer Ansätze für diese Patientengruppe gegeben.

8.2 Traumatisierung als Risikofaktor für Sucht

8.2.1 Substanzbezogene Störungen nach traumatischen Erfahrungen

Sowohl Zwillingsstudien (z. B. Nelson et al., 2006) als auch populationsbasierte Studien belegen, dass frühe interpersonelle Traumatisierungen mit einer späteren Sucht assoziiert sind. Dies zeigt sich insbesondere im Hinblick auf den Beginn süchtigen Verhaltens im Jugendalter. So fanden etwa Shin et al. (2009) bei einer repräsentativen Stichprobe von mehr als 12 000 Jugendlichen, dass sexueller Missbrauch, Misshandlung und Vernachlässigung robuste Risikofaktoren für exzessiven Konsum (»binge drinking«) im Jugendalter waren, auch nach Kontrolle von soziodemographischen Variablen, Alkoholabhängigkeit der Eltern und elterlichem Aufsichtsverhalten. In einer prospektiven Studie begleiteten Fergusson und Kollegen (Fergusson et al., 1996; Fergusson & Lynskey, 1997) eine neuseeländische Geburtskohorte bis zum 18. Lebensjahr. Neben weiteren psychosozialen Belastungsfaktoren in der Kindheit wurden u. a. der sozioökonomische Status der Eltern, elterliches Erziehungs- und Bindungsverhalten sowie Substanzmissbrauch und andere psychiatrische Probleme der Eltern erhoben Im Alter von 18 Jahren wurden Zusammenhänge zwischen Gewalterfahrungen in der Kindheit und aktuellen substanzbezogenen Störungen untersucht. Im Hinblick auf sexuellen Missbrauch gab es dabei insbesondere bei schweren Formen deutliche Zusammenhänge mit substanzbezogenen Störungen, die auch nach Kontrolle der anderen Faktoren bestehen blieben. Die Zusammenhänge zwischen sexuellem Missbrauch und substanzbezogenen Störungen waren in Bezug auf den Missbrauch bzw. die Abhängigkeit von Drogen deutlicher ausgeprägt als in Bezug auf Alkoholabhängigkeit bzw. -abusus. Bei körperlicher Misshandlung gab es hingegen insbesondere mit Alkoholmissbrauch und -abhängigkeit signifikante Zusammenhänge, die ebenfalls mit der Schwere der Erlebnisse korrelierten und nach Kontrolle weiterer Risikofaktoren bestehen blieben. Dabei spielen weitere belastende Entwicklungsbedingungen offensichtlich ebenfalls eine Rolle bei der Entstehung späterer substanzbezogener Störungen (z. B. Dube et al., 2002).

8.2.2 Mögliche Mechanismen

Verschiedene Erklärungsansätze können einen Beitrag dazu leisten, den Einfluss früher Traumatisierungen auf spätere Suchtprobleme zu verstehen. So können interpersonelle Traumatisierungen zu psychischen Folgen führen, die die Entwicklung substanzbezogener Störungen begünstigen. Dabei handelt es sich neben Problemen im Bereich der Emotionsregulation u. a. um Beeinträchtigungen des Selbstwerts und des Identitätsgefühls, um maladaptive kognitive Schemata und dysfunktionale Copingstrategien (Cohen & Hien, 2006). Auch die neurobiologischen Folgen früher Traumatisierungen, etwa Veränderungen der für substanzbezogene Störungen relevanten neuroendokrinen Stressantwort, wurden in jüngerer Zeit als mögliche Mediatoren diskutiert (z. B. Schäfer et al. 2010). Klinisch besonders bedeutsam ist die sogenannte »Selbstmedikations-Hypothese«. Alkohol- oder Drogenkonsum stellt ihr zufolge einen – teilweise erfolgreichen – Versuch dar, schmerzvolle oder in anderer Weise schwer erträgliche emotionale Zustände zu beeinflussen und weitere Traumafolgen, wie Rückzugsverhalten oder Probleme mit sozialen Kontakten, erträglicher zu machen. Besonders in Bezug auf die Symptome der Posttraumatischen Belastungsstörung (PTBS) liegen bei Patienten mit substanzbezogenen Störungen inzwischen zahlreiche Befunde vor, die diese Hypothese untermauern. So befragten Stewart et al. (2000) 294 Personen mit Alkohol- bzw. Medikamentenabhängigkeit, von denen eine Untergruppe zusätzlich eine PTBS aufwies, zu typischen Konsumsituationen. PTBS-Symptome korrelierten signifikant mit häufigerem Konsum in negativen Situationen (z. B. belastende Emotionen, körperliches Unwohlsein, Konflikte) und seltenerem Konsum in positiven Situationen (z. B. geselliges Trinken, neutrale »Versuchungssituationen«). Ähnliche Zusammenhänge mit belastenden Emotionen fanden sich bei Patienten mit substanzbezogenen Störungen und PTBS in Bezug auf Rückfälle in Substanzkonsum (Ouimette et al., 2007). Weiter wurde die »Selbstmedikations-Hypothese« in jüngerer Zeit durch eine Reihe experimenteller Studien zum Einfluss von posttraumatischen Symptomen auf das Suchtverlangen (»Craving«) gestützt. So fand sich bei Patienten mit Alkoholabhängigkeit und komorbider PTBS ein verstärktes Suchtverlangen bei Darbietung traumabezogener Reize. Bei Patienten mit einer PTBS, die eine traumabezogene Expositionstherapie absolviert hatten, ging das Suchtverlangen signifikant zurück, im Vergleich zu Patienten, die keine entsprechende Behandlung absolviert hatten (Coffey et al., 2006).

8.3 Befunde bei Personen mit substanzbezogenen Störungen

8.3.1 Prävalenz traumatischer Erfahrungen

Bei Personen mit substanzbezogenen Störungen finden sich gegenüber der Allgemeinbevölkerung erhöhte Raten traumatischer Erfahrungen. Die meisten Untersuchungen befassten sich dabei mit sexueller und/oder körperlicher Gewalt in der Kindheit. Je nach Art der Erhebung und der untersuchten Stichprobe berichten 30–90 % der befragten Patientinnen und Patienten von mindestens einer dieser Formen früher Gewalt. Simpson und Miller (2002) kamen in einer Übersicht über 47 Studien bei weiblichen Patientinnen mit substanzbezogenen Störungen zu einer durchschnittlichen Prävalenzrate früher sexueller Gewalt von 45 %. Bei männlichen Patienten fand sich in 20 Studien eine Rate von 16 %. Zu körperlicher Gewalt in der Kindheit wurden 19 Studien an weiblichen und 12 Studien an männlichen Patienten berücksichtigt. Erfahrungen früher körperlicher Gewalt waren darin von durchschnittlich 39 % der weiblichen und 31 % der männlichen Patienten berichtet worden. Personen, die sich aufgrund von Drogen- oder Mehrfachabhängigkeit in Behandlung befinden, weisen zumeist noch höhere Raten früher körperlicher und/oder sexueller Gewalt auf. So fand etwa Schmidt (2000) bei 215 Opiatabhängigen in Substitutionsbehandlung, dass 60 % der Frauen und 25 % der Männer schwere Formen sexueller Gewalt in der Kindheit erlebt hatten. In einer Kontrollgruppe ohne Suchterkrankungen waren lediglich 11 % der Frauen und 6 % der Männer betroffen. In der Gruppe der Opiatpatienten lagen zudem signifikant schwerere Formen sexueller Gewalt vor, die in jüngerem Alter vorgefallen waren und häufiger mit Inzest verbunden gewesen waren.

Mindestens 30 % der Männer und 50 % der Frauen in Suchtbehandlung berichten von körperlicher und/oder sexueller Gewalt in der Kindheit. Bei Personen mit Drogen- oder Mehrfachabhängigkeit finden sich oft höhere Raten.

Substanzbezogene Störungen sind nicht nur mit Erfahrungen früher Gewalt, sondern auch mit Gewalterfahrungen in späteren Lebensphasen assoziiert. So fanden etwa Kilpatrick et al. (1997) in einer Studie an der Allgemeinbevölkerung, dass bei Frauen, die in den zurückliegenden 12 Monaten

Drogen genommen hatten, eine dreimal höhere Wahrscheinlichkeit bestand, in den folgenden 2 Jahren Opfer sexueller oder physischer Übergriffe zu werden.

Die Gründe für diese Zusammenhänge sind komplex. Bestimmte Konsumsituationen machen den Kontakt zu potentiellen Tätern wahrscheinlicher und Risikosituationen können in intoxikiertem Zustand weniger gut eingeschätzt werden. Bei Drogenabhängigen führen Beschaffungsprostitution und die Gewaltbereitschaft in der »Szene« zu einem drastisch erhöhten Risiko traumatischer Erfahrungen. Beide Problembereiche, die Folgen früherer Traumatisierungen und die Begleitumstände der Abhängigkeit, sind also häufig eng miteinander verwoben.

Besonders klare Zusammenhänge bestehen zwischen Substanzproblemen und bestimmten Formen sexueller Gewalt. So konnte für Opfer sexueller Gewalt, bei der sich der Täter zunutze macht, dass das Opfer nach Substanzgebrauch schwer intoxikiert ist (engl. »Incapacitated rape«), oder die Intoxikation durch den Täter absichtlich herbeigeführt wurde (engl. »Drug-alcohol facilitated rape«), klar gezeigt werden, dass bei ihnen bereits vor den Delikten häufiger Substanzmissbrauch vorlag als bei Opfern anderer Formen sexueller Gewalt. Weiter belegen zahlreiche Befunde die hohe Gefährdung von Personen mit substanzbezogenen Störungen durch häusliche Gewalt, zumeist durch ebenfalls suchtkranke Partner. Moore et al. (2008) kamen in einer Metaanalyse von 96 Studien zu Gewalt in der Partnerschaft von Drogenkonsumenten zu dem Ergebnis, dass das Ausmaß der Gewalt mit der Schwere des Drogenkonsums und der drogenbezogenen Probleme assoziiert war. Dieser Zusammenhang fand sich unabhängig vom Geschlecht der konsumierenden und/oder Gewalt ausübenden Person. Foran und O'Leary (2008) fanden ähnliche Zusammenhänge in einer Metaanalyse von Studien zu Gewalt in Partnerschaften bei Personen mit Alkoholproblemen. Allerdings waren Frauen hier stärker als Männer von Gewalt betroffen, insbesondere wenn sie sich in Behandlung befanden und stärkere Alkoholprobleme vorlagen. Zudem sind wie bei anderen Personengruppen auch bei Suchtkranken frühe Gewalterfahrungen und posttraumatische Störungen signifikant mit weiteren Gewalterfahrungen im Erwachsenenalter assoziiert.

Personen mit substanzbezogenen Störungen sind auch in späteren Lebensabschnitten häufiger körperlicher und/oder sexueller Gewalt ausgesetzt als die Allgemeinbevölkerung. Risikofaktoren sind die Schwere der Abhängigkeit, ebenfalls suchtkranke Partner, frühere Gewalterlebnisse und komorbide posttraumatische Störungen.

8.3.2 Komorbide psychische Störungen

Bei traumatisierten Patienten mit substanzbezogenen Störungen finden sich hohe Raten weiterer psychischer Störungen. Die meisten Befunde liegen dabei zur Posttraumatische Belastungsstörung (PTBS) vor. Wie die Häufigkeit traumatischer Erfahrungen variiert auch die Häufigkeit der PTBS in Abhängigkeit von der untersuchten Stichprobe. So finden sich bei Frauen mit Suchterkrankungen doppelt so hohe PTBS-Raten wie bei Männern (z. B. Mills et al., 2006), und es zeigen sich Zusammenhänge mit der Art der konsumierten Substanz. Auch in Bezug auf die PTBS finden sich höhere Raten bei Konsumenten »harter Drogen« oder Mehrfachabhängigen, verglichen mit Personen mit Alkohol- oder Cannabisabhängigkeit. In angloamerikanischen Studien wurde bei Suchtpatienten in Behandlung eine Punktprävalenz der PTBS von 15–41 % und eine Lebenszeitprävalenz von 26–52 % gefunden (Schäfer & Najavits, 2007). Ähnliche Zahlen wurden in der bislang größten deutschen Untersuchung berichtet, in der insgesamt 459 Patientinnen und Patienten aus 14 Einrichtungen anhand etablierter Fragebögen und eines strukturierten klinischen Interviews auf das Vorliegen einer PTBS untersucht worden waren (Driessen et al., 2008). Unabhängig vom Geschlecht lag in dieser Studie bei 15 % der Alkoholabhängigen, 30 % der Drogenabhängigen und bei 34 % der Mehrfachabhängigen eine akute PTBS vor.

Um die hohen PTBS-Raten bei Suchtpatienten zu erklären, wurden unterschiedliche Hypothesen aufgestellt (Schäfer & Najavits, 2007). Wie oben beschrieben, werden psychotrope Substanzen von vielen Betroffenen eingesetzt, um beeinträchtigende Symptome in der Folge traumatischer Erfahrungen zu lindern (»Selbstmedikations-Hypothese«). Weiter erhöht das Vorliegen einer Suchterkrankung die Wahrscheinlichkeit traumatischer Erfahrungen und damit das Risiko, eine PTBS zu entwickeln (»Hochrisiko-Hypothese«). Dabei ist auch von Bedeutung, dass bei Personen mit substanzbezogenen Störungen aufgrund einer veränderten Prozessierung traumatischer Erfahrungen eine höhere Wahrscheinlichkeit besteht, die Störung nach einer Traumaexposition zu entwickeln (»Vulnerabilitäts-Hypothese«). Schließlich werden in jüngerer Zeit auch gemeinsame neurobiologische Grundlagen beider Störungen diskutiert.

Suchtpatienten in Behandlung weisen eine Punktprävalenz der PTBS von 15–41 % und eine Lebenszeitprävalenz von 26–52 % auf. Erklärungsansätze bieten u.a. die »Selbstmedikations-«, die »Hochrisiko-« und die »Vulnerabilitäts-Hypothese«.

Auch für weitere psychische Störungen bei Personen mit Suchterkrankungen – etwa Depressionen, Angststörungen und Persönlichkeitsstörungen wurden Zusammenhänge mit frühen Traumatisierungen berichtet. So fanden Clark et al. (2003) in einer prospektiven Studie an 400 Jugendlichen mit alkoholbezogenen Störungen, dass sexueller Missbrauch und Misshandlung sowohl mit »primären« Depressionen als auch mit »sekundären« Depressionen, die nach Beginn der Suchterkrankung auftraten, assoziiert waren. Insgesamt stellen »Mehrfachdiagnosen« bei traumatisierten Personen mit substanzbezogenen Störungen offensichtlich eher die Regel als die Ausnahme dar. Mills et al. (2006) fanden in einer Studie an der australischen Allgemeinbevölkerung, dass zwei Drittel der Personen mit einer Suchterkrankung und einer komorbiden PTBS zusätzlich die Diagnose einer Persönlichkeitsstörung aufwiesen, zwei Drittel die Kriterien für eine zusätzliche affektive Störung erfüllten und etwa die Hälfte die Kriterien für eine Angststörung. Angesichts dieser Zusammenhänge erscheint es bei vielen Betroffenen nur begrenzt als sinnvoll, substanzbezogene Störungen als »Komorbidität« posttraumatischer Störungen zu konzeptualisieren. Insbesondere nach frühen Traumatisierungen ist Substanzkonsum offensichtlich ein – klinisch nicht selten besonders bedeutsamer – Aspekt einer komplexen Gesamtproblematik.

8.3.3 Auswirkungen von Traumatisierungen und Traumafolgen auf den Verlauf substanzbezogener Störungen

Traumatisierungen und deren Folgen sind mit einem schweren Verlauf substanzbezogener Störungen asoziiert. Für Suchtpatienten mit einer PTBS wurden häufig ein besonders früher Beginn der Abhängigkeit und eine längere »Suchtkarriere« mit häufigerem polyvalentem Konsum und mehr Vorbehandlungen berichtet sowie eine größere aktuelle Schwere der Abhängigkeit (z. B. Driessen et al., 2008). Weiter finden sich bei betroffenen Patienten größere kognitive Einschränkungen und mehr körperliche Probleme, mehr interpersonelle Probleme, Impulsivität und Suizidgedanken sowie erneute Opfererfahrungen (z. B. Cohen & Hien, 2006). Vergleichbare klinische Besonderheiten zeigen sich in Studien, die nicht posttraumatische Störungen, sondern interpersonelle Traumatisierungen als Prädiktorvariable wählten (z. B. Schäfer et al., 2009). Im Zusammenhang mit diesen Problemen sind sowohl frühe Traumatisierungen als auch posttraumatische Störungen mit einem schlechteren Ansprechen auf die Suchtbehandlung assoziiert. So wurde für Patienten mit der Diagnose einer komorbiden PTBS gezeigt, dass sie eine geringere Therapieadhärenz und kürzere Abstinenzphasen aufweisen; berichtet wurden eine größere Häufigkeit stationärer Aufenthalte, eine insgesamt höhere Inanspruchnahme von Hilfsangeboten und schlechtere Therapieergebnisse anhand verschiedener Outcome-Parameter (z. B. Ouimette et al., 2003). Umgekehrt zeigten sich in Traumatherapie-Studien, die auch Personen mit substanzbezogenen Störungen einschlossen, schlechtere Effekte traumatherapeutischer Verfahren als in Studien, die Patienten mit dieser Komorbidität nicht mit einschlossen (hierzu ist eine Publikation von T. Ehring et al. in Vorbereitung).

8.4 Traumatherapie bei Personen mit substanzbezogenen Störungen

Zu allen traumaspezifischen Interventionen liegen auch bei Personen mit substanzbezogenen Störungen inzwischen positive Erfahrungen vor. Dabei wird eine integrative Behandlung, die von Anfang an Elemente aus der Sucht- und der Traumatherapie phasengerecht miteinander kombiniert, gegenüber sequentiellen Behandlungsansätzen als erfolgversprechender angesehen.

Trauma- und Suchtproblematik sollten in der Regel integrativ behandelt werden. Sucht- und traumaspezifische Interventionen müssen dabei phasengerecht miteinander kombiniert werden.

Bei traumatisierten Patienten, die in frühen Phasen der Behandlung nur schwer von Substanzen abstinent bleiben können, haben stabilisierende Behandlungsansätze einen wichtigen Stellenwert. Zu einem integrativen Therapieprogramm (»Sicherheit finden«, vgl. den Abschnitt »Integrative Programme ohne Expositionselemente«) liegt bereits eine größere Anzahl von Evaluationsstudien vor, die auf seine Effektivität hinweisen. In jüngerer Zeit wurden zudem Vorschläge gemacht, wie expositionsbasierte Verfahren in die Suchttherapie integriert werden könnten (z. B. »prolonged exposure«; Hanslee & Coffey, 2010). Systematische Untersuchungen bei Suchtkranken stehen allerdings noch aus. Einzelne Befunde liegen zu Behandlungprogrammen vor, die Expositionelemente mit stabilisierenden Interventionen kombinieren. Allerdings wurden diese Ansätze nur sehr begrenzt auf ihre Effektivität hin überprüft. Im Folgenden wird ein Überblick über die bislang publizierten Behandlungsansätze gegeben.

8.4.1 Integrative Programme mit Expositionselementen

Unter der Bezeichnung *Concurrent treatment of PTSD and cocaine dependence (CT-PCD)* wurde von Back, Brady und Kollegen an der Universität von South Carolina ein Therapieprogramm zur integrativen Behandlung von PTBS und Kokainabhängigkeit entwickelt (Brady et al., 2001). Das kognitiv-behavioral orientierte Programm umfasst 16 Sitzungen und kombiniert Behandlungsansätze, die sich für die jeweiligen Symptombereiche als effektiv erwiesen haben, u. a. auch Expositionselemente. Eine unkontrollierte Pilotstudie zeigte positive Ergebnisse (Brady et al., 2001).

Auch das Programm *Assisted Recovery from Trauma and Substances (ARTS)* kombiniert Elemente von Therapieansätzen, die sich bei PTBS und Substanzabhängigkeit bewährt haben (z. B. Interventionen aus der kognitiven Verhaltenstherapie und Stressbewältigungstraining). Es handelt sich um eine aus 40 Sitzungen bestehende Einzeltherapie. Eine Pilotstudie (Triffleman, 2000) verglich ARTS mit einem »12-Schritte-Programm«, wobei keine Unterschiede im Hinblick auf das Therapieergebnis gefunden wurden.

Bei Transcend handelt es sich um ein weiteres Behandlungsprogramm mit Expositionselementen. Es wurde von Donovan und Kollegen (Donovan et al., 2001) zur Behandlung der PTBS bei Kriegsveteranen entwickelt. *Transcend* sieht während 3 Monaten wöchentlich 10 Stunden Gruppentherapie vor, die teilstationär in geschlossenen Gruppen von jeweils 8 Patienten stattfindet. Während in den ersten sechs Wochen ein Schwerpunkt auf die Entwicklung von Bewältigungsstrategien gelegt wird, kommen im darauf folgenden Therapieabschnitt verschiedene expositionsbasierte Techniken zur Anwendung. Diese beinhalten u. a. das Verfassen schriftlicher Narrative und Berichte von den erlebten Traumata in der Gruppe, die durch unterstützende Rückmeldungen der anderen Gruppenmitglieder begleitet werden. Suchttherapeutische Interventionen, etwa in Form von psychoedukativen Maßnahmen und Rückfallpräventionstraining, sind fester Bestandteil der Sitzungen über den gesamten Therapieverlauf. Der ersten, 12-wöchigen Therapiephase folgen wöchentliche Gruppensitzungen über mindestens 6 weitere Monate. Eine unkontrollierte Pilotstudie (Donovan et al., 2001) bei einer Stichprobe von 46 Patienten zeigte positive Ergebnisse nach 6 bzw. 12 Monaten im Hinblick auf die Reduktion von PTBS-Symptomen und substanzbezogenen Problemen.

8.4.2 Integrative Programme ohne Expositionselemente

Das *Trauma Recovery and Empowerment Model (TREM)* wurde von Maxine Harris und Kollegen für traumatisierte Frauen mit schweren psychischen Erkrankungen entwickelt. Es umfasst in seiner ursprünglichen Fassung 33 Sitzungen, wobei inzwischen zumeist kürzere Versionen mit 24–29 Sitzungen empfohlen werden. Vorgesehen sind wöchentliche Treffen über 9 Monate in geschlossenen Gruppen von 8–10 Teilnehmerinnen. Das Programm umfasst drei Phasen. In der ersten Phase werden die Teilnehmerinnen an Strategien zur Selbstberuhigung und angemessenen Selbstbeobachtung herangeführt. Die zweite Phase umfasst vor allem Psychoedukation zu Traumatisierungen und ihren Folgen, während die dritte Phase der Vermittlung von Bewältigungsstrategien in Bezug auf die posttraumatischen Beschwerden dient. Obgleich TREM zunächst nicht gezielt für Personen mit Suchtproblemen entwickelt wurde, ist es für diese Patientengruppe geeignet, da Substanzprobleme im gesamten Programm berücksichtigt werden. In einer ersten Studie, die TREM mit einer Standardtherapie bei 170 traumatisierten Frauen mit Suchterkrankungen verglich, zeigte sich 12 Monate nach der Intervention eine Überlegenheit von TREM in Bezug auf die Verringerung dissoziativer und anderer psychiatrischer Symptome und den Aufbau traumabezogener Copingstrategien (Toussaint et al., 2007). Keine Unterschiede zeigten sich in Bezug auf körperliche Gesundheit, Alkohol- und Drogengebrauch.

Auch *Sicherheit finden* (»Seeking Safety«; Najavits, 2009) sieht ausschließlich stabilisierende Interventionen und das Erlernen sicherer Copingstrategien vor. Die wichtigsten Ziele des Behandlungsprogramms sind es, Abstinenz zu erreichen, Beziehungen, die zu weiterer Exposition gegenüber Gewalt und zu weiterem Substanzmissbrauch beitragen, zu beenden, sowie sexuelles und anderes Risikoverhalten, Suizidalität und schwerwiegende Symptome – wie Dissoziation oder selbstverletzendes Verhalten – unter Kontrolle zu bringen. Dabei verfolgt das Programm einen konsequent integrativen Ansatz, d. h. es kombiniert in jeder Sitzung Interventionen aus der Trauma- und der Suchttherapie. Die Grundlage der einzelnen Sitzungen bildet jeweils einer der 25 Themenbereiche von *Sicherheit finden,* die zu etwa gleichen Anteilen kognitive, verhaltensbezogene und interpersonelle Aspekte behandeln. Als einziges Programm seiner Art kann es auf eine größere Zahl von Evaluationsstudien verweisen, die seine gute Durchführbarkeit und Effektivität bei verschiedenen Patientenpopulationen belegen. Dabei zeigten sich deutliche Verbesserungen im Hinblick auf PTBS-Symptome und/oder Substanzgebrauch. Positive Effekte wurden auch in Bezug auf weitere Bereiche gezeigt, etwa HIV-Risikoverhalten, Suizidalität und soziale Kompetenz. In mehreren kontrollierten Studien war *Sicherheit finden* der Standardbehandlung (»Treatment as usual«) überlegen und seine Effektivität war mit der anderer strukturierter kognitiv-behavioraler Programme im Suchtbereich vergleichbar (Studien unter www.seeking-safety.org).

8.5 Literatur

Brady K. T., Dansky B. S., Back S. E., Foa E. B. & Carroll K. M. (2001). Exposure therapy in the treatment of PTSD among cocaine-dependent individuals: Preliminary findings. *Journal of Substance Abuse Treatment*, 21, 47–54.

Clark D.B., De Bellis M.D., Lynch K.G., Cornelius J.R. & Martin C.S. (2003). Physical and sexual abuse, depression and alcohol use disorders in adolescents: Onsets and outcomes. *Drug and Alcohol Dependence*, 69, 51–60.

Cohen L.R. & Hien D.A. (2006). Treatment outcomes for women with substance abuse and PTSD who have experienced complex trauma. *Psychiatric Services*, 57, 100–106.

Coffey S.F., Stasiewicz P.R., Hughes P.M. & Brimo M.L. (2006). Trauma-focused imaginal exposure for individuals with comorbid posttraumatic stress disorder and alcohol dependence: Revealing mechanisms of alcohol craving in a cue reactivity paradigm. *Psychology of Addictive Behaviors*, 20, 425–435.

Donovan B., Padin-Rivera E. & Kowaliw S. (2001). »Transcend«: Initial outcomes from a posttraumatic stress disorder/substance abuse treatment program. *Journal of Traumatic Stress*, 14, 757–772.

Driessen M., Schulte S., Luedecke C., Schäfer I., Sutmann F., Ohlmeier M., Kemper U., Koesters G., Chodzinski C., Schneider U., Broese T., Dette C. & Havemann-Reinecke U. (2008). Trauma and PTSD in patients with alcohol, drug, or double dependence: A multi-center study. *Alcoholism: Clinical and Experimental Research*, 32, 481–488.

Dube S.R., Anda R.F., Felitti V.J., Edwards V.J. & Croft J.B. (2002). Adverse childhood experiences and personal alcohol abuse as an adult. *Addictive Behaviors*, 27, 713–725.

Foran H.M. & O'Leary K.D. (2008). Alcohol and intimate partner violence: A meta-analytic review. *Clinical Psychology Review*, 28, 1222–1234.

Fergusson D.M. & Lynskey M.T. (1997). Physical punishment/maltreatment during childhood and adjustment in young adulthood. *Child Abuse & Neglect*, 21, 617–630.

Fergusson D.M., Horwood L.J. & Lynskey M.T. (1996). Childhood sexual abuse and psychiatric disorder in young adulthood: II. Psychiatric outcomes of childhood sexual abuse. *Journal of the American Academy of Child and Adolescent Psychiatry*, 35, 1365–1374.

Henslee A.M. & Coffey S.F. (2010) Exposure therapy for posttraumatic stress disorder in a residential substance use treatment facility. *Professional Psychology: Research and Practice*, 41, 34–40.

Jacobsen L.K., Southwick S.M. & Kosten T.R. (2001). Substance use disorders in patients with posttraumatic stress disorder: A review of the literature. *American Journal of Psychiatry*, 158, 1184–1190.

Kilpatrick D.G., Acierno R., Resnick H.S., Saunders B.E. & Best C.L. (1997). A 2-year longitudinal analysis of the relationships between violent assault and substance use in women. *Journal of Consulting and Clinical Psychology*, 65, 834–847.

Levitt J.T. & Cloitre M. (2005). A clinician's guide to STAIR/MPE: Treatment for PTSD related to childhood abuse. *Cognitive and Behavioral Practice,* 12, 40–52.

MacMillan H.L., Fleming J.E., Streiner D.L., Lin E., Boyle M.H., Jamieson E., Duku E.K. et al. (2001). Childhood abuse and lifetime psychopathology in a community sample. *American Journal of Psychiatry* 158, 1878–1883.

Mills K.L., Teesson M., Ross J. & Peters L. (2006). Trauma, PTSD, and substance use disorders: Findings from the Australian National Survey of Mental Health and Well-Being. *American Journal of Psychiatry*, 163, 652–658.

Moore T.M., Stuart G.L., Meehan J.C., Rhatigan D.L., Hellmuth J.C. & Keen S.M. (2008). Drug abuse and aggression between intimate partners: A meta-analytic review. *Clinical Psychology Review*, 28, 247–274.

Mullen P.E., Martin J.L., Anderson J.C., Romans S.E. & Herbison G.P. (1993). Childhood sexual abuse and mental health in adult life. *British Journal of Psychiatry*, 163, 721–732.

Najavits L.M. (2009). *Posttraumatische Belastungsstörung und Substanzmissbrauch. Das Therapieprogramm »Sicherheit finden«*. Göttingen: Hogrefe.

Nelson E.C., Heath A.C., Lynskey M.T., Bucholz K.K., Madden P.A., Statham D.J. & Martin N.G. (2006). Childhood sexual abuse and risks for licit and illicit drug-related outcomes: A twin study. *Psycholocial Medicine*, 36, 1473–1483.

Ouimette P.C., Moos R.H. & Finney J.W. (2003). PTSD treatment and 5-year remission among patients with substance use and posttraumatic stress disorders. *Journal of Counseling and Clinical Psychology*, 71, 410–414.

Ouimette P., Coolhart D., Funderburk J.S., Wade M. & Brown P.J. (2007). Precipitants of first substance use in recently abstinent substance use disorder patients with PTSD. *Addictive Behaviors*, 32, 1719–1727.

Schäfer I. & Najavits L.M. (2007). Clinical challenges in the treatment of patients with PTSD and substance abuse. *Current Opinion in Psychiatry*, 20, 614–618.

Schäfer I., Verthein U., Oechsler H., Deneke C., Riedel-Heller S. & Martens M. (2009). What are the needs of alcohol dependent patients with a history of sexual abuse? A case-register study in a metropolitan region. *Drug and Alcohol Dependence*, 105, 118–125.

Schäfer I., Teske L., Schulze-Thüsing J., Homann K., Reimer J., Haasen C., Hissbach J. & Wiedemann K. (2010). Impact of childhood trauma on Hypothalamic-Pituitary-Adrenocorticol (HPA) activity in alcohol dependent patients. *European Addiction Research*, 16, 108–114.

Schmidt S.A. (2000). *Prävalenz sexuellen Kindesmißbrauchs bei Opiatabhängigen. Themenbezogene Grundlagen, Konzept, Durchführung und Ergebnisse eines Kontrollgruppenvergleichs*. Berlin: VWB, Verlag für Wissenschaft und Bildung,.

Shin S.H., Edwards E.M. & Heeren T (2009). Child abuse and neglect: Relations to adolescent binge drinking in the national longitudinal study of Adolescent Health (AddHealth) Study. *Addictive Behaviors*, 34, 277–280.

Simpson T.L. & Miller W.R. (2002). Concomitance between childhood sexual and physical abuse and substance use problems. A review. *Clinical Psychology Review*, 22, 27–77.

Stewart S.H., Conrod P.J., Samoluk S.B., Pihl R.O. & Dongier M. (2000). Posttraumatic stress disorder symptoms and situation-specific drinking in women substance abusers. *Alcoholism Treatment Quarterly*, 18, 31–47.

Toussaint D.W., VanDeMark N.R., Bornemann A. & Graeber C.J. (2007). Recovery and Empowerment Model (TREM) for substance-abusing women with histories of violence: Outcomes and lessons learned at a Colorado Substance Abuse Treatment Center. *Journal of Community Psychology*, 35, 879–894.

Triffleman E. (2000). Gender differences in a controlled pilot study of psychosocial treatments in substance dependent patients with posttraumatic stress disorder: Design considerations and outcomes. *Alcoholism Treatment Quarterly*, 18, 113–126.

INGO SCHÄFER

9. Traumatisierung und Psychose

9.1 Einleitung

Die Debatte um die Bedeutung traumatischer Erlebnisse für die Entstehung von Psychosen hat gerade im deutschsprachigen Raum eine lange Tradition. So fand bis in die zweite Hälfte des vergangenen Jahrhunderts eine lebhafte Diskussion darum statt, wie »psychogene Psychosen« als Folge von Kriegs- oder Hafterlebnissen zu bewerten seien (Kloocke et al., 2010). Noch in den 1960er- bis 1980er-Jahren fand das Konzepte der »reaktiven Psychose« Eingang in ICD-8 und DSM-III, verschwand jedoch später wieder zugunsten der »akuten psychotischen Störung« bzw. der »brief psychotic disorder« (Witztum & van der Hart, 2008). Schließlich haben in jüngerer Zeit Zusammenhänge zwischen traumatischen Erfahrungen und psychotischen Erkrankungen wieder mehr Beachtung gefunden und sich zu einem stetig wachsenden Forschungsfeld entwickelt (Schäfer, 2009).

Anders als in der historischen Diskussion stehen dabei nicht mehr Erlebnisse im Erwachsenenalter, sondern interpersonelle Traumatisierungen in Kindheit und Jugend im Mittelpunkt. Wie auch bei anderen psychischen Erkrankungen wird damit bei Psychosen dem Einfluss psychosozialer Faktoren auf die Entstehung und den Verlauf der Erkrankung wieder mehr Bedeutung beigemessen. Von besonderem klinischem Interesse sind dabei Zusammenhänge mit der aktuellen Symptomatik bei psychotischen Patienten, die »Komorbidität« von psychotischen und posttraumatischen Störungen, aber auch die nicht selten bei schweren posttraumatischen Störungen zu beobachtenden psychotischen Symptome.

Zusammenhänge zwischen Traumatisierungen und psychotischen Syndromen können aus verschiedenen Blickwinkeln betrachtet werden:
Traumatisierungen stellen einen Risikofaktor für die Entstehung psychotischer Erkrankungen dar und beeinflussen deren klinisches Erscheinungsbild. Weiter treten psychotische Symptome im Rahmen schwerer posttraumatischer Störungen auf, wie der Posttraumatischen Belastungsstörung oder dissoziativen Störungen.

9.2 Frühe Traumatisierung als Risikofaktor für Psychosen

9.2.1 Befunde zu Zusammenhängen

Interpersonelle Traumatisierungen in Kindheit und Jugend stellen einen unspezifischen Risikofaktor für das Auftreten späterer psychischer Störungen dar. Während dies für Angststörungen, affektive Störungen, Essstörungen, Persönlichkeitsstörungen, Suchterkrankungen und andere psychische Störungen inzwischen als gesichert gelten kann (z. B. Scott et al., 2010), wurden entsprechende Zusammenhänge mit psychotischen Syndromen lange nicht untersucht. Dies scheint vor allem den stärker biologisch geprägten Modellen psychotischer Erkrankungen geschuldet, aber auch einer größeren Skepsis gegenüber den Berichten psychosekranker Menschen von sexuellem Missbrauch und anderen Gewalterlebnissen.

In den letzten Jahren begann sich die Datenlage zum Zusammenhang von frühen Traumatisierungen und Psychosen zu verbessern. So wurde inzwischen eine größere Anzahl populationsbasierter Studien publiziert, die von Zusammenhängen zwischen frühen traumatischen Erfahrungen und psychotischen Syndromen berichteten, teilweise im Sinne einer Dosis-Wirkungs-Beziehung (Übersicht bei Schäfer et al., 2008). Die Mehrzahl der Studien konzentrierte sich dabei auf das Auftreten psychotischer »Positivsymptome« wie Wahn und Halluzinationen. So fand sich beispielsweise in der Studie von Janssen et al. (2004) bei einer repräsentativen Bevölkerungsstichprobe in den Niederlanden, dass psychiatrisch unauffällige Personen, die bei der Erstuntersuchung von sexuellem Missbrauch oder körperlicher Misshandlung in der Kindheit berichteten, auch nach Kontrolle möglicher weiterer Einflussfaktoren im Verlauf der folgenden zwei Jahre – verglichen mit Personen ohne solche Erfahrungen – mehr als sieben Mal wahrscheinlicher behandlungsbedürftige psychotische Symptome entwickelten.

9.2.2 Mögliche Mechanismen

Mögliche Mechanismen, die zu einer Erhöhung des Psychoserisikos im Sinne einer »erworbenen Vulnerabilität« oder »Sensitivierung« durch frühe Traumatisierungen beitragen, werden zum einen in den neurobiologischen Folgen traumatischer Erfahrungen vermutet. Dies betrifft Veränderungen verschiedener Neurotransmitter-Systeme, wie der neuroendokrinen Stressantwort, die auch für psychotische Erkrankungen von Bedeutung ist. Auch die Aktivität verschiedener Neuromodulatoren, etwa »brain-derived neurotrophic factor« (BDNF), scheint durch frühe negative Entwicklungseinflüsse geprägt zu werden, mit möglichen Konsequenzen für die neuronale Entwicklung. Schließlich werden aufgrund von tierexperimentellen Befunden und ersten Humanstudien direkte Auswirkungen auf das dopaminerge System diskutiert.

Während bei der Entstehung psychotischer Erkrankungen der Begriff der »Vulnerabilität« nicht selten mit »genetischen Einflüssen« gleichgesetzt wurde, kann im Sinne des ursprünglichen »Vulnerabilitäts-Stress-Modells« davon ausgegangen werden, dass auch frühe Traumatisierungen und andere negative Umwelteinflüsse maßgeblich zu einer erhöhten Vulnerabilität für spätere psychotische Syndrome beitragen.

Weiter könnten auch die kognitiven und emotionalen Langzeitfolgen früher Traumatisierungen zur späteren Entstehung psychotischer Erkrankungen beitragen. So stehen negative emotionale Zustände, geringer Selbstwert und ungünstige kognitive Schemata im Mittelpunkt psychologischer Modelle zur Psychoseentstehung. Auch empirisch fanden sich Hinweise auf einen Zusammenhang zwischen frühen Traumatisierungen, negativen Grundannahmen und problematischen Bewertungen bei Psychosepatienten. So konnten etwa Bak et al. (2005) zeigen, dass Personen mit frühen Traumatisierungen auf psychotische Dekompensationen mit ungünstigeren Bewertungen und mehr subjektivem Stress reagierten als Betroffene ohne diese Erfahrungen. Frühe Traumatisierungen und ihre Folgen könnten damit nicht nur für die Entstehung, sondern auch für die Aufrechterhaltung und den weiteren Verlauf psychotischer Erkrankungen von Bedeutung sein.

9.3 Klinische Bedeutung traumatischer Erfahrungen bei Psychosepatienten

9.3.1 Prävalenz traumatischer Erfahrungen bei Psychosepatienten

Während Zusammenhänge zwischen frühen Traumatisierungen und psychotischen Erkrankungen erst in den letzten Jahren überprüft wurden, ist bereits seit langem bekannt, dass Psychosepatienten hohe Raten von Gewalterfahrungen aufweisen. Morgan und Fisher (2007) kamen in einer neueren Übersicht über 20 Studien zu dem Ergebnis, dass sexueller Missbrauch im Mittel von 42 % der weiblichen und 28 % der männlichen Patienten berichtet wird, körperliche Misshandlung von 35 % bzw. 38 %. Mindestens eine Form früher Gewalt berichteten jeweils 50 % der Patientinnen und Patienten. Weitere Formen früher Traumatisierungen, wie emotionale Misshandlung und Vernachlässigung, wurden nur in wenigen Untersuchungen berücksichtigt, dann jedoch bei einem erheblichen Teil der Patientinnen und Patienten zusätzlich oder als einzige Form früher Traumatisierungen festgestellt. Zudem erscheint es als naheliegend, dass etablierte Konzepte, die ungüstige familäre Interaktionsmuster bei Psychosepatienten für den Ausbruch und Verlauf der Erkrankung verantwortlich machen (z. B. das »Expressed Emotion«-Konzept), ebenfalls Aspekte emotionaler Traumatisierungen wie elterliche Kälte, Kritik und Feinseligkeit abbilden.

Auch in späteren Lebensabschnitten sind Patienten mit psychotischen Erkrankungen deutlich häufiger als die Allgemeinbevölkerung sexueller oder körperlicher Gewalt ausgesetzt. So fanden Dean et al. (2007) in einer prospektiven Untersuchung bei über 700 Patienten mit psychotischen Störungen, dass 23 % im Verlauf von 2 Jahren Opfer gewalttätiger Übergriffe geworden waren. Neben ihren oft problematischen sozialen Lebensumständen wird für diese Häufung u. a. verantwortlich gemacht, dass Patienten mit psychotischen Störungen im Rahmen der Erkrankung riskante Verhaltensweisen zeigen oder aufgrund von krankheitsbedingten Einschränkungen gefährliche Situationen falsch einschätzen können.

Risikofaktoren für Gewalterlebnisse nach Ausbruch der Erkrankung sind instabile Wohnverhältnisse, Substanzmissbrauch, junges Erkrankungsalter, Cluster-B-Persönlichkeitsstörungen und ein höheres Ausmaß an anderer Psychopathologie sowie physische oder sexuelle Traumatisierungen in der Vorgeschichte.

9.3.2 Klinische Besonderheiten

Psychosepatienten, die in der Kindheit körperlich misshandelt oder sexuell missbraucht wurden, unterscheiden sich von Patienten ohne diese Erlebnisse in Bezug auf die Symptomatik und den Krankheitsverlauf (Übersicht bei Schäfer et al., 2008). So wurde, wie auch bei anderen psychischen Störungen, wiederholt berichtet, dass frühe Traumatisierungen mit einem jüngeren Alter bei der Ersterkrankung assoziiert sind. In klinischen Stichproben fanden sich bei traumatisierten Psychosepatienten mehr depressive Symptome und Ängstlichkeit, mehr Suizidalität und selbstverletzendes Verhalten, mehr Substanzmissbrauch, mehr sexuelles Risikoverhalten und mehr Probleme in nahen Beziehungen. Weiter wurden Zusammenhänge mit stärkeren kognitiven Einschränkungen und einem schlechteren Ansprechen auf rehabilitative Maßnahmen berichtet.

Typische traumaassoziierte Symptome, wie Suizidalität, Depressivität und Substanzmissbrauch, finden sich auch bei psychotischen Patienten mit positiver Traumaanamnese in besonderem Maße. Im klinischen Alltag sollte neben Suizidalität und Selbstverletzung besonders die Tendenz zur Reviktimisierung berücksichtigt werden.

Einer der am häufigsten berichteten Unterschiede betrifft ein signifikant stärkeres Ausmaß an Positivsymptomen bei traumatisierten Patienten, insbesondere an Halluzinationen verschiedener Sinnesmodalitäten. Zusammenhänge zwischen frühen Traumatisierungen und Halluzinationen finden sich dabei über die Grenzen diagnostischer Kategorien hinweg und auch bei nicht-klinischen Stichproben. Wiederholt wurde auch berichtet, dass sich Wahninhalte und Halluzinationen mit traumatischen Erfahrungen in Zusammenhang bringen lassen. So fanden sich nach sexuellem Missbrauch mehr sexuell getönte Wahninhalte oder es handelte sich bei imperativen, zu Suizid oder selbstverletzendem Verhalten auffordernden Stimmen um die der Täter. Andere Untersuchungen fanden subtilere Zusammenhänge. Ihre Befunde weisen darauf hin, dass Patientinnen und Patienten mit frühen Traumatisierungen akustische Halluzinationen häufiger als feindselig und bedrohlich erleben oder dass sie mit mehr Schuld- und Schamgefühlen verbunden sind.

9.3.3 Komorbide posttraumatische Störungen

In Untersuchungen zur Prävalenz einer komorbiden Posttraumatischen Belastungsstörung (PTBS) fanden sich bei Personen, die sich aufgrund schizophrener oder affektiver Psychosen in Behandlung befanden, Raten von 14 % bis 46 %, oft in Zusammenhang mit sexuellem Missbrauch oder Misshandlung in der Kindheit. Allerdings wird die Störung offensichtlich nur bei einem Bruchteil der betroffenen Patienten angemessen diagnostiziert. So war in entsprechenden Untersuchungen trotz hoher

Prävalenzraten nur bei 2 bis 3 % der Patienten die Diagnose einer PTBS dokumentiert worden.

Die Diagnose einer komorbiden PTBS wird nur bei einem Bruchteil der betroffenen Patientinnen und Patienten in der klinischen Praxis gestellt und in der Therapie adäquat berücksichtigt.

PTBS-Symptome können dabei maßgeblich zu einem ungüstigeren Verlauf psychotischer Störungen beitragen. So stellen Intrusionen eine zusätzliche chronische Belastung dar, können bereits vorhandene Schlafstörungen verstärken und Einschränkungen der Realitätstestung weiter begünstigen. Vermeidungsverhalten kann sozialen Rückzug fördern und vegetative Übererregung das bereits erhöhte Erregungsniveau bei psychotischen Patienten weiter steigern. Zudem kann es durch eine Reihe traumaassoziierter Probleme, wie komorbiden Substanzmissbrauch, indirekt zu einer Verschlechterung der psychotischen Symptomatik kommen (Mueser et al., 2002).

Eine weitere, bei Psychosepatienten erst wenig untersuchte Folge traumatischer Erfahrungen stellen dissoziative Syndrome dar (Übersicht bei Schäfer et al., 2009). Wie bei anderen Patientengruppen zeigen dissoziative Symptome auch bei psychotischen Patienten Zusammenhänge mit frühen Traumatisierungen und könnten – wie Suizidalität oder Substanzkonsum – eine unabhängige Folge dieser Erlebnisse darstellen (Schäfer et al., 2006). In Bezug auf Wechselwirkungen mit der psychotischen Symptomatik werden dabei unterschiedliche Mechanismen diskutiert. So könnten dissoziative Symptome dadurch, dass sie den Bezug zur eigenen Person und der Außenwelt verändern, die Entstehung psychotischer Symptome begünstigen. Umgekehrt könnte die »desorganisierend wirkende Kraft« psychotischer Entwicklungen die Manifestationsschwelle dissoziativer Phänomene bei Patienten senken, die aufgrund früher Traumatisierungen entsprechend prädisponiert sind. Zumindest bei einer Subgruppe von Patienten weisen schwere dissoziative Symptome auf eine komorbide dissoziative Störung oder auf Mischzustände hin. So wurde in Untersuchungen, die bei Psychosepatienten klinische Interviews zu dissoziativen Störungen einsetzten, bei jeweils mindestens 10 % der Patienten die Diagnose einer schweren dissoziativen Störung gestellt (Schäfer et al., 2009).

9.4 Psychotische Symptome bei posttraumatischen Störungen

Sowohl bei Patienten mit dissoziativen Störungen als auch bei Patienten mit schwerer PTBS sind nicht selten auch psychotische Symptome, etwa Halluzinationen verschiedener Sinnesmodalitäten und Wahn, zu beobachten (Übersicht bei Braakman et al., 2009). So fanden sich in einer europäischen Studie akustische Halluzinationen bei etwa einem Fünftel der untersuchten kroatischen Kriegsveteranen, die sich mit der Diagnose einer PTBS in stationärer Behandlung befanden (Ivezic et al., 2000). Die Symptome unterschieden sich qualitativ von Intrusionen, waren inhaltlich jedoch auf das Trauma bezogen. Von manchen Autoren wird ein solcher Zusammenhang mit realen traumatischen Erfahrungen als differentialdiagnostisches Kriterium genannt, das es erlaube, halluzinatorische Phänomene bei einer PTBS von denen schizophrener Patienten zu unterscheiden. Allerdings können auch Halluzinationen bei PTBS-Patienten Elemente beinhalten, die nicht Gegenstand der traumatischen Erfahrung waren (Braakman et al., 2009). Umgekehrt können Halluzinationen bei Patienten mit schizophrenen oder affektiven Psychosen in deutlichem Zusammenhang zu Traumatisierungen stehen (vgl. den Abschnitt »Klinische Besonderheiten«). Patienten mit dissoziativen Störungen schließlich können bei zusätzlichen Belastungen psychotisch dekompensieren oder permanent Positivsymptome wie akustische Halluzinationen aufweisen. Manche Autoren berichteten sogar, dass »Erstrangsymptome« nach Kurt Schneider bei Patienten mit schweren dissoziativen Störungen häufiger zu finden seien als bei Personen mit Psychosen aus dem schizophrenen Formenkreis. Einen Versuch der Abgrenzung stellt sowohl bei der PTBS als auch bei dissoziativen Störungen die Verwendung der Begriffe »Pseudohalluzinationen« oder »dissoziative Halluzinationen« dar, im Gegensatz zu »echten Halluzinationen« bei Patienten mit psychotischen Erkrankungen. Allerdings basieren diese Konstrukte auf klinischen Annahmen und haben keine empirische Grundlage, so dass ihre nosologische und diagnostische Bedeutung inzwischen kontrovers diskutiert wird.

9.5 Traumatisierung durch eine Psychose

Traumatisierungen können nicht nur zur Entstehung von Psychosen beitragen, sondern auch die Folge der Erkrankung und ihrer Behandlung sein. Offensichtlich ist dies im Falle von Zwangsmaßnahmen wie Fixierung oder Zwangsmedikation. Aber auch die Psychose-Symptomatik selbst kann traumatisierenden Charakter haben, etwa im Fall von stark belastenden Halluzinationen oder wahnhaften Erlebensweisen, die nicht selten mit Todesangst einhergehen. Inzwischen wurde deutlich, dass beides, belastende Erfahrungen im Rahmen der Behandlung, aber auch die Symptomatik selbst, nicht selten zur Entstehung einer PTBS führen kann. Gerade in Bezug auf die Psychose-Symptomatik wurde zunächst kontrovers diskutiert, inwieweit das A-Kriterium der PTBS nach DSM-IV als erfüllt angesehen werden kann. Eine wachsenden Anzahl von Untersuchungen zum Thema (z.B. Mueser et al. 2009) lässt dies jedoch inzwischen als fraglos erscheinen. Diese Studien ergaben, dass 11 bis 52% aller Untersuchten die diagnostischen Kriterien für eine PTBS im Anschluss an eine Behandlung erfüllten, wobei teilweise sowohl Symptomatik als auch Behandlungserfahrungen einbezogen wurden, teilweise nur eine der beiden Formen von potentiell traumatischen Erlebnissen. Eine besonders gefährdete Gruppe bilden offensichtlich Personen, die bereits in früheren Lebensabschnitten traumatischen Erfahrungen ausgesetzt waren. Weiter kommen der Schwere der Psychosesymptomatik und dem Bewältigungsstil in Bezug auf die psychotische Erfahrung besondere Bedeutung zu. Erste Erfahrungen mit einem Behandlungsprogramm zur Reduktion posttraumatischer Symptome im Anschluss an eine erste psychotische Episode wurden von Jackson et al. (2009) berichtet.

9.6 Klinische Implikationen

9.6.1 Diagnostik

Trotz der hohen Prävalenz traumatischer Erfahrungen und posttraumatischer Störungen bei Patienten mit psychotischen Syndromen wird eine systematische Diagnostik bei ihnen seltener durchgeführt als bei anderen Personengruppen (Read et al., 2007). Häufig befürchten Therapeuten, dass bereits das Ansprechen von Traumatisierungen zu einer weiteren Destabilisierung der Patienten führe. Klinische Erfahrungen zeigen dagegen, dass diese Befürchtung zumeist unbegründet ist. Im Gegenteil kann es wesentlich zur Stabilisierung Betroffener beitragen, wenn bislang wenig nachvollziehbare Symptome und Verhaltensweisen im Kontext der Traumavorgeschichte verständlicher werden und Hilfe bei deren Bewältigung angeboten wird (Harris & Fallot, 2001).

Ein weiterer Grund für die seltenere Diagnostik bei Psychosepatienten scheinen Zweifel an der Verlässlichkeit der Berichte zu sein. Auch diese Vorbehalte sind jedoch unbegründet. So konnten Untersuchungen zu den psychometrischen Eigenschaften etablierter Instrumente bei Psychosepatienten zeigen, dass Traumatisierungen und posttraumatische Störungen auch bei dieser Patientengruppe reliabel und valide erfasst werden können (z. B. Fisher et al., 2009).

9.6.2 Therapie

Aufgrund der großen Häufigkeit von Traumatisierungen bei Patienten mit Psychosen und anderen schweren psychischen Erkrankungen wird insbesondere im angloamerikanischen Raum inzwischen gefordert, therapeutische Angebote unabhängig vom jeweiligen Setting »traumasensibler« zu gestalten (Harris & Fallot, 2001; Schäfer, 2008). Dies bedeutet, unabhängig von der Art des jeweiligen Angebots, wesentliche Grundprinzipien des Umgangs mit traumatisierten Menschen bei den Alltagsroutinen zu berücksichtigen, auch um die Gefahr potentieller Retraumatisierungen zu minimieren.

Weiter wurde in den letzten Jahren begonnen, auch »traumaspezifische« Interventionen an die Bedürfnisse psychotischer Patienten anzupassen. Dazu zählen Therapieprogramme, die einen Schwerpunkt auf Stabilisierung und den Aufbau von Bewältigungsstrategien setzen (z. B. Fallot & Harris, 2002). Aber auch mit expositionsbasierten (z. B. Frueh et al., 2009) und besonders kognitiven Interventionen liegen inzwischen positive Erfahrungen vor (z. B. Callcott et al., 2004; Mueser et al., 2008). So legten etwa Mueser et al. (2008) ein Behandlungsprogramm für Psychosepatienten mit komorbider PTBS vor, das neben psychoedukativen Elementen und Entspannungsverfahren auf kognitiver Umstrukturierung basiert und in einer kontrollierten Studie günstige Effekte zeigte. Schließlich stellt die Arbeit mit »dialogfähigen« Stimmen gerade bei traumatisierten Psychosepatienten einen vielversprechenden Therapieansatz dar (Romme & Escher, 2008).

9.7 Literatur

Bak M., Krabbendam L., Janssen I., de Graaf R., Vollebergh W. & Van Os J. (2005). Early trauma may increase the risk for psychotic experiences by impacting on emotional response and perception of control *Acta Psychiatrica Scandinavica*, 112, 360–366.

Braakman M. H., Kortmann F. A. M. & van den

Brink W. (2009). Validity of ›post-traumatic stress disorder with secondary psychotic features‹: A review of the evidence. *Acta Psychiatrica Scandinavica*, 119 (1), 15–24.

Callcott P. S., Standart P. & Turkington D. (2004). Trauma within psychosis: Using a CBT model for PTSD in psychosis. *Behavioural and Cognitive Psychotherapy*, 32, 239–244.

Dean K., Moran P., Fahy T., Tyrer P., Leese M., Creed F., Burns T., Murray R. & Walsh E. (2007). Predictors of violent victimization amongst those with psychosis. *Acta Psychiatrica Scandinvica*, 116, 345–353.

Fallot R. D. & Harris M. (2002). The Trauma Recovery and Empowerment Model (TREM): Cnceptual and practical issues in a group intervention for women. *Community Mental Health Journal*, 38, 475–485.

Fisher H. L., Craig T. K., Fearon P., Morgan K., Dazzan P., Lappin J., Hutchinson G., Doody G. A. et al. (2009). Reliability and comparability of psychosis patient's retrospective reports of childhood abuse. *Schizophrenia Bulletin*, doi:10.1093/schbul/sbp103.

Frueh C. B., Grubaugh A. L., Cusack K. J., Kimble M. O., Elhai J. D. & Knapp R. G. (2009). Exposure-based cognitive-behavioral treatment of PTSD in adults with schizophrenia or schizoaffective disorder: A pilot study. *Journal of Anxiety Disorders*, 23, 665–675.

Harris M. & Fallot R. D. (Hrsg.) (2001). *Using trauma theory to design service systems.* San Francisco: Jossey-Bass.

Ivezic S., Bagaric A., Oruc L., Mimica N. & Ljubin T. (2000). Psychotic symptoms and comorbid psychiatric disorders in Croatian combat-related posttraumatic stress disorder patients. *Croatian Medical Journal*, 41, 179–183.

Jackson C., Trower P., Reid I., Smith J., Hall M., Townend M., Barton K., Jones J., et al. (2009). Improving psychological adjustment following a first episode of psychosis: A randomised controlled trial of cognitive therapy to reduce post psychotic trauma symptoms. *Behaviour Research and Therapy.* 47, 454–462.

Janssen I., Krabbendam L., Bak M., Hanssen M., Vollebergh W., de Graaf R., & van Os J. (2004). Childhood abuse as a risk factor for psychotic experiences. *Acta Psychiatrica Scandinavica*, 109, 38–45.

Kloocke R., Schmiedebach H.-P. & Priebe S. (2010). Trauma und Psychose in der deutschen Psychiatrie – Eine historische Analyse. *Psychiatrische Praxis*, 37 (3), 142–147 (vgl.: http://dx.doi.org/10.1055/s-0029-1223 421).

Morgan C. & Fisher H. (2007). Environment and schizophrenia: Environmental factors in schizophrenia: childhood trauma – a critical review. *Schizophrenia Bulletin*, 33, 3–10.

Mueser K. T., Rosenberg S. D., Goodman L. A. & Trumbetta S. L. (2002). Trauma, PTSD, and the course of severe mental illness: An interactive model. *Schizophrenia Research*, 53, 123–143.

Mueser K. T., Rosenberg S. D., Xie H., Jankowski M. K., Bolton E. E., Lu W., Hamblen J. L., Rosenberg H. et al. (2008). A randomized controlled trial of cognitive-behavioral treatment for posttraumatic stress disorder in severe mental illness. *Journal of Consulting and Clinical Psychology*, 76, 259–271.

Mueser K. T., Lu W., Rosenberg S. D. & Wolfe R. (2009) The trauma of psychosis: Posttraumatic stress disorder and recent onset psychosis. *Schizophrenia Research*, doi:10.1016/j.schres.2009.10.025.

Read J., Hammersley P. & Rudegeair T. (2007). Why, when and how to ask about childhood abuse. *Advances in Psychiatric Treatment*, 13, 101–110.

Romme M. & Escher S. (2008). *Stimmenhören verstehen. Der Leitfaden zur Arbeit mit Stimmenhörern.* Bonn: Psychiatrie-Verlag.

Schäfer I. (2008). Traumatisierungen bei psychisch erkrankten Menschen – welche Konsequenzen ergeben sich für das Hilfesystem? *Perspektive Rehabilitation*, 32–44.

Schäfer I. (2009). Traumatisierungen bei Psychosepatienten: Weitere Argumente gegen das »bio-bio-bio Modell«? *Psychiatrische Praxis*, 36, 205–207.

Schäfer I., Harfst T., Aderhold V., Briken P., Lehmann M., Moritz S., Read J. & Naber D. (2006). Childhood trauma and dissociation in female patients with schizophrenia spectrum disorders: An exploratory study. *Journal of Nervous and Mental Disease*, 94, 135–138.

Schäfer I., Ross C. & Read J. (2008). Childhood trauma in psychotic and dissociative disorders. In: Moskowitz A., Schäfer I., & Dorahy M. (Hrsg.). *Psychosis, trauma and dissociation: Emerging perspectives on severe psychopathology*. London: John Wiley & Sons, 137–144.

Schäfer I., Wahl I. & Spitzer C. (2009). Dissoziative Symptome bei schizophrenen Patienten. *Zeitschrift für Psychotraumatologie und Psychologische Medizin*, 7, 49–59.

Scott K. M., Smith D. R. & Ellis P. M. (2010). Prospectively ascertained child maltreatment and its association with DSM-IV mental disorders in young adults. *Archives of General Psychiatry*, 67, 712–719.

Witztum E. & van der Hart O. (2008). Hysterical psychosis: A historical review and empirical evaluation. In: Moskowitz A., Schäfer I. & Dorahy M. (Hrsg.). *Psychosis, trauma and dissociation: Emerging perspectives on severe psychopathology*. London: John Wiley & Sons, 21–33.

JESSIE MAHLER UND HANS J. GRABE

10. Trauma und Depression

10.1 Einleitung

Das Erleben eines traumatischen Ereignisses konfrontiert Menschen *per definitionem* mit einer Situation, deren objektive Charakteristik ihre subjektiven Bewältigungsmöglichkeiten überschreitet und die mit einem intensiven Gefühl von Hilflosigkeit, Ohnmacht und Entsetzen einhergeht. Oftmals führen Traumata zu einer erheblichen Erschütterung des Selbst- und auch des Weltbildes und hinterlassen substanzielle Beeinträchtigungen, die die weitere Lebensgestaltung überschatten. Der Zusammenhang zwischen dem Erleben eines Traumas und dem Auftreten einer Posttraumatischen Belastungsstörung (PTBS) ist gut belegt, allerdings entwickeln nur 15 bis 50 % der Traumatisierten tatsächlich eine PTBS. Im therapeutischen Kontext leiden Traumatisierte häufig unter anderen sichtbaren Folgen und Beschwerden wie z. B. affektiven Störungen, Angsterkrankungen oder Substanzabhängigkeiten. Aus dem breiten Spektrum psychischer Erkrankungen ist die PTBS somit nur eines der möglichen Störungsbilder, die infolge von Traumata entstehen können. Insbesondere depressive Störungen (Major Depressive Disorder, MDD) und Angststörungen stellen die häufigsten komorbiden Störungen dar, die allerdings auch unabhängig von einer PTBS nach einem Trauma auftreten können.

Welche spezifischen Faktoren ein Individuum prädisponieren, nach einer Traumatisierung ausschließlich an einer PTBS, an einer Depression oder komorbid an beiden psychischen Störungen zu erkranken, ist eine wesentliche, bisher noch nicht vollständig beantwortete Fragestellung. Aktuelle Forschungsbemühungen fokussieren zur Beantwortung dieser Frage auf entwicklungspsychopathologische Aspekte und postulieren, dass es u. a. von der neurobiologischen Gehirnentwicklung abhängt, welche Art der Störung das Trauma hervorruft. Möglicherweise können zugleich jüngste Forschungsansätze, die die genetische Prädisposition eines Individuums und deren Interaktion mit Umweltfaktoren untersuchen, einen detaillierten Aufschluss bezüglich dieser Problematik geben. Erste Ergebnisse deuten darauf hin, dass genetische Polymorphismen hierbei wahrscheinlich von erheblicher Relevanz sind, da sie vermutlich in der Wechselwirkung mit Traumata das spezifische Erkrankungsrisiko eines Individuums moderieren.

10.2 Depressive Störungen: Prävalenz, Symptomatik und Ätiologie

Depressive Störungen gehören zu den häufigsten Erkrankungen der westlichen Welt und stellen laut einer Schätzung der Weltgesundheitsorganisation nach dem Myokardinfarkt weltweit die zweithäufigste Ursache für Funktionseinschränkungen und Mortalität dar. Exakte Zahlen zur Prävalenz depressiver Erkrankungen hängen von Stichproben und Diagnosekriterien ab, wobei davon ausgegangen wird, dass die Punktprävalenz in Deutschland zwischen 5 und 10 % beträgt und damit ca. 4 Millionen Menschen der deutschen Bevölkerung aktuell an einer behandlungsbedürftigen Depression leiden. Im Laufe ihrer gesamten Lebensspanne leiden schätzungsweise zwischen 14 und 20 % (8 bis 12 % der Männer, 10 bis 25 % der Frauen) an einer depressiven Episode. Jüngste Studien deuten auf eine Tendenz zur Zunahme depressiver Erkrankungen, insbesondere in jüngeren Altersgruppen hin, wobei allerdings berücksichtigt werden muss, dass neben dem realen Anstieg der Prävalenzraten auch verbesserte diagnostische Verfahren entwickelt worden sind. Neben der Manie und der Bipolaren Störung gehören depressive Episoden zu den affektiven Erkrankungen, bei denen eine pathologische Veränderung der Stimmungslage gemeinsam mit einem Wechsel des Aktivitätsniveaus im Vordergrund steht. Eine gedrückte Stimmung, Erschöpfung und Ermüdbarkeit sowie Interessenverlust gehören zu den Kernsymptomen einer depressiven Episode und werden häufig von einer Verminderung des Antriebs, kognitiven Einschränkungen und somatischen Beschwerden begleitet (Tab. 1).

Tab. 1: ICD-10-Kriterien einer depressiven Episode

Mindestens zwei der folgenden drei Hauptsymptome über mindestes zwei Wochen:
- depressive Stimmung
- Verlust von Interesse oder Freude
- erhöhte Ermüdbarkeit

sowie bei leichten Episoden mindestens zwei, bei mittelschweren mindestens drei und bei schweren Episoden mindestens vier der folgenden Zusatzsymptome:
- verminderte Konzentration und Aufmerksamkeit
- vermindertes Selbstwertgefühl und Selbstvertrauen
- Schuldgefühle und Gefühl von Wertlosigkeit
- negative und pessimistische Zukunftsperspektive
- Suizidgedanken oder erfolgte Selbstverletzungen oder Suizidhandlungen
- Schlafstörungen
- verminderter Appetit

Angesichts der Heterogenität der ätiopathologischen Befunde wird eine multifaktorielle Ätiopathogenese angenommen, bei der genetische, biologische und psychosoziale Faktoren interagieren (Abb. 1, S. 266). In der derzeitigen Modellvorstellung zur multifaktoriellen Pathogenese der Depression nach dem Vulnerabilitäts-Stress-Coping-Modell kommt dem Erleben eines traumatischen Ereignisses als relevanter Risikofaktor eine wesentliche Bedeutung zu.

10.3 Die Assoziation zwischen Trauma, PTBS und MDD

Epidemiologische Studien konnten nachweisen, dass das Erleben von Traumatisierungen – mit oder auch ohne evozierte PTBS – mit einem deutlich erhöhten Risiko für komorbide psychische Erkrankungen einhergeht. Zwischen 50 und 98 % der nach einem Trauma an einer PTBS Erkrankten erfüllen über die PTBS-Diagnose hinaus die Kriterien für mindestens eine weitere Achse-I-Störung, wobei depressive Störun-

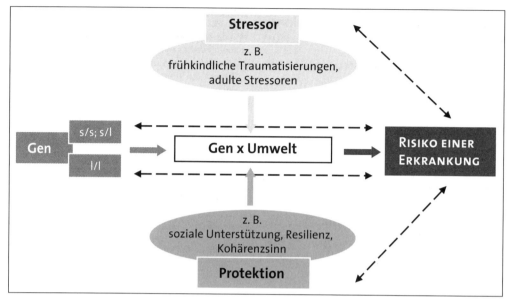

Abb. 1: Modell der Gen-Umwelt-Interaktion

gen mit einer Prävalenz zwischen 26 und 48 % unter den PTBS-Erkrankten zu den am häufigsten auftretenden komorbiden Störungen gehören.

Die hohen Komorbiditätsraten sollten allerdings mit Vorsicht interpretiert werden. Aufgrund einer möglichen Symptomüberlappung zwischen PTBS und MDD (Schlafstörungen, Konzentrationsstörungen etc.) und der gerade noch in älteren Studien eingesetzten, wenig sensitiven Erhebungsinstrumente und Diagnosekriterien könnte die beschriebene hohe Komorbidität zum einen auf einen methodischen Artefakt im Sinne einer falsch-positiven Diagnosestellung zurückzuführen sein. Zum anderen bleibt zu berücksichtigen, dass es sich bei der Mehrzahl der in den Studien erfassten Daten um retrospektive Angaben handelt, die womöglich Erinnerungsfehlern und -verzerrungen, sogenannten Recall Biases, unterliegen.

10.3.1 PTBS und MDD: Traumafolgestörungen gleichen oder distinkten Ursprungs?

Bezüglich der Frage, ob es sich bei PTBS und MDD um voneinander distinkte Folgeerscheinungen handelt oder ob beiden Störungen eine gemeinsame Vulnerabilität zugrunde liegt, werden in der Literatur verschiedene mögliche Modelle kontrovers diskutiert.

Breslau et al. (2000) untersuchten anhand sowohl retrospektiver als auch prospektiver epidemiologischer Daten, inwiefern durch traumatische Ereignisse – über die PTBS-induzierende Wirkung hinaus – das Risiko für eine depressive Erkrankung ansteigt. Ihre Ergebnisse zeigen, dass bei Traumatisierten, die eine PTBS entwickelten, das Risiko für eine depressive Störung um ein Vielfaches erhöht war. Allerdings zeichnete sich der Befund eines erhöhten Depressionsrisikos unter den Traumatisierten ohne evozierte PTBS nicht ab. Als Schlussfolgerung postulieren Breslau et al. für beide nach einem Trauma mögliche Erkrankungen eine gemeinsame Diathese. Hiermit im Einklang stehen die Untersuchungsergebnisse von O'Donnell, Creamer und Pattison (2004), nach denen eine komorbid auftretende PTBS und Depression sowie eine nach dem Trauma zeitlich verzögert einsetzende MDD einem einzelnen übergeordneten Konstrukt von traumatischem Stress zugeschrieben werden. Lediglich die reine depressive Störung, die ohne zeitliche Verzögerung nach einem Trauma auftritt, ist ihrer Ansicht nach konzeptuell davon abzugrenzen. Für die Annahme einer gemeinsamen Vulnerabilität beider Störungen würden ebenfalls die Befunde zu verschiedenen Risikofaktoren wie z.B. familiäre Depressionshäufung, erlebter Missbrauch im Kindesalter oder weibliches Geschlecht sprechen, die Prädiktoren sowohl für die Ausprägung einer PTBS als auch einer Depression darstellen.

Abweichend davon argumentieren u.a. Blanchard et al. (1998) vor dem Hintergrund ihrer Forschungsbemühungen, dass die infolge von Traumatisierungen auftretende PTBS und/oder MDD als distinkte Störungsbilder konzeptualisiert werden sollten. Zwar sind beide Störungen aufgrund ihrer hohen Symptomüberlappung miteinander korreliert, allerdings können beide als unabhängige Folgen eines Traumas entstehen. Einhergehend mit weiteren Ergebnissen, wonach beide Erkrankungen nach einem Trauma nicht zwingend in chronologischer Reihenfolge – mit einer PTBS als primärer und der MDD als sekundärer Störung – auftreten, befürworten sie die Hypothese einer differenziellen Prädisposition beider Traumafolgestörungen.

10.3.2 Prädisponierende Faktoren traumaassoziierter Störungen

Während sich einige Untersuchungen den Prävalenz- und Komorbiditätsraten von PTBS und MDD und deren konzeptueller Einordnung zuwenden, greifen andere Studien die Frage nach spezifischen Faktoren auf, die ein Individuum prädisponieren, nach einem Trauma entweder an einer PTBS, einer MDD oder komorbid an beiden Störungsbildern zu erkranken. Ganz allgemein gehen Green et al. (1989) aufgrund von Untersuchungsergebnissen an Vietnamveteranen davon aus, dass die Natur des Stressors bzw. des Traumas darüber entscheidet, welche psychische Erkrankung komorbid zu einer PTBS entsteht.

Zudem lassen einige Befunde vermuten, dass die Charakteristik möglicher, vor dem Trauma vorliegender psychopathologischer Auffälligkeiten ein relevanter Prädiktor ist, aufgrund dessen sich die nach einer Traumatisierung auftretende Psychopathologie signifikant mit einer Sensitivität von 72 % und einer Spezifität von 90 % vorhersagen lässt (Smith et al., 1990). Die Chronologie in der Abfolge von Traumatisierung und Depression könnte daher bedeutsam sein und sich wechselseitig beeinflussen: Ist ein Individuum schon einmal an einer depressiven Störung erkrankt, steigt zum einen sein Risiko für das Erleben traumatischer Ereignisse, und zum anderen erhöht sich depressionsbedingt seine Anfälligkeit für den PTBS-induzierenden Effekt eines Traumas (Breslau et al., 1997).

Anhand der Daten einer Hochrisiko-Gruppe australischer Feuerwehrmänner konnte von McFarlane und Papay (1992) belegt werden, dass das Vorliegen zusätzlicher traumaunabhängiger psychosozialer

Stressoren sowohl vor als auch nach einem Trauma mit darüber entscheidet, ob es zur Entstehung einer reinen PTBS oder zur zusätzlichen Ausprägung einer Depression kommt.

10.3.3 Entwicklungspsychopathologische Konzepte

Weitere Studien deuten darauf hin, dass – neben den bereits erläuterten Risikofaktoren – das Alter, in dem die Traumatisierung erfolgt, ein ätiologischer Prädiktor für die Prävalenz und die Schwere der PTBS ist. In Anlehnung an Green et al. (1991), die in einer jüngeren Altersgruppe – verglichen mit der PTBS-Schwere bei Adoleszenten – eine geringere PTBS-Schwere fanden, konnten auch Maercker und seine Kollegen (2004) in einer aktuellen Studie zeigen, dass das Alter zum Zeitpunkt der Traumatisierung und die damit zusammenhängende neurobiologische Hirnentwicklung eine differenzielle Wirkung auf den späteren Störungscharakter haben.

Nach ihren Ausführungen hat sich die bisherige Forschung vordergründig auf zwei Schwerpunkte beschränkt: Es existieren entweder Studien, die sich nur auf die Ätiologie depressiver Erkrankungen in Abhängigkeit von Traumatisierungen im Kindes- und Jugendalter beziehen, oder Studien, die ausschließlich die Entstehung einer PTBS nach einer Traumatisierung fokussieren. Jedoch nur wenige Untersuchungen befassen sich mit dem reinen depressiogenen Effekt adulter Traumata.

Ausgehend von dieser Studienlage wird von Maercker und Kollegen ein alters- bzw. entwicklungsbedingter Ansatz psychopathologischer Erscheinungen postuliert. Die Entstehung einer PTBS erfordert eine gewisse neurobiologische Reifung der Gedächtnisprozesse und der Modulation von Emotionen und Arousal. Insbesondere das Erleben von Intrusionen setzt die Aufnahme, Verarbeitung und Analyse verschiedenster sensorischer Informationen mit kinästhetischer und somatischer Erfassung voraus, was wiederum auf frontokortikaler Dominanz basiert. Eine derartige Entwicklung wird allerdings nicht vor der Adoleszenz angelegt, so dass Maercker et al. (2004) davon ausgehen, dass es eine altersabhängige Differenzierung in der Vulnerabilität traumaassoziierter Störungen gibt. Ihre Daten aus einer Stichprobe von 1966 jungen Frauen bestätigen und erweitern den Befund von Green et al.: Tritt ein Trauma im Kindsalter auf, so ist das Risiko für eine MDD, nicht aber für eine PTBS signifikant erhöht. Aktuelle Forschungstrends, die der Frage nachgehen, inwieweit Traumata die Expression von Genen (z.B. über Genmethylierung) und somit die Integrität neuronaler Netze und Strukturen verändern, können plausibel an diesem vorgeschlagenen Konzept ansetzen und es essenziell hinsichtlich neurobiologischer und neurochemischer Aspekte erweitern.

10.4 Veränderungen in der Stressreaktivität infolge früher Traumatisierungen

Aus epidemiologischen Studien geht hervor, dass mit Traumata ein erhöhtes Risiko verbunden ist, im Erwachsenenalter an einer depressiven Störung zu leiden, insbesondere dann, wenn sie in frühen Lebensabschnitten auftreten. Oft wird beschrieben, dass eine Depression im Zusammenhang mit dem Erleben von akutem Stress auftritt, und zahlreiche Befunde konnten mehrheitlich zeigen, dass depressive Erkrankungen häufig nach belastenden Lebensereignissen auftreten. Doch scheinbar ist es nicht der Stress *per se*, der die Pathogenese der depressiven Symptomatik bedingt, vielmehr geht man heute davon aus, dass Traumatisierungen im Kindes- und Jugendalter die Sensitivität gegenüber Stress und Belastung in späteren Lebensphasen erhöhen.

Auf der Suche nach einer Erklärung dafür haben viele Studien multiple neuroendokrine, neurochemische und neuroanatomische Veränderungen bei depressiven Patienten gefunden, die von frühen Traumatisierungen wie Missbrauch oder Vernachlässigung berichteten. Diese Veränderungen betreffen vor allem neuronale Verschaltungen und periphere Kreisläufe, die entscheidend in die Regulation von Stress und die Modulation von Emotionen involviert sind. Während sensibler Phasen der Gehirnentwicklung im Kindes- und Jugendalter scheinen wichtige Gehirnregionen besonders sensitiv gegenüber aversiven Erfahrungen zu sein, so dass Traumata verschiedene Gehirnregionen und neuronale Prozesse zum Teil irreversibel prägen, was dann zu einer erhöhten Reaktivität auf Stress und belastende Lebensereignisse führt und zu Veränderungen in der emotionalen Verarbeitung beiträgt.

10.4.1 Neuroendokrine und neurodegenerative Folgen

Die bisher am besten erforschte psychoneuroendokrine Folge von Stress und Traumatisierung ist eine chronisch veränderte Funktionsweise der Hypothalamus-Hypophysen-Nebennierenrinden-Achse (HHNA). Während der Stress-Exposition wird aus dem paraventrikulären Kern (PVN) des Hypothalamus das Corticotropinreleasing-Hormon (CRH) freigesetzt, was wiederum die Ausschüttung von Adrenocorticotropin (ACTH) aus dem Hypophysenvorderlappen stimuliert. Das in die Blutbahn ausgeschüttete ACTH wirkt auf die Nebennierenrinde ein und führt hier zur Synthese und Freisetzung von Glukokortikoiden. Das bekannteste Glukokortikoid ist Kortisol, das sich auf den gesamten Metabolismus auswirkt und vielfältige behaviorale Reaktionen hervorruft, um dem Organismus eine optimale Adaptation an Belastung zu ermöglichen. Verschiedene neuronale Rückkopplungsschleifen modulieren über zwei Arten von Steroidrezeptoren – hochaffine Mineralokortikoidrezeptoren im Hippocampus und niedrigaffine, im zentralen Nervensystem weitverbreitete Glukokortikoidrezeptoren – die Aktivität der HHNA-Achse. Während der Hippocampus und der präfrontale Kortex die Aktivität der HHNA-Achse inhibieren, wird sie von der Amygdala und monoaminergen Bahnen aus dem Hirnstamm stimuliert. Bei gesunden Menschen reguliert das freigesetzte Kortisol eigenständig über negative Feedbackmechanismen die Aktivität der HHNA-Achse und verhindert durch seine inhibierende Wirkung auf Neuronen im Hippocampus und präfrontalen Kortex ein Überschießen der Stressantwort.

Sowohl bei Patienten mit einer PTBS als auch bei solchen mit einer MDD findet man stattdessen eine Dysregulation der HHNA-Achse, die sich bei beiden Störungen jedoch durch unterschiedliche Merkmale charakterisieren lässt. Die vordergründigste psychoneuroendokrine Auffälligkeit depressiver Patienten ist der Hyperkortisolismus, d.h. eine chronische Überaktivität der HHNA-Achse und eine damit einhergehende dysregulierte Stressantwort. Neben der Hyperaktivität von CRH-Neuronen konnten bei depressiven Patienten weiterhin eine veränderte Aktivität von CRH am CRH-Rezeptor 1 in extrahypothalamischen Regionen, eine erhöhte CRH-Konzentration in der Cerebrospinalflüssigkeit und eine veränderte CRHR1-Messenger-RNA gefunden werden.

Eine langanhaltende Kortisolfreisetzung übt eine toxische Wirkung auf hippocampale Neuronen aus und verursacht einen Verlust ihrer appikalen Dendriten und ihrer dendritischen Verästelung, so dass chronischer Stress zudem vermutlich hirnstrukturelle Veränderungen induziert. BDNF (brain-derived neurotrophic Factor), ein neurotropher Faktor, der maßgebend in die neuronale Zellentwicklung und -differenzierung involviert ist, schützt bei Gesunden neuronale Zellstrukturen, z. B. im Hippocampus und präfrontalen Kortex, vor der schädigenden Wirkung von Stress. Durch frühe Traumata kann sich indes über Methylierungsprozesse die BDNF-Genexpression verändern, was in der Konsequenz zu einer verringerten BDNF-Aktivität und einer damit assoziierten Beeinträchtigung der Neurogenese führt. Sowohl bei Patienten mit einer PTBS als auch bei solchen mit einer MDD konnte eine möglicherweise dadurch mitbedingte Atrophie des Hippocampusvolumens gefunden werden. Einhergehend mit dem toxischen Kortisoleffekt begrenzt die mangelnde Genese hippocampaler Neuronen die inhibitorische Kontrolle der HHNA-Achsen-Aktivität.

Zusammenfassend scheint eine infolge früher Traumata persistierende Störung oder Schädigung der neurochemischen Stressverarbeitung zu neuroanatomischen Veränderungen zu führen, die gemeinsam die biologische Grundlage einer erhöhten erworbenen Vulnerabilität gegenüber Stress im Erwachsenenalter darstellen.

10.5 Genetik und Gen-Umwelt-Interaktion depressiver Störungen

Neben den beschriebenen neuroendokrinen Prozessen und neurodegenerativen Veränderungen wird die biologische Vulnerabilität eines Individuums überdies von genetischen Faktoren mitbestimmt, die einen erheblichen Anteil an der Varianz bei der Entstehung psychischer Erkrankungen erklären. Mit Hilfe von Familien-, Zwillings- und Adoptionsstudien konnte die familiäre Häufung des Auftretens depressiver Erkrankungen auf breiter Basis belegt werden: Im Vergleich zur Allgemeinbevölkerung haben Verwandte depressiver Patienten ein etwa drei- bis fünffach erhöhtes Risiko, selbst an einer Depression zu erkranken. Die Heritabilität depressiver Erkrankungen wird auf 35 bis 40 % geschätzt, wobei noch nicht vollständig erfasst werden konnte, welche Gene zu diesem Risiko beitragen.

Bisher ist es kaum gelungen, direkte Geneffekte bei der Entstehung einer MDD nachzuweisen. Neuere Studien untersuchen gezielt die Wechselwirkung zwischen genetischer Prädisposition und belastenden Lebensereignissen oder Traumatisierungen und verfolgen die Hypothese, dass in Abhängigkeit von speziellen Genotypen das Risiko für Krankheitsprozesse signifikant variiert.

Bei der Analyse von Gen-Umwelt-Interaktionen bei depressiven Störungen konzentriert man sich bevorzugt auf das serotonerge System. Einer der wesentlichen Indikatoren für die Bedeutung dieses Systems ist die Wirksamkeit der selektiven Serotonin-Wiederaufnahmehemmer (SSRI) in der Pharmakotherapie depressiver Patienten. Inzwischen ist es gelungen, Kandidatengene zu identifizieren, die über eine derartige Gen-Umwelt-Interaktion die Entstehung einer depressiven Symptomatik moderieren. Ein vielfach untersuchtes Kandidatengen für eine solche Gen-Umwelt-Interaktion ist das auf dem Chromosom 17q befindliche Serotonintransportergen (SLC6A4). Ein Polymorphismus in der Promotorregion des Serotonintransportergens (5-HTTLPR) beeinflusst maßgebend seine Transkriptionsaktivität, was eine veränderte Funktionalität des Serotoninsystems bedingt. Der 5-HTTLPR-Polymorphismus besteht in einer durch Deletion verursachten Längenvariation von 44 Basenpaaren, so dass genotypisch zwischen zwei Allel-Varianten, einem s- bzw. short-Allel und einem l- bzw. long-Allel, unterschieden werden kann.

Erstmals wurde die Interaktion zwischen 5-HTTLPR-Polymorphismus und Umweltbelastungen von Caspi et al. (2003) empirisch bestätigt, und auch in weiteren Untersuchungen konnte eine erhöhte depressive Symptombelastung durch diese Interaktion nachgewiesen werden (Grabe et al., 2005, 2010). Zwar beziehen sich die bestehenden Forschungsarbeiten zu der beschriebenen Gen-Umwelt-Interaktion überwiegend auf belastende, stressinduzierende Lebensereignisse des Erwachsenenalters, allerdings konnten einige Studien diesen genetisch modulierten depressiogenen Effekt ebenso für kindliche (Kaufman et al., 2004) wie auch adulte Traumata (Grabe et al., 2009) nachweisen.

Da in einer Vielzahl von Studien die Assoziation zwischen einer Dysregulation der HHNA-Achse und einer MDD belegt werden konnte, ist es nicht verwunderlich, dass auch hier nach Kandidatengenen gesucht wurde, die die physiologische Reaktion auf Stress moderieren. Das CRH-Rezeptor1-Gen (Corticotropin-releasing Hormon Rezeptor 1, CRHR1) ist ein solches Kandidatengen, das je nach Ausprägung eine differenzielle Stressantwort bewirkt. Der CRHR1 ist ein G-Protein-gekoppelter Rezeptor, der in frontalen kortikalen Arealen, im Frontalhirn, Gehirnstamm, Cerebellum, in der Amygdala und der anterioren Hypophyse lokalisiert ist und nach der Bindung von CRH angstassoziiertes Verhalten hervorruft sowie Aufmerksamkeitssteuerung, exekutive Funktionen, die bewusste Wahrnehmung und die Gedächtniskonsolidierung emotionaler Stimuli beeinflusst. Verschiedene Studien bestätigen, dass ein sich aus drei Polymorphismen zusammengesetzter Haplotyp innerhalb dieses CRHR1-Gens das Depressionsrisiko im Erwachsenenalter durch frühe Traumatisierungen moderiert (Bradley et al., 2008).

Ferner befindet sich ein relevanter Polymorphismus, der an der Regulierung der HHNA-Achse beteiligt ist und darüber wahrscheinlich das Risiko einer MDD nach frühen Traumatisierungen moderiert, im FKBP5-Gen. Das durch dieses Gen transkribierte Protein bindet an den im ZNS weitverbreiteten Glukokortikoidrezeptor und reguliert seine Affinität gegenüber Kortisol. Das Risikoallel des FKBP5-Gens ist mit einer verminderten Sensitivität des Glukokortikoidrezeptors, gestörten Feedbackmechanismen und dem bei Depressiven beschriebenen Hyperkortisolismus assoziiert (Binder, 2009).

In weiteren Studien konnte gezeigt werden, dass auch der Val66Met-Polymorphismus des BDNF-Gens, der in einer Substitution der Aminosäure Valin durch Methionin besteht und zu einer reduzierten BDNF-Aktivität führt, mit einem erhöhten Risiko, an MDD zu erkranken, einhergeht. Jüngste Forschungsbefunde zeigen den modulierenden Effekt des Val66Met-Polymorphismus auf das Depressionsrisiko, hervorgerufen durch seine Beteiligung an einer dreifachen Interaktion – zusammen mit dem 5-HTTLPR-Polymorphismus und kindlicher Misshandlung (Wichers et al., 2008).

10.6 Lerntheoretische Aspekte der Assoziation zwischen Trauma und Depression

Ausgehend von einem bio-psychosozialen Entstehungsmodell depressiver Störungen kommt – zusätzlich zu den biologischen Erkrankungsfaktoren – den psychologischen Verarbeitungsmechanismen eine große und ebenso entscheidende Bedeutung zu. Ende der 60er-Jahre entwickelten Seligmann und seine Mitarbeiter das Konzept der gelernten Hilflosigkeit, das sich sowohl in Tiermodellen als auch in Humanexperimenten zur Erklärung der Entstehung einer Depression etablierte. Nach diesem Konzept führen aversive Reize allein nicht notwendigerweise zu tiefgreifenden negativen psychischen Konsequenzen, sondern entscheidend ist vielmehr die Nicht-Kontrollierbarkeit dieser Reize. Erfährt ein Individuum, dass sich bestimmte negative Erfahrungen, vom eigenen Verhalten nicht beeinflussbar, wiederholen, entsteht Hilflosigkeit.

An Ratten konnte gezeigt werden, dass die Wirkung einer identischen Anzahl und Intensität von Schmerzreizen weniger beeinträchtigend ist, wenn sie diesen aversiven Reizen durch planvolles Verhalten entgehen können, als wenn sie ihnen hilflos ausgeliefert sind. In Humanexperimenten konnte dieses Konzept entsprechend bestätigt werden. Wenn Personen in einer bestimmten Situation Hilflosigkeit sowie die Unmöglichkeit, die Dinge selbst zu steuern, erleben, resultiert daraus zudem die Erwartung, auch in Zukunft in entsprechenden Situationen keinen Einfluss auf die jeweilige Situation ausüben zu können. Das erlernte Hilflosigkeitserleben bei traumatischen Ereignissen, speziell bei wiederholten Taumatisierungen wie beispielsweise anhaltenden Missbrauch- oder Vernachlässigungserfahrungen in frühen Lebensphasen, Folter, Krieg etc., und der damit einhergehende veränderte Attributionsstil stellen entscheidende lerntheoretische Vulnerabilitätsfaktoren für depressive Erkrankungen dar.

10.7 Zusammenfassung und Ausblick

Die derzeitige Studienlage verdeutlicht, dass die Posttraumatische Belastungsstörung nur eine von zahlreichen psychischen Konsequenzen infolge eines Traumas darstellt; im Rahmen epidemiologischer Untersuchungen konnten hohe Komorbiditätsraten belegt werden. Depressive Erkrankungen gehören dabei zu den häufigsten komorbiden Störungen. Allerdings zeigt sich, dass eine Depression auch als distinktes Störungsbild nach einer Traumatisierung entstehen kann, vor allem wenn diese in frühen Lebensphasen auftritt.

Bezüglich der Frage, ob beide Störungsbilder einer gemeinsamen Vulnerabilität und Diathese unterliegen, existieren in der bestehenden Literatur kontrovers diskutierte Hypothesen und Befunde. Ferner konnte bislang noch nicht hinreichend geklärt werden, welche Faktoren dazu beitragen, ob sich in der Folge eines Traumas eine PTBS, eine MDD oder beide Erkrankungen komorbid entwickeln. Maercker et al. (2004) versuchen, dieser Frage auf der Grundlage eines alters- bzw. entwicklungsdeterminierten Ansatzes nachzugehen. Dabei postulieren sie, dass für die Entstehung einer PTBS, insbesondere intrusiver Symptome, eine gewisse neurobiologische Reifung stattgefunden haben muss, die jedoch nicht vor der Adoleszenz abgeschlossen ist. Ihre Untersuchungsergebnisse stützen die Hypothese, dass frühe Traumatisierungen mit einem erhöhten Risiko für depressive Störungen in späteren Lebensphasen assoziiert sind, Traumatisierungen während oder nach der Adoleszenz hingegen eher mit einer PTBS-Symptomatik einhergehen.

Aktuelle Forschungsvorhaben mit genomweiten, Gen-Gen- und Gen-Umwelt-Interaktionsanalysen können die vorliegenden Befunde essenziell erweitern und zu einem detaillierten Ursachenverständnis depressiver Störungen infolge von Stress und belastenden Lebensereignissen beitragen. Vielfach konnte bereits empirisch der Stellenwert der Interaktion zwischen genetischen Polymorphismen, z.B. im Serotonintransporter- oder BDNF-Gen, und belastenden oder traumatischen Ereignissen für die Entstehung psychischer Erkrankungen nachgewiesen und repliziert werden. Allerdings bleibt es auch weiterhin noch eine wesentliche Aufgabe, die genauen genetischen Mechanismen und deren Wechselwirkungen zu verstehen, die die Entstehung einer Depression prädisponieren. Warum einige Traumatisierte eher eine PTBS entwickeln, während andere hingegen an einer Depression erkranken, bleibt bis heute ebenso eine nur unvollständig geklärte Fragestellung und bedarf weiterer Forschungsbemühungen.

Es sollte, abschließend gesagt, nicht außer Acht gelassen werden, dass neben den Risikofaktoren auch protektive Faktoren wie z.B. die individuelle Resilienz, die Verfügbarkeit von Coping-Strategien oder soziale Unterstützungsprozesse das Erkrankungsrisiko signifikant moderieren. Insofern ist es wichtig, die übliche Forschung zu Risikofaktoren systematisch um protektive Faktoren zu ergänzen und dies auch auf die Interaktion mit genetischen Faktoren auszudehnen.

10.8 Literatur

Binder E.B. (2009). The role of FKBP5, a co-chaperone of the glucocorticoid receptor in the pathogenesis and therapy of affective and anxiety disorders. *Psychoneuroendocrinology*, 34, Suppl. 1, 186–95.

Blanchard E.B., Buckley T.C., Hickling E.J. & Taylor A.E. (1998). Posttraumatic stress disorder and comorbid major depression: Is the correlation an illusion? *Journal of Anxiety Disorders*, 12 (1), 21–37.

Bradley R.G., Binder E.B., Epstein M.P., Tang Y., Nair H.P., Liu W., Gillespie C.F., Berg T., Evces M., Newport D.J., Stowe Z.N., Heim C.M., Nemeroff C.B., Schwartz A., Cubells J.F. & Ressler K.J. (2008). Influence of child abuse on adult depression: Moderation by the corticotropin-releasing hormone receptor gene. *Archives of General Psychiatry*, 65 (2), 190–200.

Breslau N., Davis G.C., Peterson E.L. & Schultz L. (1997). Psychiatric sequelae of posttraumatic stress disorder in women. *Archives of General Psychiatry*, 54 (1), 81–7.

Breslau N., Davis G.C., Peterson E.L. & Schultz L.R. (2000). A second look at comorbidity in victims of trauma: The posttraumatic stress disorder-major depression connection. *Biological Psychiatry*, 48 (9), 902–9.

Caspi A., Sugden K., Moffitt T.E., Taylor A.,

Craig I.W., Harrington H., McClay J., Mill J., Martin J., Braithwaite A. & Poulton R. (2003). Influence of life stress on depression: Moderation by a polymorphism in the 5-HTT gene. *Science*, 301 (5631), 386–89.

Grabe H.J., Lange M., Wolff B., Volzke H., Lucht M., Freyberger H.J., John U. & Cascorbi I. (2005). Mental and physical distress is modulated by a polymorphism in the 5-HT transporter gene interacting with social stressors and chronic disease burden. *Molecular Psychiatry*, 10 (2), 220–224.

Grabe H.J., Spitzer C., Schwahn C., Marcinek A., Frahnow A., Barnow S., Lucht M., Freyberger H.J., John U., Wallaschofski H., Volzke H. & Rosskopf D. (2009). Serotonin transporter gene (SLC6A4) promoter polymorphisms and the susceptibility to posttraumatic stress disorder in the general population. *American Journal of Psychiatry*, 166 (8), 926–33.

Grabe H.J., Schwahn C., Appel K., Mahler J., Schulz A., Spitzer C., Barnow S., John U., Freyberger H.J., Rosskopf D. & Volzke H. (2010). Update on the 2005 paper: Moderation of mental and physical distress by polymorphisms in the 5-HT transporter gene by interacting with social stressors and chronic disease burden. *Molecular Psychiatry* (Online-Publ. April 2010).

Green B.L., Lindy J.D., Grace M.C. & Gleser G.C. (1989). Multiple diagnosis in posttraumatic stress disorder. The role of war stressors. *Journal of Nervous and Mental Disease*, 177 (6), 329–35.

Green B.L., Korol M., Grace M.C., Vary M.G., Leonard A.C., Gleser G.C. & Smitson-Cohen S. (1991). Children and disaster: Age, gender, and parental effects on PTSD symptoms. *Journal of the American Academy of Child and Adolescent Psychiatry*, 30 (6), 945–51.

Kaufman J., Yang B.Z., Douglas-Palumberi H., Houshyar S., Lipschitz D., Krystal J.H. & Gelernter J. (2004). Social supports and serotonin transporter gene moderate depression in maltreated children. *Proceedings of the National Academy of Sciences of the United States of America*, 101 (49), 17316–21.

Maercker A., Michael T., Fehm L., Becker E.S. & Margraf J. (2004). Age of traumatisation as a predictor of post-traumatic stress disorder or major depression in young women. *British Journal of Psychiatry*, 184, 482–87.

McFarlane A.C. & Papay P. (1992). Multiple diagnoses in posttraumatic stress disorder in the victims of a natural disaster. *Journal of Nervous and Mental Disease*, 180 (8), 498–504.

O'Donnell M.L., Creamer M. & Pattison P. (2004). Posttraumatic stress disorder and depression following trauma: understanding comorbidity. *American Journal of Psychiatry*, 161 (8), 1390–96.

Smith E.M., North C.S., McCool R.E. & Shea J.M. (1990). Acute postdisaster psychiatric disorders: Identification of persons at risk. *American Journal of Psychiatry*, 147 (2), 202–26.

Wichers M., Kenis G., Jacobs N., Mengelers R., Derom C., Vlietinck R. & van Os J. (2008). The BDNF Val(66)Met x 5-HTTLPR x child adversity interaction and depressive symptoms: An attempt at replication. *American Journal of Medical Genetics. Part B, Neuropsychiatric Genetics*, 147B (1), 120–23.

SILKE SCHERMANN UND ANETTE KERSTING

11. Die traumatisierte Patientin in der Gynäkologie

In der gynäkologischen und geburtshilflichen Behandlung spielen seelische Verletzungen in vielfältigen Zusammenhängen eine Rolle. Hier geht es einerseits um die Patientinnen, die mit Traumata in der Vorgeschichte zur Behandlung kommen, und andererseits um Frauen, die im Rahmen der ambulanten oder stationären Versorgung eine Traumatisierung erleiden.

Entscheidend für die Entstehung eines psychischen Traumas ist, dass die auslösende Situation oder das Ereignis mit einem subjektiv starken Erleben von Hilflosigkeit und Ausgeliefertsein einhergeht und dem Individuum zu diesem Zeitpunkt angemessene Bewältigungsstrategien fehlen.

In einigen Fällen entwickelt sich eine Traumafolgestörung, wie z. B. eine Anpassungsstörung, eine dissoziative Störung oder eine Posttraumatische Belastungsstörung (PTBS). Nicht immer liegt das Vollbild einer Störung nach den Klassifikationssystemen ICD oder DSM vor, die subsyndromalen Störungen sind jedoch ebenso wie die Komorbiditäten von erheblicher Bedeutung für die Betroffenen. Zur Vertiefung verweisen wir auf die ausführlichen Darstellungen in den anderen Kapiteln dieses Bandes in Teil C: »Krankheitsbilder und Komorbiditäten«. In einer Frauenarztpraxis fanden Backe, Micka & Seidler (2006) eine Prävalenz der Posttraumatischen Belastungsstörung von 9,3 %, was mit den Ergebnissen an einer amerikanischen Universitätsfrauenklinik übereinstimmte. Die Prävalenz von traumatisch erlebten Ereignissen unter gynäkologischen Patientinnen liegt mit etwa 30 % (Meltzer-Brody et al., 2004) weit höher. Im Kontrast dazu steht, dass Frauen die Symptome einer Traumafolgestörung gegenüber ihrem Arzt meistens nicht erwähnen. Akut auftretende oder im Verlauf persistierende posttraumatische Symptome werden in der ärztlichen Praxis oft als somatische Beschwerden präsentiert, und der Zusammenhang bleibt dem Arzt häufig verborgen.

Insbesondere eine Traumatisierung durch Krankheit und medizinische Maßnahmen wird häufig übersehen oder in ihrer Bedeutung unterschätzt. Jede lebensbedrohliche Erkrankung, aber auch weniger schwere Verläufe können zu einer Traumatisierung führen. Die Bedeutung iatrogener Traumatisierungen wird erst in letzter Zeit diskutiert und untersucht.

Neben den möglichen Belastungen durch Anästhesiefehler in jedem operativen Fachgebiet spielen Traumata in der Gynäkologie eine wichtige Rolle bei der Anamneseerhebung und körperlichen Untersuchung, in der Geburtshilfe sowie bei onkologischen Erkrankungen. Dieses Kapitel wird sich im Folgenden der Darstellung einzelner Aspekte in diesen Bereichen widmen. Es soll für Situationen im klinischen Alltag sensibilisieren, die eine mögliche Diskrepanz zwischen bedrohlichen Ereignissen oder Umständen einerseits und den aktuellen individuellen Bewältigungsmöglichkeiten der Patientinnen andererseits bergen, sowie auf die Bedeutung der Identifizierung von Traumata hinweisen.

11.1 Iatrogene Retraumatisierung in Zusammenhang mit der gynäkologischen Anamnese und Untersuchung

Die gynäkologische Konsultation stellt eine Situation dar, die viele potentielle Auslöser für ein real empfundenes Wiedererleben eines Traumas birgt. Insbesondere wenn das Trauma durch sexuelle oder physische Gewalt in der Vorgeschichte verursacht wurde, ist die Gefahr einer Retraumatisierung groß. Die Angaben zur Prävalenz von sexuellem Missbrauch bei Patientinnen in der gynäkologischen Versorgung liegen zwischen 17 und 33 % und für physischen Missbrauch zwischen 38 und 66 %. Das Erleben von Bedrängnis und Schmerzen während der gynäkologischen Untersuchung ist bei Frauen, die sexuelle Gewalt erfahren haben, signifikant gehäuft (Weitlauf et al., 2008). Als besonders beeinträchtigt beschreiben sie eine Subgruppe von Frauen mit Missbrauchserfahrung und PTBS. Leeners, Stiller, Block et al. (2007) zeigen in ihrer Untersuchung zu sexuellem Missbrauch in der Kindheit, dass betroffene Frauen selbst viele Jahre oder Jahrzehnte später das anamnestische Gespräch und die gynäkologische Untersuchung als starke Stressoren erleben. Sie fanden weiterhin, dass 43,5 % der Frauen während der Konsultation von Erinnerungen an die Missbrauchssituation überflutet werden. Um dies zu vermeiden, gilt es einerseits, eine Traumatisierung im Vorfeld zu erkennen und die Frauen bei gegebenem Leidensdruck zur fachärztlichen psychischen Diagnostik zu überweisen, und andererseits, den Kontakt mit der Patientin bewusst zu gestalten. Zwar lassen sich Schlüsselreize für ein Wiedererleben nicht vollständig umgehen, sie können aber minimiert werden.

Bei der *Untersuchung* ist es hilfreich, mit der Patientin in einem kontinuierlichen Kontakt zu stehen, jeden Schritt verbal zu begleiten und besonders auf nonverbale Signale zu achten und auf diese einzugehen. Gerade dissoziative Symptome und Intrusionen sind nicht leicht zu erkennen (ausführliche Darstellung in den Kapiteln C 1, C 2, C 3, C 7). Bei ihrem Auftreten kommt es häufig zu interaktionellen Auffälligkeiten, die sich vielfältig darstellen können, wie z. B. darin, dass eine Patientin apathisch wirkt, in einer Verkrampfung des Körpers bis hin zur Erstarrung, im Abbruch verbalen Kontakts, in unvermitteltem panischem oder kindlich wirkendem Verhalten. Die Patientinnen bemerken ihr verändertes Erleben und Verhalten in dem Moment häufig selber nicht, können es nicht erklären und auch nicht kontrollieren. Da das Sprachzentrum bei Extremstress gehemmt ist, können die Betroffenen ihr Erleben meist weder in Worte fassen noch verbale Botschaften vollständig aufnehmen. Um Patientinnen im Zustand eines Wiedererlebens zu erreichen, sind einfache, kurze Sätze und eine ruhige, klare Haltung hilfreich. Atmosphärische Signale werden von den Patientinnen eher wahrgenommen als kognitive Inhalte.

Fallbeispiel
Frau B., 29 Jahre, befand sich zur Behandlung einer Anorexia nervosa und einer depressiven Episode bei rezidivierender depressiver Störung in stationärer psychosomatischer Therapie. Im Verlauf der Behandlung wurde die Diagnose einer emotional instabilen Persönlichkeitsstörung vom Borderline-Typ gestellt. Die Patientin war in das multimodale Therapiekonzept der Klinik integriert, konnte davon profitieren und hatte bereits eine deutliche Gewichtszunahme und einen Rückgang der depressiven Symptomatik erreicht. Während der Behandlung wurde sie aufgrund einer gynäkologischen Blutung konsiliarisch in der Klinik für Frauenheilkunde vorgestellt. Als Frau B. von der Untersuchung auf unsere Station zurückkehrte, machte sie einen veränderten und verstörten Eindruck, wirkte zurückgezogen und im Kontakt wenig präsent. Darauf angesprochen, gab sie an, sie fühle sich komisch, wüsste nicht, was los sei. »Ich habe die ganze Zeit einen Geruch in der Nase, wie von trocknendem Blut.« Aufgetreten sei die Geruchswahrnehmung während der gynäkologischen Untersuchung auf dem Stuhl. Verschiedene Personen seien währenddessen in den Raum gekommen und gegangen; in der Situation habe sie ein Gefühl von Scham, Ohnmacht und Panik gehabt. Bei Einführen des Spekulums sei sie verkrampft gewesen und habe Schmerzen gehabt. »Jede untersuchungsbedingte Berührung wird schlimmer erlebt, als es sein sollte. Ich bin panisch, habe Angst, ohnmächtig zu werden, und will, dass es aufhört.« Auf die Frage, ob es während der Untersuchung ein Gespräch gegeben habe, sagte sie: »Ich will mich nicht ablenken lassen, will aufpassen.« In der Situation habe sie sich innerlich aggressiv, gespannt erlebt, habe den Eindruck gehabt, sie könne sich kaum steuern. Sie habe die Luft angehalten. Die untersuchende Ärztin sei grob gewesen, habe gesagt, sie solle sich nicht so anstellen. »Ich habe mich schuldig gefühlt, und dann bin ich weg gewesen.« Auf die Frage nach dem Befund und dem Behandlungsvorschlag aus der Gynäkologie gab sie an, sie könne sich nicht erinnern. Die Ärztin habe wohl nichts gesagt. Gynäkologische Untersuchungen seien schon immer ein Problem gewesen, sie habe Angst davor, verkrampfe stark. Ihre ambulante Gynäkologin habe sie schon mal gefragt, ob sie sexuell missbraucht worden sei. »Das hat mich verunsichert, aber ich kann mich an nichts erinnern.«

Bei der erweiterten Exploration in den folgenden Tagen berichtete die Patientin, zwischen dem 4. und 6. Lebensjahr sei sie in regelmäßiger urologischer Behandlung gewesen. Sie wisse dies von ihrer Mutter, erinnere selber nur noch einzelne Bilder und Szenen. Sie beschrieb einen »Untersuchungsraum mit einer blechernen Toilette«, eine Szene, bei der sie auf dem Rücken auf einer Liege lag und zahlreiche fremde Krankenschwestern und Ärzte um sie standen. Damit verbundene Gefühle könne sie nicht erinnern. »Ich weiß, dass es ein Mann war, der gesagt hat, dass meine Blase gefüllt werden muss, um den Druck zu messen. Danach musste ich hüpfen.« Sie könne sich nicht erinnern, dass ihre Eltern je dabei gewesen seien. Ihre Mutter habe ihr erzählt, sie sei Bettnässerin gewesen und habe eine Veränderung an einer Niere gehabt, was der Anlass für die Untersuchungen gewesen sei. »Als ich 8 Jahre alt war, wurde meine Harnröhre erweitert. Die Narkose vor der Operation erfolgte mit Lachgas. Auf die Toilette zu gehen war an den ersten Tage nach der OP die Hölle.« Sonst habe sie keine Erinnerungen. Die Patientin gab an, sie hätte die

Untersuchungen bisher nicht erwähnt, da sie sie nicht als bedeutsam empfunden habe, sich auch kaum daran erinnern könne und sie ja auch keine Folgen für ihre spätere Gesundheit gehabt hätten.

Die Patientin aus dem *Fallbeispiel* geriet während der Untersuchung durch die Gynäkologin in einen dissoziativen Zustand, der vermutlich durch das Verhalten der Ärztin und ihr eigenes Erleben von Ohnmacht, Schmerzen und Angst getriggert wurde. Im späteren Gespräch in unserer Klinik wurde deutlich, dass sie die Ergebnisse der Untersuchung nicht wiedergeben konnte, ein Hinweis auf eine partielle Amnesie für einen umschriebenen Zeitraum der Untersuchung. Weiterhin erlebte sie Flashbacks in Form von olfaktorischen Wahrnehmungen, die über die Untersuchungssituation hinaus anhielten und die sie nicht zuordnen konnte.

Zur Vermeidung einer Retraumatisierung ist es sinnvoll, im vorangehenden Anamnesegespräch zu vereinbaren, was untersucht werden soll. Der Patientin sollte die Möglichkeit der Untersuchung an einem Folgetermin eingeräumt werden. Dies fördert das Selbstwirksamkeitserleben, was insbesondere für sexuell und durch physische Gewalt traumatisierte Frauen bedeutsam ist. In *Tabelle 1* finden sich einige Vorschläge zur Reduktion von Triggern und somit des Risikos einer Retraumatisierung durch die Untersuchung.

Der *Anamneseerhebung* kommt große Bedeutung bei der Identifikation von traumatisierten Patientinnen zu. Insbesondere bei Traumata durch sexuellen Missbrauch sprechen die Patientinnen die Thematik von sich aus kaum an, und viele Ärzte fragen nicht nach (Peschers et al., 2003). Die Patientinnen schweigen meist aus Scham, weil sie der traumatischen Erfahrung in Hinsicht auf ihre aktuellen körperlichen Beschwerden keine Bedeutung beimessen, oder sie erinnern sich nicht an das Geschehen. Bei den Ärzten besteht häufig große Unsicherheit im Umgang mit Missbrauchserfahrungen und Traumata.

Sprechen Ärzte ihre Patientinnen auf mögliche traumatische Ereignisse in ihrer

Tab. 1: Empfehlungen für das Vorgehen bei der gynäkologischen Untersuchung

Für das Entkleiden der Patientin immer einen abgetrennten, dafür vorgesehenen Bereich zur Verfügung stellen, wo die Patientin unbeobachtet ist. Den Hinweis geben, dass sie sich nicht vollständig zu entkleiden braucht.
Jede anwesende Person vorstellen und die Patientin fragen, ob es ihr recht ist, dass die jeweilige Person anwesend ist.
Vorher mitteilen, welche Untersuchungen durchgeführt werden sollen, jeden Schritt ankündigen und gegebenenfalls erklären.
Specula anwärmen, evtl. Gleitmittel verwenden, Liegeposition ggf. anpassen.
Besprechung der Befunde erst nach dem Ankleiden. Befunde in einem sachlichen Ton mitteilen.
Vermeidung von möglichen Triggern in der Kommunikation, wie: »Entspannen Sie sich«, »Es ist gleich vorbei«, »Es tut nicht weh«, »Stellen Sie sich nicht an!«
Der Patientin versichern, dass die Untersuchung jederzeit unterbrochen werden kann, sollte sie das wünschen. Evtl. Handzeichen vereinbaren.
Falls Hinweise auf ein außergewöhnliches Erleben auffallen, die Untersuchung unterbrechen und die Patientin darauf angemessen ansprechen. Eventuell das Setting verändern.

Biografie an, reagieren manche Frauen erleichtert, andere irritiert, verunsichert oder ablehnend.

Merke: Nicht zu schnell sexuellen Missbrauch als Erklärung für posttraumatische Symptome nahelegen. Ein Gespräch nicht aufdrängen!

Die Betroffenen haben häufig schlechte Erfahrungen gemacht, wenn sie das Geschehen Dritten mitgeteilt haben. Fast die Hälfte der Frauen, die ihre Missbrauchserfahrungen in der Arztpraxis offenlegten, empfanden die Reaktion des Gynäkologen ebenfalls als negativ (Peschers et al., 2003). Wenn die Patientin ein Gespräch ablehnt, sollte dies auf jeden Fall akzeptiert, das Gesprächsangebot jedoch aufrechterhalten werden. Laut einer Studie von Leeners, Stiller, Block et al. (2007) wünschen sich die Frauen eine bessere Information der Gynäkologen über sexuellen Missbrauch, mehr Freundlichkeit, Geduld, Sensibilität und dass bei der Anamneseerhebung nachgefragt wird.

Bei traumatisierten Menschen lässt sich die spontane Tendenz beobachten, die bisher ungelöste traumatisierende Situation unbewusst wiederherzustellen, um sie zu bewältigen. Dies kann sich darin äußern, dass die Patientin beginnt, detailliert von einer Missbrauchserfahrung zu berichten, und sich damit einem erneuten Erleben von Grenzüberschreitung und Schutzlosigkeit ausliefert. In diesem Fall ist es entscheidend, die Schilderungen klar, aber behutsam zu begrenzen, denn bereits eine ungenügend angeleitete Erinnerung an traumatische Ereignisse kann zu einer Retraumatisierung führen. Dies sollte der Patientin empathisch und transparent vermittelt werden. Sonst besteht die Gefahr, dass sie sich abgewiesen fühlt und Beschämung, Angst und Hilflosigkeit ausgelöst werden. Das Offenlegen eigener fachlicher Grenzen hingegen fördert das Vertrauen der Patientin in den Arzt. An dieser Stelle ist es unabdingbar, ihr ein konkretes Angebot für eine fachkompetente Behandlung zu unterbreiten und eine Überweisung an einen Facharzt für Psychosomatische Medizin und Psychotherapie oder einen psychologischen Psychotherapeuten, jeweils mit traumatherapeutischer Ausbildung, in die Wege zu leiten.

11.2 Ausgewählte gynäkologische Erkrankungen in Zusammenhang mit einer Traumatisierung

Der *chronische Unterbauchschmerz* (CPP) ist eine Störung, die im Bereich der Gynäkologie häufig vorkommt. Epidemiologische Untersuchungen belegen eine Prävalenz von 10–15 %. In Zusammenhang mit der Diagnostik erfolgen viele operative Eingriffe. Die Indikation zur Laparoskopie bei unklaren Unterbauchschmerzen wird im stationären Alltag häufig schon gestellt, bevor ein psychosomatisches Konsil überhaupt möglich ist. Die Behandlung bleibt oft für beide Seiten unbefriedigend, die Anzahl der Arztbesuche ist hoch.

Allgemein gilt für chronische Schmerzsyndrome, dass die Betroffenen in ihrer Biografie oft Traumata durch physische und sexuelle Gewalt und Misshandlung erlebt haben. Dies gilt auch in Bezug auf den chronischen Unterbauchschmerz. Viele Studien zeigen eine erhöhte Prävalenz insbesondere bei sexuellem Missbrauch und identifizieren sexuelle Gewalt in der Vorgeschichte als Risikofaktor (Lal, 2009; Chandra & Ranjan, 2007). Meltzer-Brody, Leserman, Zolnoun et al. (2007) untersuchten 713 Frauen mit CPP, von denen 46,8 % von sexuellem oder physischem Missbrauch in ihrer Vergangenheit berichteten, 31,3 % erfüllten die Diagnosekriterien für eine PTBS.

Vor diesem Hintergrund erscheint bei chronischen Schmerzen im kleinen Becken ein reguläres Screening auf Traumata und Folgestörungen notwendig. Solange geeignete Verfahren in der gynäkologischen Versorgung nicht evaluiert und integriert sind, sollte immer eine Abklärung durch einen Spezialisten erfolgen. Bei der Empfehlung einer Psychotherapie kommt einer guten Aufklärung und Kommunikation zwischen Arzt und Patientin eine große Bedeutung zu, da die Patientinnen meist misstrauisch und von einer rein organischen Ursache ihrer Beschwerden überzeugt sind.

Ähnliche Schlussfolgerungen legen Untersuchungen zum *prämenstruellen Syndrom* (PMS) nahe. Nach einer Studie von Golding, Taylor, Menard und King (2000) gaben 95 % der Frauen, die wegen eines schweren PMS zur gynäkologischen Behandlung kamen, einen sexuellen Übergriff an, 65 % von ihnen hatten eine PTBS. Wittchen, Perkonigg und Pfister (2003) beschreiben traumatische Ereignisse als Risikofaktor für die Entwicklung einer prämenstruellen dysphorischen Störung.

Auch *andere gynäkologische Symptome* sind nach Backe, Micka und Seidler (2006) mit einer PTBS assoziiert: Mastodynie beidseits; ein Spannungsgefühl in den Brüsten, oft verbunden mit der Angst vor Brustkrebs; die prämenstruelle Trias Völlegefühl, Ödeme, Brustspannen sowie Harninkontinenz und Dysmenorrhö. In einer Fall-Kontrollstudie wurde beschrieben, dass Frauen, die sexuellen Missbrauch erfahren haben, eine signifikant höhere Inzidenz für urogenitale Dysfunktionen, inklusive Stress- und Dranginkontinenz, aufweisen.

11.3 Traumatisierungen und Traumafolgeerkrankungen in der Geburtshilfe

Schwangerschaft und Geburt können unter bestimmten Umständen als traumatisch erlebt werden und in seltenen Fällen zu Traumafolgestörungen führen. Es existieren viele Studien zu Prävalenz, Ätiologie und Prädiktoren von posttraumatischen Symptomen nach der Entbindung. Die Ergebnisse stimmen darin überein, dass etwa 1,5 % der Gebärenden eine PTBS entwickeln, weitaus mehr Patientinnen leiden unter einer subsyndromalen Störung. Besonders gefährdet für die Entwicklung einer PTBS sind Frauen, die durch frühere Traumata belastet sind. Schwangerschaft und Geburt können durch das Erleben von Kontrollverlust und Hilflosigkeit zu einer Retraumatisierung führen. Chandra und Ranjan (2007) beschreiben große Geburtsängste, subjektiv stark empfundenen Geburtsschmerz, ein hohes Ausmaß von Dissoziation während der Geburt sowie ein starkes Kontrollbedürfnis der Gebärenden als Prädiktoren für eine postpartale PTBS. Ein frühzeitiges Erkennen gefährdeter Frauen und deren weitere Behandlung im Sinne einer primären und sekundären Prävention sind entscheidend. Es sollte eine Aufklärung der Patientin über die Bedeutung der von ihr erlebten Symptome erfolgen und zügig eine psychotherapeutische Diagnostik und Behandlung eingeleitet werden. Allgemein wirkt sich eine empathische Begleitung positiv auf das Geburtserleben aus. Als protektiver Faktor in Bezug auf eine PTBS hat sich auch die Nachbesprechung des subjektiven Geburtserlebnisses mit Hebamme und Geburtshelfern erwiesen.

Besonders belastend wird eine *Frühgeburt* erlebt, sie wirkt bei einem erheblichen Teil der Mütter traumatisierend. Der Aufbau einer Bindung zu dem Ungeborenen wird abrupt unterbrochen und Angst und Sorge um das Überleben des Kindes prägen das Geburtserlebnis.

Eine schwerwiegende psychische Belastung stellt die *Geburt eines toten Kindes* dar. Insbesondere bei einem induzierten Abort in Folge von Auffälligkeiten bei der *Pränataldiagnostik* treten viele potentiell traumatisierende Faktoren auf. Für die werdenden Eltern entstehen tiefgreifende Entscheidungskonflikte. Diesen folgt dann noch die Geburt eines toten Babys. Beide Situationen für sich allein können schon zu einer Traumatisierung führen. Bei Schwangerschaftsabbrüchen wegen fetaler Fehlbildungen kommen Posttraumatische Belastungsstörungen häufiger vor als bei Spontanaborten. Eine wertneutrale und empathische Begleitung der Patientinnen und Partner beim Prozess der Entscheidungsfindung und der Trauer um das tot geborene Baby ist von großer Bedeutung. Die Gestaltung des Abschieds sollte den individuellen Bedürfnissen entsprechen, wobei darauf vertraut werden kann, dass die Eltern die für sie stimmige Wahl treffen.

Auch auf den ersten Blick weniger belastend erscheinende Ereignisse können traumatische Folgen haben. Zu den häufigen Komplikationen einer Schwangerschaft zählen *Präeklampsie, Eklampsie* und *HELLP-Syndrom*, die zusammengenommen bei 10 % aller Schwangerschaften auftreten. Die Schwangerschaftshypertonien sind durch einen meist abrupten Wechsel von mütterlichem Wohlbefinden in eine mehr oder weniger lebensbedrohliche Situation für Mutter und Kind gekennzeichnet. Poel, Swinkels und de Vries (2009) untersuchten die psychischen Folgen dieser Erkrankungen und fanden bei 18 % der Frauen ein dysfunktionales Coping. Diese Frauen wurden in psychologische Behandlung überwiesen, wo wiederum bei einem Fünftel eine PTBS diagnostiziert wurde. Weiterhin zeigte sich: Je kürzer das Zeitintervall zwischen Erkrankung und psychotherapeutischer Behandlung war, desto kürzer war die notwendige Therapiedauer. Als Hochrisikopatientinnen identifizieren die Autoren gut gebildete, zu Perfektionismus neigende Frauen und Frauen mit traumatischen Erfahrungen in der Vorgeschichte. Leeners, Stiller, Neumaier-Wagner et al. (2008) beschreiben Stressoren, die nach Diagnose einer Schwangerschaftshypertonie von den Betroffenen als die stärksten angegeben wurden: Dauer des notwendigen Klinikaufenthaltes, Frühgeburt bzw. Unreife des Neugeborenen, Kaiserschnitt, Unsicherheit in Bezug auf die Gesundheit des Kindes und Trennung vom Partner während des stationären Aufenthaltes. Auch die ungenügende Information über die Erkrankung und die Behandlung erhöhte die Belastung. Stress wiederum wirkt sich ungünstig auf den Verlauf der Erkrankung aus. Die psychische Belastung scheint nicht spezifisch für die hypertensive Erkrankung, sondern durch die damit verbundenen Risiken und die medizinische Behandlung bedingt zu sein. Als stressreduzierend wird eine empathische Unterstützung durch die Krankenschwestern und

Ärzte empfunden. Diese ist durch die Notfallsituation jedoch oft erschwert, so dass die Integration einer psychosomatischen Versorgung sehr zur Entlastung beitragen und die Behandlung verbessern könnte.

Neben der Prävention von Traumata kommt deren Identifizierung eine wichtige Rolle zu. Schon bei den *Routinevorsorgeuntersuchungen* ist das Erkennen einer PTBS relevant, da das gesundheitliche Risikoverhalten der Schwangeren, z. B. hinsichtlich Rauchen, Alkoholkonsum und Ernährung, stärker ausgeprägt ist als bei nicht betroffenen Müttern. Weiterhin lässt sich feststellen, dass Betroffene vermehrt einen Kaiserschnitt wünschen, den Geburtsschmerz stärker wahrnehmen sowie ein erhöhtes Risiko für die Entwicklung einer Hyperemesis gravidarum und vorzeitige Wehen haben (Lal, 2009). Seng, Oakley, Sampselle et al. (2001) fanden in ihrer Studie mit 2219 Frauen, bei denen nach ICD-Kriterien eine PTBS vorlag, eine erhöhte Assoziation mit ektoper Schwangerschaft, Spontanabort, Hyperemesis und vorzeitigen Wehen. Lev-Wiesel, Chen, Daphna-Tekoah und Hod (2009) konnten zeigen, dass traumatische Ereignisse in der Lebensgeschichte mit einem höheren Prozentsatz von *Hochrisikoschwangerschaften* verbunden sind, und identifizierten Intrusionen und Vermeidungsverhalten als Prädiktoren. Die Wahrscheinlichkeit von Geburtskomplikationen lag bei traumatisierten doppelt so hoch wie bei nicht traumatisierten Frauen.

Ein Screening Schwangerer auf traumatische Ereignisse in ihrer Vorgeschichte und eine resultierende spezifische Behandlung bei festgestellter Indikation könnten das Risiko für Geburtskomplikationen und postpartale Traumasymptome mindern. So ist es auch in der Nachsorge bedeutsam, Anzeichen für eine peripartale Traumatisierung gezielt zu erheben: Betroffene Frauen vermeiden häufig den Kontakt zu Dingen, die mit der Geburt in Verbindung stehen, gehen nicht zur Rückbildungsgymnastik oder nehmen Nachsorgetermine nicht wahr. Ferner besteht eine Neigung, weitere Schwangerschaften zu vermeiden. Der Anblick einer hochschwangeren Frau kann ein Auslöser für Intrusionen sein, und es kommt vor, dass die Frauen die belastende Situation in Alpträumen wiederholt durchleben.

11.4 Die Psychotraumatologie in der gynäkologischen Onkologie

Patientinnen mit Krebserkrankungen und deren behandelnde Ärzte sowie das Pflegepersonal stehen vor besonderen Herausforderungen, sofern im Verlauf einer malignen Erkrankung und deren Behandlung mannigfaltige potentiell traumatische Ereignisse und Situationen auftreten.

In diesem Zusammenhang sind sowohl die direkten Auswirkungen der Krebserkrankung und der Krebstherapie auf die psychische Verfassung der Patientin als auch die Auswirkung von Traumafolgen auf die medizinische Therapie, deren Verträglichkeit, die Compliance, den Krankheitsverlauf, die Lebensqualität und möglicherweise die Überlebenszeit zu betrachten. Hier kommen dem Erkennen von Traumatisierung, deren Prävention und der psychotherapeutischen Intervention eine große Bedeutung zu.

Ein besonderer Umstand ist, dass die primäre Bedrohung nicht aus der Umwelt einwirkt, sondern aus dem eigenen Körper kommt. Die Flight/fight-Reaktion kann zwar aktiviert werden, nicht aber zu einer

Handlung führen, so dass ein Erleben von Ohnmacht der Situation inhärent ist. Eine an Krebs erkrankte Frau wird oft von Gefühlen der Hilflosigkeit und des schutzlosen Ausgeliefertseins überflutet – auch wenn sie zuvor psychisch stabil war –, so dass sich die Frage nach einer angemessenen psychotherapeutischen Unterstützung stellt. Jede Phase der Erkrankung und Behandlung birgt spezifische Risikofaktoren für eine Traumatisierung, so dass es sich häufig um eine *kumulative Traumatisierung* handelt.

Bereits während der *Diagnostik* erleben viele onkologische Patienten eine Vielzahl psychischer Beschwerden bzw. Symptome wie Angst, gedrückte Stimmung, Hilflosigkeit, Ohnmacht, Entsetzen, Gereiztheit, Hyperarousal. Insbesondere die *Mitteilung der Diagnose* der lebensbedrohlichen Erkrankung stellt für Betroffene und deren Angehörige häufig ein Desaster dar und erschüttert Selbst- und Weltbild zutiefst. In dieser Situation kann es zu einer peritraumatischen Dissoziation, emotionaler Betäubtheit oder Verleugnung kommen. Patientinnen schildern verschiedene Wahrnehmungen: Sie erleben sich z. B. so, als schwebten sie über dem Geschehen und sähen von außen zu, haben ein verändertes Zeitempfinden (z. B. Zeitdehnung), die sensorische Wahrnehmung ist eingeengt (z. B. »Tunnelblick«), die Bedeutung von Worten kann nicht mehr erfasst werden, oder es kann sich auch eine Amnesie ausbilden, wobei die Erinnerung für den Zeitraum um die Mitteilung der Diagnose fehlt. Für den Arzt ist es wichtig, diese Veränderungen zu erfassen, um einerseits zu gewährleisten, dass die Patientin die medizinischen Informationen aufnehmen und verarbeiten kann, und um andererseits frühzeitig notwendige Maßnahmen zur Unterstützung oder Therapie einleiten zu können. Wenn eine Verarbeitung und Integration dieser Erfahrungen nicht gelingt, kann es später zu Intrusionen der abgespaltenen Erfahrungen und zu Hyperarousal kommen.

Einige Patientinnen weisen das Vollbild einer PTBS auf. Die peritraumatische Dissoziation gilt als stärkster Prädiktor für deren Entwicklung. Da in Schocksituationen nur 20–30 % der verbalen Informationen aufgenommen werden, ist es notwendig, das Gespräch gut zu strukturieren. Es sollten dosiert die Informationen vermittelt werden, welche die Patientin aktuell braucht, um die anstehenden Entscheidungen treffen zu können, und es sollten ihre Fragen beantwortet werden.

Ein weiterer kritischer Zeitraum ist die *Phase der medizinischen Therapie*. Die erforderlichen medizinischen Maßnahmen werden statt als lebensrettend oft als aggressiv und für die körperliche und seelische Unversehrtheit bedrohlich erlebt, so dass ihnen die Bedeutung von äußeren Traumafaktoren zukommen kann. Dies gilt insbesondere für Operationen mit resultierenden »Verstümmelungen«, wie nach einer Ablatio mit folgender Veränderung des Körperbildes, aber auch für die Chemotherapie und die Bestrahlung.

In der *Remissionsphase* kann die Angst vor einem Rezidiv sehr groß sein und mit einer erheblichen Erhöhung des Stressniveaus einhergehen. Es ist hilfreich, dies bei anstehenden Nachuntersuchungen zu bedenken und entsprechend auf die Patientin einzugehen. Häufig werden in dieser Phase erstmals Traumafolgen, wie eine PTBS, sichtbar. Die Patientin wird meist deutlich entlastet, wenn der Arzt nach ihrer psychischen Verfassung fragt und erklärt, dass die Traumasymptomatik bei einer Extrembelastung häufig vorkommt und eine »normale« Reaktion darauf ist: Fürchtet sie doch oft, »verrückt zu werden«, oder interpretiert möglicherweise Konzentrationsstörungen als Hinweis auf Hirnmetastasen. Immer sollte eine fachärztliche Abklärung erfolgen und gegebenenfalls die weitere psychotherapeutische Betreuung eingeleitet werden.

Ein Rezidiv bedeutet massiven Stress und es kann zu Schockerleben, Hilf- und Hoffnungslosigkeit, Vertrauensverlust, Gefühl von Entfremdung, Kontrollverlust und Angst vor dem Sterben kommen. Die mit dem Rezidiv verbundene Therapie bedeutet erneut Ohnmacht und ein Ausgeliefertsein an das medizinische System.

In dem Versuch, sich zu schützen, vermeiden traumatisierte Frauen oft die Begegnung mit Reizen, die an das Trauma erinnern. Sie meiden beispielsweise Kliniken, Gedanken an oder Informationen über die Erkrankung oder verleugnen sie sogar. Dies kann sich dysfunktional auf das Gesundheitsverhalten auswirken, beispielsweise wenn eine Patientin bei östrogensensitivem Mamma-Karzinom eine baldige Schwangerschaft plant. Hier ist eine sensible Intervention erforderlich. Immer sollte sich der Arzt bewusstmachen, dass es sich um einen Schutzmechanismus handelt. Wird dieser durchbrochen, ohne dass für die Patientin Alternativen zur Bewältigung ihrer Situation vorhanden sind, drohen emotionale Überflutung und Traumatisierung. Eine fachkompetente Unterstützung ist notwendig und kann in vielen Kliniken durch den psychosomatischen Konsil- und Liaisondienst gewährleistet werden.

Integrierte Versorgungsstrukturen bestehen noch kaum, die Etablierung von psychotraumatologisch-onkologischen Ansätzen zur Behandlung von Krebspatienten wird aber auch in der Gynäkologie verschiedentlich diskutiert und angeregt.

11.5 Der Umgang mit traumatisierten Patientinnen und die Prävention von Traumata als Herausforderung im klinischen Alltag

Der Umgang mit traumatisierten Patientinnen und potentiell traumatisierenden Situationen im klinischen Alltag stellt hohe Anforderungen an den Arzt und das behandelnde Team. Dies kann sie unter Umständen überfordern und nicht selten zu einer beträchtlichen Hilflosigkeit führen und die Beziehung zur Patientin belasten. Möglicherweise stoßen Arzt und Behandlungsteam an Grenzen der eigenen Empathie oder des Wissens zu psychischen Traumata. Gleichsam können auch eigene Ängste, wie Angst vor Ohnmacht, Versagen und Kontrollverlust, mobilisiert werden. Das Verhalten der Patientin kann verunsichern oder verärgern, beispielsweise wenn es als unkooperativ erlebt wird. Es kann auch Hilflosigkeit hervorrufen und so vielleicht zu einer ungeduldigen, vorwurfsvollen, ablehnenden oder gereizten Haltung beim Arzt führen. Auf der anderen Seite kann die Ohnmacht der Patientin auch dazu verführen, dass die Behandelnden sich besonders bemühen und dabei zu viel Verantwortung übernehmen oder ungewollt Grenzen der Patientin überschreiten. Für eine adäquate Hilfeleistung ist es wichtig, bei einem hohen Maß an Empathie immer auch eine angemessene Distanz zu wahren. Aufmerksames, einfühlsames Zuhören und eine geduldige Präsenz als Grundhaltung sind hilfreich.

Das Ansprechen von Gefühlen kann die Patientin entlasten, Angst reduzieren und Vertrauen schaffen. Ein guter Kontakt zur Patientin ist nicht zu unterschätzen: Häufig wird vergessen oder es ist keine Zeit, während der medizinischen Versorgung zu erfragen, wie es ihr geht. Dabei sollte das subjektive Erleben der Patientin anerkannt werden, auch wenn die Sicht des Arztes eine andere ist. Dies kann geschehen, ohne dass die ärztliche Haltung zurückgenommen werden muss, z. B. indem der Arzt sagt: »Es tut mir leid, dass Sie das so erlebt haben.«

Allgemein gilt es, die aktive Rolle der Patientin in der Therapie zu stärken, somit ihre im Trauma verlorene Handlungskontrolle wiederherzustellen. Dabei sind verständliche Information, Transparenz, Raum für Mitentscheidung und die Ermöglichung von Eigeninitiative essentiell. Vereinfachte Modelle aus der Traumaforschung (vgl. die Beiträge in Teil A dieses Bandes) lassen sich den Patientinnen sehr gut vermitteln und eignen sich, eine Erklärung für das subjektive Erleben zu geben, was wiederum für Sicherheit und Kontrolle sorgt.

11.6 Ausblick: Integrierte Versorgung, Überweisung, psychosomatischer Konsil- und Liaisondienst

Der psychotraumatologischen Diagnostik, Therapie und Prävention muss ein höherer Stellenwert in der gynäkologischen Regelversorgung zukommen. Weidner, Einsle, Köllner et al. (2004) fanden an einer deutschen Frauenklinik, dass die Sicht der Patientinnen und der Behandelnden sehr unterschiedlich ist: Der Bedarf an psychosomatischer Betreuung wird von Ärzten deutlich unterschätzt. Nur ein Viertel der Patientinnen, die sich eine konsiliarische Untersuchung gewünscht hätten, haben diese auch erhalten. Die von den Ärzten angeforderten Konsile zielten auf eine Hilfestellung bei der Krankheitsbewältigung, während es zur psychosomatischen Diagnostik kein Konsil gab. Es erscheint also notwendig, vermehrt nach dem seelischen Befinden der Patientinnen zu fragen und bei Ärzten ein Bewusstsein für die Möglichkeiten und die Notwendigkeit einer konsiliarischen Zusammenarbeit zu schaffen. Integrierte Konzepte sind noch kaum etabliert, erscheinen aber vor dem Hintergrund der aktuellen Forschung sinnvoll. Meltzer-Brody, Hartmann, Miller et al. (2004) stellen ein Screeninginstrument auf PTBS in der ambulanten Versorgung vor und empfehlen aufgrund des hohen Vorkommens der Störung ein reguläres Screening in der Gynäkologie.

Zusammenfassend lassen sich folgende Ziele in Hinblick auf die Verbesserung des Umgangs mit seelischen Traumata formulieren: ein frühzeitiges Erkennen von Risikofaktoren für eine Traumatisierung, von Anzeichen einer Traumafolgestörung und der Notwendigkeit, diese zu behandeln, sowie eine Prävention von Traumatisierung und Retraumatisierung.

Zur Umsetzung dieser Ziele sind Ansätze auf verschiedenen Ebenen möglich. Zum einen sollten in der Weiterbildung zum Facharzt für Gynäkologie und Geburtshilfe traumaspezifische Inhalte zur Verbesserung von Diagnostik und Prävention vermehrt Berücksichtigung finden. Weiterhin sollte eine engere und zeitnahe Zusammenarbeit mit ärztlichen und psychologischen Psychotherapeuten durch Überweisung, Konsil- und Liaisondienst etabliert werden. Nicht zuletzt erscheint die Integration von spezifischen Screenings und einer gezielten Anamneseerhebung von Traumata und deren Folgestörungen notwendig.

11.7 Literatur

Backe J., Micka R. & Seidler G. H. (2006). Posttraumatische Belastungsstörung und gynäkologische Symptome in einer Frauenarztpraxis. *Geburtshilfe und Frauenheilkunde*, 66, 461–468.

Chandra P. S. & Ranjan S. (2007). Psychosomatic obstetrics and gynecology – a neglected field? *Current Opinion in Psychiatry*, 20, 168–173.

Golding J. M., Taylor D. L., Menard L. & King M. J. (2000). Prevalence of sexual abuse history in a sample of women seeking treatment for premenstrual syndrome. *Journal of Psychosomatic Obstetrics and Gynaecology*, 21, 69–80.

Lal M. (2009). Psychosomatic approaches to obstetrics, gynaecology and andrology – a review. *Journal of Obstetrics and Gynaecology*, 29 (1), 1–12.

Leeners B., Stiller R., Block E., Görres G., Imthurn B. & Rath W. (2007). Effect of childhood sexual abuse on gynecologic care as an adult. *Psychosomatics*, 48 (5), 385–393.

Leeners B., Stiller R., Neumaier-Wagner P., Kuse S., Schmitt A. & Rath W. (2008). Psychosocial distress associated with treatment of hypertensive diseases in pregnancy. *Psychosomatics*, 49, 413–419.

Lev-Wiesel R., Chen R., Daphna-Tekoah S. & Hod M. (2009). Past traumatic events: Are they a risk factor for high-risk pregnancy, delivery complications, and postpartum posttraumatic symptoms? *Journal of Women's Health*, 18, 119–125.

Meltzer-Brody, S., Hartmann, K., Miller, W. C., Scott, J., Garrett, J. & Davidson, J. (2004). A brief screening instrument to detect posttraumatic stress disorder in outpatient gynecology. *Obstetrics and Gynecology*, 104, 770–776.

Meltzer-Brody S., Leserman J., Zolnoun D., Steege J., Green E. & Teich A. (2007). Trauma and posttraumatic stress disorder in women with chronic pelvic pain. *Obstetrics and Gynecology*, 109 (4), 902–908.

Peschers U. M., Du Mont J., Jundt K., Pfürtner M., Dugan E. & Kindermann G. (2003). Prevalence of sexual abuse among women seeking gynecologic care in Germany. *Obstetrics and Gynecology*, 101, 103–108.

Poel Y. H. M., Swinkels P. & de Vries J. I. P. (2009). Psychological treatment of women with psychological complaints after pre-eclampsia. *Journal of Psychosomatic Obstetrics and Gynaecology*, 30, 65–72.

Seng, J. S., Oakley, D. J., Sampselle, C. M., Killion, C., Graham-Bermann, S. & Liberzon, I. (2001). Posttraumatic stress disorder and pregnancy complications. *Obstetrics and Gynecology*, 97, 17–22.

Weidner K., Einsle F., Köllner V., Haufe K., Joraschky P. & Distler W. (2004). Werden Patientinnen mit psychosomatischen Befindlichkeitsstörungen im Alltag einer Frauenklinik erkannt? *Geburtshilfe und Frauenheilkunde*, 64, 479–490.

Weitlauf J. C., Finney J. W., Ruzek J. I., Lee T. T., Thrailkill A., Jones S. & Frayne S. M. (2008). Distress and pain during pelvic examinations: Effect of sexual violence. *Obstetrics and Gynecology*, 112, 1343–1350.

Wittchen H.-U., Perkonigg A. & Pfister H. (2003). Trauma and PTSD – an overlooked pathogenic pathway for premenstrual dysphoric disorder? *Archives of Women's Mental Health*, 6, 293–297.

MATTHIAS VONMOOS UND ANDREAS MAERCKER

12. Trauma und Demenz

Durch die stetig höhere Lebenserwartung gehören dementielle Erkrankungen inzwischen zu den häufigsten psychischen Erkrankungen. Allein in Westeuropa ist bei ca. 7 Millionen Menschen eine Demenz vorhanden (ADI, 2009). Da dementielle Erkrankungen mit dem höheren Lebensalter verbunden sind, bedeutet das, dass Menschen mit viel Erfahrung betroffen sind, zu denen auch traumatische Erlebnisse gehören (z. B. Gewalt, Kriege, Naturkatastrophen). Studien zur PTBS-Prävalenz im Alter haben gezeigt, dass in den durch den Zweiten Weltkrieg betroffenen Ländern ungefähr die Hälfte der über 60-Jährigen von mindestens einem traumatischen Erlebnis (im Sinne des A-Kriteriums des DSM-IV) berichten. Die PTBS-Prävalenz ist in diesen Regionen um das 2- bis 3-Fache höher als die jüngerer Kohorten.

In diesem Kapitel sollen zwei Interaktionsmöglichkeiten zwischen Demenzen und Trauma/Posttraumatischer Belastungsstörung (PTBS) beschrieben werden:

- Sind Traumata/PTBS ein Risikofaktor für eine dementielle Erkrankung? Damit verbunden ist die Frage, ob es beim Vorliegen einer Demenz zu einer Trauma-/PTBS-Reaktivierung kommen kann.
- Können dementielle Erkrankungen ihrerseits als potentiell traumatisierende Erfahrungen aufgefasst werden? Hierbei muss zwischen einerseits den Demenzpatienten und andererseits den Angehörigen oder Pflegenden unterschieden werden.

Da die umfangreichste Literatur zur Degenerativen Demenz vom Alzheimer-Typ (kurz: Alzheimer-Demenz) vorliegt, wird diese im Folgenden im Mittelpunkt stehen.

12.1 Dementielle Erkrankungen

Dementielle Erkrankungen sind klinisch folgenschwere psychische Störungen. Es handelt sich um über Alternsnormen hinausgehende Muster von kognitiven, psychischen, verhaltensmäßigen und körperlichen Symptomen, die insbesondere zu geistigen Leistungseinschränkungen führen. Neben der Alzheimer-Demenz ist die vaskuläre Demenz am häufigsten, gefolgt von der frontotemporalen und der Levy-Körper-Demenz (ADI, 2009). Die Alzheimer-Demenz ist vornehmlich durch biologisch-genetische Faktoren determiniert, doch beeinflussen im Rahmen komplexer hirnphysiologischer Mechanismen viele weitere Faktoren die Progression des Störungsbilds, z. B. der erreichte Bildungsstatus, Lebensstil- und Persönlichkeitsfaktoren (Forstmeier & Maercker, 2008). Die Progression der Alzheimer-Demenz hängt demnach von einer Vielzahl von Faktoren ab, zu denen prinzipiell auch Traumaerleben und PTBS gehören können.

Neben den bereits sehr weit fortgeschrittenen Ausprägungen dementieller Erkrankungen ist bei älteren Menschen die hohe Prävalenz leichter kognitiver Beeinträchtigung (Mild Cognitive Impairment, MCI) zu beachten, welche bei den über 65-Jährigen zwischen 3 und 19 % liegt (Forstmeier & Maercker, 2008). Abzugrenzen von den Demenzen und dem MCI ist die Pseudodemenz. Mit diesem diagnostischen Begriff werden kognitive Leistungseinbußen beschrieben, die fälschlicherweise der Demenz zugeschrieben werden. Ihnen liegen aber pathogenetisch depressive Störungsbilder zugrunde, wobei schwere PTBS-Verläufe über ihre depressive Symptomatik auch mit einer Pseudodemenz verbunden sein können (Peritogiannis et al., 2008).

12.2 Traumata/PTBS als Risikofaktoren für Demenzen

Verschiedene klinische Fallberichte drücken die Annahme aus, dass bei Traumata/PTBS eine höhere Wahrscheinlichkeit für Demenzen (insbesondere Alzheimer und MCI) besteht. Den bisher deutlichsten Hinweis zum Einfluss der PTBS auf die dementielle Erkrankung erbringt eine große Studie mit US-Kriegsveteranen (Yaffe et al., 2010). Basierend auf Daten von ca. 200 000 Kriegsveteranen wurde in einer Längsschnittstudie die Wahrscheinlichkeit des Entstehens einer Alzheimer-Demenz bei Personen mit PTBS mit der bei solchen ohne PTBS verglichen. Die Ergebnisse zeigen, dass Personen mit einer PTBS im Alter ein fast doppelt so hohes Risiko haben, an Alzheimer-Demenz zu erkranken, wie Personen ohne PTBS (Yaffe et al., 2010). Das deutliche Ergebnis blieb auch dann annähernd stabil, wenn weitere demografische, medizinische oder psychiatrische Faktoren (z. B. Komorbiditäten) in Kontrollanalysen berücksichtigt wurden.

Der Fokus weiterer Studien zu diesem Themenbereich bezieht sich fast ausschließlich auf den Zusammenhang zwischen der PTBS und kognitiven Einbußen älterer Menschen. Diese Studien führten allerdings zu unterschiedlichen Ergebnissen, begründbar durch hohe Heterogenität, kleine Fallzahlen, unterschiedliche Populationen sowie sehr differierende kognitive Messverfahren. Zusammenfassende Metaanalysen dieser Einzelstudien zeigen, dass PTBS-Patienten im Vergleich zu Kontrollgruppen tendenziell eine Abnahme der episodischen Gedächtnisleistung zu verzeichnen hatten (im Gegensatz zum semantischen und prozeduralen Gedächtnis), wobei die Einbußen bei verbalen Gedächtnisleistungen schweren wiegen als bei den visuellen (Brewin et al., 2007).

Zusätzlich gibt es Belege dafür, dass es bei Personen mit einer PTBS Einbußen in Bezug auf das Lernen neuer Informationen gibt. Tests zeigten, dass diese Einbußen nicht mit dementiellen Bedingungen zu vergleichen, sondern vielmehr mit der Fähigkeit des Enkodierens und Konsolidierens von Informationen verbunden sind (Yehuda et al., 2004).

12.3 Reaktivierte Traumata/PTBS bei Älteren und Dementen

In der Literatur wird verschiedentlich von einer Trauma-Reaktivierung im höheren Lebensalter berichtet (Kruse & Schmitt, 1998). Diagnostisch relevant ist, ob es dabei zu einer verzögert auftretenden (»Vollbild«-) PTBS kommt.

In mehreren Studien konnte eine Zunahme posttraumatischer Symptome im höheren Lebensalter belegt werden. Kruse und Schmitt (1998) zeigen, dass bei ehemaligen jüdischen KZ-Häftlingen bzw. Emigranten die Intensität der traumatischen Erinnerungen über die Zeit variiert und die Häufigkeit der Erinnerungen an das Trauma im höheren Alter und insbesondere in den letzten zwei bis vier Lebensjahren markant zunimmt. Bei der verzögert auftretenden PTBS ist zu berücksichtigen, dass das Trauma im höheren Lebensalter in die psychischen Alterungsprozesse einbezogen und seine Bedeutung durch die Probleme und Bewältigungsprozesse des Älterwerdens modifiziert wird (Maercker, 2002).

Was die Auslöser dieser Trauma-/PTBS-Reaktivierung sind, ist teilweise noch unklar. Es kann davon ausgegangen werden, dass es sich um episodische Erinnerungen oder Assoziationen handelt, die durch spezifische Trigger ausgelöst werden (Solomon & Ginzburg, 1999). Andrews et al. (2007) fanden, dass es sich bei rund einem Viertel der Auslöser um Erinnerungen an das originäre Traumaereignis handelt (z. B. in Gesprächen, Medienberichten)

Dementielle Patienten »wiederholen« manchmal bestimmte Situationen aus früheren lebensgefährlichen Situationen – wie Kriegs- oder anderen Gefahrenerlebnissen –, indem sie sich beispielsweise verstecken oder weglaufen (»Reenactment«), was für die Pflegenden eine besondere Herausforderung bedeutet. Es gibt Anzeichen dafür, dass aggressives Verhalten von Pflegeheimbewohnern, die Kriegsveteranen sind, mit einer früheren PTBS aufgrund ihrer Kriegserlebnisse zusammenhängt (Carlson et al., 2008).

12.4 Demenzerkrankungen als traumatische Belastung

12.4.1 Demenzerkrankung als traumatische Belastung für Betroffene

Die Ansicht, dass Demenzkranke ihre Erkrankung reflektieren und daran stark leiden können, ist noch neu. Neuere Studien zeigen, dass ein Viertel bis ein Drittel der Betroffenen in einem frühen Demenzstadium bewusst wahrnehmen, dass bei ihnen diese Störung vorliegt, während bei den anderen wahrscheinlich keine Krankheitseinsicht vorliegt (Forstmeier & Maercker, 2008). Ob alle Betroffenen am Wissen um ihre eigene Demenz auch selbst (stark) leiden, ist bisher nicht systematisch untersucht worden. Nach den Traumadefinitionen des ICD- und DSM-Systems ist es möglich, die Selbsteinsicht, unheilbar krank zu sein, als Trauma zu bezeichnen. In diesem Sinn erleben manche Patienten sich »wie in einem dunklen Tunnel ohne Licht am Ende«.

Im Stadium der Pflegebedürftigkeit bei schwerer Demenz werden einige Betroffene durch die Pflegenden aus der eigenen Familie traumatisiert (Stichwort: »Missbrauch älterer Pflegebedürftiger«). In einer Studie von Cooper et al. (2009) zeigte sich, dass rund ein Drittel der Personen, die im familiären Rahmen Demenzkranke pflegen, berichtete, bereits einmal einen Patienten wesentlich misshandelt zu haben, wobei verbale Misshandlungen (Anschreien) im Vordergrund standen. Das Faktum, dass diese Misshandlungen nur selten physischer Natur sind oder gar regelmäßig vorkommen, weist darauf hin, dass dabei in der Regel nicht vorsätzliche Absicht bestand, sondern dass eine Überforderung in der Pflege der Grund für den Übergriff war. Inwiefern solche Erlebnisse bei den betroffenen Demenzkranken noch psychische Störungen in Form einer PTBS auslösen, ist bisher empirisch noch nicht untersucht.

12.4.2 Demenzerkrankung als traumatische Belastung für Angehörige und Pflegende

Die hohe Belastung pflegender Angehöriger und professioneller Pflegepersonen ist in vielen Studien dokumentiert worden (Gutzmann & Zank, 2005). Für diese Belastungen sind insbesondere die im Verhalten zum Ausdruck kommenden und affektiven Krankheitssymptome von Bedeutung. Die Konfrontation mit konkreten problematischen Verhaltensweisen, aber auch der allgemein sich verschlechternden Lage des Patienten kann zu intensiven Gefühlen von Verlust und Trauer, aber auch zu Ablehnung und Aggression von Seiten der Pflegenden führen. Eine weitgefasste Definition des traumatischen Erlebens erfasst diese Reaktionen auf eine Demenzerkrankung bei einer Person des persönlichen Umfelds im Sinne der Traumadefiniton des ICD-10, in der das Trauma als außergewöhnlicher Bedrohung beschrieben wird, »die bei fast jedem eine tiefe Verzweiflung hervorrufen würde« (WHO, 2007).

Zwischen 50 und 70 Prozent der Demenzkranken brauchen sehr viel fremde Hilfe (Gutzmann & Zank, 2005). Die Pflege dementer Menschen erfordert großen körperlichen Einsatz und psychische Fähigkeiten, die Belastungen zu bewältigen. Aufgrund der Krankheits- und der kontextuellen Dynamik kann es zur Eskalation von Aggressivität und Gewalt von Seiten der Demenzkranken kommen (schlagen, beißen, verwüsten von Wohnungen usw.). Die andauernde Belastung durch Pflegeaufgaben kann negative Konsequenzen für das psychische Befinden der Pflegenden haben. Traditionellerweise werden diese Auswirkungen auf die physische und psychische Gesundheit in den Dimensionen »allgemeines Stresserleben«, »Depressionen«, »Schlafstörungen« oder »Selbstwirksamkeit« erfasst. Es gibt darüber hinaus auch klinische Hinweise, dass auch auf Seiten der Pflegenden eine PTB-Symptomatik entstehen kann (Mealer et al., 2007), auch wenn hierzu noch systematische Studien für Pflegende von Demenzpatienten fehlen.

12.5 Ausblick

Insgesamt ist über die Interaktion der beiden Krankheitsbilder Demenz und PTBS bisher eher wenig bekannt. Die wenigen Studien zur PTBS im höheren Lebensalter untersuchten in der Regel explizit keine Personen mit kognitiven Beeinträchtigungen oder dementiellen Erkrankungen. Schon durch die Häufigkeit der beiden Störungen in der Bevölkerung liegt es nahe, die möglichen Wechselwirkungen zwischen den zwei Krankheiten genauer zu untersuchen.

Aufgrund der oft komplexen Ko- oder auch Multimorbiditäten im höheren Lebensalter sowie der nicht selten gleichzeitig auftretenden kognitiven Abbauerscheinungen und der steigenden Vulnerabilität ist eine klare Unterscheidung der beiden Krankheitsbilder nicht immer ganz einfach. Für die Therapie bedeutet dies, dass in der klinischen Arbeit mit älteren Menschen stets auch eine historische Perspektive eingenommen werden sollte.

Der Zugang der Forschung dürfte in Zukunft um neue Konzepte erweitert werden, da beide Störungen gemeinsame Funktionsbereiche betreffen (das Gedächtnis mit seinen neuropsychologischen Grundlagen wie u. a. dem Hippocampus) und die Progredienz des dementiellen Abbaus durch aversive Lebenserfahrungen nachweislich beeinflusst wird.

12.6 Literatur

ADI, Alzheimer's Disease International (2009). *World Alzheimer Report 2009.* Online im Internet: www.alz.co.uk [Stand 29.01.2010].

Andrews B., Brewin C. R., Philpott R. M. & Stewart L. (2007). Delayed-onset posttraumatic stress disorder: A systematic review of the evidence. *American Journal of Psychiatry,* 164, 1319–1326.

Brewin C. R., Kleiner J. S., Vasterling J. J. & Field A. P. (2007). Memory for emotionally neutral information in posttraumatic stress disorder: A meta-analytic investigation. *Journal of Abnormal Psychology,* 116, 3, 448–463.

Carlson E. B., Lauderdale S., Hawkins J. & Sheikh J. I. (2008). Posttraumatic stress and aggression among veterans in long-term care. *Journal of Geriatric Psychiatry and Neurology,* 21, 1, 61–71.

Cooper C., Selwood A., Blanchard M., Walker Z., Blizard R. & Livingston G. (2009). Abuse of people with dementia by family carers: Representative cross sectional survey. *British Medical Journal,* 338:b1155.

Forstmeier S. & Maercker A. (2008). *Probleme des Alterns.* (Reihe: Fortschritte der Psychotherapie) Göttingen: Hogrefe.

Gutzmann H. & Zank S. (2005). *Dementielle Erkrankungen.* Stuttgart: Kohlhammer.

Kruse A. & Schmitt E. (1998). Erinnerungen an traumatische Erlebnisse in der Zeit des Nationalsozialismus bei (ehemaligen) jüdischen Emigranten und Lagerhäftlingen. *Zeitschrift für Gerontologie und Geriatrie,* 31, 138–150.

Maercker A. (2002). Posttraumatische Belastungsstörungen und komplizierte Trauer. Lebensrückblicks- und andere Interventionen. In: Maercker A. (Hrsg.). *Alterspsychotherapie und klinische Gerontopsychologie.* Heidelberg: Springer, 245–282.

Mealer M. L., Shelton A., Berg B., Rothbaum B. & Moss M. (2007). Increased prevalence of post-traumatic stress disorder symptoms in critical care nurses. *American Journal of Respiratory and Critical Care Medicine,* 175, 693–697.

Peritoginnais V., Zafiris S., Pappas D. & Mavreas V. (2008). Conversion pseudodementia in the elderly: A review of the literature with case presentation. *Psychogeriatrics,* 8, 1, 24–31.

Solomon Z. & Ginzburg K. (1999). Aging in the shadow of war. In: Maercker A., Schützwohl M. & Solomon Z. (Hrsg.). *Post-traumatic stress disorder. A lifespan developmental perspective.* Seattle/Toronto/Göttingen/Bern: Hogrefe & Huber Publishers, 137–154.

WHO [World Health Organisation] (2007). *International Classification of Diseases (ICD).* Online im Internet: www.who.int/classifications/icd/ [Stand 10.06.2010].

Yaffe K., Vittinghoff E., Lindquist K., Barnes D., Covinsky K., Neylan T., Kluse M. & Marmar C. (2010). Post-traumatic stress disorder and risk of dementia among U.S. veterans. *Archives of General Psychiatry,* 67, 608–613.

Yehuda R., Golier J. A., Halligan S. L. & Harvey P. D. (2004). Learning and memory in Holocaust survivors with posttraumatic stress disorder. *Biological Psychiatry,* 55, 291–295.

BIRGER DULZ UND JOHANNA RÖNFELDT

13. Persönlichkeitsstörungen und Trauma

13.1 Einleitung

Traumatisierungen – sexueller Missbrauch, körperliche Misshandlung, aber auch emotionaler Missbrauch und emotionale Vernachlässigung – spielen in der Vita von Patienten mit Persönlichkeitsstörungen eine herausragende Rolle. So wurde emotionaler Missbrauch in klinischen Populationen im Vergleich zu anderen psychiatrischen Erkrankungen gehäuft bei Menschen mit Persönlichkeitsstörungen gefunden (Bandelow et al., 2005; Bierer et al., 2003), und für körperliche Misshandlung wie auch sexuellen Missbrauch wurden hohe Prävalenzen gefunden: Körperlicher Missbrauch kommt bei bis zu 80 % und mehr der von Persönlichkeitsstörungen Betroffenen vor (Brodsky et al. 1995; Horesh et al. 2008). Speziell die Borderline-Persönlichkeitsstörung scheint dabei aufgrund der Prävalenz sexuellen Missbrauchs von 80 % (Bierer et al., 2003) und sogar bis über 88 % (Dulz & Jensen, 2011) eine herausragende Position einzunehmen (Brodsky et al., 1995).

Bei Missbrauchserfahrungen ist die Wahrscheinlichkeit größer, Symptome der paranoiden, narzisstischen, Borderline-, antisozialen, zwanghaften, passiv-aggressiven und depressiven Persönlichkeitsstörung zu entwickeln (Grover et al., 2007). Darüber hinaus ist die Studienlage zum Zusammenhang zwischen dem Erleben eines Traumas und anderen spezifischen Persönlichkeitsstörungen inkonsistent (Bierer et al., 2003; Haller & Miles, 2004; Saleptsi et al., 2004). Nähere Angaben dazu sind im Folgenden in den Abschnitten zu den spezifischen Persönlichkeitsstörungen zu finden.

Tyrka et al. (2009) ordnen verschiedene Formen von Missbrauch, die in der Anamnese von Patienten erkennbar werden, den drei Persönlichkeitsstörungs-Clustern A, B und C zu: Der Effekt verschiedener Arten des Kindesmissbrauchs auf die Ausbildung verschiedener Symptome von Persönlichkeitsstörungen wurde in einer Stichprobe von Erwachsenen untersucht, die nicht zugleich an einer Achse-I-Störung erkrankt waren; körperlicher, sexueller, emotionaler Missbrauch und Vernachlässigung korrelierten jeweils mit einem Symptomanstieg in allen drei Persönlichkeitsstörungs-Clustern. Verstärkte Symptome konnten zusätzlich bei der paranoiden, Borderline-, vermeidenden, dependenten, zwanghaften und der depressiven Persönlichkeitsstörung beobachtet werden.

Eine signifikante Verknüpfung mit dem Erleben eines Traumas wurde insgesamt für die Cluster-C-Persönlichkeitsstörungen nachgewiesen (Bierer et al., 2003). Diese Ergebnisse zeigen erneut, dass physischer sowie emotionaler Missbrauch und jegliche Form der Vernachlässigung Risikofaktoren mit einer Vielzahl möglicher Folgen für die Persönlichkeit darstellen – auch in nicht-klinischen Samples. Viele Patienten berichten von zahlreichen Erfahrungen von Kindesmissbrauch, wobei als Arten der Misshandlung z. B. emotionaler Missbrauch, körperlicher Missbrauch, sexueller Missbrauch oder Vernachlässigung vorkamen (Battle et al., 2004; Bierer et al., 2003; Gibb et al., 2001; Grover et al., 2007; Johnson et al., 1999a, 2006). Das legt ein weites Spektrum an Persönlichkeitsveränderungen (personality outcomes) als Folge von Misshandlung nahe. Trotzdem zeigen die Untersuchungen keine Konsistenz bezüglich des Zusammenhanges zwischen Art der Misshandlung und Psychopathologie (Gibb et al., 2001; Johnson et al., 1999a).

Zu diskutieren bleibt, ob sexueller Missbrauch oder physische Misshandlung (sog. »Realtraumata« bzw. Traumata nach ICD-10/DSM-IV-Definition) zu einer schwereren Pathologie führen als emotionale oder verbale Gewalt. Verschiedene Studien konzentrieren sich speziell auf Patienten mit sexuellem Missbrauch und/oder körperlicher Misshandlung in der Anamnese (Briere & Elliott, 2003). Allerdings existieren die verschiedenen Arten von Traumatisierungen häufig nebeneinander und dürften daher einen synergistischen Effekt haben (Dube et al., 2001; Edwards et al., 2003; Teicher et al., 2006). Darüber hinaus berichten Teicher und Kollegen (2006) anhand von Daten einer großen Community-Studie mit jungen Erwachsenen, dass das isolierte Vorkommen von verbalem Missbrauch und/oder das Erleben von häuslicher Gewalt depressive und dissoziative Symptome begünstigen – vergleichbar oder sogar stärker als andere Formen der Traumatisierung wie körperliche Gewalt bzw. sexueller Missbrauch. Wenige Studien betrachten den jeweiligen Effekt von emotionalem Missbrauch in der Kindheit (wie wiederholte Demütigungen und Beschimpfungen), verglichen mit körperlichem oder sexuellem Missbrauch, auf die Persönlichkeitspathologie, allerdings mit widersprüchlichen Ergebnissen. Einheitlich wurde jedoch dargestellt, dass bei Individuen mit einer Missbrauchsanamnese im Vergleich zu Kontrollpersonen eine höhere Wahrscheinlichkeit der Entwicklung eines oder mehrerer Symptome der paranoiden Persönlichkeitsstörung, der Borderline-Persönlichkeitsstörung und von Cluster-C-Persönlichkeitsstörungen besteht. Dies ist nachvollziehbar, weil Symptome dieser Erkrankungen Schwierigkeiten mit Vertrauen, Sicherheit, Stabilität, Flexibilität, Selbstvertrauen, Selbstwirksamkeit und Affektregulation widerspiegeln – diese Eigenschaften entwickeln sich in einem sicheren und geborgenen Umfeld (»holding environment/function« [Winnicott 1974; s. hierzu Dulz & Ramb, 2011]). Möglich ist auch, dass in manchen Fällen sowohl die Berichte von Misshandlungen als auch die Symptome einer Persönlichkeitsstörung in kausalem Zusammenhang zu einer verstärkten Sensibilität oder der Tendenz stehen, negative Affekte im Gesicht des Gegenübers zu beobachten (s. Benecke et al., 2011) und diese als Belastung oder anders geartete Stressoren wahrzunehmen.

Genetisch bedingte Unterschiede der

Stress-Sensibilität und -Vulnerabilität, die Persönlichkeitsstörungen zugrunde liegen, mögen mit Stress- und Traumaerfahrung zusammenwirken und erhöhen somit das Risiko, eine Persönlichkeitsstörung zu entwickeln (Goodman et al., 2004). Diese Wechselbeziehung könnte zu der großen Breite an Persönlichkeitspathologie und psychischer Belastung beitragen, die bei Personen mit Missbrauchserfahrungen zu beobachten sind (Tyrka et al., 2009).

13.2 Cluster A – sonderbar oder exzentrisch

Umwelteinflüsse und Lernerfahrungen spielen für die Entwicklung einer schizoiden und paranoiden, aber auch der schizotypen Persönlichkeitsstörung eine wesentliche Rolle. Besonders bei den Persönlichkeitsstörungen vom Cluster A besteht ein starker Zusammenhang mit sexuellem Missbrauch und körperlicher Misshandlung während der Kindheit (Bierer et al., 2003).

13.2.1 Paranoide Persönlichkeitsstörung

Individuen, die von Misshandlungen in der Kindheit berichten, zeigen häufiger als Kontrollpersonen Symptome einer paranoiden Persönlichkeitsstörung (Grover et al., 2007; Tyrka et al., 2009). Körperlicher und sexueller Missbrauch in der Kindheit wurden in einer Studie sogar – neben der antisozialen Persönlichkeitsstörung – als Prädiktoren für die paranoide Persönlichkeitsstörung gesehen (Bierer et al., 2003). Es konnten weitere Zusammenhänge zwischen spezifischen Formen der Belastung in der Kindheit und der paranoiden Persönlichkeitsstörung hergestellt werden (siehe dazu Tab. 1).

Tab. 1: Zusammenhänge zwischen der paranoiden Persönlichkeitsstörung und spezifischen Formen der Belastung in der Kindheit

Studie	N	Belastung in der Kindheit
Carter et al., 1999	248	emotionale Vernachlässigung
Johnson et al., 1999a, b	639	irgendeine Form der Vernachlässigung
Ruggiero et al., 1999	200	sexueller Missbrauch
Shea et al., 1999	140	sexueller Missbrauch
Johnson et al., 2000a, b	738	fehlende Beaufsichtigung durch die Eltern emotionale Vernachlässigung irgendeine Form der Vernachlässigung
Johnson et al., 2001	793	emotionale Misshandlung/Entwertung
Bierer et al., 2003	182	sexueller Missbrauch körperliche Misshandlung

Es konnten also, zusammenfassend, Zusammenhänge zwischen der paranoiden Persönlichkeitsstörung und sexuellem Missbrauch, emotionaler Misshandlung/Entwertung, fehlender elterlicher Beaufsichtigung, emotionaler Vernachlässigung und irgendeiner Form der Vernachlässigung gefunden werden.

13.2.2 Schizoide Persönlichkeitsstörung

Die Kindheit der Patienten mit einer schizoiden Persönlichkeitsstörung ist – bei freilich nicht einheitlicher Datenlage – geprägt von emotionalen Defiziten sowie dem Erfahren von Hass und Zurückweisung (Benjamin, 1993; Wöller et al., 2001). Yen et al. (2002) fanden eine hohe Rate an Traumatisierungen (die nur bei Patienten mit einer Borderline-Persönlichkeitsstörung höher lag). Es konnten auch Zusammenhänge zwischen spezifischen Formen der Belastung in der Kindheit und der schizoiden Persönlichkeitsstörung hergestellt werden (siehe dazu Tab. 2).

Es konnten also, zusammenfassend, Zusammenhänge zwischen einer schizoiden Persönlichkeitsstörung und körperlicher Misshandlung, sexuellem Missbrauch, emotionaler Misshandlung/Entwertung, fehlender elterlicher Beaufsichtigung, materieller Vernachlässigung, emotionaler Vernachlässigung und irgendeiner Form der Vernachlässigung gefunden werden.

13.2.3 Schizotype Persönlichkeitsstörung

Ein Risikofaktor einer erhöhten Prävalenz für psychotische/psychosenahe Symptome ist die Anamnese einer Traumatisierung in der Kindheit (Bebbington et al., 2004; Janssen et al., 2004; Offen et al., 2003; Spauwen et al., 2006). Bebbington und Kollegen (2004) berichten davon, dass Individuen, die sexuell missbraucht worden sind, 15-mal wahrscheinlicher klinisch relevante psychotische Symptome aufweisen als Individuen ohne solche Erfahrungen. Zusätzlich erwähnenswert erscheint die Tatsache, dass mehrere Studien einen Zusammenhang zwischen belastenden Geschehnissen in der Kindheit und psychotischen Phänomenen nahelegen (z. B. Lataster et al., 2006; Steel et al., 2009). Thema von Studien war u. a. der Nachweis einer Beziehung zwischen multiplen Missbrauchserfahrungen in der Kindheit und einem erhöhten Maß an verschiedenen schizotypen Vorstellungen und schizotypem Erleben (Campbell & Morrison, 2007).

Zusätzlich zu diesen Studienergebnissen, in welchen die Verbindung zwischen einer Anzahl psychotischer Symptome und dem

Tab. 2: Zusammenhänge zwischen der schizoiden Persönlichkeitsstörung und spezifischen Formen der Belastung in der Kindheit

Studie	N	Belastung in der Kindheit
Norden et al., 1995	90	emotionale Vernachlässigung
Bernstein & Fink, 1998	339	emotionale Vernachlässigung
Ruggiero et al., 1999	200	sexueller Missbrauch irgendeine Form der Vernachlässigung
Johnson et al., 1999a, b	639	körperliche Misshandlung
Johnson et al., 2000a, b	738	fehlende Beaufsichtigung durch die Eltern materielle Vernachlässigung emotionale Vernachlässigung irgendeine Form der Vernachlässigung
Johnson et al., 2001	793	emotionale Misshandlung/Entwertung

Erleben eines psychischen Traumas dargestellt wurde (z. B. Berenbaum, 1999; Ross & Joshi, 1992), deuten weitere Studien darauf hin, dass speziell die schizotype Persönlichkeitsstörung mit einem psychischen Trauma assoziiert ist. Zwei Arbeitsgruppen konnten den Zusammenhang in Community-Studien belegen (Johnson et al., 1999a, 2000a, 2001). In einer Stichprobe junger Erwachsener zeigten sich signifikante Zusammenhänge zwischen Kindesmisshandlung (speziell Vernachlässigung) und Symptomen der schizotypen Persönlichkeitsstörung (auch nachdem mögliche Bias wie Alter, Bildungsgrad der Eltern, elterliche psychiatrische Erkrankung statistisch herausgerechnet worden waren) (Johnson et al. 1999a; 2000a, 2001). Die Beziehung zwischen Kindesmisshandlung und Symptomen der schizotypen Persönlichkeitsstörung konnte in zahlreichen weiteren Studien nachgewiesen werden (u. a. Berenbaum et al., 2003; Shea et al., 1999). Yen und Kollegen (2003) verglichen die Häufigkeit traumatischer Erlebnisse und von Missbrauchserfahrungen als Kind bei der Major Depression mit der bei verschiedenen Persönlichkeitsstörungen (eine nichtpsychiatrische Kontrollgruppe fand indes keine Berücksichtigung): Patienten mit schizotyper Persönlichkeitsstörung hatten signifikant häufiger als z. B. Patienten mit vermeidender oder zwanghafter Persönlichkeitsstörung traumatische Erlebnisse oder waren als Kinder Opfer physischer Gewalt geworden.

In einer Studie mit ambulanten Patienten, bei denen eine Persönlichkeitsstörung diagnostiziert oder vermutet worden war, konnten vermehrte schizotype Symptome besonders bei extrafamiliärem sexuellem Missbrauch beobachtet werden (Norden et al., 1995); es zeigte sich allerdings keine Korrelation mit sexuellem oder physischem Missbrauch innerhalb der Familie (Ruggiero et al., 1999).

Das höchste Ausmaß an schizotypen Symptomen wurde bei den Individuen mit schwerer Vernachlässigung, schwerem sexuellen Missbrauch sowie schwerer physischer und psychischer Gewalt in der Kindheit gefunden, wohingegen das geringste Ausmaß die Gruppen der »geringgradig Misshandelten« und »moderat sexuell Missbrauchten« aufwiesen (so Ruggiero et al., 1999). Shea und Kollegen (1999) verglichen Persönlichkeitsstörungsprofile dreier Gruppen von Traumaopfern miteinander: von männlichen Kriegsveteranen einer PTBS-Klinik, erwachsenen stationären Patientinnen mit sexueller Traumatisierung und erwachsenen ambulanten Patientinnen mit sexueller Traumatisierung. Diese wurden wiederum mit fünf Gruppen psychiatrischer Patienten verglichen, bei denen keine Anamnese eines Traumas vorlag. Sie fanden heraus, dass sich die drei Trauma-Gruppen untereinander sehr viel stärker ähnelten, als sie den anderen Gruppen psychiatrischer Patienten ähnlich waren. Die Symptome aller Patienten der Trauma-Gruppen gingen mit einer erhöhten schizotypen Symptomatik einher.

In weiteren Studien (u. a. Luntz & Widom, 1994; Zanarini et al., 1989) wurde untersucht, ob die Zusammenhänge zwischen Trauma und schizotypen Symptomen auch bestehen bleiben, wenn der statistische Effekt der ebenso assoziierten Faktoren wie Cluster-B-Persönlichkeitsstörungen und biologische Faktoren explizit nicht berücksichtigt wird. Johnson und Kollegen (2000b) konnten nachweisen, dass Kindesmiss-

Tab. 3: Zusammenhänge zwischen der schizotypen Persönlichkeitsstörung und spezifischen Formen der Belastung in der Kindheit

Studie	N	Belastung in der Kindheit
Norden et al. 1995	90	sexueller Missbrauch
Shea et al. 1999	140	sexueller Missbrauch
Ruggiero et al., 1999	200	sexueller Missbrauch irgendeine Form der Vernachlässigung
Johnson et al., 1999a, b	639	körperliche Misshandlung irgendeine Form der Vernachlässigung
Johnson et al., 2000a, b	738	materielle Vernachlässigung irgendeine Form der Vernachlässigung
Johnson et al., 2001	793	emotionale Misshandlung/Entwertung
Yen et al., 2002	653	körperliche Misshandlung
Berenbaum et al., 2003	75	sexueller Missbrauch

brauch und -vernachlässigung nicht mehr signifikant mit schizotypen Symptomen korrelieren, nachdem die Effekte der komorbid bestehenden Persönlichkeitsstörungen berücksichtigt wurden – allerdings wurden lediglich Traumatisierungen in der Kindheit berücksichtigt.

Es konnten also, zusammenfassend, Zusammenhänge zwischen der schizotypen Persönlichkeitsstörung und körperlicher Misshandlung, sexuellem Missbrauch, emotionaler Misshandlung/Entwertung, materieller Vernachlässigung, emotionaler Vernachlässigung und irgendeiner Form der Vernachlässigung gefunden werden.

13.3 Cluster B – dramatisch, emotional oder unbeständig

Die Entstehung der Persönlichkeitsstörungscluster im DSM-III (APA, 1980) basierte primär auf klinischer Erfahrung, systematische Untersuchungen spielten noch kaum eine Rolle. Trotzdem zeigten die Persönlichkeitsstörungen des Clusters B, des »dramatischen« Clusters, in Studien hohe Korrelationen (Fossati et al., 2000; Grilo & McGlashan, 2000; Zimmermann & Coryell, 1989). Zudem zeigte sich eine hohe Komorbidität untereinander (Fossati et al., 2000; Zimmermann et al., 2005), und die Muster von zugrunde liegender Genetik und von beteiligten Umweltfaktoren des Clusters B haben große Ähnlichkeiten (Livesley et al., 1998).

13.3.1 Antisoziale Persönlichkeitsstörung

Bei der antisozialen Persönlichkeitsstörung spielt der Zusammenhang mit einer Traumatisierung eine bedeutende ätiologische Rolle (Grover et al., 2007). Die Belastung durch traumatische Erlebnisse disponiert für psychiatrische Morbidität: Ein Traumaerleben in Kindes- oder Jugendalter korreliert signifikant mit einem höheren Auftreten von psychiatrischen Erkrankungen, u. a. der antisozialen Persönlichkeitsstörung (Zlotnick et al., 2008). Nachgewiesen wurde, dass traumatische Geschehnisse in der Kindheit mit verschiedenen Formen antisozialer Persönlichkeitszüge in Verbindung stehen, wie:
- Verhaltensstörungen (Kelso & Stewart, 1983),
- sozialer Unangepasstheit (social maladjustment) (Martens, 2005),
- Substanzabusus (Kendler et al., 2000),
- Aggressivität (Barnow et al., 2001),
- antisoziales Verhalten (Chamberlain & Moore, 2002; Luntz & Widom, 1994),
- Kriminalität, Delinquenz und insgesamt gewalttätiges Verhalten (Widom, 1989b),
- ein geringes Maß an Empathie (Martens, 2005),
- Depression (Bifulco et al., 1991; Fergusson et al., 1996; Mullen et al., 1993),
- Suizidgedanken und Suizidversuche (Christoffersen et al., 2003).

Prospektive Studien zeigen, dass missbrauchte und vernachlässigte Kinder – im Vergleich zu einer Kontrollgruppe – mit einer höheren Wahrscheinlichkeit mit dem Gesetz in Konflikt kommen und verhaftet werden (Widom, 1989b) und mit höherer Wahrscheinlichkeit die Kriterien der antisozialen Persönlichkeitsstörung erfüllen (Luntz & Widom, 1994). Missbrauch und geringe elterliche Fürsorge sowie Traumata in der Kindheit und Jugend wurden als Risikofaktoren für die Herausbildung einer antisozialen Persönlichkeitsstörung im Erwachsenenalter identifiziert (Bierer et al.,

2003; Chamberlain & Moore, 2002; Gibson et al., 1999; Horwitz et al., 2001).

Auch das DSM-III erwähnt als Zusatz, dass Missbrauchserfahrungen in der Kindheit häufig für das Entwickeln einer antisozialen Persönlichkeitsstörung prädisponieren. Allerdings ist wenig über zugrunde liegende Mechanismen dieses Zusammenhangs bekannt. Da allerdings so überproportional viele Menschen mit einer antisozialen Persönlichkeitsstörung eine ähnliche Vergangenheit haben, kann grundsätzlich geschlussfolgert werden, dass eine frühe Traumatisierung in der Kindheit und ungünstige Erlebnisse im Leben eine Rolle bei der Entstehung der antisozialen Persönlichkeitsstörung spielen. In vielen Studien wurde die Verbindung zwischen der Entwicklung einer antisozialen Persönlichkeitsstörung sowie körperlichem und sexuellem Missbrauch belegt (Haapasalo & Kankkonen, 1997; Johnson et al., 2003; Rivera & Widom, 1990; Rundell et al., 1989; Shahar et al., 2004; Stein & Lewis, 1992; Widom, 1989b; 1991). Das ist nicht verwunderlich, da viele der Menschen mit antisozialer Persönlichkeitsstörung mit Eltern aufwuchsen, die sie vernachlässigten und manchmal ihnen gegenüber gewalttätig wurden (Robins, 1987).

Für Haapasalo und Pokela (1999) ist ein »Trauma-Modell« der interessanteste theoretische Ansatz, der einen Mechanismus beschreiben kann, welcher den Zusammenhang zwischen einer Traumatisierung in der Kindheit und antisozialem Verhalten erklärt. Über 60 % der antisozialen Individuen berichten von mindestens einer Art des Kindesmissbrauchs (Dutton & Hart, 1994; Fondacaro et al., 1999; Weeks & Widom, 1998) – diese Daten stammen in erster Linie von Gefängnisinsassen. Obwohl eine frühe Traumatisierung natürlich nicht der einzige Bedingungsfaktor einer späteren antisozialen Persönlichkeitsstörung ist, scheint sie eine Schlüsselrolle beim Entstehen antisozialen Verhaltens zu spielen (Weeks & Widom, 1998).

Ein weiterer psychologischer Risikofaktor für die Entstehung antisozialen Verhaltens ist die frühe Trennung der Eltern. Eine anhaltende Trennung von der Mutter wird als ein kausaler Faktor der Entstehung antisozialen Verhaltens diskutiert (Bowlby, 1946). Allerdings scheint nicht die Bindung an die Mutter der kritische Faktor zu sein, sondern dass das Kind überhaupt eine Bindung zu einer konstanten Bezugsperson hat (Loeber, 1990). Wird einem kleinen Kind eine wichtige emotionale Bindung vorenthalten, kann das seine grundsätzliche Kompetenz, später eine intime und verlässliche Partnerschaft einzugehen, zerstören, und dies kann wiederum dazu führen, dass dieses Kind nicht in der Lage ist, eine angemessene emotionale Beziehung zu Elternfiguren zu entwickeln (Black, 2001). Fehlt ein solches adäquates Rollenmodell, lernt das Kind, Aggressionen zur Lösung von Problemen einzusetzen, und hat kaum eine Chance, Empathie und Mitgefühl für seine Mitmenschen zu entwickeln (Martens, 2005).

Traumatische Kindheitserlebnisse sind eng mit der Entstehung eines desorganisierten Bindungsmusters korreliert, das Aggressionen, Kontrollstörungen und Verhaltensauffälligkeiten begünstigt und zur Entwicklung einer antisozialen Persönlichkeitsstörung beiträgt (Martens, 2005). Es konnte gezeigt werden, dass männliche Teenager, bei denen in frühen Jahren eine Bindungsproblematik bestand, dreimal wahrscheinlicher gewalttätige Verbrechen begehen, verglichen mit Teenagern ohne eine solche Problematik (Levy & Orlans, 1999). Zusätzlich existieren Daten, die den Effekt von Erziehung und sozioökonomischem Status hervorheben – Menschen mit aggressivem und antisozialem Verhalten haben besonders häufig eine geringe Schulbildung und einen niedrigen sozioökonomischen Status (Criss & Shaw, 2005; Kilgore et al., 2000; Linver et al., 2002). Nicht zu vernachlässigen ist der Einfluss der psychiatrischen Anamnese der Eltern für die Entwicklung eines Kindes in Bezug auf Trauma und antisoziale Persönlichkeitsstörung. Eltern, die ihre Kinder missbrauchen, sind ebenfalls häufig verhaltensauffällig und zeigen Einschränkungen der psychischen Belastbarkeit (Frick et al., 1992; Wolfe, 1985). Insgesamt untermauern diese Befunde die Vermutung, dass traumatische Kindheitserlebnisse wichtige Faktoren der Ätiologie einer antisozialen Persönlichkeitsstörung sind (Semiz et al., 2007).

Es konnten also, zusammenfassend, Zusammenhänge zwischen der antisozialen Persönlichkeitsstörung und körperlicher Misshandlung, sexuellem Missbrauch, materieller Vernachlässigung, emotionaler Vernachlässigung und irgendeiner Form der Vernachlässigung gefunden werden (Tab. 4).

13.3.2 Borderline-Persönlichkeitsstörung

Die Borderline-Persönlichkeitsstörung (BPS) kommt gehäuft bei Personen vor, die traumatischen Situationen in der Kindheit ausgesetzt waren, und die Verknüpfung von Borderline-Persönlichkeitsstörung und Trauma ist deutlich gründlicher belegt als bei allen anderen Persönlichkeitsstörungen (Grover et al., 2007; Sack et al., 2011; Tyrka et al., 2009). Die hohe Prävalenz für eine Borderline-Persönlichkeitsstörung bei Individuen, bei denen in der Anamnese ein Trauma in der Kindheit festgestellt wurde, wurde in vielen Studien untersucht, und es wurde darüber hinausgehend diskutiert, ob nicht Missbrauch ein ubiquitäres Geschehen in den frühen Jahren dieser Patienten sei (Herman et al., 1989; Zanarini et al., 1989). Ein Traumageschehen in der Anamnese ist nicht erforderlich, um die Diagnose einer Borderline-Persönlichkeitsstörung stellen zu können, allerdings sind ungünstige Erlebnisse, wie körperlicher

Tab. 4: Zusammenhänge zwischen der antisozialen Persönlichkeitsstörung und spezifischen Formen der Belastung in der Kindheit

Studie	N	Belastung in der Kindheit
Widom et al., 1989b	1575	körperliche Misshandlung irgendeine Form der Vernachlässigung
Pollock et al., 1990	201	körperliche Misshandlung
Shearer et al., 1990	40	körperliche Misshandlung
Norden et al., 1995	90	emotionale Vernachlässigung
Bernstein & Fink, 1998	339	körperliche Misshandlung materielle Vernachlässigung
Ruggiero et al., 1999	200	sexueller Missbrauch
Fondacaro et al., 1999	211	sexueller Missbrauch
Carter et al., 1999	248	emotionale Vernachlässigung
Johnson et al., 1999a, b	639	körperliche Misshandlung irgendeine Form der Vernachlässigung
Bierer et al., 2003	182	Ergebnisse für Männer: körperliche Misshandlung sexueller Missbrauch irgendeine Form der Vernachlässigung Ergebnisse für Frauen: nicht signifikant

und sexueller Missbrauch, so präsent in den Lebensgeschichten dieser Patienten (Zanarini et al., 1989, 1997), dass einige Autoren die Theorie vertreten, die Borderline-Persönlichkeitsstörung sei eine Traumafolgestörung (Goldman et al., 1992; Herman et al., 1989; Ogata et al., 1990; Zanarini et al., 1989). Viele Studien beschäftigen sich retrospektiv mit diesem Thema, auch im Vergleich mit anderen psychiatrischen Patienten. Die Borderline-Persönlichkeitsstörung wurde untersucht im Vergleich mit:
- Depression (Ogata et al., 1990; Weaver & Clum, 1993),
- anderen Persönlichkeitsstörungen (Paris et al., 1994; Zanarini et al., 2000; Zweig-Frank et al., 1994) oder
- einer »Mischung« von Patienten mit verschiedenen psychiatrischen Problemen (Brown & Anderson, 1991; Herman et al., 1989; Ludolph et al., 1990; Soloff & Millward, 1983; Spitzer et al., 2000; Yen et al., 2002).

Zwar sind diese Studien aufgrund des unterschiedlichen Studiendesigns nicht direkt miteinander vergleichbar, trotzdem sind alle Ergebnisse insofern konsistent, als durchgängig häufig sexueller Missbrauch (speziell Inzest), körperliche Gewalt, das Erleben schwerster häuslicher Gewalt sowie körperliche und psychische Vernachlässigung angegeben wurden. Die Borderline-Persönlichkeitsstörung ist die am häufigsten mit sexuellem Missbrauch verknüpfte psychiatrische Erkrankung (Brown & Anderson, 1991; Dulz & Jensen, 2011; Sansone et al., 2002; Yen et al., 2002).

Dulz und Jensen (2011) belegen einen Zusammenhang zwischen der Art des Traumas und der Symptomatik »aggressives Verhalten«. Zusammenfassend, besteht unabhängig vom Geschlecht ein Zusammenhang zwischen
- sexuellem Missbrauch plus körperlicher Misshandlung und Autoaggression plus Fremdaggression,
- sexuellem Missbrauch und Autoaggression,
- körperlicher Misshandlung und Fremdaggression.

Diskutiert wird aber auch, ob nicht das zugrunde liegende Familienklima den entscheidenden Faktor für die Entstehung einer Borderline-Störung darstellt – in Familien, in denen Kinder psychisch »missachtet« werden, dürften Missbrauch und Misshandlung häufiger vorkommen als in einer »haltenden Umgebung« im Sinne Winnicotts (1974). Hierzu passt das Ergebnis, dass in rund 80 % der Fälle der »Nicht-Täter-Elternteil« eigentlich ein Mittäter ist, der die Realtraumatisierungen duldet, ignoriert oder gar fördert (Dulz & Jensen 2011).

Sack et al. (2011) fanden denn auch im Rahmen einer Multicenterstudie, »dass 80 % der Patienten mit der Diagnose Borderline-Persönlichkeitsstörung zugleich auch die diagnostischen Kriterien für eine komplexe Posttraumatische Belastungsstörung erfüllten (Prävalenz). Ein sehr großer Anteil (96 %) der Patienten mit einer Borderline-Störung berichtete über traumatische Erfahrungen in der Kindheit wie Vernachlässigung, physische und/oder sexualisierte Gewalt, erhoben mit dem TAQ (Herman & van der Kolk, 1987). Bei Patienten, die zugleich die Diagnosekriterien einer komplexen Posttraumatischen Belastungsstörung erfüllten, fanden sich signifikant häufiger sexuelle Traumatisierungen (23 % vs. 48 %) und körperliche Gewalterfahrungen (50 % vs. 70 %), so dass sich die Diagnose »komplexe Posttraumatische Belastungsstörung« als noch enger mit Traumatisierungen in der Kindheit im Sinne von DSM und ICD assoziiert erwies als die Diagnose Borderline-Persönlichkeitsstörung«.

Ein signifikant häufiges komorbides Auftreten von Borderline-Persönlichkeitsstörung und antisozialer Persönlichkeitsstörung ist belegt (Fossati et al., 2000; Moldin et al., 1994; Zimmermann & Coryell, 1989).

Tab. 5: Zusammenhänge zwischen der Borderline-Persönlichkeitsstörung und spezifischen Formen der Belastung in der Kindheit

Studie	N	Belastung in der Kindheit
Herman et al., 1989	55	körperliche Misshandlung sexueller Missbrauch
Zanarini et al., 1989	105	sexueller Missbrauch emotionale Misshandlung/Entwertung
Ogata et al., 1990	42	sexueller Missbrauch
Brown & Anderson, 1991	947	körperliche Misshandlung sexueller Missbrauch
Goldman et al., 1992	144	körperliche Misshandlung
Weaver & Clum, 1993	36	sexueller Missbrauch
Paris et al., 1994a	150	sexueller Missbrauch
Norden et al., 1995	90	sexueller Missbrauch
Laporte & Guttman, 1996	751	körperliche Misshandlung sexueller Missbrauch emotionale Misshandlung/Entwertung
Oldham et al., 1996	50	körperliche Misshandlung
Steiger et al., 1996	61	körperliche Misshandlung sexueller Missbrauch
Zanarini et al., 1997	467	körperliche Misshandlung sexueller Missbrauch emotionale Misshandlung/Entwertung fehlende elterliche Beaufsichtigung materielle Vernachlässigung emotionale Vernachlässigung irgendeine Form der Vernachlässigung
Carter et al., 1999	248	emotionale Vernachlässigung
Shea et al., 1999	140	sexueller Missbrauch
Johnson et al., 1999a, b	639	körperliche Misshandlung sexueller Missbrauch irgendeine Form der Vernachlässigung
Johnson et al., 2000a, b	738	fehlende elterliche Beaufsichtigung irgendeine Form der Vernachlässigung
Johnson et al., 2001	793	emotionale Misshandlung/Entwertung
Yen et al., 2002	653	sexueller Missbrauch
Sack et al., 2011	136	Vernachlässigung sexuelle Traumatisierungen körperliche Gewalterfahrung

Es konnten also, zusammenfassend, Zusammenhänge zwischen einer Borderline-Persönlichkeitsstörung und körperlicher Misshandlung, sexuellem Missbrauch, emotionaler Misshandlung/Entwertung, fehlender elterlicher Beaufsichtigung, materieller Vernachlässigung, emotionaler Vernachlässigung und irgendeiner Form der Vernachlässigung gefunden werden (s. Tab. 5 und Tab. 6).

13.3.3 Histrionische Persönlichkeitsstörung

Ohne dass systematisch erhobene empirische Daten vorlägen, wird bei Menschen

Tab. 6: Angaben in der Literatur zur Häufigkeit von sexuellem Missbrauch bzw. körperlicher Misshandlung bei Borderline-Patienten (in Prozent) (nach: Dulz & Jensen 2011)

Autor(en)	Jahr	Sexueller Missbrauch	Körperliche Misshandlung	Beides bzw. andere frühe Traumen	Anmerkung
Coons & Milstein	1986	75	55		betr. multiple Persönlichkeit (kein Patient ohne Trauma)
Putnam et al.	1986	83 (Inzest: 68)	75		betr. multiple Persönlichkeit (3 von 100 Patienten ohne Trauma)
Bryer et al.	1987	86			12 von 14 Borderline-Patienten
Herman, Perry & van der Kolk	1989	67	71	81	
Zanarini et al.	1989	26	46	92	72 % verbaler Missbrauch
Byrne et al.	1990	86,7	a) 46,7 b) 53,3		Täter: a) Vater b) Mutter
Ludolph et al.	1990	52	51,9		
Ogata et al.	1990	71	42		
Ross et al.	1990			95	betr. multiple Persönlichkeit
Nigg et al.	1991	72	48		
Goldman et al.	1992			38,6	nur Kinder (überwiegend männlich)
Saxe et al.	1993	100	68		Patienten mit dissoziativer Störung (davon 71 % Borderline-Störung)
Stauss	1993	ca. 90			
Paris, Zweig-Frank & Guzder	1994a	70,5	73,1		Erfahrung von Verlust oder Trennung bei 51,3 % (Frauen)
Paris, Zweig-Frank & Guzder	1994b	47,5	65,6		Erfahrung von Verlust oder Trennung bei 42,6 % (Männer)
Dulz & Jensen	2011	a) 21,3 b) 10,7 c) 27,7	a) 17,3 b) 28,6 c) 10,6	a) 36 b) 28,6 c) 40,4	a) Gesamt (N = 75) b) Männer (N = 28) c) Frauen (N = 47) Anm.: Missachtung/Vernachlässigung: a) 16 % (N = 12) b) 25 % (N = 7) c) 10,6 % (N = 5)
Zanarini et al.	2002	62,4	86,2		92,1 % Vernachlässigung

Tab. 7: Zusammenhänge zwischen der histrionischen Persönlichkeitsstörung und spezifischen Formen der Belastung in der Kindheit

Studie	N	Belastung in der Kindheit
Norden et al., 1995	90	sexueller Missbrauch
Johnson et al., 1999a, b	639	sexueller Missbrauch
Johnson et al., 2000a, b	738	fehlende elterliche Beaufsichtigung

Tab. 8: Zusammenhänge zwischen der narzisstischen Persönlichkeitsstörung und spezifischen Formen der Belastung in der Kindheit

Studie	N	Belastung in der Kindheit
Norden et al., 1995	90	sexueller Missbrauch
Johnson et al., 1999a, b	639	irgendeine Form der Vernachlässigung
Johnson et al., 2000a, b	738	irgendeine Form der Vernachlässigung
Johnson et al., 2001	793	emotionale Misshandlung/Entwertung

mit histrionischer Persönlichkeitsstörung in der Vorgeschichte von familiärer Gewalt und Missbrauch (Fiedler, 1995) sowie von emotionaler Vernachlässigung und Verlusten in der frühen Kindheit berichtet (Chodoff & Lyons, 1958; Ott et al., 2001; Zetzel, 1968).

Es konnten also, zusammenfassend, Zusammenhänge zwischen dieser Art der Persönlichkeitsstörung und sexuellem Missbrauch sowie fehlender Beaufsichtigung von Seiten der Eltern gefunden werden.

13.3.4 Narzisstische Persönlichkeitsstörung

Personen mit einer Missbrauchs-/Misshandlungsanamnese zeigen mit großer Wahrscheinlichkeit auch Symptome der narzisstischen Persönlichkeitsstörung (Grover et al., 2007). Eine wesentliche Rolle spielen aber insbesondere Beziehungserfahrungen wie Instrumentalisierung (zur narzisstischen Stabilisierung im Sinne einer Selbstwertregulation der Eltern) (Kernberg, 1978; Kohut, 1976).

Es konnten also, zusammenfassend, Zusammenhänge zwischen der narzisstischen Persönlichkeitsstörung und sexuellem Missbrauch, emotionaler Misshandlung/Entwertung und irgendeiner Form der Vernachlässigung gefunden werden.

13.4 Cluster C – ängstlich und furchtsam

Personen, die von einer Misshandlung in der Vergangenheit berichten, zeigen neben Symptomen einer paranoiden oder Borderline-Persönlichkeitsstörung auch vermehrt Symptome einer Cluster-C-Persönlichkeitsstörung (Tyrka et al., 2009). So konnte ein signifikanter Zusammenhang von Cluster-C-Persönlichkeitsstörungen speziell mit körperlicher Misshandlung und sexuellem Missbrauch nachgewiesen werden (Bierer et al., 2003).

13.4.1 Ängstlich-vermeidende Persönlichkeitsstörung

Bei der ängstlich-vermeidenden Persönlichkeitsstörung werden weniger Realtraumatisierungen als überprotektive Erziehungsstile als für das Entstehen relevant postuliert (Arbel & Stravynsky, 1991; Langenbach et al., 2001a).

Es konnten also, zusammenfassend, Zusammenhänge zwischen dieser Art der Persönlichkeitsstörung und körperlicher Miss-

Tab. 9: Zusammenhänge zwischen der ängstlich-vermeidenden Persönlichkeitsstörung und spezifischen Formen der Belastung in der Kindheit

Studie	N	Belastung in der Kindheit
Arbel & Stravynski, 1991	45	emotionale Vernachlässigung
Gauthier et al., 1996	512	irgendeine Form der Vernachlässigung
Ruggiero et al., 1999	200	sexueller Missbrauch irgendeine Vernachlässigung
Carter et al., 1999	248	emotionale Vernachlässigung
Shea et al., 1999	140	sexueller Missbrauch
Johnson et al., 1999a, b	639	irgendeine Form der Vernachlässigung
Johnson et al., 2000a, b	738	emotionale Vernachlässigung irgendeine Form der Vernachlässigung
Grilo & Masheb, 2002	116	emotionale Misshandlung/Entwertung

handlung, sexuellem Missbrauch, emotionaler Misshandlung/Entwertung, emotionaler Vernachlässigung und irgendeiner Form der Vernachlässigung gefunden werden.

13.4.2 Dependente Persönlichkeitsstörung

Die Beziehung der dependenten (abhängigen) Persönlichkeitsstörung zum »Trauma«, die in der Literatur beschrieben wird, weicht vom Zusammenhang anderer Persönlichkeitsstörungen mit einem Trauma ab. Wo bei den anderen Persönlichkeitsstörungen von einer Vorgeschichte mit tramatischen Erfahrungen ausgegangen wird, die als ätiologischer Faktor zur Entstehung einer Persönlichkeitsstörung beiträgt, spielt bei der dependenten Persönlichkeitsstörung eher das Risiko eine Rolle, aufgrund dieser Störung ausgenutzt zu werden.

Abhängigkeit (Dependenz) kann einen Risikofaktor für missbräuchliches Verhalten von Seiten anderer darstellen, besonders im Kontext einer fortbestehenden dyadischen Beziehung. Die Verbindung zwischen dependenter Persönlichkeitsstörung und Missbrauch wird mit dem 5. Kriterium des DSM-IV beschrieben: übermäßiges Bemühen, Geborgenheit und Unterstützung von anderen zu erhalten, bis zu dem Punkt, anzubieten, dass man Dinge tun werde, die unangenehm sind.

Rusbult und Martz (1995) entwickelten ein Abhängigkeitsmodell, bezogen auf Hingabe in intimen Beziehungen. Dieses Modell beinhaltet, dass Menschen, die bestimmte Beziehungen eingehen, dies tun, weil sie davon ausgehen, dass diese Beziehungen etwas bieten, das nirgendwo anders gefunden werden kann. Dieser Rahmen bedingt, dass ein Partner, der in hohem Maße ökonomisch oder emotional abhängig ist, eine bestehende Beziehung vermutlich nicht beenden wird. Demzufolge ist eine wie auch immer geartete Abhängigkeit eines Partners für Rusbult und Martz mit einem erhöhten Risiko für Missbrauch verknüpft. Andere Autoren (u. a. Bornstein, 1993) sehen die Beziehung zwischen Abhängigkeit und Missbrauch aus einer anderen Perspektive. Ihr Modell, das sie Abhängigkeits-Besitzgier-Modell nannten, zeigt auf, dass ein hohes Maß an emotionaler Abhängigkeit eines Partners die Wahrscheinlichkeit erhöht, dass diese Person von dem anderen Partner der Beziehung körperlich missbraucht wird. Zahlreiche Studien belegen den Zusammenhang zwischen Abhängigkeit und partnerschaftlichem Missbrauch. Einige konzentrieren sich auf die Rolle der Opfer-Abhängigkeit bei der Gefahr eines Missbrauchs, andere untersuchten die Rolle der Täter-Abhängigkeit bei der Gefahr eines Missbrauchs (Bornstein, 2006).

Bei Frauen spielt der Grad ökonomischer Abhängigkeit nach Bornstein (2006) eine ausschlaggebende Rolle in Bezug auf das Missbrauchsrisiko – emotionale Abhängigkeit spielt eine untergeordnete Rolle. Lediglich eine Studie bezieht sich explizit auf das Risiko physischen Missbrauchs bei emotionaler Abhängigkeit von Frauen (Watson et al., 1997). Ein Ergebnis der Studie war eine nicht-signifikante Erhöhung der Prävalenz einer dependenten Persönlichkeitsstörung bei den missbrauchten Frauen im Vergleich zu einer Kontrollgruppe. Zusätzlich wurden erhöhte Prävalenzen für die vermeidende und die Borderline-Persönlichkeitsstörung gefunden. Darüber hinaus bestand eine Verbindung zwischen der Schwere körperlichen Missbrauchs und der dependenten Persönlichkeitsstörung. Zusammenfassend, ist die Wahrscheinlichkeit körperlichen Missbrauchs nicht signifikant mit der Prävalenz der dependenten Persönlichkeitsstörung verknüpft – allerdings gibt es viele Bias bei dieser Studie:

1. könnte das Fehlen eines signifikanten Unterschiedes der Prävalenz der dependenten Persönlichkeitsstörung bei missbrauchten Frauen, verglichen mit Frauen der Kontrollgruppe, dadurch erklärt werden, dass missbrauchte Frauen mit einer dependenten Persönlichkeitsstörung seltener um Hilfe bitten, um den Verlust der Unterstützung durch ihren Ehemann zu vermeiden;
2. wurden nur Frauen untersucht, obwohl Daten zu dependenten »verprügelten« Ehemännern vorliegen (Litman, 2003);
3. wurde nicht untersucht, ob es sich bei den Tätern ausschließlich um die Ehemänner der Opfer handelte.

Andere Autoren berichten von missbräuchlich-kontrollierendem und parallel bestehendem vernachlässigendem Verhalten im häuslichen Umfeld der Patienten (Benjamin, 1993) bzw. Überbehütung sowie Übersorgtheit von Seiten der Mutter (Levy, 1996).

Es konnten also, zusammenfassend, Zusammenhänge zwischen der dependenten Persönlichkeitsstörung und körperlicher Misshandlung, emotionaler Vernachlässigung und irgendeiner Form der Vernachlässigung gefunden werden.

13.4.3 Zwanghafte Persönlichkeitsstörung

Auch für die zwanghafte Persönlichkeitsstörung werden, wie bei der ängstlich-vermeidenden Persönlichkeitsstörung, weniger Realtraumatisierungen als überprotektive

Tab. 10: Zusammenhänge zwischen der dependenten Persönlichkeitsstörung und spezifischen Formen der Belastung in der Kindheit

Studie	N	Belastung in der Kindheit
Drake et al., 1988	307	irgendeine Form der Vernachlässigung
Carter et al., 1999	248	emotionale Vernachlässigung
Johnson et al. 1999a, b	639	körperliche Misshandlung irgendeine Form der Vernachlässigung
Johnson et al. 2000a, b	738	irgendeine Form der Vernachlässigung

Tab. 11: Zusammenhänge zwischen der zwanghaften Persönlichkeitsstörung und spezifischen Formen der Belastung in der Kindheit

Studie	N	Belastung in der Kindheit
Johnson et al., 1999a, b	639	irgendeine Form der Vernachlässigung
Johnson et al., 2001	793	emotionale Misshandlung/Entwertung

Erziehungsstile als für ihr Entstehen relevant postuliert (Langenbach et al., 2001b).

Es konnten hier also, zusammenfassend, Zusammenhänge mit emotionaler Misshandlung/Entwertung und irgendeiner Form der Vernachlässigung gefunden werden.

13.5 Persönlichkeitsstörungen außerhalb der Einteilung in Cluster A, B oder C

13.5.1 Depressive Persönlichkeitsstörung

Personen mit einer Missbrauchsanamnese zeigen signifikant häufiger Symptome einer depressiven Persönlichkeitsstörung – neben Symptomen der paranoiden, narzisstischen, Borderline-, antisozialen, zwanghaften und passiv-aggressiven Persönlichkeitsstörung (Grover et al., 2007).

Es konnten also, zusammenfassend, Zusammenhänge zwischen der dependenten Persönlichkeitsstörung und körperlicher Misshandlung, sexuellem Missbrauch, emotionaler Misshandlung/Entwertung und irgendeiner Form der Vernachlässigung gefunden werden.

13.5.2 Passiv-aggressive Persönlichkeitsstörung

Personen mit einer Missbrauchsanamnese zeigen – im Vergleich zu solchen ohne eine Vorgeschichte mit Missbrauchserfahrungen – signifikant häufiger Symptome einer passiv-aggressiven Persönlichkeitsstörung, neben Symptomen der paranoiden, narzisstischen, Borderline-, antisozialen, zwanghaften und depressiven Persönlichkeitsstörung (Grover et al., 2007).

Es konnten also, zusammenfassend, Zusammenhänge zwischen dieser Art der Persönlichkeitsstörung und körperlicher Misshandlung, sexuellem Missbrauch, fehlender Beaufsichtigung von Seiten der Eltern und irgendeiner Form der Vernachlässigung gefunden werden.

13.6 Auswirkungen auf die Psychotherapie

Generell sind Inhalte, die auf etwas Realem basieren, leichter in der Psychotherapie zu bearbeiten als etwas, was »nicht existiert«. Dies bedeutet, dass konkrete (Real-)Trau-

Tab. 12: Zusammenhänge zwischen der depressiven Persönlichkeitsstörung und spezifischen Formen der Belastung in der Kindheit

Studie	N	Belastung in der Kindheit
Briere & Runtz, 1990	277	emotionale Misshandlung/Entwertung
Mullen et al., 1996	497	sexueller Missbrauch emotionale Vernachlässigung
Johnson et al., 1999a, b	639	körperliche Misshandlung sexueller Missbrauch
Johnson et al., 2000a, b	738	irgendeine Form der Vernachlässigung

Tab. 13: Zusammenhänge zwischen der passiv-aggressiven Persönlichkeitsstörung und spezifischen Formen der Belastung in der Kindheit

Studie	N	Belastung in der Kindheit
Drake et al., 1988	307	irgendeine Form der Vernachlässigung
Ruggiero et al., 1999	200	körperliche Misshandlung
Johnson et al., 1999a, b	639	körperliche Misshandlung irgendeine Form der Vernachlässigung
Johnson et al., 2000a, b	738	fehlende elterliche Beaufsichtigung irgendeine Form der Vernachlässigung

matisierungen bei hinreichend stabilen Patienten gut angesprochen werden können und gut zu bearbeiten sind. Die Patienten sind durch das (Real-) Trauma zwar belastet, aber die Belastung hat einen (wie auch immer verarbeiteten) »leicht greifbaren« Hintergrund.

Komplexer ist die Bearbeitung der Lebensgeschichte bei Patienten, die keine Realtraumata erinnern, aber vermuten. Hier muss der Therapeut sich bei der Erkundung möglicher Traumata zurückhalten, d. h. er muss aufpassen, dass er nichts suggeriert. Was unter Umständen bleibt, ist eine die Situation verkomplizierende Verunsicherung von Patient sowie Therapeut bezüglich einer Traumatisierung.

Am belastendsten ist für viele Patienten, wenn kein Realtrauma vorliegt (»wie krank muss ich erst sein, wo ich all das, was die anderen an Furchtbarem erlebt haben, nicht erlebt habe – und trotzdem bin ich genauso gestört«). Oft sind Patienten nur schwer davon zu überzeugen, dass die Basis von Realtraumatisierungen immer eine gestörte Beziehungssituation mit den primären Bezugspersonen ist und ebendiese Basis der Missachtung und Vernachlässigung das zentrale Problem darstellt, das es zu bearbeiten gilt; Missbrauch und Misshandlung sind sozusagen »nur« das »i-Tüpfelchen« auf eine insgesamt desaströse Kindheit bzw. Jugend.

13.7 Literatur

American Psychiatric Association (APA) (1980). *Diagnostic and statistical manual of mental disorders*. 3. Aufl. – *DSM-III*. Washington, DC: American Psychiatric Association. Dt.: *Diagnostisches und Statistisches Manual Psychischer Störungen. DSM-III*. Dt. Bearb. u. Einf. von K. Koehler u. H. Saß. Weinheim u. a.: Beltz 1984.

American Psychiatric Association (APA) (1994). *Diagnostic and statistical manual of mental disorders*. 4. Aufl. – *DSM-IV*. Washington, DC: American Psychiatric Association. Dt.: *Diagnostisches und Statistisches Manual Psychischer Störungen DSM-IV*. Dt. Bearb. u. Einl. von Henning Saß, Hans-Ulrich Wittchen u. Michael Zaudig. Göttingen u. a.: Hogrefe 1996.

Arbel N. & Stravynsky A. (1991). A retrospective study of separation in the development of adult avoidant personality disorder. *Acta Psychiatrica Scandinavica*, 83, 174–178.

Bandelow B., Krause J., Wedekind D., Broocks A., Hajak G. & Rüther E. (2005). Early traumatic life events, parental attitudes, family history, and birth risk factors in patients with borderline personality disorder and healthy controls. *Psychiatry Research*, 15, 169–179.

Barnow S., Lucht M. & Freyberger H. J. (2001). Influence of punishment, emotional rejection, child abuse, and broken home on aggression in adolescence: An examination of aggressive adolescents in Germany. *Psychopathology*, 34, 167–173.

Battle C. L., Shea M. T., Johnson D. M., Yen S., Zlotnick C., Zanarini M. C., Sanislow C. A., Skodol A. E., Gunderson J. G., Grilo C. M., McGlashan T. H. & Morey L. C. (2004). Childhood maltreatment associated with adult personality disorders: Findings from the Collaborative Longitudinal Personality Disorders Study. *Journal of Personality Disorders*, 18, 193–211.

Bebbington P., Bhugra D., Bhugha T., Farrel M., Lewis G., Meltzer H. et al (2004). Psychosis, victimisation and childhood disadvantage: Evidence from the second British National Survey of Psychiatric Morbidity. *British Journal of Psychiatry*, 185, 220–226.

Benecke C., Bock A. & Dammann G. (2011). Affekt und Interaktion bei Borderline-Störungen. In: Dulz B., Herpertz S. C., Kernberg O. F. & Sachsse U. (Hrsg.). *Handbuch der Borderline-Störungen*. 2. Aufl. Stuttgart, New York: Schattauer, 262–274.

Benjamin L. S. (1993). *Interpersonal diagnosis*

and treatment of personality disorders. New York, London: Guilford Press.

Berenbaum H. (1999). Peculiarity and reported childhood maltreatment. *Psychiatry*, 62, 21–35.

Berenbaum H., Valera E. M. & Kerns J. G. (2003). Psychological trauma and schizotypal symptoms. *Schizophrenia Bulletin*, 29, 143–152.

Bernstein D. P. & Fink L. (1998). *Childhood trauma questionnaire: A retrospective self-report. Manual.* San Antonio: The Psychological Cooperation.

Bifulco A., Brown G. W. & Adler Z. (1991). Early sexual abuse and clinical depression in adult life. *British Journal of Psychiatry*, 159, 115–122.

Bierer L. M., Yehuda R., Schmeidler J., Mitropoulou V., New A. S., Silverma J. M. & Siever L. J. (2003). Abuse and neglect in childhood: Relationship to personality disorder diagnoses. *CNS Spectrums*, 8, 737–754.

Black D. W. (2001) Antisocial personality disorder: The forgotten patients of psychiatry. *Primary Psychiatry*, 8, 30–81.

Bornstein R. F. (1993). *The dependent personality.* New York: Guilford Press.

Bornstein R. F. (2006). The complex relationship between dependency and domestic violence. *American Psychologist*, 61, 595–606.

Bowlby J. (1946). *Forty-four juvenile thieves: Their character and home life.* London: Bailliére, Tindall and Cox.

Briere J. & Elliott D. M. (2003). Prevalence and psychological sequelae of self-reported childhood physical and sexual abuse in a general population sample of men and women. *Child Abuse & Neglect*, 27, 1205–1222.

Briere J. & Runtz M. (1990). Differential adult symptomatology associated with three types of child abuse histories. *Child Abuse & Neglect*, 14, 357–64.

Brodsky B. S., Cloitre M. & Duilt R. A. (1995). Relationship of dissociation to selfmutilation and childhood abuse in borderline personality disorder. *American Journal of Psychiatry*, 152, 1788–1792.

Brown G. R. & Anderson B. (1991). Psychiatric morbidity in adult inpatients with childhood histories of sexual and physical abuse. *American Journal of Psychiatry*, 148, 55–61.

Bryer J. B., Nelson B. A., Miller J. B. & Krol P. A. (1987). Childhood sexual and physical abuse as factors in adult psychiatric illness. *American Journal of Psychiatry*, 144, 1426–30.

Byrne C. P., Velamoor V. R., Cernovsky Z. Z., Cortese L. & Losztyn S. (1990). A comparison of borderline and schizophrenic patients for childhood life events and parent-child relationships. *Canadian Journal of Psychiatry*, 35, 590–595.

Campbell M. & Morrison A. P. (2007). The relationship between bullying, psychotic-like experiences and appraisal in 14–16 year olds. *Behaviour Research and Therapy*, 45, 1579–1591.

Carter J. D., Joyce P. R., Mulder R. T., Luty S. E. & Sullivan P. F. (1999). Early deficient parenting in depressed outpatient is associated with personality dysfunction and not with depression subtypes. *Journal of Affective Disorders*, 54, 29–37.

Chamberlain P. & Moore K. J. (2002). Chaos and trauma in the lives of adolescent females with antisocial behavior and delinquency. In: Geffner R. & Greenwald R. (Hrsg.). *Trauma and juvenile delinquency: Theory, research, and interventions.* Binghamton, NY: Haworth, 79–108.

Chodoff P. & Lyons H. (1958). Hysteria, the hysterical personality, and hysterical conversion. *American Journal of Psychiatry*, 114, 734–740.

Christoffersen M., Poulsen H. & Nielsen A. (2003). Attempted suicide among young people: Risk factors in a prospective register based study of Danish people born in 1966. *Acta Psychiatrica Scandinavica*, 108, 350–358.

Coons P. M. & Milstein V. (1986). Psychosexual disturbances in multiple personality: Characteristics, etiology, and treatment. *Journal of Clinical Psychiatry*, 47, 106–110.

Criss M. M. & Shaw D. S. (2005). Sibling relationships as contexts for delinquency training in low-income families. *Journal of Family Psychology*, 19, 592–600.

Drake R. E., Adler D. A. & Vaillant G. E. (1988). Antecedents of personality disorders in a community sample of men. *Journal of Personality Disorders*, 2, 60–68.

Dube S.R., Anda R.F., Felitti V.J., Chapman D.P., Williamson D.F. & Giles W.H. (2001). Childhood abuse, household dysfunction, and the risk of attempted suicide throughout the life span: Findings from the Adverse Childhood Experiences Study. *JAMA*, 286, 3089–3096.

Dulz B. & Jensen M. (1997). Vom Trauma zur Aggression – von der Aggression zur Delinquenz. Einige Überlegungen zur Borderline-Störung. *Persönlichkeitsstörungen*, 4, 189–198.

Dulz B. & Jensen M. (2011). Aspekte einer Trauma-Ätiologie der Borderline-Persönlichkeitsstörung – psychoanalytisch-psychodynamische Überlegungen und empirische Daten. In: Dulz B., Herpertz S.C., Kernberg O.F. & Sachsse U. (Hrsg.). *Handbuch der Borderline-Störungen*. 2. Aufl. Stuttgart, New York: Schattauer, 203–224.

Dulz B. & Ramb C. (2011). Haltende Funktion, technische Neutralität und persönliche Sympathie in der Beziehungszentrierten Psychodynamischen Psychotherapie. In: Dulz B., Herpertz S.C., Kernberg O.F. & Sachsse U. (Hrsg.). *Handbuch der Borderline-Störungen*. 2. Aufl. Stuttgart, New York: Schattauer, 584–609.

Dutton D.G. & Hart S.D. (1994). Evidence for long-term, specific effects of childhood abuse and neglect on criminal behavior in men. *International Journal of Offender Therapy and Comparative Criminology*, 36, 129–137.

Edwards V.J., Holden G.W., Felitti V.J. & Anda R.F. (2003). Relationship between multiple forms of childhood maltreatment and adult mental health in community respondents: Results from the adverse childhood experiences study. *American Journal of Psychiatry*, 160, 1453–1460.

Fergusson D.M., Horwood J. & Lynskey M.T. (1996). Childhood sexual abuse and psychiatric disorder in young adulthood: II. Psychiatric outcomes of childhood sexual abuse. *Journal of the American Acadademy of Child and Adolescent Psychiatry*, 34, 1365–1374.

Fiedler P. (1995). *Persönlichkeitsstörungen*. Weinheim: Beltz.

Fondacaro K.M., Holt J.C. & Powell T.A. (1999). Psychological impact of childhood sexual abuse on male inmates: The importance of perception. *Child Abuse & Neglect*, 23, 361–369.

Fossati A., Maffei C., Bagnoto M., Battaglia M., Donati D., Donimi M., Fiorilli M., Novella L. & Prolo F. (2000). Pattern of covariation of DSM-IV personality disorders in a mixed psychiatric sample. *Comprehensive Psychiatry*, 41, 206–215.

Frick P.J., Lahey B.B., Loeber R., Stouthamer-Loeber M., Green S., Hart E., Christ M.A.G. & Hansen K. (1992). Familiar risk factors to oppositional deviant disorder and conduct disorder: Parental psychopathology and maternal parenting. *Journal of Consulting and Clinical Psychology*, 60, 49–55.

Gauthier L., Stollak G., Messé L. & Aronoff J. (1996). Recall of childhood neglect and physical abuse as differential predictors of current psychological functioning. *Child Abuse & Neglect*, 20, 549–59.

Gibb B.E., Wheeler R., Alloy L.B. & Abramson L.Y. (2001). Emotional, physical, and sexual maltreatment in childhood versus adolescence and personality dysfunction in young adulthood. *Journal of Personality Disorders*, 15, 505–511.

Gibson L.E., Holt J.C., Fondacaro K.M., Tang T.S., Powell T.A. & Turbitt E.L. (1999). An examination of antecedent traumas and psychiatric comorbidity among male inmates with PTSD. *Journal of Traumatic Stress*, 12, 473–484.

Goldman S.J., D'Angelo E.J., DeMaso D.R. & Mezzacappa E. (1992). Physical and sexual abuse histories among children with borderline personality disorder. *American Journal of Psychiatry*, 149, 1723–1726.

Goodman M., New A. & Siever L. (2004). Trauma, genes, and the neurobiology of personality disorders. *Annals of the New York Academy of Sciences*, 1032, 104–116.

Grilo C. & Masheb R.M. (2002). Childhood maltreatment and personality disorders in adult patients with binge eating disorder. *Acta Psychiatrica Scandinavica*, 106, 183–8.

Grilo C. & McGlashan T. (2000). Convergent and discriminant validity of DSM-IV axis II personality disorder criteria in adult outpatients with binge eating disorder. *Comprehensive Psychiatry*, 41, 163–166.

Grover K.E., Tyrka A.R., Carpenter L.L., Gagne G.G., Feijo Mello A.A., Feijo Mello M. & Price L.H. (2007). The relationship between childhood abuse and adult personality disorder symptoms. *Journal of Personality Disorders*, 21, 442–447.

Haapasalo J. & Kankkonen M. (1997). Self-reported childhood abuse among sex and violent offenders. *Archives of Sexual Behavior*, 26, 421–432.

Haapasalo J. & Pokela E. (1999). Child rearing and child abuse: Antecedents of criminality. *Aggression & Violent Behavior*, 4, 107–127.

Haller D.L. & Miles D.R. (2004). Personality disturbances in drug-dependent women: relationship to childhood abuse. *American Journal of Drug and Alcohol Abuse*, 30, 269–286.

Herman J.L. & van der Kolk B.A. (1987). Traumatic antecedents of borderline personality disorder. In:. Van der Kolk B.A. (Hrsg). *Psychological trauma*. Washington, DC: American Psychiatric Press; 111–26.

Herman J.L., Perry J.C. & van der Kolk B.A. (1989). Childhood trauma in borderline personality disorder. *American Journal of Psychiatry*, 146, 490–495.

Horesh N., Ratner S., Laor N. & Paz T. (2008). A comparison of life events in adolescents with major depression, borderline personality disorder and matched controls: A pilot study. *Psychopathology*, 41, 300–306.

Horwitz A.V., Widom C.S., McLaughlin J. & White H.R. (2001). The impact of childhood abuse and neglect on adult mental health: A prospective study. *Journal of Health and Social Behavior*, 42, 184–202.

Janssen I., Krabbendam L., Bak M., Hanssen M., Vollebergh W., Graaf R. & van Os J. (2004). Childhood abuse as a risk factor for psychotic experiences. *Acta Psychiatrica Scandinavica*, 109, 38–45.

Johnson D.M., Sheahan T.C. & Chard K.M. (2003). Personality disorders, coping strategies, and posttraumatic stress disorder in women with histories of childhood sexual abuse. *Journal of Child Sexual Abuse*, 12, 19–39.

Johnson J.G., Cohen P., Brown J., Smailes E.M. & Bernstein D.P. (1999a). Childhood maltreatment increases risk for personality disorders during early adulthood. *Archives of General Psychiatry*, 56, 600–606.

Johnson J.G., Cohen P., Dohrenwend B.P., Link B.G. & Brook J.S. (1999b). A longitudinal investigation of social selection processes involved in the association between socioeconomic status and psychiatric disorders. *Journal of Abnormal Psychology*, 108, 490–499.

Johnson J.G., Rabkin J.G., Williams J.B.W., Remien R.H. & Gorman J.M. (2000a). Difficulties in interpersonal relationships associated with personality disorders and Axis I disorders: A community-based longitudinal investigation. *Journal of Personality Disorders*, 14, 42–56.

Johnson J.G., Smailes E.M., Cohen P., Brown J. & Bernstein D.P. (2000b). Associations between four types of childhood neglect and personality disorder symptoms during adolescence and early adulthood: Findings of a community-based longitudinal study. *Journal of Personality Disorders*, 14, 171–187.

Johnson J.G., Cohen P., Smailes E.M., Skodol A.E., Brown J. & Oldham J.M. (2001). Childhood verbal abuse and risk for personality disorders during adolescence and early adulthood. *Comprehensive Psychiatry*, 42, 16–23.

Johnson J.G., Cohen P., Chen H., Kasen S. & Brook J.S. (2006). Parenting behaviors associated with risk for offspring personality disorder during adulthood. *Archives of General Psychiatry*, 63, 579–587.

Kelso J. & Stewart M.A. (1983). Factors which predict the persistence of aggressive conduct disorder. *Journal of Child Psychology and Psychiatry, and Allied Disciplines*, 24, 77–86.

Kendler K., Bulik S., Silberg J., Hettema J., Myers J. & Prescott C. (2000). Childhood sexual abuse and adult psychiatric and substance use disorders in women. *Archives of General Psychiatry*, 57, 953–959.

Kernberg O.F. (1978). *Borderline-Störungen und pathologischer Narzißmus*. Frankfurt a. M.: Suhrkamp.

Kilgore K., Snyder J. & Lentz C. (2000). The contribution of parental discipline, parental monitoring, and school risk to early onset conduct problems in African American boys and girls. *Developmental Psychology*, 36, 835–845.

Kohut H. (1976). *Narzißmus*. Frankfurt a. M.: Suhrkamp.

Langenbach M., Hartkamp N., Wöller W., Ott J. & Tress W. (2001a). Ängstlich (vermeidende) Persönlichkeitsstörung. In: Tress W., Wöller W., Hartkamp N., Langenbach M. & Ott J. (Hrsg.). *Persönlichkeitsstörungen. Leitlinie der AWMF und Quellentext*. Stuttgart, New York: Schattauer, 195–204.

Langenbach M., Hartkamp N., Wöller W., Ott J. & Tress W. (2001b). Anankastische (zwanghafte) Persönlichkeitsstörung. In: Tress W., Wöller W., Hartkamp N., Langenbach M. & Ott J. (Hrsg.). *Persönlichkeitsstörungen. Leitlinie der AWMF und Quellentext*. Stuttgart, New York: Schattauer, 181–194.

Laporte L. & Guttman H. (1996). Traumatic childhood experiences as risk factors for borderline and other personality disorders. *Journal of Personality Disorders*, 10, 247–59.

Lataster T., van Os J., Drukker M., Henquet C., Feron F., Gunther N. & Myin-Germeys I. (2006). Childhood victimisation and developmental expression of non-clinical delusional ideation and hallucinatory experiences. *Social Psychiatry and Psychiatric Epidemiology*, 41, 423–428.

Levy D. (1966). *Maternal overprotection*. New York: Norton.

Levy T.M. & Orlans M. (1999). Kids who kill: Attachment disorder, antisocial personality, and violence. *Forensic Examiner*, 8, 19–24.

Linver M.R., Brooks-Gunn J. & Kohen D.E. (2002). Family processes as pathways from income to young children's development. *Developmental Psychology*, 38, 719–734.

Litman L.C. (2003). Dependent personality disorder as a marker of »battered husband syndrome«: A case exemplar. *Canadian Journal of Psychiatry*, 48, 772–773.

Livesley W.J., Jang K.L. & Vernon P.A. (1998). Phenotypic and genetic structure of traits delineating personality disorders. *Archives of General Psychiatry*, 55, 941–948.

Loeber R. (1990). Development and risk factors of juvenile antisocial behavior and delinquency. *Clinical Psychology Review*, 10, 1–41.

Ludolph P.S., Westen D., Misle B., Jackson A., Wixom J. & Wiss F.C. (1990). The borderline diagnosis in adolescents: symptoms and developmental history. *American Journal of Psychiatry*, 147, 470–476.

Luntz B.K. & Widom C.S. (1994). Antisocial personality disorder in abused and neglected children grown up. *American Journal of Psychiatry*, 151, 670–674.

Martens W.J. (2005). Multidimensional model of trauma and correlated antisocial personality disorder. *Journal of Loss and Trauma*, 10, 115–129.

Moldin S., Rice J., Erlenmeyer-Kimling L. & Squires-Wheeler E. (1994). Latent structure of DSM-III-R axis II psychopathology in a normal sample. *Journal of Abnormal Psychology*, 103 : 259–266.

Mullen P.E., Martin J.L., Anderson J.C., Romans S.E. & Herbison G.P. (1993). Childhood sexual abuse and mental health in adult life. *British Journal of Psychiatry*, 163, 721–732.

Mullen P.E., Martin J.L., Anderson J.C., Romans S.E. & Herbison G.P. (1996). The long-term impact of the physical, emotional, and sexual abuse of children: A community study. *Child Abuse & Neglect*, 20: 7–21.

Nigg J.T., Silk K.R., Westen D., Lohr N.E., Gold L.J., Goodrich S. & Ogata S. (1991). Object representations in the early memories of sexual abused borderline patients. *American Journal of Psychiatry*, 148, 864–869.

Norden K.A., Klein D.N., Donaldson S.K., Pepper C.M. & Klein L.M. (1995). Reports of the early home environment in DSM–III-R personality disorders. *Journal of Personality Disorders*, 9, 213–223.

Offen L., Waller G. & Thomas G. (2003). Is reported childhood sexual abuse associated with the psychopathological characteristics of patients who experience auditory hallucinations? *Child Abuse & Neglect*, 27, 919–927.

Ogata S. N., Silk K. R., Goodrich S., Lohr N. E., Westen D. & Hill E. M. (1990). Childhood sexual and physical abuse in adult patients with borderline personality disorder. *American Journal of Psychiatry*, 147, 1008–1013.

Oldham J. M., Skodol A. E., Gallagher P. E. & Kroll M. E. (1996). Relationship of borderline symptoms to histories of abuse and neglect: A pilot study. *Psychiatric Quarterly*, 67, 287–95.

Ott J., Langenbach M., Hartkamp N., Wöller W. & Tress W. (2001). Histrionische Persönlichkeitsstörung. In: Tress W., Wöller W., Hartkamp N., Langenbach M. & Ott J. (Hrsg.). *Persönlichkeitsstörungen. Leitlinie der AWMF und Quellentext*. Stuttgart, New York: Schattauer, 169–180.

Paris J., Zweig-Frank H. & Guzder J. (1994a). Risk factors for borderline personality in male outpatients. *Journal of Nervous and Mental Disease*, 182, 375–380.

Paris J., Zweig-Frank H. & Guzder J. (1994b). Psychological risk factors for borderline personality disorder in female patients. *Comprehensive Psychiatry*, 35, 301–305.

Pollock V. E., Briere J., Schneider L., Knop J., Mednick S. A. & Goodwin D. W. (1990). Childhood antecedents of antisocial behavior: Parental alcoholism and physical abusiveness. *American Journal of Psychiatry*, 147, 1290–1293.

Putnam F. W., Guroff J. J., Silberman E. K., Barban L. & Post R. M. (1986). The clinical phenomenology of multiple personality disorder: Review of 100 recent cases. *Journal of Clinical Psychiatry*, 47, 285–293.

Rivera B. & Widom C. S. (1990). Childhood victimization and violent offending. *Violence and Victims*, 5, 19–35.

Robins L. N. (1987). The epidemiology of antisocial personality disorder. In: Michels R. O. & Cavenar J. O. (Hrsg.). *Psychiatry*. Bd. 73. Philadelphia: Lippincott, 1–14.

Ross C. A. & Joshi S. (1992). Schneiderian symptoms and childhood trauma in the general population. *Comprehensive Psychiatry*, 33, 269–273.

Ross C. A., Miller S. D., Reagor P., Bjornson L., Fraser G. A. & Anderson G. (1990). Structured interview data on 102 cases of multiple personality disorder from four centres. *American Journal of Psychiatry*, 147, 596–601.

Ruggiero J., Bernstein D. P. & Handelsman L. (1999). Traumatic stress in childhood and later personality disorders: A retrospective study of male patients with substance dependence. *Psychiatric Annals*, 29, 713–721.

Rundell J. R., Ursano R. J., Holloway H. C. & Silberman E. K. (1989). Psychiatric responses to trauma. *Hospital & Community Psychiatry*, 40, 68–74.

Rusbult C. E. & Martz J. M. (1995). Remaining in an abusive relationship: An investment model analysis of nonvoluntary dependence. *Personality and Social Psychology Bulletin*, 21, 558–571.

Sack M., Dulz B. & Sachsse U. (2011). Ist die Borderline-Persönlichkeitsstörung eine Traumafolgestörung?. In: Dulz B., Herpertz S. C., Kernberg O. F. & Sachsse U. (Hrsg.). *Handbuch der Borderline-Störungen*. 2. Aufl. Stuttgart, New York: Schattauer, 197–202.

Saleptsi E., Bichescu D., Rockstroh B., Neuner F., Schauer M., Studer K., Hoffmann K. & Elbert T. (2004). Negative and positive childhood experiences across developmental periods in psychiatric patients with different diagnoses – an explorative study. *BMC Psychiatry*, 26, 40.

Sansone R. A., Gaither G. A. & Songer D. A. (2002). The relationship among childhood abuse, borderline personality, and selfharm behavior in psychiatric inpatients. *Violence and Victims*, 17, 49–55.

Saxe G. N., van der Kolk B. A., Berkowitz R., Chinman G., Hall K., Lieberg G. & Schwartz J. (1993). Dissociative disorders in psychiatric inpatients. *American Journal of Psychiatry*, 150, 1037–1042.

Semiz U. B., Basoglu C., Ebrinc S & Cetin M. (2007). Childhood trauma history and dissociative experiences among Turkish men diagnosed with antisocial personality disorder.

Social Psychiatry and Psychiatric Epidemiology, 42, 865–873.
Shahar G., Wisher A., Chinman M., Sells D., Kloos B., Tebes J.K., Davidson L. & Shahar G. (2004). Trauma and adaptation in severe mental illness: The role of self-reported abuse and exposure to community violence. Journal of Trauma and Dissociation, 5, 29–47.
Shea M.T., Zlotnick C. & Weisberg R.B. (1999). Commonality and specificity of personality disorder profiles in subjects with trauma histories. Journal of Personality Disorders, 13, 199–210.
Shearer S.L., Peters C.P., Quaytman M.S. & Ogden R.L. (1990). Frequency and correlates of childhood sexual and physical abuse histories in adult female borderline inpatients. American Journal of Psychiatry, 147, 214–216.
Soloff P.H. & Millward J.W. (1983). Developmental histories of borderline patients. Comprehensive Psychiatry, 24, 574–588.
Spauwen J., Krabbendam L., Lieb R., Wittchen H.-U. & van Os J. (2006). Impact of psychological trauma on the development of psychotic symptoms: Relationship with psychosis proneness. British Journal of Psychiatry, 188, 527–533.
Spitzer C., Effler K. & Freyberger H.J. (2000). Posttraumatische Belastungsstörung, Dissoziation und selbstverletzendes Verhalten bei Borderline-Patienten. [Posttraumatic stress disorder, dissociation and self-destructive behavior in borderline patients] Zeitschrift für Psychosomatische Medizin und Psychotherapie, 46, 273–285.
Stauss K. (1993). Neue Konzepte zum Borderline-Syndrom. Paderborn: Junfermann.
Steel C., Marzillier S., Fearon P. & Ruddle A. (2009). Childhood abuse and schizotypal personality. Social Psychiatry and Psychiatric Epidemiology, 44, 917–923.
Steiger H., Jabalpurwala S. & Champagne J. (1996). Axis II comorbidity and developmental adversity in bulimia vervosa. Journal of Nervous and Mental Disease, 184, 555–60.
Stein A. & Lewis D.O. (1992). Discovering physical abuse: Insights from a follow-up study of delinquents. Child Abuse & Neglect, 16, 523–531.
Stuart S., Pfohl B., Battaglia M., Bellodi L., Grove W. & Cadoret R. (1998). The cooccurrence of DSM-III-R personality disorders. Journal of Personality Disorders, 12, 302–315.
Teicher M.H., Samson J.A., Polcari A. & McGreenery C.E. (2006). Sticks, stones, and hurtful words: Relative effects of various forms of childhood maltreatment. American Journal of Psychiatry, 163, 993–1000.
Tyrka A.R., Wyche M.C., Kelly M.M., Price L.H. & Carpenter L.L. (2009). Childhood maltreatment and adult personality disorder symptoms: Influence of maltreatment type. Psychiatry Research, 165, 281–287.
Watson C.G., Barnett M., Nikunen L., Schultz C., Randolph-Elgin T. & Mendez C. (1997). Lifetime prevalences of nine common psychiatric/personality disorders in female domestic abuse survivors. Journal of Nervous and Mental Disease, 185, 645–647.
Weaver T.L. & Clum G.A. (1993). Early family environments and traumatic experiences associated with borderline personality disorder. Journal of Consulting and Clinical Psychology, 61, 1068–1075.
Weeks R. & Widom C.S. (1998). Self-reports of early childhood victimization among incarcerated adult male felons. Journal of Interpersonal Violence, 13, 346–361.
Whitfield C., Dube S.R., Felitti V. & Anda R. (2005). Adverse childhood experiences and hallucination. Child Abuse & Neglect, 29, 797–810.
Widom C.S. (1989a). The cycle of violence. Science, 244, 160–166.
Widom C.S. (1989b). Child abuse, neglect, and adult behavior: Research design and findings on criminality, violence, and child abuse. American Journal of Orthopsychiatry, 59, 355–367.
Widom C.S. (1991). Avoidance of criminality in abused and neglected children. Psychiatry, 54, 162–174.
Winnicott D.W. (1974). Reifungsprozesse und fördernde Umwelt. Frankfurt a.M.: Fischer.
Wöller W., Langenbach M., Ott J., Hartkamp N.

& Tress W. (2001). Schizoide Persönlichkeitsstörung. In: Tress W., Wöller W., Hartkamp N., Langenbach M. & Ott J. (Hrsg.). *Persönlichkeitsstörungen. Leitlinie der AWMF und Quellentext*. Stuttgart, New York: Schattauer, 83–91.

Wolfe D. A. (1985). Child-abusive parents: An empirical review and analysis. *Psychological Bulletin*, 97, 462–482.

Yen S., Shea M. T., Battle C. L., Johnson D. M., Zlotnick C., Dolan-Sewell R., Skoldol A. E., Grilo C. M., Gunderson J. G., Sanislow C. A., Zanarini M. C., Bender D. S., Bame Rettew J. & McGlashan T. H. (2002). Traumatic exposure and posttraumatic stress disorder in borderline, schizotypal, avoidant and obsessive-compulsive personality disorders: Findings from the Collaborative Longitudinal Personality Disorders Study. *Journal of Nervous and Mental Disease*, 190, 510–518.

Zanarini M. C., Gunderson J. G., Marino M. F., Schwartz E. O. & Frankenburg F. R. (1989). Childhood experiences of borderline patients. *Comprehensive Psychiatry*, 30, 18–25.

Zanarini M. C., Williams A. A., Lewis R. E., Reich R., Vera S. C., Marino M. F., Levin A., Yong L. & Frankenburg F. R. (1997). Reported pathological childhood experiences associated with the development of borderline personality disorder. *American Journal of Psychiatry*, 154, 1101–1106.

Zanarini M. C., Ruser T. F., Frankenburg F. R., Hennen J. & Gunderson J. G. (2000). Risk factors associated with the dissociative experiences of borderline patients. *Journal of Nervous and Mental Disease*, 188, 26–30.

Zanarini M. C., Yong L., Frankenburg F. R., Hennen J., Reich D. B., Marino M. F. & Vujanovic A. A. (2002). Severity of reported childhood sexual abuse and its relationship to severity of borderline psychopathology and psychosocial impairment among borderline inpatients. *Journal of Nervous and Mental Disease*, 190, 381–387.

Zetzel E. R. (1968). The so-called good hysteric. *International Journal of Psycho-Analysis*, 49, 256–260.

Zimmerman M. & Coryell W. H. (1989). DSM-III personality disorder diagnoses in a nonpatient sample. Demographic correlates and comorbidity. *Archives of General Psychiatry*, 46, 682–689.

Zimmerman M., Rothschild L. & Chelminski I. (2005). The prevalence of DSM-IV personality disorders in psychiatric outpatients. *American Journal of Psychiatry*, 162, 1911–1918.

Zlotnick C., Johnson J., Kohn R., Vicente B., Rioseco P. & Saldivia S. (2008). Childhood trauma, trauma in adulthood, and psychiatric diagnoses: results from a community sample. *Comprehensive Psychiatry*, 49, 163–169.

Zweig-Frank H., Paris J. & Guzder J. (1994). Psychological risk factors for dissociation and self-mutilation in female patients with borderline personality disorder. *Canadian Journal of Psychiatry*, 39, 259–264.

D
Spezifische Ereignisfolgen

MANUELA DUDECK UND DOROTHEE BERNHEIM

1. Traumafolgen nach anhaltender sexueller und anderer krimineller Gewalt

Allein in der Bundesrepublik Deutschland kamen 2009 ca. sechs Millionen Straftaten zur Anzeige (BKA, 2010 [PKS 2009], S. 28 f.). Die Folgen, die nicht nur durch Gewaltkriminalität, sondern auch durch Diebstahl und Betrug hervorgerufen werden, sind oft dramatisch, und eine große Zahl der Folgen besteht in psychischen Störungen (Galea et al., 2002). Versorgungsepidemiologische Studien mit vergleichsweise repräsentativen Stichproben, die sich in Quer- oder Längsschnittansätzen mit unmittelbar auftretenden psychischen Folgen von Gewaltkriminalität auseinandersetzen, sind eher selten geblieben. Transmissionseffekte von Gewalterfahrungen bei Opfern, die später zu Tätern werden, sind in der Literatur wesentlich besser vertreten. Die breitesten empirischen Ergebnisse sind im Kontext sexueller, gewalttätiger oder komplexer Traumatisierungen und des Konstrukts der Posttraumatischen Belastungsstörung (PTBS) erlangt worden. Dabei gehen die psychischen Folgen weit über die Entität einer PTBS hinaus, wie im Weiteren gezeigt werden soll.

1.1 Psychische Verarbeitungsprozesse von Gewalterfahrungen

1.1.1 Transgenerationale Traumatransmission und Gewalttransmission

Die sogenannte transgenerationale Traumatransmission (vgl. auch Kap. A7) sowie die Transmission von Gewalt innerhalb von Familien sind in den letzten Jahren viel diskutiert worden. Unter dem Stichwort transgenerationale Traumatransmission werden dabei vor allem empirische Befunde aus dem Bereich der Holocaust-Forschung zusammengefasst, die von einem häufigen Auftreten von verschiedenen Verhaltensauffälligkeiten, psychischen Störungen und dissozialen Tendenzen bei den Kindern von Holocaustüberlebenden berichten (Freyberger & Freyberger, 2007). Als intrafamiliäre Mediatoren sind in diesem Zusammenhang u. a. ausgeprägt aggressionsvermeidende und die Heranwachsenden parentifizierende Erziehungsstile diskutiert worden, die vor allem adoleszenten Jugendlichen einen angemessenen Umgang mit adäquater interpersoneller Aggressivität unmöglich machen. Neuere Langzeitstudien weisen allerdings darauf hin, dass es sich bei diesen Phänomenen offensichtlich um temporäre und an die Anwesenheit in den Herkunftsfamilien gebundene Effekte handelt, die in ihrem Auftreten und ihrer Intensität durch die im Alter zwischen 12 und 18 Jahren immer bedeutsamer werdenden Peergroup-Erfahrungen und andere Autonomieprozesse deutlich abgeschwächt werden.

Die Transmission von Gewalt im Sinne einer Veränderung einer früheren Opfer- in eine spätere Täterrolle ist ein in der Literatur in den vergangenen 30 Jahren breit diskutiertes Phänomen (Widom, 1989 a, b), das vor allem für den Bereich sexueller Missbrauchshandlungen relativ gut untersucht ist (Burton et al., 2002; Salter et al., 2003; Dudeck et al., 2007). Starr et al. (1991) schätzen auf der Basis prospektiver Studien aus dem Kinder- und Jugendlichenbereich den Transgenerationseffekt für Misshandlung und Vernachlässigung auf nicht höher als etwa 25 %. Prospektive Studien mit Opfern sexueller Übergriffe aus der Allgemeinbevölkerung zeigen, dass die Prävalenz für Sexualdelikte bei Personen, die als Kinder sexuell missbraucht wurden, bei ca. 12 % liegt (Salter et al., 2003). Im Vergleich zu anderen frühen Traumen bedeutet der sexuelle Missbrauch in der Kindheit ein nahezu fünffach erhöhtes Risiko für die Opfer, später selbst Sexualstraftäter zu werden (Widom & Ames, 1994). Die Bedeutung von frühkindlichen Missbrauchserfahrungen für spätere Sexualstraftaten zeigt sich innerhalb unterschiedlichster Straftäterpopulationen daran, dass 12 bis 35 % der Sexualstraftäter über sexuellen Missbrauch berichten (English et al., 2003; Burton et al., 2002; Glasser et al., 2001; Dudeck et al., 2007). Früher sexueller Missbrauch in Verbindung mit emotionaler Vernachlässigung und familiärer Dysfunktion ist in der Untersuchung von Lee et al. (2002) Entwicklungs- und Risikofaktor für die Entstehung von Pädophilie, Exhibitionismus und anderen sexuellen Präferenzstörungen. Dabei berichten pädophile Sexualstraftäter signifikant häufiger als Sexualstraftäter, deren Delikte Erwachsene betreffen, über frühen sexuellen Missbrauch, wobei die Devianz schon im Jugendalter delinquent in Erscheinung tritt (Kenny et al., 2001; Jespersen et al., 2009; Simons et al., 2008).

Auch gewaltbezogene Opfererfahrungen in der Kindheit stellen ein erhebliches Risiko für den entwicklungspsychologischen Prozess dar (Lösel & Bender, 1997), wobei sich in den späteren Verläufen oft depressive Symptome und/oder eine erhöhte Aggressivität und Gewaltbereitschaft finden lassen (Malinosky-Rummell & Hansen, 1993). Insbesondere komplexe Traumatisierungen können zur Entwicklung einer Borderline-Persönlichkeitsstörung beitragen, deren wesentliches Merkmal eine erhöhte Impulsivität und Aggressionsbereitschaft ist, die sich in auto- oder heteroaggressiven Symptomäquivalenten äußert (Diepold, 1995; Bernheim, 2008).

Nahezu die Hälfte aller untersuchten männlichen und weiblichen Gefängnisinsassen und Maßregelpatienten berichten über mindestens eine körperliche Misshandlung in ihrem Leben (Cauffman et al., 1998; Spitzer et al., 2001). Nach Dimmek (1997) sind dabei direkte von indirekten Opfererfahrungen zu unterscheiden. Hinsichtlich der eigenen frühkindlichen Opfererfahrung zeigt sich in seiner Untersuchung ein signifikanter Zusammenhang mit deviantem Verhalten in der »gleichen und der darauffolgenden Altersphase«. Zeuge von Gewalt gegenüber anderen zu sein ist hingegen mit keiner späteren Täterschaft assoziiert.

Wesentlich an diesen Ergebnissen ist, dass sexuelle, vernachlässigende und gewaltassoziierte Traumatisierungen ein bedeutsamer Risikofaktor für späteres gewalttätiges Verhalten sind, auf der anderen Seite aber nur etwa ein Viertel bis ein Drittel der betroffenen Kinder und Jugendlichen später zu Tätern werden. Richter (1997) nennt in diesem Zusammenhang von den Studien aus dem Erwachsenenalter zum Teil abweichende Schutzfaktoren, die nach Missbrauchserfahrungen kompensatorisch, d. h. protektiv gegenüber späteren Entwicklungsstörungen, psychischen Auffälligkeiten und Delinquenz, wirken:
- unterstützende Bezugspersonen (möglichst innerhalb der Familie),
- gute Fähigkeiten, soziale Hilfsangebote anzunehmen,
- optimistische Einstellung mit »internem Kontrollbewusstsein« und positiver Selbsteinschätzung,
- Fehlen autoaggressiver Symptome,
- gute kognitive Fähigkeiten, einschließlich hoffnungsvoller Phantasien,
- Empfinden von Verantwortlichkeit für andere,
- Fähigkeit zur Auseinandersetzung.

Ihrem Selbstverständnis nach betrachtet sich die Mehrzahl der sexuell missbrauchten Straftäter als nicht missbraucht, wie u. a. die Studie von Fondacaro et al. (1999) zeigt. Briggs und Hawkins (1996) vergleichen in diesem Zusammenhang inhaftierte mit nicht-inhaftierten männlichen Opfern sexuellen Missbrauchs in der Kindheit. Die Inhaftierten zeigen gegenüber den eigenen Traumatisierungen eine auffallende Verleugnungstendenz bzw. bewerten die Traumata als für ihre spätere Entwicklung irrelevant, so dass diese in ihrem Selbstverständnis ein allgemein verbreiteter, gewissermaßen unvermeidlicher und »normaler« Teil ihrer Kindheit und Jugend sind. Della et al. (1990) weisen in diesem Kontext auf die lückenhaften Erinnerungen Inhaftierter an sexuellen Missbrauch sowie dessen Verleugnung hin. Weeks und Widom (1998) interpretieren dies im Sinne funktionaler Mechanismen, nach denen Straftäter wahrscheinlich insgesamt dazu tendieren, ihre Traumata zu verschweigen, da sie das Auftreten der eigenen Vulnerabilität in Gefängnis-Settings fürchten. Durch die unzureichenden Angaben und die entsprechenden amnestischen Effekte ist damit davon auszugehen, dass die Häufigkeit der Opferschaft in der Biografie von Tätern eher unterschätzt wird.

1.1.2 Psychodynamische und bindungstheoretische Erklärungsmodelle

Die entscheidende Frage ist aber, warum sich bei einem Teil der Betroffenen der Rollenwechsel vom Opfer zum Täter vollzieht und welche psychischen Vorgänge dabei eine Rolle spielen. Nach dem traditionellen psychoanalytischen Verständnis besteht ein Mechanismus der Bewältigung traumatisierender Gewalt in einem komplexen Abwehrvorgang, der u. a. mit dem Begriff »Identifikation mit dem Angreifer« beschrieben werden kann (Freud, 1936). Das mit einer äußeren Gefahr konfrontierte Subjekt identifiziert sich mit seinem Angreifer, indem es sich selbst für die Aggression verantwortlich macht, den Angreifer imitiert oder sich mit Machtsymbolen des Angreifers ausstattet. Es ist Ferenczis (1933) Entdeckung, dass die durch eine überwältigende und unerträgliche Angst charakterisierte traumatische Einwirkung dadurch psychisch überlebbar gemacht werden kann, dass sie internalisiert, d. h. über den Abwehrmechanismus der Introjektion intrapsychisch und nicht extrapsychisch repräsentiert wird. Sofern das damit verbundene aggressive Potential passiv im Opfer repräsentiert ist, kann dieses weiter Opfer bleiben; wenn das Opfer die Gewalt »aktiv« gegen sich selbst richtet, kann es aber auch zum Täter werden, sobald die Gewalt sich »entäußert« (Hirsch, 1998).

Weitere Abwehr- oder Bewältigungsmechanismen sind im Zusammenhang mit Konzepten zur Somatisierung, Sexualisierung und Dissoziation untersucht worden. Nicht zuletzt im Zusammenhang mit dem selbstverletzenden Verhalten von betroffenen Opfern ist das Konzept der Somatisierung herangezogen worden, das verständlich werden lässt, warum Opfer bestimmte Körperregionen oder Körperzonen, die Gegenstand der ursprünglichen Traumatisierung waren, entweder als verändert, abgestorben oder tot erleben oder zum Gegenstand der eigenen fortgesetzten Misshandlung machen. Durch die somatische Repräsentanz wird dabei das »Böse« des traumatischen Geschehens sowohl wiederholt als auch im Körper gebunden. Damit wird es beherrschend kontrolliert, so dass die zugehörigen kognitiven, affektiven und sensomotorischen Erinnerungsinhalte das Ich-Erleben nicht beeinträchtigen oder gefährden können. Der Körper wird als Teil des Selbst bestraft, und die häufig subjektiv unerträglichen Schuldgefühle werden neutralisiert. Auch für globale Somatisierungstendenzen, d. h. die Umsetzung von intrapsychischen oder interpersonellen Konfliktinhalten in körperliche Symptome, konnte zumindest für den Bereich somatoformer Schmerzstörungen gezeigt werden, dass hier häufig Zusammenhänge mit Vernachlässigung, Misshandlung und sexuellem Missbrauch bestehen (Egle & Nickel, 2000).

Sowohl bei weiblichen als auch bei männlichen Opfern einer Traumatisierung sind darüber hinaus ausgeprägt sexualisierende Verhaltensweisen beschrieben worden. Damit ist Sexualisierung als Abwehr von traumatischer Gewalt zu verstehen. Von mehreren Autoren wird die Sexualisierung der traumatischen Gewalt mit einer heimlichen sexuellen Verführung durch den Täter in Verbindung gebracht (Cournut, 1988; Torok, 1968; Zepf et al., 1986). Bei Cournut (1988) ist es eine Überstimulierung bei defizitärer Fürsorge, bei Torok (1968) hingegen der Anstieg der Libido nach dem Verlust eines geliebten Objekts. Zepf et al. (1986) sprechen von einer sexuellen Verführung und gleichzeitigem Sexualverbot. Khan (1975) sieht hinter der Kommunikation sexuellen Begehrens durch den Hysteriker das Bedürfnis nach einer entbehrten frühen emotionalen, eben nicht sexuellen Fürsorge, die einmal real so defizitär war, dass die triebhafte Sexualität sich frühreif in dieses Vakuum hineinentwickelt hat.

Andererseits berichten empirische Untersuchungen zu Langzeitfolgen sexueller Traumatisierung im Kindesalter von einer niedrigeren Zufriedenheit in intimen Beziehungen und zudem – im Vergleich zu Kontrollpersonen – mit großer Übereinstimmung von späteren Schwierigkeiten im Bereich der Sexualität, wie Angst vor Sex, Schuldgefühlen aufgrund von Lusterleben oder sexuellen Funktionsstörungen (Finkelhor et al., 1989).

Auch das Konzept der Dissoziation beschreibt einen wesentlichen Aspekt traumabezogener Abwehr- und Bewältigungsprozesse. Van der Kolk (1999) hat die vorliegenden Studien im Hinblick auf ihren prädiktiven Wert für die spätere Entwicklung von Gewalt und Kriminalität wie folgt zusammengefasst: Je jünger die betroffene Person zum Zeitpunkt der Traumatisierung ist und je länger das Trauma dauert, umso höher ist die Wahrscheinlichkeit, dass neben dissoziativen und anderen psychopathologischen Merkmalen auch Störungen der Affektregulation entstehen, die für die spätere Ausbildung dissozialer Merkmale von großer Bedeutung sind. In zahlreichen Studien mit Patienten, die in ihrer Kindheit traumatisiert wurden und die unter Störungen der Affektregulation litten, konnte ein starker Zusammenhang mit dissoziativen Erlebnisweisen bestätigt werden (z. B. Lewis, 1992; van der Kolk et al., 1996; Terr, 1991). Die Mehrzahl der von Hornstein (1996) untersuchten Kinder mit dissoziativer Störung zeigten zudem Merkmale wie Irritierbarkeit, Affektlabilität, Depression, Hoffnungslosigkeit, niedriger Selbstwert wie auch eine außergewöhnliche Sensitivität gegenüber Kränkungen, Frustration und Ablehnung, die im Sinne von Vorboten einer dissozialen Persönlichkeitsstörung interpretiert werden können. Van der Kolk (1996) konnte bei traumatisierten Personen einen fast linearen Zusammenhang zwischen dissoziativen Merkmalen und einer verminderten Fähigkeit zur Modulation von Erregung aufzeigen. Putnam (1997) stellte die Hypothese auf, dass dissoziative Erlebnisweisen eine zentrale Voraussetzung für pathologische Entwicklungsprozesse im Affekt- und Impulsbereich sind und damit das spätere Delinquenzrisiko erhöhen.

Abbildung 1 (S. 322) skizziert drei kritische Traumaphasen im Entwicklungsprozess vom traumatisierten Opfer zum traumatisierenden Täter, unter Einbeziehung des zentralen Wirkmechanismus Dissoziation.

Für die Erklärung der Transmission von Gewalt sind weiter Studien relevant, die auf Bowlbys (1975) »Attachment-Theorie« basieren. Eine Prämisse der bindungstheoretischen Perspektive lautet, dass bei einem Kind die unterschiedlichen Beziehungserfahrungen, die es mit seinen Bindungspersonen macht, bereits im ersten Lebensjahr tief emotional verankert sind, wenn keine korrigierenden Erfahrungen gemacht werden. Aufgrund neuerer Analysen lassen sich insgesamt vier verschiedene Bindungsmuster unterscheiden (Main & Solomon, 1990):

- sicher,
- unsicher-vermeidend,
- unsicher-ambivalent,
- desorganisiert.

Ein *sicheres Bindungsmuster* vermitteln erwachsene Bezugspersonen, die sich auf die kindlichen Bedürfnisse einstellen und Kindern auch bei emotionalen Belastungen Geborgenheit und Nähe vermitteln können. *Unsicher-vermeidende Bindungserfahrungen* gehen mit einem Verhalten einher, das als vernachlässigend, furchteinflößend und/oder unempathisch charakterisiert werden kann. Oft umfasst es auch die offene Zurückweisung der Kinder, bis hin zu psychischen und physischen Misshandlungen.

Ein *unsicher-ambivalentes Bindungsmuster* ist für unabgegrenzte Beziehungserfahrungen typisch. Das emotionale Überengagement seitens der wichtigen Bezugspersonen manifestiert sich in einengenden Kontrollversuchen oder in der Verweige-

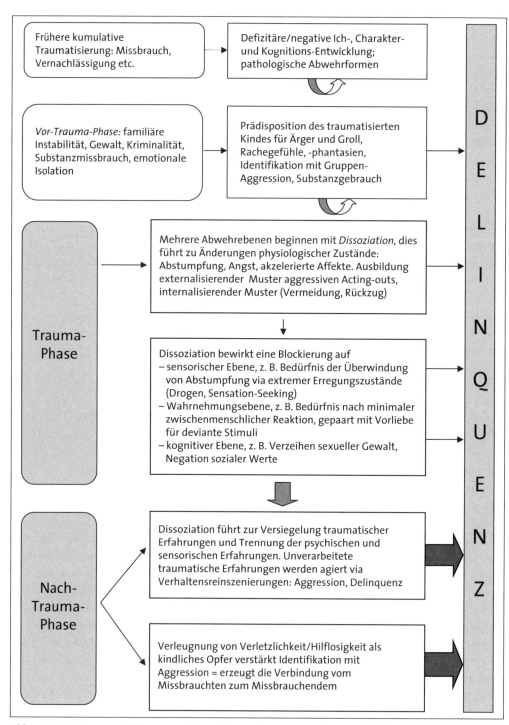

Abb. 1: Entwicklungsmodell Trauma → Dissoziation → Aggression/Delinquenz (Liß, 2002)

rung von Autonomie. Kinder mit *desorganisierten Bindungserfahrungen* zeigen abwechselnd Strategien der Kontaktaufnahme und der Kontaktvermeidung. Die Bezugspersonen geben dem Kind einerseits Sicherheit und Nähe, sie erzeugen andererseits aber auch Furcht. Das ergibt sich aus einer Sequenz von zunächst konsistent mütterlichem Verhalten, das plötzlich und unvorhersehbar durch inadäquates Verhalten abgelöst wird. Diese widersprüchlichen Beziehungsmuster finden sich bei Eltern mit traumatischen Erfahrungen. Die Verunsicherung liegt für das Kind darin, dass seine auf die Mutter abgestimmten Erwartungen sich angesichts des veränderten Verhaltens nun als irreführend erweisen. Daher können die Kinder kein funktionsfähiges inneres Arbeitsmodell entwickeln, was zur Folge hat, dass schädigende Effekte von Misshandlung und Missbrauch übersehen werden. Physischer und psychischer Missbrauch sowie Vernachlässigung führen häufig zu diesem Bindungsmuster. Laut Main und Solomon (1990) konnten 80 % von 12 Monate alten Kindern aus misshandelten Familien diesem desorganisiertem Bindungstyp zugeordnet werden. Vor allem misshandelte Jungen neigen zur Ausbildung dieses Musters, und zwar insbesondere dann, wenn der Vater fehlt (Carlson et al., 1989). Fonagy (1997) belegt, dass sicher gebundene Kinder hingegen leichter eine »theory of mind« mit einem moralischen Bewusstsein entwickeln und damit besser vor gewaltsamem Handeln geschützt sind.

1.2 Psychische Folgeerkrankungen am Beispiel von Angststörungen, depressiven und dissoziativen Störungen

Die Folgen krimineller Viktimisierung lassen sich nicht nur in psychiatrisch relevanten Krankheitsbildern beschreiben, da nur ein Teil der Betroffenen tatsächlich die diagnostischen Kriterien für eine spezifische psychische Störung erfüllt. Leider existieren nur wenige empirische Studien, die systematisch späteren psychosozialen Funktionseinschränkungen in verschiedensten Lebensbereichen nachgehen. Denen zufolge sind Opfer krimineller Gewalt insbesondere in den Bereichen körperliches und seelisches Befinden, gefolgt von körperlicher Leistungsfähigkeit, Stimmung und sexueller Aktivität beeinträchtigt (Richter, 1997).

Andererseits gibt es eine Reihe von Studien, die zeigen, dass Angst und Angstäquivalente zu den Folgen von Missbrauchserleben gehören; sie sind jedoch keine spezifischen Folgen und oft mit dem komorbiden Vorkommen einer PTBS assoziiert (zusammenfassend Egle et al., 2005; Quarantini et al., 2009). Physische, psychische und/oder sexuelle Gewalt durch den Intimpartner können zu einer Angsterkrankung führen (Pico-Alfonso et al., 2006). Angstsymptome finden sich bei Frauen, die sexuell missbraucht worden sind, signifikant häufiger als in Kontrollgruppen (Murphy et al., 1988). Epidemiologische Untersuchungen zeigen unabhängig voneinander, dass Situationen, in denen Kinder sexuell missbraucht werden, die spätere Manifestation von Agoraphobie und sozialer Phobie vorhersagbar werden lassen (Burnam et al., 1988; Saunders et al., 1992). Auch Brown et al. (1993) stellen in einer Studie mit Frauen aus einer städtischen Bevölkerung dar, dass körperliche Gewalt und sexueller Missbrauch eine Disposition für die Entwicklung von Angsterkrankungen im Erwachsenenalter schaffen. Klinische Untersuchungen an Patienten einer Angstambulanz bestätigen retrospektiv die gegenüber Kontrollgruppen signifikante Häufung von körperlicher Misshandlung und sexuellem Missbrauch bei Angstpatienten (David et al. 1995; Fierman et al., 1993). Mancini et al. (1995) berichten bei 23,4 % der Angstpatienten von sexuellem Missbrauch und bei 44,9 % von Gewalterfahrungen in der Kindheit.

Gewalterfahrungen und sexuelle Missbrauchserfahrungen wirkten sich insbesondere auf die Ausprägung der Angststörung und das Vorkommen der Komorbidität von depressiven Störungen aus. Weiterhin zeigten traumatisierte Patienten ein deutlich gestörtes soziales Funktionsniveau. Die empirischen Untersuchungsergebnisse zeigen in der Regel, dass Angststörungen eine der Folgen von Missbrauch sein können. Hinweise darauf, wie der Zusammenhang zwischen Missbrauch und Angst sich inhaltlich darstellt, sind hingegen rar. Die Polytraumatisierung mit multiplen Missbrauchserfahrungen führt – je nach Alter, in dem diese sich manifestiert – zu einem Gefühl der Bedrohtheit und einer Hypervigilanz des eigenen Körpers. Hintergründe für die Aktivierbarkeit des Erwartungsangstniveaus können dabei bis in den neurobiologischen Bereich reichen, wo Untersuchungen an Primaten zeigen, dass Traumatisierungen, vor allem Trennungserfahrungen, zu neurobiologisch-morphologischen Veränderungen führen können.

Vernachlässigung, Gewalt und Missbrauch sind traumatische Faktoren, die in der Regel im Wechselspiel mit Schutzfaktoren der Persönlichkeit zu einer Depression führen können. Betrachtet man die neun Kriterien des depressiven Syndroms, so findet man bei traumatisierten Patienten auf der intrapsychischen Ebene extreme Ausprägungen bei Selbstentwertung, Grübeln über Schuld und Versagen sowie ein globales Unwerterleben in Selbstgefühl, Selbstbild und Körperbild (zusammenfassend Egle et al., 2005).

Der Zusammenhang zwischen psychosozialen Belastungsfaktoren in der Kindheit und einer späteren psychischen Erkrankung ist bei depressiven Störungen mit am besten untersucht. Bei Frauen wie auch bei Männern gilt mittlerweile als gesichert, dass es einen Zusammenhang zwischen Missbrauchserfahrungen in der Kindheit und dem Auftreten einer depressiven Erkrankung im Erwachsenenalter gibt (Vize & Cooper, 1995; Roesler & McKenzie, 1994). Ungeklärt bleibt, welche Bedeutung das Alter, in dem der sexuelle Missbrauch stattfand, sowie die Art der Beziehung zwischen Täter und Opfer haben. Neben frühen Missbrauchserfahrungen spielt auch die häusliche Gewalt, die im Erwachsenenalter erlebt wird, eine nicht unerhebliche Rolle bei der Entstehung von depressiven Erkrankungen, wie an 283 weiblichen Opfern häuslicher Gewalt gezeigt werden konnte (Avdibegovic & Sinanovic, 2006). Speziell interpersonelle Gewalt führt überzufällig häufig zum zeitgleichen Auftreten von Depression und PTBS (Taft et al., 2009).

Eine große Bedeutung bezüglich der psychischen Folgen der Erfahrungen von Delinquenzopfern kommt den dissoziativen Störungen zu. Es gibt einige wenige empirische Untersuchungen, die eine Verbindung zwischen der Entwicklung dissoziativer Störungen und schweren traumatischen Erlebnissen nachweisen. Van der Kolk et al. (1991) fanden signifikant erhöhte Dissoziations-Scores, wenn es in der Vorgeschichte der Betroffenen sexuellen und körperlichen Missbrauch sowie Vernachlässigung gab. Lipschitz et al. (1996) untersuchten ambulante psychiatrische Patienten und berichteten von einer signifikanten positiven Korrelation zwischen dem Ausmaß der dissoziativen Symptomatik und multiplen und kombinierten Misshandlungen in der Kindheit und im Erwachsenenalter. In einer neueren Studie mit einer randomisierten selektierten Population von 1028 Normalpersonen fanden Mulder et al. (1998) bei 6,3 % drei oder mehr häufig auftretende dissoziative Symptome. Die Rate des sexuellen Missbrauchs war bei diesen Personen 2½-mal so hoch und die Rate des körperlichen Missbrauchs 5-mal so hoch wie bei den asymptomatischen Personen. Insgesamt ergab sich eine direkte positive Korrelation zwischen körperlicher Misshandlung auf der einen und dem Ausmaß der Dissoziation bzw. akuter psychiatrischer Erkrankung auf der anderen Seite. Spitzer et al. (2001) konnten zeigen, dass 64 % von 53 befragten forensisch-psychiatrischen Patienten ein Erlebnis als traumatisch angaben und ein deutlich erhöhtes Maß an dissoziativer Psychopathologie aufwiesen. Zusammenfassend konnte auch hier gezeigt werden, dass die Dissoziationsscores umso höher und die dissoziativen Symptome umso stärker waren, je schwerer der Missbrauch und je jünger die Patienten waren, als der Missbrauch begann.

1.3 Fazit

Gewaltkriminalität hinterlässt vielfältige Spuren in der Psyche des Menschen, die durchaus behandlungsbedürftig sein können. Treten Delinquenzopfer aus ihrer Opferrolle heraus und übertreten als Täter die sozialen Grenzen einer zivilen Gesellschaft, beginnt der *cycle of violence*, und es werden neue Opfer generiert. Hier scheinen frühzeitige, präventive Mittel angebracht, um den Kreislauf der Gewalt zu durchbrechen. Die Aufhebung der Schweigepflicht für Kinderärzte ist in Deutschland ein erster Schritt in diese Richtung.

1.4 Literatur

Avdıbegovic E. & Simanovic O. (2006). Consequences of domestic violence on women's health in Bosnia and Herzegovina. *Croatien Medical Journal,* 47 (5), 730–741.

Bernheim D. (2008). Emotional-instabile Persönlichkeitsstörung: »Ich hätte nie geglaubt, dass der das tut ...«: Frühe innerfamiliäre Gewalterfahrung und Aggressionsbreitschaft im Erwachsenenalter. In: Barnow S. (Hrsg.). *Persönlichkeitsstörungen: Ursachen und Behandlung.* Bern: Huber, 393–403.

Bowlby J. (1975). *Bindung. Eine Analyse der Mutter-Kind-Beziehung.* München: Kindler.

Briggs F. & Hawkins R.M.F. (1996). A comparison of the childhood experiences of convicted male child molesters and men who were sexually abused in childhood and claimed to be nonoffenders. *Child Abuse & Neglect,* 20 (3), 221–233.

Brown G.W., Harris T.O. & Eales M.J. (1993). Aetiology of anxiety and depressive disorders in an inner-city population. 2: Comorbidity and adversity. *Psychological Medicine,* 23, 155–165.

BKA (Hrsg.) (2010). Polizeiliche Kriminalstatistik Bundesrepublik Deutschland. Berichtsjahr 2009. Wiesbadsen: BKA (http://www.bka.de/

pks/pks2009/download/pks-jb_2009_bka.pdf).

Burnam M.A., Stein M.A., Golding J.M., Siegel J.M., Sorenson S.B., Forsythe A.B. & Telles C.A. (1988). Sexual assault and mental disorders in a community population. *Journal of Consulting and Clinical Psychology*, 56, 843–850.

Burton D.L., Miller D.L. & Shill C.T. (2002). A social learning theory comparison of the sexual victimization of adolescent sexual offenders and nonsexual offending male delinquents. *Child Abuse & Neglect*, 26, 893–907.

Carlson V., Cicchetti D., Barnett D. & Braunwald K. (1989). Disorganized/disoriented attachment relationships in maltreated infants. *Developmental Psychology*, 25, 525–531.

Cauffman E., Feldman S.S., Waterman J. & Steiner H. (1998). Posttraumatic stress disorder among female juvenile offenders. *Journal of the American Academy of Child and Adolescent Psychiatry*, 37 (11), 1209–1216.

Cournut J. (1988). Ein Rest, der verbindet. Das unbewusste Schuldgefühl, das Entlehnte betreffend. *Jahrbuch der Psychoanalyse*, 22, 67–98.

David D., Giron A. & Mellmann T.A. (1995). Panic-phobic patients and developmental trauma. *Journal of Clinical Psychiatry*, 56, 113–117.

Della F.D., Yeager C.A. & Lewis D.O. (1990). Child abuse: Adolescent records vs. adult recall. *Child Abuse & Neglect*, 14 (2), 227–231.

Diepold B. (1995). Borderline-Entwicklungsstörungen bei Kindern. Zur Theorie und Behandlung. *Praxis der Kinderpsychologie und Kinderpsychiatrie*, 44, 270–279.

Dimmek B. (1997). *Vom ungeliebten Kind zum psychisch kranken Rechtsbrecher? Delinquenz als Reinszenierung eigener früher Gewalterfahrung. Ergebnisse einer Lehrforschung an der Fakultät für Soziologie der Universität Bielefeld zur eigenen Opfererfahrung von Patienten des Westfälischen Zentrums für Forensische Psychiatrie Lippstadt.* Lengerich: Pabst.

Dudeck M., Spitzer C., Stopsack M., Freyberger H.J. & Barnow S. (2007). Forensic inpatient male sexual offenders: The impact of personality disorder and childhood sexual abuse. *Journal of Forensic Psychiatry and Psychology*, 18 (4), 494–506.

Egle U.T. & Nickel R. (2000). Somatoforme Schmerzstörungen. In: Egle U., Hoffmann S.O. & Joraschky P. (Hrsg.). *Sexueller Mißbrauch, Mißhandlung, Vernachlässigung. Erkennung und Therapie psychischer und psychosomatischer Folgen früher Traumatisierungen.* Stuttgart, New York: Schattauer, 225–245.

Egle U.T., Hoffmann S.O. & Joraschky, P. (2005). *Sexueller Missbrauch, Misshandlung, Vernachlässigung.* 3. Aufl. Stuttgart, New York: Schattauer.

English K., Jones I., Patrick D. & Pasini-Hill D. (2003) Sexual offender containment. *Annals of the New York Academy of Sciences*, 989, 411–427.

Ferenczi S. (1933). *Sprachverwirrung zwischen Erwachsenen und dem Kind. Schriften zur Psychoanalyse*, Bd. II. Frankfurt a.M.: Fischer.

Fierman E.J., Hunt M.F., Pratt L.A., Warshaw M.G., Yonkers K.A., Peterson L.G., Epstein-Kaye T.M. & Norton H.S. (1993). Trauma and posttraumatic stress disorder in subjects with anxiety disorders. *American Journal of Psychiatry*, 150, 1872–1874.

Finkelhor D., Hotaling G., Lewis I.A. & Smith C. (1989). Sexual abuse and it's relationship to later sexual satisfaction, marital status, religion, and attitudes. *Journal of Interpersonal Violence*, 4, 379–399.

Fonagy P. (1997). *Die Natur der frühen Beziehung zur Betreuungsperson und die Prädispositionen zu Gewaltverbrechen.* Vortrag auf dem internationalen Symposium »Adoleszenz und Trauma«, NLKH Tiefenbrunn bei Göttingen.

Fondacaro K.M., Holt J.C. & Powell T.A. (1999). Psychological impact of the childhood sexual abuse on male inmates: The importance of perception. *Child Abuse & Neglect*, 23 (4), 361–369.

Freud A. (1936). *Das Ich und die Abwehrmechanismen.* Wien: Internationaler Psychoanalytischer Verlag (Frankfurt a.M.: Fischer Taschenbuch-Verlag 1997).

Freyberger H.J. & Freyberger H. (2007). 60 Jahre danach. Posttraumatische Belastungsstörungen, salutogene Faktoren und gutachterliche Einschätzungen bei Holocaust-Überlebenden im Langzeitverlauf. *Zeitschrift für Psychosomatische Medizin und Psychotherapie*, 55, 380–392.

Galea S., Ahern J., Resnick H., Kilpatrick D., Bucuvalas M., Gold J. & Vlahov D. (2002). Psychological sequelae of the September 11 terrorist attacks in New York City. *New England Journal of Medicine*, 346, 882–887.

Glasser M., Kolvin I., Campbell D., Glasser A., Leitch I. & Farrelly S. (2001). Cycle of child sexual abuse: Links between being a victim and becoming a perpetrator. *British Journal of Psychiatry*, 179, 482–494.

Hirsch M. (1998). Opfer als Täter – über die Perpetuierung der Traumatisierung. *Persönlichkeitsstörungen*, 1, 32–35.

Hornstein N.L. (1996). Dissociative disorders in children and adolescents. In: Michelson L.K. & Ray W.J. (Hrsg.). *Handbook of dissociation. Theoretical, empirical, and clinical Perspectives*. New York: Plenum Press, 139–162.

Jespersen A.F., Lalumiére M.L. & Seto M.A. (2009). Sexual abuse history among adult sex offenders and non-sex offenders: A meta-analysis. *Child Abuse & Neglect*, 33, 179–192.

Kenny D.T., Keogh T. & Seidler K. (2001). Predictors of recidivism in Australian juvenile sex offenders: Implications for treatment. *Sexual Abuse*, 13 (2), 131–148.

Khan M.M.R. (1975). Der Groll des Hysterikers. *Forum Psychoanalyse*, 4/1988, 169–176.

Lee J.P.K., Jackson H.J., Pattison P. & Ward T. (2002). Developmental risk factors for sexual offending. *Child Abuse & Neglect*, 2002, 26, 73–92.

Lewis D.O. (1992). From abuse to violence: Psychophysiological consequences of mal-treatment. *Journal of the American Academy of Child and Adolescence Psychiatry*, 31, 383–391.

Lipschitz D.S., Kaplan M.L., Sorkenn J., Chorney P. & Asnis G.M. (1996). Childhood abuse, adult assault, and dissociation. *Comprehensive Psychiatry*, 37, 261–266.

Liß H. (2002). *Dissoziation bei forensischen Patienten*. Berlin: Mensch-und-Buch-Verlag.

Lösel F. & Bender D. (1997). Risiko- und Schutzfaktoren in der Entwicklungspsychopathologie: Zur Kontroverse um patho- versus salutogenetische Modelle. In: Mandl H. (Hrsg.). *Bericht über den 40. Kongreß der Deutschen Gesellschaft für Psychologie 1996 in München*. Göttingen: Hogrefe, 302–309.

Main M. & Solomon J. (1990). Procedures for identifying infants as disorganized/disoriented during the Ainsworth strange situation. In: Greenberg M., Cicchetti D. & Cummings M. (Hrsg.). *Attachment in the preschool years. Theory, research, and intervention*. Chicago, London: University of Chicago Press, 121–160.

Malinosky-Rummell R. & Hansen D.J. (1993). Long-term consequences of childhood physical abuse. *Psychological Bulletin*, 114, 68–79.

Mancini C., van Ameringen M. & Macmillan H. (1995). Relationship of childhood sexual and physical abuse to anxiety disorders. *Journal of Nervous and Mental Disorders*, 183, 309–314.

Mulder R.T., Beautrais A.L., Joyce P.R. & Fergusson D.M. (1998). Relationship between dissociation, childhood physical abuse, and mental illness in a general population sample. *American Journal of Psychiatry*, 155, 806–811.

Murphy S.M., Kilpatrick D.G., Amik-Mc Mullan A., Veronen L.J., Paduhovich J., Best C.L., Villeponteauz L.A. & Saunders B.E. (1988). Current psychological functioning of child sexual assault survivors. *Journal of Interpersonal Violence*, 3, 55–79.

Pico-Alfonso M.A., Garcia-Linares M.I., Celda-Navarro N., Blasco-Ros C., Echeburua E. & Martinez M. (2006). The impact of physical, psychological, and sexual intimate male partner violence on women's mental health: Depressive symptoms, posttraumatic stress disorder, state anxiety, and suicide. *Journal of Women's Health*, 15 (5), 599–611.

Putnam F.W. (1997). *Dissociation in children and adolescents. A developmental perspective*. New York, London: Guilford Press.

Quarantini L.C., Netto L.R., Andrade-Nascimento M., Almeida A.G., Sampaio A.S., Miranda-Scippa A., Bressan R.A. & Koenen K.C. (2009). Comorbid mood and anxiety disorder in victims of violence with posttraumatic stress disorder. *Revista Brasileira Psiquiatria*, 31 (2), 66–76.

Richter H. (1997). *Opfer krimineller Gewalttaten. Individuelle Folgen und ihre Verarbeitung.* (Mainzer Schriften zur Situation von Kriminalitätsopfern, Bd. 17) Mainz: Weißer Ring.

Roesler T.A. & McKenzie N. (1994). Effects of childhood trauma on psychological functioning in adults sexually abused as children. *Journal of Nervous and Mental Disorders*, 182, 145–150.

Salter D., McMillan D., Richards M., Talbot T., Hodges J., Bentovim A., Hasting R., Stevenson J. & Skuse D. (2003). Development of sexually behaviour in sexually victimised males: A longitudinal study. *Lancet*, 361, 482–494.

Saunders B.E., Villoponteaux L.A., Lipovsky J.A., Kilpatrick D.G. & Veronen L.J. (1992). Child sexual assault as arisk factor for mental disorders among women: A community survey. *Journal of Interpersonal Violence*, 7, 189–204.

Simons D.A., Wurtele S.K. & Durham R.L. (2008). Developmental experiences of child sexual abusers and rapists. *Child Abuse & Neglect*, 3, 549–560.

Spitzer C., Dudeck M., Liß H., Orlob S., Gillner M. & Freyberger H.J. (2001). Posttraumatic stress disorder in forensic patients. *Journal of Forensic Psychiatry*, 41, 63–77.

Starr R.H., MacLean D.J. & Keating D.P. (1991). Life-span developmental outcomes of child maltreatment. In: Starr R.H. & Wolfe D.A. (Hrsg.). *The effects of child abuse and neglect. Issues and research.* London, New York: Guilford Press, 1–32.

Taft C.T., Resick P.A., Watkins L.E. & Panuzio J (2009). An investigation of posttraumatic stress disorder and depressive symptomatology among female victims of interpersonal trauma. *Journal of Family Violence*, 24 (6), 407–415.

Terr L.C. (1991). Childhood traumas: An outline and overview. *American Journal of Psychiatry*, 148, 10–20.

Torok M. (1968). Trauerkrankheit und Phantasma des »Cadavre exquis«. *Psyche*, 37, 497–519.

Van der Kolk B.A. (1999). Das Trauma in der Borderline-Persönlichkeit. *Persönlichkeitsstörungen – Theorie und Therapie (PTT)*, 3, 21–29.

Van der Kolk B.A., Perry J.C. & Herman J.L. (1991). Childhood origins of self-destructive behaviour. *American Journal of Psychiatry*, 148, 1665–1671.

Van der Kolk B.A., Pelcovitz D., Roth S., Mandel F.S., Mc Farlane A. & Herman J.L. (1996). Dissociation, somatization, and affect dysregulation: the complexity of adaptation of trauma. *American Journal of Psychiatry*, 153, 7 (Suppl.), 83–93.

Vize C.M. & Cooper P.J.(1995). Sexual abuse in patients with eating disorder, patients with depression, and normal controls-a comparative study. *British Journal of Psychiatry*, 167, 80–85.

Weeks R. & Widom C.S. (1998). Self-reports of early childhood victimization among incarcerated adult male felons. *Journal of Interpersonal Violence*, 13, 346–66.

Widom C.S. (1989a). Child abuse, neglect, and violent criminal behavior. *Criminology*, 27, 251–271.

Widom C.S. (1989b). The cycle of violence. *Science*, 244, 160–166.

Widom C.S. & Ames M.A. (1994). Criminal consequences of childhood sexual victimization. *Child Abuse & Neglect*, 18 (4), 303–318.

Zepf S., Weidenhammer B. & Baur-Morlok J. (1986). Realität und Phantasie. Anmerkungen zum Traumabegriff Sigmund Freuds. *Psyche*, 40, 124–44.

ROLF MANZ

2. Traumafolgen nach Arbeitsunfällen und Gewalt am Arbeitsplatz

2.1 Einleitung

Mit Arbeitsunfällen werden häufig einfache Verletzungen im Zusammenhang mit manuellen Tätigkeiten wie Schnitte in die Finger, aber auch extrem schwere körperlichen Traumata wie etwa der Verlust von Gliedmaßen assoziiert. Psychische Probleme infolge von Arbeitsunfällen wurden lange Zeit nicht sonderlich beachtet. Sie treten zwar gehäuft im Zusammenhang mit schweren körperlichen Verletzungen auf, sind jedoch zunehmend auch als eigenständige Unfallfolgen erkannt worden. Besonders im Zusammenhang mit Gewaltereignissen können die häufig nicht sichtbaren psychischen Folgen deutlich gravierender ausfallen als die oft für alle Beteiligten sichtbaren körperlichen.

Die zunächst vor allem subjektiv erlebten psychischen Traumafolgen von Arbeitsunfällen wurden lange Zeit nicht in dem Maße thematisiert, wie sie tatsächlich aufgetreten sind. Erst aus jüngerer Zeit gibt es systematische Studien zu Folgen von Arbeitsunfällen (z. B. FAUST, Südkamp et al., 2006). Dies betrifft sowohl die wahrgenommene Häufigkeit solcher Traumafolgen als auch ihre Bedeutung für den Genesungsverlauf in Bezug auf körperliche Beeinträchtigungen und das Auftreten und den Verlauf rein psychischer Störungen infolge von Unfällen.

Neben unfallbedingte Traumastörungen im engeren Sinne – wie die Akute Anpassungsreaktion (ICD-10 F43.0), die Posttraumatische Belastungsstörung (ICD-10 F43.1) oder die Persönlichkeitsveränderung nach Traumatisierung (ICD-10 F62.0) – treten häufig traumaassoziierte Störungen, die ebenfalls durch Unfallereignisse verursacht sein können. Solche Störungen reichen von der Fahrphobie, ausgelöst z. B. durch ein Unfallereignis im Schienenverkehr, bis hin zum Suizid aufgrund von Mobbing am Arbeitsplatz.

Damit ist eine große Bandbreite psychischer Störungen, ausgelöst oder wesentlich akzentuiert durch Unfallereignisse im weitesten Sinne, angesprochen. Die Unfallversicherungsträger müssen also in einem Feld tätig werden, in dem sie bis vor kurzem noch recht wenig Expertise besaßen, und sind gleichzeitig mit rechtlichen Rahmenbedingungen konfrontiert, was z. B. die Unfalldefinition, die Zuständigkeit für betroffene Personengruppen, die Anerkennung von Erkrankungen und Schäden sowie die Art und den Umfang der Entschädigung von Opfern anbelangt (siehe unten).

Dabei sind zwei wichtige Pfeiler der Gesetzlichen Unfallversicherung von Bedeutung: die Prävention und die Rehabilitation. Beide Aufgaben sind gesetzlich geregelt und beide Aufgaben werden – in der Praxis nicht immer von Vorteil – traditionell getrennt wahrgenommen. Die Prävention bezieht sich auf die Verhütung von Unfällen, die Rehabilitation auf die Behandlung und gegebenenfalls Entschädigung von Opfern. Die Unfallversicherungsträger formulieren ihre Aufgabe selbst wie folgt: »Mit allen geeigneten Mitteln ist möglichst frühzeitig der durch den Versicherungsfall verursachte Gesundheitsschaden zu beseitigen oder zu bessern, seine Verschlimmerung zu verhüten und seine Folgen zu mildern.« – »Ziel präventiver Maßnahmen ist es, Arbeitsunfälle und psychische Traumatisierung infolge von Arbeitsunfällen zu verhindern.« Hierfür werden auf der Basis »detaillierter Gefährdungsbeurteilungen« »technische, organisatorische und personelle Schutzmaßnahmen konzipiert«. Bei Eintritt eines Arbeitsunfalls mit unmittelbaren psychischen Folgen sollen Akutinterventionen »mit der betrieblichen Erstbetreuung einsetzen«. Entwickeln sich psychische Störungen erst im Heilverlauf, müssen die UV-Träger ihren Rehabilitationsauftrag erfüllen. Die »rasche Einleitung notwendiger Interventions- und gezielter therapeutischer Maßnahmen« ist daher ebenso erforderlich wie ein »besonderes berufliches Rehamanagement«. Letzteres muss betroffene Unfallverletzte – bezogen auf psychische Störungsbilder – als solche identifizieren können. Auch hin-

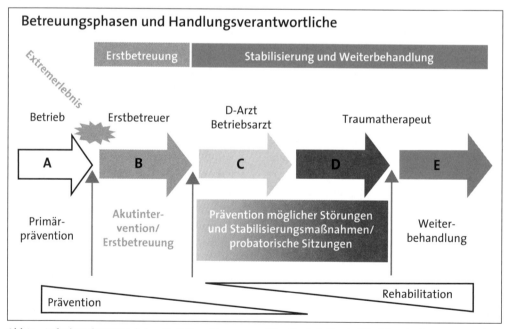

Abb. 1: Aufgaben der Gesetzlichen Unfallversicherung und Zuständigkeiten bei Unfallereignissen mit psychischen Schäden (DGUV, 2008)

sichtlich der Begutachtung psychischer Störungen müssen allgemein rechtliche Beurteilungskriterien und verfahrensmäßig methodische Regeln umgesetzt werden (DGUV, 2008, S. 4).

Betrachtet man die Abläufe im Zusammenhang mit realen Unfallereignissen, so wird schnell deutlich, dass Prävention und Rehabilitation eine Schnittstelle aufweisen. In der Praxis ist die Konzeption eben genau dieser Schnittstelle und weiterer entscheidend für eine wirksame Versorgung. Schematisch stellt dies Abbildung 1 dar. Wie der Grafik zu entnehmen ist, sind viele Akteure in die Versorgung mit einbezogen. Der Unternehmer hat Pflichten im Zusammenhang mit der Prävention, betriebliche Erstbetreuer können durch den Unternehmer beauftragt sein, andere Ersthelfer sind Angehörige der Rettungsdienste, und der Unfallversicherungsträger übernimmt die Kosten für den Einsatz, der D-Arzt (Durchgangsarzt) stellt den Unfall fest und leitet in der Regel erste Behandlungsmaßnahmen ein, was aber bei psychischen Beeinträchtigungen regelmäßig nicht der Fall ist, da D-Ärzte weit überwiegend Chirurgen sind. Es folgt die Weiterbehandlung durch Ärzte, Psychologen und bei Bedarf durch Traumatherapeuten. Was das Schaubild nicht aufweist, ist eine weitere Schnittstelle, die im Rahmen des Wiedereingliederungsmanagements auftritt: Das Opfer soll möglichst wieder an den alten Arbeitsplatz zurückkehren. Auch hier geben die Unfallversicherungsträger Unterstützung.

2.1.1 Fallvignette

Frau S. war unmittelbar Zeugin eines Amoklaufs, bei dem ihr Chef durch drei Kopfschüsse niedergestreckt wurde und starb. Der Täter sei daraufhin mit vorgehaltener Waffe auf sie selbst zugekommen und habe sie aufgefordert, das Gebäude zu verlassen. Beim Wegrennen habe sie auf den Schuss gewartet, der ihrem Leben ein Ende setzen würde.

Symptombeschreibung: *Seit diesem Ereignis fühle sie sich depressiv, sehe in Bildern immer wieder die Szene der Erschießung ihres Chefs vor sich, habe stark an Gewicht verloren, könne nicht ein- und nicht durchschlafen. Morgens falle es ihr schwer aufzustehen, und sie habe keine Freude mehr an sozialen Aktivitäten, die sie vor dem Ereignis gerne unternommen habe. Seit dem Ereignis sei sie arbeitsunfähig, habe das Gebäude jedoch einmal zur Besichtigung besucht, da Umbauarbeiten anstünden, dies aber nur schaffen können, weil sie wusste, dass sie das Gebäude bald wieder verlassen könne. Nur mit dem Antidepressivum Fluoxetin sei es vorübergehend zu einer Stimmungsaufhellung gekommen, sie habe das Medikament allerdings wieder abgesetzt.*

Vor dem genannten Ereignis sei sie eine tatkräftige Frau gewesen, habe so etwas wie depressive Zustände überhaupt nicht gekannt. Ein Zusammenhang zwischen Kopfschmerzen und belastenden und anspannenden Situationen in der Arbeit sei ihr jedoch aufgefallen. Durch das Ereignis sei die Erinnerung an den Tod der Eltern wieder aufgeflammt. Sie habe damals nie richtig trauern können, die Brüder hätten darüber nicht sprechen mögen. Auch bei ihrem späteren Ehemann habe sie kein Verständnis und keine Geborgenheit erfahren, die Ehe sei vor 15 Jahren geschieden worden, seitdem zöge sie die Kinder alleine groß.

Gegenwärtige Beschwerden und Einschränkungen: *depressiver Rückzug, Ein-/Durchschlafstörungen, Antriebsverlust (Morgenmüdigkeit), immer wiederkehrende intensive Erinnerungen an das traumatisierende Ereignis, Angstsymptome und Vermeidungsverhalten.*

2.2 Die Gesetzliche Unfallversicherung – Aufgaben und Rahmenbedingungen

Die Gesetzliche Unfallversicherung ist Teil des Systems der sozialen Sicherung (vgl. Abb. 2). Aufgabe der Gesetzlichen Unfallversicherung ist die Prävention, Rehabilitation und Entschädigung bei Arbeitsunfällen. Gesetzliche Grundlagen sind das Sozialgesetzbuch (SGB VII) und das Arbeitsschutzgesetz (ArbSchG). Das Sozialgesetzbuch VII beschreibt die Aufgaben der Gesetzlichen Unfallversicherung bzw. ihrer Träger (UVT). Primäre Aufgabe der UVT ist der »Arbeits- und Gesundheitsschutz«. Nach § 14 SGB VII sind Unfälle, Berufskrankheiten und arbeitsbedingte Gesundheitsgefahren *mit allen geeigneten Mitteln* zu verhüten (Prävention). Ebenfalls *mit allen geeigneten Mitteln ist möglichst frühzeitig* der durch den Versicherungsfall verursachte Gesundheitsschaden zu beseitigen oder zu bessern, seine Verschlimmerung zu verhüten und seine Folgen zu mildern (§ 26 Abs. 2 Ziffer 1 SGB VII) (Rehabilitation). Die Verantwortung des Unternehmers (ggf. des Schulhoheitsträgers) sowie die Mitwirkung der Versicherten sind nach § 21 SGB VII festgelegt.

Eine Aufsichts- und Beratungsfunktion des UVT ergibt sich aus § 23 SGB VII. Unternehmer und Mitarbeiter sind auch nach §§ 3 und 15 ArbSchG zur Durchführung von bzw. Mitwirkung bei entsprechenden Maßnahmen verpflichtet. Im Zusammenhang mit der Rehabilitation greifen für Unternehmer auch Teile des SGB IX, etwa § 84 (Wiedereingliederungsmanagement).

Die Gesetzliche Unfallversicherung umfasst die Gewerblichen Berufsgenossenschaften und die Unfallversicherungsträger der öffentlichen Hand sowie die Landwirtschaftliche Berufsgenossenschaft. Die Gewerblichen Berufsgenossenschaften und die Unfallversicherungsträger der öffentlichen Hand haben sich zu einem Dachverband, der Deutschen Gesetzlichen Unfallversicherung (DGUV), zusammengeschlossen. Seitdem werden Empfehlungen für die gewerblichen Unfallversicherungsträger (traditionell BGen) und die Unfallversicherungsträger der öffentlichen Hand[1] gemeinsam erarbeitet. Damit können in weiten Bereichen der Wirtschaft und der öffentlichen Verwaltung gleiche Standards etwa hinsichtlich des Erlasses von Unfallverhütungsvorschriften, der Bearbeitung von Unfallmeldungen oder Anzeigen von Berufskrankheiten vorausgesetzt werden.

2.2.1 Zuständigkeit der UVT, Arbeitsunfall und Berufskrankheit

Entscheidend für die Arbeit der Unfallversicherungsträger ist die Frage, was ein Unfall oder was eine Berufskrankheit ist, wer versichert ist und bei welcher Tätigkeit er versichert ist.

Die Gesetzliche Unfallversicherung übernimmt unter bestimmten Voraussetzungen die Unternehmerhaftung für Gesundheitsschäden, die im Zusammenhang mit der

---

[1] Durch die Unfallversicherungsträger der öffentlichen Hand sind Angestellte in öffentlichen Einrichtungen, Schüler, Studenten, Kinder in Tageseinrichtungen und ehrenamtlich Tätige wie Mitglieder der freiwilligen Feuerwehren und weiterer Hilfsorganisationen versichert. Beamte sind hier nicht versichert, sie genießen Anspruch auf Heilfürsorge durch ihren Dienstherrn. Zum Teil werden aber die Präventionsrichtlinien der UVT der öffentlichen Hand auch für Beamte übernommen.

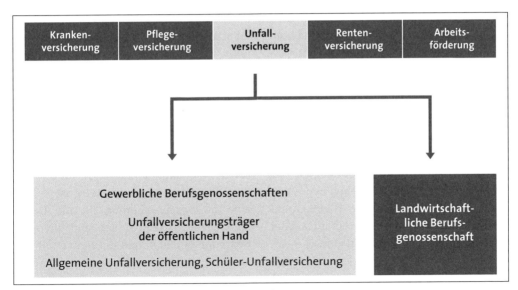

Abb. 2: Das System der sozialen Sicherung in Deutschland

Ausführung beruflicher Tätigkeit (wobei hier derzeit auch noch der Weg zur und von der Arbeit eingeschlossen ist) eingetreten sind. Der Unternehmer ist grundsätzlich für im Zusammenhang mit Arbeitsunfällen eingetretene gesundheitliche Schädigungen seiner Mitarbeiter haftbar. Diese Unternehmerhaftung tritt er an den Unfallversicherungsträger ab, bei dem er seine Mitarbeiter versichert. Dies geschieht gegen eine Versicherungssumme, die sich u. a. nach der Anzahl der Mitarbeiter und dem Gefahrentarif der Branche richtet. Im Gegenzug muss der Unternehmer eine Reihe von Maßnahmen durchführen, die der Prävention von Unfällen und Berufskrankheiten dienen sollen. Hierzu zählt, dass er die durch den UVT erlassenen Unfallverhütungsvorschriften einhält und die Aufsicht des UVT, um deren Einhaltung zu kontrollieren (z. B. im Rahmen von Betriebsbegehungen), akzeptiert. Des Weiteren berät der UVT den Unternehmer in Fragen der Prävention, u. a. durch Informationsschriften, und bietet Fortbildungsseminare für komplexe Arbeitsschutzthemen an.

Nicht jeder im Zusammenhang mit beruflicher Tätigkeit erfolgte Unfall muss ein Arbeitsunfall sein. Hier ist u. a. zu prüfen, ob ein beruflicher Bezug vorliegt oder nicht. Ein etwas kurioses Beispiel kann dies erläutern: Eine Verletzung durch den Faustschlag eines Kollegen kann als Arbeitsunfall dann anerkannt werden, wenn es sich beim zugrunde liegenden Streit um einen arbeitsbezogenen Sachinhalt handelte – nicht jedoch, wenn es dabei um eine private Meinungsverschiedenheit ging.

Definition Arbeitsunfall *(SGB VII):* Ein Arbeitsunfall ist eine im Zusammenhang mit der beruflichen Tätigkeit unmittelbar erlittene körperliche oder psychische Gesundheitsstörung, als Reaktion auf ein unfreiwillig erlebtes, zeitlich begrenztes Ereignis.

Weitere, in der Regel über längere Zeiträume erlittene Gesundheitsstörungen können als Berufskrankheiten anerkannt werden. Dies beschreibt bereits eine wesentliche Eigenheit von Berufskrankheiten. Sie werden über einen Mindestzeitraum typischer Exposition gegenüber einer Noxe erworben. Nicht alle denkbaren Noxen führen zu Berufskrankheiten. Wesentlich für die Anerkennung einer Berufskrankheit ist neben dem Nachweis der typischen Exposition die prinzipielle Anerkennung. Berufskrankheiten sind nur solche, die in einer Liste der Berufskrankheiten aufgeführt sind.

Diese Berufskrankheitenliste (Bundesregierung, 2009) umfasst aktuell 68 Erkrankungen. Psychische Störungen sind in Deutschland nicht in dieser Liste enthalten. Daher können die Auswirkungen einer beruflich erlittenen Traumatisierung auch nicht als Berufskrankheit anerkannt werden. Hintergrund ist, dass die berufsbedingten Einwirkungen für Traumatisierungen nicht spezifisch genug sind. Es liegt auf der Hand, dass viele potentiell traumatisierende Einflüsse völlig unabhängig von spezifischen beruflichen Tätigkeiten auftreten können.

Definition Berufskrankheit *(SGB VII):* Berufskrankheiten sind Krankheiten, die nach den Erkenntnissen der medizinischen Wissenschaft durch besondere Einwirkungen verursacht werden, denen bestimmte Personengruppen durch ihre versicherte Tätigkeit in erheblich höherem Grade als die übrige Bevölkerung ausgesetzt sind.

Die Gesetzliche Unfallversicherung tritt nicht für gesundheitliche Schäden ein, die z. B. nicht im Betrieb beschäftigten Zeugen eines Unfalls oder Angehörigen der unmittelbar Betroffenen entstehen können. Diese Personenkreise sind nicht im Rahmen der Gesetzlichen Unfallversicherung versichert. Dies stößt vor allem im Zusammenhang mit traumatischen Ereignissen immer wieder auf Unverständnis. Hier wird aber deutlich, dass die Unfallversicherung engen gesetzlichen Regelungen unterliegt, da sie Teil des Sozialversicherungssystems ist. Sie ist eine Zwangsversicherung für die Unternehmer, die Arbeitnehmer sind nicht mit Beiträgen beteiligt, und es werden nur eng umschriebene Personengruppen und Tätigkeiten erfasst.

2.3 Unfälle und Gewalttaten im Zusammenhang mit der Arbeit

Prävention und Rehabilitation von psychischen Gesundheitsstörungen im Zusammenhang mit Arbeitsunfällen haben für die Gesetzliche Unfallversicherung in den letzten Jahren zunehmend an Bedeutung gewonnen. Dies lässt sich aus einschlägigen Statistiken ableiten, die über mehrere Jahre eine zumindest relative Zunahme psychischer Störungen im Zusammenhang mit Arbeitsunfällen belegen (DGUV, 2009a). Die Unfallstatistik der DGUV weist in den Jahren 2005 bis 2008 eine deutliche Zunahme von Unfallanzeigen aufgrund von Gewalteinwirkung durch andere Personen aus (Abb. 3).

Definitionen: Die Europäische Kommission definiert Gewalt am Arbeitsplatz (workplace violence) wie folgt: »In Zusammenhang mit der Arbeit stehende Ereignisse – einschließlich des Weges von und zur Arbeit –, bei denen

Mitarbeiter beschimpft, bedroht oder angegriffen werden und die eine ausgesprochene oder unausgesprochene Drohung gegen deren Sicherheit, Wohlergehen oder Gesundheit beinhalten.« (Wynne et al., 1997).

Die Internationale Arbeitsschutzvereinigung (international labour organisation, ILO) definiert Gewalt am Arbeitsplatz folgendermaßen: »Jede Handlung, Begebenheit oder von angemessenem Benehmen abweichendes Verhalten, wodurch eine Person im Verlauf oder in direkter Folge ihrer Arbeit schwer beleidigt, bedroht, verletzt oder verwundet wird.« (ILO, 2002, S. 3). *Kommentar:* Darin sind sowohl Übergriffe Dritter mit gesundheitlicher Schädigung als auch Übergriffe von Kollegen enthalten. Impliziert sind sowohl körperliche als auch psychische Schädigungen/Beeinträchtigungen. Die ILO-Definition wird so ausgelegt, dass auch die Beobachtung außergewöhnlicher Ereignisse mit vergleichbaren Folgen einbezogen sein kann.

Als betroffene Branchen fallen Unternehmen der Hilfeleistung, Sparkassen und Banken sowie Krankenhäuser der Psychiatrie und Pflegeheime besonders auf (Abb. 4, S. 336). Aber auch Verkehrsbetriebe leiden unter der zunehmenden Bedrohung ihrer Mitarbeiter durch Kunden. Die ehemalige BG Bahnen (Berufsgenossenschaft Bahnen) berichtete, dass in den vergangenen Jahren bis zu 10 % aller Unfallanzeigen auf Gewalt am Arbeitsplatz zurückzuführen waren. Besonders spektakuläre Fälle von »Gewalt am Arbeitsplatz« stehen z. B. auch mit den Amokläufen an Schulen im Zusammenhang. Aber auch Übergriffe in Verwaltungsbetrieben wie der Arbeitslosenverwaltung (Jobcenter) treten gehäuft auf (Manz et al., 2009a).

Gewaltereignisse im Zusammenhang mit beruflicher Tätigkeit sind weit verbreitet. Aber auch andere potentiell traumatisierende Ereignisse wie schwere Unfälle auf Autobahnen oder im Schienenbereich der Bahnen, Überfälle auf Schiffe oder Geisel-

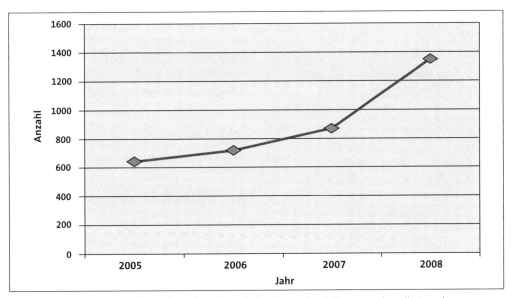

Abb. 3: Meldepflichtige Unfälle aufgrund von Gewalteinwirkung durch Personen über alle Branchen (Quelle: DGUV, 2009a).

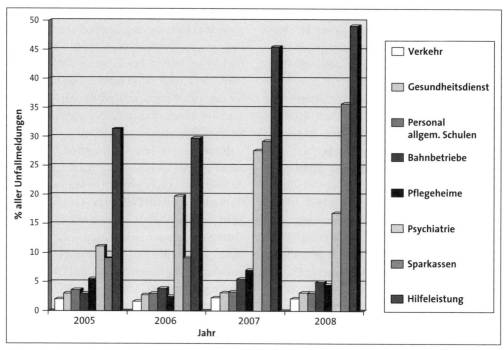

Abb. 4: Anteil der Unfallmeldungen aufgrund von Gewalt durch Personen an allen Unfallmeldungen, nach ausgewählten Branchen (Quelle: DGUV, 2009a).

nahmen von Mitarbeitern im Ausland zeigen, dass die berufliche Tätigkeit mit teilweise hohen Risiken verbunden ist. Eine Übersicht über die häufigsten potentiell traumatisierenden Ereignisse im Zusammenhang mit beruflicher Tätigkeit gibt Tabelle 1.

Die Träger der Gesetzlichen Unfallversicherung haben sich nicht zuletzt auch aufgrund einschlägiger Ereignisse wie etwa dem Zugunglück von Eschede von 1998 oder dem Amoklauf von Erfurt (2002) intensiv mit Fragen der Prävention, Intervention und Rehabilitation psychischer Gesundheitsschäden auseinandergesetzt. In einem engen Diskurs mit Fachvertretern der Medizin und Psychologie, der Arbeitswissenschaften sowie weiteren Experten aus dem Bereich der Katastrophenhilfe, von Organisationen der inneren Sicherheit sowie besonders betroffenen Unfallversicherungsträgern wurden Konzepte für umfassende Betreuungssysteme entwickelt (BAuA, 2005) und Empfehlungen zur Prävention und Rehabilitation von psychischen Störungen nach Arbeitsunfällen erarbeitet (DGUV, 2008).

Tab. 1: Häufigkeit potentiell traumatisierender Ereignisse im Zusammenhang mit beruflicher Tätigkeit in Deutschland (Datenbasis: unterschiedliche Quellen)

- Übergriffe in psychiatrischen Einrichtungen: 30/Tag
- Gewaltsame Übergriffe bei Verkehrsunternehmen: 10 % der gemeldeten Unfälle
- Überfälle auf Sparkassen/Banken: 25/Woche
- Übergriffe in Jobcentern: 4–5/Tag
- Schwere Unfälle und Überfahrungen im Gleisbereich der Bahn: > 3/Tag
- Schwere Gewaltereignisse an Schulen: 1–2/Jahr

2.4 Prävention

Oft wird der Begriff Prävention unscharf gebraucht und schließt alle bekannten Formen der Prävention mit ein. Nach Caplan (1964) sind dies neben der primären auch die sekundäre und die tertiäre Prävention. Gordon (1983) und für den Bereich psychischer Störungen besonders Mrazek & Haggerty (1994) haben die primäre Prävention enger definiert, sie unterscheiden zwischen universeller, selektiver und indizierter Prävention (siehe Box). Diese Denkweise ähnelt der Betrachtungsweise der Unfallversicherungsträger, denn Prävention beginnt aus Sicht der Unfallversicherungsträger bei einer Analyse von bekannten Risiken (etwa der Einsatz von Rettungskräften im Rahmen der Katastrophenhilfe) und potenziellen Risiken. Letztere ergeben sich für Traumatisierungen am Arbeitsplatz vor allem durch bekannte Unfallgefahren bzw. Bedrohungen (z. B. Suizide auf Bahnstrecken), Gewaltereignisse (z. B. Übergriffe durch Patienten), Mobbing am Arbeitsplatz und neuerdings auch Stalking im Zusammenhang mit beruflicher Tätigkeit (prominentes »Opfer« war die Bundeskanzlerin, die im Oktober 2010 von einem Stalker verfolgt wurde).

Primäre Prävention: Obwohl ein allgemeines Verständnis von primärer Prävention besteht, lässt sie sich doch unterschiedlich weit oder eng definieren. Generell zielt die primäre Prävention in diesem Zusammenhang auf die Verhütung von Ereignissen ab, die potenziell traumatisierend sein können.

»Primär« setzt nach Gordon (1983) und Mrazek & Haggerty (1994) voraus, dass noch keine Erkrankung vorliegt. Allerdings differenzieren die Autoren den Begriff nach Risikokonstellationen.

Universelle Prävention: Die universelle Prävention zielt auf die Verhütung allgemeiner Risiken, denen nahezu jeder ausgesetzt ist (Beispielmaßnahme: Anschnallpflicht im Auto).

Selektive Prävention: Die selektive Prävention richtet sich an Personen mit überdurchschnittlichem Risiko. Hier steht nicht mehr die Allgemeinheit im Fokus der Aufmerksamkeit, sondern spezielle Risikogruppen wie z. B. Einsatzkräfte, die mit erhöhter Wahrscheinlichkeit mit potentiell traumatisierenden Situationen konfrontiert werden (Beispielmaßnahme: psychologische Einsatzvorbereitung).

Indizierte Prävention: Die indizierte Prävention richtet sich an einen noch engeren Personenkreis mit sehr hohem, gegebenenfalls sogar sicherem Risiko (Beispiel: Einsatznachbereitung als Präventionsmaßnahme gegen PTBS, wie sie im Rahmen eines CISM [critical incident stress management]), inzwischen von vielen Hilfsorganisationen für ihre Einsatzkräfte vorgehalten wird).

2.4.1 Handlungsfeld Prävention der Unfallversicherungsträger

Gefährdungsbeurteilung

Die Gefährdungsbeurteilung ist ein durch den Gesetzgeber vorgeschriebenes (ArbSchG § 5) und durch die Unfallversicherungsträger beratend unterstütztes Instrument zur Prävention, dessen Durchführung dem Unternehmer obliegt. Hier sind typische Risiken für die Mitarbeiter bei ihrer Tätigkeit zu beurteilen und gegebenenfalls Maßnahmen abzuleiten, die geeignet sind, Gesundheitsgefahren abzuwenden. Das Arbeitsschutzgesetz verlangt eine systematische Erfassung von Risiken, deren Beurteilung für typische Arbeitsplätze[2] und neben der schriftlichen Fixierung der Ergebnisse die Ableitung, Anwendung und Überprüfung geeigneter Präventionsmaßnahmen.

Im Allgemeinen werden Maßnahmen nach dem TOP-Schema (Technik, Organisation, Person) festgelegt. Dieser Ansatz geht davon aus, dass technische Maßnahmen mit relativ geringem Aufwand installiert werden können und dann für jeden nützlich sind. Beispiele im Bereich potentieller Traumatisierung sind Ausstattungen von Kassenarbeitsplätzen in Banken. Der Mitarbeiter soll durch technische Maßnahmen vor direktem Zugriff, ja sogar vor Waffengewalt geschützt werden. Organisatorische Maßnahmen sind regelmäßig mit größerem Aufwand verbunden. Hier müssen Organisationspläne entworfen oder geändert werden, und es erfolgen Eingriffe in Arbeitsabläufe oder Arbeitszeiten. Hierunter fallen auch Maßnahmen zur Vermeidung von Alleinarbeit besonders gefährdeter Mitarbeiter, z. B. beim Werttransport oder der Kassenprüfung. Maßnahmen auf personeller Ebene sind besonders aufwendig. Oft müssen hier ganze Abteilungen geschult werden, um Gefahren wirkungsvoll abwehren zu können. Typische Beispiele sind Deeskalationstrainings für besonders gefährdete Personengruppen wie Pflegekräfte in psychiatrischen Einrichtungen oder Alten- und Pflegeheimen.

Mehrere Unfallversicherer haben bereits konkrete Empfehlungen für die Gefährdungsbeurteilung potentiell traumatisierender Faktoren erarbeitet und in ihre Informations- und Schulungskonzepte übernommen. Zu nennen sind hier beispielhaft die Verwaltungsberufsgenossenschaft (VBG)[3] und die Unfallkasse des Bundes (UK Bund),[4] die entsprechende konkrete Hinweise für die Berücksichtigung potentiell traumatisierender Faktoren erarbeitet haben.

Psychologische Erste Hilfe

Legt man das Präventionsschema von Mrazek & Haggerty zugrunde, so wird man auch in der Phase nach erfolgtem potentiell traumatischem Ereignis noch von präventiver Intervention sprechen, solange keine sichere Diagnose gestellt wurde. Dies gilt für die Mehrzahl der betroffenen Personen z. B. nach einem Raubüberfall, Geiselnahme oder nachdem sie einen Unglücksfall erlebt haben. Wenn in dieser Situation keine akute Belastungsstörung vorliegt, kann primär präventive Hilfe z. B. in Form psychologischer Erster Hilfe erfolgen, die durch speziell geschulte Laien oder Professionelle geleistet wird (Manz, 2007, 2008). Diese Verfahren, die auch aus den CISM-Interventionen bekannt sind, haben sich als hilfreich erwiesen, so dass sie auch in die Leitlinie zur Intervention bei akuter Belastungsreaktion durch die AWMF (Arbeitsgemeinschaft der Wissenschaftlichen Medizinischen Fachgesellschaften) Eingang gefunden haben (AWMF, 2008). Die DGUV hat hierfür im Rahmen ihrer Empfehlungen

---

[2] In Einzelfällen ist auch die Beurteilung einzelner Arbeitsplätze vorgesehen, etwa wenn der Arbeitsplatzinhaber schwerbehindert ist oder durch den Mitarbeiter eine separate Beurteilung verlangt wird.

[3] Unterweisungshilfen der VBG zum Thema »Psychische Belastung durch Raubüberfälle« als E-Learning-Programm.

[4] Modul »Sonstige Gefährdungen« im Rahmen der »Handlungshilfe zur Beurteilung der Arbeitsbedingungen« der UK Bund.

zur Prävention und Rehabilitation von psychischen Störungen nach Arbeitsunfällen bereits einen Kriterienkatalog und Rahmenempfehlungen für eine Aus- bzw. Weiterbildung von Laien zu betrieblichen Ersthelfern entwickelt (DGUV, 2008, S. 25–28).

Spezifische Ansätze
Die Bedingungen in Branchen und an Arbeitsplätzen unterscheiden sich oft in vielfacher Hinsicht. Zwar gelten vergleichbare psychologische Mechanismen bei der Entstehung von Traumatisierungen, doch können diese Erkenntnisse nicht ohne weiteres in präventive Maßnahmen umgesetzt werden. Die durch die Unfallversicherer erarbeiteten Empfehlungen für die Prävention sind daher zunächst sehr allgemeingültig und müssen an die Verhältnisse vor Ort angepasst werden. Aus diesem Grunde lassen sich oft sehr spezifische Lösungen für einzelne Branchen beobachten. Dies zeigt sich bereits am Beispiel der psychologischen Ersten Hilfe, die in Rettungsteams grundsätzlich anders organisiert werden kann als in Betrieben, in denen die Mitarbeiter selbst beruflich nicht in irgendeine Form der Hilfeleistung eingebunden sind.

Unfallversicherer, die häufig mit entsprechenden Ereignissen konfrontiert sind, haben zumindest für den Bereich der Soforthilfe entsprechende Verfahren erarbeitet. So kann z.B. der Weg zum D-Arzt, der im Auftrag des Unfallversicherers den Unfallschaden feststellt und das medizinische Heilverfahren steuert, häufig umgangen werden.[5] Dadurch ist ein schneller Behandlungsbeginn bei einem Traumatherapeuten in Form von probatorischen Sitzungen möglich und es kann psychologisch wertvolle Zeit unter Umständen auch noch präventiv genutzt werden, bis die Formalitäten für eine weiterführende Behandlung geklärt sind. Es empfiehlt sich aber, vorab mit dem entsprechenden UVT Kontakt aufzunehmen, da nicht alle Unfallversicherer sich an dieses aus psychologischer Sicht begrüßenswerte Schema halten.

2.5 Rehabilitation

Medizinische und soziale Rehabilitation (d.h. berufliche und private Teilhabe am Leben trotz gesundheitlicher Einschränkungen bzw. Behinderung) und ergänzend auch (materielle) Entschädigung – so können die Zielsetzungen der Rehabilitation von Unfallopfern durch die UVT umschrieben werden.

2.5.1 Fallvignette, Frau S. (Fortsetzung)

Behandlungsverlauf: *Nach Aufnahme einer ambulanten Therapie empfiehlt der Unfallversicherungsträger gemäß den Richtlinien seines Modellverfahrens eine stationäre Behandlung. Bei Aufnahme lag eine schwere Posttraumatische Belastungsstörung vor, deren Bewältigung durch eine biographisch bedingte forcierte Bewältigungshaltung erschwert sei. Durch intensive und zielgerichtete psychotherapeutische Behandlung habe diese Haltung aufgelöst werden können, so dass eine günstige Voraussetzung für einen weiteren Genesungsverlauf geschaffen worden sei. Bei der Entlassung wurde empfohlen, eine gestufte Wiedereingliederung in den Berufsalltag über etwa 4 Monate durchzuführen. Begleitet werden sollte diese durch eine spezifisch traumaorientierte Psychotherapie, wie sie bereits vor Aufnahme der stationären Behandlung begon-*

---

[5] Beispielhaft hat dies die Unfallkasse Post Telekom (UKPT) in ihrer Schrift »Betreuung traumatisierter Mitarbeiter« umgesetzt.

nen worden sei. Empfohlen wurde darüber hinaus vor der vollständigen Wiederaufnahme der Tätigkeit eine weitere psychische Stabilisierung im Sinne einer Intervallbehandlung in der Klinik. Dies solle jedoch in Abstimmung mit der ambulanten Behandlung geklärt werden.

Die Belastungserprobung läuft zunächst zufriedenstellend, die Arbeitszeit wird auf 6 Stunden täglich erhöht. Die Prognose des behandelnden Arztes geht davon aus, dass bei weiter anhaltender Besserung voraussichtlich nach 4 bis 6 Wochen mit einer vollen Belastbarkeit der Versicherten zu rechnen sei.

Nach weiteren 4 Wochen erhält der Unfallversicherungsträger Rückmeldung vom Arbeitsplatz der Versicherten, wonach es im Laufe des vergangenen Monats einige kritische Situationen mit der Versicherten gegeben habe. Insbesondere stelle die Kompetenzzuweisung an Arbeitskolleginnen ein Problem dar. Ein weiteres Problemfeld bestünde im geplanten Umbau des Arbeitsplatzes. Ein gemeinsames Gespräch am Arbeitsplatz mit den Beteiligten wird für erforderlich gehalten. Seitens des Unfallversicherungsträgers soll zuvor Rücksprache mit der behandelnden Traumatherapeutin gehalten werden. Die Versicherte habe im Rahmen der ambulanten Therapie auf die schwierige Situation am Arbeitsplatz hingewiesen, insbesondere habe sie das Gefühl, dass ihr ihre Fehlzeit nach dem Ereignis angekreidet werde und die inzwischen eingestellte Ersatzkraft bevorzugt behandelt würde. Auch der Umbau des Arbeitsplatzes verlaufe entgegen den Wünschen der Versicherten, die nämlich für sich einen abgeschlossenen Raum (wie vor dem Ereignis) bevorzuge, was jedoch nicht realisiert werden solle. Es erfolgen mehrere Gespräche mit Vertretern des Arbeitgebers und des Versicherers unter Leitung eines unabhängigen Moderators, alle bleiben erfolglos.

Zwischenzeitlich kommen die Beteiligten zu dem Schluss, dass eine Weiterbeschäftigung am alten Arbeitsplatz unter den sich zwangsläufig verändernden Bedingungen für die Versicherte nicht sinnvoll sei. Der Versicherten werden daher verschiedene Versetzungsangebote unterbreitet, die ihren vormaligen Status (insbesondere das Einkommen betreffend) entsprechend berücksichtigen. Die Negativbeurteilung der Belastungserprobung durch den Direktor scheint bei der Versicherten zu der Haltung zu führen, nun erst Recht auf den alten Arbeitsplatz (d. h. auch hinsichtlich Organisation und ehemaligem Status) zu beharren. In der Folge werden dem Arbeitgeber seitens der Versicherten über den sie vertretenden Rechtsanwalt Arbeitsunfähigkeitsbescheinigungen zugestellt.

Der behandelnde Facharzt bescheinigt der Versicherten, dass seit der Entscheidung des Arbeitgebers, wonach die frühere Arbeitstätigkeit nicht wieder aufgenommen werden könnte, eine deutliche Zunahme der depressiven Symptomatik mit massiven Ängsten, Schlafstörungen, Antriebsstörungen und latenter Suizidalität zu verzeichnen sei. Die Versicherte sei daher momentan nicht in der Lage, alternative Bewerbungsgespräche zu führen.

Der Schriftwechsel seitens des Unfallversicherungsträgers mit der Versicherten erfolgt ab da ausschließlich über deren Rechtsanwalt.

Die berufliche Widereingliederung gilt als fehlgeschlagen.

Zur Erreichung der genannten Zielsetzungen der Rehabilitation von Unfallopfern tragen mehrere Ansätze und Verfahren der UVT bei, die in den letzten Jahren umgesetzt bzw. begonnen wurden.

2.5.2 Modellverfahren

Eine frühzeitigen Erkennung und rechtzeitige Behandlung von psychischen Gesundheitsschäden nach Arbeitsunfällen sowie die zielgerichtete Einbeziehung ärztlicher und psychologischer Psychotherapeuten in das berufsgenossenschaftliche Heilverfahren sind Ziele des Modellverfahrens der Unfallversicherungsträger (Arbeitskreis Heilverfahren, 1999; DGUV, 2008). Diese Ziele sollen durch eine Festlegung der Qualifikationsanforderungen an Behandler von Personen, bei denen nach Arbeitsunfällen psychische Gesundheitsschäden vorlagen, und durch eine Beschreibung geeigneter Behandlungsmaßnahmen erreicht werden. Dabei wird besonders betont, dass eine rasche, qualitätsgerechte Versorgung Vorrang vor einer bürokratischen Kausalitätsklärung (und damit der Frage der Zuständigkeit des UVT) haben soll. Es wird ausdrücklich festgehalten, dass für den Bereich der psychischen Gesundheitsstörungen ein Vorgehen, das dem sonst üblichen D-Arztverfahren vergleichbar wäre, noch nicht beschrieben ist. Das Modellverfahren bietet daher Regelungen für die Zusammenarbeit von D- und H-Ärzten (»H« steht für: an der besonderen *H*eilbehandlung beteiligt) mit Psychotherapeuten im Rahmen des Heilverfahrens der gesetzlichen Unfallversicherungsträger. Es beschreibt einschlägige Fachdisziplinen und weitere fachliche Voraussetzungen von Behandlern, u.a. die Fortbildung im Bereich Traumatherapie. Auch die Pflichten der zum Verfahren zugelassenen Behandler werden erläutert, da die UVT z.B. weitergehende Befugnisse hinsichtlich des Einblicks in Behandlungsverläufe haben als etwa die Krankenkassen. Die empfohlenen Behandlungsmaßnahmen orientieren sich dabei grundsätzlich an den Leitlinien der AWMF in der jeweils gültigen Fassung. Der psychotherapeutische Behandler muss 1.) entweder vom D-/H-Arzt zum Heilverfahren hinzugezogen werden oder er bedarf 2.) hierzu eines Einzelauftrags des zuständigen UV-Trägers.

2.5.3 Ambulanzdatenbank

Der schnelle Zugang zu einer fachgerechten psychotherapeutischen Versorgung wurde von den Unfallversicherungsträgern schnell als einer der wichtigsten Versorgungsbausteine im Zusammenhang mit berufsbedingten Traumatisierungen erkannt. Gleichzeitig häuften sich aber auch die Klagen der zuständigen Unfallsachbearbeiter, dass ein adäquater (schneller und zuverlässiger) Zugang zur psychotherapeutischen Versorgung nur in Ausnahmefällen zu realisieren sei. Die Schwierigkeiten, denen sich Therapiesuchende gegenübersehen, werden – unabhängig von der Sicht der Unfallversicherungsträger – ganz allgemein beklagt.

Im Rahmen des Projekts »Intersektorale Zusammenarbeit in der Prävention, Versorgung und Rehabilitation bei traumatischen Ereignissen« wurde eine Befragung von über 400 Hochschulinstitutionen durchgeführt (Manz et al., 2006). Ziel war eine Bestandsaufnahme der für die Unfallversicherungsträger nutzbaren Versorgungseinrichtungen, wobei ein schneller Zugang zu einer adäquaten Erstversorgung im Zentrum des Interesses stand. Dies bedeutete, dass einschlägige Expertise in Bezug auf die Versorgung von berufsbedingt Traumatisierten vorliegen sollte und ein schneller Zugang, im Idealfall über eine Ambulanz, stattfinden konnte.

Das Konzept der Ambulanzdatenbank geht von der realistischen Annahme aus, dass die Untersucher in den Ambulanzen ihr Versorgungsumfeld kennen und daher die betroffenen Patienten gezielt weitervermitteln, bei Bedarf aber auch selbst ambulant oder stationär versorgen können. Daher wurde bundesweit ein umfangreicher Fragebogen mit Bitte um Selbstauskunft von Seiten der jeweiligen Institution verschickt. Die Rücklaufquote lag bei 46 %. Mehrere für die Versorgung von Traumapatienten relevante Fachrichtungen haben Auskunft über ihr jeweiliges Leistungsspektrum erteilt. Von besonderem Interesse waren auch die Erfahrungen in der Diagnostik und Behandlung von Opfern unterschiedlicher traumatisierender Ereignisse wie schwere Unfälle, Überfälle und Übergriffe (vgl. Tab. 2).

Tab. 2: Ergebnisse der Ambulanzbefragung. Erfahrung mit Opfern traumatisierender Ereignisse (Prozent der antwortenden 206 Einrichtungen)

Traumatische Erlebnisse	Einrichtungen mit entsprechender Erfahrung (in Prozent)
Sexueller Missbrauch	94,5
Tod nahestehender Personen	90,2
Opfer von Gewalt	89,6
Verkehrsunfälle	82,9
Vergewaltigung	80,5
Zeuge von potentiell traumatisierenden Ereignissen	65,9
Angehörige von unmittelbar Betroffenen	65,9
Überfälle	61,0
Arbeitsunfälle	56,1
Schusswaffengebrauch	39,6
Geiselnahmen	26,2
Großschadensereignisse	24,4
Naturkatastrophen	20,1
Sonstige (z. B. Folteropfer)	19,5

Besonders beklagt wird immer wieder ein deutliches Defizit hinsichtlich der ambulanten Versorgungskapazitäten für Kinder und Jugendliche nach traumatischen Erlebnissen, wie sie etwa im Zusammenhang mit Verkehrsunglücken oder Gewaltereignissen an Schulen gegeben sind.

Die Studie hat gezeigt, dass im Prinzip umfangreiche Erfahrungen in der Versorgung von berufsbedingt Traumatisierten vorliegen. Die Kapazitäten für eine schnelle Erstversorgung sind aber gerade im Bereich Kinder und Jugendliche noch stark eingeschränkt. Ein weiteres Ergebnis der Studie ist eine mit Einwilligung der Befragten erstellte Datenbank, die den Unfallversicherern zur gezielten Suche nach ambulanten Zugängen in das Versorgungsnetz dient. Besonders diejenigen Unfallversicherungsträger, die bundesweit zuständig sind, können von diesen Daten profitieren, da sie es ihnen ermöglichen, auch in Regionen zu recherchieren, in denen sie bisher noch keine Kontakte zu versorgenden Institutionen knüpfen konnten.

2.5.4 Begutachtung

Gesetzliche Unfallversicherer erteilen nach Traumatisierungen immer wieder den Auftrag zur Begutachtung von Versicherten. Die Gründe hierfür sind vielfältig. Leider entsprechen viele Gutachten nicht einmal den durch die AWMF empfohlenen Mindestanforderungen. Dies ist bedauerlich, da Gutachten in der Regel eine sozialrechtliche Funktion erfüllen, d. h. Grundlage weitreichender rechtlicher Entscheidungen sind. Eine präzise Beantwortung von Fragen zu Sachverhalten, die anschließend einer juristischen Wertung unterzogen werden, ist daher unabdingbar. Dies sind z. B. Fragen der Kausalität von Ereignis und Folge (Unfall als Ursache von Gesundheitsstörungen) oder der Veränderung des Gesundheitszustandes (Unfall als wesentliche Ursache für die Verschlechterung einer bestehenden Erkrankung).

Um die Qualität von Gutachten zu verbessern, wurde eine Arbeitsgruppe des ehemaligen Bundesverbandes der Unfallkassen damit beauftragt, Standards für die Begutachtung von Personen in Hinblick auf versicherungsrelevante Fragestellungen zu entwickeln, die mit psychischen Störungen, insbesondere Traumatisierungen, aufgrund von Arbeitsunfällen und arbeitsbezogenen Umständen im Zusammenhang stehen. Das *Handbuch für Mitarbeiter zur Begutachtung »Trauma und Psyche«* (BUK, 2007) richtet sich wie die meisten Verbandsschriften an die zuständigen Unfallsachbearbeiter. Es beschreibt die wichtigsten Diagnosen, Instrumente und Verfahren zur Diagnostik, relevante medizinische und psychologische Fachrichtungen und gibt Hinweise zur Beauftragung von Gutachten, einschließlich eines Leitfadens für den Gutachter, der Zusammenstellung wichtiger Materialien, der Formulierung von rechtsverwertbaren Fragestellungen und einer Zusammenstellung von Anhaltswerten für MdE-Einschätzungen (MdE = Minderung der Erwerbsfähigkeit).

Die Erfahrungen in der Anwendung dieses Leitfadens und des speziell entwickelten Formulars für die Gutachter sind durchweg positiv, auch wenn sich einzelne Gutachter durch die formalen Vorgaben und Hinweise auf diagnostische Verfahren zunächst gegängelt fühlten. Insgesamt hat die Qualität der Gutachten spürbar zugenommen. Das System befindet sich nach der Fusion der Spitzenverbände derzeit in Überarbeitung.

2.6 Ausblick

Der Einstieg der UVT der öffentlichen Hand in die Thematik arbeitsbedingter Traumatisierungen erfolgte im Rahmen des Projektes »Intersektorale Zusammenarbeit in der Prävention, Versorgung und Rehabilitation bei traumatischen Ereignissen« (Manz et al., 2005; Ritter-Lempp & Manz, 2005). Aus dieser Arbeit resultierte auch ein Beraterkreis (TIK-Trauma), der bis 2009 aktiv war und wesentlich zur überinstitutionellen Zusammenarbeit in Bezug auf das Themenfeld »berufsbedingte Traumatisierung« beigetragen hat. Die BGen starteten mit der Untersuchung von Arbeitsunfällen. Die Freiburger Unfallstudie FAUST (Südkamp et al., 2006; Angenendt et al. 2010) befasste sich mit Fragen der Prävalenz und des Verlaufs von psychischen Gesundheitsschäden nach schweren Verkehrsunfällen. Erfasst wurden über 300 Personen, die einen schweren Unfall erlitten hatten. Dieser Personenkreis wurde über ein halbes Jahr nach dem Ereignis erneut befragt.

Ein halbes Jahr nach der Erstuntersuchung und dem Verkehrsunfall wiesen
- 8,2 % eine PTBS,
- 10,2 % eine subsyndromale PTBS
- und weitere 15,4 % eine andersartige psychische Störung auf.

Typische Risikofaktoren für eine psychische Störung nach schwerem Verkehrsunfall waren:
- Lebenszeitdiagnose einer prämorbiden psychischen Störung,
- weibliches Geschlecht,
- Verletzungsschwere, besonders Kopf- und Wirbelsäulenverletzungen,
- Ausmaß erlebter Angst und Hilflosigkeit während des Unfalls,

- Befürchtung gesundheitlicher Folgen des Unfalls,
- initiale Symptome von PTBS, Angst und Depression,
- rechtliche Auseinandersetzungen infolge des Unfalls.

Ähnliche Ergebnisse sind auch für Personen zu verzeichnen, die einen Arbeitsunfall (nicht Verkehrsunfall) erlitten hatten (Nyberg, 2001).

Die Ergebnisse dieser Studie sollen unter anderem dazu benutzt werden, um Frühinterventionsmodelle nach schweren Arbeitsunfällen im Sinne eines sekundär präventiven Vorgehens zu entwickeln.

Neu aufkommende Gefährdungen, die zunächst aus den Unfallstatistiken, Einzelschilderungen und Untersuchungen von Unfallgeschehnissen ersichtlich sind, können ebenfalls Gegenstand spezieller Projekte sein. Dies erlaubt es den UVT, sich ein dezidiertes Bild der Gefährdungen zu machen und gezielt Präventionsmaßnahmen abzuleiten. Beispiel hierfür ist das Projekt abba (Arbeitsbelastungen und Übergriffe in Arbeitsgemeinschaften nach HARZ IV; DGUV, 2009 b; Manz et al., 2009 a, b; Manz & Hetmeier, 2010), das Ursachen und Präventionsmöglichkeiten für die zunehmend häufiger beobachteten Übergriffe in Jobcentern untersucht hat.

Aus den genannten projektbezogenen Einstiegen in die Thematik »Unfall und Traumatisierung am Arbeitsplatz« haben sich mittlerweile auch für die UVT übergreifende Entwicklungen ergeben. Die UVT sind beratend beispielsweise bei der Schaffung von Standards für die Psychosoziale Notfallversorgung in der Katastrophenhilfe (PSNV) beteiligt (BBK, 2009). Diese werden seitens des Innenministeriums in Zusammenarbeit mit den Organisationen der Hilfeleistung erarbeitet. Ziel ist die Schaffung von Mindeststandards für Einsatzvorbereitung und Einsatznachbereitung, also typisch primär-präventive Maßnahmen zum Schutz von Opfern und Einsatzkräften. Die UVT können diese Standards ihrerseits in Form von Informationsschriften an die versicherten Organisationen weitergeben. Ebenso finden sich Beteiligungen an den Entwicklungen der relevanten Leitlinien im Rahmen der AWMF.

Schwieriger gestaltet sich auf Ebene der UVT die Reflexion von Erfahrungen aus der medizinischen und sozialen Rehabilitation von Traumapatienten. Hierfür seien beispielhaft zwei wichtige Ansatzpunkte erwähnt:

Im Zusammenhang mit Unfällen tritt unweigerlich immer die Frage der Schuld auf. Hiermit ist die Täterzuweisung gemeint. Es sein dahingestellt, wer diese Frage mit welchem Ziel aufwirft, bezogen auf den Behandlungsverlauf gerade von traumatisierten Personen spielt sie eine erhebliche Rolle. Es ist daher zu begrüßen, wenn jüngst die Zuwendung zu diesem Thema auch aus Sicht der UVT bzw. deren Dachverbandes erfolgt ist (z.B. Andreatta et al., 2010). Die Autoren differenzieren aus psychotherapeutischer Sicht u.a. zwischen Schuld und Schuldgefühl und zeigen für Psychotherapeuten einerseits und, in diesem Zusammenhang ganz wichtig, Betreuer andererseits Möglichkeiten zum Umgang mit diesem Thema auf.

Ein verwandtes Thema ist die Frage der objektiven und subjektiven Entschädigung von Opfern. Auch hier tritt die Schuldfrage, allerdings aus der Opfersicht, auf. Die hier wie beiläufig berichtete Fallvignette zeigt nicht nur die Arbeit der UVT im Rahmen der

Betreuung eines Heilverfahrens. Sie spiegelt auch eine Entwicklung wider, die durchaus vor dem Hintergrund eines unaufgelösten Entschädigungs- bzw. subjektiv eines Wiedergutmachungskonflikts gesehen werden kann. Die UVT können aus rechtlichen Gründen nicht das ganze, objektive wie subjektive, Ausmaß des durch das Unfallereignis erlittenen Verlustes kompensieren. Die Einzigartigkeit der Beziehung zum getöteten Chef, die privilegierte Rolle als rechte Hand, das alles kann dem Opfer nicht ersetzt werden. Hier ist letztlich auch das Rollenverständnis des behandelnden Psychotherapeuten gefragt, um diese Aspekte des Verlustes und die Begrenztheit einer objektiven wie subjektiven Wiedergutmachung mit dem Patienten zu bearbeiten. Andererseits ist es auch für die Unfallversicherungsträger wichtig zu begreifen, dass komplizierende und prolongierende psychische Reaktionen, wie sie gelegentlich auch als »Verbitterungsstörung« bezeichnet werden, durchaus eine mittelbare Unfallfolge darstellen können.

In diesem Sinne gibt es seitens der Unfallversicherer noch viel zu lernen. Der oft bürokratische Umgang mit Opfern mag seine formaljuristische Berechtigung haben, psychologisch gesehen ist er nicht selten eine Katastrophe. Die Aus- und Weiterbildung von Unfallsachbearbeitern in Bezug auf Kommunikation, Wissen über spezifische Störungsbilder, komplizierende Sachverhalte etc. gehen in die richtige Richtung. Dies allein ist aber kein Ausweg. Auch die Policy der Träger der gesetzlichen Unfallversicherungen muss sich hier als eindeutig erweisen. Die Unfallsachbearbeiter brauchen Handlungssicherheit und Freiräume, um mit Opfern tragfähige und damit auch kostensparende Kompromisse finden zu können.

2.7 Zusammenfassung

Psychische Traumatisierungen aufgrund von Arbeitsunfällen werden zunehmend als Thema durch die Unfallversicherungsträger erkannt. Man nähert sich dem Themenfeld sowohl aus Sicht der Prävention als auch aus Sicht der Rehabilitation/Entschädigung. Während seitens der Rehabilitation ein weitgehend einheitliches Vorgehen möglich ist, zeichnet sich der präventive Zugang durch weitgehende Heterogenität aus. Dies ist dem Umstand geschuldet, dass die Bedingungen an Arbeitsplätzen in verschiedenen Branchen teils erheblich variieren und unterschiedliche Risikofaktoren vorliegen. Eine Vereinheitlichung von Präventionsbemühungen ist erst im weiteren Verlauf der Ereignisse möglich. Typischerweise ist dies erst ab der Akutintervention nach traumatisierenden Ereignissen und bis zur beruflichen und sozialen Wiedereingliederung von Opfern möglich.

Obwohl sie engen gesetzlichen Restriktionen unterliegen, haben sich die Unfallversicherer diesen Themenfeldern erfolgreich im Rahmen von Projekten genähert und wenden das hier erarbeitete Vorgehen auch auf neue Fragestellungen an. So wird u.a. die Frage nach Frühindikatoren für Komplikationen im Behandlungsverlauf nach schweren Unfällen thematisiert (Angenendt et al., 2010), es werden Fragen der Behandlungsrelevanz von Schuld und Schuldgefühlen thematisiert (Andreatta et al., 2010) oder Fragen der Prävention und Intervention bei besonders durch Gewalt gefährdeten Arbeitsplätzen untersucht (vgl. Manz & Hetmeier, 2010). Dabei zeichnet sich allmählich eine Integration von präventiven und rehabilitativen Ansätzen ab.

2.8 Literatur

Andreatta P., Rattensberger V. & Juen F. (2010). Die Rolle von Schuld und Schuldgefühlen nach traumatisierenden Unfällen. *ZPPM*, 8 (3), 65–75.

Angenendt J., Röhrich B., Riering A., Nowotny-Behrens U., Hecht H. & Berger M. (2010). Die Freiburger Arbeitsunfallstudien I und II (FAUST-I und -II). *ZPPM*, 8 (3), 49–62.

Arbeitsgemeinschaft der Wissenschaftlichen Medizinischen Fachgesellschaften e.V. (2008). Diagnostik und Behandlung von akuten Folgen psychischer Traumatisierung. ICD-10: F43.0. AWMF online (http://www.awmf.org/uploads/tx_szleitlinien/051-027_S2_Diagnostik_und_Behandlung_von_akuten_Folgen_psychischer_Traumatisierung_05-2008_05-2013.pdf).

Arbeitskreis »Heilverfahren bei speziellen Verletzungsfolgen« (1999). *Arbeitsunfall und psychische Gesundheitsschäden*. Heidelberg: Landesverband Südwestdeutschland der gewerblichen Berufsgenossenschaften.

Bundesamt für Bevölkerungsschutz und Katastrophenhilfe (BBK) (Hrsg.) (2009). *Psychosoziale Notfallversorgung: Qualitätsstandards und Leitlinien (Teil 1)*. Bonn.

Bundesanstalt für Arbeitsschutz und Arbeitsmedizin BAuA (Hrsg.) (2005). *Herausforderung berufsbedingte Traumatisierung. Handlungsempfehlungen für Unternehmen, Verbände und Politik*. Dortmund: Bundesanstalt für Arbeitsschutz und Arbeitsmedizin (BAuA).

Bundesanstalt für Arbeitsschutz und Arbeitsmedizin (Hrsg.) (2007). *Handlungsempfehlung zur Implementierung einer Unternehmens-policy »Gewaltfreier Arbeitsplatz«*. Dortmund: Bundesanstalt für Arbeitsschutz und Arbeitsmedizin (BAuA).

Bundesministerium der Justiz (Hrsg.) (1996). *Gesetz über die Durchführung von Maßnahmen des Arbeitsschutzes zur Verbesserung der Sicherheit und des Gesundheitsschutzes der Beschäftigten bei der Arbeit (Arbeitsschutzgesetz – ArbSchG)*. Bonn: BMJ.

Bundesministerium der Justiz (Hrsg.) (1996). *Sozialgesetzbuch (SGB) Siebtes Buch (VII) – Gesetzliche Unfallversicherung*. Bonn: BMJ.

Bundesministerium der Justiz (Hrsg.) (2001). *Sozialgesetzbuch (SGB) Neuntes Buch (IX) – Rehabilitation und Teilhaben behinderter Menschen*. Berlin: BMJ.

Bundesregierung (Hrsg.) (2009). Berufskrankheitenverordnung (BKV). *Bundesgesetzblatt (BGBl)*, I, 1273.

Bundesverband der Unfallkassen (Hrsg.) (2006). *Lexikon – Thema Gewalt*. München: Bundesverband der Unfallkassen (BUK).

Bundesverband der Unfallkassen (Hrsg.) (2007). *Handbuch für Mitarbeiter zur Begutachtung »Trauma und Psyche«*. Leitfaden des Bundesverbandes der Unfallkassen (BUK), München.

Caplan G. (1964). *Principles of preventive psychiatry*. New York: Basic Books.

Deutsche Gesetzliche Unfallversicherung (Hrsg.) (2008). *Empfehlungen der Gesetzlichen Unfallversicherung zur Prävention und Rehabilitation von psychischen Störungen nach Arbeitsunfällen*. Berlin: Deutsche Gesetzliche Unfallversicherung (DGUV) (im Internet: http://www.dguv.de/inhalt/medien/bestellung/documents/psych_stoerung.pdf).

Deutsche Gesetzliche Unfallversicherung (Hrsg.) (2009a). *Unfallstatistik für den öffentlichen Dienst 2008*. St. Augustin: Deutsche Gesetzliche Unfallversicherung (DGUV).

Deutsche Gesetzliche Unfallversicherung (Hrsg.) (2009b). *Zwischenbericht Arbeitsbelastungen und Bedrohungen am Arbeitsplatz*. (abba arbeitsbelastungen und bedrohungen in arbeitsgemeinschaften nach hartz IV). Berlin: Deutsche Gesetzliche Unfallversicherung (DGUV) (http://www.dguv.de/inhalt/praevention/aktionen/abba_projekt/zwischenbericht_abba.pdf).

Gordon R.S. (1983). An operational classification of disease prevention. *Public Health Reports*, 98 (2), 107–109.

International Labour Office ILO (Hrsg.) (2002). *Framework guidelines for addressing workplace violence in the health sector. The training manual*. Genf (http://www.ilo.org/safework/info/instr/lang--en/docName--WCMS_108542/index.htm).

Manz R. (2007). Psychologische Ersthelfer – Stark sein für andere. *Faktor Arbeitsschutz*, 2, 17 f.

Manz R. (2008). Berufsbedingte Traumata – Hilfe für die Helfer. *Faktor Arbeitsschutz*, 2, 14 f.

Manz R. & Hetmeier J. (2010). Emotionsarbeit im Jobcenter – ein Modell zur Kontrolle von Gewalt durch Kunden am Arbeitsplatz. *Trauma und Gewalt*, 4 (3), 222–235.

Manz R., Ritter-Lempp K., Spieß E. & Stadler P. (2005). Kooperationsmanagement verschiedener Dienstleister bei berufsbedingten traumatischen Ereignissen. In: Packebusch L., Weber B. & Laumen S. (Hrsg.). *Psychologie der Arbeitssicherheit und Gesundheit. Prävention und Nachhaltigkeit*. Kröning: Asanger, 307–310.

Manz R., Krapohl-Wolf K. & Rashidi-Kia A. (2006). *Versorgung von Personen mit Traumastörungen durch Ambulanzen. Eine Untersuchung des Bundesverbandes der Unfallkassen (BUK)*. München: Bundesverband der Unfallkassen.

Manz R., Hetmeier J. & Arnold J. (2007). Arbeitsbelastungen und Bedrohungen von Mitarbeitern öffentlicher Verwaltungen. In: Bärenz P., Metz A.-M. & Rothe H.-J. (Hrsg.). *Psychologie der Arbeitssicherheit und Gesundheit. Arbeitsschutz, Gesundheit und Wirtschaftlichkeit*. Kröning: Asanger.

Manz R., Boden D., Hetmeier J., Päßler K., Erckens V., Laskus S. & Arndt H. (2009 a). Gewalt am Arbeitsplatz – Tatort Jobcenter. *DGUV Forum Prävention*, 1, 12–18.

Manz R., Hetmeier J., Arndt H., Päßler K., Erckens V., Laskus S. & Boden D. (2009 b). Tatort Jobcenter – Bedrohungen und Übergriffe in Arbeitsagenturen nach HARTZ IV. *Trauma und Gewalt*, 3 (3), 3–14.

Mrazek P.J. & Haggerty R.J. (1994). *Reducing risks for mental health disorders: Frontiers for preventive intervention*. Washington: National Academy Press.

Nyberg E. (2001). *Posttraumatische Belastungsstörungen und andere psychische Störungen nach schweren Verkehrs- und Arbeitsunfällen. Eine prospektive Studie*. Diss., Universität Freiburg.

Ritter-Lempp K. & Manz R. (2005). Auswirkungen berufsbezogener alltäglicher und traumatischer Belastungen im Feuerwehr- und Rettungsdienst. In: Packebusch L., Weber B. & Laumen S. (Hrsg.). *Psychologie der Arbeitssicherheit und Gesundheit. Prävention und Nachhaltigkeit*. Kröning: Asanger, 311–314.

Südkamp N.P., Angenendt J., Hecht H., Nowotny-Behrens U., Köstler W., Niemeyer P., Stark B. & Berger M. (2006). Freiburger Arbeitsunfallstudie (FAUST). Teil 1: Epidemiologie und Verlauf psychischer Folgestörungen nach Arbeitsunfällen. *Trauma und Berufskrankheit*, Supplement 1, 67–73.

Wynne, R., Clarkin, N., Cox, T., & Griffiths, A. (1997) *Guidance on the prevention of violence at work*. Brussels, European Commission, DG-V, Ref. CE/VI-4/97, p. v.

ROSMARIE BARWINSKI

3. Erwerbslosigkeit als psychisches Trauma

3.1 Einleitung

Erwerbslosigkeit ist ein gesellschaftspolitisches Problem. Um sie zum Verschwinden zu bringen oder sie zumindest zu reduzieren, müssen ursächliche Lösungen auf der wirtschaftlichen und politischen Ebene gefunden werden. Für den einzelnen Betroffenen kann langfristige, unfreiwillige Erwerbslosigkeit zu schwerwiegenden psychischen Folgen führen. Mit den Worten von Ali Wacker (1993, 1987) ausgedrückt: Erwerbslosigkeit ist zwar ein massenhaftes Schicksal, aber ein massenhaft individuelles.

Bei der Beantwortung der Frage, wie die mit unfreiwilliger Erwerbslosigkeit einhergehenden Veränderungen des körperlichen und psychischen Befindens erklärt werden können, müssen beide Ebenen, die soziale wie die persönliche, berücksichtigt werden. In den folgenden Ausführungen soll dementsprechend die Wechselwirkung zwischen sozialer Situation und intrapsychischen Faktoren in den Vordergrund gestellt werden und anhand psychotraumatologischer und psychoanalytischer Konzepte aufzeigt werden, wie Beeinträchtigungen des psychischen Befindens der Betroffenen aufgrund sozialer und subjektiver Faktoren verstanden werden können. In den folgenden Überlegungen steht eine bestimmte Gruppe von Erwerbslosen im Vordergrund, die Langzeiterwerbslosen, da diese Gruppe besonders gefährdet ist, psychische Folgeschäden zu entwickeln (vgl. Mohr & Otto, 2005).

3.2 Psychische Folgen von Langzeiterwerbslosigkeit

Die Erwerbslosenforschung hat eine große Anzahl unterschiedlicher Ergebnisse zu den psychischen und gesundheitlichen Folgen von Erwerbslosigkeit vorgelegt. Wie Udris (2005) hervorhebt, gibt es wohl kaum ein Symptom, das nicht mit dem »Regenschirmmerkmal« Erwerbslosigkeit zusammenhängt. Zwar hatte bereits die klassische Studie von Jahoda in den 30er Jahren negative psychische und soziale Folgen von Erwerbslosigkeit festgestellt – wie fortschreitende Depressivität, soziale Isolation, sozialer Rückzug statt solidarischem Verhalten usw. (Die Forschergruppe suchte ein niederösterreichisches Industriedorf, Marienthal, mehrere Wochen lang auf, um im Sinne der Methode der Soziographie die Folgen der Betriebsstillegung für das Dorfleben und die psychische Verfassung der Betroffenen zu untersuchen.) Nachfolgende, zumeist statistische Untersuchungen an Erwerbslosen mit Fragebögen waren zu widersprüchlichen Ergebnissen gekommen.

Die uneinheitlichen Forschungsergebnisse sind zum Teil Produkt einer Forschungsmethode, die nur schwer auf die soziale und geschichtliche Dimension von Erwerbslosigkeit abzustimmen ist. Nach Udris (2005) ist es vor allem das Fehlen einer Theorie der Erwerbslosigkeit, aber auch der (bezahlten) Arbeit, was zu einer fehlenden Übereinstimmung der Forschungsresultate führt. Dass Erwerbslosigkeit aber generell zu einer Beeinträchtigung des psychischen und physischen Befindens führt, ist trotz der uneinheitlichen Forschungsergebnisse dennoch eindeutig. Wie in mehreren Studien belegt, können bei Erwerbslosen gravierende Selbstwertprobleme auftreten, die bis hin zu schweren Depressionen führen können. Psychosomatische Beschwerden wie Schlafstörungen, Magenerkrankungen, Konzentrationsstörungen oder Essstörungen nehmen zu. Die soziale Situation, die mit Erwerbslosigkeit einhergeht, kann auf einen Teil der Betroffenen traumatisierend wirken (vgl. Barwinski Fäh, 1990). Darüber hinaus hat Erwerbslosigkeit auch bei mittelbar beteiligten Personen wie z. B. Kindern von Eltern, die Erfahrungen mit Erwerbslosigkeit haben, negative Auswirkungen.

3.3 Kennzeichen der sozialen Situation von Erwerbslosen

Um zu verdeutlichen, warum Erwerbslosigkeit als belastend erlebt wird oder sogar eine traumatisierende Wirkung haben kann, sollen im Folgenden Faktoren aufgezeigt werden, durch die sich die soziale Situation von Erwerbslosen auszeichnet.

3.3.1 Objektive Situationsfaktoren: Wegfall der Funktionen der Arbeit und zusätzliche Belastungen

Zu den objektiven Situationsmerkmalen gehört der Wegfall der psychosozialen Funktionen der Arbeit (Jahoda, 1983). Arbeit erfüllt bestimmte Aufgaben:

- Sie führt zu Aktivität und ermöglicht es, Kompetenz zu zeigen und zu entwickeln. In der Bewältigung von Arbeitsaufgaben erwerben wir Fähigkeiten und Kenntnisse, also ein Gefühl der Handlungskompetenz.
- Sie gibt uns eine feste Zeitstruktur, an der wir uns orientieren können.
- Das berufliche Umfeld ist ein wesentliches soziales Kontaktfeld. Die meisten beruflichen Aufgaben können nur in Zusammenarbeit mit anderen Menschen ausgeführt werden.
- Arbeit gibt soziale Anerkennung sowie das Gefühl, gebraucht zu werden und für die Gesellschaft nützlich zu sein.
- Arbeit hat auch eine wesentliche Bedeutung für unsere persönliche Identität. Die Berufsrolle und die Arbeitsaufgaben sowie die Erfahrung, die notwendigen Kenntnisse und Fähigkeiten zur Beherrschung der Arbeit zu besitzen, bilden eine wesentliche Grundlage für die Entwicklung von Identität und Selbstwertgefühl.

Bei Erwerbslosigkeit fällt die soziale Verankerung, die Arbeit ermöglicht, weg und es kommen zusätzliche Belastungen durch die Situation der Erwerbslosigkeit hinzu:

finanzielle Einschränkungen, oft vollkommene Ungewissheit im Hinblick auf die eigene Zukunft und immer wiederkehrende Ablehnung und soziale Diskriminierung.

3.3.2 Subjektive Faktoren

Neben den genannten objektiven Situationsfaktoren müssen auch subjektive Einflussfaktoren berücksichtigt werden: die Einstellung zur Arbeit, die Arbeits- und Berufsorientierung, die eigenen Werthaltungen (dass z. B. Fleiß und Zuverlässigkeit belohnt werden), die subjektive Definition von Geschlechts- und Familienrolle sowie die persönliche Vulnerabilität aufgrund belastender Lebensumstände. Die Art und Weise, wie Betroffene kurz- und langfristig Erwerbslosigkeit erleben, wird durch ihre lebensgeschichtlichen Erfahrungen und persönlichkeitstypischen Konfliktneigungen mitbestimmt. Hinzu kommt, dass Arbeit eine kompensatorische Funktion erfüllen kann. Ungelöste Konflikte können mit der Arbeitstätigkeit und Berufsrolle abgewehrt bzw. kompensiert werden, z. B. Minderwertigkeitsgefühle durch Erfolg und den Status im Beruf. Mit dem Wegfall der Arbeit entfällt auch diese Funktion.

Liegen Vortraumatisierungen vor, kann das Fehlen der durch die Arbeit bedingten Tagesstruktur, der täglichen sozialen Kontakte und der geistigen sowie körperlichen Anforderungen des Arbeitsalltags die Abwehr traumatischer Erfahrungen schwächen. Eine solche Schwächung und eine damit einhergehende Tendenz zur Regression zeigt sich z. B. in Form von alptraumartigen Erinnerungen an vorangehende traumatische Erfahrungen oder einer Vermeidung von Situationen, die an diese Erfahrungen erinnern.

3.3.3 Langzeiterwerbslosigkeit

Bei Langzeiterwerbslosigkeit kommen zusätzliche Belastungen hinzu: Erwerbslosigkeit, vor allem Langzeiterwerbslosigkeit, ist für die davon Betroffenen kein Zustand, sondern ein Prozess – ein Prozess, der in Abhängigkeit von der Zeit ohne Beschäftigung und von anderen Faktoren der Lebenssituation unterschiedlich verlaufen kann. Seit den Erwerbslosenstudien der 1930er Jahre existiert ein Phasenmodell mit vier Phasen (Eisenberg & Lazarsfeld, 1938), das jedoch nur zum Teil von der Erfahrung bestätigt wird: Am Anfang kann Erwerbslosigkeit effektiv als Erleichterung erlebt werden, weil man sich z. B. nicht mehr den belastenden Bedingungen am Arbeitsplatz aussetzen muss, aber nach wenigen Monaten ändert sich oft das Befinden. Es folgt eine Phase der Auflehnung, in der Gefühle der Ohnmacht, Depression und Wut abwechseln: Wut, dass alle Bemühungen nichts nützen, zwecklos bleiben. In der dritten Phase macht sich allmählich Verzweiflung breit, und die Betroffenen gleiten in die vierte Phase der Apathie über, in der ihnen alles gleichgültig zu werden scheint. Die Dauer der einzelnen Abschnitte und die Intensität der beschriebenen Gefühle sind von Person zu Person recht verschieden.

Es ist wenig wahrscheinlich, dass Betroffene, die bereits nach wenigen Monaten wieder eine Arbeitsstelle finden, die gleichen Phasen und Erfahrungen durchlaufen wie jemand, der ein oder mehrere Jahre ohne Beschäftigung ist. Das heißt, dass Langzeiterwerbslose aufgrund der Dauer ihrer Erwerbslosigkeit mit spezifischen Problemen konfrontiert sind, die Mohr und Otto (2005, S. 47) wie folgt zusammenfassen:

- Langzeiterwerbslose sind in besonderem Maße dem Risiko ausgesetzt, einen Verlust von relevanten Kompetenzen zu erleiden, was den Wiedereinstieg in die Berufswelt wesentlich erschwert. Im Sinne der sogenannten »Disuse-Hypothese« kann davon ausgegangen werden, dass Kompetenzen, die nicht genutzt werden, sich verringern, und dies umso mehr, je länger die Kompetenzen nicht in Anspruch genommen werden. Dieser Tatsache sind sich die Betroffenen in der Regel bewusst, was Gefühle der Resignation und Hoffnungslosigkeit verstärkt.
- Mit zunehmender Dauer der Erwerbslosigkeit werden in der Regel auch die materiellen Ressourcen abnehmen. Damit steht diese Gruppe vor einer besonders hohen Anforderung: Lebensgestaltung mit geringen materiellen Mitteln.
- Je länger die Erwerbslosigkeit andauert, desto mehr Erfahrungen von Misserfolg sind bei der Arbeitssuche zu verarbeiten. Bei dieser Gruppe scheint der Wiedervermittlungserfolg sogar unabhängig von der Aktivität bei der Arbeitssuche zu sein, das heißt, selbst bei hohem Engagement sind ihre Chancen zur Wiedereinstellung gering.

Subjektive Einflussfaktoren wie zusätzliche Belastungen aufgrund familiärer Probleme und mangelnde Ressourcen (gesundheitliche Einschränkungen, schlechte Ausbildung oder keine Freizeitbeschäftigungen) können die Bewältigung länger dauernder Erwerbslosigkeit erschweren.

3.3.4 Erwerbslosigkeit als psychische Traumatisierung

Erwerbslosigkeit erzeugt Stress (vgl. Kasl & Cobb, 1979). Auf der Belastungsskala nach Holmes & Rahe (1967) steht Erwerbslosigkeit unter 43 Stresssituationen an achter Stelle. Aber können wir bei Erwerbslosigkeit von einem Trauma sprechen?

Stress ist ein Begriff, der ursprünglich aus der Medizin stammt und einen Zustand des Organismus beschreibt, der durch ein spezifisches Syndrom gekennzeichnet ist und durch verschiedene unspezifische Reize bedingt ist. Stress ist die Folge einer Vielzahl von Belastungen. Der Begriff Trauma bezieht sich dagegen auf eine qualitativ umschriebene Erfahrung. Das Trauma impliziert eine Beziehung zwischen einem Ereignis und subjektiv erlebter Hilflosigkeit. Stress betont dagegen die quantitative Dimension. Warum die mit Erwerbslosigkeit einhergehenden Erfahrungen von einem Teil der Betroffenen als traumatisch erlebt werden, wird nach der Definition des Traumabegriffs ausgeführt, wie er im vorliegenden Artikel verwendet wird.

Traumabegriff und Verlaufsmodell psychischer Traumatisierung

Fischer und Riedesser (1998) definieren psychische Traumatisierung als ein vitales Diskrepanzerlebnis zwischen bedrohlichen Situationsfaktoren und individuellen Bewältigungsmöglichkeiten, das mit Gefühlen, hilflos und schutzlos preisgegeben zu sein, einhergeht und so eine dauerhafte Erschütterung von Selbst- und Weltverständnis bewirkt. Sie verstehen Trauma als Prozess und entwickelten ein Verlaufsmodell, das in drei Phasen eingeteilt werden kann: »traumatische Situation«, »traumatische Reaktion« und »traumatischer Prozess«.

Der Begriff der *traumatischen Situation* meint sowohl die äußeren, objektiv erfassbaren Situationsmerkmale als auch die subjektive Disposition und persönlichkeitstypische Reaktionsbereitschaft. Die *traumatische Reaktion* umfasst auf psychischer Ebene die individuellen Abwehr- und Bewältigungsversuche, muss aber als psychophysiologische Gesamtreaktion verstanden werden. Der *traumatische Prozess* stellt den lebensgeschichtlichen Bewältigungsversuch der traumatisierten Persönlichkeit dar. Bei einem malignen Verlauf kann die traumatische Reaktion in ein chronisches Zustandsbild übergehen. Das heißt, dass die Betroffenen weiterhin am belastenden Wiedererleben des traumatischen Ereignisses leiden, Vermeidungsverhalten und eventuell eine Einschränkung der Bandbreite der Gefühle und Symptome eines erhöhten Erregungsniveaus zeigen. Begleiterkrankungen sind u.a. Depressionen, Angsterkrankungen, Essstörungen, Sucht oder psychosomatische Beschwerden.

Erwerbslosigkeit als traumatischer Prozess
Verstehen wir die soziale Situation von Erwerbslosen als traumatische Situation im Sinne von Fischer und Riedesser (1998), so können spezifische Schwierigkeiten festgehalten werden, durch die sich die Situation von Kurz- und Langzeiterwerbslosen unterscheidet. Barwinski Fäh (1990) führte mit Arbeitslosen in größeren zeitlichen Abständen tiefenpsychologische Interviews durch. Auf diese Weise wurde es möglich, die psychischen Reaktionen von Kurz- und Langzeitarbeitslosen miteinander zu vergleichen. Die Teilnehmer der Studie berichteten von Beschwerden, die Ähnlichkeiten – wenn auch graduell abgeschwächt – mit dem Posttraumatischen Belastungssyndrom haben:
- Alle Befragten beschäftigten sich noch Monate nach der Kündigung mit Situationen am Arbeitsplatz, die der Entlassung vorangegangen waren, oder mit der Kündigungssituation selbst. Sie erinnerten sich noch an einzelne kränkende Bemerkungen im Kündigungsgespräch.
- Alle Studienteilnehmer litten an Schlafstörungen, Konzentrationsstörungen oder anderen psychosomatischen Beschwerden.
- Nach längerer Erwerbslosigkeit berichteten alle Studienteilnehmer, dass sie immer gleichgültiger und apathischer würden, eigentlich an nichts mehr Interesse hätten.

Die berichteten Symptome ergeben sich vor allem aus dem »Schocktrauma«, dass oft bei der plötzlichen Entlassung eintritt. In den intrusiven Erinnerungsbildern kehrten die näheren Umstände der Entlassung wieder. Für den traumatischen Prozess und seinen Verlauf spielen die Versuche, wieder Arbeit zu finden, und ihr ständiges Scheitern eine besondere Rolle im Sinne einer möglichen kumulativen Traumatisierung. Je mehr die Betroffenen sich Hoffnung machen, es diesmal zu schaffen, je mehr sie sich bemühen, desto schutzloser trifft sie das neue Scheitern. Sie gleiten in einen Zustand der Apathie und Gleichgültigkeit über. Hinzu kommt, dass eine Langzeiterwerbslosigkeit aufgrund der materiellen Einschränkungen Kompensationsmöglichkeiten erschwert.

3.4 Warum kann Erwerbslosigkeit als Trauma erlebt werden?

Zur Diskussion der Frage, warum Erwerbslosigkeit traumatisch erlebt werden kann, werden psychoanalytische Erklärungsansätze angeführt, da mit Hilfe tiefenpsychologischer Konzepte die Wechselwirkung zwischen intrapsychischem Geschehen und sozialer Umwelt differenziert erfasst werden kann.

3.4.1 Ich-Aktivität und Intersubjektivität als Voraussetzung für die Konstituierung eines kohärenten Selbst

Neuere Konzepte zur Konstituierung eines kohärenten Selbst verstehen das Selbst nicht als statisches Phänomen, sondern als komplexen und in ständigem Wandel begriffenen Prozess, hergestellt in einem intersubjektiven Kontext. »Subjektivität braucht Intersubjektivität, um entstehen zu können, und geht ihr nicht voraus« (Kahlenberg, 2010, S. 61). Das Selbstgefühl beruht aus dieser Perspektive auf einer sich in ständiger Veränderung befindenden Neuzusammensetzung von Selbstbildern und Selbstempfindungen, wobei sich die Aufrechterhaltung eines guten Gefühls von Selbstkohärenz als eine höchst anspruchsvolle Aufgabe der Psyche erweist. Es müssen spezifische innere und äußere Voraussetzungen erfüllt sein, damit ein selbstverständliches Gefühl von durchgängiger, mehr oder weniger stabiler Identität erlebt werden kann. Dass im Falle von Erwerbslosigkeit diese Selbstkonstituierung mehr oder weniger stark beeinträchtigt werden kann, liegt auf der Hand, da die überlebenswichtige Ich-Aktivierung – und damit das Gefühl der Handlungskontrolle – in einer spiegelnden sozialen Umwelt, die die Person und ihre beruflichen Fähigkeiten definiert, eingeschränkt wird.

Erwerbslosigkeit hat gemäß diesem Ansatz vor allem negative Folgen für den Bereich des Selbstgefühls. Das Selbstvertrauen in die eigenen Fähigkeiten nimmt ab. Das sichere und stabile Bewusstsein einer eigenen Identität kann durch Erwerbslosigkeit stark geschädigt werden (vgl. Barwinski Fäh, 1990, 2005).

3.4.2 Infragestellung eigener Werte

Die Umstände der Entlassung und die häufig mit Erwerbslosigkeit einhergehende soziale Diskriminierung können eigene Wertvorstellungen und Grundüberzeugungen in Frage stellen. Wie es ein Erwerbsloser ausdrückte: »Da schaffst du dein ganzes Leben lang und plötzlich bist du nichts mehr wert.« Das eigene Selbstwertgefühl wird in unserer Kultur wesentlich über schulische und später über berufliche Leistungen definiert. Wer in diesen impliziten und expliziten Normen sozialisiert wird, dem fällt es verständlicherweise schwer, auf Erwerbslosigkeit anders zu reagieren als mit einem Verlust von Selbstachtung. Um sich dem entziehen zu können, müssten Betroffene den eigenen Selbstwert nicht länger über Arbeitsleistung bzw. deren soziale Anerkennung definieren. Misslingt diese Revision des bisherigen Lebensentwurfs, so ist die traumatische Erschütterung des Selbst- und Weltverständnisses unvermeidbar (vgl. Fischer & Riedesser, 1998). »Diese Erschütterung kann entweder die Seite des Selbst- oder des Weltverständnisses oder im Wechsel beide Seiten betreffen. Entweder gibt der Betroffene sich selbst die Schuld, dass er die vermeindlichen Fehler nicht vermieden hat, die zu seiner Entlassung führten. Oder er verzweifelt an der Gerechtigkeit einer Weltordnung, in der die eine Hälfte der Menschen an Überarbeitung erkrankt, die andere an den Folgen von Arbeitslosigkeit« (Fischer & Riedesser, 1998, S. 321).

3.4.3 Erschütterung des Selbst- und Weltverständnisses

Dem Selbst- und Weltverständnis liegt das Gefühl zugrunde, sich auf seine Umwelt »abstützen« und sich auf die eigenen Fähigkeiten verlassen zu können. Kohut (1971) spricht in diesem Zusammenhang von narzisstischen, das Selbstwertgefühl stützenden Phantasien: Vorstellungen von einem Größenselbst, wie z. B. die Phantasie, einzigartige Attribute oder magische Kräfte zu haben, sowie idealisierte Elternimagines (z. B. das Gefühl, eins mit einer machtvollen Person zu sein oder einen mit einzigartigen Kräften ausgestatteten Beschützer zu haben). Diese beiden Formen narzisstischer Phantasien bilden sich im ersten Lebensjahr und müssen im Laufe der Entwicklung modifiziert und altersentsprechend in die Persönlichkeit integriert werden. Sie sind die Grundlage für ein gesundes Selbstvertrauen. Gelingt dies nicht, kommt es zu pathologischem Narzissmus, wobei ein unrealistisches Größenselbst bestehen bleibt. Dies hat unmittelbare Auswirkungen auf die Fähigkeit, mit Krisen, Kränkungen und Schicksalsschlägen umzugehen. Je besser modifiziert bzw. altersgerecht narzisstische Phantasien sind, desto besser wird ein Mensch Lebenskrisen oder belastende Ereignisse bewältigen können.

Die soziale Situation von Langzeiterwerbslosen erschwert es den Betroffenen oder macht es sogar auf die Dauer unmöglich, ein narzisstisches Gleichgewicht zu wahren, weil die Realität von Erwerbslosen grundlegende narzisstische Phantasien in Frage stellt. Subjektive Gefühle wie ein Gefühl der Verantwortung für die Gesellschaft sowie das Gefühl von Sicherheit und Handlungswirksamkeit werden wesentlich durch soziale Faktoren mitbestimmt. Diese Gefühle vermittelte das soziale Umfeld Erwerbslosen nicht. »Sie wurden behandelt, als wären sie problemlos ersetzbar und überflüssig. Solche Praktiken vermindern für alle sichtbar und brutal das Gefühl persönlicher Bedeutung, das Gefühl, für andere notwendig zu sein« (Sennett, 1998, S. 202).

3.5 Klinisch relevante Situationsdynamiken

Ochberg (1988) schlägt fünf Paradigmen vor, die als Leitlinien für eine klinisch relevante Situationstypologie traumatischer Erfahrungen dienen können. Das erste Paradigma nennt er »negative Intimität«; eine solche stellt sich etwa bei erzwungener Intimität mit dem Täter ein, z. B. bei Geiselnahme, Folter oder Vergewaltigung. Weitere Paradigmen sind: Beraubung (bereavement), »Viktimisierung«, Angst und Erregung (automatic arousal) sowie Todesnähe. Beraubung meint das Gefühl »beraubt« zu sein, etwas verloren zu haben, z. B. beim Verlust nahestehender Personen. Während wir uns bei Verlusten verloren fühlen und traurig sind, fühlt sich bei einer Viktimisierung das Opfer als Verlierer, erniedrigt, beleidigt und verletzt. Angst und Erregung (automatic arousal) entsprechen der physiologischen Komponente der Trauerreaktion und werden durch konditionierte situative Reize ausgelöst, die an das Trauma erinnern. Nach Ochberg müssen in der therapeutischen Arbeit mit traumatisierten Personen die fünf Situationstypen jeweils gesondert berücksichtigt werden, da sie zu unterschiedlichen Formen des Leidens führen. Je nach Ereignis kann die betroffene Person an einer oder auch mehreren traumatischen Konfigurationen leiden.

Kann Erwerbslosigkeit einer der Typologien zugeordnet werden? Durch den Verlust der Arbeit kann das Gefühl, »beraubt« zu sein, etwas verloren zu haben, Bedeutung gewinnen. Erwerbslose haben ihre Stelle verloren, und eine neue Beschäftigung wird ihnen »vorenthalten«. Aber auch, sich als Verlierer zu fühlen, der erniedrigt, herabgesetzt und verletzt wird, kann mit unfreiwilliger Erwerbslosigkeit einhergehen. Eine Viktimisierung zeigt sich in den gesellschaftlichen Vorurteilen, die Erwerbslosen gegenüber vorgebracht werden: »Die sind doch nur faul. Irgendetwas stimmt mit denen nicht, sonst hätten sie doch längst wieder eine Stelle«, etc. Beide Dynamiken – Beraubung wie Viktimisierung – erfassen jedoch nur Teilaspekte von traumatisch erlebter Erwerbslosigkeit. Spezifisch für Erwerbslosigkeit scheint vor allem das Gefühl der fehlenden Handlungskontrolle bei gleichzeitig fehlender Spiegelung in einer sozialen Umwelt zu sein, begleitet von der Erfahrung der Ausgrenzung aus der Gesellschaft. Die dadurch bedingte Beeinträchtigung der Selbstkonstituierung wird zusätzlich durch die Infragestellung eigener Werte erschwert. Die Erfahrung, trotz Fleiß, Aufrichtigkeit und Zuverlässigkeit gekündigt zu werden, stellt Grundwerte generell in Frage. Es wird das Vertrauen nicht nur in Staat und Politik erschwert, sondern auch in die eigenen Fähigkeiten. Die Begriffe »Verrat« – im Sinne von fehlender Verlässlichkeit – und Ausschluss erfassen diese Dynamik recht genau, subjektiv erlebt als Vertrauensverlust bei fehlender Handlungskompetenz, begleitet von Gefühlen wie nicht dazuzugehören, identitätslos zu sein und keinen Halt in verlässlichen Werten zu finden. Die durch Erwerbslosigkeit ausgelöste Situationsdynamik unterscheidet sich von den von Ochberg definierten Dynamiken und sollte dementsprechend als eigenständige spezifische Situationsdynamik berücksichtigt werden.

3.6 Interventionsprogramme und psychologische Interventionen bei Erwerbslosen

3.6.1 Interventionen im Vergleich

Welche sozialen Rahmenbedingungen und Maßnahmen können die mit langfristiger Erwerbslosigkeit einhergehenden destruktiven intrapsychischen Prozesse mildern?

Es gibt inzwischen ein weitreichendes Angebot an Interventionsprogrammen für Erwerbslose. Bei der Betrachtung einer Intervention stellt sich die Frage, was ein sinnvolles Erfolgskriterium für die Evaluation einer Maßnahme sein kann. Merkel (2011) hebt zwei Erfolgskriterien hervor:
- die Wiedervermittlungsrate, die vor allem von der Bundesagentur für Arbeit als Erfolgskriterium betrachtet wird;
- die Förderung der psychischen und damit auch der physischen Gesundheit, denn nur psychisch stabile Menschen sind in der Lage, sich selbst in Bewerbungssituationen positiv darzustellen, und verfügen über die Ressourcen, erfolglose Bewerbungen ohne eine Schädigung ihres Selbstwerts zu verkraften.

Es liegen bereits für eine Vielzahl von Interventionsprogrammen Evaluationsstudien vor (für einen Überblick vgl. Mohr & Otto, 2005). In einem Vergleich von drei Arten von Maßnahmen – Arbeitsbeschaffungsmaßnahmen, fachliche Qualifizierungen sowie Verbesserung der Bewerbungskompetenz – kommt Merkel (2011) zu dem Schluss, dass Arbeitsbeschaffungsmaßnahmen mit einer kurzzeitigen Verbesserung des psychischen Befindens der Teilnehmerinnen und Teilnehmer einhergehen. Jedoch gingen diese positiven Wirkungen gegen Ende der Maßnahme wieder verloren. Auch die fachliche Qualifizierung der Erwerbslosen (wie z. B. mittels Sprach- oder Computerkenntnissen) zeigte keine positiven Effekte im Hinblick auf das Erfolgskriterium der Wiedereingliederung. Die Verbesserung der Bewerbungskompetenz erweist sich als die kürzeste und effektivste Methode in Bezug auf die Vermittlungsrate. Eine Ursache für den Erfolg könnte sein, dass sie die Orientierung im Hinblick auf die Qualität – und nicht auf die Quantität – der Arbeitssuche unterstützt.

Arbeit außerhalb des Berufslebens – wie z. B. Hausarbeit, Gemeinsinnarbeit, Tauscharbeit oder Bildungsarbeit – hat vor allem dann einen positiven Effekt auf das psychische Befinden, wenn sie als sinngebend erlebt wird. Forschungsergebnisse belegen, dass ein positiver Zusammenhang zwischen Lebenszufriedenheit und *gemeinnützigem Engagement* besteht. Auch die *Tauscharbeit* ersetzt die meisten Funktionen von Arbeit, solange sie die Personen nicht ausbeutet. Bezüglich einer gesundheitsförderlichen Wirkung von *Hausarbeit* sind die Befunde nicht einheitlich. Es wird zwar häufig von einer kompensatorischen Wirkung von Hausarbeit ausgegangen, ohne aber ihre subjektive Bedeutung empirisch zu untersuchen. *Bildungsarbeit* hat in dem Sinn eine positive Wirkung, dass Personen, die ihr nachgehen, weniger von der Stigmatisierung als Erwerbsloser betroffen sind. Zusammenfassend hält Merkel (2011) fest, dass aufgrund der wissenschaftlichen Erkenntnisse über die positive Wirkung der »Ersatzformen« von Arbeit die Förderung solcher Aktivitäten ein wichtiger Bestandteil der Beratung von Erwerbslosen sein sollte.

3.6.2 Allgemeine Hinweise für psychologische Interventionen bei Erwerbslosen

Forschungsergebnisse sprechen dafür, dass ein zielgruppenorientiertes Vorgehen den Bedürfnissen der Betroffenen am ehesten gerecht wird. Erwerbslose sind keine homogene Gruppe. Um diesem Sachverhalt Rechnung zu tragen, ist es sinnvoll, von Merkmalen auszugehen, durch welche unterschiedliche Gruppen von Erwerbslosen differenziert werden können. Die Maßnahmen und Wiedervermittlungsangebote, die den einzelnen Erwerbslosen angeboten werden, sollten entsprechend der Gruppenzugehörigkeit modifiziert werden, um den für die jeweilige Gruppe von Erwerbslosen besonders belastenden Auswirkungen der Erwerbslosigkeit entgegenzusteuern. Merkmale, die bei der Einteilung in Zielgruppen berücksichtigt werden sollten, sind z. B. die Lebensphase, in der sich die Betroffenen befinden, die beruflichen Qualifikationen, aber vor allem die Phase der Verarbeitung der Erwerbslosigkeit und die persönliche Vulnerabilität aufgrund belastender Lebensumstände. Wie erwähnt, hatten bereits Eisenberg und Lazarsfeld (1938) ein Phasenmodell entwickelt, das psychische Veränderungen während einer Langzeiterwerbslosigkeit beschreibt: Nach Erleichterung oder Schock folgt eine Phase der Auflehnung. In der dritten Phase dominiert Verzweiflung, die langsam in Apathie und Gleichgültigkeit übergeht. Der Phase der Verarbeitung sollte in der Beratung Rechnung getragen werden, da sich nach längerer Erwerbslosigkeit vermutlich Symptome einer kumulativen Traumatisierung zeigen.

Bei einem Vorgehen, das Zielgruppen auch entsprechend der psychischen Beeinträchtigungen differenziert, können Interventionen angeboten werden, die den Betroffenen auf verschiedenen Ebenen eine Verbesserung bringen: in ihrem aktuellen psychischen Befinden durch die Milderung der Belastungen aufgrund der Erwerbslosigkeit, durch die Kompensation der Funktionen der Arbeit und eventuell die Beseitigung der Traumasymptomatik. Langfristig sollten sowohl bei der Stellenvermittlung als auch bei Arbeiten außerhalb der Erwerbstätigkeit für die Betroffenen Kompensationsmöglichkeiten in Form von Tätigkeiten geschaffen werden, die ihren Bedürfnissen weitgehend entsprechen und helfen, eine Reaktivierung traumatischer Erfahrungen oder nicht bewältigter Konflikte zu vermeiden.

3.6.3 Hinweise für die Beratung und Therapie

Um die durch Erwerbslosigkeit ausgelösten malignen psychischen Folgen zu mildern, kann für die Betroffenen professionelle Hilfe in Form von psychosozialer Beratung oder Therapie hilfreich sein. Liegen keine schwerwiegenden psychischen Beeinträchtigungen vor, kann eine psychosoziale Beratung ausreichend sein. Nach Barwinski Fäh (2005) sollen in einer solchen Beratung vor allem vier Problembereiche berücksichtigt werden:

1. Milderung der Belastungen durch die Erwerbslosigkeit;
2. Kompensation der Funktionen der Arbeit;
3. Beseitigung der Traumasymptomatik;
4. Berücksichtigung der spezifischen Konfliktanfälligkeit des einzelnen Betroffenen.

Ziel einer solchen Beratung ist – aus psychotraumatologischer Sicht –, dass die Betroffenen sich aus ihrer passiven Opferrolle lösen und sich wieder als handlungsfähige Person erleben. Um diesen psychischen Entwicklungsschritt zu unterstützen, sollten in der Beratung Kriterien berücksichtigt werden, die auch für den Umgang mit Betroffenen anderer Formen der Traumatisierung Gültigkeit beanspruchen können. In den Gesprächen sollte ein Kontrast zur traumatischen Situation hergestellt werden. Für die Situation von Erwerbslosen bedeutet dies, dass – im Gegensatz zur für Erwerbslosigkeit typischen Situationsdynamik, die sich durch das Gefühl verraten, ausgeschlossen, identitätslos und handlungsunfähig zu sein, auszeichnet – den Betroffenen vermittelt wird, dass sie Bedeutung haben, dass sie in ihrer ursprünglichen Berufsrolle anerkannt werden und über Mitgestaltungsmöglichkeiten verfügen. Die Exploration eigener Interessen und Ziele sowie die Unterstützung bei der Arbeitssuche sind konkrete Maßnahmen, die dieses Ziel fördern. Es sollten zusätzliche Belastungen vermieden und Bewältigungsversuche, die die Betroffenen als für sich entlastend erlebt haben, unterstützt werden. Soweit durchführbar, sollten Einwirkungsmöglichkeiten geschaffen und Kontrolle ermöglicht werden. Zeigen Betroffene Folgen einer psychischen Traumatisierung, sollten sie darüber aufgeklärt werden, dass spezifische Konflikte, die für die Betroffenen mit der Erwerbslosigkeit verbunden sind, lösungsorientiert besprochen werden.

Wenn sich im Verlauf der Beratung zeigt, dass die individuellen Bewältigungsmöglichkeiten nicht ausreichen, um die psychischen Folgen der Erwerbslosigkeit zu meistern, sollte psychotherapeutische Unterstützung empfohlen werden. Wie in der Beratung geht es auch in der therapeutischen Arbeit mit Erwerbslosen in einem ersten Schritt darum, die Belastungen durch die Erwerbslosigkeit zu mildern und nach Möglichkeiten zu suchen, wie die Funktionen der Arbeit kompensiert werden können. Ist eine Stabilisierung erreicht, kann die Bearbeitung der spezifischen Konflikte, die für die Betroffenen mit der Erwerbslosigkeit verbunden sind, eine maligne Entwicklung verhindern. Die Verknüpfung mit vorangegangenen Traumatisierungen dient dem Verständnis des Erlebens der aktuellen Situation. Der Schwerpunkt der Behandlung sollte sich auf die jetzige Lebenssituation konzentrieren, da die Bearbeitung der aktuellen Traumatisierung vor der Behandlung weit zurückliegender Traumata Vorrang hat (Fischer & Riedesser, 1998).

3.7 Literatur

Barwinski Fäh R. (1990). *Die seelische Verarbeitung der Arbeitslosigkeit. Eine qualitative Längsschnittstudie mit älteren Arbeitslosen.* München: Profil-Verlag.

Barwinski Fäh R. (2005). Seelische Folgen von Langzeiterwerbslosigkeit: Erklärende Konzepte und Hinweise für die Beratung und Therapie. *Zeitschrift für Psychotraumatologie und Psychologische Medizin,* 4, 65–76.

Eisenberg P. & Lazarsfeld P. F. (1938). The psychological effects of unemployment. *Psychological Bulletin,* 35, 358–390.

Fischer G. & Riedesser P. (1998). *Lehrbuch der Psychotraumatologie.* München: Ernst Reinhardt.

Holmes T. H. & Rahe R. H. (1967). The social readjustment rating scale. *Journal of Psychosomatic Research,* 11, 213–218.

Jahoda M. (1983). *Wieviel Arbeit braucht der Mensch? Arbeit und Arbeitslosigkeit im 20. Jahrhundert.* Weinheim, Basel: Beltz.

Kahlenberg E. (2010). Aus den Augen – noch im Sinn? Vom Selbst in Anderen. *Psyche – Zeitschrift für Psychoanalyse und ihre Anwendungen,* 64, 59–85.

Kasl S. V. & Cobb S. (1979). Some mental health consequences of plant closing and job loss. In: Ferman L. A. & Gordus J. P. (Hrsg.). *Mental health and the economy.* Kalamazoo, Mich.: Upjohn Institute for Employment Research, 255–209.

Kohut H. (1971). *Narzißmus. Eine Theorie der psychoanalytischen Behandlung narzißtischer Persönlichkeitsstörungen.* Frankfurt a. M.: Suhrkamp 1974.

Merkel D. (2011). Leitlinien für Beratung und Therapie: Welche psychosozialen Interventionen machen Sinn? In: Barwinski R. (Hrsg.). *Erwerbslosigkeit als traumatische Erfahrung – pychosoziale Folgen und traumatherapeutische Interventionen.* Kröning: Asanger, 151–167.

Mohr G. & Otto K. (2005). Langzeiterwerbslosigkeit: Welche Interventionen machen aus psychologischer Sicht Sinn? *Zeitschrift für Psychotraumatologie und Psychologische Medizin,* 4, 45–64.

Ochberg F. M. (1988). *Post-traumatic therapy and victims of violence.* New York: Brunner & Mazel.

Sennett R. (1998). *Der flexible Mensch.* Berlin: Berlin-Verlag.

Udris I. (2005). Die Kosten der Erwerbslosigkeit – gesundheitlich, psychisch, sozial, gesellschaftlich. *Zeitschrift für Psychotrau-*

matologie und Psychologische Medizin, 4, 13–30.

Wacker A. (1987). Arbeitslosigkeit ist ein massenhaftes Schicksal, aber ein massenhaft individuelles. In: Roßmann U. (Hrsg.). *Provinz-Arbeitslosigkeit*. Hannover: Internationalismus Verlag, 71–91.

Wacker A. (1993). *Arbeitslosigkeit. Soziale und psychische Voraussetzungen und Folgen*. 3. Aufl. Frankfurt a. M.: Europäische Verlagsanstalt.

PETER L. ZIMMERMANN

4. Traumatisierungen nach militärischen Einsätzen

4.1 Die Bundeswehr im Auslandseinsatz

Seit Beginn der Auslandseinsätze mit einem Feldlazarett in Phnom Penh/Kambodscha Anfang der 90er Jahre hat für die Bundeswehr, aber auch für die Gesellschaft der Bundesrepublik Deutschland ein Wandlungsprozess begonnen, der bis heute anhält und sowohl organisatorische Umstrukturierungen als auch eine veränderte Perzeption militärischer Strukturen und militärischen Handelns beinhaltet. Erstmals seit Ende des Zweiten Weltkriegs sind deutsche Soldaten wieder in nennenswerter Zahl außerhalb des Staatsgebietes der Bundesrepublik aktiv, so dass die hier gewonnenen Erfahrungen als Beispiel für moderne militärische Aufgabenbereiche, Strukturen und Problematiken in diesem Beitrag dargestellt und diskutiert werden sollen.

Im Jahr 2010 befinden sich 6740 Bundeswehrangehörige in einem Auslandseinsatz, darunter 349 Frauen (Quelle: Bundesministerium der Verteidigung 2010). Das Spektrum reicht von rein humanitären Einsätzen, bei denen Sanitätssoldaten der Zivilbevölkerung nach Katastrophen Unterstützung geleistet haben (z. B. nach der Tsunami-Katastrophe in Banda Aceh/Indonesien 2004), über »Peacekeeping Missions« nach Bürgerkriegen (hier wäre der Einsatz in Bosnien-Herzegowina seit 1997 repräsentativ) bis hin zu Kampfeinsätzen wie derzeit in Afghanistan. Diese Entwicklungen gingen und gehen einher mit gesellschaftlichen Diskussionsprozessen über die Legitimation und die Auswirkungen des deutschen Engagements, welche auch die psychischen Folgen für die beteiligten Soldaten einschließen.

4.2 Symptombilder nach Traumatisierung im militärischen Kontext

Die syndromatische Beschreibung von gesundheitlichen Veränderungen bei Soldaten nach Extrembelastungen hat bereits eine längere Geschichte, in deren Anfangszeit ein Zusammenhang zu psychodynamischen Prozessen häufig noch nicht hergestellt werden konnte.

Während des amerikanischen Bürgerkriegs (1861–1865) tauchten Fallbeschreibungen aus den Lazaretten auf, die im Zusammenhang mit Kampfhandlungen von Palpitationen, Kurzatmigkeit, Schwindel, Schweißneigung und intrathorakalen Druck-

Engegefühlen berichteten. Dieser *Soldier's Heart* genannte Symptomkomplex wurde zunächst auf Überdehnungen von Thorax und Herz während des militärischen Dienstes zurückgeführt (Da Costa & Medes, 1871). Eng verbunden mit den Schützengräben des Ersten Weltkriegs sind die »Kriegszitterer«. Insbesondere nach länger anhaltendem Granatfeuer beobachtete man bei exponierten Soldaten aller Dienstgradgruppen ein anhaltendes Zittern einzelner Gliedmaßen oder auch des gesamten Körpers, das sich häufig auch nach einem Rücktransport ins Heimatland nicht besserte. Pathogenetisch zog man initial direkte Hirnschädigungen durch Druckeinwirkungen in Betracht (Zimmermann et al., 2005), erst später wurde eine mögliche Psychogenese der Symptomatik erkannt (Nonne, 1934).

Im Zweiten Weltkrieg kam es zu einem Wandel in der psychogenen Symptomausprägung. Kriegszitterer wurden nur noch vereinzelt oder regional begrenzt beobachtet. Stattdessen traten somatoforme Störungen vor allem des Gastrointestinaltraktes so zahlreich auf, dass die Betroffenen in »Magenbataillonen« zusammengefasst wurden, die einen eingeschränkten militärischen Dienst verrichteten. Ursachen für diesen Wandel wurden auf breiter Basis diskutiert und waren u. a. in spezifischen Charakteristika der Kriegsführung, aber auch im gesellschaftspolitischen Umfeld zu suchen (Zimmermann et al., 2005).

Durch den Vietnamkrieg und seine in der amerikanischen Öffentlichkeit deutlich präsenten psychischen Folgen (»Post-Vietnam-Syndrom«) wurde erstmals eine systematische psychiatrische Forschung angestoßen, die 1980 zur Aufnahme der »Posttraumatischen Belastungsstörung« in das DSM-III führte. Im Zusammenhang mit dem zweiten Golfkrieg (1990–1991) kam es dann erneut zu einer Veränderung der Symptome. Mehr als 100 000 amerikanische und britische Soldaten berichteten über vegetative Labilität, Schlaf- und Konzentrationsstörungen, Gelenk- und Muskelschmerzen und Depression. Über die Ursachen dieses »Golfkriegssyndroms« herrschte lange Unklarheit. Letztendlich wurde jedoch auch hier eine Psychogenese als eine der wahrscheinlichsten Ursachen akzeptiert (Lee & Jones, 2007).

4.3 Epidemiologie

Die Angaben zu den Raten an psychischen Erkrankungen, die nach Einwirkung militärbezogener traumatogener Stimuli zu erwarten sind, schwanken erheblich und geben damit einem multifaktoriellen Geschehen seinen Ausdruck. »Peacekeeping Missions«, die im Regelfall nicht mit der Notwendigkeit von Kampfhandlungen, sondern eher mit Kontroll- und Überwachungsaufgaben einhergehen, hinterlassen psychische Folgestörungen bei ca. 5–8 % der Soldaten (Hahne & Biesold, 2002). Nach einem Kampfeinsatz in Afghanistan litten 11 % der Teilnehmer unter psychischen Erkrankungen. Zum gleichen Zeitpunkt waren es 19 % der Irak-Veteranen (Hoge et al., 2006).

Nur ein Teil dieser Soldaten begibt sich auch in medizinische Behandlung. Das medizinische Versorgungssystem der amerikanischen Streitkräfte verzeichnete in den Jahren 1998/1999 etwa 6 % der Soldaten in ambulanter psychiatrischer Behandlung. In der Bundeswehr waren es im Jahre 2000 1,5 % der männlichen und 1,4 % der weiblichen Soldaten. Bis zum Jahr 2006 stieg die Zahl in Deutschland allerdings insbesondere bei weiblichen Soldaten deutlich und signifikant an (3,2 %). Die Veränderungen waren bei Soldatinnen insgesamt signifikant stärker als bei Soldaten. Die Unterschiede wurden sowohl auf der Basis der Zulassung von Frauen für alle Laufbahnen in der Bundeswehr als auch der zunehmenden Intensität von Auslandseinsätzen diskutiert (Zimmermann et al., 2009).

4.4 Psychotherapeutische und psychodynamische Aspekte in militärischen Systemen

Psychotherapeutisch-psychotraumatologisches Arbeiten im militärischen Kontext unterscheidet sich in einer Reihe von Aspekten vom zivilen Bereich. Faktoren wie die demographische Zusammensetzung der Bundeswehr, die Aufgabenstellungen (Auslandseinsätze) oder die psychodynamische Verarbeitung der Tätigkeit in einem öffentlichen »Dienstverhältnis« spielen eine Rolle für die symptomatische Ausgestaltung von innerpsychischen Konflikten, aber auch für die Erlebnisverarbeitung nach externen Belastungen. Dazu kommt, dass militärische Systemstrukturen eine psychische Signalwirkung haben können, die mit sowohl autoritätskonflikthaft problematischen als auch unbewusst idealisierenden Erwartungen der Soldaten und auch antizipierten Bedürfnisbefriedigungen verbunden sein kann.

Ein Beispiel für diese Überlegungen ergibt sich aus der Altersstruktur der Bundeswehr. Wehrpflichtige und Zeitsoldaten mit kürzeren Verpflichtungsverträgen (4–8 Jahre) treten in der Regel zwischen dem 18. und 25. Lebensjahr in die Bundeswehr ein. Psychotherapeutisches Arbeiten in dieser spät- bis postadoleszenten Entwicklungsphase erfordert u. a. den adäquaten Umgang mit Sozialisierungsdefiziten nach Über- und Untersozialisation, die sich z. B. als impulsiv-externalisierende oder passiv-vermeidende Verhaltensmodi äußern können (Blankenburg et al., 2008). Dies hat für ein hierarchisches System wie die Bundeswehr einen besonderen Stellenwert, da zum einen junge Erwachsene mit strukturellen Defiziten eine Affinität zu solchen Systemen entwickeln können, um einen äußerlich stützenden Rahmen zu erhalten. Auf der anderen Seite zeigt aber auch der klinische Alltag psychiatrischer Abteilungen in Bundeswehrkrankenhäusern, wie ausgeprägt der Anpassungsdruck der Bundeswehr mit »Befehl und Gehorsam« erlebt werden und für diese Personengruppe ebenso eine pathogene Wirkung haben kann.

Eine weiteres Beispiel für die psychodynamische Auseinandersetzung von Soldaten mit ihrem Rollenbild sind potentiell destruktive Kognitionen, die nicht selten nach Einsatz-Traumatisierungen auftreten und die psychotherapeutische Bearbeitung erschweren (Abb. 1 gibt eine Auswahl wieder). Die Thematisierung in einem stationären komplementären kognitiv-behavioralen Gruppensetting hat sich hier als hilfreich erwiesen (Alliger-Horn et al., 2010).

4.5 Versorgungsstrukturen für psychisch traumatisierte Soldaten am Beispiel der Bundeswehr

4.5.1 Rahmenbedingungen

Die theoretische Basis des Versorgungskonzeptes militärbezogener psychiatrisch-psychotherapeutischer Akutversorgung stellt das *Drei-Phasen-Drei-Ebenen-Prinzip* dar:

Die *erste Dimension* (Phase) beschreibt die Zeiträume, in denen die Maßnahmen einsetzen (Abb. 2):

→ »Ich muss für meinen Dienstherrn alles tun.«

→ »Der Dienstherr/die Vorgesetzten hat/haben versagt.«

→ »Meine Leistung wird von meinen Vorgesetzten nicht anerkannt.«

→ »Ich habe als Soldat versagt.«

→ »Ich habe meine Kameraden im Stich gelassen.«

→ »Ich muss als Soldat stark und unverletzlich sein.«

→ »Ich darf kein Weichei/ Schwächling sein.«

→ »Ich darf keine Gefühle zulassen und Probleme nicht zeigen.«

Abb. 1: Beispiele für potentiell destruktive Kognitionen einsatztraumatisierter Soldaten

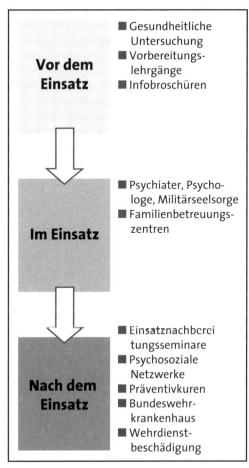

Abb. 2: Elemente des psychosozialen Hilfesystems in der Bundeswehr

1. Einsatzvorbereitung,
2. Einsatzbegleitung,
3. Einsatznachbereitung.

Die *zweite Dimension* (Ebene) beschreibt die Ebenen fachlicher Tiefe, auf denen Stressprävention bzw. Stressbewältigung, Betreuung und Behandlung durchgeführt werden.

- Ebene 1 bezieht sich auf Maßnahmen, die durch Vorgesetzte oder Kameraden des Betroffenen erfolgen können.
- Ebene 2 betrifft den Truppenarzt (Hausarzt), den Truppenpsychologen, Militärseelsorger und Sozialarbeiter, die an der primären gesundheitlichen Versorgung beteiligt sind.
- Auf Ebene 3 werden die der Bundeswehr zugehörigen Psychiater sowie ärztlichen und psychologischen Psychotherapeuten tätig.

4.5.2 Primärprävention in der Einsatzvorbereitung

Vor Beginn eines Auslandseinsatzes werden die in Frage kommenden Soldaten einer ärztlichen Untersuchung unterzogen. Eine floride psychische Symptomatik (z. B. bei laufender ambulanter Psychotherapie) führt zu einer zumindest vorübergehenden Freistellung von Auslandseinsätzen. Im Zweifelsfall erfolgt eine psychiatrische Begutachtung in einem Bundeswehrkrankenhaus.

Die Teilnehmer des Einsatzes werden in mehrwöchigen Lehrgängen mit Hilfe von realitätsnahen Rollenspielen auf potentiell traumatogene Situationen vorbereitet, mit denen sie im Einsatzgeschehen konfrontiert sein können. Zusätzlich werden Entspannungstechniken vermittelt.

Wesentliche Basisinformationen zur Stressprävention sind in drei kurzgefassten Broschüren (»Taschenkarten«) zusammengefasst worden, die an alle Soldaten ausgegeben und von diesen im Einsatz mitgeführt werden. Eine Prävention kann zusätzlich internet-basiert erfolgen, wie das Beispiel des US-amerikanischen Battlemind-Konzeptes zeigt (www.battlemind.org), das kürzlich für amerikanische Soldaten mit einsatzbedingten psychischen Belastungen konzipiert wurde.

4.5.3 Psychiatrisch-psychotherapeutische Versorgung im Einsatz

Die psychiatrisch-psychotherapeutische Versorgung von Soldaten erfolgt in den *Feldlazaretten*, die sich in den zentralen militärischen Einrichtungen der Einsatzgebiete befinden. Es handelt sich dabei um vollwertige Krankenhäuser der Basisversorgung, zu denen in Afghanistan auch eine psychiatrische Ambulanz gehört. Diese ist auch mit einer neurologischen Grundausstattung ausgerüstet (EEG, Elektrophysiologie, Ultraschallgerät, Instrumentarium für Lumbalpunktion usw.), die durch den Psychiater genutzt werden kann. Außerdem besteht die Möglichkeit, Belegbetten auf einer interdisziplinären Bettenstation zu betreiben. Die personelle Besetzung durch einen Facharzt für Psychiatrie (und Psychotherapie) wechselt in 2–4-monatigen Abständen.

Neben dem psychiatrischen Facharzt befinden sich auch ein bis drei klinische Psychologen sowie ein katholischer und ein evangelischer Geistlicher in den Einsatzgebieten. Zwischen diesen Berufsgruppen besteht eine enge Zusammenarbeit, so dass sich die Aufgaben der ambulanten Gesprächsintervention bei Soldaten in Krisensituationen auf mehrere professionelle Ebenen verteilen.

Von besonderer Bedeutung ist diese Zusammenarbeit bei Großschadensereignissen mit vielen Betroffenen, wie Attentaten oder größeren Unfällen, bei denen die Notwendigkeit einer interdisziplinären psychosozialen Betreuung besteht. Hier kommen Maßnahmen eines *Critical Incident Stress Management*, wie z. B. psychologische Briefings (eine Weiterentwicklung der Debriefing-Technik) oder *Crisis Management Briefings*, zur Anwendung (Everly, 2000).

Bei schweren psychischen Erkrankungen (z. B. Psychosen oder Abhängigkeitserkrankungen) oder bei nicht ausreichend abschätzbarer Prognose der Behandlung vor Ort wird eine *Repatriierung*, d. h. eine Rückführung nach Deutschland auf dem Luftweg, veranlasst. Diese erfolgt nach einer medizinischen Dringlichkeits-Einstufung unterschiedlich schnell und kann im dringenden Bedarfsfall binnen eines Tages abgeschlossen sein. Über die Indikation zu einer solchen Rückführung nach Deutschland wird allein auf ärztlicher Ebene entschieden. Nach der Ankunft in Deutschland werden diese Soldaten in ein dem Flughafen oder dem Wohnort nahe liegendes Bundeswehrkrankenhaus eingewiesen und dort weiterbehandelt.

Eine unverzichtbare Ergänzung der »Vor-Ort-Betreuung« der Soldaten stellen die *Familienbetreuungszentren* an allen größeren Standorten in Deutschland dar. Diese Zentren betreuen und beraten die Angehörigen der Soldaten, vermitteln aktuelle Informationen, führen Vortragsveranstaltungen durch und bieten in Konfliktfällen und nach Schadensereignissen unter Einbeziehung klinischer Psychologen direkte psychosoziale Unterstützung an.

4.5.4 Einsatznachbereitung

Nach Beendigung von Auslandseinsätzen ist eine Reihe von Maßnahmen zum Screening und zur Sekundärprophylaxe einsatzbedingter psychischer Folgeerkrankungen etabliert. Jeder Soldat wird von seinem Truppenarzt bezüglich psychischer Symptomatik befragt, wobei als Grundlage die Posttraumatische-Stress-Skala-10 (PTSS-10) verwendet wird (Maercker, 2003). Bei auffälligen Ergebnissen oder Angaben wird eine psychiatrische Untersuchung in einem Bundeswehrkrankenhaus veranlasst und werden gegebenenfalls ambulante oder stationäre therapeutische Maßnahmen eingeleitet.

Bei verzögert auftretenden psychischen Problematiken sind die betroffenen Soldaten in einigen Fällen bereits aus dem aktiven Dienstverhältnis ausgeschieden. Um eine dadurch entstehende Informations- und Versorgungslücke zu schließen, werden Veteranen ca. sechs Monate nach ihrem Ausscheiden angeschrieben und auf die Möglichkeiten der psychosozialen Nachbetreuung (auch noch durch den Sanitätsdienst der Bundeswehr bzw. auf Kosten der Bundeswehr) hingewiesen.

Eine psychische Belastung kann auch bei *Einsatznachbereitungsseminaren* auffallen: Im Verlauf der ersten drei Monate nach Einsatzende werden alle beteiligten Soldaten – geordnet nach der Zusammengehörigkeit im Einsatz – zu einem dreitägigen Seminar zusammengeführt, bei dem in Gruppen und unter Leitung von ausgebildeten Moderatoren, Psychologen, Sozialarbeitern oder Seelsorgern über den Einsatz und die Wiedereingliederung danach gesprochen wird. Ergibt sich in diesem Rahmen der Verdacht auf eine einsatzbedingte psychische Störung, wird dem Betroffenen eine psychiatrische Untersuchung nahegelegt. Bei leichteren Beschwerdebildern auf dem Niveau beginnender psychovegetativer Erschöpfung mit noch nicht gegebenem psychiatrischem Krankheitswert kann auch zeitnah und unbürokratisch durch den Soldaten oder seinen Truppenarzt eine dreiwöchige roborierende Kurmaßnahme *(»Präventivkur«)* in einer zivilen Vertragsklinik beantragt werden. Diese Möglichkeit wird zunehmend häufig in Anspruch genommen.

4.5.5 Psychosoziale Netzwerke

Um über diese Maßnahmen hinaus die Früherkennung psychischer Einsatzfolgen und die Zusammenarbeit der beteiligten Berufsgruppen zu verbessern, wurde 2005 mit der Etablierung psychosozialer Netzwerke begonnen. Diese sind seitdem an der überwiegenden Mehrzahl der Bundeswehrstandorte unter der Mitwirkung von psychiatrischen Fachärzten, Truppenärzten, Psychologen, Pfarrern und Sozialarbeitern entstanden, die regelmäßig zum Erfahrungsaustausch oder zu interdisziplinären Fallkonferenzen zusammenkommen. Die fachlichen Grundkenntnisse für die in diesen Netzwerken tätigen psychosozialen Helfer können auf Lehrgängen erworben werden, die bundeswehrintern angeboten werden.

4.5.6 Therapie einsatzbezogener Erkrankungen

Die Behandlung einsatzbedingter psychischer Erkrankungen erfolgt vorrangig in den Bundeswehrkrankenhäusern. Damit ist dem häufig von Soldaten geäußerten Wunsch Rechnung getragen worden, von Therapeuten behandelt zu werden, die über Erfahrungen aus ihrem beruflichen Umfeld und aus Auslandseinsätzen verfügen.

Die in der Bundeswehr angewandten therapeutischen Methoden entsprechen den Empfehlungen der Fachgesellschaften. Die EMDR-Methode nach F. Shapiro (Eye-Movement Desensitization and Reprocessing) hat dabei einen besonderen Stellenwert (Shapiro, 1998). In einer retrospektiven Evaluation ergaben sich Hinweise auf eine Wirksamkeit von EMDR in der Langzeitkatamnese bei Bundeswehrsoldaten (Zimmermann et al., 2007). Allerdings war trotz Therapie im Mittel noch eine klinisch relevante traumabezogene Restbelastung zu eruieren, wobei ein Zusammenhang zwischen der therapeutischen Prognose und der Schwere der Traumatisierung zu bestehen schien (Zimmermann et al., 2007). Alternativ werden auch die Kosten für eine ambulante Traumatherapie oder einen stationären Aufenthalt in einer zivilen Klinik mit traumatologischem Schwerpunkt übernommen.

In den US-amerikanischen Streitkräften wurden gute Erfahrungen mit einer computergestützten Expositionstherapie gemacht (»Virtual Iraq«), deren breite Anwendung allerdings noch unter dem Vorbehalt positiver Langzeitkatamnesen steht.

4.5.7 Wehrdienstbeschädigung

In einigen Fällen bleibt die militärinterne und/oder auch zivile Therapie einsatzbedingter psychischer Erkrankungen teilweise oder gänzlich ohne Erfolg. Es besteht dann für den Betroffenen die Möglichkeit, eine Wehrdienstbeschädigung geltend zu machen, die von psychiatrischen Facärzten nach den auch im zivilen Bereich angewandten Richtlinien begutachtet wird (gemäß Sozialverband VdK in der Überarbeitung von 2009). Wird die Kausalität der Beschädigung anerkannt, kommt es abhängig vom Schweregrad der Beeinträchtigung zu Ausgleichs- oder Rentenzahlungen. Zusätzlich kann die Dienstzeit bei der Bundeswehr verlängert werden, um eine soziale Absicherung und adäquate Behandlung sicherzustellen (gemäß dem sog. Einsatz-Weiterverwendungsgesetz).

4.6 Perspektiven der Wehrpsychiatrie

Obwohl das dargestellte präventive, therapeutische und Nachsorgesystem der Bundeswehr bereits zahlreiche Maßnahmen bereithält, weisen Katamnesestudien zum Verlauf posttraumatischer Erkrankungen in der Bundeswehr und in anderen Armeen auf die Gefahr von Chronifizierungen und prognostisch ungünstigen Verläufen hin

(Zimmermann et al., 2007). Daraus ergab sich für die Bundeswehr die Notwendigkeit, verstärkt auch wissenschaftliche Anstrengungen zu unternehmen, um derartigen Entwicklungen zukünftig besser vorzubeugen. Aus diesem Grund wurde am Bundeswehrkrankenhaus Berlin das Forschungs- und Behandlungszentrum für Psychotraumatologie der Bundeswehr (Traumazentrum) begründet.

Schwerpunkte *wehrpsychiatrischer Forschung* sollten der Bereich »Epidemiologie psychischer Störungen nach Auslandseinsätzen«, aber auch die Weiterentwicklung und militärbezogene Adaptation präventiver und therapeutischer Ansätze sein. Dabei stehen Verfahren der Gruppenprävention vor einem Auslandseinsatz im Vordergrund sowie auch Marker einer verstärkten Stressvulnerabilität von Soldaten, psychotherapeutische Therapieansätze (kognitiv-behaviorale Gruppen) oder die Chancen und Möglichkeiten der neuen Medien.

4.7 Literatur

Alliger-Horn C., Mitte K. & Zimmermann P. (2010). Komorbidität einsatzbedingter psychischer Traumastörungen und ihre Behandlung durch kognitiv-behaviorale Gruppentherapie im BwK Berlin. *Wehrmedizinische Monatsschrift*, 54(6–7), 182–185.

Blankenburg B., Kölch M. & Mehler-Wex C. (2008). A need for independent adolescence psychiatry and psychotherapy. *Psychiatrische Praxis*, 35 (5), 216–18.

Da Costa T. & Medes J. (1871). On irritable heart; a clinical study of a form of functional cardiac disorder and its consequences. *American Journal of the Medical Sciences*, 61, 18–52.

Everly G. S. (2000). Crisis Management Briefing (CMB): Large group crisis intervention in response to terrorism, desasters, and violence. *International Journal of Emergency Mental Health*, 2 (1), 53–57.

Hahne H. H. & Biesold K. H. (2002). Präventions- und Behandlungskonzept zur Bewältigung einsatzbedingter psychischer Belastungen bei Soldaten der Bundeswehr. *Praxis klinische Verhaltensmedizin und Rehabilitation*, 57, 39–43.

Hoge C. W., Auchterlonie J. L. & Milliken C. S. (2006). Mental health problems, use of mental health services, and attrition from military service after returning from deployment to Iraq or Afghanistan. *JAMA*, 295 (9), 1023–32.

Lee H. & Jones E. (2007). Introduction. In: Lee H. & Jones E. (Hrsg.). *War and health. Lessons from the Gulf War*. Chichester: Wiley, 1–4.

Maercker A. (2003). Posttraumatische-Stress-Skala-10 (PTSS-10). In: Hoyer J. & Margraf J. (Hrsg.). *Angstdiagnostik – Grundlagen und Testverfahren*. Berlin: Springer, 401–403.

Nonne M. (1934). Therapeutische Erfahrungen an den Kriegsneurosen in den Jahren 1914–1918. In: Schjerning O. v. (Hrsg.). *Handbuch der ärztlichen Erfahrungen im Weltkriege 1914–1918*. Bd. IV: *Geistes- und Nerven-Krankheiten*. Hrsg. von K. Bonhoeffer. Leipzig: Barth, 102–120.

Shapiro F. (1998). *EMDR – Grundlagen und Praxis*. Paderborn: Junfermann.

Zimmermann P., Hahne H. H., Biesold K. H. & Lanczik M. (2005). Psychogene Störungen bei deutschen Soldaten des Ersten und Zweiten Weltkrieges. *Fortschritte der Neurologie/Psychiatrie*, 73 (2), 91–102.

Zimmermann P., Biesold K. H., Barre K., Lanczik M. H. (2007). Long-term course of posttraumatic stress disorder (PTSD) in German soldiers: Effects of inpatient eye movement desensitization and reprocessing therapy and specific trauma characteristics in patients with non-combat related PTSD. *Military Medicine*, 172 (5), 456–460.

Zimmermann P., Hahne H. H., Ströhle A. (2009). Psychiatrische Erkrankungen bei Bundeswehrsoldaten. Veränderungen in der Inanspruchnahme medizinischer Versorgungssysteme im Vergleich der Jahre 2000 und 2006. *Trauma und Gewalt*, 3 (4), 316–327.

LAURA PIELMAIER UND ULRICH FROMMBERGER

5. Traumafolgestörungen nach Verkehrsunfällen

»Statistisch betrachtet, ereignet sich alle 14 Sekunden ein Unfall auf deutschen Straßen. Jede Stunde werden 45 Personen bei Verkehrsunfällen verletzt. Täglich verlieren 11 Menschen ihr Leben im Straßenverkehr« (Statistisches Bundesamt, 2010).

Zu den am häufigsten auftretenden potentiell traumatisierenden Ereignissen mit hohem Schweregrad zählen Verkehrsunfälle. Im Jahr 2009 wurden in Deutschland über zwei Millionen Unfälle polizeilich erfasst, wobei 401 823 Personen körperliche Verletzungen erlitten (Statistisches Bundesamt, 2010). Trotz dieser »Allgegenwärtigkeit« von Verkehrsunfällen in unserem Alltag sind sie im Einzelfall unvorhersehbar. Sie sind unkontrollierbar und haben ein inhärentes Bedrohungspotential für die körperliche und psychische Unversehrtheit. Die emotionalen Reaktionen auf Unfallereignisse unterscheiden sich interindividuell und im zeitlichen Verlauf sehr stark. Beispielsweise können Ängste bereits während des Unfalls und mit einer Intensität bis zur Todesangst oder nach einer anfänglichen Schockphase erst später beim Rekapitulieren des Geschehens auftreten. Manche Personen empfinden auch zu keinem Zeitpunkt übermäßige Angstgefühle. Die Heterogenität der Reaktionen hängt dabei nicht so sehr mit objektiven Merkmalen wie dem Grad der Schwere des Unfalls zusammen.

Die psychopathologischen Folgen von Verkehrsunfällen wurden bisher hauptsächlich mit Fokus auf der Posttraumatischen Belastungsstörung (PTBS) untersucht. Als mögliche weitere psychische Störungen infolge von Unfällen im Straßenverkehr kommen die depressiven Störungen, Substanzmissbrauch, Schmerzsyndrome, weitere Angststörungen wie beispielsweise phobische Reiseängste oder auch Kombinationen dieser Syndrome in Betracht. In den meisten Fällen sind die Reaktionen vorübergehend. Bei einigen Unfallverletzten chronifizieren die Symptome jedoch längerfristig, schränken das individuelle Leben der Betroffenen sowie naher Angehöriger massiv ein und bedürfen somit der therapeutischen Intervention.

Im Folgenden werden zunächst epidemiologische Befunde zu Traumafolgestörungen und den Bedingungen, die das Risiko erhöhen, nach Verkehrsunfällen unter einer solchen Störung zu leiden, zusammengetragen. Anschließend werden Ansätze zur Prävention und Therapie der Symptomatik sowie empirische Befunde zur

Wirksamkeit von Prävention bzw. Therapie berichtet.

5.1 Psychopathologie nach einem Verkehrsunfall

5.1.1 Belastungsreaktionen und methodische Probleme ihrer Messung

Die bevölkerungsbasierte epidemiologische Studie von Kessler, Sonnega, Bromet et al. (1995) ergab für die USA eine Lebenszeitprävalenz für Unfälle von etwa 20 % und für unfallbedingte Posttraumatische Belastungsstörungen von 8 %. Die Werte aus europäischen Studien liegen gewöhnlich etwas darunter. Studien mit unfallverletzten Personen berichten PTBS-Raten zwischen 4 % und 33 % mindestens einen Monat nach einem Verkehrsunfall (für einen Überblick siehe Beck & Coffey, 2007).

Die Teilnehmer dieser Untersuchungen wurden meist in Notaufnahmen rekrutiert, es handelt sich demnach um Personen, die aufgrund von unfallbedingten körperlichen Verletzungen medizinisch versorgt werden mussten. Damit sind die berichteten Befunde nur bedingt auf die Gesamtheit aller Opfer von Verkehrsunfällen übertragbar. O'Donnell, Creamer, Bryant et al. (2003) erklären die Heterogenität der gefundenen Prävalenzen nach Verletzungen durch Unterschiede beim methodischen Vorgehen. Demnach werde teilweise nur mangelhaft zwischen Symptomen mit psychogener und solchen mit organischer Ursache differenziert, dies sei jedoch insbesondere beim Vorliegen von Hirnverletzungen relevant. Studien, bei denen Patienten mit Symptomfragebögen selbständig das Ausmaß der Belastung beurteilen, könnten zudem zu Überschätzungen führen. Ebenfalls werde der Einfluss sedierender Medikamente und aktueller Schmerzen auf die Symptomberichte nicht ausreichend berücksichtigt. Damit im Zusammenhang steht die unterschiedliche Wahl des Messzeitpunktes in den zitierten Studien. Zudem messen prospektive Studien oftmals höhere Prävalenzen als retrospektive. Viel diskutiert wird auch die Rolle juristischer Verwicklungen nach Verkehrsunfällen. Motivationale Aspekte könnten die Diagnostik verzerren, wenn beispielsweise Schadensersatzforderungen gestellt werden oder die Frage nach der Verursachungsschuld zu klären ist. Beck und Coffey (2007) fassen in ihrem Überblick jedoch zusammen, dass bisher keine eindeutigen Hinweise für eine derartige Konfundierung vorliegen.

Eine PTBS tritt bei bis zu einem Drittel von durch Verkehrsunfälle Verletzten auf.

5.1.2 Weitere Psychopathologie nach einem Verkehrsunfall

Wenige Studien liegen vor, die neben dem Störungsbild der PTBS von anderen psychopathologischen Auffälligkeiten infolge von Verkehrsunfällen berichten. Die vorliegenden Untersuchungen sind darauf beschränkt, dass sie lediglich zur PTBS vorliegende Komorbiditäten erfassen. Auch hier ist mit Selektionseffekten zu rechnen, denn die Studien wurden in den meisten Fällen mit Verkehrsunfallverletzten, die eine medizinische Behandlung in Anspruch nahmen, durchgeführt. In ihrem Literaturüberblick berichten Beck und Coffey (2007), dass mit einer Rate von ca. 40 % komorbide depressive Episoden nach Verkehrsunfällen etwa ähnlich häufig auftreten wie nach anderen Traumen. Die Schätzungen zum Vorliegen weiterer Angststörungen liegen bei 7 % bis 31 %. Sehr häufig ist hierbei eine spezifische Phobie bezogen auf die Teilnahme am Straßenverkehr zu beobachten. Die Autoren schließen aus den wenigen vorliegenden Studien, dass schädlicher Substanzmittelgebrauch möglicherweise seltener komorbid vorliegt als bei der PTBS nach anderen Traumaarten.

Ein weiterer wichtiger Störungsbereich steht im Zusammenhang mit unfallbedingten Verletzungen, wobei zwischen organischer und psychischer Verursachung oft nur schwer zu unterscheiden ist. Neben organischen Psychosyndromen wie beispielsweise dem postkontusionelle Syndrom nach einer Hirnverletzung tritt nach Unfällen sehr häufig chronischer Schmerz auf. In einer prospektiven Studie mit Personen, die nach einem Verkehrsunfall auf einer Notfallstation versorgt werden mussten, fanden beispielsweise Jenewein, Moergeli, Wittmann et al. (2009) drei Jahre nach dem Unfall bei 45 % der Stichprobe und bei nahezu allen Personen mit einer PTBS-Diagnose (syndromal und subsyndromal) chronische Schmerzen. Angesichts der hohen Komorbiditätsraten wird dem gemeinsamen Auftreten von PTBS und chronischem Schmerz in letzter Zeit vermehrt Aufmerksamkeit geschenkt. Es wird angenommen, dass sich die beiden Störungsbereiche in komplexer Weise gegenseitig bedingen. Demnach sollen die für die PTBS typischen physiologischen, affektiven und Verhaltensauffälligkeiten gleichzeitig die Schmerzsymptomatik aufrechterhalten oder sogar verstärken. Umgekehrt beeinflussen die im Zusammenhang mit chronischem Schmerz beobachtbaren kognitiven, affektiven und Verhaltensmerkmale die PTBS-Symptomatik. Beispielsweise können Schmerzen, da sie mit den Verletzungen durch den Unfall assoziiert werden, ungewollte Erinnerungen an das traumatische Ereignis oder andere Wiedererlebenssymptome hervorrufen und damit auch zu einem verstärkten Arousal führen. Weiterhin wird angenommen, dass für die parallele Genese von PTBS und chronischem Schmerz eine gemeinsame Vulnerabilität besteht (für einen Überblick siehe Asmundson & Katz, 2009).

5.2 Symptomverläufe nach Verkehrsunfällen

Die akute Belastungsreaktion (ABR) wird als Störungskategorie genutzt, um initiale, d. h. bis zu vier Wochen nach dem traumatischen Ereignis auftretende, Symptome zu erfassen. Neben Symptomen der PTBS ist dieses Syndrom durch dissoziative Symptome definiert. Bryant und Harvey (1998, Harvey & Bryant, 1999) berichten in Studien mit Verkehrsunfallverletzten eine Rate von etwa 15 % ABR im ersten Monat nach dem Unfall. Im Längsschnitt zeigte sich, dass 82 % der zuvor mit einer ABR diagnostizierten Personen sechs Monate nach dem Unfall die Kriterien einer PTBS erfüllten. Von den Personen ohne ABR waren es weitere 11 %, so dass insgesamt die PTBS-Rate 24 % betrug.

Allgemein ist bei der PTBS bei etwa einem Viertel der Betroffenen mit chronischen Verläufen über mehrere Jahre hinweg zu rechnen (Kessler et al., 1995). Barth, Kopfmann und Nyberg et al. (2005) fanden für eine deutsche Stichprobe fünf Jahre nach einem Verkehrstrauma eine PTBS-

Rate von 10 % und eine partielle PTBS bei weiteren 14 % der Befragten.

Im Zusammenhang mit einer PTBS nach schweren Verletzungen ist darauf hinzuweisen, dass die Symptomatik auch erst mit einer gewissen Verzögerung auftreten kann. Ein solcher sogenannter »delayed onset« für die PTBS wird bei bis zu 15 % der Personen mit zivilen Traumaerfahrungen beschrieben (Andrews et al., 2007). Nach dem Unfall befinden sich die Patienten zunächst in einer geschützten Umgebung, werden medizinisch betreut und sind weitgehend von Erinnerungsauslösern, die sich im Straßenverkehr ergeben könnten, abgeschirmt. Zudem stehen andere Beschwerden wie Schmerzen und die Behandlung von Verletzungen im Vordergrund, oft auch mit entsprechender Medikation. Es ist möglich, dass erst zu einem späteren Zeitpunkt, bei Verlassen des Krankenhauses oder gegebenenfalls der Rehabilitationsklinik und der Rückkehr in den Alltag, Schwierigkeiten bei der Bewältigung der Erfahrung auftreten. Auch neue Belastungserfahrungen können die bisher einigermaßen bewältigten Erlebnisse wieder aktivieren und zur Ausprägung eines Störungsbildes führen. Prämorbide Belastungen können auch hier eine zusätzliche wichtige Rolle spielen (Andrews et al., 2007).

5.3 Vulnerabilität für eine PTBS nach einem Unfall

In Kapitel A6 werden Risiko- und Schutzfaktoren der PTBS allgemein aufgeführt und ausführlich diskutiert. Diese gelten prinzipiell auch für eine unfallbedingte PTBS, zumal sie u.a. in Studien mit »Verkehrsunfallverletzten« identifiziert wurden. Im Folgenden soll daher lediglich auf einige Faktoren eingegangen werden, die speziell bei Verkehrsunfallverletzten eine wichtige Rolle spielen.

Die intuitive Vermutung, dass der Grad der Schwere des Unfalls und die psychische Reaktion korrespondieren, hat sich empirisch als nicht so eindeutig erwiesen. Während beispielsweise einige Autoren deutliche Zusammenhänge zwischen dem Schweregrad der Verletzung und dem Schweregrad der posttraumatischen Belastungssymptomatik fanden (z.B. Frommberger et al., 1998), zeigten sich in anderen Studien keine oder nur geringe Korrelationen (Gabert-Quillen et al., im Druck). Der Schweregrad der Verletzung wird dabei auf unterschiedlichste Weise operationalisiert; die Kriterien der Einschätzung reichen dabei von einer streng objektiven Beurteilung des Bedrohungsgrades durch die Verletzung (z.B. Injury Severity Score) über die Notwendigkeit einer intensivmedizinischen Behandlung oder eines chirurgischen Eingriffs und die Dauer des Krankenhausaufenthaltes bis hin zu eher subjektiven Einschätzungen des Schweregrads der Verletzungen durch die Betroffenen selbst. Einheitlich stärkere Zusammenhänge werden in der Regel zwischen den subjektiven Beurteilungen von Traumaschweregrad-Indikatoren, wie z.B. während des Unfalls erlebte Todesangst, und der PTBS-Symptomatik gefunden. Relevanter als die initiale Schwere der Verletzung scheinen zudem im Langzeitverlauf die körperlichen Unfallfolgen zu sein, die sich in funktionellen Einschränkungen, äußerlich sichtbaren körperlichen Entstellungen und (chronischen) Schmerzen äußern können.

Die Frage, ob eine Amnesie für das Ereignis, wie es bei Hirnverletzungen häufig der Fall ist, einen protektiven Effekt gegenüber Belastungsreaktionen haben kann, ist bislang nicht abschließend geklärt. Entgegen weitverbreiteten Auffassungen kann sich auch eine PTBS entwickeln, wenn kurzzeitig Bewusstlosigkeit vorlag. Es gibt Hinweise, dass mit zunehmendem Schweregrad bzw. längerer Bewusstlosigkeits- oder Komadauer PTBS-Symptome seltener auftreten (vgl. z. B. Zatzick et al., 2010). Die Arbeitsgruppe um Bryant hat sich intensiv mit diesem Thema auseinandergesetzt und festgestellt, dass viele Studien aufgrund der Symptomüberlappung zwischen PTBS und durch eine Hirnverletzung bedingten Veränderungen, wie z. B. den Schlaf- und Konzentrationsstörungen, nur bedingt Aussagen zulassen (Bryant, 2001). In eigenen Studien zeigten die Autoren hingegen, dass sich Personen mit und ohne schwere Hirnverletzung nicht hinsichtlich des PTBS-Schweregrades unterschieden. Als mögliche Erklärung für das Auftreten von PTBS-Symptomen, wenn Erinnerungen an das Ereignis selbst fehlen, führen die Autoren implizite Verarbeitungsprozesse auf. Patienten sind z. B. durch Berichte oder Fotos über ihren Unfall mit dem Geschehenen konfrontiert, und zudem wird das Unfallgeschehen auf einer nicht-expliziten Ebene gespeichert. Außerdem bleibt zu beachten, dass auch die Folgen von Verletzungen, einschließlich beängstigender medizinischer Interventionen oder Behandlungsbedingungen, ein gewisses Traumatisierungspotential haben.

Wie bereits erwähnt, ist noch nicht abschließend geklärt, welchen Stellenwert (straf-)rechtliche Aspekte in der Zeit nach dem Verkehrsunfall haben. Vor allem im angloamerikanischen Raum wird dies bei Studien zu Folgen von Verkehrsunfällen vermehrt berücksichtigt. Eine längerfristige Verwicklung in einen Rechtsstreit könnte die natürliche Rückbildung von Symptomen behindern. Das ständige Wiedererinnertwerden durch juristische Auseinandersetzungen und Begutachtungen sowie finanzielle Konsequenzen des Unfalls können Ärger- und Schuldgefühle begünstigen. Diese negativen traumabezogenen Emotionen spielen eine wichtige Rolle bei der Aufrechterhaltung von PTBS-Symptomen (vgl. z. B. Ehlers & Clark, 2000; vgl. Kap. A3).

Das Vorliegen komorbider Störungen wirkt sich allgemein negativ auf die Behandlungsprognose für eine PTBS aus (vgl. Kap. C1). Bei Verkehrsunfällen mit Verletzungen wird dies insbesondere in Bezug auf chronischen Schmerz relevant (Asmundson & Katz, 2009; Beck & Coffey, 2007).

5.4 Psychotherapie bei der PTBS nach einem Verkehrsunfall

Da sich bei einem Großteil der Betroffenen anfänglich auftretende Stressreaktionen ohne weitere Intervention zurückbilden, wird zur Behandlung von akuten Folgen psychischer Traumatisierung ein gestuftes Vorgehen empfohlen (z. B. Leitlinie: »Diagnostik und Behandlung von akuten Folgen psychischer Traumatisierung« der Arbeitsgemeinschaft der Wissenschaftlichen Medizinischen Fachgesellschaften, AWMF, 2008). Unmittelbar nach einem Unfall bieten unspezifische Maßnahmen der psychosozialen Akuthilfe die Möglichkeit, das traumatisierende Potential der Unfallsituation zu reduzieren, um späteren Reaktionen vorzubeugen sowie unnötige Belastungen bei der Erstversorgung zu verhindern. Lasogga und Gasch (2004) haben hierzu auf der Grundlage von Interviews mit Unfallopfern und Rettungspersonal sowie der Durchsicht der aktuellen Forschungsliteratur einige Grundregeln zur »psychischen Ersten Hilfe« für Laien und professionelle Helfer aufgestellt.

Spezifische Ansätze zur Prävention der PTBS nach einer Traumatisierung, die nach dem Motto »one fits all« vorgehen und alle Betroffenen gleichermaßen behandeln, haben sich allgemein in der Psychotraumatologie nicht durchgesetzt. Aufgrund der Gefahr von Re- oder Sekundärtraumatisierungen sollten Interventionen nur bei Personen durchgeführt werden, die nach einer Vorauswahl als akut schwer belastet gelten und/oder aufgrund weiterer Merkmale ein hohes Risiko aufweisen, längerfristig unter Stressreaktionen zu leiden. Zur Identifikation dieser Betroffenengruppe wurden sogenannte Screeningverfahren entwickelt, die mit wenig Aufwand in Fragebogenform PTBS-Symptome (z. B. Stieglitz et al., 2002) und weitere Risikofaktoren erfassen. Bei Personen mit auffälliger Ausprägung sollte zur Indikationsstellung anschließend eine ausführliche klinische Diagnostik unter Anwendung gängiger Assessmentverfahren erfolgen (siehe Kap. C1). Zur individuellen Therapieplanung sind weitere diagnostische Schritte wie beispielsweise die Erfassung komorbider Störungen, insbesondere chronischer Schmerzen, unverzichtbar.

Die Gruppe um Bryant und Harvey (Bryant et al., 1998) entwickelte ein traumafokussierendes Verfahren zur Frühintervention, um bei bestehender ABR eine Manifestation der Symptome und somit den chronischen Verlauf einer PTBS zu verhindern. Diese Kurzzeitintervention von fünf wöchentlichen Sitzungen ist aus der kognitiven Verhaltenstherapie abgeleitet und beinhaltet eine Psychoedukation über typische posttraumatische Reaktionen, ein Entspannungstraining, imaginative und In-vivo-Exposition sowie die Umstrukturierung posttraumatisch veränderter Kognitionen. In Studien mit verschiedenen Traumagruppen, darunter auch Verkehrsunfallopfer, zeigte die Kurzzeittherapie deutlich bessere Effekte als eine unspezifische Beratung (Bryant & Harvey, 1998). Die Metaanalyse von Roberts, Kitchiner, Kenardy und Bisson (2009) unterstreicht die Bedeutung der traumafokussierten KVT in der Frühintervention. Eine psychopharmakologische Frühintervention mit gesicherter Wirksamkeit zur Verhinderung einer PTBS existiert bisher nicht.

Trotz der vielversprechenden Wirksamkeitsnachweise bezüglich der Prävention einer PTBS suchen die meisten Verkehrsunfallverletzten erst dann therapeutische Unterstützung auf, wenn die Symptomatik bereits mehrere Monate andauert und längerfristig Einschränkungen im Alltag verursacht. Zur Behandlung einer unfallbedingten PTBS eignen sich prinzipiell alle trauma-fokussierenden Psychotherapieverfahren, deren Wirksamkeit für die PTBS nachgewiesen wurde (z. B. kognitive Verhaltenstherapie, Eye Movement Desensitization and Reprocessing, vgl. Kap. G1 zur kognitiven Verhaltenstherapie [KVT] und Kap. G2 zu EMDR). Lediglich für die KVT liegen Effektivitätsnachweise aus kontrollierten, randomisierten Studien mit Verkehrsunfallverletzten vor. Sie zeigen, dass selbst mehrere Jahre nach dem Unfall bei ca. 80 % der Betroffenen mit subsyndromaler und syndromaler PTBS eine Therapie erfolgreich sein kann (für einen Überblick siehe Beck & Coffey, 2007). Zum Abbau verkehrsbezogenen Vermeidungsverhaltens, der intensiven Angst, der Wiedererlebenssymptome sowie der Übererregung sind konfrontative Techniken, kombiniert mit einem Entspannungstraining, die Methode der Wahl. Andere intensive negative Emotionen (z. B. Überlebensschuld, Rachegedanken in Bezug auf den Unfallverursacher, Selbstvorwürfe) sprechen weniger auf eine Exposition an und bedürfen der Anwendung kognitiver Strategien. Auch für eine nichttraumaspezifische, unterstützende Psychotherapie, wie sie als Kontrollbedingung in den genannten Wirksamkeitsstudien zur KVT eingesetzt wurde, konnte eine gewisse Effektivität bezüglich der unfallbedingten PTBS gezeigt werden.

Für den deutschsprachigen Raum haben Zöllner, Karl, Maercker et al. (2005) den von Blanchard und Hickling für Verkehrsunfallverletzte entwickelten KVT-Ansatz aus dem Englischen übertragen, erweitert und um Elemente der kognitiven Therapie von Ehlers und Clark (2000) ergänzt. Zusätzlich zu den in der Behandlung von Typ-I-Traumafolgestörungen üblichen KVT-Standardverfahren wird verstärkt der Fokus auf die Behandlung verkehrsbezogener Ängste und die Umstrukturierung unfallbedingter kognitiver Verzerrungen, die zu starken Ärger- und Schuldgefühlen führen können, gerichtet. Das manualisierte, aber individualisiert anzuwendende Verfahren sieht zehn doppelstündige Sitzungen vor, die sich aus den folgenden Bausteinen zusammensetzen:

- Psychoedukation zur PTBS-Entstehung und -Aufrechterhaltung, Vermittlung der Therapierationale,
- Entspannungstraining zum Stressmanagement,
- Erfassung einer Unfallbeschreibung und Lesekonfrontation,
- In-sensu-Exposition (imaginative Exposition),
- In-vivo-Exposition,
- kognitive Therapie von Ärger- und Schuldgefühlen,
- Offenlegung der Erfahrung gegenüber nahen Angehörigen,
- Integration der Erfahrung in die Lebensgeschichte, posttraumatische Reifung,
- Rückfallprophylaxe.

Einige Themen spielen in der Therapie der PTBS nach Verkehrsunfällen eine besondere Rolle. Das im Abschnitt »Die weitere Psychopathologie nach einem Verkehrsunfall« angesprochene komplexe Zusammenspiel von Schmerz- und PTBS-Symptomatik bei Patienten mit verletzungsbedingten Schmerzen legt eine parallele Behandlung beider Symptombereiche nahe, um den gegenseitigen Verstärkungszyklus zu unterbrechen. Es ist dabei wichtig, dass der Patient lernt, zwischen Schmerzen und PTBS-Symptomen als unterschiedliche Unfallfolgen zu differenzieren. Da sich auch zur Behandlung von chronischem Schmerz die KVT als hochwirksame Methode erwiesen hat, empfiehlt es sich, bei Bedarf entsprechende Techniken in die Behandlung der unfallbedingten PTBS zu integrieren, wie z. B. den (Wieder-) Aufbau von physischer Aktivität und die Exposition mit gefürchteten und vermiedenen schmerzverursachenden Situationen sowie angstauslösenden Körperempfindungen (für einen Überblick siehe Asmundson & Katz, 2009).

Schmerzen und andere körperliche Unfallschäden können weitere Einschränkungen der Lebensqualität nach sich ziehen, wenn beispielsweise die berufliche Tätigkeit aufgegeben werden muss oder andere Rollen im Leben des Betroffenen nicht weiter ausgeübt werden können bzw. die diesen Rollen entsprechenden Aktivitäten an das neue Niveau der körperlichen und geistigen Leistungsfähigkeit angepasst werden müssen. In diesem Zusammenhang nehmen das Besprechen existenzieller Fragen, die Integration des Erlebten in die eigene Biografie und die Entwicklung einer neuen Lebensperspektive einen großen Stellenwert in der Therapie ein.

Eine spezielle psychopharmakologische Behandlung der PTBS nach Verkehrsunfällen ist nicht systematisch untersucht. Hier gelten daher die allgemeinen Regeln, nach denen die SSRI (Selektive Serotonin-Wiederaufnahmehemmer, z.B. Paroxetin, Sertralin) oder die SNRI (Serotonin-Noradrenalin-Wiederaufnahmehemmer, z.B. Venlafaxin) Mittel der Wahl bei der psychopharmakologischen Behandlung einer PTBS sind. In Deutschland ist lediglich Paroxetin für die PTBS-Behandlung zugelassen. Eine psychopharmakologische Behandlung sollte jedoch nicht die alleinige Therapie sein. Eine ausführliche Psychoedukation und eine psychotherapeutisch stützende Behandlung sollten in jedem Falle durchgeführt werden, bevorzugt jedoch eine begleitende Therapie mit KVT oder EMDR.

5.5 Fazit

Verletzungen bei Verkehrsunfällen sind häufige, fast schon alltägliche Erfahrungen und betreffen sehr viele Menschen. Die individuelle psychische Reaktion fällt sehr unterschiedlich aus. Prä- und peritraumatische Faktoren spielen dabei eine wichtige Rolle. Ein verhältnismäßig geringer Anteil von Betroffenen leidet dauerhaft unter Symptomen der PTBS und/oder weiteren Traumafolgestörungen. Ein qualifiziertes Monitoring von Belastungsreaktionen sollte jedoch schon innerhalb weniger Tage nach dem Unfall beginnen, um frühzeitig Personen zu identifizieren, bei denen eine über die medizinische Versorgung von Unfallfolgen hinausgehende psychosoziale Unterstützung notwendig ist. Dabei sind Umweltfaktoren, wie etwa die schützende Umgebung von Akut- oder Rehabilitationskliniken oder die soziale Unterstützung der Verletzten, ebenso zu berücksichtigen wie allgemeine Risiko- und Schutzfaktoren der PTBS. Davon abhängig ist im individuellen Fall zu entscheiden, ob eine unspezifische oder traumaspezifische therapeutische Intervention indiziert ist. Zur Gewährleistung der beschriebenen Versorgungskette ist eine engmaschige Zusammenarbeit zwischen verschiedenen Disziplinen und Institutionen notwendig. Zur Behandlung manifester Traumafolgestörungen nach Verkehrsunfällen haben sich traumafokussierende Verfahren (KVT, EMDR) als wirksam erwiesen, die neben Stressmanagement und Expositionstherapie auch emotionale Veränderungen wie Ärger- und Schuldgefühle bearbeiten. Flankierend können Antidepressiva wie SSRI oder SNRI die Symptomatik reduzieren und die Psychotherapie unterstützen.

5.6 Literatur

Andrews B., Brewin C., Philpot, R. & Stewart, L. (2007). Delayed-onset posttraumatic stress disorder: A systematic review of the evidence. *American Journal of Psychiatry*, 164, 1319–1326.

Asmundson G.J. & Katz, J. (2009). Understanding the co-occurrence of anxiety disorders and chronic pain: State-of-the-art. *Depression and Anxiety*, 26, 888–901.

Arbeitsgemeinschaft der Wissenschaftlichen Medizinischen Fachgesellschaften (2008). Diagnostik und Behandlung von akuten Folgen psychischer Traumatisierung. Im Internet verfügbar unter http://www.awmf.org/uploads/tx_szleitlinien/051-027_S2_Diagnostik_und_Behandlung_von_akuten_Folgen_psychischer_Traumatisierung_05-2008_05-2013_01.pdf (Zugriff am 17.12.2010).

Barth J., Kopfmann S., Nyberg E., Angenendt J. & Frommberger U. (2005). Posttraumatic stress disorders and extent of psychosocial impairments five years after a traffic accident. *Psycho-Social Medicine*, 2, 1–11. Im Internet verfügbar unter http://www.egms.de/static/de/journals/psm/2005-2/psm000018.shtml (Zugriff am 8.4.2011).

Beck J.G. & Coffey S.F. (2007). Assessment and treatment of PTSD after a motor vehicle collision: Empirical findings and clinical observations. *Professional Psychology, Research and Practice*, 38 (6), 629–639.

Bryant R.A. (2001). Posttraumatic stress disorder and traumatic brain injury: Can they co-exist? *Clinical Psychology Review*, 21 (6), 931–948.

Bryant R.A. & Harvey A.G. (1998). Relationship between acute stress disorder and posttraumatic stress disorder following mild traumatic brain injury. *American Journal of Psychiatry*, 155 (5), 625–629.

Bryant R.A., Harvey A.G., Dang S.T., Sackville T. & Basten C. (1998). Treatment of acute stress disorder: A comparison of cognitive-behavioral therapy and supportive counseling. *Journal of Consulting and Clinical Psychology*, 66, 862–866.

Ehlers A. & Clark D.M. (2000). A cognitive model of posttraumatic stress disorder. *Behaviour Research and Therapy*, 38 (4), 319–345.

Frommberger U., Stieglitz R.-D., Nyberg E., Schlickewei W., Kuner E. & Berger M. (1998). Prediction of Posttraumatic Stress Disorder (PTSD) by immediate reactions to trauma. A prospective study in road traffic accident victims. *European Archives of Psychiatry and Clinical Neuroscience*, 248, 316–321.

Gabert-Quillen C.A., Fallon W. & Delahanty D.L. (im Druck). PTSD after traumatic injury: An investigation of the impact of injury severity and peritraumatic moderators. *Journal of Health Psychology*.

Harvey A.G. & Bryant R.A. (1999). Predictors of acute stress following motor vehicle accidents. *Journal of Traumatic Stress*, 12 (3), 519–525.

Jenewein J., Moergeli H., Wittmann L., Büchi S., Kraemer B. & Schnyder U. (2009). Development of chronic pain following severe accidental injury. Results of a 3-year follow-up study. *Journal of Psychosomatic Research*, 66 (2), 119–126.

Kessler R.C., Sonnega A., Bromet E., Hughes M. & Nelson C.B. (1995). Posttraumatic stress disorder in the National Comorbidity Survey. *Archives of General Psychiatry*, 52 (12), 1048–1060.

Lasogga F. & Gasch B. (2004). Psychische Erste Hilfe. In: Bengel J. (Hrsg.). *Psychologie in der Notfallmedizin und im Rettungswesen*. 2. Aufl. Berlin: Springer, 45–59.

O'Donnell M.L., Creamer M., Bryant R.A., Schnyder U. & Shalev A. (2003). Posttraumatic disorders following injury: An empirical and methodological review. *Clinical Psychology Review*, 23 (4), 587–603.

Roberts N., Kitchiner N., Kenardy J. & Bisson J. (2009). Systematic review and metaanalysis of multiple-sessions early interventions following traumatic events. *American Journal of Psychiatry*, 166, 293–301.

Statistisches Bundesamt Deutschland (2010). Verkehrsunfälle. Unfallentwicklung im Straßenverkehr 2009. Im Internet verfügbar unter http://www.destatis.de/jetspeed/portal/cms/Sites/destatis/Internet/DE/Content/Statistiken/Verkehr/Verkehrsunfaelle/Aktuell.psml (Zugriff am 13.12.2010).

Stieglitz R, Nyberg E., Albert M., Frommberger U. & Berger M. (2002). Entwicklung eines Screening-Instrumentes zur Identifizierung von Risikopatienten für die Entwicklung einer posttraumatischen Belastungsstörung (PTB) nach einem Verkehrsunfall. *Zeitschrift für Klinische Psychologie und Psychotherapie*, 31, 22–30.

Zatzick D.F., Rivara F.P., Jurkovich G.J., Hoge C.W., Wang J., Fan M.Y. et al. (2010). Multisite investigation of traumatic brain injuries, posttraumatic stress disorder, and self-reported health and cognitive impairments. *Archives of General Psychiatry*, 67 (12), 1291–1300.

Zöllner T., Karl A., Maercker A., Hickling E.J. & Blanchard E.B. (2005). *Manual zur Kognitiven Verhaltenstherapie von Posttraumatischen Belastungsstörungen bei Verkehrsunfallopfern*. Lengerich: Pabst.

REBECCA BRÖNNIMANN UND ULRIKE EHLERT

6. Traumafolgestörungen bei gefährdeten Berufsgruppen

6.1 Einleitung

Berufsgruppen, die eine Betreuungsaufgabe bei Überlebenden und Hinterbliebenen während und nach Unfällen, Gewalttaten oder Katastrophen übernehmen, sind gefährdet, im Verlaufe ihre Lebens aufgrund dieses Engagements eine psychische Störung zu entwickeln. Bis Anfang der 80er-Jahre des letzten Jahrhunderts wurde diese Tatsache in der wissenschaftlichen Forschung kaum beachtet, da das Interesse vielmehr die unmittelbar betroffenen Opfer von Schadensereignissen betraf. Dies ist insofern erstaunlich, als helfende Berufe und Einsatzkräfte – im Vergleich zur Allgemeinbevölkerung – viel stärker mit traumatischen Ereignissen konfrontiert sind. Während in epidemiologischen Untersuchungen in der US-Bevölkerung bei 60,7 % der Männer und bei 51,2 % der Frauen lebenszeitlich mindestens ein traumatisches Ereignis gefunden wurde (Kessler et al., 1995), erleben nahezu alle Einsatzkräfte der Feuerwehr, der Polizei und der Rettungsdienste Extrembelastungen wie die Konfrontation mit Toten, Sterbenden und Schwerstverletzten (Teegen et al., 1997).

Die Helfer sind durch die sekundäre Traumaexposition insbesondere dann psychisch stark belastet, wenn die individuellen Bewältigungsstrategien inadäquat bzw. nicht ausreichend sind. In diesen Fällen wird das Auftreten sogenannter sekundärer traumatischer Belastungsstörungen (siehe unten), aber auch anderer psychischer Störungen – wie Substanzmittelmissbrauch, -abhängigkeiten, somatoforme Störungen oder depressive Störungen – begünstigt. Nach Figley (1995) sind dies »the cost of caring«, d. h. der Preis, den eine Person für jene Hilfe bezahlt, die sie anderen leidenden Menschen zuteil werden lässt, wobei sie jedoch selbst physischen und psychischen Schmerz erfährt.

Im Folgenden werden traumaspezifische sowie traumaunspezifische Konsequenzen einer berufsbedingten Traumatisierung bei gefährdeten Berufsgruppen aufgezeigt. Zudem werden verwandte und abzugrenzende Konzepte der Traumaforschung vorgestellt. Abschließend werden die Faktoren beschrieben, die Einfluss darauf haben, welche Folgen die Belastungen haben, die Helfer auf sich nehmen, und es werden die Implikationen für die Praxis gezeigt.

6.2 Traumaspezifische Folgen

Traumatische Erlebnisse sind im Gegensatz zu allgemeinen psychosozialen Belastungsfaktoren dadurch charakterisiert, dass die Betroffenen mit existentiellen Bedrohungen konfrontiert werden (Teegen, 2003). Nicht jede Person entwickelt allerdings infolge dieser Bedrohungen eine psychische Störung. Die Auswirkung von traumatischen Ereignissen hängt von der Wahrnehmung und der emotionalen Reaktion der betroffenen Person ab. Im DSM-IV wurde daher die Bedeutung objektiver Merkmale des traumatischen Ereignisses abgeschwächt und die subjektive Wahrnehmung stärker gewichtet. Das diagnostische Kriterium A2 der Posttraumatischen Belastungsstörung beinhaltet als Reaktion auf ein traumatisches Ereignis das Erleben von intensiver Angst, Hilflosigkeit oder Entsetzen. Entsprechend dem derzeitigen Stand des DSM-5 (www.dsm5.org) fällt dieses A2-Kriterium allerdings wieder weg, da auch bei Personen, die von keiner solchen Reaktion während des traumatischen Ereignisses berichteten, eine vollständige Posttraumatische Belastungsstörung (PTBS) beobachtet wurde (Brewin et al., 2009). Gemäß DSM-IV und DSM-5 kann das traumatische Ereignis sowohl direkt als auch indirekt erlebt werden.

6.2.1 Primäre versus sekundäre Traumatisierung und resultierende psychische Fehlanpassungen

Der Begriff der sekundären Traumatisierung wurde 1995 von Figley eingeführt. Demzufolge wird der Einfluss des Kontexts und der äußeren Umstände auf die traumatisierende Erfahrung berücksichtigt und die PTBS in primäre und sekundäre traumatische Belastungsstörung unterteilt. Die sekundäre Traumatisierung ist als eine Belastung definiert, die durch das Wissen über ein traumatisches Ereignis ausgelöst wird, das einer anderen Person widerfährt oder widerfahren ist (Figley, 1995; Maercker & Ehlert, 2001). Das Trauma wird also indirekt erlebt. Zu einer sekundären Traumatisierung kann es folglich auch beim Versuch kommen, einer traumatisierten oder leidenden Person zu helfen (Wagner et al., 1998).

Figley (1995) sieht neben der indirekten Traumaexposition die Empathie mit der traumatisierten Person als elementaren Aspekt bei der Entstehung einer sekundären traumatischen Belastung. Mitgefühl entsteht häufig durch die Identifizierung mit dem primären Trauma-Opfer. Als Konsequenz der sekundären Belastung kann es zu Veränderungen von Kognitionen, Gefühlen und Verhaltensweisen kommen. Symptome sind beispielsweise Ärger, Ängste, depressive Gestimmtheit, ein geringeres Selbstwertgefühl, emotionale Erschöpfung, Konzentrationsschwierigkeiten und veränderte Essgewohnheiten. Des Weiteren treten psychosomatische Symptome wie starke Unruhe, Schlafstörungen, Kopfschmerzen etc. und Belastungen in zwischenmenschlichen Beziehungen auf.

Sind die Traumabewältigungsstrategien und -ressourcen über einen längeren Zeitraum inadäquat, besteht das Risiko, dass eine sekundäre traumatische Belastungsstörung (sPTBS) entsteht. Die sPTBS ist gegenwärtig von den DSM-IV- und DSM-5-Diagnosekriterien für die PTBS abgedeckt. Das Hauptmerkmal der PTBS ist die Entwicklung charakteristischer Symptome wie Vermeidung, Intrusionen, negative Veränderungen von Kognitionen und Stimmung sowie Überreagibilität nach der Konfrontation mit einem traumatischen Ereignis. Dieses Ereignis beinhaltet das Erleben, das In-Erfahrung-Bringen oder Beobachten eines oder mehrerer Ereignisse, bei dem bzw. denen eine potentielle oder reale Todesgefahr bestand, eine ernsthafte Verletzung oder eine Bedrohung der körperlichen Unversehrtheit sowie eine potentielle oder reale sexuelle Nötigung bei sich oder anderen erfolgten (Traumakriterium A, DSM-5). Folglich können Menschen traumatisiert werden, ohne dass sie selbst bedroht oder körperlich verletzt werden. Allein schon das Hören und Wissen von einem traumatischen Ereignis kann genügen, um Menschen zu traumatisieren. Direkte sinnliche Eindrücke vom Trauma sind daher für eine sekundäre Traumatisierung nicht zwingend notwendig.

Es ist davon auszugehen, dass die Zahl der »Opfer« von Gewaltverbrechen, Unfällen und anderen traumatischen Ereignissen mit hoher Wahrscheinlichkeit massiv unterschätzt wird, weil in der Regel nur die unmittelbar Betroffenen berücksichtigt werden, während Helfer der primären Opfer, Familienangehörige und Freunde außer Acht gelassen werden. Tatsächlich wurden sekundäre Traumatisierungen sowohl bei Menschen, die helfende Berufe ausüben, als auch in Familien mit einem traumatisierten Mitglied, bei Partnern von sexuell missbrauchten Menschen, bei Ehefrauen und Kindern von Kriegsveteranen mit einer PTBS, bei Frauen von Polizeioffizieren und bei Familienangehörigen schwerkranker Personen festgestellt. Es wurde sogar beschrieben, dass sekundäre Traumatisierungen durch eine Traumaexposition via Fernsehen erfolgen können (Motta, 2008).

Die sekundäre Traumareaktion erreicht in manchen Fällen jedoch nicht die Intensität einer primären PTBS. Bei Mitgliedern helfender Berufsgruppen findet sich deshalb gehäuft eine partielle sPTBS bzw. ein subsyndromales Beschwerdebild. Somit scheint es für das Ausmaß der Folgesymptomatik bedeutsam zu sein, ob ein Trauma direkt oder indirekt erlebt wurde (Lemke, 2006; Reinhard & Maercker, 2004; Motta, 2008). Lerias und Bryne (2003) argumentieren, eine sekundäre Traumatisierung münde in eine chronische und mittelstarke Stress- und Angstsymptomatik und bleibe daher oft unentdeckt. Die Autoren gehen deshalb davon aus, dass die Annahme einer parallelen Symptomatik von PTBS und sPTBS zu hinterfragen ist und die beiden Diagnosen voneinander abzugrenzen sind.

6.2.2 Verwandte und abzugrenzende Konzepte der Traumaforschung

Die sekundäre Traumatisierung findet sich in der Literatur unter verschiedenen Namen, die sich jedoch zum Teil auf unterschiedliche Aspekte und Phasen der traumatischen Belastung beziehen (Lemke, 2006). Die prominentesten Begriffe in der Forschungsliteratur sind dabei *Compassion Fatigue* (Mitgefühlserschöpfung), *Vicarious Traumatization* (stellvertretende Traumatisierung) und *Burn-out*. Figley bezeichnet die *Compassion Fatigue* als ein vermindertes Interesse oder Vermögen, das Leid von Patienten zu ertragen und empathisch zu sein (Boscarino et al., 2004). Da der Begriff sekundäre Traumatisierung nach Figley (1995) pathologisiert, spricht der Autor lieber von *Compassion Fatigue*. In der Literatur werden beide Begriffe synonym verwendet.

Mit *Vicarious Traumatization* wird die kumulative und überdauernde Transformation kognitiver Schemata und Glaubenssysteme als ein Resultat von empathischem Engagement in Bezug auf Überlebende traumatischer Erlebnisse bezeichnet (Pearlman & Saakvitne, 1995). Der Unterschied zum Konzept der sPTBS besteht darin, dass der Fokus bei der *Vicarious Traumatization* stärker auf den dauerhaft negativ verzerrten Grundüberzeugungen und den daraus entstehenden negativen Folgen wie Depression, Zynismus oder Pessimismus liegt als bei der Gesamtsymptomatik der sPTBS. Bis zum heutigen Zeitpunkt existieren allerdings keine überzeugenden Daten dafür, dass sich die Konstrukte der sPTBS, der *Compassion Fatigue* und der *Vicarious Traumatization* konzeptuell tatsächlich voneinander unterscheiden (vgl. Craig & Sprang, 2010).

Burn-out wird als ein Syndrom, bestehend aus emotionaler Erschöpfung, Depersonalisation und reduzierter persönlicher Erfüllung definiert, welches als Folge dauerhafter emotionaler Überbeanspruchung, insbesondere aufgrund eines intensiven Kontaktes zu anderen Menschen, auftritt. Das *Burn-out*-Syndrom wird ebenso wenig wie die *Compassion Fatigue* und die *Vicarious Traumatization* im ICD-10 oder im DSM-IV/5 als eigenständige Diagnose beschrieben. Im Gegensatz zur sekundären Traumatisierung, der *Compassion Fatigue* und der *Vicarious Traumatization* ist die *Burn-out*-Ätiologie nicht zwingend mit der indirekten Exposition mit traumatischem Material assoziiert. Den Phänomenen gemeinsam ist vielmehr die Bedeutung der Empathie und der damit verbundenen emotionalen Betroffenheit.

6.3 Komorbide psychische Störungen im Zusammenhang mit der sekundären traumatischen Belastungsstörung bei berufsbedingten Hochrisikopopulationen

Nur wenige Menschen leiden an einer isolierten Traumafolgestörung; vielmehr bestehen bei 50 bis 100 % der PTBS-Patienten komorbide psychische Störungen (vgl. Maercker, 2009). Am häufigsten finden sich Angststörungen, depressive Störungen, Medikamenten-, Drogen- und Alkoholmissbrauch oder -sucht, somatoforme Störungen sowie Persönlichkeitsstörungen (antisozial oder Borderline). Da die sPTBS sowohl im DSM-IV als auch im DSM-5 als PTBS klassifiziert wird, ist davon auszugehen, dass Art und Prävalenz komorbider psychischer Störungen bei PTBS und sPTBS vergleichbar sind. Als Folgen berufsbedingter Traumatisierungen sind bei Einsatzkräften in Rettungsberufen insbesondere Alkoholerkrankungen und depressive Störungen hochprävalent. Generell wurde bei diesen Berufsgruppen eine erhöhte Mortalität festgestellt, deren Ursache möglicherweise in den beobachteten Gesundheitsbeeinträchtigungen und -schädigungen liegt. *Gesundheitsbeeinträchtigungen* äußern sich in Schlafstörungen, depressiven Verstimmungen, Angstzuständen und sozialem Rückzug. *Gesundheitsschädigungen* entstehen aufgrund von Alkohol-, Nikotin- und Tablettenkonsum, Bewegungs- und Schlafmangel sowie problematischem Essverhalten. Viele Mitarbeiter im Rettungsdienst ernähren sich beispielsweise zu süß, fetthaltig, salzig und zu hochkalorisch. Die Mahlzeiten werden zudem häufig unkontrolliert und in Eile eingenommen (vgl. Bengel & Heinrichs, 2004).

6.4 Berufsgruppen, die als Hochrisikopopulationen für eine Posttraumatische Belastungsstörung gelten

Eine Hochrisikopopulation umfasst eine Gruppe von Personen, die aufgrund spezifischer Merkmale besonders gefährdet ist, im Verlauf ihres Lebens eine psychische Störung zu entwickeln. Hochrisikopopulationen, die im Folgenden bezüglich der PTBS-Prävalenz vorgestellt werden, sind einerseits Zugehörige der klassischen helfenden Berufe, die mit den primären Opfern unmittelbar nach traumatischen Ereignissen zusammenarbeiten; dazu gehören Mitarbeiter von Rettungsdiensten, der Feuerwehr und der Polizei. Andererseits werden Berufsgruppen vorgestellt, die traumatisierte Menschen zu einem späteren Zeitpunkt – nach dem traumatischen Geschehen – beraten, informieren oder helfend tätig sind; hier sind Psychotherapeuten, juristische Experten wie Richter und Anwälte sowie Journalisten betroffen. Bei den vorgestellten Berufsgruppen gilt eine traumabedingte Belastungsstörung als Berufsrisiko. In der Forschungsliteratur werden daher die Begriffe »sekundäre« und »berufsbedingte« Traumatisierung häufig gleichgesetzt. Für ein vereinfachtes Verständnis werden im Folgenden die PTBS, die berufsbedingte PTBS und die sPTBS konzeptuell als äquivalent aufgeführt.

6.4.1 Einsatzkräfte

Mitarbeiter des Rettungsdienstes, der Feuerwehr und der Polizei werden während des Einsatzgeschehens immer wieder mit gravierenden Stressoren konfrontiert, die nach DSM-IV als potentiell traumatisierend eingestuft werden. Bei den Einsätzen handelt es sich meist um akute Schadensereignisse, die unvorhersehbar, unkontrollierbar, in gewissem Sinne mehrdeutig sind und mit der Antizipation negativer Konsequenzen einhergehen. Als besonders folgenschwer gelten Katastropheneinsätze, Naturkatastrophen oder andere Großschadensereignisse. Von einer besonderen psychischen Belastung berichten Einsatzkräfte vor allem dann, wenn Kinder involviert sind.

Einsatzkräfte weisen mehrheitlich eine Persönlichkeitsstruktur auf, die eine höhere psychische Belastung erlaubt, als das in der Normalbevölkerung der Fall ist. Sie verfügen über eine große Stresstoleranz, eine hohe soziale Kompetenz, ein starkes Bedürfnis nach Anerkennung, einen ausgeprägten Ordnungssinn, eine hohe Kontrollüberzeugung und haben eine starke soziale Verantwortung (vgl. Krampl, 2007). Allerdings findet sich bei professionellen Helfern auch die Tendenz, die eigene Belastung herunterzuspielen bzw. eine eigene Hilfsbedürftigkeit zu verleugnen. Mitchell (1983) prägte in diesem Zusammenhang den Begriff des »John-Wayne-Syndroms«.

Feuerwehr
Zur Arbeit der Feuerwehr gehören das Löschen von Bränden und die Minimierung damit verbundener Brandschäden, Einsätze bei Naturkatastrophen (Lawinenabgängen, Vermurungen etc.) sowie die allgemeine Hilfeleistung bei Notständen. Neben den psychischen Belastungen – etwa aufgrund der Konfrontation mit stark leidenden, verletzten oder toten Menschen – sind Feuerwehrleute auch physischen Stressoren ausgesetzt, häufig damit verbunden, dass sie bei ihrer Arbeit in akuter Lebensgefahr sind. Hierbei ist beispielsweise an die plötzliche Ausbreitung von Bränden zu denken,

an Verbrennungen, Rauch, Explosionen, den Einsturz von Gebäuden oder Vergiftungen durch toxische und chemische Substanzen.

McFarlane (1989) fand Prävalenzraten für eine PTBS von 32 %, 27 % und 30 % in einer Stichprobe von Feuerwehrleuten 4, 11 und 29 Monate nach der Bekämpfung eines australischen Buschfeuers. 20 % der Einsatzkräfte nahmen die Situation als lebensbedrohlich wahr und 25 % zogen sich bei der Brandbekämpfung Verletzungen zu. Die Einsatzkräfte dieser Studie waren also zum Teil direkte Opfer und nicht nur Helfende.

In einer repräsentativen Studie mit 574 Einsatzkräften der deutschen Berufsfeuerwehr fanden wir, dass 18,2 % sowohl die Kriterien einer PTBS erfüllten als auch über entsprechende psychische Auffälligkeiten berichteten (Wagner et al., 1998). 46,2 % zeigten ein subsyndromales Störungsbild. Lediglich bei 24,5 % aller Einsatzkräfte fanden sich keine psychischen Auffälligkeiten. Von den Feuerwehrleuten mit einer PTBS zeigten 39,4 % depressive Störungen, bei 60,3 % gab es soziale Dysfunktionen, bei 19,0 % eine Suchtproblematik und 46,6 % klagten über diverse körperliche Beschwerden. Die Prävalenzrate der PTBS in unserer Studie ist tiefer als jene, die von McFarlane gefunden wurde. Dies hängt möglicherweise damit zusammen, dass in unserer Studie die Belastungen aufgrund von alltäglichen Routineeinsätzen untersucht wurden, während McFarlane die Folgestörungen nach einem Großschadensereignis erhob.

Polizei

Als polizeispezifische Beispiele für schwerste Belastungen gelten Schusswaffengebrauch, Kampfhandlungen, der Einsatz bei Verkehrsunfällen mit Todesfolge, Suiziden, tödlichen Unfällen von Kindern, Überfällen, Erlebnisse als Geisel oder als Zeuge einer Gewalttat (Pfeiffer, 1996).

Die PTBS-Prävalenz deutscher Polizeibeamter liegt gemäß einer retrospektiven Studie bei 5 % (Teegen, 2003). Eine partielle PTBS wurde bei 15 % der Beamten aus der untersuchten Stichprobe gefunden. 40 % der Polizisten litten zum Zeitpunkt der Erhebung an Intrusionen, wohingegen Symptome von Vermeidung und Übererregung deutlich weniger berichtet wurden. 23 % der Polizisten aus der Stichprobe litten unter Depressivität und 43 % berichteten von (psycho-) somatischen Beschwerden (v. a. Rücken- und Kopfschmerzen sowie gastrointestinale Störungen). Schütte, Bär, Weiss und Heuft (2010) stellten in einer prospektiven Studie, in der 50 deutsche Polizisten nach der Konfrontation mit einer schweren beruflichen Belastung im Rahmen der Berufsausübung untersucht wurden, bei 28 % die Diagnose einer PTBS. Bei dieser Gruppe wurden zudem eine signifikante Absenkung des globalen Funktionsniveaus und erhöhte psychische Beeinträchtigungen festgestellt. Noch höhere Prävalenzzahlen fand Gersons (1989) bei holländischen Polizisten, da 46 % der untersuchten Stichprobe das Vollbild einer PTBS aufwiesen; 75 % zeigten Intrusionen und 67 % berichteten von eingeschränkten Affekten. Allerdings waren sämtliche in dieser Studie untersuchten Polizisten in schwere Schusswaffenvorkommnisse verwickelt.

Rettungsdienst

Der Rettungsdienst zeichnet sich durch eine enorm hohe Konfrontationsfrequenz mit stark belastenden Ereignissen aus. Zu den

Aufgaben des Rettungspersonals gehören die Einleitung von lebensrettenden Maßnahmen bei Notfallpatienten, die Stabilisierung des Zustands eines Patienten, die Überwachung der Vitalparameter und die Herstellung der Transportfähigkeit.

In einer Untersuchung bei 129 deutschen Rettungsassistenten und -sanitätern (Teegen & Yasui, 2000) gaben alle Befragten an, dass sie im Rahmen ihrer Arbeit mehrfach traumatisiert worden seien. Durchschnittlich nahmen sie an 46 Einsätzen teil, bei denen das Rettungspersonal mit schwerverletzten, sterbenden oder toten Menschen konfrontiert wurde. Bei 80 % der Befragten fanden sich Intrusionen, 70 % litten unter Symptomen eines erhöhten Erregungsniveaus. Ein Vermeidungsverhalten wurde bei 42 % festgestellt. Das Vollbild einer PTBS fand sich bei 36 %; eine partielle PTBS wurde bei 32 % gefunden. 15 % der Studienteilnehmer litten an chronischen (psycho-) somatischen Störungen und 6 % berichteten von einer depressiven Symptomatik.

6.4.2 Psychotherapeuten

Therapeuten müssen fähig sein, in die traumatische Wirklichkeit der Patienten einzutreten und deren Perspektiven zu übernehmen. Ein hohes Maß an Empathiefähigkeit ist eine wichtige Voraussetzung für die therapeutische Arbeit, wobei genau diese Empathiefähigkeit als ein besonderer Risikofaktor für die Entstehung einer sekundären Traumatisierung anzusehen ist. Die andauernde Auseinandersetzung mit Gewalt, Ungerechtigkeit, Verrat und Vertrauensmissbrauch kann nicht nur die Überzeugungen von Sinn und Gerechtigkeit des menschlichen Daseins der betroffenen Patienten, sondern auch jene der Behandelnden erschüttern. Laut Pearlman und Saakvitne (1995) entstehen sekundäre traumatische Symptome, wenn sich die kognitiven Schemata des Therapeuten in Bezug auf die persönliche Sicherheit, auf Kontrolle und Vorhersehbarkeit von Ereignissen unrealistisch negativ verändern. Therapeuten können dabei zynisch werden, Motive ihrer Mitmenschen negativistisch interpretieren und andere als unglaubwürdig wahrnehmen (Hesse, 2002). Unter diesen Umständen kann dem Patienten kaum eine sichere und vertrauensvolle therapeutische Umgebung geboten werden.

Daniels (2006) untersuchte das Phänomen der sekundären Traumatisierung mittels einer Online-Studie mit 926 Psychotherapeuten. Deren Klientel umfasste im Mittel 46 % traumatisierte Patienten. Aus der Gesamtgruppe der befragten Therapeuten wurden 19,9 % als mäßig und weitere 9,2 % als schwer sekundär traumatisiert eingeschätzt. Weiterhin zeigte sich in der Datenanalyse, dass eine ausgeprägte Empathiefähigkeit mit der Schwere der PTBS-Symptomatik einhergeht. In einer systematischen Übersichtsarbeit von Jurisch, Kolossa und Elbert (2009) zeigte sich in 10 von 21 Studien ein moderater Zusammenhang zwischen der Trauma-Exposition der Therapeuten durch ihre traumatherapeutische Arbeit und PTBS-Symptomen. In den restlichen elf Studien konnte hingegen kein signifikanter Zusammenhang nachgewiesen werden.

6.4.3 Journalisten

Die Berichterstattung über traumatische Ereignisse wie Krisen, Katastrophen und Gewalttaten ist ein wichtiger Bestandteil des journalistischen Berufes. In einer Übersichtsarbeit von Weidmann (2008) wurden zehn Querschnittsstudien zur PTBS-Prävalenz bei Journalisten zusammengefasst und bewertet. Die gefundenen Raten für die Verdachtsdiagnose einer PTBS reichen je nach Studie von 4,3 bis zu 13 %. Kriegsberichterstatter weisen eine PTBS-Prävalenz von 28,6 % auf und leiden im Vergleich zu einer Kontrollgruppe (Journalisten, die nicht über Kriegsgeschehnisse berichten) zudem deutlich häufiger an Depressionen (7,1 %) oder an Alkoholmissbrauch (7,1 %) (Feinstein et al., 2002). Moderate Ausprägungen akuter Angstsymptome und Dissoziation wurden bei Journalisten gefunden, die Augenzeugen einer Vollstreckung der Todesstrafe wurden (Freinkel et al., 1994). Feinstein und Nicolson (2005) befragten Journalisten, die über den zweiten Irak-Krieg Bericht erstatteten, und fanden bei 15 % der Untersuchten mindestens moderat belastende Symptome des Wiedererlebens. Eine generelle Aussage zum Risiko für die Berufsgruppe der Journalisten, eine PTBS oder andere psychische Störungen zu entwickeln, lässt sich laut Weidmann (2008) allerdings nur schwer ableiten, da sich die Untersuchungen methodisch zu stark voneinander unterscheiden.

6.4.4 Richter und Anwälte

Bisher existieren kaum Forschungsbeiträge zur sPTBS in juristischen Berufsgruppen, obwohl Mitarbeiter von Gerichten ebenfalls mit traumatischen Ereignissen wie häuslicher Gewalt, Mord, Vergewaltigung etc. konfrontiert werden. Zudem können sPTBS-Symptome einen negativen Einfluss auf juristische Entscheidungsprozesse und damit insgesamt auf das bestehende Rechtssystem haben.

In einer explorativen Untersuchung wurden 105 amerikanische Richter (Jaffe et al., 2003), die in Straf-, Zivil- oder Jugendstrafprozessen tätig waren, gebeten, sich schriftlich zu offenen Fragen hinsichtlich Traumasymptomen, Bewältigungsstrategien und Präventionsmaßnahmen zu äußern. Bei der Auswertung der Antworten wurden bei 63 % der Richter Symptome einer sekundären Traumatisierung gefunden. Zudem zeigte sich, dass Richterinnen häufiger berufsbedingte Belastungen internalisieren bzw. vermehrt Symptome von Angst, Depression und Somatisierung aufweisen. Bezüglich einer Externalisierung von Problemen (z. B. Wut, Ärger und Zynismus) wurden keine geschlechtsspezifischen Unterschiede gefunden.

Levin und Greisberg (2004) verglichen in Bezug auf das Auftreten berufsbedingter traumatischer Belastungssymptome Anwälte, die sich bei ihren Rechtsvertretungen auf häusliche Gewalt und Familienrecht spezialisierten, mit Psychotherapeuten und Sozialarbeitern. Es zeigte sich, dass Anwälte vergleichsweise mehr Symptome einer sekundären Traumatisierung aufwiesen als die beiden anderen Berufsgruppen. Im Allgemeinen führten die Anwälte ihre Symptome auf eine mangelnde psychologische Vorbereitung im Umgang mit Traumatisierten sowie auf das Fehlen einer institutionellen Einrichtung, in der die Möglichkeit geboten wird, eigene Gefühle zu besprechen und zu reflektieren, zurück.

6.4.5 Vergleich der Berufsgruppen

Im Gegensatz zu Einsatzkräften der Polizei und Feuerwehr leiden Einsatzkräfte des Rettungsdienstes häufiger an einer partiellen und voll ausgeprägten PTBS. Teegen

(2003) erklärt diesen Sachverhalt u. a. mit dem intensiveren Betreuungskontakt zu den primären Opfern. Zudem bedienen sich Rettungskräfte häufiger ungünstigerer Coping-Strategien, indem sie z. B. öfter zu vermehrtem Alkoholkonsum neigen.

Im Vergleich zu anderen gefährdeten Berufsgruppen fallen die Raten posttraumatischer und anderer psychischer Symptome bei Journalisten etwas niedriger aus. Erklärungsmöglichkeiten hierfür sieht Weidmann (2008) in der geringeren Intensität, mit der Journalisten den traumatischen Ereignissen ausgesetzt sind. Im Gegensatz zum Rettungsdienst ist bei ihnen die Bergung und Versorgung betroffener Menschen nicht zentral. Zudem verarbeiten sie die Geschehnisse in journalistischen Beiträgen. Dieser Berichtsprozess wirkt möglicherweise vermeidenden Copingstrategien entgegen und fördert die Ausbildung einer kohärenten Gedächtnisrepräsentation.

In der Forschungsliteratur wird auch Psychotherapeuten, die im Gegensatz zu anderen Berufsgruppen in der Behandlung von Traumaopfern ausgebildet sind, eine erhöhte Wahrscheinlichkeit für die Entwicklung einer sPTBS attestiert. Die empirischen Befunde dazu sind jedoch widersprüchlich. Jurisch, Kolossa und Elbert (2009) lehnen es daher ab, vor den Risiken einer sekundären Traumatisierung zu warnen und Therapeuten zu empfehlen, dass sie traumafokussierte Therapieformen meiden sollten. Deighton, Gurris und Traue (2007) konnten in einer Untersuchung von 101 Psychotherapeuten aufzeigen, dass nicht die Konfrontation mit den Traumaberichten der Patienten *per se* für die Entwicklung einer sPTBS auslösend zu sein scheint, sondern der Grad der Durcharbeitung (in der kognitiven Verhaltenstherapie z. B. die »Traumaexposition«) der traumatischen Erlebnisse.

Sekundäre Belastungsreaktionen bei juristischen Experten, die einen starken Einfluss auf die gerichtliche Urteilsfindung haben können, wurden bisher kaum untersucht. Aufgrund erster explorativer Studien kann aber von einem berufsbedingten erhöhten Risiko ausgegangen werden. Eine vermehrte Integration psychologischen Wissens über den Umgang mit Traumaopfern in das juristische Curriculum wäre daher wünschenswert.

6.5 Faktoren mit Einfluss auf die Folgen der Beanspruchung bzw. Belastung der Helfer

Ob es bei gefährdeten Berufsgruppen zu Traumafolgestörungen kommt, wird maßgeblich von *Ereignis-*, *Risiko-* und *Schutzfaktoren*, *Aufrechterhaltungsfaktoren* und *gesundheitsfördernden Faktoren* beeinflusst (vgl. Maercker, 2009).

Zu den Ereignisfaktoren gehören neben der »Traumadosis« die Unvorhersehbarkeit und Kontrollierbarkeit des traumatischen Geschehens. Die subjektive Wahrnehmung ist für die Schwere der nachfolgenden Reaktion ebenfalls prädiktiv. Ein Gefühl für die eigene Autonomie während der Exposition scheint eine schützende Wirkung zu haben. Die peritraumatische Dissoziation, bei der es in der traumatischen Situation zu Derealisations- und Depersonalisationsphänomenen kommt, scheint sich dagegen ungünstig auf das Ausmaß der späteren PTBS-Symptomatik auszuwirken. Die Belastungsfolgen hängen zudem vom Ausmaß von Verlusten ab. Akute Verletzungen, die zu bleibenden körperlichen Schäden führen, erhöhen das Risiko einer PTBS (Teegen,

2003). Weitere relevante *Ereignisfaktoren* sind die ehrenamtliche vs. professionelle Tätigkeit und ein ländliches vs. städtisches Einzugsgebiet: Professionell Rettende, Berichtende und Betreuende können im Gegensatz zu den freiwilligen Helfern im Rahmen ihrer Tätigkeit eher den Kontakt und den Austausch mit Kollegen suchen; und in den Städten ist die Einsatzfrequenz der helfenden Berufen im Vergleich zu jener auf dem Land erhöht. Allerdings besteht in ländlichen Gebieten vermehrt die Möglichkeit, dass man ein Opfer persönlich kennt, was die Belastung wiederum erhöhen kann.

Risikofaktoren für die Entwicklung einer PTBS sind eigene primäre Traumatisierungen und psychische Erkrankungen vor dem Trauma, ein geringes Einkommens- und Bildungsniveau, die Zugehörigkeit zum weiblichen Geschlecht und ein geringeres Alter zum Zeitpunkt der Traumatisierung (Brewin, Andrews & Valentine, 2000). Ältere Einsatzkräfte im Rettungswesen berichten über weniger sPTBS-Symptome und zeigen weniger Vermeidungsverhalten, was möglicherweise mit ihrer größeren Lebenserfahrung und einem elaborierteren Umgang mit stressreichen Situationen zusammenhängt (vgl. Lerias & Byrne, 2003). Studien zum Zusammenhang zwischen Berufserfahrung und sekundärer Traumatisierung weisen inkonsistente Ergebnisse auf. Wagner, Heinrichs und Ehlert (1998) berichten, dass professionell Helfende mit großer Berufserfahrung tendenziell eher an einer PTBS erkranken. Eine mögliche Erklärung hierfür ist die andauernde Kumulation sekundärer Traumata. Andere Autoren (z.B. Hermanutz & Buchmann, 1994) zeigten auf, dass Rettungspersonal, das bereits Erfahrung mit traumatischen Ereignissen hat, weniger starke Belastungssymptome aufweist. In einer eigenen prospektiven Studie, in der Berufsanfänger der Feuerwehr unmittelbar nach einem Basistraining sowie jeweils 6, 9, 12 und 24 Monate danach untersucht wurden, stellte sich heraus, dass eine hohe Ausprägung an Feindseligkeit und eine tiefe Selbstwirksamkeitserwartung, die vor Beginn der Berufstätigkeit als Feurwehrmann erhoben wurde, 42 % der Varianz der PTBS-Symptome nach 2 Jahren aufklären können (Heinrichs et al., 2005).

Passive Copingstrategien gelten als *aufrechterhaltende Faktoren* der PTBS. Insbesondere die (kognitive) Vermeidung behindert die notwendige emotionale Verarbeitung des Traumas und bewirkt ein Weiterbestehen der psychopathologischen Symptome. Bei gewissen Berufsgruppen ist die Möglichkeit, sich über die sekundären traumatischen Erfahrungen mit Kollegen auszutauschen, eingeschränkt. So sind beispielsweise Richter zur Verschwiegenheit verpflichtet und deshalb von Nachbesprechungsprozessen ausgeschlossen. Ungünstig sind zudem kritische mediale Kommentare, die als ungerecht empfunden werden und die das Berufsbild diskreditieren. Beispielsweise fühlen sich vier von fünf Polizisten durch mangelnde gesellschaftliche Anerkennung ihrer Person/Berufsrolle beeinträchtigt (Teegen, Domnick & Heerdegen, 1997).

Soziale Anerkennung und soziale Unterstützung gehören zu den *gesundheitsfördernden Faktoren*. Eriksson, Vande Kemp, Gorsuch et al. (2001) untersuchten heimkehrende Mitarbeiter humanitärer Hilfsorganisationen und zeigten auf, dass jene Mitarbeiter, die im Einsatz häufig mit traumatischen Ereignissen konfrontiert wurden, eine verminderte PTBS-Symptomatik aufwiesen, wenn sie über eine hohe wahrgenommene soziale Unterstützung berichteten. Weitere *gesundheitsfördernde Faktoren* sind die Persönlichkeitseigenschaften Hardiness und Kohärenzsinn. Bei schweizerischen Bergführern, die trotz berufsbedingter wiederkehrender Traumatisierung (z. B. Lawinenniedergänge, Spaltenstürze, Stein-, Eis- und Blitzschlag) eine PTBS-Rate von nur 2,7 % aufwiesen, erhoben wir auch das Ausmaß an Kohärenzsinn. Im Vergleich zu unterschiedlichsten Personen- und Berufsgruppen fanden wir bei der Gruppe der PTBS-freien Bergführer ein außerordentlich hohes Kohärenzgefühl (Sommer & Ehlert, 2004).

Von zentraler Bedeutung für die Verminderung des Risikos, als professioneller Helfer eine akute und/oder eine sekundäre traumatische Belastungsstörung zu entwickeln, ist in allen Fällen eine berufsspezifische adäquate Vorbereitung auf hoch belastende Einsätze sowie Interventionen während und im Anschluss daran. Dies sollte in der Regel vom Arbeitgeber im Rahmen der gesetzlich verankerten Fürsorgepflicht gewährleistet werden. Arbeitgeber sind dazu verpflichtet, Arbeitsbedingungen zu schaffen, die jeden Beschäftigten vor Gefahren für Leib, Leben und Gesundheit schützen. Allerdings profitieren gegenwärtig bei weitem nicht alle gefährdeten Berufsgruppen von spezifischen Bewältigungsangeboten. Die Fürsorgepflicht für die hier vorgestellten Berufsgruppen sowie für weitere spezifische Personengruppen, die im Rahmen ihres Berufes gefährdet sind, eine sPTBS zu entwickeln (Pflegekräfte, Ärzte, Lokführer, Mitarbeiter humanitärer Hilfsorganisationen, Seelsorger etc.), sollte mit einem wachsenden Bewusstsein für die Notwendigkeit einer primären, sekundären und tertiären Prävention einhergehen.

6.6 Literatur

Bengel J. & Heinrichs M. (Hrsg.) (2004). *Psychische Belastungen des Rettungspersonals.* Berlin/Heidelberg: Springer.

Boscarino J. A., Figley C. R. & Adams R. E. (2004). Compassion fatigue following the September 11 terrorist attacks: A study of secondary trauma among New York City social workers. *International Journal of Emergency Mental Health,* 6 (2), 57–66.

Brewin C. R., Andrews B. & Valentine J. D. (2000). Meta-analysis of risk factors for posttraumatic stress disorder in trauma-exposed adults. *Journal of Consulting and Clinical Psychology,* 68, 748–766.

Brewin C. R., Lanius R. A., Novac A., Schnyder U. & Galea S. (2009). Reformulating PTSD for DSM-V: Life after criterion A. *Journal of Traumatic Stress,* 22 (5), 366–373.

Craig C. D. & Sprang G. (2010). Compassion satisfaction, compassion fatigue, and burnout in a national sample of trauma treatment therapist. *Anxiety, Stress, & Coping,* 23 (2), 319–339.

Daniels J. (2006). *Sekundäre Traumatisierung – kritische Prüfung eines Konstruktes.* Diss., Universität Bielefeld, Fakultät für Psychologie und Sportwissenschaft,.

Deighton R. M., Gurris N. & Traue H. (2007). Factors affecting burnout and compassion fatigue in psychotherapists treating torture survivors: Is the therapist's attitude to working through trauma relevant? *Journal of Traumatic Stress,* 20 (1), 63–75.

Eriksson C. B., Vande Kemp H., Gorsuch R., Hoke S. & Foy D. W. (2001). Trauma exposure and PTSD symptoms in international relief and development personnel. *Journal of Traumatic Stress,* 14 (1), 1573–6598.

Feinstein A. & Nicolson D. (2005). Embedded journalists in the Iraq War: Are they at greater psychological risk? *Journal of Traumatic Stress,* 18 (2), 1570–1575.

Feinstein A., Owen J. & Blair N. (2002). A hazardous profession: War, journalists, and psychopathology. *American Journal of Psychiatry,* 159 (9), 1570–1575.

Figley C. R. (Hrsg.). (1995). *Compassion fatigue: Coping with secondary traumatic stress disorder in those who treat the traumatized.* New York: Brunner/Mazel.

Freinkel A., Koopman C. & Spiegel D. (1994). Dissociative symptoms in media eyewitnesses of an execution. *American Journal of Psychiatry*, 151 (9), 1335–1339.

Gersons B. P. R. (1989). Patterns of PTSD among police officers following shooting incidents: A two-dimensional model and treatment implications. *Journal of Traumatic Stress*, 2 (3), 1573–6598.

Heinrichs M., Wagner D., Schoch W., Soravia L. M., Hellhammer D. H. & Ehlert U. (2005). Predicting posttraumatic stress symptoms from pretraumatic risk factors: A 2-year prospective follow-up study in firefighters. *American Journal of Psychiatry*, 162 (12), 2276–2286.

Hermanutz M. & Buchmann K. (1994). Körperliche und psychische Belastungsreaktionen bei Einsatzkräften während und nach einer Unfallkatastrophe. *Die Polizei*, 11, 294–302.

Hesse A. R. (2002). Secondary trauma: How working with trauma survivors affects therapists. *Clinical Social Work Journal*, 30 (3), 293–309.

Jaffe P. G., Crooks C. V., Dunford-Jackson B. L. & Town M. (2003). Vicarious trauma in judges: The personal challenge of dispensing justice. *Juvenile and Familiy Court Journal (Family Violence Issue)*, 54 (4), 1–9.

Jurisch F., Kolossa I.-T. & Elbert T. (2009). Traumatisierte Therapeuten? Ein Überblick über sekundäre Traumatisierung. *Zeitschrift für Klinische Psychologie und Psychotherapie*, 38 (4), 250–261.

Kessler D. G., Sonnega A., Bromet E., Hughes M. & Nelson C. (1995). Post-traumatic stress disorder in the National Comorbidity Survey. *Archives of General Psychiatry*, 52, 1048–1060.

Krampl M. (Hrsg.). (2007). *Einsatzkräfte im Stress: Auswirkungen von traumatischen Belastungen im Dienst.* Kröning: Asanger.

Lemke J. (Hrsg.) (2006). *Sekundäre Traumatisierung: Klärung von Begriffen und Konzepten der Mittraumatisierung.* Kröning: Asanger.

Lerias D. & Byrne M. K. (2003). Vicarious traumatization: Symptoms and predictors. *Stress and Health*, 19, 129–138.

Levin A. P. & Greisberg S. (2004). Vicarious trauma in attorneys. *Pace Law Review*, 24, 245–252.

Maercker A. (Hrsg.) (2009). *Posttraumatische Belastungsstörung.* Heidelberg: Springer.

Maercker A. & Ehlert U. (Hrsg.) (2001). *Psychotraumatologie.* Göttingen/Bern/Toronto/Seattle: Hogrefe.

McFarlane A. C. (1989). The aetiology of post traumatic morbidity: Predisposing, precipitating, and perpetuating factors. *British Journal of Psychiatry*, 154, 221–228.

Mitchell J. (1983). When disaster strikes: The critical incident stress debriefing process. *Journal of Emergency Medical Services*, 8, 36–39.

Motta R. W. (2008). Secondary trauma. *International Journal of Emergency Mental Health*, 10 (4), 291–298.

Pearlman L. A. & Saakvitne K. W. (Hrsg.) (1995) *Trauma and the therapist: Countertransference and vicarious traumatization in psychotherapy with incest survivors.* London: W. W. Norton.

Pfeiffer P. (1996). Reaktionen auf extreme polizeiliche Situationen: Beitrag zum posttraumatischen Stresssyndrom. In: Buchmann K. & Hermanutz, M. (Hrsg.). *Trauma und Katastrophe.* (Texte der Fachhochschule Villingen-Schwenningen) Villingen-Schwenningen, 87–98.

Reinhard F. & Maercker A. (2004). Sekundäre Traumatisierung, Posttraumatische Belastungsstörung, Burnout und soziale Unterstützung bei medizinischem Rettungspersonal. *Zeitschrift für Medizinische Psychologie*, 13 (1), 29–36.

Schütte N., Bär O., Weiss U. & Heuft G. (2010). Stabilität posttraumatischer Intrusionen bei Polizeibeamten. *Psychotherapeut*, 55, 233–240.

Sommer I. & Ehlert U. (2004). Adjustment to trauma exposure. Prevalence and predictors of posttraumatic stress disorder symptoms in mountain guides. *Journal of Psychosomatic Research*, 57, 329–335.

Teegen F. (Hrsg.) (2003). *Posttraumatische Belastungsstörungen bei gefährdeten Berufsgruppen*. Bern: Hans Huber.

Teegen F. & Yasui Y. (2000). Traumaexposition und Posttraumatische Belastungsstörungen bei dem Personal von Rettungsdiensten. *Verhaltenstherapie und Verhaltensmedizin, 21*, 65–83.

Teegen F., Domnick A. & Heerdegen M. (1997). Hochbelastende Erfahrungen im Berufsalltag von Polizei und Feuerwehr: Traumaexposition, Belastungsstörungen, Bewältigungsstrategien. *Verhaltenstherapie und Psychosoziale Praxis, 29*, 583–599.

Wagner D., Heinrichs M. & Ehlert U. (1998). Prevalence of symptoms of posttraumatic stress disorder in German professional firefighters. *American Journal of Psychiatry, 155*, 1727–1732.

Weidmann A. (2008). Primäre und sekundäre Traumatisierung: Ein Berufsrisiko für Journalisten? *Trauma & Gewalt, 3*, 234–245.

7. Traumatische Nebenwirkungen der Psychotherapie

BERNHARD STRAUSS, SOPHIE KACZMAREK UND HARALD J. FREYBERGER

7.a Folgen von narzisstischem und sexuellem Missbrauch in der Psychotherapie

7.1 Negative Folgen einer Psychotherapie

Wissenschaftlich fundierte Psychotherapieverfahren bieten fraglos eine höchst wirkungsvolle Behandlung psychischer Störungen. Allerdings ist auch sicher, dass psychotherapeutische Verfahren, wenn auch sehr viel seltener, negative oder unerwünschte Wirkungen haben und zu Fehlentwicklungen führen können (Bergin et al., 1963; Märtens & Petzold, 2002; Jacobi, 2001; Jacobi et al., 2001; Margraf, 2009; Hoffmann et al., 2007; Caspar & Kächele, 2008; Bienenstein & Rother, 2009; Spitzer et al., 2008, 2010). Diese werden allerdings innerhalb der Profession deutlich wenig diskutiert (Lilienfeld, 2007; Castonguay et al., 2010). Für unerwünschte Effekte und Entwicklungen gibt es vielfältige Gründe, wie z. B. Indikationsfehler, inadäquate Aufklärung, mangelnde Passung zwischen Patient(innen) und Behandler(innen), suboptimale oder fehlerhafte Anwendung von Behandlungsmethoden und -techniken, bis hin zu Problemen wie verschiedenen Formen von Missbrauch oder Kunstfehlern im engeren Sinne.

In neueren Übersichtsarbeiten werden unerwünschte Wirkungen und Fehlentwicklungen verschiedenartig differenziert. Hoffmann, Rudolf und Strauß (2007) unterscheiden:

- *Misserfolge* – wenn die in der Therapie explizit und implizit angestrebten Ziele unzureichend oder gar nicht erreicht werden,
- *unerwünschte Wirkungen (Nebenwirkungen)* – wenn andere – und dabei nachteilige – Effekte statt der angestrebten Therapieziele auftreten, sowie
- *Therapieschäden* als das Auftreten unerwarteter, anhaltender und für den Patienten erheblich nachteiliger Auswirkungen der Therapie.

Des Weiteren schlugen die Autoren, um die Grundlagen negativer Effekte zu differenzieren, die folgende Systematik von Ursachen vor, die potentiell auch die Basis für verschiedene Formen des Missbrauchs in der Psychotherapie sein können:

- *Erfolglosigkeit oder Nebenwirkungen einer angemessenen Therapie:* Die Indikation für die Therapietechnik ist richtig gestellt, und der Therapeut wendet sie richtig an. Die »eigentlich richtige« Therapie führt jedoch zu keinem Erfolg bzw. zu Nebenwirkungen, Verschlechterun-

gen oder neuer (und ggf. bleibender) Symptomatik.
- *Erfolglosigkeit oder Nebenwirkungen durch unprofessionelle Ausübung der Behandlung:* Die Indikation ist richtig gestellt, die Therapietechnik ist prinzipiell geeignet. Der Therapeut verstößt jedoch gegen die Regeln der Kunst und beeinträchtigt dadurch den Patienten.
- *Mangelnde Passung (»mismatching«) einer Psychotherapeutenpersönlichkeit und einer Patientenpersönlichkeit:* Der Patient ist prinzipiell für eine Psychotherapie geeignet, die eingesetzte Methode ist prinzipiell indiziert, der Therapeut ist prinzipiell qualifiziert. Dennoch führt das Zusammenspiel vor allem der »inkompatiblen« Persönlichkeiten nicht zum gewünschten Erfolg. Es kommt nicht zur Entwicklung einer für jede Form von Psychotherapie erforderlichen vertrauensvollen, effektiven Therapeut-Patient-Beziehung. Das dürfte auch die Ursache für die, vor allem in der Anfangsphase, nicht seltenen Therapieabbrüche sein. Oft erfolgen diese einvernehmlich, was wahrscheinlich noch der günstigste Weg aus dem Beziehungsproblem ist.
- *Schädigung durch unethisches Verhalten des Therapeuten:* Unabhängig von der Richtigkeit der Indikation und der Sachkenntnis des Therapeuten verstößt dieser gegen allgemeine oder spezielle ethische Prinzipien.

Von der Öffentlichkeit immer wieder anhand extremer Fälle diskutiert (z.B. in der *Zeit*, Albrecht, 2009: »Nebenwirkungen inklusive – Wie kann sich der Psychotherapie-Patient vor Scharlatanen schützen?«), gibt es innerhalb der Profession erst in jüngster Zeit und immer noch eher zögerliche, relativ wenig rezipierte Versuche, eine »Fehler-, Schadens- oder Beschwerdekultur« in der Psychotherapie und in der Psychotherapieausbildung zu entwickeln und die Verständigung über negative Effekte und ethische Aspekte zu intensivieren, wobei in den aktuellen Diskussionen ein deutlicher Fokus auf der Problematik des (sexuellen) Missbrauchs liegt (z.B. Schoener et al., 1984; Märtens & Petzold, 2002; Fischer et al., 2000; Tschan, 2005; Zwettler-Otte, 2007; Gabbard, 2007; Eichenberg, 2008; Freyberger, 2008).

Mit einer gewissen Schlüssigkeit lässt sich die oben erörterte Problematik auch auf allgemeine psychiatrische Behandlungskontexte und die Interventionen in sozialpsychiatrischen Handlungsfeldern übertragen, obgleich hierzu bisher keine ausreichenden empirischen Untersuchungen vorliegen (Freyberger, 2008). Auch größere Populationen von körperlich und geistig Behinderten und ältere Menschen in institutionellen Betreuungskontexten sind bisher nicht ausreichend untersucht worden.

7.2 Verschiedene Formen des Missbrauchs in der Psychotherapie

Dreyfus und Haug (1992) postulierten, dass ein Missbrauch immer dann geschehe, wenn in einer Abhängigkeitssituation Grenzen überschritten werden. Diese Grenzüberschreitungen können sich verschiedenartig äußern. In der Literatur ist die Unterscheidung in narzisstischen und sexuellen Missbrauch gängig. Reimer (2010) merkte zu Recht an, dass neben dem sexuellen und dem narzisstischem Missbrauch auch ein *ökonomischer Missbrauch* denkbar ist, wenn ein Therapeut beispielsweise auf der Fortsetzung einer Behandlung besteht, obwohl die Kassenfinanzierung beendet ist.

Narzisstische Missbräuche sind nach Dreyfus & Haug (1992) »[...] alle Interaktionen und Beziehungskonstellationen [...], die primär dem Wunsch des Therapeuten nach narzisstischer Gratifikation dienen und die die Entfaltung des ›wahren Selbst‹ des Patienten verhindern oder zumindest erschweren« (S. 93).

Auch die Überbewertung des eigenen Behandlungsansatzes des Therapeuten gilt heute als Form von narzisstischem Missbrauch (Reimer & Rüger, 2006). Es wird davon ausgegangen, dass ein narzisstischer einem sexuellen Missbrauch häufig vorausgeht (Fischer et al., 2000; Hafke, 1998; Serkar, 2004). Dass verschiedene Formen des Missbrauchs ineinander übergehen können, verdeutlichte auch Rüger (2003), der zwischen sexuellem Missbrauch, oral-ausbeuterischem Missbrauch, missbräuchlichem Agieren der eigenen Bindungsbedürftigkeit bzw. von eigenen Dominanzkonflikten und dem narzisstischen Missbrauch unterscheidet.

Sexueller Missbrauch bzw. sexuelle Grenzüberschreitungen, in der Literatur auch als *professional sexual misconduct (PSM)* beschrieben, sind nach Tschan (2004):

»[...] alle Formen sexueller Handlungen durch ›Medizinalpersonen‹ im Rahmen eines Behandlungsauftrages [...]« wie beispielsweise sowohl verbale sexuell gefärbte Äußerungen, sexuelle Handlungen wie Berühren (auch bekleidet), Streicheln, Betrachten und Zeigen sowie Stimulation von Geschlechtsorganen bzw. Penetration (vaginal, oral, anal), aber auch das Herstellen von Foto- oder Filmmaterial« (S. 181).

Sexuelle Missbräuche im Rahmen einer psychotherapeutischen Behandlung können verschiedenste Formen annehmen. Pope und Bouhoutsos stellten 1986 *zehn typische Szenarien* sexueller Ausbeutung dar:

1. »verkehrte Welt« (Rollentausch von Therapeut und Patient),
2. »Sextherapie« (sexuelle Handlungen als eine gängige Behandlung vor allem der sexuellen, aber auch anderer Probleme des Patienten),
3. »Als-ob ...« (positive Übertragung des Patienten wird als Resultat einer realen Beziehung zum Therapeuten statt der psychotherapeutischen Situation angesehen),
4. »Retter« (sexuelle Ausbeutung der Abhängigkeit des Patienten),
5. »Drogen« (Einsatz von Drogen zur leichteren Verführung des Patienten),
6. »Vergewaltigung« (gewaltvolles Erzwingen sexueller Handlungen),
7. »wahre Liebe« (Einsatz von Rationalisierungen, wie beispielsweise: »Es handelt sich nicht um Übertragung, ich liebe die Patientin wirklich«, um die berufliche Verantwortung des Therapeuten herunterzuspielen),
8. »Ausrutscher« (Rechtfertigung des Fehlverhaltens seitens des Behandlers mit dem Verweis auf die Fehlbarkeit des Menschen),
9. »Time out« (Annahme, das Abstinenzgebot gälte nach einer Sitzung bzw. dem Ende der Therapie nicht mehr) sowie
10. »Halte mich« (erotisches Ausnutzen der Sehnsucht des Patienten nach Nähe und Gehaltenwerden).

7.3 Die Häufigkeit von narzisstischem und sexuellem Missbrauch in der Psychotherapie

Publizierten Schätzungen zufolge finden in Deutschland jährlich ca. 300 *sexuelle Übergriffe durch Psychotherapeuten* statt, wobei sich diese Zahlen ausschließlich auf die anerkannten Richtlinienverfahren beziehen, dagegen sozialrechtlich nicht anerkannte Behandlungsformen (wie beispielsweise Gesprächspsychotherapie, Gestalttherapie etc.) außer Acht lassen. Es wird jedoch angenommen, dass in Behandlungen, in denen diese Verfahren zur Anwendung kommen, ähnlich viele Grenzüberschreitungen erfolgen. Des Weiteren muss von einer beträchtlichen Dunkelziffer ausgegangen werden, so dass vermutet werden muss, dass es weit mehr Fälle sexueller Grenzverletzungen in psychotherapeutischen Behandlungen pro Jahr in Deutschland gibt (Eichenberg et al., 2009). Reimer (2010) gibt vor dem Hintergrund von ihm zitierter angloamerikanischer Studien an, dass bis zu 10 % der Therapeuten mindestens ein Mal während ihrer Arbeit mit Patienten sexuell übergriffig werden. Haberfellner & Zankl (2008) berichten aus einer Befragung von mehr als 200 österreichischen Psychotherapeuten, dass 36 % von ihnen Patientinnen kannten, die über sexuelle Kontakte mit einem Therapeuten berichteten, 24 % kannten Kollegen, die sexuelle Kontakte zu Patienten hatten!

Untersuchungen, die diese Grenzüberschreitungen näher beleuchteten, konnten belegen, dass in der Mehrzahl der Fälle männliche Therapeuten in sexuelle Kontakte mit überwiegend weiblichen Patienten involviert sind. In Zahlen beschrieben heißt dies, dass es sich in 71 bis 88 % der Fälle um sexuelle Übergriffe durch männliche Behandler und bei ca. 75 % der Opfer um Frauen handelt (Eichenberg et al., 2009; Holroyd & Brodsky, 1977; Tschan, 2004). Die Schätzungen sexueller Übergriffe durch weibliche Therapeuten schwanken zwischen einem und 12 % der Fälle (Benowitz, 1994).

Bei den Tätern handelt es sich nach Reimer (2010) keineswegs um Berufsanfänger, sondern überwiegend um erfahrenere, angesehene, meist allein praktizierende Therapeuten; das grenzverletzende Verhalten scheint nicht im Zusammenhang mit der theoretischen Orientierung bzw. der Profession des Psychotherapeuten zu stehen (Gartrell et al., 1986; Pope, 1990; Reimer, 2010; Somer & Saadon, 1999). Es wurde deutlich, dass in ca. 80 % der Fälle die Therapeuten die Initiative zum Sex ergreifen (Eichenberg et al., 2009). Dabei kommt es in der Regel nicht zu sichtbarer Gewalt, so dass der Eindruck entstehen kann, es handele sich um eine Handlung im Konsens, deren Folgen jedoch für die Betroffenen oftmals verheerend sind (Tschan, 2004).

Narzisstischer Missbrauch resultiert oft aus einer malignen narzisstischen Kollusion im Sinne von Willi (1972), die entweder durch grenzenlose Empathie (»das süße Gift symbiotischer Sprachlosigkeit«) und Omnipotenzphantasien oder aber durch narzisstischen Rückzug und damit einen Empathieverlust seitens des Therapeuten gekennzeichnet ist. Richter (1963) unterschied als Formen unbewussten narzisstischen Missbrauchs:

- die *narzisstische Projektion*, d. h. der Therapeut sucht im Patienten ein Substitut für einen Aspekt des eigenen Selbst,
- und die *narzisstische Übertragung*, bei der der Therapeut versucht, den Patienten in eine bestimmte Rolle, beispielswei-

se die eines Elternteils des Therapeuten, zu drängen.

Diese vielfältigen, auch als »leisere Verstöße« bezeichneten Grenzüberschreitungen kommen vermutlich wesentlich öfter vor als sexuelle Übergriffe. Durch ihren meist subtileren Charakter sind sie jedoch in einem Großteil der Fälle weniger augenscheinlich, somit schwerer aufzudecken und kaum in Zahlen erfassbar (Hafke, 1998; Reimer, 2010); konkrete statistische Angaben stehen entsprechend bislang aus (Reimer & Rüger, 2006; Rüger, 2003).

7.4 Ursachen von sexuellem und narzisstischem Missbrauch

Der psychotherapeutische Prozess stellt strukturell eine Abhängigkeitssituation dar, in der einerseits Verständnis, Empathie, Unterstützung und Gehaltenwerden bedeutsam sind, aber auch Macht, Gewalt, Autorität und Unterwerfung eine Rolle spielen können (Dreyfus & Haug, 1992; Kanzow, 2009). Wirth (2007a, b) betonte explizit, Macht sei eine zentrale Dimension von Psychotherapie, wobei ein verantwortungsbewusster Umgang des Therapeuten mit Macht eine zentrale Bedingung für das Gelingen einer Behandlung darstellt; ein Missbrauch dieser Macht dagegen führt zwangsläufig zum Scheitern des Prozesses, da der Patient unweigerlich das Gefühl, nicht verstanden zu worden, Ablehnung und Erniedrigung bis hin zu einer Retraumatisierung erlebt. Dies ist mitunter zum Zeitpunkt des Missbrauchs noch gar nicht bewusst wahrnehmbar und wird erst mit einiger Verzögerung spürbar (Wirth, 2005). Hafke (1998) betonte, dass wir in Machtbeziehungen das bekämpfen, was wir anderen selbst zugeschrieben haben, und somit zwischen All- und Ohnmacht ein direkter Zusammenhang besteht: Illusionäre narzisstische Allmachtsphantasien sollen die Angst vor eigener Abhängigkeit und Ohnmacht kompensieren. Speziell in der Psychotherapie würde der Machtgebrauch (und -missbrauch) oft als professionelle Intervention begründet: »Weil ich weiß, was richtig und gut ist, möchte ich dich befreien« (S. 17). Jaeggi (2003) meint, das Machtgefälle in der Psychotherapie lade zum Machtmissbrauch ein; sie differenziert verschiedene Dimensionen von Macht und Machtmissbrauch: sexuellen/erotischen Machtmissbrauch, Missbrauch der eigenen Therapiemittel bei Schwierigkeiten, Missbrauch mittels Drohung, Machtmissbrauch durch unklare Beziehungsdefinition und Macht ohne Machtmissbrauch.

Die von Wirth, Jaeggi und anderen beschriebene Machtdynamik in der Psychotherapie verdeutlicht, dass die *Ursachen für Missbrauch* in der Behandlung primär *auf Seiten der Behandler* zu suchen sind.

Tschan (2004, 2005) hat in den letzten Jahren viel darüber publiziert, wie Helfer unterschiedlicher Berufsgruppen gefährdet sind, sexuelle Übergriffe zu begehen, und macht deutlich, dass die Ursachen oft nicht richtig vorhersehbar sind. Auch völlig gesunde Personen können in einem Zustand emotionaler Bedürftigkeit oder bei einem Burn-out einen sexuellen Übergriff begehen, ebenso wie psychisch beeinträchtigte oder gar zu Antisozialität neigende Psychotherapeuten. Allerdings ist schon durch Bates & Brodsky (1989) bekannt, dass der beste Prädiktor für Grenzüberschreitungen ist, ob ein Therapeut bereits in der Vergangenheit andere Patienten ausgebeutet hat. Es gibt also eine Neigung zur Wiederholung.

Norris et al. (2003) weisen darauf hin, dass Risikofaktoren auf Therapeutenseite insbesondere eigene Lebenskrisen, einschneidende Veränderungen im Leben, Krankheit, Einsamkeit seien, daneben die Neigung, bestimmte Patienten zu idealisieren, die Unfähigkeit, Grenzen aufzuzeigen, bzw. eine generelle Verleugnung der Grenzverletzungsproblematik.

Serkar (2004) befasste sich mit dem Thema der Grenzverletzungen im psychiatrischen/psychotherapeutischen Kontext und verdeutlichte, dass beispielsweise eine extensive Selbstöffnung auf Therapeutenseite und diverse Abweichungen vom Rahmen Grenzverletzungen anzeigen. Er beschreibt, dass sexuelle Übergriffe in der Regel nicht unangekündigt entstehen, sondern das Resultat ungünstiger Entwicklungen sind und auf andere Grenzverletzungen folgen, die gewissermaßen als Frühwarnsymptome gelten können, z. B.:

- exzessive Selbstöffnung des Therapeuten,
- spezielle Entlohnungsregelungen wie zu niedriges Honorar/kostenlose Therapie,
- deutliches Überziehen der Zeit,
- jedwede Beziehungen außerhalb des therapeutischen Rahmens,
- Freundschaftsangebote,
- Benutzung von Vornamen,
- Behandlung durch den Therapeuten wie durch einen Freund oder Vertrauten,
- Berührungen oder Umarmungen.

Reimer und Rüger (2006) weisen auf die Rolle von Belastungen der psychotherapeutischen Arbeit hin, wie z. B.:

- eine mögliche Bedrohung der Grenzen und Integrität des Therapeuten durch grenzgestörte Patienten,
- die ständige Verpflichtung, ein liebevolles, tragfähiges Arbeitsbündnis auch gegen innere und äußere Widerstände aufrechtzuerhalten,
- die Konfrontation mit der eigenen Biografie,
- das Erkennen von Gemeinsamkeiten mit Patienten und daraus resultierende Affekte,
- manchmal auch das Fehlen von genügend Erfolgserlebnissen bezüglich einer Heilung, daraus resultierende Enttäuschungen und Kränkungen bis hin zur Resignation und zu pessimistischen Einstellungen und Verhaltensweisen den Patienten gegenüber.

Personen mit möglicherweise mangelnder Selbsterfahrung, negativen Erlebnissen in Ausbildung und Selbsterfahrung und eigener Lebensunzufriedenheit scheinen besonders gefährdet in Bezug auf Grenzüberschreitungen, eine Verletzung ethischer Gebote und den (vorübergehenden) Verlust von Empathie von Seiten des Therapeuten zu sein.

Nicht nur im Zusammenhang mit sexuellen Übergriffen sind die oft nicht beachtete (narzisstische und Versorgungs-) Bedürftigkeit des Therapeuten und die unterschätzte Abhängigkeit des Therapeuten vom therapeutischen Raum oft Schlüssel zum Verständnis von Missbrauch (die Therapiesituation wird zum Selbstzweck beispielsweise aufgrund von Schwierigkeiten im »wirklichen« Leben des Therapeuten; Kanzow, 2009).

Bezüglich der Opfer wird häufig vermutet, dass diese bereits früher Opfer von Traumatisierungen geworden sind (z. B. Eichenberg et al., 2009). Ein häufiges Muster, das in der Literatur genannt wird, ist das einer Retraumatisierung im psychotherapeutischen Kontext, die dann letztlich zu einer Verschlimmerung der Störung führt, die der Anlass für die Psychotherapie war, und unter Umständen massiv zu einer Chronifizierung beiträgt. Auf Seiten der Patientinnen sind im Falle von Missbrauch oft besondere Formen von Abhängigkeit, Verstrickung, aber auch Sehnsüchte innerhalb der therapeutischen Beziehung, eine intensive oder wahre Liebe zu finden, festgestellt worden.

Es gibt mehrere Überlegungen darüber, warum Frauen, die einen sexuellen Missbrauch in der Kindheit erlebten, in therapeutischen Beziehungen bleiben, in denen sie neuerlichen Missbrauch erfahren, z. B. wenn die frühere Umwelt die Entwicklung einer eigenständigen Person nicht erlaubte, ein wiederholtes Depersonalisationserleben inner- und außerhalb der Therapie und die Aneignung eines »Kapitulationsmusters«, um mit Verletzungen (inklusive derer durch den Therapeuten) umgehen zu können (Armsworth, 1990). Wöller (1998) erklärt den Mechanismus der Bindung des Missbrauchsopfers an den Missbrauchenden mit der Häufung unsicherer Bindung bei den Opfern, mit Parentifizierungsprozessen und der Introjektion missbräuchlicher Beziehungsmuster.

7.5 Folgen für die Betroffenen

Bislang gibt es keine Untersuchungen zu den Auswirkungen von narzisstischen, wohl aber zu denen sexueller Grenzüberschreitungen in der Psychotherapie. Die insgesamt wenigen Untersuchungen zeigen, dass Patienten in mindestens 90 % der Fälle von sexuellen Übergriffen durch Therapeuten Schaden nehmen (Moggi et al., 2000; Pope et al., 2006). Die bekanntesten deutschen Studien zu dieser Thematik sind die der Arbeitsgruppe um Becker-Fischer und Fischer. Ihnen zufolge stellte sich bei 70 bis 93 % der Betroffenen nach sexuellen Grenzüberschreitungen durch den Therapeuten eine Verschlechterung des Befindens ein (Eichenberg et al., 2009; Fischer & Eichenberg, 2007). Weit über die Hälfte der untersuchten Patienten berichteten über eine deutliche Verstärkung ihrer Symptome nach dem sexuellen Kontakt mit ihrem Therapeuten, ebenso viele Betroffene über neue Beschwerden bzw. Probleme, die zu den bisherigen hinzukamen, wie beispielsweise Isolation und sozialer Rückzug, Misstrauen, Angst, Panik, Depression sowie Wut und Aggression. Munz (2010) beschreibt eine teilweise jahrelang andauernde Arbeitsunfähigkeit und eine Hörigkeit gegenüber dem Therapeuten sowie das Auftreten psychotischer Dekompensation und Suizid bereits bei nur kurzfristigen sexuellen Kontakten.

Schoener und Mitarbeiter identifizierten bereits 1984 Gefühle der Schuld und Scham, Trauer, Wut und Ärger, Depression und Selbstabwertung, Ambivalenz und Konfusion sowie Misstrauen als zentrale Folgen für die betroffenen Patienten. Nachfolgende Untersuchungen berichteten zusätzlich vom Erleben von innerer Leere und Isolation, von Identitätsdiffusion, Vertrauensverlust in Autoritätspersonen bis hin zu Paranoia, von emotionaler Aufgewühltheit und Labilität, unterdrückter Rache, dem Auftreten sexueller und kognitiver Dysfunktionen (v. a. die Aufmerksamkeit und Konzentration betreffend, wie beispielsweise das Auftreten von Flashbacks und Intrusionen) sowie Depression, Selbstzweifel und einem erhöhten Suizidrisiko dieser Patienten (Pope, 1988; Serkar, 2004; Somer & Saadon, 1999).

In einer Befragung von Patientinnen, die sexuelle Übergriffe durch ihren Therapeuten erlebt hatten, zeigte sich, dass sich als Folge ein massives Misstrauen generell gegen Psychotherapien, Therapeuten, aber auch gegen andere Personen entwickelte. Hinsichtlich des Selbstkonzeptes berichteten die Betroffenen, sie erlebten sich als unsicher und abhängig, verspürten gleichzeitig jedoch den Wunsch, etwas Besonderes zu sein. Des Weiteren schilderten sie eine weitgehende Hemmung ihrer Aggressivität, insofern sie ihre Wut über das Geschehene oft nur nonverbal und passiv ausdrücken könnten, auch aus Angst vor negativen Konsequenzen. Die Autoren sehen diesbezüglich Parallelen zu Frauen, die Opfer von Vergewaltigungen oder Inzest wurden (Sonne et al., 1985). Fischer und Eichenberg (2007) betonten ebenfalls das hohe Ausmaß psychotraumatischer Belastung auf Seiten der Betroffenen, das mit der Belastung von Folteropfern vergleichbar sei, und bemerken, dass die Schwere der Folgen eines sexuellen Übergriffs für den betroffenen Patienten von der Art der sexuellen Begegnung (wie verbale Bemerkungen, sexualisierte Berührungen oder Geschlechtsverkehr) unabhängig sei; die Schwere der Folgen eines sexuellen Übergriffs sei auch vom Geschlecht des Therapeuten unabhängig (Becker-Fischer & Fischer, 2008; Benowitz, 1994). Einen Einfluss auf die Schwere der Folgen haben offenbar die Stärke der Beschwerden vor der Behandlung und frühere sexuelle Missbrauchserlebnisse des Patienten (Feldmann-Summers & Jones, 1984).

Es wird also deutlich, dass sexuelle Grenzüberschreitungen in der Psychotherapie massive Folgeschäden auf Seiten der Patienten nach sich ziehen – im Kontext der »leiseren Verstöße«, bei narzisstischem Missbrauch, besteht jedoch nach wie vor ein dringender Forschungsbedarf, um dessen Konsequenzen näher zu beleuchten. Generell ist dabei – bezogen auf die Nebenwirkungen einer Psychotherapie – von einem großen Forschungsbedarf zu sprechen (Spitzer et al., 2008, 2010).

7.6 Hilfen für die Betroffenen

7.6.1 Möglichkeit von Beschwerden von Seiten der Patienten

Im Bereich der Psychotherapie wurde zwar bereits 1988 von Tausch eine sogenannte »Beschwerdeinstanz« vorgeschlagen, um die Risiken von Psychotherapien zu dokumentieren, jedoch wurde dieser Vorschlag nie wirklich systematisch und interdisziplinär umgesetzt. Erst in jüngster Zeit gibt es einige, eher noch zögerliche Versuche, eine Verständigung über negative Effekte und ethische Aspekte in der Psychotherapie zu intensivieren sowie eine »Beschwerdekultur« zu entwickeln.

So wurde 2008 in Großbritannien durch die British Association of Counselling and Psychotherapy (BACP), aufbauend auf deren Ethikvereinbarungen, ein Beschwerdeprozess etabliert und in einer Studie evaluiert (Khele et al., 2008). Die Mehrzahl der dort analysierten Beschwerden wurden von selbst in der Beratung tätigen Personen geführt, beinhalteten größtenteils einen leichtfertigen Umgang mit der Verantwortung und richten sich meist gegen anerkannte, männliche Therapeuten, aber auch Supervisoren und Ausbilder.

In Deutschland gibt es derzeit eine mangelnde und bei den psychotherapeutischen bzw. ärztlichen Kammern und Verbänden sehr uneinheitliche Handhabung der Beschwerden von Psychotherapiepatienten (Munz et al., 2009). Beschwerden gelten als essentieller Schritt zur Autonomie der Betroffenen bei der Suche bzw. dem Wunsch nach Anerkennung und Ahndung des zugefügten Leids. Im vergangenen Jahr wurde ein Pilotprojekt der Unabhängigen Patientenberatung Deutschland (UPD) und der Psychotherapeutenkammern Berlin, Bayern und Baden-Württemberg initiiert, das Betroffenen eine Anlaufstelle für Beschwerden zur Psychotherapie bieten soll.

Kammerunabhängig richtete bereits 2001 der überregional aktive und gemeinnützige Verein »Ethik in der Psychotherapie e.V.«, bestehend aus einem Team institutsunabhängiger Psychotherapeuten und Juristen, ein entsprechendes Beschwerdeportal ein, wobei die Beratung von Patienten und Psychotherapeuten in ethisch schwierigen Fragen bzw. Krisensituationen sowie die Suche nach geeigneten weiterführenden Maßnahmen im Vordergrund stehen. In einer Untersuchung der dort eingegangenen Beschwerden zeigte sich, dass sie am häufigsten mangelnde Empathie des Therapeuten, mangelnde Aufklärung, aber auch Grenzverletzungen und ökonomischen Missbrauch betrafen (Lange et al., 2009). Ebenso werden Verletzungen der Schweigepflicht und »Diagnosedrohungen« – d.h. ein Therapeut stellt dem Patienten eine ungünstige Diagnose (z.B. »unheilbar«), wenn dieser sich nicht den Vorstellungen oder Forderungen des Therapeuten anpasst – genannt.

Die hier durchgeführte Art von unabhängiger Beratung im psychotherapeutischen bzw. psychiatrischen Bereich ist bislang einzigartig in Deutschland. Noch immer gibt es deutlich zu wenige Anlaufstellen für Patienten mit ungünstigen oder gar schädlichen Behandlungsverläufen. Es werden weitere niedrigschwellige Angebote gefordert (z.B. Ombudsstellen oder Opferanwälte, verankert im System der Berufsaufsicht), zudem Beratungsstellen sowie eine Zusammenarbeit der für die Berufsaufsicht und das Sozialrecht zuständigen Instanzen, die beispielsweise eine Rückzahlung erhaltener Honorare für unsachgemäß erbrachte Leistungen sicherstellen sollen (vgl. Hillebrand & Waldherr, 2007).

7.6.2 Aufklärung und präventive Maßnahmen

Levin (2010) meint, dass viele Grenzverletzungen bereits vermieden werden könnten, wenn Therapeuten sich kontinuierlich fragten, ob sie ihre Grenzen einhalten. Die Grundlage hierfür müsste eigentlich in der Ausbildung geschaffen werden. Pope et al. (2006) beispielsweise berichteten, dass mehr als die Hälfte von befragten US-amerikanischen Therapeuten keinerlei Anleitung, Training und Reflexion bezüglich des Umgangs mit sexueller Anziehung durch Patienten erhielt und nur 9% diesbezüglich von einer adäquaten Ausbildung sprachen. Dies mag damit zu tun haben, dass speziell in der Ausbildung ein positives Bild der Psychotherapie vermittelt wird und negative und unerwünschte Effekte ausgeblendet bleiben.

Konsequenterweise werden eine bessere Ausbildung künftiger Therapeuten und eine kontinuierliche Reflexion gefordert, die das Auftreten von Grenzverletzungen

und deren Konsequenzen mindern sollen. Ganz allgemein forderten kürzlich Castonguay et al. (2010) Ausbildungen, die darauf fokussieren,
- die Therapeutische Beziehung zu stärken,
- therapeutische Techniken angemessen und richtig anzuwenden,
- schädliche Beziehungsprozesse (z. B. Feindseligkeit) und die Anwendung schädlicher Techniken zu verhindern bzw. abzuwenden und zu »reparieren«,
- die Therapie an die Charakteristika der jeweiligen Patienten anzupassen und
- Charakteristika der Therapeuten, die problematisch sind, zu identifizieren und zu bearbeiten.

Als weiterer präventiver Schritt gilt die Aufklärung (beispielsweise auch mittels Broschüren; vgl. z. B. Thorn et al., 1993) potentieller Psychotherapiepatienten über die möglichen negativen Folgen, die o. g. Frühsymptome von Grenzüberschreitungen und über ihre rechtliche Situation (z. B. die Tatsache, dass gemäß § 174c StGB sexuelle Kontakte zwischen Therapeut und Patient als Straftatbestand gelten). Es wird geschätzt, dass die Kosten für eine adäquate Prävention nur den Bruchteil der Kosten für die Behandlung von Missbrauchsopfern ausmachen würden.

Die Therapie von Opfern ist nicht zuletzt deshalb kompliziert, weil das Traumatische an sexuellen und narzisstischen Übergriffen in der Therapie oft nicht der »Sex« bzw. die Ausbeutung *per se* ist, sondern der daraus resultierende Vertrauensverlust. Becker-Fischer & Fischer (2008) betrachten deshalb jegliche sexuelle Kontakte im psychotherapeutischen Rahmen explizit als Traumatisierungen im Sinne einer tiefgreifenden Erschütterung des Selbst, des Weltverständnisses sowie des Urvertrauens der Patienten in die Welt: Traumatisierungen, die als solche in Folgetherapien anerkannt und behandelt werden müssen. Viele Betroffene realisierten Missbrauchserlebnisse erst in einer Folgetherapie (z. B. Somer & Nachmani, 2005). In unserem Gesundheitssystem scheitern Folgetherapien allerdings meist an der 2-Jahresfrist, die besagt, dass zwischen der Beendigung einer psychotherapeutischen Behandlung und der Aufnahme einer Folgetherapie zwei Jahre liegen müssen, und an Schwierigkeiten des Gutachterverfahrens.

Es ist davon auszugehen, dass traumatherapeutische Ansätze im Prinzip auch für die Opfer von sexuellem und narzisstischem Missbrauch in Psychotherapien hilfreich sind. Die wissenschaftliche und klinische Literatur dazu ist allerdings noch zu spärlich, um hier verlässliche Aussagen machen zu können.

7.7 Literatur

Albrecht H. (2009). Nebenwirkungen inklusive. Wie kann sich der Psychotherapie-Patient vor Scharlatanen schützen? *Die Zeit*, 1. 10. 2009. Im Internet: http://www.zeit.de/2009/41/Psychotherapie (Zugriff: 26. 4. 2011).

Armsworth M. W. (1990). A qualitative analysis of adult incest survivors' response to sexual involvement with therapists. *Child Abuse & Neglect*, 14, 541–554.

Bates C. M. & Brodsky A. M. (1989). *Sex in the therapy hour: A case of professional incest.* New York: Guilford Press.

Becker-Fischer M. & Fischer G. (2008). *Sexuelle Übergriffe in Psychotherapie und Psychiatrie.* 3., neu bearb. u. aktual. Aufl. von *Sexueller Missbrauch in der Psychotherapie – was tun?*, Kröning: Asanger.

Benowitz M. (1994). Comparing the experiences of woman clients sexually exploited by female versus male psychotherapists. *Woman & Therapy*, 15, 69–83.

Bergin A. E., Murray E. J., Truax C. B. & Shoben E. J. (1963). The effects of psychotherapy: Negative results revisited. *Journal of Counselling Psychology*, 3, 244–250.

Berk M. & Parker G. (2009). The elephant on the couch: Side-effects of psychotherapy. *Australian and New Zealand Journal of Psychiatry*, 43, 787–794.

Bienenstein S. & Rother M. (2009). *Fehler in der Psychotherapie*. Wien: Springer.

Caspar F. & Kächele H. (2008). Fehlentwicklungen in der Psychotherapie. In: Herpertz S. C., Caspar F. & Mundt C. (Hrsg.). *Störungsorientierte Psychotherapie*. 1. Aufl. München: Elsevier, 729–743.

Castonguay L. G., Boswell J. F., Constantino M., Goldfried M. & Hill C. (2010). Training implications of harmful effects of psychological treatments. *American Psychologist*, 65 (1), 34–49.

Dreyfus R. & Haug H. (1992). Zum narzisstischen Missbrauch in der Therapie. In: Hoffmann-Axthelm D. (Hrsg.). *Verführung in Kindheit und Psychotherapie*. Oldenburg: Transform, 90–108.

Eichenberg C. (2008). Mehr Aufklärung gefordert – Sexuelle Übergriffe in therapeutischen Beziehungen. *Deutsches Ärzteblatt*, 10, 463–465.

Eichenberg C., Dorniak J. & Fischer G. (2009). Sexuelle Übergriffe in therapeutischen Beziehungen. *Psychotherapie, Psychosomatik, Medizinische Psychologie*, 59, 337–344.

Feldman-Summers S. & Jones G. (1984). Psychological impacts of sexual contact between therapists or other health care practitioners and their clients. *Journal of Consulting and Clinical Psychology*, 52, 6, 1054–1061.

Fischer G. & Eichenberg C. (2007). Sexuelle Kontakte innerhalb therapeutischer Beziehungen. *Psychotherapie Forum*, 15 (4), 189–191.

Fischer G., Becker-Fischer M., Hofmann A., Klein B., Licher H., Ukschewski S., Schneider I. & Sülzer A. (2000). *Abschlußbericht zum Forschungsprojekt »Prävention chronifizierter psychischer Störungen und Behinderungen bei Opfern von Gewaltverbrechen«*. Köln: Stiftung des Landes NRW für Wohlfahrtspflege.

Freyberger H. J. (2008). Ethik in der Psychotherapie. In: Herpertz S. C., Caspar F. & Mundt C. (Hrsg.). *Störungsorientierte Psychotherapie*. 1. Aufl. München: Elsevier, 721–727.

Gabbard G. O. (2007). Die Rolle des Traumas des Analytikers bei der Pathogenese professioneller Grenzverletzungen. In: Müller M. & Wellendorf F. (Hrsg.). *Zumutungen. Die unheimliche Wirklichkeit der Übertragung*. Tübingen: edition diskord, 301–313.

Gartrell N., Herman J., Olarte S., Feldstein M. & Localio R. (1986). Psychiatrist-patient sexual contact: Results of a national survey. I: Prevalence. *American Journal of Psychiatry*, 143, 1126–1131.

Haberfellner E. M. & Zankl S. (2008). Einstellung zu sexuellen Kontakten in der Psychotherapie: Ergebnisse einer Befragung unter oberösterreichischen Psychotherapeuten. *Psychotherapie Forum*, 16, 92–97.

Hafke C. (1998). *Vertrauen und Versuchung. Über Machtmissbrauch in der Therapie*. Reinbek b. Hamburg: Rowohlt.

Hillebrand V. & Waldherr B. (2006). Sexuelle Übergriffe in der Psychotherapie. *Deutsches Ärzteblatt*, 103 (33), A-2157, B-1862, C-1800 (im Internet: http://www.aerzteblatt.de/v4/archiv/pdf.asp?id=52372; Zugriff: 26. April 2011).

Hoffmann S. O., Rudolf G. & Strauß B. (2007). Unerwünschte und schädliche Wirkungen von Psychotherapie. *Psychotherapeut*, 53, 4–16.

Holroyd J. C. & Brodsky A. M. (1977). Psychologists' attitudes and practices regarding erotic and nonerotic physical contact with clients. *American Psychologist*, 32, 843–849.

Jacobi F. (2001). Misserfolgsforschung in der Verhaltenstherapie. In Dohrenbusch R. & Kaspers F. (Hrsg.). *Fortschritte der Klinischen Psychologie und Verhaltensmedizin*. Lengerich: Pabst, 323–346.

Jacobi F., Poldrack A. & Hoyer J. (2001). Qualitätssicherung in der ambulanten Psychotherapie – Probleme, Strategien, Optionen. In:

Sturm J. & Vogel T. (Hrsg.). *Neue Entwicklungen in Psychotherapie und Psychosomatik.* Lengerich: Pabst, 161–185.

Jaeggi E. (2003). *Und wer therapiert die Therapeuten?* 3. Aufl. Stuttgart: Klett-Cotta.

Kanzow W. T. (2009). Macht und Bemächtigung. Gewalt in der Psychotherapie. *Balint,* 10, 33–40.

Khele S., Symons C. & Wheeler S. (2008). An analysis of complaints to the British Association for Counselling and Psychotherapy, 1996–2006. *Counselling and Psychotherapy Research,* 8 (2), 124–132.

Lange E., Hillebrand V. & Pfäfflin F. (2009). Beschwerden über Therapeuten. *Psychotherapeut,* 54, 307–309.

Levin A. (2010). Be prepared to set limits before boundary is reached. *Psychiatric News,* 45 (22), 4.

Lilienfeld S. O. (2007). Psychological treatments that cause harm. *Perspectives on Psychological Science,* 2 (1), 53–70.

Margraf J. (2009). Risiken und Nebenwirkungen. In: Margraf J. & Schneider S. (Hrsg.). *Lehrbuch der Verhaltenstherapie.* Bd. 1. Heidelberg: Springer.

Märtens M. & Petzold H. (Hrsg.) (2002). *Therapieschäden. Risiken und Nebenwirkungen von Psychotherapie.* Mainz: Matthias-Grünewald-Verlag.

Moggi F., Brodbeck J. & Hirsbrunner H.-P. (2000). Therapist-patient sexual involvement: Risk factors and consequences. *Clinical Psychology and Psychotherapy,* 7, 54–60.

Munz D. (2010). Abstinenz als ethische Grundhaltung in der Psychotherapie. Vortrag auf der Fachtagung der Landespsychotherapeutenkammer Baden-Württemberg zu »Verantwortung in der Psychotherapie: Abstinenz aus fachlicher und juristischer Sicht«. Im Internet: http://www.lpk-bw.de/archiv/news2010/pdf/100711_abstinenz_als_ethische_grundhaltung.pdf (Zugriff: 26.4.2011). (Bericht über die Tagung unter dem Titel »Verantwortung in der Psychotherapie: Abstinenz aus fachlicher und juristischer Sicht – Fachtagung der LPK BW« im *Psychotherapeutenjournal,* 9 (3), 294–296.)

Munz D., Göpel K. & Löffler D. (2009). Patientenbeschwerdestellen: Förderung der Patientenautonomie durch Aufklärung und Hilfe. *Psychotherapie im Dialog,* 4, 359–363.

Norris D. M., Gutheil T. G. & Strasburger L. H. (2003). This couldn't happen to me: Boundary problems and sexual misconduct in the psychotherapy relationship. *Psychiatric Services,* 54 (4), 517–522.

Pope K. S. (1988). How clients are harmed by sexual contact with mental health professional. *Journal of Counseling and Development,* 67, 222–226.

Pope K. S. (1990). Therapist-patient sexual involvement: A review of the research. *Clinical Psychology Review,* 10, 477–490.

Pope K. & Bouhoutsos J. (1986). *Sexual intimacy between therapists and patients.* New York: Praeger.

Pope K. S., Keith-Spiegel P. & Tabachnick B. G. (2006). Sexual attraction to clients: The human therapist and the (sometimes) inhuman training system. *Training and Education in Professional Psychology,* 5 (2), 96–111.

Reimer C. (2008). Zur Missbrauchsproblematik in der Psychotherapie. *Psychodynamische Psychotherapie,* 7, 16–30.

Reimer C. (2010). Die Bedeutung der Ethik in der Psychotherapie. In: Arolt V. & Kersting A. (Hrsg.). *Psychotherapie in der Psychiatrie. Welche Störung behandelt man wie?* Berlin u. a.: Springer, 577–584.

Reimer C. & Rüger U. (2006). Ethische Aspekte der Psychotherapie. In: Reimer C. & Rüger U. (Hrsg.). *Psychodynamische Psychotherapien. Lehrbuch der tiefenpsychologisch fundierten Psychotherapieverfahren.* 3. Aufl. Heidelberg: Springer, 391–412.

Richter H. E. (1963). *Eltern, Kind und Neurose: Zur Psychoanalyse der kindlichen Rolle in der Familie.* Reinbek b. Hamburg: Rowohlt.

Rüger U. (2003). Gewalt und Missbrauch in der Psychotherapie. *Psychotherapeut,* 48, 240–246.

Schmoll D. (2009). *Psychotherapie – Chancen und Grenzen. Ein Ratgeber.* Stuttgart: Kohlhammer [zum Thema bes. Kap. 9, S. 68–80].

Schoener G., Milgrom J. H. & Gonsiorek J. (1984). Sexual exploitation of clients by therapists. *Woman and Mental Health*, 3 (3), 63–69.

Serkar S. P. (2004). Boundary violation and sexual exploitation in psychiatry and psychotherapy: A review. *Advances in Psychiatric Treatment*, 10, 312–320.

Somer E. & Nachmani I. (2005). Constructions of therapist-client-sex: A comparative analysis of retrospektive victim reports. *Sexual Abuse: A Journal of Research and Treatment*, 17 (1), 47–62.

Somer E. & Saadon M. (1999). Therapist-client sex: Clients' retrospective reports. *Professional Psychology: Research and Practice*, 30 (5), 504–509. (Im Internet: http://www.maytal.co.il/articles/1999.tcs.pdf; Zugriff 26.4.2011.)

Sonne J., Meyer C. D., Borys D. & Marshall V. (1985). Clients' reactions to sexual intimacy in therapy. *American Journal of Orthopsychiatry*, 55, 183–189.

Spitzer C., Barnow S., Freyberger H. J. & Grabe H. J. (2008). Symptomverschlechterung während stationärer Psychotherapie – wer ist betroffen? *Psychodynamische Psychotherapie*, 7 (1), 3–15.

Spitzer C., Richter R., Löwe B. & Freyberger H. J. (2010). Auf dem Prüfstand: Nebenwirkungen von Psychotherapie. *Gehirn & Geist*, 9, 32–37.

Tausch R. (1988). Schädigungen von Klienten durch Psychotherapie und Möglichkeiten ihrer Verminderung. In: Kleiber D. & Kuhr A. (Hrsg.). *Handlungsfehler und Misserfolge in der Psychotherapie*. Tübingen: dgvt, 45–53.

Thorn B. E., Clayton Shealy R. & Briggs S. D. (1993). Sexual misconduct in psychotherapy: Reactions to a consumer-oriented brochure. *Professional Psychology: Research and Practice*, 24 (1), 75–82.

Tschan W. (2004). Helfer als Täter. Sexuelle Grenzverletzungen durch medizinische und psychosoziale Fachpersonen. *Psychotherapie im Dialog*, 2, 181–185.

Tschan W. (2005). *Missbrauchtes Vertrauen*. Basel: Karger.

Willi J. (1972). *Die Zweierbeziehung*. Reinbek b. Hamburg: Rowohlt.

Wirth H.-J. (2005). Gurutum und Machtmissbrauch in der Psychotherapie. *Psychotherapie im Dialog*, 6 (2), 136–140.

Wirth H.-J. (2007a). Machtmissbrauch in der Psychotherapie. *Psychotherapie Forum*, 15, 22–27.

Wirth H.-J. (2007b). Narzissmus und Machtmissbrauch in der Psychotherapie. *Psychoanalytische Familientherapie*, 8 (1), 85–98.

Wöller W. (1998). Die Bindung des Mißbrauchsopfers an den Mißbraucher. Beiträge aus der Sicht der Bindungstheorie und der Psychoanalyse. *Psychotherapeut*, 43, 114–117.

Zwettler-Otte S. (2007). *Entgleisungen in der Psychoanalyse*. Göttingen: Vandenhoeck & Ruprecht.

7. Traumatische Nebenwirkungen der Psychotherapie

FRANK NEUNER

7.b Risiken und Nebenwirkungen der Traumatherapie

Behandlungen, die mit der Absicht der Heilung oder Linderung einer Krankheit vorgenommen werden, können in der Regel auch schädlich sein. Während dieses Wissen in der somatischen Medizin als trivial gilt, wird in der Psychotherapie weit weniger selbstverständlich mit möglichen Risiken und Nebenwirkungen umgegangen. Die Traumatherapie stellt scheinbar eine Ausnahme dar. Viele Experten warnen, sogar in Leitlinien (Flatten et al., 2004), vor einer fehlerhaften Behandlung der Traumastörungen, die eine »emotionale Überflutung«, »Retraumatisierung« und »Dekompensation« der Patienten bewirken könne. Eindrücklich wird nahegelegt, konfrontative Behandlungsverfahren, bei denen die Patienten in der Therapie dazu aufgefordert werden, im Detail über ihre angstbesetzten traumatischen Erlebnisse zu sprechen, nur mit höchster Vorsicht einzusetzen. Da sich diese trauma-fokussierten Behandlungsformen gleichzeitig als die erfolgversprechendsten Ansätze der Traumabehandlung herausgestellt haben (vgl. Bisson et al., 2007), erscheint die Traumatherapie als eine gefährliche Gratwanderung, bei der ständig die Gefahr droht, bei einer unvorsichtigen Behandlung einer Patientin bzw. einem Patienten nachhaltig Schaden zuzufügen.

Die Befürchtung, durch die Auslösung von intensiven Gefühlen Patienten zu verletzen, hat eine lange Vorgeschichte. In der Psychoanalyse wird seit den Abhandlungen von Anna Freud traditionell die schützende und ich-stabilisierende Funktion der Abwehrmechanismen betont (Freud, 1936). Joseph Wolpe, der Pionier der verhaltenstherapeutischen Angstbehandlung, nahm zunächst an, dass starke Erregungszustände in der Therapie zu einer sogenannten transmarginalen Hemmung, also einem vollständigen Abschaltung des Organismus, führen könnten. Dies würde letztlich eine erfolgreiche Behandlung verhindern und Angst verstärken (Wolpe, 1958). Viele Jahre intensiver und gut dokumentierter Therapieforschung waren nötig, um die Wirksamkeit und Unschädlichkeit von intensiver Reizüberflutung bei der Behandlung von Angststörungen nachzuweisen und damit die Annahme der generellen Schädlichkeit intensiver Gefühle in der Therapie zu widerlegen. Bei der Behandlung von Angst- und Zwangsstörungen haben sich daraufhin Expositionsverfahren durchgesetzt, doch in der Traumatherapie hält sich die Befürchtung der Schädlichkeit von zu viel Emotionen, vor allem bei »instabilen« Patientinnen. Vor diesem Hintergrund bleibt zu untersuchen, welche neueren wissenschaftlichen Erkenntnisse über die Gefahren der Traumabehandlung vorliegen und welche Konsequenzen sich daraus für den Alltag ableiten lassen.

Misserfolg, Verschlechterung und Nebenwirkung

Mit jeder Psychotherapie geht das Risiko einher, den Verlauf einer Krankheit negativ zu beeinflussen. Von einem *Misserfolg* wird gesprochen, wenn die Behandlung zu keiner oder zumindest keiner klinisch bedeutsamen Verbesserung der Zielsymptomatik bei einem Patienten führt. Das Problem von Misserfolgen ist nicht nur, dass unnötig Resourcen für die Behandlung verwendet wurden, sondern auch, dass Misserfolge eine weitere Chronifizierung der Symptomatik bedingen und zur Demoralisierung des Patienten führen können. Wenn die Symptomatik nicht nur trotz der Behandlung stabil bleibt, sondern durch die Behandlung auch noch schwerer wird, dann ist von einer *Verschlechterung* durch die Behandlung zu sprechen. Zudem beschränken sich, ähnlich wie bei Medikamenten, die Effekte einer Psychotherapie in der Regel nicht auf die Symptome der primär behandelten Störung. Neben positiven Nebenwirkungen (z. B. Verbesserung der Komorbidität und der Erlebnisfähigkeit) kann eine Psychotherapie auch *unerwünschte Nebenwirkungen* (Auftreten neuer Symptome, unerwartete negative Gefühle, Suizidgedanken, zunehmende emotionale Abhängigkeit vom Therapeuten) bewirken.

7.8 Nachweis und Bewertung von Risiken und Nebenwirkungen

Der Patient befindet sich nur für einen Bruchteil seiner Zeit im therapeutischen Kontakt und ist außerhalb der Behandlung zahllosen anderen Umweltreizen ausgesetzt. Dies macht es schwierig, Veränderungen im Laufe einer Behandlung genau einem Umweltfaktor, etwa der Psychotherapie, zuzuschreiben. Kausale Aussagen über positive oder negative Wirkungen von Therapien können deshalb nur in vergleichenden, randomisiert kontrollierten Studien gewonnen werden, in denen die Verläufe von Patienten bei einer Behandlung mit dem typischen Spontanverlauf oder der Entwicklung bei einer anderen Therapie verglichen werden. Da bei der Annahme einer Gefahr aber nicht dasselbe Irrtumskriterium wie beim Nachweis des Erfolges einer Therapie angelegt werden kann, müssen Hinweise auf schädliche Faktoren auch dann aufgegriffen werden, wenn sie noch nicht kausal belegt, sondern nur in klinischen Berichten angeführt werden.

Die Bewertung von schädlichen Wirkungen ist immer vor dem Hintergrund der nachgewiesenen Effektivität der Behandlung vorzunehmen. Es ist einfach, ein Verfahren aufgrund von Hinweisen auf mögliche Schäden abzulehnen, wenn ohnehin kein Gewinn durch die Behandlung zu erwarten ist. Schwieriger wird die Einschätzung von Berichten von Nebenwirkungen und Schäden durch Verfahren, die als hoch effektiv bekannt sind und zu denen nur schwer eine ähnlich wirksame, aber weniger gefährliche Alternative zu finden ist. Hier muss der Anspruch an den Nachweis der Häufigkeit und Ursachen der Schädigungen deutlich höher sein und eine sorgfältige Abwägungung von Nutzen und Risiken vorgenommen werden, da eine voreilige Ablehnung dieser Verfahren zur Folge hätte, dass vielen Patienten eine nachweisbar effektive Behandlung vorenthalten werden müsste – eine Entscheidung, die wiederum selbst Schaden verursachen würde.

7.9 Ursachen für Risiken und Nebenwirkungen in der Traumatherapie

7.9.1 Schädliches Therapeutenverhalten

Obwohl gegenwärtige Berufsordnungen die ethischen Verhaltensrichtlinien für Psychotherapeuten klar vorschreiben, muss davon ausgegangen werden, dass therapeutisches Fehlverhalten in der Praxis in nicht zu unterschätzendem Umfang auftritt. In einschlägigen Foren im Internet sind zahlreiche Patientenberichte von fahrlässigen oder sogar gewissenlosen Praktiken von Psychotherapeuten zu finden, die in der Mehrzahl unethisch und möglicherweise schädlich, aber nicht immer justiziabel sein dürften. Vor allem Grenzüberschreitungen von einer professionellen Arbeitsbeziehung zu geschäftlichem oder engem privaten Kontakt werden häufig beschrieben. Die entsprechenden Handlungen bewegen sich auf einem Kontinuum, welches von nicht klar zu beurteilenden Verhaltensweisen wie Selbstoffenbarungen des Therapeuten bis zur missbrauchenden sexuellen Beziehung reicht. Die Tatsache, dass romantische Beziehungen zwischen Therapeuten und Patientinnen gerne in Fernsehserien und Hollywoodfilmen bagatellisierend oder sogar idealisierend dargestellt werden, dürfte wesentlich zur Häufung des Problems beitragen. Bisher gibt es allerdings kaum Forschung über die Formen und Häufigkeit von Behandlungsfehlern in der Psychotherapie. Es ist aber davon auszugehen, dass selbst sexuell missbrauchende Therapeut-Klientenbeziehungen in bedeutsamer Häufigkeit auftreten (Becker-Fischer & Fischer, 1996).

Traumatisierte Patientinnen sind besonders anfällig für Übergriffe von Therapeuten und gleichzeitig besonders vulnerabel in Bezug auf die psychischen Folgen des Fehlverhaltens. Patientinnen mit einer Vorgeschichte von sexuellem Missbrauch oder Beziehungsgewalt haben häufig nur eine unzureichende Abgrenzungsfähigkeit gelernt und können sich gegenüber grenzüberschreitenden Avancen von Therapeuten schlechter wehren. Die bestehende Neigung zu Scham und Selbstbeschuldigung kann dazu führen, dass Übergriffe von Therapeuten nicht als solche interpretiert werden oder dass die Verantwortung für das Geschehen bei der eigenen Person gesucht wird. Untersuchungen zu den Folgen von sexuellem Missbrauch durch Therapeuten dokumentieren eine große Bandbreite von psychischen Folgen, die weit über eine Verschlechterung der Ausgangssymptomatik hinausgehen, vielmehr Rückzugsverhalten, Depression, Scham und körperliche Symptome umfassen können (Becker-Fischer & Fischer, 1996).

7.9.2 Schädliche Verfahren der Traumatherapie

Neben dem mehr oder weniger offensichtlichen Fehlverhalten von Therapeuten können einzelne therapeutische Verfahren die Wahrscheinlichkeit schädlicher Folgen erhöhen. Nach einer Analyse von Studien zu schädlichen Effekten in der Psychotherapie schlug Lilienfeld vor, neben einer Liste von empirisch gestützten Therapien auch eine solche von möglicherweise schädlichen Behandlungen (»potentially harmful therapies«, PHT) zu führen (Lilienfeld, 2007). Diese Kategorie soll Verfahren beinhalten, bei denen auf der Grundlage von Therapiestudien ein schädlicher Effekt nachgewiesen wurde oder bei denen es gehäufte klinische Berichte über Verschlechterungen oder schädliche Nebenwirkungen gibt. In einem ersten Vorschlag für eine solche Liste werden dabei auch Methoden aus der Psychotraumatologie aufgeführt.

Zu den häufig genannten Beispielen für möglicherweise schädliche Methoden gehören die Debriefing-Verfahren, die zum Ziel haben, die Entstehung von pathologischen Traumafolgen durch systematisches kurzes Eingreifen (etwa eine Gruppensitzung) im unmittelbaren Anschluss an das traumatische Erlebnis zu verhindern. In den meisten Evaluationsstudien wurde jedoch kein klinsch bedeutsamer Unterschied in der Entwicklung von Personen mit und ohne Debriefing festgestellt. Da eine Studie in einer Langzeitkatamnese mehrere Jahre nach dem Trauma sogar eine im Mittel höhere Symptomatik unter den Personen der Debriefing-Gruppe-feststellte (Mayou et al., 2000), muss davon ausgegangen werden, dass Debriefing durchaus auch negative Verläufe begünstigen kann. Die Forschung zum Debriefing zeigt, dass selbst Hilfsmaßnahmen, die von den Teilnehmern wie auch von den Anwendern im Allgemeinen gut angenommen und positiv bewertet werden, eine langfristig schädliche Wirkung haben können, die erst durch randomisiert kontrollierte Vergleichsstudien zu entdecken ist. Da der präventive Effekt von Debriefing bisher nicht eindeutig belegt ist, sollte aufgrund des ungünstigen Verhältnisses zwischen Wirkung und Risiko auf derartige Maßnahmen verzichtet werden.

Weiterhin wird in der Traumabehandlung vor suggestiven Therapieverfahren gewarnt, wobei hier die zentrale Gefahr in schädlichen Nebenwirkungen zu sehen ist. Als suggestive Verfahren werden therapeutische Interventionen bezeichnet, bei denen die Gefahr entsteht, bei Patientinnen falsche Gedächtnisinhalte zu erzeugen. Im Rahmen der sogenannten false memory-Forschung (Loftus & Davis, 2006) konnte wiederholt gezeigt werden, dass auch die Erinnerungen von gesunden Personen so weit manipulierbar sind, dass diese nicht nur falsche Angaben zu vergangenem Erleben machen, sondern selbst von den falschen Erinnerungen überzeugt sind. In den USA sind Gerichtsverfahren dokumentiert, bei denen therapeutisch induzierte Erinnerungen an sexuellen Missbrauch großen Schaden angerichtet haben sollen. Auch wenn die Bewertung dieser Einzelfälle wesentlich differenzierter vorzunehmen und die juristische Bedeutung derartiger falscher Erinnerungen in Deutschland weit weniger diskutiert wird, so ist vor dem Hintergrund dieser Berichte vor dem Einsatz jeglicher Techniken zu warnen, die die Aufdeckung vollständig verdrängter Erinnerungen an traumatische Erlebnisse zum Ziel haben, da in diesen Fällen letztlich nicht zwischen therapeutisch induzierten und falschen Erinnerungen zu unterscheiden ist.

Vor allem auch bei der Behandlung von Patienten, bei denen eine dissoziative Identitätsstörung (DID) diagnostiziert wurde, wird vor dem Einsatz von suggestiven Techniken gewarnt (Lilienfeld, 2007). Hier ist es oftmals nicht die Intention, vergangene Erlebnisse aufzuspüren, sondern bisher der Patientin nicht zugängliche »innere Personen« zu identifizieren und zur Kommunikation einzuladen. Vorstellungen von »inneren Pinnwänden« oder von »Versammlungen« der in einer Person lebenden Personen können dazu einladen, die Aufspaltung des Erlebens in verschiedene Personen weiter auszubauen statt zu begrenzen. Vertreter derartiger Behandlungen würden eine derartige Ausdifferenzierung auch nicht zwingend negativ bewerten, sondern als notwendigen Übergangsschritt in der Behandlung der Störung betrachten. Insofern werden Befunde, dass die Anzahl der Alter Egos im Verlauf der Behandlung der dissoziativen Identitätsstörung in der Regel deutlich zunimmt, vollkommen unterschiedlich interpretiert. Da bisher der empirische Nachweis der Wirksamkeit von suggestiven Techniken in der Behandlung der DID fehlt, ist aufgrund des beschriebenen Risikos deutlich vor derartigen Verfahren zu warnen.

7.9.3 Verschlechterungen in lege-artis-Traumatherapien

In einer klassichen Reanalyse von frühen Behandlungsstudien konnte Bergin (1966) zeigen, dass die Varianz der Veränderungswerte während einer Psychotherapie regelhaft größer ist als diejenige bei einer Spontanremission. Dies bedeutet, dass selbst bei wirksamen Therapien die Erfolge bei der Mehrheit der Patienten auf Kosten von einzelnen Personen gehen, bei denen eine Verschlechterung verursacht wird. Insgesamt muss davon ausgegangen werden, dass selbst bei Behandlungen, die nach den Regeln der Kunst durchgeführt werden, klinisch bedeutsame Verschlechterungen bei mindestens 5 % der Patienten verursacht werden. Studien zur Traumatherapie zeigen, dass hier der Anteil von Patienten mit Verschlechterungen bei der Anwendung evidenzbasierter Verfahren eher niedriger ist.

Der Nachweis des sogenannten Verschlechterungs-Effektes (siehe Box) ist ein deutlicher Hinweis dafür, dass auch bei in *lege-artis*-Therapien mit Verschlechterungen gerechnet werden muss und dass der Vergleich von Behandlungverfahren auf der Grundlage von statistischen Effektstärken negative Verläufe von Einzelfällen verschleiern kann. Um Misserfolge durch die Therapie nicht hinter dem statistischen Vergleich der Mittelwerte zu verstecken, müssen Patienten, deren Zustand sich in den Behandlungen verschlechtert oder die Nebenwirkungen aufweisen, einzeln gezählt werden.

Leider werden in der Therapieforschung bisher nur in wenigen Studien die Patienten mit Verschlechterungen gesondert aufgeführt. Die Definition der Verschlechterung unterscheidet sich dabei von Studie zu Studie. In einigen Analysen wird ein Patient dann als (in seinem Zustand) verschlechtert klassifiziert, wenn die Werte für die Symptome nach der Behandlung höher sind als bei der Messung vor der Therapie. Dabei ist aber zu beachten, dass auch bei keinerlei Veränderung ein Fragebogen aufgrund des Messfehlers immer bei Einzelfällen eine Auslenkung in postiver genauso wie in negativer Richtung anzeigen würde. Deshalb verwenden andere Studien bei der Klassifikation von Verschlechterungen einen Schwellenwert, der über dem erwartbaren Effekt der Wiederholungsmessungen liegt.

Leider berichten bis heute nur wenige Studien zur Behandlung der PTBS den Anteil von Patienten mit Verschlechterungen im Verlauf der Therapie. Bei der Verwendung eines kleinen Schwellenwertes wird gefunden, dass in der Regel auch in den Kontrollgruppen – also bei traumatisierten Patienten, die entweder keine Behandlung oder lediglich eine Entspannungstherapie erhalten haben – Verschlechterungen auftreten. Dies legt nahe, dass in unkontrollierten Studien – und im Praxisalltag – längst nicht alle vorgefundenen Verschlechterungen auf die Therapie zurückzuführen sind. Negative Verläufe traten bei etwa 5–10 % der in den Studien untersuchten Patienten auf, wobei die Verschlechterungen unter Berücksichtigung des Messfehlers in der Regel nicht klinisch bedeutsam bleiben. Bei Expositionstherapien können im Verlauf der Behandlungen bei bis zu 15 % der Patientinnen Verschlechterungen auftreten. Diese bleiben aber vorübergehend und lassen kein schlechteres Therapieergebnis nach Ende der Behandlung oder einen Abbruch vorhersagen (Foa et al., 2002). Diese Daten zeigen, dass in der Traumatherapie durchaus bei Einzelfällen eine Verschlechterung der Symptomatik auftreten kann – solche Verschlechterungen sind aber selten von Dauer und erfolgen nicht häufiger als bei anderen Psychotherapien.

Leider erlauben die vorliegenden Erkenntnisse bisher nicht den Vergleich der Gefährlichkeit unterschiedlicher Verfahren der Traumatherapie. Dabei wäre besonders interessant, ob sich die häufige Behauptung, stabilisierende Verfahren seien schonender oder weniger riskant als konfrontative Verfahren, belegen lässt. Da bisher keine Untersuchungen zu Verschlechterungen bei den häufig durchgeführten stabilisierenden Traumatherapieverfahren vorliegen und da der Anteil der erfassten Verschlechterungen bei PTBS-Expositionsverfahren nicht größer ist als bei anderen therapeutischen Verfahren, lässt sich die Warnung vor konfrontativen Verfahren und der Vorzug einer Stabilisierung nicht halten. Eine neue Studie fand, dass der zurückhaltende Umgang mit Abwehr- und Vermeidungsverhalten des Patienten nicht unbedingt risikoärmer sein muss. Bei der Behandlung der PTBS mit der klientenzentrierten Gesprächstherapie, die häufig als Prototyp einer schonenden Behandlung angesehen wird, traten weit mehr Abbrüche und Verschlechterungen auf als bei der konfrontativen Verhaltenstherapie (Cottraux et al., 2008).

In einer häufig zitierten Veröffentlichung präsentiert Pitman (Pitman et al., 1991) eine Serie von Patienten, bei denen sich im Verlauf einer reinen Expositionsbehandlung negative Effekte – wie Verschlechterungen der Symptomatik oder ein Rückfall in Substanzmissbrauch – zeigten. Diese Fallberichte werden häufig angeführt, um vor den Gefahren von konfrontativen Verfahren zu warnen und um die Notwendigkeit einer Stabilisierung zu begründen. Die vorliegende Datenlage rechtfertigt die Warnung vor Expositionsverfahren und das Vorziehen von Stabilisierungstechniken jedoch nicht. Pitman selbst folgert in seiner Veröffentlichung, dass insbesondere beim Vorliegen von intensiven Scham- und Schuldgefühlen eine exklusive Expositionstherapie nicht immer indiziert sei, sondern dass zusätzliche oder alternative kognitive Methoden eingesetzt werden sollten. Die Fallvignetten nach Pitman zeigen die Grenzen der in den Therapiestudien eingesetzten Behandlungsmanuale auf und weisen darauf hin, dass im Rahmen eines individuellen Behandlungsplanes therapiegefährdende Faktoren – wie Substanzmissbrauch, Suizidgefahr und Schamgefühle – in der Traumatherapie selbstverständlich zu berücksichtigen sind.

7.9.4 Risiken der Behandlung der Folgen von sexuellem Missbrauch

Auch wenn die Behandlungsrisiken in der Traumatherapie im Durchschnitt nicht größer sind als bei anderen Behandlungen, finden sich in einzelnen Therapiestudien außergewöhnlich hohe Raten von negativen Verläufen. Herausragend sind dabei vor allem zwei Studien, in denen erwachsene Patientinnen mit einer PTBS, die als Kinder misshandelt wurden, behandelt wurden (McDonagh et al., 2005; Cloitre et al., 2010) und bei denen besonders hohe Raten von Abbruch (bis zu 30 %) und Verschlechterung (bis zu 40 %) auftraten. Die hohen Werte in diesen Studien sind allerdings nicht alleine in der behandelten Population begründet. Andere Studien mit Missbrauchsopfern finden weitaus kleinere Anteile von negativen Verläufen (für einen Überblick siehe Neuner, 2008).

Ein Vergleich der Wirkungen der verschiedenen Behandlungsbedingungen in diesen Studien zeigt, dass die Gefahr nicht von der Konfrontation selbst ausgeht. Dagegen scheinen negative Verläufe bei denjenigen Behandlungen häufiger zu sein, bei denen entweder gar keine Exposition eingesetzt wird oder diese alleine durchgeführt und nicht mit anderen aktiven Therapieelementen verknüpft wird. Insbesondere diejenigen Behandlungsverfahren, bei denen vor der Exposition oder begleitend dazu kognitive Interventionen oder andere Methoden eingesetzt werden, um den Umgang mit Gefühlen zu üben, scheinen sowohl den stärksten Effekt als auch das geringste Risiko aufzuweisen.

7.9.5 Ambivalente Nebenwirkungen der Traumatherapie

Bei der Betrachtung von möglichen Nebenwirkungen der Traumatherapie wird deutlich, dass spätestens hier die Analogie zu den Effekten von Medikamenten an ihre Grenzen stößt. Während Nebenwirkungen von Medikamenten, wie Kopfschmerz und sexuelle Funktionsstörungen, in der Regel eindeutig als unerwünscht zu bewerten sind, trifft dies für Nebenwirkungen der Psychotherapie nicht immer zu. Stattdessen muss mit dem Auftreten von ambivalenten Nebenwirkungen gerechnet werden, deren Bewertung uneindeutig sein und sich im Laufe der Zeit verändern kann. Zu derartigen Nebenwirkungen gehört in der Traumatherapie beispielsweise das Auftreten von Erinnerungen an weitere traumatische Erlebnisse, die vor der Behandlung nicht zugänglich waren. Derartige neue Erinnerungen können Gefühle von Traurigkeit, Wut und Scham bewirken und eine neue Bewertung der Beziehungen zu Bezugspersonen erfordern. Wenn neue Erinnerungen an vergangene Erlebnisse auftauchen, so muss das von den Patienten nicht zwingend nur als negativ oder unerwünscht gewertet werden. Ein vollständiger und wirklichkeitsgetreuer Blick auf die eigene Lebensgeschichte kann durchaus zur Stabilisierung der eigenen Identität beitragen und für den langfristigen Heilungsprozess förderlich sein.

Ein zweites Beispiel für mögliche ambivalente Nebenwirkungen ist die Auswirkung einer erfolgreichen Therapie auf die Partnerschaft der Patientin oder des Patienten. So wird berichtet, dass es nach erfolgreichen Expositionstherapien häufiger Probleme in der Beziehung gäbe, die auch zur Trennung führen könnten. Auch in diesen Fällen kann die Bewertung der Veränderung ambivalent sein. Trennungen gehen in der Regel mit unangenehmen Gefühlen einher, müssen aber nicht negativ bewertet werden. Psychische Störungen, insbesondere auch Angststörungen, können auch Beziehungen stabilisieren, die an sich von wenig Gemeinsamkeit geprägt sind. Insofern kann eine Trennung nach der Behandlung der Angststörung für beide Partner auch eine Befreiung von dysfunktionalen Interaktionsmustern bedeuten.

Diese Beispiele zeigen, dass in Traumatherapien genauso wie in anderen Psychotherapien regelhaft mit Wirkungen zu rechnen ist, die nicht eindeutig zu bewerten sind. Manchmal mögen diese Begleiterscheinungen als harmlos oder sogar als notwendiger Bestandteil eines Heilungsprozesses verstanden werden. Bei der klinischen Bewertung von ambivalenten Effekten ist aber die Gefahr groß, dass Therapeuten aufgrund von kognitiver Dissonanz oder aus Selbstschutz entschuldigende oder verharmlosende Bewertungen vornehmen. In jedem Fall sind derartige Nebenwirkungen meist für die Patientinnen oder Patienten überraschend, und selbst wenn die Bewertungen nicht eindeutig sind, sollten die Patienten vor Beginn einer Behandlung über die Möglichkeiten von unvorhergesehenen Folgen informiert werden, so dass sie sich selbst entscheiden können, ob sie bestimmte Risiken in Kauf nehmen möchten oder nicht.

7.10 Konsequenzen für die Praxis

Die meisten Vorschläge, die zur Optimierung der Behandlung von traumatisierten Patienten angeführt werden, gelten auch für die Vermeidung von Behandlungsrisiken. Traumatherapeuten, die wirksame und risikoarme Therapien durchführen wollen, müssen eine gute therapeutische Grundausbildung erfahren haben, bei der die basalen Grundregeln der professionellen Psychotherapie genauso wie die Risiken eines möglichen Fehlverhaltens eingehend problematisiert wurden. Es sollten nur Therapieverfahren durchgeführt werden, deren Wirksamkeit und Risiken in randomisiert kontrollierten Therapiestudien abgeschätzt werden konnten. Doch auch psychotherapeutische Verfahren, die bei korrekter Anwendung relativ risikoarm sind, können gefährlich sein, wenn sie mangelhaft durchgeführt oder bei der falschen Indikation eingesetzt werden. Einer der häufigen Fehler bei der Behandlung der PTBS scheint zu sein, dass nur einzelne Elemente aus Therapieverfahren herausgegriffen werden. Scheinbar werden häufig gerade die Elemente der Exposition nicht oder nicht konsequent eingesetzt, was letztendlich nicht nur die Erfolgswahrscheinlichkeit reduziert, sondern auch das Risiko einer Verschlechterung erhöht. Eine sorgfältige Ausbildung in den Verfahren einschließlich einer Supervision der ersten Fälle ist unabdingbar.

Auch wenn bisher das Wissen über Risiken und Nebenwirkungen der Traumatherapie eher gering ist, so gibt es doch für die evidenzbasierten Behandlungsverfahren ausreichend Erkenntnisse, die eine sorgfältige Vorbereitung und Aufklärung der Patienten erlauben. Patienten sollten über die Erfolgswahrscheinlichkeit genauso wie über die Risiken, dass ein Misserfolg eintreten könnte, informiert werden, ebenso über die negativen und ambivalent zu bewertenden Nebenwirkungen. Eine sorgfältige Aufklärung und eine informierte Entscheidung – gegebenenfalls in schriftlicher Form – sind bisher in der Praxis leider nicht Standard, sollten aber zu den ethischen und juristischen Verpflichtungen der Therapeuten gehören.

7.11 Literatur

Becker-Fischer M. & Fischer G. (1996). *Sexueller Missbrauch in der Psychotherapie – was tun?: Orientierungshilfen für Therapeuten und interessierte Patienten.* Heidelberg: Asanger.

Bergin A. E. (1966). Some implications of psychotherapy research for therapeutic practice. *Journal of Abnormal Psychology,* 71 (4), 235–246.

Bisson J. I., Ehlers A., Matthews R., Pilling S., Richards D. & Turner S. (2007). Psychological treatments for chronic post-traumatic stress disorder. Systematic review and meta-analysis. *British Journal of Psychiatry,* 190, 97–104.

Cloitre M., Stovall-McClough K. C., Nooner K., Zorbas P., Cherry S., Jackson C. L. et al. (2010). Treatment for PTSD related to childhood abuse: A randomized controlled trial. *American Journal of Psychiatry,* 167 (8), 915–924.

Cottraux J., Note I., Yao S. N., de Mey-Guillard C., Bonasse F., Djamoussian D. et al. (2008). Randomized controlled comparison of cognitive behavior therapy with Rogerian supportive therapy in chronic post-traumatic stress disorder: A 2-year follow-up. *Psychotherapy and Psychosomatics,* 77 (2), 101–110.

Flatten G., Gast U., Hofmann A., Liebermann P., Reddemann L., Siol T., Wöller W. & Petzold E. R. (2004). *Posttraumatische Belastungsstörung. Leitlinie und Quellentext.* 2. Aufl. (Leitlinien Psychosomatische Medizin und Psychotherapie). Stuttgart, New York: Schattauer.

Foa E. B., Zoellner L. A., Feeny N. C., Hembree E. A. & Alvarez-Conrad J. (2002). Does imaginal exposure exacerbate PTSD symptoms? *Journal of Consulting and Clinical Psychology,* 70 (4), 1022–1028.

Freud A. (1936). *Das Ich und die Abwehrmechanismen.* Wien: Internationaler Psychoanalytischer Verlag.

Lilienfeld S. O. (2007). Psychological treatments that cause harm. *Perspectives on Psychological Science,* 2 (1), 53–70.

Loftus E. F. & Davis D. (2006). Recovered memories. *Annual Review of Clinical Psychology,* 2, 469–498.

Mayou R. A., Ehlers A. & Hobbs M. (2000). Psychological debriefing for road traffic accident victims. Three-year follow-up of a randomised controlled trial. *British Journal of Psychiatry,* 176, 589–593.

McDonagh A., Friedman M., McHugo G., Ford J., Sengupta A., Mueser K. et al. (2005). Randomized trial of cognitive-behavioral therapy for chronic posttraumatic stress disorder in adult female survivors of childhood sexual abuse. *Journal of Consulting and Clinical Psychology,* 73 (3), 515–524.

Neuner F. (2008). Stabilisierung vor Konfrontation in der Traumatherapie – Grundregel oder Mythos? *Verhaltenstherapie,* 18, 109–118.

Pitman R. K., Altman B., Greenwald E., Longpre R. E., Macklin M. L., Poire R. E. et al. (1991). Psychiatric complications during flooding therapy for posttraumatic stress disorder. *Journal of Clinical Psychiatry,* 52 (1), 17–20.

Wolpe J. (1958). *Psychotherapy by reciprocal inhibition.* Stanford, CA: Stanford University Press.

URSULA C. GASCH UND CHRISTOPHER P. KRESS

8. Sexualdelikte – eine kriminologische, juristische und psychotraumatologische Sicht

Unabhängig von der professionellen Zugehörigkeit erlebt jeder, der beruflich mit Sexualdelikten befasst ist, dass dem Phänomen selbst und vor allem Opfern und Tätern nur vor einem interdisziplinären Hintergrund angemessen begegnet werden kann. Sexualstraftaten sind Delikte, die in der Regel die körperliche Integrität und die Persönlichkeit der Geschädigten extrem tangieren. Dabei ist die juristische wie auch die psychische Aufarbeitung sexueller Gewalterfahrungen in der heutigen Zeit – nicht zuletzt auch wegen der großen Medienwirksamkeit – ein höchst sensibles Feld.

Während der Geschädigte früher lediglich Zeuge und Beweismittel im Strafverfahren war, setzte die besondere Beachtung eines Opfers in Deutschland als eigenständige und mit eigenen Rechten ausgestattete Rechtspersönlichkeit erst Mitte der 1970er Jahre ein. Zu dieser Zeit gründete sich auch die Opferhilfevereinigung »Weißer Ring«, welche dazu beitrug, Aufgaben und Anliegen der Opferhilfe auf breiter Ebene publik zu machen.

Am 16. Mai 1976 trat das »Gesetz über die Entschädigung für Opfer von Gewalttaten (OEG)« in Kraft. Eine wesentliche Verbesserung des Opferschutzes im Strafrecht bzw. Strafverfahrensrecht folgte weiter durch das am 1. April 1987 in Kraft tretende »Erste Gesetz zur Verbesserung der Stellung des Verletzten im Strafverfahren (Opferschutzgesetz)«. Dadurch wurde der Geschädigte erstmals eigenständiger Prozessbeteiligter und erhielt das Recht zur Akteneinsicht. Dank des Zeugenschutzgesetzes vom 1. Dezember 1998 gab es zahlreiche Veränderungen der Strafprozessordnung (StPO), die u. a. den »Opferanwalt auf Staatskosten« möglich machten. Das seit 2002 geltende Gewaltschutzgesetz verbesserte vor allem die Situation von Opfern häuslicher Gewalt.

Dem im Laufe der letzten Jahre in Deutschland zunehmend gestärkten Opferschutz läuft leider ein massives Diktat der Quote in den Medien zuwider, das darüber hinaus Ermittlungen zu erschweren und sich nicht zuletzt auch auf den Verlauf spektakulärer Gerichtsverfahren auszuwirken droht. Diese Entwicklungen sind als höchst kritisch einzustufen, könnten sie doch rechtsstaatliche Errungenschaften und Garantien betreffend Opferschutz und Strafverfahren aushöhlen.

Nachfolgende Ausführungen widmen sich kriminologischen, psychotraumatologischen sowie juristischen Aspekten von Sexualdelikten.

8.1 Vorkommen und Häufigkeit von Sexualkriminalität in Deutschland

Im Jahr 2009 wurden in der Polizeilichen Kriminalstatistik (PKS) insgesamt 6 054 330 Delikte erfasst, von denen 3 368 879 aufgeklärt wurden. Der Anteil von Gewaltkriminalität in der BRD lag bei 208 446 Straftaten, was ca. 3 % aller Delikte entspricht. Die Wahrscheinlichkeit für eine in der BRD lebende Person, Opfer eines Gewaltverbrechens zu werden, liegt derzeit bei etwa 0,1875 %. Bei den Straftaten gegen die sexuelle Selbstbestimmung – einer Untergruppe der Gewaltdelikte – wurden im Jahr 2009 49 084 Fälle gezählt. Dies entspricht 0,81 % aller Straftaten. Für das Jahr 2009 weist die PKS allein 7314 Vergewaltigungen und Fälle sexueller Nötigung (§§ 177 II, III und IV; § 178 StGB) aus. Nicht selten gelangen aber auch Sexualdelikte ohne Körperkontakt, wie beispielsweise exhibitionistische Handlungen und die Erregung öffentlichen Ärgernisses (§§ 183, 183 a StGB), zur Anzeige. Die Zahl lag hier für das Jahr 2009 immerhin bei 7340 Fällen.

Die offiziellen Kriminalstatistiken der Strafverfolgungsbehörden umfassen lediglich die zur Anzeige gebrachten und polizeilich verfolgten Fälle. Die Fachwelt ist sich einig, dass es sich daher bei den statistisch erfassten Sexualstraftätern nur um einen Bruchteil aller Sexualstraftäter handelt, zumal Sexualdelikte mit ca. 10 % bis 15 % die geringste Anzeigerate aufweisen (vgl. Schwind, 2010; Göppinger, 2008; Gasch, 2010).

Die von den Kriminalbehörden der Bundesländer veröffentlichten Fälle werden auch gerne von den Medien aufgegriffen. Der Anteil der Gewaltkriminalität macht in der medialen Presseberichterstattung über Kriminalität 50 % und mehr aus. Die Diktatur der Quote führt damit zu einer enormen Verzerrung der öffentlichen Wahrnehmung, schürt die Furcht der Bevölkerung vor Kriminalität und unterstützt das Anliegen mancher Gewalttäter, die Medien als Plattform zur Selbstdarstellung und Verbreitung gefährlichen Gedankengutes zu nutzen, was im Übrigen Trittbrettfahrer zur Nachahmung animieren kann (vgl. Schwind, 2010).

Aus der Verurteilungsstatistik ist ablesbar, in wie vielen Fällen eine angezeigte Tat zur Verurteilung führte. Die Aufklärungsquote von Vergewaltigung und sexueller Nötigung – betreffend das gesamte deutsche Bundesgebiet – lag im Jahr 2009 laut PKS bei 81 %. Allerdings gelangen nicht alle Fälle, welche den Strafverfolgungsbehörden zur Kenntnis gelangen, vor Gericht, und so stimmen die Verurteilungsstatistiken weder mit den Strafverfolgungsstatistiken überein noch lassen sie einen Schluss auf die wahre Anzahl begangener Sexualdelikte oder von Sexualstraftätern zu. Tatsächlich ist es ein nahezu hoffnungsloses Unterfangen, sich ein Bild über das konkrete Ausmaß von Sexualstraftaten verschaffen zu wollen.

Die *vertrauliche Befragung* stellt derzeit noch die valideste Option dar, um zu Prävalenzdaten zu gelangen. Aus über 50 Studien, die weltweit in unterschiedlichen Gesellschaftsgruppen durch die Weltgesundheitsorganisation (WHO) durchgeführt wurden, geht hervor, dass etwa jede vierte Frau in ihrem Leben mindestens einmal Opfer einer Vergewaltigung oder einer sexuellen Nötigung geworden ist (Fiedler, 2004).

Eine aktuellere Studie von Kilpatrick et al. (2007) kommt auf der Grundlage einer Befragung von 5000 Frauen im Alter zwischen 18 und 86 Jahren zu dem Ergebnis, dass 18 % (ca. 20 Millionen) von 112 Millionen der in den USA lebenden Frauen im Laufe ihres Lebens Opfer einer Vergewaltigung wurden. Nur 16 % dieser Fälle wurden bei der Polizei angezeigt. Die Spannweite der anhand internationaler Befragungsstudien erfassten Missbrauchsfälle reicht bei Mädchen von 7 bis 36 % und bei Jungen von 3 bis 29 % (Fiedler, 2004). Die erheblichen Diskrepanzen zwischen den Zahlen der Statistiken der Strafverfolgungsbehörden und denen der im Rahmen wissenschaftlicher Studien durchgeführten Befragungen, denen unabhängig von einer Anzeige gemachte Selbstauskünfte von Opfern zugrunde liegen, zeigen deutlich auf, wie erheblich das Dunkelfeld betreffend Sexualdelikte ist.

Scham, wirtschaftliche Abhängigkeit, mangelnde Rechtskenntnisse und Beweisprobleme stellen besondere Hindernisse für ein Opfer dar, Täter anzuzeigen. Auch weiß man, dass mit zunehmendem Bekanntheitsgrad zwischen Täter und Opfer die Anzeigebereitschaft sinkt (Göppinger, 2008; Burgheim & Friese, 2008). PKS sowie Verurteilungszahlen bieten lediglich ein vages Abbild der objektiven Realität im Hinblick auf das gesamte Ausmaß der Sexualdelinquenz. Noch schwieriger wird eine Bezifferung der Sexualstraftaten, wenn man diverse Opfergruppen berücksichtigt.

8.2 Sexuelle Übergriffe auf spezielle Opfergruppen

Auf spezielle Gruppen, wie beispielsweise Kinder, Behinderte und ältere Menschen – besonders ältere Frauen –, zielende sexuelle Übergriffe weisen eine kaum mehr zu schätzende Dunkelziffer auf. Eine ebenfalls schwierige Situation ergibt sich im Zusammenhang mit Sexualdelikten, bei denen die Geschädigten aufgrund Alkohol- oder Drogenkonsums widerstandsunfähig waren bzw. vom Täter widerstandsunfähig gemacht wurden, damit er seine Tat begehen konnte.

8.2.1 Ältere Frauen als Opfer von Sexualdelikten

Im Rahmen einer Studie des Kriminologischen Forschungsinstituts Niedersachsen (KFN, 2005) wurde offenkundig, dass sich Exhibitionisten häufig auf Friedhöfen aufhalten, um sich vor älteren Frauen zu entblößen. Bundesweit waren es in der gesamten BRD im Jahr 2003 1000 ältere Opfer (Frauen), von denen ca. drei Viertel von Exhibitionismus bzw. Erregung öffentlichen Ärgernisses betroffen waren. Im Jahr 2008 stellten in ganz Deutschland gerade mal 146 Frauen im Alter von über 60 Jahren Anzeige wegen sexueller Nötigung.

Bei allen Formen von Sexualstraftaten werden Frauen ab dem 60. Lebensjahr seltener als Opfer polizeilich registriert als jüngere Frauen und weibliche Jugendliche. Dieser Unterschied ist besonders bei schweren Sexualdelikten eklatant. Im Rahmen der durch das KFN durchgeführten Interviews mit PraktikerInnen aus verschiedenen Institutionen zeigte sich weiter, dass es unter älteren Frauen Fälle langjährig wiederholter sexueller Gewalt durch Ehe- und Lebenspartner gibt, die der Polizei nicht bekannt werden. Ein großes Problem bei älteren weiblichen Opfern, speziell den Jahrgängen, welche den Krieg bzw. die Nachkriegszeit erlebten, ist die Tatsache, dass viele von ihnen damals schon Opfer von Sexualdelikten waren. Dass sie neuerlich Opfer werden, stellt damit gleichsam eine Reviktimisierung mit erheblichem Retraumatisierungspotential für diese Opfergruppe dar.

Fallbeispiel:
Im Februar 2004 verurteilt das Landgericht Bielefeld einen 21-jährigen Mann zu 9 Jahren und 6 Monaten Jugendstrafe. Der Mann war zweimal in eine stationäre Altenpflegeeinrichtung eingedrungen und hatte dort eine 86-jährige und eine 94-jährige Bewohnerin vergewaltigt. Er konnte aufgrund einer DNA-Analyse überführt werden.

8.2.2 Kinder als Opfer von Sexualdelikten

Beim sexuellen Missbrauch von Kindern lässt sich über die absoluten Zahlen der Fälle nur spekulieren, da die Opfer meist, wenn überhaupt, erst nach Jahren oder Jahrzehnten in der Lage sind, über ihre Missbrauchserfahrungen zu berichten. Außerdem entstammt die Mehrzahl der Täter in diesen Fällen dem sozialen Nahraum der Opfer. Es handelt sich dabei vor allem um Familienmitglieder, Nachbarn, Freunde der Familie, Babysitter und Erziehungs- sowie Autoritätspersonen (Haupt et al., 2003; Göppinger, 2008). Die Entscheidung darüber, ob Anzeige erstattet wird, wird darüber hinaus meist durch Eltern und Angehörige eines Opfers getroffen. Insofern hat die soziale Dynamik einen erheblichen Einfluss darauf, wenn ein Täter nicht bzw. nicht zeitnah zum Tatzeitpunkt bei den Strafverfolgungsbehörden angezeigt wird. Es besteht außerdem das Problem, dass der Ablauf der Verjährungsfrist eine strafrechtliche Verfolgung unmöglich macht. Laut PKS von 2009 wies die Zahl der Fälle sexuellen Missbrauchs von Kindern (§§ 176, 176a, 176b StGB) mit 11 319 Fällen den niedrigsten Stand seit 1993 auf.

Sexueller Missbrauch von Kindern und Jugendlichen durch Priester:

Eine umfassende Studie des amerikanischen Kriminalitätsforschungsinstituts John Jay College im Auftrag der katholischen Bischofskonferenz ergab, dass zwischen 1950 und 2002 knapp 4400 US-amerikanische Priester mindestens 11 000 Kinder und Jugendliche sexuell missbraucht hatten. Etwa 4 % der in diesem Zeitraum tätigen katholischen Kleriker in den USA wurden nach dieser Studie zum Sexualverbrecher. Wegen der Verjährungsfristen konnten nur wenige Fälle strafrechtlich verfolgt werden. Rechtskräftig verurteilt wurden lediglich 138 Priester (Gasch 2010; John Jay College of Criminal Justice, 2004, 2006).

8.2.3 Behinderte als Opfer von Sexualdelikten

Die Polizeiliche Kriminalstatistik (PKS) erfasst im Zusammenhang mit sexuellen Übergriffen sowie Delikten gegen die sexuelle Selbstbestimmung unter Ausnutzung eines Abhängigkeitsverhältnisses nicht explizit, inwieweit behinderte Menschen Opfer dieser Delikte wurden, weil körperliche oder geistige Behinderungen kein separates Erfassungskriterium der PKS darstellen. Es wird lediglich die Gesamtheit der Personen, die Opfer einer Straftat gemäß § 179 Nr. 1 und 2 StGB (Sexueller Missbrauch widerstandsunfähiger Personen) geworden sind, erfasst.

Weder international noch für Deutschland liegen repräsentative Studien vor, die Aussagen über sexuelle Gewalt gegen behinderte Menschen zulassen. Von der Fachhochschule für Sozialwesen Esslingen wurde 1994 eine bundesweite Fragebogenaktion durchgeführt, bei der MitarbeiterInnen von Einrichtungen für behinderte Menschen zum Thema befragt wurden (vgl. Noack & Schmid 1994). Ein Großteil der 308 beantworteten (von 874 versandten) Fragebögen kam aus Wohnheimen mit erwachsenen behinderten Menschen. Die Hälfte der Einrichtungen äußerte sich zum Thema sexuelle Gewalt in der Einrichtung, und es wurden insgesamt 443 weibliche Fälle und 131 männliche Fälle benannt. Danach wurden 574 betroffene behinderte Menschen aus 158 Einrichtungen Opfer von sexueller Gewalt in Institutionen. Bezogen auf die verschiedenen Altersgruppen verteilten sich die Opferzahlen wie folgt:

- 10,7 % Mädchen und 5,2 % Jungen,
- 8,7 % weibliche Jugendliche und 2,9 % männliche Jugendliche,
- 31,5 % Frauen und 16,6 % Männer.

Als ein Fazit kann festgehalten werden, dass geistig behinderte Mädchen und Frauen 2- bis 3-mal mehr Opfer von sexueller Gewalt werden als geistig behinderte Jungen und Männer. Kritisch anzumerken ist, dass die Erhebung von Noack und Schmid (1994) nur auf einem Fragebogen beruht, der sich an Fachkräfte in der Einrichtung richtete, aber keine direkte Befragung von Menschen mit geistiger Behinderung beinhaltete.

8.2.4 Aufgrund von Alkohol- oder Drogeneinfluss widerstandsunfähige Opfer

Es fällt auf, dass für Sexualdelikte auf der Täter- sowie auf der Opferseite überdurchschnittlich häufig Alkoholeinfluss eine Rolle spielt (Göppinger, 2008). Während die Alkoholisierungsrate im Durchschnitt für alle in Bezug auf Straftaten Tatverdächtigen bei unter 12 % liegt, beträgt sie bei den einer Sexualstraftat Verdächtigen etwa 25 %. Im Zusammenhang mit Vergewaltigung und sexueller Nötigung wird der Anteil der unter Alkohol stehenden Opfer mit ca. einem Drittel beziffert. Die Verurteilungsquote ist erfahrungsgemäß umso geringer, je stärker das Opfer zum Tatzeitpunkt alkoholisiert war.

Bezüglich der Viktimisierung von Opfern, die zum Tatzeitpunkt stark unter Drogen- oder Alkoholeinfluss standen, sowie möglicher Unterschiede in der Verarbeitung des Tatgeschehens – im Vergleich zu Sexualopfern, die nicht unter dem Einfluss die Widerstandsfähigkeit herabsetzender Substanzen wie beispielsweise Rohypnol standen –, liegen nur wenig Anhaltspunkte vor. Weit verbreitet ist die Ansicht, dass die Traumafolgesymptomatik für zum Tatzeitpunkt widerstandsunfähige Vergewaltigungsopfer weniger gravierend sei als für Opfer, die unter Einsatz roher physischer Gewalt vergewaltigt wurden (vgl. Resnick et al., 1993). In diesem Zusammenhang sollen die Erkenntnisse einer vergleichenden Studie aus den USA aus dem Jahr 2009 (von Brown et al.) vorgestellt werden:

Die unerwünschten sexuellen Erfahrungen von Betroffenen wurden in drei Gruppen aufgeteilt:
- »verbal coercion«: Geschädigte wurden in diese Gruppe eingeordnet, wenn sie

angaben, unerwünschten Geschlechtsverkehr (oral, vaginal oder anal) gehabt zu haben, da sie sich verbal unter Druck gesetzt und dadurch überrumpelt gefühlt hätten;
- *»incapacitated rape«:* Opfer dieser Variante des sexuellen Übergriffs berichteten davon, unerwünschten Geschlechtsverkehr gehabt zu haben, bei dem sie weder ihre Zustimmung gegeben hatten, noch Gegenwehr ausüben konnten, da sie unter dem Einfluss von Alkohol oder Drogen standen;
- *»forcible rape«:* In diese Kategorie fielen Opfer, wenn sie durch Bedrohung oder die Anwendung von physischer Gewalt zum unerwünschten Geschlechtsverkehr gezwungen wurden.

Eine erste Studie, die Brown et al. auswerten (Abbey et al., 2004), basierte auf einer Stichprobe von 265 Frauen im Alter von 18 bis 22 Jahren. Von den Untersuchungsteilnehmerinnen fielen 10,9 % unter die Kategorie der »Forcible-rape«-Opfer, 41,9 % konnten als »Incapacitated-rape«-Opfer und 47,2 % als »Verbal-coercion«-Opfer klassifiziert werden. Die drei Gruppen unterschieden sich erwartungsgemäß signifikant bezüglich der Intensität ihrer Traumafolgesymptomatik. Allerdings betraf der Unterschied zwischen Opfern von Vergewaltigungen, die unter Gewaltanwendung verübt worden waren (bei denen die Opfer nicht im beschriebenen Sinne widerstandsunfähig waren), und den zum Tatzeitpunkt widerstandunfähigen Opfern lediglich eine Subskala der *Cognitive Distortions Scale*, deren Werte bei Ersteren stark erhöht waren (vgl. Briere, 2000). Diese Subskala *(preoccupation with danger-subscale)* bezieht sich auf die generelle Annahme einer Person, dass die Welt sowie insbesondere zwischenmenschliche Beziehungen gefährlich seien. Bezüglich der Skalen »Selbstvorwürfe«, »Selbstkritik«, »Hilflosigkeit« und »Hoffnungslosigkeit« gab es hingegen keine Unterschiede. Beide Opfergruppen unterschieden sich deutlich von der Gruppe, die mittels verbalen Drucks »überrumpelt« wurde. Dieser Effekt konnte allerdings mittels multivariater Analyse kontrolliert werden: Da die Opfer bezüglich ihrer gravierendsten Erfahrung als Opfer befragt wurden, hatten die zu den Kategorien *forcible rape* und *incapacitated rape* zählenden Untersuchungsteilnehmerinnen eine erhöhte Ausprägung der Items angegeben – höher als die mittels verbalem Druck überrumpelten Opfer. Vor dem Hintergrund, dass dieses Phänomen auch eine Folge davon sein könnte, dass Personen durch *wiederholte* »Forced-rape«- und »Incapacitated-rape«-Viktimisierung hohe Werte aufweisen, wurde der Effekt multipler Viktimisierungen durch Sexualdelikte überprüft. Im Ergebnis zeigten sich im Hinblick auf die Traumafolgesymptomatik dann für alle drei Kategorien unerwünschter sexueller Erfahrungen nur unerheblich differierende Konsequenzen.

Die zweite Studie führten Brown et al. selbst mit einer Stichprobe von 1014 Frauen im Alter von 18 bis 30 Jahren aus der allgemeinen Bevölkerung durch. Von den Teilnehmerinnen berichteten 244 Frauen, einschlägige Erfahrungen gemacht zu haben. Es fielen 30,0 % unter die Kategorie der »Forcible-rape«-Opfer, 20,0 % konnten als »Incapacitated-rape«-Opfer und 50,0 % als »Verbal-coercion«-Opfer klassifiziert werden.

Weitere Ergebnisse der vergleichenden Studie von Brown et al. (2009) sind:

- Die Vergewaltigung bei durch Alkohol oder Drogen induzierter Widerstandsunfähigkeit ist in College-Stichproben weiter verbreitet als in der allgemeinen Bevölkerung.
- Die Traumafolgesymptomatik eines aufgrund von Alkohol- oder Drogenkonsum widerstandsunfähigen Opfers unterscheidet sich nicht signifikant von der eines mittels Bedrohung oder physischer Gewalt zum Geschlechtsverkehr gezwungenen Opfers.
- Zum Tatzeitpunkt widerstandsunfähige Vergewaltigungsopfer haben eine geringere Bereitschaft, den Täter anzuzeigen, als »Forcible-rape«-Opfer.
- »Forcible-rape«-Opfer gaben häufiger an, dass die Erfahrung ihr soziales Leben und ihre Partnerschaft beeinträchtige; auch suchten sie häufiger Hilfe bei Fachleuten als andere Vergewaltigungsopfer.
- Die Intensität der Traumafolgen von widerstandsunfähigen Opfern ließ ebenso wie die der »Forcible-rape«-Opfer über die Zeit nach. Bei Ersteren war die Abnahme allerdings weniger dramatisch und die Traumafolgen beider Gruppen lagen schließlich nach einiger Zeit auf einem Niveau.
- Zum Tatzeitpunkt widerstandsunfähige Opfer geben sich selbst mehr Schuld als »Forcible-rape«-Opfer, was sehr negative Folgen für die Bewältigung hat.

Brown et al. (2009) schlussfolgern, dass es gerechtfertigt sei, die Vergewaltigung mittels Drohung und physischer Gewalt sowie die Vergewaltigung Widerstandsunfähiger zu einer Kategorie zusammenzufassen.

8.3 Juristische Systematik der Sexualdelikte

8.3.1 Einführung

Das Sexualstrafrecht umfasst die Strafnormen für Verhaltensweisen mit Sexualbezug. Nach mittlerweile herrschender Auffassung dient das Sexualstrafrecht insbesondere dem Schutz der individuellen sexuellen Selbstbestimmung. Diese Selbstbestimmung ist Teil des allgemeinen, der Menschenwürde entspringenden Persönlichkeitsrechts. Sie ist in vielfältiger Weise mit der intellektuellen, moralischen und sozialen Identität der Person verknüpft.

8.3.2 Materielles Recht im Überblick

Kern des 13. Abschnitts des Strafgesetzbuchs ist die sexuelle Selbstbestimmung, also die Freiheit der Person, über Ort, Zeit, Form und Partner sexueller Betätigung zu entscheiden (vgl. Fischer, 2011, Vor § 174, Rn. 5).

Das Sexualstrafrecht diente vormals wesentlich dem Schutz der öffentlichen Sittlichkeit (Sittlichkeitsdelikte), der Gesellschaftsordnung, der Ehre der Familie und der Ehe. Man denke in diesem Zusammenhang an die Strafbewehrung (das Unter-Strafe-Stehen) homosexueller Kontakte, die zunächst 1973, erst aber 1994 durch das 29. Strafrechtsänderungsgesetz vollständig aus dem Strafrecht getilgt wurde, oder daran, dass Vergewaltigung in der Ehe bis zum Jahr 1997 nicht strafbar war. Derartige Überlegungen sind mit einem modernen Verständnis des Strafrechts nicht zu vereinbaren. Insbesondere sind Rechtfertigungsstrategien im Zusammenhang mit sog. »Ehrenmorden«, wonach die Tat ausschließlich zum Schutz der »Ehre« der Familie und zur Wiederherstellung eines sittlichen Zusammenlebens gedient habe, nach diesem modernen Verständnis nunmehr in keiner Weise geeignet, einen Rechtfertigungsgrund darzustellen oder die Strafhöhe zu mildern. Ein Überbleibsel derartiger tradierter Ansichten stellt im Übrigen nach herrschender Ansicht in der Literatur die Bestrafung des Beischlafs zwischen Verwandten gemäß § 173 StGB dar.

Allerdings hat der Gesetzgeber in den letzten Jahren in diesem Bereich zahlreiche Reformen durchgeführt, die zu einer erheblichen Erhöhung der Strafdrohungen (des Strafrahmens) und der Ausweitung der Anwendungsbereiche zahlreicher Delikte geführt hat. Insbesondere werden neuerdings auch Handlungen unter Verwendung der technischen Möglichkeiten des Internets verfolgt. Diese Erweiterungen erfolgten auch aufgrund europäischer Vorgaben.

Sexualdelikte im weiteren Sinne findet man auch außerhalb des 13. Abschnitts des StGB; ein Beispiel ist der Mord zur Befriedigung des Geschlechtstriebs, § 211 Abs. 2, Gruppe 1 Var. 2 StGB (vgl. hierzu die psychologisch wie juristisch interessante Konstellation der Tötung zur späteren Befriedigung des Geschlechtstriebs – »Kannibalen-Fall«, BGH, Urteil vom 22.4.2005 – 2 StR 310/04).

Äußerst praxisrelevant ist auch die Beleidigung auf sexueller Grundlage, die unter den Straftatbestand der Beleidigung gemäß § 185 StGB gefasst wird. Dieser Tatbestand dient de facto als Auffangtatbestand, sollte die Erheblichkeitsschwelle, auf die später noch einzugehen ist, nicht überschritten worden sein. Bei einem Auffangtatbestand handelt es sich um eine Norm, die dann anwendbar ist, wenn alle anderen spezielleren Straftatbestände nicht eingreifen.

In der polizeilichen Praxis relevant sind weiter auch die Tatbestände zur Bekämpfung des Menschenhandels, §§ 232, 233 StGB. Diese dienen auch zum Schutz vor Ausbeutung des menschlichen Körpers zur Sexarbeit. Der sogenannte »Stalking-Paragraph«, § 238 StGB, geht hier viel weiter, er schützt die Freiheit der Person, dabei insbesondere deren Lebensgestaltung.

Weiter sind auch im Nebenstrafrecht Bezüge zum Sexualstrafrecht zu finden, wie beispielsweise in §§ 15, 27 Jugendschutzgesetz oder im Bereich unerlaubter Prostitution im Ordnungswidrigkeitenrecht.

8.3.3 Einteilung der Sexualdelikte im eigentlichen Sinne

Die Delikte des 13. Abschnitts des StGB lassen sich in sechs Gruppen einteilen (vgl. hierzu auch Gössel, 2005, § 1, Rn. 6ff.):

a) In den Tatbeständen der §§ 177, 178 StGB wird die Freiheit der sexuellen Selbstbestimmung vor einer Beeinträchtigung durch die Ausübung oder Androhung von Gewalt geschützt.

b) Handlungen, die sich gegen die sexuelle Selbstbestimmung durch Missbrauch Widerstandsunfähiger richten, werden in § 179 unter Strafe gestellt.

c) Beeinträchtigungen sowohl der sexuellen Selbstbestimmung des Einzelnen als auch – und zugleich – des Vertrauens der Allgemeinheit in die Integrität staatlich organisierter, geregelter oder auch nur zugelassener Abhängigkeitsverhältnisse lassen sich einer dritten Gruppe zuordnen (z.B. sexueller Missbrauch Schutzbefohlener, § 174 StGB; sexueller Missbrauch unter Ausnutzung eines Beratungs-, Be-

handlungs- oder Betreuungsverhältnisses, § 174 c StGB).
d) Die Tatbestände der vierten Gruppe erfassen Beeinträchtigungen der sexuellen Selbstbestimmung durch ein bestimmtes Tatmittel, welches im Missbrauch faktischer Herrschaft über andere besteht (z. B. Förderung der Prostitution, § 180 a StGB).
e) Beeinträchtigungen der individuellen sexuellen Selbstbestimmung durch das Tatmittel eines Eingriffs in die ungestörte sexuelle Entwicklung von Kindern oder Jugendlichen lassen sich einer fünften Gruppe zuordnen (z. B. sexueller Missbrauch von Kindern, §§ 176, 176 a, 176 b StGB).
f) Einer letzten Gruppe lassen sich abstrakte Gefährdungen der sexuellen Selbstbestimmung zuweisen wie das belästigende Aufdrängen von sexuellen Vorgängen und Darstellungen (z. B. Exhibitionismus, § 183 StGB).

8.3.4 Was ist unter sexuellen Handlungen zu verstehen?

Der Anwendungsbereich des Begriffs »sexuelle Handlungen« wird von § 184 g StGB abgesteckt. Eine Definition von sexuellen Handlungen liefert der Paragraph selbst allerdings nicht, die Bedeutung wird vielmehr vorausgesetzt.

Sexuell ist eine Handlung, die das Geschlechtliche im Menschen zum unmittelbaren Gegenstand hat, und zwar unter Einsatz des eigenen oder eines fremden Körpers (vgl. Fischer, 2011, § 184 g, Rn. 2). Sexualbezogene Reden sowie das Vorzeigen und Betrachten sexueller Darstellungen sind grundsätzlich keine solchen sexuellen Handlungen.

§ 184 g Nr. 1 StGB fordert als Einschränkung des Anwendungsbereichs einige Erheblichkeit der sexuellen Handlung im Hinblick auf das geschützte Rechtsgut. Problematisch hierbei sind beispielsweise bloße Küsse oder auch Grapschereien. Je nach Fallkonstellation kann es sein, dass solche Handlungen die Erheblichkeitsschwelle nicht überschreiten, so dass und unter Umständen eine Strafbarkeit entfällt. Allerdings kann hier § 185 StGB (Beleidigung) angewendet werden.

§ 184 g Nr. 2 StGB stellt klar, dass sexuelle Handlungen vor einem anderen nur solche sind, wenn dieser den Vorgang auch tatsächlich wahrnimmt.

8.3.5 Einzelne Delikte im Detail

Im Folgenden sollen nur einige der zentralen Delikte überblicksartig beleuchtet werden.

Sexuelle Nötigung und Vergewaltigung

Die zentralen Tatbestände im Zusammenhang mit Sexualdelikten sind der der sexuellen Nötigung und der der Vergewaltigung nach § 177 StGB. Die sexuelle Nötigung ist hierbei das Grunddelikt, die Vergewaltigung ein strafschärfendes Regelbeispiel. Regelbeispiele beschreiben besondere Deliktformen, die bei ihrem Vorliegen dem Gericht einen Ermessensspielraum eröffnen, eine höhere Strafe auszusprechen. Bei beiden Deliktformen wird das Opfer jeweils durch Gewalt oder durch Drohung mit Gewalt zur Vornahme oder Duldung sexueller Handlungen gezwungen. Der Unterschied liegt in der Art der erzwungenen Handlung. Bei der Vergewaltigung (§ 177 Abs. 2 Nr. 1 StGB) besteht sie in der Form des Beischlafs (Eindringen in den Körper), es handelt sich hierbei um ein strafschärfendes Regelbeispiel, während sie bei der sexuellen Nötigung (§ 177 Abs. 1 Nr. 1) auf das Erzwingen von sexuellen Handlungen, die aber kein Geschlechtsverkehr sind, gerichtet ist. Bei der sexuellen Nötigung ist somit ein Körperkontakt keine zwingende Voraussetzung, im Rahmen des § 177 Abs. 2 Nr. 1 StGB (Vergewaltigung) aber sehr wohl. § 177 Abs. 1 postuliert eine Strafdrohung von nicht unter einem Jahr Freiheitsstrafe, Abs. 2 nicht unter zwei Jahren Freiheitsstrafe.

Bei § 177 Abs. 3 und Abs. 4 handelt es sich jeweils um strafschärfende Qualifikationen. Eine Qualifikation erhöht bei ihrem Vorliegen – wie ein Regelbeispiel – ebenfalls den Strafrahmen. Das Gericht hat aber keinen Ermessensspielraum, sondern muss den höheren Strafrahmen anwenden. Wenn der Tatbestand von § 177 Abs. 3 erfüllt ist, spricht die Rechtssprechung im Schuldspruch von »schwerer Vergewaltigung«; es geht hier um Handlungen, bei denen bei der Tat Waffen und gefährliche Werkzeuge (Abs. 3 Nr. 1) bzw. Werkzeuge in »Verwendungsabsicht« (Abs. 3 Nr. 2) mitgeführt wurden oder eine konkrete Gesundheitsgefährdung durch die Tat geschehen ist (Abs. 3 Nr. 3). Für Taten des § 177 Abs. 3 wird ein erhöhtes Strafmaß von nicht unter drei Jahren angedroht; Grund hierfür ist die größere Gefährlichkeit für das Opfer und das damit verbundene größere Unrecht.

Bei § 177 Abs. 4, wo es um »besonders schwere Vergewaltigung« geht, sind dagegen Waffen oder gefährliche Werkzeuge bei der Tat *tatsächlich verwendet* worden (Abs. 4 Nr. 1). Ebenfalls einbezogen sind Tathandlungen, die eine schwere körperliche Misshandlung (Abs. 4 Nr. 2a) darstellen. Die körperliche Integrität des Opfers muss hierbei in einer Weise beeinträchtigt sein, die mit erheblichen Schmerzen verbunden ist (Fischer, 2011). Schließlich wirkt auch strafschärfend, wenn für das Opfer eine konkrete Lebensgefährdung vorliegt (Abs. 4 Nr. 2a). Es wird eine Freiheitsstrafe von nicht unter fünf Jahren angedroht.

Bezüglich der Absätze 1, 3 und 4 ist auch die Anwendung der Definition eines minder schweren Falls möglich, was die Strafe erheblich senken kann. Die Prüfung ist insbesondere dann für das Gericht angezeigt, wenn die Erheblichkeitsschwelle des § 184g StGB nur knapp überschritten wurde.

Geschützt ist, wie bereits ausgeführt, die sexuelle Selbstbestimmung, somit ist ein *einverständlicher* Geschlechtsverkehr bereits tatbestandsausschließend. Damit der Tatbestand der Vergewaltigung vorliegt, muss das Opfer während einer solchen Tat zumindest im Ansatz dem Täter den entgegenstehenden Willen kundgetan haben.

Fallbeispiel
Nicht einverständlicher Geschlechtsverkehr. BGH, Beschluss vom 22.11.2006 – 2 StR 382/06 (LG Bonn)
Zum Sachverhalt: Nach den Feststellungen des Landgerichts (LG) hat der Angeklagte gegen den Willen der Geschädigten mit dieser den Geschlechtsverkehr ausgeführt. Er stellte sich hinter sie, fasste ihr unter der Bekleidung an die Brust und zog ihr Jeans und Schlüpfer herunter. Die Geschädigte war dadurch völlig überrascht, versuchte, die Hose festzuhalten, hatte aber nicht die Kraft dazu. Während der Angeklagte sie umfasste und den Geschlechtsverkehr ungeschützt von hinten vollzog, versuchte sie mehrfach, ihn durch Rückwärtsbewegungen ihrer angewinkelten Arme von sich wegzuschieben, was der Angeklagte auch registrierte. Das LG konnte jedoch nicht feststellen, ob der Angeklagte diesen Wider-

stand durch Kraft überwinden musste; möglicherweise stellte die Geschädigte ihre Abwehrbewegungen auch, erstarrt, ein.

Das LG konnte sich angesichts des Umstands, dass die durch das Tatgeschehen massiv psychisch beeinträchtigte Geschädigte »zum Kerngeschehen nur äußerst rudimentär Angaben machen konnte«, nicht davon überzeugen, dass der Angeklagte ein Nötigungsmittel eingesetzt hatte, um den ihm entgegengebrachten oder erwarteten Widerstand des Opfers zu überwinden oder von vornherein zu verhindern. Da somit aufgrund der Beweisaufnahme ein Widerstand des Opfers nicht festzustellen war, wurde der Angeklagte von dem Landgericht in erster Instanz freigesprochen.

Abschließend ist zu erwähnen, dass selbstverständlich beim Täter auch Vorsatz hinsichtlich der Begehung des objektiven Tatbestands vorhanden sein muss.

Sexueller Missbrauch von Kindern

§ 176 StGB stellt den sexuellen Missbrauch von Kindern unter Strafe. Absatz 1 klärt, was im Sinne des Paragraphen sexueller Missbrauch ist: »Wer sexuelle Handlungen an einer Person unter vierzehn Jahren (Kind) vornimmt oder an sich von dem Kind vornehmen lässt, wird mit Freiheitsstrafe von sechs Monaten bis zu zehn Jahren bestraft.« Ebenfalls wird – gemäß § 176 Abs. 2 StGB – bestraft, wer das Kind *dazu bestimmt*, diese Handlungen an einem Dritten vorzunehmen oder von diesem an sich vornehmen zu lassen. Als »Kind« ist gemäß Abs. 1 (s. o.) eine Person unter 14 Jahren definiert.

§ 176 Abs. 4 StGB beschreibt Tathandlungen ohne Körperkontakt. Abs. 4 Nr. 1 bestraft das Vornehmen sexueller Handlungen vor einem Kind. Das Kind muss den Vorgang hierbei wahrnehmen (vgl. § 184 g Nr. 2 StGB), muss sich aber seiner sexuellen Bedeutung nicht bewusst sein. § 176 Abs. 4 Nr. 2 StGB stellt unter Strafe, wenn ein Kind dazu bestimmt wird, sexuelle Handlungen vorzunehmen. Seit der Ausweitung der Norm zum 31.10.2008 ist auch unstreitig erfasst, wenn ein Kind dazu bestimmt wird, für pornographische Bildaufnahmen zu posieren. Es sind nun sexuelle Handlungen jeder Art erfasst, die das Kind auf Veranlassung des Täters vornimmt (vgl. Fischer, 2011).

Schließlich beschreibt Abs. 4 Nr. 3 ein Einwirken durch Schriften, um das Kind zu sexuellen Handlungen zu bringen. Die Schriften müssen nicht pornographisch sein, auch täuschende Inhalte gelten als Verstoß gegen das Gesetz. Die Gesetzesbegründung nennt hier als Beispiel, wenn Kinder »durch Tricks« zu Treffen verleitet werden. Gemeint ist hierbei insbesondere das »Cyber-Grooming«, nämlich die Kontaktaufnahme über Chat, E-Mail und soziale Netzwerke, wobei der Täter regelmäßig ein falsches Alter vorgibt.

Abs. 4 Nr. 4 stellt ein Vorzeigen pornographischer Abbildungen oder Darstellungen, das Abspielen von Tonträgern pornographischen Inhalts oder entsprechende Reden jeweils gegenüber einem Kind unter Strafe.

Um einen *schweren sexuellen Missbrauch von Kindern* gemäß § 176 a StGB handelt es sich, wenn der Täter innerhalb der letzten fünf Jahre bereits wegen sexuellen Missbrauchs von Kindern verurteilt worden ist (Abs. 1) oder wenn »eine Person über achtzehn Jahren mit dem Kind den Beischlaf vollzieht oder ähnliche sexuelle Handlungen an ihm vornimmt oder an sich vornehmen lässt, die mit einem Eindringen in den Körper verbunden sind« (Abs. 2).

Sexueller Missbrauch von Schutzbefohlenen

Die Regelungen zum sexuellen Missbrauch von Schutzbefohlenen (§ 174 StGB) beziehen sich auf den Schutz der sexuellen Selbstbestimmung und ungestörter sexueller Entwicklung von Kindern und Jugendlicher innerhalb bestimmter Abhängigkeitsverhältnisse, die in typischer Weise die Gefahr der Ausnutzung durch die Autoritätsperson aus sexuellen Motiven begründen. Der Straftatbestand des § 174a StGB regelt den Umgang mit Fällen sexuellen Missbrauchs von Gefangenen, behördlich Verwahrten oder Kranken und Hilfsbedürftigen in Einrichtungen und § 174b StGB den sexuellen Missbrauch unter Ausnutzung einer Amtsstellung. Die Ausnutzung eines Beratungs-, Behandlungs- oder Betreuungsverhältnisses zum Zweck des sexuellen Missbrauchs stellt § 174c StGB unter Strafe. Insbesondere betrifft dies auch den Missbrauch in einem psychotherapeutischen Behandlungsverhältnis durch einen ärztlichen oder psychologischen Psychotherapeuten (§ 174c Abs. 2 StGB).

8.3.6 Problematik der Verjährung bei Sexualdelikten

Verjährungsfristen (vgl. § 78 StGB) stellen im Zusammenhang mit Sexualdelikten auch in Deutschland ein besonderes Problem dar und sind eine »Wissenschaft für sich«. Im Strafverfahren betragen sie je nach Tatbestand zwischen fünf und dreißig Jahre. Bei minderjährigen Vergewaltigungsopfern ruht die Frist bis zur Vollendung des 18. Lebensjahres (vgl. § 78b Abs. 1 Nr. 1 StGB). Für die Berechnung der Verjährung ist es nicht nur wichtig, wann die Tat passiert ist, sondern auch, welche Strafvorschrift zum Tatzeitpunkt galt. Nach Art. 103 Grundgesetz muss eine Strafvorschrift nämlich zum Zeitpunkt der Tat in Kraft getreten sein.

Derzeit gibt es aufgrund zahlreicher Missbrauchsskandale eine rechtspolitische Diskussion über die Erweiterung der Verjährungsfristen. Diese Diskussion ist bislang nicht abgeschlossen.

In den letzten Jahren gab es zahlreiche Änderungen im Strafgesetzbuch. Verjährungsfristen sollten daher nur durch einen Rechtsanwalt oder Staatsanwalt berechnet werden (vgl. Weiner & Haas, 2009).

8.3.7 Anzeigeerstattung und Ermittlungsverfahren

Eine Anzeige kann gemäß § 152 Abs. 1 StPO bei der Polizei oder bei der Staatsanwaltschaft erfolgen. Die Polizei ermittelt den Sachverhalt, die Staatsanwaltschaft ist Herrin des Ermittlungsverfahrens und entscheidet über eine Anklage oder Einstellung des Verfahrens. Für die Frage, wie die Staatsanwaltschaft den Fall weiter behandelt, ist insbesondere das Ergebnis der zuvor vorgenommenen rechtlichen Einordnung entscheidend.

Ob eine Anzeige erstattet werden soll, ist je nach Fallkonstellation eine schwierige Frage. Je nach psychischer Konstitution des Opfers können das Durchleben eines Ermittlungsverfahrens und des anschließenden Gerichtsverfahrens sowie gegebenenfalls der Weg durch Rechtsmittelinstanzen auf die Gesundheit negative Auswirkungen haben. Dies ist zuvor zu bedenken.

Bei der Anklage vor dem Amtsgericht (Straferwartung bis vier Jahre Freiheitsstrafe) führt das Rechtsmittel der Berufung zu einer kompletten Wiederholung der Tatsachenfeststellung vor der kleinen Strafkammer des Landgerichts; der nächste

Schritt wäre dann die Revision vor dem Oberlandesgericht, wobei lediglich eine rein rechtliche Überprüfung vorgenommen wird. Bei einer Anklage vor dem Landgericht gibt es als Rechtsmittel nur die Revision zum Bundesgerichtshof.

8.3.8 Gerichtliches Verfahren

Spätestens wenn es zu einer Anklage kommen sollte, empfiehlt es sich für Opfer eines Sexualdelikts, sich als Nebenkläger(in) am Prozess zu beteiligen. Gemäß § 395 Abs. 1 Nr. 1 Strafprozessordnung ist dies bei den hier behandelten Delikten immer möglich. Gemäß § 397a StPO kann ein sogenannter Opferanwalt auf Staatskosten hinzugezogen werden.

Das Gericht hat im Strafverfahren dem Amtsermittlungsgrundsatz zu folgen, was bedeutet, dass es selbst alle rechtlich zulässigen Möglichkeiten nutzen sollte, um die Wahrheit zu ermitteln. Sowohl Staatsanwaltschaft als auch Verteidigung können allerdings auch Beweisanträge stellen. Das bedeutet, dass unter Umständen auch ein behandelnder Psychotherapeut als sachverständiger Zeuge geladen werden kann. Der Therapeut ist dabei ein Zeuge mit besonderem Fachwissen, aber kein Sachverständiger, zumal er aufgrund des therapeutischen Bündnisses mit seinem Patienten nicht im selben Maße wie ein vom Gericht beauftragter Sachverständiger neutral ist. Hierbei ist insbesondere das Zeugnisverweigerungsrecht gemäß § 53 Abs. 3 Nr. 3 StPO zu beachten. Im Hinblick auf die Schweigepflicht gemäß § 203 StGB und die einschlägigen berufrechtlichen Regelungen ist daher vor einer Aussage vom Patienten eine Entbindung von der Schweigepflicht zu erbitten.

8.3.9 Opferschutz

Der Gedanke des Opferschutzes hat sich insbesondere in diesem Deliktsbereich in den letzten Jahren in der Gesetzgebung durchgesetzt. Entsprechend gibt es in Bezug auf Strafprozesse verschiedene Verbesserungen. Beispielsweise wurden die Möglichkeiten der Nebenklage und deren Rechte erweitert. Auf die Möglichkeit, auf Staatskosten einen Opferanwalt hinzuzuziehen, wurde bereits im Abschnitt »Gerichtliches Verfahren« hingewiesen.

Weiter wurden Alternativen der Vernehmung des Opfers in die Prozessordnung integriert, um ein Aufeinandertreffen des Opfers mit dem Täter weitestgehend zu vermeiden. Dies entspricht allerdings nicht immer der Erfahrung in der Praxis. Zwar wurden von Polizei und Justiz beispielsweise spezielle Vernehmungszimmer mit Videoübertragung eingeführt oder Opferschutzbeauftragte benannt. Dennoch werden derartige Möglichkeiten aufgrund erhöhten Aufwands für die Hauptverhandlung und Unsicherheit in der Rechtsanwendung häufig vernachlässigt.

Weiter gibt es die Möglichkeit, im Rahmen des Adhäsionsverfahrens gemäß §§ 403 ff. StPO Schadensersatzansprüche bereits im Strafverfahren geltend zu machen, beispielsweise von Heilbehandlungkosten, ohne dass es einer Klage vor einem Zivilgericht bedarf. Hier wurde in den letzten Jahren insbesondere die Möglichkeit der Ablehnung eines solchen Verfahrens durch das Gericht verringert.

Zudem besteht ein sozialrechtlicher Anspruch auf Gewährung finanzieller Hilfe für Opfer einer Straftat aufgrund des Opferentschädigungsgesetzes. Diese Möglichkeit dient dazu, Opfer vor dem möglichen

Verlust ihrer wirtschaftlichen Existenz zu bewahren. Allerdings verlangen hier die zuständigen Versorgungsämter in den jeweiligen Bundesländern mitunter zahlreiche Nachweise. Insbesondere wird in der Praxis regelmäßig die Erstattung einer Anzeige verlangt, obwohl dies das Gesetz nicht zwingend voraussetzt, sondern einen Ermessensspielraum eröffnet.

8.3.10 Zivilrechtliche Aspekte

Abschließend sollen noch zivilrechtliche Ansprüche erwähnt werden.

Schadensersatzansprüche gemäß § 825 BGB »Bestimmung zu sexuellen Handlungen« bzw. §§ 823, 253 BGB können vor den Zivilgerichten geltend gemacht werden. Hier ist allerdings zu beachten, dass die Beweislast im Zivilprozess grundsätzlich dem Geschädigten obliegt. Dies ist aber wiederum im Falle einer vorherigen strafgerichtlichen Verurteilung des Täters meist unproblematisch. Weiter ist zu beachten, dass derartige Ansprüche aus Delikten gemäß § 195 BGB nach drei Jahren verjähren. Allerdings ist die Verjährung gemäß § 208 BGB bis zum 21. Lebensjahr bzw. bis zum Beenden einer häuslichen Gemeinschaft »gehemmt« und beginnt dann zu laufen; mit dem Beenden einer häuslichen Gemeinschaft ist beispielsweise der Auszug des Kindes aus dem Elternhaus gemeint. Derzeit wird in der Rechtspolitik diskutiert, insbesondere die zivilrechtliche Verjährung auf dreißig Jahre zu verlängern.

Ebenfalls bestehen Schutzrechte nach dem Gewaltschutzgesetz bzw. nach den §§ 823, 1004 BGB, wonach gegen einen Täter das Verbot ausgesprochen werden kann, sich dem Opfer zu nähern.

Des Weiteren sieht § 15 in Verbindung mit §§ 7, 12 des Allgemeinen Gleichbehandlungsgesetzes einen Schadensersatzanspruch des Arbeitnehmers gegenüber dem Arbeitgeber vor, wenn Letzterer ihn nicht vor sexueller Belästigung am Arbeitsplatz schützt.

8.3.11 Opferanwalt

Es empfiehlt sich die frühzeitige Konsultation eines in diesem Rechtsgebiet erfahrenen Rechtsanwalts. Das Opferschutzrecht hat sich in den letzten Jahren zu einer eigenständigen Rechtsmaterie entwickelt, daher gibt es mittlerweile verschiedene Dienstleister, die hier tätig sind. Rechtsanwälte mit Schwerpunkt in diesem Rechtsgebiet werden landläufig Opferanwälte genannt. Opferanwälte werden u. a. durch die örtlichen Rechtsanwaltskammern oder den Weißen Ring vermittelt.

Ein Opferanwalt sollte eine fundierte Kenntnis im Opferentschädigungsgesetz haben und das Opfer zudem möglichst umfassend über etwaige zivilrechtliche Schadensersatzansprüche aufklären können sowie mit den Bestimmungen des Adhäsionsverfahrens vertraut sein. Nicht jedes Opfer ist in der Lage, im Rahmen einer Nebenklage die Konfrontation mit dem Täter auszuhalten oder sich gar mit ihm über vermögensrechtliche Fragen auseinanderzusetzen. Viele Opfer verzichten lieber auf alle Ansprüche, als dem Täter noch einmal gegenüberzustehen. Insoweit trifft den Opferanwalt die Verpflichtung, dem Opfer bewusstzumachen, dass er das Opfer in vermögensrechtlichen Fragen vertreten und eine Konfrontation so verhindert werden kann.

Das Gleiche gilt für die Tätigkeit im Strafprozess. Hier muss das Opfer über die Möglichkeit aufgeklärt werden, dass während seiner Vernehmung der Täter oder auch die Öffentlichkeit ausgeschlossen werden können. Gleichzeitig sollte natürlich der Hinweis erfolgen, dass diese verfahrenrechtlichen Möglichkeiten des Opferschutzes unter revisionsrechtlichen Gesichtspunkten problematisch sein können. Auf jeden Fall muss der Opferanwalt dafür Sorge tragen, dass das Opfer vor und nach der Zeugenvernehmung betreut wird. Hierzu kann es erforderlich sein, Kontakt zu den Zeugenbegleitprogrammen der einzelnen Landgerichte aufzunehmen.

8.4 Taterleben und unmittelbare Folgen bei Vergewaltigung und sexueller Nötigung

Bisherige wissenschaftliche Betrachtungen zum Erleben der Tat versäumen es meist, Intentionen und unmittelbare Reaktionen des Täters auf Verhaltensmuster des Opfers während der Tathandlung mit einzubeziehen. Die folgenden Ausführungen nehmen daher zunächst einmal das Erleben der Tatsituation selbst in den Blick, wobei auch Aspekte der Täter-Opfer-Interaktion berücksichtigt werden. Im Anschluss daran erfolgt eine Beschreibung der kurz- und mittelfristigen Folgen einer Vergewaltigung bzw. einer sexuellen Nötigung.

Für jedes Opfer bedeutet eine Vergewaltigung oder eine sexuelle Nötigung, unabhängig vom Geschlecht, eine massive Verletzung seiner körperlichen Integrität und Persönlichkeit. Die Erfahrungen des Opfers bei Vergewaltigung wie Missbrauch stimmen mit traumatisierenden Erlebnissen nach DSM-IV-TR in typischen Merkmalen überein; dazu gehören z. B. das Erleben von Todesangst, Ekel, die Unmöglichkeit der Gegenwehr und das Fehlen einer Fluchtmöglichkeit. Die Tatsituation bedeutet insofern für viele Geschädigte auch ein mit Kontrollverlust und Hilflosigkeit einhergehendes Erleben.

In unmittelbarem Zusammenhang damit steht auch die Frage, ob sich das Opfer gegen den Täter zur Wehr setzen soll oder nicht (Widerstandsdilemma). Die Verhaltensmuster der Opfer sind dabei höchst unterschiedlich. Wie eine auf der Basis polizeilicher Ermittlungsakten von 415 Delikten durchgeführte Studie zur Täter-Opfer Interaktion bei Sexualdelikten (Burgheim & Friese, 2008) aufzeigt, führen energische verbale oder körperliche Reaktionen des Opfers eher dazu, den Täter von seinen Absichten abzuhalten. Auf der anderen Seite birgt dies in wenigen Fällen aber auch die Gefahr, die Aggressionen des Täters noch zu steigern. Tabelle 1 zeigt, zu welchen Reaktionen des Täters die jeweilige

Tab. 1: Reaktion des Täters auf Widerstandshandlungen des Opfers (nach Burgheim & Friese, 2008)

Widerstandshandlung des Opfers	Täterreaktion auf Widerstand des Opfers (n = 308)		
	Ablassen vom Opfer	Keine Reaktion	Verstärkte Gewalt
Keine/unbekannt (29 %)	20,5 %	71,8 %	7,7 %
Weinen/reden (28 %)	16,2 %	75,2 %	8,6 %
Schreien/drohen (6,7 %)	67,9 %	7,1 %	25,0 %
Fluchtversuch bzw. Wegstoßen (22,0 %)	45,6 %	27,8 %	26,7 %
Attackieren (8 %)	44,1 %	20,6 %	35,3 %

Widerstandshandlung des Opfers führte. Nach den Ergebnissen dieser Untersuchung leisteten 29 % der Opfer keinen Widerstand. Ältere Opfer wehrten sich später und ließen die sexuellen Übergriffe zunächst geschehen – meist in der Hoffnung, den Täter so dazu zu bewegen, nicht verstärkt Gewalt einzusetzen. Zu dieser kognitiven Copingstrategie in der Tatsituation neigte die Gruppe der über 44 Jahre alten Opfer, die überhaupt keinen Widerstand leistete, zu über 39 %. Die unterschiedlichen bisherigen Gewalterfahrungen der einzelnen Altersgruppen konnten nicht mit dem Widerstandsverhalten in Verbindung gebracht werden. Ein weiteres Ergebnis der Untersuchung war, dass mit verstärkter Gewalt zu rechnen ist, wenn der Täter eine partnerschaftliche Vorbeziehung zum Opfer (als Lebenspartner) hatte. Burgheim & Friese (2008) stellen fest, dass das Alter möglicherweise einen nur mittelbaren Einfluss auf die Gewaltbereitschaft des Täters hat. Vielmehr sei zu bedenken, dass eine längere und/oder intensivere Vorbeziehung die Basis bzw. der eigentliche »Motor« für die Gewalttätigkeit sein könne.

Erste Reaktionen nach einem sexuellen Übergriff reichen bei den Geschädigten von einem nach außen hin als gelassen und kontrolliert erscheinenden bis zu einem Verhalten, das schwere Erschütterung anzeigt und unkontrolliert ist. Ihre Empfindung beschreiben die Opfer meist als »unwirklich« und »erstarrt«. Nicht selten schwindet in der ersten Schockphase, die einige Stunden bis Wochen andauern kann, das Gefühl für die Zeit. Kaum ein Vergewaltigungsopfer ist in der Lage, sofort nach der Tat bzw. in dieser Schockphase Beweismittel für ein mögliches späteres Strafverfahren zu sichern. Eine typische Verhaltensweise nach einer Vergewaltigung oder nach sexuellem Missbrauch ist vielmehr, sich »reinigen« zu wollen, verbunden mit dem Versuch, so bald als möglich Spuren der Tat z. B. durch exzessives Duschen und Waschen oder das Entsorgen der Kleidung zu beseitigen.

Es kommt in der Folge zu psychosomatischen Beschwerden, depressiven Verstimmungen, gedanklicher Unruhe und diffusen Angstzuständen. Hinzu kommen extreme Scham, Selbstvorwürfe und die Angst vor der Neugier anderer. Nur äußerst selten vertraut sich das Opfer in dieser ersten Phase einer Vertrauensperson an; stattdessen zieht es sich oft aus sozialen Kontakten zurück. Zur Polizei zu gehen ist für die meisten Opfer zunächst undenkbar.

8.5 Mittel- und langfristige Folgen einer Vergewaltigung oder sexuellen Missbrauchs: Sekundäre Viktimisierung durch soziales Umfeld und Rechtssystem

In vielen Fällen ist zu beobachten, dass es nach einigen Wochen scheinbar zu einer Art Normalisierung der Situation der Betroffenen kommt. Im Vordergrund steht meist, die Tat vergessen zu wollen. Oft fallen Sätze wie: »Ich habe es geschafft, die Tat zu verdrängen.« Bei der Arbeit und im sozialen Leben scheint alles wieder zu funktionieren, als wäre nichts geschehen. Die emotionale Erschütterung wird vom Selbst abgespalten, was für das psychische Überleben des Opfers von großer Bedeutung ist. Dies kann eine Zeitlang glücken.

Gerade der mittel- und langfristige Verlauf der Verarbeitung sexueller Gewalterfahrung hängt aber nicht allein vom intrapsychischen Geschehen beim Betroffenen

ab, sondern ist in engem Wechselspiel mit der Umwelt zu sehen. Oft prägen gerade in der Umwelt vorherrschende subjektive Theorien und Stereotype zur Vergewaltigung die weitere Entwicklung beim Opfer. Solche Theorien können lauten:
- Die meisten Frauen provozieren die Tat.
- Keine Frau kann gegen ihren Willen vergewaltigt werden.
- Vergewaltigungen sind sexuell motivierte Triebtaten psychisch kranker Männer.
- Vergewaltigungen finden vorwiegend nachts oder in dunklen Straßen statt.
- Frauen und Mädchen, die sich nicht mit allen Mitteln wehren, wollen vergewaltigt werden.
- Ältere oder weniger attraktive Frauen werden nicht Opfer einer Vergewaltigung.

Mit derartigen Vorurteilen schafft die Gesellschaft eine Distanz zu den Opfern: Sie entlastet Täter und weist dem Opfer eine (Mit-) Schuld für die Tat zu. Letztlich ermöglicht die Aufrechterhaltung solcher Stereotype, den »Glauben an eine gerechte Welt« aufrechtzuerhalten (vgl. Haupt et al., 2003; Volbert, 2008). Frauen wird so eine subjektive Sicherheit und die Annahme suggeriert, sie hätten die Möglichkeit, die Kontrolle zu behalten (»Mir kann so etwas nicht passieren«); Männern ermöglicht diese Sicht der Dinge, eine positive männliche Identität zu wahren. Weiterhin entspricht diese Einstellung stereotypen Vorstellungen, welche weibliche Sexualität mit Anpassung, Hingabe und Ausgeliefertsein und männliche Sexualität mit Eroberung, Triebhaftigkeit und Überwältigung assoziieren. Und was heißt das für die Opfer selbst, die bislang zum unbescholtenen Teil dieser gerechten Welt zählten? Geschädigte mit einem ausgeprägten Glauben an eine »gerechte Welt« zeigen eine deutlich stärkere Tendenz zur sekundären Viktimisierung als Personen mit niedrigem Wert (Volbert, 2008).

Der Begriff »sekundäre Viktimisierung« umschreibt Reaktionen, aus denen zusätzliche Schädigungen des Opfers sowie eine Festschreibung der Opferrolle resultieren. Eine solche Art der Viktimisierung kann nicht nur durch den sozialen Nahraum des Opfers, sondern auch durch formelle Kontrollinstanzen, vor allem die Strafverfolgungsinstanzen, erfolgen. Leider existieren für den deutschen Raum kaum brauchbare Untersuchungen zum betreffenden Problem der Retraumatisierung. Vorhandene Studien beziehen sich größtenteils auf den angloamerikanischen Sprachraum. Das angloamerikanische Strafprozessrecht unterscheidet sich aber so stark vom deutschen Strafprozessrecht, dass die Ergebnisse nur bedingt übertragbar sind.

Von Orth und Maercker (2004) durchgeführte Studien mit deutschen Opfern kommen zu dem Ergebnis, dass es lediglich einen Effekt auf die Traumafolgesymptomatik hatte, wenn das Urteil als moralische Genugtuung wahrgenommen werden konnte: Opfer mit einem hohem Wert auf dieser Skala wiesen eine geringere Symptomatik auf. Hingegen kam verfahrensbezogenen Variablen wie der während der Vernehmung erlebten Belastung, wahrgenommenen Schuldzuweisungen durch den Angeklagten oder den Verteidiger kein prädiktiver Wert zu. Orth (2002) stellte fest, dass zwei Drittel von 137 Opfern von Sexual- und Gewaltdelikten angaben, das Strafverfahren habe negative Effekte auf ihr zukünftiges Wohlbefinden gehabt und ihr Vertrauen in die Justiz erschüttert. Von prädiktiver Bedeutung erwies sich die Unzufriedenheit mit dem Verfahrensausgang. Eine zum Belastungserleben von Kindern und ihrer Zufriedenheit mit der Hauptverhandlung durchgeführte Studie von Busse, Volbert und Steller (1996) kam zu dem Ergebnis, dass während der Aussage primär die erneute Erinnerung an das Tatgeschehen als belastend erlebt wurde. Besondere Bedeutung im Hinblick auf die Zufriedenheit mit der Gerichtsverhandlung kam dem Verhalten des Richters zu. Ein als unterstützend gewertetes Verhalten des Richters bzw. der Richterin während der Verhandlung trug dazu bei, dass Kinder und Jugendliche – obwohl sie die Aussage als belastend erlebten – die Gerichtserfahrung insgesamt als positiv werteten (Volbert, 2008).

Eine repräsentative Untersuchung zur Gewalt gegen Frauen in Deutschland (Müller & Schöttle, 2004) kam zu dem Ergebnis, dass die Zufriedenheit mit der polizeilichen Tätigkeit innerhalb der letzten 15 Jahre zugenommen hat. Hingegen war die Zufriedenheit mit der Tätigkeit der Gerichte deutlich geringer. Ein Drittel der Befragten gab an, unzufrieden bis sehr unzufrieden mit dem Gerichtsverfahren gewesen zu sein. Sehr bemängelt wurde die fehlende Information über den Fortgang des Verfahrens, wodurch sich viele Geschädigte als unzureichend wahrgenommen und übergangen fühlten. Einzelne Belastungsfaktoren im Strafverfahren, die herausgegriffen werden können, sind:

- Begegnung mit dem Angeklagten,
- Dauer des Verfahrens,
- wiederholte Befragung,
- Antizipation der Vernehmung (d.h. die gedankliche Vorwegnahme aller damit in Verbindung stehenden Aspekte durch eine Person – quasi bevor die Vernehmung überhaupt stattfindet),
- unzureichendes rechtliches Wissen,
- mangelnde Einbeziehung in das Verfahren (fair trial).

8.6 Literatur

Abbey A., BeShears R., Clinton-Sherrod A. M. & McAuslan P. (2004). Similarities and differences in women's sexual assault experiences based on tactics used by the perpetrator. *Psychology of Women Quarterly*, 28, 323–332.

American Psychiatric Association (APA) (2000). *Diagnostic and statistical manual of mental disorders* (4. Aufl., Textrevision) *DSM-IV-TR.* Washington, DC: American Psychiatric Association. Dt.: *Diagnostisches und Statistisches Manual Psychischer Störungen, Textrevision, DSM-IV-TR.* Dt. Bearb. und Einf. von Henning Saß, Hans-Ulrich Wittchen, Michael Zaudig u. Isabel Houben. Göttingen u. a.: Hogrefe 2003.

Briere J. (2000). *Cognitive distortion scales: Professional manual.* Lutz, FL: Psychological Assessment Resources, Inc.

Brown A., Testa M & Messman-Moore T. (2009). Psychological consequences of sexual victimization resulting from force, incapacitation, or verbal coercion: *Violence Against Women* 15 (8), 898–919.

Bundeskriminalamt (2010). *Polizeiliche Kriminalstatistik Bundesrepublik Deutschland. Berichtsjahr 2009.* Wiesbaden: BKA. (Im Internet: http://www.bka.de/pks/pks2009/download/pks-jb_2009_bka.pdf.)

Burgheim J. & Friese H. (2008). Täter-Opfer-Interaktionen bei Sexualdelikten. *Kriminalistik,* 62, 486–492.

Busse D., Volbert R. & Steller M. (1996). *Belastungserleben von Kindern in Hauptverhandlungen* (Reihe Recht, hrsg. vom Bundesministerium der Justiz) Bonn: BMJ.

Fiedler P. (2004). *Sexuelle Orientierung und sexuelle Abweichung.* Weinheim u. a.: Beltz PVU.

Fischer T. (2011). *Strafgesetzbuch und Nebengesetze.* 58. Aufl. München: C. H. Beck.

Gasch U. (2010). Sexueller Missbrauch in der katholischen Kirche. Aktuelle Befunde. *Trauma & Gewalt. Forschung und Praxisfelder*, 4 (2), 94–104.

Göppinger H. (2008). *Kriminologie*. 6. Aufl. München: C. H. Beck.

Görgen T., Newig A., Nägele B. & Herbst S. (2005). *»Jetzt bin ich so alt und das hört nicht auf«. Sexuelle Viktimisierung im Alter*. (Forschungsbericht Nr. 95) Hannover: Kriminologisches Forschungsinstitut Niedersachsen (KFN).

Gössel K. H. (2005) *Das neue Sexualstrafrecht. Eine systematische Darstellung für die Praxis*. Berlin: De Gruyter.

Haupt H., Weber U., Bürner S., Frankfurth M., Luxenburg K. & Marth D. (2003). *Handbuch Opferschutz und Opferhilfe*. 2. Aufl. Baden-Baden: Nomos.

John Jay College of Criminal Justice (2004). *The nature and scope of sexual abuse of minors by catholic priests and deacons in the United States, 1950–2000*. Washington, DC: United States Conference of Catholic Bishops.

John Jay College of Criminal Justice (2006). *The nature and scope of sexual abuse of minors by catholic priests and deacons in the United States, 1950–2000 – supplementary data analysis*. Washington, DC: United States Conference of Catholic Bishops.

Kilpatrick D. Resnick H. & Ruggiero K. (2007) *Drug-facilitated, incapacitated, and forcible rape: A national study*. Research report submitted to the U. S. Department of Justice. Washington, DC: U. S. Department of Justice.

Müller U. & Schöttle M. (2004). *Lebenssituation, Sicherheit und Gesundheit von Frauen in Deutschland*. Berlin: BMFFJ.

Noack C. & Schmid H. (1994). *Sexuelle Gewalt gegen Menschen mit geistiger Behinderung. Eine verleugnete Realität. Ergebnisse und Fakten einer bundesweiten Befragung*. Stuttgart: Verband evangelischer Einrichtungen für Menschen mit geistiger und seelischer Behinderung e. V.

Orth U. (2002). Secondary victimization of crime victims by criminal proceedings. *Social Justice Research*, 15, 313–325.

Orth U. & Maercker A. (2004). Do trials of perpetrators retraumatize crime victims? *Journal of Interpersonal Violence*, 19, 212–227.

Resnick H. S., Kilpatrick D. G., Dansky B. S., Saunders B. E. & Best C. L. (1993). Prevalence of civilian trauma and posttraumatic stress disorder in a representative national sample of women. *Journal of Consulting and Clinical Psychology*, 61, 984–991.

Schwind H.-D. (2010). *Kriminologie*. 20. Aufl. Heidelberg: Kriminalistik-Verlag.

Volbert R. (2008). Sekundäre Viktimisierung. In: Volbert R. & Steller M. (Hrsg.). *Handbuch der Rechtspsychologie*. Göttingen: Hogrefe, 198–208.

Weiner B. & Haas I. (2009). *Opferrechte bei Stalking, Gewalt- und Sexualverbrechen*. München: dtv.

E

Traumata in der Lebensspanne

HARALD SCHICKEDANZ UND REINHARD PLASSMANN

1. Belastende Kindheitserfahrungen und körperliche Erkrankungen

Wer traumatischen Stress in Kindheit und Jugend erlebt und erlitten hat, wird häufiger nicht nur *seelisch*, sondern auch *körperlich krank*. Die Wirkung dieser Belastungen ist streng *dosisabhängig* und *kumulativ*. Belastende Kindheitserfahrungen wirken *indirekt* über problematische Verhaltensweisen wie Rauchen, Alkohol- und Drogenkonsum und riskante Sexualität (Promiskuität und Risiko für sexuell übertragbare Krankheiten). Sie wirken *direkt*, und sie wirken *lebenslänglich*, d.h. die Zeit heilt nicht die entstandenen Wunden.

Zu diesem Ergebnis kommt die *Adverse Childhood Experiences (ACE)-Study* von Vincent J. Felitti (Kaiser's Permanente Medical Care Programm, San Diego) und Robert F. Anda (US Centers for Disease Control and Prevention, Atlanta). Es handelt sich um nichts weniger als die Klärung der bedeutsamsten Ursachen für Morbidität und Mortalität in den Vereinigten Staaten (Felitti et al., 1998).

Untersucht wurden die Mitglieder einer Krankenversicherung (Kaiser's Permanente in San Diego), die jährliche, standardisierte, bio-psycho-soziale Erhebungen bei mehr als 55000 Versicherungsmitgliedern in einer hierauf spezialisierten Klinik in San Diego durchführt. Im Studienzeitraum von 1995 bis 1997 wurden 26000 konsekutive Patienten eine gewisse Zeit nach der routinemäßigen gründlichen medizinischen Untersuchung angeschrieben und zu belastenden Kindheitserfahrungen befragt. 71% der Befragten stimmten zu, so dass schließlich 18175 Personen in die Studie eingeschlossen werden konnten. 54% waren Frauen, 46% Männer, der Altersdurchschnitt betrug 57 Jahre. Die ethnische Verteilung und der Bildungsstand entsprachen nicht dem amerikanischen Durchschnitt, sondern der mittleren bis oberen Mittelschicht. Dennoch hatten 64% der Gruppe mindestens einen, und mehr als ein Drittel zwei und mehr traumatische Erfahrungen in Kindheit und Jugend gemacht. Diejenigen, die sich an der Untersuchung beteiligten, unterschieden sich in Bezug auf die genannten Daten nicht von jenen, die nicht geantwortet hatten. Es gab keine Unterschiede bezüglich der Risikofaktoren, der Krankheitsgeschichte oder der soziodemografischen Daten.

Die Befragung bezog sich retrospektiv auf die ersten 18 Lebensjahre. Ein Zweig der Studie wurde prospektiv weitergeführt, um die Zusammenhänge zwischen Kind-

Kindlicher Missbrauch	Prozente
Emotional	10,3
Hat ein Elternteil oder ein anderer Erwachsener in Ihrem Haushalt ...	
1. Sie oft oder sehr oft beschimpft, verflucht, gedemütigt oder entwertet?	
2. sich manchmal, oft oder sehr oft so verhalten, dass Sie eine physische Verletzung fürchten mussten?	
Physisch	28,0
Hat ein Elternteil oder anderer Erwachsener in Ihrem Haushalt ...	
1. Sie oft oder sehr oft herumgestoßen, geohrfeigt, gepackt oder etwas nach Ihnen geworfen?	
2. Sie so intensiv geschlagen, dass Sie sichtbare Verletzungen hatten?	
Sexuell	20,4
Hat ein Erwachsener oder eine Person, die mindestens 5 Jahre älter war als Sie ...	
1. Sie auf sexuelle Art berührt oder befummelt?	
2. bewirkt, dass Sie Ähnliches mit seinem/ihrem Körper tun?	
3. versucht, irgendeine Art von Geschlechtsverkehr (oral, anal, vaginal) auszuführen?	
4. ... oder tatsächlich ausgeführt?	
Schwer gestörtes Familiensystem/häusliche Gewalt	
Sucht	26,6
1. Lebten Sie mit jemanden zusammen, der/die ein Problemtrinker oder alkoholabhängig war?	
2. ... oder illegale Drogen konsumierte?	
Psychische Krankheiten	19,0
1. War jemand in Ihrer Familie psychisch krank, chronisch depressiv,	
2. ... oder versuchte, sich selbst zu töten?	
Gewalt gegen die Mutter	12,6
Wurde Ihre (Stief-)Mutter manchmal, häufig oder sehr häufig	
1. geschubst, grob angefasst, geschlagen oder wurde etwas nach ihr geworfen?	
2. mit der Faust oder einem harten Gegenstand geschlagen?	
3. jemals wiederholt mehr als einige Minuten geschlagen?	
4. jemals mit einem Messer oder einer Schusswaffe bedroht oder verletzt?	
Haushaltsmitglied im Gefängnis	4,5
Musste jemals ein Mitglied Ihres Haushalts ins Gefängnis?	
Trennung oder Scheidung der Eltern	22,8
Haben sich Ihre Eltern getrennt oder scheiden lassen?	

Abb. 1: Fragebogen

heitstraumen und Notfall- und Krankenhausaufnahmen, Medikamenten-, Arzt- und Behandlungskosten sowie letztlich der Sterblichkeit zu erforschen. Es wurden acht Kategorien kindlichen Missbrauchs und elterlich-familiärer Belastungen definiert: Die drei Kategorien kindlichen Missbrauchs waren emotionale, physische oder sexuelle Gewalterfahrungen. Fünf Kategorien, die für ein schwer gestörtes Familiensystem bzw. häusliche Gewalt sprachen, waren Suchtmittelgebrauch, schwere psychische Erkrankungen, Gewalt gegen die Mutter, ein Haushaltsmitglied im Gefängnis und Trennung oder Scheidung der Eltern. Wer auf eine der Fragen zu diesen Kategorien mit »Ja« antwortete, hatte einen ACE-Wert (Adverse Childhood Experience) von eins, wer auf drei Kategorien »Ja« antwortete, hatte einen von drei, wer keinen der Punkte bejahte, bekam einen Wert von null.

Die Belastungen waren viel häufiger als angenommen. Es bestand eine eindeutige Beziehung zwischen den ACE-Punkten und der Gesundheit Erwachsener 50 Jahre nach den Belastungen. In Abbildung 1 sind die Fragen und die Prozentzahlen der Antworten aufgeführt.

1.1 Risikoindikatoren

Risikoindikatoren sind Symptome, Syndrome oder manifeste Erkrankungen, die auf weitere schwerwiegende Erkrankungen oder vorzeitige krankheitsbedingte Todesfälle in einer Population hinweisen.

1.1.1 Schwangerschaft im Jugendalter

Es besteht eine Verbindung zwischen Kindheitstraumata und *Schwangerschaften* im *Jugendalter,* die mit lang anhaltenden psychosozialen Konsequenzen und fötalen Todesfällen bei weiteren Schwangerschaften verbunden sind (Hillis et al., 2004). Trotz einer deutlichen Verminderung der Rate jugendlicher Schwangerschaften am Ende des 20. Jahrhunderts treten diese in den USA zwei bis fünfzehnmal häufiger auf als in vergleichbar entwickelten Ländern. Vier von zehn Mädchen werden vor dem 20. Lebensjahr schwanger, das sind 900 000 Teenagerschwangerschaften jährlich. 66 % der befragten Frauen (n = 6015) hatten einen und mehr ACE-Punkte. Die Zahl der jugendlichen Schwangerschaften wuchs stetig und war um den Faktor 3 gewachsen,

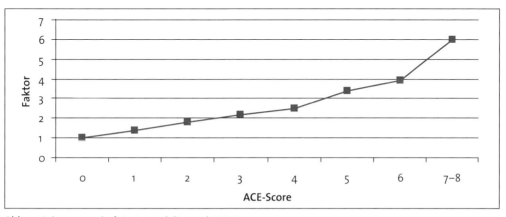

Abb. 2: Schwangerschaft im Jugendalter und ACE-Score

wenn der ACE-Score 7 betrug (vgl. Abb. 2, S. 437). Ebenso stieg die Wahrscheinlichkeit für den intrauterinen Kindstod nach der ersten Schwangerschaft kontinuierlich an. Eine Teenagerschwangerschaft selbst – ohne die mit dem ACE-Score erfassten Belastungen – war nicht mit erhöhter fötaler Sterblichkeit verbunden, entgegen der gängigen Meinung. Alle psychosozialen Langzeitkonsequenzen (familiäre und finanzielle Probleme, Arbeitsstörungen, emotionale Schwierigkeiten wie unkontrollierter Ärger) korrelierten nicht mit der Tatsache der jugendlichen Schwangerschaft, sondern eindeutig mit dem Level des ACE-Scores! Frauen ohne ACE-Punkte, die früh im Leben schwanger wurden, unterscheiden sich in der Stichprobe weder sozial noch gesundheitlich von anderen, die ebenfalls keine ACE-Punkte haben und später im Leben ein Kind bekamen.

1.1.2 Verordnung von Psychopharmaka

Die Wahrscheinlichkeit, *Psychopharmaka* im Erwachsenenalter verschrieben zu bekommen (Anda et al., 2007), steigt mit den erreichten ACE-Punkten. In allen entwickelten Ländern sind Psychopharmaka als verschreibungspflichtige Medikamente die am schnellsten wachsende Position in Gesundheitsetats. 2003 machten sie in den USA 180 Mrd. $ oder 11 % der nationalen Gesundheitsaufwendungen aus. Verschreibungen von Antidepressiva, Anxiolytika, Antipsychotika und Antiepileptika (»mood-stabilizer«) gelten als ein direktes Maß für die Prävalenz psychischer Erkrankungen. In der prospektiven Kohorte stiegen die jährlichen Verschreibungsraten streng dosisabhängig. Je mehr ACE-Punkte, umso häufiger und intensiver mussten Psychopharmaka verordnet werden. Für Personen mit einem ACE-Score von 5 und mehr stieg die Wahrscheinlichkeit, z. B. Antipsychotika verordnet zu bekommen, auf das 10-Fache an. In den Jahren zwischen 1997 und 2004 stieg der Gebrauch für die belasteten Personengruppen kontinuierlich. Die frühen Belastungen im Leben wirken sich auch Jahrzehnte später aus.

1.1.3 Einfluss auf Arbeitsfähigkeit

Traumatischer Stress im Kindes- und Jugendalter ist ein Indikator für eine eingeschränkte Arbeitsfähigkeit Erwachsener (Anda et al., 2004).

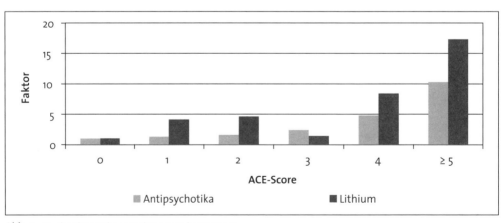

Abb. 3: Psychopharmakaverordnung und ACE-Score

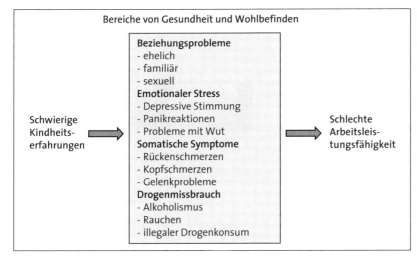

Abb. 4: Kindheitsbelastungen und Arbeitsfähigkeit im Erwachsenenalter

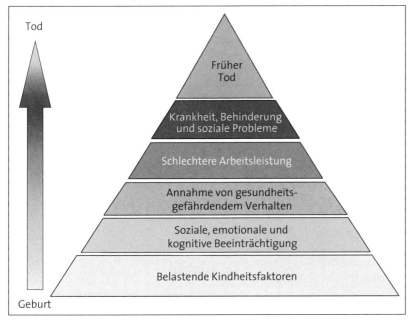

Abb. 5: Lebenslange Folgen von Kindheitstraumata

Drei wesentliche Aspekte nachlassender Arbeitsleistung Erwachsener wie *Arbeitsstörungen, finanzielle Probleme* und *Abwesenheit vom Arbeitsplatz* korrelieren mit dem ACE-Score.

Bei 9633 arbeitenden Erwachsenen zeigte sich eine strenge gestufte Beziehung zwischen dem ACE-Score und der eingeschränkten Arbeitsleistung. Bei den Betroffenen häufen sich zwischenmenschliche Beziehungsprobleme, emotionaler Stress, somatische Symptome und Substanzgebrauch (vgl. Abb. 4). Traumatischer Stress in der Kindheit behindert die soziale, emotio-

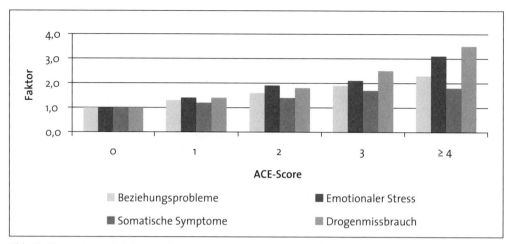

Abb. 6: Bio-psycho-soziale Langzeitfolgen traumatischer Kindheitserfahrungen

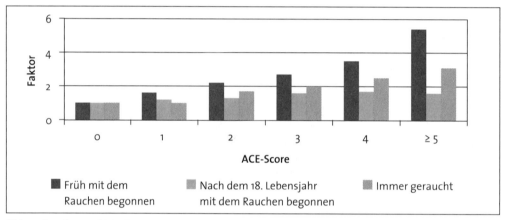

Abb. 7: Rauchen und ACE-Score

nale und kognitive Entwicklung so nachhaltig, dass die Wahrscheinlichkeit gesundheitlich riskanter Verhaltensweisen ansteigt. Die schlechtere Leistungsfähigkeit im Beruf lässt finanzielle und soziale Probleme eskalieren. Die häufiger auftretenden körperlichen und seelischen Erkrankungen begünstigen einen früheren Tod (vgl. Abb. 5, S. 439; Abb. 6).

1.1.4 Rauchen

Rauchen während der Jugend und im Erwachsenenalter (Anda et al., 1999) ist ein herausragender Gesundheitsindikator, der hochgradig mit Kindheitstraumata korreliert. Während die Zahl der erwachsenen Raucher in den USA in den 80er- und 90er-Jahren des 20. Jahrhunderts auch aufgrund von intensiven Kampagnen rückläufig war, wuchs die jugendlicher Raucher. Zudem stagnierte die Nikotinentwöhnung bei er-

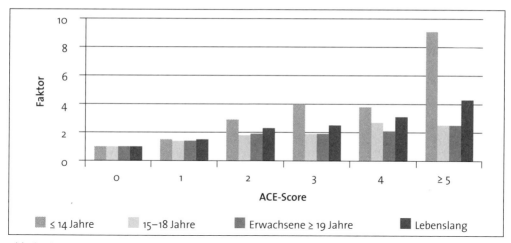

Abb. 8: Illegaler Drogenkonsum und ACE-Score

wachsenen Rauchern, obwohl das Rauchen z. B. in Kalifornien mittlerweile geradezu verpönt ist.

Untersucht und verglichen wurden der frühe Beginn des Rauchens – um das 14. Lebensjahr –, die Frage, ob jemand jemals geraucht hat, immer noch raucht oder stark raucht. In allen Gruppen zeigte sich das gleiche Muster: ob, ab wann und wie viel jemand rauchte, war streng und gestuft abhängig von der Zahl belastender Kindheitserfahrungen. Ebenso zeigte sich, dass die Wahrscheinlichkeit, jetzt aktuell sowohl zu rauchen als auch depressiv zu sein, dosisabhängig mit jedem ACE-Punkt anstieg (vgl. Abb. 7).

Nur eine Primärprävention belastender Kindheitserfahrungen und eine gezielte Behandlung betroffener Kinder sind in der Lage, Rauchen im Jugend- und Erwachsenenalter weiter zu reduzieren. Der Langzeitgebrauch von Nikotin ist eine Selbstmedikation negativer Emotionen und ein neurobiologischer und sozialer Effekt belastender Kindheitserfahrungen.

1.1.5 Illegaler Drogenkonsum

Kindlicher Missbrauch, Vernachlässigung und schwer gestörte Familienbeziehungen erhöhen das Risiko, mit *illegalen Drogen* in Kontakt zu kommen, drastisch (Dube et al., 2003). Ähnlich wie der Gebrauch von Psychopharmaka gilt die Verwendung illegaler Drogen als ein führender Gesundheitsindikator, weil er häufig mit vielfältigen und erheblichen anderen Störungen wie sexuell übertragbaren Krankheiten, Hepatitis, HIV-Infektion und schweren sozialen Problemen Jugendlicher und Erwachsener einhergeht. In drei Altersgruppen – jünger als 14 Jahre, 15–18 Jahre und erwachsen – wurden vier Alterskohorten, deren Geburtsdaten bis 1900 zurückreichten, nach Drogenbenutzung, Drogensucht und elterlichem Drogengebrauch befragt (vgl. Abb. 8). Jeder einzelne ACE-Punkt mehr steigerte die Wahrscheinlichkeit für frühen Drogengebrauch um das Zwei- bis Vierfache. In allen drei Kategorien – Drogengebrauch, Sucht und elterliche Drogenabhängigkeit – zeigten sich diese Steigerungsraten. Darüber hinaus ließ sich nachweisen, dass die strenge Beziehung zwischen traumatischen Kindheitserfahrungen und Drogengebrauch, -sucht und -injektion nicht nur über die gesamte Lebenszeit der Probanden, sondern trotz quantitativer Unterschiede über das gesamte 20. Jahrhundert konstant blieb. Das bedeutet, dass es mehr als kulturelle und genetische Faktoren Kindheitstraumata sind, welche die Wahrscheinlichkeit des Kontakts zu illegalen Drogen in allen Altersgruppen bestimmen. Ursache ist der toxische Stress, der von diesen Erfahrungen ausgeht. Er zerstört, je höher er war, die Fähigkeit zur emotionalen Selbstregulation. Ähnlich wie Nikotin und Alkohol bilden illegale Drogen einen hochriskanten Versuch zur Emotionsregulation. Niemand injiziert Drogen, um Hepatitis oder Endokarditis zu bekommen.

1.1.6 Halluzinationen

Halluzinationen sind diagnostisch unspezifisch und nicht pathognomonisch für irgendeine Erkrankung. Dennoch sind sie ein Indikator, der auf Kontakt zu Drogen, schwere psychische Erkrankungen wie Schizophrenie oder schwere Posttraumatische Belastungs- und dissoziative Störungen hinweist. Die ACE-Studie (Whitfield et al., 2005) zeigt einen signifikanten und dosisabhängigen Effekt von Kindheitstraumata auf eine positive Anamnese für Halluzinationen, und zwar unabhängig von gleichzeitigem Substanzgebrauch (Alkohol oder illegale Drogen). Verglichen mit Personen ohne ACEs haben solche mit sieben oder mehr ein fünffach erhöhtes Risiko für psychotische Symptome (vgl. Abb. 9).

1.1.7 Wechselwirkungen

Besonders wichtig sind die kumulativen Wechselwirkungen vielfältiger Formen von Kindesmissbrauch, Vernachlässigung und häuslicher Gewalt. Die ACE-Studie ist die einzige und derzeit weltweit führende Studie, die sich mit dieser wechselseitigen Abhängigkeit belastender Kindheitsfaktoren beschäftigt (Dong et al., 2004a). Wäh-

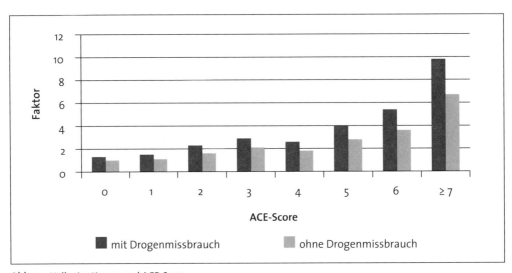

Abb. 9: Halluzinationen und ACE-Score

rend sich viele Studien mit einzelnen Formen des Missbrauchs (sexueller Missbrauch, häusliche Gewalt, Verlusterfahrungen) beschäftigen, zeigt sich, dass das Vorliegen eines einzelnen Belastungsfaktors das Risiko für weitere signifikant ansteigen lässt. Die Zahl der Betroffenen, die einen hohen ACE-Score hatten, war deutlich höher als man erwarten würde, wenn die berichteten einzelnen Risikofaktoren voneinander unabhängig wären. Wer körperliche Gewalt erfährt, hat ein wesentlich höheres Risiko, auch sexuelle Übergriffe zu erleiden. Wessen Mutter geschlagen wurde, hat erheblich häufiger mit Gewalt, Vernachlässigung oder Verlusten zu rechnen. Darüber hinaus bestätigten die umfangreichen Studiendaten aus Bevölkerungsstudien die Prävalenzen für sexuellen Missbrauch und körperliche Gewalterfahrungen (MacMillan et al., 1997; vgl. auch Tab. 1).

Wenn ein Patient über eine einzelne Form von traumatischer Stresserfahrung in der Kindheit berichtet, ist davon auszugehen, dass die Wahrscheinlichkeit groß ist, dass weitere solche Erfahrungen gemacht wurden. In der Regel werden selbstberichtete Belastungen deutlich unterschätzt. Aus Studien von dokumentierten sexuellen Gewalterfahrungen beispielsweise weiß man, dass solche Patienten sich häufig nicht mehr erinnern können bzw. andere emotionale Blockaden sie daran hindern, in Fragebögen positiv zu antworten, auch wenn solche Übergriffe von Institutionen bereits dokumentiert sind (Williams, 1995).

Tab. 1: Prävalenzen für Belastungserfahrungen

	Sexuelle Gewalterfahrungen		Physische Gewalterfahrung bei Männern
	bei Männern	bei Frauen	
ACE	16 %	25 %	28 %
USA	16 %	27 %	31 %

1.1.8 Zusammenhang mit Suizidversuchen

Selbsttötung ist eine häufige Todesursache in den USA und anderen hochentwickelten Ländern. Überlebte Suizidversuche sind ein

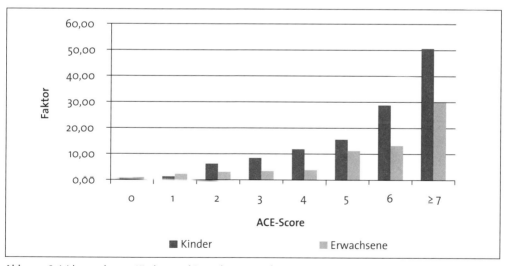

Abb. 10: Suizidversuche von Kindern und Erwachsenen und ACE-Score

Risikoindikator für die heterogene Gruppe der hochbelasteten Menschen, deren nächster Versuch tödlich enden könnte. Auch hier zeigt die ACE-Studie eine strenge und gestufte, dosisabhängige Beziehung zwischen belastenden Kindheitserfahrungen und der Wahrscheinlichkeit, einen Suizidversuch zu unternehmen (Dube et al., 2001; vgl. auch Abb. 10, S. 443). Jede einzelne zusätzliche Belastung steigert das Risiko von Suizidversuchen. Da die Wahrscheinlichkeit für weitere Belastungsfaktoren mit jedem einzelnen Belastungsfaktor ansteigt, steigt auch das Risiko für Suizidversuche dramatisch an. Insbesondere wenn die Wahrscheinlichkeit für Suizidversuche im Kindes-, Jugend- und jungen Erwachsenenalter gesondert beurteilt wird, zeigt sich die strenge dosisabhängige Beziehung zwischen der Zahl und Intensität der Gewalterfahrungen und der Wahrscheinlichkeit, dass eine Selbsttötung den Betroffenen als Befreiung von (äußeren und inneren) Qualen erscheinen mag. Auch wenn bekannte Risikofaktoren wie Alkohol- und Drogenabhängigkeit oder depressive Störungen mit verrechnet werden, bleiben zwei Drittel aller Suizidversuche (Langzeit-) Folgen von traumatischen Kindheitserfahrungen.

1.2 Manifeste körperliche Erkrankungen

1.2.1 Lebererkrankungen

Chronische Lebererkrankungen, insbesondere die Leberzirrhose, gehören zu den zehn häufigsten Todesursachen in den USA und Westeuropa. Männer und Frauen sind unterschiedlich betroffen. Bei Männern ist die Lebererkrankung die fünfthäufigste Todesursache zwischen dem 45. und dem 64. Lebensjahr, also mitten im Erwerbsleben. Die beiden wichtigsten Ursachen für chronische Lebererkrankungen sind *Alkoholmissbrauch* und *Virushepatitis*. So ist bei 70 % der Hepatitis C-Patienten mit einem chronischen Verlauf zu rechnen, umgekehrt sind 40 % aller Patienten mit chronischen Lebererkrankungen auch mit dem Hepatitis C-Vi-

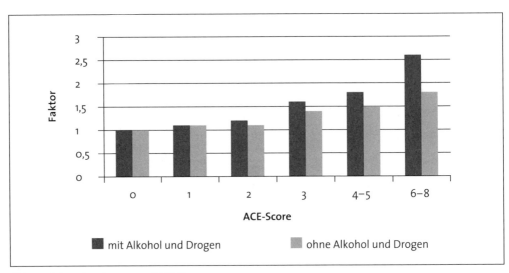

Abb. 11: Lebererkrankungen und ACE-Score

rus infiziert. Menschen, die illegale Drogen benutzen oder riskantes Sexualverhalten praktizieren, zählen zu jenen mit den höchsten Prävalenzen für Hepatitis B und C.

Insbesondere die Kombination einer chronisch verlaufenden Hepatitis C-Infektion mit Alkoholmissbrauch beschleunigt die Leberzirrhose und lässt Leberkarzinome häufiger auftreten. Da die Übertragungswege sich ähneln (riskantes Sexualverhalten und intravenöser Drogengebrauch), haben HIV-Infizierte ebenfalls ein deutlich erhöhtes Risiko, gleichzeitig an Hepatitis B und C erkrankt zu sein. Während es zahlreiche (Einzel-)Studien zum Verhältnis von ursächlichen Risikofaktoren wie Alkoholismus, intravenöser Drogengebrauch, promiskuitives Sexualverhalten und sexuell übertragbare Krankheiten und der Wahrscheinlichkeit, eine chronische Lebererkrankung auszubilden, gibt, zeigt die ACE-Studie, dass die Zahl traumatischer Kindheitserfahrungen das Risiko für chronische Lebererkrankungen dosisabhängig ansteigen lässt (Dong et al., 2003). Werden diese Risikofaktoren, die ebenfalls in kausalem Zusammenhang mit traumatischem Stress in der Kindheit stehen, herausgerechnet, zeigt sich wiederum, dass die Wahrscheinlichkeit, eine chronische Lebererkrankung zu haben, umso mehr steigt, je häufiger traumatische Kindheitserfahrungen angegeben wurden (vgl. Abb. 11).

1.2.2 Herzkreislauferkrankungen

Herzkreislauferkrankungen, insbesondere Durchblutungsstörungen des Herzmuskels (koronare Herzerkrankung), spielen in den Statistiken aller entwickelten Länder für Krankheits- und Todesursachen neben den Krebserkrankungen die Hauptrolle. Die

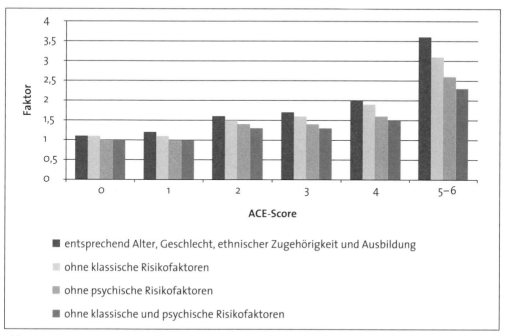

Abb. 12: Herzkreislauferkrankungen und ACE-Score

biomedizinische Forschung hat sich in den vergangenen Jahrzehnten deshalb außerordentlich bemüht, *Risikofaktoren* zu definieren, die den Gefäßerkrankungen zugrunde liegen. Die »konventionellen« Risikofaktoren wie Rauchen, Zuckererkrankung, körperliche Inaktivität und Bluthochdruck erklären nur etwa die Hälfte der Varianz des Auftretens der koronaren Herzkrankheit. Zahlreiche prospektive Studien haben gezeigt, dass psychosoziale Faktoren wie depressive Verstimmtheit, Wut, Ärger und Feindseligkeit sowohl die Entwicklung einer koronaren Herzkrankheit (KHK) über die Zeit fördert, als auch tödliche und nicht tödliche Zwischenfälle wie Infarkt und Angina pectoris auslösen können. Neun von zehn Kategorien kindlicher Belastungen erhöhen signifikant das KHK-Risiko. Die Beziehung zwischen traumatischem Stress in der Kindheit und koronarer Herzerkrankung war stärker durch individuelle psychische Risikofaktoren vermittelt als durch die traditionellen KHK-Risikofaktoren (Dong et al., 2004b). Erneut zeigt sich bei einem global äußerst bedeutsamen Gesundheitsproblem, dass die frühkindlichen traumatischen Stresserfahrungen Langzeiteffekte auf die physiologische Stressantwort haben und damit ein wesentlicher Faktor für die körperliche und seelische Gesundheit sind (vgl. Abb. 12, S. 445).

1.2.3 Chronisch obstruktive Lungenerkrankung

Die chronisch obstruktive Lungenerkrankung (COPD), eine der bedeutsamsten Ursachen für Krankschreibung und chronisch eingeschränkte Lebensqualität, hat eine starke Beziehung zu den ACE-Werten und steht zudem eindeutig mit dem frühen Beginn von regelmäßigem Nikotinkonsum in Zusammenhang (Anda et al., 1999). Ein Individuum mit einem ACE-Wert von vier hat ein 93 % höheres Risiko, unter einer COPD zu leiden, als eine Person mit einem ACE-Wert von null. Wie in allen anderen untersuchten Zusammenhängen liegt das Signifikanzniveau der Beziehung zwischen ACE-Wert und körperlicher Erkrankung bei $P = .001$ oder noch höher.

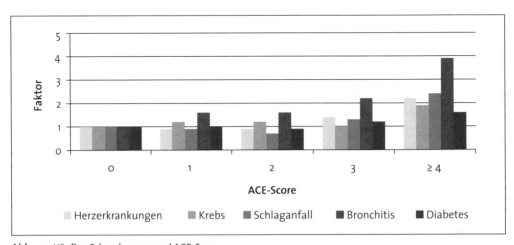

Abb. 13: Häufige Erkrankungen und ACE-Score

1.2.4 Todesursachen

Die ACE-Studie kann belegen (Felitti et al., 1998), dass für alle wesentlichen krankheitsbedingten Todesursachen (koronare Herzerkrankungen, Krebs, chronische Lungenerkrankungen, chronische Lebererkrankungen und unfallbedingte Skelettfrakturen) eine ebenso strenge Dosis-Wirkungs-Beziehung zum ACE-Score besteht wie für das Auftreten von *Risikofaktoren* wie Rauchen, Alkohol- und Drogenmissbrauch, Suizidversuch, depressives Verhalten sowie Promiskuität und sexuell übertragbare Krankheiten, physische Inaktivität und extremes Übergewicht. Die Ergebnisse belegen eindeutig, dass psychosoziale Belastungsfaktoren in der Kindheit nicht nur zerstörerisch sind, sondern lebenslange Folgewirkungen haben. Sie sind der wichtigste Faktor, der Gesundheit, Wohlbefinden, individuelle und soziale Funktionstüchtigkeit bestimmt (vgl. Abb. 13).

1.3 Fallbeispiel

Erika ist Mitte 40 und kommt wegen eines Burnout-Syndroms in die Klinik. Sie ist vierfache Mutter und Bürgermeisterin in einer westdeutschen Stadt. Neben der ausgeprägten physischen und mentalen Erschöpfung leidet sie unter starken Unterbauch-, Rücken-, Kopf- und Nackenschmerzen, die sie oft chronisch-dumpf-brennend erlebt, manchmal wie »schlagartig« auftretend empfindet. Ihr BMI liegt über 30 kg/m². Während sie tagsüber äußerst diszipliniert arbeitet, findet sie sich immer wieder nachts am Kühlschrank; teilweise ohne präzise Erinnerung, begegnet sie am nächsten Morgen Spuren exzessiver Essanfälle. Sie hat einen Diabetes mellitus Typ 2 und kommt mit 12 verschiedenen Medikamenten zur Aufnahme, wovon drei psychotrop, je drei auf Bluthochdruck und Zuckererkrankung und drei auf die Schmerzkrankheit wirken sollen. Fast genauso viele Medikamente werden noch zusätzlich bei Bedarf eingenommen.

Der unmittelbare Auslöser ihrer Dekompensation war die unerwartete Begegnung mit ihrer Mutter (Täterkontakt), die sie 20 Jahre nicht gesehen hatte, nach ihrer Wahl zur Bürgermeisterin. Nachdem die Mutter sie zunächst nicht wiedererkannt hatte, überschüttete diese sie später, wie in der Kindheit, mit Spott, Hohn, Verwünschungen und Beschimpfungen (ACE-Score 1). In einer ihrer ersten Erinnerungen sah Erika, wie einer der Partner (Kunden?) die Mutter eine 12-stufige Treppe hinunterwarf (ACE-Score 2). Ein sozial integrierter und warmherziger Partner, mit dem die Mutter einige Jahre verheiratet war, wesentliche Ressource von Erika, starb tragisch an Krebs in ihrem 10. Lebensjahr (ACE-Score 3). Prompt wurde die Mutter wieder depressiv, alkoholkrank und promiskuitiv (ACE-Score 4).

Als Erika wegen eines Infekts die Schule nicht besuchen konnte, kam es zu einer über den gesamten Vormittag anhaltenden mehrfachen brutalen Vergewaltigung (ACE-Score 5) der damals 12-Jährigen durch den im Haushalt mitlebenden, arbeitslosen und kriminellen Freund der Mutter, der später wegen Drogendelikten inhaftiert wurde (ACE-Score 6). Am Abend des gleichen Tages, als das schwer verletzte Kind am Abendbrottisch dagegen aufbegehrte, dass jener Täter als Einziger in der Familie Schinken erhielt, wurde sie von der Mutter so schwer verprügelt, dass der verwendete Gegenstand dabei zu Bruch ging (ACE-Score 7). Wie so oft wurde sie hungrig in eine dunkle Kammer gesperrt (ACE-Score 8).

Mit Hilfe ihrer Ressourcen Intelligenz, Widerstandswillen, Leistungsfähigkeit und Hoffnung auf ein besseres Leben, das sie als jugendliche Babysitterin bei anderen kennengelernt hatte, befreite sie sich konsequent durch Schulbesuch,

Abschluss einer Lehre und die Heirat mit ihrem sozial integrierten Jugendfreund aus ihrem gewalttätigen Umfeld.

Die körperlichen Erkrankungen begannen Mitte 30. Bis Mitte 40, als sie der Mutter wieder begegnete, war sie in zahlreichen medizinischen Konsultationen nie zu belastenden Kindheitserfahrungen befragt worden. Erst die schweren Angstzustände und unerklärlichen körperlichen Phänomene nach der Wiederbegegnung mit der Mutter halfen der Patientin und ihrer Hausärztin, den Weg zu einer kausalen Therapie zu finden. Nach 12-wöchiger stationärer psychosomatischer Behandlung, mit den Phasen Stabilisierung, Ressourcenorganisation, Exposition und Neuorientierung (Plassmann 2007) und einer darauf folgenden zunächst höherfrequenten störungsspezifischen ambulanten Psychotherapie sowie nach schrittweisen Veränderungen ihres Lebensstils zeigt sich nach 5 Jahren folgende gesundheitliche Bilanz:

Der BMI liegt bei 26, ein Diabetes mellitus existiert definitionsgemäß nicht mehr, die Medikamente gegen den Bluthochdruck konnten schon in der Klinik ausgeschlichen werden. Nach abgeschlossener Exposition benötigte Erika keine Psychopharmaka mehr. Bereits nach einem Jahr waren Schmerzmedikamente nur noch bedarfsweise und immer seltener erforderlich. Erika hat nach 4 Jahren ihre ambulante Einzeltherapie erfolgreich abgeschlossen. Sie kommt bedarfsweise (4- bis 6-mal pro Jahr, mit abnehmender Tendenz) zu Konsultationen zu ihrem klinischen Behandler. Den Schwerpunkt ihrer öffentlichen Tätigkeit legt sie auf Familienförderung und Gewaltprävention. Sie hat in ihrer Gemeinde eine einzigartige Initiative zur Begrüßung neugeborener Kinder gestartet. Sie kann sich regelmäßig körperlich betätigen und hat nach fast 30-jähriger Partnerschaft vorsichtig und immer erfolgreicher Freude in zärtlichen und sexuellen Begegnungen mit ihrem Mann.

Als Fußnote sei angemerkt: Die Klinik musste in zwei Instanzen (juristisch letztlich erfolgreich) mit dem Kostenträger über die Kostenübernahme streiten, da der medizinische Dienst der Krankenkasse die Diagnose »komplexe Posttraumatische Belastungsstörung« als »primäre Fehlbelegung« einstufte, weil die Diagnose »wissenschaftlich umstritten« (dies im Jahr 2005!!) sei.

1.4 Schlussfolgerungen und Zusammenfassung

Die *Adverse Childhood Experiences* (ACE)-Study wird auch in Zukunft interessant bleiben und verdient weiter unser aller Aufmerksamkeit. Einzelne Belastungsfaktoren treten überzufällig häufig mit anderen gemeinsam auf, die Konsequenzen für den Gesundheitsstatus der Betroffenen sind gravierend. Alle wesentlichen gesundheitlichen Störungen sind in außerordentlichem Maße mitbedingt durch und abhängig von traumatischen Kindheitserfahrungen. Krankheitsprävention und Gesundheitsförderung fangen am Lebensbeginn an und sollten durch Bindungssicherheit und Gewaltfreiheit gesellschaftlich gefördert und staatlich abgesichert werden. Es gibt nur wenige »rein« körperliche oder seelische Krankheiten. Dreh- und Angelpunkte sind die erworbenen Fähigkeiten zur Emotionsregulation oder ihr Mangel. Kindliche Traumafolgen heilen nicht von selbst, sind aber fast in jedem Alter erkennbar – und in vielen Fällen zu lindern, mit erheblichen Verbesserungen auch der körperlichen Erkrankungsfolgen.

Unbehandelt bleiben die Folgen traumatischer Erfahrungen in Kindheit und Jugend (als Traumaschema gelebt) individuell bestehen, erzeugen weiter gesundheitliche und soziale Störungen und werden im schlimmsten Fall (psychosozial und epigenetisch) transgenerational weitergegeben.

1.5 Literatur

Anda R. F., Croft J. B., Felitti V. J., Nordenberg D., Giles W. H., Williamson D. F. & Giovioni G. A. (1999). Adverse childhood experiences and smoking during adolescence and adulthood. *Journal of the American Medical Association*, 282, 1652–1658.

Anda R. F., Fleisher V. I., Felitti V. J., Edwards V. J., Whitfield C. L., Dube S. R. & Williamson D. F. (2004). Childhood abuse, household dysfunction and indicators of impaired worker performance in adulthood. *The Permanente Journal*, 8, 30–38.

Anda R. F., Brown D. W., Felitti V. J., Bremner D. J., Dube S. R. & Giles W. H. (2007). The relationship of adverse childhood experiences to rates of prescribed psychotropic medications in adulthood. *American Journal of Preventive Medicine*, 32 (5), 389–94.

Dong M., Dube S. R., Felitti V. J., Giles W. H. & Anda R. F. (2003). Adverse childhood experiences and self-reported liver disease: New insights into a causal pathway. *Archives of Internal Medicine*, 163, 1949–1956.

Dong M., Anda R. F., Felitti V. J., Dube S. R., Williamson D. F., Thomson T. J., Loo C. M. & Giles W. H. (2004 a). The interrelatedness of multiple forms of childhood abuse, neglect and husehould dysfunction. *Child Abuse & Neglect*, 28 (7), 771–784.

Dong M., Giles W. H., Felitti V. J., Dube S. R., Williams J. E., Chapman D. P. & Anda R. F. (2004 b). Insights into causal pathways for ischemic heart disease: Adverse Childhood Experiences Study. *Circulation*, 110, 1761–1766.

Dube S. R., Anda R. F., Felitti V. J., Chapman D., Williamson G. F. & Giles W. H. (2001). Childhood abuse, household dysfunction and risk of attempted suicide throughout the life span: Findings from the Adverse Childhood Experiences Study. *Journal of the American Medical Association*, 286, 3089–3096.

Dube S. R., Anda R. F., Felitti V. J., Chapman D. P. & Giles W. H. (2003). Childhood abuse, neglect, and household dysfunction and the risk of illicit drug use: The Adverse Childhood Experiences Study. *Pediatrics*, 111, 564–572.

Dube S. R., Miller J. W., Brown D. W., Giles W. H., Felitti, V. J., Dong M. & Anda R. F. (2006). Adverse childhood experiences and the association with ever using alcohol and initiating alcohol use during adolescence. *Journal of Adolescent Health*, 38, 444. e 1–10.

Felitti V. J., Anda R. F., Nordenberg D., Williamson D. F., Spitz A. M., Edwards V., Koss M. P. & Marks J. S. (1998). The relationship of adult health status to childhood abuse and househould dysfunction. *American Journal of Preventive Medicine*, 14, 245–258.

Finkelhor D., Hotaling G., Lewis I. A. & Smith C. (1990). Sexual abuse in a national survey of adult men and women: Prevalence, charakteristics, and risc factors. *Child Abuse & Neglect*, 14, 19–28.

Hillis S. D., Anda R. F., Dube S. R., Felitti V. J., Marchbanks P. A., Marks J. S. (2004). The association between adolescent pregnancy, long-term psychosocial outcomes, and fetal death. *Pediatrics*, 113, 320–327.

MacMillan H. L., Fleming J. E., Trocmé, N., Boyle M. H., Wong M., Racine Y. A., Beardslee W. R. & Offord D. R. (1997). Prevalence of child physical and sexual abuse in the community: Results from the Ontario Health supplement. *JAMA*, 278, 131–135.

Plassmann R. (2007). *Die Kunst des Lassens. Psychotherapie mit E. D. für Erwachsene und Kinder*. Gießen: Psychosozial-Verlag.

Whitfield C. L., Dube S. R., Felitti V. J. & Anda R. F. (2005). Adverse childhood experiences and subsequent hallucinations. *Child Abuse & Neglect*, 29 (7), 797–810.

Williams L. M. (1995). Recovered memories of abuse in women with documented child victimization histories. *Journal of Traumatic Stress*, 8, 649–673.

ANNETTE STREECK-FISCHER

2. Traumafolgestörungen bei Kindern und Jugendlichen

2.1 Definition: Trauma in der Entwicklung

Ein psychisches Trauma ist ein Ereignis, das sowohl die psychischen als auch die biologischen Bewältigungsmechanismen einer Person überfordert und *das nicht durch die Unterstützung einer anderen Person, die die Unfähigkeit dieses Menschen bzw. Organismus ausgleichen könnte, kompensiert werden kann* (van der Kolk & Streeck-Fischer, 2002). Ein Trauma ist damit kein objektives Ereignis, dessen Wirkungen für alle Menschen gleich wären, sondern eine Erfahrung, die aufgrund der persönlichen Interpretation des Opfers und seines Entwicklungsstandes sowie seiner konstitutionellen Voraussetzungen überwältigend ist.

Fischer und Riedesser (1998) haben darauf aufmerksam gemacht, das es wichtig ist, zwischen der traumatischen Situation (dem Zusammenspiel von Innen- und Außenperspektive, von traumatischen Umweltbedingungen und subjektiver Bedeutungszuschreibung), der traumatischen Reaktion und dem traumatischen Prozess zu unterscheiden. Im Falle der Traumatisierung von Kindern und Jugendlichen – d.h. bei einer Traumatisierung in der Entwicklung – bekommen die (traumatischen) Umweltbedingungen eine hervorgehobene Bedeutung. Sie beeinflussen, wie die traumatische Belastung verarbeitet wird und ob es zu Chronifizierungen kommt.

Leonore Terr (1991) hat als Erste Traumafolgestörungen im Kindes- und Jugendalter systematisch untersucht. Aufgrund ihrer Daten hat sie vorgeschlagen, zwischen Trauma-Typ I und Trauma-Typ II zu unterscheiden (Terr 1991). Der Trauma-Typ I liegt bei akuter einmaliger Traumatisierung vor, während Typ II bei Folgen chronischer Traumatisierungen auftritt (siehe Abb. 1). Generell konnte sie feststellen, dass traumatisierte Kinder veränderte Einstellungen gegenüber Menschen, dem Leben und der Zukunft entwickeln. Auch kommen bei diesen Kindern in der Regel – egal, ob sie akut oder chronisch traumatisiert sind – wiederholte optische oder anders wahrgenommene Erinnerungen, repetitive Verhaltensweisen und traumaspezifische Ängste, vor.

Ob sich eine akute Belastungsreaktion zu einer länger anhaltenden Störung auswächst, hängt von der Fähigkeit des Kindes ab, mit Belastungen umzugehen, aber auch davon, ob es der unmittelbaren Umwelt bzw. der Pflegeperson gelingt, die akute Be-

> Wiederholte optische und anders wahrgenommene Erinnerungen
> Repetitive Verhaltensweisen
> Traumaspezifische Ängste
> Veränderte Einstellungen gegenüber Menschen, dem Leben und der Zukunft
>
> Typ I (akut)
> Detaillierte Erinnerungen
> Schlimme Vorahnungen
> Verzerrte Wahrnehmungen
>
> Typ II (chronisch)
> Verleugnung, psychische Betäubung
> Selbsthypnose und Dissoziation
> Wut

Abb. 1: Traumafolgestörungen bei Trauma-Typ I und II (nach Terr 1991)

lastungsreaktion angemessen aufzufangen. Die normale Verarbeitung reicht auch bei Kindern über den Aufschrei, bzw. Panik, über Konstriktion, Intrusion, Flashbacks bis hin zur Integration. Ob der Verarbeitungsprozess vollständig verläuft, zeigt sich erst in der Adoleszenz, wo die Gefahr von Reaktivierungen und Reinszenierungen besteht. Oft stellen sich jedoch anhaltende Störungen ein, die die Entwicklung bestimmen.

Wir können zwischen traumatischen Belastungen, die primär den Entwicklungsprozess beeinflussen, und dem Bindungstrauma unterscheiden, das nicht nur Folgen für die Entwicklung hat, sondern auch mit einer basalen Schädigung der Bindungsfähigkeit verbunden ist. Beides kann sich jedoch auch vermischen.

Bei traumatischen Belastungen – z. B. bei Schmerzen und Überwältigtsein durch Operationen oder Aufwachen unter der Narkose, bei Unfällen mit Körperverletzungen, Missbrauch, Misshandlung durch fremde Täter – kann die frühe bedeutsame Pflegeperson gegebenenfalls das Ausmaß der Traumatisierung »abpuffern«, wenn sie es erkennt. Häufig gelingt dies jedoch nicht. Zum einen, weil die Traumatisierung unerkannt bleibt, zum anderen, weil die frühe Pflegeperson überfordert ist oder weil das Ausmaß der Traumatisierung daran hindert, ausreichende Kompensationsangebote zu machen – mit der Folge, dass sekundär traumatisierende Interaktionen auftreten, womit wiederum die Gefahr einer sekundären Bindungstraumatisierung verbunden ist. Solche malignen Interaktionen können bereits nach einmaligen akuten Traumatisierungen auftreten, wie beispielsweise bei einem zweijährigen Kind mit Zustand nach Operation seiner Oberlippenspalte, das unter Narkose erwachte und seither schwere Angstzustände entwickelte, die mit dem Ereignis nicht in Verbindung gebracht werden konnten und mit immer harscher werdenden pädagogischen Trainings beantwortet wurden.

Bei einem primären Bindungstrauma fügt demgegenüber eine der bedeutenden frühen Pflegepersonen (z. B. Mutter/Vater) dem Kind Traumatisierungen zu (man-made disaster). Ein Kind, das z. B. Misshandlungen durch Personen ausgesetzt ist, die für seine Entwicklung wichtig sind, erfährt mit seinem noch rudimentären Ich traumatische Überwältigungen im Aufbau einer Bindungsbeziehung, Erfahrungen, die es mit massiver Bedrohung, Schmerz und Panik konfrontieren (Streeck-Fischer, 2010). Traumatische Belastungen und Bindungswünsche konfligieren miteinander – mit komplexen Folgen (Fonagy, 2008).

2.2 Kurzer geschichtlicher Überblick

Freud (1916/17, 1920) ist in seinen frühen Theorien davon ausgegangen, dass reale traumatische Belastungen in der Kindheit zu neurotischen Störungen führen. Diese Ansicht hat er später relativiert, jedoch nicht aufgegeben. Mit der Beschreibung des Wiederholungszwangs und mit der Bläschenmetapher hat er auf wichtige Phänomene hingewiesen, die zum Verständnis von Traumafolgestörungen im Kindes- und Jugendalter beitragen. Die Bläschenmetapher verwendet das Bild einer Schutzhülle, die den psychischen Apparat umgibt und bei traumatischen Einwirkungen durchbrochen wird.

Ferenczi (1933) hat auf charakteristische Persönlichkeitsveränderungen aufmerksam gemacht, die das Verhalten in den Beziehungen dieser Kindern und Jugendlichen erklären. Der Mechanismus der Identifikation mit dem Angreifer und die oft damit einhergehende Mimikryentwicklung, auf die noch genauer eingegangen werden soll, sind Phänomene, deren Beobachtung zum Verständnis solcher Kinder und Jugendlichen wichtig war. Andere Autoren haben Folgen von Traumata in der Entwicklung beschrieben, ohne dass den realen Umständen eine besondere Bedeutung beigemessen wurde. Dies lässt beispielsweise der Begriff des *kumulativen Traumas* (Khan, 1974), des *Strain-Traumas* (Kris, 1956) oder auch des sogenannten *stillen Traumas* (Hoffer, 1953) erkennen. Sie alle verweisen auf anhaltend unterschwellige Dauerbelastungen, die traumatisierend wirken, ohne dass den faktischen Umständen eine besondere Bedeutung beigemessen würde.

Keilson (1979) war einer der Ersten, der mit seiner Beschreibung des *sequenziellen Traumas* detailliert dargestellt hat, wie ungünstig sich Belastungen durch wiederholte Trennungen, den Verlust von Bezugspersonen und Zuhause für die kindliche Entwicklung auswirken. Dennoch sind die Folgen von Traumata, die in der Entwicklung auf eine unreife Psyche treffen, im Unterschied zu Traumafolgestörungen bei Erwachsenen bislang wenig ausführlich beschrieben. Wenn weder ein Zeitgefühl noch die Objekte sicher verankert sind, hat dies grundlegende Folgen für die Persönlichkeitsentwicklung (Krystal, 1978).

2.3 Prävalenz von Traumata

Folgende Traumatisierungen spielen in der Kindheit und Adoleszenz eine besondere Rolle:
- sexueller Missbrauch,
- familiäre Gewalt, Misshandlung/Gewalt in der Schule, im Umfeld, subkulturellen Milieu,
- komplexe Traumatisierung,
- Vernachlässigung,[1]
- Trennung, schwerwiegende Verlusterlebnisse,
- Traumatisierung durch medizinische Eingriffe, schwere Erkrankungen mit Schmerzerfahrungen,
- Naturkatastrophen, Unfälle,
- Kriegsfolgen, Migration, Flucht.

---

[1] Vernachlässigung wird u.a. auch als eine Sonderform der Misshandlung angesehen. Als Traumaart wird sie unter den traumatischen Belastungen (s. PTSD im DSM IV/V) nicht aufgeführt, jedoch bei reaktiven Bindungsstörungen (Störungen im Kleinkindalter, in der Kindheit und Adoleszenz) erwähnt (enthemmt/gehemmt).

Im Vergleich zu anderen Staaten wurden in den deutschsprachigen Ländern die Folgen von kindlicher Misshandlung, Missbrauch und Vernachlässigung aus wissenschaftlicher Perspektive erst spät aufgegriffen. Ende der 80er-Jahre fanden Misshandlungen von Kindern verstärkte Aufmerksamkeit, in den 90er-Jahren zunehmend auch der sexuelle Missbrauch. Heute wird mehr und mehr den Folgen von Vernachlässigung auch von wissenschaftlicher Seite Beachtung geschenkt.

Offiziellen Statistiken zufolge werden jedes Jahr zwischen vier und 16 von 100 Kindern körperlich misshandelt, vernachlässigt oder emotional missbraucht. 5–10 % der Mädchen und über 5 % der Jungen werden sexuell durch Penetration missbraucht, und mehr als dreimal so viele Kinder sind anderen Formen sexuellen Missbrauchs ausgesetzt (Gilbert et al., 2009). Annähernd drei von vier Erwachsenen haben in ihrer Kindheit Gewalterfahrungen gemacht (Jahrgänge 1932–75), davon waren 10 % Opfer elterlicher Misshandlung, 40 von 100 wurden häufiger körperlich gezüchtigt und 5 % wurden häufiger misshandelt (Wetzels, 1997). Gegenüber diesen epidemiologischen Daten zu frühen Vernachlässigungen, Misshandlungen oder zum Missbrauch von Kindern ist angesichts einer hohen Dunkelziffer allerdings Zurückhaltung geboten; die tatsächliche Häufigkeit liegt wahrscheinlich weit höher.

Chronisch traumatisierte Kinder und Jugendliche wachsen oft bei Eltern und auch Großeltern auf, bei denen körperliche oder seelische Erkrankungen wie Suchterkrankungen, affektive Erkrankungen, Persönlichkeitsstörungen oder Psychosen vorliegen. Auch Transmissionen traumatischer Erfahrungen von der ersten und zweiten Generation auf die dritte Generation können eine Rolle spielen. Häufig werden diese Kinder und Jugendlichen mit massiven Ehekrisen ihrer Eltern, mit Trennungen, Scheidungen, ungünstigen sozio-ökonomischen Verhältnissen, mit Dissozialität, Alkoholismus und Gewalt konfrontiert. Nicht selten sind sie anhaltend Misshandlung und Vernachlässigung ausgesetzt, was massive Beeinträchtigungen in ihrer Entwicklung zur Folge hat.

Eine genauere Erfassung des tatsächlichen Ausmaßes an Traumatisierungen im Kindes- und Jugendalter ist aus verschiedenen Gründen erschwert.

- Kinder und Jugendliche verschweigen ihre traumatischen Belastungen häufig aufgrund von Loyalitätskonflikten und der Angst vor drohenden Konsequenzen. Summit (1983) hat diese Problematik als Akkomodationssyndrom beschrieben.
- Da fälschlich angenommen wird, dass Kinder mit traumatischen Belastungserfahrungen eine erkennbare PTBS-Symptomatik (ICD-10, DSM-V) zeigen, wird ihre Problematik nicht erkannt. Kinder und Jugendliche reagieren, wie von verschiedenen Autoren deutlich gemacht wird, mit vielfältigen Symptomen und Störungsbildern, die nicht unmittelbar als Folge einer traumatischen Belastung erkennbar sind. Ackerman et al. (1998) haben in ihrer Untersuchung festgestellt, dass Ängste, depressive Störungen, Einnässproblematik und ADHS als Störungsbilder auftauchen, während Symptome einer PTBS oft nur partiell feststellbar sind.

Die derzeitigen diagnostischen Klassifikationssysteme bilden die Problematik der Traumafolgestörungen bei Kindern nur sehr eingeschränkt ab. Auch ein akutes Trauma kann in seiner Symptomatik anders als im Erwachsenenalter aussehen. Das hat Folgen für die Erkennung und auch die Erforschung dieser Problematik. Im DSM-V liegt nun ein Vorschlag vor, die entwicklungsspezifischen Bedingungen von Traumafolgestörungen einzuarbeiten. Unter der Diagnose einer Entwicklungstraumastörung (developmental trauma disorder) wurden anhand eines Samples von mehr als 6000 Kindern und Jugendlichen charakteristische Merkmale der Traumafolgestörungen bei Kindern und Jugendlichen zusammengestellt. Eine Arbeitsgruppe (NCTSN = National Child Traumatic Stress Network) erarbeitet derzeit entwicklungsspezifische Aspekte der Symptome in den verschiedenen Altersstufen. Personen mit früher und anhaltender Traumatisierung in ihren Beziehungen entwickeln eine Kombination von DESNOS-Symptomen, PTBS und Borderline-Störungen, ohne dass in den gängigen diagnostischen Klassifikationssystemen wie dem ICD 10 und DSM IV die Entwicklungsperspektive der Symptombildung berücksichtigt wird.

2.4 Traumafolgen

Es gibt mittlerweile eine überwältigende Datenlage, wonach Kindheitsbelastungen zu psychiatrischen Störungen führen und bei Kindern und Jugendlichen für gravierende Verhaltensprobleme verantwortlich sind (z. B. Gilbert et al., 2009).

In welchem Ausmaß traumatische Erfahrungen wie Misshandlung die weitere Entwicklung prägen, hängt vom Entwicklungsstand des Kindes, von den bisherigen Entwicklungsbedingungen, der Konstitution, der genetischen Ausstattung, den Ressourcen, von der sozialen Umwelt des Kindes und vor allem von der Verfügbarkeit einer Vertrauensperson ab. Prospektive und retrospektive Studien zeigen, dass misshandelte Kinder und Jugendliche massive Verhaltensprobleme haben, von Depressionen, Suizidversuchen, Drogenmissbrauch, Alkoholproblemen und posttraumatischen Stressstörungen belastet sind und zu späterem kriminellem Verhalten, zu Fettsucht, Prostitution und Promiskuität neigen (Gilbert et al., 2009). Die Wahrscheinlichkeit, dass ein Jugendlicher inhaftiert wird, liegt bei Misshandelten doppelt so hoch wie bei Jugendlichen insgesamt (Gilbert et al., 2009).

Weiter hat eine Kindesmisshandlung ausgeprägte Defizite im Erwerb schulischer Fertigkeiten zur Folge. Heranwachsende mit Misshandlungserfahrungen haben niedrigere Schulabschlüsse als andere Gleichaltrige. Ein Viertel der Kinder und Jugendlichen braucht eine spezielle Beschulung, bei Nichtmisshandelten sind es lediglich 14 %. Immerhin erreichen 42 % der misshandelten Kinder das Abitur, bei einer Kontrollgruppe ohne Misshandlungserfahrung sind es allerdings etwa 70 % (Gilbert et al., 2009). Leistungsabfall und Schulverweigerung sind unmittelbar mit dem Zeitpunkt der Misshandlung verbunden und wirken sich kumulativ aus. Insofern haben Misshandlungen nicht zuletzt auch erhebliche ökonomische Folgen für die Gesellschaft (Gilbert et al., 2009).

Eine neuseeländische Langzeitkohorte aus einer Untersuchung von Fergusson et al. (1996) zeigt, dass sexueller Missbrauch, der vor dem 16. Lebensjahr stattgefunden hat (bei 17,3 % der Mädchen und 3,4 % der Jungen), zu erheblichen psychischen Folgen führte. Das Risiko, zusätzlich an einer Depression zu erkranken, lag bei den missbrauchten Probanden 3,6-fach, bei denen, die mit Penetration missbraucht wurden, um das 5,4-Fache höher. Das Risiko für Suizidversuche war um das 5-Fache erhöht, ebenfalls deutlich erhöht waren Risiken für Alkoholabhängigkeit und andere Substanzmissbrauchserkrankungen. Insgesamt stieg das Risiko, an irgendeiner Verhaltensauffälligkeit zu leiden, auf das 12-Fache.

Hochrisikogruppen sind junge Menschen in Behandlungseinrichtungen für Alkohol- und Drogensucht. In Heimen, Wohngemeinschaften oder anderen betreuten Lebensformen der Jugendhilfe befindet sich eine große Zahl von Kindern und Jugendlichen, welche extreme traumatische Lebenserfahrungen gemacht haben. Neuere amerikanische und britische Untersuchungen mit Heimkindern gehen davon aus, dass über 60 % dieser Kinder Missbrauchs-, Misshandlungs- oder Vernachlässigungserfahrungen gemacht haben (Meltzer et al., 2003; Hurlburt et al., 2004). Ähnliches gilt vermutlich auch für Heimkinder in Deutschland.[2] Misshandlungen und Vernachlässigungen finden sich allerdings gerade in dieser Population selten isoliert, sondern resultieren aus Erfahrungen in einem dysfunktionalen Familiensystem (Nash et al., 1993), so dass mehrere Risikofaktoren kumulieren (Cichetti & Manly, 2001; Ihle et al., 2002). Auch in Jugendstrafanstalten und bei Stichproben junger Rechtsbrecher sind in der Regel die Anteile traumatisierter Probanden deutlich erhöht. Steiner et al. (1997) sehen einen Zusammenhang zwischen chronischer Traumatisierung im Kindes- und Jugendalter und der von ihnen so bezeichneten »hot aggression«, einer impulsiven, wenig kontrollierten, nicht manipulativ-proaktiv eingesetzten Aggressivität.

Die WHO hat Gewalt als einen tödlichen ›rite de passage‹ für Jugendliche bezeichnet. Der ›rite de passage‹ meint die Übergangszeit des jungen Menschen von der Kindheit in das Erwachsenenalter. Werden in dieser Zeit ausgeprägte Erfahrungen mit Gewalt gemacht, ob als Opfer oder Täter, kann das langfristig psychobiologische Störungen bei Stressbelastungen nach sich ziehen; davon sind vor allem männliche Jugendliche betroffen. Je größer das Ausmaß an erlittener Gewalt, desto massiver sind die konsekutiven psychosozialen Probleme wie Kriminalität und süchtiges Verhalten. Eine frühe Bereitschaft zu körperlicher Gewalt prädestiniert in der weiteren Entwicklung zu einer Gewalt-Karriere (Farrington & Loeber 2000).

2.5 Symptomatologie

■ Gemäß dem derzeitigen Entwicklungsstand im DSM V (Proposed Revision, APA, DSM V) werden in einer vorgeschlagenen Revision acht Kriterien vorgegeben. Obwohl den entwicklungsbedingten Manifestationen nicht ausreichend Rechnung getragen wird, scheinen Vorschläge zur Diagnose der Entwicklungstraumastörung mit eingearbeitet worden zu sein.

A Eine Person ist folgenden Ereignissen ausgesetzt; Tod oder drohender Tod, aktuelle oder drohende schwere Gewalt oder aktuelle oder drohende sexuelle Gewalt, bei Kindern soll der Verlust des Elternteils oder einer Bindungsperson mit einbezogen werden.

---

[2] Vgl. Runder Tisch ›ehemalige Heimkinder‹.

B Intrusionen sind mit traumatischen Ereignissen verbunden:
- wiederholte intrusive Erinnerungen an das traumatische Ereignis. Bei Kindern ist es das repetitive Spiel, in dem das traumatische Ereignis deutlich wird;
- wiederholte Alpträume. Bei Kindern werden sie oft nicht erkannt;
- dissoziative Reaktionen (z. B. Flashbacks), in denen die Person fühlt oder sich verhält, als ob das traumatische Ereignis wieder auftaucht. Bei Kindern können traumaspezifische Reenactments im Spiel und im Kontakt mit Gleichaltrigen oder Erwachsenen auftauchen. Bei Jugendlichen kommen aktive Wiederholungen traumatischer Belastungen oftmals in unterschiedlichen Konstellationen mit wechselnden Positionen: vor z. B. zunächst als Opfer sexuellen Missbrauchs, dann als gewaltbereiter Täter;
- intensiver und verlängerter psychische Stress, ausgelöst durch äußere oder innere Reize;
- physiologische Reaktionen wie z. B. Blutdruckkrisen, Fieberschübe u. a.

C Vermeiden von Reizen, die mit dem Trauma verbunden sind: Rückzug, Verlust bisher entwickelter Fähigkeiten, Betäubung, Starre. Bei Kindern und Jugendlichen zeigen sich deutliche Zeichen für Entwicklungsstopps (in der psychischen, körperlichen und/oder kognitiven Entwicklung).

D Negative Veränderungen in den Kognitionen und Affekten, die mit dem traumatischen Ereignis verbunden sind.
Unfähigkeit, wichtige Aspekte der traumatischen Ereignisses zu erinnern, anhaltende und übertriebene negative Erwartungen in Bezug auf sich selbst und andere, vermindertes Interesse oder geringere Teilnahme an Aktivitäten usw. Dies führt insbesondere bei Kindern und Jugendlichen zu ausgeprägten Lern- und Leistungsstörungen.

E Neigung zu erhöhter Erregung: Unruhe, erhöhte Reizbarkeit, Konzentrationsstörungen, erhöhte Schreckhaftigkeit. Ein- und Durchschlafstörungen, selbstdestruktives Verhalten, bei Kindern und Jugendlichen häufig als ADHS-Problematik verkannt.

F Dauer der Störung mehr als ein Monat.

G Die Störung verursacht klinisch signifikanten Stress oder Beeinträchtigungen in sozialen, beruflichen oder anderen Funktionen.

H Die Störung ist nicht Folge eines direkten physiologischen Effektes eines Substanzmittels.

2.6 Traumafolgen in der weiteren Entwicklung

Gordon und Wraight (1993) haben eine Verlaufsstudie zu Traumafolgestörungen bei Kindern und Jugendlichen durchgeführt und verdeutlicht, wie Traumatisierungen im Langzeitverlauf verarbeitet werden: Aus States werden Traits (siehe dazu die folgende Box). Die traumatische Belastung wird in die Persönlichkeit gleichsam eingewoben – eine Veränderung, die in Richtung einer Borderline-Persönlichkeitsstörung weist.

Gordon und Wraight (1993) beschreiben

- *die Kurzzeitantworten, die innerhalb der ersten Wochen auftreten:*
Rückblenden, Angst und Unsicherheit, emotionale Reaktionen wie Rückzug, Traurigkeit, Ärger, schlechte Stimmungen, Anspruchsverhalten, Starre, Aufregung, re-

gressives und desorganisiertes Verhalten mit Verlust von bereits erreichten Fähigkeiten wie motorischen und kognitiven Fähigkeiten, wie Interessen, der Fähigkeit sich zu beruhigen, Sprache, Spiel und exploratorischer Aktivität, Neigung zu erhöhter Erregung mit auffälligem Verhalten und übersteigertem Schreckreflex, mit sensorischer Hyperaktivität, Schlafstörungen, Ruhelosigkeit, magische Vorstellungen, Verwirrungen, Desorientierung;

- *die mittelfristigen Effekte im ersten Jahr:*
Die Kurzzeiteffekte persistieren, generelle Stresszeichen, schlechte Gesundheit, Somatisierungsneigung, Schlaflosigkeit, emotionale Instabilität, Konzentrationsmängel, eingeschränkte Beziehungen, Stimmungen und Einstellungen haben sich in Richtung einer erhöhten Irritabilität verändert, chronische Unzufriedenheit, Rückzug, eingeschränkte Kommunikation, Einzelgängertum, antisoziales und delinquentes Verhalten, unstetes Verhalten mit erhöhter Anspannung, Angstreaktionen, Negativismus, destruktives Verhalten, Konfliktbereitschaft, pseudoneurotische Symptome, Verlust von bisherigen Entwicklungspfaden, neue Herausforderungen werden vermieden, Veränderungen in den Beziehungen zu Gleichaltrigen.

- *und die Langzeiteffekte:*
Kurz- und Mittelzeiteffekte können persistieren, Schulversagen, Persönlichkeitsveränderungen, Lebensbedingungen, die danach eingetreten sind, stehen im Mittelpunkt, chronische Probleme im Kontakt mit Gleichaltrigen, schlechte körperliche Gesundheit, Beschäftigung mit dem Trauma, Veränderungen der Identität und Veränderungen in den philosophischen Ansichten, die die ganze Weltanschauung bestimmen.

Die Störungen haben in der weiteren Entwicklung Folgen für die Gesundheit: Es treten generelle Stresszeichen auf, und es kommt zu einer erhöhten Somatisierungsneigung. Die Einstellungen zu Beziehungen verändern sich, verbunden mit einem erkennbaren sozialen Rückzug, Einzelgängertum oder auch antisozialen Tendenzen. Es kann selbst- und fremddestruktives Verhalten auftreten. Bisherige Entwicklungspfade gehen verloren, und es kann zu einem Schulversagen kommen. Alkohol und Drogen werden als Selbsthilfemaßnahmen eingesetzt. Jugendgruppen mit destruktiven Ritualen unterstützen eine Fortführung der Traumatisierung. Es kommt zu Veränderungen der Identität. Die Persönlichkeitsveränderungen chronifizieren zunehmend, verbunden mit verzerrten Wahrnehmungen in Beziehungen, im Denken, einer feindlichen und misstrauischen Haltung gegenüber der Welt, Gefühlen von Leere und Hoffnungslosigkeit, einer gesteigerten Reizbarkeit und Entfremdungsgefühlen (Gordon & Wraight, 1993; Kiser et al., 1991).

Das Ausmaß der Belastungsstörung und der prämorbiden Persönlichkeitsentwicklung steht in einem negativen Verhältnis zur Resilienz. Einen ungünstigen Einfluss auf die Resilienz hat auch die mangelnde soziale Einbettung: Das gilt für Kinder, die oft Außenseiterpositionen haben, und für Jugendliche mit ihren Ablösungsbestrebungen von der Familie und dem bisherigen Umfeld. Sie sind daher besonders vulnerabel für traumatische Belastungsstörungen, die oft als solche vom Umfeld nicht erkannt und verborgen gehalten werden. Jugendkulturen mit Gewaltverherrlichungen und satanischen Ritualen sind »besondere Orte« für traumatische Belastungserfahrungen, die, wenn sie aufgesucht werden, Neu- oder auch – bei bisher verborgen gehaltenen traumatischen Belastungsstörungen – Retraumatisierungen bewirken.

2.7 Ätiologie und Pathogenese

Folgen komplexer Traumatisierungen haben einen zentralen Platz in der kinder- und jugendpsychiatrischen Versorgung. Sie werden allerdings bisher wenig rezipiert. Bei Traumatisierungen in der Entwicklung müssen drei verschiedene Aspekte beachtet werden: die Traumafolgen im engeren Sinne, die Bindungs- und die Entwicklungsfolgen.

Freud (1920) hat, wie angedeutet, die Bläschenmetapher verwendet, um zu verdeutlichen, dass eine traumatische Einwirkung die Schutzhülle des psychischen Apparates durchbricht. Die Zerstörung der Grenzschicht oder Grenzmembran des psychischen Apparates geht mit einer mangelnden Grenzziehung zwischen Selbst und anderen, Innen und Außen einher. So lässt sich erklären, warum Kinder und Jugendliche mit komplexen Traumatisierungen in ihrer Selbstwahrnehmung und der Wahrnehmung von anderen und der Umwelt gestört sind. Infolge einer mangelnden Grenzziehung zwischen Realität und Fantasie sind ihre Mitteilungen oft verwirrend. Es bleibt unklar, was der Wirklichkeit und was der Fantasie entspringt. In Ihrem Zeitgefühl sind sie beeinträchtigt.

Darüber hinaus hat Freud (1916–17) auf die Bedeutung der traumatischen Reinszenierung infolge des Wiederholungszwangs hingewiesen. Er hat aufgezeigt, wie es bei traumatischen Neurosen zur Fixierung in Bezug auf den Moment des traumatischen Unfalls kommt: »Es ist so, als ob diese [...] [Personen, A.S.-F.] mit der traumatischen Situation nicht fertig geworden wären, als ob diese noch als unbezwungene Aufgabe vor ihnen stände« (Freud, 1916–17, S. 284). Freud verweist auf den Umstand, dass traumatische Erfahrungen handelnd im Sinne von Reenactments und Repetitionen wiederhergestellt werden. Kinder und Jugendliche zeigen eine ausgeprägte Tendenz zu Reinszenierungen (Reenactments) und Repetitionen, so dass die Vergangenheit in der Gegenwart mit Reviktimisierung und Viktimisierung in der Interaktion mit anderen – dem Wiederholungszwang folgend – fortgeführt wird, ohne dass sich daraus eine Veränderung ergeben würde. Insbesondere in der Adoleszenz, in der die Neigung, sich handelnd mitzuteilen, bedeutsam ist, besteht eine große Gefahr der Re- und Neutraumatisierung.

Eine bedeutsame Folge früher und komplexer Traumatisierungen ist der Verlust von Kohärenz. Dabei geht die Einheit des Selbst verloren. Integrationsfähigkeiten, über die der Säugling von Geburt an verfügt, wie z. B. die sensomotorische Integration oder die Verbindung von Körper und Psyche, brechen unter derartigen traumatischen Belastungen zusammen (vgl. Dornes, 1993). Die Kohärenz des Selbst[3] zerbricht. Es kommt zu einer Verdoppelung der Persönlichkeit, zur Aufspaltung in verschiedene Selbstzustände im affektiven Erleben, in den kognitiven und sprachlichen Fähigkeiten und der somatosensorischen Integration. Ferenczi (1933) hat diese Spaltung des Ichs in einen beobachtenden und preisgebenden Teil, die Lähmung von Affekten

---

[3] Stern (1985) hat sie auf das körperliche Ganze als Handlungszentrum bezogen, Karl Jaspers (1913) definiert sie umfassender als Einheit der Identität und des Ich.

und insbesondere die Tendenz zur Identifikation mit dem Täter beschrieben.

Der Verlust des Einheiterlebens als Folge früher traumatischer Übergriffe geht über die Aufspaltung in Teilobjektbeziehungen – wie bei Borderline-Störungen – weit hinaus. Kinder im Latenzalter mit traumatischen Belastungserfahrungen erscheinen infolge ihrer Notreifung häufig als eigenartig unauffällig. Ferenczi (1933) hat auf die Mimikryentwicklung, die mit vordergründigen Anpassungen an die traumatisierende Person einhergeht (vgl. ANP: Apparentley Normal Personality: Myers, 1940), aufmerksam gemacht. In Identifikation mit vermeintlichen Angreifern passen sich Kinder reflex- und chamäleonhaft an äußere Bedingungen an und sind zugleich infolge ihrer dissoziativen Abwehr unerreichbar und affektiv unzugänglich. Andere hinterlassen unterschiedliche Bilder bei den Personen, mit denen sie zu tun haben, und sind oft infolge ihres aggressiv-destruktiven Verhaltens in sozialen Bezügen unintegrierbar. Sie stellen Interaktionen her, die von traumatisierenden Wiederholungen, ob als Opfer oder als Täter.

In der Adoleszenz werden ›schlummernde‹ Traumatisierungen, die hinter der vordergründigen Anpassung verborgen waren, reaktiviert und inszeniert. Vordergründige Anpassungen des Latenzalters können sich in charakteristische Symptome einer Borderline-Störung mit traumatischen Reinszenierungsmustern verwandeln.

Eine weitere zentrale Problematik liegt in den Störungen der Selbst-, Affekt- und Impulsregulierung. Die abwesende dysregulierende oder misshandelnde frühe Pflegeperson hat die Aufgaben eines neuropsychobiologischen Regulators nicht übernommen. Eine mangelnde Fähigkeit zur Stressregulation mit Rückgriff auf Notregulationen und ›missglückte‹ Selbsthilfemaßnahmen ist die Folge, was sich in selbst- und fremddestruktivem Verhalten zeigt (Haare ausreißen, an der Haut pulen, häufige Unfälle, Nägelkauen im Kindesalter, Alkohol- und Drogenmissbrauch, Aufsuchen von Thrill- und Kickerlebnissen, z. B. U-Bahn-Surfen im Jugendalter).

Traumatische Belastungen führen zu gestörtem Bindungsverhalten. Nach Cicchetti und White (1990) sind 80 % der traumatisierten Kinder desorganisiert gebunden. Darüber hinaus zeigen sich Bindungsmuster vom unsicher gebundenen Typ, vom ambivalent verstrickten oder vermeidenden Typ mit jeweils unterschiedlichen Coping-Strategien (emotionsorientiertes Coping oder kognitionsorientiertes Coping; Crittenden, 1997). Infolge des »Bindungsloches« in der Adoleszenz können Traumatisierungen vorliegende Bindungsstörungen verschärfen und zu einem Abdriften aus sozialen Bezügen führen. Entwicklungen, die zur Zugehörigkeit in destruktiven Jugendgruppen führen, können die Folge sein.

Kommt es zu Traumatisierungen innerhalb der Bindungsbeziehung, wird einerseits die Bindung gesucht, andererseits jedoch ist die Fähigkeit, sich vor Traumatisierungen zu schützen, verstellt; das Bindungsobjekt, das Sicherheit geben soll und deshalb gesucht wird, ist das traumatisierende Objekt. Das hat besonders schwerwiegende Folgen für das Kind bzw. den Jugendlichen. Selma Fraiberg (1982) hat anhand von klinischen Fällen von sehr jungen Kindern systematisch untersucht, was missbrauchendes und misshandelndes Verhalten der frühen Pflegeperson bewirkt. Sie beschreibt verschiedene Arten von mangelhaft reguliertem Bindungsverhalten, bis hin zu einer aktiven Teilnahme des Kindes an einer traumatischen Beziehung. Im extremen Fall sind solche Kinder in einem das Bindungstrauma aktivierenden Bindungssystem gefangen, das mit Suchtneigungen verbunden ist (Insel, 2003; Schore, 2002).[4] Es handelt sich dabei um einen biologischen Teufelskreis. Die Hemmung der zur Selbstreflexion erforderlichen Mentalisierung ist kombiniert mit einer das Trauma verursachenden Hyperaktivierung des Bindungssystems (Fonagy, 2008). Dieser Sog, der vom Bindungstrauma ausgeht, erklärt, warum es während der Therapie misshandelter Kinder und Jugendlicher mitunter zu malignen Entwicklungen kommt. Das ganze traumatische Geschehen wird verinnerlicht. Das Kind bleibt in einer Gut-böse-Konfusion an den Täter als sein bedeutsames Objekt gebunden, dem es sich per Mimikry, per Anpassung und Angleichung, unterwirft.

Bei einem Bindungstrauma ist – anders als im Erwachsenenalter – die gesamte Persönlichkeit davon erfasst. Wir suchen hier auch keine traumatischen Erinnerungen, sondern werden in traumatische Beziehungskonstellationen hineingezogen (Davies, 1997), die durch Angst auslösende Situationen immer wieder aktiviert werden.

Die Dauer der Traumatisierung beeinflusst das Ausmaß der kognitiven Defizite (Arnsten, 1998; Beers & DeBellis, 2002). Als Folge von traumatischen Belastungen treten Aufmerksamkeits- und Konzentrationsstörungen auf, insbesondere Beeinträchtigungen in der kognitiven Flexibilität und im planenden Verhalten. Die sensomotorischen Störungen sind vor allem im taktilen System, der Lateralisation und einer beeinträchtigten Hemisphärendominanz erkennbar (Streeck-Fischer, 2006). Eine chronische Traumatisierung im Kindesalter zerstört die Fähigkeit, sensorische, emotionale und kognitive Informationen zu integrieren und kohärent zu organisieren. Sie führt zu unfokussierten und unpassenden Reaktionen auf Stressbelastungen. Bei einer Traumatisierung in Gegenwart einer unterstützenden, aber hilflosen Pflegeperson wird das Kind überwiegend die Reaktion des Elternteils übernehmen – je mehr der Elternteil desorganisiert ist, umso mehr ist das Kind desorganisiert. Die Sicherheit einer Bindung schwächt demgegenüber den traumainduzierten Schrecken ab.

2.8 Zur Neurobiologie des Traumas

Traumatisierte Kinder und Jugendliche neigen infolge von Sensibilisierungs- und Kindlingsprozessen zu massiven Antworten bei relativ geringen Reizen (Post et al., 1998). Diese Prozesse gehen vermutlich mit beidem einher, einer herabgeminderten Funktionsfähigkeit des Frontallappens und einer gesteigerten Reizbarkeit des limbischen Systems (Amygdala). Die gesteigerte Reizbarkeit der Amygdala garantiert zwar schnelle protektive Handlungen, sobald Gefahr wahrgenommen wird, umgeht jedoch ein kortikales Prozessieren, das ein differenzierteres Erfassen der jeweiligen Situation ermöglichen würde. Traumatische Belastungen in der Entwicklung führen zu Entwicklungsblockaden mit Störungen in der Informationsaufnahme und -verarbeitung (Arnsten, 1998). Verzerrte Wahrnehmungen (Dodge & Somberg, 1987) haben immer gleiche Reaktionsformen (z. B. Flight/Fight) zur Folge. Wegen der Reizgeneralisierung antworten misshandelte Kinder auf

---

[4] Dies könnte erklären, warum so viele Süchtige eine Traumakarriere haben.

geringe Trigger mit einer Vielfalt von katastrophischen Reaktionen (Perry & Pollard, 1998). Normaler Stress wird zum Disaster. Die traumabedingte Störung exekutiver Funktionen führt sowohl zu einem erhöhten Reizbarkeits- und Gewaltpotential wie auch zu einer geringeren Ansprechbarkeit in Bezug auf die Konsequenzen des eigenen Verhaltens. Die impulsiven Reaktionen können sich auf verschiedenen Ebenen im Gehirn darstellen: Der Hirnstamm zeigt fixierte Aktionsmuster, das Kleinhirn aktiviert sensomotorische Schemata, während die limbische Schleife kontextabhängige Flight-/fight- oder Freeze-Antworten in Gang setzt.

Misshandlung und Missbrauch in der Kindheit führen offenbar zu breiten Störungen in der Hirnentwicklung (Teicher et al., 2002, DeBellis, 1999b, Bremner, 2002). MRT-Messungen von DeBellis et al (1999b) bei 44 Kindern ergaben ein geringeres Hirnvolumen bei größeren Ventrikeln und einem schmaleren Balken. Diese Befunde stimmen mit Untersuchungen von Rutter (Sandberg et al., 2001) überein, der an schwerst traumatisierten und deprivierten Kindern aus Rumänien ein eingeschränktes Hirnwachstum festgestellt hat. Nach Untersuchungen von Castellanos et al. (2002) bei gesunden Kindern und Jugendlichen entwickeln sich vor allem die midsagittalen Areale des Balkens im Alter von 5 bis 18 Jahren. Jungen, die missbraucht oder vernachlässigt wurden, zeigten eine Reduktion der mittleren Bereiche des Balkens (Teicher et al., 2002). Dabei scheint Vernachlässigung bei Jungen einen weit größeren Effekt zu haben als Misshandlung. Bei Mädchen zeigte sich ebenfalls eine deutliche Reduktion in den mittleren Bereichen des Balkens – insbesondere bei solchen, die körperlich oder sexuell missbraucht wurden (DeBellis et al., 1999b, Teicher et al 2002). Die Funktion des Balkens, eine Verbindung zwischen den beiden Hemisphären herzustellen, ist eingeschränkt, was mit Störungen in den exekutiven Funktionen und Dissoziation in Verbindung gebracht wird. DeBellis et al. (1999b) vermuten, dass ein früher Neuronenverlust in parietalen und temporalen Hirnregionen dazu geführt haben könnte, dass die mittleren und hinteren Bereiche des Balkens sich mangelhaft entwickelt haben.

Die meisten biologischen Forschungen zu entwicklungsbezogenen Traumata basieren auf Tierexperimenten. Nur eine kleine Anzahl von Studien hat sich bisher mit den biologischen Auffälligkeiten bei missbrauchten und vernachlässigten Kindern befasst. (Putnam & Trickett, 1997; Teicher et al., 2002; DeBellis & Putnam, 1994; DeBellis et al., 1999a, b). Wiederholter früher Stress führt zu Veränderungen im zentralen neurobiologischen Regulationssystemen, insbesondere im CRF-System (Corticotropin-Releasing-Faktor) mit einer erhöhten Antwortbereitschaft auf Stressbelastungen. In der Hypophyse wird durch den im Hypothalamus gebildeten CRF ACTH (adrenocorticotropes Hormon) gebildet, das in der Nebennierenrinde die Ausschüttung von Cortisol aktiviert. Dieses Cortisol wirkt wiederum zurück auf das Gehirn. Zunächst hat Cortisol eine stressentlastende Wirkung, lang anhaltender Stress führt bei entsprechender Cortisolausschüttung jedoch zu Schädigungen von Neuronen und ihren Verschaltungen. Untersuchungen von DeBellis et al. (1999a, b) zeigen, dass die Katecholaminaktivierung durch Misshandlung bei Kindern den Befunden bei traumatisierten Erwachsenen entspricht. Demgegenüber zeigen sie eine höhere Cortisolsekretion als Erwachsene, ein Ergebnis, das DeBellis et al. (1999a) mit dem Alter und den Wachstumsbedingungen in Verbindung bringt.

2.9 Behandlungsansätze

Bei der Behandlung von Folgen traumatischer Belastungen von Kindern und Jugendlichen gibt es vielfältige Ansätze (mindestens 200), die hier nicht alle erwähnt werden können. Folgende Therapiemethoden lassen sich grob benennen:

- traumafokussierte Therapieansätze mit Entspannung, Desensibilisierung, Exposition, Korrektur der negativen Erfahrungen mit verhaltenstherapeutischen Interventionen oder kognitiv-behavioralen Techniken;
- die einsichtsorientierte Psychotherapie, wie etwa die psychodynamische, klientenzentrierte und systemische Psychotherapie;
- EMDR; diese Methode kann als Behandlung in die verschiedenen Therapiemethoden integriert werden;
- außerdem gibt es familientherapeutische Ansätze, sei es die traditionelle Familientherapie oder auch eine traumafokussierte Elterntherapie, bei der die Exploration und Bearbeitung der gefühlsmäßigen Bedingungen in Bezug auf das traumatische Ereignis bei den Eltern eine Rolle spielt, es um Identifikation und Korrektur unpassender Attributionen geht und Eltern bei positivem elterlichen Verhalten unterstützt werden;
- in den Gruppentherapieverfahren werden traumafokussierte oder auch psychoedukative Methoden verwendet;
- schließlich spielen Psychopharmaka mit Antidepressiva, Stimulanzien und Anxiolytika eine wichtige Rolle.

Bei den Kindern ist es besonders wichtig, an den Ressourcen zu arbeiten; zudem muss den Eltern Unterstützung gegeben werden, damit sie ihrem Kind dabei helfen können, dass die Lebensumstände wieder normal werden. Es ist nicht hilfreich, Kinder zu behandeln, die keine oder geringe Symptome zeigen.

Der Forschungsstand in der Behandlung von traumatisierten Kindern und Jugendlichen ist, verglichen mit der Behandlung von Erwachsenen, noch spärlich entwickelt.

Im Rahmen von randomisierten kontrollierten Studien zu Behandlungsergebnissen liegen die meisten Studien zu kognitiv-behavioralen Therapieformen (CBT) vor, einzelne zu »Eye Movement Desensitization and Reprocessing« (EMDR), zur Familientherapie (FT), eine zur psychoanalytisch orientierten Therapie (PA) sowie ebenfalls eine Studie zur Spieltherapie (ST).

Die meisten Studien verwendeten das Ausmaß der PTBS-Symptomatik als Ergebnismaß. Es wurden internalisierende und externalisierende Verhaltensprobleme sowie depressive und Angstsymptome des Kindes erfasst, zudem in einigen Studien Veränderungen (Verhalten, Emotionen, Attributionen) bei den Eltern erhoben. Am besten untersucht ist bislang die kognitiv-behaviorale Therapie. Randomisierte kontrollierte Studien liegen hierbei vor allem zur Traumatisierung durch sexuellen Missbrauch (Cohen et al., 2007; Cohen, 2004; Deblinger & Stauffer, 2001; Jaberghaderi et al., 2004; King et al., 2000), aber auch zur Traumatisierung durch Naturkatastrophen (Chemtob et al., 2002) vor. In Bezug auf das Setting wurden vor allem Einzeltherapien mit paralleler Behandlung eines oder beider Elternteile durchgeführt (Cohen et al., 2007; King et al., 2000); es wurden jedoch auch Einzeltherapien ohne Einbeziehung der Eltern (Chemtob et al., 2002; Jaberghaderi et al., 2004; King et al., 2000) sowie Gruppentherapien (Chemtob et al., 2002; Deblinger & Stauffer, 2001; Stein et al., 2003) untersucht.

2.10 Probleme der Behandlung

Da die traumatischen Belastungen nicht selten unerkannt bleiben, führen ›unspezifische‹ Symptome zu einer unspezifischen Psychotherapie oder dazu, dass es keine therapeutischen Interventionen gibt. Dies ist vor allem dann der Fall, wenn die vordergründige Anpassung als normales Verhalten wahrgenommen wird. Häufig kommt es in der Pubertät zu einem Kippen der von Notreifung gekennzeichneten Stabilisierung, und es tauchen massive Repetitionen und Reenactments auf, die den Anschein erwecken, als sei die ganze Problematik erst in der frühen Adoleszenz aufgetreten. Tatsächlich neigen diese Kinder nun dazu, ihre ursprünglichen traumatischen Erfahrungen handelnd wiederherzustellen.

Beginnt man eine Therapie mit dem Kind oder Jugendlichen, so ist es wichtig zu prüfen, wie stabil die Bedingungen im familiärem Umfeld sind, ob therapeutische Interventionen hilfreich sein können oder von vorneherein – infolge anhaltender Traumatisierung – scheitern müssen. Besonders problematisch ist es, wenn in der Familie ein persistierendes traumatisierendes Milieu vorherrscht. Wenn dann Eingriffe durch Institutionen erfolgen (was nicht selten der Fall ist), ein Kind aus diesem Milieu herauszunehmen, um weitere Traumatisierungen zu vermeiden, kommt zu dem ursprünglichen Trauma ein Bindungsverlust hinzu (was unter Umständen nicht vermeidbar ist, aber sorgfältig überprüft werden sollte). In der Folge kann sich daran bei Anzeige und gerichtlicher Verfolgung eine »Traumatisierungskaskade« anschließen. Das bedeutet, dass bei allen Interventionen immer der Grundsatz »Wie halte ich die Folgen der Traumatisierung so gering wie möglich« im Blick bleiben sollte, um nicht noch zusätzliche Traumatisierungen zu schaffen, die die Heilungs- oder Bewältigungschancen eines Kindes verschlechtern.

Bei der multimodalen Behandlung in der psychodynamischen Therapie von komplex traumatisierten Kindern und Jugendlichen hat es sich aufgrund der klinischen Erfahrungen als sinnvoll erwiesen, die Behandlung in verschiedene Phasen zu untergliedern. Sie beginnt mit einer »Anwärmphase« (1. Phase). Es folgt eine Stabilisierungsphase (2. Phase), eine Phase der Entwicklung von Fähigkeiten und Stärken (3. Phase) und am Ende die Traumaexposition (4. Phase; genauere Darstellung in Streeck-Fischer, 2006).

Komplex traumatisierte Kinder und Jugendliche zeigen durch ihr Verhalten, was sie an traumatischen Belastungen erfahren haben. Sie teilen die Problematik nicht mit Worten mit, sondern in ihrem Handeln und ihrem Verhalten. Darum ist es nach einer gründlichen Diagnostik, die eine gute Verhaltensbeobachtung einschließt, wichtig, das Kind bzw. den Jugendlichen darüber zu informieren, dass das, was es bzw. er tut, vor dem Hintergrund seiner Traumatisierung nachvollziehbar und verständlich ist. Um nicht von der traumatischen Vergangenheit, die die Gegenwart bestimmt, überwältigt zu sein, sollen Kinder bzw. Jugendliche lernen, andere, neue Erfahrungen zu machen – und zwar in dem Sinne, dass es auf der Welt nicht ständig bedrohlich zugeht, sondern dass es möglich ist, Sicherheitszonen zu finden und zu schaffen. Sichere Bedingungen sind erforderlich, damit Lernen möglich ist. Nur unter den Bedingungen eines *secure readiness* (Cicchetti & Toth, 1995) ist es möglich, neue Wege der Entwicklung und der Erfahrung zu beschreiben.

Dies kann an den verschiedenen Reaktionsmustern im Gehirn, die beim Umgang mit belastenden und bedrohlichen Ereignissen abgerufen werden, verdeutlicht werden. Wir alle haben schnelle Wege der Reaktion auf eine Bedrohung (vgl. Perry & Pollard, 1998), die mit primären Reaktionen wie *Flight – Fight – Freezing* einhergehen; bei Kindern, die multiplen Erfahrungen von Bedrohung bzw. traumatischer Überwältigung ausgesetzt waren, haben sich solche Wege gleichsam wie »Autobahnen«, die schnell und vorrangig genutzt werden, im Gehirn entwickelt. Infolge anhaltender traumatische Belastungserfahrungen kommt es zu einem »Anzünden« bzw. einer Imprimierung einer primären Reaktion, die gleichzeitig mit einer mangelnden Reizerfassung und undifferenzierten Antworten einhergeht. Es kommt gleichsam reflexhaft zu Täter- oder Opferreaktionen (Fight), Flucht- (Flight) oder Erstarrungsreaktionen (Freeze), die nicht mit Lernen, sondern der Wiederholung des immer Gleichen verbunden sind. Um lernen zu können, müssen langsame Wege beschritten werden, die über den Hippocampus und das präfrontale Gehirn gehen, wo Reize komplex erfasst, zugeordnet und kognitiv verarbeitet werden können, so dass komplexe Antworten möglich sind. Ein Lernen von Wissen und aus Erfahrung (Bion, 1962) kommt unter sicheren Bedingungen zustande.

Im Vordergrund steht, ein sicheres und stabiles Umfeld herzustellen, sowohl in der Institution als auch in der sozialen und familiären Umgebung des Kindes (soweit dies möglich ist). Hier sind klare Absprachen und ein haltender Rahmen erforderlich. Es ist nötig, Sicherheitszonen und sichere Orte aktiv bereitzustellen und zu schaffen. Kinder mit traumatischen Belastungserfahrungen erleben eine offene, unstrukturierte Situation als bedrohlich, sie suchen sich Kinder mit entsprechenden Erfahrungen, mit denen sie ihre traumatischen Erfahrungen wiederherstellen. Bei einer Bindungstraumatisierung kann Sicherheit in der Regel zunächst nicht in einem vertrauensvollen Beziehungsangebot gefunden werden, sondern eher in der räumlichen und zeitlichen Gestaltung der alltäglichen Abläufe zusammen mit einem Begleiter, der nicht zu nahe kommt und nicht zu weit weg ist.

Fallbeispiel
Wie ein sicherer Ort geschaffen werden kann, wird an dem Beispiel des 9-jährigen A. deutlich. Er bekam ein Einzelzimmer als seinen eigenen Bereich. Das genügte jedoch nicht. Er braucht in diesem Bereich noch weiteren Schutz. Zusammen mit einer Erzieherin kam er auf die Idee, sich aus Pappkartons eine Eisenbahn zu bauen, in die er sich zurückziehen konnte, wenn er sich von seinem Umfeld bedroht fühlte. Hier konnte er in seiner Fantasie verreisen und das Gefühl haben, unangreifbar zu sein. Dies ist erst einmal ein wichtiger Schritt in der Therapie. Solche Stabilisierungen werden jedoch immer wieder durch andere traumatisierte Kinder in Frage gestellt, da sie sich gegenseitig triggern, so dass die hergestellten Stabilisierungen wieder zusammenbrechen. Hier ist besondere Achtsamkeit erforderlich, um den eingeschlagenen therapeutischen Weg nicht zu gefährden.

In der dritten Behandlungsphase stehen die Arbeit an den Ressourcen und die Entwicklung von Ich-Fähigkeiten im Vordergrund. Die Arbeit an diesen Aufgaben gelingt, sobald der Therapeut als ein haltendes und Sicherheit gebendes Objekt wahrgenommen wird.

Kinder und Jugendliche mit komplexen Traumatisierungen müssen erst einmal erfahren, dass Beziehungen verlässlich, berechenbar, sicher und kontinuierlich sind, um eine positive Entwicklung zu nehmen. Hier spielen auch Spiele der Entwicklung eine wichtige Rolle. Das sind Spiele, bei denen die Fähigkeit geübt wird, den anderen als Objekt im Gedächtnis zu halten bzw. verinnerlicht zu haben. Da vorrangig über Verhalten Mitteilungen erfolgen, wird es erforderlich sein, diesen Kindern und Jugendlichen als kreativer sozialer Spiegel zu begegnen, um sie bei der Entwicklung selbstreflexiver Funktionen zu unterstützen. Da diese Kinder und Jugendlichen in der Regel auch Störungen in ihrer kognitiven Entwicklung und ihrer sensomotorischen Integration zeigen, sind spezielle therapeutische Ansätze, wie Motopädie und Lerntraining, erforderlich.

Die Traumaarbeit in der vierten Phase sieht bei Kindern anders aus als bei Jugendlichen. Bei Kindern besteht die Möglichkeit, auf der Ebene des Spiels die schrecklichen Erfahrungen durchzuarbeiten. Dies gelingt jedoch erst dann, wenn eine sichere Spielebene etabliert ist. Wird am traumatischen Material gearbeitet, wenn die Spielebene noch nicht sicher ist, besteht die Gefahr, dass das, was auf der spielerischen Ebene abläuft, real wird bzw. außer Kontrolle gerät. Gelingt es, die schrecklichen Erfahrungen im Spiel durchzuspielen, so verläuft der Weg der Bearbeitung des Opfer-Täter-Introjekts in der Regel über die Opfererfahrung zur Grenzziehung und zur Täterschaft im Spiel.

Solche spielerisch-symbolischen Möglichkeiten stehen Jugendlichen nicht mehr zur Verfügung. Sie verwenden sprachliche Mitteilungen bzw. solche übers Handeln oder bieten eine scheinbar normale Fassade (ANP). Traumabehandlungen im Jugendlichenalter sind deshalb so schwierig, weil die Gefahr besteht, dass maligne Regressionen auftreten oder die traumatische Belastungserfahrung in Reenactments und Repetitionen ausgetragen wird und dadurch Retraumatisierungen erfolgen. Der Therapeut wird unter Umständen in einen malignen Beziehungssog hineingezogen wird. Hier ist die EMDR-Technik sinnvoll und hilfreich, die aus psychodynamischer Perspektive eine Art Spielraum, einen geschützten Raum anbietet, der gut strukturiert ist und in dem der Jugendliche die Traumatisierung ›durchspielt‹ (Streeck-Fischer, 2006). Der Jugendliche kann gemeinsam mit dem Therapeuten die traumatische Belastung betrachten, durchprozessieren, und es wird verhindert, dass diese Erfahrung in der Beziehung sich wiederherstellt und durchlebt wird.

Noch werden Folgen traumatischer Belastungen in der Entwicklung häufig nicht erkannt. Jedoch ist gesellschaftspolitisch ein Umdenken erkennbar (vgl. runde Tische) mit dem Bestreben, aufmerksamer gegenüber heranwachsenden Kindern und Jugendlichen zu sein, die mit traumatischen Belastungen bzw. Gewalterfahrungen konfrontiert sind, und ihnen frühzeitig Hilfsangebote zu machen, die ungünstige Folgen für das weitere Leben verhindern können.

2.11 Literatur

Ackerman P.T., Newton J.E.O., McPherson W.B., Jones J.G. & Dykman R.A. (1998). Prevalence of post traumatic stress disorder and other psychiatric diagnoses in three groups of abused children (sexual, physical and both). *Child Abuse & Neglect*, 22, 759–774.

Arnsten A.F. (1998). The biology of beeing frazzled. *Science*, 280, 711–712.

Beers S.R. & DeBellis M.M. (2002). Neurophysiological function in children with maltreatment-related post-traumatic stress disorder. *American Journal of Psychiatry*, 159, 483–486.

Bion W.R. (1962). *Lernen durch Erfahrung*. Frankfurt a.M.: Suhrkamp 1990.

Bremner J.D. (2002). Neuroimaging of childhood trauma. *Seminars in Clinical Neuropsychiatry*, 7, 104–112.

Castellanos F.X., Lee P.P., Sharp W., Jeffries N.O., Greenstein D.K., Clasen L.S., Blumenthal J.D., James R.S. et al. (2002). Develompental trajectories of brain volume abnormalities in children and adolescents with attention-deficit/hyperacitivity disorder. *JAMA*, 288, 1740–1748.

Chemtob C.M., Nakashima J. & Carlson J.G. (2002). Brief treatment for elementary school children with disaster related posttraumatic stress disorder. *Journal of Clinical Psychology*, 59, 755–757.

Cicchetti D. & Toth S.L. (1995). A developmental psychopathology perspective on child abuse and neglect. *Journal of the American Academy of Child and Adolescent Psychiatry*, 34, 541–65.

Cicchetti D. & Manly J. (2001). Editorial: Operationalizing child maltreatment: Developmental processes and outcomes. *Development and Psychopathology*, 13, 755–757.

Cicchetti D, White J. (1990). Emotion and developmental psychopathology. In: Stein N., Leventhal B. & Trebasso T. (Hrsg.). *Psychological and biological approaches to emotion*. Hillsdale, NJ: Lawrence Erlbaum, 359–82.

Cohen J.A. (2004). A multisite, randomised controlled trial for children with sexual abuse-related PTSD-symptoms. *Journal of the American Academy of Child & Adolescent Psychiatry*, 43 (4), 393–402.

Cohen J.A., Mannarino A.P., Perel J.M. & Staron V. (2007). A pilot randomized controlled trial of combined trauma-focused CBT and sertraline for childhood PTSD symptoms, *Journal of the American Academy of Child & Adolescent Psychiatry*, 46 (7), 811–819.

Crittenden P.M. (1997). Toward an integrative theory of trauma: A dynamic-maturation approach. In: Ciccetti C. & Toth S.L. (Hrsg.). *Developmental perspectives on trauma*. Rochester: University of Rochester, 33–84.

Davies J. (1997). Dissociation, repression, and reality testing in the countertransference. In: Gartner R. (Hrsg.). *Memories of sexual betrayal*. Northvale, N.J.: Jason Aronson.

DeBellis M.D. & Putnam F.W. (1994). The psychobiology of childhood maltreatment. *Child and Adolescent Psychiatric Clinics of America*, 3, 663–678.

DeBellis M.D., Baum A.S., Birmher B., Keshavan M.S., Eccard C.H., Boring A.M., Jenkins F.J. & Ryan N.D. (1999a). Developmental traumatology. Part I: Biological stress systems. *Biological Psychiatry*, 43, 1259–1270.

DeBellis M.D., Keshavan M.S., Clark D.B., Giedd J.N., Boring A.M., Frustaci K. & Ryan N.D. (1999b). Developmental traumatology. Part II: Brain development. *Biological Psychiatry*, 43, 1271–84.

Deblinger E. & Stauffer L.B. (2001). Comparative efficacies of supportive and cognitive behavioural group therapies for young children, who have been sexually abused, and their nonoffending mothers. *Child Maltreatment*, 6, 332–343.

Dodge K.A. & Somberg D.R. (1987). Hostile attributional biases among aggressive boys are exacerbates under conditions of threats of the self. *Child Development*, 58, 213–224.

Dornes M. (1993). *Der kompetente Säugling*. Frankfurt a.M.: Fischer 1993.

Farrington D.P. & Loeber R. (2000). Epidemiology of juvenile violence. *Child and Adolescent Psychiatric Clinics of America*, 9 (4), 733–748.

Ferenzci S. (1933). Sprachverwirrung zwischen den Erwachsenen und dem Kind. Die Sprache der Zärtlichkeit und der Leidenschaft. In: Ferenczi S. (Hrsg.). *Bausteine der Psychoanalyse,* Bd. 3. Frankfurt a.M.: Fischer 1984, 511–525.

Fergusson D.M., Horwood L.J. & Lynskey M.T. (1996). Childhood sexual abuse and psychiatric disorder in young adulthood: II. Psychiatric outcomes of childhood sexual abuse. *Journal of the American Academy of Child & Adolescent Psychiatry,* 35 (10), 1365–1374.

Fischer G. & Riedesser P. (1998). *Lehrbuch der Psychotraumatologie.* München, Basel: Reinhardt.

Fonagy P. (2008). Psychoanalyse und Bindungstrauma unter neurobiologischen Aspekten. In: Leuzinger-Bohleber M., Roth G. & Buchheim A. (Hrsg.). *Psychoanalyse, Neurobiology, Trauma.* Stuttgart: Schattauer, 132–148.

Fraiberg S. (1982). Psychological defences in infancy. *Psychoanalytical Quaterly,* 51, 612–635.

Freud S. (1916–17). Vorlesungen zur Einführung in die Psychoanalyse. *GW,* Bd. XI, Frankfurt a.M.: Fischer, 282–295.

Freud S. (1920). Jenseits des Lustprinzips. *GW,* Bd. XIII. Frankfurt a.M.: Fischer, 1–69.

Gilbert R., Spatz-Widom C., Brown K., Fergusson D., Webb E. & Janson S. (2009). Burden and consequences of child maltreatment in high-income countries. *Lancet,* 373, 9657, 68–81.

Gordon R. & Wraight R. (1993). Responses of children and adolescents to disasters. In: Wilson J.P. & Raphael B. (Hrsg.). *International handbook of traumatic stress.* New York: Wilson and Beverley Raphael Plenum Press, 561–575.

Hofer M.A. (1996). Regulators. Implications for a new understanding of attachment and separation and loss. In: Goldberg S., Muir R. & Kerr J. (Hrsg.). *Attachment theory. Social, developmental and clinical perspectives.* Hillsdale, NY: Analytic Press, 203–30.

Hoffer W. (1953). The mutual influences in the development of ego and id: Early stages. *Psychoanalytic Study of the Child,* 7, 31–41.

Hurlburt M.S., Leslie L.K., Landsverk J., Barth R.P., Burns B.J., Gibbons R.D., Slymen D.J. & Zhang J. (2004). Contextual predictors of mental health service use among children open the child welfare. *Archives of General Psychiatry,* 61, 201–211.

Ihle W., Esser G., Schmidt M.H. & Blanz B. (2002). Die Bedeutung von Risikofaktoren im Kindes- und Jugendalter für psychische Störungen von der Kindheit bis ins frühe Erwachsenenalter. *Kindheit und Entwicklung,* 11 (4), 201–211.

Insel T.R. (2003). Is social attachment an addictive disorder? *Physiology & Behavior,* 79 (3), 351–357.

Jaberghaderi N., Greenwald R., Rubin A., Oliaee Zand S. & Dolatabadi S.A. (2004). A comparison of CBT and EMDR for sexually-abused Iranian girls. *Clinical Psychology & Psychotherapy,* 11 (5), 358–368.

Jaspers K (1913). *Allgemeine Psychopathologie.* Berlin: Springer.

Keilson H. (1979). *Sequentielle Traumatisierung bei Kindern.* Stuttgart: Enke.

Khan M.M.R. (Hrsg.) (1974). *The privacy of the self.* London: Hogarth.

King N.J., Tange B.J., Mullen B., Myerson N., Heyne D., Rollings S., Martin R. & Ollendick T.H. (2000). Treating sexually abused children with posttraumatic stress symptoms. *Journal of the American Academy of Child & Adolescent Psychiatry,* 39, 1347–1355.

Kiser I.J., Heston J., Millsap P.A. & Pruitt D.B. (1991). Physical and sexual abuse in childhood: Relationship with Post Traumatic Stress Disorder. *Journal of the American Academy of Child & Adolescent Psychiatry,* 30, 776–783.

Kris F. (1956). The recovery of trauma in psychoanalysis. *Psychoanalytic Study of the Child,* 11, 54–88.

Krystal H. (1978). Trauma and affects. *Psychoanalytic Study of the Child,* 33, 81–116.

Meltzer H., Lader D., Corbin T., Goodman R. & Ford T. (2003). *The mental health of young people looked by the authorities in England. National Statistics Report.* Norwich: St. Clements House.

Myers C. S. (1940). *Shell shock in France 1914–1918*. Cambridge: Cambridge University Press.

Nash M. R., Hulsey T. L., Sexton M. C., Harralson T. L. & Lambert W. (1993). Longterm sequelae of childhood sexual abuse: Percieved family environment, psychopathology, and dissociation. *Journal of Consulting and Clinical Psychology* 61, 276–283.

Perry B. D. & Pollard R. (1998). Homeostasis, stress, trauma, and adaption. *Child and Adolescent Psychiatric Clinics of America*, 7, 33–51.

Putnam F. W. & Trickett P. K. (1997). The psychobiological effects of sexual abuse, a longitudinal study. *Annals of the New York Academy Science*, 821, 150–59.

Post R. M., Weiss S. R. B., Li H., Smith M. A., Zhang L. X., Xing G., Osuch E. A. & McCann U. D. (1998). Neural plasticity and emotional memory. *Development and Psychopathology*, 10, 829–55.

Sandberg S., Rutter M., Pickles A., McGuiness D. & Angold A. (2001). Do high-threat life events really provoke the onset of psychiatric disorder in children? *Journal of Child Psychology and Psychiatry* , 42 (4), 523–532.

Schore A. M. (2002). Dysregulation of the right brain: A fundamental mechanism of traumatic attachment and psychopathogenesis of posttraumatic stress disorder. *Australian and New Zealand Journal of Psychiatry*, 36, 9–30.

Stein B. D., Jaycox L. H., Kataoka S. H., Wong M., Tu W., Elliot M. N. & Fink A. A. (2003). A mental health intervention of schoolchildren exposed to violence: A randomized controlled trial. *JAMA*, 290 (5), 603–611.

Steiner H., Garica I. G. & Matthews Z. (1997). Posttraumatic stress disorder in incarcerated juvenile delinquents. *Journal of the American Academy of Child & Adolescent Psychiatry*, 36, 357–365.

Stern D. (1985). *Die Lebenserfahrung des Säuglings*. Stuttgart: Klett-Cotta 1996.

Streeck-Fischer A. (2006). *Trauma und Entwicklung – Folgen in der Adoleszenz*. Stuttgart: Schattauer.

Streeck-Fischer A. (2010): Angriffe auf Körper und Seele. Gewalt in der kindlichen Entwicklung. *Psychotherapeut*, 55 (2), 98–105.

Summit R. C. (1983). The child sexual abuse accomodation syndrome. *Child Abuse & Neglect*. 7, 177–193.

Teicher M. H., Andersen S. L., Polcari A., Anderson C. M. & Navalta C. P. (2002). Developmental neurobiology of childhood stress and trauma. *Psychiatric Clinics of North America*, 25, 397–426.

Terr L. (1991). Childhood traumas: An outline and overview. *American Journal of Psychiatry*, 27, 96–104.

Trowell J., Kolvin T, Weermanthri H., Sadowski M., Berelowitz D., Glasser D. & Leitch L. (2002). Psychotherapy for sexually abused girls. Psychopathological outcome findings and patterns of change. *British Journal of Psychiatry*, 160, 224–247.

van der Kolk B. & Streeck-Fischer A. (2002). Gewaltverhalten als Traumafolge bei Kindern und Jugendlichen. In: Heitmeyer W. & Hagan J. (Hrsg.). *Handbuch der Gewaltforschung*.

van der Kolk B. (2009). Entwicklungstrauma-Störung. *Praxis der Kinderpsychologie und Kinderpsychiatrie*, 58 (8), 572–586.

Wetzels P. (1997). *Gewalterfahrungen in der Kindheit*. Baden-Baden: Nomos.

PHILIPP KUWERT, HEIDE GLAESMER UND CHRISTINE KNAEVELSRUD

3. Trauma und Alter

Während Traumafolgestörungen bei jüngeren Menschen in den letzten Jahrzehnten zunehmend in die Aufmerksamkeit klinischen und wissenschaftlichen Interesses gerückt sind, ist das Wissen über Ausmaß und Konsequenzen von Traumatisierungen Älterer bemerkenswert gering ausgeprägt. Die meisten psychotraumatologischen Untersuchungen haben bislang entweder nicht genügend ältere Menschen eingeschlossen, um Alterseffekte beurteilen zu können, oder konzentrierten sich ausschließlich auf jüngere Studienteilnehmer. Dies ist insofern problematisch, als die bislang begrenzte Forschung darauf hindeutet, dass sowohl *altersspezifische Entwicklungsaufgaben bzw. Stressoren* als auch *kollektive, generationentypische Traumatisierungen* zu einer spezifischen Ausprägung und Verarbeitung von Traumafolgestörungen und speziell der Posttraumatischen Belastungsstörung (PTBS) im höheren Lebensalter beitragen (Cook, 2001).

Auch gilt es zu bedenken, dass die heute ältere Generation noch mit einem hohen Grad an Stigmatisierung psychischer Probleme aufgewachsen ist. Der Gang zum Psychiater bzw. Psychotherapeuten wird so häufig zu einer kaum überwindbaren Hürde, was adäquate Diagnostik und Therapie verhindert.

Andererseits betonen heutige Altersbilder auch individuelle Entwicklungsmöglichkeiten und Ressourcen: Als mögliche psychologische Gewinne des Altersprozesses können Reife, Lebenswissen, Weisheit, die Fähigkeit zur Wohlbefindensregulation und effektive Bewältigungskompetenzen gesehen werden, so dass frühere Defizitmodelle von einer multidimensionalen Gewinn-Verlust-Perspektive auf den Altersprozess abgelöst wurden (Forstmeier & Maercker, 2008).

Dem muss auch die Psychotraumatologie Rechnung tragen, zumal die gestiegene Lebenserwartung es ermöglicht, nach der Berentung potentiell 30 und mehr Lebensjahre ohne wesentliche Einschränkungen zu verbringen. Im Folgenden wird zuerst ein epidemiologischer Überblick gegeben, anschließend geht das Kapitel auf diagnostische und therapeutische Spezifika der Psychotraumatologie des älteren Menschen ein.

3.1 Epidemiologie

Erst 2008 konnten für den deutschsprachigen Raum erstmalig zwei repräsentative epidemiologische Studien zu Trauma- und PTBS-Prävalenzen Älterer vorgelegt werden (Spitzer et al., 2008; Maercker et al., 2008b). Spitzer und Mitarbeiter erhoben eine Traumaprävalenz Älterer von 76,5 %, in der Untersuchung der Arbeitsgruppe um Maercker wurde eine Häufigkeit traumatischer Erlebnisse mit 47,4 % belegt. Die Arbeit von Glaesmer et al. zeigte zudem, dass die Prävalenzen von Kriegstraumatisierungen über die Altersgruppen von 19,2 % bei den 60- bis 64-Jährigen bis zu 59,7 % bei den über 75-Jährigen ansteigen (Glaesmer et al., 2010). In beiden Untersuchungen war der Anteil von Kriegstraumatisierungen in dieser Altersgruppe sehr hoch. Die aktuellen PTBS-Prävalenzen wurden mit 1,5 % in der erstgenannten und mit 3,44 % in der zweiten Studie angegeben. Maercker und Mitarbeiter dokumentierten zusätzlich partielle PTBS-Syndrome und kamen unter Einschluss der subsyndromalen Formen auf eine Einmonatsprävalenz für sämtliche Formen der PTBS von 7,25 %. Interessanterweise konnte die letztgenannte Studie einen signifikanten Anstieg der PTBS-Prävalenz im Alter dokumentieren, während in der Untersuchung von Spitzer und Mitarbeitern die PTBS-Prävalenz mit höherem Alter trotz erhöhter Traumaexposition abnahm. Es besteht somit weiterer Bedarf nach epidemiologischen Untersuchungen, die mediierende Variablen einbeziehen, um solche Effekte zu erklären. Zusammenfassend ist aber die PTBS mit den oben genannten Prävalenzen eine durchaus häufige Erkrankung im höheren Lebensalter, insbesondere in den Ländern, wo kollektive Traumaerfahrungen entsprechende Kohorteneffekte verursachen. Das wird auch durch Schweizer Studienergebnisse unterstützt, die mit 0,7 % weitaus geringere PTBS-Prävalenzen bei Älteren fanden (Maercker et al., 2008a). In diesem Kontext besonders relevante Risikopopulationen sind Holocaustüberlebende, Kriegstraumatisierte und Flüchtlinge bzw. Vertriebene.

Für eine nähere Betrachtung erscheint es sinnvoll, die drei folgenden Prägnanztypen einer Posttraumatischen Belastungsstörung (PTBS) bei Älteren lebensspannenbezogen zu differenzieren (Maercker, 2002):
- Chronische PTBS nach früherer (»distanter«) Traumatisierung,
- aktuelle bzw. beginnend chronische PTBS bei »proximaler« Traumatisierung im höheren Lebensalter,
- verzögert auftretende PTBS mit Wiederaufleben von Symptomen nach früherer Traumatisierung (»Late Onset Stress Symptomatology, LOSS«).

3.1.1 Chronische PTBS

Eine chronische PTBS kann auf allen bekannten Traumaarten beruhen, wobei der Zeitpunkt der Traumatisierung in vergangenen Lebensabschnitten liegt. Als altersspezifischer Kohorteneffekt sind in der Generation der über 65-Jährigen insbesondere die Auswirkungen kollektiver Extremtraumatisierungen zu bedenken, wobei nationalsozialistische Verbrechen und der II. Weltkrieg im europäischen Raum eine herausragende Stellung einnehmen. In dem Gebiet der ehemaligen Ostblockstaaten sind zusätzlich die Opfer politischer Verfolgung zu nennen. Aus der Perspektive einer *psychohistorischen Traumaforschung* gelingt es erst im letzten Jahrzehnt beginnend, die individuellen Auswirkungen dieser Kollektivtraumata im Hinblick auf PTBS-Prävalenzen und andere Traumafolgestörungen in der jetzt älteren Generation zu untersuchen. Die Gründe für eine so drastisch verspätete psychotraumatologische Aufarbeitung der Weltkriegsfolgen sind noch nicht abschließend diskutiert worden.

Traumatisierungen des II. Weltkrieges

Seit wenigen Jahren findet in Deutschland – ausgehend von den initialen Publikationen der Arbeitsgruppe um Radebold (Radebold, 2003) – ein zunehmender Diskurs zu den Langzeitfolgen kindlicher Kriegstraumatisierungen nach dem II. Weltkrieg statt (Maercker & Herrle, 2003; Fischer et al., 2006; Franz et al., 2007; Heuft et al., 2007; Beutel et al., 2007; Kuwert et al., 2007; Kuwert et al., 2008a). Kriegsereignisse führen zu komplexen und sequentiellen Traumatisierungen, die körperliche Verletzungen, Todesängste, Heimatverlust, gewaltsamen Tod von Bezugspersonen, emotionale Vernachlässigung und Mangelerleben (Hunger, Armut) beinhalten können. Speziell die damaligen Kinder stellen eine verletzliche Untergruppe dar, deren Nöte im Kriegsgeschehen in der Regel kaum Beachtung und die kaum Schutz fanden. Die globale, von Deutschland und Japan aktiv betriebene Katastrophe des II. Weltkrieges steht seit über 60 Jahren für das bislang schlimmste kollektive Trauma der Neuzeit, was in der beispiellosen, systematischen Ermordung ganzer Bevölkerungsgruppen in der Shoah gipfelte. Für Holocaust-Überlebende und deren Kinder sind Langzeit- und transgenerationelle Folgen belegt (Freyberger & Freyberger, 2007; Yehuda et al., 2008). Offensichtlich scheint es seit wenigen Jahren möglich, unter Anerkennung der Unvergleichlichkeit des Holocaust auch andere Untergruppen von Kriegstraumatisierten differenziert zu untersuchen, ohne in den Verdacht der Bagatellisierung des systematischen Massenmordes durch deutsche SS- und Wehrmachtsangehörige zu geraten. Jüngere Veröffentlichungen beschäftigten sich mit verschiedenen Untergruppen, so mit der Belastung ehemaliger Kindersoldaten (Kuwert et al., 2008b, 2008c) und Frontkrankenschwestern (Teegen & Handwerk, 2006). Die heutigen PTBS-Prävalenzen betrugen bei den o. g. Studien zwischen 4 % und 11 %. »Ausgebombte« (Heuft et al., 2007) und Vertriebene (Teegen & Meister, 2000; Fischer et al., 2006; Kuwert et al., 2007) scheinen eine besonders belastete Untergruppe der Kriegstraumatisierten darzustellen, wobei in repräsentativen Erhebungen über posttraumatische Symptome hinaus eine erhöhte Ängstlichkeit und verminderte Lebensqualität bzw. Resilienz, aber auch eine erhöhte Wahrscheinlichkeit von depressiven und somatoformen Beschwerden im Zusammenhang mit erlebten Traumatisierungen belegt werden konnte (Kuwert et al., 2009; Glaesmer et al., eingereicht (b). Weiterhin werden in der historischen Literatur hohe Vergewaltigungszahlen aus der Endphase des II. Weltkrieges berichtet; eine Studie ergab, dass nahezu jede zweite Langzeitüberlebende an klinisch signifikanten PTBS-Symptomen litt (Kuwert et al., 2010).

Neben den psychischen Langzeitfolgen wird die langfristige Bedeutung von Traumatisierungen und posttraumatischen Symptomen für verschiedene körperliche Erkrankungen thematisiert. Auch für die Älteren findet sich hier ein enger Zusammenhang, insbesondere mit kardiovaskulären Erkrankungen und Erkrankungen des Verdauungssystems und der Atemwege (Glaesmer et al., eingereicht (c). Die psychischen und körperlichen Folgen werden zudem für erhöhtes medizinisches Inanspruchnahmeverhalten verantwortlich gemacht (Glaesmer et al., eingereicht (a).

3.1.2 Aktuelle Traumata und PTBS

Die spezifischen Akuttraumatisierungen und Folgestörungen Älterer sind empirisch kaum untersucht worden. Ein besonders tabuisiertes Thema stellt der Missbrauch älterer Pflegebedürftiger dar, sowohl im Sinne von Gewaltanwendung, aber auch von Vernachlässigung. Die PTBS wurde bei dieser spezifischen Traumatisierungsform bislang kaum untersucht (Comijs et al., 1999). Hier besteht auch methodischer Forschungsbedarf, da es an adäquaten Instrumenten fehlt, um schwerer erkrankte und zum Teil kognitiv beeinträchtigte, pflegebedürftige Menschen im Hinblick auf posttraumatische Symptome zu untersuchen. In der vor kurzem publizierten Untersuchung von Spitzer und Mitarbeitern war das mit Abstand häufigste Aktualtrauma der plötzliche Verlust eines geliebten Menschen (Spitzer et al., 2008). Hier befindet man sich an der Schnittstelle zwischen PTBS und komplizierter Trauer, einer hinsichtlich ihrer Bedeutung bislang unterschätzten und bei Älteren kaum untersuchten Diagnosekategorie.

3.1.3 Verzögert auftretende PTBS bzw. Late Onset Stress Symptomatology (»LOSS«)

Ein häufiges Phänomen in der PTBS-Diagnostik Älterer ist die Selbstbeobachtung Betroffener, dass nach Jahrzehnten der Störungsfreiheit im Alter vermehrt posttraumatische Symptome auftreten (Maercker, 2002). In einigen – allerdings retrospektiven – Untersuchungen konnte das vermehrte Anfluten posttraumatischer Symptome im Rahmen des Altersprozesses belegt werden (Solomon & Ginzburg, 1999; Kruse & Schmitt, 1999; Port et al., 2001). Eine amerikanische Arbeitsgruppe hat ein breiter angelegtes Konzept für einen derartigen Verlauf vorgestellt, in dem normative Faktoren des Alterns sowie individuelle Risiko- und Schutzfaktoren die Symptomatik lang zurückliegender Kriegstraumatisierungen modulieren (Late Onset Stress Symptomatology, LOSS) (Davison et al., 2006). Hierbei gehen die Autoren davon aus, dass viele ältere Menschen mit früheren Kriegserfahrungen posttraumatische Symptome im Rahmen des Altersprozesses entwickeln, die nicht in das enge Diagnoseschema der Posttraumatischen Belastungsstörung zu passen scheinen. Ein Teil der Betroffenen berichtet auch über vermehrte Kriegserinnerungen ohne eindeutigen Leidensdruck. Die Evaluation dieses relevanten Konzeptes steht für den deutschsprachigen Raum noch aus.

3.2 Diagnostische Besonderheiten

Eine Erhebung traumatischer Ereignisse im Kindes- und Jugendalter heute älterer Patienten ist durch den Verlauf der Zeit bzw. die Ereignisse, die zwischenzeitlich stattgefunden haben, erschwert. Trotzdem sollte sie integraler Bestandteil der Anamnese sein. Viele Ältere sprechen eigene traumatische Erfahrungen nicht von sich aus an. Häufig auch, weil es kein Bewusstsein für einen möglichen Zusammenhang zwischen den traumatischen Erfahrungen und der aktuellen Psychopathologie gibt.

Die *Clinical Administered PTBS Scale* (CAPS) (Blake et al., 1995), ein etabliertes Erhebungsverfahren zur Diagnostik der PTBS, erwies sich als reliables psychometrisches Instrument in der Diagnostik älterer PTBS-Patienten (Hyer at al., 1996). Allerdings ist bei Messinstrumenten, die mehrere Fragen zu körperlichen Symptomen beinhalten, eine Unterscheidung zwischen psychischer und körperlicher Ursache der Angstsymptomatik schwierig. So können verschiedene somatische Erkrankungen (u. a. kardiovaskuläre oder neurologische Erkrankungen) Angstzustände verursachen. Auch als Nebenwirkungen medikamentöser Interventionen sind Angstzustände bekannt. Dies kann potentiell dazu führen, dass psychisch bedingte Angststörungen übersehen werden (Flint, 1994). Unterschiedliche Cut-offs (Grenzwerte in der diagnostischen Einordung) müssen daher berücksichtigt werden, zudem es bislang keine spezifischen PTBS-Instrumente gibt, die diese Effekte berücksichtigen. Bei der differenzierten Bewertung der Testergebnisse sollten folgende Faktoren eine spezifische Berücksichtigung finden (Cook & O'Donnell, 2005):

- Ältere Menschen verschweigen bzw. dissimulieren häufiger posttraumatische Symptome, da sie sich aufgrund ihrer Sozialisation eher schämen, unter psychischen Beeinträchtigungen zu leiden. Generell kann als Kohorteneffekt beobachtet werden, dass eine Selbstöffnung weniger positiv bewertet wird als bei Jüngeren.
- Aus der Gender-Forschung ist bekannt, dass insbesondere ältere Männer ein Rollenbild gelernt haben, das psychische Belastung mit Schwäche gleichsetzt. (»... zäh wie Leder, hart wie Kruppstahl ...«).
- Auch muss Berücksichtigung finden, dass die mittlerweile durchaus populär gewordene Traumaperspektive auf historische Ereignisse (man denke an die Debatte zu 9/11) in den prägenden Jahren der heute Älteren noch nicht entwickelt war: Der Begriff »Posttraumatische Belastungsstörung« wurde erst 1980 in die diagnostische Nomenklatur eingeführt. Dies kann auch aus Unkenntnis zu einer Bagatellisierung eigener traumatischer Erfahrung führen.
- Die größere Lebensspanne Älterer führt zu einer höheren Prävalenz multipler, zeitlich distinkter Traumatisierungen. Deswegen muss die Anamneseerhebung über aktuelle Traumatisierungen hinaus auch distante Traumata erfassen (die häufig die Verarbeitung aktueller Traumatisierungen mit determinieren).
- Die deutschsprachige Validierung des klinisch relevanten LOSS-Fragebogens steht noch aus. Hier besteht die Hoffnung, ein altersspezifisches Diagnoseinstrument für das Wieder- bzw. Neuauftreten posttraumatischer Symptome nach einer Kriegserfahrung entwickeln zu können.

3.3 Traumatherapie bei Älteren

3.3.1 Zugänglichkeit für eine Psychotherapie und deren Inanspruchnahme

Ältere Menschen sind in der ambulanten psychotherapeutischen Versorgung deutlich unterrepräsentiert. Allerdings gibt es kaum systematische Untersuchungen in diesem Bereich. De Beurs und Kollegen (1999) zeigten in ihrer Studie, dass 88,5 % der befragten älteren Menschen mit einer diagnostizierten Angststörung zwar einen

Allgemeinarzt, nur 2 % hingegen einen Psychotherapeuten oder Psychiater konsultieren. Die niedrige Rate der Inanspruchnahme psychotherapeutischer Unterstützung durch Ältere ist verschiedenen Aspekten geschuldet. Einerseits gibt es kaum verbreitete spezifische Konzepte für die psychotherapeutische Behandlung Älterer. Auch in psychotherapeutischen Weiterbildungen findet dieses Thema keinen Platz. Vorurteile wie die Annahme, dass Ältere in geringerem Maße von Psychotherapien profitieren, die Unterstellung von Veränderungsresistenz bzw. die Gleichsetzung von Alter mit Senilität tragen dazu bei, dass ältere Patienten verhältnismäßig selten in eine ambulante Psychotherapie aufgenommen werden. Andererseits hegen häufig nicht nur Therapeuten, sondern auch Betroffene selbst solche Vorurteile. Stereotypen dieser Art können nicht nur zu selbsterfüllenden Prophezeiungen, sondern auch zu Fehldiagnosen und unangemessen negativen Heilungsprognosen führen (American Psychological Association, 2004).

Zusätzlich spielen Berührungsängste der Betroffenen vermutlich eine wichtige Rolle. Ein ausgeprägtes, hohes Selbstideal (»Ich brauche keine Hilfe«, »Ich möchte niemandem zur Last fallen«) erschwert die Inanspruchnahme psychotherapeutischer Leistungen. Dies trifft besonders für diejenigen zu, die in den 30er- und 40er Jahren sozialisiert wurden, als psychische Beeinträchtigungen und Erkrankungen als stark stigmatisierend galten und die Einstellungen zu psychologischen Hilfsangeboten entsprechend negativ gefärbt waren. Zank (2002) zeigte in ihrer Untersuchung, dass bei Älteren die Angst vor einer Stigmatisierung durch eine Psychotherapie besonders ausgeprägt ist. Bezüglich einer Aufarbeitung traumatischer Ereignisse kommt hinzu, dass solche Erfahrungen häufig mit ausgeprägten Scham- und Schuldgefühlen einhergehen und dadurch eine zusätzliche Hürde bei der Inanspruchnahme psychotherapeutischer Unterstützung darstellen (Kubany et al., 1996). Neben der begrenzten Zugänglichkeit für psychotherapeutische Hilfen besteht häufig auch kein ausreichendes Wissen bezüglich Unterstützungsstrukturen.

3.3.2 Gerontopsychiatrische Grundlagen

Zur Spezifik der Alterspsychotherapie gehört ein fundiertes Wissen über körperliche Erkrankungen im Alter und deren Behandlungsstandards. Aufgrund der erwähnten parallelen körperlichen und potentiell auch sozialen Probleme ist eine enge Vernetzung des Unterstützungsnetzwerkes (Hausarzt, Fachärzte, Sozialamt etc.) hilfreich (American Psychological Association, 2004). Patienten äußern Ängste, dass ein in der Regel deutlich jüngerer Therapeut die berichteten traumatischen Erfahrungen übertrieben und unglaubwürdig empfinden könnte (Heuft, 1999). Wissen über lebensgeschichtliche Zusammenhänge, Normen und Werte verschiedener Altersgruppen kann dazu beitragen, die transgenerationalen Hürden zu überwinden. So sind etwa politische Überzeugungen eher ein Resultat historischer Erfahrung (Aufwachsen in den 30er/40er-Jahren versus Aufwachsen in den 60er/70er-Jahren in der DDR) als ein altersspezifischer Kohorteneffekt.

Der häufig eklatante Altersunterschied zwischen Patient und Therapeut impliziert spezifische Übertragungs- und Gegenübertragungsprobleme, die von schwierigen Eltern-/Großelternbeziehungen (auf beiden Seiten!) geprägt sein können. Eine Auseinandersetzung mit eigenen Ängsten, Vorstellungen von Alter, Tod und Sterben sowie dem Umgang mit der begrenzten Lebenszeit dieser Patientengruppe hilft auf therapeutischer Seite, potentielle Berührungsängste abzubauen.

Eine optimale altersspezifische PTBS-Intervention sollte häufig vorliegende komorbide psychische und somatische Symptome berücksichtigen. Eine altersbedingte Abnahme fluider Intelligenz, langsamere Lernprozesse und sensorische Beeinträchtigungen bedingen notwendigerweise ein reduziertes Arbeitstempo, häufigere Wiederholungen und das Einbeziehen verschiedener Medien (schriftliche Materialien). Allerdings ist zu berücksichtigen, dass die meisten altersbezogenen kognitiven Veränderungen (u. a. längere Reaktionszeiten, Verlangsamung bzgl. der Informationsverarbeitung) moderat sind und keine signifikanten Beeinträchtigungen im Alltag verursachen (American Psychological Association, 2004).

3.3.3 Gerontopsychotherapeutische Ansätze der PTBS-Therapie

Für die Therapie der PTBS in Erwachsenenpopulationen gibt es mittlerweile eine Reihe empirisch gut evaluierter und wirksamer kognitiv-behavioraler Behandlungsansätze. Bradley und Mitarbeiter (2005) fanden in ihrer Metaanalyse eine Durchschnittseffektstärke von d = 1.65 für kognitiv-behaviorale Interventionen. Die vorgelegte Metaanalyse bezog sich allerdings primär auf Interventionsstudien bezüglich einer PTBS nach einmaligem Trauma. Zu Behandlungsansätzen bei älteren, komplex traumatisierten PTBS-Patienten gibt es bisher keine adäquaten psychotherapeutischen oder psychopharmakologischen Interventionsstudien. Konzepte zur Behandlung älterer Traumaüberlebender wurden bisher ausschließlich in Form von Fallstudien und unkontrollierten Studien veröffentlicht. In der Behandlung älterer Traumaüberlebender wurden meistens Konzepte aus der allgemeinen PTBS-Intervention übernommen, allerdings ohne ausreichende empirische Basis.

Lebensrückblickstherapie

Die Lebensrückblickstherapie (LRT; Life-review-therapy) bietet eine Erweiterung therapeutischer Ansätze speziell für das höhere Lebensalter. In der LRT wird die Lebensgeschichte in einem therapeutisch angeleiteten Prozess chronologisch erinnert, strukturiert und bewertet. Die LRT wurde bereits in der Behandlung von älteren depressiven Patienten als wirksam erachtet (Metaanalyse, Scogin & McElreath, 1994) und wurde durch Maercker (2002) in Bezug auf ältere Menschen mit PTBS-Symptomatik angepasst. Hier wird neben der allgemeinen biografischen Arbeit der Fokus auf die Bearbeitung des Traumas gelegt. Neben der Erarbeitung einer kohärenten Lebensgeschichte soll die Integration des belastenden Erlebnisses in die Lebensgeschichte des älteren Menschen erfolgen. Ziel dieses Ansatzes sind – neben Symptomreduktion und der Förderung von Wohlbefinden – die Vergangenheitsbewältigung, die Wiederherstellung des Selbstwertgefühls, Trauerarbeit sowie eine bessere Lebensqualität und -bewältigung. Damit wird sie dem Bedürfnis gerecht, dass eigene Leben zu bilanzieren und darin einen Sinn zu finden (Maercker, 2002).

In der LRT wird das traumatische Erlebnis wiedererzählt und nicht in sensu wiedererlebt. Dies trägt einerseits der Tatsache Rechnung, dass das Erstellen eines kohärenten Narrativs und nicht primär das sensorische Wiedererleben als zentrales therapeutisches Agens gilt. Zum anderen kann die Gesundheit älterer Patienten bereits eingeschränkt sein und es muss von einer erhöhten komorbiden respiratorischen bzw. kardiologischen Vulnerabilität ausgegangen werden. Hankin (2003) argumentiert, dass vor diesem Hintergrund eine In-sensu-Konfrontation, die in der Regel mit starken physiologischen Reaktionen einhergeht, eher kontraindiziert sei. Allerdings soll an dieser Stelle betont werden, dass es dazu keinerlei empirische Grundlagen gibt und ein Mangel an Wirksamkeitsstudien nicht per se bedeutet, dass solche Ansätze nicht überprüft werden sollten.

Die Integrative Testimony Therapy (www.lebenstagebuch.de)

Exemplarisch soll hier ein Modellprojekt vorgestellt werden, in dem traumatisierte Kriegskinder, die im Alter unter den psychischen Folgen ihrer Erlebnisse leiden, behandelt werden. Die Integrative Testimonial Therapie (ITT) kombiniert den biografischen Ansatz mit moderater Exposition und fokussiert zusätzlich auf traumabezogene dysfunktionale Kognitionen. Ziel der ITT ist 1.) die Einordnung der traumatischen Erinnerungen in das autobiografische Gedächtnis, 2.) die Veränderung von problematischen Interpretationen und Bewertungen der traumatischen Erfahrungen und von deren Konsequenzen und 3.) die Verbesserung der Lebensqualität in den werteorientierten Bereichen. Die Therapie findet über das Internet statt. In sechs Behandlungswochen schreiben Patienten in jeweils 45 Minuten insgesamt elf Texte. In der persönlichen Rückmeldung des Therapeuten erhalten die Patienten Instruktionen für die darauf folgenden Texte.

In insgesamt sieben Texten werden die einzelnen Lebensphasen betrachtet und deren Ereignisse chronologisch niedergeschrieben. Allen Schreibanleitungen wird eine Aufstellung charakteristischer Lebensereignisse und -erfahrungen, die mit dieser Lebensphase einhergehen bzw. historisch in dieser Lebensphase aufgetreten sind (z. B. Weimarer Republik, Bau der Mauer, Fall der Mauer), beigefügt. Bevor die Lebensphase beschrieben wird, in der das Trauma stattgefunden hat, widmen die Patienten ihrem traumatischen Ereignis zwei Texte. In diesen Texten wird das Erlebte mit allen sensorischen Details, körperlichen und emotionalen Reaktionen beschrieben.

In der letzten Phase verfassen die Patienten einen Brief an das damalige Kind, das sie zum Zeitpunkt der traumatischen Erfahrung waren. Negative Überzeugungen und Selbstvorwürfe als Folge des traumatischen Ereignisses stellen sich häufig als zentrale handlungsweisende Schemata heraus. Mit Hilfe der Erarbeitung und Bewusstwerdung eigener Fähigkeiten und Kompetenzen werden persistierende dysfunktionale Kognitionen bearbeitet.

Ein wichtiger therapeutischer Aspekt ist neben der biografischen Aufarbeitung der traumatischen Erfahrung das Dokumentieren und Niederschreiben des Erlebten. Cienfuegos und Monelli (1983) haben die Relevanz der Zeugenschaft im Rahmen der von ihnen entwickelten *Testimony Therapy* nachgewiesen. Die Transkripte der Therapien, die von dem Patienten und dem Therapeuten unterschrieben wurden, konnten je nach Bedarf des Patienten veröffentlicht und an Menschenrechtsorganisationen, Familie oder Freunde weitergegeben werden. Auch bei der ITT spielt dieser Aspekt eine wichtige Rolle. Patienten können sich am Ende der Therapie ihre Lebensgeschichte ausdrucken und entscheiden, ob sie diese mit ihren Angehörigen teilen wollen.

3.4 Fazit

Die Zahl älterer PTBS-Patienten wird aufgrund der demographischen Entwicklung zunehmen. Es bedarf differentialdiagnostischer Aufmerksamkeit, um trauma-bedingte Symptome im Alter zu erkennen und einzuordnen. Es existieren bereits validierte diagnostische Instrumente, die sich auch zum Einsatz geriatrischer Populationen eignen. Fallstudien geben erste Hinweise, dass ein biografischer Ansatz vor allem bei Patienten mit traumatischen Erlebnissen in der Kindheit und Jugend hilfreich sein kann.

3.5 Literatur

American Psychological Association (2004). Guidelines for psychological practice with older adults. *American Psychologist*, 59, 236–260.

Beutel M., Decker O. & Brähler E. (2007). Welche Auswirkungen haben Flucht und Vertreibung auf Lebensqualität und Befindlichkeit? Repräsentative Erhebung mit den vor 1946 Geborenen in Deutschland. *Zeitschrift für Psychosomatische Medizin und Psychotherapie*, 53 (3), 203–215.

Blake D.D., Weathers F.W., Nagy L.M., Kaloupek D.G., Gusman F.D., Charney D.S. & Keane T.M. (1995). The development of a clinician-administered PTSD scale. *Journal of Traumatic Stress*, 8, 75–90.

Bradley R., Greene J., Russ E., Dutra L. & Westen D. (2005). A multidimensional. meta-analysis of psychotherapy for PTSD. *American Journal of Psychiatry*, 162, 214–227.

Cienfuegos A.J. & Monelli C. (1983). The testimony of political repression as a therapeutic instrument. *American Journal of Orthopsychiatry*, 53, 43–51.

Comijs H.C., Penninx B.W., Knipscheer K.P. & van Tilburg W. (1999). Psychological distress in victims of elder mistreatment: The effects of social support and coping. *Journal of Gerontology: Psychological Sciences*, 54 (4), 240–245.

Cook J.M. (2001). Post-traumatic stress disorder in older adults. *PTSD Research Quarterly*, 12 (3), 1–8.

Cook J.M. & O'Donnell C. (2005). Assessment and psychological treatment of posttraumatic stress disorder in older adults. *Journal of Geriatric Psychiatry and Neurology*, 18 (2), 61–71.

Cook J., Gallagher-Thompson D. & Hepple J. (2005). Psychotherapy with older adults. In: Gabbard G.O., Beck J. & Holmes J. (Hrsg.). *Oxford textbook of psychotherapy*. New York: Oxford University Press, 381–390.

Davison E.H., Pless A.P., Gugliucci M.R., King L.A., King D.W., Salgado D.M., Spiro A. & Bachrach P. (2006). Late-life emergence of early-life trauma. The phenomenon of late-onset stress symptomatology among aging combat veterans. *Research on Aging*, 28, 84–114.

De Beurs E., Beekman A.T., van Balkom A.J., Deeg D.J., van Dyck R. & van Tilburg W. (1999). Consequences of anxiety in older persons: Its effect on disability, well-being and use of health services. *Psychological Medicine*, 29 (3), 583–593.

Fischer C.J., Struwe J. & Lemke M.R. (2006). Langfristige Auswirkungen traumatischer Ereignisse auf somatische und psychische Beschwerden. Am Beispiel von Vertriebenen nach dem 2. Weltkrieg. *Der Nervenarzt*, 77, 58–63.

Flint A.J. (1994). Epidemiology and comorbidity of anxiety disorders in the elderly. *American Journal of Psychiatry*, 151 (5), 640–649.

Forstmeier S. & Maercker A. (2008). *Probleme des Alterns*. Göttingen: Hogrefe.

Franz M., Hardt J. & Brähler E. (2007). Vaterlos:

Langzeitfolgen des Aufwachsens ohne Vater im zweiten Weltkrieg. *Zeitschrift für Psychosomatische Medizin und Psychotherapie*, 53 (3), 216–227.

Freyberger H.J. & Freyberger H. (2007). 60 Jahre danach: Posttraumatische Belastungsstörungen, salutogene Faktoren und gutachterliche Einschätzungen bei Holocaust-Überlebenden im Langzeitverlauf. *Zeitschrift für Psychosomatische Medizin und Psychotherapie*, 53 (4), 380–392.

Glaesmer H., Braehler E., Forstmeier S., Gunzelmann T. & Maercker A. (2010). Traumatic experiences and Post Traumatic Stress Disorder among German elderly – Results of a representative population based survey. *International Psychogeriatrics*, 22 (4), 661–670.

Glaesmer H., Braehler E., Riedel-Heller S.G., Freyberger H.J. & Kuwert P. (eingereicht a). The association of traumatic experiences and Posttraumatic Stress Disorder with health care utilization in the elderly – A German population based study. *General Hospital Psychiatry*.

Glaesmer H., Kaiser M., Braehler E. & Kuwert P. (eingereicht b). Posttraumatic symptomatology in the elderly and its comorbidity with depression and somatization – A German population based study in the elderly.

Glaesmer H., Riedel-Heller S. & Braehler E. (eingereicht c). The association of traumatic experiences and Posttraumatic Stress Disorder with physical morbidity in old age. A German population based study.

Hankin C.S. (2003). Chronische posttrauamtische Belastungsstörungen im Alter. In: Maercker A. (Hrsg.). Therapie der posttraumatischen Belastungsstörung. 2. Aufl. Berlin: Springer, 310–324.

Heuft G. (1999) Die Bedeutung der Trauma-Reaktivierung im Alter. *Zeitschrift für Gerontologie und Geriatrie*, 32, 225–230.

Heuft G., Klaiberg A., Schneider G. & Brähler E. (2007). Ausgebombt – Psychische und psychosomatische Spätfolgen des II. Weltkrieges bei den vor 1946 Geborenen im Jahre 2004. *Zeitschrift für Psychosomatische Medizin und Psychotherapie*, 53 (3), 228–243.

Hyer L., Summers M.N., Boyd S., Litaker M. & Boudewyns P. (1996). Assessment of older combat veterans with the Clinician-Administered PTSD Scale. *Journal of Traumatic Stress*, 9, 587–593.

Kruse A. & Schmitt E. (1999). Reminiscence of traumatic experiences in (former) Jewish emigrants and extermination camp survivors. In: Maercker A., Schützwohl M. & Solomon Z. (Hrsg.). *Posttraumatic Stress Disorder. A lifespan developmental perspective*. Göttingen: Hogrefe, 155–176.

Kubany E.S., Haynes S.N., Abueg F.R., Manke F.P., Brennan J.M. & Stahura C. (1996). Development and validation of the Trauma-Related Guilt Inventory (TRGI). *Psychological Assessment*, 8, 428–444.

Kuwert P., Spitzer C., Träder A., Freyberger H.J. & Ermann M. (2007). 60 years later: Posttraumatic stress symptoms and current psychopathology in former German children of World War II. *International Psychogeriatrics*, 19 (5), 955–961.

Kuwert P., Spitzer C., Dudeck M., Vogel M., Freyberger H.J. & Ermann M. (2008a). Psychische Beschwerden, interpersonelle Probleme, Lebensqualität und Kohärenzgefühl bei ehemaligen deutschen Kriegskindern. *Psychosomatik, Psychotherapie, medizinische Psychologie*, 58, 257–263.

Kuwert P., Spitzer C., Rosenthal J. & Freyberger H.J. (2008b). Trauma and posttraumatic stress in former child soldiers of World War II. *International Psychogeriatrics*, 20 (5), 1014–1018.

Kuwert P., Knaevelsrud C., Rosenthal J., Dudeck M., Freyberger H.J. & Spitzer C. (2008c). Lebensqualität und Kohärenzgefühl bei ehemaligen deutschen Kindersoldaten des II. Weltkrieges. *Psychiatrische Praxis*, 35 (8), 399–403.

Kuwert P., Brähler E. & Decker O. (2009). The impact of forced displacement in World War II on current geriatric mental health – a population-based study. *International Psychogeriatrics*, 21, 748–753.

Kuwert P., Klauer T., Eichhorn S., Grundke E., Dudeck M., Schomerus G. & Freyberger H.J. (2010). Trauma and current posttraumatic stress symptoms in elderly German women who experienced wartime rape in 1945. *Journal of Nervous and Mental Disease,* 198, 450–451.

Maercker A. (2002). *Alterspsychotherapie und klinische Gerontopsychologie.* Berlin: Springer.

Maercker A. & Herrle J. (2003). Long-term effects of the Dresden bombing: Relationships to control beliefs, religious belief, and personal growth. *Journal of Traumatic Stress,* 16 (6), 579–587.

Maercker A., Forstmeier S., Enzler A., Krüsi G., Hörler E., Maier C. & Ehlert U. (2008a). Adjustment disorders, posttraumatic stress disorder, and depressive disorders in old age: Findings from a community survey. *Comprehensive Psychiatry,* 49, 113–120.

Maercker A., Forstmeier S., Wagner B., Glaesmer H., Brähler E. (2008b). Posttraumatische Belastungsstörungen in Deutschland. Ergebnisse einer gesamtdeutschen epidemiologischen Untersuchung. *Der Nervenarzt,* 79 (5), 577–586.

Port C. L., Engdahl B. & Frazier P. (2001). A longitudinal and retrospective study of PTSD among older prisoners of war. *American Journal of Psychiatry,* 158 (9), 1474–1479.

Radebold H. (2003). Kindheit im II. Weltkrieg und ihre Folgen. *Psychosozial,* 92.

Scogin F. & McElreath L. (1994). Efficacy of psychosocial treatments for geriatric depression: A quantitative review. *Journal of Consulting and Clinical Psychology,* 62, 69–74.

Snell F. I. & Padin-Rivera E. (1997). Post-Traumatic Stress Disorder and the elderly combat veteran. *Journal of Gerontological Nursing,* 23 (10), 13–19.

Solomon Z. & Ginzburg K. (1999). Aging in the shadow of war. In: Maercker A., Schützwohl M. & Solomon Z. (Hrsg.). *Posttraumatic Stress Disorder. A lifespan developmental perspective.* Göttingen: Hogrefe, 137–154.

Spitzer C., Barnow S., Völzke H., John U., Freyberger H. J. & Grabe H. J. (2008). Trauma and Posttraumatic Stress Disorder in the elderly: Findings from a German community study. *Journal of Clinical Psychiatry,* 69 (5), 693–700.

Teegen F. & Handwerk U. (2006). Deutsche Frontkrankenschwestern im II. Weltkrieg. Traumatische Erfahrungen, patho- und salutogenetische Entwicklungen. *Zeitschrift für Gerontopsychologie und -psychiatrie,* 19, 127–138.

Teegen F. & Meister V. (2000). Traumatische Erfahrungen deutscher Flüchtlinge am Ende des II. Weltkrieges und heutige Belastungsstörungen. *Zeitschrift für Gerontopsychologie und -psychiatrie,* 13, 112–124.

Yehuda R., Bell A., Bierer L. M. & Schmeidler J. (2008). Maternal, not paternal, PTSD is related to increased risk for PTSD in offspring of Holocaust survivors. *Journal of Psychiatric Research,* 42 (13), 1104–11.

Zank S. (2002). Einstellungen alter Menschen zur Psychotherapie und Prädiktoren der Behandlungsbereitschaft bei Psychotherapeuten. *Verhaltenstherapie und Verhaltensmedizin,* 23 (2), 181–193.

F

Traumatisierungen in gesellschaftlichen
und kulturellen Kontexten

ANGELIKA TREIBEL UND GÜNTER H. SEIDLER

1. Wer ist ein Opfer? Über Täter- und Opferstereotypien am Beispiel des Geschlechterstereotyps

1.1 Wer ist ein Opfer?

Würde man Menschen auf der Straße ansprechen und sie fragen, was das Wort »Opfer« bedeutet, so bekäme man sicher sehr unterschiedliche Antworten, aber wohl jede befragte Person könnte sich unter »einem Opfer« irgendetwas vorstellen.

Die aktuelle Auflage des Duden-Bedeutungswörterbuchs liefert unter dem Begriff »Opfer« drei Bedeutungen. Die ersten beiden Bedeutungen beziehen sich auf Opfer als kultische bzw. religiöse Handlungen, die dritte Bedeutung wird angegeben als: »Person, die durch Krieg oder Unfall ums Leben kommt oder Schaden erleidet« (Dudenredaktion, 2010). Der Duden nimmt hier das Opferwerden durch »Krieg« und »Unfall« – willkürlich – als Beispiele für jenen Opferbegriff, um den es hier gehen wird: um *den* Opferbegriff, der erst einmal nicht mehr und nicht weniger beschreibt, als dass ein Mensch geschädigt wurde. Dieser Schaden kann materiell, physisch oder psychisch sein. Ursache dieses Schadens kann eine Naturkatastrophe sein, ein Unfall, ein Diebstahl, ein Betrug, eine Gewalttat oder andere widrige Umstände.

Der Begriff des »Opfers« ist somit einerseits ein alltäglicher Begriff, andererseits ein Begriff, der – um Missverständnissen vorzubeugen – im jeweiligen Kontext der Definition bedarf, da ihm eine große Unschärfe innewohnt. Die Viktimologie als wissenschaftliche Disziplin ist in ihrem Fokus und ihrem Opferbegriff eng: Sie konzentriert sich auf das Opfer krimineller Gewalttaten, befasst sich also weniger oder gar nicht mit Opfern von Unfällen oder Krieg, wobei die Auseinandersetzung über den Gegenstandsbereich der Viktimologie als noch nicht abgeschlossen betrachtet werden muss.

Im Zentrum des vorliegenden Beitrags steht das Opfer im Sinne der Viktimologie, das Gewaltopfer, oder noch genauer: das Opfer individueller zwischenmenschlicher Gewalt (in Abgrenzung zu Opfern kollektiver Gewalt wie beispielsweise im Krieg). Wir orientieren uns in unserer Definition der Viktimisierung (des »Opfer-Werdens«) an Greve und Bilsky (1997, S. 212):

- Die Viktimisierung ist als Ereignis zeitlich identifizierbar und individuierbar.
- Das Ereignis wird von der betroffenen Person als unkontrollierbar und aversiv wahrgenommen und bewertet.
- Das Ereignis kann einer oder mehreren

Personen als Urheber bzw. Täter zugeschrieben werden.
- Das Ereignis verstößt gegen geltende Normen oder Werte.

Diese Definition grenzt die Gruppe der Opfer auf individuelle Opfer zwischenmenschlicher Gewalt ein. Sinn der Definition ist es, deutlich zu machen, auf welche Opfergruppe sich der weitere Beitrag bezieht. Diese Definition erklärt jedoch lediglich, wann wir als Wissenschaftlerinnen und Wissenschaftler jemanden als Opfer definieren, jedoch keineswegs, unter welchen Umständen jemand von anderen Menschen in seinem Umfeld als Opfer betrachtet oder empfunden wird oder wann sich jemand selbst als Opfer fühlt.

1.2 Opfer-Sein: ein Konstruktionsprozess

Strobl (2004) befasst sich genau mit dieser Frage: Nach welchen Kriterien wird einem betroffenen Menschen das »Opfer-Sein« zuerkannt? Er unterscheidet dabei die Dimensionen »Selbstidentifikation als Opfer« und »soziale Anerkennung als Opfer« (s. Tab. 1). Diese Dimensionen sind unabhängig voneinander, d. h. jemand kann sich subjektiv als Opfer fühlen, auch wenn seine Umwelt ihn (oder sie) überhaupt nicht als Opfer sieht, umgekehrt kann jemand zum Opfer »ernannt« werden, ohne sich selbst als Opfer zu fühlen.

»Opfer-Sein« ist also kein objektiver Zustand, sondern strenggenommen das Ergebnis eines individuellen und sozialen Konstruktionsprozesses.

Um »wirklich« Opfer zu sein, müssen sowohl die Selbstidentifikation als Opfer als auch die soziale Anerkennung als Opfer gegeben sein.

Wird einem betroffenen Menschen die Opferrolle zuerkannt, sind – wie Strobl (2004) ausführt – damit bestimmte Rechte verbunden, z. B. das auf emotionale und soziale Unterstützung auf einer informellen Ebene, das auf Wiedergutmachung auf einer formellen Ebene. Die »Pflichten« des Opfers sind – je nach Art des erlittenen Schadens – beispielsweise die Kooperation mit zuständigen Behörden und Einrichtungen sowie die Bewältigung des Geschehnisses, d. h. vom Opfer wird erwartet, dass es nach einer gewissen Zeit wieder seinen alltäglichen Pflichten nachkommt.

Ohne dies an dieser Stelle zu vertiefen oder weiter zu verfolgen, sei auf das Phänomen hingewiesen, dass sich der Begriff des »Opfers« unter Jugendlichen mittlerweile als Schimpfwort etabliert hat:

»Unter Jungen und männlichen Jugendlichen ist es im Übrigen inzwischen verbreitet, das Wort ›Opfer‹ auch als Schimpfwort zu gebrauchen und es gibt Schulen, die unter anderem als ›Opferschulen‹ bezeichnet werden. Der Begriff ›Opfer‹ löst offenbar nicht mehr selbstverständlich Empfindungen aus, die von Empathie gekennzeichnet sind, sondern er wird benutzt, um sich der eigenen Identität zu versichern und alles abzuwehren, was mit dem Opfersein verbunden wird: Schwäche, Verluste, Ängste, Versagen, eben ›looser‹ [sic!] zu sein

Tab. 1: die Konstruktion des »Opfer-Seins« (Strobl, 2004)

		Selbstidentifikation als Opfer	
		Ja	Nein
Soziale Anerkennung als Opfer	Ja	Tatsächliches Opfer	Ernanntes Opfer
	Nein	Abgelehntes Opfer	Nicht-Opfer

oder zu werden. Die Benutzung des Wortes ›Opfer‹ als Schimpfwort ist Ausdruck einer enormen und unbewussten Angst vor der Opferrolle und des unbewussten Zwanges, alles, was mit ihr zu tun hat, aus der Entwicklung männlicher Identität zu verbannen.« (Voß, 2003, S. 58)

Was in diesem Zitat zum Ausdruck kommt, ist, dass der Opfer-Status gesellschaftlich nicht nur in dem Sinne gewertet wird, dass die Verletzung des Opfers anerkannt und ihm Mitgefühl zuteil wird, sondern dass das Opfersein auch den Aspekt der Stigmatisierung, der Demütigung, des »Verlierens« beinhaltet. Der in diesem Zitat zum Ausdruck kommende Geschlechteraspekt der Zuschreibung von Opfersein wird noch ausführlich dargelegt werden.

Opfer zu sein birgt nicht nur die Gefahr, als »Loser« betrachtet zu werden, sondern auch die Gefahr der Etikettierung, der Festschreibung auf die Opferrolle. Aus dem Opfer der spezifischen Situation droht die »Opferpersönlichkeit« zu werden. Der Labeling-Ansatz, der sich als kriminologische Ursachentheorie auf den Täter fokussiert, kann ebenso beim Opfer angewandt werden. Nicht nur die Rolle des Täters wird durch das Label »Täter« sozial konstruiert, auch die Rolle des Opfers. Die Opferrolle birgt die Gefahr, die betroffene Person langfristig in Passivität und Ohnmacht zu halten, was den Bewältigungsprozess erschweren kann. Levold (1994, S. 22) beschreibt aus einer psychotherapeutischen und konstruktivistischen Sicht die Problematik der Opferrolle: »Eine chronifizierte Opferrolle bietet zwar moralische Vorzüge und unter Umständen soziale Anerkennung, behindert jedoch dauerhaft die Entfaltung individueller Autonomie und befriedigender sozialer Beziehungen, ganz abgesehen von den vielfältigen – körperlichen wie psychischen – symptomatischen Belastungen«. Ziel der therapeutischen Intervention muss in diesem Sinne die »Dekonstruktion« der Opferrolle sein.

Die Etikettierung als Opfer kann auch zu einem Risikoverhalten führen, in dem die Person im Sinne einer »self-fulfilling prophecy« zum Opfer wird (Baurmann, 1983, S. 28). Die kritische Auseinandersetzung mit dem Opferbegriff führte auch dazu, dass der Begriff von einigen Autoren und Autorinnen explizit abgelehnt bzw. vermieden wird – stattdessen wird beispielsweise der Begriff der »Überlebenden« verwendet, der eher die aktive Stärke des Überlebens der Betroffenen zum Ausdruck bringt als das passiv erlittene Leid.

»Opfer-Sein« ist also ein dynamischer Prozess, ein Prozess sozialer Konstruktion, der nur bedingt als »objektive Realität« betrachtet werden kann.

1.3 Geschlechter- und Opferstereotype

Im Folgenden steht ein zentraler Faktor bei der Konstruktion des Opferseins im Mittelpunkt: der Geschlechteraspekt. Das biologische Geschlecht ist Teil der physischen Welt. Jenseits der biologischen Realitäten gibt es Geschlechtsunterschiede, deren Determiniertheit zu erforschen die Verhaltens- und Sozialwissenschaften noch lange beschäftigen wird: Gestellt wird die Frage, welche Unterschiede im Verhalten, Denken und Empfinden von Männern und Frauen genetisch beeinflusst sind und welche die Folge unterschiedlicher Sozialisation, geschlechtsspezifischer Erziehung und Stereotypien sind.

Stereotype sind »Wissensstrukturen« oder »kognitive Schemata«, die wesentlich zur

Vereinfachung der Verarbeitung von Informationen über soziale Gruppen beitragen, d. h. stereotype Vorstellungen sind zunächst weder gut noch schlecht – sie erfüllen in erster Linie eine wichtige Funktion im kognitiven Apparat, da durch die vorgenommene Kategorisierung die Einschätzung einer Situation oder einer Person viel schneller erfolgen kann. Problematisch an dieser »kognitiven Abkürzung« ist die vereinfachte und generalisierte Zuschreibung bestimmter Eigenschaften an eine Person aufgrund ihrer Zugehörigkeit zu einer sozialen Gruppe. So beschreiben Geschlechterstereotype die generalisierten Annahmen über Männer und Frauen und lassen sich inhaltlich grob wie folgt zusammenfassen: Für Männer beinhaltet das Stereotyp »die ›instrumentellen‹ Eigenschaften der ›Aktivität‹, der ›Durchsetzungsfähigkeit‹ und der ›Dominanz‹; typisch für das Geschlechterstereotyp der Frau sind die ›expressiven‹ Eigenschaften der ›Emotionalität‹, der ›Sanftheit‹ und des ›rücksichtsvoll Seins‹« (Abele, 1997, S. 131). Geschlechterstereotype sind bei Männern wie Frauen vorhanden und können als globales Phänomen betrachtet werden (vgl. Williams & Best, 1990). Die Kategorie »Geschlecht« ist eine soziale Kategorie, die automatisch und unbewusst aktiviert wird, sobald eine Person wahrgenommen wird. Mit dieser Einordnung wird auch das entsprechende Stereotyp aktiviert.

Bevor nun die Wirkung von Geschlechterstereotypen und damit die soziale Konstruktion männlichen und weiblichen Opferseins näher betrachtet werden, stellt sich zuvor zwingend die Frage, ob es denn nicht *tatsächliche* Unterschiede zwischen männlichen und weiblichen Gewaltopfern gibt. Die Ergebnisse psychotraumatologischer Forschung könnten dahingehend interpretiert werden, dass sich in vielen Studien, die sich mit den Folgen traumatisierender Ereignisse befassen, bei Frauen eine höhere Prävalenz von Traumafolgestörungen zeigt als bei Männern. Dieser vermeintlich eindeutige Befund ist aus mehreren Gründen zu hinterfragen (vgl. hierzu auch Thorwarth, 2005). Es ist möglich, dass bereits die Forschungsergebnisse nicht nur durch »reale« Unterschiede zustande kommen: So sind Frauen beispielsweise eher bereit, psychotherapeutische Hilfe in Anspruch zu nehmen, d. h. bei Männern besteht eine geringere Wahrscheinlichkeit, überhaupt in klinischen Stichproben aufzutauchen (Strauß et al., 2002). Möglicherweise unterliegen schon die empirischen Befunde, die Geschlechtsunterschiede vermeintlich belegen, einer geschlechterstereotypen Verzerrung (vgl. Lamnek & Ottermann, 2004; Lenz, 2004).

Auch die Frage, ob Männer oder Frauen stärker von Gewalt betroffen sind, ist nicht eindeutig zu beantworten. Die Hellfelddaten der Polizeilichen Kriminalstatistik (sie beinhaltet alle bekannt gewordenen Delikte, vgl. BKA, 2010) deuten darauf hin, dass Männer insgesamt häufiger Opfer von Gewalt werden als Frauen – Frauen werden jedoch häufiger Opfer von Delikten mit hoher Dunkelziffer, insbesondere häusliche Gewalt und sexuelle Gewalt.

Die Wirkung von Geschlechterstereotypen auf die Einschätzung und Beurteilung von Gewaltopfern war bereits Gegenstand zahlreicher Studien. In der »klassischen« Studie zu dieser Thematik von Howard (1984) wurde der Einfluss von Geschlechterstereotypen auf die Zuschreibung von Verantwortung sowie allgemein auf die Einstellungen gegenüber einem Gewaltopfer untersucht. Die stereotypen Vorstellungen über Männer und Frauen werden von Howard wie folgt beschrieben: Frauen sind schwach, verletzbar, leicht beeinflussbar, unterwürfig, irrational und leicht erregbar, während Männer als aggressiv, unabhängig, dominierend, logisch denkend, entscheidungsfreudig und kämpferisch beschrieben werden. Auf dieser theoretischen Grundlage wurde der Einfluss der Stereotype auf die Beurteilung von Gewaltopfern untersucht. Dabei wurden Opfer einer Vergewaltigung und eines Raubüberfalls miteinander verglichen. Es zeigte sich, dass die Versuchspersonen (Vpn) Frauen ein grundsätzlich höheres Viktimisierungsrisiko zuschrieben – die Vergewaltigung des weiblichen Opfers wurde als das Delikt mit der höchsten Wahrscheinlichkeit von allen betrachtet (was den tatsächlichen Gefährdungsstatistiken nicht entspricht); des weiteren wurde Vergewaltigung als »typisch weibliches« bzw. »feminisierendes« Ereignis gewertet (»Being raped led to higher ratings of femininity than did being robbed, for both female und male victims«; Howard, 1984, S. 277).

In einer der wenigen Untersuchungen zu diesem Thema, die nicht mit Studierenden der Sozialwissenschaften durchgeführt wurden, ging Julius (2001) der Frage nach, inwieweit das Geschlechterstereotyp dazu führt, dass sexueller Missbrauch bei Jungen häufiger als bei Mädchen »übersehen« wird. Grundlage der Untersuchung war die Annahme, dass das Stereotyp vom »richtigen« Jungen, der auf sich selbst aufpassen kann, stark ist und sich wehrt, schwer damit vereinbar ist, Opfer sexuellen Missbrauchs zu werden. Julius legte Lehrerinnen und Lehrern eine Fallbeschreibung eines 13-jährigen Kindes vor, in dem seine familiären Umstände sowie eine auffällige Symptomatik des Kindes beschrieben wurden. Alle beschriebenen Symptome stehen empirisch mit sexuellem Missbrauch in Zusammenhang, bei Mädchen wie bei Jungen. Die Lehrerinnen und Lehrer wurden gebeten, mögliche Ursachen für die beschriebene Symptomatik zu formulieren. Es zeigte sich, dass – in Übereinstimmung mit der Hypothese – bei Mädchen signifikant häufiger sexueller Missbrauch vermutet wurde: Handelte es sich in der Fallbeschreibung um ein Mädchen, wurde in 92,5 % der Fälle der Verdacht eines sexuellen Missbrauchs geäußert – bei Jungen lag dieser Anteil nur bei 54,7 %.

Zu ähnlichen Ergebnissen kommt die Studie von Hinz (2001). Er ließ seine Versuchspersonen kurze schriftliche Situationsbeschreibungen dahingehend bewerten, inwiefern sie einen »sexuellen Missbrauch« beschreiben. Die Situationsbeschreibungen variierten dabei im Geschlecht von »Täter« und »Opfer«. Jede Vp erhielt 12 Situationen zur Beurteilung, jeweils 6 mit Männern und 6 mit Frauen in der Täterrolle, und sollte beurteilen, ob es sich bei der vorgegebenen Situation um »sexuellen Missbrauch« handle. Mann-Mädchen-Szenen wurden sehr viel häufiger als Missbrauch bewertet, sowohl von männlichen als auch von weiblichen Versuchspersonen.

Auch wenn die Ergebnisse der Studien zur Einschätzung männlicher und weiblicher Opfer von Gewalt nicht durchweg konsistent sind, so lassen sich zusammenfassend klare Tendenzen aufzeigen: Frauen werden eher als Männer als Opfer erkannt und anerkannt. Einschätzungen und Bewertungen von gewalttätigen Übergriffen folgen stereotypen Vorstellungen, nach denen »der Mann« für die Täterrolle prädestiniert ist, »die Frau« hingegen für die Opferrolle.

1.4 Geschlechterstereotype und Alltagsvorstellungen über Gewaltopfer

In einer von den Autoren selbst durchgeführten experimentellen Studie wurde untersucht, inwieweit sich die Einschätzung von Gewaltopfern in der Allgemeinbevölkerung in Abhängigkeit von Delikt und Geschlecht unterscheidet. Es wurde erwartet, dass diese »Alltagsvorstellungen« der Allgemeinbevölkerung stereotype Muster aufweisen, d. h. Frauen eher als Opfer, Männer eher als Täter wahrgenommen würden. Grundlage dieses vollständig online durchgeführten Experiments waren (fiktive) Fallvignetten mit Beschreibungen von vier Gewaltdelikten, die jeweils im Geschlecht von Täter und Opfer variierten (so dass es also vier Fassungen jedes Delikts gab: Täter männl./Opfer männl., Täter männl./Opfer weibl., Täter weibl./Opfer weibl., Täter weibl./Opfer männl.). Bei den Fallbeschreibungen handelte es sich um die vier Delikte »Raubüberfall«, »sexueller Übergriff durch eine fremde Person«, »sexueller Übergriff durch eine bekannte Person« sowie »häusliche Gewalt«. Insgesamt gab es somit 16 Fallbeschreibungen, die von den Teilnehmerinnen und Teilnehmern der Studie beurteilt werden sollten.

Die Untersuchung war über die einschlägige Internetadresse www.gewaltstudie.de aufrufbar. Jede Person, die diese Seite aufrief, konnte an der Studie teilnehmen. Es wurde dann zufällig eine der 16 Fallbeschreibungen präsentiert. Nach dem Lesen des Fallberichts wurde die Versuchsperson aufgefordert, ihre persönliche Einschätzung des Opfers und der beschriebenen Situation abzugeben. Hierzu sollte sie ingesamt 28 Aussagen in Form von Zustimmung oder Ablehnung bewerten. Die 28 Aussagen bezogen sich dabei auf folgende Dimensionen; wie wurde das Opfer eingeschätzt bezüglich:

- seiner psychischen Belastung,
- seiner empfundenen Scham,
- seine empfundenen Aggression,
- eines nach der Tat erhöhten Sicherheitsbedürfnisses,
- seines erwarteten Mitteilungs-/Anzeigeverhalten,
- seiner Unschuld,
- seiner Vorsicht,
- schließlich sollten die Versuchspersonen angeben, inwieweit sie dem Opfer raten würden, sich mitzuteilen.

Die Rekrutierung der Versuchspersonen erfolgte auf unterschiedlichen Wegen, die Rekrutierung mittels einer Pressemitteilung war dabei am erfolgreichsten: Fast drei Viertel der am Ende (N = 1771) teilnehmenden Personen fanden über die Pressemitteilung den Weg zur Studie.

Die Betrachtung der Ergebnisse dieser Studie soll sich im Rahmen dieses Beitrags auf die Aspekte der zugeschriebenen Belastung sowie des empfohlenen und erwarteten Anzeige-/Mitteilungsverhalten konzentrieren, da diese Aspekte für den Arbeitsbereich der Psychotraumatologie und Opferberatung von zentraler Bedeutung sind. Für eine ausführliche Darstellung der Ergebnisse der Studie siehe Treibel, Funke, Hermann und Seidler (2008).

Die den Opfern »zugeschriebene Belastung« beschreibt, wie hoch die Versuchspersonen die psychische Belastung des Opfers einschätzten. Es zeigte sich, dass weiblichen Opfern insgesamt höhere Belastungen zugeschrieben wurden als männlichen Opfern. Dieser Unterschied war bei allen Delikten vorhanden, jedoch in unterschiedlicher Stärke: Beim Raubüberfall war der Unterschied am kleinsten, bei den beiden Delikten im sozialen Nahraum am größten. Das bedeutet, dass die Allgemeinbevölkerung dazu neigt, den gleichen gewalttätigen Vorfall für Frauen als belastender einzuschätzen als für Männer, insbesondere wenn es um Übergriffe im sozialen Nahraum geht. Entsprechend und spiegelbildlich war diesbezüglich die Wirkung des Tätergeschlechts auf die zugeschriebene Belastung des Opfers: Opfern von Tätern wurden höhere Belastungen zugeschrieben als Opfern von Täterinnen. Auch hier zeigte das Stereotyp vom »starken Mann« insofern Wirkung, als männliche Täter im Vergleich zu Täterinnen für »schädigender« befunden wurden.

Bei den Versuchspersonen zeigte das Geschlecht insofern Wirkung, als weibliche Versuchspersonen insgesamt höhere Belastungen zuschrieben als männliche Versuchspersonen; weiter zeigte sich ein bedeutsamer Interaktionseffekt zwischen dem Geschlecht der Opfer und dem der Versuchspersonen: Zwar schätzten Männer wie Frauen weibliche Opfer als stärker belastet ein, bei den männlichen Opfern zeigte sich jedoch, dass ihnen von den männlichen Versuchspersonen niedrigere Belastungen zugeschrieben wurden als von den weiblichen (vgl. Abb. 1). Das bedeutet, dass Männer »untereinander« noch einmal stärker dazu neigen, Belastungen durch das Widerfahren von Gewalt als weniger gravierend einzuschätzen.

Versuchspersonen, die angaben, einen professionellen Bezug zu Gewaltopfern haben, schätzten die Belastungen der Opfer insgesamt höher ein als solche ohne diesen Bezug. Dies deutet darauf hin, dass der professionelle Umgang mit Gewaltopfern eher zu einer Sensibilisierung für die Belastung führt.

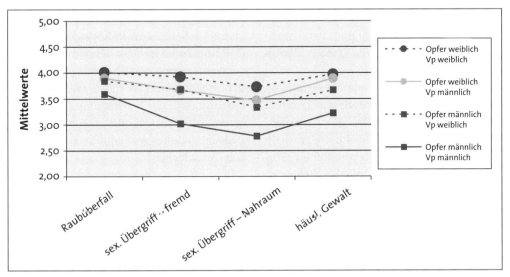

Abb. 1: Belastung des Opfers – Interaktionseffekt zwischen dem Geschlecht des Opfers und der Versuchsperson (Vp)

Die Versuchspersonen wurden weiter um ihre Einschätzung gebeten, ob das in der Fallvignette beschriebene Opfer sich jemandem mitteilen würde. Es zeigte sich hier, dass dies stark vom Delikt abhing: Das Delikt, bei dem in stärkstem Maße mit einer Mitteilung des Opfers gerechnet wurde, war der Raubüberfall, am niedrigsten war dies bei den beiden Delikten im sozialen Nahraum der Fall. Von weiblichen Opfern wurde insgesamt mehr als von männlichen Opfern ein aktives Mitteilungsverhalten erwartet. Beim Raubüberfall war dieser Unterschied sehr klein, bei den Delikten im sozialen Nahraum groß. Opfern von Tätern wurde ein aktiveres Mitteilungsverhalten zugeschrieben als Opfern von Täterinnen – auch hier zeigte sich der erwarteten Effekt stereotyper Vorstellungen.

Die Versuchspersonen wurden ferner gefragt, ob sie persönlich dem Opfer, das in der Fallvignette beschrieben wurde, raten würden, sich mitzuteilen. Weiblichen Opfern wurde signifikant häufiger als männlichen Opfern dazu geraten, sich mitzuteilen. Dieser Unterschied war wiederum beim Raubüberfall sehr gering, beim sexuellen Übergriff durch eine fremde Person war er am größten.

Opfern von Tätern wurde signifikant mehr als Opfern von Täterinnen geraten, sich mitzuteilen. Weibliche Versuchspersonen waren öfter als männliche der Ansicht, dass die Opfer sich mitteilen sollten. Personen, die einen professionellen Bezug zu Gewaltopfern haben, waren stärker als Personen ohne diesen Bezug der Meinung, dass das Opfer sich mitteilen sollte.

1.5 Zusammenfassung der Ergebnisse und Fazit

Das Ergebnis unserer Studie zu Alltagsvorstellungen über Gewaltopfer ließe sich grob vereinfacht wie folgt zusammenfassen: Frauen sind Opfer, Männer sind Täter – dies ist die stereotype, erwartete »Normalität« in der bundesdeutschen Bevölkerung. Weibliche Opfer werden im Vergleich zu männlichen Opfern stärker als »Opfer« im Sinne von Verletzbarkeit und der Inanspruchnahme von Opferrechten eingeschätzt und bewertet. Spiegelbildlich verhält es sich in Bezug auf die Täterseite: Männliche Täter werden als die »schwerwiegendere« Täter wahrgenommen: Ihren Opfern schreibt man höhere Belastungen zu als den Opfern von Täterinnen. Das Stereotyp von der »schwachen« Frau wird auch in der Täterinnenrolle sichtbar.

Die männlichen Teilnehmer der Studie zeigten im Vergleich zu den weiblichen ausgeprägter stereotype Tendenzen. Auffallend war dabei insbesondere die Einschätzung männlicher Opfer durch Männer: Männer schätzten die Belastung männlicher Opfer niedriger ein und neigten auch weniger dazu, männlichen Opfern zu empfehlen, sich mitzuteilen. Das heißt, die stereotype Verzerrung in der Beurteilung von Gewaltopfern ist innerhalb des männlichen Geschlechts stärker ausgeprägt als zwischen den Geschlechtern.

Bei der Einschätzung und Bewertung eines gewalttätigen Übergriffs kommt es jedoch nicht nur auf das Geschlecht von Täter und Opfer an, auch die Art des Delikts hat große Bedeutung: So ist der Raubüberfall deutlich weniger Anlass zu stereotypen Verzerrungen als die Delikte »häusliche Gewalt« und »sexuelle Gewalt« – die

Geschlechtsunterschiede sind bei diesem Delikt insgesamt am geringsten. Der Raubüberfall als Delikt scheint vergleichsweise am wenigsten »Ambivalenz« in der Einschätzung des Opfers auszulösen: Dem Opfer des Raubüberfalls wird – im Vergleich zu den anderen drei Delikten – die höchste psychische Belastung zugeschrieben, man erwartet von ihm, dass es sich mitteilt, und findet dies auch richtig.

Für die Realität von Gewaltopfern bedeutet dies, dass sie – in Abhängigkeit von ihrem Geschlecht, dem Geschlecht des Täters/der Täterin und dem Delikt, das ihnen widerfahren ist – tendenziell mit unterschiedlichen Reaktionen ihres sozialen Umfeldes rechnen müssen. Die Frau als Opfer und der Mann als Täter entsprechen einer sozialen »Normalität« – Abweichungen von dieser Normalität können im sozialen Umfeld kognitive und emotionale Dissonanzen zur Folge haben. Diese Dissonanzen können für das Opfer negative Konsequenzen haben, beispielsweise durch die Infragestellung seiner Glaubwürdigkeit oder »Sanktionen« gegen das Opfer in Form von persönlicher Abwertung, Schuldzuweisung etc.

Zusammenfassend lässt sich sagen: Opfer zu sein ist keine absolute oder messbare Realität, sondern Ergebnis eines sozialen Konstruktionsprozesses. Am Beispiel des Geschlechterstereotyps wurde aufgezeigt, dass die Zuschreibung, wer »ein Opfer« ist (und wer Täter), keine objektive Tatsache ist, sondern ein Prozess, der durch viele Faktoren beeinflussbar ist. Dies beginnt schon damit, dass, um zu sagen, wer »Opfer« ist, eine Definition dieses Begriffs zugrunde gelegt werden muss, da er nicht selbsterklärend ist.

In der Psychotraumatologie ist mit dem Rückgriff auf die diagnostischen Kriterien von Traumafolgestörungen das Problem nur vermeintlich einfacher – zwar gibt es hier relativ objektive, da messbare Kriterien dafür, ob jemand aufgrund eines Vorfalls psychische Wunden erlitten hat und die klinischen Kriterien einer Traumafolgestörung erfüllt – ob ihm oder ihr damit jedoch das »Opfer-Sein« zuerkannt wird, ist eine davon völlig unabhängige Frage. Auch Täter können traumatisiert werden – und nicht jedes tatsächliche Opfer muss im klinischen Sinne traumatisiert sein.

Um die komplexe Situation von Gewaltopfern zu verstehen, ist es notwendig, die Faktoren des »Opfer-Werdens und -Seins« kritisch zu reflektieren. Hierzu gehört auch eine Auseinandersetzung mit den stereotypen Vorstellungen, mit denen Opfern konfrontiert sind, insbesondere dann, wenn die Betroffenen von Stereotypen abweichen, beispielsweise weil sie (anders als in Bezug auf ein Delikt erwartet) Männer sind – oder weil sie Opfer einer Frau wurden. Findet diese Auseinandersetzung statt, dann sind die Voraussetzungen gut, die Gratwanderung zwischen Anerkennung der Schädigung und Manifestierung der Opferrolle konstruktiv zu bewältigen.

1.6 Literatur

Abele A. (1997). Geschlechtsrollen, Geschlechtsrollenorientierungen und Geschlechterstereotype im Wandel. In: Liebau E. (Hrsg.). *Das Generationenverhältnis. Über das Zusammenleben in Familie und Gesellschaft.* Weinheim: Juventa, 123–139.

Baurmann M.C. (1983). *Sexualität, Gewalt und psychische Folgen. Eine Längsschnittuntersuchung bei Opfern sexueller Gewalt und sexueller Normverletzungen anhand von an-*

gezeigten Sexualkontakten. Wiesbaden: Bundeskriminalamt.

Bundeskriminalamt (BKA, 2010). *Polizeiliche Kriminalstatistik Bundesrepublik Deutschland, Berichtsjahr 2009.* (Online im Internet: URL: http://www.bka.de/pks/pks2009/startseite.html).

Dudenredaktion (Hrsg.) (2010). *Duden 10. Das Bedeutungswörterbuch.* 4. Aufl. Mannheim: Dudenverlag.

Greve W. & Bilsky W. (1997). Viktimologie. Kriminelle Opfererfahrungen und Prozesse der Bewältigung. In: Steller M. & Volbert R. (Hrsg). *Psychologie im Strafverfahren. Ein Handbuch.* Bern: Huber, 206–223.

Hinz A. (2001). Geschlechtsstereotype bei der Wahrnehmung von Situationen als »sexueller Missbrauch«. Eine experimentelle Studie. *Zeitschrift für Sexualforschung,* 14 (3), 214–225.

Howard J.A. (1984). The »normal« victim: The effects of gender stereotypes on reactions to victims. *Social Psychology Quarterly,* 47 (3), 270–281.

Julius H. (2001). Werden Jungen als potenzielle Opfer sexuellen Missbrauchs von Lehrerinnen und Lehrern eher »übersehen« als Mädchen? *Sonderpädagogik,* 31 (1), 3–10.

Lamnek S. & Ottermann R. (2004). *Tatort Familie: Häusliche Gewalt in gesellschaftlichem Kontext.* Opladen: Leske + Budrich.

Lenz H.J. (2004). Männliche Opfer – über eine vorsätzliche Wahrnehmungslücke in der viktimologisch-kriminologischen Forschung. In: Bettermann J.F. & Feenders M. (Hrsg.). *Stalking. Möglichkeiten und Grenzen der Intervention.* Frankfurt a. M.: Verlag für Polizeiwissenschaft, 273–296.

Levold T. (1994). Die Betonierung der Opferrolle. Zum Diskurs der Gewalt in Lebenslauf und Gesellschaft. *System Familie,* 7, 19–32.

Strauß B., Hartung J. & Kächele H. (2002). Geschlechtsspezifische Inanspruchnahme von Psychotherapie und Sozialer Arbeit. In: Hurrelmann K. & Kolip P. (Hrsg.). *Geschlecht, Gesundheit und Krankheit. Männer und Frauen im Vergleich.* Bern: Huber, 533–547.

Strobl, R. (2004). Constructing the victim: Theoretical reflections and empirical examples. *International Review of Victimology,* 11 (2), 295–311.

Thorwarth A. (2005). *Über die Relevanz der Variable »Geschlecht« bei PTSD – eine Metaanalyse zur posttraumatischen Belastungsstörung.* Unveröffentlichte Diplomarbeit. Universität Heidelberg, Psychologisches Institut.

Treibel A., Funke J., Hermann D. & Seidler G.H. (2008). Alltagsvorstellungen über Gewaltopfer in Abhängigkeit von Delikt und Geschlecht – eine internetbasierte Studie. *Monatsschrift für Kriminologie und Strafrechtsreform,* 6, 458–470.

Voß S. (2003). »Du Opfer!« Berliner Forum Gewaltprävention, Nr. 12. Im Internet: http://www.berlin.de/imperia/md/content/lb-lkbgg/bfg/nummer12/08_voss.pdf?start&ts=1239199170&file=08_voss.pdf.

Williams J.E. & Best D.L. (1990). *Measuring sex stereotypes: A multination study.* Thousand Oaks, CA: Sage Publications.

ROBERT BERING, CLAUDIA SCHEDLICH UND GISELA ZUREK

2. Großschadenslagen als potentiell traumatisierende Ereignisse

2.1 Einleitung

In den letzten Jahrzehnten ist eine Zunahme an Großschadenslagen durch Naturgewalten, technisches Versagen oder terroristische Gewalt zu verzeichnen (vgl. http://www.emdat.be/database). Großschadenslagen implizieren neben der medizinischen auch die psychosoziale Notwendigkeit zur Versorgung der Betroffenen (Überlebende, Angehörige, Hinterbliebene, Menschen, die Angehörige oder Freunde vermissen, Zeugen) sowie der Einsatzkräfte. Nach den Ergebnissen der Konsensuskonferenz (2008–2010), die vom Bundesamt für Bevölkerungsschutz und Katastrophenhilfe (BBK) koordiniert wird, umfasst die Psychosoziale Notfallversorgung (PSNV) die »Gesamtstruktur und die Maßnahmen der Prävention sowie der kurz-, mittel- und langfristigen Versorgung im Kontext von belastenden Notfällen bzw. Einsatzsituationen« (BBK, 2009, S. 15; Beerlage et al., 2006). Die PSNV umfasst sowohl die Angebote (z.B. Einsatzvorbereitung/Stressmanagement, Psychosoziale Akuthilfe, Einsatzkräftenachsorge, psychologische und soziale Beratung, Psychotherapie etc.), die Anbieter (z.B. Kirchen, Hilfsorganisationen, Einrichtungen des Bundes, der Länder oder der Kommunen) als auch die rechtlichen Regelungen des Bundes und der Länder. Die übergeordneten Ziele der PSNV sind

- die »Prävention von psychosozialen Belastungsfolgen,
- die Früherkennung von psychosozialen Belastungsfolgen nach belastenden Notfällen bzw. Einsatzsituationen,
- die Bereitstellung von adäquater Unterstützung und Hilfe für betroffene Personen und Gruppen zur Erfahrungsverarbeitung sowie
- die angemessene Behandlung von Psychotraumafolgestörungen und einsatzbezogenen psychischen Fehlbeanspruchungsfolgen« (BBK, 2009, S. 15).

Wir können davon ausgehen, dass die Mehrzahl der Betroffenen mit einer vorübergehenden Stressreaktion auf eine Großschadenslage reagiert (vgl. NATO & OTAN, 2008, S. 39). Aus klinischer Sicht handelt es sich jeweils um eine akute Belastungsreaktion (F 43.0), die meist nach einiger Zeit wieder abklingt. Die Betroffenen benötigen zur Rückkehr in die Normalität in erster Linie praktische Hilfe, die Wiedererstellung ihrer sozialen Bezugssysteme und Psychosoziale Akuthilfen. Ein Teil der Betroffenen entwickelt als Folge einer Großschadenslage längerfristige psychische Beeinträchtigungen. Der Anteil wird auf 25 % geschätzt (vgl. NATO & OTAN, 2008, S. 36), wobei bezüglich dieser Zahl mit einer großen Schwankungsbreite zu rechnen ist. Insbesondere nach Terroranschlägen sind höhere Prävalenzen zu erwarten. In der ICD-10 werden anhaltende Reaktionen auf schwere Belastungen unter »Anpassungsstörung« (F 43.2) und »Posttraumatische Belastungsstörung« (F 43.1) klassifiziert. Da sich auch Depressionen, Angststörungen, somatoforme Störungen oder Abhängigkeitserkrankungen manifestieren können, sprechen wir von Verlaufstypen einer Belastungsstörung. Die *Internationale Klassifikation der Funktionsfähigkeit, Behinderung und Gesundheit* (ICF, 2005) ermöglicht die Berücksichtigung von Kontextfaktoren, die sich durch Großschadenslagen schlagartig verändern können. Es können mentale Funktionsstörungen und Beeinträchtigungen der Aktivität und Teilhabe in allen gesellschaftlichen Lebensbereichenals Folge auftreten.

Inzwischen ist die Notwendigkeit der PSNV unstrittig. In den letzten Jahren sind auf nationaler, europäischer und internationaler Ebene eine Vielzahl von Leitlinien zum psychosozialen Krisenmanagement entstanden, mit unterschiedlichen Schwerpunkten (siehe den folgenden Abschnitt: »Initiativen auf nationaler und europäischer Ebene zur PSNV«). Dieser Beitrag stellt zunächst Initiativen der Europäischen Kommission vor, Empfehlungen zur PSNV zu entwickeln. Vorrangig konzentrieren sich die Empfehlungen auf Maßnahmen in der Akutsituation und der Einwirkungsphase (Early Intervention) oder sind Behandlungsleitlinien (NICE, 2005). In den Empfehlungen und Behandlungsleitlinien werden derzeit die strukturellen und inhaltlichen Aspekte zu wenig konkretisiert, die im Übergang von der akuten zur mittel- und dann langfristigen psychosozialen Versorgung von Betroffenen zu beachten sind. Deshalb liegt ein Schwerpunkt dieses Beitrages auf der Darstellung des *Target Group Intervention Program* (TGIP), das ursprünglich im Rahmen des Kölner Opferhilfe-Modells entwickelt (Fischer et al., 1998) und dann an unterschiedliche Situationstypologien angepasst wurde (vgl. Bering, 2011). Ein wesentlicher Bestandteil des TGIP ist die Planung und Bereitstellung der Angebotsstrukturen anhand von Risiko- und Ressourcenprofilen. Zentral ist die Anwendung des Kölner Risikoindex (KRI), der eine prognostische Einschätzung ermöglicht und Kontrastgruppen mit unterschiedlichem Risikoprofil differenziert. Wir bezeichnen diese Vorgehensweise als prognostisches Screening, da in Verbindung mit der sogenannten Screeningdebatte[1] unterschiedliche Zielsetzungen mit dem Begriff assoziiert sind (vgl. IMPACT, 2007, S. 21ff; Bering et al., 2009).

Im Zuge verschiedener Förderungen durch die Europäische Kommission wurde das TGIP an das Anforderungsprofil von Großschadenslagen adaptiert und weiterentwickelt, wobei terminologische und konzeptionelle Anpassungen an die Ergebnisse der deutschen Konsensuskonferenz erforderlich und die Empfehlungen der inter-

---

[1] In der Screeningdebatte werden unterschiedliche Erhebungsinstrumente diskutiert, die in der psychosozialen Nachsorge als Interventionsstrategie eingesetzt werden. Man unterscheidet z. B. Screeninginstrumente, die Symptome erheben, von solchen, die Schutz- und Risikofaktoren erheben.

nationalen Leitlinien zu berücksichtigen waren.

2.2 Initiativen auf nationaler und europäischer Ebene zur PSNV

In den letzten Jahren wurden auf nationaler Ebene Vorschläge zur strukturellen und inhaltlichen Optimierung der PSNV in der Betreuung von Betroffenen und Einsatzkräften entwickelt (Beerlage et al., 2006, 2008, 2009; Helmerichs, 2008). In Deutschland haben u. a. die Erfahrungen nach dem Zugunglück in Eschede 1998, nach dem Amoklauf in Erfurt 2002, die Betreuung der Opfer, Angehörigen und Hinterbliebenen nach der Tsunami-Katastrophe 2004 oder die Evaluation der Psychosozialen Akuthilfe nach dem Amoklauf in Winnenden/Wendlingen 2009 wesentlich zur Weiterentwicklung der PSNV beigetragen. Die Vorbereitung auf die Fußballweltmeisterschaft 2006 hat die strukturelle Integration der PSNV in die Einsatzpläne auf Landes- und auf Bundesebene gefördert (Helmerichs, 2005).

Vom Bundesamt für Bevölkerungsschutz und Katastrophenhilfe (BBK) wurde 2007 ein laufendes Projekt zur Entwicklung von Qualitätsstandards und Leitlinien in der PSNV initiiert, das unter dem Namen *Konsensuskonferenz* bekannt ist. Ziel war die verbindliche Vereinbarung und Verabschiedung von Leitlinien und bundesweit verbindlichen Regelungen zur Qualitätssicherung der PSNV auf der Basis wissenschaftlicher Empfehlungen und praktischer Erfahrungen. Beteiligt waren Vertreter aus Ministerien und Behörden des Bundes und der Länder, Organisationen der polizeilichen, nichtpolizeilichen und militärischen Gefahrenabwehr, Berufsverbände, Fachverbände, Kammern, Kostenträger, Kirchen und Wissenschaftler (BBK, 2009, 2011; vgl. www.bbk.bund.de).

Auf europäischer Ebene ist eine Vielzahl von durch die Europäische Kommission geförderten Projekten zu verzeichnen, die auf eine Optimierung der PSNV bei Großschadenslagen – einschließlich Terroranschlägen – abzielen. In chronologischer Reihenfolge geordnet haben Schedlich et al. (2008) die Projekte zusammengetragen:

- Im Jahr 2000 wurde das *Wiener Manifest* – ein Beitrag zur Professionalisierung und Institutionalisierung der Psychosozialen Akutbetreuung in Europa – vorgelegt. Ziel des Projekts war eine Orientierungshilfe zur Entwicklung von Standards der PSNV in den EU-Ländern.
- 2001 wurde im Rahmen eines von der EU geförderten und vom belgischen Gesundheitsministerium unterstützten Projekts unter Mitarbeit vieler Experten das *European Policy Paper (EPP – Psycho-social Support in Situations of Mass Emergency*; www.ec.europa.eu/environment/civil/pdfdocs/cpact03h-en.pdf) formuliert. Die Arbeitsgruppe schlug vor, eine koordinierende Stelle zu implementieren, die proaktiv die Fortsetzung der PSNV gewährleistet und organisiert. Zur Differenzierung der Behandlungsnotwendigkeit wurde ein Screening der Betroffenen vorgeschlagen.
- 2002 bis 2004 wurde durch das Britische Rote Kreuz das Projekt *Working together to Support Individuals in an Emergency or Disaster* organisiert. Dieses Projekt hat die unterschiedlichen Rechtsgrundlagen des Bevölkerungsschutzes und der Gefahrenabwehr in den verschiedenen Ländern der Europäischen Union analysiert. Das Ergebnis wird als eine wichtige Grundlage für die strukturell-rechtliche

Einbindung der PSNV in bestehende Hilfssysteme der Mitgliedsstaaten bewertet (http://www.cabinetoffice.gov.uk/resource-library/working-together-support-individuals-emergency-or-disaster).
- Das Projekt *Citizens and Resilience* der Stichting Impact aus den Niederlanden (2005–2007) fokussierte auf die PSNV der Opfer von Terroranschlägen unter besonderer Berücksichtigung der psychosozialen Versorgung von Kindern und der Förderung von Resilienz und kollektiver Wirksamkeit in Gemeinden. Die Ergebnisse haben dazu beigetragen, die *Multidisciplinary guideline for early psychosocial interventions after disasters, terrorism and other shocking events* zu verabschieden. Diese ist unter der Schirmherrschaft des landesweiten Lenkungsausschusses der Multidisziplinären Richtlinienentwicklung für die psychische Gesundheitsfürsorge der Niederlande entstanden. Analog zum European Policy Paper plädiert die Arbeitsgruppe für eine strukturelle Einbindung der PSNV in die Gesamtversorgung der Betroffenen (vgl. www.impact-kenniscentrum.nl).
- Ziel des Projektes *PLOT Prävention psychischer Langzeitfolgen für Opfer von Terrorabschlägen und deren Angehörige* (2005–2007) war die Anpassung des TGIP an die Situationstypologie terroristischer Anschläge, die Schulung beteiligter Hilfsorganisationen sowie die Konzeption geeigneter Schulungsmanuale. PLOT wurde vom Institut für Klinische Psychologie und Psychologische Diagnostik der Universität zu Köln und dem Zentrum für Psychotraumatologie der Alexianer Krefeld GmbH durchgeführt und von der Stadt Köln koordiniert (vgl. www.plot-info.eu).
- Das Belgische Rote Kreuz hat federführend das Projekt *Sharing European Resources for the Victims of Terrorism – EURESTE* (2005–2006 und 2007–2009) durchgeführt. Im Rahmen des Pilotprojektes wurde ein Handbuch *(Handbook of Meeting Needs in a Crisis)* mit differenzierten Handlungsempfehlungen für die PSNV im Fall von Terroranschlägen konzipiert. Das Anschlussprojekt fokussierte auf Empfehlungen für Juristen, Medienvertreter, Krisenhelfer und den Umgang mit Kindern (vgl. www.eureste.org).
- Das Projekt *Developing Standards for Victims of Terrorism* (2006–2008) initialisierte unter der Leitung der Niederlande (Intervict Universität in Tilburg, katholische Universität Leuven, Victim Support Niederlande und Forum for Restorative Justice) eine internationale Beratergruppe. Vorrangiges Ziel des Projektes war die Entwicklung von Standards für die Versorgung von Terroropfern in den Bereichen Rechtsprechung und Entschädigung, wobei auch Aspekte der PSNV berücksichtigt wurden (vgl. www.tilburguniversity.nl/intervict/conference/2008).
- Das Projekt *Reinforce Rescuers' Resilience by Empowering a well-being Dimension – RED* (2007–2009) zielte darauf ab, die psychische Belastung von Einsatzkräften und Resilienzfaktoren in Großschadenslagen durch einen eigens entwickelten Fragebogen zu erfassen und Trainingsprogramme für Einsatzkräfte und psychosoziale Fachkräfte zu entwickeln. Partner im Projekt waren Sinergie Srl, das italienische und französische Rote Kreuz, die psychologischen Fakultäten der Universitäten Turin und Pavia, die Regione Autonoma della Valle d'Aosta, Fondo Formación Euskadi und die Stichting

Impact (vgl. www.cri.piemonte.it/progetti/red).

- Das Projekt *SURVIVORS – Joint Response to Loss and Survival in Terrorism* (2007–2009) zielte auf die europäische Vernetzung von Terroropferverbänden und die Entwicklung eines *European Network for Affected by Terrorism – ENAT* ab. Partner des Projekts waren die Stadt Bologna/Italien, die »Asociación 11M – Affectados Terrorismo«, Madrid/Spanien, sowie das Westminster Council, Social Services, London/England, die Koordination oblag der Stadt Köln. Betroffene von Terroranschlägen erarbeiteten mit Unterstützung von Experten Zielsetzung, Richtlinien und strukturelle Aspekte eines europäischen Netzwerkes und ein Online-Forum (vgl. www.survivors-project.eu).
- Das Projekt *TENTS – European Network for Traumatic Stress* (2007–2009) fokussierte unter Beteiligung der meisten EU-Länder auf den Aufbau eines europäischen Expertennetzwerkes und die Entwicklung von Standards zur Prävention und Behandlung von Psychotraumafolgestörungen. Aktuell beschäftigt sich das Folgeprojekt TENTS-TP (seit 2009) mit der Konzeption und Durchführung von Schulungen zur Prävention und Behandlung der Psychotraumafolgestörungen (vgl. www.tentsproject.eu).
- Das Projekt *Improve the Preparedness to give Psychological Help in Events of Crisis – IPPHEC* (2007–2009) wurde unter der Federführung des italienischen Gesundheitsministeriums mit Experten aus vielen europäischen Ländern durchgeführt; die wissenschaftliche Koordination oblag dem San Camillo Forlanini Hospital in Rom. Analysiert wurde die Möglichkeit von Krankenhäusern und Notfallambulanzen in den europäischen Ländern, Verletzte und Angehörige nach Großschadenslagen im Rahmen der PSNV versorgen zu können. Nach einer Fragebogenerhebung zum Status quo in den Mitgliedsländern wurden Mindeststandards und Empfehlungen für die Implementierung der PSNV in Krankenhäusern formuliert und Trainingsmanuale erarbeitet (vgl. www.ipphec.eu).
- Das Projekt *Informed. Prepared. Together – IPT* (2008–2009) unter der Führung des europäischen Roten Kreuzes zielte darauf ab, die Ergebnisse vorheriger europäischer Projekte zusammenzufassen und auf einem Webportal Empfehlungen und verfügbare Produkte zur Verfügung zu stellen (vgl. www.informedprepared.eu).
- Seit 2002 wurde ein europaweiter Expertenpool *EU Exchange of Experts in Civil Protection* etabliert, der die Vernetzung beteiligter Organisationen und die Optimierung bestehender Standards verfolgt. Von 2002 bis 2006 wurde der EU-Expertenaustausch durch das Higher Institute of Emergency Planning in Belgien unter dem Namen EUCIVEX durchgeführt. Seit Dezember 2006 ist das Technische Hilfswerk (THW) mit der Durchführung und Koordinierung des Programms beauftragt (vgl. www.exchangeofexperts.eu).
- Die Arbeitsgruppe *European Guideline for Target Group oriented Psychosocial Aftercare – EUTOPA* (2006–2008) verfolgte das Ziel der Identifikation von Versorgungslücken und der Weiterentwicklung bestehender Konzepte, die, praktikabel, in den europäischen Ländern umgesetzt werden können. Im Rah-

men von Workshops wurde die Expertise von Wissenschaftlern und Praktikern aus den europäischen Ländern gebündelt und konzeptionell integriert. EUTOPA fokussierte auf die Unterstützung der Betroffenen von Großschadenslagen sowie die Schulung der Mitarbeiterinnen und Mitarbeiter beteiligter Organisationen. Es beinhaltete Verfahrensvorschläge für eine Optimierung und Qualitätssicherung von Kriseninterventions- und Präventionsmaßnahmen. Erkenntnisse aus der Psychotraumatologie sollten in die Ablaufpläne zur medizinischen, psychosozialen und logistischen Bewältigung von Großschadenslagen integriert werden. EUTOPA wurde zur Implementierung und Weiterentwicklung der Ergebnisse verlängert (EUTOPA-IP, 2009–2011; vgl. www.eutopa-info.eu).

Wir stellen fest, dass insgesamt die Ergebnisse der unterschiedlichen europäischen Projekte zeigen, dass die Bedürfnisse der Betroffenen wie auch der Einsatzkräfte, sowohl für die Akutphase als auch die nachfolgende frühe Übergangsphase nach einer Großschadenslage, differenziert erfasst sind. Weniger stringent erfolgt die Analyse der Schnittstellenproblematik, da die Maßnahmen der PSNV im zeitlichen Verlauf nach einer Großschadenslage unterschiedliche Phasen beinhalten müssen. Es ist wesentlich, die Übergänge von der akuten in die mittel- und langfristige Versorgungsplanung zu beachten. Auch sollte die mittel- und langfristige Bedarfsorientierung berücksichtigt werden. Im Weiteren ist die strukturelle Einbindung von Maßnahmen zur sekundären Prävention psychischer Belastungsfolgen in dem zeitlichen Verlauf von den akuten Hilfen über die mittel- und langfristige Versorgung eine Notwendigkeit. Diese Perspektive ist ein wesentlicher Schwerpunkt des Konzepts TGIP.

2.3 Module des Target Group Intervention Program

Die EU-Projekte PLOT, EUTOPA und EUTOPA-IP wurden mit der Zielsetzung gefördert, das TGIP einschließlich des Kölner Risikoindex (KRI) an Großschadenslagen anzupassen. Hierbei wurden für den deutschen Sprachraum die Terminologie der Konsensuskonferenz in das TGIP integriert und die Leitlinien der niederländischen Gruppe IMPACT (2007) und die Richtlinien von NATO & OTAN (2008), die insofern keinen verbindlichen Charakter besitzen, als die Staaten im Zusammenschluss der NATO diese Richtlinien nicht umsetzen müssen, besonders berücksichtigt. Das Ergebnis sind drei Manuale, die – zusammen mit einer Online-Version des KRI – auf der Internetplattform www.eutopa-info.eu in vier Sprachen zugänglich sind. Inhalte der Manuale sind Vorschläge für psychosoziale Hilfen in der Akutsituation, psychosoziale Maßnahmen in der Übergangsphase und die Empfehlungen für die Anwendung des KRI, um eine risiko- und ressourcenorientierte Planung der notwendigen Maßnahmen für die mittelfristige und langfristige psychosoziale Versorgung möglich zu machen. Die Manuale fokussieren auf die psychosoziale Versorgung der Betroffenen. Handlungsempfehlungen für die psychosoziale Nachsorge und Prävention hinsichtlich der Folgen einsatzbezogener psychischer Fehlbeanspruchung sind in Arbeit. Die Planung der Maßnahmen in der *individuellen PSNV* orientiert sich sowohl am Zeitkriterium als auch am Risiko- und

Ressourcenprofil der Betroffenen. Wir beschäftigen uns im Folgenden mit den Fragen:
- Zu welchem Zeitpunkt müssen welche Maßnahmen durchgeführt werden?
- Wie können Risikopersonen effizient identifiziert werden?
- Welche Maßnahmen und Interventionen sind für die unterschiedlichen Kontrastgruppen (Selbsterholer, Wechsler, Risikogruppe) sinnvoll?[2]

Um auf diese Fragen eine Antwort zu finden, wird der Zeitstrahl in Abbildung 1 (S. 500) in die Akutphase (A), den Übergang von der Akut- in die Einwirkphase (B) und die Einwirkungsphase (C) unterteilt. Darüber hinaus werden die Bausteine des TGIP aus dem Standardablaufplan in risikounabhängige und risikoabhängige Module unterteilt (s. Tab. 1).

Zu den risikounabhängigen Maßnahmen zählen die Akutversorgung Betroffener durch Sicherung und Distanzierung vom Gefahrenbereich, Psychische Erste Hilfe durch Einsatzkräfte und Psychosoziale Akuthilfe (Phase A). Erst wenn die Schockphase ab-

Tab. 1: Zielgruppenorientierte Maßnahmen

Risikounabhängige Maßnahmen	Risikoabhängige Maßnahmen
1. Psychische Erste Hilfe 2. Psychosoziale Akuthilfe 3. Administrative und rechtliche Hilfen 4. Unterstützung bei der Organisation von Ritualen/Gedenkfeiern 5. Psychoinformation 6. Prognostisches Screening mit dem Kölner Risikoindex 7. Ergebnisbesprechung und Kurzberatung im Einzelsetting 8. Anleitung zur Selbsthilfe	1. Monitoring 2. Weiterführende Diagnostik 3. Traumazentrierte Fachberatung 4. Angehörigenberatung 5. Traumaakuttherapie

In der linken Spalte der Tabelle sind Maßnahmen aufgeführt, die unabhängig vom individuellen Risikoprofil durchgeführt werden sollten. Rechts sind Maßnahmen und Interventionen genannt, die in Abhängigkeit vom erstellten Risikoprofil durchgeführt werden (modifiziert nach Schedlich et al., 2008).

geklungen ist, erfolgt ein »Psychoinformationsforum«,[3] in dem Anleitung zur Selbsthilfe gegeben sowie die Möglichkeit eines prognostischen Screenings mit dem KRI angesprochen wird. Die Ergebnisbesprechung und Kurzberatung schließt die Übergangsphase (B) ab.

Zu den risikoabhängigen Maßnahmen und Interventionsmodulen gehören das Monitoring, die traumazentrierte Fachberatung, die Angehörigen- oder Hinterbliebenenberatung, die weiterführende Diagnostik und die Traumaakuttherapie. Auf dem Zeitstrahl sind diese Maßnahmen und Interven-

---

[2] Unser Konzept beruht darauf, dass die Identifizierung von drei »Kontrastgruppen« zielführend ist. Bei den *Selbsterholern* ist mit großer Wahrscheinlichkeit davon auszugehen, dass sie das Ereignis im Rahmen ihres natürlichen Verarbeitungsprozesses mit eigenen Ressourcen und Potentialen bewältigen. Die Gruppe der *Wechsler* steht sozusagen »auf der Kippe«. Entscheidend dafür, ob der traumatische Verlauf in die Erholungsphase oder in eine Chronifizierung übergeht, ist das Ausmaß zusätzlicher sozialer und institutioneller Belastungen nach dem Ereignis. Die Personen der *Risikogruppe* weisen ein hohes Risiko auf, eine chronifizierende PTBS oder andere psychiatrische oder psychosomatische Beschwerdebilder zu entwickeln.

[3] Ein Psychoinformationsforum kann als gruppenbasiertes Angebot Betroffenen für Laien verständlich wesentliche Informationen aufbereiten, die für die Bewältigung der Folgen einer Großschadenslage notwendig sind. Eine solche Interventionsstrategie sollte frühestens nach 72 Stunden erfolgen.

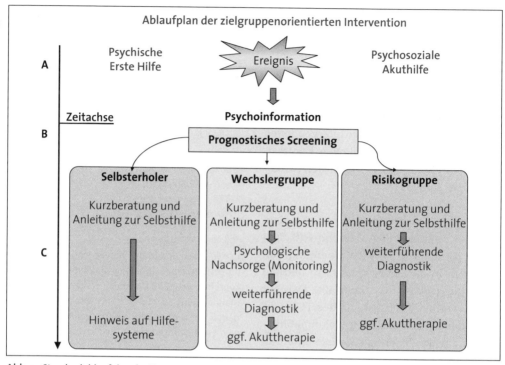

Abb. 1: Standardablaufplan des Target Group Intervention Program
In Phase A stehen die Psychische Erste Hilfe und die Psychosoziale Akuthilfe im Mittelpunkt. Phase B beschreibt die Zeitspanne zwischen der Schock- und frühen Einwirkungsphase. Im Mittelpunkt der Phase B stehen die Durchführung von Psychoinformationsforen und das prognostische Screening mit dem Kölner Risikoindex. Phase C leitet eine abgestufte Planung der Maßnahmen für die Selbsterholer-, Wechsler- und Risikogruppe ein.

tionen der Phase C zuzuordnen. Somit orientieren sich professionelle Hilfen bei der Wahl der Versorgungsangebote am Zeitstrahl und am Risikoprofil der Betroffenen. Wir müssen uns also vom Paradigma der Notfallmedizin lösen, dass eine erschließende Diagnostik im Sinne einer psychologischen Triage am Unfallort bzw. in der Erstversorgung im Krankenhaus möglich wäre. Während die Ausbildung von Notärzten und Sanitätern darauf abzielt, im Rahmen der medizinischen Triage lebensrettende Interventionen nach Möglichkeit am Unfallort zu identifizieren und einzuleiten, müssen psychosoziale Akuthelfer (z. B. Notfallseelsorge, Kriseninterventionsteams, Notfallpsychologen) und in der mittel- und langfristigen Versorgung Tätige (z. B. traumazentrierte Fachberater, psychosoziale Berater, psychosoziale Fachkräfte, Psycho[trauma]therapeuten) den gesamten Prozessverlauf überschauen und die Chronifizierung einer Belastungsstörung durch Prozessbegleitung abwenden. Das somatische Paradigma der Notfallmedizin kann also nicht eins zu eins auf das psychologische Paradigma von Kriseninterventionsprogrammen übertragen werden. Dementsprechend sprechen wir uns gegen das national und international diskutierte Vorgehen einer »psychologischen Triage« am Schadensort aus.

Wie ist die Anwendung des dargestellten Konzepts nach Großschadenslagen denkbar? Mit dieser Frage beschäftigen sich die nächsten Abschnitte.

2.3.1 Risikounabhängige Interventionen

Akutversorgung (Phase A)

In der Akutsituation und unmittelbar danach sind zunächst für alle Betroffenen – unabhängig von ihrem Risikoprofil – Maßnahmen der primären Versorgung erforderlich. Hierzu gehören Sicherung und Schutz, Distanzierung vom Gefahrenbereich, medizinische Versorgung, Gewährleistung der Erfüllung von Primärbedürfnissen, Informationen über das Geschehen und, wenn möglich, den Verbleib und das Befinden von Angehörigen, die Herstellung von Kontaktmöglichkeiten zu nahestehenden Menschen, die Begleitung bei der Verabschiedung Verstorbener, Informationen über weiterführende Hilfen sowie Gesprächsangebote. Bei der Bewältigung von Großschadenslagen hat die medizinische Versorgung immer Priorität, die Psychosoziale Akuthilfe ist jedoch ein wesentlicher Bestandteil und wirkt sich nachhaltig positiv auf die Erfahrungsverarbeitung aus. Vorrangige Bedürfnisse in dieser Phase sind die Wiederherstellung von Sicherheit, Beruhigung, das Fördern von individueller und kollektiver Wirksamkeit, Kontakt und soziale Anbindung sowie das Vermitteln von Hoffnung (Hobfoll et al., 2007). Ein existentielles Bedürfnis der Menschen ist, darüber informiert zu werden, was passiert ist und ob nahestehende Menschen wohlauf sind. Um dem Erleben von Kontrollverlust entgegenzuwirken und dem ausgeprägten Informationsbedürfnis der Menschen adäquat zu begegnen, werden Fragen der betroffenen Personen zur Situation und zum geplanten Vorgehen offen und ehrlich beantwortet.

Der Übergang (Phase B und C)

Im Anschluss an die Akutsituation haben Betroffene je nach den bestehenden Situationsfaktoren Bedürfnisse, die sich auf die Sicherung ihres alltäglichen Lebens beziehen. Hier gilt es, entsprechende Beratungs- und Unterstützungsangebote (z.B. bezüglich finanzieller Unterstützungsmöglichkeiten, der Klärung rechtlicher Fragen, der Suche nach Vermissten) und Hilfen im Umgang mit Behörden bereitzustellen und den Menschen die Informationen über diese Hilfsangebote sicher zukommen zu lassen. Je nach dem Grad der Beeinträchtigung und dem Anliegen kann diese Unterstützung über lange Zeit (Monate bis Jahre) notwendig sein. So sind z.B. Auseinandersetzungen um Entschädigungszahlungen nach technischen Katastrophen an langfristige Ermittlungsverfahren gekoppelt. Weiterhin gilt es, die Organisation von Trauergottesdiensten und Gedenkfeiern zu unterstützen und diese zu begleiten. Eventuell benötigen die Betroffenen Unterstützung bei der Einrichtung einer Gedenkstätte.

Im Fall einer Großschadenslage oder Katastrophe müssen schnell eine *Krisenhotline* sowie eine *zentrale Koordinierungsstelle PSNV* etabliert werden, wo betroffene Menschen schnell und unbürokratisch multiprofessionelle Unterstützung und Informationen erhalten können *(Phase B und C)*. Nur so kann der Übergang von der Akuthilfe in die mittel- und langfristige Regelversorgung gewährleistet werden. Vorrangig sind zunächst die Information und bedarfsbezogene Beratung der Betroffenen, z.B. über administrative Belange, finanzielle Hilfen oder rechtliche Grundlagen, die Aufklärung über das Prozedere von Identifizierungsprozessen, psychologische Hilfen zur Erfahrungsverarbeitung, traumazentrierte Fachberatung und Informationen über weiterführende Hilfen. Je nach Schadenslage kann die Etablierung einer zentralen Koordinierungsstelle über Wochen, aber auch Monate erforderlich sein.

Nur durch eine niederschwellige und einfach zugängliche Erreichbarkeit multiprofessioneller Hilfesysteme kann gewährleistet werden, dass die notwendigen Hilfen und Informationen und die Vermittlung von Nachsorgemöglichkeiten auch alle potentiell Betroffenen erreichen.

Der schnelle Einsatz und eine stringente Vernetzung der multiprofessionellen Hilfesysteme sind aber nur möglich, wenn schon in der Vorbereitung auf eine komplexe Schadenslage die Angebotsstrukturen recherchiert wurden. Fragen der Kostenübernahme müssen geklärt und die besonderen Organisationsstrukturen, Akuthilfesysteme, Einsatznachsorgesysteme, psychosozialen Anbieter sowie ambulante und stationäre, psychotherapeutische und fachsärztliche Versorgungssysteme miteinander vernetzt werden. In den Ergebnissen der *Konsensuskonferenz* des BBK wird empfohlen, eine *Landeszentralstelle PSNV* einzurichten, die diese Funktion in der Vorbereitung auf Landes- oder kommunaler Ebene übernimmt (BBK, 2011; Beerlage et al., 2006).

Im Folgenden widmen wir uns den einzelnen Modulen der PSNV in der mittel- und langfristigen Versorgung nach dem TGIP, die bisher in den europäischen Projekten wenig Aufmerksamkeit gefunden haben.

Psychoinformation (Phase B)

Bezüglich psychoinformativer Maßnahmen nach Großschadenslagen verweisen wir auf Zurek et al. (2008), wo sie am Beispiel der Nachsorge nach Terroranschlägen dargestellt werden. Wir sprechen hier über Psychoinformationsforen, da ungewiss ist, ob Psychoedukation im engeren Sinne Psychotraumafolgestörungen abwenden kann (Turpin et al., 2005). Im klinisch-medizinischen Bereich ist die Psychoedukation als kurative Maßnahme, um den Behandlungserfolg einer Therapie zu verbessern, in bewährte indikationsspezifische Manuale eingeflossen. Die Forschungslage ist jedoch zu ungewiss, um die Wirkfaktoren und Effekte von Psychoedukationen im klinischen Bereich, z. B. bei der Behandlung depressiver Patienten (Pitschel-Walz et al., 2003), auf psychoinformative Maßnahmen im Kontext von Belastungsstörungen nach einer Großschadenslage zu übertragen.

Hier sei nur angemerkt, dass entsprechend der Metaanalyse von Hobfoll et al. (2007) psychoinformative Maßnahmen nach Großschadenslagen auf die Wirkprinzipien Beruhigung und Wiederherstellung der individuellen und kollektiven Wirksamkeit fokussieren. Ihr Ziel ist es, die kognitiven Kontrolloperationen der Betroffenen zu mobilisieren, Compliance für die Möglichkeiten der Selbsthilfe zu erreichen und die Sensibilisierung für weitere Beratungs- und Behandlungsbedarfe zu erhöhen. Aus Sicht der Arbeitsgruppe werden die kognitiven Kontrolloperationen durch Aufklärung über Ausmaß und Ursachen der Katastrophe, über geplante Hilfsmaßnahmen und den Ablauf normaler Stressreaktionen besonders gefördert. Hingegen ist das emotionale Durcharbeiten in psychoinformativen Foren obsolet, da der begründete Verdacht besteht, dass insbesondere die Risikogruppe hiermit überfordert ist.

Prognostisches Screening mit dem Kölner Risikoindex (Phase B/C)

Im Anschluss an die Informationsforen empfiehlt es sich, mit dem KRI eine Einschätzung des individuellen Risikoprofils durchzuführen. Der KRI fokussiert auf die differenzierte Erfassung der individuellen Risiko- und Schutzfaktoren, die es erlaubt, in der Gesamtgewichtung eine Prognose über das Risiko eine Psychotraumafolgestörung zu entwickeln. Die Erhebung von Risiko- und Schutzfaktoren mit dem KRI sollte frühestens nach der Schockphase und nach Möglichkeit noch im Zeitfenster der Einwirkphase (bis 6 Wochen nach dem Ereignis) durchgeführt werden.

Im Idealfall wird der KRI im Einzelkontakt als Interview durchgeführt, was eine unmittelbare Einschätzung des individuellen Risiko- und Ressourcenprofils und die Besprechung geeigneter Hilfestellungen ermöglicht. Bei geringer Personalkapazität kann der KRI auch als Selbstbeurteilungsfragebogen in Gruppen ausgefüllt werden. Das individuelle Risikoprofil soll jedem Betroffenen jedoch immer im Einzelkontakt mitgeteilt werden.

In die Validierungsversion des Kölner Risikoindex Disaster (KRI-D) wurden spezielle Risikofaktoren integriert, die im Falle einer Großschadenslage oder Katastrophe wirksam werden können. Der KRI-D wurde über eine Online-Version (www.eutopa-info.eu) zur Verfügung gestellt.

In den verschiedenen Leitlinien (IMPACT, 2007; NATO & OTAN, 2008) werden unterschiedliche Empfehlungen zum Screening gegeben. Derzeit besteht noch Uneinigkeit in der Frage, ob mit Screening die Diagnosestellung, die Symptomerhebung oder die prognostische Erhebung von Risikofaktoren gemeint ist (vgl. Bering et al., 2009). Die nichtverbindlichen Richtlinien von NATO & OTAN (2008) sprechen sich für den Einsatz von Screening-Programmen aus; die Arbeitsgruppe beurteilt die Durchführung wenige Tage nach dem Ereignis (NATO & OTAN, 2008, S. 86) jedoch kritisch. Die IMPACT Guidelines (2007) verweisen auf die Notwendigkeit von weiteren Studien, um zu konkreten Empfehlungen für die Anwendung von Screening-Programmen zu kommen.

Aus unserer Sicht können durch einen früheren Einsatz der Checkliste KRI die prognostische Validität des Erhebungsinstruments besser genutzt und notwendige Interventionen frühzeitiger und damit effizienter eingeleitet werden. Die Anwendung des KRI hat im TGIP eine Weichenstellerfunktion, der grundsätzlich eine klinische Diagnostik nachgeschaltet ist. Die Arbeitsgruppe verweist auf eine vielversprechende Studie mit Bundeswehrsoldaten nach Afghanistaneinsätzen mit großen Effekten der prognostischen Validität von Risikofaktoren. (Dunker, 2009). Die frühe Anwendung von Symptomskalen ist kritisch zu überdenken, da auch Selbsterholer, eine der drei Kontrastgruppen, eine akute Belastungsreaktion entwickeln können.

Kurzberatung im Einzelsetting (Phase B/C)

Nach der prognostischen Einschätzung mit dem KRI werden im Einzelkontakt mit jedem Betroffenen sein persönliches Risikoprofil und die prognostische Einschätzung besprochen. Der persönliche Kontakt erlaubt dem Berater auch die kurze Exploration potentieller Risiko- und Schutzfaktoren, die Erfassung individueller Ressourcen und der sozialen Einbettung. Wir haben zu beachten, dass der Mangel an sozialer Unterstützung, wie verschiedene Arten von Studien zeigen, ein wesentlicher Risikofaktor zur Entwicklung von Traumafolgestörungen ist (Brewin et al., 2000; Ozer et al., 2003). Je nach verfügbarem Zeitrahmen haben die Betroffenen im Einzelsetting die Möglichkeit, das Erleben der traumatisierenden Erfahrung anzusprechen.

Anleitung zur Selbsthilfe (Phase B/C)
Eine weitere Maßnahme, die allen Kontrastgruppen angeboten werden kann, ist die Anleitung zur Selbsthilfe, die im Einzel-, aber auch im Gruppensetting gegeben werden kann. Vorrangig geht es um die Aufklärung über Ursachen der Schadenslage und die Mobilisierung der individuellen Ressourcen. Den Betroffenen können weiterhin Techniken und Verhaltensweisen zur Selbstberuhigung und Distanzierung von überflutendem traumatischem Material vermittelt werden. Die Techniken unterstützen die kognitiven und emotionalen Kontrollkapazitäten und die individuelle Selbstwirksamkeit und wirken so dem traumatischen Erleben von Kontrollverlust und Hilflosigkeit entgegen.

2.3.2 Risikoabhängige »Target-Intervention« (Phase C)

Nach der Akutversorgung, der Psychoinformation, dem prognostischen Screening, der Kurzberatung und der Anleitung zur Selbsthilfe werden verschiedene Unterstützungsmaßnahmen angeboten, die sich in Abhängigkeit vom jeweiligen Risikoprofil unterscheiden und in der Regel bis zu 6 Wochen nach dem Ereignis andauern. Ausnahmen bilden Psychotherapien im engeren Sinne des mittel- und langfristigen Prozesses.

Für die Gruppe der *Selbsterholer* können die bis zu diesem Zeitpunkt angebotenen Maßnahmen zur Unterstützung des Verarbeitungsprozesses ausreichen. Bei Betroffenen, die in die Gruppe der *Wechsler* eingestuft werden, liegt der Fokus auf der Gefahr der Risikopotenzierung durch postsituativ belastende Lebensumstände. Sie benötigen eine Nachsorge im Sinne eines begleitenden Monitorings. Weiterführende Interventionen – wie Beratung oder Traumaakuttherapie – können bei progredienter Entwicklung frühzeitig angeboten werden. Eine regelmäßige Kontaktaufnahme in den Wochen und Monaten nach dem Ereignis sollte vereinbart werden. Die Kontaktaufnahme erfolgt dabei immer durch die professionelle Vertrauensperson, da traumaimmanente Vermeidungstendenzen eine Kontaktaufnahme durch andere Betroffene erschweren können. »Kippt« Entwicklung aufgrund der Einwirkung des Traumas in Richtung Chronifizierung, werden weiterführende Maßnahmen notwendig, wie traumazentrierte Fachberatung, eine differenzierte klinische Diagnostik und eventuell eine Traumaakuttherapie. Bei den *Risikopersonen* sollte in jedem Fall eine umfassende individuelle traumazentrierte Fachberatung in mehreren Beratungskontakten erfolgen. In der Akut- oder Einwirkphase liegt dabei der Schwerpunkt auf der Ressourcenstärkung und der Befähigung zur Distanzierung von traumatischen Inhalten. Die individuellen traumakompensatorischen Mechanismen sollen gestärkt und insbesondere sollen Selbsthilfetechniken zur Stabilisierung angeboten werden. In jedem Fall sollte eine psychotraumatologische Diagnostik nur durch Heilkundler und zu unterschiedlichen Zeiten im postsituativen Verlauf vorgenommen und so die Entwicklung der Symptombelastung abgeklärt werden. Falls eine Psychotraumatherapie indiziert ist, ist eine zeitnahe Vermittlung an einen Psychotraumatherapeuten notwendig. Hier bieten unterschiedliche Schulen der Traumatherapie manualisierte Therapieprotokolle an (vgl. Seidler, 2002).

2.4 Ausblick

Die Erfahrung in Großschadenslagen zeigt, dass in den ersten Stunden häufig ein hohes Aufgebot an Helfern zur Stelle ist und den Betroffenen psychosoziale (Akut-)Hilfen anbietet. In der unmittelbaren Erfahrung der Situation ist manchmal sogar unangemessen viel psychosoziale Hilfe gegeben. Problematischer sind die Koordination der Helfenden, die sinnvolle Integration psychosozialer Akuthelfer in die bestehenden Strukturen der Gefahrenabwehr, die Zusammenarbeit der unterschiedlichen Berufsgruppen und der Übergang in die weiterführende Versorgung. Die Folgen, die eine fehlende Koordination der psychosozialen Hilfe, die mangelnde Integration der unterschiedlichen Berufsgruppen und eine begrenzte strukturelle Vernetzung für die Betroffenen haben, lassen sich nach Expertenmeinung wie folgt zusammenfassen:

- zeitweise Überversorgung und damit Überforderung und Belastung der Betroffenen am Schadensort,
- Rückgang der Akzeptanz von psychosozialer Hilfe bei den Betroffenen und in der Bevölkerung,
- Unterversorgung der Betroffenen durch mangelnde Koordination der Ressourcen in der akuten, mittel- und langfristigen Versorgung,
- Verunsicherung, Hilflosigkeit und Wut bei den Betroffenen – das Erleben eines erneuten Kontrollverlustes,
- Verlust des Vertrauens in die politischen Instanzen.

Um eine nahtlose adäquate Versorgung der Betroffenen zu gewährleisten, müssen strukturelle Überlegungen zur Integration und Koordination der Maßnahmen der PSNV weiterentwickelt werden. Um den Übergang von der akuten in die mittelfristige Nachsorge zu unterstützen, sind die unmittelbare Bereitstellung von schriftlichen Informationen an der Schadensstelle sowie das Angebot, Personen, deren Adressen aufgenommen wurden, später zu kontaktieren, hilfreich. Eine mögliche Lösung für die Optimierung mittel- und langfristiger Angebote, die auch durch viele Experten aus den europäischen Ländern vertreten wird, ist die Einrichtung einer Landeszentralstelle mit vorrangig netzwerkorientierter Aufgabenstellung. Flächendeckend sollten speziell geschulte und qualifizierte Angebotsstrukturen erfasst werden, um die Angebote schnell abrufen zu können. Die Vorbereitung auf die Einrichtung einer zentralen Koordinierungsstelle ist Teil der Vorbereitungen auf den Ernstfall und sollte in die konzeptionellen Überlegungen einbezogen werden.

Auf europäischer Ebene müssen gemeinsame Schnittstellen identifiziert werden, um europäische Initiativen bei der überregionalen psychosozialen Versorgung von Großschadenslagen zu bündeln und vorhandene Ressourcen über die Grenzen hinweg optimal verfügbar machen zu können. Die Projektgruppe EUTOPA-IP geht davon aus, dass das Konzept des TGIP mit einer risikoabhängigen Abstufung der psychosozialen Maßnahmen eine effektive und ökonomische Planung ermöglicht, die auch in einer Großschadenslage eine optimale PSNV von Betroffenen in der mittel- und langfristigen Versorgung gewährleistet. Damit das TGIP in umfassender Breite angewendet werden kann, haben wir eine Online-Version ausgearbeitet (www.eutopa-info.eu). Die entsprechende Internetseite bietet Betroffenen und professionellen Helfern eine Hilfestellung dabei, das Konzept unter der Bedingung einer Großschadenslage umzusetzen.

2.5 Literatur

Beerlage I. (2009). *Qualitätssicherung in der Psychosozialen Notfallversorgung. Deutsche Kontroversen – Internationale Leitlinien.* (Schriften der Schutzkommission, Bd. 2) BBK Bonn: Eigenverlag.

Beerlage I., Hering T. & Nörenberg L. (2006). *Entwicklung von Standards und Empfehlungen für ein Netzwerk zur bundesweiten Strukturierung und Organisation psychosozialer Notfallversorgung.* Hrsg. vom Bundesamt für Bevölkerungsschutz und Katastrophenhilfe (Zivilschutz-Forschung. Neue Folge, Bd. 57). Bonn: Eigenverlag. (Im Internet: http://www.bbk.bund.de/cln_027/nn_402322/SharedDocs/Publikationen/Publikationen_20Forschung/Band_2057,templateId=raw,property=publicationFile.pdf/Band%2057.pdf; Zugriff 2.2.2011).

Beerlage I., Hering T., Springer S., Arndt D. & Nörenberg L. (2008). *Netzwerk Psychosoziale Notfallversorgung – Umsetzungsrahmenpläne.* Bd. 1: *Entwicklung I Datenbank I Task-Force I Finanzierung.* Hrsg. vom Bundesamt für Bevölkerungsschutz und Katastrophenhilfe (Forschung im Bevölkerungsschutz, Bd. 1). Bonn: Eigenverlag.

Beerlage I., Hering T., Springer S., Arndt D. & Nörenberg L. (2009). *Netzwerk Psychosoziale Notfallversorgung – Umsetzungsrahmenpläne.* Bd. 2: *Qualität in Aus- und Fortbildung.* Hrsg. vom Bundesamt für Bevölkerungsschutz und Katastrophenhilfe: (Forschung im Bevölkerungsschutz, Bd. 2). Bonn: Eigenverlag.

Bering R. (2011). *Verlauf der Posttraumatischen Belastungsstörung. Grundlagenforschung, Prävention, Behandlung.* 2. Aufl. Aachen: Shaker Verlag.

Bering R., Elklit A., Schedlich C. & Zurek G. (2009). Psychosocial crisis management: The role of screening, risk factors, and psychopharmacology to prevent trauma related disorders *Zeitschrift für Psychotraumatologie und Psychologische Medizin,* 3, 63–74.

Brewin C. R., Andrews B. & Valentin J. D. (2000). Meta-analysis of risk factors for posttraumatic stress disorder in trauma-exposed adults. *Journal of Consulting and Clinical Psychology* 68(5), 748–66.

Bundesamt für Bevölkerungsschutz und Katastrophenhilfe (BBK) (Hrsg.) (2009). *Psychosoziale Notfallversorgung: Qualitätsstandards und Leitlinien* (Teil I). (Praxis im Bevölkerungsschutz, Bd. 3). Bonn: Eigenverlag.

Bundesamt für Bevölkerungsschutz und Katastrophenhilfe (Hrsg.) (2011, im Druck). *Psychosoziale Notfallversorgung: Qualitätsstandards und Leitlinien* (Teil II). (Praxis im Bevölkerungsschutz) Bonn: Eigenverlag.

Dunkler S. (2009). *Prognose und Verlauf der Posttraumatischen Belastungsstörung bei Soldaten der Bundeswehr. Längsschnittstudie zur Neuvalidierung des Kölner Risikoindex-Bundeswehr (KRI-Bw).* Diss. Universität Köln. http://kups.ub.uni-koeln.de/volltexte/2010/3021/pdf/100128DissertationDunker.pdf.

Fischer G., Becker-Fischer M. & Düchting C. (1998). *Neue Wege in der Hilfe für Gewaltopfer. Ergebnisse und Verfahrensvorschläge aus dem Kölner Opferhilfe-Modell (KOM).* Düsseldorf: Ministerium für Arbeit, Gesundheit und Soziales des Landes Nordrhein-Westfalen.

Helmerichs J. (2005). Psychosoziale Notfallversorgung bei Großveranstaltungen. In: Peter H. & Maurer K. (Hrsg.). *Gefahrenabwehr bei Großveranstaltungen.* Edewecht: Stumpf & Kossendey, 165–185.

Helmerichs J. (2008). Psycho-soziale Notfallversorgung im Großschadensfall und bei Katastrophen. In: Lassoga F. & Gasch B. (Hrsg.). *Notfallpsychologie. Lehrbuch für die Praxis.* Heidelberg: Springer, 371–389.

Hobfoll S.E., Watson P., Bell C.C., Bryant R.A., Brymer M.J., Friedman M.J., Friedman M., Gersons P.R., de Jong J.T.V.M., Layne C.M., Maguen S., Neria Y., Norwood A.E., Pynoos R.S., Reissman D., Ruzek J.I., Shalev A.Y., Solomon Z., Steinberg A.M. & Ursano R.J. (2007). Five essential elements of immediate and mid-term mass trauma intervention: Empirical evidence. *Psychiatry,* 70 (4), 283–315. (Im Internet: http://www.psych.org/Resources/DisasterPsychiatry/ResourcesfromOtherOrganizationsAgencies/ScientificLiterature/FiveEssentialElementsofImmediate.aspx; Zugriff: 2.2.2011).

IMPACT (Dutch knowledge & advice centre of post-disaster psychosocial care) (2007). European Multidisciplinary Guideline. Early psychosocial interventions after disaster, terrorism and other shocking events. Amsterdam: Impact. (Im Internet: http://eutopa-info.eu/fileadmin/PDF/guideline_English_complete__def_.pdf; Zugriff: 2.2.2011.)

Internationale Klassifikation der Funktionsfähigkeit, Behinderung und Gesundheit (ICF) (2005). Deutsches Institut für Medizinische Dokumentation und Information (DIMDI). WHO-Kooperationszentrum für das System Internationaler Klassifikationen. Weltgesundheitsorganisation.

National Collaborating Centre for Mental Health & National Institute for Clinical Excellence (NICE) (2005). *Post-traumatic stress disorder. The management of PTSD in adults and children in primary and secondary care.* London/Leicester: The Royal College of Psychiatrists & The British Psychological Society. (Im Internet: http://www.nice.org.uk/nicemedia/live/10966/29772/29772.pdf; Zugriff: 2.2.2011.)

NATO & OTAN (2008). *Psychosocial care for people affected by disasters and major incidents. Non-binding guidance.* NATO Joint Medical Committee. (Im Internet: http://www.healthplanning.co.uk/nato/NATO_Guidance_Psychosocial_Care_for_People_Affected_by_Disasters_and_Major_Incidents.pdf; Zugriff: 2.2.2011.)

Ozer E.J., Best S.R., Lipsey T.L. & Weiss D.S. (2003). Predictors of posttraumatic stress disorder and symptoms in adults – a meta-analysis. *Psychological Bulletin,* 129 (1), 52–73.

Pitschel-Walz G., Bäuml J. & Kissling W. (2003). *Psychoedukation Depressionen. Manual zur Leitung von Patienten- und Angehörigengruppen.* München: Urban & Fischer.

Schedlich C., Zurek G., Kamp M. & Bering R. (2008). Adaptation der Zielgruppenorientierten Intervention für die mittel- und langfristige psychosoziale Unterstützung im Katastrophenfall. *Zeitschrift für Psychotraumatologie und Psychologische Medizin,* 2, 75–90.

Seidler G.H. (2002). Aktuelle Therapieansätze in der Psychotraumatologie. *Zeitschrift für psychosomatische Medizin und Psychotherapie,* 48, 6–27.

Turpin G., Downs M. & Mason S. (2005). Effectiveness of providing self-help information following acute traumatic injury; randomised controlled trial. *British Journal of Psychiatry: The Journal of Mental Science,* England, 187, 76–82.

Zurek G., Schedlich C. & Bering R. (2008). Traumabasierte Psychoedukation für Betroffene von Terroranschlägen. *Zeitschrift für Psychotraumatologie und Psychologische Medizin,* 2, 63–74.

MONIKA HAUSER UND KARIN GRIESE

3. Sexualisierte Gewalt gegen Frauen im Krieg: Hintergründe, Folgen und Unterstützungsansätze

>»I want you to be aware of my pain [...]. The shame is not ours but it is the army and the state« (Zeugin beim »Tribunal des Gewissens« in Guatemala City, März 2010)

3.1 Einleitung

In allen Kriegs- und Konfliktgebieten sind Frauen und Mädchen Vergewaltigungen und anderen Formen sexualisierter Gewalt durch Soldaten, Paramilitärs, Polizisten und auch Zivilisten ausgesetzt. Diese spezifisch gegen Frauen und Mädchen – und in weit geringerem Ausmaß auch gegen Männer und Jungen – gerichtete Gewalt bedeutet für die Überlebenden eine extrem demütigende Gewalterfahrung, die noch hinzukommt zu anderen traumatischen Kriegserlebnissen. Tabu und Stigmatisierung, Schuldzuweisungen und zum Teil auch die Isolation im sozialen Umfeld erschweren den Zugang zu Unterstützungsangeboten für die Betroffenen. Die Wahrscheinlichkeit, dass sich Traumasymptome chronifizieren, liegt nach Vergewaltigungen mit bis zu 50 Prozent besonders hoch (Flatten et al., 2004). Die Folgen wirken oft ein ganzes Leben und können noch in den darauffolgenden Generationen ihre Spuren hinterlassen.

3.2 Ausmaß und Hintergründe sexualisierter Kriegsgewalt

3.2.1 Funktion von Vergewaltigungen im Krieg

Die Soziologin Ruth Seifert (1993) und andere Wissenschaftlerinnen haben zur Funktion von Vergewaltigungen im Krieg festgestellt, diese bedeuteten in der Regel einen Machtzuwachs der jeweiligen Kriegspartei. Je nach spezifischem Kriegsziel können Vergewaltigungen strategisch eingesetzt und funktionalisiert werden. So wurde sexualisierte Gewalt unter anderem in Bosnien ab 1992, im Kosovo während der kriegerischen Eskalation ab 1998 sowie 1994 beim Völkermord in Ruanda gezielt als Mittel ethnischer Vertreibung und zur Einschüchterung ganzer Bevölkerungsgruppen ausgeübt. Im Osten der Demokratischen Republik Kongo hält diese Gewalt bis heute an. Gleichzeitig ist es wichtig festzuhalten, dass Kriegsvergewaltigungen keines expliziten Befehles bedürfen, vielmehr werden sie meist stillschweigend von Armee- oder paramilitärischer Führung – seien es die reguläre staatliche Armee, Paramilitärs oder auch UN/Nato-Truppen – toleriert und somit indirekt gefördert. So geschehen etwa Gruppenvergewaltigungen unter anderem, weil Männer sich demonstrativ einer traditionellen, mit Stärke und Gewaltbereitschaft assoziierten Männlichkeit vergewissern wollen und sich dadurch eine Steigerung ihrer Akzeptanz innerhalb der militärischen oder paramilitärischen Einheit erhoffen (Cohen, 2010). Ein weiterer wesentlicher Faktor, der das hohe Ausmaß an Vergewaltigungen im Kriegs- und auch Nachkriegskontext mit bewirkt, ist die geringe bis fehlende Strafverfolgung der Täter.

Die Möglichkeiten der Funktionalisierung sexualisierter Kriegsgewalt greifen nur aufgrund der weltweit vorherrschenden ungleichen Geschlechterverhältnisse. So spielt selbst bei der Vergewaltigung von Männern die Geschlechterhierarchie eine Rolle, wenn z. B. vergewaltigte Männer in der Demokratischen Republik Kongo als »Bushwives« beschimpft werden. Vergewaltigungen sind keine Nebensache und schon gar keine Bagatelldelikte, sie sind ein integraler Bestandteil von Kriegen, in denen um Territorien – Land oder Goldminen –, aber auch um Machtansprüche jeglicher Art gekämpft wird.

3.2.2 Dokumentation, Zahlen und Fakten

Um einen Eindruck vom Ausmaß sexualisierter Kriegsgewalt zu bekommen, hier ein Blick auf Zahlen aus einigen Ländern: Die Bassiouni-Kommission der Vereinten Nationen berichtet, dass in Bosnien-Herzegowina zwischen 1992 und 1995 mindestens 20 000 Frauen vergewaltigt wurden. Während des Bürgerkriegs und Genozids in Ruanda in den 90er-Jahren und auch während des Bürgerkriegs in Sierra Leone, der von 1991 bis 2002 dauerte, wurden jeweils etwa 250 000 Frauen vergewaltigt (Farr, 2009). Schätzungen der Vereinten Nationen zufolge wurden seit 1998 in der Demokratischen Republik Kongo mindestens 200 000 Frauen vergewaltigt.

Wir müssen davon ausgehen, dass die Dunkelziffer an Vergewaltigungen weitaus höher liegt. Genauere Zahlen zu Kriegsvergewaltigungen werden jedoch nie ermittelt werden können: Viele Frauen wurden nach den Vergewaltigungen umgebracht, andere sind an den Folgen ihrer Verletzungen oder auch an später auftretenden Erkrankungen wie HIV/AIDS gestorben – diese Frauen tauchen in keiner Statistik auf. Unbekannt ist auch, wie viele sich selbst das Leben genommen haben. Zudem ist es in Ländern, in denen Staatskräfte an den Vergewaltigungen beteiligt waren, äußerst gefährlich, die Taten zu dokumentieren, wie beispielsweise im Sudan. Das Thema sexualisierte Gewalt ist in den meisten Ländern in großem Maße tabuisiert. Es ist davon auszugehen, dass die Mehrheit der Überlebenden ihr Leben lang über das schweigt, was ihnen widerfahren ist – aus Scham, aber auch zu ihrem eigenen Schutz.

3.2.3 Schweigen und Tabuisierung – auch in Deutschland

Auch im Nachkriegsdeutschland wurde die sexualisierte Gewalt an Frauen im Zweiten Weltkrieg weitgehend tabuisiert, viele der Überlebenden haben auch mehr als 60 Jahre nach dem Krieg noch mit niemandem über ihre schrecklichen Erlebnisse gesprochen.

Im Zweiten Weltkrieg wurden während Flucht und Vertreibung Frauen und Mädchen in großem Ausmaß vergewaltigt, am Ende des Krieges gab es Massenvergewaltigungen durch die Rote Armee und auch durch die westlichen Alliierten. Basierend auf Krankenhausunterlagen schätzt die Historikerin Barbara Johr (Sander & Johr, 1992), dass allein in Berlin zwischen Frühsommer und Herbst 1945 über 100 000 Mädchen und Frauen vergewaltigt wurden. Wenig thematisiert ist, dass auch Wehrmacht-Soldaten und SS-Angehörige bei ihren Vernichtungsfeldzügen und während der Besatzung sexualisierte Gewalt gegen Frauen und Mädchen ausübten (Beck, 1999). Sinti- und Romafrauen, Jüdinnen, Russinnen, Polinnen, Sozialistinnen, Kommunistinnen, Lesben und andere verfolgte Gruppen erfuhren Gewalt durch Zwangsprostitution in vom Nazi-Regime errichteten Bordellen (Amesberger et al., 2004).

Wie in anderen Ländern tabuisierten die überlebenden Frauen und Mädchen die in Form von Vergewaltigung oder Zwangsprostitution erfahrene Gewalt aus Scham angesichts der erlittenen Erniedrigung und aus Angst vor Zurückweisung und gesellschaftlicher Stigmatisierung.

3.2.4 Veränderung in Rechtsprechung und öffentlicher Wahrnehmung

Vor dem Internationalen Strafgerichtshof für das ehemalige Jugoslawien (International Criminal Tribunal for the former Yugoslavia – ICTY) in Den Haag wurden im sogenannten Foča-Prozess (benannt nach der bosnischen Stadt Fočaa) im Februar 2001 erstmalig Männer ausschließlich wegen der Verbrechen sexualisierte Gewalt und Versklavung von Frauen und Mädchen zu langjährigen Haftstrafen verurteilt. Das Statut des Internationalen Strafgerichts in Den Haag (International Criminal Court), das seit dem 1. August 2002 in Kraft ist, definiert diese Formen der Gewalt als Kriegsverbrechen und Verbrechen gegen die Menschlichkeit. Damit könnte die lang währende politische und juristische Praxis, diese Verbrechen als nebensächlich und als in Kriegszeiten unvermeidliche Kavaliersdelikte abzutun, endlich der Vergangenheit angehören.

Diese Tendenz wird unterstützt durch die 2008 verabschiedete UN-Resolution 1820, die Kriegsvergewaltigungen als Kriegsverbrechen definiert und ihre Unterzeichnerstaaten zur Ahndung dieser Verbrechen auffordert. Nichtsdestotrotz ist der politische Wille der internationalen Gemeinschaft nicht erkennbar, wenn es beispielsweise darum geht, die seit Jahren anhaltenden Vergewaltigungen im Konflikt im Osten der Demokratischen Republik Kongo zu unterbinden. Die nach wie vor in Konfliktgebieten weltweit praktizierte Straflosigkeit bedeutet gleichermaßen eine Ermutigung für die Täter wie eine zusätzliche Demütigung und Traumatisierung für die Opfer.

Bahnbrechend war die Einführung eines Zivilstatus für im Krieg vergewaltigte Frauen durch das bosnische Parlament im Jahr 2006, das Betroffene als Kriegsversehrte anerkennt und ihnen finanzielle, psychosoziale und medizinische Unterstützung ermöglicht. Dieser Akt der Entschädigung und gesellschaftlichen Anerkennung von Überlebenden sexualisierter Kriegsgewalt ist weltweit einzigartig.

3.3 Folgen von Vergewaltigungen im Krieg

Um Überlebenden sexualisierter Kriegsgewalt angemessene Unterstützung geben zu können, ist es wichtig, sich mit den Spezifika dieser Form von Traumatisierung auseinanderzusetzen.

3.3.1 Besonderheiten der Traumatisierung durch sexualisierte Gewalt in Kriegs- und Konfliktregionen

Kriegsvergewaltigungen finden häufig im Kontext weiterer traumatischer Ereignisse statt (wie z. B. der Ermordung oder Bedrohung von Familienmitgliedern). Sie gehen oft mit massiver Gewaltausübung einher, die bewusst darauf abzielt, die Opfer schwer zu verletzen. So werden Gegenstände in die Vagina eingeführt, Frauen werden verstümmelt oder über einen langen Zeitraum von mehreren Männern vergewaltigt. Dazu kommen bewusste Erniedrigungen und Demütigungen durch bestimmte Sexualpraktiken, aber auch dadurch, dass Frauen und Mädchen vor den Augen ihrer Angehörigen oder der Gemeinde vergewaltigt und dazu noch verhöhnt und beschimpft werden. Häufig zielen die Angriffe auch auf ihre Reproduktivität ab. Gerade schwangere Frauen erfahren oft brutalste Gewalt, bei ethnisierten Konflikten werden Frauen zum Teil auch gezwungen, die Kinder ihrer Vergewaltiger auszutragen. Viele Frauen werden entführt, über Monate in Lagern festgehalten und sexuell versklavt, ohne zu wissen, ob sie die Lager wieder lebend verlassen werden. Auch Frauen, die als Soldatinnen oder Paramilitärs zwangsrekrutiert werden, erfahren oftmals ein hohes Ausmaß an sexualisierter Gewalt.

Frauen und Mädchen sind in Zeiten von kriegerischen Auseinandersetzungen – durch das Mitansehen oder durch eigenes Erleben der Gewalt – meist mehreren Traumatisierungssequenzen ausgesetzt: durch den Anstieg von sexuellen Übergriffen vor Kriegsausbruch, durch Vergewaltigungen im Krieg, durch weitere sexualisierte Gewalt auf der Flucht und in Flüchtlingslagern. Dabei stellt schon die permanente Bedrohung allein und die damit verbunden Angst eine extreme psychische Belastung dar.

Wie bei allen traumatischen Erfahrungen ist es für die psychische Verarbeitung sehr wichtig, wie die Erlebnisse von den Betroffenen selbst und von ihrem gesellschaftlichen Umfeld bewertet werden. Extrem problematisch ist hier, dass Frauen oft traditionell eine Mitschuld unterstellt wird und sie dafür verantwortlich gemacht werden, die Ehre der Familie verletzt zu haben. Entsprechend haben viele Frauen und Mädchen oft ihr Leben lang mit Scham und Schuldgefühlen zu kämpfen. Die Verarbeitung wird zudem durch die generelle Tabuisierung der Thematik, aber auch durch die extrem belastende Nachkriegssituation – wie z. B. in Liberia – erschwert, in der sich die Gewalt an Frauen in fast gleicher Intensität fortsetzt. Hinzu kommt eine unzureichende Gesundheitsversorgung in Kriegs- und Nachkriegszeiten – in der Demokratischen Republik Kongo müssen Frauen teilweise drei Tage laufen, um die nächste Gesundheitsstation zu erreichen – und die oft unsachgemäße Behandlung durch Gesundheitsfachkräfte und Hilfsorganisationen, die nur unzureichend auf den adäquaten Umgang mit von Gewalt betroffenen und traumatisierten Menschen vorbereitet sind (Hauser & Joachim, 2003).

3.3.2 Folgen auf verschiedenen Ebenen

Die Folgen, unter denen die Frauen nach Kriegsvergewaltigungen zu leiden haben, betreffen verschiedene Ebenen. Dabei kommt den sozialen Folgen eine ganz maßgebliche Bedeutung zu. Oft sinkt infolge einer Vergewaltigung der soziale Status von Frauen und Mädchen: Verheiratete Frauen werden nicht selten von ihren Ehemännern verstoßen – wie es z. B. in der Demokratischen Republik Kongo häufig der Fall ist. Junge Mädchen im Kosovo und in Afghanistan können nicht mehr heiraten, verlieren den »Wert« für ihre Familien und werden nicht selten infolgedessen vernachlässigt. Zu den physischen Folgen gehört u. a., dass viele Frauen und Mädchen aufgrund der massiven Verletzungen oder auch als Langzeitfolge von Infektionen keine Kinder mehr bekommen können, Fehlgeburten erleiden, durch schmerzhafte, unbehandelte Fistulabildung inkontinent werden oder tödlich an HIV/AIDS erkranken. Hinzu kommen – wie auch bei anderen traumatischen Erfahrungen – Erkrankungen aufgrund von chronischem Stress, wie beispielsweise Bluthochdruck, Herzkreislauf- und Magen-Darm-Erkrankungen, erhöhte Anfälligkeit für Infektionen und Muskelverspannungen (z. B. taube Hände). Auch gibt es Hinweise auf eine erhöhte Rate an Krebserkrankungen unter Vergewaltigungsopfern (insbesondere Gebärmutterhalskrebs) (Hauser & Griese, 2006). Sehr viele Überlebende zeigen somatoforme Reaktionen wie chronische Kopf-, Rücken- oder Unterleibsschmerzen, Erschöpfung oder auch unspezifische Schmerzen. Dabei ist dies oft der einzige sozial akzeptierte Weg für die Frauen, ihr Leiden auszudrücken, da es häufig unmöglich ist, über die Gewalterfahrungen oder auch über psychische Leiden zu sprechen.

Ungewollte Schwangerschaften und die Versorgung von Kindern, die infolge der Vergewaltigungen geboren wurden, führen oft zu lebenslanger Stigmatisierung und Isolation sowohl von Müttern als auch von ihren Kindern. Auch die ökonomischen Folgen für die Frauen sind nicht zu unterschätzen, da viele aufgrund ihrer Verletzungen und der psychischen Belastung nicht mehr in der Lage sind, den Lebensunterhalt für sich und ihre Kinder zu bestreiten. So geraten Frauen zum Teil in neue Abhängigkeiten und Ausbeutungsverhältnisse.

Auf psychischer Ebene sind häufig Depressionen, extreme Ängste, Phobien, Probleme in Beziehung und Sexualität, Substanzmissbrauch sowie auch Selbstisolation die Folge. Bei Frauen und Mädchen, die sexualisierte Gewalt erfahren haben, verändern sich zum Teil ihr Selbstkonzept und ihre Einstellung sich selbst und ihrem Körper gegenüber: Diese Veränderung besteht vor allem in einer Selbstabwertung, die durch die sozialen Botschaften und die Stigmatisierung durch Dorfgemeinschaften und Familien noch verstärkt wird (Lindorfer, 2009).

Infolge von Kriegsvergewaltigungen besteht u. a. aufgrund der mehrfachen Traumatisierung zudem eine hohe Wahrscheinlichkeit, dass die Betroffenen posttraumatische Stress-Symptome entwickeln, die sich chronifizieren und häufig gleichzeitig mit anderen Symptombildern oder Krankheiten auftreten (Joachim, 2006). In einer der wenigen Studien zu den psychischen Folgen von Kriegsvergewaltigungen wurden im Medical Center for Human Rights in Zagreb, Kroatien, 68 kroatische Frauen befragt, die zwischen 1991 und 1995 meist mehrfach vergewaltigt worden waren. Etwa ein Jahr nach den Ereignissen litten dieser Untersuchung von Lončar et al. (2006) zufolge 80 % der Frauen an einer Depression, 78 % an sozialer Phobie, 32 % an einer PTBS und 25 % unter sexuellen Funktionsstörungen.

Dabei seien viele der Symptome komorbid aufgetreten. Kuwert, Klauer, Eichhorn et al. (2010) führten eine Studie mit Frauen in Deutschland durch, die im Zweiten Weltkrieg vergewaltigt worden waren. Mehr als 60 Jahre später wurde bei 19 Prozent eine Postraumatische Belastungsstörung diagnostiziert, bei 30 Prozent eine partiell ausgeprägte PTBS. Dabei bleibt allerdings offen, ob die Symptome nach den Ereignissen durchgängig vorhanden waren oder nach einer Latenzzeit erst im Alter wieder auftraten (Eichhorn, 2009).

Generell muss die Diagnose einer PTBS für die Erfassung der psychischen Folgen von Gewalt gegen Frauen und Mädchen in Kriegs- oder Nachkriegszeiten unzureichend bleiben. Sie zielt auf die Folgen einzelner traumatischer Ereignisse ab und erfasst nicht den längerfristigen komplexen Prozess, in dem sich das Trauma der Kriegsvergewaltigung im sozialen und kulturellen Bezugsrahmen entwickelt. So wie hier beschrieben, sind Frauen und Mädchen in Kriegs- und Nachkriegsregionen über einen längeren Zeitraum einer Vielzahl von traumatischen Ereignissen ausgesetzt, so dass von einer hohen und intensiven Langzeitbelastung ausgegangen werden muss. Deshalb liegt die Vermutung nahe, dass viele Frauen in Kriegs- und Nachkriegsregionen unter einer komplexen Posttraumatischen Belastungsstörung oder einer DESNOS (»disorder of extreme stress not otherwise specified«) mit entsprechenden Komorbiditäten leiden.

3.4 Was brauchen die Frauen?

Eine wesentliche Voraussetzung zur Verarbeitung traumatischer Erfahrungen, insbesondere im Kontext von kriegerischen Auseinandersetzungen, sind materielle und physische Sicherheit, soziale Anbindung und Unterstützung. Eine genauere Betrachtung der Lebensverhältnisse in Nachkriegsregionen zeigt, vor welche Herausforderungen Frauen hier gestellt sind und dass eine Verarbeitung oder gar Integration traumatischer Erfahrungen unter diesen Bedingungen äußerst schwierig ist. Oft setzt sich die Gewalterfahrung im Alltag fort.

3.4.1 Erneute Gewalt und Armut in der Nachkriegszeit

In der Nachkriegszeit führt in den betroffenen Ländern eine meist desaströse wirtschaftliche Gesamtsituation, verbunden mit massiver Armut und politischer Instabilität, zu großer Unsicherheit bezüglich jeglicher Lebensplanung. Die individuelle Belastung, Tag für Tag das Überleben zu sichern, ist oftmals nahezu unerträglich. Darüber hinaus besteht in Nachkriegs- und Konfliktregionen infolge jahrelanger traumatisierender Kriegserfahrungen oft eine erhöhte Gewaltbereitschaft in der Zivilbevölkerung: Konflikte eskalieren schnell, familiäre Gewalt nimmt deutlich zu, auch die Zahl sexueller Übergriffe auf Frauen und Mädchen im Alltag steigt.

Viele Frauen verlieren ihre Männer im Krieg, und so gibt es häufig einen großen Anteil an Haushalten, die von Frauen geführt werden. Doch haben gerade Witwen in vielen Ländern traditionell eine sehr schwache Position in der Gesellschaft. Meist steht ihnen kein eigener Besitz zu, auch nicht das Erbe des Ehemannes, weswegen sie sich oftmals in neue Abhängigkeits- oder sogar in sexuelle Ausbeutungsverhältnisse begeben müssen, um ihr Leben und das ihrer Kinder zu sichern. Zudem sind Frauen und

Mädchen in vielen Nachkriegsregionen aufgrund traditioneller Rollenbilder größtenteils vom öffentlichen Leben und entsprechend von wesentlichen politischen Entscheidungen ausgeschlossen. Und dies, obwohl gerade Frauen während Krieg und Nachkriegszeit die »Stützpfeiler« des Überlebens für Familien und Gemeinschaften waren und auch zu Friedensschlüssen einen erheblichen Beitrag geleistet haben. Sich erneut in völliger Abhängigkeit und Exklusion zu findenlöst daher bei vielen Frauen ein Gefühl der Ohnmacht und des Unrechtserlebens aus.

Dass es dennoch eine Vielzahl von Frauen gibt, die – obwohl selbst Opfer – die Kraft finden, als Aktivistinnen im Kosovo, in Bosnien und Afghanistan, in Liberia und in der Demokratischen Republik Kongo andere solidarisch zu unterstützen, spricht für ihre Resilienz und enormen Energiepotentiale. Möglicherweise schöpfen viele ihre Widerstandskraft auch gerade daraus, dass sie durch eigenes Leid gegangen sind und überlebt haben. Für die Arbeit von Hilfs- und Menschenrechtsorganisationen vor Ort ist es daher besonders wichtig, den Blick immer wieder auch auf Stärken und Potentiale der einzelnen Menschen und auch der Familien und Gemeinden zu richten, die trotz all der Zerstörung vorhanden sind, und genau daran gemeinsam mit den Aktivistinnen anzuknüpfen.

3.4.2 Aufbau von Unterstützungsstrukturen vor Ort

Bei der Entwicklung eines Hilfsprojekts in einem Kriegs- und Krisengebiet darf der Blick nicht ausschließlich auf die einzelne Betroffene gerichtet werden. Vielmehr muss zuallererst ihr gesamter Lebenskontext betrachtet und analysiert werden. Erste zentrale Leitfragen für die Konzepte von frauenspezifischen Hilfsangeboten in Nachkriegsregionen sollten sein: Wie können Gesellschaft und Politik in Bezug auf das Thema »Gewalt gegen Frauen« sensibilisiert und die Solidarität unter Frauen gestärkt werden? Was brauchen Frauen, die sexualisierte Gewalt erlebt haben, um für sich eine Zukunftsperspektive in ihrem gesellschaftlichen Kontext entwickeln zu können? Wie können Frauen vor erneuter Gewalterfahrung geschützt werden?

Eine allzu enge Ausrichtung allein auf die als traumatisiert diagnostizierten Frauen würde eine Verkürzung des Blickwinkels bedeuten und zudem die Gefahr der Stigmatisierung als »psychisch krank« in sich bergen – und damit eine erneute Viktimisierung bewirken (Hauser & Joachim, 2003). Für eine Stärkung von Frauen und Mädchen in Nachkriegsregionen ist es entscheidend, dass sie sich nicht in erster Linie als »Opfer« und erst recht nicht als »Opfer von sexualisierter Gewalt« oder »Traumatisierung« definieren müssen, um überhaupt Unterstützung zu bekommen. Deshalb ist es wichtig, niedrigschwellige, multidisziplinär angelegte und manchmal auch dezentrale Unterstützungsangebote zu schaffen, die Frauen und Mädchen einen leichten Zugang ermöglichen.

Die Kölner Frauenrechts- und Hilfsorganisation *medica mondiale*, die sich seit den Kriegen im ehemaligen Jugoslawien für traumatisierte Frauen und Mädchen in Kriegs- und Krisengebieten weltweit einsetzt, verbindet in ihren Projekten vor Ort die direkte Unterstützung und Stärkung von Frauen immer auch mit politischer Frauen- und Menschenrechtsarbeit – in der Nachkriegsregion selbst sowie auf internationaler Ebene und in Deutschland. Zu den Angeboten in den Projektländern gehören medizinische Behandlung und Beratung, psychosoziale oder psychotherapeutische Unterstützung, Ausbildung und einkommensschaffende Maßnahmen sowie Rechtsberatung. Die Hilfe erfolgt in den Beratungszentren von *medica mondiale* und direkt in den Gemeinden. Ganz wesentlich für den Erfolg der Arbeit ist die Sensibilisierung von Familien und Gemeinden, Gemeindeältesten und religiösen Führern, in Gesundheitseinrichtungen, Schulen, bei Polizei und Justiz. Dies schließt auch Fortbildungen im traumasensiblen Umgang mit von Gewalt betroffenen Frauen ein. So wird eine breite Basis für die solidarische und kompetente Unterstützung von Frauen und Mädchen geschaffen sowie für den Aufbau funktionierender Schutznetzwerke zur Prävention in Bezug auf erneute Gewalt.

Ein weiterer Kernpunkt der Arbeit ist die intensive Ausbildung und Begleitung der einheimischen Mitarbeiterinnen. In vielen Ländern sind psychosoziale und traumaspezifische Arbeitsansätze weitgehend unbekannt, es gibt nur wenige ausgebildete Fachkräfte vor Ort. Gleichzeitig existieren für Frauen aber meist auch keine oder nur wenige funktionierende traditionelle »Heilungsmechanismen« oder andere Ansätze, die erfahrene Gewalt zu verarbeiten. Während des Aufbaus und der Durchführung der Projekte muss den Mitarbeiterinnen und auch ehrenamtlichen Aktivistinnen im Rahmen von Fortbildungen, Workshops und individueller Begleitung viel Raum und Zeit für die Reflexion eigener Erfahrungen, geschlechtsspezifischer Sozialisation und auch für die Entwicklung von Selbstfürsorgemechanismen zum Schutz vor eigener Überforderung und Belastung gegeben werden.

Ein zentraler Teil der Arbeit vor Ort sind die Beratungsangebote, die von den speziell dafür ausgebildeten einheimischen psychosozialen Beraterinnen durchgeführt werden. Die Beratung findet individuell oder in Gruppen statt und schließt auch Kriseninterventionen ein. Ein sehr erfolgreicher Ansatz ist die psychosoziale Gruppenarbeit, die gerade dadurch so wirksam ist, dass die Teilnehmerinnen sich über ihre Probleme in der Gruppe austauschen und sich gegenseitig unterstützen können. Ganz wesentlich ist dabei, ein wachsendes Verständnis für die Verbindung zwischen körperlichen und psychischen Problemen herzustellen, ebenso die Verringerung von Traumasymptomen, das Erlernen neuer sozialer Kompetenzen und der Aufbau von Freundschaften und informellen Netzwerken.

Die Projekte sind immer so angelegt, dass einheimische Frauen maßgeblich an ihrer Gestaltung und Durchführung beteiligt sind – sei es als Mitarbeiterinnen oder als Aktivistinnen. Ziel aller Projekte von *medica mondiale* ist es, dass sie in absehbarer Zukunft eigenständig von einheimischen Frauen geleitet und weiterentwickelt werden. Das ist in Bosnien, im Kosovo und in Albanien schon der Fall; Anfang dieses Jahres ist *medica mondiale* Afghanistan zu einer eigenständigen afghanischen Nichtregierungsorganisation geworden. Wichtig ist auch, dass so früh wir möglich darauf hingewirkt wird, dass die Projekte von Frauen und auch Männern vor Ort – von Dorfältesten, Bürgermeistern und Richtern – mit getragen und unterstützt werden.

3.4.3 Erfordernisse in Deutschland

Viele Frauen, die sexualisierte Gewalt in Kriegs- oder Konfliktgebieten, aufgrund politischer Aktivitäten oder in Haft erlebt haben, kommen auf der Suche nach einer sicheren Überlebensperspektive als Flüchtlinge nach Deutschland. Für eine »heilsame« Verarbeitung ihrer tiefen Verletzungen benötigen die Frauen neben niedrigschwelligen Angeboten zur Beratung und Therapie vor allem ein dauerhaftes Bleiberecht und einen gesicherten Aufenthaltsstatus – und damit die Sicherheit, nicht an den Ort des Schreckens zurückkehren zu müssen. Die bestehende Gesetzgebung bietet den betroffenen Frauen in der Regel jedoch nur ein zeitlich befristetes Bleiberecht – hier gibt es immer noch deutlichen Verbesserungsbedarf.

In Deutschland ist darüber hinaus dringend eine Sensibilisierung dafür erforderlich, dass hier viele Frauen leben, die sexualisierte Gewalt im Zweiten Weltkrieg erlebt haben und oftmals keine Chance hatten, diese Erfahrungen zu verarbeiten. Bei den heute noch lebenden Frauen können durch alterstypische Belastungen und auch durch altersspezifische kognitive Veränderungen Gefühle von Hilflosigkeit, Kontrollverlust und verstärkt Erinnerungen an frühere, traumatisch erlebte Gewalt wachgerufen werden (Böhmer, 2005). Insbesondere im Pflegekontext wird dies oft nicht erkannt. Durch falsche Behandlung und Pflege kommt es nicht selten zu einer Retraumatisierung der Patientin. Es ist daher dringend nötig, auch für ältere Frauen sinnvolle und niedrigschwellige Angebote zur therapeutischen Verarbeitung von traumatischen Erfahrungen zu schaffen – das würde auch eine Anerkennung ihrer Leiden zum Ausdruck bringen.

Darüber hinaus sollten traumaspezifische Kenntnisse und das Erlernen eines traumasensiblen Umgangs mit Betroffenen – aus unterschiedlichen Altersgruppen und Herkunftsländern – als Standard in die Ausbildungscurricula für alle Gesundheits- und Pflegeberufe aufgenommen werden.

3.5 Transgenerationale Folgen und Ausblick

Die Tochter einer 1945 vergewaltigten deutschen Frau, Jahrgang 1958, hat in einem Brief an *medica mondiale* die massiven Auswirkungen beschrieben, die die nie bearbeiteten Erfahrungen ihrer Mutter auf die Biografie der gesamten Familie hatten. Sie berichtete von chronischen Krankheiten, Panikattacken und Suizidversuchen, Alkohol- und Medikamentenmissbrauch, Scheidungen, der Unfähigkeit, soziale Bindungen einzugehen und Sexualität freudvoll zu erleben – dies alles in unterschiedlicher Ausprägung bei nahezu allen Familienmitgliedern. Sie selbst erlebte die Geburt ihres eigenen Kindes als extrem traumatisch: Erst Jahre später sah sie einen Zusammenhang zu den Gewalterfahrungen ihrer Mutter. Der Brief schließt mit der durchaus berechtigten Frage, ob der Zweite Weltkrieg denn nie ende.

In wie vielen Familien haben die unverarbeiteten Gewalterfahrungen wohl solche deutlichen Spuren hinterlassen? Bei einer Gesamtzahl von schätzungsweise zwei Millionen kriegsvergewaltigten Frauen allein im Kontext des Zweiten Weltkriegs in Europa muss davon ausgegangen werden, dass die Biografien etlicher Frauen und Familien und möglicherweise auch die nachfolgender Generationen durch geschlechtsspezifische Kriegserlebnisse geprägt sind.

Bislang wurden die gesamtgesellschaftlichen Konsequenzen noch nie wirklich analysiert. Sie hängen elementar von den jeweiligen sozialen und politischen Normierungen und Kodizes ab. Auch wenn es für Deutschland sicherlich Unterschiede in Bezug auf Ost- und Westdeutschland gibt, ist davon auszugehen, dass die Frauen hier wie dort zum Schweigen angehalten wurden. Eine betroffene Magdeburgerin berichtete auf einer Veranstaltung, dass der Widerstand ihrer Tochter, der darin bestand, aus Protest – es war politisch strengstens verboten, über die Vergewaltigungen durch Sowjetsoldaten zu sprechen – keine Geldbeiträge an die »Gesellschaft für Deutsch-Sowjetische Freundschaft« abzuführen, brutal gebrochen wurde. Es gibt viele ähnliche Berichte aus Ost- und Westdeutschland, die zeigen, dass die betroffenen Frauen keine Chance hatten, ihrer Wut, Verzweiflung und Trauer Ausdruck zu geben. Diese allgegenwärtige stigmatisierende Ausgrenzungs- und Abwertungserfahrung hunderttausender Frauen hat vermutlich ihre psychische (oft auch physische) Isolation, verbunden mit Gefühlen der Selbstentwertung und des Selbsthasses, und die eigentliche Trauma-Symptomatik noch dazu verstärkt. Viele Mütter, Ehefrauen, Schwestern und Berufstätige haben so ihre Erfahrungen häufig nur unbearbeitet weitergegeben. Viele der Betroffenen entwickelten zwangsläufig und ungewollt eine Bindungsproblematik, unter der Söhne und Töchter in der Folge zu leiden hatten. Gleichwohl haben diese Frauen während und nach dem Krieg eine enorme Lebensleistung vollbracht.

Heute ist aus der Arbeit in aktuellen Nachkriegsgebieten bekannt, wie wichtig es zum einen ist, die betroffenen Frauen bei der Bearbeitung ihrer traumatischen Erlebnisse zu unterstützen und sie aus der Isolation herauszuholen. Zum anderen müssen gesellschaftliche Bedingungen geschaffen werden, in denen die Vergewaltigungen unmissverständlich als gravierende Menschenrechtsverletzungen verurteilt werden und eine entsprechende Strafverfolgung der Verbrechen durch Gesellschaft und Staat aktiv angestrebt und angegangen wird. Ebenso elementar ist es, politisch deutlich zu machen, weshalb Frauen maßgeblich an Friedensverhandlungen und Wiederaufbau beteiligt sein müssen. Nur so können nachhaltiger innerer Frieden und sicherer Wiederaufbau gelingen.

Gerade das deutsche Nachkriegsbeispiel zeigt die große Notwendigkeit und Verantwortung für eine Aufarbeitung: Nur wenn Möglichkeiten für die individuelle Traumabearbeitung geschaffen werden und eine kollektive Aufarbeitung der Kriegserfahrungen ohne Ausgrenzung und Marginalisierung der Opfer erfolgt, besteht eine Chance, die Gewaltzyklen zu durchbrechen und ein friedliches Zusammenleben auf Generationen hinaus zu gestalten.

3.6 Literatur

Amesberger H., Halbmayr B. & Auer K. (2004). *Sexualisierte Gewalt. Weibliche Erfahrungen in Konzentrationslagern*. Wien: Mandelbaum.

Beck B. (1999). Sexuelle Gewalt und Krieg. Geschlecht, Rasse und der nationalsozialistische Vernichtungsfeldzug gegen die Sowjetunion, 1941–1945. In: Aegerter V., Graf N., Imboden N., Rytz T. & Stöckli R. (Hrsg.). *Geschlecht und Methode. Ansätze und Perspektiven in der Frauen- und Geschlechtergeschichte*. Beiträge der 9. Schweizerischen Historikerinnentagung 1998. Zürich: Chronos, 223–234.

Böhmer M. (2005). *Erfahrungen sexualisierter Gewalt in der Lebensgeschichte alter Frauen. Ansätze für eine frauenorientierte Altenarbeit.* 3. Aufl. Frankfurt a. M.: Mabuse-Verlag.

Cohen D. K. (2010). *Explaining sexual violence during civil war.* Ph Diss., Department of Political Science, Stanford University.

Eichhorn S. (2009): *Posttraumatische Belastung deutscher Frauen nach sexualisierter Kriegsgewalt am Ende des Zweiten Weltkriegs.* Diplomarbeit, Universität Greifswald.

Farr K. (2009). Extreme war rape in today's civil-war-torn states: A contextual and comparative analysis. *Gender Issues,* 26 (1), 1–41.

Flatten G., Gast U., Hofmann A., Liebermann P., Reddemann L., Siol T., Wöller W. & Petzold E. R. (2004). *Posttraumatische Belastungsstörung – Leitlinie und Quellentext.* 2. Aufl. New York, Stuttgart: Schattauer.

Hauser M. & Griese K. (2006). Umgang mit sexualisierter (Kriegs-)Gewalt und Trauma in der gynäkologischen und geburtshilflichen Praxis. In: medica mondiale e.V. & Griese K. (Hrsg.). *Sexualisierte Kriegsgewalt und ihre Folgen. Handbuch zur Unterstützung traumatisierter Frauen in verschiedenen Arbeitsfeldern.* 2., aktual. Aufl. Frankfurt a. M.: Mabuse-Verlag, 299–339.

Hauser M. & Joachim I. (2003). Sind die Folgen sexualisierter Kriegsgewalt zu behandeln? Über die Arbeit mit kriegstraumatisierten Frauen und Mädchen in Kriegs- und Krisengebieten. In: Zielke M., Meermann R. & Hackhausen W. (Hrsg.). *Das Ende der Geborgenheit? Die Bedeutung von traumatischen Erfahrungen in verschiedenen Lebens- und Ereignisbereichen: Epidemiologie, Prävention, Behandlungskonzepte und klinische Erfahrungen.* Lengerich: Pabst, 409–434.

Joachim I. (2006). Sexualisierte Kriegsgewalt und ihre Folgen. In: medica mondiale e.V. & Griese K. (Hrsg.). *Sexualisierte Kriegsgewalt und ihre Folgen. Handbuch zur Unterstützung traumatisierter Frauen in verschiedenen Arbeitsfeldern.* 2., aktual. Aufl. Frankfurt a. M.: Mabuse-Verlag, 56–93.

Kuwert P. Klauer T., Eichhorn S., Grundke E., Dudeck M., Schomerus G. & Freyberger H. J. (2010). Trauma and current posttraumatic stress symptoms in elderly German women who experienced wartime rape in 1945. *Journal of Nervous and Mental Disease,* 198 (6), 450–451.

Lindorfer S. (2009). Verletzlichkeit und Macht. Eine psycho-soziale Studie zur Situation von Frauen und Mädchen im Nachkriegsliberia, Köln: medica mondiale e.V. (http://www.medicamondiale.org/fileadmin/content/07_Infothek/Publikationen/medica_mondiale-Situation_von_Frauen_und_M%C3%A4dchen_im_Nachkriegsliberia_-_Juni_2009.pdf).

Lončar M., Medved V., Jovanocić N. & Hotujac L. (2006). Psychological consequences of rape on women in 1991–1995 War in Croatia and Bosnia and Herzegovina. *Croatian Medical Journal,* 47, 67–75.

Sander H. & Johr B. (Hrsg.) (1992). *BeFreier und Befreite. Krieg, Vergewaltigung, Kinder.* (Begleitbuch zum gleichnamigen Film) München: Kunstmann.

Seifert R. (1993). Krieg und Vergewaltigung. Ansätze zu einer Analyse. In: Stiglmayer A. (Hrsg.). *Massenvergewaltigung. Krieg gegen die Frauen.* Frankfurt a. M.: Fischer, 87–112.

ALEXANDRA LIEDL UND CHRISTINE KNAEVELSRUD

4. Psychotraumatologische Folgen von Folter

4.1 Definition und Prävalenz von Folter

Amnesty International zufolge wurden 2009 in 111 Ländern Menschen Opfer von Folter und Misshandlung durch Staatsangestellte, damit wurden in fast 50 % der Länder dieser Welt Menschen gefoltert und misshandelt. Von allen Flüchtlingen, die Europa erreichen, haben 25 bis 30 % Folter erlitten (Brune, 2000).

Die Vereinten Nationen definieren in ihrer Anti-Folterkonvention von 1984 Folter als jede Handlung [...], durch die einer Person von einem Träger staatlicher Gewalt oder auf dessen Veranlassung hin vorsätzlich starke körperliche oder geistig-seelische Schmerzen oder Leiden zugefügt werden, um von ihr oder einem Dritten eine Aussage oder ein Geständnis zu erzwingen, sie zu bestrafen oder sie oder andere Personen einzuschüchtern [...] Die Folter ist eine verschärfte Form absichtlicher grausamer, unmenschlicher oder erniedrigender Behandlung oder Strafe (United Nations, BGBl 1990 II, S. 246).

Folter ist dadurch gekennzeichnet, dass sie eine geplante Handlung darstellt, und ist unter den »man made disasters« wohl eine der gravierendsten Formen planmäßiger Grenzverletzung. Fischer und Gurris (2000, S. 468) fassen die Folgen von Folter folgendermaßen zusammen: »Das betroffene Individuum gerät durch sie in eine Situation von extremer Hilflosigkeit und Ausgeliefertsein, die über kurz oder lang dazu führt, dass wichtige emotionale, kognitive oder behaviorale Funktionen zusammenbrechen.« Folter ist bei der betroffenen Person mit Todesangst, Handlungsunfähigkeit sowie Hilflosigkeit verbunden und hat den Zweck, zu bislang geheimen Informationen zu kommen oder/und die Persönlichkeit und Identität zu zerstören und zu vernichten. Dabei wirkt Folter nicht nur auf das Individuum, sondern auf die gesamte Gesellschaft. Es soll eine Atmosphäre von Einschüchterung und Angst geschaffen werden. Opfer von Folter sind häufig Menschen, die sich gegen die herrschende Politik einer Gesellschaft stellen – wie z. B. Opositionelle im Iran –, die einer ethnischen Minderheit angehören und sich für ihre Rechte einsetzten, wie die Kurden in der Türkei, oder die im Krieg staatlicher Gewalt ausgesetzt sind.

Wichtig ist hierbei, dass ein zentrales Kriterium von Folter beachtet wird: dass der Ausführende bzw. Folterer einer Staatsmacht angehört.

4.2 Grenzen und Graubereiche von Folter

Eine Lockerung des Folterverbots ist ein vieldiskutiertes Thema, auch in Deutschland. Ein in der Öffentlichkeit dazu oft erwähnter Fall ist der des Frankfurter Polizeivizepräsidenten Daschner. Er ließ 2002 einem Kindesentführer Folter androhen – wobei dies mit der Hoffnung verbunden war, das Kind retten zu können –, was vor Gericht als Nothilfe verteidigt wurde und damit die Diskussion um »Graubereiche« der Folter neu entfacht hat. Äußerst kontrovers diskutiert wird dabei die Frage, inwieweit Folterandrohungen gerechtfertigt und als letztes Mittel, um schwerwiegende Gefahren abzuwehren, erlaubt sein sollten, so dass damit möglicherweise Menschenleben gerettet werden könnten.

International hat das Thema »Graubereiche von Folter« durch Berichte aus Guantánamo oder Abu Ghuraib stärker an Aufmerksamkeit gewonnen. Grundsätzlich kann der Staat in ausgesprochenen Notlagen, vor allem in Kriegszuständen, Maßnahmen treffen, die von den Menschenrechtsprinzipien abweichen, sofern dies unbedingt erforderlich ist. Allerdings zählt das Verbot der Folter zu den absolut gültigen und »notstandsfesten« Menschenrechten, die auf keinen Fall verletzt werden dürfen. Das absolute Folterverbot ist eine wichtige menschenrechtliche Errungenschaft, und seine ausnahmslose Geltung ist aus verschiedenen Gründen zu verteidigen: Das Folterverbot dient dem Schutz der Menschenwürde, die durch Folter absichtlich und vollständig negiert wird. Zudem lässt sich Folter nicht rechtsstaatlich beschränken und kontrollieren. Daher entsteht in Staaten, die Folter in Grenzfällen anwenden, ein sich tendenziell ausbreitender Graubereich, in dem Folter zur Gefahrenabwehr oder auch zur Erzielung rascher Fahndungserfolge gebilligt oder geduldet wird. In vielen Staaten wird Folter durch Gesetze möglich, die die Grenzen der staatlichen Einrichtungen bzw. Haftbehörden zu wenig einschränken. So gibt es in verschiedenen Staaten die gesetzlich erlaubte »Geheimhaft«, die es Angehörigen oder Anwälten untersagt, Kontakt mit dem Gefangenen aufzunehmen. Damit sind Beamte und Sicherheitskräfte der Kontrolle entzogen und greifen nicht selten zu menschenunwürdigen Methoden im Umgang mit Inhaftierten.

4.3 Foltermethoden

Die Auswirkungen der Folter sind u. a. von der jeweils angewandten Methode abhängig. Foltermethoden lassen sich in *psychische* (weiße Folter) und *physische* (schwarze Folter) Methoden unterscheiden. Häufig werden Folteropfer auf verschiedene Arten gequält, so dass oftmals beide Klassen von Methoden angewandt werden.

Im Folgenden werden im Überblick die am häufigsten angewandten psychischen und physischen Foltermethoden kurz dargestellt. Dabei handelt es sich jedoch nicht um eine abschließende Aufzählung aller Methoden.

4.3.1 Psychische Foltermethoden

Um sichtbare Spuren an den Opfern zu vermeiden, werden immer häufiger psychische Foltermethoden angewandt. Die *weiße Folter* umfasst unter anderem Einzel- und Dunkelhaft mit totaler sensorischer Deprivation, Schlafentzug, Scheinhinrichtungen, Schallisolierung, soziale Isolation, Androhung von sexueller Gewalt oder von Vergewaltigung, den Zwang, Mishandlungen an anderen Personen wehrlos mit ansehen zu müssen, auch an Ehepartnern und Kindern. Wenn Menschen permanent lauter Musik oder grellem Licht ausgesetzt oder religiöse Symbole entehrt werden, fällt dies ebenfalls unter »psychische Foltermethoden«.

4.3.2 Physische Foltermethoden

Foltermethoden, die unter der Kategorie *schwarze Folter* einzuordnen sind, sind Elektroschocks, Verbrennungen, Verstümmelungen von Körperteilen, Schläge (z. B. auf die Fußsohlen), Aufhängen an Händen und Füßen, Zwangshaltungen, wiederholtes Untertauchen in Wasser bis zum nahen Erstickungstod, sexuelle Misshandlung oder Vergewaltigungen.

4.4 Folgen der Folter

Die Auswirkungen von Folter sind weitreichend und betreffen neben körperlichen Folgen insbesondere auch seelische Verletzungen und Konsequenzen im sozial-familiären und gesellschaftlichen Bereich. Dennoch muss bedacht werden, dass – auch wenn Folter eine der grausamsten und schwerwiegendsten Eingriffe in die menschliche Persönlichkeit bedeutet – nicht jede Foltererfahrung zu langfristigen physischen und/oder psychischen Beeinträchtigungen führt. Für die Entwicklung langfristiger Folgen sind u. a. folgende individuelle, soziale, politische und kulturelle Aspekte zu beachten:

- Umstände, Intensität und Dauer der Folter,
- Alter und Entwicklungsphase des Opfers,
- genetische und biologische Vulnerabilität des Opfers,
- Persönlichkeit des Opfers,
- Wahrnehmung und Interpretation der Folter durch das Opfer,
- sozialer Kontext des Opfers vor, während und nach der Folter,
- politische Faktoren,
- Vorhersehbarkeit (z. B. aufgrund politischer Aktivität),
- gesellschaftliche Werte und Einstellungen des Opfers,
- kulturelle Bedeutung von Foltermethoden (z. B. Vergewaltigung in arabischen Ländern).

Dieses Kapitel widmet sich schwerpunktmäßig den psychischen Folgen von Folter, die im Folgenden ausführlicher dargestellt werden. Da Folter in den meisten Fällen jedoch auch körperliche Folgen hat, werden auch häufige physische Folterfolgen sowie Auswirkungen auf den sozial-familiären Kontext und gesellschaftliche Aspekte von Folter überblicksartig zusammengefasst.

4.4.1 Psychische Folterfolgen

Das primäre Ziel der Folter ist, wie gesagt, die Zerstörung der seelisch-körperlichen Integrität des Menschen. Dies zeigt sich in einer ganzen Fülle von psychischen Folterfolgen. In Abhängigkeit von den bereits erläuterten Faktoren, welche die langfristigen

Auswirkungen von Foltererfahrungen maßgeblich beeinflussen, ist eine der am häufigsten diagnostizierten psychischen Störungen bei Folteropfern die Posttraumatische Belastungsstörung (PTBS). Studien berichten von PTBS-Prävalenzen zwischen 15 % und 85 % (Basoglu et al., 2001). Neben der PTBS leiden Folterüberlebende zudem häufig an Depressionen und Angststörungen. Eine kontrollierte Studie von Basoglu und Kollegen (1994), in der 55 politische Aktivisten, die gefoltert wurden, mit nicht gefolterten politischen Aktivisten in der Türkei verglichen wurden, zeigt folgende Ergebnisse: die Lebenszeitprävalenz der PTBS lag unter den gefolterten Aktivisten bei 33 %, unter den nicht gefolterten Aktivisten hingegen bei 11 %. Die häufigsten berichteten Symptome der Folteropfer waren:
- Gedächtnis- und Konzentrationsschwierigkeiten,
- Alpträume und Schlafstörungen,
- Intrusionen und Erinnerungen an das Erlebte,
- schreckhafte Reaktionen,
- Vermeiden von Erinnerungen an das Trauma,
- psychogene Amnesien,
- körperliche Erregung und Angespanntheit,
- eingeschränkte Zukunftserwartungen,
- soziale Isolation,
- Hypervigilanz,
- eingeschränkter Affekt,
- verringertes Interesse an Aktivitäten.

Eine Reihe von Forschern sowie Klinikern ist der Meinung, dass die psychische Symptomatik von Folteropfern mit einer PTBS-Diagnose nur unzureichend abgebildet werden kann. Herman (1992) prägte als Alternative zur ursprünglichen PTBS-Diagnose die Bezeichnung »komplexe PTBS«. Neben den drei PTBS-Symptomclustern Wiedererleben, Vermeidung und Übererregung beinhaltet die komplexe PTBS auch langfristige Folgen wie Auswirkungen auf die Persönlichkeit, auf Werte- und Überzeugungssysteme sowie suizidale Absichten und Identitätsstörungen. Weitere alternative Diagnosen sind die im ICD 10 aufgelistete »andauernde Persönlichkeitsänderung nach Extrembelastung« oder die als Zusatzdiagnose für das DSM diskutierte, bislang aber noch nicht aufgenommene Störung »DESNOS« (Disorder of Extreme Stress Not Otherwise Specified). Viele Folteropfer leiden zudem an psychosomatischen Beschwerden, Panikstörungen und an häufig stark ausgeprägten Schuld- und Schamgefühlen. So berichten Opfer von der Schuld, überlebt zu haben, während Gleichgesinnte zu Tode gefoltert wurden, oder von der Schuld an ihrer Familie und ihren Angehörigen.

Für die Entwicklung posttraumatischer Störungen scheint die Vorhersagbarkeit bzw. Erwartbarkeit des Erlebten eine entscheidende Rolle zu spielen. In einer Studie befragten Basoglu und Kollegen (1997) in diesem Zusammenhang 34 Folterüberlebende, die nicht politisch aktiv gewesen waren und daher keine Inhaftierung oder Folter erwartet hatten. Diese Gruppe verglichen die Autoren mit den politisch aktiven Folteropfern der zuvor dargestellten Studie. Die Ergebnisse unterstützen die Vorhersagbarkeits-Hypothese: Nichtaktivisten, die von weniger intensiven Foltererfahrungen berichteten, zeigten allgemein höhere Werte in der Psychopathologie im Vergleich zu den politisch aktiven Folteropfern: 58 % gegenüber 18 % litten unter einer PTBS und 24 % gegenüber 4 % unter

Depressionen. Diese Befunde sprechen dafür, dass die Erwartbarkeit und das Einschätzenkönnen möglicher Folgen einer (politischen) Aktivität die Auswirkungen der Foltererfahrung entscheidend beeinflussen.

Bei der Anamnese der Foltererfahrung und der Diagnostik der Folgen sollte auf die Besonderheiten der Symptomatik von Folteropfern Rücksicht genommen werden: Aufgrund des häufig sehr hohen Arousals, des eingeschränkten Gedächtnisses, kultureller Sanktionen in den Beschreibungen (Vergewaltigungen bzw. sexuelle Gewalt, gerade auch gegenüber Männern, werden in vielen Kulturen sehr stark tabuisiert und diese Erlebnisse warden evtl. erst sehr viel später genannt) und aufgrund von Dissoziation verändern die Betragten zum Teil Details in der Schilderung ihrer traumatischen Erfahrungen. Es ist wichtig, dies zu erkennen, was aber nicht bedeutet, dass man es zum Anlass nehmen kann, die Wahrheit bzw. Glaubwürdigkeit der Schilderungen von Erlebnissen grundsätzlich anzuzweifeln.

Zur Erfassung von psychischen Traumafolgestörungen haben sich strukturierte Fragebögen und Interviews als äußerst hilfreich und reliable erwiesen. Um eine möglichst große Bandbreite von Symptomen adäquat zu erfassen, eignet sich beispielsweise das SKID-I, und zwar zur Erhebung der Achse-1-Störungen (SKID = Strukturiertes Klinisches Interview für DSM-IV). Eine ökonomisch sinnvolle Aternative zum Einsatz mit Menschen aus anderen Kulturkreisen bietet das MINI, eine Kurzform des SKID, da sich durch die Arbeit mit Dolmetschern und mit Menschen, denen die westlichen Krankheitskonzepte nicht immer vertraut sind, die Durchführungszeit von Interviews um ein Vielfaches erhöht. Einen guten Überblick zu häufig eingesetzen und bewährten Diagnoseinstrumenten bei Folterüberlebenden bietet Campbell (2007).

4.4.2 Physische Folterfolgen

Folter, die mit körperlichen Verletzungen und Schäden einhergeht, hat für den Betroffenen in der Regel auch langanhaltende und schwerwiegende physische Folgen. In vielen Fällen bestimmt die körperliche Einschränkung aufgrund des Erlebten den Alltag und die Opfer leiden selbst noch nach Jahrzehnten an den Schmerzen (Olsen et al., 2007).

Häufige physische Folterfolgen sind:
- Gehörverlust aufgrund bestimmter Foltermethoden, wie Schläge auf die Ohren,
- tiefreichende Wunden und Narben auf der Haut aufgrund von Elektroschocks, Verbrennungen mit Zigaretten, von geschmolzenem Gummi, durch ätzende Flüssigkeit oder aufgrund von Schlägen mit brennenden Gegenständen,
- Knochenbrüche,
- starke Unterleibsbeschwerden, chronische Schmerzen, Schwangerschaften oder Fehlgeburten aufgrund von Vergewaltigungen bei Frauen,
- sexuelle Funktionsstörungen,
- chronische lokale und globale Schmerzen (v. a. Kopf-, Rücken-, Schulterschmerzen),
- Probleme im gastrointestinalen Bereich.

Bei der Dokumentation physischer Folterfolgen ist eine äußerst rücksichtsvolle und auf die Ängste und Sorgen des Opters achtende Vorgehensweise unabdingbar. Für mehr Details wird auf das Buch *Die Spuren von Folter – Eine Handreichung* von Graessner und Wenk-Ansohn (2000) verwiesen.

4.4.3 Sozial-familiäre Folterfolgen

Die seelischen Verletzungen und Wunden aufgrund der Foltererfahrungen betreffen häufig nicht nur die unmittelbar Gefolterten, sondern auch deren soziales Umfeld, wie Familie, weitere Angehörige und Freunde. Die Art und Weise der Beeinflussung ist jedoch noch nicht hinreichend geklärt. Aufgrund der Sorge vor möglichen persönlichen Folgen werden Folterüberlebende in Gesellschaften häufig mit Ausgrenzung und Abweisung konfrontiert. Dadurch wirkt die Intention und das Ziel der Täter auch weit über die eigentliche Tat hinaus fort. Aufgrund der schrecklichen Erfahrungen im Heimatland versuchen viele Folteropfer daher mit ihren Familien in ein sicheres Land zu fliehen. Häufig erleben Betroffene dabei sowohl auf der Flucht als auch im Exilland weitere traumatische Erlebnisse, die sich erneut negativ auf die psychische Gesundheit der Folterüberlebenden und deren gesamte Familie auswirken. So beeinflussen Postmigrationsstressoren – wie Aufenthaltsstatus, soziookönomische Lebensbedingungen, eingeschränkte Arbeitserlaubnis oder kulturelle Besonderheiten im Gastland – das psychische Befinden der Betroffenen immens (Laban et al., 2005; Ryan et al., 2008).

Bedingt durch die Symptomatik zeigen viele Betroffene zudem ein erhöhtes Aggressionspotential, unter dem häufig Ehepartner und Kinder zu leiden haben. Folgende Aspekte können ein erhöhtes Konfliktpotential in Familien mit Folterüberlebenden zu erklären versuchen (Gordon, 2001):

- Konflikte als direkter Effekt von Copingverhalten (Vermeidung) und posttraumatischen Symptomen (wie Hyperarousal, Numbing) auf interpersonelle Beziehungen;
- Konflikte aufgrund der Unfähigkeit des Opfers, soziale und von der Familie erwartete Rollen auszufüllen (wegen physischer und psychischer Folterfolgen);
- Konflikte aufgrund der Rollenveränderungen in Familien durch Flucht und Migration (z. B. Kinder übernehmen Aufgaben der Eltern, unterschiedliche Adaptation an die Gewohnheiten des Gastlandes).

4.4.4 Gesellschaftliche Folterfolgen

Da die Mehrheit der Folterüberlebenden aus nicht westlichen Ländern stammt, sind kulturübergreifende Perspektive und ein Einordnen der Folgen und Auswirkungen in den kulturellen Zusammenhang der Betroffenen entscheidend. Die Bedeutung und Einschätzung von Folter in verschiedenen Kulturen wird u. a. in der unterschiedlichen Bedeutung des Wortes »Folter« bzw. seiner Entsprechungen in anderen Sprachen deutlich. Das englische »torture« stammt von dem lateinischen Wort »torquere« und bedeutet »to twist, to turn«, was im Deutschen mit »biegen, verdrehen, krümmen« übersetzt werden könnte. In Kambodscha ist das Wort für Folter »tieru na kam«, was impliziert, dass das Opfer aufgrund bestimmter Taten für das Erlittene verantwortlich ist. »Taatheeb«, das arabische Wort für Folter hingegen, ist in seiner Konotation näher am englischen »torture« und sieht den Gefolterten damit als Opfer. Durch die sprachlichen Unterschiede wird deutlich, dass die Bedeutung von Folter und dadurch auch der Umgang mit den Opfern kulturell verschieden ist; Folter und deren Auswirkungen für das Individuum werden auch sehr stark von der Gesellschaft und deren Umgang/Haltung dazu bestimmt und beeinflusst.

4.5 Resilienzfaktoren bei Folteropfern

Wie bereits unter dem Gliederungspunkt »Folgen der Folter« angesprochen, entwickelt nicht jedes Folteropfer psychische Störungen. Hierbei stellt sich die Frage, was diese Gruppe davor schützt, langfristig Opfer des Geschehenen zu bleiben. Ein entscheidener Aspekt, der bereits erwähnt wurde und einen wichtigen Einfluss auf die Entstehung posttraumatischer Störungen hat, ist die Vorhersehbarkeit des Erlebten. So wissen Menschen, die aufgrund einer politischen, ethnischen oder religiösen Überzeugung aktiv sind und sich für ihre Rechte einsetzten, um ihr erhöhtes Risiko, Opfer staatlicher Unterdrückung bzw. im schlimmsten Fall gefoltert zu werden. Dieser Zusammenhang zeigt sich besonders auch in der klinischen Praxis, wenn Ehefrauen, die von der Aktivität ihres Partners nichts wussten, aufgrund der politischen Aktivität ihres Ehemannes Opfer staatlicher Gewalt wurden und auch noch Jahre nach den Erlebnissen an schwerwiegenden psychischen Folgeerkrankungen zu leiden haben. Den Ehemännern dienen häufig die Vorhersehbarkeit der Ereignisse und die Überzeugung, die Folter für das Kämpfen um die eigene Sache erlitten zu haben, als Schutzmechanismen. Allerdings haben sie in der Folge oft unter intensiven Schuld- und Schamgefühlen zu leiden.

4.6 Ausblick: Therapie mit Folteropfern

Die Behandlung von Folteropfern stellt für Therapeuten meist eine große Herausforderung dar. Durch das Erleben eines häufig länger andauernden, extremen interpersonellen traumatischen Ereignisses leiden Betroffene an komplexen psychischen und physischen Folgestörungen. Neben der bereits erläuterten Symptomatik sind bei vielen Patienten Weltsicht sowie Werte- und Normvorstellungen zerüttet. Daher sollte das Bemühen um eine vertrauensvolle therapeutische Beziehung im Fokus der ersten Therapiephase stehen. Als Methode der Wahl in der Behandlung posttraumatischer Symptome gilt die kognitive Verhaltenstherapie (KVT), die bislang am besten erforscht wurde. Studien belegen, dass Exposition und kognitive Umstrukturierung bei der Reduzierung von PTBS-Symptomen am effektivsten sind (Resick et al., 2002; Rothbaum & Schwartz, 2002). Auch wenn die Therapie von Folteropfern nicht ausschließlich auf die Reduktion der PTBS-Symptome zielen sollte, so ist die Bearbeitung des Wiedererlebens, der Vermeidung und der Übererregung doch ein zentraler Aspekt in der Therapie. Bislang fehlt es an randomisiert kontrollierten (Langzeit-)Studien zur Effektivität kognitiv-behavioraler Verfahren bei Folterüberlebenden. Dennoch wird eine KVT auch in dieser Patientengruppe als Methode der Wahl gesehen. Hierfür sprechen Studien mit Vergewaltigungsopfern, mit zum Teil langandauernden traumatischen Erfahrungen, die an Symptomen einer komplexen PTBS litten (Resick et al., 2003).

Die Wirksamkeit kognitiv-verhaltenstherapeutischer Methoden bei der Therapie von Folterüberlebenden beschreiben u. a. Basoglu und Kollegen (Basoglu & Aker, 1996; Basoglu et al., 2004) anhand unterschiedlicher Fallbeispiele. Darüber hinaus ist es bei der Behandlung von gefolterten Flüchtlingen wichtig, aufenthaltsrechtliche und für die Betroffenen meist existenzielle Anliegen in der Therapie zu besprechen. Auch die medizinische Versorgung sollte in regelmäßigen Ab- bzw. Rücksprachen mit dem behandelnden Arzt sichergestellt werden. Die Zusammenarbeit verschiedener Disziplinen, wie Sozialarbeiter, Psychiater, Physiotherapeuten und Psychotherapeuten, ist daher essenziell, um einen alle Lebensbereiche umfassenden Behandlungserfolg zu erzielen. Auch das Angebot einer Gruppentherapie bietet Folteropfern die Möglichkeit, sich im Austausch mit Gleichgesinnten zu entlasten und die Erfahrung zu machen, dass andere Betroffene unter ähnlichen Symptomen leiden. Besonders Themen wie Schuld, Scham oder Aggressionen können mit Menschen, die ein ähnliches Schicksal teilen, einfacher besprochen werden.

Insgesamt sind sowohl die Folgen von Foltererfahrungen als auch effektive Behandlungsmethoden noch unzureichend erforscht. Es wäre daher wünschenswert, wenn zukünftige Studien die adäquate Versorgung von Folteropfern untersuchen würden.

4.7 Literatur

Basoglu M. & Aker T. (1996). Cognitive-behavioral treatment of torture survivors: A case study. *Torture*, 6, 61–65.

Basoglu M., Paker M., Paker O., Oezmen E. et al. (1994). Psychological effects of torture: A comparison of tortured with nontortured political activists in Turkey. *American Journal of Psychiatry*, 151 (1), 76–81.

Basoglu M., Mineka S., Paker M., Aker T. Livanou M. & Goek S. (1997). Psychological preparedness for trauma as a protective factor in survivors of torture. *Psychological Medicine*, 27 (6), 1421–1433.

Basoglu M., Jaranson J., Mollica R. & Kastrup M. (2001). Torture and mental health: A research overview. In: Garrity E., Keane T. & Tuma F. (Hrsg.). *The mental health consequences of torture*. New York: Plenum Publishers, 35–62.

Basoglu M., Ekblad S., Baarnhielm S. & Livanou M. (2004). Cognitive-behavioral treatment of tortured asylum seekers: A case study. *Journal of Anxiety Disorders*, 18 (3), 357–369.

Brune M. (2000). Posttraumatische Störungen. In: Haasen C. & Yagdiran O. (Hrsg.). *Beurteilung psychischer Störungen in einer multikulturellen Gesellschaft*. Freiburg i. Br.: Lambertus, 107–124.

Campbell T. A. (2007). Psychological assessment, diagnosis, and treatment of torture survivors: A review. *Clinical Psychology Review*, 27 (5), 628–641.

Fischer G. & Gurris N. (2000). Grenzverletzungen: Folter und sexuelle Traumatisierung. In: Senf W. & Broda M. (Hrsg.). *Praxis der Psychotherapie. Ein integratives Lehrbuch: Psychoanalyse, Verhaltenstherapie, Systemische Therapie*. Stuttgart: Thieme, 468–473.

Gordon M. (2001). Domestic violence in families exposed to torture and related violence in trauma. In: Gerrity E., Keane T. M. & Tuma F. (Hrsg.). *The mental health consequences of torture*. New York: Plenum Publishers, 227–245.

Graessner S. & Wenk-Ansohn M. (2000). *Die Spuren von Folter – Eine Handreichung*. Berlin: Behandlungszentrum für Folteropfer.

Herman J. L. (1992). Complex PTSD: A syndrome in survivors of prolonged and repeated trauma. *Journal of Traumatic Stress*, 5 (3), 377–391.

Laban C. J., Gernaat H., Komproe I. H., van der Tweel I. & De Jong J. T. (2005). Postmigration living problems and common psychiatric disorders in Iraqi asylum seekers in the Netherlands. *Journal of Nervous and Mental Disease*, 193 (12), 825–832.

Olsen D. R., Montgomery E., Bøjholm S. & Foldspang A. (2007). Prevalence of pain in the head, back and feet in refugees previously exposed to torture: A ten-year follow-up study. *Disability and Rehabilitation*, 29 (2), 163–171.

Resick P. A., Nishith P., Weaver T. L., Astin M. C. & Feuer C. A. (2002). A comparison of cognitive-processing therapy with prolonged exposure and a waiting condition for the treatment of chronic posttraumatic stress disorder in female rape victims. *Journal of Consulting & Clinical Psychology*, 70 (4), 867–879.

Resick P. A., Nishith P. & Griffin M. G. (2003). How well does cognitive-behavioral therapy treat symptoms of complex PTSD? An examination of child sexual abuse survivors within a clinical trial. *CNS Spectrums.*, 8 (5), 340–355.

Rothbaum B. O. & Schwartz A. C. (2002). Exposure therapy for posttraumatic stress disorder. *American Journal of Psychotherapy*, 56 (1), 59–75.

Ryan D. A., Benson C. A. & Dooley B. A. (2008). Psychological distress and the asylum process: A longitudinal study of forced migrants in Ireland. *Journal of Nervous and Mental Disease*, 196 (1), 37–45.

United Nations (1984). UN-Antifolterkonvention. BGBl 1990 II, S. 246.

HANS-JÖRG ASSION, AHMAD BRANSI UND JOSÉ-MARIE KOUSSEMOU

5. Migration und Posttraumatische Belastungsstörung

5.1 Migrationsbegriff und -prozess

Unter dem Begriff »Migration« versteht man nicht nur einen Wechsel zu einem anderen Wohnort, sondern es sind damit auch Veränderungen der äußeren Lebensbedingungen, der Arbeits- und Wohnumwelt mit sozialen und kulturellen Umstellungen verbunden (Kizilhan, 2011). Das Bundesamt für Migration und Flüchtlinge (BAMF) spricht zusätzlich von internationaler Migration und führt dazu aus: »Von Migration spricht man, wenn eine Person ihren Lebensmittelpunkt räumlich verlegt. Von internationaler Migration spricht man dann, wenn dies über Staatsgrenzen hinweg geschieht« (BAMF 2010).

Dabei wechselt ein Individuum für begrenzte Zeit oder dauerhaft in eine andere, womöglich fremde Kultur, was freiwillig oder gar unfreiwillig geschehen kann. Migration hat vielfältige Gründe, d.h. erfolgt aus verschiedenen Motiven heraus, z.B. wegen Flucht vor politischer Verfolgung, vor einem Krieg oder Naturkatastrophen im Heimatland, auch als Flucht vor Armut oder aufgrund des Wunsches nach einem wirtschaftlichen Gewinn oder zum Erwerb einer besseren Bildung im Sinne der Bildungsmigration.

In Anlehnung an die Ausführungen von Sluzki (2001) lassen sich in Erweiterung des Konzepts vier Phasen der Migration unterscheiden (Kizilhan, 2011). Möglicherweise werden (1.) bereits im Herkunftsland Migrationserfahrungen im Sinne einer Binnenmigration gemacht. Dann kommt (2.) die Vorbereitungsphase, in der die Entscheidung zur Migration gefällt und notwendige Planungen dafür getroffen werden. In der eigentlichen Migrationsphase (3.) verlagert der Betroffene seinen Lebensmittelpunkt an einen anderen Ort und trennt sich von seiner Heimat. Gerade diese Phase kann mit belastenden psychischen und sozialen Anpassungsprozessen einhergehen. In der Post-Migrationsphase (4.) leben die Betroffenen in dem neuen sozialen und kulturellen Umfeld. Sie erfahren veränderte Rollenzuschreibungen und stehen unter einem Druck, sich an die neue Gesellschaft anzupassen, was zur Überkompensation führen kann. In dieser Phase können Trauerprozesse angestoßen werden und es beginnt die Verarbeitung möglicher traumatischer Erlebnisse. Sämtliche Phasen lassen sich durch innere und äußere Faktoren beeinflussen.

Nahezu regelmäßig kommt es zu einem Verlust von vertrauten sozialen Systemen und Werten mit entsprechend belastenden Auswirkungen. Sowohl die diversen Migrationsgründe als auch der Migrationsprozess selbst werden für den Betroffenen meist als große Belastung erfahren, was Spuren in der psychischen und physischen Gesundheit hinterlassen kann (Assion et al., 2011). Kinder von Migranten, die im Aufnahmeland geboren werden, sind zwar keine Migranten im engeren Sinne, sondern haben »einen Migrationshintergrund«, weil sie mindestens einen Elternteil haben, der sich bereits einem Migrationsprozess unterzogen hat. Gerade diese Kinder sind sozialen Stressoren in Bezug auf die kulturelle Identität ausgesetzt (Bhugra & Jones, 2001, Cantor-Graee & Selten, 2005).

5.2 Psychische Störungen bei Migranten

Migranten haben ein höheres Risiko, eine psychische Störung zu entwickeln, als Nicht-Migranten (Breslau et al., 2007, Assion et al., 2011). Wie bereits erwähnt bedeuten Migrationsgründe, der Migrationsprozesse selbst und die Postmigrationsfaktoren für den Betroffenen eine deutliche Belastung. Gemeinsam mit dem zusätzlichen Anpassungsdruck begünstigen diese Faktoren das Auftreten von psychischen Störungen, besonders von psychosomatischen Beschwerden, Depressionen, Somatisierungsstörungen und Posttraumatischen Belastungsstörungen (Assion, 2004, 2005; HWWI, 2009). Flüchtlinge – also Menschen, bei denen eine Migration unausweichlich oder erzwungen ist und die häufig mit belastenden Lebensereignissen konfrontiert worden sind –, haben als eine besondere Gruppe der Migranten gegenüber Nicht-Flüchtlingen ein höheres Risiko der Ausbildung von psychischen Störungen (Porter & Haslam, 2005). Die Posttraumatische Belastungsstörung (PTBS) und die Depression sind die beiden häufigsten psychischen Störungen, die in der Gruppe der Flüchtlinge diagnostiziert werden.

Die Prävalenz der PTBS wird in bevölkerungsbasierten Studien zwischen 2 und 15 % geschätzt und steigt in Risikogruppen, wie bei Flüchtlingen, auf Werte zwischen 3 und 58 %, wobei bei ca. einem Drittel der Fälle chronische Verläufe der Krankheit bestehen (Yasan et al., 2008). In der bisher umfangreichsten Metaanalyse, die Arbeiten von knapp 30 Jahren seit 1980 berücksichtigte, wurden 81 866 Flüchtlingen im Hinblick auf die Prävalenz von PTBS und Depression untersucht. Sowohl für die PTBS (30,6 %) als auch für die Depression (30,8 %) waren die Prävalenzraten hoch (Steel et al., 2009).

Vergleichsweise geringe Prävalenzraten werden dennoch in der nachfolgenden Meta-Analyse berichtet. In der Untersuchung von Fazel et al. (2005) lag bei Flüchtlingen, die in ein westliches Land wechselten, die Häufigkeit der Diagnose einer Posttraumatischen Belastungsstörung bei 10 %, der einer Depression bei 5 % und die Häufigkeit der Diagnose einer generalisierten Angststörung bei 4 %. Möglicherweise ist die Auswahl der zugrunde gelegten Studien nicht repräsentativ für die Gesamtgruppe der Flüchtlinge.

Ursachen für diese Streubreite sind u. a. verschiedene festgelegte diagnostische Kriterien, demographischen Unterschiede innerhalb der untersuchten Gruppe, z. B. Alter, Geschlecht und ethnische Zugehörigkeit, und kulturelle Unterschiede zwischen den Gruppen (Fazel et al., 2005).

5.3 Flüchtlinge und Asylsuchende als Risikogruppe

Ende 2008 mussten weltweit etwa 42 Millionen Menschen ihren Wohnort aufgrund von Konflikten und politischer Verfolgung wechseln. Davon hatten 16 Millionen Menschen den Status von Flüchtlingen und Asylsuchenden, 26 Millionen Menschen waren Binnenflüchtlinge. Vier Fünftel dieser Menschen stammten aus Entwicklungsländern und etwa 75 % suchten in einem benachbarten Land Asyl.

Von den westlichen Ländern war Europa im Jahr 2008 das erste Ziel. Dort leben derzeit etwa 15 % aller weltweiten Flüchtlinge. 80 % der neuen Asylgesuche kommen aus Afrika, wobei in den letzten Jahren eine Zunahme der Flüchtlingszahlen aus Ländern des Nahen Ostens aufgrund regionaler Konflikte beobachtet wird (UNHCR, 2009).

Unter dem Aspekt belastender Erlebnisse ist vor allem die Gruppe der Flüchtlinge und Asylsuchenden erheblichen Risiken einer Traumatisierung ausgesetzt. Oft sind diese Menschen mit direkten traumatischen Erlebnissen wie z. B. Kampfhandlungen, Folter, Knappheit von Nahrungsmitteln bzw. Hunger sowie anderen Belastungen konfrontiert gewesen oder haben solche Erfahrungen im Zuge ihrer Migration gemacht. Das Risiko, eine Posttraumatische Belastungsstörung zu entwickeln, ist dann besonders hoch, zumal die üblichen Belastungen der Migration, wie ein Verlusterleben bezüglich der vertrauten Wohnumgebung, der sozialen Kontakte und Rollen etc., zusätzlich bestehen. Psychische Störungen chronifizieren bei Flüchtlingen eher oder es nimmt der Schweregrad der Erkrankung zu, was für Betroffene bei erschwerter Akkulturation eine weitere Verschlechterung der Lebensqualität bedeutet (Mollica et al., 2001).

Flüchtlinge, bei denen die Anamnese ergibt, dass sie vor der Flucht traumatische Erlebnisse hatten, haben eine größeres Risiko, seelische und physische Störungen zu entwickeln, und zeigen allgemein eine erhöhte Morbidität. Außerdem haben sie eine verminderte Lebensqualität und größere Schwierigkeiten bei der Integration und beim Erlernen der Sprache im Aufnahmeland (Hollifield et al., 2002). Dabei scheint eine *Dosis-Wirkung-Beziehung* zwischen der Häufigkeit der traumatischen Erlebnisse und der Wahrscheinlichkeit, an einer PTBS zu erkranken, zu bestehen. Sie nimmt annähernd linear mit der Wiederholung traumatischer Erlebnisse zu, was in der Literatur auch als *Dosis-Effekt* bezeichnet wird (Johnson & Thompson, 2008).

5.4 Posttraumatische Belastungsstörung und sozialer Kontext

Die Posttraumatische Belastungsstörung (PTBS) ist eine Erkrankung, deren Entstehung von den soziopolitischen und gesellschaftlichen Bedingungen und Gegebenheiten abhängt. So zeigt eine Studie an der israelischen Bevölkerung nach dem Krieg mit dem Libanon im Jahr 2006 – der auch als sogenannter Israel-Hisbollah-Krieg bezeichnet wird –, dass die PTBS-Rate in der Zivilbevölkerung wahrscheinlich 7,2 % betrug, wobei höhere Prävalenzraten für die PTBS zu erwarten waren; Letzteres gilt besonders für Frauen, die aufgrund der kürzlich zurückliegenden Exposition gegenüber einem Trauma einen ökonomisch-materiellen Verlust sowie einen großen Verlust an psychosozialen Ressourcen erlitten, so dass erhebliche Risikofaktoren zur Entwicklung einer PTBS vorlagen (Palmieri et al., 2008). Die niedrigeren Prävalenzraten für die PTBS lassen sich möglicherweise durch das kollektive Ereignis erklären, mit einer im Hinblick auf traumatische Folgewirkungen protektiven Wirkung.

Auch die Schwere eines traumatischen Ereignisses spielt bei der Entwicklung einer PTBS eine wichtige Rolle, ebenso die psychosoziale Situation nach dem Trauma; soziale Unterstützung wirkt sich z. B. positiv aus, zusätzliche Belastungen aus dem sozialen Umfeld negativ.

Schließlich stellt die Posttraumatische Belastungsstörung ein erhebliches Risiko für die Entwicklung komorbider Störungen dar und erhöht die Wahrscheinlichkeit der Ausbildung anderer psychischer Störungen, am häufigsten von affektiven Störungen, Angststörungen, Substanzabhängigkeit bzw. -missbrauch und Somatisierungsstörungen, zudem wächst das Risiko von Suizidversuchen.

5.5 Posttraumatische Belastungsstörung und Migration

Allgemein wird davon ausgegangen, dass die Reaktionen auf traumatische Ereignisse unabhängig von der Kultur in einer für die PTBS typischen Weise ablaufen und entsprechend keine für bestimmte Ethnien typischen PTBS-Formen abgegrenzt werden können. Das bedeutet, dass bei vergleichbaren traumatischen Stressoren ähnliche posttraumatische Reaktionen entwickelt werden, mit ähnlichen Symptomen, Krankheitsverläufen und Komorbiditäten bei jedem Individuum, gleich welcher Herkunft. Die posttraumatische Stressreaktion verläuft demnach kulturübergreifend. Die Auffassung einer universalen PTBS-Symptomatik wird z. B. durch eine Untersuchung von Ruchkin et al. (2005) gestützt. Die Studie vergleicht eine Gruppe amerikanischer Jugendlicher mit einer Gruppe russischer Jugendlicher in Hinblick auf die Entwicklung einer PTBS nach Erleben von Gewalt am eigenen Körper oder Zeugenschaft bei einer Gewalthandlung an einer anderen Person. In beiden Gruppen stiegen alle untersuchten Symptomcluster (Wiedererleben, Vermeidung und Erregbarkeit) kultur- und geschlechtsübergreifend an, entsprechend einem typischen Verlauf der Posttraumatischen Belastungsstörung mit jeweils ähnlicher Dynamik der psychischen Traumafolgen.

Einige Symptome sind dennoch als kulturspezifische Besonderheiten bemerkenswert, weil der Umgang mit und die Bewertung von Ereignissen und Symptomen in bestimmten Kulturen unterschiedlich sind. Dass die Übertragbarkeit eines universalistisch verstandenen Konzepts der Posttraumatischen begrenzt ist und nicht generell gilt, machen z. B. Rasmussen et al. (2007) in ihrer Studie zum Thema. Sie untersuchten fünf verschiedene Modelle der Diagnosestellung einer PTBS anhand des Havard Trauma Questionnaire (HTQ) an 400 Patienten mit west- und zentralafrikanischer Herkunft in den USA und kommen zu dem Schluss, dass Symptomcluster von euroamerikanischen auf nicht-euroamerikanische Populationen aufgrund kulturgebundener Faktoren eingeschränkt übertragbar sind.

Zudem sollten in diesem Zusammenhang einige regionale, kulturspezifische Traumareaktionen erwähnt werden, die möglicherweise bei der Beurteilung und Behandlung von Migranten von Bedeutung sind. Die nachfolgenden Anmerkungen beziehen sich auf die kulturgebundenen Syndrome, im Englischen als *culture-bound-syndromes* bekannt.

Latah kommt in südasiatischen Kulturen wie Sri Lanka, Indien, Indonesien und hauptsächlich in Malaysia vor. Nach einem traumatischen Ereignis, z. B. dem Tod eines Kindes, entwickeln (hauptsächlich) Frauen akute Angst und Panik, wiederholen Äußerungen in stereotyper Art und imitieren Bewegung und Gestik von anderen. Die Ursache für *Latah* soll nach dem lokalen Verständnis der Betroffenen in der Verminderung oder dem Verlust von *Semangat* liegen. Nach dem kulturellen Konzept bedeutet *Semangat* so viel wie *Kraft, die der Person ihre Integrität und Vitalität gibt und sie gegen Eindringlinge schützt* (von Peter, 2008). Vergleichbar ist das in der euro-amerikanischen Kultur bekannte Konzept der *Seele* oder das Konzept vom *Ich*.

Ein ähnliches Konstrukt des Verlusts der Seele findet sich häufig in Mexiko, Zentral- und Südamerika als *Susto*. Typische Symptome sind Angst, Übererregung und depressive Zustände, verbunden mit einem verminderten Selbstwertgefühl. Der Verlust der Seele mit den genannten Symptomen erfolgt nach diesem Konzept durch lebensbedrohliche und stark beängstigende Ereignisse (Mehari, 2002; Assion, 2005). Weitere kulturspezifische Syndrome, die im Zusammenhang mit einer Posttraumatischen Belastungsstörung stehen, sind z. B. *Attaques des nervios* (lateinamerikanische und karibische Länder) und *Amok* (asiatische Länder, z. B. Laos). Allen kulturspezifischen Syndromen ist gemeinsam, dass die typischen Kriterien der Diagnose PTBS nur zum Teil erfüllt sind und die kulturgebundenen Syndrome verschiedene Formen traumatischer Erfahrungen beschreiben.

Kulturspezifische Aspekte sind bei einem traumatischen Erlebnis für die Entwicklung einer PTBS nicht ohne Bedeutung. So berichteten in einer Untersuchung tibetische Flüchtlinge in Indien, dass sie die Zerstörung von religiösen Zeichen, wie Tempel und Klöster, als sehr traumatisierendes Ereignis erlebt hatten. Hätten die Untersucher diese kulturspezifischen Aspekte vernachlässigt, wäre eine deutlich geringere Prävalenz der Posttraumatischer Belastungsstörung erhoben worden (Terheggen et al., 2001).

Für die Entwicklung einer PTBS können traumatische Erlebnisse vor der Migration, auch bei Familienangehörigen, weibliches Geschlecht, Lebensbedingungen im Aufnahmeland und Aufenthaltsdauer der Flüchtlinge relevant sein. Auch die Zugehörigkeit zu einer ethnischen Minderheit scheint das PTBS-Risiko zu erhöhen (Al-Saffar et al., 2003). So zeigten Migrantengruppen in einer schwedischen Untersuchung, die in einer psychiatrischen Ambulanz durchgeführt wurde, eine deutlich höhere Prävalenz für eine PTBS als die schwedischen Staatsbürger in einer Querschnittserhebung: Bei 53 bis 69 % der Migranten (Iraner, Araber, Türken) lag der Hinweis auf eine PTBS vor, hingegen nur bei 29 % der Schweden.

5.6 Transkulturelle Erhebungen zur Posttraumatischen Belastungsstörung

Weltweit gibt es mehrere Untersuchungen, die sich mit den Themen *Trauma* und *Posttraumatische Belastungsstörung* unter Berücksichtigung von transkulturellen Aspekten befassen; eine Auswahl dieser Studien wird im Folgenden zusammengefasst.

In einer Studie von Heilemann et al. (2005)

wurden 315 Frauen mexikanischer Abstammung, die über ein nur geringes Einkommen verfügten, hinsichtlich traumatischer Erfahrungen und der Entwicklung einer Posttraumatischen Belastungsstörung untersucht. Es wurde eine Aufteilung in vier Gruppen nach dem Kriterium des Zeitpunkts der Migration (als Erwachsene, als Teenager, Kind oder in den USA geboren) vorgenommen, wobei ein Vergleich mit US-amerikanischen Frauen erfolgte. In der Untersuchung wurden die üblichen standardisierten Erhebungsinstrumenten verwendet, wie u. a. die Impact of Event Scale (IES-R) oder das Trauma History Questionnaire (THQ). In dieser Studie konnte eine inverse Korrelation des Zeitpunkts der Migration mit dem Risiko einer Traumaerfahrung nachgewiesen werden. Je früher der Zeitpunkt der Migration liegt, umso höher war das Risiko traumatischer Erfahrungen oder eines sexuellen Übergriffs. Das höchste Risiko einer PTBS hatten Frauen mexikanischer Herkunft, die in den USA geboren waren.

Eine andere Arbeit beschäftigt sich mit der psychischen Gesundheit von irakischen Migranten, die in die USA einreisten. Es erfolgte ein Vergleich von drei Gruppen nach dem Zeitpunkt der Einreise (vor 1980 [n = 65], zwischen 1980 und 1990 [n = 80] und nach 1990 [n = 205]), wobei als Erhebungsinstrumente eine Selbstbewertung, die von der Iowa Persian Gulf War Study Group entwickelt wurde, und die PTSD Checklist-Military Version (PCL-M) verwendet wurden. In der Gruppe der am spätesten in die USA eingewanderten Personen war die Ausprägung der psychischen Störungen, wie Posttraumatische Belastungsstörung, Angst und Depression, am stärksten (Jamil et al., 2007). Die Autoren sahen einen signfikanten Zusammenhang mit dem Zeitpunkt der Einreise. Mit der längeren Aufenthaltsdauer in den USA verringerten sich die psychischen Belastungen.

Intersssant ist eine Studie, die sich mit Posttraumatischer Bealstungstörung und Depression bei israelischen Siedlern des Gazastreifens beschäftigt und einen Vergleich mit der israelischen Allgemeinbevölkerung vornimmt. In die Untersuchung von Hall, Hobfoll et al. (2008) wurden 190 Siedler einbezogen, die u. a. mit dem PHQ-9 (Patient Health Questionnaire, Dpressionsmodul mit 9 Items) und der PDS (Posttraumatic Stress Diagnostic Scale) befragt wurden. Prädiktoren einer PTBS waren in dieser Studie ein höheres Lebensalter sowie psychische und soziale Belastungen. Die Ergebnisse lassen sich in die Richtung interpretieren, dass die Räumung des Gaza-Streifens bei den Siedlern zu einer höheren Rate an PTBS und Depression führte.

Erwähnenswert ist die Untersuchung an 534 bosnischen Flüchtlingen, die anhand der DSM-IV-Kriterien die Diagnose PTBS unmittelbar und nach einer Zeit von 3 Jahren nach einem traumatischen Ereignisüberprüfte (Mollica et al., 2001) Dabei wurde eine PTBS-Rate von 26,3 % ermittelt. Ein vergleichbar hoher Anteil der Flüchtlinge litt bei der Nachuntersuchung unverändert an psychischen Störungen, wobei 16 % der bei der Erstuntersuchung zunächst asymptomatische Patienten im Laufe der Zeit eine psychische Störung entwickelten. Soziale Isolation, männliches Geschlecht und höheres Lebensalter waren in der Untersuchung mit einer höheren Mortalität verbunden.

Abschließend verdient die vom *Bundesministerium für Familie, Senioren, Frauen und Jugend* in Auftrag gegebene und in

Deutschland durchgeführte Studie mit dem Titel *Gesundheit – Gewalt – Migration* Erwähnung. In die Studie wurden 368 türkische Frauen, 475 Frauen aus der ehemaligen russischen Konföderation und 8023 deutsche Frauen einbezogen. Die Untersuchung ermittelte bei jeder fünften Frau türkischer Herkunft, jeder siebten Frau aus Ländern der ehemaligen Sowjetunion, aber (nur) jeder 17. Frau deutscher Herkunft vier und mehr Verhaltensweisen des aktuellen Partners, die Hinweise auf eine erhöhte Betroffenheit durch psychische Gewalt gaben. Körperliche oder sexuelle Gewalt wurden in der Gruppe der türkischen Frauen am häufigsten angegeben.

5.7 Literatur

Al-Saffar S., Borgå P., Edman G. & Hällström T. (2003). The aetiology of posttraumatic stress disorder in four ethnic groups in outpatient psychiatry. *Social Psychiatry and Psychiatric Epidemiology*, 38 (8), 456–62.

Assion H.J. (2004). Behandlungsprobleme bei psychisch kranken Migranten. In: Rössler W. & Lauber C (Hrsg.). *Psychiatrische Rehabilitation*. Heidelberg: Springer, 489–499.

Assion H.J. (2005). Migration und psychische Krankheit. In: Assion H.J. (Hrsg.). *Migration und seelische Gesundheit*. Berlin, Heidelberg, New York: Springer, 133–144.

Assion H.J., Bingöl H., Özguerdal S. & Basilowski M. (2007). Patienten türkischer Herkunft in der psychiatrischen Institutsambulanz. *MMW Fortschritte der Medizin*, 149 (2), 57 f.

Assion H.J., Stompe T., Aichberger M.C. & Calliess I.T. (2011). Depressive Störungen. In: Machleidt W. & Heinz A. (Hrsg.). *Praxis der interkulturellen Psychiatrie und Psychotherapie*. München: Elsevier, Urban & Fischer, 321–332.

Bhugra D. & Jones P. (2001). Migration and mental illness. *Advances in Psychiatric Treatment*, 7, 216–222.

Breslau J., Aguilar-Gaxiola S., Borges G., Kendler K.S., Su M. & Kessler R.C. (2007). Risk for psychiatric disorder among immigrants and their US-born descendants: Evidence from the National Comorbidity Survey Replication. *Journal of Nervous and Mental Disease*, 195 (3), 189–95.

Bundesamt für Migration und Flüchtlinge (BAMF) (2010). *Migrationsbericht 2008*. Nürnberg: BAMF (http://www.bamf.de/SharedDocs/Anlagen/DE/Publikationen/Migrationsberichte/migrationsbericht-2008.pdf?__blob=publicationFile).

Bundesministerium für Familie, Senioren, Frauen und Jugend (2008). *Gesundheit, Gewalt, Migration.* http://www.bmfsfj.de/bmfsfj/generator/RedaktionBMFSFJ/Broschuerenstelle/Pdf-Anlagen/gesundheit-gewalt-migration-kurzfassung-studie,property=pdf,bereich=bmfsfj,rwb=true.pdf.

Cantor-Graee E. & Selten J.P. (2005). Schizophrenia and migration: A meta-analysis and review. *American Journal of Psychiatry*, 162, 12–24.

Fazel M., Wheeler J. & Danesh J. (2005). Prevalence of serious mental disorder in 7000 refugees resettled in western countries: A systematic review. *Lancet*, 365 (9467), 1309–1314.

Hall B.J., Hobfoll S.E., Palmieri P.A., Johnson R.J. & Galea S. (2008). The psychological impact of impending forced settler disengagement in Gaza: Trauma and posttraumatic growth. *Journal of Traumatic Stress*, 21, 22–29.

Hamburgisches WeltWirtschaftsInstitut (HWWI) (Hrsg.) (2009). focus Migration. Kurzdossier Nr. 12: Wie gesund sind Migranten? Erkenntnisse und Zusammenhänge am Beispiel der Zuwanderer in Deutschland. http://www.bpb.de/files/IKZF9X.pdf.

Heilemann M.V., Kury F.S. & Lee K.A. (2005). Trauma and posttraumatic stress disorder symptoms among low income women of Mexican descent in the United States. *Journal of Nervous and Mental Disease*, 193, 665–672.

Hollifield M., Warner T.D., Lian N., Krakow B., Jenkins J.H., Kesler J., Stevenson J. & Westermeyer J. (2002). Measuring trauma and health status in refugees: A critical review. *JAMA*, 288 (5), 611–21.

Jamil H., Nassar-Mc Millan S. C. & Lambert R. G. (2007). Immigration and attendant psychological sequelae: A comparison of three waves of Iraqi Immigrants. *American Journal of Orthopsychiatry*, 77, 199–205.

Johnson H. & Thompson A. (2008). The development and maintenance of post-traumatic stress disorder (PTSD) in civilian adult survivors of war trauma and torture: A review. *Clinical Psychology Review*, 28 (1), 36–47.

Kizilhan J. I. (2011). Psychologie der Migration. In: Machleidt W. & Heinz A. (Hrsg.). *Praxis der interkulturellen Psychiatrie und Psychotherapie*. München: Elsevier, Urban & Fischer, 55–62.

Mehari F. (2002). Trauma im interkulturellen Kontext. In: Bundesamtes für die Anerkennung ausländischer Flüchtlinge (BAMF) (Hrsg.). »*Traumatisierte Flüchtlinge*«. *Dokumentation der Fachtagung vom 26.04.2001 im Bundesamt* (Schriftenreihe des Bundesamtes für die Anerkennung ausländischer Flüchtlinge, Bd. 9), 17–34 (http://www.bamf.de/SharedDocs/Anlagen/DE/Publikationen/SchriftenreiheAsyl/asyl-reihe-band-09.pdf?__blob=publicationFile).

Mollica R. F., Sarajlic N., Chernoff M., Lavelle J., Vukovic I. S. & Massagli M. P. (2001). Longitudinal study of psychiatric symptoms, disability, mortality, and emigration among Bosnian refugees. *JAMA*, 286 (5), 546–554.

Palmieri P. A., Canetti-Nisim D., Galea S., Johnson R. J. & Hobfoll S. E. (2008). The psychological impact of the Israel-Hezbollah War on Jews and Arabs in Israel: The impact of risk and resilience factors. *Social Science & Medicine*, 67 (8), 1208–16.

Porter M. & Haslam N. (2005). Predisplacement and postdisplacement factors associated with mental health of refugees and internally displaced persons: A meta-analysis. *JAMA*, 204 (5), 602–612.

Rasmussen A., Smith H. & Keller A. S. (2007). Factor structure of PTSD Symptoms among West and Central African refugees. *Journal of Traumatic Stress*, 20, 271–280.

Ruchkin V., Schwab-Stone M., Jones S., Cicchetti D. V., Koposov R. & Vermeiren R. (2005). Is posttraumatic stress in youth a culture-bound phenomenon? A comparison of symptom trends in selected U.S. and Russian communities. *American Journal of Psychiatry*, 162 (3), 538–44.

Sluzki C. E. (2001). Psychologische Phasen der Migration und ihre Auswirkungen. In: Hegemann T. & Salman R. (Hrsg). *Transkulturelle Psychiatrie*. Bonn: Psychiatrie-Verlag, 101–115.

Steel Z., Chey T., Silove D., Marnane C., Bryant R. A. & von Ommeren M. (2009). Association of torture and other potentially traumatic events with mental health outcomes among populations exposed to mass conflict and displacement: A systematic review and meta-analysis. *JAMA*, 302, 537–549.

Terheggen M. A., Stroebe M. S. & Kleber R. J. (2001). Western conceptualizations and Eastern experience: A cross-cultural study of traumatic stress reactions among Tibetan refugees in India. *Journal of Trauma Stress*, 4 (2), 391–403.

United Nations High Commissioner for Refugees (UNCHR) (2009). 2008 global trends: Refugees, asylum-seekers, returnees, internally displaced and stateless persons. Im Internet: http://www.unhcr.org/4a375c426.html.

Von Peter S. (2008). The experience of ›mental trauma‹ and its transcultural application. *Transcultural Psychiatry*, 45 (4), 639–51.

Yasan A., Saka G., Ertem M., Ozkan M. & Ataman M. (2008). Prevalence of PTSD and related factors in communities living in conflictual area: Diyarbakir case. *Torture*, 18 (1), 29–37.

HELLMUTH FREYBERGER UND HARALD J. FREYBERGER

6. Holocaust

Wir widmen diesen Beitrag zum Holocaust jenen Müttern und Kindern, die an der Auschwitzer »Judenrampe« zum Tod durch Vergasen »selektiert« wurden. Die beiden Auschwitz-Überlebenden Wanda Szaynok und Edward Blotnicki berichteten, dass sie als Augenzeugen damals in Auschwitz beobachtet haben, wie über eine Stunde lang eine große Anzahl leerer Kinderwagen – jeweils fünf in einer Reihe – vom Lager in Richtung des Bahnhofs Auschwitz geschoben worden waren (zit. nach Rees, 2005). Das gleiche Schicksal – Deportation und Ermordung in Auschwitz – hat die Würzburger Bürgerin Rosa Klein (geb. 1904) zusammen mit ihrem 15 Monate alten Baby erlitten; sie musste im Platz'schen Garten in Würzburg auf den erzwungenen Abmarsch zum Deportationsbahnhof Aumühle warten. Ferner widmen wir diesen »Holocaust-Beitrag« Neville Chamberlain (1869–1940, Abb. 1), ehemaliger Premierminister von Großbritannien (1937–1940), der zusammen mit seinen Kabinettskollegen von Dezember 1938 bis August 1939 das Eintreffen der jüdischen Kindertransporte nachdrücklich bejaht hatte. Infolgedessen trug er ganz entschieden zur Rettung dieser Kinder bei. Chamberlain, der durch seinen lang-hager-asketischen Habitus auffiel, bezeichnete sich zu Recht als einen »Mann des Friedens bis in die Tiefen meiner Seele«.

Abb. 1: Neville Chamberlain, 1939–40 britischer Premierminister (Archivio GBB/Contrasto/laif)

6.1 Einleitung

Der Begriff *Holocaust* begegnet uns in griechischen und lateinischen Bibelübersetzungen und bedeutet »Brandopfer«, »Ganzopfer«, in dem das Opfer also vollständig verbrannt wird. Im Jahre 1933 verzeichnet das *Oxford English Dictionary* zahlreiche Belege dafür, dass Holocaust als »Großbrand«, »Gemetzel«, »Blutbad« und »Massaker« verstanden wurde. Darüber hinaus hat Heil (2002) darauf verwiesen, dass sich weltweit auch der Begriff Shoah (»Schrei um Hilfe«) zum zweiten gängigen Begriff entwickelt hatte.

6.2 Ausgrenzung und Vertreibung der deutschen jüdischen Bevölkerung von 1933 bis 1939

Die mit der Machtübernahme der Nationalsozialisten (30. 1. 1933) erfolgenden staatlich gelenkten Übergriffe auf die deutsche jüdische Bevölkerung mündeten ab dem 1. April 1933 ein in systematische Boykottaktionen vor allem gegen jüdische Geschäfte, Warenhäuser, Anwaltskanzleien und Arztpraxen. Ferner begann die SS mit der Errichtung von Konzentrationslagern in Sachsenhausen (1936), Buchenwald (1937), Flossenbürg und Mauthausen (1938) sowie Ravensbrück (1939). Ausgehend von der Kampagne »wider den undeutschen Geist« verbrannten nationalsozialistisch orientierte Studenten am 10. 5. 1933 in zahlreichen deutschen Universitätsstädten »undeutsches Schrifttum«. Auf der Liste dieser »schädlichen Bücher« befanden sich u. a. Werke von Alfred Döblin, Sigmund Freud, Thomas Mann, Karl Marx und Carl von Ossietzky. Die von dem Nazi-»Frankenführer« Julius Streicher (1885–1946) herausgege-

Abb. 2: Titelblatt der Zeitschrift »Der Stürmer« mit der Schlagzeile: »Ist die Judenfrage gelöst?« (akg-images)

bene Zeitung *Der Stürmer* schoss sich in stereotyper Wiederholung auf die phantasierte »jüdisch-bolschewistische Weltverschwörung« ein, und zwar anhand von betont antisemitischen Darstellungen, in denen sexuelle Gräuel mit Hirngespinsten vermischt waren (Abb. 2).

Einen weiteren radikalen Einschnitt im Leben der deutschen Juden bedeuteten 1935 die »Nürnberger Gesetze«, zu denen das »Gesetz zum Schutze des deutschen Blutes und der deutschen Ehre« und das »Reichsbürgergesetz« gehörten. Angesichts dieser massiven antijüdischen Attacken gingen zwischen 1933 und 1935 größere Gruppen jüdischer Bürger – insbesondere fast alle Autoren der damaligen deutschen Gegenwartsliteratur – ins Exil.

Im Oktober 1938 schoben die Nazis 18 000 im Reichsgebiet lebende polnische Juden – verunglimpft als »Ostjuden« – nach Polen ab (sog. »Polenaktion«), die von polnischer Seite zunächst nicht ins Land gelassen wurden; etwa 6000 Menschen wurden bis August 1939 in einem polnischen Flüchtlingslager interniert, von wo sie dann, nach dem Ende der »Polenaktion«, wieder nach Deutschland gebracht wurden. Daraufhin erschoss am 7.11.1938 der – als jüdisch-polnischer Staatsbürger 1921 in Hannover geborene und in Frankreich lebende – Herschel Feibel Grynszpan (Abb. 3) den Legationssekretär der deutschen Botschaft in Paris, Ernst vom Rath, nachdem er erfahren hatte, dass seine eigene Familie ebenfalls abgeschoben worden war.

Für Grynszpan bedeutete diese Mordaktion einen massiven Protest angesichts der »Polenaktion«, den die ganze Welt nachdrücklich wahrnehmen sollte. Die Ermordung vom Raths lieferte für Josef Goebbels und das nationalsozialistische Regime die entscheidende Begründung für die Novemberpogrome von 1938. In der Nacht vom 9. auf den 10.11.1938 kam es – direkt angesichts der konturiert präsenten sog. arischen Bevölkerung – zu Massenverhaftungen und zu Ermordungen jüdischer Mitbürger. Ferner steckten SS-Männer und Parteimitglieder hunderte von Synagogen an und demolierten jüdische Geschäfte und Wohnungen – wobei sie sich auch bei Plünderungen bereicherten. Wegen der Zerstörung von Schaufensterscheiben wurde von »Reichskristallnacht« gesprochen. Auch musste die jüdische Bevölkerung für die in der Pogromnacht entstandenen Schäden selbst aufkommen und ihr wurde zudem – offiziell ausgesprochen durch Gö-

Abb. 3: Herschel Feibel Grynszpan (1921–1945) (Anonym/akg/Imagno)

ring – eine sogenannte Sühneleistung von 1 Milliarde Reichsmark auferlegt. Schließlich wurde für die jüdischen Bürger nicht nur angeordnet, »Sara« und »Israel« als Vornamen zu übernehmen, sondern ab 1941 musste auch der »Judenstern« getragen werden (im besetzten Polen ab September 1939).

Unter der Wirkung des vernichtenden Eindrucks der »Reichskristallnacht« gestattete Großbritannien ab Dezember 1938 einer unbegrenzten Zahl deutscher jüdischer Kinder die Einreise. Laut Anweisung der zuständigen deutschen Behörden durfte damals jedes Kind 10 Reichsmark und so viel Gepäck mitnehmen, wie es selber tragen konnte. Nach den Schilderungen von Salewsky (2002) spielten sich an den zentralen Bahnhöfen, wo die Transporte begannen, in Berlin, Frankfurt, München, Prag und Wien dramatische Szenen ab, wenn die Eltern nicht imstande waren, ihre Kinder loszulassen. Infolge dieser Kindertransporte konnten rund 10 000 Kinder im Alter von 2 bis 17 Jahren gerettet werden. Als im September 1939 der Zweite Weltkrieg ausbrach, fand diese Rettungsaktion ein abruptes Ende. Nunmehr kam auch der Postverkehr zwischen den emigrierten Kindern und ihren in Deutschland verbliebenen Eltern zum Erliegen. Infolgedessen lastete jetzt auf den Kindern die große Ungewissheit über das Schicksal ihrer Eltern, die sie häufig in der Tat niemals wieder sehen sollten. Für diese Eltern begannen 1941 die Deportationen in die Vernichtungslager.

6.3 Der Mordfeldzug gegen polnische Juden

Im September 1939 startete der Mordfeldzug gegen polnische Juden, die völlig unvorbereitet dem Terror der sogenannten Einsatzgruppen ausgesetzt waren. Bei diesen Einsatzgruppen handelte es sich um Sondereinheiten der sogenannten Sicherheitspolizei und des SD, eine Art politische Polizei, die, vom Heydrich'schen Reichssicherheitshauptamt dirigiert, politische Gegner, Angehörige der politischen Intelligenz der besetzten Länder, Kommunisten, Partisanen sowie Juden und Sinti/Roma verfolgt und ermordete. Diese Mordkommandos begannen in Polen hinter den Frontlinien der Deutschen Wehrmacht zwecks »sicherheitspolizeilicher Befriedung« damit, Juden zu exekutieren: nachdem häufig vorher diese – zu exekutierenden – Juden eigenhändig ihr späteres Grab schaufeln mussten.

Denjenigen Juden, die mit ihrem Leben davonkamen, wurden nicht nur die Besitztümer und Wohnungen abgenommen, sondern es entstanden im November 1940 auch die berüchtigten »geschlossenen jüdischen Wohnbezirke«. Hierzu gehörten die abgeriegelten Ghettos in Lodz und Warschau. An diesen beiden Orten starben 1941 insgesamt 54 616 Menschen. Ab Juli 1942 wurden aus dem Warschauer Ghetto Deportationen in Richtung der vier Vernichtungslager Belzec, Sobibor, Treblinka und Chelmno – die eng mit dem Namen des SS-Obersturmführers Wirth verbunden waren – in Gang gesetzt.

Christian Wirth (1885–1944). Ursprünglicher Beruf Kriminalpolizist, 1931 Eintritt in die NSDAP, 1933 SA-Mann, 1939 SS-Mitglied, 1940 Inspekteur der Euthanasieanlagen in Deutschland. Ende 1941 Kommandant von Belzec, ab 1942 Inspekteur der Vernichtungslager. Im Herbst 1944 in Italien bei der Partisanenbekämpfung getötet.

Infolge der verzweifelten Situation und der Deportationen aus dem Ghetto brach am 19.4.1943 der Warschauer Ghettoaufstand aus. Trotz fehlender Waffen und Munition leisteten die Ghettokämpfer bis zum 16.5.1943 einen verzweifelten Widerstand gegen die Übermacht deutscher Einheiten, die unter dem Kommando des SS-Führers Stroop standen. Im Kontext dieser außerordentlich heftigen Kämpfe ließ Stroop schließlich Häuserblock um Häuserblock in Brand stecken, so dass das Ghetto nunmehr einer brennenden Fackel glich. Dieses Feuer raubte den Aufständischen ihre Ver-

Abb. 4: Deportation jüdischer Frauen und Kinder aus dem Warschauer Ghetto per Viehwaggon (Anonym/akg/Imagno)

Zum Kontext des Aufstands im Warschauer Ghetto gehört auch das – weltweit berühmt gewordene – Bild des verängstigten kleinen Jungen mit der zu großen Mütze und den erhobenen Händen, der gemeinsam mit den anderen Opfern zur Deportation auf den »Umschlagplatz« getrieben wird (Abb. 5). Dieser Junge hat überlebt und soll heute in den USA leben.

Der auf Abb. 5 erkennbare SS-Mann mit dem Gewehr im Anschlag ist Josef Blösche (1912–1969), der nicht nur in entscheidender Rolle an Massenhinrichtungen und Deportationen beteiligt gewesen war, sondern auch eigenhändig hunderte von Menschen ermordete. Er wurde später, 1969, in der DDR vom Bezirksgericht Erfurt zum Tode verurteilt und mit Genickschuss hingerichtet.

stecke. Sie mussten sich entweder ergeben oder erstickten in Kellern oder wurden von einstürzenden Häusern erschlagen. Als Abschluss seiner »Großaktion« ließ Stroop die große Warschauer Synagoge in die Luft sprengen.

Jürgen Stroop (1895–1952) wurde 1947 durch ein amerikanisches Militärgericht in Dachau zum Tode verurteilt, und zwar wegen der Erschießung von kriegsgefangenen alliierten Piloten in Griechenland. Nach Polen ausgeliefert, wurde er dort erneut zum Tode verurteilt und im März 1952 gehängt.

Ergänzend zu den bereits genannten Konzentrations- und Vernichtungslagern richtete die SS-Führung ab 1942 – sozusagen aus Tarnungsgründen – im westböhmischen Theresienstadt ein »Reichsghetto« ein, in das nicht nur »privilegierte« und ältere Juden, sondern vor allem auch Kinder gelangten. Theresienstadt war eine Art »Vorzeigeghetto«, das den Eindruck erwecken sollte, die Juden würden hier gut behandelt (Stichwort: »Der Führer schenkt den Juden eine Stadt«). Doch war dies reine Propaganda, mit dem Ziel, ausländische Interessengruppen (z.B. Rot-Kreuz-Verbände, kirchliche Vereinigungen) über den wahren »Charakter« des Konzentrationslagers zu täuschen. Im Ghetto Theresienstadt gingen 30 000 Menschen elendig zu Grunde, und weit mehr Menschen wurden von Theresienstadt nach Auschwitz transportiert.

Abb. 5: Der kleine Junge – Abtransport von Frauen und Kindern nach der Niederschlagung des Aufstands
(© bpk)

Ergänzend sei hier noch darauf hingewiesen, dass sich die vier oben genannten Vernichtungslager sowohl administrativ als auch funktional grundlegend von den Konzentrationslagern unterschieden. Während Konzentrationslager als Haft- und Terrorstätten der »Umerziehung« sowie der Bestrafung und ökonomischen Ausbeutung dienten, außerdem Ausbildungsstätten der SS waren, hatten die Vernichtungslager nur einen Zweck: ankommende Häftlinge umgehend zu ermorden (vgl. hierzu Steinbacher, 2007). Zwei Sonderformen bildeten Auschwitz und Majdanek (gelegen am südöstlichen Rand von Lublin), die sowohl Konzentrations- als auch Vernichtungslager waren.

6.4 Der Mordfeldzug gegen russische Juden

Obwohl jeden Monat tausende polnischer Juden zu Tode kamen und infolgedessen das dortige Judentum fast ausgelöscht wurde, erwies sich 21 Monate später der Mordfeldzug gegen die Sowjetunion als der eigentliche Katalysator für den umfassenden Völkermord. Es sollte – im Nazijargon – um die Vernichtung der »jüdisch-bolschewistischen Intelligenz« gehen, der ein zentraler Anteil an der von Hitler halluzinierten »Verschwörung des Weltjudentums« zukommen sollte. Jetzt entfalteten die vier Einsatzgruppen A, B, C und D ein hemmungsloses todbringendes Agieren.

Als Beispiel erwähnen wir die Massenmorde in der – nahe von Kiew gelegenen – Schlucht von Babij Jar am 29. und 30. 9. 1941, wo wenige hundert deutsche Polizisten innerhalb von zwei Tagen 33 771 Frauen, Männer und Kinder umbrachten. Ferner nennen wir die Ermordung der Kinder (Säuglinge bis 6-Jährige) von Belaja-Zerkow (Kleinstadt westlich von Kiew) am 22. August 1941, nachdem vorher deren Eltern umgebracht worden waren. Diese Kinder waren ohne jegliche Versorgung in einem Gebäude am Ortsrand der Stadt eingesperrt worden und befanden sich in einem erbärmlichen Zustand bzw. waren teils am Sterben. Ein Teil von ihnen wurde mit einem Lastkraftwagen abtransportiert und erschossen. Hinsichtlich des verbleibenden Restes von 90 Kindern ordnete der SS-Führer Paul Blobel deren Ermordung an, nachdem die SS das Schreien dieser Kinder schließlich als unerträglich wahrgenommen hatte. Blobel stieß jedoch hinsichtlich seiner Forderung auf den energischen Widerstand des für Erschießungen zuständigen SS-Führers August Häfner. Dieser argumentierte, die SS-Männer hätten doch auch kleine Kinder. Daraufhin wurde angeordnet, die berüchtigt-brutalen ukrainischen Milizen, die von der SS in Trawniki (Ostpolen) ausgebildet worden waren, sollten die Kinder ermorden. Hier sprach Häfner von »unbeschreiblichem Jammern«.

Paul Blobel (1894–1951) war Führer des Sonderkommandos 4a der Einsatzgruppe C und leitete die Ermordungsaktion des Massakers von Babij Jar. Ab Juni 1942 oblag Blobel die Durchführung der sog. – von Himmler angeordneten – »Enterdungsaktionen« (Ausgrabung und Verbrennen der Leichen aus Massengräbern, die Knochen wurden zermahlen und die Asche verstreut), die dafür sorgen sollten, dass die ermordeten Menschen beseitigt wurden, ohne Spuren zu hinterlassen. Blobel wurde 1948 im Nürnberger Einsatzgruppenprozess zum Tode verurteilt und im Juni 1951 hingerichtet.

Zu den Massentötungen von Frauen und Kindern liegt folgender Kommentar Himmlers über seine Motivation vor, der seine große, mörderische Destruktivität zeigt: »Ich glaube, meine Herren, das Sie mich so weit kennen, das ich kein blutrünstiger Mensch bin und kein Mann, der an irgendetwas Hartem, was er tun muss, Freude oder Spaß hat. Ich habe aber andererseits so gute Nerven und ein so großes Pflichtbewusstsein – das darf ich für mich in Anspruch nehmen –, dass ich dann, wenn ich eine Sache als notwendig erkenne, sie kompromisslos durchführe. Ich habe mich nicht für berechtigt gehalten – das betrifft nämlich die jüdischen Frauen und Kinder –, in den Kindern die Rächer groß werden zulassen, die dann unsere Väter und Enkel umbringen. [...] Folglich wurde die Frage kompromisslos gelöst« (Rede vom 24. 5. 1944; zit. n. Smith & Peterson, 1974, S. 203; weiterführende psychodynamische Thesen zu den Nazi-Tätern bei Freyberger & Freyberger, 2010).

6.5 Der Mordfeldzug gegen litauische Juden

Den Höhepunkt dieses Mordfeldzuges stellte das Massaker am 27. 6. 1941 nahe der »Lietukis«-Garagen im Zentrum von Kaunas dar. Das Massaker wurde wesentlich mitbegünstigt durch die aufgehetzte antijüdische Stimmung unter der dortigen katholisch-litauischen Bevölkerung. Die antijüdische Stimmung verstärkte sich nach dem Einmarsch der Einsatzgruppe A massiv. Litauische Schwerkriminelle wurden aus dem Zuchthaus entlassen. Die Litauer trieben, mit Knüppeln bewaffnet, gefangene Juden durch die Straßen. Sie haben schließlich auf einem öffentlichen Platz – während ein aufmerksames Publikum zusah – die Juden systematisch totgeprügelt.

Der Befehlshaber der Einsatzgruppe A war Frank Walther Stahlecker (1900–1942). NSDAP-Eintritt 1932, Karriere bei der Sicherheitspolizei bis hin zu Leiterfunktionen im Protektorat Böhmen und Mähren (1939) sowie in Norwegen (1940). Ab Juni 1941 Führer der Einsatzgruppe A; leitete die Massaker an Juden in Litauen. Im März 1942 beim Gefecht mit sowjetischen Partisanen getötet.

6.6 Die sogenannte »Ungarn-Aktion« im Frühjahr 1944

Am 19.3.1944 überschritten deutsche Truppen die ungarische Grenze mit dem Ziel, den schwankenden Verbündeten unbedingt in der Achsenkoalition zu halten. Ferner ging es den Nazis darum, die dortigen beträchtlichen jüdischen Vermögenswerte in ihre Hand zu bekommen. Schließlich waren die Nazis sehr daran interessiert, in Ungarn Arbeitskräfte zu gewinnen, weil gleichzeitig in Deutschland ein enormer Arbeitskräftemangel herrschte. Parallel wurde Ungarn von einem deutschen SS- und Polizeiapparat überschwemmt, dessen besonders berüchtigter Anteil das »Reichssicherheitshauptamt Sonderkommando Ungarn« unter der Leitung von Adolf Eichmann darstellte. Unter der Regie von Eichmann wurden Massendeportationen ungarischer Juden nach Auschwitz in Gang gesetzt. Es sollten diejenigen Ungarn ausgesondert werden, die für die Zwangsarbeit in Deutschland in Frage kommen würden. Von April bis Juni 1944 ließ Eichmann 438 000 jüdische ungarische Bürger nach Auschwitz deportieren. Die Menschen wurden in völlig überfüllte Güterwaggons verladen, mit je einem Blecheimer für die Notdurft und einen zweiten Eimer, der mit Wasser gefüllt war. Parallel zum Beginn dieser Deportationen war in Auschwitz im größter Eile die sogenannte »Judenrampe« (SS-Jargon) aufgebaut worden, und zwar direkt neben den Krematorien. Diese war also für die aus Ungarn kommenden Deportationszüge die »Endstation«. Die einfahrenden Züge wurden sofort von etwa hundert bewaffneten SS-Männern umstellt. Diese SS-Männer erhielten zum Lohn Sonderzuteilungen an Lebensmitteln (100 g Wurst und Brot), ferner ein fünftel Liter Schnaps sowie fünf Zigaretten. Insofern war dieser Rampendienst sehr gefragt, so dass stets eine Überzahl an »Bewerbern« zur Verfügung stand; zudem schützte der Dienst an der Rampe vor der gefürchteten Abkommandierung zu Fronteinsätzen in Russland.

An der Rampe wurden die Menschen »selektiert«: entweder für die spätere Verwendung als Zwangsarbeiter – oder für die Gaskammer. Die hier agierenden Ärzte, Zahnärzte und Apotheker haben meist rein aufgrund des optischen Eindrucks in Sekundenschnelle zwischen »arbeitsfähig« (d. h. für Zwangsarbeit geeignet) und »nicht arbeitsfähig« unterschieden (was die sofortige Ermordung der Menschen in den Gaskammern bedeutete); Familien wurden dabei rücksichtslos auseinandergerissen. Diese grausamen Selektionen erfolgten entweder durch laut hörbaren Kommandos oder mit bloßen Daumenbewegungen nach rechts (= Weiterleben) oder links (= Tod durch Vergasen). Mütter von Säuglingen und Kleinkindern wurden häufig – auch wenn sie ursprünglich für Zwangsarbeiten vorgesehen waren – mit in die Gaskammern geschickt, da die SS im Falle von Mutter-Kind-Trennungen »schreckliche Szenen« befürchtete, die aus ihrer Sicht sehr wahrscheinlich den gesamten Rampendienst in Frage gestellt hätten.

Zu den Selektionen an der Rampe liegen uns folgende vier Aussagen von Überlebenden vor:

- Gerda E. (damals 18 Jahre alt): »Die lauten Kommandos links/rechts hallen bei mir immer noch nach.«
- Elfriede A. (damals 17 Jahre alt): »Ich habe anhaltende Schuldgefühle und schreckliche Gefühle des Verlassenwordenseins, weil ich damals nicht fähig war, die Eltern und jüngeren Geschwister mit Gewalt in die Gruppe der »Arbeitsfähigen« zurückzubringen. Die wurden mir alle aus der Hand gerissen, diese Bilder verfolgen mich bis heute.«
- Friedrich G. (damals 14 Jahre alt): »Ich habe anhaltende Schuldgefühle und mache mir Selbstvorwürfe, weil ich, hilflos, nach rechts geflohen bin und infolgedessen die Eltern und die jüngeren Geschwister nicht gerettet habe.«
- Paul B. (damals 33 Jahre alt): »Als ich von der Frau und den drei Kindern getrennt wurde (Männer rechts, Frauen und Kinder links), habe ich nicht einmal Zeit gehabt meine Frau zu umarmen. Sie hat mir nachgerufen: ›Komm und küsse mich.‹ Ich bin wieder zu ihnen hingelaufen und habe die Frau und die Kinder geküsst, die danach alleine ihren Weg gegangen sind und die ich niemals wieder gesehen habe.«

Sofern an der »Judenrampe« die Entscheidung »nach links« gefallen war, wurden die Opfer in Richtung der Gaskammer getrieben. Die Gruppen, die zur Gaskammer marschierten, wurden von einem im Schritt fahrenden Rot-Kreuz-Wagen begleitet, in welchem sich die verantwortlichen Ärzte sowie das blausäurehaltige Schädlingsbekämpfungsmittel Zyklon B befanden. Der missbräuchliche Gebrauch der Zeichen des Roten Kreuzes sollte offensichtlich den deportierten Menschen gezielt vortäuschen, dass – übereinstimmend mit den Genfer Konventionen – die Pflege von Verwundeten und Kranken gesichert sei. Die begleitenden SS-Männer waren intensiv bemüht, die Menschen dazu motivieren, dass sie ihnen dicht folgen sollten. Was sie sagten, entsprach jener stereotyp wiederholten Aussage des auf dem Krematoriumsdach stehenden SS-Führers Maximilian Grabner, der den Neuankömmlingen über ein Megafon zurief: »Sie werden gebadet und desinfiziert. Wir wollen keine ansteckenden Krankheiten hier im Lager. Danach werden Sie zu Ihren Baracken gebracht, dort gibt es warme Suppe. Sie werden in Ihren Berufen arbeiten. Jetzt ziehen Sie sich aus und legen Ihre Kleider vor sich auf den Boden.«

Maximilian Grabner (1905–1948) war früher Holzfäller und späterhin Polizist (1930) gewesen und wurde schließlich Leiter der Auschwitzer Politischen Abteilung (= Gestapo des Lagers). Er betrachtete das Krematorium als seinen zentralen Arbeitsplatz. Grabner wurde

1943 durch den SS-Untersuchungsrichter Konrad Morgen wegen widerrechtlicher Ermordung von 2000 Häftlingen angeklagt. Jedoch verlief dieser Prozess wegen systematischer Behinderung durch SS-Parteifunktionäre ergebnislos. Nach dem Zweiten Weltkrieg verleugnete Grabner seine Vergangenheit: Er sei niemals Nationalsozialist gewesen. 1947 erfolgte die Auslieferung Grabners nach Polen, wo er in Krakau wegen Mordes in mindestens 25 000 Fällen zum Tode verurteilt und im Januar 1948 durch den Strang hingerichtet wurde.

Von der Holocaust-Überlebenden Anita Lasker-Wallfisch (1997, S. 141; weiterführende psychodynamische Thesen zu den Holocaust-Überlebenden finden sich bei Freyberger & Freyberger, 2007). erfahren wir, dass im Mai 1944 Tausende und Abertausende von ungarischen Juden in das Lager Auschwitz geströmt seien. Die Mordmaschinerie sei der Situation nicht mehr gewachsen gewesen. Die Gaskammern und Krematorien hätten »24 Stunden ohne Unterbrechung [gearbeitet] Vergasen Verbrennen Morden. Am Ende warf man Menschen lebendig in die Flammen.«

6.7 Auschwitz/Oswiezim

Nach dem Hitlerfeldzug wurde Polen zwischen den Deutschen und den Sowjets aufgeteilt. Das nunmehr verbleibende polnische Restterritorium wurde als »Generalgouvernement« bezeichnet und stand unter der Aufsicht des auf der Krakauer Königsburg residierenden SS-Führers Hans Frank (1900–1946).

Hans Frank hatte im November 1923 am Marsch auf die Feldherrenhalle teilgenommen, war in der Folge als Rechtsanwalt tätig und wurde im Oktober 1939 zum »Gouverneur« des Generalgouvernements ernannt. Im Zusammenhang mit dem 1940 diskutierten Madagaskar-Projekt (Plan der »Auswanderung« aller im deutschen Machtbereich lebenden Juden nach Madagaskar) hatte sich Frank dahingehend geäußert, dass nunmehr die Juden »transportiert« würden: »Stück um Stück, Mann um Mann, Frau um Frau, Fräulein um Fräulein«. Laut Friedländer (2006) soll damals »das zuhörende Publikum vor Lachen gebrüllt haben«. Im Nürnberger Prozess gegen die Hauptkriegsverbrecher wurde Frank wegen Verbrechen gegen die Menschlichkeit zum Tode verurteilt.

Das Zentrum der Massenvernichtung wurde ab 1943 Auschwitz, nachdem in Belzec, Sobibor, Treblinka und Chelmno das Morden ein Ende gefunden hatte und die Deportationen nach Majdanek eingestellt worden waren. Hier müssen noch jene deutschen Reichsbahnangehörigen erwähnt werden, die damals die Güterzüge (auch bezeichnet als »Sonderzüge«) mit deportierten Menschen aus ganz Europa nach Auschwitz dirigierten. Für den Weg dorthin mussten – wie Steinbacher (2007) berichtet – jüdische Opfer selbst eine Personenfahrkarte dritter Klasse kaufen, obwohl sie unter primitivsten Bedingungen in Güterwaggons transportiert wurden. Denselben Preis hatten Kinder unter zehn Jahren zu zahlen, während Kleinkinder gratis mitfahren konnten. Ab 400 Personen wurden allen Ernstes Gruppentarife gewährt. Diesen Deportierten aus ganz Europa wurde gestattet, 50 Kilogramm Gepäck in das Lager mitzubringen, das ihnen aber nach der Ankunft sofort abgenommen wurde. In zwei Schichten arbeiteten bis zu 2000 Häftlinge als Aufräumkommando, um diese Gepäckbündel mit Lebensmitteln, Haushaltswaren, Kleidung, Arzneien zu sammeln und zu sortieren. So gelangten auch Möbel und Teppiche in das Lager, ebenso Devisen, Uhren und Schmuck. Dieses Hab und Gut wurde schließlich in dreißig mit Stacheldraht umgebenen Magazinbaracken verwahrt. In der Lagersprache hieß dieser Bereich »Kanada«, und zwar nach dem Land, das in den Augen der polnischen Häftlinge, die diesen Begriff geprägt hatten, unermesslich reich war. In diesem Bereich des Lagers zu arbeiten galt als Privileg. Die Gegenstände aus jüdischem Besitz, die – trotz hoher Strafandrohung – vor allem auch von SS-Leuten entwendet wurden, kursierten als wertvolle Währung im Lager sowie in der Stadt Auschwitz. Darüber hinaus galt dieses Raubgut den Nazis als »offizielles Staatseigentum«. 1943 verließen mehrere hundert Eisenbahnwaggons, die mit diesen Gütern voll beladen waren, das Lager. Gold, Schmuck und Devisen gelangten jeden Monat in mindestens zwei verplombten Kisten, von denen jede mehr als eine Tonne gewogen haben soll, auf Lastwagen in die Reichshauptstadt. Der zivilen Öffentlichkeit blieb schließlich nicht verborgen, dass die Magazine des Lagers Auschwitz voller begehrter Schätze waren. Steinbacher berichtet – nahezu fassungslos –, dass Familien aus der SS-Siedlung Auschwitz-Stadt, ebenso wie in Auschwitz wohnende polnische Bürger, wiederholt bei der Lagerkommandatur anfragten, ob die Güter womöglich zum Verkauf stünden, vielleicht gar gratis zu haben wären.

Den deportierten Häftlingen wurden nach ihrer Ankunft in Auschwitz die Haare geschoren, sie erhielten gestreifte Sträflingskleidung und statt des Namens erfolgte die Kennzeichnung anhand einer auf den Unterarm tätowierten Nummer. Diese Häftlinge lebten unter höchst erbärmlichen Verhältnissen: außerordentlich enge Schlafgelegenheiten, wo sie zusammengepfercht lagen, weitgehend ungenügende Waschgelegenheiten und Möglichkeiten, die Notdurft zu verrichten, sowie Essen von geringem Nährwert. Auszehrung, Erschöpfung und Krankheiten waren die Folge. Wer bis auf die Knochen abgemagert und kaum mehr lebensfähig war sowie selbst Speisereste, Kartoffelschalen oder angefaulte Rüben aß, hieß im Lagerjargon »Muselmann« und wurde gemieden. Dieser Name soll aus der vornübergebeugten Körperhaltung dieser Menschen abgeleitet worden sein – so wie Muslime im Gebet. Einen Grund für die große Zahl an Toten in Auschwitz stellte – neben den wahllos durchgeführten Ermordungen – das Fehlen einer effektiven medizinischen Versorgung dar. Die zugehörigen Therapiemöglichkeiten lagen nicht im Interesse der Lagerleitung; ganz abgesehen davon, dass laufend an Häftlingen auch verschiedenartige medizinische Experimente durchgeführt wurden.

Ferner spielte in Auschwitz der sog. Kapo (»Arbeitsaufseher«) eine wichtige Rolle. Dessen jeweiliges Funktionieren legte die SS-Lagerleitung fest. Danach wurde ein dort einsitzender, zumeist »arischer« krimineller Gefangener pro Block oder pro Arbeitskommando zum »Kapo« ernannt. Dessen Aufgabe war es, für einen reibungslosen Arbeitsablauf zu sorgen. Er genoss infolgedessen mannigfaltige Privilegien und besaß große Macht über seine Mitgefangenen. (»Cäsarenwahn en miniature«; Frankl, 1994, S. 72. Sie mussten noch schärfer als die SS sein, sonst wären sie abgesetzt worden; vgl. ebd., S. 13 u. 95.) Natürlich wurde die Macht seitens des Kapo oft missbraucht. Allerdings waren die Kapos selbst in Gefahr, wenn sie die SS nicht mehr zufriedenstellten. Himmler drückte das in seiner typischen destruktiven Manier wie folgt aus: »Seine Aufgabe ist, dafür zu sorgen, dass die Arbeit getan wird, also muss er seine Männer antreiben. Sobald wir nicht mehr mit ihm zufrieden sind, bleibt er nicht mehr Kapo und kehrt zu den anderen Häftlingen zurück. Er weiß, dass sie ihn schon am ersten Tag totschlagen werden«. Neben den männlichen Kapos wurden auch weibliche Kapos eingesetzt, und zwar ab dem Augenblick, als in Auschwitz auch ein Konzentrationslager für weibliche deutsche und nichtdeutsche Häftlinge eingerichtet wurde. Bei den weiblichen Kapos handelte es sich – wie bei Höss (1996) nachzulesen ist – um »unverwüstlich-niederträchtig-gemeine-widerliche Weiber überwiegend Dirnen mit gesetzlichen Vorstrafen, die ihre Gefühle an den ihnen unterstellten Häftlingen ausgelassen haben« (»das war nicht zu vermeiden«).

Ein schwerer Zwischenfall ereignete sich im Dorf Budy, als weibliche Kapos eine zu Kanalisationsarbeiten eingesetzte sogenannte Strafeinheit von Französinnen massiv attackierten und es so aussah, als wollten sie sie »zerreißen«, »mit der Axt erschlagen« oder »erwürgen«. Diese Attacken wurden offensichtlich dadurch ausgelöst, dass die dort ebenfalls tätigen männlichen Kapos zeitweise größeres sexuelles Interesse für die Französinnen als für die weiblichen Kapos gezeigt hatten.

6.8 Der Vernichtungsprozess in Auschwitz

Nach Steinbacher (2007) gab es in Auschwitz fünf Krematorien. Ebenerdig befand sich in dem Gebäude der Raum, in dem die Leichen verbrannt wurden. Im Kellergeschoss lag der Auskleideraum, in dem sich die Menschen ausziehen sollten, um danach – angeblich – zu duschen; in Wirklichkeit lagen hinter dem Auskleideraum die Gaskammer sowie der Leichenkeller. Sobald die Gaskammer voll von Menschen war, wurden die Türen fest verschlossen. Das Zyklon B drang durch besondere Vorrichtungen in die Gaskammer, und SS-Leute beobachteten durch ein Guckloch das Sterben der betroffenen Menschen. Sobald das Gas in den Raum drang, reagierten die Menschen mit furchtbarem Schreien. Sie begannen nämlich zu erkennen, was mit ihnen geschah. Auf der Flucht vor dem aufsteigenden Gas stießen die Stärkeren die Schwächeren nieder und stellten sich auf die Liegenden, um gasfreie Luftschichten zu erreichen und so ihr Leben zu verlängern. Nach dem Todeskampf, der etwa zwei Minuten dauerte, hörte das Schreien auf und die Sterbenden fielen übereinander. Nun wurde das Entweichen des Gases veranlasst und nach einer halben Stunde die Tür geöffnet. Laut Steinbacher waren die vorgefundenen Leichen turmartig aufgehäuft, manche in sitzender oder halbsitzender Position, Kinder und ältere Menschen zuunterst. Einige Leichen waren mit Kot und Urin bedeckt, bei manchen schwangeren Frauen hatte die Geburt eingesetzt. Nachfolgend schafften jüdische Sonderkommandos, die sich aus Lagerinsassen verschiedener Nationalitäten zusammensetzten, die Leichen aus der Gaskammer.

Sie mussten laut Steinbrecher den Toten die Goldzähne aus den Kiefern brechen, ihnen Ringe von den Fingern ziehen, die Körperhöhlen nach versteckten Wertsachen durchsuchen sowie den Frauen das lange Haar abschneiden. Anschließend beförderten die Sonderkommandos die ermordeten Menschen in den Verbrennungsraum. Die Asche der verbrannten Menschen »wurde in nahegelegene Gruben geschüttet, von dort auf Lastwagen geladen, in den Flüssen und Fischteichen der Umgebung verteilt oder als Dünger auf den Feldern ausgebracht« (Steinbacher, 2007, S. 81). Insgesamt 1,1 Millionen Menschen, davon 200 000 Kinder, wurden in Auschwitz ermordet.

6.9 Die Evakuierung von Auschwitz

Angesichts der Offensive der Roten Armee befahl Himmler im Oktober 1944, dass in Auschwitz die technischen Installationen der Gaskammern und der Krematorien abzubauen seien. Am 18. Januar 1945 fand die Evakuierung von 58 000 Menschen nach Mittel- und Norddeutschland statt, nachdem vorher noch eine größere Anzahl an Häftlingen ermordet worden war. 900 vornehmlich kranke und gehbehinderte Häftlinge, einschließlich der »Muselmänner«, blieben in Auschwitz zurück. Die Evakuierungen aus den Lagern werden »Todesmärsche« genannt; in endlosen Kolonnen bei oft schneidendem Winterwind und Schnee mussten die Überlebenden in dünner Sträflingsbekleidung und ohne adäqua-

Abb. 6: In der »Zigeuner-Baracke« des KZ Bergen-Belsen warten Häftlinge auf Hilfe (© bpk)

tes Schuhwerk sowie ohne Verpflegung zu den von den Nationalsozialisten bestimmten Zielen marschieren. Auf diesen Märschen verstarb noch jeder vierte Häftling. Die Straßen waren zudem von ebenfalls flüchtenden deutschen Militärfahrzeugen und Flüchtlingskolonnen verstopft. Andere Evakuierungen aus Auschwitz erfolgten auf offenen Güterwaggons, mittels denen die Häftlinge, zusammengepfercht, tagelang durch das Land transportiert wurden.

Eines der angeordneten Hauptziele der evakuierten Auschwitz-Häftlinge war das Konzentrationslager Bergen-Belsen, in dem sich die Zustände nun immer mehr verschlimmerten, weil immer neue Kolonnen ausgehungerter und kranker Häftlinge (auch aus anderen östlich gelegenen Konzentrationslagern) hierherkamen. Vor diesem Hintergrund wird die Aussage der Holocaust-Überlebenden Anita Lasker-Wallfisch (1996) nachvollziehbar, wonach »man in Auschwitz die Menschen ermordete, während man sie in Bergen-Belsen einfach krepieren ließ« (»Bergen-Belsen war ein einziger Leichenhaufen, nichts als Leichen, verwesende Leichen«).

Für den Häftlingsarzt Dr. Leo (geb. in Dresden), der insgesamt zehn Jahre in Konzentrationslagern inhaftiert gewesen war, glich das Lager Bergen-Belsen nunmehr »einer einzigen Kloake«. Es seien auch alle Latrinen verstopft gewesen. Dr. Leo bezeugte ferner, 200 bis 300 Fälle von Kannibalismus beobachtet zu haben. Die überwiegende Mehrzahl der Bergen-Belsen-Toten sei verhungert oder an Ruhr und Typhus verstorben. Jene britischen Truppen, die am 15. April 1945 Bergen-Belsen besetzten und etwa 55 000 Häftlinge vorfanden, reagierten stark schockiert. Sie wurden von denjenigen Überlebenden, die kräftemäßig dazu noch im Stande waren, mit Jubel begrüßt. Auch beobachteten die Briten langsam und ziellos umherlaufende Gestalten mit leerem Ausdruck in ihren ausgehungerten Gesichtern, die auf dem Boden herumkrochen und nach Nahrung suchten (Abb. 6). Eine Woche nach der Lagerübernahme realisierten die Briten mit einer zwischenzeitlich eingetroffenen größeren Sanitätseinheit die Evakuierung von Überlebenden in Notlazarette, die in benachbarten ehemaligen Wehrmachtskasernen eingerichtet worden waren. Noch im Mai 1945 brannten die Briten wegen Seuchengefahr das Lager ab. Infolgedessen beinhaltet Bergen-Belsen heute die Note eines großen Friedhofes, auf dem die Opfer anonym in Massengräbern beigesetzt sind. Die Gesamtzahl dieser Opfer ist mit 50 000 anzusetzen (Kolb, 1984).

Zu den Schlimmsten unter den Tätern in Bergen-Belsen gehören Josef Kramer (genannt die »Bestie von Belsen«) und Irma Grese. Kramer (1906–1945) fungierte ab Mai 1940 als Adjutant von Höss in Auschwitz und versah danach die Kommandantenfunktion im Konzentrationslager Natzweiler. Anschließend wurde er – auf dringliche »Anforderung« von Höss – wiederum in Auschwitz anlässlich der sogenannten Ungarn-Aktion eingesetzt. Im Dezember 1944 veranlasste die SS-Führung die Ernennung von Kramer zum Kommandanten des Konzentrationslagers Bergen-Belsen. Hier war er jedoch nicht motiviert, durchgreifende Veränderungen der katastrophalen und chaotischen Lagersituation in Gang zu setzen, obwohl – wie später die englischen Besetzer nachweisen konnten – Möglichkeiten dazu bestanden hätten. Irma Grese (1923–1945) war von Juni 1942 bis März 1943 in Ravensbrück als Aufseherin eingeteilt. Ab

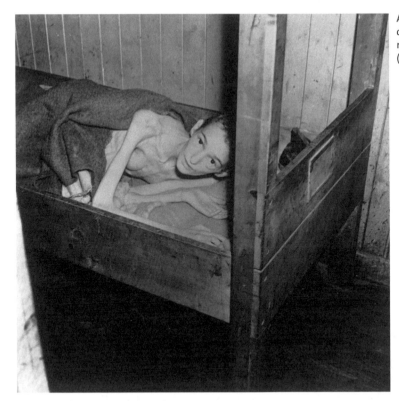

Abb. 7: Ein Überlebender aus Bergen-Belsen nach der Befreiung (akg-images)

März 1943 war sie nach Auschwitz versetzt, wo sie Häftlingsfrauen, wie bezeugt wurde, mit Peitschen schlug oder Hunde auf sie hetzte. Schließlich war sie Aufseher in Bergen-Belsen; im Prozess gegen sie zeigte sie kein Unrechtsbewusstsein. Im November 1945 wurden Kramer und Grese im Lüneburger Bergen-Belsen-Prozesses für »schuldig« befunden und am 13.12.1945 in Hameln hingerichtet.

6.10 Zur Erinnerungsarbeit

Das »Denkmal zur Erinnerung an die Deportierten« besteht aus einem alten, originalen Eisenbahnwaggon, mit dem früher Transporte nach Treblinka gebracht wurden. Er steht heute nahe der Gedenkstätte Yad Vashem und erinnert an die Deportationen aus ganz Europa in die Vernichtungslager. Der Staat Israel hatte die polnische Regierung um die Überlassung dieses Waggons gebeten.

6.11 Literatur

Frankl V.E. (1994). ... trotzdem Ja zum Leben sagen. München: Kösel.

Freyberger H.J. & Freyberger H. (2007). Sechzig Jahre danach: Posttraumatische Belastungsstörungen, salutogene Faktoren und gutachterliche Einschätzungen bei Holocaust-Überlebenden im Langzeitverlauf. *Zeitschrift für Psychosomatische Medizin und Psychotherapie*, 53 (4), 380–392.

Freyberger H.J. & Freyberger H. (2010). Der Fall

Heinrich Himmler. *Psychosozial,* 33, 121 (3), 97–118.

Friedländer S. (2006). *Die Jahre der Vernichtung. Das Dritte Reich und die Juden. Zweiter Band. 1939–1945.* München: C. H. Beck.

Heil J. (2002). Shoah. In: Benz W. (Hrsg.), *Lexikon des Holocaust.* München: C. H. Beck,

Höss R. (1996): *Kommandant in Auschwitz.* München: dtv.

Kernberg O. F. & Hartmann H. B. (Hrsg.) (2009). *Narzissmus. Grundlagen, Störungsbilder, Therapie.* Stuttgart: Schattauer.

Knoop G. (1996): *Hitlers Helfer.* München: Bertelsmann.

Lasker-Wallfisch A. (1996): *Ihr sollt die Wahrheit erben. Breslau – Auschwitz – Bergen-Belsen.* Bonn: Weidle 1997.

Pressac J. C. (1993). *Krematorien von Auschwitz.* München: Pieper.

Rees L. (2005). *Auschwitz. Geschichte eines Verbrechens.* Berlin: Ullstein.

Salewsky A. (2002). *»Der olle Hitler soll sterben«. Erinnerungen an den jüdischen Kindertransport nach England.* München: Ullstein-Taschenbuchverlag.

Schwan H. & Heinrichs H. (2003). *Der SS-Mann Josef Blösche – Leben und Sterben eines Mörders.* München: Droemersche Verlagsanstalt.

Smith B. F. & Peterson A. F. (1974). *Heinrich Himmler Geheimreden 1933–1945 und andere Ansprachen.* Berlin: Propyläen.

Steinbacher S. (2007). *Auschwitz. Geschichte und Nachgeschichte.* München: C. H. Beck.

WOLFGANG U. ECKART

7. Traumatische Ereignisse und Erfahrungen im Kriegsroman, 1914–1938

In der historischen Traumaforschung stand bislang zu Recht die konkrete, im Lebensalltag erfahrene Gewalt im Mittelpunkt des Interesses. Auf die Reflexion solcher Gewalt in der Literatur wurde bislang nur am Rande geachtet. Dabei ist gerade die Literatur ein bedeutender Indikator für die Verarbeitung des Gewalterlebens, wie am Beispiel der literarischen Verarbeitung des Ersten Weltkriegs, der dramatischen Schlüsselkatastrophe des 20. Jahrhunderts, im deutschsprachigen Kriegsroman deutlich gemacht werden kann (Eckart, 2007). In diesem Zusammenhang ist es fast unerheblich, welche Tendenz diese Literatur verfolgte: ob sie pazifistisch oder national war, den Krieg als Fratze der *conditio humana* ablehnte oder kriegsverherrlichend ausgerichtet war. Die literarische Verarbeitung des Krieges in den Jahren von 1914 bis zum Beginn des neuen Weltkrieges 1939 prägte die kollektive Erinnerung und das Bewusstsein der Leser und Leserinnen dieser Texte – gleichgültig auch, ob es sich bei diesen Formen der Verarbeitung um solche handelte, die sich aus unmittelbarem, persönlichem Erleben der Autoren speiste, oder ob imaginäre Schlachtfelder (Vollmer, 2003) entworfen wurden. Entscheidend ist, dass deren »Adäquationsanspruch vom Leser eingelöst wurde«, dass von den Rezipienten solcher Literatur »auf der Basis eigener« *(inner experience)* oder auf der Grundlage fremder Berichte »imaginierter Erfahrungen die Darstellung des Kriegserlebnisses als angemessen und ›typisch‹« empfunden wurde (Müller, 1986, S. 29).

Der deutsche Kriegsroman der zwanziger und dreißiger Jahre, den wir heute allenfalls noch in Gestalt des pazifistischen Antikriegsepos Erich Maria Remarques (1898–1970) von der verlorenen Generation *(lost generation)*, Im Westen nichts Neues (1929), erinnern, ist ein epochentypisches Genus der Literatur der Zwischenkriegszeit 1933 bis 1939. Kein anderes Thema ist als literarisch bedeutender Stoff so häufig behandelt worden wie das unmittelbare Erleben des Weltkrieges und seine Verarbeitung. Kein anderes Genus erreicht in der Gattung Roman so hohe Auflagenziffern, keines war wohl auch politisch so prägend für das lesegewohnte Publikum, das die Traumatisierungen des Krieges ebenso erlebt hatte wie die Schmach der durch Versailles als erzwungen empfundenen Niederlage und sich für den politischen Revisionismus einer Zeit öffnete, die den Humus für Diktatur und neues Verderben lieferte (Müller, 1986, S. 1). Die 2003 durch Jörg Vollmer vorgelegte Studie zur »Kriegsliteratur in der Weimarer Republik« ermittelt 671 (!) Romantitel zwischen 1915 und 1939, deren Autoren den Krieg – aus eigener oder fremder Erfahrung gespeist – schildern, darunter auch literarische Erlebnisberichte aus der Kriegsgefangenschaft. Unmittelbar medizinischer Stoff (Lazarettaufenthalt und Verwundungen, Ärztliches) wird nur in einer geringen Zahl von Titeln behandelt; aber es liegt auf der Hand, dass das mörderische Kriegsgeschehen an allen Fronten mit der Unmittelbarkeit des körperlichen und seelischen Erlebens und Leidens im Krieg in nahezu jedem der über 600 Romane dazu zwingt, die Themen Verwundung, Krankheit, Behandlung, Sterben und Tod aufzugreifen.

7.1 Kein Entrinnen: Mensch und Maschine

Der Erste Weltkrieg wird zu Recht als der erste Maschinenkrieg der Weltgeschichte beschrieben (Eckart, 2005a, b). Er ist hochtechnisiert, mit ihm verbunden ist eine bislang ungekannte Tötungs- und Zerstörungsgewalt der Waffen, wie Artillerie und Maschinengewehr; der Tod selbst ist zum Maschinisten geworden. Der Erste Weltkrieg ist der erste große Graben- und Stellungskrieg, der erste chemische Krieg mit Kampfgas und Kontaktgiften, der erste Panzerkrieg mit unförmig-mönströsen Eisendämonen auf Ketten, der erste Luftkrieg mit Zeppelinen, Ballons und Jagdfliegern, mit Sprengbomben und Stahlpfeilen, die, lautlos senkrecht vom Himmel jagend, Menschen *a capite ad calcem* durchbohren. Aber es sind nicht nur die Technisierung des Schlachtfeldes und die Wucht der Ereignisse, die die besondere Bedrohung der Soldaten im Stellungskrieg ausmachen und sie immer wieder in die Nähe des seelischen und nervlichen Zusammenbruchs bringen; es ist vor allem die Unentrinnbarkeit des Geschehens, das reflexiv normales Verhalten in Situationen existenzieller Gewaltbedrohung unmöglich macht. Der Frontgraben bietet keine Fluchtmöglichkeit nach hinten, nur schwache Deckung von vorn, ein Feind ist nicht sichtbar, und gegen jeden Verteidigungs- und Ausbruchsreflex stehen Todesbedrohung und Befehl. Der Soldat wird so zum modernen Tantalos oder Prometheus, der als Strafe für seinen Frevel an den Göttern gefesselt und unbeweglich alle Qualen hilflos ertragen muss. Ernst Jünger greift dieses klassische Bild in seinem Text *In Stahlgewittern* (1920) auf:

»Man stelle sich vor, ganz fest an einen Pfahl gebunden und dabei von einem Kerl, der einen schweren Hammer schwingt, ständig bedroht zu sein. Bald ist der Hammer zum Schwung zurückgezogen, bald saust er vor, daß er fast den Schädel berührt, dann wieder trifft er den Pfahl, daß die Splitter fliegen – genau dieser Lage entspricht das, was man deckungslos inmitten einer schweren Beschießung erlebt« (Jünger, 1983, S. 91f.).

Edlef Köppen (1893–1939) beschreibt in seinem pazifistischen Roman *Heeresbericht* (1930) den symbiotischen Annäherungsprozess von Mensch und Artilleriegeschütz während eines mörderischen Schnellfeuerangriffs, der Schützen und Munitionsträger über den Rand der Erschöpfung peitscht und die Geschütze fast bis zum Bersten gleichsam ins Fieber treibt:

»›Schnellfeuer‹, das heißt: nach zehn Minuten ist der Pulsschlag der Menschen verdoppelt. Das Herz schlägt nicht mehr in der Brust, sondern im Hals. Erst hat der Puls die Glieder zittern lassen [...]. ›Schnellfeuer‹: Die Wut der Menschen überträgt sich auf die Geschütze. Sechs metallene kalte Rohre geben mit Sachlichkeit sechsmal in sechzig Sekunden den Tod von sich. Nach kurzem fauchen sie weißlichen Dampf, schwitzen wie die Menschen, die arbeitenden Menschen an der Maschine. Dann bekommt die Maschine Blut: die Rohre sind heiß wie Fieber« (Köppen, 2005, S. 75).

Und was geschieht auf der anderen Seite, dort, wo die Granaten nach kurzem Flug über die Gräben des Stellungskrieges in so schneller Folge auftreffen und detonieren, dass man die einzelnen Einschläge nicht mehr zählen kann? Franz Schauwecker (1890–1964) hat in seinem Kriegsroman *Aufbruch der Nation* (1929), wenngleich in verklärender Ästhetisierung, geschildert, wie Einschlag und Bersten eines Geschosses in der unmittelbaren Empfindung des Grabensoldaten wohl zu imaginieren seien. Albrecht, einer der Protagonisten des Romans, erlebt den Einschlag der Granate, als befände er sich im Maschinenraum einer Werkshalle:

»*Ein Klumpen von Glut und Druck zerbarst schmetternd. Brocken spritzten weg. Dampf wirbelte kochend, und ein blendender Strahl von Hitze fuhr in den Graben. Schnurgrade über Albrechts Kopf weg stand ein hundertfacher Pfiff aus glühenden Ventilen, ein sausendes Gewirr von Motoren. Er begriff nichts*« *(Schauwecker, 1929, S. 59).*

7.2 Die Verwundung: Männliches Erleben des Traumas

Verwundung, Verletzung, Verlust der Gliedmaßen, pulsierendes Blut aus offenen Wunden, Schmerzen sind genretypische Elemente des Kriegsromans, so unterschiedlich auch ihre Funktionen sein können. Kurt Tucholsky hat 1922 und 1926 rhetorisch angezweifelt, ob die Soldatenwunden aus dem »Felderleben« (Wegeleben, 1921) in den Laufgräben und Granattrichtern im Westen Jahre nach dem Kriegsende noch »frisch« (Tucholsky, 1926, S. 5) genug sein könnten – »Jeder Schmerz wird vergessen« (Tucholsky, 1972, S. 1035) –, um die »Scheußlichkeiten des Krieges« überhaupt noch erinnern zu können. Sie waren es, das Trauma des Krieges war keineswegs vergessen, und man darf *ex post* bezweifeln, dass die literarische »Gewohnheit [...] gegen das Schauspiel« allmählich abgestumpft hat, wie Walter von Holländer (1892–1973) 1916 in einem Aufsatz über »Die Entwicklung der Kriegsliteratur« (Holländer, 1916, S. 1278) vermutete.

Der Weltkriegsroman ist männliches Epos *sui generis*, Männer sind seine Autoren, Männer seine Protagonisten (Niven, 1998; Hagemann & Schüler-Springorum, 2002; Schilling, 2002; Treiblmayr, 2004). Männer räsonieren über das Patriotische ihres Tuns, über das Männliche ihres Patriotismus, über die Notwendigkeit gerechter, männlicher Gewalt für die Nation, über das körperliche Opfer solcher Gewalt und seine im Opfergang heroisierende Kraft; und Männer sind es auch, die in pazifistischer Absicht vom Grauen des Krieges berichten, von sinnloser, entmenschlichter Gewalt, von der Fratze des verabscheuungswürdigen Kriegs. In diesem Funktionsumfeld ist der

Kriegsroman auch und ganz selbstverständlich *narratio* vom männlichen Körper, je nachdem über welchen Körper berichtet wird: masochistische Narration (Vollmer, 2003, S. 248) – patriotisch und sexuell im Sinne der Mannbarkeit, der Reife hoch aufgeladen – oder eben leidende Narration von der kathartischen Läuterung des einst Kriegsbegeisterten oder als Instrument zum Zwecke der Abschreckung. Immer ist das körperliche Leiden im Kriegsroman, wo es nicht als Ästhetisches für sich allein steht, wie gelegentlich bei Jünger, mit sekundärem Gewinn verknüpft.

Im patriotischen Kriegsroman sind Verwundung und körperliche Gewaltfolgen, der Umstand, dass man fürs Vaterland Blut verlor, schlechthin Elemente einer kollektiven Frontgeist-Erfahrung, eines Initiationsritus, der läuternd auf eine neue Stufe vorbildhafter Männlichkeit hebt. Fassbar wird dies etwa in Franz Schauweckers *Der feurige Weg* (1926), als junge Rekruten in der Garnison, also noch vor der eigenen »Feuertaufe«, dem kriegsverwundeten Helden in der Kantine bewundernd gegenübersitzen und empfinden:

»*Das Erlebnis der Front [...] hebt ihn gänzlich aus uns heraus und schafft um ihn einen Bannkreis von Männlichkeit und Heldentum, vermischt mit einem aufreizenden Dunst von Abenteuer und Grauen, in dem wir uns mit Achtung und Bewunderung bewegen. Er hat gekämpft, er hat geblutet, er hat dem Tod gegenüber seinen Mann gestanden. Er ist eine neue Art Mensch*« (Schauwecker, 1926, hier zit. nach Vollmer, 2003, S. 248).

Entsprechend wird das erste Selbstbluten der »Schmerzensmänner« im Angesicht des Todes als Folge erlittener Kriegsgewalt, worauf Jörg Vollmer eindrücklich hinweist, als genussvoll und dankbar erfahrene körperliche Initiation und Erlebnisdimension auf dem Wege zu einer »glückbesetzten Mannwerdung«, ganz im Sinne einer quasi männlichen Menstruation, wahrgenommen und gelebt. Ein solches Kalvarienopfer, religiös wie der zur Erlösung weisende Leidensweg Christi, weltlich wie ein Ritterschlag und archaisch wie die Inbesitznahme neuen Landes durch vergossenes eigenes Blut, wird wie in Hans Zöberleins (1895–1964) Erzählung *Der Glaube an Deutschland* (1931) vorgestellt. Nach der Verwundung empfindet der Held

»*keine Angst, [...] nur das Erschrecken vor einem anderen Zustand des Lebens. [...] Es muß doch etwas Ungeheures, Gewaltiges ums Sterben sein. Mag sein, daß ich vor dieser Erinnerung noch leise zittere, vielleicht auch vor dem Gefühl des inneren Glückes [...]*« (Zöberlein, 1938, S. 34 f.).

Heroische Eigen- und Gemeinschaftsdiskurse bedürfen des Schmerzes und kriegerischen Gewalterlebens zur Selbstversicherung und zur nationalen heroischen Überhöhung des eigenen Handelns im Kriege, und sei es noch so selbstzerstörerisch, ein Beispiel hierfür ist die fast im Wahn erlebte Eroberung eines feindlichen Maschinengewehres mit bloßen Händen in Werner Beumelburgs (1899–1963) *Die Gruppe Bosemüller* (1930):

»*Plötzlich spürt der Kleine etwas ungeheuer Heißes in sich. Es fällt etwas von ihm ab, es ist auf einmal alles so leicht. Er stößt einen Schrei aus, einen verzweifelten und wilden Schrei. Ist er denn selbst das? [...] Was tut er denn? Ist er verrückt geworden? Er muß es wohl. Er greift mit beiden Händen an einen glühend heißen Ma-*

schinengewehrlauf. Er läßt nicht los, er hält fest wie eine Katze« (Beumelburg, 1930, S. 49 f.).

Der Todesschrei ist eines der Elemente heldenhaften Sterbens. Die Variationsbreite seiner epischen Präsentation ist schier unerschöpflich – schrill, gurgelnd, spitz, verzweifelt, wild wird geschrien, manchmal »quäkend«, wie wenn ein »Gespenst entgegentritt« (Jünger, 1920/1983, S. 100). Auch die Artikulation des körperlichen Traumas in Wimmern und Stöhnen in der Verwundungssituation ist für den Kriegsroman genretypisch. In Franz Schauweckers Roman *Aufbruch der Nation* (1929) erlebt der Student Albrecht im Grabenkampf an der Ostfront zum ersten Mal die traumatisierende Brutalität des Sterbens im Krieg:

»Er war eiskalt mit Würgen und Schlucken. Sein Herz loderte blutig in der vertrockneten Kehle. Jemand krächzte und schlug um sich. Jemand lag auf der Erde, an die Grabenwand geschleudert, ein schreiender Haufen, blödsinnig verdreht. [...] Da lag Holm auf der Erde. Er lag da wachsgelb, mit halbgeschlossenen Augen, halb auf der Seite und stöhnte leise, ein röchelndes Knurren von Krampf und Schmerz. [...]« (Schauwecker, 1929, S. 59).

Auch das Eigenerleben einer Verwundung durch den erfahrenen Frontsoldaten, der fast lässig, ohne sein Rauchen zu unterbrechen, während er schon im »feinen Strahl« blutend in den Unterstand rennt, seine Verwundung wie eine Trophäe verkündet, ist hier einzuordnen. Ernst Jünger erzählt hiervon (von sich) in *In Stahlgewittern* (1920):

»Kaum stand ich zwischen ihnen, gab es vor der Haustür einen scharfen Knall, und im selben Augenblick spürte ich einen starken Schlag gegen den linken Unterschenkel. Mit dem uralten Kriegerruf: ›Ich habe einen weg‹ sprang ich, meine Shagpfeife im Munde, die Kellertreppe hinab« (Jünger, 1920/1983, S. 118).

Angesichts des Todes allerdings transformiert der Kriegerruf zum Schrei, mit dessen »Gellen die Lebensluft auszuströmen« (Jünger, 1920/1983, S. 316) scheint, und der Blick ins Schattenreich des Todes wird möglich. Als Jünger Monate zuvor, am Oberschenkel verwundet, versucht hatte, durch das Grabengewirr des frontnahen Bereichs zu einer Verbandsstelle zu gelangen, eröffnete sich ihm ein solcher Blick in den »Hades«:

»Der Durchgang war entsetzlich, von Schwerverwundeten und Sterbenden versperrt. Eine bis zum Gürtel entblößte Gestalt mit aufgerissenem Rücken lehnte an der Grabenwand. Ein anderer, dem ein dreieckiger Lappen vom Hinterschädel herabhing, stieß fortwährend schrille, erschütternde Schreie aus. Hier herrschte der große Schmerz, und zum ersten Male blickte ich wie durch einen dämonischen Spalt in die Tiefe seines Bereichs. Und immer neue Einschläge« (Jünger, 1920/1983, S. 35).

7.3 Herz und Blut

Der Erste Weltkrieg ist häufig genug als traumatisches Erlebnis der deutschen Gesellschaft, und zwar nicht nur als das der am Krieg unmittelbar Beteiligten, sondern auch als das der folgenden Generationen beschrieben worden. Er war in erster Linie aber ein traumatisches Erlebnis für die Frontsoldaten selbst, für ihre Körper selbstverständlich in einem ganz unmittelbaren Sinn, vielleicht noch mehr aber für ihre Psyche.

Der Kriegsteilnehmer Alexander Moritz Frey (1881–1957) schildert in seinem »Feldsanitätsroman« *Die Pflasterkästen* die kleinen Ursachen – »ein Splitterchen in Linsengröße« –, die den unwiderruflichen Herztod bewirken konnten. Ein Sanitätsschreiber wird 1918 an der Westfront von einem Granatsplitter ins Herz getroffen und stirbt schnell:

»Und als sollte [...] demonstriert werden, durch welche Kleingkeiten man um die Ecke gebracht werden kann [...], bekommt eines Morgens der jüngere der beiden Kanzlisten ein Splitterchen in Linsengröße ab. [...] Die Lippen werden farblos – unterm nächsten Zugriff schimmern sie blau. Er hat die Augen geschlossen – daß sie nun halb aufgehen, ist kein Erwachen, kein Zurückkehren, es ist das Erschlaffen der Lider, die auf Halbmast gehen und keinen Blick mehr enthüllen, nur das Gebrochene ehemaliger Blicke. [...] Stabsarzt Fünfer faßt nur noch an einem Körper umher, der schon kalt wird. [...] ›Da ist offenbar etwas ganz Kleines mitten ins Herz gedrungen‹, formuliert Fünfer seine Diagnose ungewollt und ungewöhnlich albern« (Frey, 1929/1984, S. 201f.).

Alexander Freys *Pflasterkästen* gehört in die Reihe der pazifistischen Kriegsromane der Weimarer Republik und fand daher in der Linken begeisterte Rezensenten, so etwa Carl von Ossietzky (1889–1938) der in der *Weltbühne* 1929 bemerkt:

»Dieses Buch kann nicht mißverstanden werden. Denn es sucht den Krieg dort, wo das Pathos aufhört: – auf dem Verbandsplatz. Wo das Blut im Schmutz verrinnt, wird nichts Heroisches mehr vorgespielt. Hier ist die Abdeckerei der eisernen Zeit. Hier ist der Ort, der vom Schreibtisch her, wo die ideologischen Verteidigungen des Kriegs geformt werden, nicht gesehen wird« (Ossietzky, 1929, S. 686).

Blut spielt in allen Kriegsromanen der Zeit, in den patriotisch kriegsverherrlichenden wie in den pazifistischen, eine herausragende Rolle. Es ist ein merkwürdiger Mythos, der die Bedeutung dieses besonderen Körpersaftes maßlos überhöht: Es ist das Blut, das pulsend aus der Wunde schießt, Blut, das dem Vaterland geopfert wird, Blut, das sich in fremden Boden ergießt und dadurch Ansprüche des Sieges besiegelt, wie bei Hans Zöberleins *Der Glaube an Deutschland* (1931) oder auch in Josef Magnus Wehners (1891–1973) pathetisch-nationalem Kriegsroman *Sieben vor Verdun* (1930).

Dass der Krieg sein »Blutopfer« fordern würde, ist den Soldaten von der ersten Minute des Kampfes an bewusst. »Er schien uns männliche Tat, ein fröhliches Schützengefecht auf blumigen, blutbetauten Wiesen. ›Kein schönrer Tod ist auf der Welt‹ Ach, nur nicht zu Haus bleiben, nur mitmachen dürfen!« (Jünger, 1920/1983, S. 7), räsonieren die jungen Rekruten vor der Schlacht in Flandern bei Ernst Jünger. Die Realität des Blutes holt sie indessen bald ein, etwa beim Anblick »blutüberströmter« (Jünger, 1920/1983, S. 8) Soldaten, blutiger »Zeug- und Fleischfetzen« (ebd., S. 26), zum Himmel starrender »blutbesudelter Vollbärte« (ebd., S. 27) oder als die »Wärme des reichlich strömenden Blutes« (ebd., S. 35), die davon kündet, dass man verwundet ist. Dass aber selbst die Bluterlebnisse der eigenen Traumatisierung kindheitsbiographisch positiv besetzt und ästhetisierend wiedergegeben werden können, wird in Georg van der Vrings (1889–1963) Roman *Soldat Suhren* (1928) verspielt und in der Banalität der Wiedergabe beinahe grotesk erzählt. Dem Ich-Erzähler schlägt an der russischen Front »etwas wie die große behaarte Hand [seines] Schreiblehrers gutmütig und riesenhaft gegen meinen Ellbogen«. Er ist verwundet:

»Aus meinem rechten Arm fließt Blut. Auf dem Boden bildet sich eine Blutlache und vergrößert sich rasch. Ich lasse den Arm hängen, lege die Finger wie beim Schreiben zusammen, und nun rinnt der rote Faden Blut mitten in die Lache hinein. Das ist ein Spiel, welches müde macht. Der Fleck auf dem weißen Kreideboden wird groß und hat die Form eines Sonnenschildes. Dann beginnt das Blut zu tröpfeln« (van der Vring, 1928, S. 376).

7.4 Die Nerven

Verglichen mit dem Topos des vergossenen Blutes wird im Kriegsroman erstaunlich selten der zeitgenössische und für die Kriegspsychiatrie der Jahre 1914 bis 1918 so typische »Nerven-Diskurs« aufgenommen. Dies ist allerdings erklärlich, denn das psychische Kriegstrauma ist dramatisch negativ als Kriegshysterie, als Simulantentum, als selbstsüchtige, zur Flucht vor der Front verhelfende Feigheit konnotiert. Dabei traten gerade psychische Traumatisierungen im Laufe des Kriegsgeschehens bei den Soldaten aller beteiligten Kriegsparteien – besonders in den andauernden Stellungskämpfen und Materialschlachten an der französischen und belgischen Front – in großer Zahl auf. »Kriegsneurose« ist die sich im Ersten Weltkrieg in der ärztlichen Terminologie (Lembach, 1999) durchsetzende Bezeichnung für psychosomatische Erkrankungsbilder infolge des Kampfeinsatzes. Daneben gab es freilich in der Fachliteratur eine ganze Gruppe weiterer Bezeichnungen, wie die traumatische Neurose, die Zweck- und Schreckneurose, den Granat-(Shell-)Schock oder die Kriegshysterie, die im Grunde alle das Gleiche meinten: somatisch-neurogene Erkrankungsbilder, die durch plötzliche Kriegsereignisse ausgelöst, auch zu einer posttraumatischen Verhaltensveränderung der Soldaten führten und ihre eindrücklichste Ausprägungsform in den umgangssprachlich als »Kriegszitterer« oder einfach als »Schüttler« bezeichneten und stigmatisierten Kriegsopfern fanden. Selbst bei vorsichtigen Schätzungen dürfen wir heute allein für Deutschland von etwa 200 000 solcher Kriegsneurotiker ausgehen (Ulrich, 2004, S. 654–656).

Das zeitgenössische Zerrbild des kriegstraumatisierten Soldaten, der angstgeschüttelt und zitternd nur seiner Neurose lebt, nicht aber seinem Volk und dem »gerechten« Sieg, steht im Roman für den inneren Feind im Mikrokosmos der Seele des ängstlichen, widerwilligen Kämpfers, auch für den Verlust der Männlichkeit, und wird im Makrokosmos des Krieges mit der Niederlage des Volkes im Kampf schlechthin identifiziert (Vollmer, 2003, S. 213). In der Novellensammlung *Menschen im Krieg* (1918) von Andreas Latzko (1876–1943), der wegen dieser Sammlung und wegen seines Romans *Friedensgericht* (1918) des Defätismus bezichtigt und von der österreichischen Armee degradiert wurde – beide Schriften waren in Deutschland verboten –, wird ein derart Kriegstraumatisierter vorgestellt, der soeben aus der mörderischen Isonzo-Schlacht zurückgekehrt ist:

»Landsturmmann mit gelichtetem Hinterkopf, bekannter Opernkomponist in Zivil, saß versunken, mit zuckenden Gliedern und unstet irrenden Augen auf seiner Bank, ohne Anteil zu nehmen am Gespräch. Er war vor einer Woche erst ein-

geliefert worden, mit einer schweren Nervenerschütterung, die er sich auf dem Doberdo-Plateau geholt. In seinem Blick kauerte noch das Grauen« (Latzko, 1918, S. 15).

Den mahnenden Worten des Leutnants, der an den drohenden Verlust des Ansehens bei der »tapferen« Ehefrau in der Heimat erinnert und so zugleich den drohenden Verlust heldenhafter Männlichkeit anmahnt, kann er nicht folgen: »Alle müssen gehen! Wer nicht geht, ist ein Feigling, und einen Feigling wollen sie nicht haben. Das ist's ja! Verstehst Du nicht? Jetzt sind Helden modern« (Latzko, 1918, S. 28 f.). Doch der Landsturmmann versteht es nicht.

7.5 Zusammenfassung

Das traumatische körperliche und seelische Erleben des Krieges, mit Verwundung und Sterben, war ein bestimmendes Element des deutschen Kriegsromans und der Kriegslyrik der Jahre 1914 bis 1939. Je nach Perspektive des Autors wurde der Abscheu vor den »Scheußlichkeiten« des Krieges (in pazifistische Absicht) zum Ausdruck gebracht oder das heroisierende männliche Körperopfer – in patriotischer, den Krieg verherrlichender Perspektive – hervorgehoben. Die wenigen hier behandelten Beispiele aus der erdrückenden Fülle des literarischen Schaffens jener Jahre zeigen, ganz unabhängig von ihrer politischen Tendenz, bereits, dass die Körperlichkeit der Schlachterfahrung, ob in authentischer Erinnerung oder in imaginärer Konstruktion, ihr Lesepublikum erreicht haben muss. Kein anderer literarischer Stoff der Zeit war so auflagenstark und vermutlich so wirkmächtig wie der des Kriegsromans mit der Darstellung der kämpfenden Soldaten auf den Schlachtfeldern des Westens und Ostens. Sinnhaftigkeit oder Sinnlosigkeit der körperlichen traumatischen Erfahrung standen für das kollektive Erleben und Erinnern einer ganzen Männergeneration, die sich in der Weimarer Republik als verloren oder im heldenhaften Aufbruch befindlich deutete. Auf genau dieser Erfahrung des vergossenen Blutes und des nationalen Opfergangs konnten die diktatorischen Machthaber des dritten Reichs ideologisch aufbauen und im Rückgriff darauf sowohl die brutale biologische Umgestaltung der Gesellschaft im inneren Krieg als auch die mentale Vorbereitung und Begleitung des neuen Krieges gestalten.

7.6 Literatur

Primärliteratur
Beumelburg W. (1930). *Die Gruppe Bosemüller*. Oldenburg: Stalling 1930.
Frey A. M. (1929/1984). *Die Pflasterkästen. Ein Feldsanitätsroman* (Berlin: Gustav Kiepenheuer Verlag 1929) Leipzig/Weimar: Kiepenheuer 1984.
Jünger E. (1920/1983). *In Stahlgewittern. Aus dem Tagebuch eines Stoßtruppführers* (Leisnig: Robert Meier 1920) Stuttgart: Klett-Cotta 1983.
Köppen E. (1930/2005). *Heeresbericht*. (Berlin: Horen-Verl. 1930) Berlin: List 2005.
Latzko A. (1918). *Menschen im Krieg*. Zürich: Rascher.
Ossietzky C. v. (1929). Die Pflasterkästen. *Die Weltbühne*, 25 (30. 4. 1929), 686 f.
Remarque E. M. (1929). *Im Westen nichts Neues*. Berlin: Propyläen-Verlag.
Schauwecker F. (1929). *Aufbruch der Nation*. Berlin: Dt. Buch-Gemeinschaft.
Schauwecker F. (1926). *Der feurige Weg*. Leipzig: Der Aufmarsch.
Tucholsky K. [Pseud.: Ignaz Wrobel] (1922/1972). Das Felderlebnis. (*Die Weltbühne*, 17. 08. 1922,

Nr. 33, 155) In: Ders. *Gesammelte Werke.* Bd. 1, Reinbek b. Hamburg: Rowohlt 1972, 1035–1040.

Tucholsky K. (1926). Vorwärts –! *Die Weltbühne,* 22 (5.1.1926), 1–5.

van der Vring G. (1928). *Soldat Suhren.* Berlin: Spaeth.

Wegeleben S. (1921). *Das Felderlebnis: Eine Untersuchung seiner Entwicklung, seines Wesens und seiner Bedeutung für die Gegenwart.* Berlin: Furche-Verlag.

Wehner J.M. (1930). *Sieben vor Verdun. Ein Kriegsroman.* München: Müller.

Zöberlein H. (1938). *Der Glaube an Deutschland. Ein Kriegserleben von Verdun bis zum Umsturz.* 25. Aufl. München: Eher.

Sekundärliteratur

Eckart W.U. (2005a). Krieg. In: v. Jagow B. & Steger F. (Hrsg.). *Literatur und Medizin. Ein Lexikon.* Göttingen: Vandenhoeck & Ruprecht, Sp. 452–458.

Eckart W.U. (2005b). Kriegsgewalt und Psychotrauma im Ersten Weltkrieg. In: Seidler G. & Eckart W.U. (Hrsg.). *Verletzte Seelen. Möglichkeiten und Perspektiven einer historischen Traumaforschung.* Gießen: Psychosozial-Verlag, 85–105.

Eckart W.U. (2007). »Eiskalt mit Würgen und Schlucken« – Körperliches und seelisches Trauma in der deutschen Kriegsliteratur, 1914–1939. *Trauma & Gewalt,* 1, 186–199.

Hagemann K. & Schüler-Springorum S. (2002). *Heimat-Front – Militär und Geschlechterverhältnisse im Zeitalter der Weltkriege.* Frankfurt a. Main u. a.: Campus.

Holländer W.v. (1916). Die Entwicklung der Kriegsliteratur. *Die Neue Rundschau,* 27 (2), 1274–1279.

Lembach F. (1999). *Die »Kriegsneurose« in deutschsprachigen Fachzeitschriften der Neurologie und Psychiatrie von 1889 bis 1922.* Diss., Universität Heidelberg.

Müller H.-H. (1986). *Der Krieg und die Schriftsteller. Der Kriegsroman der Weimarer Republik.* Stuttgart: Metzler.

Niven B. (1998). The procreative male – male images of masculinity and femininity in rhight-wing German literature of the 1918–1945 period. *Forum for Modern Language Studies,* 34 (3), 226–236.

Schilling R. (2002). *Kriegshelden: Deutungsmuster heroischer Männlichkeit in Deutschland 1813–1945.* Paderborn u. a.: Schöningh.

Treiblmayr C. (2004). Review article – Militarism revisited: Masculinity and conscription in Germany. *Journal of Contemorary History,* 39 (4), 649–656.

Ulrich B. (2004). Kriegsneurosen. In: Hirschfeld G., Krumeich G. & Renz I. (Hrsg.). *Enzyklopädie Erster Weltkrieg.* 2., durchges. Aufl. Paderborn u. a.: Schöningh.

Vollmer J. (2003). *Imaginäre Schlachtfelder: Kriegsliteratur in der Weimarer Republik. Eine literatursoziologische Untersuchung.* Phil. Diss. Freie Universität Berlin.

G

Therapeutische Möglichkeiten

FRANK WAGNER

1. Die kognitive Verhaltenstherapie

1.1 Einleitung

Die kognitive Verhaltenstherapie (KVT) umfasst ein breites Spektrum verschiedener Interventionen, die gemeinsam die Veränderung dysfunktionaler Gedanken und Verhaltensmuster zum Ziel haben. Die klassische Verhaltenstherapie entstand Anfang des 20. Jahrhunderts auf den Grundlagen behavioristischer Lerntheorien, ihre Entwicklung erfolgte jedoch unabhängig davon durch Wissenschaftler weltweit, eine Gründungsfigur wie etwa bei der Psychoanalyse oder der Gesprächstherapie gibt es nicht. Ab den 60er und 70er Jahren wurden die behavioristischen Ansätze als zu starke Einschränkung für die Erklärung menschlichen Erlebens und Verhaltens angesehen, weshalb zunehmend Modelle einbezogen wurden, die Informationsverarbeitungsprozesse zur Erklärung von Verhalten und Erleben heranziehen. Psychische Prozesse wie Wahrnehmung, Aufmerksamkeit, Denken und Gedächtnis, die man auch als Kognitionen bezeichnet, haben seitdem einen zentralen Stellenwert innerhalb der Verhaltenstherapie. Therapeuten wie Albert Ellis und Aaron T. Beck entwickelten neuartige Therapieverfahren, denen das Verständnis von psychischen Störungen als Folge unangemessener Informationsverarbeitungsprozesse und Denkmuster zugrunde liegt. Während sich die neuen Therapien anfangs noch von der klassischen Verhaltenstherapie abgrenzten, kam es im Lauf der Entwicklung zu einer immer stärkeren Integration beider Richtungen. Die kognitive Verhaltenstherapie umfasst heute sowohl die klassischen Verfahren wie auch die damals neuen kognitiven Therapien, ihre Wirksamkeit ist für eine große Breite an Störungsbildern gut belegt. Neben der analytischen und tiefenpsychologisch fundierten Psychotherapie ist die Verhaltenstherapie in Deutschland als eines der drei psychotherapeutischen Richtlinienverfahren anerkannt, deren Kosten von den Krankenkassen übernommen werden.

Nach Aufnahme der Posttraumatischen Belastungsstörung 1980 in das DSM-III-R wurden Ende der 80er, Anfang der 90er Jahre verhaltenstherapeutisch-kognitive Ansätze für die Behandlung der Posttraumatischen Belastungsstörung adaptiert und in den darauffolgenden Jahren systematisch weiterentwickelt. Die traumafokussierte kognitive Verhaltenstherapie ähnelt in vielen Bereichen der Behandlung anderer

Störungsbilder, wie etwa Ängste und Depressionen.

Kernelemente der traumafokussierten kognitiven Verhaltenstherapie stellen Expositionsverfahren sowie kognitive Verfahren dar. Diese haben die Veränderung dysfunktionaler Gedanken und Interpretationen des Traumas und seiner Folgen zum Ziel, die ihrerseits wiederum das Gefühl von Bedrohung oder wahrgenommener Unsicherheit aufrechterhalten. Weitere Kernelemente sind das Diskriminationstraining bzw. Diskriminationslernen bezüglich Auslösern (Triggern) von Intrusionen sowie das Erlernen von Techniken zur Emotionsregulation. Hierzu gehören beispielsweise Entspannungstechniken, Übungen zur Ressourcenaktivierung, wie etwa das Fördern positiver Gefühle oder Techniken zur Erhöhung der inneren Achtsamkeit, sowie das Erlernen interpersonelle Fertigkeiten (Cloitre et al., 2002; Linehan, 1996).

Zu Beginn jeder verhaltenstherapeutischen Behandlung ist es zunächst wichtig, durch Akzeptanz, Wertschätzung, Empathie und einfühlendes nicht-wertendes Verstehen eine vertrauensvolle therapeutische Beziehung zu gestalten. Weiterhin stellt die Psychoedukation über das Störungsbild und seine die Symptome aufrechterhaltenden Bedingungen sowie über Behandlungsmöglichkeiten eine Grundvoraussetzung für jegliche weitere Anwendung einer spezifischeren Methode dar. Patienten sollen die Mechanismen der Entstehung und Aufrechterhaltung der Posttraumatischen Belastungsstörung sowie das Behandlungsrational verstehen.

Nachfolgend sollen die wichtigsten Kernelemente der traumafokussierten kognitiven Verhaltenstherapie näher erläutert werden.

1.2 Expositionsbehandlung

Die Expositionsbehandlung der Posttraumatischen Belastungsstörung beinhaltet gewöhnlich eine Konfrontation mit traumarelevanten Inhalten. Dies geschieht einerseits *in sensu*, d. h. durch mehrmaliges Wiedererleben der traumatischen Ereignisse oder traumarelevanter Reize in der Imagination. Ergänzt wird diese Form der Konfrontation durch eine Exposition *in vivo*, d. h. durch eine wiederholte Exposition mit sicheren, jedoch vom Patienten vermiedenen Situationen, durch die Erinnerungen an das Trauma ausgelöst werden. Diese beiden Expositionsformen werden nachfolgend näher erläutert.

1.2.1 Exposition in sensu

Eine Exposition *in sensu*, auch imaginative Exposition genannt, beinhaltet das bewusste Wiedererleben des traumatischen Ereignisses in der Vorstellung. Das Ereignis soll hierbei im geschützten Rahmen des Therapiesettings so lebhaft wie möglich auf allen Sinneskanälen vergegenwärtigt werden, so als ob es gerade im Moment von neuem geschähe. Der Patient wird hierzu gebeten, die Augen zu schließen und das Ereignis im Präsens laut und langsam zu schildern, einschließlich seiner Gedanken, Gefühlen und physischen Sensationen, die während des Ereignisses erlebt wurden; der Patient ist sich hierbei der sicheren Umgebung des therapeutischen Settings bewusst. Die imaginative Konfrontation mit den Traumainhalten wird in der Regel während des Behandlungszeitraums mehrmals wiederholt. Zur Vertiefung der Konfrontation werden den Patienten oft noch Tonbandmitschnitte ihrer Traumaschilderung mitgegeben, die zwischen den Sitzungen angehört werden sollen.

Je nach Belastung des Patienten kann bei der Exposition *in sensu* auch ein graduelles Vorgehen gewählt werden, indem der Patient das Traumaereignis zunächst in der Vergangenheit schildert oder es so erzählt, als wäre es einer anderen Person widerfahren. Eine weitere Technik ist das Schreiben über die Traumatisierung.

Ein zentraler Wirkmechanismus der *In-sensu*-Exposition ist die Habituation. Habituation wird hier meist so verstanden, dass eine Angstreaktion sich nur bis zu einem begrenzten Grad aufbauen und eine bestimmte Zeitdauer anhalten kann. Danach ist der Betroffene rein körperlich nicht mehr in der Lage, die starke Erregung weiter aufrechtzuerhalten, und die Angst nimmt von selbst ab. Schaffen es die Klienten in der Therapie, so lange in der angstauslösenden Situation zu verharren, bis dieser Punkt erreicht ist, können sie lernen, dass sich ihre übersteigerten Befürchtungen (z. B. »Ich werde verrückt werden«) nicht bewahrheiten – ihre Angst also unbegründet ist.

Einen weiteren Wirkmechanismus der Exposition stellt die Elaboration des Traumagedächtnisses dar. Traumatische Erinnerungen sind meist nur bruchstückhaft und ungenügend in die Struktur des autobiografischen Gedächtnisses eingebettet, Informationen zu Raum und Zeit werden nur ungenügend abgespeichert, was dazu führt, dass intrusive Erinnerungen so erlebt werden, als würden sie erst gerade geschehen. Durch Konfrontation kann so eine Rekonstruktion des Traumas und somit eine tiefere Nachverarbeitung, die eine Verknüpfung mit Informationen zu Raum und Zeit beinhaltet, in Gang kommen.

1.2.2 Exposition in vivo

Die Exposition *in vivo* gewinnt im Verlauf der Behandlung an Bedeutung. Bei ihr werden wiederholt ungefährliche, aber bisher vermiedene Situationen, Plätze und Objekte aufgesucht oder Tätigkeiten ausgeübt, die mit den traumatischen Erinnerungen assoziiert sind und deshalb irrationale Angst erzeugten. Das Aufsuchen des Ortes der Traumatisierung, Treffen mit Menschen, die ebenfalls während der Traumatisierung anwesend waren, oder das Anschauen von Bildern und Filmsequenzen mit ähnlichem Inhalt bzw. einer ähnlichen Situation ist ebenfalls Teil dieser Art der Exposition. Die Patienten sollen hierbei so lange in der angstauslösenden Situation verharren, bis ein Habituationseffekt eintritt.

Je nach Belastung des Patienten kann auch hier ein graduelles Vorgehen gewählt und zunächst mit weniger stark angstauslösenden Reizen begonnen werden. In der Regel werden hierzu verschiedene Übungen besprochen, die dann je nach Schwierigkeitsgrad und der Angst, die sie auslösen, hierarchisch geordnet werden, wobei dann mit den einfachen Übungen begonnen wird. Zu Beginn kann der Therapeut den Patienten begleiten, danach erfolgt die Konfrontation *in vivo* selbstgesteuert in Form einer Anleitung zu Übungen, die dann selbständig durchgeführt werden sollen.

1.2.3 Wirksamkeit von Expositionsverfahren

Die am ausgiebigsten untersuchte Expositionstherapie ist die lang andauernde Exposition (»prolonged exposure«, PE) von Foa, Hembree & Rothbaum (2007). Die PE wird üblicherweise in 9 bis 12 wöchentlich oder alle zwei Wochen stattfindenden Einzelsitzungen durchgeführt. Die Dauer eine Einzelsitzung beträgt 90 Minuten. In den ersten drei Sitzungen wird dem Patienten das Therapierational vorgestellt. Dies geschieht in Form einer Psychoedukation über die Aufrechterhaltung traumabezogener Symptome und darüber, wie *In-vivo-* und *In-sensu-*Exposition die Symptomatik reduzieren können.

Die *In-vivo-*Exposition wird mit dem Zusammenstellen einer Liste von Situationen eingeleitet, die vermieden werden und mit denen der Patient im Laufe der Therapie konfrontiert werden soll. Die Positionen in der Liste werden hierarchisch gegliedert, je nach Angstlevel. Die meisten dieser Expositionsübungen werden zu Hause geübt, begonnen wird mit dem untersten Item auf der Liste.

Die imaginative Exposition wird in der dritten Sitzung eingeleitet und bis zum Ende der Therapie durchgeführt. Der Aufbau der Sitzungen ist ähnlich wie bei der Exposition *in vivo*: Jede Sitzung beginnt mit einer Besprechung der Hausaufgaben, gefolgt von einer 30- bis 45-minütigen imaginativen Exposition, wonach wiederum das Erlebte diskutiert wird. Die Sitzung endet jeweils mit der Besprechung von Hausaufgaben für die folgende Woche. In der letzten Therapiestunde wird das bisher Erreichte besprochen und bewertet und es werden weiterführende Pläne dahingehend erstellt, wie der Patient das Gelernte alleine weiter ausüben kann.

1.3 Kognitionsfokussierte Behandlungselemente

Die kognitive Therapie geht von der Annahme aus, dass es vorwiegend die Interpretation eines Ereignisses ist und nicht das Ereignis selbst, was zu einer spezifischen emotionalen Reaktion führt. Von einem Traumaereignis Betroffene neigen häufig zu einer verzerrten Wahrnehmung und Interpretation der Ereignisse. Sie sehen die Welt oft als gefährlich und sich selbst als schwach an, was dazu führt, dass eigentlich harmlose Ereignisse als gefährlich eingestuft werden. So kann beispielsweise jemand, der Opfer einer Gewalttat geworden ist, die Wahrscheinlichkeit, erneut Opfer zu werden, deutlich überschätzen (»Das Ereignis kann jederzeit wieder geschehen«), so dass er dementsprechend viele alltägliche Situationen, wie etwa einkaufen zu gehen, vermeidet. Auch kommt es vor, dass ein Mensch die Verantwortung für ein Ereignis überschätzt (»Ich bin an allem schuld«). Solche dysfunktionalen Interpretationen des Traumas können zu exzessiver Furcht führen. Der Therapeut hilft nun dem Patienten, herauszufinden, wie die traumatische Erfahrung das Überzeugungssystem und die Gedanken beeinträchtigt hat. Der Patient lernt traumabezogenes Denken, welches Vermeidung triggert, zu identifizieren, und er lernt, diese Annahmen zu hinterfragen und andere Wege der Betrachtung zu finden. Die Basis der kognitiven Intervention stellen der Sokratische Dialog und das geleitete Entdecken dar. Der Therapeut lässt den Patienten zunächst prüfen, ob seine Einstellungen, Überzeugungen und Interpretationen des Traumas und seiner Folgen angemessen und hilfreich oder weniger angemessen und dysfunktional sind. Ziel ist es, den Patienten nicht zu überreden, sondern gemeinsam mit ihm Für und Wider seiner Argumente abzuwägen, um ihn so zu eigenen Schlussfolgerungen kommen zu lassen.

Zur Überprüfung von Argumenten werden auch Verhaltensexperimente eingesetzt. Beispielsweise neigen Traumapatienten dazu, intrusives Wiedererleben und jegliche Gedanken an das Trauma zu unterdrücken, weil diese als bedrohlich erlebt werden. Der paradoxe Effekt des Gedankenunterdrückens kann dann z. B. mittels eines solchen Experimentes verdeutlicht werden. Hierzu wird der Patient gebeten, die Augen zu schließen und an alles zu denken, nur nicht an einen weißen Elefanten oder an einen anderen zuvor festgelegten Reiz. Der Patient wird erleben, dass er nicht vermeiden kann, genau daran zu denken.

Unter den traumafokussierten kognitiven Verfahren haben sich die kognitive Verarbeitungstherapie von Resick und Schnicke (Resick & Schnicke, 1992) – eine Therapieform, die für Opfer sexueller Gewalt entwickelt wurde – sowie die kognitive Therapie für PTBS von Ehlers et al. (2005) als wirksam erwiesen. Den beiden Ansätzen ist gemeinsam, dass Erinnerungen an das traumatische Ereignis systematisch bearbeitet werden. Der Schwerpunkt liegt bei diesen Verfahren auf der Veränderung von dysfunktionalen Interpretationen des Traumas sowie auf die Symptome aufrechterhaltenden kognitiven Strategien (exzessives Grübeln, nicht daran denken wollen) und Verhaltensweisen.

1.4 Diskriminationstraining

Ein weiteres wichtiges Behandlungselement in der kognitiv-behavioralen Traumatherapie ist das Diskriminationstraining. Im Gegensatz zum Phänomen der Reizgeneralisierung ist das Ziel beim Diskriminationstraining eine Wahrnehmungs- und Verhaltensdifferenzierung. Da das intrusive Wiedererleben bei Traumatisierten überwiegend in Form von sensorischen Eindrücken geschieht, die im Hier und Jetzt erlebt werden, sind Kontextinformationen meist nicht vorhanden. Dies ist auch der Grund dafür, dass mit dem Trauma assoziierte Reize Intrusionen auslösen. Da Patienten in der Regel das genaue Hinschauen vermeiden, weil es als bedrohlich erlebt wird, sind korrektive Erfahrungen, hier das Einbetten in einen raum-zeitlichen Kontext, kaum möglich. Das Diskriminieren von Auslösern der Traumaerinnerungen erfordert zunächst eine systematische Beobachtung der Intrusionen und ihrer Auslöser. Wenn Auslöser identifiziert wurden, lernt der Patient, sich darauf zu konzentrieren, wie der Auslöser und der jetzige Kontext sich von der in der Vergangenheit liegenden traumatischen Situation unterscheiden.

1.5 Die Wirksamkeit kognitiv-verhaltenstherapeutischer Interventionen

In den letzten Jahren wurden weltweit zahlreiche Studien zur Wirksamkeit der kognitiven Verhaltenstherapie bei Posttraumatischen Belastungsstörungen durchgeführt. Gegenwärtig gilt die kognitive Verhaltenstherapie neben dem Eye Movement Desensitization and Reprocessing (EMDR) als wirksamstes Verfahren in der Behandlung der Posttraumatischen Belastungsstörung. Ein aktueller und detaillierter Überblick findet sich bei Foa et al. (2009).

1.6 Narrative Expositionstherapie (NET)

Die Narrative Expositionstherapie (NET) ist ein neuerer kognitiv-behavioraler Behandlungsansatz, der ursprünglich für den Einsatz in Krisengebieten entwickelt wurde (Schauer et al., 2005). Obwohl für die Anwendung in Niedriglohnländern entwickelt, wurde die NET inzwischen auch erfolgreich mit traumatisierten Flüchtlingen in Hochlohnländern durchgeführt.

Die Behandlung beinhaltet eine emotionale Exposition bezüglich der meist bruchstückhaften traumatischen Erinnerungen sowie die Reorganisation dieser Erinnerungen in eine kohärente chronologische Narrative. Hierbei wird angenommen, dass die Integration der traumatischen Erfahrungen in das autobiographische Gedächtnis sowie die Gewöhnung (Habituation) an schmerzvolle Gefühle einen heilsamen Effekt für den Klienten haben. Bei der NET konstruiert der Patient zusammen mit dem Therapeuten seine chronologische Lebensgeschichte von der Geburt bis zur Gegenwart, wobei diese vom Therapeuten schriftlich festgehalten wird. Es geht hierbei nicht um die Erfassung von reinen Fakten, vielmehr wird ein emotionaler und erlebnisnaher Bericht angestrebt, wobei der Therapeut den Patienten zu einer streng chronologischen Erzählweise anleitet, die in ihrem Ablauf verlangsamt, detailliert und verständlich ist. Da eine PTBS nur selten eine Reaktion auf nur ein traumatisches Ereignis darstellt und der Herausbildung einer solchen meist multiple Traumata zugrunde liegen (Neuner et al., 2004), wie insbesondere bei Überlebenden politischer Gewalt, ist für die Rekonstruktion des autobiografischen Gedächtnisses eine umfassende Erhebung der Lebensgeschichte hilfreich.

Die Wirksamkeit der NET ist insbesondere für Opfer von Kriegstraumatisierungen, politischer Gewalt und bei Flüchtlingen sowie in der adaptierten Version für Kinder, dem KIDNET, in einer Vielzahl von Studien gut belegt (Robjant & Fazel, 2010).

1.7 Literatur

Cloitre M., Koenen K.C., Cohen L.R. & Han H. (2002). Skills training in affective and interpersonal regulation followed by exposure: A phase-based treatment for PTSD related to childhood abuse. *Journal of Consulting and Clinical Psychology*, 70, 1067–1074.

Ehlers A., Clark D.M., Hackmann A., McManus F. & Fennell M. (2005). Cognitive therapy for post-traumatic stress disorder: Development and evaluation. *Behaviour Research and Therapy*, 43, 413–431.

Foa E.B., Hembree E.A. & Rothbaum B.O. (2007). *Prolonged exposure therapy for PTSD: Emotional processing of traumatic experiences*. New York: Oxford University Press.

Foa E.B., Keane T.M., Friedman M.J. & Cohen J.A. (Hrsg.) (2009). *Effective treatments for PTSD. Practice guidelines from the International Society for Traumatic Stress Studies*. 2. Aufl. New York, NY: Guilford Press.

Linehan M.M. (1996). *Dialektisch-Behaviorale Therapie der Borderline-Persönlichkeitsstörung*. München: CIP-Medien.

Neuner F., Schauer M., Karunakara U., Klaschik C., Robert C. & Elbert T. (2004). Psychological trauma and evidence for enhanced vulnerability for posttraumatic stress disorder through previous trauma among West Nile refugees. *BMC Psychiatry*, 25 (4), 34.

Resick P.A. & Schnicke M.K. (1992). Cognitive processing therapy for sexual assault victims. *Journal of Consulting and Clinical Psychology*, 60, 748–756.

Robjant K. & Fazel M. (2010). The emerging evidence for Narrative Exposure Therapy: A review. *Clinical Psychology Review*, 30 (8), 1030–1039.

Schauer M., Neuner F. & Elbert T. (2005). *Narrative Exposure Therapy*. Cambridge, MA u.a.: Hogrefe & Huber.

OLIVER SCHUBBE UND THOMAS GRUYTERS

2. EMDR

2.1 Einleitung

EMDR (Eye Movement Desensitization and Reprocessing) gehört zu den prozessorientierten Verfahren der Traumatherapie, in denen es darum geht, unabgeschlossene Gedächtnisinhalte mit der Methode der freien Assoziation zu Ende zu verarbeiten. Mit EMDR hat Francine Shapiro die Forschung auf diesem Gebiet ganz wesentlich angeregt und verändert. Inzwischen erscheinen jedes Jahr allein zu EMDR über 50 Forschungsartikel, und zahlreiche Fachgesellschaften und eine eigene wissenschaftliche Zeitschrift, das *Journal of EMDR Practice and Research,* widmen sich diesem Verfahren.

Definition: EMDR ist ein phasenorientierter, wissenschaftlich abgesicherter integrativer psychotherapeutischer Ansatz. Er basiert auf der Theorie, dass zahlreiche psychische Störungen auf traumatisierende Erfahrungen oder belastende Lebensereignisse zurückgehen. Diese führen zu einer Störung der jedem Klienten eigenen Fähigkeit, neue Erfahrungen mit Hilfe des zentralen Nervensystems zu verarbeiten und zu integrieren. Die Behandlung mit EMDR besteht im Wesentlichen darin, dass die Erinnerung an das belastende Lebensereignis aktiviert und mit zwischen Innen- und Außenwahrnehmung geteilter Aufmerksamkeit beobachtet wird, unterstützt durch die für EMDR typische Rechts-links-Stimulierung. Dieser Prozess scheint zu helfen, den normalen Prozess der Informationsverarbeitung und Integration wieder in Gang zu bringen. Dieser Behandlungsansatz kann zur Erleichterung der vorhandenen Symptome und zum Rückgang der durch die Erinnerung verursachten Übererregung führen sowie zu einer adäquateren Selbstbewertung, zum Rückgang von körperlichen Symptomen und zur Auflösung von auf die Gegenwart oder Zukunft bezogenen Auslösern.

2.2 Das Arbeitsmodell

Francine Shapiro hat zur Erklärung der Wirksamkeit von EMDR ein eigenes Modell entwickelt, das AIP-Modell. In der ersten Auflage ihres Buches von 1995 nannte sie es noch »Accelerated Information Processing«-(AIP-) Modell, in der Zweitauflage von 2001 wurde daraus: »Adaptive Information Processing« (abgekürzt ebenfalls AIP). Shapiro selbst nennt das Modell eine Arbeitshypothese (working hypothesis), die erklärt, wie EMDR wirken könnte. Darauf aufbauend gibt das AIP-Modell dem Behandler Hinweise für das therapeutische Vorgehen.

Das Modell basiert auf grundlegenden Annahmen zur Informationsverarbeitung bei Menschen. Demnach werden neue Informationen oder Erlebnisse verarbeitet, indem sie mit passenden Assoziationen verknüpft und in bestehende Netzwerke und Schemata integriert und somit adaptiert werden. Auch unangenehme und Stress auslösende Erlebnisse können so nach und nach integriert werden und erweitern im positiven Fall die Informationsgrundlage und die Handlungsmöglichkeiten eines Menschen.

Nach Shapiro (2001) ist das menschliche Informationsverarbeitungssystem grundsätzlich in der Lage, Stress auslösende und belastende Wahrnehmungen und Ereignisse zu verarbeiten. Alle Erinnerungen werden in assoziativen Netzwerken gespeichert. Das bewusste, deklarative Gedächtnis erlaubt einen willkürlichen Zugriff auf die gespeicherten Inhalte. Auch belastende Erlebnisse werden nach und nach, u.a. im REM-Schlaf, in das assoziative Gesamtnetzwerk eines Menschen integriert.

Im Fall einer Traumatisierung entsteht jedoch eine Blockade dieses Verarbeitungsprozesses. Aufgrund spezifischer neurobiologischer Mechanismen bleibt die Information sozusagen im Verarbeitungsprozess stecken und wird nicht mit dem Gesamtnetzwerk verknüpft. Stattdessen entsteht ein sogenanntes »Traumanetzwerk«. Die Sinneseindrücke werden dort nicht einheitlich, sondern fragmentiert abgespeichert. So können Bilder, Körperwahrnehmungen, Geräusche oder andere Sinneswahrnehmungen getrennt voneinander und getrennt vom Kontext in Erinnerung kommen. Dadurch, dass sie nicht im normalen Netzwerk gespeichert werden, unterliegen sie häufig nicht dem bewussten Zugriff der Erinnerung, sondern können durch der traumatischen Situation ähnliche Außenreize (z.B. quietschende Bremsen, die man Tage oder Wochen nach einem selbst erlebten Autounfall hört) »getriggert«, d.h. ausgelöst werden. Teile des erlebten Traumas, wie z.B. überflutende Angstgefühle oder starke Körpersensationen, sind für den Betroffenen überraschend wieder da: Es scheint, als geschähe es *jetzt*. Das Traumanetzwerk hat keinen Bezug zu Raum und Zeit. Solange die Traumainhalte so fragmentiert abgespeichert existieren, können Traumafragmente immer wieder getriggert werden. Dies erklärt die Entstehung eines sich häufig generalisierenden Vermeidungsverhaltens. Intrusionen sind, so gesehen, eine Fehlfunktion des Gedächtnissystems. Eine Traumatisierung verursacht demnach eine Störung des normalen Informationsverarbeitungs- und Gedächtnissystems eines Menschen.

Nach Shapiro (2001) gibt es bei Menschen mit einer Traumafolgestörung keine hinreichende Verbindung zwischen den Traumainhalten und den adaptiven Ressourcen im normalen Netzwerk. EMDR ermöglicht eine bewusste Verarbeitung von traumatischen Inhalten. Shapiro glaubt, dass die Rechts-links-Stimulierung den natürlichen Informationsverarbeitungsprozess eines Menschen wieder aktiviert und beschleunigt. Dafür ist es notwendig, die »Netzwerkknoten« des traumatischen Materials zu finden und dort mit dem EMDR-Prozess zu starten. Ausgehend von einem solchen Knoten werden die einzelnen Assoziationskanäle, die davon ausgehen, bearbeitet. Die unverarbeiteten Gedächtnisinhalte werden über diese Kanäle assoziativ mit dem Gesamtnetzwerk verknüpft und somit letztendlich integriert.

Shapiros Modell baut auf Überlegungen anderer Forscher zu den assoziativen Gedächtnisnetzwerken auf und hat eine hohe klinische Relevanz und Augenscheinvalidität. Wissenschaftlich verifizierbar oder widerlegbar ist es jedoch in dieser Form bislang nicht.

2.3 Das therapeutische Vorgehen

Im Folgenden wird das sogenannte »EMDR-Standardprotokoll« anhand seiner acht Phasen der Reihe nach beschrieben.

2.3.1 Anamnese und Behandlungsplanung

Wie fast alle psychotherapeutischen Verfahren beginnt EMDR mit einer biografischen Anamnese und einer Exploration der Symptomatik. Bei Hinweisen auf eine psychische Traumatisierung wird eine spezielle Trauma- und Ressourcenanamnese erhoben, bestehend aus einer freien Auflistung der traumatisierenden biografischen Ereignisse, der Altersangabe und einem Rating des mit der Erinnerung verbundenen Belastungsgrades auf einer elfstufigen Skala von 0 bis 10. Eine solche Liste hilft, eine traumaorientierte Fallkonzeption, einen entsprechenden Behandlungsplan und schließlich einen Behandlungsauftrag zu entwickeln.

Die Phasen von EMDR

1. Anamnese und Behandlungsplanung
2. Stabilisierung und Vorbereitung
3. Einschätzung zu Beginn der Sitzung
4. Prozessorientierte Verarbeitung
5. Verankerung der positiven Kognition
6. Körpertest
7. Abschluss der Sitzung
8. Überprüfung (in der Folgesitzung)

2.3.2 Stabilisierung und Vorbereitung auf EMDR

In der Traumatherapie gilt der Grundsatz, traumatische Gedächtnisinhalte erst nach einer Phase stabilisierender Interventionen zu bearbeiten. EMDR wird von einer klientenzentrierten Haltung getragen, die den Selbstheilungsprozess unterstützt. Die Stabilisierungsphase erfordert in besonderem Maße, dem Bedürfnis des Klienten nach Sicherheit, bedingungsloser Wertschätzung und einer therapeutischen Bindung entgegenzukommen.

Aus der Vielzahl stabilisierender Interventionen empfiehlt Francine Shapiro besonders die »Sicherer-Ort«-Übung, die Tresorübung und die Lichtstrahlmethode. In jedem Fall sollte der Klient eine Stabilisierungsmethode wirklich beherrschen, bevor EMDR zur Traumaverarbeitung eingesetzt wird. Danach soll die Wirkung von EMDR in einfachen Worten erklärt werden.

Die Erklärung von EMDR

Traumatisierende Situationen werden im Nervensystem meist in Form der ursprünglichen Bilder, Geräusche, Gedanken, Gefühle und Körperreaktionen gespeichert. Solange die Erfahrung in ihrer ursprünglich erlebten Form im Nervensystem konserviert ist, wird sie spontan aktiviert, wenn einen etwas daran erinnert.

Dabei kann es zu sehr unangenehmen Zuständen von Angst und Hilflosigkeit kommen. Diese Zustände erscheinen als unkontrollierbar und wirken so, als geschähen sie gerade jetzt, weil sie auf einer seit damals nicht fertig verarbeiteten Erinnerung basieren. EMDR ermöglicht es, die Erinnerung zu Ende zu verarbeiten, indem es sie aus ihrem konservierten Zustand befreit und die natürliche Selbstheilung stimuliert, bei der der Klient bzw. die Klientin die Kontrolle behält.

Bedenken gegen die Konfrontation mit der Erinnerung sollen ernst genommen und positive Erwartungen geweckt werden. Der Klient soll ermutigt werden, die Gedächtnisverarbeitung mit Hilfe von EMDR ganz bis zum Ende kommen zu lassen. Hierzu empfiehlt Francine Shapiro drei Metaphern, die sich für diesen Zweck eignen: die Film-Metapher (»Sehen Sie sich den Film doch zu Ende an: Das Beste kommt zum Schluss!«), die Tunnelmetapher (»Wenn Sie aus einem langen Tunnel so schnell wie möglich wieder rauswollen, fahren Sie einfach weiter!«) sowie die Zugmetapher (»Wenn Ihnen die Landschaft nicht gefällt, durch die Sie fahren, ziehen Sie nicht die Notbremse, sondern lassen Sie die Landschaft einfach am Fenster vorüberziehen und fahren Sie, wohin sie wollen, weiter!«).

Obwohl mit dem Klienten vereinbart wird, durch das traumatische Geschehen komplett durchzugehen, erhält er eine Kontrollmöglichkeit über den EMDR-Prozess, indem ein unmissverständliches Stopp-Signal vereinbart wird. Der Klient kann also den Prozess stoppen, damit Störungen rechtzeitig erkannt und berücksichtigt werden.

Die Arbeit am Trauma kann grundsätzlich erst beginnen, wenn der äußere Rahmen der Therapie dafür als sicher genug erscheint und die therapeutische Beziehung eine ehrliche und vertrauensvolle Kommunikation zulässt.

2.3.3 Einschätzung zu Beginn der Sitzung

Jede EMDR-Sitzung soll ein klar definiertes Ausgangsthema haben. Oft hängen wohl mehrere belastende Erinnerungen eng zusammen. Sie deshalb gemeinsam zu bearbeiten würde den Verlauf der Sitzung jedoch nur erschweren. Das Ausgangsthema kann eine auf die Vergangenheit, die Gegenwart oder die Zukunft bezogene Vorstellung sein. Nach dem Ausgangsthema erfragt der Therapeut den schlimmsten Moment dieser Situation. Wurde eine traumatische Erinnerung zum Ausgangsthema gewählt, manifestiert sich der schlimmste Moment häufig in Form eines visuellen, akustischen oder olfaktorischen Flashbacks.

Das Standardprotokoll leitet den Klienten von einer Gedächtnisebene zur nächsten: von der sinnlichen über die kognitive zur emotionalen und schließlich zur körperlichen Ebene. Auf der *kognitiven Ebene* sind unverarbeitete Erinnerungen häufig in Form verallgemeinerter Überzeugungen repräsentiert, die das Erlebte ganz auf die eigene Person beziehen, wie etwa: »Ich bin machtlos«, »Ich bin schuld«, »Ich bin schmutzig« oder »Ich bin ein Versager«. Der Klient wird gebeten, die mit der belastendsten Vorstellung bzw. dem Bild, Geräusch oder Geruch verbundene Selbstbewertung zu beschreiben. Diese Überzeugung soll in einem kurzen Hauptsatz und im Präsenz formuliert werden, ebenso wie die entsprechende positive Kognition, die anschließend erfragt wird, wie z. B.: »Ich bin handlungsfähig«, »Ich kann Verantwortung richtig zuordnen«, »Ich bin o. k.« oder »Ich kann Erfolg haben«. Die Stimmigkeit der positiven Kognition (»Validity of Cognition«, kurz VoC) wird auf einer Likert-Skala zwischen 1 und 7 eingeschätzt, um damit später Veränderungen der Selbsteinschätzung messen zu können. Auf die Einschätzung der Kognition folgt die Frage nach den mit der belastendsten Vorstellung verbundenen Emotionen.

Die dann folgende Einschätzung der subjektiven Belastung (»Subjective Units of Disturbance«, kurz SUD) ist die Grundlage für eine einfache Verlaufsdiagnostik: »Wenn Sie an ... denken, wie belastend fühlt sich das im Moment an?« Am Ende der Sitzung hilft diese Einschätzung, sich des Erfolgs der Sitzung zu vergewissern. Und auch schon während der Sitzung zeigt der Grad der Restbelastung an, ob noch unverarbeitete Aspekte des Ausgangsthemas vorhanden sind und in den Blick genommen werden sollten.

Der letzte Punkt der Einschätzung besteht in der Erhebung des körperlichen Belastungsempfindens: »Und wo spüren Sie diese Belastung im Körper?« Der Therapeut sollte sich alle Antworten notieren, um sie mit späteren Einschätzungen vergleichen zu können.

2.3.4 Prozessorientierte Verarbeitung

Die Verarbeitungsphase ist das zentrale Element von EMDR. Zu Beginn dieser Phase wird der Klient gebeten, an die belastendste Vorstellung (bzw. das Bild, Geräusch oder den Geruch), an die negative Kognition und die belastenden Körperempfindungen zu denken und dann seinen Assoziationen freien Lauf zu lassen, z. B.: »Denken Sie jetzt noch einmal an den Knall, sagen sie sich den Satz: »Ich bin schuld«, und spüren Sie noch einmal, wie sich Ihre Kehle dabei zusammenschnürt. Nehmen Sie das jetzt alles zusammen, und beobachten Sie, was auch immer ganz von allein auftaucht. Alles ist richtig.« In diesem Moment beginnt der Therapeut mit der visuellen, akustischen oder taktilen bilateralen Stimulierung. Eine Stimulierungssequenz sollte den Prozess immer so lange begleiten und unterstützen, bis beim Klienten z. B. an Atmung und Mimik eine neue Ebene der Entspannung zu beobachten ist.

Nachdem die verschiedenen Gedächtnisebenen vorher gezielt aktiviert worden sind, verläuft der Prozess der freien Assoziation ebenfalls meist nicht nur auf der kognitiven, sondern auch und vor allem auf den Ebenen der inneren Vorstellung, der Emotionen und der Körperempfindungen.

Wenn die Emotionen oder das körperliche Abreagieren eine für den Klienten bedrohliche Intensität erreichen, ist es besonders wichtig, den Prozess in einer bedingungslos bestätigenden und beruhigenden Haltung zu begleiten, wie sie auch sonst bei EMDR üblich ist. Die therapeutische Beziehung ist ein entscheidender Faktor, um den Prozess auch in schwierigen Momenten gut begleiten zu können. Erst wenn der Prozess über mehr als zwei Stimulierungssequenzen zu stagnieren oder sich im Kreis zu drehen scheint, sollte der Therapeut zum zusätzlichen Mittel des »therapeutischen Einwebens« greifen.

Therapeutisches Einweben bezeichnet kurze Interventionen, die darauf abzielen, den Verarbeitungsprozess mit EMDR wieder in Gang und den Klienten in Kontakt mit den dafür nötigen Ressourcen zu bringen. Dies kann durch eine Veränderung der Stimulierung, durch einen Fokuswechsel (z. B.

von Kognitionen auf Körperempfindungen oder umgekehrt), durch die Imagination einer Ressource oder – in vielen Fällen sehr wirksam – durch eine kognitive Intervention (z. B. eine sokratische Frage oder das Ergänzen fehlender Informationen) passieren.

Sobald der Therapeut den Eindruck hat, dass die Belastung in Bezug auf einen Aspekt des Ausgangsthemas weitestgehend abgenommen hat, führt er die Aufmerksamkeit des Klienten zurück zum Ausgangsthema und erfragt den Grad der noch verbliebenen Belastung. Wenn das Ausgangsthema noch mit subjektiver Belastung verbunden ist, fragt der Therapeut nach dem Inhalt dieser Belastung. Auf diese Weise strukturiert der Therapeut nacheinander die Integration aller noch nicht ausreichend verarbeiteten Aspekte des Ausgangsthemas. Hat das Ausgangsthema einen Belastungsgrad von null oder einen anderen individuell optimalen Wert erreicht, geht der Prozess in die Abschlussphase über. Der Therapeut fragt, ob die anfängliche Formulierung der positiven Kognition noch als gut gewählt erscheint, und erfragt dann den Grad der Stimmigkeit der positiven Kognition. Liegt dieser Wert bei 7, geht der Therapeut zur Phase »Verankerung« über. Ansonsten schließt er noch weitere Stimulierungssequenzen an, bis die positive Kognition dem Klienten ganz als zutreffend erscheint.

2.3.5 Verankerung der positiven Kognition

Wenn die Intensität der Belastung auf den optimalen Wert zurückgegangen ist und die positive Kognition passt und zutrifft, wird mit der Verankerung begonnen. Hierzu erinnert der Therapeut noch einmal an die Ausgangssituation der Sitzung und wiederholt die positive Kognition. Er bittet den Klienten, sich die Erinnerung und die positive Kognition gemeinsam zu vergegenwärtigen, und leitet dabei eine Serie der Rechts-links-Stimulierung an. Wenn die positive Kognition für den Klienten zur Ausgangssituation passt, geht der Therapeut zum Körpertest über. Wenn nicht, schließt sich eine weitere Stimulierungsserie an.

2.3.6 Körpertest

Das strengste Kriterium dafür, ob eine traumatische Erinnerung verarbeitet ist oder nicht, ist die Körperreaktion. Zur Überprüfung auf der Körperebene wird der Klient im Anschluss an die Verankerung gebeten, sich noch einmal ganz intensiv die Ausgangssituation vorzustellen, sich dazu innerlich die positive Kognition zu sagen und die Aufmerksamkeit auf die Empfindungen im gesamten Körper zu lenken. Sind die Körperempfindungen alle positiv, ist der Körpertest beendet. Ansonsten wird eine weitere Serie bilateraler Stimulationen eingesetzt.

2.3.7 Abschluss der Sitzung

Jede EMDR-Sitzung soll in einem ausgeglichenen Zustand abgeschlossen werden. Hierzu eignen sich traumatherapeutische Stabilisierungsübungen wie die Tresorübung oder die Lichtstrahlmethode. Der Klient wird zum Schluss außerdem darauf vorbereitet, dass der Prozess der Erinnerungsverarbeitung auch nach der Sitzung weitergehen kann, und er wird gebeten, eventuell noch belastende Inhalte schriftlich festzuhalten und seine Notizen in die nächste Sitzung mitzubringen. Wenn nötig, sollten zum Abschluss der Sitzung noch weitere Möglichkeiten zum Umgang mit Belastungen besprochen werden. Der Klient soll darauf hingewiesen werden, dass er unmittelbar nach der Sitzung keine verantwortungsvollen Tätigkeiten ausführen und sich nicht sofort ins Auto setzen sollte.

2.3.8 Überprüfung in der Folgesitzung

Über den Erfolg einer konkreten EMDR-Sitzung kann uns keine Studie Auskunft geben, aber die Befragung des Klienten in der nächsten Sitzung, indem der Therapeut noch einmal das Ausgangsthema der vorangegangenen Sitzung benennt und den Belastungsgrad erfragt. Auf diese Weise wird überprüft, ob das Ausgangsthema der letzten Sitzung ganz abgeschlossen ist, bevor dann die Arbeit an einem neuen Thema beginnt.

2.4 Wie wirkt EMDR?

Die moderne Hirnforschung hat der Erforschung von Hypothesen hinsichtlich der Wirkung der Psychotherapie einen enormen Impuls gegeben. Dies trifft auch auf EMDR zu. Derzeit werden vorwiegend folgende Hypothesen hinsichtlich der Wirkung von EMDR vertreten und teilweise auch schon klinisch untersucht:
- Entlastung durch Außenreize, die belastende Gedächtnisinhalte aus dem von der Kapaziät her begrenzten Arbeitsgedächtnis verdrängen,
- Aktivierung der Orientierungsreaktion,
- bessere Verbindung der Hirnhemisphären,
- Wirkung ähnlich dem REM-Schlaf,
- Synchronisierung der Hirnaktivität.

Andrade, Kavanagh und Baddeley (1997) gründen ihre Überlegungen zur Wirksamkeit von EMDR auf die Beobachtung, dass das menschliche Arbeitsgedächtnis nur eine sehr begrenzte Kapazität aufweist. Wahrnehmungsinhalte, die parallel präsentiert werden, konkurrieren um diese begrenzte Kapazität. Im Falle einer Traumakonfrontation mit EMDR konkurrieren somit belastende Bilder, Gedanken und Gefühle mit einem klaren und starken Außenreiz in Form der bilateralen Stimulierung. Dies kann dazu führen, dass das belastende Material als nicht mehr intrusiv erlebt wird und vom Gehirn damit nun leichter integrierbar ist. Diese Theorie impliziert somit einen ähnlichen Mechanismus wie die Gate-Control-Theorie im Bereich der Schmerztherapie. Neuere Studien unterstützen diese Hypothese (u. a. Maxfield et al., 2008).

Auch die zweite Theorie zur Wirksamkeit von EMDR, die von Armstrong stammt (Armstrong & Vaughan, 1996), basiert auf der Überlegung, dass zwei entgegengerichtete Impulse nur schlecht miteinander vereinbar sind. In diesem Fall wird davon ausgegangen, dass EMDR eine sogenannte *Orientierungsreaktion* auslöst. Die Orientierungsreaktion ist ein reflexhaftes Verhaltenmuster, das mit einer starken und positiv getönten Aktivierung einhergeht und neurobiologisch die Weichen auf Neubewertung und Akkommodation stellt.

Während einer Traumatisierung sind bestimmte Hirnareale, wie z. B. das Sprachzentrum in der linken Hirnhälfte, eher in geringerem Maße aktiviert, bzw. ihre Aktivität wird deutlich gehemmt. Es wird davon ausgegangen, dass dies u. a. ein Grund für die Probleme der Betroffenen bei der Versprachlichung des Erlebten ist. Andere Hirnregionen, wie Teile des limbischen Systems, weisen hingegen eine Überaktivierung auf, die im Falle einer PTBS auch noch nach Wochen und Monaten vorhanden ist. Das Gehirn ist disreguliert und zeigt eine Art von bilateraler Diskonnektion. In mehreren klinischen Studien konnte nun nachgewiesen werden, dass sich EMDR positiv auf diese Situation – im Sinne einer Reduzierung der Überaktivität und der Aktivierung bislang gehemmter Areale – auswirkt. Schon 1999 konnten Levin, Lazrove und van der Kolk in einer SPECT-Untersuchung (SPECT = Single Photon Emission Computed Tomography) nachweisen, dass nach EMDR das Broca-Areal, der linke Frontalkortex und das Gebiet des Gyrus cinguli aktiver geworden waren. Lansing, Amen, Hanks und Rudy zeigten 2005, dass nach EMDR spezifische Areale der rechten Hirnhälfte eher deaktiviert und andere Areale der linken Hirnhälfte eher aktiviert worden waren. Dies spricht dafür, dass EMDR zu einer Regulation der Aktivität in beiden Hirnhälften beiträgt.

Robert Stickgold (2008) postuliert, basierend auf neueren Erkenntnissen aus dem Bereich der Schlafforschung, dass EMDR einen dem REM-Schlaf ähnlichen Wirkmechanismus habe. Im REM-Schlaf werden episodische Gedächtnisinhalte, wie z. B. Tageserlebnisse, Schritt für Schritt in das semantische Gedächtnis überführt und somit in das Wissen von der Welt integriert. Durch eine Traumatisierung und im Rahmen der Traumafolgestörung wird dieser Gedächtnisprozess massiv gestört. EMDR induziert demzufolge einen Prozess, ähnlich oder sogar besser als der des REM-Schlafes, und sorgt somit dafür, dass die traumatischen Inhalte verarbeitet und in das »normale« Gedächtnis integriert werden können. Dieser Ansatz ist dem von Shapiro postulierten AIP-Modell sehr nahe und könnte diesen neurobiologisch »unterfüttern«.

Ein weiterer Erklärungsansatz basiert auf der neurobiologischen Erkenntnis, dass für das Funktionieren des Gehirns das Zusammenspiel bzw. die Synchronisation verschiedener Nervenzellen und verschiedener Hirnregionen entscheidend ist. Zellen, die gleichzeitig »feuern«, werden miteinander verbunden. Bewusstheit benötigt eine spezifische Frequenz dieser neuronalen Entladung. Servan-Schreiber (2000) geht davon aus, dass EMDR den Hintergrund der neuronalen Aktivität derart synchronisieren könnte, dass die fragmentiert abgespeicherten traumatischen Inhalte zusammengeführt und mit dem allgemeinen assoziativen Netzwerk eines Menschen verbunden werden. So könnten sie integriert und dauerhaft verarbeitet werden. Auch diese Theorie wird durch neuere Untersuchungen unterstützt (u. a. Propper et al., 2007).

Weitere Untersuchungen mit Hilfe bildgebender Verfahren werden zeigen, welche dieser Hypothesen oder welche Kombination dieser Hypothesen die Wirksamkeit von EMDR am besten erklären kann.

2.5 Wie wirksam ist EMDR?

EMDR ist ein sehr gut untersuchtes Therapieverfahren. Es existiert eine Fülle von Studien zur Wirksamkeit und Effizienz von EMDR. Hofmann (2006) zählt mehr als 18 gut kontrollierte Studien zur Behandlung einer PTBS mit EMDR auf. Zumeist wurde die Wirkung von EMDR mit der von kognitiver Verhaltenstherapie oder mit dem Zustand von unbehandelten Wartegruppen verglichen.

Die vorliegenden Forschungsergebnisse wurden mehrfach in Metaanalysen zusammengefasst, zum ersten Mal von Davidson und Parker (2001). Seidler und Wagner

(2006) legten ebenfalls eine Metaanalyse vor, in der die Effizienz von EMDR mit kognitiv-behavioralen Verfahren und Kontrollbedingungen verglichen wurde. Letztere Studie war die Basis für die Anerkennung von EMDR als wissenschaftlich anerkanntes Therapieverfahren zur Behandlung der PTBS in Deutschland. Die Befundlage war jedoch nur für den Erwachsenenbereich hinreichend. Im Kinder- und Jugendbereich gibt es noch nicht genügend randomisierte Studien.

Versucht man einen Überblick über die einzelnen Forschungsergebnisse zu bekommen, so zeigen sich folgende Trends:

Die Wirksamkeit von EMDR wurde an den unterschiedlichsten Traumaopfern untersucht. So gibt es Studien zur Wirksamkeit bei erwachsenen Frauen, die in ihrer Kindheit sexuell missbraucht worden sind. Die Wirksamkeit bei Erwachsenen und Kindern, die Naturkatastrophen überlebt haben, wurde ebenfalls untersucht. Eine weitere Gruppe, in der die Wirksamkeit überprüft worden ist, sind Mitarbeiter von öffentlichen Verkehrsmitteln, die Unfälle erlebt haben. Viele Studien untersuchen jedoch Gruppen Betroffener, die aufgrund verschiedener Ursachen eine PTBS haben. Bislang gibt es nur eine kontrollierte und randomisierte Studie, die den Effekt von EMDR auf traumatisierte Soldaten belegt (Carlson et al., 1998). Hier konnte eine Auflösung einer PTBS bei 77 % der untersuchten Soldaten durch EMDR nachgewiesen werden.

EMDR scheint die PTBS im Schnitt zumindest genauso effektiv wie kognitiv-behaviorale Verfahren behandeln zu können. Im Vergleich zu diesen Verfahren scheint es aber deutlich schneller, d. h. mit deutlich weniger Sitzungen und ohne die bei einer kognitiven Verhaltenstherapie üblichen Hausaufgaben, einen positiven Effekt zu zeigen. Je besser kontrolliert die jeweilige Studie war, desto positiver und eindeutiger war der Effekt von EMDR.

Interessante Aspekte der Effizienzforschung zeigen Studien auf, die neben quantitativen Daten auch qualitative untersucht haben, wie z. B. die Studie von Edmond, Sloan und Mc Carthy (2004): Demnach scheinen die Klienten insbesondere die sehr tiefgehende und die Wurzel der Störung erfassende Wirkung von EMDR sehr zu schätzen. Die Patientenzufriedenheit scheint mit EMDR tendenziell größer zu sein als mit kognitiv-behavioralen Verfahren.

An dieser Stelle sollen aber auch die derzeitigen Defizite, positiv formuliert: die zukünftigen Forschungsfelder, bezüglich EMDR nicht verschwiegen werden. Bislang sind drei relevante Fragekomplexe nicht hinreichend oder gar nicht untersucht worden:

- Welche Teile des Vorgehens nach dem Standardprotolls sind wirksam und damit wirklich notwendig?
- Wie wirksam ist EMDR bei komplex traumatisierten Menschen?
- Ist EMDR auch bei Indikationen jenseits der Traumafolgestörungen effizient?

Auf die erste Frage gibt es bislang keine gesicherte Antwort, weil es noch an sogenannten »Komponentenstudien« fehlt, die einzelne Bausteine des Standardprotokolls systematisch untersuchen. Welche Bausteine des Protokolls sind notwendig? Wie wichtig ist die Reihenfolge der einzelnen Bausteine? Und wann, bei welchen Indikationen und in welchen Therapiesituationen sind Modifikationen des Protokolls unabdingbar? Dies sind alles noch unbeantwortete Fragen. Die unklare Befundlage kontrastiert stark mit Tendenzen innerhalb der EMDR-Community, das Standardprotokoll als unabänderlich und streng einzuhaltendes Manual zu propagieren, indem nicht einmal einzelne Wörter verändert werden dürfen. Eine Einhaltung des »richtig angewandten« Protokolls würde danach automatisch immer zum gewünschten Therapieergebnis führen. Dies widerspricht der notwendigen Modifikation jeder Therapiemethode für den Einzelfall und grundsätzlichen Erkenntnissen der Psychotherapieforschung über die Hauptwirkfaktoren einer Psychotherapie (Grawe, 1998).

Der zweite Punkt verweist auf ein generelles Dilemma der evidenzbasierten Psychotherapieforschung: Je komplexer eine Störung ist, desto komplexer ist auch die notwendige Behandlung. Einfache Handlungsalgorithmen sind nahezu nicht anwendbar. Dies betrifft nicht nur das EMDR-Verfahren, aber als ein manualisiertes Therapieverfahren ist es auch davon betroffen. Weder ist die komplexe PTBS bislang hinreichend beschrieben und eindeutig in den bisherigen Diagnostiksystemen abbildbar, noch ist eine spezifische Therapie ausreichend erforscht worden, obwohl es verschiedene Ansätze zu generellen Therapiekonzepten für diese Störungsgruppe – auch unter Einbeziehung von EMDR – gibt. Die Forschung bewegt sich auf der Stufe von klinischen Einzelfallstudien, und es ist mehr als fraglich, ob die Behandlung von komplexer PTBS wirklich komplett manualisiert und die Effizienz solcher Manuale überprüft werden kann.

Der dritte und letzte Punkt soll, da er den Bereich dieses Buches verlässt, nur kurz erwähnt werden. Es gibt Erfahrungen und Forschungsergebnisse, die zeigen, dass EMDR auch bei Störungen außerhalb der PTBS, wie z. B. Phobien, psychosomatische Beschwerden oder Süchte, hilfreich sein kann. Es existieren bereits modifizierte EMDR-Manuale und erste Effizienzstudien. Diese Studien stehen jedoch erst am Beginn. Tendenziell scheint es so zu sein, dass man insbesondere dann mit einer guten Wirkung von EMDR rechnen kann, wenn die entsprechende Störung, also die spezifische Phobie, die psychosomatische Störung oder ein Suchtverhalten auf eine oder mehrere vorangegangene Traumatisierungen zurückgeführt werden kann, es sich somit mehr oder minder und im weiteren Sinne auch um Traumafolgestörungen handelt. Hier öffnet sich derzeit ein weites, sehr vielversprechendes Forschungsfeld.

2.6 Weiterentwicklungen

Während das EMDR-Standardprotokoll weitgehend unverändert bleibt, um möglichst intensiv erforscht werden zu können, gibt es Weiterentwicklungen im Rahmen der EMDR-Sonderprotokolle und in Form ressourcenorientierter Vorgehensweisen wie dem »Ressource Development and Installation« von Andrew Leeds (2001) oder dem »Brainspotting« von David Grand (2009), das die weitestgehende Weiterentwicklung darstellt.

Brainspotting reduziert das Vorgehen auf wenige und essentielle Schritte. Der 2003 begründete Ansatz enthält dafür neue methodische Elemente, die in der klinischen Praxis eine präzisere Steuerbarkeit des Prozesses ermöglichen: Es gibt verschiedene Zugänge zu traumatischen Inhalten über das »Innere Fenster«, das »Äußere Fenster«, »Gaze Spotting« und »Rolling Brainspotting« und Ressourcentechniken wie die Arbeit mit dem »Ressourcenauge«, dem

»Ressourcenpunkt«, der »Körperressource«, der Z-Achse (der Blickdistanz) und Kombinationen hiervon wie »Double Spotting«. Über die Beobachtung und Fokussierung unwillkürlicher Reflexreaktionen stellt Brainspotting einen assoziativen Zugang zu den traumatischen Gedächtnisinhalten her, die auf neurophysiologischer und körperlicher Ebene gespeichert sind (Schubbe, 2009). Die Ergebnisse der dazu laufenden Forschungen stehen noch aus.

2.7 Literatur

Andrade J., Kavanagh D. & Baddeley A. (1997). Eye-movements and visual imagery: A working memory approach to the treatment of post-traumatic stress disorder. *British Journal of Clinical Psychology*, 36, 209–223.

Armstrong M.S. & Vaughan K. (1996). An orienting response model of eye movement desensitization and reprocessing. *Journal of Behaviour Therapy and Experimental Psychiatry*, 27, 21–32.

Carlson J.G., Chemtob C.M., Rusnak K., Hedlund N.L. & Muraoka M.Y. (1998). Eye movement desensitization and reprocessing (EMDR): Treatment for combat-related post-traumatic stress disorder. *Journal of Traumatic Stress*, 11 (1), 3–24.

Davidson P.R. & Parker K.C.H. (2001). Eye movement desensitization and reprocessing (EMDR): A meta-analysis. *Journal of Consulting and Clinical Psychology*, 69, 305–316.

Edmond T, Sloan L. & McCarty D. (2004). Sexual abuse survivors' perceptions of the effectiveness of EMDR and eclectic therapy. *Research on Social Work Practice*, 14 (4), 259–272.

Grand D. (2009). *Brainspotting Phase Two Training Manual*. (David Grand, 2415 Jerusalem Avenue, Suite 105, Bellmore, NY 11710)

Grawe K. (1998). *Psychologische Therapie*. Göttingen: Hogrefe.

Hofmann A. (2006). *EMDR. Therapie psychotraumatischer Belastungssyndrome*. Stuttgart: Thieme.

Lansing K., Amen D.G., Hanks C. & Rudy L. (2005). High-resolution brain SPECT imaging and Eye Movement Desensitization and Reprocessing in police officers with PTSD. *Journal of Neuropsychiatry and Clinical Neurosciences*, 17 (4), 526–532.

Leeds M.A. (2001). Principles and procedures for enhancing current functioning in complex posttraumatic stress disorder with EMDR resource development and installation. *EMDRIA Newsletter. Special Edition*, December, 4–11.

Levin P., Lazrove S. & van der Kolk B. (1999). What psychological testing and neuroimaging tell us about the treatment of PTSD by EMDR. *Journal of Anxiety Disorders*, 13 (1–2), 159–172.

Maxfield L., Melnyk W.T. & Hayman C.A.G. (2008). A working memory explanation for the effects of eye movements in EMDR. *Journal of EMDR Practice and Research*, 2, 247–261.

Propper R., Pierce J.P., Geisler M.W., Christman S.D. & Bellorado N. (2007). Effect of bilateral eye movements on frontal interhemispheric gamma EEG coherence: Implications for EMDR therapy. *Journal of Nervous and Mental Disease*, 195, 785–788.

Schubbe O. (2009). Eye-Movement Desensitization and Reprocessing (EMDR). In: A. Maercker (Hrsg.). *Posttraumatische Belastungsstörungen*. 3. Aufl. Heidelberg: Springer, 285–300.

Seidler G.H. & Wagner F.E. (2006). Comparing the efficacy of EMDR compared to trauma-focussed cognitive-behavioral therapy in the treatment of PTSD. A meta-analytic study. *Psychological Medicine*, 36, 1515–1522.

Servan-Schreiber D. (2000). Eye-Movement Desensitization and Reprocessing: Is psychiatry missing the point? *Psychiatric Times*, 17, 36–40.

Shapiro F. (2001). *Eye-Movement Desensitization and Reprocessing. Basic principles, protocols and procedures*. 2. Aufl. New York: Guilford Press.

Stickgold R. (2008). Sleep-dependent memory processing and EMDR action. *Journal of EMDR Practice and Research*, 2, 289–299.

LUISE REDDEMANN UND WOLFGANG WÖLLER
3. Psychodynamische Verfahren

3.1 Einleitung

Psychodynamische Ansätze zur Behandlung von Traumafolgestörungen basieren auf einem Verständnis der Symptomatik vor dem Hintergrund aktueller und früher interpersoneller Beziehungen und auf der Nutzung der therapeutischen Beziehung. Psychodynamische Therapien wurzeln in der Psychoanalyse als einer Wissenschaft, für die das Deuten und interpretative Verstehen menschlicher Beziehungen konstitutiv ist. Psychodynamisches Arbeiten zielt daher nicht nur auf die Modifikation der Symptomatik, sondern auf die Veränderung der die Symptomatik unterhaltenden intrapsychischen Strukturen und interpersonellen Beziehungsmuster. Dazu kommt ein Verständnis von Beziehungsaspekten im Sinne von mehr oder weniger bewussten Beziehungsreinszenierungen, die unter dem Blickwinkel von Übertragung und Gegenübertragung eingeordnet und verstanden und dadurch auch gehandhabt werden können.

Unter einem solchermaßen subjektiven Blickwinkel definiert das psychodynamische Traumaverständnis psychische Traumatisierungen nicht durch die objektiven Situationsmerkmale, sondern – im Anschluss an Freuds (1920g) Konzeption des Traumas als eine das Ich überwältigende Erregungsmenge, die den Reizschutz durchbricht – über das subjektive Phänomen der Überforderung der Verarbeitungskapazität des Ich. Objektbeziehungstheoretische Autoren haben hervorgehoben, dass psychische Traumatisierungen nie unter rein psychoökonomischen Gesichtspunkten gesehen werden dürfen, sondern stets im Kontext eines – verinnerlichten oder äußeren – Beziehungsgeschehens betrachtet werden müssen. Das Trauma verstanden sie als Untergang der verinnerlichten guten Objekte, als Verlust der Repräsentanzen einer schützenden, tröstenden und Sicherheit gebenden primären Bindungsfigur. Mit der Beschädigung der verinnerlichten Objektbeziehungen kommt es zur Erschütterung des Selbstverständnisses und zum Verlust des Vertrauens in die kontinuierliche Präsenz guter menschlicher Beziehungen. Als einer der Pioniere der Psychotraumatologie hat Ferenczi (1933) die strukturbildenden Introjektionsvorgänge und die Identifizierungen bei Traumatisierungen ausführlich beschrieben, die zu verzerrten Selbstbildern mit einer gegen die eigene Person gerichteten inneren Normenwelt führen.

Zum anderen hatte Freud (1895 d) schon früh die Metapher des ›Fremdkörpers‹ im psychischen Gewebe geprägt, um die Andersartigkeit der psychischen Struktur und die destruktive Wirkung zu beschreiben, die von traumatischen Erinnerungen ausgeht. Mit der Fremdkörper-Metapher hatte er die Grenzen der Analysierbarkeit der posttraumatischen Phänomene und im Grundsatz die neurobiologische Dimension des psychischen Traumas angedeutet. Dennoch haben nur wenige psychoanalytische Forscher die neurobiologischen Hintergründe des Krankheitsbildes so klar gesehen wie etwa Kardiner (1941), der die traumatische Neurose als eine »Physioneurose« bezeichnet hat.

Neben den frühen Pionieren der analytischen Psychotraumatologie, unter ihnen vor allem Sándor Ferenczi, der behandlungstechnische Modifikationen für traumatisierte Patientinnen und Patienten vorgeschlagen hatte, erkannte Mardi Horowitz (1976), dass die klassischen Techniken der tiefenpsychologisch fundierten und analytischen Psychotherapie für Traumapatienten weiterzuentwickeln seien. Einige der von Horowitz empfohlenen Techniken können auch heute noch zum Bestand einer traumaadaptierten psychodynamischen Therapie gerechnet werden.

Ähnliches gilt für Freuds Zeitgenossen Pierre Janet (1889), der lange Zeit vom Mainstream der Psychoanalyse wenig beachtet und erst in den letzten Jahren in seiner herausragenden Bedeutung wiederentdeckt wurde. Janet hat schon früh den Mechanismus der Dissoziation beschrieben, mit dessen Hilfe die sensorischen, visuellen, motorischen, affektiven und kognitiven Fragmente der Traumaerinnerung abgespalten und vom normalen Bewusstseinsstrom ferngehalten werden, und daraus therapeutische Konsequenzen gezogen. Seine über lange Zeit fast vergessenen bahnbrechenden Erkenntnisse bilden die Grundlage moderner traumatherapeutischer Ansätze, die das Ziel verfolgen, die abgespaltenen (»dissoziierten«) Erinnerungsfragmente mittels »Traumasynthese« in normale Erinnerungen zu transformieren, die sich in die Lebensgeschichte der Person integrieren lassen.

Im Einklang mit dem Beziehungsverständnis der Psychoanalyse sind psychodynamische Verfahren vor allem bei posttraumatischen Störungsbildern nach personalen Traumatisierungen von Bedeutung, besonders bei der sog. »komplexen Posttraumatischen Belastungsstörung«, die auf kumulative Traumatisierungen im Kindes- und Jugendalter oder auf lang anhaltende Traumatisierungen im Erwachsenenalter, z. B. Folter, zurückgeht (vgl. dazu Kap. C3 in diesem Band). Neben Störungen der Emotionsregulierung, dissoziativen, somatoformen und anderen symptomatischen Störungsbildern weisen die betroffenen Patientinnen und Patienten eine verzerrte innere Repräsentanzenwelt auf, die aus der Notwendigkeit resultiert, die Bindungsbeziehungen zu misshandelnden und missbrauchenden Bezugspersonen zu schützen. Aber auch bei personalen Traumatisierungen im Erwachsenenalter ohne Kindheitstraumatisierungen können wegen der häufigen intrapsychischen Reaktionsmuster und der interpersonelle Probleme psychodynamische Interventionen eine wichtige Rolle spielen.

3.2 Moderne psychodynamische traumatherapeutische Konzepte

Die psychobiologische Komponente der PTSD stellt an die Therapie akuter und chronifizierter psychotraumatischer Belastungsstörungen spezifische Anforderungen. So ergibt sich aus der aktuellen Forschungslage die Forderung an tradierte Psychotherapieverfahren, Diagnostik, therapeutisches Vorgehen und die verfahrensspezifische Beziehungsgestaltung der modernen Erkenntnislage anzugleichen. Insbesondere sollte der Tatsache des möglicherweise auch therapiebedingten traumatischen Stress Rechnung getragen werden, der durch eine Therapie der herkömmlichen Art regelrecht erhöht statt vermindert werden kann.

Einige Begriffe wie »Neutralität« und »Abstinenz« bedürfen einer Neubestimmung bzw. eines Rückgriffs auf frühe Konzepte, wie z. B. dasjenige von Ferenczi (1933), der sich bewusst war, dass Therapeuten durch ein unangemessen abstinentes Verhalten eine Wiederauflage traumatischer Erfahrungen in der Therapie bewirken und Patienten damit schädigen können. Auch eignet sich die Regressionen fördernde Haltung herkömmlicher psychoanalytischer Behandlungen nicht für die Behandlung traumatisierter Patientinnen und Patienten. Ausdrücklich wird davon abgesehen, die Pathologie in der therapeutischen Beziehung zu entfalten. Vielmehr sollen die traumatischen Erfahrungen *gerade nicht* in die therapeutische Beziehung eindringen, denn in diesem Fall könnten sie zu einer übertragungsbedingten Verzerrung der Wahrnehmung des Therapeuten führen. Statt einer Wiederbelebung infantiler Erlebensmuster geht es vielmehr darum, die Patientinnen darin zu unterstützen, ihr Leben aktiv in die Hand zu nehmen und zu meistern. Damit lassen sich – in einer so verstandenen psychodynamischen Therapie – auch Psychoedukation und Erklärungen rechtfertigen.

Die in Deutschland derzeit gängigsten und in manualisierter Form vorliegenden Methoden – die »Psychodynamisch imaginative Traumatherapie« (PITT) nach Reddemann (2004), die »Mehrdimensionale psychodynamische Traumatherapie« (MPTT) nach Fischer (2000) sowie das von Wöller (2006) beschriebene psychodynamische Konzept zur Behandlung traumatisierter Patientinnen und Patienten mit Persönlichkeitsstörungen – bemühen sich, die wissenschaftlichen Forschungsergebnisse aus jüngster Zeit zur Psychobiologie der PTBS mit psychotherapeutischen Einsichten in Einklang zu bringen. Im Blick auf die neurobiologischen Grundlagen schwerer Traumatisierungen folgen die genannten traumaadaptierten psychodynamischen Ansätze dem auf Janet (1889) zurückgehenden Grundsatz einer phasenorientierten Behandlung. Das Phasenmodell der Traumatherapie fordert in einer ersten Phase eine umfassende Ich-Stärkung (Stabilisierung), bevor in einer zweiten Phase der Traumabearbeitung (»Traumaexposition« oder »Traumakonfrontation«) die traumatischen Erinnerungen unter geschützten therapeutischen Bedingungen wiederbelebt werden, um dann als erinnerte Tatsache in die Kontinuität des biografischen Zusammenhangs eingefügt werden zu können. Die dritte und letzte Phase der Reintegration soll dann ein Betrauern der vielfältigen Verluste und eine neue Sinnfindung ermöglichen.

3.3 Psychodynamisch imaginative Traumatherapie (»PITT«)

Die von Reddemann entwickelte »Psychodynamisch imaginative Traumatherapie« »PITT« (Reddemann, 2001, 2004, 2011) verbindet die psychodynamische Beziehungsorientierung mit der Anwendung imaginativer Verfahren. Das Konzept folgt dem oben beschriebenen Phasenmodell der Traumatherapie. Imagination wird in allen Phasen der Behandlung eingesetzt. Der Anwendung imaginativer Techniken liegt die auf neuerer Forschung basierende Erkenntnis zugrunde, dass die Vorstellung Ähnliches auslöst wie Handeln. So könnte eine als Kind vernachlässigte Patientin viel an nachholender Heilung erfahren, wenn sie sich vorstellt, dass das Kind, das sie selbst einmal war, eine liebevolle Antwort erhält.

Der Ansatz vertritt eine resilienz- und progressionsorientierte Grundhaltung. Es geht um die gezielte Nutzung aller Bewältigungsbemühungen und Versuche der Patientinnen und Patienten, mit der traumatischen Erfahrung fertig zu werden und diese ins Selbst zu integrieren, selbst wenn sich diese Versuche später als destruktiv erweisen sollten. So geht es in der Therapie zunächst um eine Bejahung der Symptomatik und um die Wertschätzung der darin zum Ausdruck kommenden Bewältigungsbemühungen. Statt ausschließlich das Schmerzliche einer traumatischen Erfahrung in den Vordergrund zu rücken, gilt es, resilienzorientierte Verhaltensweisen zu erkennen und Vorstellungen dazu zu entwerfen. Diese entwickeln sich am ehesten in einer fördernden und an den Bedürfnissen der Patientin bzw. des Patienten interessierten therapeutischen Beziehung.

In der PITT steht darüber hinaus ein Konzept der Selbstbegegnung zur Verfügung, das mit dem Bild der »inneren Bühne« operiert und einer Selbstentlastung dienen soll. Ein dafür geeignetes Instrument zur Selbstberuhigung ist die Arbeit mit verletzten Anteilen nach dem Ego-State-Modell. Bei dieser Arbeit soll nicht nur das Leiden der verletzten kindlichen Persönlichkeitsanteile erkannt werden. Vielmehr sollen die verletzten Anteile auch in der Vorstellung neu »beeltert« und versorgt werden. Auf diese Weise wird mit Hilfe der Vorstellungskraft eine bedürfnisbefriedigende Erfahrung geschaffen, ohne dass eine Regression innerhalb der therapeutischen Beziehung notwendig wird.

Teilweise in Anlehnung an Horowitz werden einige Modifikationen der klassischen Technik vorgenommen:

- konkrete Unterstützung anbieten, was eine Modifikation der Abstinenzregelauslegung erfordern kann;
- positive Gefühle hervorrufen, die im Kontrast zu traumabezogenen negativen Affekten stehen;
- stressreduzierende Techniken vermitteln, z. B. durch gezielte Imaginationen von angenehmen Erinnerungen oder mit Hilfe des sog. Freudetagebuches, ergänzt durch den gezielten Einsatz oder die gezielte Empfehlung von körperorientierten Interventionen, etwa nach Feldenkrais, falls erforderlich auch unter Einsatz von angstdämpfenden Medikamenten;
- umfassende Informationen über Trauma, Traumafolgen und Traumabewältigung vermitteln;
- kognitiv-restrukturierend arbeiten, beispielsweise Selbstanklagen und eigene Schuldzuschreibungen in Frage stellen und dabei auch auf kognitive Strategien

wie z. B. den sokratischen Dialog zurückgreifen;
- mit Persönlichkeitsanteilen im Rahmen von Ego-State-Konzepten arbeiten, insbesondere auch mit verinnerlichten Täteranteilen, sog. Täterintrojekten, die es zu würdigen gilt;
- der Patientin oder dem Patienten immer wieder behilflich sein, Gegenwart und Vergangenheit voneinander zu unterscheiden und Situationselemente zu erkennen, die assoziativ mit dem Trauma in Verbindung stehen, und Anleitung, diese, soweit möglich, vermeiden zu lernen;
- »Dosierungstechniken« vermitteln, die es gestatten, dosiert mit traumatischen Erinnerungen umzugehen, beispielsweise durch Arbeit mit dem sog. inneren Beobachter, eine Technik der Traumabearbeitung, die die Durcharbeitung traumatischer Szenen aus einer distanzierten Position heraus ohne allzu großes erneutes Durchleben des Leidens ermöglicht;
- Reduzieren von exzessiven Kontrollen durch die Interpretation von Abwehrmanövern und Verhaltensweisen, die sich eher als kontraproduktiv erwiesen haben, diesen aber mit Hilfe von Ego-State-Konzepten einen Sinn verleihen;
- Ermöglichung und Unterstützung der Aufnahme sozialer Beziehungen, um der Neigung zu emotionaler Erstarrung und Isolation entgegenzuwirken, vor dem Hintergrund der Forschung zur Resilienz und Salutogenese, die soziale Beziehungen als den am meisten schützenden Faktor identifiziert haben;
- ist eine Traumabearbeitung möglich, dann wird das traumatische Geschehen rekonstruiert, aus einer optimalen Distanz exploriert, insbesondere das körperliche und emotionale Erleben. Nach der Traumabearbeitung werden imaginativ die Bedürfnisse des traumatisierten Teils befriedigt.

Des Weiteren werden Parameter, die am stärksten die Domäne psychodynamischer Therapien darstellen, berücksichtigt. Hierbei handelt es sich um anhaltende Verletzungen durch nicht angemessene Beziehungs- und Bindungsangebote, also eine chronifizierte traumatisierende Bindungserfahrung.

3.4 Mehrdimensionale psychodynamische Traumatherapie (»MPTT«)

Die Mehrdimensionale psychodynamische Traumatherapie (MPTT) als für die psychotraumatische Ätiologie indiziertes Verfahren beruht auf einer Standardversion, die bei der Trauma-Akuttherapie durchschnittlich 10 therapeutische Sitzungen umfasst. Varianten der MPTT richten sich vor allem nach der Dauer des traumatischen Prozesses und der Komplexität des Traumaverlaufs.

Der MPTT liegt in allen Varianten ein psychodynamisch-dialektisches Veränderungskonzept zugrunde, wonach ein therapeutischer Veränderungsschritt nur dann als gelungen bezeichnet werden kann, wenn er die dreifache Bedeutung von »aufheben« in sich verwirklicht – indem er etwas beendet, es gleichzeitig bewahrt und es schließlich auf eine höhere Stufe hebt (ausführlich Reddemann & Fischer, 2010).

Auch die MPTT folgt grundsätzlich dem Janetschen Regime von Stabilisierung, Traumabearbeitung und Integration der traumatischen Erfahrung. Zunächst wird das traumakompensatorische Schema, das u.a. im Selbstheilungsaspekt der Symptome zum Ausdruck kommt, positiv konnotiert und unterstützt. Die MPTT folgt einer dialektischen Intervention, deren Ziel es ist, die automatisierten Kontrollmechanismen des traumakompensatorischen Schemas, insbesondere den persönlichkeitstypischen Kontrollstil und die präventive bzw. reparative Teilkomponente, in eine geplante und planbare Handlung zu überführen. Ziel dieser Basisintervention ist die Stärkung und Differenzierung des traumakompensatorischen Schemas. Die Arbeit an der minimalen Differenz zwischen Arbeitsbündnis und Übertragungsbeziehung ist Voraussetzung für die therapeutische Arbeit. Ist sie nicht vorhanden, beherrschen negative Beziehungserfahrungen und mangelnde Beziehungsressourcen die therapeutische Beziehung. Das therapeutische Vorgehen besteht nicht nur darin, positive Beziehungserfahrungen zu vermitteln, sondern immer auch darin, negative Vorerfahrungen zu dekonstruieren.

Die erste Hälfte der Standardversion der MPTT zielt auf die »Gestaltbildung der traumatischen Situation« ab. Dazu werden Techniken eingesetzt, die auf eine kognitive Strukturierung hinarbeiten. Ziel ist es, den räumlichen und zeitlichen Kontext der traumatischen Erfahrung wiederherzustellen, der in der zumeist fragmentierten Speicherung verloren ging. Neurobiologisch zielen die Interventionen auf eine Reaktualisierung der Hippocampusfunktion sowie die Erreichung einer Gestaltbildung ab. »Gestaltbildung« bedeutet: Die traumatische Situation hat eine »Gestalt«, einen Umriss und damit eine Grenze gewonnen.

- Die (der) Betroffene spricht in einer veränderten Weise über die traumatische Situation, z.B. in der Vergangenheitsform, während sie (er) anfangs im Präsens sprach.
- Sie zeigt eine veränderte Wortwahl, die auf stärkere Reflexion und Distanzierung hinweist, z.B. beschreibt sie jetzt selbst Zusammenhänge zwischen Elementen der traumatischen Situationen und gegenwärtigen Reaktionen, die ihr zuvor vielleicht unbewusst waren. Etwa: Eine Patientin, die sich nach negativer Intimität übergeben musste, kann dies jetzt mit Ekel und Abscheu durch die negative Intimitätserfahrung in der traumatischen Situation in Zusammenhang bringen.
- Die traumatische Situation ist nunmehr räumlich und zeitlich kontextualisiert.
- Deutlich geringer ausgeprägt sind somatische Begleiterscheinungen beim Traumabericht, z.B. Weinen, Schmerzempfinden.
- Das Erregungsniveau beim Reden über die traumatische Erfahrung hat abgenommen.

Die traumatische Erfahrung ist mit starken emotionalen Schmerzen verbunden, denen sich die Patientin oder der Patient jetzt direkter annähern kann. Sie (er) hat durch den ersten Konstruktionsschritt die Sicherheit gewonnen, nicht mehr im Trauma versinken zu müssen und von den traumatischen Affekten überflutet zu werden. In der Übertragung sind jetzt verstärkte »Beziehungstests« zu erwarten, in denen sich die Patientin unbewusst versichern möchte:

a) dass das Arbeitsbündnis hinreichend stabil und für das emotionale Durcharbeiten tragfähig ist und dass

b) die Therapeutin mit den traumatischen Affekten und Inszenierungen umgehen kann, wenn sie jetzt in die Übertragung kommen.

Ziel dieser Phase der MPTT ist ein »dosiertes Erinnern« und dosiertes emotionales Durcharbeiten der traumatischen Erfahrung. Die Interventionen der Therapeutin bzw. des Therapeuten sind durch ein vorsichtiges, dosiertes Aufgreifen der emotionalen Aspekte bestimmt und vor allem durch haltgebende Interventionen. Eine Dosierung der Emotionen wird u. a. durch Rückgriff auf Übungen erreicht, die sich zuvor bewährt haben, und/oder durch Rückgriff auf die beschreibenden und stabilisierenden Deutungen dieser Phase.

Die Rekonstruktion dient in besonderer Weise der Integration der traumatischen Erfahrung in die Lebensgeschichte und den weiteren Lebensentwurf. *Durcharbeiten* kann man auch als »auf- oder hinaufarbeiten« der traumatischen Erfahrung auf den gegenwärtig erreichten Stand der konstruktiven Konfliktlösung verstehen. Die Integration in die Lebensgeschichte ist die eine, die Implementierung der konstruktiven Lösung in die gegenwärtigen Lebensverhältnisse die zweite Aufgabe in der Abschlussphase des Standardmoduls.

Während der Rückfallprophylaxe wird als Szenario durchgespielt, was die Patientin tun kann, wenn die Symptome oder sonstige Züge der Vergangenheit wieder lebendig werden. In der Phantasie oder auch im Rollenspiel wird die Szene durchgespielt, und optimale Verhaltensweisen werden gemeinsam ausgearbeitet.

3.5 Integratives Konzept zur Behandlung traumaassoziierter Persönlichkeitsstörungen auf psychodynamischer Grundlage

Die von Wöller (2006) entworfene traumaorientierte integrative Therapiekonzeption auf psychodynamischer Grundlage wendet sich an Patientinnen und Patienten mit schweren traumaassoziierten Persönlichkeitsstörungen. Ihr Anliegen ist es, die zentralen Problembereiche dieser Patientengruppe – Störungen der Emotionsregulierung, der Mentalisierung und der Ich-Integration als Grundlage dysfunktionaler Verhaltensmuster und Beziehungsgestaltungen – unter Bezugnahme auf die neurobiologischen und psychotraumatologischen Befunde zu Entwicklungs- und Bindungstraumatisierungen in einem ressourcenorientierten Therapieansatz zu behandeln. Diese Konzeption orientiert sich ausdrücklich sowohl an der »Psychodynamisch imaginativen Traumatherapie« (PITT) als auch an der »Strukturbezogenen Psychotherapie« (Rudolf, 2004) und ihrem ich-psychologisch fundierten Ansatz des Aufbaus von Ich-Funktionen, bezieht aber auch wertvolle therapeutische Techniken behavioralen und systemischen Ursprungs mit ein, sofern sie vor dem Hintergrund der aktuellen Beziehungsgestaltung reflektiert werden.

In der *ersten* Phase (»Sicherheit, Halt und die Stärkung der Bewältigungskompetenz«) stehen haltgebende und stabilisierende Maßnahme und die temporäre Übernahme von Ich-Funktionen im Sinne einer externen Emotionsregulierung im Zentrum der therapeutischen Aktivität. Das Beziehungsangebot ist durch die Qualitäten Sicherheit, Kontrolle, Transparenz und emotionale Präsenz geprägt. Von besonderer

Bedeutung ist es, das Gefühl von Kontrolle zu stärken, indem den Patienten, wo immer möglich, Wahl- und Entscheidungsmöglichkeiten eingeräumt werden. Aufklärung und Edukation sind wesentliche Elemente einer transparenten Beziehungsgestaltung. Das Angebot einer Halt und Sicherheit gebenden Beziehung findet eine wichtige Ergänzung in einer konsequenten Ressourcenorientierung, die eine Mobilisierung positiver emotionaler Zustände und eine Stärkung der Bewältigungskompetenz zum Ziel hat. Übertragungsphänomene sollten frühzeitig angesprochen und durch Klärung der aktuellen Realität aufgelöst werden. Eine aktive Begrenzung selbst-, fremd- oder therapieschädigender Verhaltensweisen kann unerlässlich sein, um ein tragfähiges Arbeitsbündnis herzustellen.

In der *zweiten* Phase (»Emotionsregulierung und Selbstfürsorge«) sollen konkrete Techniken zur Verbesserung der autonomen Emotionsregulierung vermittelt und selbstfürsorgliche Verhaltensweisen entwickelt werden. Imaginative Distanzierungstechniken unterstützen die Differenzierung negativer Affektzustände im Hinblick auf ihre Vergangenheits- und Gegenwartsanteile mit dem Ziel, die zur traumatischen Vergangenheit gehörenden Affektanteile »wegzupacken« und die zur Gegenwart gehörenden Anteile mit nützlichem Signalcharakter zu bewahren. Die Förderung der Selbstfürsorge, die auch die Förderung der Fähigkeit zur Abgrenzung und Selbstbehauptung einschließt, kann die Durcharbeitung verinnerlichter Verbote der Selbstfürsorge erfordern, die aus der Introjektion traumatischer Beziehungsmuster stammen.

In der *dritten* Phase (»Mentalisierung und die Entwicklung stabiler Repräsentanzen«) geht es zum einen um die Stärkung der Fähigkeit zur Mentalisierung, d. h. der Fähigkeit, eigene und fremde emotionale Zustände zu reflektieren und unterschiedliche Perspektiven einzunehmen. Bei Bindungs- und Beziehungstraumatisierungen durch emotionale Vernachlässigung hat sich die Arbeit mit dem sog. »inneren Kind« bewährt, bei der erwachsene Persönlichkeitsanteile dem verletzten kindlichen Selbstanteil elterliche Zuwendung und Fürsorge gewähren. Auch diese Techniken setzen eine hinreichend funktionsfähige Emotionsregulierung voraus.

In der *vierten* Phase (»Schonende Traumabearbeitung«) kommt als traumabearbeitendes Verfahren EMDR zum Einsatz (vgl. dazu Kap. G2 in diesem Band), wenn eine Verbesserung der Emotionsregulierung und der Mentalisierungsfähigkeit erreicht und hinreichende Alltagsstabilität gegeben ist. Die Konfrontation mit traumatischen Erinnerungen muss besonders schonend erfolgen, um bei noch immer labiler Emotionsregulierung oder dissoziativer Komorbidität eine Überflutung durch traumatische Erinnerungen zu verhindern. Alternativ zum Standardprotokoll des EMDR empfehlen sich eine vorsichtig dosierte und fraktioniert eingesetzte Exposition gegenüber dem traumatischen Material bei maximaler Ressourcenaktivierung während des Bearbeitungsprozesses sowie die bevorzugte Bearbeitung von Traumatisierungen im Erwachsenenalter gegenüber Kindheitstraumatisierungen entsprechend dem »umgekehrten Protokoll« (Hofmann, 2009).

Die *fünfte* und *letzte* Phase der Behandlung (»Konfliktbearbeitung und Arbeit an maladaptiven Beziehungsmustern«) gilt der Arbeit an bewussten und unbewussten Konflikten, die den negativen Selbstbildern und den maladaptiven interpersonellen Beziehungsmustern der Patienten zugrunde liegen. Die Vielzahl und Radikalität der bewussten und unbewussten Konflikte traumatisierter Patienten, die von Autonomie-Abhängigkeitskonflikten bis hin zu intrasystemischen Über-Ich-Konflikten reichen, erfordert ein konfliktaufdeckendes Arbeiten im Rahmen einer konfliktzentrierten Psychotherapie, das auch deutende Techniken der Abwehr- und Widerstandsanalyse einschließt.

3.6 Forschungsstand und Zusammenfassung

Die Wirksamkeit der traumaadaptierten psychodynamischen Therapie bei der Posttraumatischen Belastungsstörung (PTBS) ist durch verschiedene kontrollierte Studien im ambulanten (Kruse et al., 2009) und stationären Setting (Lampe et al., 2008, Sachsse et al., 2006) belegt. Zweifellos besteht noch ein deutlicher Bedarf an gut kontrollierten Studien. Der gegenwärtig verbreiteten Tendenz, die Wirksamkeit eines Verfahrens nur noch auf der Grundlage randomisiert-kontrollierter Therapiestudien (RCT) zu beurteilen, muss jedoch entschieden widersprochen werden. Die in RCT-Studien zur Wirksamkeit psychotherapeutischer Verfahren zur Behandlung der Posttraumatischen Belastungsstörung (PTBS) gefundenen Ergebnisse können wegen der breiten Ausschlusskriterien nicht ohne weiteres auf den Kontext der klinischen Versorgungsrealität übertragen werden, die vorwiegend durch komplexe Traumapathologien und breite Komorbidität geprägt ist. Studien, die mit breiten Ausschlusskriterien durchgeführt wurden, können daher nicht als repräsentativ gelten (Spinazzola et al., 2005). Vielmehr sind naturalistische Studien zu fordern, die nicht die üblichen breiten Ein- und Ausschlusskriterien aufweisen, sondern gerade diejenigen Patientinnen und Patienten einbeziehen – wie z. B. Patienten mit selbstverletzendem Verhalten oder latenter Suizidalität –, die in RCT-Studien zumeist ausgeschlossen werden. An die Stelle der Überbewertung der Ergebnisse von RCT-Studien für die Patientenversorgung sollte eine angemessene Berücksichtigung der klinischen Erfahrung treten (Fischer & Becker-Fischer, 2008).

Traumatherapeutische Techniken allein haben sich bei komplexen posttraumatischen Folgestörungen nicht als effektiv erwiesen. Einiges spricht sogar dafür, dass die Anwendung von spezifischen traumabearbeitenden Techniken ohne hinreichende Stabilisierung und ohne eine angemessene Berücksichtigung der Beziehungsproblematik für diese Klientel schädlich ist. Diese Patientengruppe benötigt vielmehr ein Behandlungsangebot, das sich auch an ihre spezifischen Schwierigkeiten richtet, die aus ihrer Bindungs- und Entwicklungspathologie resultieren können. Man kann nämlich davon ausgehen, dass Bindungsstile gestärkt und sogar über die Zeit verändert werden können – von einem unsicheren und desorganisierten Bindungsstil hin zu einem sicheren.

Aus heutiger Sicht können psychodynamische Interventionen am ehesten der Breite der posttraumatischen Phänomene gerecht werden. Sie verfügen auf der Grundlage psychoanalytischer Theorien über ein breites Spektrum an hermeneutischen und heuristischen Möglichkeiten, die gerade auch angesichts der Herausforderungen, die ein traumatherapeutisches Vorgehen fordert, geeignet sind. Psychodynamische Traumatherapien sind für die neurobiologische Forschung wie für die Integration von Interventionsstrategien aus anderen Therapieschulen offen und sind damit besonders für Erkrankungen geeignet, die über einfache und eher als eindimensional zu beschreibende Störungsbilder hinausgehen. Damit haben psychodynamische Therapien ihren Platz in der Behandlung von Menschen mit Traumafolgestörungen, besonders mit den komplexen. So kann gerade bei komplexen Traumafolgestörungen ein an modernen psychodynamischen Konzepten orientiertes Verstehen und Intervenieren sowohl die Patientin wie ihre Therapeutin besser schützen als die auf reine Traumabearbeitung ausgerichtete Technik.

3.7 Literatur

Ferenczi S. (1932). Sprachverwirrung zwischen den Erwachsenen und dem Kind. In: Ders. *Schriften zur Psychoanalyse*. Bd. 2. Frankfurt a. M.: Fischer 1972, 303–313.

Fischer G. (2000). *Mehrdimensionale psychodynamische Traumatherapie. MPTT*. Heidelberg: Asanger.

Fischer G. & Becker-Fischer M. (2008). Stabilisierung vor Konfrontation in der Traumatherapie – Grundregel oder Mythos? Kommentar zum Beitrag von Frank Neuner (2008) in: *Verhaltenstherapie*, 18 (2), 109–118. ZPPM Zeitschrift für Psychotraumatologie, Psychotherapiewissenschaft, Psychologische Medizin, 6, 85–94.

Freud S. (1895 d). *Studien über Hysterie*. GW, Bd. I, 75–312, u. Nachtr., 217 f., 221–310.

Freud S. (1920 g). *Jenseits des Lustprinzips*. Leipzig, Wien, Zürich: Internationaler Psychoanalytischer Verlag. (Auch: GW, Bd. 13, 1–69.)

Hofmann A. (2009) The inverted EMDR standard protocol for unstable complex posttraumatic stress-disorder. In: Luber, M. (Hrsg.). *Eye movement desensitization and reprocessing (EMDR) scripted protocols. Special populations*. New York: Springer, 313–328.

Horowitz M.J. (1976). *Stress response syndromes*. New York: Jason Aronson.

Janet P. (1889). *L'automatisme psychologique*. Paris: Alcan.

Kardiner A. (1941). *The traumatic neuroses of war*. New York, London: Paul Hoeber.

Kruse J., Joksimovic L., Cavka M., Wöller W. & Schmitz N. (2009). Effects of trauma-focused psychotherapy upon war refugees. *Journal of Traumatic Stress*, 22, 585–592.

Lampe A., Mitmansgruber H., Gast U., Schüssler G. & Reddemann L. (2008). Therapieevaluation der Psychodynamisch Imaginativen Traumatherapie (PITT) im stationären Setting. *Neuropsychiatrie*, 22, 189–197.

Reddemann, L. (2001). *Imagination als heilsame Kraft. Zur Behandlung von Traumafolgen mit ressourcenorientierten Verfahren*. 15. Aufl. 2010. Stuttgart: Klett-Cotta.

Reddemann L. (2004). *Psychodynamisch-imaginative Traumatherapie (PITT). Das Manual*. Stuttgart: Pfeiffer bei Klett-Cotta.

Reddemann L. (2011). *Psychodynamisch-imaginative Traumatherapie (PITT). Das Manual*. 6., vollständig überarbeitete Aufl. Stuttgart: Klett-Cotta.

Reddemann L. & Fischer G. (2010). Worauf es ankommt: Psychodynamische Traumatherapien. *Psychotherapie in Psychiatrie, Psychotherapeutischer Medizin und Klinischer Psychologie*, 15, 263–278.

Rudolf G. (2004). *Strukturbezogene Psychotherapie*. Stuttgart: Schattauer.

Sachsse U., Vogel C. & Leichsenring F. (2006). Results of psychodynamically oriented trauma-focused inpatient treatment for women with complex posttraumatic stress disorder (PTSD) and borderline personality disorder (BPD). *Bulletin of the Menninger Clinic*, 70, 125–44.

Spinazzola J., Blaustein M. & van der Kolk B. A. (2005). Posttraumatic stress disorder treatment outcome research: The study of unrepresentative samples? *Journal of Traumatic Stress*, 18, 425–436.

Wöller W. (2006). *Trauma und Persönlichkeitsstörungen*. Stuttgart: Schattauer.

EVA-MARIA BIERMANN-RATJEN UND JOCHEN ECKERT

4. Die gesprächspsychotherapeutische Behandlung

Im Folgenden werden vier allgemeine Behandlungsprinzipien beschrieben: Der Therapeut hat eine Person zu sein, die sich 1.) wirklich um den Klienten bzw. die Klientin kümmert, die ihm bzw. ihr 2.) Hilfe gibt, das Vertrauen in die eigene Aktualisierungstendenz zurückzugewinnen, die 3.) dabei unterstützt, Vertrauen in die Welt zurückzugewinnen, und die 4.) die Verarbeitung der traumatischen Erfahrung durch Hilfe beim kontrollierten Ausdruck von Gefühlen fördert. Das therapeutische Vorgehen variiert in Abhängigkeit vom Behandlungszeitpunkt: unmittelbar nach der Traumatisierung, wenn eine Posttraumatische Belastungsstörung vorliegt oder wenn sich eine Persönlichkeitsstörung herausgebildet hat.

Wir werden uns bei der Darstellung der gesprächspsychotherapeutischen Behandlung von traumatisierten Patienten und der theoretischen Fundierung dieser Behandlung auf deren aktuellen Stand und damit auch auf die Weiterentwicklungen der Gesprächspsychotherapie zur prozess-experienziellen und/oder emotionsfokussierten Psychotherapie und deren emotionspsychologische Begründungen beziehen.

4.1 Bedeutung des Traumas und allgemeine Behandlungsregeln aus gesprächspsychotherapeutischer Sicht

Gesprächspsychotherapeuten gehen davon aus, dass ein Trauma eine Erschütterung des gesunden Erlebensprozesses beinhaltet, in dem sich die Bedeutung von Welt- und Selbsterfahrung für die Person als lebender Organismus und psychisches Wesen erschließt. Die ungestörte Person versteht und akzeptiert sich in diesem Prozess in ihren Erfahrungen und Selbsterfahrungen und kann sie in ihr Selbst- und Weltbild integrieren.

Die unmittelbare Reaktion in der traumatischen Situation, die akute Belastungsreaktion, ist der Versuch, die traumatische Erfahrung nicht zu machen, während sich in der Posttraumatischen Belastungsstörung zeigt, dass der Ausschluss der Erfahrung eines traumatischen Ereignisses aus dem Bewusstsein ebenso wenig aufrechterhalten werden kann wie die Vermeidung der Wahrnehmung der Selbsterfahrungen in ihr, z. B. der affektiven Reaktionen bzw. der Flucht- und Selbstverteidigungsversuche. Zu Erklärung dieses Phänomens wird z. B. auf die sogenannte *completion tendency*

(Horowitz, 1986) hingewiesen: Erfahrung dränge nach Einordnung in psychische Repräsentationsstrukturen und tauche immer wieder im Bewusstsein auf, bis sie endlich integriert werden kann.

Bei allen Bewertungs- und Verarbeitungsprozessen von Erfahrungen kommt Emotionen eine große Bedeutung zu. Sie werden als schnell erfolgende Anpassungsprozesse in der Reaktion auf Informationen aus der Umwelt aufgefasst, die angemessene Verhaltenspotentiale, zu denen auch der Ausdruck von Emotionen gehört, aktivieren. Wenn diese und der Prozess des Sich-selbst-in-ihnen-Verstehens unterbrochen werden, verbleibe die Person in einem Zustand von »incompletion«, »unfinished business«. Die traumatische Erfahrung z. B. verschaffe sich zusammen mit den emotionalen Reaktionen in ihr so lange immer wieder Zugang zum Bewusstsein, bis sie endlich als solche bewusst und verstanden worden sei. Solange das nicht der Fall sei, bestehe eine große Bereitschaft, auf Reize, die auch nur im Entferntesten an das Trauma erinnern, mit den zur traumatischen Situation gehörenden unterbrochenen Handlungsbereitschaften, vor allem Flucht und Angriff, zu reagieren und auf diese wiederum, wie auf eine Bedrohung, mit Angst und Panik, Scham und Ärger.

In der Einleitung ihrer Beschreibung der Behandlung Traumatisierter stellen Elliott, Watson, Goldman und Greenberg (2002) dar, dass ein Trauma die Erlebniswelt eines Menschen sozusagen in drei Teile zerlege:
- die Welt vor der Verletzung, in der ein Trauma nur als eine abstrakte Möglichkeit existiert und der Mensch seine Lebensprojekte in einer als unterstützend erlebten Welt verfolgt,
- die verletzende Welt, in der eine überwältigende Macht die bisherige Existenz auslöscht,
- und die Welt nach der Traumatisierung, in der die Person in einer dauernden Erwartung der Wiederholung des Traumas lebt – körperlich, sinnlich, im Schlaf, in den Zukunftserwartungen usw. – und sich zugleich von diesen Erwartungen abzulenken bzw. zu befreien versucht.

Es sei wichtig, dass der Therapeut ein unvoreingenommenes Interesse daran zeige, wie genau diese drei je eigenen Erfahrungswelten des Klienten aussehen. Dabei sei zu beachten, dass verschiedene Traumata auch verschiedene spezifische Spuren hinterließen. Die Verletzung durch einen »bösen« Fremden z. B. zeitige andere Folgen als der überraschende Verlust einer geliebten Person. Und schließlich habe ein Trauma nicht nur die drei Konsequenzen Wiedererleben, Vermeiden und Hypersensibilität, die in den diagnostischen Manualen betont werden. Es könne in der Folge von Traumatisierungen auch zur Entwicklung von Misstrauen kommen, zu gestörten Beziehungen und Störungen des Selbsterlebens bis zur Entwicklung der »disorder of extreme stress« (DES; Herman, 1992), die viel mit der Borderline-Persönlichkeitsstörung gemeinsam habe.

Prozess-experienzielle Psychotherapeuten sprechen von *cherished beliefs* (Clarke, 1989): Annahmen bezüglich der eigenen Person und anderer Menschen, die die Erfahrungsbereitschaften traumatisierter Personen kennzeichnen bzw. ihre Interpretation ihrer Erfahrungen leiten (vgl. Fischer & Wertz, 1979; Wertz, 1985; Janoff-Bulman, 1992). Sie seien oft das Gegenteil ihrer *cherished beliefs* vor dem Trauma bzw. das Gegenteil der Erfahrungen mit sich selbst und der Welt, die in das Selbstkonzept integriert werden konnten und so die Erlebniswelt vor der Traumatisierung gekennzeichnet hatten. Die traumatisierte Person habe mit Erfahrungen zu tun, durch die sie sich nicht nur in ihrem Selbsterleben bedroht und z. B. fragmentiert erlebe, sondern oft auch als jemanden, der daran selbst schuld hat, es nicht besser verdient und erneute Verletzungen zu erwarten hat. Die zum normalen Selbstbild gehörenden Erfahrungen hingegen seien die Erfahrung von persönlicher Kraft und Selbstwirksamkeit, Unverwundbarkeit, In-Ordnung-Sein und Einmaligkeit (specialness, Yalom, 1980). Aufgrund der Traumatisierung werde die Erwartung, emotionale Sicherheit in der Welt zu erfahren, durch die stark generalisierte Erwartung ersetzt, dass die Welt fundamental unsicher, sowohl gefährlich als auch unvorhersehbar sei.

Elliott et al. (2002) stellen auf der Grundlage dieser Beschreibung des Inkongruenzerlebens und der Erfahrungsbereitschaften von Traumatisierten in Anlehnung an Fischer und Wertz (1979) die folgenden allgemeinen Prinzipien bei der Behandlung von traumatisierten Klienten auf:

- Sei ein Gegenüber, das sich wirklich kümmert (a caring other)! Als ein solches Gegenüber ermögliche der Therapeut alternative und korrigierende Erfahrungen zu der traumatisierenden Erfahrung, im Stich gelassen worden zu sein.
- Unterstütze die Wiederentdeckung der eigenen inneren Kraft, des Vertrauens auf die eigene Aktualisierungstendenz und damit auf die Fähigkeit, Situationen zu bewältigen, auch physische und psychische Verletzungen zu verkraften, über ein Trauma oder ein Unrecht hinwegzukommen! Hilf dem Klienten, wieder daran zu glauben, dass er sinnvolle Entscheidungen fällen und sein Leben selbst in die Hand nehmen kann, wie er es vor der Traumatisierung getan hat! Zur Wiederentdeckung der eigenen Kraft gehört es, dass sich der Klient an Lebensprojekte erinnert, die er vor der Traumatisierung verfolgt hat, und sich in seinen Selbstbestimmungsmöglichkeiten sieht.
- Ermutige den Klienten bei seinem Wiederaufbau einer Vorstellung von einer vertrauenswürdigen Welt! Nach einer Traumatisierung kann die Welt nie wieder als so sicher erscheinen wie vor der Traumatisierung. Aber ohne ein Mindestmaß an erlebter Sicherheit kann ein Mensch nicht zu einem erträglichen Leben und Lebensplanungen zurückfinden (Wertz, 1985). Sicherheit und Vertrauen werden zunächst im Rahmen der therapeutischen Beziehung entwickelt. Es ist aber wichtig, dass der Klient auch außerhalb der therapeutischen Beziehung entdeckt, dass er nicht überall so extrem wachsam sein muss. Aber es ist der Klient selbst, der das entdecken sollte.
- Ermögliche die Verarbeitung der traumatischen Erfahrung! Um den Teufelskreis aus Intrusionen und Konstriktion zu unterbrechen, ermutigt der Therapeut zum kontrollierten Ausdruck von Gefühlen bzw. unterstützt diesen. Es ist üblich, den Klienten die traumatischen Erfahrungen in der emotionalen Sicherheit der therapeutischen Situation erzählen und wiedererleben zu lassen, wobei darauf geachtet wird, dass das Ausmaß der Erregung sorgfältig moderiert und dass ein Sicherheitsabstand zur Erfahrung eingehalten wird.

Die Orientierung des Gesprächspsychotherapeuten an diesen Prinzipien sieht konkret zu verschiedenen Zeitpunkten des posttraumatischen Erlebens unterschiedlich aus. Wir unterscheiden in diesem Beitrag zwischen
1.) der Behandlung in der Zeit unmittelbar nach der traumatischen Erfahrung,
2.) der Behandlung in der Zeit des Erlebens der Posttraumatischen Belastungsstörung und
3.) der Behandlung der Persönlichkeitsstörung in der Folge von Traumatisierungen.

4.2 Die Behandlung in der Zeit unmittelbar nach der traumatischen Erfahrung

Wie bereits dargestellt, sehen Gesprächspsychotherapeuten in der akuten Belastungsreaktion eine Form des Erlebens akuter Inkongruenz (vgl. Kap. B3 von Eckert & Biermann-Ratjen in diesem Band). Die Erfahrung der traumatischen Situation kann nicht in das Selbsterleben integriert werden.

Der Kern der traumatischen Selbsterfahrung ist das Erleben absoluter Ohnmacht bzw. der Sinnlosigkeit aller möglichen und gewohnten emotionalen Reaktionen und Operationen der Selbstbestätigung und Selbstverteidigung. Die traumatische Situation ist damit das Gegenteil der Erfahrungen, die in das Selbstkonzept integriert worden sind. Diese sind ja Erfahrungen und Bewertungen durch die Person selbst, in denen sie von einer anderen Person empathisch und bedingungsfrei positiv beachtet worden ist (vgl. Kap. B3). In diesen Erfahrungen hat sich die Person also als selbstwirksam erlebt und eben nicht als ohnmächtig, auch wenn es z. B. Schwäche war, in der sie verstanden und angenommen worden ist.

Die unmittelbare Reaktion in der traumatischen Situation ist der Versuch, der Erfahrung zu entkommen oder sie vom bewussten Erleben auszuschließen. Dieser Versuch beinhaltet, wie beschrieben, Dissoziation, und zwar in vielfältiger Weise.

Unmittelbar nach einem erschütternden Erlebnis – einem Unfall z. B. oder einem Banküberfall – macht der Gesprächspsychotherapeut vor allem und weitgehend ausschließlich das seine Arbeit kennzeichnende Beziehungsangebot: Er sorgt so gut, wie es ihm und in der Situation möglich ist, dafür, dass der Betroffene wahrnehmen kann, dass er, der Therapeut, für ihn da ist und nichts für und von ihm will, als ihn in seinem Erleben zu begleiten. Er fühlt sich empathisch in den Klienten ein und versucht ihm mitzuteilen, dass er ihn in seinem gesamten Erleben – so wie es ist und wie auch immer es ist und in dem, was es für ihn, den Klienten, bedeutet – annimmt: in seinen Emotionen, seiner Angst, seiner Orientierungslosigkeit oder seinem Dissoziieren, aber auch in seinen Aggressionen und in seiner Scham usw. Das gilt auch dann, wenn der Klient nicht sprechen oder in anderer Weise in Ruhe gelassen werden will. Der Klient soll sich sicher fühlen können.

Es ist schon in der Zeit unmittelbar nach einem traumatischen Ereignis wichtig, dass der Therapeut und der Klient nicht aus den Augen verlieren, dass das Erleben bei einem Trauma und danach vor allem der erlebten *Situation* entspricht und deren Bedeutung für das körperliche und psychische Überleben und nicht, und keinesfalls in erster Linie, Ausdruck der Person des Traumatisierten und seiner Eigenheiten ist. Alle

Menschen empfinden in bestimmten Situationen Angst und Fluchtimpulse und Auflehnung und Ohnmacht. Der empathisch bedingungsfrei positiv beachtende Therapeut vermittelt das auch dem Klienten.

Das ist unter Umständen nicht leicht. In Situationen unmittelbar nach einem traumatischen Erlebnis besteht z. B. hohe »Ansteckungsgefahr«. Für Personen im Katastropheneinsatz oder in der Notfallpsychologie besteht ein großes und vielfältiges Risiko, selbst traumatisiert zu werden. Menschen erleben das, was sie bei anderen Menschen als Erleben wahrnehmen, immer auch mit, so als wäre es eigenes Erleben, und unter starken Belastungen kann die zum empathischen Verstehen gehörende Unterscheidung zwischen dem Erleben eines anderen und dem eigenen Miterleben verlorengehen. Der Therapeut oder Helfer erfasst dann das Erleben des Traumatisierten nicht mehr nur empathisch so, »als ob« er selbst Angst und Fluchtimpulse z. B. erlebte, sondern er kann zwischen dem Miterleben und dem eigenen Erleben nicht mehr unterscheiden. Das kann – neben dem Erleben der traumatischen Situation und dem Miterleben, was beides für sich allein schon belastend ist – zu weiterer Überanstrengung führen. Dementsprechend ist es oft nötig, dass nicht nur die Opfer von Katastrophen, sondern auch die Helfer therapeutisch unterstützt werden.

4.3 Die Behandlung in der Zeit der Posttraumatischen Belastungsstörung

Das Therapieziel der gesprächspsychotherapeutischen Behandlung der Posttraumatischen Belastungsstörung ist, dass die Folgen der Erschütterung der Prozesse der Erlebnisverarbeitung aufgehoben werden. Wo Intrusionen und Konstriktion erlebt werden, sollen Erinnerungen und eine kontrollierte Ausrichtung der Aufmerksamkeit auf das eigene Erleben möglich werden. Die Person soll sich nicht nur das traumatisierende Ereignis ins Gedächtnis rufen können, wenn sie selbst es will, sondern vor allem ihre eigenen Reaktionen in der Situation – und sie als solche erkennen.

Die Gedanken, Bilder, Worte, Affekte, Körpersensationen und Impulse, die die Erinnerung an die traumatische Erfahrung und die Erfahrung des eigenen Funktionierens in ihr ausmachen, sollen ganzheitlich zusammengeführt und schließlich als Selbsterfahrung in das Selbsterleben integriert werden können. Es geht darum, dass ihr Wiederauftauchen im Bewusstsein als das Auftauchen einer Erinnerung – und nicht als eine Wiederholung des Traumas – erlebt wird und nicht länger eine Bedrohung für das Selbstkonzept ist. Die Person kann dann sehen, dass sie ihr Erleben der gesamten traumatisierenden Situation, einschließlich ihrer Selbsterfahrung in ihr, als einen Angriff auf ihr Selbstverständnis und ihre Selbstachtung erlebt hat und erlebt, sie kann ihre Verteidigung gegen dieses Erleben sehen und sich schließlich in diesen Selbsterfahrungen selbst verstehen und akzeptieren.

Das, was der Therapeut bei der Behandlung von posttraumatischen Störungen tun kann, ist nach Elliott et al. (2002):
1.) die Erzählung der traumatischen Geschichte ermöglichen,
2.) die Entwicklung der Fähigkeit zum »Aufsuchen eines sicheren Ortes« unterstützen,
3.) den Klienten in seiner Vulnerabilität empathisch bestätigen,
4.) bei der Integration der Erfahrung in das Selbstbild hilfreich sein,

5.) die Selbstexploration in Bezug auf die Selbstbilder vor und nach der Traumatisierung und ihren Vergleich miteinander unterstützen.

Ad 1: Obwohl es in der Regel schmerzhaft ist, die traumatische Erfahrung zu schildern, haben die meisten Traumatisierten ein starkes Bedürfnis, dies zu tun. Das wird z.B. deutlich in Hinweisen darauf, dass es eine traumatische Erfahrung gegeben habe, darin, dass von einer Zeit vor und einer Zeit seit dem Trauma gesprochen wird oder von Alpträumen. Wenn der Klient nicht von sich aus mit der Erzählung der traumatischen Erfahrung beginnt, ermutigt ihn der Therapeut – und zwar schon in den ersten Therapiestunden –, das zu tun, indem er dessen Hinweise aufgreift. Der Therapeut ist dabei sehr vorsichtig und vermeidet erlebnisaktivierende Interventionen. Die zum Trauma gehörenden Affekte werden in der Erinnerung oft sehr viel heftiger erlebt als in der Situation, in der sie entstanden sind, da in dieser ja z.B. disssoziiert worden ist. Es ist therapeutisch nicht sinnvoll, den Patienten z.B. in einen dissoziativen Zustand zu treiben oder ihn in einer anderen Weise erleben zu lassen, dass er die Kontrolle über seine Selbsterfahrungen – auch im Kontakt mit dem Therapeuten – nicht hat.

Vielmehr ist es sinnvoll, dass der Klient die verschiedenen mit dem Trauma verbundenen Geschichten immer wieder erzählt und dabei erlebt, dass er in seinem Erleben verstanden und angenommen wird und dass ihm das bei der Kontrolle seiner Affekte hilft. Dies führt nämlich dazu, dass er sich in der traumatischen Erfahrung auch selbst zunehmend genauer sehen und vollständiger verstehen und annehmen kann und dass er darüber bestimmen kann, wann er welche Erfahrung in den Fokus der eigenen Aufmerksamkeit nimmt.

Ad 2: Eine Technik, sich diese Fähigkeit – selbst darüber zu bestimmen, was einen wann innerlich beschäftigen kann und was nicht – vor Augen zu führen, wird von anderen Therapeuten »einen sicheren inneren Raum aufsuchen« genannt (z.B. Herman, 1992). Im Rahmen des klientenzentrierten Konzepts, z.B. im Focusing und in der emotionsfokussierten Psychotherapie, wird das Sich-Schaffen eines »inneren Freiraums« beschrieben. Wenn sich der Therapeut nicht gleich zu Beginn der Therapie um diese Fähigkeit des Klienten kümmert, Erfahrungen ins Zentrum der Aufmerksamkeit zu rücken, aber auch aus diesem wieder zu entfernen, können die lähmende Angst und die Überflutung durch andere emotionale Erlebnisinhalte die Entstehung eines Arbeitsbündnisses behindern oder gar unmöglich machen. Der Klient wagt es dann nicht, sich in der Therapiesituation dem Wiedererleben schmerzvoller Erfahrungen auszusetzen. Deshalb weist der Therapeut immer wieder darauf hin, wie wichtig es ist, und hilft dem Klienten dabei, sich einen freien inneren Raum zu schaffen und sich einen sicheren inneren Ort vorzustellen, an den er sich zurückziehen kann, wenn Friede und Trost vonnöten sind. Ein solcher Raum ist die sichere Basis, von der ausgehend der Klient seine schwierige Erfahrungswelt erkunden kann und zu der er zurückkehren kann, wenn er von Erfahrungen überwältigt zu werden droht.

Ad 3: Die wichtigste Aufgabe des Gesprächspsychotherapeuten in der Behandlung von traumatisierten Klienten ist es, sie in der Selbstexploration, in der sie sich mit ihren starken Gefühlen von Scham, Schuld, Wertlosigkeit, Verzweiflung und Hoffnungslosigkeit und damit, dass sie sich selbst nicht verstehen, auseinandersetzen, empathisch und bedingungsfrei positiv beachtend zu begleiten. In diesen Gefühlen erleben sie ihre Inkongruenz, die Bedrohung ihres Selbstkonzepts und ihrer Selbstachtung durch das, was sie mit sich selbst erleben. Der Therapeut achtet besonders auf Hinweise auf das Erleben von Verzweiflung und auf die Tendenz, aufzugeben. Es geht darum, »den Klienten durch seinen Schmerz zu hören« (Egendorf, 1995), d.h. darauf zu vertrauen, dass er auch selbst dazu kommt, sehen zu können, dass seine primären Reaktionen in der traumatischen Erfahrung angemessen waren. Wenn er sich in seinem Erleben absoluter Ohnmacht sehen kann, dann kann er die Gefühle von z.B. Angst vor und Scham wegen dieser nicht mit seinem Selbstkonzept zu vereinbarenden – aber in der traumatischen Situation angemessenen – Reaktionen in ihren Zusammenhängen verstehen und dadurch überwinden. Die Abwehr durch Dissoziation z.B. hat u.a. zur Folge, dass Klienten die Bilder, die in den Flashbacks in ihnen auftauchen, und bestimmte Gefühle und Impulse, die sie plötzlich in sich spüren, nicht als zusammengehörend wahrnehmen. Das nährt ihre Angst vor der Erfahrung, sich selbst nicht kontrollieren zu können, und macht sie sich selbst unverständlich. Klienten sollten etwas darüber erfahren, was charakteristisch für posttraumatisches Erleben ist.

Ad 4: Vor allem aber gilt es, darauf zu achten, dass sich der Klient in der Beziehung zum Therapeuten so sicher fühlt, dass er seine Angst vor seinem eigenen Erleben offenbaren kann. Es sind oft vor allem die Selbsterfahrungen in der Situation, in der ein Trauma erlebt wird, die ihn erschüttern. Vor allem in ihnen bedarf der Klient der bedingungsfreien positiven empathischen Beachtung. Was sie bezüglich der eigentlichen traumatischen Erfahrung aussagen, welchen Sinn sie hatten, muss besser verstehbar und akzeptierbar werden, um sie in ihrer Intensität regulieren und in ihrem Ausdruck modulieren zu können.

Ad 5: Erst wenn der Klient z.B. die Schuld- und Schamgefühle in der posttraumatischen Symptomatik und die Angst vor ihrer Heftigkeit und Bodenlosigkeit verstehen und überwinden kann, entsteht Raum für den Prozess der Verarbeitung der traumatischen Erfahrung bzw. der Affekte in ihr. Es ist oft sehr schwer und über lange Zeiträume sogar unmöglich, den Klienten in einem Vergleich seiner prä-, peri- und posttraumatischen Selbst- und Weltbilder zu unterstützen, denn die kleinste Erinnerung an das Trauma und vor allem das eigene Erleben dabei kann jede Spur einer neu gewonnenen Selbstsicherheit oder eines Vertrauens in andere Menschen – einschließlich des Therapeuten – auslöschen, das volle Ohnmachtserleben in der traumatischen Situation wachrufen und im Anschluss daran zu unerträglichen Ängsten, nicht »normal« zu sein, führen.

Gesprächspsychotherapeuten haben wie viele andere Traumatherapeuten großen Respekt vor Techniken, die Bilder der traumatischen Erfahrung ins Bewusstsein befördern – bzw. verwenden sie mit Vorsicht –, und hüten sich davor, sie einzusetzen, wenn sie nicht sicher sind, dass sich der Klient selbst beruhigen und selbst darüber bestimmen kann, mit welchen Empfindungen er sich wie lange und wie intensiv beschäftigt. Dazu gehört auch, dass er Anregungen aufnehmen kann, darüber zu reflektieren, wie er z.B. eine Situation oder eine Person heute oder gestern erlebt hat, die ihn in eine Erinnerung an das Trauma »gestürzt« hat. Wenn eine Person ihr Selbst- und Weltbild *vor* einem Verlust oder Verrat mit ihrem Selbst- und Weltbild *danach* vergleichen kann, ohne aus der Fassung zu geraten und in Scham und Zweifel und Hoffnungslosigkeit zu versinken, dann hat sie wieder Vertrauen in sich selbst und ihre Selbstwahrnehmungen.

4.4 Die Behandlung der Persönlichkeitsstörung in der Folge von Traumatisierungen

In ihre Darstellung der Probleme und der Behandlung von Persönlichkeitsstörungen in der Folge von wiederholten lang anhaltenden und schon in der frühen Kindheit erlebten oder beginnenden Traumatisierungen – in der Form von körperlichem und/oder sexuellem Missbrauch, chronischem emotionalen Missbrauch, extremem Mangel an Empathie und an bedingungsfreier positiver Beachtung – beziehen Elliott, Watson, Goldman und Greenberg (2002) die Arbeiten zahlreicher anderer Gesprächspsychotherapeuten (Bohart, 1990; Eckert & Biermann-Ratjen, 1998; Eckert & Wuchner; 1996, Santen, 1990; Swildens, 1990, und Warner, 1998) mit ein; wir folgen hier zunächst der Darstellung von Elliott et al.

Die Schwierigkeiten in der Erlebnisverarbeitung von solcherart traumatisierten Patienten, zu denen auch viele von denen gehören, die die Kriterien für die Diagnose Borderline-Persönlichkeitsstörung erfüllen, seien, so Elliott et al. (2002), gekennzeichnet durch eine Neigung zum Erleben von

- intensivem (maladaptiven, d. h. Inkongruenz zum Ausdruck bringenden) Ärger, verbunden mit einem starken Misstrauen anderen gegenüber;
- Schwierigkeiten, Gefühle zu identifizieren und zu akzeptieren, vor allem Ärger;
- sich selbst als gestört, verrückt oder böse.

Diese Neigungen seien mit anderen Problemen in der Affektregulierung verbunden, nämlich dem Erleben von innerer Leere und Fragmentierung, der Unvereinbarkeit verschiedener Aspekte des Selbst miteinander und dem Erleben der Unfähigkeit, sich selbst zu beruhigen. Dabei spielten Spaltungen und entsprechend instabile Beziehungen eine Rolle, und es komme zu Impulsen, sich selbst zu schädigen, und entsprechenden Handlungen. Von Spaltung wird gesprochen, wenn eine Person sich selbst und wichtige andere immer nur als entweder ganz gut oder ganz böse erleben kann, in diesem Sinne in den Kategorien *schwarz* oder *weiß* denkt und Zwischentöne bzw. »ganze« Personen nicht wahrnehmen kann.

Die allgemeinen Imperative für den Therapeuten in der Arbeit mit den sogenannten Borderline- oder DES- (Disorder of Extreme Stress) Patienten lauten:

- Versuche mit aller Kraft, dein bedingungsfreies wertschätzendes Beziehungsangebot aufrechtzuerhalten!
- Richte deine Aufmerksamkeit von Anfang an auf die Fähigkeit des Klienten, sich selbst zu beruhigen!
- Hilf dem Klienten, sich bezüglich seines sich selbst schädigenden Verhaltens zu explorieren und zu verstehen!
- Konzentriere dich auf die Arbeit am nicht integrierten Trauma und an der Vulnerabilität!
- Hilf dem Klienten, seine inneren Kräfte und Selbstbestimmungsmöglichkeiten zu entdecken!

4.4.1 Hilfe im Umgang mit Affektregulierungsproblemen

Patienten, die in früher Kindheit und wiederholt traumatisiert worden sind, haben kein stabiles und differenziertes konstantes Selbst- und Weltbild entwickeln können. Um ihr Selbstkonzept weiterentwickeln zu können bzw. weniger vulnerabel zu werden, sind sie in besonderer Weise darauf angewiesen, dass der Therapeut wirklich nichts anderes von ihnen will, als sie empathisch zu verstehen, und dass er sie wirklich ohne Bedingungen – und egal, was sie erleben – als eine Person annimmt, die sich selbst erfährt. Wenn dem Therapeuten das nicht gelingt, erleben sie ihre extreme Vulnerabilität: dass sie sich nicht selbst verstehen und annehmen und dadurch beruhigen können, zusammen mit den verschiedensten Formen, in denen die Bedrohung des Selbstkonzepts bewusst wird, wie Angst, innere Leere, Depression. Sie erleben sich in vielfältiger Weise als nicht selbstbestimmt, sondern von außen bestimmt und dennoch beurteilt und vor allem verurteilt, was sie von sich zu weisen versuchen, zum Teil sehr aggressiv. Vor dieser Aggressivität haben sie Angst.

Sie teilen sich bezüglich dieses Erlebens, das keineswegs immer bewusst ist, zum Teil sehr subtil mit, und diese Mitteilungen stellen für den Therapeuten oft Prüfungen dar. Elliot z. B. berichtet von einer Patientin, die am Ende der Stunden zu sagen pflegte: »Vielleicht ist es ja so, dass Sie, wenn ich meine Gefühle besser zum Ausdruck bringen könnte, nicht so völlig im Dunkeln tappen würden.« Bei solchen Äußerungen ist es nicht leicht für den Therapeuten, bedingungsfrei positiv eingestellt zu bleiben und vom Patienten nichts anderes zu wollen, als ihn zu verstehen. Der Patient weist Schuld- und Schamgefühle zurück, die er nicht in sein Selbstkonzept integrieren kann, indem er dem Therapeuten Verständnis für dessen Versagen entgegenbringt. Es ist ziemlich wahrscheinlich, dass sich der Therapeut zunächst einmal verwirrt und vielleicht auch verletzt fühlt. Als Gesprächspsychotherapeut wird er versuchen, sich darin zu verstehen, und wenn ihm das gelingt, wird er sich darin auch annehmen können. Erst dann ist er innerlich frei und kann erneut versuchen, den Klienten zu sehen und zu verstehen und ihm dadurch zu helfen, sich seinerseits in seinem Erleben anzunehmen.

4.4.2 Hilfe bei dem Versuch, sich dem eigenen Erleben zuzuwenden und es zu reflektieren

Die wichtigste Aufgabe des Therapeuten ist es, dafür zu sorgen, dass sich der Klient sicher genug fühlt, um sich in den Gefühlen zu explorieren, in denen er sich ablehnt und Ablehnung erwartet und die er nur schwer kontrollieren kann. Solange sich der Klient nicht in diesem Sinne sicher fühlt, kann die Therapie nicht beginnen. Wie oben beschrieben kennen Gesprächspsychotherapeuten aus dem Focusing und der prozessexperienziellen Psychotherapie Techniken, durch die sie den Patienten erleben lassen können, dass er die Kontrolle darüber hat, an was er denkt und was er wie intensiv fühlt.

4.4.3 Hilfe bei den Versuchen, die eigenen Gefühle zu identifzieren und zu akzeptieren

Eine weitere ganz wichtige und eine gemeinsame Aufgabe für Therapeut und Klient besteht darin, den Gefühlen nachzugehen, sie zu verstehen und anzunehmen, die mit selbstschädigendem Verhalten einhergehen. Das führt in der Regel auf die Spur von früheren Traumatisierungen, von Erlebnissen, die an frühere traumatische Erfahrungen und die Selbsterfahrungen in ihnen erinnert haben, die nicht in das Selbstbild und daher oft auch nicht in das bewusste Erleben integriert werden können. Die Selbstexploration in diesen Erlebnissen ruft oft auch die Selbstwahrnehmung als beschädigt, verrückt oder böse ins Bewusstsein und damit die Spaltungen auch im Selbsterleben, die unüberbrückbar sein können, als müsste der eine Teil der Person den anderen auslöschen.

Eine Selbsterfahrung, in der sich eine Person verstehen und annehmen kann, führt nicht etwa zu einer Reparatur in einem beschädigten Selbstkonzept, sondern bedeutet eine neue Entwicklung, aus deren Erleben Kraft geschöpft wird.

Aus der Perspektive der Behandlungstechniken diskutieren Elliott et al. (2002):
- die empathische Bestätigung des Klienten,
- das therapeutische Bündnis,
- das Schaffen eines inneren Freiraums,
- das Gespräch über die therapeutische Beziehung,
- die empathische Exploration,
- systematic evocative unfolding,
- den Zwei-Stühle-Dialog

als die zentralen Elemente einer Gesprächspsychotherapie in der Form einer prozessexperientiellen Behandlung von Patienten mit Borderline-Problemen und DES.

Die empathische Bestätigung: Patienten mit Borderline-Problemen erleben sich selbst oft als beschädigt, verrückt oder böse sowie leer oder als voller Scham und Zweifeln an sich selbst (Herman, 1992), wenn sie Erfahrungen machen, in denen sie schon früher nicht verstanden und angenommen worden sind und durch die sie eine Bedrohung ihres Selbstkonzepts erleben, was ihnen oft nicht bewusst ist. Bewusst wird ihnen, dass sie sich nicht ganz und wertvoll fühlen können. Diese Selbsterfahrungen teilen sie erst dann mit, wenn sie Vertrauen in den Therapeuten entwickelt haben. Wenn sie sich mitteilen und damit den Therapeuten an ihrem Erleben ihrer Vulnerabilität teilnehmen lassen, ist es extrem wichtig, dass der Therapeut empathisch und bedingungsfrei positiv beachtend beim Erleben des Klienten bleiben kann und sich nicht von den tiefen Selbstzweifeln und dem Verdacht des Klienten, er könnte zutiefst böse und wertlos sein, anstecken lässt.

Das therapeutische Bündnis: Die Herstellung und Aufrechterhaltung des therapeutischen Bündnisses mit diesen Patienten ist nicht leicht. Zum einen haben die Erfahrungen in Beziehungen, in denen sie von Menschen, von denen sie abhängig waren, verletzt und missbraucht worden sind, dazu geführt, dass sie schnell mit Angst und Wut auf Personen reagieren, die sich in einer Art Elternrolle befinden oder an die Missbraucher erinnern, auch auf den Therapeuten. Das ist besonders dann der Fall, wenn frühere wichtige Personen sich verstehend und unterstützend verhielten, bevor sie begonnen haben, das Kind zu missbrauchen. Solche Patienten sind misstrauisch und werden auch wütend, wenn der Therapeut einfühlsam und fürsorglich ist. Das kann das therapeutische Bündnis gefährden bzw. es dem Therapeuten sehr schwer machen, den Patienten empathisch zu bestätigen (Linehan, 1993).

Zum anderen vermeiden es Patienten mit Borderline-Problemen und DES oft, sich mit ihren traumatischen Erfahrungen zu befassen – aus Angst nicht nur vor dem mit dem Trauma verbundenen Erleben, sondern auch vor dem Erleben ihrer Vulnerabilität, wenn die traumatischen Erfahrungen ins Bewusstsein drängen. Zu Beginn der Therapie sollte der Therapeut daher sehr vorsichtig bei der Exploration der Erfahrungen des Klienten sein und diesem erklären, wie posttraumatisches Erleben aussehen kann. Und er sollte ihm möglichst viele Erfahrungen seiner Fähigkeit zur Selbstbestimmung (z. B. im Sinne von »sich einen Freiraum schaffen«) ermöglichen und ihn in diesen Selbsterfahrungen bestätigen.

Das Schaffen eines inneren Freiraums: Elliott et al. (2002) empfehlen – vor dem Hintergrund der Möglichkeit der Überflutung durch überwältigende Gefühle und Erinnerungen an Missbrauchserfahrungen –, die Sicherheit in der therapeutischen Beziehung von Beginn der Therapie an mit Hilfe der Technik »einen Freiraum schaffen« (nach Gendlin, 1996) zum Thema zu machen. Sich »einen Freiraum zu schaffen« kann zum einen geübt werden. Der Klient kann auch aufgefordert werden, sich dieser Fähigkeit zu bedienen, wenn deutlich wird, dass er sich jetzt überwältigt fühlt oder Angst hat, die Kontrolle zu verlieren. Die Technik kann eigentlich zu jedem Zeitpunkt der Therapie eingesetzt werden, wenn mangelnde Selbstkontrolle droht oder erlebt wird und auch am Ende einer Sitzung als Hilfe beim Abschließen eines aufwühlenden Gesprächs.

Das Gespräch über die therapeutische Beziehung: Auch wenn sich schon in den ersten Stunden ohne größere Schwierigkeiten eine gute Arbeitsbeziehung entwickelt hat, sollte der Therapeut wachsam damit rechnen, dass Beziehungsprobleme auftreten, und wenn sie auftreten, sollte er ihnen Priorität einräumen. Bei Mitteilungen über die Beziehung sollte der Therapeut immer genau hinhören, besonders wenn sie negativer Art sind, und nachfragen. Es kann sogar sinnvoll sein, Stundenbögen einzusetzen, mit denen nach der Qualität der erlebten Beziehung zum Therapeuten gefragt wird.

Empathische Exploration: Die empathische Exploration nimmt etwa drei Viertel der Zeit der Behandlung von Patienten mit Borderline-Problemen und DES ein. Diese Patienten, die in ihrer Entwicklungsgeschichte in der Regel unter einem ausgeprägten Mangel an empathischem Verstandenwerden durch ihre Bezugspersonen gelitten haben, benötigen dringend die korrigierende emotionale Erfahrung, empathisch in ihrem Erleben bestätigt und angenommen zu werden. Sie ist die Grundlage für ihre Weiterentwicklung in Rahmen der Therapie. Die empathische Exploration strukturiert die Therapiesitzung wenig, bzw. die Patienten fühlen sich durch die empathische Exploration weniger kontrolliert und fremdbestimmt als z. B. durch den »Zwei-Stühle-Dialog«.

Der Zwei-Stühle-Dialog: Angesichts der ausgeprägten Vulnerabilität der Patienten mit Borderline-Problemen und DES und wegen ihrer Schwierigkeiten, sich selbst und andere als ganze Personen zu sehen, die sowohl als gut als auch als böse erlebt werden können, ist bei ihnen die Anwendung der Technik des Zwei-Stühle-Dialogs meistens nur in der Form sinnvoll, dass zwei Selbstanteile einander gegenübergestellt werden. Es hat sich in der Praxis bewährt, dem inneren Kind, das das Opfer ist, einen inneren Teil gegenüberzustellen, der das Kind trösten oder beruhigen möchte und das auch kann. Der Therapeut fragt den Klienten z.B., wie er ein zerbrechliches, verwundetes Kind behandeln würde, und ermutigt ihn dann dazu, sich um das Kind, das er sich in dem anderen Stuhl vorstellt, zu kümmern und es zu beruhigen. Danach fragt der Therapeut den Klienten, wie er mit einem zerbrechlichen Selbstanteil umgehen könnte.

Zusammenfassend sei noch einmal betont, dass es dann, wenn sich die Posttraumatische Belastungsstörung zu einer Persönlichkeitsstörung entwickelt hat, nicht mehr vorrangig um die Integration des einzelnen Traumas in das Selbstbild gehen kann. Vielmehr geht es dann darum, den Erfahrungskontext, das Welt- und Selbstbild der Person, mit dem sie dem Leben begegnet, so zu erweitern, dass überhaupt emotionsgetragene Erinnerungen möglich werden.

4.5 Literatur

Bohart A.C. (1990). A cognitive client-centered perspective on borderline personality development. In: Lietaer G., Rombauts J. & Van Balen R. (Hrsg.). *Client-centered and experiential psychotherapies in the nineties*. Leuven, Belgien: Leuven University Press, 599–622.

Clarke K.M. (1989). Creation of meaning. An emotional processing task in psychotherapy. *Psychotherapy*, 26, 139–148.

Eckert J. & Biermann-Ratjen E.-M. (1998). The treatment of borderline personality disorder. In: Greenberg, L., Lietaer, G. & Watson J. (Hrsg.). *Handbook of experiential psychotherapy*. New York: Guilford Press, 349–367.

Eckert J. & Wuchner M. (1996). Long-term development of borderline personality disorder. In: Hutterer R., Pawlowsky G., Schmid P.E. & Stipsitz R. (Hrsg.). *Client-centered and experiential psychotherapy*. Frankfurt a.M.: Peter Lang, 213–233.

Egendorf A. (1995). Hearing people through their pain. *Journal of Traumatic Stress*, 8, 5–28.

Elliott R., Watson J.C. Goldman R.N. & Greenberg L.S. (2002). *Learning emotion-focused therapy*. Washington DC: American Psychological Association.

Fischer C.T. & Wertz F.J. (1979). Empirical phenomenological analyses of being criminally victimized. In: Giorgi A., Knowles R. & Smith D.L. (Hrsg.). *Duquesne studies in phenomenological psychology*. Bd. 3. Pittsburgh, PA: Duquesne University Press, 135–158.

Gendlin E.T. (1996). *Focusing-oriented psychotherapy. A handbook of the experientiell method*. New York: Guilford Press.

Herman J.L. (1992). *Die Narben der Gewalt. Traumatische Erfahrungen verstehen und überwinden*. München: Kindler 1994.

Horowitz M.J. (1986). *Stress response syndromes*. 2. Aufl. Northvale, NJ: Jason Aronson.

Janoff-Bulman R. (1992). *Shattered assumptions*. New York: Free Press.

Linehan M.M. (1993). *Cognitive-behavioral treatment of borderline personality disorder*. New York: Guilford Press.

Santen B. (1990). Beyond good and evil: Focusing with early traumatized children and adolescents. In: Lietaer G., Rombauts J. & Van Balen R. (Hrsg.). *Client-centered and experiential psychotherapies in the nineties*. Leuven, Belgien: Leuven University Press, 779–796.

Swildens H. (1990). Client-centered psychotherapy for patients with borderline symptoms. In: Lietaer G., Rombauts J. & Van Balen R. (Hrsg.). *Client-centered and experiential psychotherapies in the nineties*. Leuven, Belgien: Leuven University Press, 623–636.

Warner M.S. (1998). A client-centered approach to therapeutic work with dissociated and fragile process. In: Greenberg L.S., Watson J.C. & Lietaer G. (Hrsg.). *Handbook of ex-*

periential psychotherapy. New York: Guilford Press, 368–387.

Wertz F. J. (1985). Methods and findings in the study of a complex life event: Being criminally victimized. In: Giorgy A. (Hrsg.). *Phenomenology and psychological research*. Pittsburgh: Duquesne University Press, 272–294.

Yalom I. D. (1980). *Existentielle Psychotherapie*. Köln: Edition Humanistische Psychologie 1989.

REINERT HANSWILLE

5. Der systemische Ansatz

Das psychotherapeutische, neurobiologische Wissen über Traumafolgestörungen, physiologische Prozesse im Traumaerleben, Diagnosen wie PTBS, DIS (dissoziative Identitätsstörung), DESNOS (Disorder of Extreme Stress Not Otherwise Specified) etc. ist in den letzten zwanzig Jahren explodiert. In dieser Situation entwickelt sich die systemische Traumatherapie als ein integrativer Ansatz, der unterschiedlichste bewährte traumatherapeutische Ansätze (Ego-State, PITT, Strukturelle Dissoziation, EMDR, körperorientierte Ansätze etc.) und systemische Konzeptionen zusammenbringt und nutzt. Sie orientiert sich an einem dynamischen Phasenmodell der Traumatherapie.

5.1 Bezugspunkte einer systemischen Traumatherapie

Anhand von sieben Bezugspunkten soll der Ansatz einer systemischen Traumatherapie vorgestellt werden: 1.) äußere Systembezogenheit, 2.) innere Systembezogenheit, 3.) Kybernetik zweiter Ordnung und der Beobachter, 4.) Kontextbezogenheit, 5.) Ressourcenorientierung, 6.) Lösungs- und Zukunftsorientierung, 7.) Auftragsklärung und Zielorientierung. Methodisch können diese Punkte durch unterschiedlichste systemische Techniken entfaltet werden. Ausführliche Beschreibungen der methodischen Anregungen für eine systemische Traumatherapie finden sich in Hanswille und Kissenbeck, *Systemische Traumatherapie* (2. Aufl. 2010).

5.1.1 Systembezogenheit

Menschen leben immer in Systemen, sie sind nie alleine gesund oder krank. Sie sind auch nie alleine traumatisiert. Traumatisierungen ereignen sich immer in einem System. Beispiele dafür sind:
- Die gesamte Familie ist durch ein Ereignis traumatisiert (Naturkatastrophe, Autounfall, Entführung etc.).
- In der Familie sind alle, aber durch unterschiedliche Ereignisse traumatisiert (Kriegserlebnisse, Flüchtlinge, Autounfall etc.).
- Subsysteme der Familie sind traumatisiert (z. B. Mutter und Tochter durch Vergewaltigungen).
- Einzelne Familienmitglieder sind durch eine Person innerhalb der Familie traumatisiert (Missbrauch, innerfamiliäre Gewalt, Entwicklungstraumatisierungen etc.).

- Einzelne Familienmitglieder sind durch Ereignisse außerhalb der Familie traumatisiert (Unfall, Vergewaltigung, Kriegserlebnisse, Umweltkatastrophen etc.).
- Kumulative Traumata einzelner Familienmitglieder oder von Subsystemen (mehrere Erlebnisse, die, einzeln gesehen, nicht zu einer Traumafolgestörung führen würden).
- Sekundäre Traumatisierungen, die durch die Traumata anderer ausgelöst wurden (z. B. durch das häufige Hören von der Traumatisierung, durch ein Mitleiden der Mutter bei der Traumatisierung des Kindes etc.).

Ein Trauma impliziert, auch wenn es sich nicht in der Familie ereignet hat, eine der stärksten Veränderungen, die ein System erleben kann. Das System reagiert auf den Traumatisierten mit all seinen Symptomen, Intrusionen, Verhaltensweisen etc. Die Interaktions- und Kommunikations- und Stressbelastungsmuster (IKS-Muster) werden durch eine Traumafolgestörung massiv beeinflusst. Das System kann die konstriktiven Muster der Traumaverarbeitung verstärken und sie unter Umständen aufrechterhalten, auch dann, wenn das traumatisierte Familienmitglied dies gar nicht mehr benötigt. Genauso kann die Familie intrusive Muster verstärken, indem Familienmitglieder z. B. Situationen herstellen, die für den Traumatisierten Trigger sind. Ein System kann sich auch gegenseitig triggern und retraumatisieren.

Die Familie kann ebenso ein Hort der Stabilisierung sein. Eine sichere Beziehung, stabiler Kontakt, dynamisches Mitschwingen helfen bei der Traumaverarbeitung. Wenn die ganze Familie traumatisiert ist, kann sie sich gegenseitig stützen, im Ver-

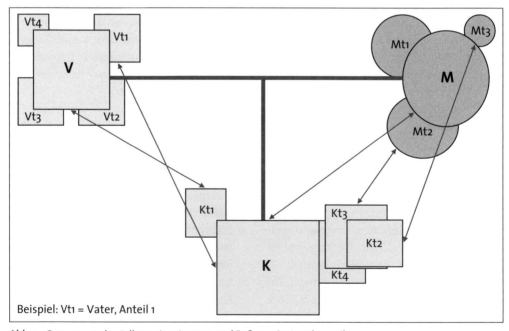

Abb. 1: Genogrammdarstellung einer inneren und äußeren Systemdynamik

trauen darauf, Täler und Tiefs überwinden zu können.

5.1.2 Innere Systembezogenheit

Zur Arbeit mit dem inneren System wurden in vielen Therapieverfahren unterschiedlichste Konzepte entwickelt. Allen gleich ist dabei die Idee, dass es kein kontinuierliches Ich im Sinne einer stabilen Ich-Identität gibt, sondern dass von unterschiedlichen »Ich-Konstellationen« gesprochen wird. Aus systemischer Sicht verstehen wir das Ich, das Selbst, als Bündelung autonomer selbstreferenzieller, neurobiologischer Systeme und nicht als ein starres, festes Selbst (vgl. Abb. 1).

Neben den unterschiedlichen Modellen innerer Anteile (Ego-State, strukturelle Dissoziation etc.) wird systemisch u. a. das IFS-Modell (IFS = Inneres Familien-System) von Richard Schwartz (vgl. Schwartz, 1997) verwendet. Dieses, wie alle anderen systemischen Konzeptionen (von Satir, 1988, Schmidt, 2004, Hanswille & Kissenbeck, 2010 u. a.) der inneren Systemwelten, legt besondern Wert auf die systemischen Bedingtheiten im Inneren und die gegenseitige Beeinflussung zwischen diesen und dem Außensystem, z. B. der Familie. Systemisch gehen wir davon aus, dass die IKS-Muster das Innensystem beeinflussen und die Muster des Innensystems wiederum das Außensystem – und beide Systemebenen sich gegenseitig.

5.1.3 Kybernetik zweiter Ordnung und der Beobachter

»Alles Gesagte wird durch einen Beobachter gesagt« (Heinz von Foerster): In der systemischen Therapie wird dem Beobachter große Bedeutung zugemessen. Jedes Erkennen setzt ein Beobachten und damit einen Beobachter voraus. Beobachten ist ein Unterscheiden, und Unterscheiden bedeutet Erkenntnisse gewinnen:

- Auf biologischer Ebene verarbeiten Nervensysteme Unterschiede. Das geschieht zum größten Teil im neuronalen Bereich – kognitiv, sensorisch und motorisch.
- Psychisch synthetisiert der Beobachter Unterschiede zu Erfahrungen. Dabei verbindet er organisch-biologische Prozesse zu sinnhaften Erlebnissen. Diese Unterschiede formen in der psychischen Welt des Beobachters sein subjektives Erleben. Dieses Erleben drückt sich in Affekten, Gefühlen, Fantasien, Interaktionen etc. aus.
- Die Versprachlichungen der Erfahrungen bilden als Beschreibungen die subjektiven Welten des Beobachters. Solche Beschreibungen ermöglichen den kommunikativen Austausch zwischen den Welten von Beobachtern. Sie werden von Beobachtern nach inneren Regeln verbunden und lassen Erklärungen für Verhalten und Interaktionen entstehen (Ludewig, 2005, S. 26 f.).

Die Beobachterperspektive ist als Mittel in der Einzeltherapie nutzbar (der Klient geht in Bezug auf sich selbst in die Position eines Beobachters), als Technik in der Familientherapie (Teile der Familie gehen in die Position eines Beobachters bzw. in das Reflecting-Team) und als klassisches professionelles Reflecting-Team. Die Einführung eines Beobachters schafft eine andere Perspektive, die Beobachterposition und der Dialog der Beobachter bieten neue Wirklichkeitsbeschreibungen des therapeutischen Systems. Diese Erfahrungen sind für unterschiedlichste methodische Gestaltungen in traumatherapeutischen Kontexten nutzbar.

5.1.4 Kontextbezogenheit

Menschliches Verhalten lässt sich nicht isoliert, individuumszentriert verstehen, sondern nur unter Berücksichtigung des sozialen Bezugsrahmens, wie z. B. einer Familie, Gruppe etc. Vier Kontextebenen sind traumatherapeutisch relevant:

- die innere Systemebene mit ihren unterschiedlichen Teilpersönlichkeiten oder States, die je nach Stärke der Dissoziation und innerem Zustand auch unterschiedliche Kontextualisierungen vornehmen; und drei äußere Systemebenen:
- der primäre Beziehungskontext des Individuums, wie die Paarbeziehung, Bezugspersonen, die Familie und mehrgenerationale Aspekte,
- der sekundäre Beziehungskontext, wie die Freundesgruppe, die Arbeitskollegen und der Arbeitsplatz, die Schulklasse etc., die Menschen, die eine größere Bedeutung haben,
- der tertiäre Beziehungskontext; er umfasst Kindergärten, Schule, Nachbarn etc., das soziale Gemeinwesen mit seinen Normen, Werten, Regeln und Kulturen.

Kontextualisierung bedeutet, Situationen, Probleme, Symptome im Zusammenhang mit den sozialen Systemen des Individuums zu sehen. Hinzu kommt die zeitliche Dimension. So gibt es immer eine Kontextualisierung in Bezug auf die aktuelle traumatische Situation und manchmal Jahre später eine Kontextualisierung der Traumafolgestörung und ihrer Entstehungsgeschichte.

Nicht selten unterscheiden sich diese Kontextualisierungen erheblich.

Die Konzeptualisierung eines Traumas findet nicht nur im internalen Selbst statt (»Ich bin machtlos und ausgeliefert« etc.), sondern auch über die Bedeutungsgebung und die Geschichten, die in den Bezugssystemen erzählt werden. Geschichten haben einen wesentlichen Einfluss darauf, wie ein Trauma gestaltet und wie es verarbeitet wird. Die Kontextualisierung des traumatischen Geschehens und das daraus gebildete Narrativ, welches später erzählt wird, sind Teil des Prozesses und entscheiden mit darüber, ob und, wenn ja, welche Traumafolgestörung ausgebildet wird.

5.1.5 Ressourcenorientierung

Das Ansetzen an den Ressourcen, Entwicklungs- und Wachstumspotentialen, am »Gesunden« (und nicht an der »Pathologie« bzw. dem Problem), ist eines der zentralen Erkennungsmerkmale der Familien- und Systemtherapie. Sie betont in ihrer jeweiligen Sprache die Bedeutung der Ressourcen und des persönlichen Wachstums für den therapeutischen Prozess. Die Vielfalt der ressourcenorientierten Methoden und Konzeptionen sind sicherlich eine der Stärken der systemischen Traumatherapie. Die systemische Therapie gilt für viele als der Prototyp der Ressourcenorientierung; dabei sind nicht nur die Behandlungstechniken zu sehen, sondern vor allem die therapeutische Grundhaltung der systemischen Therapie.

Durch die systemische Sichtweise wird die Ressourcenorientierung vom traumatisierten Individuum hin zum traumatisierten Ressourcensystem ausgeweitet. Hierbei werden die Ressourcen der einzelnen Familienmitglieder (Wertschätzung, Zugehörigkeit, Vertrauen, Offenheit, Humor, Liebe etc.) zu Systemressourcen, die die Familie stabilisieren und sich entwickeln lassen können. Durch diesen Prozess erfahren das Individuum und das System eine zentrale Unterstützung im Heilungsprozess.

Systemische Ressourcen sind auf Interaktionen und Bindungen hin orientiert. Sie unterstützen und stärken das Individuum und das System durch Fürsorge, Ermutigung, Wertschätzung, Vertrauen, Aufmerksamkeit, Resonanz, Anerkennung, Bindungsfähigkeit, Liebe etc. Systemressourcen können helfen:
- die Situation vor dem Trauma neu zu verstehen,
- das Leben vor dem Trauma wertzuschätzen und als Fundus für Entwicklungen zu verstehen,
- dem Leben nach dem Trauma neue Perspektiven zu vgeben, gemeinsame Zukunftsvorstellungen zu entwickeln und gegenseitig Hoffnung zu vermitteln,
- in den Bindungen mehr Sicherheit, Vertrauen und Zutrauen zu erleben und zu geben,
- das Selbstwirksamkeitsgefühl zu fördern und das Kohärenzgefühl zu stärken.

Ressourcenorientierung ist in diesem Ansatz eine zentrale Orientierung der Stabilisierungsphase des traumatisierten Systems und wird mit anderen Stabilisierungstechniken verbunden.

5.1.6 Lösungs- und Zukunftsorientierung

Lösungs- und Zukunftsorientierung stellen einen wichtigen Teil in der Stabilisierungsarbeit und der Begegnung mit dem Trauma dar. Die Lösungs- und Alltagsorientierung ist eine Möglichkeit, direkte Veränderungen anzustoßen und Alltagsstabilität zu erreichen.

Die moderne Hirnforschung weist darauf hin, wie bedeutsam eine Lösungs- und Zukunftsorientierung für das Entwickeln neuer Verhaltenweisen ist. Sie konnte eindrucksvoll zeigen, dass imaginierte zukünftige Handlungen ähnliche hirnorganische Prozesse auslösen wie die entsprechende konkrete Tätigkeit in der Gegenwart. Die Fokussierung auf einen Zeitpunkt im Leben, in dem es die jetzigen Probleme, Symptome der Traumafolgestörung nicht mehr gibt, ist sowohl in der Stabilisierungsphase, aber auch in der Phase der Traumaintegration oder Traumabegegnung von großer Bedeutung.

So ist die Beschäftigung mit der Frage, wie ein Leben in Sicherheit ohne Retraumatisierung, Trigger etc. aussehen würde, also die vorweggenommene Realisierung eines sicheren Zustandes mit anderen Interaktionen, inneren Gedanken, Gefühlen, Fantasien etc., von hoher Relevanz. Die zirkuläre Nutzung von Lösungsideen und »Wunderideen«, die in das System eingebracht werden, schafft die Möglichkeit eines gemeinsamen Veränderungsprozesses. Sie sorgt in der Therapiesituation für ein positives, unterstützendes Klima. Durch die Wunderdialoge, die Konstruktion eigenen Verhaltens und die zu erwartenden Auswirkungen auf die anderen Systemmitglieder wird die Motivation gestärkt, sich im Alltag anders zu verhalten. Der Zukunftsdialog schafft für traumatisierte Systeme eine neue Perspektive für eine Zeit nach dem Trauma und zeigt Möglichkeiten der Veränderung, damit es bereits jetzt besser wird. So ist die Zukunftsorientierung eine Intervention im Hier und Jetzt, die in die Zukunft hineinwirkt. Die Idee von de Shazer (vgl. sein Buch *Der Dreh. Wege der erfolgreichen Kurztherapie,* Stuttgart 1989): »Solution talk creates solutions, problem talk creates problems«, trifft auch für die Therapie mit Menschen, die unter Traumafolgestörungen leiden, zu. Gleichzeitig verstärkt das Lösungsnetzwerk die Absorptionsphänomene. Die Alltagsorientierung schafft die Möglichkeit, kleine, überschaubare Schritte zu gehen. Durch die Erfahrung: »Ja, es ist möglich, dass sich etwas ändert!«, entwickelt sich der Mut auch zu größeren Veränderungen und wird so die Selbstwirksamkeit gestärkt.

5.1.7 Auftragsklärung und Zielorientierung

Auftragsklärung und Zielorientierung sollen therapeutische Prozesse fokussieren. Sie helfen Klienten, sich zu orientieren, und unterstützen Therapeutinnen und Therapeuten dabei, sich um die für die Klienten wichtigen Fragen zu kümmern. Die Erarbeitung von Aufträgen beinhaltet die Aufstellung von konkreten und anschaulichen Zielen. Dabei sollen Zielvorstellungen auf möglichst vielen Wahrnehmungskanälen aktiviert werden.

Regeln oder Anhaltspunkte für Zielformulierungen von Menschen mit Traumafolgestörungen sind z. B.:
- Ziele sollten »klein« und realistisch sein.
- Sie sollten die Anwesenheit von etwas beschreiben und nicht die Abwesenheit oder eine Negation.
- Ziele orientieren auf ein zukünftiges Handeln hin, was die Ressourcen aktiviert und die Selbstwirksamkeit fördert.
- Teilergebnisse und Schritte zum Ziel sollten durch Wiederholung abgesichert werden.
- Ziele sollten für alle Mitglieder des inneren Systems und des äußeren Systems tragbar und mit ihnen ausgehandelt sein.
- Besonders bei komplexen Traumatisierungen ist darauf zu achten, inwieweit alle Anteile des Selbstsystems und des äußeren Systems die Therapie unterstützen.

Zentrales Ziel der Traumatherapie ist es, dass die Klienten »Meisterschaft« im Umgang mit sich selbst erwerben (gutes Selbstmanagement). Überprüfbare und verhaltensbezogene Ziele sollen es ermöglichen, dass Klienten ihre Entwicklungsschritte überprüfen können (Stabilität, Triggerbegrenzung, innere Sicherheit etc.). Auftrag und Ziele geben den Klienten das Gefühl von Sicherheit im und Kontrolle über den Therapieprozess.

5.2 Ein Praxismodell

Das 5-Achsen-Modell ist eine systemische Konzeption für die Arbeit mit traumatisierten Systemen. A. Kissenbeck hat dieses Modell entwickelt (siehe dazu Hanswille & Kissenbeck, 2010, Kissenbeck, in Vorb.), um die therapeutische Komplexität von Traumafolgestörungen zu reduzieren. Es erleichtert die Settingwahl, die Therapieplanung, die methodische Struktur in der Arbeit mit komplex traumatisierten Systemen und ermöglicht eine konsequente Ressourcenorientierung auf jeder Achse.

Die 5 Achsen erfassen den Traumaauslöser, den Kontext, in dem diese stattfinden, sie erfassen die Dosis, den System-Fokus und die Beziehungen (vgl. Abb. 2):

Familien, die traumatisiert sind, reagieren sehr unterschiedlich. Es treffen nicht nur die individuellen Symptome der Traumafolge-

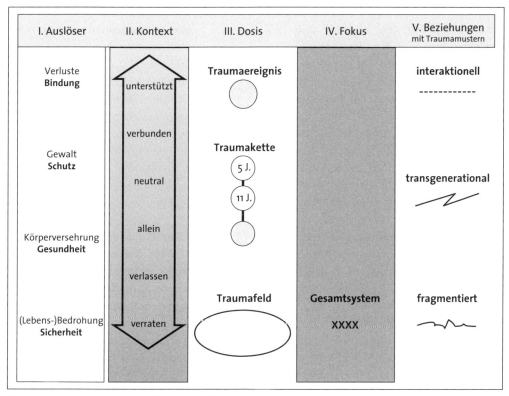

Abb. 2: Systemisches 5-Achsen-Modell nach Hanswille & Kissenbeck, 2010, S. 364

störungen in der Familie aufeinander, sondern sie werden praktisch multipliziert mit den Interaktions- und Kommunikations- und Stressbelastungsmustern (IKS-Muster) des Familiensystems. Systeme, die durch ein einmaliges Ereignis traumatisiert wurden, entwickeln in der Regel (wenn die IKS-Muster gut funktionieren und eingespielt sind) »einfachere« Symptome als solche, die im Sinne von Traumaketten oder Traumafeldern belastet wurden. Häufig sind die Familienressourcen so stark, dass die Selbstheilungskräfte der Familie ausreichen oder nur eine kurze Therapie bereits zu guten Ergebnissen führt. Bei komplexen Traumafolgestörungen und einem hohen Grad an Inkohärenz und Fragmentierung steigt entsprechend die Komplexität im System. Niemand hat *alleine* eine Traumafolgestörung oder zeigt sich *alleine* dissoziativ, immer gibt es andere Menschen und eine Systembezogenheit mit ihren Wirklichkeitskonstruktionen, Wahrnehmungen, Interaktionen, die darauf reagieren.

Systemtheoretisch wird davon ausgegangen, dass die Ressourcen eines Systems mehr sind als die Addition der Ressourcen der einzelnen Familienmitglieder. Dieser Grundsatz hat auch in Bezug auf die Symptome Gültigkeit. Die Systemsymptome sind qualitativ und quantitativ mehr als die Summe der Einzelsymptome. Deshalb ist es wichtig, das gesamte System in den therapeutischen Prozess einzubeziehen.

Einfach traumatisierte Systeme ermöglichen einen leichten Wechsel zwischen Einzeltherapie und Familientherapie. Der Schwerpunkt liegt auf der einzeltherapeutischen Arbeit mittels Stabilisierung und Traumaexposition. Die Familie wird zur Stützung, Ressourcenaktivierung, äußeren Sicherheit und Systembearbeitung der veränderten IKS-Muster genutzt. Komplex Traumatisierte benötigen mehr Sicherheit in der therapeutischen Beziehung, eine deutlichere Einbeziehung des Familiensystems und traumatherapeutische Begleitung. Die Therapie ist »kleinschrittiger«, benötigt mehr Zeit, eine längere und ausschließliche Stabilisierung, braucht eine deutlichere Ressourcenaktivierung, therapeutische Hilfe dabei, die IKS-Muster wieder als Unterstützungsmuster gebrauchen zu können, erfordert eine Synchronisierung der inneren individuellen Systeme mit dem äußeren System, Bindungsarbeit und Beziehungssicherheit, eventuell die Einbindung zusätzlicher Helfersysteme etc. Das erhöht die Komplexität der Arbeit. Das 5-Achsen-Modell gibt dabei Strukturhilfen, schafft Übersicht, um die einzelnen Systemebenen zu berücksichtigen, und hilft bei der Therapieplanung. Es ermöglicht, auf den einzelnen Achsen Problem- und Ressourcenperspektive einzunehmen und in die Arbeit zu integrieren.

Die 5 Achsen umfassen im Einzelnen:
I. *Traumaauslöser:* Sie können unterschieden werden in:
   1.) außer- bzw. innerfamiliäre,
   2.) personale (man-made) oder apersonale (z. B. Naturkatastrophen);
   3.) Grundthemen:
      a) Verluste durch Todesfälle, Trennungen, Krankheiten (verlorene Gesundheit), Beziehungsverluste,
      b) Gewalt durch körperliche, sexuelle, emotionale Grenzverletzung und andere zugefügte Schädigungen,
      c) Körperversehrung, z. B. durch Unfälle, Operationen, Krankheiten, Behinderungen, Vernachlässigung,
      d) (Lebens-) Bedrohung (subjektiv oder objektiv), z. B. durch Unfälle, Krankheiten, Krieg, Terroranschläge.
II. *Traumakontext:* Meint den begleitenden sozialen (familiären und außerfamiliären) Kontext bzw. die Kontextualisierung vor, während, nach dem Trauma. Das Kontextkontinuum reicht von sozial unterstützend, verbunden, neutral über allein, verlassen oder verraten.
III. *Traumadosis:* Bezieht sich auf Dauer, Schweregrad (Typ 1 oder Typ 2) und unterscheidet in einzelne traumatische Ereignisse, Ereignisketten und Ereignisfelder (traumatische Zustände) im System.
IV. *Traumafokus:* richtet sich auf traumabedingten Stress in der Familie mit Trigger- oder Traumakaskaden und unterscheidet traumatisierte Systeme danach, ob:
   ■ das Individuum allein traumatisiert ist,
   ■ das Subsystem (Dyade oder Triade) traumatisiert ist (z. B. Mutter/Kind, Geschwister),
   ■ das Gesamtsystem traumatisiert ist (z. B. die Familie oder andere Subsysteme bzw. Arbeitssysteme).
V. *Traumabeziehungsmuster:* Durch traumatische Erfahrungen können sich bestimmte anhaltende bzw. überdauern-

de Beziehungsmuster organisieren. Sie werden hier in drei Kategorien unterteilt, die in ihrem Grad der Verstörung (Inkohärenz) zunehmen und miteinander korrespondieren können:
- interaktionelle (z. B. durch traumatischen Stress bei Eltern und Kind nach Frühgeburt),
- transgenerationale (z. B. durch Weitergabe von erlebter Traumatisierung),
- fragmentierte (z. B. durch Weitergabe dissoziativer Muster oder desorganisierter Bindungserfahrungen).

5.3 Traumabegegnung und -integration

Die Traumabegegnung findet in einem systemischen Kontext nicht unbedingt im System statt, sondern nur dann, wenn es sich als sinnvoll erweist. Wie im 5-Achsen-Modell gezeigt, wird über die einzelnen Achsen u. a. geklärt, wie die Traumabegegnung stattfinden soll. Methodisch kann das in Kombination von klassischen Methoden der Traumatherapie mit systemischen Techniken geschehen. So können Traumaerzählgeschichten mit EMDR unter Einbindung der Eltern kombiniert oder kann EMDR mit der gesamten Familie oder einem Paar durchgeführt werden, um die Systemebene zu stärken und deren Selbstwirksamkeit zu fördern (Shapiro et al., 2007). Oder es kann in Anlehnung an die Arbeitsweise der Beobachter- und Bildschirmtechnik mit den methodischen Mitteln der Skulpturtechnik, des Familienbretts und der Aufstellungsarbeit als eine Möglichkeit der Visualisierung gearbeitet werden (Hanswille & Kissenbeck, 2010, S. 157–162 und S. 317–344) etc.

5.4 Literatur

Hanswille R. (2009). Systemische Traumatherapie und Neurobiologie. In: Hanswille R. (Hrsg.). *Systemische Hirngespinste. Impulse für die systemische Theorie und Praxis*. Göttingen: Vandenhoeck & Ruprecht, 160–208.

Hanswille R. & Kissenbeck A. (2010). *Systemische Traumatherapie. Konzepte und Methoden für die Praxis*. 2. Aufl. Heidelberg: Carl-Auer.

Von der Hart O., Nijenhuis E. R. S. & Steele K. (2008). *Das verfolgte Selbst. Strukturelle Dissoziation. Die Behandlung chronischer Traumatisierung*. Paderborn: Junfermann.

Kissenbeck A. (in Vorbereitung). Systemische Traumatherapie. In: Hensel T. & Landolt M. A. *Traumatherapie bei Kindern und Jugendlichen*. 2., überarb. u. erw. Aufl. Hogrefe: Göttingen.

Kissenbeck A. & Eckers D. (2011 [in Vorbereitung]). Behandlung von Kindern. In: Reddemann L., Hofman A. & Gast U. (Hrsg.). *Therapie der dissoziativen Störungen*. Stuttgart: Thieme.

Korittko, A. & Pleyer K. H. (2010). *Traumatischer Stress in der Familie. Systemtherapeutische Lösungswege*. Göttingen: Vandenhoeck & Ruprecht.

Ludewig, K. (2004). *Einführung in die theoretischen Grundlagen der Systemischen Therapie*. Heidelberg: Carl-Auer.

Satir, V. (1988). *Meine vielen Gesichter. Wer bin ich wirklich?* München: Kösel.

Schlippe A. von & Schweitzer J. (1996). *Lehrbuch der systemischen Therapie und Beratung*. Göttingen: Vandenhoeck & Ruprecht.

Schmidt G. (2004). *Liebesaffären zwischen Problem und Lösung. Hypnosystemisches Arbeiten in schwierigen Kontexten*. Heidelberg: Carl-Auer.

Schwartz C. R. (1997). *Systemische Therapie mit der inneren Familie*. Stuttgart: Pfeiffer bei Klett-Cotta.

Schweitzer J. & von Schlippe A. (2006). *Lehrbuch der systemischen Therapie und Beratung II. Das störungsspezifische Wissen*. Göttingen: Vandenhoeck & Ruprecht.

Shapiro F., Kaslow F.W. & Maxfield L. (Hrsg.) (2007). *Handbook of EMDR and family therapy processes*. Hoboken, New Jersey: Wiley & Sons.

Watkins J.G. & Watkins H. (2003). *Ego-States, Theorie und Therapie*. Heidelberg: Carl-Auer.

JOCHEN PEICHL

6. Ego-State-Therapie

6.1 Einleitung

Für Traumatherapeuten, die das Übertragungsparadigma der Psychoanalyse hinter sich lassen wollen, ist es heute selbstverständlich geworden, mit ihrem Patienten, der wegen traumainduzierten Symptomen in die Therapie kommt, eine Beziehung auf Augenhöhe herzustellen. Natürlich sind Übertragung und Gegenübertragung ein – in Beziehungen zwischen Menschen – alltägliches Phänomen, aber auch analytisch orientierte Kollegen arbeiten in der Traumatherapie mittlerweile nicht mehr damit, d.h. Übertragung ist für sie nicht mehr der Hebel zur Heilung von Patienten mit traumabasierten Persönlichkeitsstörungen. Um es noch deutlicher zu sagen und zuzuspitzen: Viele finden eine Traumatherapie, die auf die Reinszenierung des Traumas in der Übertragung zum Therapeuten setzt, nicht nur wenig effektiv, sondern schlicht und einfach falsch. Zum einen ist die Gefahr der ungesteuerten Regression bei der Übertragungszentrierung zu wenig kalkulierbar und es droht eine Retraumatisierung – zum anderen brauchen diese Patienten weniger Beziehungsanalyse und eine stärkere Anleitung zum Selbstmanagement und Ressourcenaktivierung.

In den letzten Jahren haben sich drei »Stoppschilder« in der Traumatherapie bewährt, die den hier vorgestellten Therapiestrategien zugrunde liegen:
- »Trauma first!«: Dies bedeutet, dass jeder konfliktzentrierten oder verhaltensmodifizierenden Therapie eine Behandlung der neurophysiologischen Traumasymptomatik vorausgeht.
- »Safety first!«: Jede Traumatherapie beginnt mit der Herstellung innerer und äußerer Sicherheit, d.h. kein Täterkontakt; und
- »Boss comes first«: Vor einer Arbeit mit verletzten inneren kindlichen Selbstanteilen ist es notwendig, alle täterloyalen oder täteridentifizierten Anteile und Introjekte ins Arbeitsbündnis einzubinden.

Indem wir uns an das Erwachsenen-Selbst[1] des Patienten wenden, beschreiben wir die psychotherapeutische Beziehung zu uns *auch* als eine Dienstleistungsbeziehung. Damit stehen die Transparenz jedes therapeutischen Tuns und die Psychoedukation an erster Stelle. Es ist wichtig, dem Patien-

---
[1] Man könnte auch sagen »Alltags-Selbst« oder »ANP« (anscheinend normaler Persönlichkeitsanteil).

ten so verständlich wie möglich und so ausführlich wie nötig die physiologischen Zusammenhänge von Trauma, Gedächtnis, Stressreaktion des Körpers und Symptombildung zu erklären – und ihn zu ermutigen, Fragen zu stellen. Diese verständnis- und vertrauensbildenden Maßnahmen führen zum nächsten wichtigen Schritt, dem Aufbau einer positiven Beziehung. Die eigene therapeutische Haltung wird immer wieder im Schrifttum als »parteiliche Abstinenz« beschrieben, eine Haltung, die sich bei dieser Klientel von der Neutralität und Abstinenz der Psychoanalyse störungsspezifisch abheben muss. Der nächste und letzte Schritt in der Vorbereitung des Patienten ist die Entwicklung des gemeinsamen Behandlungsplans.

Bevor das SARI-Modell der stufenweise Planung und Durchführung einer hypnoanalytischen Langzeitbehandlung für Patienten mit psychischer Traumatisierung beschrieben wird, soll dem eine kurze Einführung in die Ideenwelt der Ego-State-Therapie nach John und Helen Watkins (2003) vorausgehen.

6.2 Ego-State-Therapie: Die Theorie von John und Helen Watkins

Paul Federn, ein Schüler Sigmund Freuds, war es, der Mitte des letzten Jahrhunderts ein Energiemodell vorschlug, das unterscheidbare Ich-Zustände (Ego-States) innerhalb des Egos erfasste und damit über die Freudsche Auffassung vom ICH hinausging. Die in den 70er Jahren von John und Helen Watkins in den USA entwickelte Ego-State-Therapie verbindet dieses Energiemodell mit der postmodernen Annahme, dass die Persönlichkeit aus verschiedenen Ich-Anteilen (Ego States) besteht, und spricht von einer Polyphonie unseres Selbst – in der Literatur auch Polypsychismus oder Multiplizität des Selbst genannt.

Dieses innovative psychotherapeutische Konzept berücksichtigt psychoanalytische Theorien, hypnotherapeutische Techniken und neuere Erkenntnisse aus der Behandlung dissoziativer Störungen. Die Arbeit des Autorenpaars steht an einer Schnittstelle zwischen Psychoanalyse und Hypnose: Sie ist eine Erweiterung der klassischen tiefenpsychologischen Ausrichtung und kann als Grundlage einer modernen Hypnotherapie angesehen werden.

6.2.1 Was sind »Ego-States«?

Die »Ego-States« genannten Anteile sind umgrenzte und beschreibbare »Unter-Persönlichkeiten«, auch als »Sub-Selbste« bezeichnet. Nach Watkins ist ein Ego-State wie folgt definiert: »Ein Ich-Zustand kann definiert werden als organisiertes Verhaltens- und Erfahrungssystem, dessen Elemente durch ein gemeinsames Prinzip zusammengehalten werden und das von anderen Ich-Zuständen durch eine mehr oder weniger durchlässige Grenze getrennt ist« (Watkins & Watkins 2003, S. 45).

Die Grenzen zwischen den Ego-States werden durch den Grad der Dissoziation bestimmt: zwischen Alltagsdissoziation und pathologischer Dissoziation (siehe dazu Abb. 1).

Ergänzend zu dieser klassischen Definition verstehen wir heute ein Ego-State als ein neuronales Netzwerk, welches den Zustand des neuronalen System zu einem bestimmten Zeitpunkt in der Lebensentwicklung eines Menschen repräsentiert (Schulkind-Ego-State usw.) oder welches ein Reaktions- und Antwortmuster umfasst,

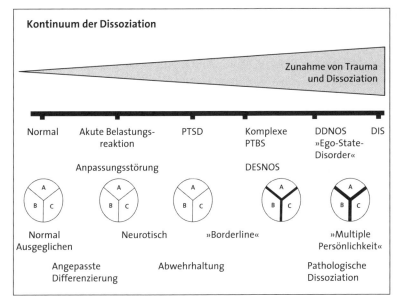

Abb. 1: Dissoziationskontinuum, Ego-States und diagnostische Zuordnung

welches ein Mensch auf eine bestimmte Herausforderung im Leben zur Überlebenssicherung entwickelt hat. Es ist immer ein kohärentes, d. h. ein in sich zusammenhängendes und geschlossenes System aus Denken, Fühlen und Handeln, das auf einen bestimmten Sachverhalt bezogen ist und ein System entsprechender Verhaltensweisen motiviert. Jeder dieser Ego-States wird als anpassungsfähig angesehen und existiert in einer Familie von »Sub-Selbsten«, die in einer funktionellen Weise handeln und, wie viele reale Familien, unterschiedliche Grade an Dysfunktion aufweisen können. Gewöhnlich zeigt sich eine Pathologie dann, wenn Uneinigkeiten oder ein Mangel an Kooperation zwischen den Ego-States auftritt. Das Ziel der Ego-State Therapie ist die Integration, d. h. Co-Bewusstheit.

6.2.2 Was ist der Ursprung der Ego-States?

Nach Ansicht von J. u. H. Watkins kommen dafür drei Prozesse in Frage:
1. normale Differenzierung unserer Persönlichkeit,
2. die Verinnerlichung wichtiger, prägender Bezugspersonen in der Kindheit (Introjektion) und
3. die Reaktion auf ein erlebtes Trauma.

Zum ersten Prozess, der Differenzierung unserer Persönlichkeit: Das Kind lernt in seiner normalen Entwicklung, zwischen Dingen, die guttun, und solchen, die schlechte Gefühle hervorrufen, zu differenzieren; es entwickelt ein Verhaltensrepertoire für den angepassten Umgang mit den Eltern, Geschwistern, Lehrern, Sportkameraden usw. Diese in der Regel nicht so stark ausdifferenzierten Ego-States dienen der schnellen Anpassung an wechselnde Herausforderungen des täglichen Lebens und erlauben dem Kind – und später uns Erwachsenen – Rollenflexibilität.

Zum zweiten Punkt, der Verinnerlichung von Bezugspersonen: »Aufgrund der *Introjektion bedeutsamer anderer* errichtet das Kind Verhaltensmuster, die, sobald sie eine Ich-Besetzung erfahren, zu Rollen werden, die es selbst erfährt, und sobald sie eine Objekt-Besetzung erfahren, innere Objekte repräsentieren, mit denen es in Beziehung treten und interagieren muss« (Watkins & Watkins 2003, S. 52, Hervorhebung im Original). Wenn ein Kind bemerkt, dass seine Mutter sich immer abwendet, auf kühle Distanz geht oder ungeduldig wird, wenn es den Ausdruck von körperlichem oder seelischem Schmerz zeigt, wird es diese missbilligende Mutter introjizieren. Um das Introjekt (Objekt-Besetzung) wird es einen bestimmten Ego-State organisieren, es fühlt sich schlecht, abgelehnt und denkt vielleicht: »Immer wenn ich traurig bin, mag Mama mich nicht«. In ihm tobt ein verzweifelter Kampf um Liebe und die Angst, nicht gewollt zu sein. Dieser Ego-State könnte den Namen tragen: »Das ungewollte innere Kind«. Macht das Kind später mit anderen Menschen ähnliche Erfahrungen, würde sich die Aussage des Ego-States weiter generalisieren, und das Kind könnte denken: »Kein Mensch mag mich, wenn ich traurig bin« (Allaussage). Erfährt dieser Ich-Zustand später eine Ich-Besetzung, d.h. die Person identifiziert sich mit der Botschaft der Mutter (»Man darf keine Schwächen zeigen«), dann hört die Person auf, darunter zu leiden, beginnt aber, die eigenen Kinder ähnlich hart und teilnahmslos zu behandeln.

Zum dritten Prozess, der Reaktion auf ein erlebtes Trauma: Durch eine Traumatisierung, etwa aufgrund von Vernachlässigung, physischer oder sexueller Gewalt, kann es zur Dissoziation kommen. »Ein einsames Kind zieht häufig die Ich-Besetzung von einem Teil seiner selbst ab, besetzt diesen Teil mit einer Objekt-Besetzung und schafft sich so einen imaginären Spielgefährten« (Watkins & Watkins 2003, S. 52). Diese Abspaltung, die das Überleben in schwierigen Zeiten sichert, wird nach Beobachtung der beiden Watkins häufig zur Zeit der Einschulung verdrängt, ist aber durch späteren traumatischen Stress reaktivierbar, häufig dann aber in bösartiger, bestrafender Form. Diese entwertenden und verfolgenden Ego-States finden wir häufig bei Patienten mit physischer und/oder sexueller Gewalterfahrung in der Kindheit, oft bei Patienten mit den Diagnosen Borderline-Persönlichkeitsstörung, komplexe PTBS und, noch deutlicher akzentuiert, bei der DIS (dissoziativen Identitätsstörung).

6.3 Vorbereitung der Arbeit mit traumatisierten Anteilen

Bevor wir mit der eigentlichen hypnoanalytischen Teilearbeit beginnen, müssen wir, wie in jeder verantwortungsvollen Psychotherapie, eine Abschätzung der momentanen Lebenssituation und der Problemlage des Patienten vornehmen und unsere Therapiestrategien, therapeutischen Fähigkeiten und persönlichen Variablen dazu in Beziehung setzen – nicht jeder Patienten passt gleich gut zu uns und wir zu ihm.

Die implizite Heilungsstrategie, die dem hier vorgestellten polypsychischen Teile-Ansatz zugrunde liegt, kann vereinfacht so beschrieben werden: Das Ziel der Traumatherapie ist es, das traumatische Material, welches in neuronalen Netzwerken gespeichert ist, zu prozessieren. Dazu muss das vor allem rechtshirnig gespeicherte Gedächtnismaterial für den Patienten schonend in den Arbeitsspeicher geladen und in einem sicheren Hier und Jetzt mit einem aktivierten Ressourcennetzwerk verbunden werden. Dieses entspricht der normalen Verarbeitung traumatischer Erfahrungen: durch die immer wieder vollzogene Erzählung traumatischer Erfahrung durch das Opfer im Zusammenhang sicherer Bindung, wodurch das Traumamaterial mit der Gegenwart verbunden wird und somit seine furchtbare, überwältigende Wucht verliert.

Aus der Sicht der Hypnotherapie ist die Tatsache der Traumaerfahrung eine »Restriktion« – eine nicht mehr veränderbare Erfahrung aus der Vergangenheit, die vom Gehirn in der Gegenwart auf einen Auslösereiz hin rekonstruiert wird. Das Traumaerleben entsteht unwillkürlich, das heißt, eine Erfahrung von Hilflosigkeit und Verlust der Kontrolle ereignet sich im Gegenwartsmoment: Ich will es nicht, aber es passiert. Alle unwillkürlichen Prozesse im Gehirn sind schneller und wirksamer als die bewussten Entscheidungen des Großhirns. Aus diesem Anlass ist es besser, das Trauma als Restriktion zu betrachten, welche nicht veränderbar ist, und der therapeutische Umgang damit zielt dann auf einen optimalen Umgang mit dieser Restriktion. Somit können wir sagen: Das Trauma ist eine Restriktion – die Therapie des Traumas ist der Versuch, einen optimalen Umgang mit dieser Restriktion zu finden.

Um dieses Ziel zu erreichen, bedarf es klarer Prozessmarken, um einzuschätzen, ob der Patient für eine Prozessualisierung des Traumamaterials bereit ist und welche Übungen in den einzelnen SARI-Phasen (siehe unten) besonders beachtet und vermittelt werden müssen. Hilfreich dafür ist eine von Sandra Paulsen (2009) vorgeschlagene Checkliste, die sich vor allem bei komplex traumatisierten und dissoziativen Patienten bewährt hat (siehe Abb. 2).

1. Ist der Patient sicher?
2. Ist das Umfeld des Patienten stabil?
3. Beherrscht der Patient die Imagination des sicheren inneren Ortes und hat er Selbstberuhigungsstrategien gelernt?
4. Gab es eine Aufklärung der wichtigen inneren Anteile des Systems in Bezug auf selbstverletzendes Verhalten und ist dieses seltener geworden?
5. Sind die Täterintrojekte zum gegenwärtigen Zeitpunkt zum Ort, zur Person orientiert – mindestens zu gewissen Zeiten?
6. Ist das Selbst-System des Patienten bereit, zwischen den Sitzungen Unerledigtes in einem sicheren Speicherort, z. B. dem »Tresor«, aufzubewahren?
7. Hat der Patient genug Ich-Stärke, um intensive Affekte zu tolerieren und abzureagieren?
8. Sind ältere, stärkere und ressourcenvollere Teile des Patientensystems bereit, für traumatisierte Kindanteile zu sorgen?
9. Ist der Teil, der den Vordergrund organisiert (das Alltags-Ich), bereit, auch mal zur Seite zu treten und anderen Teilen zu gestatten, dem System zu helfen?
10. Sind ärgerliche/schützende Teile dafür gewonnen worden, bei der Durcharbeitung des Traumas mitzumachen?
11. Verstehen die zentral wichtigen Anteile, dass sie alle im gleichen Körper leben und in der gleichen Gegenwart; sind sie bereit, alle zusammen in Richtung Heilung und Integration des ganzen Systems zu arbeiten?
12. Versteht eine hinreichend große Anzahl von inneren Anteilen den Gebrauch von EMDR und/oder Screentechnik zur Traumaarbeit?
13. Beherrscht der Patient die Prozedur des Notfallausstiegs?

Abb. 2: Checkliste für den Therapeuten – modifiziert nach S. Paulsen (2009)

6.4 Praxis der Ego-State-Therapie im Einzelnen – das SARI-MODELL

6.4.1 Überblick über die vier Behandlungsphasen

Hatte Judy Herman (1994) noch von drei Phasen der Traumatherapie gesprochen, so orientiert sich die Hypnotherapie an den sehr ähnlichen vier Behandlungsphasen des SARI-Modells von Maggie Phillips und Claire Frederick (2003), um die einzelnen Punkte der oben vorgestellten Checkliste (Abb. 2) mit den Patienten zu erarbeiten. Diese vier Phasen stehen für die Abkürzung SARI-Modell:

- Sicherheit und Stabilisierung (Safety and Stabilisation),
- Schaffung eines Zugangs zum Traumamaterial und den damit verbunden Ressourcen (Accessing),
- Durcharbeiten der Traumaerfahrung und Restabilisierung (Resolving and Restabilization),
- Integration in die Persönlichkeit und Festigung der Identität (Integration and Identity).

Es ist wichtig, dem Patienten klarzumachen, warum wir uns zu Beginn vor allem um Sicherheit und Stabilisierung kümmern werden, bevor die Arbeit am traumatischen Material beginnen kann (»Stoppschilder« eins und zwei). Bedeutsam dabei ist die Haltung des Therapeuten in dieser Phase: Stabilisierung zu lernen ist die Aufgabe und die Verantwortung des Patienten, wir begleiten ihn nur auf seinem Weg – damit stärken wir das erwachsene Selbst. Wir sehen in der Praxis aber immer wieder Traumapatienten, die auf das Angebot von Imaginationsübungen, Lernen von Dissoziationsstopp, Schreiben eines »Freudetagebuchs«, regelmäßiger guter »Selbstbemutterung« usw. etwas abfällig antworten: »Das kenne ich schon, das wirkt bei mir nicht«. Diese Entwertung geht häufig von einem täterinfizierten Introjekt aus, welches nachhaltig versucht, die Therapie zu »sabotieren«[2] – Täterintrojektarbeit, wie ich sie später erwähnen werde, kann helfen, die Motivation für das Erlernen der imaginativen Techniken zu verbessern (»Stoppschild« drei), und das Arbeitsbündnis stärken.

6.4.2 SARI-Schema: Phase 1 – Sicherheit und Stabilisierung

Diese Phase konzentriert die Arbeit darauf, dem Patienten zu helfen, innere und äußere Sicherheit zu finden, das Management seiner Symptome zu verbessern und seine Funktionstüchtigkeit im Alltag zu steigern. Wenn wir das in der Sprache der strukturellen Dissoziation (van der Hart et al. 2008) ausdrücken: Der anscheinend normale Teil der Persönlichkeit (ANP) muss lernen, mehr Kontrolle über die EPs (Einzelpersönlichkeiten) zu bekommen, und dazu muss der mediale präfrontale Kortex gestärkt werden. Eine tragfähige therapeutische Beziehung hat – ausgelöst durch die Aktivierung des Bindungssystems durch das Beziehungsangebot des Therapeuten, – eine direkte, regulative Funktion in Bezug auf die Neurobiologie des Patienten; die Folge ist, dass der Patient ruhiger wird, was wiederum dazu führt, dass der präfrontale Kortex besser arbeitet. Abbildung 3 zeigt die dazu notwendigen Therapiestrategien.

---

[2] Hinter dieser »Sabotage« steckt meist eine gute Absicht, die es zu würdigen und anzuerkennen gilt.

> 1. Vorbereitung, Psychoedukation und Aufbau der therapeutischen Beziehung
> 2. Anamnesegespräch und Testpsychologie (DES, IES-R)
> 3. Herstellung von innerer und äußerer Sicherheit
> 4. Erlernen der Selbsthypnose
> 5. Übungen zur Ich-Stärkung und Stabilisierung
>   - Der inneren Kraft begegnen
>   - Hypnotische Altersregression zu wichtigen nährenden Bezugspersonen
>   - Innere Selbstberuhigung
>   - Parenting
> 6. Patient muss lernen, mehr emotionale Selbregulation zu lernen (Stärkung des präfrontalen Kortex)
>   - Der innere sichere Ort
>   - Die inneren Helfer
>   - Der Tresor
>   - Kontrolle von selbstschädigendem Verhalten (Drogen, Suizidalität, Selbstverletzung)
>   - Gegensteuerung mit Joggen, Atemtechniken, Massage, Yoga, Qi Gong, AT usw.
> 7. Beachtung somatischer Aspekte der PTBS im Alltag

Abb. 3: SARI-Modell: Die Phase der Sicherheit und Stabilisierung

In dieser Therapiephase ist mehr bewusste Kontrolle über das emotionale Gehirn (limbisches System) erforderlich. Die wichtigsten Pathways einer bewussten Gegensteuerung sind:
- Aktion, d.h. Mobilisierung, sich bewegen;
- Aktivierung des mediofrontalen Kortex und
- Steigerung des Tonus des X.-Hirnnervs, des Nervus Vagus.

Alles, was dazu dient, ist gut: joggen und sich bewegen, ein Fördern der Bindungsressourcen, Atemtechniken, Massage, Yoga, Qi Gong, autogenes Training oder Progressive Muskelrelaxation (PMR, nach Jacobson) und funktionelle Entspannung (nach Marianne Fuchs).

In dieser ersten Phase des SARI-Modells steht die Ego-State-Arbeit unter den Überschriften: Stärkung, Stabilisierung, Schaffung von Schutz und Sicherheit. Wir beginnen mit unserer Arbeit an der Stelle, an der wir beim Patienten die positivsten und ressourcenvollsten Ego-States vermuten. Der Weg dorthin führt über die Imaginationsübungen, die ich an anderer Stelle (Peichl 2007, 2010) beschrieben habe. Mit ihnen verstärken und bahnen wir schon vorhandene, aber vergessene, sicherheit- und haltgebende Ego-States (die guten Mutterintrojekte) oder helfen dem Patienten, im Zuge der Imagination neue zu bilden. Die imaginäre Kontaktaufnahme mit dem »Inneren Kind« und die zunehmende Dialogbereitschaft helfen, das »Unaussprechliche« der geschehenen Ereignisse zu visualisieren und sich aus einer Erwachsenenposition heraus dazu in Bezug zu setzen.

6.4.3 SARI-Schema: Phase 2 – Schaffung eines Zugangs zum Traumamaterial und den damit verbunden Ressourcen

Wenn wir nun den Eindruck haben, der Patient habe ein ausreichendes Maß an Stabilität und Sicherheit im Inneren und Äußeren erreicht, dann können wir uns an die Offenlegung der traumatischen Erfahrungen machen, aber immer mit einem Blick auf die zur Verfügung stehenden Ressourcen. Es gilt dabei ein wichtiger Merksatz: *Ein traumatischer Ego-State kann nur die Bühne betreten, wenn schon ein ressourcenvoller Ego-State da ist;* Yvonne Dolan (1991) hat das einmal »sicheres Erinnern« (safe remembering) genannt. Ich bevorzuge einen Wechsel in den Themenschwerpunkten der Sitzungen: eine Sitzung weiter konsequente Ressourcenarbeit, eine Sitzung Offenlegung und Rekonstruktion traumatischen Materials.

Neben den vorhanden und reproduzierbaren Erinnerungen an das Trauma im autobiografischen Gedächtnis ist es das Körpergedächtnis, welches die traumatische Erfahrung festhält – »The body keeps the score«, hatte van der Kolk (1994) eine Arbeit zur Traumaerinnerung überschrieben. Um schonend mit dem Körpergedächtnis des Patienten zu arbeiten, kann man sich dabei des »Conflict-Free Somatic Imagery Protocol« von Maggie Phillips (Peichl 2007, S. 191 ff.) bedienen.

Jetzt ist es auch Zeit, sich einen Überblick zu verschaffen, welche Ego-States der Patient selbst in sich verorten kann. Zur Identifikation der inneren Anteile können verschiedene Methoden eingesetzt werden, um zu helfen, die innere Vielfalt zu visualisieren und zu personalisieren. Die »Landkarte der Ego-States« kann in leichter Trance imaginiert und dann an der Flipchart aufgemalt, aus Knete geformt, durch Stühle im Raum dargestellt oder mittels Gegenständen (z. B. Handpuppen) auf dem Tisch gezeigt werden (siehe dazu Abb. 4).

Eine weitere Möglichkeit, um einen schonenden Zugang zum Traumamaterial zu eröffnen, sind die Brücken-Techniken. Der Grundgedanke dahinter ist, dass durch die Dissoziation unter traumatischem Stress Teile des ganzheitlichen Erlebens abgespalten wurden und dass diese Elemente nun einzeln oder gemischt in den traumagenerierten Ego-States der Opfer wieder auftauchen. Ziel bei der Nutzung der Brücken-Technik ist es, die Manifestation eines

1. Destabilisierung und Restabilisierung
   - »Conflict-Free Somatic Imagery Protocol« von Maggie Phillips
   - Erlernen von Flashback-Kontrolle
   - Enthüllende und ich-stärkende Sitzungen im Wechsel
2. Kontaktaufnahme zu Ego-States
   - Teile-Landkarte
   - Übungen zur inneren Selbst-Familie
   - Einführung der Bühnenmetapher, »Konferenzraumtechnik«, Kinoleinwand
   - Home Base (sicheren Erholungsort) und Work Base (Arbeitsraum für die Ego-State-Therapie) imaginieren
3. Brücken-Techniken
   - Kognitive Brücke
   - Affektbrücke
   - Somatische Brücke

Abb. 4: SARI-Schema – Schaffung eines Zugangs zum Traumamaterial und den damit verbundenen Ressourcen

Affektes, einer körperlichen Empfindung, eines Bildes, Verhaltens oder einer Kognition im Hier und Jetzt bewusst wahrzunehmen, diese Ego-State-Komponente in Trance zu verstärken und eine spontane Assoziation zu anderen Ego-State-Komponenten, inklusive historischer und anamnestischer Bruchstücke, zu initiieren.

6.4.4 SARI-Schema: Phase 3 – die Auflösung der traumatischen Erfahrungen

In den letzten Jahren setzt sich immer mehr die Meinung durch, dass ein Wiedererleben des Traumas mit anschließender kathartischer Abreaktion alleine nicht ausreiche, um die traumatische Erinnerung langfristig ins biografische Gedächtnis zu integrieren. Im Gegenteil kann eine ungesteuerte Abreaktion auch zu einer Retraumatisierung führen, mit Verschlechterung der Symptomatik. Es ist nur zu begrüßen, wenn Phillips und Frederick (2003) schreiben: »Augenblicklich herrscht die Meinung vor, dass der primäre Fokus bei der Offenlegung traumatischen Materials auf der Integration und Regulation der Affekte mit dem Ziel der Verbesserung der Selbstkontrolle liegen sollte, also weniger auf der emotionalen Entladung und dem emotionalen Ausdruck« (S. 73). Die heute gängigen Methoden (neben der Traumakonfrontation in der kognitiven Verhaltenstherapie), um diese drei Schritte: Offenlegung, Durcharbeitung und Integration des traumatischen Materials, zu bewerkstelligen, sind die »Bildschirmtechnik«, das EMDR und die hypnoanalytischen Techniken der Ego-State-Therapie.

Ziel dieser dritten Phase ist, um es in der Sprache der Hypnotherapeuten auszudrücken: die Re-Assoziation dissoziierter Erfahrungen. Etwas einfacher ausgedrückt, heißt das: Die durch den emotionalen Schock des Traumas zerborstene, ganzheitliche Wahrnehmung des Erlebens (BASK-Modell)[3] muss aus ihren bruchstückhaften Komponenten der inneren Bilder, Körperempfindungen, Affekte, Kognitionen usw. wieder rekonstruiert, ins Wachbewusstsein gehoben und neu prozessualisiert werden. Judy Herman schreibt: »Zusammen mit seinem Therapeuten muss der Patient seine bruchstückhaften Erinnerungen und seine eingefrorenen Gefühle ganz allmählich zu einem geordneten, detaillierten und chronologischen Tatsachenbericht zusammenfügen [...]« (1994, S. 249).

Geduldig, unter Vermeidung einer Retraumatisierung, werden aus den einzelnen Bruchstücken des Erinnerns die Zusammenhänge des Erlebten allmählich rekonstruiert, was in der Regel vom Patienten als weitere Ich-Stärkung und Verbesserung des Kontinuitätserlebens erlebt wird. Natürlich wird auch in dieser Phase der Notwendigkeit der Re-Stabilisierung eine große Bedeutung eingeräumt (zu den einzelnen Techniken siehe Abb. 5).

Im Zuge der Integration des traumatischen Materials besteht der eigentliche Schritt zur Heilung darin, durch unsere therapeutische Assistenz dem Patienten zu helfen, die wiedergewonnenen dissoziierten Traumaerinnerungen zu transformieren – eine emotional korrigierende Neuerfahrung könnte man das nennen. John Watkins schreibt dazu: »Es muss eine Veränderung, eine korrigierende Handlung erfolgen, entweder in der Fantasie oder in der Realität, und diese muss mehr beinhalten als eine kognitive Einsicht. Patienten müssen ihr

---

[3] Das ganzheitliche Erleben (BASK) besteht aus: B für Behavior, A für Affect, S für Sensation und K für Kognition.

---

1. Re-Stabilisierung durch weitere Ich-Stärkung
2. Re-Assoziierung des Traumamaterials
3. Modifikation und Transformation traumatischer Erfahrungen
   - Nicht-hypnotische Stuhltechnik aus dem Monodrama nach J. Moreno
   - Techniken zur emotionalen Neuerfahrung: Erwachsene Ich-Zustände als Helfer einsetzen
4. Einsatz von Imaginationstechniken zur Traumabewältigung
   - Nachträgliche Selbst-Bemutterung
   - Durch die Tür des Vergebens gehen
   - Die Reise zur »Inneren Beraterin«
   - Der »Innere Kontrollraum«
5. Projektive/evokative Techniken
   - EMDR mit einzelnen Anteilen
   - Screentechnik
   - »Innere Kinder retten« (Kahn 2010)

Abb. 5: SARI-Schema – die Auflösung der traumatischen Erfahrungen

Verhalten im regredierten Zustand so umorientieren, dass sich ihre Situation verändert und sie an das Geschehen eine positive Erinnerung zurückbehalten statt des Gefühls, versagt zu haben« (1992, S. 65).

6.4.5 SARI-Schema: Phase 4 – Integration der Traumaerfahrung in den Selbst- und Weltentwurf

Ziel dieser letzten Phase ist es, dem Patienten zu helfen, eine eigene Identität jenseits der Opferrolle zu schaffen, in der die Traumaerfahrung sich in eine Reihe wichtiger Lebensereignisse einordnet, auf einer kontinuierlichen Lebenslinie. Dieses Ziel wirkt für viele Patienten überzeugend und motivierend, wird aber, so zeigt es die Praxis, nur mühsam oder auch nur phasenweise erreicht – einigen Menschen, die sich existenziell verletzt fühlen, bleibt nur die Hoffnung, auf die Milde des Alters zu hoffen (zu den einzelnen Arbeitsschwerpunkten siehe Abb. 6).

Hermann (1994) konnte bei ihren Behandlungen traumatisierter Frauen beobachten, dass es wichtig ist, viele Themen, die die erste Behandlungsphase bestimmt hatten, jetzt erneut wiederaufzugreifen, damit die Patientinnen lernten, sich um ihren Körper, ihre unmittelbare Umgebung und ihre Beziehungen zu anderen Menschen zu kümmern. Die innere Haltung dazu war aber eine ganz andere als zuvor: statt einer rein defensiven Position grundlegender Sicherheit versuchten sie nun eine produktive, befähigende und proaktive Haltung zu entwickeln. »Oft gelingt es Patienten, deren Entscheidungsfindung lange Zeit von einem ›geteilten Selbst‹ beherrscht war, an ihren Bestrebungen aus der Zeit vor Entstehung der inneren Teilung anzuknüpfen,

---

1. Die Stufen der Persönlichkeitsintegration
   - Die Stufe des Erkennens: sich der Existenz anderer Ego-States bewusst werden
   - Die Stufe der Kommunikation: alle sind Mitglieder der inneren Familie und leben in einem Körper
   - Die Stufe der Empathie: Erweiterung des Affektspektrums und Förderung von Reife
   - Die Stufe der Kooperation: innere Aktivitäten fördern
   - Die Stufe der Co-Bewusstheit: wenn Ego-States anfangen, ihr Bewusstsein, ihre Wahrnehmungen, ihre Intentionen und ihre Ziele miteinander zu teilen
2. Lernziele
   - Lernen von gegenseitigem Respekt
   - Rollenteilung und Zeiterleben
   - Selbstheilungskräfte stärken
   - Die Konstruktion eines Lösungsraumes
   - Die Neukonstruktion der Lebensgeschichte

Abb. 6: SARI-Schema – Integration in die Persönlichkeit und Festigung der Identität

---

oder sie entdecken überhaupt zum ersten Mal eigene Ambitionen und Wünsche« (Phillips & Frederick 2003, S. 74).

6.5 Ausblick

Die Idee des multidimensionalen Selbst, wie sie die Ego-State-Theorie nach John und Helen Watkins uns anbietet, gilt über das gesamte Spektrum psychologischer Erfahrung eines Menschen, und deshalb ist dieser innovative Therapieansatz auch geeignet, unser Denken und Tun im gesamten Bereich der Psychotherapie in den nächsten Jahren nachhaltig zu beeinflussen. Er eröffnet die Möglichkeit neuer Therapiestrategien – die hier vorgestellte hypno-analytische Teile-Therapie bei traumaassoziierten Störungen ist dafür nur ein Anfang.

6.6 Literatur

Dolan Y.M. (1991). *Resolving sexual abuse*. New York: Norton.

Herman J.L. (1994). *Die Narben der Gewalt*. München: Kindler.

Kahn G. (2010). *Das Innere-Kinder-Retten. Sanfte Traumaverarbeitung bei Komplextraumatisierung*. Gießen: Psychosozial-Verlag

Paulsen S. (2009). *Looking through the eyes of trauma and dissociation*. Charlston (South Carolina): Booksurge Publishing.

Peichl J. (2007). *Innere Kinder, Täter, Helfer und Co*. Stuttgart: Klett-Cotta.

Peichl J (2010). *Jedes Ich ist viele Teile. Die inneren Selbstanteile als Ressource nutzen*. München: Kösel-Verlag.

Phillips M. & Frederick C. (2003). *Handbuch der Hypnotherapie bei posttraumatischen und dissoziativen Störungen*. Heidelberg: Carl-Auer-Systeme Verlag.

Van der Hart O., Nijenhuis E. & Steele K. (2008). *Das verfolgte Selbst*. Paderborn: Junfermann Verlag.

Van der Kolk B.A. (1994). The body keeps the score: Memory and the evolving psychobiology of posttraumatic stress. *Harvard Review of Psychiatry*, 1, 253–265.

Watkins J.G. (1992). *The practice of clinical hypnosis*. Bd. II: *Hypnoanalytic techniques*. New York: Irvington.

Watkins J.G. & Watkins H. (2003). *Ego-States – Theorie und Therapie*. Heidelberg: Carl-Auer-Systeme.

ALEXANDRA LIEDL UND CHRISTINE KNAEVELSRUD

7. Gruppentherapie

7.1 Soziale Folgen traumatischer Erfahrungen

Traumatisierte Patienten, die unter unwillkürlichen Erinnerungen, dissoziativem Erleben, Konzentrations- und Gedächtnisstörungen leiden, befürchten oft, den Verstand zu verlieren. Sie empfinden ihre Symptome als beängstigend, unverständlich und zum Teil beschämend. Betroffene machen sich aufgrund vegetativer Angstsymptome, wie Herzklopfen oder Zittern, große Sorgen über die eigene körperliche Verfassung. Nicht selten werden körperliche Reaktionen als Anzeichen einer somatischen Erkrankung missverstanden. Patienten beobachten an sich selbst Veränderungen der Wahrnehmung und des Bewusstseins, Vergesslichkeit, Nervosität und Gereiztheit bis hin zu aggressiven Durchbrüchen, was wiederum Angst, Scham und Schuldgefühle auslöst. Auch depressive Verstimmungen bzw. Episoden und Schlafstörungen veranlassen traumatisierte Patienten häufig zu Selbstvorwürfen.

Neben den genannten psychischen Symptomen haben traumatische Ereignisse häufig auch psychosoziale Beeinträchtigungen zur Folge. Insbesondere Menschen mit einer Posttraumatischen Belastungsstörung leiden an Symptomen, die auf psychosoziale und interpersonelle Beeinträchtigungen Bezug nehmen, wie z. B. ein deutlich vermindertes Interesse bzw. eine geringere Teilnahme an wichtigen Aktivitäten, das Gefühl der Losgelöstheit und Entfremdung von anderen sowie eine eingeschränkte Bandbreite der Affekte (insbesondere jener, die mit Intimität, Zärtlichkeit und Sexualität assoziiert sind). Traumatische Ereignisse selbst gehen zudem häufig mit dem unmittelbaren Erleben destruktiver interpersoneller Erfahrungen einher. Sogenannte intentionale – also von Menschen willentlich beabsichtigte – Traumata wie sexuelle und körperliche Gewalt, Misshandlungen, Überfälle, schwere Menschenrechtsverletzungen wie Folter und Verfolgung können das Vertrauen in soziale Beziehungen maßgeblich erschüttern und die Verlässlichkeit und Integrität der Mitmenschen in Frage stellen. Wiederholt haben Metaanalysen bestätigt (Olatunji et al., 2007), dass sich die Posttraumatische Belastungsstörung im Vergleich zu anderen Angsterkrankungen besonders negativ auf das soziale Funktionieren und die Beziehungen zu Nahestehenden auswirkt. Scheinbar paradoxerweise spielt jedoch insbesondere die soziale Unterstützung und die Einbindung in ein soziales Netzwerk eine zentrale Rolle bei der Bewältigung traumatischer Erfahrungen (Ozer et al., 2003). Emotionale und kognitive Folgen traumatischer Erfahrungen – wie z. B. Scham- und Schuldgefühle, ein ausgeprägtes Gefühl von Ohnmacht und Hilflosigkeit – können sich überdies negativ auf das Selbstbewusstsein, die Intimität und die Kommunikationsfähigkeit auswirken: allesamt Schlüsselelemente für die Aufrechterhaltung gesunder Beziehungen (Nietlisbach et al., 2010). Auch im familiären Kontext wurden die negativen sozialen Folgen traumatischer Erfahrung mehrfach nachgewiesen. In Studien mit ehemaligen politischen Inhaftierten zeigten sich bei Befragten mit einer PTBS ein höheres Maß an familiärer Funktionsstörung und ausgeprägtere Schwierigkeiten in Erziehungsangelegenheiten, verglichen mit einer Kontrollgruppe (Maercker et al., 2000).

7.2 Allgemeine Aspekte einer Gruppentherapie für traumatisierte Patienten

Die Erfahrung einer Gruppentherapie stellt den Gegenpol zu der zuvor beschriebenen sozialen Isolation und den Entfremdungsgefühlen dar. Für PTBS-Patienten, deren Vertrauen in andere und in die eigene Person so substanziell erschüttert bzw. in missbräuchlichen und bedrohlichen Umgebungen nie entwickelt wurde, ist eine Gruppe, in der Anerkennung, Respekt, Verbindlichkeit und eine vertrauensvolle Interaktion herrschen, die einzigartige Möglichkeit, neue soziale und korrigierende Erfahrungen zu machen. Teilnehmer einer Gruppentherapie erleben eine Vielzahl teilweise widersprüchlicher Gefühle. Durch Therapeuten und andere Gruppenmitglieder erhalten sie Vorbilder, wie sie solche Gefühle erkennen, unterscheiden, benennen und regulieren können. Hierfür ist es essenziell, in der Gruppentherapie eine angstfreie, konstruktive, vertrauensvolle Kommunikation zu fördern.

Gruppentherapien eignen sich darüber hinaus auch zur Vermittlung von teilweise implizit verfügbarem Wissen (wie z. B. Psychoedukation). Gehört zu werden und selber zu hören, wie andere Betroffene mit ähnlichen Themen wie z. B. Angstzuständen, Scham, Einsamkeit, fehlender Kontrolle und dem Gefühl einer permanenten Versehrung zu kämpfen haben, sind integraler und wirksamer Bestandteil der bestehenden gruppentherapeutischen Konzepte in der PTBS-Behandlung (Mendelsohn et al., 2007).

Folgende Punkte sind zentrale positive Aspekte der gruppentherapeutischen Arbeit mit PTBS-Patienten:
- Entlastung durch Austausch,
- Reduzierung/Abbau von Isolation, Stigmatisierung und Scham,
- voneinander lernen: Teilnehmer – als Experten des Erlebten – unterstützen und helfen sich gegenseitig,
- direktes positives Feedback von gleichermaßen Betroffenen,
- Aktivieren von Ressourcen,
- Förderung von Selbstverantwortung,
- Förderung sozialer Kompetenz,
- multiple Modelle sozialer Rollen durch die Teilnehmer, mit denen sie sich gegenseitig unterstützen und helfen können.

Gerade bei gruppentherapeutischen Settings für Traumatisierte sollten im Vorfeld eine Reihe von Gruppenvariablen geklärt werden: offene versus geschlossene Gruppe, Teilnehmer mit homogenen versus solche mit heterogenen Traumaerfahrungen, gemischtgeschlechtlich versus eine reine Frauen- oder Männergruppe, festgelegte Sitzungsanzahl versus flexible Dauer. Da diese Aspekte die Gruppenkohäsion und -dynamik stark beeinflussen können, sind sorgfältige Überlegungen und das Abwägen von Pro-und-contra-Punkten im Vorfeld entscheidend. Traumaspezifische homogene Gruppen haben den Vorteil, dass Patienten sich durch ähnliche Erfahrungen stärker miteinander verbunden fühlen können. PTBS-Patienten beschreiben häufig, dass sie sich unverstanden und entfremdet fühlen, da sie das Geschehene niemandem in der erlebten Qualität schildern oder nahebringen können. Patienten mit ähnlichen Erfahrungen (z. B. sexuelle Gewalt) erkennen bei ihrem Gegenüber häufig eigene ähnliche und spezifische Überzeugungen (z. B. »Ich bin schuld«, »Ich hätte mich wehren müssen«, »Ich bin beschmutzt«). Diese Erfahrung kann das Gefühl der Andersartigkeit und/oder der Ausgrenzung maßgeblich reduzieren. Zeitgleich muss gerade bei ähnlichen traumatischen Erfahrungen darauf geachtet werden, dass in der Gruppe keine Ereignishierarchie entsteht, also eine konkurrierende Berichterstattung, wer nun das »schwerste« Ereignis erlebt hat. Unter anderem auch deshalb sollten zu Beginn jeder Gruppentherapie feste und für alle verbindliche Gruppenregeln festgelegt werden, um den Zusammenhalt zu fördern und die Compliance der Teilnehmer zu stärken.

Gerade für Patienten mit einer PTBS ist eine hohe Vorhersehbarkeit bzw. Kontrollwahrnehmung wichtig. Dabei spielt auch die Entscheidung, ob die Gruppe im laufenden Gruppenprozess geschlossen ist oder für neue Teilnehmer offen steht, eine wichtige Rolle. Die hohe Vermeidungstendenz vieler Patienten spricht in Einzelfällen für das Angebot einer offenen Gruppentherapie, um die Einstiegshürde so niedrig wie möglich zu halten. Gleichzeitig führt die wechselnde Besetzung einer Gruppentherapie zu einer höheren Unsicherheit bei den Gruppenmitgliedern. Ein häufiges Charakteristikum der PTBS-Patienten ist ihre begrenzte Fähigkeit, sich auf eine therapeutische (oder andere) Beziehung einzulassen bzw. daran festzuhalten. Daher sind offene Gruppenformate eher bei hochstrukturierten, primär informationsvermittelnden Gruppen zu empfehlen. Wenngleich eine Gruppentherapie für viele traumatisierte Patienten ein hilfreiches und gewinnbringendes Setting darstellt, gibt es einige Ausnahmen, bei denen ein Gruppensetting weniger indiziert ist. Hierzu zählen Patienten mit akuter Suizidalität sowie solche mit einer akuten schweren Dissoziationssymptomatik, da beides eine aktive Teilnahme am Gruppengeschehen unmöglich macht. Generell stellt das Vorliegen dissoziativer Symptome jedoch kein Ausschlusskriterium dar. Eine große Anzahl traumatisierter PTBS-Patienten neigt zu dissoziativen Absenzen. Solange diese jedoch durch einfache Hilfsmittel, wie das Kneten eines Igelballes oder das Sitzen auf einem Sitzball während der Therapiestunde, behoben werden können, sollte das Gruppensetting auch für diese Patienten offen sein.

7.3 Gruppentherapeutische Settings für traumatisierte Patienten

In der Literatur lassen sich verschiedene gruppentherapeutische Angebote für spezifische Patientengruppen identifizieren, wie z.B. für Überlebende sexueller Gewalt im Kindesalter, für Opfer von häuslicher Gewalt, Patienten mit militär-bezogenen Traumatisierungen, Folteropfer (Liedl et al., 2010; Lubin & Johnson, 1997; Moller & Rice, 2006; Resick & Schnicke, 1992; Zlotnick et al., 1997); die Effektivität dieser Angebote wurde allerdings nur vereinzelt empirisch belegt. Auch für Menschen, deren Angehörige durch Unglücke, wie z.B. nach dem Anschlag auf das World Trade Center, ums Leben gekommen sind, gibt es unterstützende Gruppen (Maccoll, 2007). Diese Angehörigen sind meist erst Monate nach dem Geschehen bereit und in der Lage, an einer Gruppe mit gleichermaßen Betroffenen teilzunehmen. Im Vordergrund dieser Ansätze stehen der Austausch und das Zurückfinden in den Alltag, wobei z.B. auch Jahrestage gemeinsam begangen werden.

Gruppenangebote bestehen sowohl für ambulante als auch für stationäre Settings. Allgemein positive Effekte von Gruppenkonzepten für PTBS-Patienten konnten bestätigt werden (Beck et al., 2009). Bislang gibt es jedoch vergleichsweise wenig randomisiert-kontrollierte Studien (Randomized Controlled Trials) zur Wirksamkeit einer Gruppentherapie bei Traumatisierten. Foy und Schrock (2006) fanden in einem Überblicksartikel dazu nur neun RCTs.

Die bestehenden Gruppenkonzepte für Patienten können den folgenden drei Bereichen zugeordnet werden: 1.) traumafokussierte kognitiv-behaviorale Gruppentherapie; 2.) Skillstraining und Emotionsregulation; 3.) psychoedukative Ansätze; 4.) traumafokussierte psychodynamische Gruppentherapie. Tabelle 1 auf Seite 628 gibt eine Zusammenfassung über gruppentherapeutische Ansätze für traumatisierte Patienten, gegliedert nach den Schwerpunktbereichen.

7.3.1 Traumafokussierte kognitiv-verhaltenstherapeutische Gruppentherapien

Schwerpunkte der kognitiv-verhaltenstherapeutischen Gruppentherapien sind die Bearbeitung von irrationalen und maladaptiven Gedanken bezüglich des traumatischen Ereignisses – wie Schulderleben – und von deren Einfluss auf Gefühle und Handlungen. Meist ist die Exposition fester Bestandteil der Therapie, in der das traumatische Erlebnis wiederholt erlebt werden soll. Ziel sind eine Angsthabituation und eine Aufhebung des Vermeidungsverhaltens, so dass die angstbesetzte Situation nicht länger mit Angstreaktionen verbunden ist.

Die Frage nach Effekten traumafokussierter Gruppenangebote im Vergleich zu nichtspezifischen Gruppenkonzepten ist jedoch nicht eindeutig geklärt. Schnurr und Kollegen (2003) konnten in ihrer Untersuchung keine Unterschiede zwischen der traumafokussierten KVT-Gruppe und der nichtspezifischen Gruppe finden. Allerdings zeigten jene Teilnehmer, die bei mindestens 24 (der insgesamt 30) KVT-Gruppensitzungen anwesend waren, eine stärkere Verbesserung bezüglich der Vermeidungs- und emotionalen Taubheitssymptomatik im Gegensatz zu Teilnehmern der nichtspezifischen Gruppe. Beispiele für traumafokussierte kognitiv-verhaltenstherapeu-

Tab. 1: Gruppentherapeutische Ansätze für Traumatisierte

Autoren	Name	Therapie-elemente	Teil-nehmer	Umfang	Trauma-art	Gruppen-besetzung	Wissenschaftlich überprüft
Traumafokussiert kognitiv-behavioral							
Beck & Coffey, 2005	Kognitiv-behaviorale Gruppentherapie bei PTBS	Kognitiv, verhaltenstherapeutisch; Fokus: Exposition, Entspannung	– (keine Angabe)	14 Sitzungen, wöchentlich, je 120 Min.	Verkehrs-unfall	Gemischt-geschlecht-lich	Pilotstudie (N = 33), nach Gruppentherapie 88,3 % ohne PTBS (Beck et al., 2009)
Resick & Schnicke, 1992	Kognitive Verarbeitungstherapie (Cognitive Processing Therapy – CPT)	Kognitiv, narrativ, schriftlich; Ziel: Reduktion negativer mit dem Trauma assoziierter Gefühle, Sicherheit und Kontrolle	6–10	12 Sitzungen, ein-/zweimal wöchentlich, je 90–120 Min.	–	Gemischt-geschlecht-lich	Studie (N = 39), nach Gruppentherapie signifikante Verbesserung der PTBS, von Depression und sozialer Anpassung; stabile Effekte über 6 Monate (Resick & Schnicke, 1992)
Wise, 2002	HELP – Gruppentherapie	Sicherheitserleben, Exposition, Umgang mit Emotionen, Partnerschaft & Sexualität	Bis zu 8	Offenes Gruppensetting	Sex. Miss-brauch	Frauen	–
Lorenz et al., 2006	Gruppenbasierte Expositionstherapie	Kognitiv, verhaltenstherapeutisch; Fokus: Exposition (min. 60 Stunden)	Bis zu 11	Über Zeitraum von 16–18 Wochen, tägliche Sitzungen, je 180 Min.	–	Gemischt-geschlecht-lich	Studie (N = 102) US-Veteranen, klinisch signifikante Reduktion in PTBS-Symptomatik; Effekte stabil über 6-Monats-Follow-up (Ready et al., 2008)
Emotionsregulation und Skills							
Zlotnick et al., 1997	Affekt-management: Gruppentherapie	Verhaltenstherapeutisch; Fertigkeiten zur Emotionsregulation; adaptive Copingstrategien	Bis zu 8	15 Sitzungen, je 90 Min.	Sex. Miss-brauch in Kindheit	Frauen	
Fallot & Harris, 2002	TREM: Trauma Recovery and Empowerment Model	Empowerment, Edukation und Skillstraining	8–10	Über Zeitraum von 9 Monaten, wöchentliche Sitzungen, je 75 Min.	Sex. und physischer Missbrauch	(Komplex trauma-tisierte) Frauen	–

Tab. 1: Fortsetzung

Autoren	Name	Therapie-elemente	Teil-nehmer	Umfang	Trauma-art	Gruppen-besetzung	Wissenschaftlich überprüft
Psychoedukation							
Lubin & Johnson, 1997	Interaktive psycho-edukative Gruppentherapie für traumatisierte Frauen (IPGT)	Kognitiv, verhaltenstherapeutisch; Auswirkungen des Traumas auf Selbst und andere; Ressourcenarbeit	–	16 Sitzungen, wöchentlich, je 90 Min.	Sex. Gewalt	Frauen	Evaluationsstudie (N = 29), nach Gruppenprogramm signifikante Reduktion in PTBS- und Depressionssymptomatik; Effekte stabil über 6-Monats-Follow-up (Lubin et al., 1998)
Moller & Rice, 2006	»BE SMART«: Become Empowered: Symptom Management for Abuse and Recovery from Trauma	Psychoedukation; Ziel: Erlernen von Wellness, Copingstrategien	–	12 Sitzungen, wöchentlich	–	Gemischtgeschlechtlich	–
Liedl et al., 2010	Psychoedukation bei posttraumatischen Störungen	Psychoedukation posttraumatischer Folgestörungen; Erlernen von Copingstrategien für Alltag	6–8	Bis zu 17 Sitzungen, wöchentlich, je 90–120 Min.	–	Gemischtgeschlechtlich möglich, je nach Traumaart	–
Traumafokussiert psychodynamisch							
Reddemann, 2009	Gruppentherapiekonzepte nach dem Bielefelder Modell	Psychoedukation, tiefenpsychologisch fundierte Ressourcenaktivierung, Mischformen	8–12	Zweimal wöchentlich, je 90 Min.	V. a. komplex Traumatisierte	Vorwiegend reine Frauengruppen	Kontrollierte, nicht randomisierte Studie, in kompex stationärem Setting unter Einschluss von Einzeltherapie; signifikante Verbesserung u. a. bzgl. Depression, Intrusion, Vermeidung, Somatisierung, meist stabil über 6 Monate (Lampe et al., 2008)

tische Gruppentherapien sind etwa ein Gruppenprogramm von Beck und Coffey (2005) in Anlehnung an die kognitiv-behaviorale Therapie für traumatisierte Verkehrsunfallopfer von Blanchard & Hickling (2004) oder die kognitive Verarbeitungstherapie (cognitive processing therapy, CPT) nach Resick und Schnicke (1992). In beiden Ansätzen liegt neben den Konfrontationsanteilen innerhalb der Sitzungen ein Schwerpunkt auf der Exposition zwischen den Sitzungen, wobei die Gruppe als Organ gegenseitigen Austauschs dient.

7.3.2 Skillstraining und Emotionsregulation

Wichtige Bestandteile von Gruppen zu Skillstraining und Emotionsregulation bei Traumatisierten sind Achtsamkeit und der Umgang mit Gefühlen. Dabei werden Fertigkeiten vermittelt, wie Emotionen moduliert und Spannungen mit Entspannungsverfahren reduziert werden können. Achtsamkeitsübungen dienen auch bei dissoziativen Tendenzen der bewussten Verankerung im Hier und Jetzt und dazu, positive Aspekte in der Umgebung wahrzunehmen. Ein Beispiel für diese Form des gruppentherapeutischen Settings für Traumatisierte ist das Kozept TREM »Trauma Recovery and Empowerment Model« von Fallot und Harris (2002) für weibliche Opfer sexueller oder physischer Gewalt. TREM beinhaltet als wichtige »Säulen« Empowerment, Psychoedukation und Skillstraining. Der Fokus liegt dabei auf der Vermittlung von selbstberuhigenden Techniken und dem Erkennen und richtigen Einschätzen von sozialen Grenzen sowie dem Erlernen von machbaren Schritten zur Problemlösung.

7.3.3 Psychoedukative Gruppenansätze

Besonders psychoedukative Ansätze werden häufig im Gruppensetting angeboten. Ein wesentlicher Grund dafür sind sicher ökonomische Überlegungen. Für eine Patientengruppe mit einem oft tabuisierten Problem stellt der Erfahrungsaustausch innerhalb einer Gruppe einen wesentlichen Vorteil dar. Durch die Informationsvermittlung im Gruppensetting und die Erkenntnis, dass auch andere unter ähnlichen Beschwerden und Symptomen leiden, fühlen sich Betroffene weniger ausgegrenzt und stigmatisiert. Beispiele für psychoedukative Gruppenansätze sind die Interaktive Psychoedukative Gruppentherapie für traumatisierte Frauen (IPGT) nach Lubin und Johnson (1997) oder das Manual Psychoedukation bei posttraumatischen Störungen von Liedl und Kollegen (2010). Bei diesen Ansätzen werden in der Informationsvermittlung neben der PTBS auch andere posttraumatische Symptome und Folgeerscheinungen bearbeitet. So legen Lubin und Johnson in ihrer Gruppe für Frauen, die Opfer sexueller Gewalt wurden, die Schwerpunkte auf Auswirkungen des Traumas auf die eigene Person (z. B. Schamgefühle, Zerstörung der weiblichen Identität), Auswirkungen des Traumas auf persönliche Beziehungen (z. B. Intimitäts-, Abhängigkeits- und Sexualprobleme) und den (Wieder-)Aufbau sozialer Netzwerke. In dem Manual von Liedl und Kollegen werden neben dem Trauma und der PTBS auch Themen wie Schlafstörungen, Aggressionen, Dissoziationen oder Trauer behandelt. Dabei geht es zum einen um die Vermittlung, dass es sich bei diesen Symptomen um normale Reaktionen auf ein abnormales Ereignis, das Betroffene erlebt haben, handelt. Darüber hinaus wird aber auch besprochen, wie Patienten im Alltag besser damit umgehen können. Somit geht es bei den genannten Ansätzen neben der Informations- und Wissensvermittlung auch darum, Ressourcen der Teilnehmer wieder zu aktivieren.

7.3.4 Traumafokussierte psychodynamische Gruppentherapie

Die Bandbreite psychodynamisch orientierter Gruppentherapiekonzepte für traumatisierte Patienten umfasst übertragungsorientierte, supportive und ich-funktionsorientierte sowie ressourcenaktivierende Konzepte (für einen Überblick siehe Wöller, 2010). In den ressourcenaktivierenden psychodynamischen Gruppentherapien für Traumatisierte geht es nicht vorrangig um eine tiefgehende Auseinandersetzung mit traumatischen Ereignissen. Nach Reddemann (2010) steht im Vordergrund dieser Ansätze die Förderung der Resilienz und damit die Frage: »Wie sind wir mit dem Schlimmen bis jetzt fertig geworden und was kann uns helfen, damit in Zukunft noch besser fertig zu werden?«. Gruppenmitglieder können sich dabei gegenseitig bereichern und unterstützen. Die Gruppentherapiekonzepte nach dem Bielefelder Modell beinhalten verschiedene Formen der Gruppenarbeit: psychoedukative, tiefenpsychologisch fundierte ressourcenorientierte Gruppen und Mischformen (Reddemann, 2009). Ein wichtiges Element der tiefenpsychologisch ressourcenorientierten Gruppe ist die imaginative Auseinandersetzung mit verletzten Anteilen. Diese wird zuerst im Einzelsetting erarbeitet, und anschließend wird in der Gruppe davon berichtet. Dabei wird die Kompetenz aller Gruppenmitglieder einbezogen, die sich gegenseitig beim Prozess des Trostes und des Resilienzaufbaus unterstützen können. Die Gruppe kann als haltgebendes Element bei der Erforschung eigener Fähigkeiten viel bewirken.

Die Vertreter von traumafokussierten psychodynamischen Gruppentherapieansätzen weisen darauf hin, dass diese Form der Traumarbeit sehr hohe Anforderungen an die Therapeuten stellt, sowohl was ressourcenorientierte Techniken betrifft als auch im Hinblick auf die Kenntnis und das Verstehen von Übertragungsprozessen sowie den Umgang mit dissoziativen Patienten.

7.4 Konklusion

Die dargestellten gruppentherapeutischen Ansätze für Traumatisierte können in besonderer Weise auf die eingangs beschriebenen sozialen Folgen von traumatischen Ereignissen Bezug nehmen und einwirken. Spezifische Wirksamkeitsnachweise in Bezug auf soziale und interaktive Verbesserungen stehen allerdings bis auf vereinzelte Ausnahmen (Campanini et al., 2010) noch aus und sollten in der Zukunft angestrebt werden. Darüber hinaus wäre es wichtig zu klären, ob für PTBS-Patienten eine bestimmte Reihenfolge (parallel vs. aufeinanderfolgend) von einzel- und gruppentherapeutischen Angeboten zu empfehlen ist. Grundsätzlich lässt sich aus den bisherigen Befunden schließen, dass Gruppentherapiekonzepte, in denen die Gruppenkohäsion eine wichtige Rolle spielt und in der sich Teilnehmer durch den Austausch mit ähnlich Betroffenen entlastet fühlen, als Ergänzung zur einzeltherapeutischen Arbeit in der Behandlung von PTBS-Patienten wichtig sind. Die klinische Erfahrung hat gezeigt, dass die individuelle Bearbeitung traumatischer Erfahrungen im einzeltherapeutischen Setting anhaltende positive Effekte zeigt. Ein Gruppenkonzept kann gegen die häufig geschilderte soziale Isolation und die Angst, mit seiner Symptomatik allein zu stehen, helfen. Bei speziellen Gruppen, wie z.B. Angehörigen von Opfern, können unterstützende Gruppen als ausschließliches Angebot hilfreich und ausreichend sein.

Allgemein sollte eine Gruppentherapie bei Traumatisierten aus therapeutischen und ökonomischen Gründen sowohl im klinisch-stationären wie auch im ambulanten Setting häufiger angewendet und berücksichtigt werden.

7.5 Literatur

Beck J.G. & Coffey S.F. (2005). Group cognitive behavioral treatment for PTSD: Treatment of motor vehicle accident survivors. *Cognitive and Behavioral Practice*, 12, 267–277.

Beck J.G., Coffey S.F., Foy D.W., Keane T.M. & Blanchard E.B. (2009). Group cognitive behavior therapy for chronic posttraumatic stress disorder: An initial randomized pilot study. *Behavior Therapy*, 40, 82–92.

Blanchard E.B. & Hickling E.J. (2004). *After the crash.* Washington, DC.: American Psychological Association.

Campanini R.F., Schoedl A.F., Pupo M.C., Costa A.C., Krupnick J.L. & Mello M.F. (2010). Efficacy of interpersonal therapy-group format adapted to post-traumatic stress disorder: An open-label add-on trial. *Depression and Anxiety*, 27 (1), 72–77.

Fallot R.D. & Harris M. (2002). The trauma recovery and empowerment model (TREM): Conceptual and practical issues in a group intervention for women. *Community Mental Health Journal*, 38 (6), 475–485.

Foy D.W. & Schrock D.A. (2006). Future directions. In: Schein L.A., Spitz H.I., Burlingame G.M. & Muskin P.R. (Hrsg.). *Psychological effects of catastrophic disasters: Group approaches to treatment.* New York: Haworth Press, 879–904.

Lampe A., Mitmansgruber H., Gast U., Schuessler G. & Reddemann L. (2008). Therapieevaluation der Psychodynamisch Imaginativen Traumatherapie (PITT) im stationaren Setting. *Neuropsychiatrie*, 22 (3), 189–197.

Liedl A., Schäfer U. & Knaevelsrud C. (2010). *Psychoedukation bei posttraumatischen Störungen – Manual für Einzel- und Gruppensetting.* Stuttgart, New York: Schattauer.

Lorenz A.R., Ready D.J., Worley V.M., Baltzell D., Mozley III T.N. & Brown-Thomas K. (2006). *Group based exposure therapy (GBET): The Atlanta model for combat veterans with PTBS.* Atlanta: Decatur, GA: Department of Veterans Affairs Medical Center.

Lubin H. & Johnson D.R. (1997). Interactive psychoeducational group therapy for traumatized women. *International Journal of Group Psychotherapy*, 47 (3), 271–290.

Lubin H., Loris M., Burt J. & Johnson D.R. (1998). Efficacy of psychoeducational group therapy in reducing symptoms of Posttraumatic Stress Disorder among multiply traumatized women. *American Journal of Psychiatry*, 155 (9), 1172–1177.

Maccoll G.J. (2007). A 9/11 parent support group. *International Journal of Group Psychotherapy*, 57 (3), 347–366.

Maercker A., Beauducel A. & Schützwohl M. (2000). Trauma severity and initial reactions as precipitating factors for posttraumatic stress symptoms and chronic dissociation in former political prisoners. *Journal of Traumatic Stress*, 13 (4), 651–660.

Mendelsohn M., Zachary R. & Harney P. (2007). Group therapy as an ecological bridge to a new community. *Journal of Aggression, Maltreatment and Trauma*, 14, 227–243.

Moller M.D. & Rice M.J. (2006). The BE SMART trauma reframing psychoeducation program. *Archives of Psychiatric Nursing*, 20 (1), 21–31.

Nietlisbach G., Maercker A., Rössler W. & Haker H. (2010). Are empathic abilities impaired in posttraumatic stress disorder? *Psychological Reports*, 106 (3), 832–844.

Olatunji B.O., Cisler J.M. & Tolin D.F. (2007). Quality of life in the anxiety disorders: A meta-analytic review. *Clinical Psychology Review*, 27 (5), 572–581.

Ozer E.J., Best S.R., Lipsey T.L. & Weiss D.S. (2003). Predictors of posttraumatic stress disorder and symptoms in adults: A meta-analysis. *Psychological Bulletin*, 129 (1), 52–73.

Ready D.J., Thomas K.R., Worley V., Backscheider A.G., Harvey L.A.C., Baltzell D. et al. (2008). A field test of group based exposure therapy with 102 veterans with war-related posttraumatic stress disorder. *Journal of Trauma Stress*, 21 (2), 150–157.

Reddemann L. (2009). Gruppentherapie in der Traumabehandlung – die Gruppe als Ressource nutzen. In: Mattke D., Reddemann L. & Strauß B. (Hrsg.). *Keine Angst vor Gruppen.* Stuttgart: Klett-Cotta, 278–343.

Reddemann L. (2010). Ressourcenorientierte psychodynamische Gruppenpsychotherapie in der Behandlung komplexer Traumafolgestörungen. *Gruppenpsychotherapie und Gruppendynamik,* 46, 22–40.

Resick P. A. & Schnicke M. K. (1992). Cognitive processing therapy for sexual assault victims. *Journal of Consulting and Clinical Psychology,* 60 (5), 748–756.

Schnurr P. P., Friedman M. J., Foy D. W., Shea M. T., Hsieh F. Y., Lavori P. W. et al. (2003). Randomized trial of trauma-focused group therapy for posttraumatic stress disorder – results from a Department of Veterans Affairs Cooperative Study. *Archives of General Psychiatry,* 60 (5), 481–489.

Wise, K. (2002). Klinische Erfahrungen mit einem Gruppentherapieprogramm für sexuell missbrauchte und traumatisierte Patientinnen. *Verhaltenstherapie,* 12, 133–142.

Wöller W. (2010). Gruppenpsychotherapie bei traumatisierten Patientinnen – Konzepte und Stand der Forschung. *Gruppenpsychotherapie und Gruppendynamik,* 46, 4–21.

Zlotnick C., Shea T. M., Rosen K., Simpson E., Mulrenin K., Begin A. et al. (1997). An affect-management group for women with posttraumatic stress disorder and histories of childhood sexual abuse. *Journal of Traumatic Stress,* 10 (3), 425–436.

JULIA C. SEIDLER

8. Spiritualität und traumatherapeutische Ansätze

»[...] Gott wohnt im Herzen, im Unbewussten [...]. Dort ist die Quelle der Angst vor dem unsagbar Schrecklichen und der Kraft, dem Schrecklichen zu widerstehen.«
(C. G. Jung, Wandlungen und Symbole der Libido, S. 176)

So gut wie jeder Mensch hat im Laufe seines Lebens einschneidende Erlebnisse zu integrieren, die ihn mit seiner eigenen Endlichkeit konfrontieren und auf den ersten Blick nicht mit den ursprünglichen Lebensentwürfen zu vereinbaren sind. Die Lebenszeitprävalenz für das Erleben eines monotraumatischen Ereignisses liegt je nach Studie zwischen 36,7 und 92,2 % (Hildago & Davidson, 2000). Breslau fand sogar eine Lebenszeitprävalenz von annährend 100 % (Breslau et al., 1998).

Spiritualität kann helfen, mit schwierigen Erlebnissen und Lebenssituationen zurechtzukommen, Resilienz und physische und psychische Gesundheit zu stärken (Matthews, 2000). Darüber hinaus können viele Klienten nur dann erfolgreich behandelt werden, wenn ihre spirituellen Überzeugungen kompetent und sensibel in Rechnung gestellt werden (Richards & Bergin, 1997).

Der folgende Aufsatz soll einen Überblick darüber geben, wie Spiritualität im Sinne einer existentiellen Psychotherapie einen Beitrag zur Integration traumatischer Erlebnisse leisten kann. Dabei soll es weder darum gehen, die etablierten Methoden in Frage zu stellen, noch das bei vielen traumatisierten Menschen unvorstellbare Ausmaß an erlebter Erschütterung zu bagatellisieren. Vielmehr möchte dieser Beitrag eine Ergänzung, eine weitere Perspektive, zusätzlich zu etablierten Methoden, liefern und dem Behandler die Möglichkeit geben, die Tragfähigkeit dieser für sich selbst, den Patienten sowie die therapeutische Beziehung zu reflektieren. Dabei scheint ein bedarfsorientierter, flexibler Einsatz spiritueller Interventionen eine günstige Herangehensweise zu sein (Chamberlain et al., 1996).

Im ersten Teil dieses Kapitels geht es um die Klärung des Begriffs »Spiritualität« sowie den Zusammenhang von Traumatisierung und Spiritualität. Der zweite Teil will praktische Impulse zur Integration einer existentiellen Haltung und Methodik vermitteln sowie Anregungen geben, wie diese in einer existentiell ausgerichteten Traumatherapie umzusetzen sind. Abschließend werden in einer kurzen Diskussion einige offene und kritische Fragen zum Thema angeführt.

8.1 Spiritualität

8.1.1 Begriffsklärung

»*Die entscheidende Frage für den Menschen ist: Bist du auf Unendliches bezogen oder nicht? Das ist das Kriterium seines Lebens.*« *(C. G. Jung, 1971, S. 327)*

Der Begriff Spiritualität ist alles andere als konsensfähig (Fallding, 1999). Bucher (2007) plädiert für ein Verständnis von Spiritualität als Verbundenheit und Beziehung mit etwas einen Menschen Übersteigenden, Tranzendenten, das Gott, Atman oder Dao (Tao) genannt werden kann, in vielen mystischen Traditionen ohne Begriff bleibt und auch die Beziehung zu den Mitmenschen oder der Natur betrifft. Dabei kategorisiert er verschiedene Dimensionen, in welchen sich Spiritualität qualitativ abbilden lässt: Verbunden- und Einssein, Beziehung zu Gott oder einem höheren Wesen, Verbundenheit mit der Natur, Beziehung zu anderen Menschen, Selbsttranszendenz, Spiritualität als Praxis oder Gebet und Spiritualität als paranormale Erfahrung oder Fähigkeit. Allen diesen Dimensionen gemeinsam ist eine transpersonale Verbundenheit oder Beziehung. Eine Differenzierung ergibt sich aus der Perspektive der Bezugsgrößen; Bucher spricht in diesem Zusammenhang von horizontaler (soziale Mitwelt, das Selbst, die Natur) sowie vertikaler Perspektive (höheres Wesen, Gott) (vgl. Bucher, 2007, S. 24–33). Zu unterscheiden ist zudem zwischen Religiosität und Spiritualität, des Weiteren zwischen intrinsischer und extrinsischer Religiosität. *Religiosität* (von religio = Rückbindung) beschreibt die Identifikation des Menschen mit einem Glaubenssystem, für das Transzendenz und Existenz des Göttlichen konstitutiv sind. *Spiritualität* lässt sich als transzendentes Welt- und Selbstverständnis definieren, dass sich nicht ausdrücklich auf eine göttliche Instanz beziehen muss (Kruse, 2004).

Zur Quantifizierung von Spiritualität wurden verschiedene psychometrische Messinstrumente entwickelt, von denen sich bislang keines als *die* Spiritualitätsskala etablieren konnte. Dies begründet sich in erster Linie darin, dass es keine einheitliche Konzeptionalisierung des Begriffs gibt: Spiritualität bleibt trotz der Bemühung um empirische Objektivierbarkeit ein komplexes und multidimensionales Phänomen (Bucher, 2007, S. 47).

An dieser Stelle soll es weniger darum gehen, diese Komplexität zu vertiefen und die zum Teil widersprüchlichen Studienergebnisse darzustellen. Vielmehr soll es darum gehen, einen Überblick über das unmittelbar praktische und transformative Potential einer spirituellen Perspektive in der Traumatherapie zu gewinnen und deren mögliche Konsequenz für den Therapieprozess zu reflektieren.

8.1.2 Trauma und Spiritualität

»*Indem das Ungeheuerliche integriert wird, kann es den Menschen nicht mehr befallen.*« *(M. Hippius Gräfin Dürckheim, 1996)*

Wie bereits oben ausgeführt lässt sich Spiritualität im Kern als Verbundenheit oder Beziehung verstehen. Damit kann sie genau den Erschütterungen durch das traumatische Erlebnis etwas entgegensetzen, aufgrund welcher es letztendlich zur Entwicklung der posttraumatischen Symptomatik kommt: dem Verlust von Konsistenz und Beziehung (Frommberger, 1999). Nach Fischer und Riedesser ist die traumatische Erfahrung gekennzeichnet durch ein »vitales Diskrepanzerlebnis zwischen bedrohlichen Situationsfaktoren und den individuellen Bewältigungsmöglichkeiten, das mit Gefühlen von Hilflosigkeit und schutzloser Preisgabe einhergeht und so eine dauerhafte Erschütterung von Selbst- und Weltverständnis bewirkt« (Fischer & Riedesser, 2009, S. 84). Wirtz (2003) beschreibt die Auflösung von Ich und Welt, das Herausfallen aus Raum und Zeit, den Sinn- und Werteverlust sowie das totale Auseinanderbrechen der bisherigen Sichtweise der Welt als zentrale Kategorien des Traumas. Spiritualität kann zur Selbstberuhigung und inneren Sammlung anleiten, dabei unterstützen, Unruhe und Hyperarousal zu bewältigen. Sie kann helfen, traumatische Erfahrungen in Durchbruchserfahrungen zu transformieren und Resilienz zu stärken (Wirtz, 2003). Die aktuelle Resilienzforschung klassifiziert Spirituliät und religiöse Überzeugungen als adaptives System, in dem der Glaube an einen Sinn im Leben, die Bindung an spirituelle Figuren, Gebete und Meditation als schützende Faktoren wirken (Masten, 2007). Tedeschi, Park und Calhoun (1998) erfassen Resilienz im Rahmen der Psychotraumatologie als posttraumatische Reifung in den Dimensionen Selbstbild/Selbstwahrnehmung, Beziehung zu anderen sowie Lebensphilosophie/spirituelle Überzeugung. Zudem beschreiben sie in diesem Rahmen verschiedene Faktoren der persönlichen Reifung nach traumatischen Erfahrungen, etwa eine Zunahme von Selbstbewusstsein, mehr Kreativität, Humor, das Gefühl von Verbundenheit und Gelassenheit, vertieftes Mitgefühl, eine Steigerung der Wertschätzung des Lebens (Tedeschi et al., 1998). Dabei ist die posttraumatische Reifung ein fragiles, mehrdimensionales Konstrukt, das in gewisser Weise eine Antithese zur Posttraumatischen Belastungsstörung darstellt (Zöllner & Maercker, 2006).

8.2 Praktische Konsequenzen für die Traumatherapie

Aus einer ganzheitlich-existentiellen Perspektive wahrzunehmen und zu handeln hat eine Vielzahl von Implikationen für psychotherapeutische Prozesse, die im folgenden Abschnitt für die Behandlung traumatisierter Menschen ausgeführt werden. Grundlage hierfür bilden Impulse aus der existentiellen Psychotherapie nach Irvin D. Yalom, der analytischen Psychologie nach C. G. Jung, der transpersonalen Psychotherapie nach Ken Wilber, der initiatischen Therapie nach Graf Dürckheim und der Logotherapie nach Viktor E. Frankl.

8.2.1 Individualisierung und Transpersonalisierung des Therapieprozesses

»Der Mensch ist eine Synthese aus Unendlichkeit und Endlichkeit, von dem Zeitlichen und dem Ewigen [...]« (Kierkegaard, Die Krankheit zum Tode)

Krisen können spirituelle Entwicklungen auslösen, beschleunigen und intensivieren (Grof & Grof, 1990). Die individuelle Ebene umfasst hierbei das Begreifen des Traumas im Kontext der persönlichen Biografie sowie die Notwendigkeit, isolierte Erlebnis- oder Persönlichkeitsanteile intra- und interpersonal zu integrieren. Kurz- und längerfristige positive Folgen der Auseinandersetzung mit traumatischen Ereignissen (posttraumatische Reifung) und widrigen Lebensumständen (Resilienz) lassen sich nicht verallgemeinernd bestimmen, da sie eine hohe inter- und intraindividuelle Variabilität aufweisen und nur in einer differentiellen (differenziert-individuelle) Perspektive adäquat erfasst werden können. Dabei ist von besonderer Bedeutung, dass jeder Mensch seine eigenen, individuellen Wege und Möglichkeiten findet, Resilienz zu entwickeln, was meist nur im Einklang mit seinen Bedürfnissen nach kulturspezifischen Formen sozialer Einbindung und Akzeptanz erreicht wird (Fooken, 2009).

Darüber hinaus ist der Schritt, dem Trauma in seiner transpersonalen Dimension zu begegnen, als solcher existentiell oder spirituell, wenn er – über das Problem des Einzelnen hinaus – eine Sicht von Ohnmacht und Verlust als natürliche Gesetzmäßigkeit des Lebens zulässt. Das Ziel der Individuation ist nach C. G. Jung das Werden des unsterblichen Selbst, das den Tod transzendiert. Unser Körper ist verletzlich und vergänglich, aber das Bewusstsein selbst, in dem sich alles spiegelt, ist es nicht (Stiegler, 2006). Eine solche Einsicht kann nicht als eine von vielen Einsichten gedeutet werden, die ein Mensch in seinem Lebenslauf gewinnen kann. Vielmehr handelt es sich um eine grundlegende Einsicht, vor deren Hintergrund das eigene Leben in einer ganz neuen Weise interpretiert wird. Diese Einsicht kann dazu beitragen, das eigene Leben als stimmiger und sinnerfüllter zu erleben (Kruse, 2004).

Yalom (2005, Kap. 8 »Existentielle Isolation« und Kap. 9 »Existentielle Isolation und Psychotherapie«) beschreibt drei Formen, in denen Isolation fassbar wird – die intrapsychische, die interpsychische sowie die existentielle – und postuliert die Notwendigkeit, den Menschen in dieser Isolation auch auf allen Ebenen im Therapieprozess zu begegnen. Auf die Traumatherapie übertragen stellt sich die Aufgabe, das Trauma aus verschiedenen Perspektiven zu verstehen:

- auf der intrapsychischen Ebene, wo es um Isolation durch Abspaltung oder Dissoziation geht,
- auf der interpersonalen Ebene, also im Bereich zwischenmenschlicher Schwierigkeiten, Beziehungsmuster oder der Vermeidung von Beziehungen, wo Probleme als Folge von komplexen oder akuten Traumatisierungen entstehen können, sowie
- bezüglich der existentiellen Erschütterung durch das unmittelbare Erfahren der Verletzlichkeit der eigenen Person und letztendlich alles Lebendigen (Yalom, 2005; Wirtz, 2003).

»[...]die vom Trauma betroffene Person kommt mit dem Tode in Berührung«, schreibt Sándor Ferenczi (1938, S. 248). Danach ist das Leben nie mehr das gleiche, sondern wird als zutiefst verletzbar empfunden (Bucher, 2007, S. 88–93). Für Ursula Wirtz ist der prätraumatische Zustand nicht mehr wiederherzustellen« (Wirtz, 2003). In einem Trauma wird dem Menschen die Illusion geraubt, »Herr im eigenen Haus« zu sein und alles aus eigenen Kräften leisten zu können. Es gibt nicht mehr ein Subjektgefühl, das dem Erleben Kohärenz, Konstanz und Kontinuität verleiht. Ohmacht, Ausgeliefertheit, Fremdheit sind die Koordinaten von traumatischem Erleben (Wirtz, 2003).

Martin Heidegger beschrieb in seiner Existentialphilosophie das Gestaltungspotential, das genau diese Begegnung der eigenen Endlichkeit evozieren kann. Er gelangte zu der Einsicht, dass die Idee des Todes, das Wissen um die eigene Endlichkeit, den Menschen retten kann. Des Weiteren beschrieb Heidegger zwei fundamentale Modi des Existierens in der Welt: den Zustands des Vergessens des Seins (Seinsvergessenheit) und den Zustand des Bewusstseins des Seins (existenziale Konstitution). Ersterer entspricht unserem Alltagsbewusstsein mit der Beschäftigung damit, *wie* die Dinge sind. Im Zustand des Bewusstseins des Seins zu existieren heißt nach Heidegger, sich damit auseinanderzusetzen, *dass* die Dinge sind, sich seiner selbst mit allen Möglichkeiten und Begrenzungen bewusst zu werden, der Zerbrechlichkeit des eigenen Seins gegenüberzutreten und authentisch zu leben (Heidegger, 1993). Richard Stiegler unterscheidet in diesem Sinne *Objektbewusstsein* von *absolutem Bewusstsein* (Stiegler, 2006). Heidegger bezeichnet solche Bedingungen, die vom alltäglichen Zustand des Seins in den Zustand des Bewusstseins der Exsistenz führen, als »dringliche Erfahrungen«, Jaspers spricht später von »Grenzsituationen«.

Traumatisierte Menschen werden durch Grenzerfahrungen in Erlebnis- und Bewusstseinsbereiche »hineingestoßen«, die das Alltagsbewusstsein sprengen und Ich-Grenzen relativieren. Nach Wirtz sind traumatische Erfahrungen Durchgänge und Durchbruchserfahrungen. Im spirituellen Kontext kann dies zum Ausgangspunkt einer transzendentalen Öffnung, einer transnarzisstischen Erfahung, der Entwicklung von transpersonalem Bewusstsein und Vertrauen werden, posttraumatisches Wachstum anstoßen und schließlich Resilienz fördern (Wirtz, 2003, S. 142).

Als daraus resultierende praktische Konsequenz für die Traumatherapie lässt sich postulieren, dass es neben der Notwendigkeit, den Patienten dort »abzuholen«, wo er auf seinem Lebensweg erschüttert wurde, noch um etwas ganz anderes gehen kann, nämlich darum, den Patienten durch einen transformativen Prozess zu einer erweiterten Bewusstseinseinsebene zu begleiten, so dass das Trauma zu einem Tor des Individuationsweges werden kann.

8.2.2 Die therapeutische Haltung und Beziehung

Traumatische Erlebnisse gehen mit einer existentiellen Erschütterung einher, die vom Trauma betroffene Person kommt mit dem Tode in Berührung und begegnet existentiellen Lebensthemen und Fragen: »Wieso passiert mir so etwas?«; »Warum passiert das mir?«; »Wozu passiert mir so etwas?« (Vogel, 2009, S. 236) Die Begegnung mit traumatisierten Menschen fordert den Therapeuten auch immer zu einer »Arbeit an sich selbst« (Vogel, 2009, S. 160), einer existentiellen Haltung heraus, die durch die folgenden Charakteristika gekennzeichnet sein kann:

Transparenz, Kongruenz und empathisches Eintauchen
Nach Yalom wird die eigene Person des Therapeuten bei existentiellen Themen im Rahmen der Therapiesituation deutlicher sichtbar als sonst. Dabei werden Selbstoffenbarung und Transparenz bis hin zum Einbringen der eigenen Person im Sinne der Rogersschen Kongruenz als entscheidende therapeutische Wirkfaktoren gesehen (Vogel, 2009, S. 233). Entsprechend der Bedeutung von »empathischem Eintauchen« und »Ergriffenwerden« nach Kohut und Jung fordert Hell gerade in aussichtslos erscheinenden Situationen »therapeutische Hingabe« (Hell, 2006).

Existentielle Verbundenheit und Beziehung

Existentielle Themen sind menschheitsimmanent und dazu prädestiniert, ein intersubjektives Geschehen zu fördern. Intersubjektivität beruht auf existentieller Verbundenheit, auf der Annahme, dass »Patient und Therapeut eine unauflösliche Einheit bilden und dass Bedeutung aus diesem System heraus entsteht« (Vogel, 2009, S. 234). Es vollendet sich ein Kreis, der mehr ist als die Summe aller Deutungen und Einsichten; es geht vielmehr um die Erfahrung einer ungebrochenen mitmenschlichen Kontinuität (Hell, 2006). Grawe benennt diese Verbundenheit als entscheidendes Merkmal einer spirituellen Haltung, welche die Beziehung zwischen Therapeut und Klient vertieft, Empathie steigert und die Qualität des Behandlungsverlaufes massiv beeinflussen kann (Grawe, 1998). Nach Hell (2006) wird in solcher Zwischenmenschlichkeit weit überschritten, was naturwissenschaftlich fassbar ist.

Achtsamkeit

Als weiteres Merkmal einer spirituellen Haltung, die sich positiv auf den Therapieverlauf auswirkt, erkennt Rosenthal eine achtsame Haltung des Therapeuten (Rosenthal, 1990). Eine achtsame und präsente Haltung im Hier und Jetzt lässt sich in kontemplativen und meditativen Methoden zahlreicher Religionen und spiritueller Praktiken finden und durch regelmäßige Praxis erlernen und steigern. Einen anschaulichen Überblick über Achtsamkeit als Methode und Haltung gibt Ulrike Anderssen-Reuster in ihrem Lehrbuch *Achtsamkeit in Psychotherapie und Psychosomatik* (2007; Neuaufl. 2011). Achtsamkeit ist wiederum nach Vogel nicht nur für den Therapieprozess des Patienten förderlich, sondern kann dem Therapeuten dazu dienen, das Übertragungs-Gegenübertragungsgeschehen zu reflektieren und selbstfürsorglich mit sich umzugehen. Dabei sichert der Therapeut nicht nur seine eigene Psychohygiene, sondern wird zeitgleich auch zum Vorbild für seine Patienten.

Der Therapeut als Vorbild

C. G. Jung weist immer wieder darauf hin, dass wir mit Patienten nicht weiter kommen können, als wir selbst gelangt sind. Vogel und Yalom postulieren, dass psychotherapeutisch Tätige in der Lage sein müssen, sich über ihren eigenen Standpunkt zu den existentiellen Lebensthemen aufrichtig Rechenschaft abzulegen. Ohne diese Auseinandersetzung reagieren sie sonst in den entscheidenden Augenblicken der Therapie »erschrocken, hilflos und ängstlich oder weichen vor diesen Themen zurück und lassen ihre Patienten allein« (Vogel, 2009, S. 2). Sich mit der existentiellen Angst und Ohnmacht des Patienten auseinanderzusetzen heißt, sich der eigenen Angst und Ohnmacht zu stellen, statt diese in trieb- und objekttheoretischen Konstrukten abzuwehren (Yalom, 2005, S. 72–78; Vogel, 2009, S. 172). »Es ist gefahrvoll, wenn einer lehren will, der nicht das tätige Leben hindurch gegangen ist.« (Hell, 2006, S. 62). In diesem Sinne fordert Vogel therapeutisch Tätige zu Übung und Selbsterfahrung auf. Im letzten Kapitel seines Buches *Der Tod in der Psychotherapie* finden sich Anleitungen für Therapeuten zu Konfrontations- und Loslassübungen, zu Meditationen und Imagination. Diese Übungen sollen Fragen bezüglich des eigenen Todes anregen und zur Auseinandersetzung mit ihm veranlassen, etwa durch das Verfassen eines »emotionalen« Testamentes oder einer möglichen

Grabrede für die eigene Beerdigung oder das Nachdenken über die letzten Lebensstunden.

8.2.3 Methodenintegration

Eine existentiell ausgerichtete Traumatherapie kann die etablierten Methoden um folgende Aspekte ergänzen:

Einsatz nonverbaler Verfahren
Wie etwa beim EMDR begegnen non-verbale Ansätze in der Traumatherapie dem sprachlich nicht Fassbaren, auf neurobiologischer Ebene der Diskonnektion von emotionalen impliziten und faktisch expliziten Gedächtnissystemen, und können die verbalen Therapien um verschiedene Aspekte ergänzen. »Trauma ist in der Stagnation, nicht im Ereignis«, überschreibt Karl-Klaus Madert das vierte Kapitel seines Buchs über *Trauma und Spiritualität* (2007). Nonverbale Therapieformen können traumatisierten Patienten helfen, über ein unmittelbar sinnliches Erleben in ein psychoemotionales Gleichgewicht zurückzufinden (Madert, 2007, S. 75).

Solche Therapieformen sind:
- *Meditation, Kontemplation und Körperbezogene Therapieformen:* »Alle spirituellen Wege beginnen beim Körper« (Willigis Jäger). So lässt sich über eine unmittelbare positive körperliche Erfahrung – wie beispielsweise durch die Feldenkrais-Methode oder die Konzentrative Bewegungstherapie (KBT) – ein Gefühl von Sicherheit im Hier und Jetzt, von Kontrollierbarkeit sowie der Fähigkeit zu vegetativer Regulation erleben. Kontemplative Techniken wie sie u. a. bereits in der Dialektisch-behavioralen Therapie (DBT) als Aufmerksamkeitsübungen (»Skills«) oder bei Jon Kabat-Zinn als Achtsamkeitsübungen angewendet werden, aber auch Yoga, Qigong oder Meditation stärken die Wahrnehmung, die Fähigkeit zur Reizdiskriminierung sowie das bei Traumatisierten häufig dissoziierte Konsistenzerleben der Einheit aus Psyche und Soma sowie aus Raum und Zeit (Madert, 2007). Die positiven Auswirkungen der Meditation auf die physische und psychische Gesundheit werden dabei von zahlreichen Autoren beschrieben (Kabat-Zinn, 1991, 1992).
- *Expressiv-kreative Therapieformen:* Nach Vogel und nach Yalom eignen sich zudem kreative Ausdrucks- und Rezeptionsformen für die Auseinandersetzung mit existentiellen Themen. Dabei können insbesondere Musik, Lyrik und Malerei – gleichermaßen aktiv als auch rezeptiv – als sinnliche Erfahrung auf etwas »über den Einzelnen Hinausgehendes« verweisen, auf etwas, das die Einzelexistenz transzendiert, das Sicherheit geben und helfen kann, Unaussprechliches zu integrieren. Maerker und Gebler beschreiben in ihrer Pilotstudie zu expressivem Schreiben und Existentialität bei der Bewältigung traumatischer Erlebnisse einen postiven Effekt auf Traumasymptomatik, Depressivität und posttraumatische Reifung (Gebler & Maerker, 2007).

Religion als Ressource
Viele Patienten bringen religiöse Erfahrungen mit, die ihnen bereits geholfen haben, mit schwierigen Lebenssituationen zurechtzukommen. Gerade in der Stabilisierungsphase erweist sich in der Therapie die Verwendung solcher Ressourcen aufgrund ihrer archetypischen Potenz und ihres transzendenten Kerns oft als günstig. *Aktiv imagi-*

nieren lässt sich gut zu spirituellen Motiven, ebenso eignen sich religiös-spirituelle Schemata zum *Reframing* (Bucher, 2007, S. 152).

Einsatz von Märchen, Mythen und Bibeltexten

»Der Mythos ist dort zu Hause, wo die Welt nicht logisch erklärt wird.« (Beltz, 1988, S. 131) Die für jungianisch ausgebildete Therapeuten selbstverständliche Arbeit mit Märchen und Mythen wird zunehmend von anderen Therapieschulen aufgegriffen und beispielsweise traumatherapeutisch bereits mit Erfolg in der Arbeit mit dem »inneren Kind« oder in imaginativen Übungen eingesetzt. Auch Psychotherapiestationen machen sich diese Erkenntnis zunutze, setzen beispielsweise »Märchenstunden« als feste Rituale vor dem Einschlafen ein (Sachsse, 2004, S. 197). Märchen und Mythen sind Individuationsgeschichten, eröffnen die Hoffnung, dass Probleme gelöst werden können, stellen das individuelle Problem in einen kollektiven Zusammenhang und helfen dabei, das personale Schicksal zu transzendieren. Daraus ergeben sich verschiedene praktische Möglichkeiten in der Arbeit mit Märchen und Mythen, etwa imaginative und narrative Techniken oder die Arbeit am »Lieblingsmärchen« (Vogel, 2009, S. 255, S. 269).

Rituale als Übergangsobjekte

Rituale sind stereotype symbolische Akte oder Interaktionen, durch die Werte ausgedrückt werden und die eine stabilisierende, kathartische Funktion erfüllen (Bucher, 2007, S. 160). Gute Rituale schaffen sakrale innere und äußere Räume, verbinden uns mit archetypischen Zusammenhängen und geben in komplexen und verstörenden Situationen Halt und Richtung (Vogel, 2009, S. 250). Nach Ulrich Sachsse sollte eine Traumatherapie gute Rituale enthalten, die die Patienten als Übergangsobjekte mit nach Hause nehmen und üben können. Hierfür eignen sich neben Qigong, Fitnesstraining oder Imaginationsübungen auch Rituale mit religiösen Motiven (vgl. Sachsse, 2004, S. 196 f.).

8.3 Diskussion

Abschließend sei an dieser Stelle noch einmal explizit erwähnt, dass die Integration spiritueller Methoden, Interventionen oder Haltungen in der Traumatherapie und in der Psychotherapie allgemein ein emprisch kaum zu operationalisierendes Thema bleibt und jeder Versuch, eine solche Integration zu definieren oder zu standardisieren, nur eine Annährung darstellen kann. Die aus der Integration von Spiritualität entstehenden Möglichkeiten sind kontrovers zu diskutieren, zudem bleiben unzählige Fragen offen, die an dieser Stelle nicht zu beantworten sind: Ist es überhaupt konstruktiv, über etwas zu schreiben, etwas zu intellektualisieren, was per definitionem unseren Verstand, unser kognitives Erfassungsvermögen übersteigt, was *jenseits* von Aussprechlichkeit oder begrifflicher Fassbarkeit liegt? Wann ist Spiritualtät für wen nützlich, und wo kann Spiritualität vielleicht sogar behindern oder schädigen? Wo ist es wichtig, gerade in der Traumatherapie Ich-Grenzen intra- und interpersonal aufzubauen, um eigene Bedürfnisse wahrzunehmen, durchsetzen zu lernen und einer affektiven Überflutung vorzubeugen – anstatt sich auf einen Prozess einzulassen, dessen Ziel es ist, solche Grenzen zu transzendieren? Wie läuft dieser transzendentale Prozess ab, und anhand welcher Merkmale ließe er sich psychometrisch erfassen? Wo ist der Wunsch nach Verbundenheit und Selbsttranszendenz Ausdruck von spiritueller Entwicklung und wo möglicherweise der Ausdruck von Triebabwehr oder dem Wunsch nach (präpersonaler) Regression? Und: Was wäre dabei die Abwehr der Angst: das Nichtzulassen des über das Gegenwärtige und die eigene Existenz Hinausgehenden oder die Suche nach dem Jenseitigen in der Vermeidung des Gegenwärtigen? Also die Abwehr einer kognitiv-empirisch nicht fassbaren Dimension durch Rationalisierung aus Angst vor der Konfrontation mit ihr – oder Realitätsvermeidung, in der, psychodynamisch betrachtet, Spiritualität als Abwehrmechanismus eingesetzt wird, um Triebimpulse zu sublimieren?

8.4 Literatur

Anderssen-Reuster U. (2007). *Achtsamkeit in Psychotherapie und Psychosomatik*. Stuttgart: Schattauer.

Beltz W. (1988). *Gott und die Götter. Biblische Mythologie*. 5. Aufl. Berlin, Weimar: Aufbau-Verlag.

Breslau N., Kessler R., Chilcoat H.D., Schultz L.R., Davis G.C. & Andreski P (1998). Trauma and posttraumatic stress disorder in the community: The 1996 Detroit Area Survey of trauma. *Archives of General Psychiatry*, 55 (7), 626–632.

Bucher A. (2007). *Psychologie der Spiritualität*. Weinheim, Basel: Beltz/PVU.

Chamberlain R.B., Richards P.S. & Scharman J.S. (1996). Spiritual perspectives and interventions in psychotherapy: A qualitative study of experienced AMCAP therapists. *Association of Mormon Counsellors and Psychotherapists Journal*, 22, 29–74.

Fallding H. (1999). Towards a definition of term »spiritual«. *Journal of Christian Education*, 42 (3), 21–26.

Ferenczi S. (1939). Aphoristisches zum Thema Totsein – Weibsein. In: Ders., *Bausteine zur Psychoanalyse*. Bd. IV. Bern: Huber, 248 f.

Fischer G. & Riedesser P. (2009). *Lehrbuch der Psychotraumatologie*. 4. Aufl. München: Ernst Reinhardt.

Fooken I. (2009). Resilienz und posttraumatische Reifung. In: Maercker A. (Hrsg). *Posttraumatische Belastungsstörungen*. Heidelberg: Springer, 65–86.

Frommberger A. (1999). The concept of »sense of coherence« and the development of posttraumatic stress disorder in traffic accident victims. *Journal of Psychosomatic Research*, 46 (4), 343–348.

Gebler F. & Maercker A. (2007). Expressives Schreiben und Existentialität bei der Bewältigung traumtischer Erlebnisse. *Trauma und Gewalt*, 4, 264–271.

Grawe K. (1998). *Psychologische Psychotherapie*. Göttingen: Hogrefe.

Grof S. & Grof C. (1990). *Spirituelle Krisen. Chancen der Selbstfindung*. München: Kösel.

Heidegger M. (1993). *Sein und Zeit*. Tübingen: Niemeyer.

Hell D. (2006). Die Haltung in der therapeutischen und seelsorgerlichen Beziehung. In: Seitlinger M. (Hrsg.). *Was heilt uns? Zwischen Spiritualität und Therapie*. Freiburg i. Br., Basel, Wien: Herder, 49–62.

Hildago R.B. & Davidson J.R. (2000). Posttraumatic stress disorder: epidemiology and health-related considerations. *Journal of Clinical Psychiatry*, 61, Suppl. 7, 5–13.

Hippius-Gräfin Dürckheim M. (1996). Initiation und Individuation. In: Robrecht J., Hippius-Gräfin Dürckheim M. & Arzt T. (Hrsg.). *Der Mensch als Zeuge des Unendlichen. Karlfried Graf Dürckheim zum 100. Geburtstag*. Schaffhausen: Novalis-Verlag, 9–22.

Jung C.G. (1971). *Erinnerungen, Träume, Gedanken*. Olten, Freiburg i. Br.: Walter-Verlag.

Jung C.G. (1911). Wandlungen und Symbole der Libido. In. Bleuler E. & Freud S. (Hrsg.). *Jahrbuch für psychoanalytische und psychopathologische Forschungen*. III. Bd., I. Hälfte. Leipzig u. Wien: Deuticke, 120–227.

Kabat-Zinn, J. (1991). *Gesund und streßfrei durch Meditation*. München: Barth.

Kabat-Zinn J. (1992). Effectiveness of a meditation-based stress reduction programm in the treatment of anxiety disorders. *American Journal of Psychiatry*, 149, 936–943.

Kruse A. (2004). Selbstverantwortung im Prozess des Sterbens. In: Kruse A. & Martin M. (Hrsg.). *Enzyklopädie der Gerontologie*. Bern: Huber, 328–340.

Madert K.L. (2007). *Trauma und Spiritualität*. München: Kösel.

Masten A.S. (2007). Resilience in developing systems: Progress and promise as the fourth wave rises. *Development and Psychopathology*, 19 (3), 921–930.

Matthews D.A. (2000). *Glaube macht gesund. Spiritualität und Medizin*. Freiburg i. Br.: Herder.

Richards P.S. & Bergin A.E. (1997). *A spiritual strategy for counseling and psychotherapy*. Washington, D.C.: American Psychological Association.

Rosenthal J. (1990). The meditative therapist. *Family Therapy Networker*, 15 (5), 38–41.

Sachsse, U. (2004). *Traumazentrierte Psychotherapie*. Stuttgart: Schattauer.

Schellenbaum P. (2006). Wenn Leben aufbricht – Transzendenz in der Psychotherapie. In: Seitlinger R. (Hrsg.). *Was heilt uns? Zwischen Spiritualität und Therapie*. Freiburg i. Br., Basel, Wien: Herder, 63–62.

Stiegler R. (2006). Der personale und der transpersonale Entwicklungsschritt. In: Seitlinger R. (Hrsg.). *Was heilt uns? Zwischen Spiritualität und Therapie*. Freiburg i. Br., Basel, Wien: Herder, 103–113.

Tedeschi R., Park C. & Calhoun L. (1998). *Posttraumatic growth. Positive changes in the aftermath of crisis*. Mahwah N.J.: Erlbaum.

Vogel R.T. (2009). *Der Tod in der Psychotherapie. Ein kleines memento mori für Psychotherapeutinnen und Psychotherapeuten*. Münster: Verlagshaus Monsenstein und Vannerdat.

Wirtz U. (2003). Die spirituelle Dimension der Traumatherapie. In: Galuska J. (Hrsg.). *Den Horizont erweitern. Die transpersonale Dimension in der Psychotherapie*. Berlin: Ulrich Leutner Verlag, 136–153.

Yalom, I.D. (2005). *Existentielle Psychotherapie*. Köln: EHP.

Zöllner T. & Maercker A. (2006). Posttraumatic growth in clinical psychology – A critical review and introduction of a two component model. *Clinical Psychology Review*, 26 (5), 626–653.

ROBERT BERING, CLAUDIA SCHEDLICH UND GISELA ZUREK

9. Situationstypologien der Psychosozialen Notfallversorgung

9.1 Einleitung

Psychische Beeinträchtigungen als Folge schwerer Lebensereignisse haben in der Öffentlichkeit und in Fachkreisen zunehmende Aufmerksamkeit gefunden. Man spricht über sogenannte »Belastungsstörungen«. Die Notwendigkeit einer spezifischen und professionellen Hilfe wurde erst in den letzten Jahren aufgrund von umfassenden epidemiologischen Studien und neuen wissenschaftlichen Kenntnissen zur Entstehung und Fortdauer psychotraumatischer Störungen erkannt. Ohne Zweifel hat dieses Thema für eine Vielzahl von Berufsgruppen und Institutionen eine große Bedeutung. Es reicht von der psychologischen Akuthilfe bis zur Rehabilitation von Teilhabestörungen am Ende einer Versorgungskette.

Nur ein Teil der von schweren Lebensereignissen Betroffenen entwickelt eine dauerhafte psychische Störung (Flatten et al., 2004). Hieraus leiten sich einige zentrale Fragen der Psychotraumatologie ab: Welche Krisenintervention ist für welche Zielgruppe bei welcher Art von Schadensereignis (Situationstypologie) hilfreich? Welche Faktoren entscheiden darüber, ob sich eine Psychotraumafolgestörung entwickelt oder nicht? Wie können die Faktoren erkannt und wie können die Folgen behandelt werden?

Krisenintervention haben somit mehrere Funktionen. Sie dienen der akuten Entlastung der Betroffenen und eröffnen die Möglichkeit, eine psychosoziale Nachsorge mit einer Risikoeinschätzung und Ressourcenmobilisierung einzuleiten. Dieser Gedanke liegt dem *Target Group Intervention Program* (TGIP) zugrunde, das wir bereits in unserem Beitrag »Großschadenslagen als potentiell traumatisierende Ereignisse« (Kap. F2 in diesem Band) dargestellt haben. Unter TGIP verstehen wir ein differenziertes Kriseninterventionsprogramm, das sich am Risiko- und Ressourcenprofil der Betroffenen und an der Art der Traumatisierung orientiert. Mit anderen Worten: Es liegt auf der Hand, dass wir Erkenntnisse, die wir im Umgang mit häuslicher Gewalt im Opferschutz gewonnen haben, nicht beliebig auf die Psychosoziale Notfallversorgung (PSNV) von Einsatzkräften im Katastrophenschutz übertragen können. Unsere These lautet: Die Krisenintervention am einzelnen Betroffenen richtet sich nach der individuellen Balance zwischen Risiko- und Schutzfaktoren und nach der Situationstypologie des Ereignisses.

Um unsere These zu belegen, rekapitulieren wir die Entwicklung der Kriseninterventionskonzepte. Im zweiten Schritt eröffnen wir die Diskussion um Risikofaktoren für die Entwicklung einer Psychotraumafolgestörung. Im dritten Schritt gehen wir auf unterschiedliche Situationstypologien ein. Hierbei möchten wir insbesondere auf die besondere Bedürfnislage von Opfern von Straftaten, Betroffenen von Arbeitsunfällen, Einsatzkräften, Betroffenen von Großschadenslagen und von Psychotraumatisierungen durch das medizinische Versorgungssystem eingehen.

9.2 Historischer Abriss der Krisenintervention

Im Folgenden werden wir die Begriffe *Krise* und *Krisenintervention* im historischen Überblick darstellen, indem wir drei Epochen differenzieren.

9.2.1 Die erste Epoche der Krisenintervention

Marksteine der ersten Epoche sind Belege aus dem Ersten und Zweiten Weltkrieg, die den Nutzen von Notfallinterventionen erstmalig systematisch dargelegt haben. Sie beruhen z.B. auf Salmons Aufsatz zu Kriegsneurosen (1919), einem Beitrag zur Fachliteratur mit einer Sammlung von Analysen psychiatrischer Notfälle während des Ersten Weltkrieges. Ergänzt durch Arbeiten von Kardiner & Spiegel (1947) wurden die drei Prinzipien der Krisenintervention ausformuliert. Sie lauten: 1.) rascher Beginn, 2.) räumliche Nähe und 3.) Aufbau angemessener Erwartungen. Die Etablierung von psychosozialen Versorgungseinrichtungen in den Vereinigten Staaten und in Europa hat die Begriffe *Krise* und *Krisenintervention* in der Nachkriegszeit institutionalisiert. Hieraus haben sich auch in Deutschland für unterschiedliche thematische Schwerpunkte Beratungsstellen etabliert, und es wurden subpsychiatrische Angebote konzipiert (vgl. Kleinschmidt et al., 2006).

9.2.2 Die Epoche des Critical Incident Stress Management

Die zweite Epoche kann zu Recht als die Epoche des *Critical Incident Stress Management* (CISM) bezeichnet werden. Jeffrey T. Mitchell und George Everly haben in den USA in den 70er und 80er Jahren die Notwendigkeit gesehen, manualisierte Konzepte der psychologischen Hilfe als Bestandteil der Einsatznachsorge für Feuerwehrmänner umzusetzen (vgl. Everly & Mitchell, 2000). Somit wurde mit der Entwicklung des CISM die Notwendigkeit erkannt, psychologische Hilfestellung in die Einsatznachbereitung zu integrieren, hierfür ein multiprofessionelles Team aufzustellen, sogenannte Peers in die Konzepte einzubinden und eine Differenzierung der Bedarfslage einschließlich der klinischen Versorgung vorzunehmen. Das CISM umfasst sieben Module, die sich nach Zielgruppe, Umfang und Zeitpunkt der Durchführung unterscheiden. Hierzu gehören die Vorbereitung auf kritische Ereignisse, die individuelle Unterstützung vor Ort, die Demobilisations- und Großgruppeninformation, das Defusing, das Critical Incident Stress Debriefing (CISD), die Familienunterstützung und die psychologisch-psychiatrische Nachsorge und Weiterbetreuung. Das CISM wurde in Deutschland flächendeckend für berufliche und ehrenamtliche Einsatzkräfte sowie im militärischen Bereich nach Schadenslagen umgesetzt, wodurch sich das »Debriefing«[1] als Sammelbegriff für die psychosoziale Nachsorge bei Schadenslagen etabliert hat.

9.2.3 Die »kritische Wende«

Ein Meilenstein in der Bewertung des »Debriefings« ist die *Cochrane Collaboration* (Rose et al., 2002), ein internationales Netzwerk von Wissenschaftlern und Ärzten, das sich an den Grundsätzen der evidenzbasierten Medizin orientiert. Das zentrale Ziel ist die Verbesserung der wissenschaftlichen Grundlagen für Entscheidungen im Gesundheitssystem. Dieses Ziel wird vor allem durch die Erstellung, Aktualisierung und Verbreitung systematischer Übersichtsarbeiten (systematic reviews) zur Bewertung von Therapien erreicht. Aufgrund dieser systematischen Erfassung von Studien zur Überprüfung der Wirksamkeit von Krisenintervensionsmaßnahmen kamen erste Zweifel an der Wirksamkeit des Debriefing auf. Die Palette reicht von Studien mit Wirksamkeitsnachweis bis hin zu solchen, die sogar Negativeffekte aufzeigen (vgl. Bäumker & Bering, 2003). Während sich der Präventionsbegriff in der somatischen Medizin gut etabliert hat, wird in der Psychotraumatologie eine lebhafte Debatte geführt, welche Konzepte geeignet sind, eine primäre oder sekundäre Prävention von Psychotraumafolgestörungen zu bewirken. Diese kritische Wende ist der Beginn einer neuen Epoche, die unter dem Schlagwort der »Debriefingkontroverse« zusammengefasst werden kann. Von den verschiedenen Maßnahmen des CISM ist insbesondere das *Critical Incident Stress Debriefing* in die Kritik geraten, nach dem in einem Sieben-Phasen-Modell die emotionale Rekonfrontation mit dem kritischen Ereignis in einer Gruppensituation angestrebt wird. Aufgrund der klinischen Erfahrung ist diese Vorgehensweise zu überdenken, da eine Zielgruppenorientierung fehlt und eine emotionale Rekonfrontation in der Schock- bzw. frühen Einwirkungsphase bei Betroffenen mit hohem Risiko- und geringen Ressourcenprofil kontraindiziert ist. Aktuell gewinnen im internationalen Kontext die sogenannten »Guidelines« und im nationalen Kontext die Ergebnisse der Konsensuskonferenz (vgl. Kap. F2 von Bering et al. in diesem Band) eine zunehmende Bedeutung.

Der Begriff des Debriefings wird zunehmend durch andere Bezeichnungen abgelöst. Man spricht z. B. über Psychosoziale Notfallversorgung (im Folgenden PSNV). Alle konzeptionellen Beiträge zur PSNV orientieren sich zunehmend an Verlaufsmodellen der Psychotraumatisierung. Wir verstehen hierunter die einzelnen Phasen, die sich im zeitlichen Verlauf gliedern lassen in: Phase der antezendenten Bedingungen, Phase der traumatischen Situation und der peritraumatischen Reaktion, Schockphase (bis 72 Std. nach dem Ereignis), Einwirkungsphase (bis 6 Wochen nach dem Ereignis) und längerfristige Auswirkungen.

9.3 Risikofaktorenmodell

Wir haben aus der Debriefingkontroverse gelernt, dass eine empirisch fundierte Erhebung der verschiedenen Risiko- und Schutzfaktoren für die Entwicklung von Be-

---

[1] Das Debriefing hat sich aus der Einsatznachsorge von Einsatzkräften als eine standardisierte Interventionsmaßnahme nach Extrembelastung im Critical Incident Stress Management (CISM) entwickelt.

lastungsstörungen ein wichtiger Schritt ist, um zu erkennen, welche differentiellen Aspekte bei der PSNV zu berücksichtigen sind. Kurzum: Risiko- und Schutzfaktoren sind unabhängig von der Symptomebene, die insbesondere in der Einwirkungsphase einer schweren Belastung individuellen Schwankungen unterliegt und für die Gruppe der Selbsterholer ohne prognostische Bedeutung für die Entwicklung einer chronischen Belastungsstörung ist.

Zur Beantwortung der Frage, welche Risiko- und Schutzfaktoren für die Entwicklung einer Belastungsstörung besonders relevant sind, möchten wir folgenden Weg einschlagen. Als Faustregel können wir festhalten, dass eine multimethodale Absicherung von Ergebnissen erforderlich ist, um methodische Artefakte einzudämmen, die in der Methodik einer Forschungsrichtung liegen (vgl. Fischer & Fäh, 1998, S. 37 ff.). Dieser Ansatz erweitert den klassischen Ansatz der evidenzbasierten Medizin. Die evidenzbasierte Medizin hat durchweg Evidenzstufen unter der Vorstellung formuliert, dass die Güte von Forschungsergebnissen auf einem linearen Modell basiert. An der Spitze der Validitätspyramide stehen plazebo-kontrollierte Doppel-Blind-Studien oder Meta-Analysen, die Ergebnisse verschiedener Studien auf einen Nenner bringen.

Leider ist dieser Ansatz bei der Entwicklung eines Risikofaktorenmodells für Belastungsstörungen nur begrenzt geeignet. Wir sind darauf angewiesen, dass unser Modell ein hohes Maß an ökologischer und externer Validität besitzt. Das heißt: Die individuelle Reaktion auf eine schwere Belastung ist an die Konstellation der individuellen Risiko- und Schutzfaktoren, an die Situationstypologie des Ereignisses und an die Kontextfaktoren des Schadensereignisses gebunden. Aus diesem Grunde stützen wir unsere Ausführungen sowohl auf eine repräsentative Meta-Analyse von Ozer et al. (2003) als auch auf Feldstudien, die mit dem Kölner Risikoindex durchgeführt worden sind. Darüber hinaus werden wir im 4. Unterkapitel indirekt die Ergebnisse von Einzelfallstudien einfließen lassen. Diese Forschungslogik nennen wir »Konvergenzprinzip«.

Beginnen wir mit der Meta-Analyse von Ozer et al. (2003), in die 99 Studien mit insgesamt 25 122 Fällen eingeflossen sind (s. Tab. 1, S. 648). Es wurden insgesamt sieben Risikofaktoren mit unterschiedlichen Effektstärken für die Entwicklung einer Posttraumatischen Belastungsstörung (PTBS) identifiziert. Hierzu gehören Vortraumatisierungen, vorherige psychologische Anpassungsprobleme, eine familiäre psychiatrische Vorgeschichte, wahrgenommene Lebensbedrohung, soziale Unterstützung, peritraumatisches emotionales Erleben und peritraumatische Dissoziation.

Jetzt sollen die identifizierten Risikofaktoren mit den Ergebnissen von Feldstudien verglichen werden, die mit dem Instrument des Kölner Risikoindexes (KRI) durchgeführt worden sind (s. Tab. 2, S. 648f.). Fischer et al. (1998) haben das Konzept des KRI an einer Stichprobe von Gewalt- und Unfallopfern validiert (adaptiert an Großschadenslagen von Hammel, 2005). Walter (2003) hat eine Studie zur Identifikation von Risikofaktoren mit Opfern von Banküberfällen durchgeführt. Bering et al. (2003) haben einen Risikoindex für die Bundeswehr entwickelt, der sich an der spezifischen Situationsdynamik humanitärer und militärischer Einsätze von Bundeswehrsoldaten orientiert und wiederum von Dunker (2009)

Tab. 1: Prädiktoren einer PTBS oder Prädiktoren für Symptome einer PTBS

Risikofaktor	k	N	r
Vortraumatisierung	23	5308	.17
Vorherige psychologische Anpassungsprobleme	23	6797	.17
Familiäre psychiatrische Vorgeschichte	9	667	.17
Wahrgenommene Lebensbedrohung	12	3524	.26
Soziale Unterstützung	11	3537	–.28
Peritraumatisches emotionales Erleben	5	1755	.26
Peritraumatische Dissoziation	16	3534	.35

PTBS = Posttraumatische Belastungsstörung, k = Anzahl der Effektgrößen; N = gesamte Anzahl der Studienteilnehmer aus k; r = gewichtete mittlere Effektgröße (negative Effektgrößen r bedeuten einen gegenläufigen Zusammenhang der Variable mit der PTBS). Modifiziert nach Ozer et al. (2003)

Tab. 2: Varianten des Kölner Risikoindex

Autoren	Fischer et al. (1998)	Walter (2003)	Bering et al. (2003)	Dunker (2009)	Bering & Kamp (2007)
Variante des Kölner Risikoindex	Gewalt- und Unfallopfer	Opfer von Banküberfällen	Soldaten im Kosovoeinsatz	Soldaten im Afghanistaneinsatz	Stationäre PTBS-Patienten
Dispositionelle Faktoren					
Weibliches Geschlecht	*		*		
Alter > 30 Jahre				*	
Lebensgeschichtliche Faktoren					
Niedrige Schulbildung	*				
Vortraumatisierung	**	**	**	*	*
Arbeitslosigkeit	*				
Alleinstehend				*	
Fehlende Identifikation mit Auslandseinsatz				*	
Situationsfaktoren					
Bedrohung für Leib und Leben	*	*	*	*	
Dauer des traumatischen Ereignisses	*				
Dissoziation	***	**	***	***	**

Tab. 2: Fortsetzung

Autoren	Fischer et al. (1998)	Walter (2003)	Bering et al. (2003)	Dunker (2009)	Bering & Kamp (2007)
Variante des Kölner Risikoindex	Gewalt- und Unfallopfer	Opfer von Banküberfällen	Soldaten im Kosovoeinsatz	Soldaten im Afghanistaneinsatz	Stationäre PTBS-Patienten
Situationsfaktoren					
Eigene körperliche Verletzung	*		*	*	*
Körperliche Verletzung versursacht				*	
Subjektiv erlebte Belastung	*	*	*	*	
Bekanntheit des Täters (bzw. Nähe zum Täter)	*	*			
Personen geschadet					*
Faktoren in der Einwirkungsphase					
Negative Reaktionen im sozialen Umfeld	*	**	**	**	**
Einschränkung der Heimatkontakte			*	*	
Schlechte Erfahrung mit Funktionsträgern/ Kollegen/Kameraden	*	**	*	**	
Schwierigkeiten, über das Ereignis zu sprechen			*		*

In der Übersicht wird deutlich, dass es Gemeinsamkeiten zwischen den Kölner Risikoindizes gibt, die sich auf die Faktorengruppen der Disposition, der Vortraumatisierung, der traumatischen Situation und der Risiko- und Schutzfaktoren beziehen lassen. Die Sterne symbolisieren die Gewichtung.

revalidiert wurde. Bering und Kamp (2007) haben eine Validierung des KRI im klinischen Kontext an einer Stichprobe von Patienten mit einer gesicherten PTBS durchgeführt. In Tabelle 2 sind die identifizierten Risikofaktoren aufgeführt.

Zwischen den verschiedenen Varianten der Kölner Risikoindizes gibt es Schnittmengen, die sich in der Gewichtung der dispositionellen Faktoren, der Vortraumatisierung, der Situationsfaktoren und der Risiko- und Schutzfaktoren in der Einwirkungsphase widerspiegeln. Zu diesem Zweck wurden die einzelnen Faktoren semiquantitativ bewertet und mit ein bis drei Sternen gekennzeichnet. Ein Stern bedeutet eine geringe Gewichtung des Faktors, zwei Sterne eine mittlere und drei Sterne stehen für eine erhebliche Gewichtung des Faktors im KRI der jeweiligen Version.

Zu den *dispositionellen Faktoren* gehört das Item »weibliches Geschlecht«. Es wurde sowohl in der Studie mit Bundeswehrsoldaten als auch bei Bankangestellten als Risikofaktor identifiziert. Ungeklärt bleibt, ob Dissimulationseffekte bei Männern dieses Ergebnis bestimmen oder ob es sich wirklich um eine geschlechtsspezifische Vulnerabilität handelt (Methoden-Artefakt). Zu den *prätraumatischen lebensgeschichtlichen Faktoren* gehören die Items »psychotraumatische Vorbelastung«, »Arbeitslosigkeit«, »Schulbildung«, »Alter« und »alleinstehend« als Familienstand. Das Ausmaß der Vortraumatisierung hat in allen Varianten des KRI und in der Meta-Analyse von Ozer et al. (2003) eine große Bedeutung.

Die *Situationsfaktoren* lassen sich in subjektive und objektive unterteilen. Zu den *subjektiven* gehört die erlebte Todesangst bzw. die subjektive Einschätzung des Belastungsgrades, die sich in allen Versionen des KRI als wichtiges Item identifizieren lässt. Das Ausmaß der Verletzung, die Dauer der traumatischen Situation und die Bekanntheit des Täters sind den *objektiven Situationsfaktoren* zuzuordnen. Bei diesen Items ergeben sich partielle Überlappungen. Körperliche Verletzungen spielen bei der Bundeswehr und bei Gewalt- und Unfallopfern und in der klinischen Stichprobe eine wichtige Rolle. Bei Banküberfällen sind sie selten und entfallen aus diesem Grunde. Die Faktoren »Bekanntheit des Täters«, »Dauer der traumatischen Situation« und »anderen Personen geschadet« zeigen Schnittstellen in den unterschiedlichen Varianten des KRI.

Eine bemerkenswerte Übereinstimmung ergibt sich in Bezug auf den Faktor »peritraumatische Dissoziation«. Dieser nimmt in allen Varianten des KRI eine besondere Stellung ein. Als Beispiel für einen Methoden-Artefakt kann angeführt werden, dass bis 2000 die peritraumtische Dissoziation als Risikofaktor durch Meta-Analysen nicht abgestützt war (vgl. Brewin et al., 2000). Mit den Studien von Ozer et al. (2003) sowie Breh und Seidler (2005) konnte diese Frage abschließend geklärt werden.

Zu den *Faktoren in der Einwirkungsphase* gehören Risiko- und Schutzfaktoren, die insbesondere die Reaktion des sozialen Umfeldes (Familienmitglieder, Kameraden, Kollegen usw.) und der Vorgesetzten (Filialleiter einer Bank, Offiziere) bzw. der Funktionsträger (Ermittlungsbeamte, Versicherungen) betreffen. Es wird deutlich, dass negative Reaktionen im sozialen Umfeld in allen Varianten des KRI und in der Meta-Analyse von Ozer et al. (2003) in Beziehung zu den Symptomen von Belastungsstörungen stehen. Die Kategorie »schlechte Erfahrung mit Funktionsträgern, Kollegen und Kameraden« zeigt ebenfalls eine breite Schnittmenge. Darüber hinaus verdient der Risikofaktor »Schwierigkeiten, über das Ereignis zu sprechen« besondere Aufmerksamkeit. Er konnte sowohl für die Stichprobe der Bundeswehrsoldaten als auch für die klinische Stichprobe als von Bedeutung aufgezeigt werden. Für die Psychotraumatologie hat dieser Faktor eine erhebliche Relevanz.

Wir können schlussfolgern, dass eine kumulative psychotraumatologische Belastung, die peritraumatische Dissoziation, die objektive Schwere des Ereignisses, die subjektive Bewertung des Ereignisses und die Reaktion des sozialen und beruflichen Umfeldes als ubiquitäre Faktoren zu bewerten sind, die mit der Entwicklung einer Belastungsstörung in Zusammenhang stehen. Für die Krisenintervention sind sie *überindividuell* zu berücksichtigen. Hierbei müssen wir Einschränkungen geltend machen. Der Verknüpfungsgrad bzw. das Bestimmtheitsmaß, mit dem aus den diskutierten Faktoren des KRI auf die Symptombelastung geschlossen werden kann, beruht auf einem mathematischen Modell, das die Wirklichkeit nur unzureichend abdeckt. Die Erkenntnis der Kausalitätsbeziehungen zwischen dem Ereigniskriterium und der Symptomatik ist an eine psychotraumatologische Diagnostik gebunden, die Einzelgespräche im klinischen Setting erfordert und weder mit Meta-Analysen noch mit Feldstudien erfassbar ist. Aus diesem Grunde werden wir im nächsten Abschnitt auf die spezielle Situationstypologie eingehen, die Prädiktoren in ein dynamisches Beziehungsgefüge zu setzen vermag. Im TGIP hat der KRI eine Weichenstellerfunktion. Wird der Proband der Wechsler- oder der Risikogruppe zugeordnet,[2] folgt die klinische Diagnostik in weiterführenden Bausteinen, die uns insbesondere Hinweise liefern sollen, welches dynamische Bedingungsgefüge im Zusammenspiel dieser Faktoren wichtig ist.

9.4 Situationstypologien

Welche Regeln sind überindividuell bei Krisenintervention zu berücksichtigen? Um diese Frage zu beantworten, stützen wir uns auf das Risikofaktorenmodell. Wir müssen anerkennen, dass psychosoziale Akuthelfer, psychosoziale Fachkräfte, Peers, Psychologen, psychologische Psychotherapeuten und Ärzte lediglich Einflussmöglichkeiten auf die Kompensation von Risikofaktoren (s. Tab. 2) und die Stärkung von Schutzfaktoren in der Akut- und der Einwirkungsphase haben. Hierzu gehören insbesondere die Mobilisierung von sozialen Ressourcen und die Aufklärung von Funktionsträgern darüber, wie sie ihre Schlüsselrolle salutogenetisch einsetzen können. In der Erfassung der Bedarfe und Zielvorgaben stützen wir uns in erster Linie auf die Prinzipien von Hobfoll et al. (2007, s. Tab. 3), die für viele Situationstypologien eine Hilfestellung sind.

Im Folgenden setzen wir uns mit der Frage auseinander, welche Situationstypologien bei Kriseninterventionen zu berücksichtigen sind, und orientieren uns an den Modulen des TGIP (vgl. Kap. F2 von Bering et al., in diesem Band). Hierunter verstehen wir eine differenzielle Umsetzung der Psychischen Ersten Hilfe, der Psychosozialen Akuthilfe, der administrativen und rechtlichen Hilfe, der Unterstützung bei der Organisation von Ritualen und Gedenkfeiern, der Psychoinformation, des prognostischen Screenings, der Kurzberatung und der Vermittlung an einen psychologischen oder ärztlichen Psychotherapeuten. Wir stützen uns hierbei auch auf Einzelfallstudien, Fallbesprechungen und Begutachtungen, die wir seit 2001 am Zentrum für Psychotraumatologie in Krefeld im schnittstellenübergreifenden Fallmanagement von Krisendiens-

Tab. 3: Fünf Prinzipien der PSNV nach Hobfoll et al.

1	Promote sense of safety	Fördere das Sicherheitsgefühl
2	Promote calming	Fördere Beruhigung
3	Promote sense of self- and collective efficacy	Fördere das Gefühl von eigener und kollektiver Handlungsfähigkeit
4	Promote connectedness	Fördere Verbundenheit
5	Promote hope	Fördere das Gefühl von Hoffnung

---

[2] Zu den drei Kontrastgruppen *Selbsterholer*, *Wechsler* und *Risikogruppe* vgl. unseren Beitrag F2 in diesem Band, Anmerkung im Abschnitt »Module des Target Group Intervention Program«.

ten (Kleinschmidt et al., 2006) bis zur beruflichen Wiedereingliederung gewonnen haben (Bering et al., 2005).

9.4.1 Gewaltopfer

Die Vorgehensweise im Umgang mit Opfern von Gewaltverbrechen wurde für die Verhältnisse in Nordrhein-Westfalen in dem Kölner Opferhilfe-Modell untersucht und im sogenannten »KOM-Reader« Psychotherapeuten, Beratungsstellen und Opferschutzambulanzen zugänglich gemacht (Fischer et al., 1998). Die Verfahrensweise in NRW dient als Beispiel. Hierbei möchten wir besonders auf die Folgen von sexualisierter Gewalt eingehen. Die *Psychische Erste Hilfe* erfolgt häufig durch Funktionsträger der Polizei, die *Psychosoziale Akuthilfe durch Kriseninterventionsteams oder die Notfallseelsorge*. Der Opferschutzbeauftragte der Polizei NRW verweist z. B. an eine Opferschutzambulanz bzw. an den Weißen Ring und schafft somit den Übergang zur *administrativen/rechtlichen* und traumazentrierten Fachberatung und *psychotherapeutischen* Hilfe. Zielsetzung der Kurzberatung sind die *Mobilisierung von sozialen Ressourcen*, *Psychoinformation* und die Durchführung eines *prognostischen Screenings*. Ein wesentlicher Bestandteil dieses Modells ist die Hilfestellung bei der Antragsstellung auf Schadensausgleich nach dem Opferentschädigungsgesetz. Gesetzt den Fall, das Risiko einer Chronifizierung ist gegeben, so erfolgt die Überleitung in eine Behandlung bei einem psychologischen oder ärztlichen Psychotherapeuten.

Die Situationstypologie von (sexualisierter) Gewalt ist besonders schambesetzt und zeichnet sich häufig durch die Erfahrung negativer Intimität und eine persönliche Beziehung zum Täter aus. Daher werden alle Module des TGIP in der Regel im Einzelkontakt umgesetzt. Gruppenkontakte sind nachrangig.

Aus den Ergebnissen der Feldstudien zu Risikofaktoren wissen wir (vgl. Tab. 2), dass insbesondere die Bekanntheit des Täters, bleibende körperliche Schäden (Narben usw.), mangelnde soziale Unterstützung und Schwierigkeiten mit Funktionsträgern die Situationstypologie bestimmen und das Risiko zur Entwicklung einer psychischen Störung begünstigen. Aus diesem Grunde sollten Ersthelfer und Psychotherapeuten im Umgang mit Bindungen an Täter geschult sein. Die Begleitung der medizinischen Erstuntersuchung und der weiteren Behandlung von potentiell stigmatisierenden Verletzungen ist für die Opfer eine wichtige Hilfestellung und für Funktionsträger und Akteure der Krisendienste ein wichtiges Kriterium für eine Risikoeinstufung. Zusammenfassend kann man sagen, dass die negative Intimität sexualisierter Gewalt den Helfern eine besondere Nähe-Distanz-Regulierung im Umgang mit den Opfern abverlangt.

9.4.2 Arbeitsunfälle

Besonderheiten im Umgang mit psychosozialen und allgemeinmedizinischen Folgen von Arbeitsunfällen resultieren aus unserem gegliederten Sozialsystem. Die Prävention und Rehabilitation von psychischen Störungen nach Arbeitsunfällen ist nach dem SGB VII eine Aufgabe der gesetzlichen Unfallversicherung (GUV). Hierbei müssen wir zwei Fallgruppen unterscheiden: So kann das Schadensereignis eine vorsätzliche Straftat sein (ein Banküberfall ist wie ein Arbeitsunfall zu behandeln und fällt in den zu versichernden Bereich der Berufsgenossenschaften). Für diesen Fall haben wir z. B. Bankangestellte, Beschäftigte im Einzelhandel, Tankwarte oder Aufsichtspersonal von Spielhallen zu berücksichtigen. Diese Fallgruppe hat Gemeinsamkeiten mit der Gruppe von Schadensfällen im Opferschutz. Bei der zweiten Fallgruppe handelt es sich um Arbeitsunfälle ohne Vorsatz. Hierbei haben wir es z. B. mit den psychischen Folgen von unfallchirurgischen Polytraumen oder Zeugenschaften von schweren Arbeitsunfällen zu tun. Zu dieser Fallgruppe zählen wir z. B. auch Lokführer, die infolge sogenannter Personenschäden häufig unter Belastungsreaktionen leiden.

Die Situationstypologie von Arbeitsunfällen zeichnet sich durch folgende Gemeinsamkeiten aus:

1.) Die GUV ist für die gesamte Fallsteuerung, d. h. von der medizinischen Akutversorgung bis zur Rehabilitation, verantwortlich.
2.) Die GUV prüft die Schadensabhängigkeit der psychischen Beeinträchtigung und die Leistungspflicht für das sogenannte Verletztengeld.
3.) Die GUV hat an einer beruflichen Wiedereingliederung besonderes Interesse, da sich hierdurch die monetäre Belastung durch die Leistungsträgerschaft von Entschädigungszahlungen begrenzen lässt.
4.) Für die GUV ist das Verursacherprinzip nachrangig.
5.) Der Umgang mit psychischen Folgeschäden variiert stark zwischen den Gesetzlichen Unfallversicherungen des Bundes und der Länder.

Aufgrund dieser Faktoren haben die Gesetzlichen Unfallversicherungen ein zunehmendes Interesse entwickelt, Standardisierungen der psychosozialen Nachsorge zu implementieren (Schuck, 2010). So werden auch externe Firmen von Leistungsträgern beauftragt, die PSNV z. B. nach einem Banküberfall oder Amoklauf sicherzustellen. Hierdurch soll eine Bereitstellung der administrativen und rechtlichen Hilfen, der Psychoinformation, des prognostischen Screenings, der traumazentrierten Fachberatung, der Diagnostik und der Behandlung im Bedarfsfall sichergestellt sein (Walter, 2003). Aus Studien mit dem Kölner Risikoindex (s. Tab. 2) zu den Opfern von Banküberfällen wissen wir beispielsweise, dass insbesondere die Nähe des Opfers zum Bankräuber, der Führungs- und Umgangsstil der Filialleitung und die Mitarbeiterkohäsion bei der psychischen Verarbeitung der Schadenslage eine wichtige Rolle spielen. Bei der Umsetzung der Module des TGIP ist daher zu berücksichtigen, dass eine zeitnahe Umsetzung der psychosozialen weiterführenden Hilfe, die Integration der kriminologischen Bestandsaufnahme in die Psychoinformation, die Anweisung der Filialleitung, die Durchführung eines prognostischen Screenings im Einzelsetting und gegebenenfalls die Anbindung an einen psychologischen oder ärztlichen Psychotherapeuten zu prüfen sind. Aufgrund des kollektiven Erlebens der Schadenslage kann die Durchführung von Modulen des TGIP in der Gruppe sinnvoll sein.

Aus Einzelfallstudien wissen wir, dass das Vermeidungsverhalten, dem Arbeitsplatz aus dem Weg zu gehen, in Konflikt mit der Angst vor einem Verlust des Arbeitsplatzes und der Angst vor einer sozialen Ausgrenzung gerät. Es kann sein, dass Betroffene diesen Konflikt lösen möchten, indem sie um Entschädigung nachsuchen.

Aus diesem Grunde ist es besonders wichtig, die PSNV auf die berufliche Wiedereingliederung auszurichten. Aus Sicht der Betroffenen sind Zielkonflikte zwischen Arbeitgeber, Arbeitnehmer und Leistungsträger von Folgeschäden ein guter Grund, Widerstände gegen die PSNV aufzubauen.

9.4.3 Einsatzkräfte

Einsatzkräfte verdienen eine besondere Betrachtung. Es handelt sich um Berufsgruppen, die ein besonderes Risiko tragen, einer Psychotraumatisierung ausgesetzt zu sein. Hierin besteht ein prinzipieller Unterschied zu anderen Situationstypologien. Erkennbare Schwäche im Umgang mit Schadenslagen wird besonders im Berufskollektiv kritisch beurteilt. Externe psychologische Hilfestellungen werden mit besonderer Skepsis betrachtet, da sie in der Regel – bezogen auf die interne Arbeitsorganisation – als Fremdkörper gelten. Wir möchten die Situationstypologie von Einsatzkräften der Feuerwehr, Polizei und Rettungsdiensten von der psychischen Belastung von Soldaten im Auslandseinsatz gesondert berücksichtigen.

Helfer der Feuerwehr, Polizei und Rettungsdienste

Die Ursprünge des CISM gehen auf die Einsatznachbereitung bei Feuerwehrmännern zurück. Die Notwendigkeit, mit schweren Schadenslagen mit Todesfolge umzugehen, führt dazu, dass das Personal der Feuerwehr, Polizei und Rettungsdienste eine doppelte Aufgabe hat. Für die Betroffenen sind sie Funktionsträger der Psychischen Ersten Hilfe, und gleichzeitig müssen sie die Grenzen der eigenen psychischen Belastbarkeit berücksichtigen. Einige Institutionen haben damit begonnen, sogenannte »Peers« auszubilden. Es handelt sich hierbei um Mitglieder der eigenen Berufsgruppe, die als soziale Ansprechpartner für die Berufskollegen zur Verfügung stehen. Häufig sind sie für die interne psychosoziale Unterstützung zuständig und können auch administrative Hilfestellungen leisten. Das Peerkonzept dämmt potentielle Risiken der Pathologisierung durch außenstehende Akteure ein und kann hilfreich sein, um in Hierachiekonflikten zu vermitteln. Die Schwierigkeit der Aufgabe besteht darin, die eigenen Grenzen zu wahren und zum richtigen Zeitpunkt eine Überleitung in das klinische Versorgungssystem sicherzustellen. Ohne Zweifel liegt die weiterführende Diagnostik und Psychotherapie außerhalb des Zuständigkeitsbereiches von Peers. Das TGIP für Einsatzkräfte muss auf diese Schnittstelle eingerichtet sein.

Soldaten im Auslandseinsatz

50 % der Bundeswehrsoldaten in Afghanistan erleben mindestens ein potentielles Ereignis, aus dem eine PTBS resultieren kann (vgl. Dunker, 2009). Mindestens 10 % der Solaten nach den Einsätzen im Kosovo (Bering et al., 2003) und ca. 25 % der Soldaten nach Einsätzen in Afghanistan gehören nach den Ergebnissen des prognostischen Screenings mit dem Kölner Risikoindex zur Wechsler- oder Risikogruppe für die Entwicklung einer PTBS. Somit ist die Notwendigkeit einer stringenten Implementierung der PSNV für die Bundeswehr unumstößlich gegeben. Die Situationstypologie von Auslandseinsätzen der Bundeswehr zeichnet sich durch folgende Besonderheiten aus:
- Soldaten wollen sich nach Einsätzen nicht als Opfer verstehen.
- Belastungssituationen, die in Verbindung

zu Kampfhandlungen stehen, sind nicht selten mit Tätersyndromen assoziiert.
- Belastungssituationen, die in Anpassungsstörungen resultieren, beziehen sich häufig auch auf Einsatzbedingungen, Probleme in der Kameradschaft und Problemlagen im heimatlichen sozialen Umfeld.

Für die Validierung des KRI (Bering et al., 2003; Dunker, 2009) haben wir spezifische Risikofaktoren zu berücksichtigen. Sie beziehen sich auf die Einsatzhäufigkeit, den Verlust von Kontakt mit der Heimat und die Akzeptanz des Einsatzes in der Öffentlichkeit. Wir haben zeigen können, dass ein prognostisches Screening zu großen Effekten der Varianzaufklärung führt. Die unterschiedlichen Kölner Risikoindizes liegen als Interviewleitfaden vor und einzelne Versionen auch in der Selbstbeurteilungsform.

Für die Umsetzung von Krisenintervention unterscheiden wir mindestens zwei Fallkonstellationen, und zwar besondere Vorkommnisse (z. B. die nicht vorhersehbare Detonation der Bombe in Kabul), von denen umschriebene Gruppen betroffen sind, und die PSNV nach regulären Bundeswehreinsätzen, von denen alle Soldaten einer militärischen Einheit betroffen sind. Für die erste Gruppe ist es sinnvoll, dass mit ihr auch vor Ort spezielle Nachsorgekonzepte durchgeführt werden. Für die zweite Gruppe sind Konzepte der Nachsorge erforderlich, die im mittel- und langfristigen Prozess auf die Reintegration im Heimatland vorbereiten. Wir unterscheiden also Krisenintervention vor Ort von Nachsorgekonzepten, die in Routineabläufe der Bundeswehr integriert sein sollten. Für die Modifikation des TGIP auf die Belange der Bundeswehr haben wir Vorschläge ausgearbeitet (Bering et al., 2003).

9.4.4 Von Großschadenslagen Betroffene

Großschadenslagen führen in den betroffenen Kommunen, Städten und Ländern besondere Problemlagen herbei. Wir unterscheiden die Situationsdynamik von zivilen Schadenslagen und von Terroranschlägen.

Von Naturkatastrophen Betroffene
Die Situationstypologie von Großschadenslagen zeichnet sich durch ein großes Aufgebot an Rettungskräften aus, die auch die Regeln der Psychischen Ersten Hilfe beachten sollten. Psychosoziale Akuthelfer werden in der Regel entsprechend den verfügbaren Ressourcen alarmiert. In der Vergangenheit hat es dabei häufig Schwierigkeiten bei der Koordination der Psychosozialen Akuthilfe gegeben, was zu einer zeitweisen Über- oder Unterversorgung der Betroffenen geführt hat. Die Schadensregulierung verursacht administrative und rechtliche Schwierigkeiten, die die Resilienz negativ beeinflussen kann. Für die Umsetzung des TGIP ist zu berücksichtigen, dass der Aufbau einer zentralen Koordinierungsstelle dringend zu empfehlen ist, die auf die bestehenden psychosozialen und klinischen Institutionen in der Region zurückgreifen kann (BBK, 2011). Die Organisation von Ritualen und Gedenkfeiern spielt eine wesentliche Rolle in der öffentlichen Würdigung des Schadensereignisses und der erlittenen Verluste. Die Psychoinformation und das prognostische Screening können Angebote für die Betroffenen sein. Zur dezidierten Beschreibung der Umsetzung des TGIP verweisen wir auf Kapitel F2 von Bering et al. in diesem Band.

Von Terroranschlägen Betroffene

Die Situationstypologie von Terroranschlägen zeichnet sich dadurch aus, dass durch Anschläge das kollektive Sicherheitsgefühl gezielt geschwächt werden soll. Das nationale, kulturelle und religiöse Gemeinschaftsgefühl soll an der »affektiven Sollbruchstelle« getroffen werden. Im Unterschied zur speziellen Situationsdynamik der Gewaltkriminalität geht es den Attentätern darum, eine kollektive Schädigung einer Gesellschaft zu erreichen. Der individuelle Schaden ist dabei nur Mittel zum Zweck. Die Unvorhersehbarkeit von Anschlägen hat für die Dynamik eine besondere Bedeutung. Eine Studie von DiMaggio und Galea (2006) liefert Erkenntnisse über spezielle Risikofaktoren, welche die Wahrscheinlichkeit des Auftretens einer PTBS infolge terroristischer Anschläge erhöhen. Hierzu gehören neben den allgemeinen Faktoren die *mediale Berichterstattung, der Verlust von Besitz, die Beteiligung an Rettungsmaßnahmen* und *der Verlust des Arbeitsplatzes.* Zur Modfikation des TGIP verweisen wir auf Bering et al. (2006).

9.4.5 Gesundheitswesen

Viele Erkenntnisse und Entwicklungen in der Psychotraumatologie führen in die allgemeinmedizinische Versorgung. Es stellt sich die Frage, welchen Belastungssituationen Betroffene im Gesundheitswesen ausgeliefert sind und welche Vorgehensweise dem medizinischen Personal in Praxen und Krankenhäusern empfohlen werden kann. Zum einen ist die Medizin aus Sicht der Patienten Verursacher psychischer Belastungssituationen; zum anderen ist der Mediziner für den Patienten Hoffnungsträger, und mit ihm wird die Erwartung verknüpft, dass er die Verletzungen heilen und für die Bewältigung der quälenden Symptome von Belastungsstörungen sorgen kann.

In der allgemeinmedizinischen Versorgung sind Mediziner in der Praxis und im Krankenhaus mit vielfältigen Belastungssituationen der Patienten konfrontiert. Eine wesentliche Belastungssituation entsteht durch psychische Reaktionen der Patienten auf erlittene Todesnähe, die sich objektiv durch Lebensbedrohlichkeit und subjektiv in erlebter Todesangst äußert. In der akuten Belastungssituation kommt es darauf an, dass das involvierte medizinische Personal im Umgang mit solchen Situationen geschult ist. In der frühen Einwirkungsphase stehen im geschützen Umfeld des Krankenhauses alle Möglichkeiten offen, einen Psychiater oder psychologischen Psychotherapeuten hinzuzuziehen. Hier verbinden sich zwei Aufgaben. Zum einen geht es darum, eine akute Entlastung herbeizuführen. Darüber hinaus ist auch hier wesentlich, dass Risiko für die Entwicklung einer chronischen Belastungsstörung einzuschätzen. Hierbei kann das prognostische Screening als semistandardisiertes Interview durchgeführt werden.

In der hausärztlichen Versorgung ist ein Grundlagenwissen über das Kriseninterventionsmanagement sehr hilfreich, um viele Standardsituationen zu meistern (vgl. Reddemann, 2006). Hierbei darf die fachliche Grenze zwischen dem Allgemeinmediziner und dem psychologischen und ärztlichen Psychotherapeuten nicht verwischt werden. Als Faustregel können wir festhalten, dass viele der aufgeführten Module des TGIP auch vom Allgemeinmediziner und Krankenhausarzt durchgeführt werden können. Im Gegenzug gehören diagnostische und psychotherapeutische Interventionen in die Hände eines psychologischen oder ärztlichen Psychotherapeuten mit einem entsprechenden Qualifikationsprofil.

9.5 Ausblick

Bei der Weiterentwicklung von Kriseninterventionsprogrammen stellen wir Folgendes fest:
- Die Terminologie des Debriefings wird zugunsten einer differenzierten Terminologie abgelöst.
- Zunehmend werden Verlaufskonzepte der Psychotraumatisierung bei Kriseninterventionprogrammen berücksichtigt.
- Die Entwicklung von Kriseninterventionsprogrammen orientiert sich zunehmend an der Situationstypologie.
- Modelle der Risiko- und Schutzfaktoren für Belastungsstörungen sorgen zunehmend für eine empirische Fundierung der Konzepte.
- Biomedizinische Modelle haben eine begrenzte Aussagekraft, wenn wir die ökopsychologischen Zusammenhänge bei der Umsetzung von Kriseninterventionsprogrammen berücksichtigen wollen.
- Die Resilienzforschung sollte methodisch auf eine große ökologische und externe Validität ausgerichtet sein.

9.6 Literatur

Bäumker B. & Bering R. (2003). Die Debriefingkontroverse: Eine Literaturanalyse zur Effektivität von Kriseninterventionsmaßnahmen. In: Bering R., Schedlich C., Zurek G. & Fischer G. (Hrsg.). *Zielgruppenorientierte Intervention. Verfahrensvorschläge zur Reformierung des Truppenpsychologischen Konzepts der Bundeswehr.* (Untersuchungen des Psychologischen Dienstes der Bundeswehr, 38) München: Bundesministerium der Verteidigung – PSZ III 6. Verlag für Wehrwissenschaften, 13–34.

Bering R. & Kamp M. (2007). Unveröffentlicher Datensatz zur Validierung des Kölner Risikoindex-Metaversion im stationären Setting. Zentrum für Psychotraumatologie, Krefeld.

Bering R., Schedlich C., Zurek G. & Fischer G. (2003). *Zielgruppenorientierte Intervention. Verfahrensvorschläge zur Reformierung des Truppenpsychologischen Konzepts der Bundeswehr.* (Untersuchungen des Psychologischen Dienstes der Bundeswehr, 38) München: Bundesministerium der Verteidigung – PSZ III 6. Verlag für Wehrwissenschaften.

Bering R., Horn A., Bredenbeck C. & Fischer G. (2005). Das Zentrum für Psychotraumatologie des Alexianer-Krankenhauses Krefeld: Therapie- und Versorgungskonzept. *Zeitschrift für Psychotraumatologie und Psychologische Medizin,* 1, 7–21.

Bering R., Schedlich C., Zurek G. & Fischer G. (2006). Zielgruppenorientierte Intervention zur Prävention von psychischen Langzeitfolgen für Opfer von Terroranschlägen (PLOT). *Zeitschrift für Psychotraumatologie und Psychologische Medizin,* 1, 57–75.

Bering R., Schedlich C., Zurek G. & Fischer G. (2007). Zielgruppenorientierte Intervention zur Vorbeugung von Belastungsstörungen in der hausärztlichen Praxis. In: Bering R. & Reddemann L. (Hrsg). *Jahrbuch Psychotraumatologie 2007: Schnittstellen von Medizin und Psychotraumatologie.* Heidelberg: Asanger, 47–62.

Breh C.D. & Seidler H. (2005). Zum Zusammenhang von peritraumatischer Dissoziation und PTBS: Eine Metaanalyse. *Zeitschrift für Psychotraumatologie und Psychologische Medizin,* 3, 79–89.

Brewin C.R., Andrews B. & Valentin J.D. (2000). Meta-analysis of risk factors for posttraumatic stress disorder in trauma-exposed adults. *Journal of Consulting and Clinical Psychology,* 68 (5), 748–766.

Bundesamt für Bevölkerungsschutz und Katastrophenhilfe (BBK) (Hrsg.) (2011). *Psychosoziale Notfallversorgung: Qualitätsstandards und Leitlinien (Teil II).* Bonn: BBK.

DiMaggio C. & Galea S. (2006). The behavioral consequences of terrorism: A meta-analysis. *Academic Emergency Medicine*, 13 (5), 559–566.

Dunker S. (2009) Prognose und Verlauf der Posttraumatischen Belastungsstörung bei Soldaten der Bundeswehr. Längsschnittstudie zur Neuvalidierung des Kölner Risikoindex-Bundeswehr (KRI-Bw). Dissertation-Thesis, Universität zu Köln.

Everly G. S. & Mitchell J. T. (2000). The debriefing »controversy« and crisis intervention: A review of lexical and substantive issues. *International Journal of Emergency Mental Health*, 2 (4), 211–225.

Fischer G. & Fäh M. (1998). Zur Kritik der empirischen Vernunft in der Psychotherapie(forschung). In: Fäh M. & Fischer G. (Hrsg.). *Sinn und Unsinn in der Psychotherapieforschung.* Gießen: Psychosozial-Verlag, 29–50.

Fischer G., Becker-Fischer M. & Düchting C. (1998). *Neue Wege in der Hilfe für Gewaltopfer. Ergebnisse und Verfahrensvorschläge aus dem Kölner Opferhilfe-Modell (KOM).* Düsseldorf: Ministerium für Arbeit, Gesundheit und Soziales des Landes Nordrhein-Westfalen.

Flatten G., Gast U., Hofmann A., Liebermann P., Reddemann L., Siol T., Wöller W. & Petzold E. R. (2004). *Posttraumatische Belastungsstörungen. Leitlinien und Quellentexte.* 2. Aufl. Stuttgart: Schattauer.

Hammel A. (2005). *Entwicklung des Kölner Risikoindex für Betroffene von Verkehrsunfällen.* Unveröffentlichte Dissertation, Universität zu Köln.

Hobfoll S. E., Watson P., Bell C. C., Bryant R. A., Brymer M. J., Friedman M. J., Friedman M., Gersons P. R., de Jong J. T. V. M., Layne C. M., Maguen S., Neria Y., Norwood A. E., Pynoos R. S., Reissman D., Ruzek J. I., Shalev A. Y., Solomon Z., Steinberg A. M. & Ursano R. J. (2007). Five essential elements of immediate and mid-term mass trauma intervention: Empirical evidence. *Psychiatry*, 70 (4), 283–315.

Kardiner A. & Spiegel H. (1947). *War, stress and neurotic illness.* New York: Hoeber.

Kleinschmidt M., Wagner D., Gründel A. & Bering R. (2006). Krefelder Krisenhilfe: Ein Bericht aus der Praxis. Institutionelle Ko-Existenz von Beratung und psychotherapeutischer Fokaltherapie. *Zeitschrift für Psychotraumatologie und Psychotherapeutischer Medizin*, 1, 77–90.

Ozer E. J., Best S. R., Lipsey T. L. & Weiss D. S. (2003). Predictors of posttraumatic stress disorder and symptoms in adults – a meta-analysis. *Psychological Bulletin*, 129 (1), 52–73.

Reddemann L. (Hrsg.) (2006). *Psychotraumata.* Köln: Deutscher Ärzteverlag.

Rose S., Bisson J. & Wessely S. (2002). *Psychological debriefing for preventing posttraumatic stress disorder (PTSD)* (Cochrane Review). The Cochrane Library, 1. Update Software. Oxford.

Salmon T. W. (1919). War neuroses and their lessons. *New York Medical Journal*, 109, 993f.

Schuck G. (2010). Empfehlungen der Gesetzlichen Unfallversicherung zur Prävention und Rehabilitation von psychischen Störungen nach Arbeitsunfällen. In: Schliehe F. & Schmidt-Ohlemann M. (Hrsg.). *Rehabilitation und Innovation.* Stuttgart. Gentner Verlag, 378–381.

Walter C. (2003). *Risikofaktoren psychischer Beeinträchtigung nach Banküberfällen: Validierung und Adaptierung des Kölner Risiko-Index für die spezielle Situation von Banküberfällen.* Berlin: Verlag für Wissenschaft und Kultur.

ROBERT E. FELDMANN, JR.

10. Akute Krisenintervention in der Psychoonkologie, Paraplegiologie und Verbrennungsmedizin

10.1 Einleitung

Psychophysische und behaviorale Reaktionsmuster bei schweren körperlichen Erkrankungen wie Tumoren, Rückenmarksquerschnitt- oder Brandverletzungen können denen ähnlich sein, die nach »klassischer« Traumatisierung, etwa durch Naturkatastrophen, sexuelle Gewalt oder Überfälle in Verbindung mit der Erfahrung von Hilflosigkeit und Todesangst auftreten. Diagnosen wie Krebs oder eine Tetra-/Paraplegie können terminal bzw. irreversibel sein, als kritisches Lebensereignis den Patienten akut krisenhaft destabilisieren und ihm bei fehlenden Ressourcen und Coping-Strategien seinen Lebenswillen nehmen. Tumorpatienten leben heute zwar länger, aber ungünstige Verläufe oder Therapiefolgen bedingen häufiger erhebliche seelische Belastungen für den Betroffenen. Schwere Brandverletzungen können physisch sehr entstellend sein und den Patienten ein Leben lang beeinträchtigend begleiten. Auch Angehörige und Partner sind in vielen Fällen mitbetroffen und ebenfalls traumatisiert. Symptome einer krisenhaften psychischen Dekompensation oder einer anderen akuten Traumafolgereaktion sind bei den Betroffenen und Angehörigen nach der Erstdiagnose oder im Verlauf der oben genannten Erkrankungen daher nicht selten. Sie können den Patienten weiter destabilisieren und wirken sich kontraproduktiv auf die Bewältigung der Situation aus. Ihre rechtzeitige Diagnose und Therapie spielt daher eine kritische Rolle. Sie stabilisiert, kann der Verfestigung in weiteren Traumafolgestörungsbildern entgegenwirken und so psychisches Outcome, psychische Langzeitprognose und Lebensqualität des Betroffenen verbessern.

10.2 Psychotraumatische Reaktionen und ihre Einflussfaktoren bei Tumorerkrankungen, Paraplegie und Verbrennungen

10.2.1 Psychische Reaktionen

Die Erstdiagnose, Verlaufsverschlechterung oder Therapienebenwirkungen einer Tumorerkrankung, Tetra- bzw. Paraplegie oder schweren Brandverletzung (im Folgenden »Auslöser« genannt) bedrohen plötzlich wichtige Lebensziele des Betroffenen. Sie zwingen ihn, sich mit massiven Adaptationsleistungen auf die veränderte Situation einzustellen und eine Wiederherstellung des seelischen Gleichgewichtes zu erreichen. Ob das erfolgreich ist, hängt u. a. von den individuellen Ressourcen und der Konstellation der vulnerablen und protektiven Faktoren ab. Jeder Patient hat eine persönliche Strategie zur Restitution seiner psychischen Homöostase. Ist sein Coping dysfunktional, so kann ein Missverhältnis zwischen plötzlicher Anforderung und tatsächlich zur Verfügung stehender Bewältigung entstehen. Im ungünstigen Fall kann die Anpassung fehlschlagen und eine Überforderung mit akuter Krisenreaktion einsetzen. Persistiert das Bewältigungsdefizit, so kann sich diese in ausgedehnteren Traumafolgestörungsbildern verfestigen (Wickert, 2007).

Die möglicherweise schwerwiegenden psychischen, vegetativen und somatischen Zeichen einer akuten krisenhaften Dekompensation (*acute distress*) können mit Verhaltensstörungen einhergehen und sind als *stress response syndromes* in das Konzept der operationalisierten Diagnostik für Traumafolgestörungen nach DSM-IV bzw. -V und ICD-10 bzw. -11 eingeordnet. Für diagnostische und therapeutische Zwecke kann es bei einer akuten Krisenreaktion am Krankenbett aber hilfreich sein, eine grobe symptomatologische Einteilung in auf den Auslöser folgende Phasen vorzunehmen. Je nach Erkrankung können diese zeitlich stark variieren, sich überlappen, eine Redundanz der Symptome aufweisen oder ganz abwesend sein.

In einer *ersten Phase* (*impact*) kann dem Auslöser ein psychovegetativer Schockzustand mit Betäubung, Dissoziation und körperlicher Symptomatik (Schmerzen oder Analgesie, Tachykardie, Muskelzittern, Hyperhidrosis etc.) folgen, der mit einem Gefühl innerer Leere, von Losgelöstsein, dem Fehlen emotionaler Reaktionsfähigkeit, Depersonalisation (»Bin ich wirklich noch ich selbst?«), Derealisation (»Alles um mich herum wirkt irgendwie fremd«), einer Einengung des Bewusstseins sowie reduzierter Wahrnehmung, Aufmerksamkeit und Aufnahmefähigkeit einhergehen kann. Vor allem nach Verbrennungen oder Querschnittslähmung als Folge eines schweren Unfalls besteht nicht selten eine teilweise oder vollständige psychogene Amnesie in Bezug auf diese Episode.

Die nachfolgende *zweite Phase* (*realization*) zeigt eine meist variable krisenhafte Symptomatik, in der Verzweiflung, Hilflosigkeit, Irritation, Gefühle der Überforderung und starke affektive Instabilität mit Furcht, Panik, Wut, Ärger, Traurigkeit, Trauer, Scham, Schuld oder intrapsychische Abwehrmechanismen (Verleugnung, Rationalisierung, Regression) vorkommen können. Auch Angstsymptome spezifischer oder unspezifischer Natur, Reizbarkeit, Agitation und unproduktive motorische Hyperaktivität können – neben plötzlichem Antriebsverlust, Teilnahmslosigkeit, sozialem Rückzug, Isolation, Desinteresse, Gleichgültigkeit und Gelassenheit bis hin zu Dissoziation, Stupor und Fugue-Tendenzen – hinzukommen oder isoliert auftreten. (Auto-) Aggression oder Suizidalität werden beobachtet. Insgesamt sind Stadium 1 und 2 durch ein häufig instabiles, polymorphes und rasch wechselndes syndromales Bild geprägt. Zustände eingeschränkter oder fehlender Geschäftsfähigkeit können auftreten.

Eine *dritte Phase* (*maladaptation*) schließlich kann mit der Zunahme von Resignation, Hoffnungslosigkeit, mit Weinen, Ängstlichkeit, Besorgnis, Schreckhaftigkeit, Desorganisiertheit, Anspannung psychischer und physischer Art, depressiven Beschwerden (»Gedankenkreisen«, Grübeln u. a.) und dem Nachlassen der allgemeinen emotionalen Schwingungsfähigkeit verbunden sein. Auch Wiedererleben oder Vermeidungsverhalten sowie Suizidalität kommen vor. Weiter können diffuse psychophysiologische Stresssymptome, Immunschwäche, Somatisierung, Konversion, vegetative Symptome, Dysästhesien oder Essstörungen beobachtet werden. Substanzmissbrauch, Entwicklung von Suchtverhalten, Aggressivität, Lern- und Arbeitsstörungen mit Leistungsbeeinträchtigung und Vernachlässigung beruflicher und sozialer Verpflichtungen sind ebenfalls mögliche Folgeerscheinungen in dieser Phase.

Bei stark psychotraumatogenen Erkrankungen wie unerwarteten Krebsdiagnosen, Tetra-/Paraplegie oder schweren Brandverletzungen befinden sich die Patienten initial häufig in einem »psychischen Ausnahmezustand«, der ein angemessenes Reagieren auf die veränderte Situation und den Zugriff auf unterstützende Bewältigungsstrategien beeinträchtigen kann. Dabei verharren die Betroffenen phasenübergreifend meist länger in »Fassungslosigkeit« und erleben ein »unkontrollierbares Überwältigtsein« mit dem Potential zur Ausdehnung »bis an persönliche, existenzielle Grenzen«. Viele Betroffene berichten dabei über Beeinträchtigungen durch die Konfrontation mit dem eigenen Schicksal und Tod, über die Erfahrung der eigenen Verletzlichkeit und das Abreißen von grundlegenden Lebenserwartungen, -plänen, -perspektiven und Träumen. Neben Ohnmachtsgefühlen und der Einengung wahrgenommener Kontrolle erleben sie häufig den Verlust des Gefühls, Wahlmöglichkeiten im Leben zu haben, und den Verlust des Vertrauens in individuelle Möglichkeiten, zukünftige Belastbarkeit, Vorhersehbarkeit oder Sicherheit im Leben. Patienten erleben die genannten Erkrankungen oft als persönliche Schicksalsschläge (»Warum ich?«), verbunden mit Kontrollverlust und Hilflosigkeit. Und während sich Unfälle im Rahmen erklärbarer Umstände ereignen, fehlt eine derartige Kausalität bei Krebserkrankungen meist. Als Konsequenz begeben sich vor allem Tumorpatienten nicht selten auf eine zusätzlich zermürbende Ursachensuche, die häufig mit persönlichen Schuldgefühlen einhergeht oder die Erkrankung als individuelle »Bestrafung« interpretiert (»Ist der Krebs die Konsequenz meines falschen Verhaltens?«). Bei Krebserkrankungen kommen manchmal auch noch weitere belastende Assoziationen hinzu, die sich auf eine Unheilbarkeit der Krankheit, Siechtum, einen qualvollen Tod oder die »Vorstellung, dass sich etwas Fremdes im Körper ausbreitet«, beziehen (Wickert, 2007). In Situationen, die vom Betroffenen als Überforderung oder Katastrophe mit Einbruch der Ich-Strukturen empfunden werden, können auch unscheinbare Ereignisse krisenhafte Reaktionen auslösen (Wickert, 2007). Diese können mit heftiger und plötzlicher affektiver Überflutung und Gefühlen wie Panik, Angst, Wut, Hilflosigkeit oder Verzweiflung einhergehen, Gefühle, die sich dann durch Sturzreaktionen wie Schreien, Weinen, aber auch negativ katatone Symptome, Dissoziation bis hin zu Aggression und akuter Suizidalität entladen können.

Die beschriebenen Kognitionen, Vorstellungen oder emotionalen Reaktionen haben aller Wahrscheinlichkeit nach Einfluss auf die Bewältigung der körpertraumatischen Erfahrungen und ihrer Konsequenzen und sollten in der Akutintervention mit berücksichtigt werden. Weitere psychosoziale Veränderungen, die nach Verbrennungen, Krebserkrankungen und Rückenmarksverletzungen beobachtet wurden, sind bei Gilboa (2001) und Klinge (Klinge et al., 2009, Tab. 1), bei Adler und Page (2008) und bei North (1999) beschrieben.

Eine Krisensymptomatik umfasst als akute Belastungsreaktion häufig Phase 1 (und auch Phase 2). Die Praxis auf ICUs (Intensivstationen, *intensive care units*) oder in der Onkologie zeigt, dass diese nach Stunden bis Tagen wieder abklingen kann, jedoch nicht muss. Besonders das Auftreten von schweren Verletzungen, körperlicher Erschöpfung oder belastenden Therapienebenwirkungen erhöht das Risiko einer Belastungsreaktion. Sie kann sich bei unzureichender Betreuung, dysfunktionalem Coping, fehlenden Ressourcen oder besonderer Schwere der Erkrankung als prolongierte Form oder Anpassungsstörung in (Phase 2 und) Phase 3 weiterentwickeln. Diese Phasen – (2 und) 3 – bergen bei Chronifizierung häufig das Risiko für einen Übergang in ein depressives Syndrom, eine Angststörung, Substanzabusus oder ein anderes psychisches Beschwerdebild. Bestimmte Symptome einer akuten Belastungsreaktion sind auch ein Prädiktor für die spätere Entwicklung einer PTBS, und diese wiederum ist ein Risikofaktor für das Entwickeln zukünftiger psychischer Erkrankungen oder körperlicher Befunde wie z. B. die koronare Herzkrankheit. Zu beachten ist, dass bei schweren körperlichen Traumata initial aber auch ein psychopathologisch relativ symptomarmes Intervall auftreten kann und sich Beschwerden möglicherweise erst im weiteren Verlauf, mit Latenzzeiten von Tagen bis hin zu Wochen, entwickeln können (*delayed onset*).

Akute Krisen, der durch sie erzeugte Leidensdruck und ihre Behandlungsbedürftigkeit werden vom Klinikpersonal und von Patienten häufig auch unterschiedlich beurteilt. Einige Patienten machen es »mit sich aus« und äußern eine Belastungssymptomatik, die real existiert, überhaupt nicht (*silent crisis*), nur versteckt oder mit Verzögerung. Betroffene mit schwerwiegender Grunderkrankung sind bei Interventionsangeboten oft zurückhaltend, weil sie bei der Konfrontation mit der »Wirklichkeit« eine Dekompensation befürchten (Wickert, 2007). Andere Patienten lehnen Hilfe insgesamt ab (»ich will meine Ruhe«). Wieder andere Patienten erweisen sich persönlichkeitsbedingt oder aufgrund ihrer bisherigen Erfahrung im Umgang mit Belastungen als »Verleugner«, »Schönredner« oder haben die Einstellung, dass »meine Gefühle niemanden etwas angehen«. Dies darf im Einzelfall nicht über die Notwendigkeit einer Intervention hinwegtäuschen.

Wichtig ist, dass psychische Folgeerkrankungen wie akute Belastungs-, Anpassungs- und Angst-Störungen, depressive, psychovegetative, somatoforme oder organische/hirnorganische Syndrome u. a. zu jeder Zeit nach einem Auslöser auftreten können, auch rezidivierend. Spätere Symptomtrigger können sich z. B. durch Folgebelastungen aus den jeweiligen spezifischen Krankheitsaspekten ergeben, etwa bei funktionellen Beeinträchtigungen, Schmerzen, anderen neurologischen Störungen, kosmetischen Entstellungen, sozialen Aspekten wie Behinderung, Partnerverlust, finanziellen Problemen oder Nebenwirkungen einer somatischen Therapie. Insbesondere depressive Symptome können auch als Folge von Medikamenten (Zytokine, Glukokortikoide, Zytostatika), chronischer Nausea und Emesis oder bei einer Radiotherapie des Schädels auftreten. Auch eine unglücklich verlaufende therapeutische Beziehung zwischen Patient und Personal kann als Auslöser wirken. Im Verlauf der Erkrankung sind dann weitere Krisen möglich, z. B. beim Versagen von Hauttransplantaten, bei Misserfolgen anderer therapeutischer Maßnahmen, dem Auftreten von Beschwerden, die auf eine ungünstige Entwicklung der Krankheit hinweisen, bei Metastasen, Rezidiven, zunehmendem körperlichen Verfall oder der unmittelbaren Konfrontation mit dem eigenen Tod (Wickert, 2007). All dies zeigt die große Bedeutung einer gründlichen Diagnostik.

10.2.2 Schutz- und Risikofaktoren

Die spezifischen Risikofaktoren für die Entwicklung einer akuten krisenhaften Dekompensation sind heute noch nicht genau bekannt, orientieren sich wahrscheinlich aber an denen für andere posttraumatische Folgereaktionen. Neben genetischen und epigenetischen Einflüssen auf neurobiologischer Ebene (individuelle Stress-Resilienz bzw. Vulnerabilität) – zur Epigenetik gehören auch die persönliche Entwicklungs- und Lerngeschichte, die Umwelt sowie biographische Faktoren – zählen bestehende Erkrankungen und Probleme, Persönlichkeitseigenschaften sowie individuelle Überzeugungen und Grundannahmen des Betroffenen dazu. Zudem umfassen sie bestimmte Attributionsstile, Bewältigungsstile (*coping*) und einen gering ausgeprägten Kohärenzsinn (*sense of coherence*). Darüber hinaus gelten die objektiven und wahrgenommenen Umstände der Auslösesituation bzw. ihrer psychischen und körperlichen Folgen als wichtige Einflussfaktoren: die zeitliche Dauer, die Intensität, der Zeitpunkt des Auftretens in der Vita, die kognitive und affektive Bewertung (primär und sekundär), die subjektive persönliche Bedeutung, das Schadensausmaß, die Vorhersehbarkeit und Kontrollierbarkeit sowie die empfundene Hilflosigkeit, Hoffnungslosigkeit und die Schuldfrage (selbst- oder fremdverursacht). Für ein Akut-Assessment ist es hilfreich, eine Unterteilung in Schutz- und Risikofaktoren vorzunehmen. Letztere können Interventionen und den Heilungsverlauf beeinträchtigen, das Risiko für eine prolongierte Traumafolgestörung erhöhen und ihre Prognose verschlechtern. (Details sind der entsprechenden Fachliteratur zu entnehmen.)

10.3 Elemente der psychologisch-psychiatrischen Diagnostik

Wichtig ist, bei den oben beschriebenen Erkrankungen oder Situationen zu jeder Zeit an die Möglichkeit einer akuten Krisenreaktion zu denken. Ihre Diagnostik sollte unterteilt werden in ein früh-diagnostisches Screening (Schritte I, II) mit klinisch-symptomatologischer Beobachtung und Risikoabschätzung und einen anschließenden spezifischen Anteil der Diagnose (Schritte III – VI), der strukturiert und zielgerichtet auf mögliche Traumafolgereaktionen bzw. -störungen prüft. Bei allen Patienten sollten bei ihrem ersten Klinikaufenthalt mindestens die Diagnosestufen I und II durchgeführt werden, und die Diagnostik sollte stets durch berufserfahrenes Fachpersonal erfolgen.

I) Die *initialen Elemente eines Assessments* sollten umfassen:
- Beziehungsaufnahme (Ist Kommunikation überhaupt möglich und Unterstützung vermittelbar?),

- den ersten klinischen Eindruck (Schock, vegetative Übererregung, aktueller dissoziativer Zustand, Desorientierung, starke Schmerzen usw.?),
- die Abklärung von Suizidalität und Fremdgefährdung,
- die Abschätzung des Leidensdrucks und Grades der Beeinträchtigung,
- eine erste Abschätzung von spezifischen Versorgungsnotwendigkeiten (Kinder, ältere Menschen, fremde Sprache oder Kultur, Betreuung usw.),
- eine erstmalige grobe Identifikation und Aktivierung persönlicher Ressourcen des Betroffenen,
- das Rekrutieren von unterstützenden Personen.

II) Daran sollte ein gezieltes *Screening von Risiko- und Schutzfaktoren* anschließen. Möglichst unter Einbeziehen von Familienangehörigen sind hierbei die relevante Vita und die vorliegende Konstellation der Faktoren bei dem Betroffenen zu explorieren. Dies kann durch die Zuhilfenahme von Checklisten und Screeninginstrumenten (s. u.) erleichtert werden.

III) Nun folgt die *spezielle psychologisch-psychiatrische Diagnostik,* die mit einer *detaillierten Anamnese* beginnen sollte. Sie kann mittels *Exploration* und *Erhebungsbögen* durchgeführt werden und sollte folgende Punkte beinhalten:
- soziodemographische Anamnese,
- psychosoziale Anamnese,
- Familienanamnese,
- frühere und aktuelle Krankheitsanamnese (psychisch, körperlich inkl. bisherigem Krankheitsverlauf mit Therapien und Vortraumatisierungen),
- Anamnese zum früheren und aktuellen Medikamentenstatus (Narkotika, Analgetika, neurotoxische Chemotherapeutika, Adjuvantien, psychotrope Medikamente usw.),
- Anamnese zum Substanzkonsum (Nikotin, Alkohol, psychotrope Substanzen) vor und nach dem Auslöser,
- detaillierte Schmerzanamnese,
- Beurteilung der Kognitionen zum auslösenden Ereignis,
- Erfassung der Bewältigungsressourcen,
- Fremdanamnese (Angehörige, Bezugspersonen, medizinisches Personal [bei Letzterem begrenzte Validität])

IV) Im *befundorientierten und situationsangepassten klinisch-diagnostischen Interview* sollten danach ausführlich konkrete psychopathologische Symptome (Art, Häufigkeit, Intensität, Dauer, zeitliche Veränderungen), somatische Beschwerden, das Vorliegen von peritraumatischer Dissoziation, aktuelle psychische Erkrankungen (Differentialdiagnose: primär affektive, neurotische, somatoforme oder dissoziative Störungen, psychotische Erkrankungen, Müdigkeits- und Erschöpfungssyndrome, Demenz, Delir, Angst- und Persönlichkeitsstörungen, Substanzabusus, Störungen des Sozialverhaltens, andere Verhaltensstörungen, Trennungsangst bei Kindern, ADHS u. a.) und vorliegende funktionelle Beeinträchtigungen exploriert werden. Der Eindruck wird ergänzt durch die Wahrnehmung und die klinische Bewertung nonverbaler Signale des Patienten (Wickert, 2007). »Situationsangepasst« bedeutet, dass aktuellen Umständen, die ein Assessment oder die Wirksamkeit von Interventionen beeinträchtigen könnten – wie etwa der Aufenthalt auf einer ICU, Beatmung, Koma, Chemotherapie, künstliche Ernährung, körperliche Begleiterkrankungen oder andere medizinische Maßnahmen –, Rechnung zu tragen ist. Abhängig davon kann ein Assessment längere Zeit schwierig oder auch unmöglich sein. Auch Bildung, soziökonomischer Status oder interkulturelle Unterschiede, etwa in Bezug auf Herkunft, Sprache, Kultur oder religiöse Überzeugung des Patienten, sind zu berücksichtigen. Das Hinzuziehen eines kultursensiblen Fachdolmetschers kann hier wesentliche Hilfe leisten.

Das *Anfertigen einer Problemliste* und der *Einsatz von Ratingskalen, standardisierten, strukturierten klinischen Interviews und Instrumenten* zur Erfassung bestimmter Untersuchungsbereiche (Selbst- und Fremdbeurteilung) kann sinnvoll sein (s. die folgende Auswahl in der Box). Diese sind reliabel und psychometrisch validiert. Referenzen sind über eine Internet-Suchmaschine zu erhalten. Einen umfassenderen Überblick geben Strauß und Schumacher (2005) sowie Schumacher et al. (2003).

Instrumente zur Erfassung bestimmter Untersuchungsbereiche
- Nach Unfällen
  - Injury Severity Score (ISS)
- Bei Tumorerkrankungen
  - Screening Tools for Measuring Distress (Seiten DIS-A ff. in NCCN, 2011)
- Psychopathologie
  - Comprehensive Psychopathological Rating Scale (CPRS)
  - Adolescent Psychopathology Scale (APS)
  - Strukturierte Klinische Interviews für DSM-IV I und II (SKID-I und II)
  - Diagnostisches Interview bei psychischen Störungen (DIPS)
  - International Personality Disorder Examination (IPDE)
  - Derogatis 90-Item Revised Symptom Checklist (SCL-90-R)
  - Brief Symptom Inventory (BSI)
  - Peritraumatic Dissociative Experiences Questionnaire (PDEQ)
  - Fragebogen zu Dissoziativen Symptomen (FDS)
  - State Anxiety Inventory (STAI)
  - Zung Self-Rating Anxiety Scale (SAS)
  - Hamilton Rating Scale for Anxiety (HAMA)
  - Hospital Anxiety and Depression Scale (HADS)
  - Simplified Acute Physiology Score (SAPS II)
  - Richmond Agitation-Sedation Scale (RASS)
- Akute Belastungsreaktion
  - Acute Stress Disorder Interview (ASDI)
  - Acute Stress Disorder Scale (ASDS)
  - Acute Stress Reaction Questionnaire (SASQR)
  - Interviews zu Belastungsstörungen bei Kindern und Jugendlichen (IBS-KJ)
- Hintergrund
  - General Health Questionnaire (GHQ)
  - Befindlichkeits-Skala (Bf-S)
  - Beschwerden-Liste (B-L)
  - Primary Care Evaluation of Mental Disorders (Prime-MD)
  - Clinical Global Impression – Severity Scale (CGI-S)
  - Clinical Global Impression – Improvement Scale (CGI-I)
  - Schedule of Recent Life Events Scale
  - Inventar zur Erfassung lebensverändernder Ereignisse (ILE)
  - Social Readjustment Rating Scale (SRRS)
  - Mehrdimensionaler Befindlichkeitsfragebogen (MDBF)
  - Beeinträchtigungs-Schwere-Score (BSS)

- Psychosoziale Ressourcen, Coping u. a.
  - Social Network Index (SNI, adaptierte Version des Social Support Questionnaire)
  - Fragebogen zur Sozialen Unterstützung (F-SozU)
  - Sense of Coherence Questionnaire (SOC)
  - Attributionsstilfragebogen für Erwachsene (ASF-E)
  - Fragebogen zur Erhebung von Kontrollüberzeugungen zu Krankheit und Gesundheit (KKG)
  - Freiburg Questionnaire of Coping with Illness (FQCI)
  - Trierer Skalen zur Krankheitsbewältigung (TSK)
  - Berner Bewältigungsformen (BEFO)
  - Response Styles Questionnaire (RSQ-D)
  - Subjektive Einschätzung der Schwere der Erkrankung und Erholungsfähigkeit (Likert Skala)
  - Suicide Probability Scale (SPS)
  - Stressverarbeitungsfragebogen (SVF 120) und Kurzform (SVF 78)
  - Coping Inventory for Stressful Situations (CISS)
  - Trierer Inventar zum Chronischen Stress (TICS)
  - Coping with Burns Questionnaire (CBQ)
  - Burns Psychology Assessment Tool (BPAT)
  - Fragebogen zur Erfassung von Ressourcen und Selbstmanagementfähigkeiten (FERUS)
  - Skala zur Erfassung der Selbstakzeptierung (SESA)
  - Beck Hopelessness Scale (BHS)
  - Skalen zur Erfassung von Hoffnungslosigkeit (H-Skalen)
  - Fragebogeninventar zur mehrdimensionalen Erfassung des Erlebens gegenüber Sterben und Tod (FIMEST)

Weitere Instrumente für Patienten mit Tumorerkrankungen bieten Holland et al. (2006), für solche mit Verbrennungen zeigt Tabelle 3 in Klinge et al. (2009) eine zusätzliche Auswahl. Diagnostische Instrumente für verschiedene Untersuchungsbereiche bei Kindern und Jugendlichen (und den Eltern) in der Onkologie sind von der GPOH (2008, S. 14–16) zusammengestellt. Diese Instrumente können auch bei Verbrennungen oder Querschnittssyndromen der Patientengruppe verwendet werden. Im Einzelfall können zur differentialdiagnostischen Abklärung auch neuropsychologische Testverfahren herangezogen werden.

V) Schließlich folgt ein *orientierender Neurostatus* mit *neuroradiologischer Beurteilung* einer möglichen organischen Beeinträchtigung des Zentralnervensystems (unmittelbare Verletzung des ZNS, ZNS-Metastasen usw.). Komplexe neurologische Symptome erfordern ein neurologisches Fachkonsil.

VI) Abschließend sind ein *kontinuierliches Reassessment in angemessenen Zeitintervallen* (evtl. Stunden oder weniger!) und eine *langfristige Verlaufsbeobachtung und Begleitung* wichtig. In der Akutphase sollte der Betroffene nicht alleingelassen werden!

Der hier beschriebene Ablauf der diagnostischen Schritte I bis VI ist als Orientierung zu verstehen. Ein phasenangepasstes, individuell bedarfs- und situationsgerechtes sowie fließendes Vorgehen ist vorzuziehen. Es ist essenziell, die Angemessenheit des Vorgehens in der jeweiligen Situation und unter den betreffenden Umständen ständig neu zu hinterfragen. Wichtig ist, wo der Patient steht! Daher kann eine Modifikation der Reihenfolge oder ein Überspringen der Schritte notwendig werden. In Fällen akuter

Dekompensation ist oft nur wenig Zeit verfügbar, so dass eine interventionelle Maßnahme bereits nach Schritt I/II zu prüfen ist. Als Indikationen, die Notwendigkeit einer psychologischen Intervention zu prüfen, gelten außerdem Suizidalität, Suchtverhalten, andere psychische Komorbiditäten und nicht kontrollierbare Schmerzen. Auch Überlastungssymptome bei Angehörigen oder andere Schwächungen der persönlichen Ressourcen begründen ein Assessment.

10.4 Interventionen

Ziele einer akuten Krisenintervention sind die schnelle Entlastung von persönlichem *Distress* sowie das Unterstützen einer günstigen Krankheitsverarbeitung und der Bewältigung der Folgen der Erkrankung und ihrer Therapie aus eigener Kraft. Wichtig für den Patienten und seine Krankheitsbewältigung sind dabei der Wiedergewinn von Autonomie und Selbstbestimmung sowie das Herbeiführen von Selbstwirksamkeit, Selbststeuerung und Kontrollfähigkeit. Von großer Bedeutung sind außerdem der Erhalt und die Verbesserung der Lebensqualität. Pearlin und Schooler (1978) messen eine erfolgreiche Verarbeitung daran, ob der Patient wieder in der Lage ist, seine Gefühle zu regulieren, ein Selbstwertgefühl zu halten, selbständig Aktivitäten zu planen und auszuführen sowie soziale Kontakte zu unterhalten. Eine akute Krisenintervention ist supportiv orientiert und arbeitet genau an einer solchen erfolgreichen Verarbeitung. Durch frühzeitigen Abbau des Bewältigungsdefizits soll die Verfestigung der akuten Krise in eine ausgedehntere Traumafolgestörung verhindert und ihre spontane Rückbildung erreicht werden. Auch die Intervention muss flexibel auf die bestehende Situation und Ursache ausgerichtet sein und pragmatisch und problembezogen die individuellen Bedürfnisse des Patienten berücksichtigen. Sie sollte, wenn möglich, während des Auftretens der Krise erfolgen.

10.4.1 Akute psychosoziale Krisenintervention

Für das interventionelle Vorgehen hat sich auch im klinischen Setting das schrittweise Abarbeiten des STTOP-Schemas (*S*tabilization, *T*alking and *T*eaching, *O*perating, *P*eers) (modifiziert nach Herzog, 2004) bewährt, das stationär oder ambulant und bedarfsgerecht verwendet werden kann. Die einzelgesprächstherapeutischen Module können unspezifisch angewendet, aber auch spezifisch auf bestimmte Krisenzusammenhänge zugeschnitten werden. Wie die Diagnostik, so sind auch sie dem individuellen Patienten stets im Hinblick auf seine Sprache, Kultur, den Bildungsgrad, sein Alter sowie seine aktuelle körperlich-therapeutische Situation anzupassen. Kontrollierte Studien zur Evaluation der Wirksamkeit der Krisenintervention mit STTOP bei Querschnittserkrankungen, Brandverletzungen oder in der Psychoonkologie stehen derzeit noch aus.

Im Folgenden seien die STTOP-Module skizziert:

Ziel des (ersten) Moduls »Stabilization« ist die emotionale Stabilisierung des Betroffenen durch Entlastung. Der Therapeut entfaltet hier eine vergleichsweise intensive und direktive Aktivität. Nach kurzer situativer Einschätzung trifft er mit dem Patienten Vereinbarungen und macht Vorgaben. Praktisch heißt das:

■ Herstellung von Distanz zum Krisenaus-

löser, soweit dieser kurzfristig identifizierbar und soweit möglich;
- den Patienten nicht alleine lassen;
- den Patienten da abholen, wo er steht, auch in Bezug auf die Phasen I bis III. Beachte: Einengung des Bewusstseins, reduzierte Wahrnehmung, Aufmerksamkeit und Aufnahmefähigkeit sind möglich;
- einen geschützten Rahmen schaffen, Abschirmen des Patienten gegenüber belastenden Reizen (Hektik, Lärm, grelles Licht auf der ICU usw.) und Gestalten einer günstigen sensorischen Umgebung (Beleuchtung, Hintergrundmusik, Gerüche, Mobiliar usw.);
- positiven Einfluss auf eine belastende äußere Umgebung ausüben und Reduktion von Sekundärstress (etwa durch dekompensierende Angehörige usw.);
- Achtung der Intimsphäre;
- Eindämmen der vorherrschenden Symptomatik und affektiven Überflutung, Abschwächen der emotionalen und Stärken der kognitiven Ebene, Beruhigen, Entdramatisieren, Erden, Normalisieren;
- Abklärung einer möglichen Suizidalität und Behandlung bei drohender Eigen- oder Fremdgefährdung, gegebenenfalls Suizidvertrag;
- Vermittlung subjektiver und objektiver (innerer und äußerer) Sicherheit;
- Stabilisierungsübungen (z. B. imaginative Verfahren);
- Scham nehmen;
- Erkennen und Berücksichtigung basaler Bedürfnisse (Flüssigkeit, Nahrung, Körperpflege etc.);
- vorübergehende Akzeptanz dysfunktionalen Verhaltens als Bewältigung, keine Konfrontation.

Im zweiten Modul »Talking and Teaching« stehen Emotionsregulation, Zuhören und Psychoedukation im Vordergrund. Hierbei sind von Bedeutung:
- Aufbau einer stabilen, dem Patienten Halt gebenden Beziehung; der Patient muss den Therapeuten als Verbündeten erleben; es sollte möglichst eine konstante Bezugsperson geben;
- non-direktive Aufnahme und Weiterentwicklung des Kontakts;
- empathische und fürsorglich-unterstützende Grundhaltung des Therapeuten;
- Vermittlung von Respekt, Wertschätzung, Einfühlungsvermögen und Mitgefühl;
- unaufdringliches Zuwenden, nicht fordernd wirken, Vertrauen aufbauen;
- den Patienten bei der Kommunikation freundlich ansehen, gegebenenfalls berühren, z. B. die Hand oder den Unterarm, jedoch nicht den Kopf;
- Anteilnahme und aktives, verständnisvoll-wohlwollendes Zuhören ohne Bewertung, Interpretation, Bagatellisierung oder eine sofortige Suche nach Lösungen;
- Validierung;
- beruhigender salutogenetischer Zuspruch und die Vermittlung von Zuversicht, dabei aber keine beschönigende Verzerrung der Wirklichkeit;
- einen Zugang zum aktuellen Erleben des Patienten finden, der Versuch des Verstehens seiner inneren Not sowie der gesamten Situation (*big picture*);
- Anerkennen des *Distress*;
- vorläufige Akzeptanz einer intrapsychischen Konfliktabwehr (Regression, Verschiebung, Unterdrückung, Vermeidung, Rationalisierung, Isolation, Verdrängung u. a.), aber kein Aufdecken von Konflikten;
- den Patienten ermutigen, belastenden

Emotionen Ausdruck zu geben, ihn aktiv darauf ansprechen, dabei stützen, kanalisieren, neu ausrichten, umformen, ausleben;
- Schuldgefühle mildern oder relativieren;
- aktives Wenden maladaptiver Kognitionen ins Positive;
- bei Dissoziation aktive Unterstützung beim Durchbrechen (adäquate sensorische Reize, Skills);
- Empfehlungen für aktuelles Verhalten geben und Hemmung dysfunktionaler Anteile;
- vorsichtige Suche nach dem Krisenauslöser sofern er unbekannt ist, um Ordnung der Gedanken des Patienten und Verständnis der Krisenursache zu fördern; dies erleichtert den notwendigen Abstand;
- Respektieren von persönlichen Grenzen des Patienten;
- situationsangepasstes und dosiertes Erklären der kausalen Zusammenhänge und des möglichen kurzfristigen und langfristigen Verlaufs der psychischen Destabilisierung (Psychoedukation, Informationsvermittlung, ggf. individuelles Störungsmodell), strukturieren, sich versichern, dass der Patient alles verstanden hat;
- Zusichern der Kontinuität der Unterstützung.

Ziel des Moduls »Operating« ist dann die bestmögliche Wiederherstellung einer psychischen und praktischen Handlungsfähigkeit des Patienten. Hierzu gehören:
- Unterstützung bei der kognitiven, emotionalen und behavioralen Entwicklung erster Bewältigungsstrategien (*adaptive coping*); ungünstig dabei sind Vermeidungsverhalten, vermehrtes Grübeln, Wunschdenken, Gedankenkreisen, Schuldzuschreibungen und Selbstbeschuldigungen; Änderung kognitiver Muster;
- Aufdecken und Generieren von persönlichen und sozialen Ressourcen und Hilfe bei deren Aktivierung;
- Erarbeiten eines praktischen Handlungsplans für den Tag und die Folgezeit unmittelbar nach der Krise;
- Bemühen um Mitbestimmung und Wiedererlangen von Eigenverantwortung, Autonomie und Selbstkontrolle des Patienten; aktives Entgegenwirken in Bezug auf Gefühle wie Hilflosigkeit und Ausgeliefert-Sein;
- Vermittlung und Bewahren der Hoffnung auf eine positive Lösung der aktuellen Situation und gegebenenfalls des übergeordneten Problems;
- Entwicklung von Lösungen mit Alternativen für spezielle Probleme;
- Orientierung geben, wie es in der Zukunft positiv weitergehen kann;
- Erfragen und Durchführen von für den Patienten wichtigen Ritualen;
- Entwicklung, Verbesserung und Ausüben von individuellen Fertigkeiten (*skills*) zur Emotionsregulation, Stresstoleranz und Achtsamkeit;
- Entspannungsverfahren und gegebenenfalls psychologische Schmerzbewältigung;
- Stärkung von Motivation, Selbstbewusstsein und Selbstwertgefühl (irrationale Kognitionen, die intern an den Selbstwert gekoppelt sind, können durch die Krisenursache negativ verstärkt werden).

Das Modul »Peers« schließlich mobilisiert eine soziale Unterstützung für den Patienten, die bei Verbrennungsopfern (Gilboa,

2001; Klinge et al., 2009), Krebserkrankungen (Adler & Page, 2008) und Tetra-/Paraplegie als prognoserelevant beurteilt wird:
- Aktivierung des sozialen Netzes; zunächst werden Angehörige und direkte Bezugs- oder Vertrauenspersonen, später auch Bekannte, Freunde, Betreuer, Sozialarbeiter u. a. angesprochen;
- Stärkung weiterer vorhandener sozialer Ressourcen;
- Hilfe bei der sozialen Reintegration, wenn dies relevant ist;
- bei Bedarf für geistliche Betreuung sorgen (*chaplaincy and spiritual assessment*) (Seite DIS-19ff. in NCCN, 2011).

Zu beachten ist allerdings, dass nicht selten Angehörige selbst durch Überlastung und Erschöpfung dekompensieren können und eine kriseninterventionelle Mitversorgung bei ihnen ebenfalls notwendig werden kann. Dies kann v.a. betroffene Kinder stark beeinträchtigen, deren Eltern erkrankt sind.

In allen STTOP-Modulen können bei Bedarf und für bestimmte Anwendungen auch spezielle psychotherapeutische Interventionen, Übungen oder Techniken unterstützend zum Einsatz kommen. Details sind der Fachliteratur zu entnehmen. Begleitend zum STTOP-Schema ist die Milderung anderer belastender körperlicher und psychischer Beschwerden wie Schmerzen, Schlafstörungen oder Nebenwirkungen von Therapien anzustreben. Eine State-of-the-Art-Schmerztherapie ist bei allen drei Patientengruppen besonders wichtig. Sie hat auch präventive Funktion bezüglich der Entwicklung einer akuten Belastungsreaktion (ASD) und einer PTBS. Im Akutstadium der Krise kann unter Beachtung der Kontraindikationen die *punktuelle* und *symptomorientierte* Gabe eines Anxiolytikums oder Hypnotikums hilfreich sein (vgl. Holsboer et al., 2008, S. 940–45), ebenso wie eine medikamentöse Unterstützung bei suizidaler, psychotischer, dissoziativer, stuporöser und anderer psychopathologischer Symptomatik (vgl. ebd., S. 1050–55).

Bei starker Ausprägung der Symptome oder fehlendem Coping und mangelnden Ressourcen kann eine anschließende *supportive Psychotherapie* sinnvoll sein, wie sie für die klinische Medizin von Freyberger und Speidel (1976) beschrieben wurde. Ihr Ziel sollte es sein, die Fähigkeit des Patienten zur langfristigen Bewältigung und nachhaltigen Anpassung an die »neue« Realität zu fördern und so eine Stabilisierung der Krankheitsverarbeitung zu erreichen. Der Therapeut geht auch hierbei proaktiv vor und versucht, Stück für Stück und mit klärenden und stützenden Ansätzen, Hilfe bei der Lösung komplexer praktischer Probleme zu geben sowie den Patienten in der zukünftigen Lebensführung zu beraten und seine weitere emotionale Entlastung zu fördern. Durch die ersatzweise Übernahme geschwächter Ich-Funktionen des Patienten soll auch die innere Umgebung des Patienten stabilisiert werden. Der Betroffene soll im Verlauf bis an die persönlichen Grenzen seiner existenziellen Angst geführt werden, wo er durch geführte Konfrontation mit der Erkrankung (erweitertes individuelles Störungsmodell) lernen soll, ihrer Existenz und ihren Folgen standzuhalten, um dann mit ihr neue Werte und Perspektiven zu entwickeln. Zudem soll äußere Hilfe bei beruflichen, familiären oder anderen psychosozialen Belastungen angeboten werden.

Zur therapeutischen Arbeit sollten auch Elemente der Trauerarbeit, Entspannungstechniken, Hilfe bei der Sinnfindung sowie

Informationsvermittlung in Bezug auf den Krisenauslöser bzw. die Grunderkrankung, ihren antizipierten Verlauf und die Therapieoptionen gehören. Heilungsaussichten, rehabilitatives Potential und Prognose sollten nicht beschönigt oder vorenthalten werden, sondern wahrheitsgemäß, aber situationsangepasst und einfühlsam mitgeteilt und bei Bedarf aktualisiert (!) werden. Wichtig ist, täglich mit Rückfällen beim Patienten oder seinen Angehörigen zu rechnen, insbesondere bei der Aufklärung. Das Monitoring der Symptomentwicklung im Verlauf (*reassessment*) hat daher eine kritische Bedeutung. Weiterführende bzw. sich entwickelnde komplexere psychische Folgestörungen sind fachtherapeutisch zu diagnostizieren und weiterzubehandeln, wobei die Möglichkeit einer Frühintervention zu prüfen ist.

10.5 Besonderheiten

10.5.1 Schwere Wirbelsäulenerkrankungen mit Tetra-/Paraplegie

Patienten mit einer Querschnittslähmung sind oft unvorbereitet und wie aus heiterem Himmel von der Erkrankung betroffen. Plötzlich erscheint nichts mehr selbstverständlich und die normale Wirklichkeit wird auf sämtlichen Ebenen der körperlichen, seelischen, geistigen und sozialen Integrität erschüttert (*shattered reality*). Vieles wird als bedrohlich erlebt und die Patienten schlittern häufig in eine tiefe Selbstwertkrise mit starken Gefühlen von Minderwertigkeit. Besonders schwierig sind für die Betroffenen die Abhängigkeit und der Autonomieverlust im täglichen Leben. Fragen nach dem Sinn des zukünftigen Lebens, Fragen danach, wie der Körper in Zukunft akzeptiert werden soll oder wie sich ihre Lieben und Freunde verhalten werden, erzeugen Angst. Blasen- und Mastdarmlähmungen sind mit intensiven Gefühlen von Scham und dem Verlust von Intimität und Würde verbunden. Eine irreversible sexuelle Funktionslosigkeit kann sehr belastend sein. Auch andere sekundäre Folgen können zusätzlich traumatisierend oder kränkend wirken und so die Krisenanfälligkeit erhöhen. Hinzu kommen weitere Symptome der jeweiligen Ursache (Wirbelfrakturen, Tumoren, MS usw.) sowie die läsionsabhängigen neurologischen Probleme – inklusive vegetativer Entgleisungen und Kreislaufregulationsstörungen mit Komplikationen wie hypoxischem Nierenversagen oder Schocklunge (ARDS) –, die den Aufenthalt auf einer Intensivstation erforderlich machen.

In jedem Abschnitt des Verlaufs einer Tetra-/Paraplegie (Akutphase, Liegephase, Mobilisierungsphase und Reintegrationsphase) stellen sich dem Betroffenen daher unterschiedliche Anforderungen, die seine Anpassung und äußere bzw. innere Verarbeitung betreffen. Bei Letzterer durchschreitet der Betroffene häufig fünf unterschiedlich lange Phasen, die jeweils sehr individuell verlaufen und sich in Abhängigkeit von Ressourcen, Coping und prämorbider Persönlichkeit wiederholen oder verlängert bzw. übersprungen werden können; diese Phasen sind: 1.) Fassungslosigkeit und Verleugnung, 2.) Wut, Ärger, gegebenenfalls Anschuldigungen, 3.) Nichtwahrhaben-Wollen, Hoffnung und Feilschen um Heilung, 4.) reaktive Depressivität, innerer Rückzug (Suizidgefahr!) und 5.) Akzeptanz (Phase tritt in manchen Fällen nicht auf). Ihre psychisch-symptomatologische Entsprechung finden sie in den Phasen *impact*, *realization* und *maladaptation*

(s. vorne den Abschnitt »Psychische Reaktionen«). Ihr Ablauf zeigt interessanterweise große Ähnlichkeit mit dem Phasenmodell des Sterbens von E. Kübler-Ross (*denial, anger, bargaining, depression, acceptance*), womit die Anpassungsleistung »Sterben lassen der alten Existenz« (*letting die the former existence*) bei Tetra-/Paraplegikern in Verbindung gebracht wird. Interventionsrelevante akute Krisen können in allen Abschnitten bzw. Phasen (1 bis 5) auftreten. Weiterführende Informationen zur psychosozialen Problematik nach einer Rückenmarksverletzung gibt die American Psychological Association in den Abschnitten »Spinal Cord Injury« und »Sexuality and Disability« (APA, 2011).

10.5.2 Brandverletzungen

Bei Patienten mit schweren Brandverletzungen gibt es nach heutigem Verständnis eine insgesamt hohe Komplexität und Variabilität bei Entwicklung und Verlauf von psychischen Anpassungsstörungen (Gilboa, 2001; Klinge et al., 2009). Durch die Fortschritte in der modernen Intensivmedizin überleben heute zunehmend mehr Patienten auch mit kritisch verbrannter Körperoberfläche. Dementsprechend kommen aber belastende kosmetische Probleme, chronische Schmerzsyndrome oder funktionelle Behinderungen und daher schwere seelische Schäden mit tiefgreifenden psychischen Folgeproblemen und Dekompensation immer häufiger vor – und dies vom Zeitpunkt der Verletzung an über die Heilung und bis hin zur Rehabilitation des Patienten. Fragen nach der Lebensqualität und dem Sinn des weiteren Lebens rücken so ebenfalls in den Vordergrund. Bis zu 30 % der Erwachsenen entwickeln nach schweren Verbrennungen mittelgradige bis schwere psychische und soziale Folgeprobleme, bei Kindern sind es noch mehr.

Das emotionale und sensorische Erleben von Hitze, Feuer und Rauch ist außerdem mit heftigeren Reaktionen der Psyche und einem höheren Risiko für Folgeerkrankungen verbunden als andere Verletzungen. Hinzu können, etwa wenn größere Menschenmassen betroffen sind, weitere erschwerende Faktoren wie aggressives Gedränge oder die Wahrnehmung des Leides anderer kommen. Bei einem akuten Brand steht dabei initial nicht immer Schmerz, sondern häufig ein Schockzustand mit psychischer Analgesie, extremer Angst, Schrecken und einer unmittelbaren Konfrontation mit dem eigenen Tod im Vordergrund. Verbrennungsopfer zeigen daher mehr Angst und sind psychisch stärker »betäubt« als andere traumatisierte Patienten. Zusammen mit akuten Dissoziationen könnte Letzteres als Dämpfung der belastenden Wahrnehmungen der – später durch Schmerzen beeinträchtigten – Patienten interpretiert werden. Dissoziationen wiederum verhindern die Verarbeitung traumarelevanter Informationen und tragen so zur Löschungsresistenz der aversiven Erfahrung bei. Nach einer Brandkatastrophe ist bei den Patienten ihr instinktives Verhalten – dass sie geflohen sind bzw. sich gerettet haben – häufig auch mit intensiver Schuld und Scham verbunden, wenn nämlich andere Betroffene zu Schaden kamen. Dies kann nachfolgend zu einer moralischen Auseinandersetzung des Patienten mit seinem Tun führen, die ihn zusätzlich schwächt.

Nach psychoanalytischer Vorstellung hat die Haut als integrierendes Organ des Körpers zudem ähnliche Funktionen in der Psyche (*skin-ego*). Ihre Verletzung kann dementsprechend von Gefühlen der Desintegration, existenziellen Angst und Identitätsproblemen begleitet sein (Gilboa, 2001). Als problematisch gelten v. a. sichtbare Verbrennungen des Gesichts und der Hände, die mit Angst vor Zurückweisung und dem Verlust von Liebe und Wertschätzung verbunden sind. Das kann nachgeordnet zu sozialem Rückzug, Isolation und schlimmstenfalls zum »sozialen Tod« (social death) führen. In Verbindung mit den oft starken und lang anhaltenden Schmerzen bei einem Verbandswechsel und einer Physiotherapie sowie den oft jahrelangen therapeutischen Maßnahmen können diese Umstände zu dauerhaftem Stress und chronischer emotionaler Erschöpfung (emotional scarring) führen. Es gibt Hinweise auf verzögerte Traumareaktionen bei Brandverletzten, bei denen eine sehr lange und schmerzvolle Rehabilitation erforderlich war. Bei oft lebenslanger körperlicher und ästhetischer Beeinträchtigung können diese Patienten, wenn sie keine persönlichen Ressourcen haben, permanente psychische Folgeerkrankungen entwickeln. Das kann die individuelle Krisenfestigkeit weiter schwächen.

Eine weitere Besonderheit bei schweren Verbrennungen (und auch bei finalen Tumorerkrankungen) ist der Umstand, dass der häufig monatelange Verlauf der Erkrankung und Therapie für die Betroffenen nicht selten äußerst qualvoll und von starken Schmerzen und Todesangst begleitet ist (Gilboa, 2001). Einige Patienten treten dabei in einen möglicherweise langsamen Sterbeprozess ein und stehen dann kurz davor, alles zu verlieren – ihre Familie, ihr Zuhause und ihr Leben. Viele Betroffene spüren, dass sie sterben werden, und suchen dann nach Bestätigung dafür, um sich innerlich und äußerlich auf den Tod vorbereiten zu können. Aufrichtigkeit, Mitgefühl und eine Krisenbegleitung, welche die menschliche Würde achtet und erhält, sind hier besonders wichtig, damit sich der Patient in seinen tiefen seelischen Bedürfnissen angenommen fühlen kann.

Alle erwähnten Aspekte sollten nach Möglichkeit bei der akuten Krisenintervention in Diagnostik und Behandlungsplanung Eingang finden und unterstreichen eine wirksame und nachhaltige Schmerztherapie bei Brandverletzten. Abschließend sei erwähnt, dass das Personal in Zentren für Verbrennungsmedizin emotional besonders stark beansprucht ist und negative oder fatalistische Grundstimmungen bei ihm auf Patienten besonders demoralisierend wirken können. Dies betont die Wichtigkeit einer psychosozialen Unterstützung der Patienten und von Präventivmaßnahmen beim Personal. Der Abschnitt »Burn Injuries« (APA, 2011) stellt weitere Literatur zur Thematik zusammen.

10.5.3 Tumorerkrankungen

Ähnlich wie bei Tetra- bzw. Paraplegikern zeigen auch die Bewältigungsphasen bei Tumorpatienten eine große Übereinstimmung mit den von Kübler-Ross beschriebenen Sterbephasen. Unterschiedliche Tumoren werden von Patienten allerdings subjektiv unterschiedlich bewertet. Hirntumoren, Tumoren der Genitalorgane und Hauttumoren werden häufig als »katastrophal« wahrgenommen, Leukämien dagegen als »harmloser« eingestuft. Untersuchungen in den Vereinigten Staaten ergaben, dass die Patienten in 20 bis 40 % aller Fälle bei Neudiagnose oder Rezidiv einer Tumorerkrankung unter belastendem Distress litten, aber dass nur weniger als 10 % identifiziert und konsiliarisch überwiesen wurden (Seite MS-1 in NCCN, 2011).

Im Vergleich zu den bisher noch ungünstigeren Verhältnissen bei Patienten mit Querschnittssyndromen oder Schwerstbrandverletzungen ist die psychosoziale Versorgung von Tumorpatienten in den letzten Jahren umfangreich weiterentwickelt und standardisiert worden (Psychoonkologie, psychosoziale Onkologie). Denn psychosoziale Interventionen, inklusive der Hilfe bei der akuten Krisenbewältigung, reduzieren effektiv den *Distress* von Tumorpatienten und erhöhen ihre Lebensqualität (Adler & Page, 2008). Einen umfangreichen Leitfaden für das Management bietet das National Comprehensive Cancer Network (NCCN, 2011). Dort sind evidenz-basierte interventionelle Therapien und weitere Empfehlungen aufgeführt (Seite MS-8ff.), und es wird weiterführende Literatur genannt (Seite REF-1ff.). Darüber hinaus stellen verschiedene Organisationen auf ihren Homepages weiterführende Informationen und Literatur zusammen.[1] Detaillierte Untersuchungen zur Häufigkeit und Wirksamkeit auslöserspezifischer akuter Kriseninterventionen bei verschiedenen Tumorarten sind nur schwer unter kontrollierten Bedingungen durchzuführen und liegen derzeit noch nicht vor. Aus dem psychosozialen Belastungspotential einer Tumorerkrankung, ihrer Therapie und dem klinischen Alltag in der Onkologie lässt sich ihr therapeutischer Nutzen jedoch unschwer ersehen.

10.5.4 Kinder

Die akute Krisenintervention und supportive Therapie bei Kindern erfordert eine spezielle Ausbildung. Kinder können im Rahmen einer Belastungs- oder Anpassungsstörung regressive Phänomene wie Daumenlutschen, Anklammern, Babysprache, Mutismus, Enuresis, Enkopresis und andere Zeichen entwickeln. Auch Verhaltens- und Entwicklungsauffälligkeiten werden beobachtet. Für Kinder gelten zusätzliche und zum Teil andere Risiko- und Schutzfaktoren. Bei Krebserkrankungen wird beobachtet, dass sie, abhängig von ihrem Alter und Entwicklungsstand, oft noch kein ausreichendes Verständnis ihrer Erkrankung haben und sich außerhalb direkter körperlicher Beeinträchtigungen häufig am Verhalten und *Distress* der Eltern orientieren. Zudem fehlen häufig noch die sprachliche Ausdrucksfähigkeit und die Reife zur Erfassung psychisch-emotionaler Vorgänge, auch bei akuten Krisen, was jedoch über die starke Belastung bei deren Auftreten nicht hinwegtäuschen darf. Phasenspezifische Besonderheiten und Therapieleitlinien für die psychoonkologische Intervention, inklusive Krisenintervention (*Integrierte Psychosoziale Komplexbehandlung*) und supportive Therapie, bei Kindern und Jugendlichen sowie weitere Informationen hat die Gesellschaft für Pädiatrische Onkologie und Hämatologie (GPOH, 2008) zusammengestellt. Auf weitere Fachliteratur wird von der American Psychological Association (vgl. den Abschnitt »Pediatric Rehabilitation« in APA, 2011) hingewiesen.

---

[1] Deutsche Arbeitsgemeinschaft für psychosoziale Onkologie e.V.: http://www.dapo-ev.de;
Arbeitsgemeinschaft Psychoonkologie in der Deutschen Krebsgesellschaft e.V.: http://www.pso-ag.de;
Weiterbildung Psychosoziale Onkologie – WPO e.V.: http://www.wpo-ev.de;
American Psychosocial Oncology Society (APOS): http://www.apos-society.org;
International Psycho-Oncology Society (IPOS): http://www.ipos-society.org.

10.6 Literatur

Adler N. E. & Page A. E. K. (Hrsg.) (2008). *Cancer care for the whole patient – meeting psychosocial health needs.* Washington, D. C.: National Academy Press.

APA (2011). Selected readings in rehabilitation psychology (Topics: Burn Injuries, Pediatric Rehabilitation, Psychological Adjustment to Disability, Sexuality and Disability, Spinal Cord Injury et al.). Compiled by Division 22 of the American Psychological Association. http://www.div22.org/educ_read.php (Zugriff: 24. 2. 2011).

Freyberger H. & Speidel H. (1976). Die supportive Psychotherapie in der klinischen Medizin. *Bibliotheca Psychiatrica*, 152, 141–196.

Gesellschaft für Pädiatrische Onkologie und Hämatologie (GPOH) (2008). *Leitlinie Psychosoziale Versorgung in der Pädiatrischen Onkologie und Hämatologie – Langfassung* (GPOH). http://www.awmf.org/uploads/tx_szleitlinien/025-002l.pdf (Zugriff: 24. 2. 2011).

Gilboa D. (2001). Long-term psychosocial adjustment after burn injury. *Burns*, 27, 335–341.

Herzog G. (2004). Psychologische Aspekte von Großschadensereignissen und Katastrophen. In: Friedmann A., Hofmann P., Lueger-Schuster B., Steinbauer M. & Vyssoki D. (Hrsg.). *Psychotrauma*. Wien: Springer, 186 f.

Holland J. C., Greenberg D. B. & Hughes M. K. (Hrsg.) (2006). *Quick reference for oncology clinicians: The psychiatric and psychological dimensions of cancer symptom management.* Charlottesville, VA: IPOS Press.

Holsboer F., Gründer G. & Benkert O. (Hrsg.) (2008). *Handbuch der Psychopharmakotherapie.* Heidelberg: Springer.

Klinge K., Chamberlain D. J., Redden M. & King L. (2009). Psychological adjustments made by postburn injury patients: An integrative literature review. *Journal of Advanced Nursing*, 65, 2274–2292.

NCCN (2011). Distress Management. Version 1.2011. In: National Comprehensive Cancer Network (NCCN), NCCN Clinical Practice Guidelines in Oncology (NCCN Guidelines). http://www.nccn.org (Zugriff 24. 2. 2011).

North N. T. (1999). The psychological effects of spinal cord injury: A review. *Spinal Cord*, 37, 671–679.

Pearlin L. I. & Schooler C. (1978). The structure of coping. *Journal of Health and Social Behavior*, 19, 2–21.

Schumacher J., Klaiberg A. & Brähler E. (Hrsg.) (2003). *Diagnostische Verfahren zu Lebensqualität und Wohlbefinden.* Göttingen: Hogrefe.

Strauß B. & Schumacher J. (Hrsg.) (2005). *Klinische Interviews und Ratingskalen.* Göttingen: Hogrefe.

Wickert M. (2007). Psychoonkologie. In: Bokemeyer C. (Hrsg.). *Aktuelles zur Verbesserung der Lebensqualität in der Onkologie: Behandlung von Anämie, Übelkeit und Erbrechen und Schmerz bei Tumorpatienten.* 2. Aufl., Bremen: Uni-Med, 80 f.

CHRISTINE KNAEVELSRUD UND PHILIPP KUWERT

11. Internet-Therapie

In den letzten Jahren wurden verschiedene wirksame Therapieansätze zur Behandlung Posttraumatischer Belastungsstörungen (PTBS) entwickelt. In mehreren Metaanalysen hat sich wiederholt gezeigt, dass sich insbesondere kognitiv-behaviorale Ansätze als wirksam in der Behandlung einer PTBS erweisen (u. a. Bisson & Andrew, 2007). Trotz der eindrücklichen Evidenz für diese Verfahren sind diese weder weit verfügbar noch werden sie routinemäßig eingesetzt (u.a. Elhai et al., 2005). Darüber hinaus ist die Anzahl derer, die Behandlungen aufsuchen, erschreckend niedrig. Zahlen von Kriegsveteranen, Kriminalitätsopfern und Vergewaltigungsopfern zeigen, dass selten mehr als 25–40 % derjenigen mit deutlichen psychischen Belastungen professionelle Hilfe aufsuchen (u.a. Hoge et al., 2004). Als Gründe werden geographische und terminliche Verfügbarkeit der Therapien, eingeschränkte Mobilität sowie Stigmatisierungsängste der Betroffenen angeführt. Hinzu kommt, dass gerade das Erleben von Scham und Schuld eine häufige Begleiterscheinung der Posttraumatischen Belastungsstörung ist. Dies kann das Sich-Öffnen in der konventionellen Psychotherapie von Angesicht zu Angesicht maßgeblich erschweren und eine erhebliche Einstiegsbarriere hinsichtlich der Inanspruchnahme psychotherapeutischer Unterstützung darstellen.

Durch die visuelle Anonymität des onlinegestützten Kontaktes empfinden es viele Betroffene als leichter, über ihre traumatischen Erfahrungen zu sprechen (Knaevelsrud et al., 2004). Die Fortschritte der neuen Kommunikationstechnologien eröffnen ein bisher kaum erschlossenes Potential zur Erweiterung der derzeitig verfügbaren psychotherapeutischen Behandlungsmöglichkeiten. Durch die geographische und zeitliche Unabhängigkeit internet-basierter Therapieangebote und die visuelle Anonymität bietet die Onlinetherapie eine realistische und potente Behandlungsalternative für diese Gruppe. Das Angebot einer Onlinetherapie umfasst ein breites Spektrum an Kommunikationsmedien wie z.B. Telefon, Videoübertragungen und Internetapplikationen (Chat, E-Mail) als therapeutische Kommunikationskanäle. Darüber hinaus werden die neuen Medien zur Informationsvermittlung, Psychoedukation und Selbsthilfe eingesetzt.

Im Folgenden werden nach einer Einführung exemplarisch einzelne Informationsangebote, Selbsthilfeapplikationen sowie therapeutengestützte Onlinetherapien für PTBS-Patienten vorgestellt.

11.1 Die PTBS und die neuen Kommunikationsmedien

Im Internet findet sich eine Vielzahl von Webseiten, die sich ausschließlich an Überlebende sexueller Gewalt, lebensbedrohlicher Krankheiten oder von Naturkatastrophen richten. Gewöhnlich bieten diese Webseiten themenbezogene Informationen an und bieten Diskussionsforen, in denen individuelle Erfahrungen ausgetauscht werden können. Offensichtlich nutzt eine erhebliche Anzahl Betroffener diese Medien zur Erfahrungsbewältigung. Das Internet bietet eine geschützte Umgebung, in der die Teilnehmer/Betroffenen das Maß an geteilter Intimität gut kontrollieren und regulieren können. Diese Art der Kommunikation reduziert das soziale Risiko und Hemmungen und fördert das Offenbaren schmerzhafter Erfahrungen oder schambesetzter Gedanken.

Van de Werker und Prigerson (2004) präsentierten erste Daten bezüglich eines protektiven Effekts der Internetnutzung bzw. des E-Mail-Austausches bei Trauernden (N = 293). Die Autoren untersuchten den Umfang der internetbasierten Kommunikation nach dem Verlust einer nahestehenden Person zu verschiedenen Zeitpunkten und fanden einen protektiven Effekt der Internetnutzung bezüglich sekundärer psychischer Störungen und eine Verbesserung der Lebensqualität. Auch im Fall von Großschadensereignissen und Massenkatastrophen (wie z. B. nach dem Tsunami im Jahre 2006) bietet das Internet die Möglichkeit, Informationen, Screening und Behandlungsmöglichkeiten einer unbegrenzten Anzahl von Betroffenen unmittelbar zur Verfügung zu stellen.

Seit einigen Jahren wird das therapeutische Potential, dass das Internet und dessen Kommunikationsmöglichkeiten bieten, auch von der klinischen Versorgungsforschung erkannt. Die Entwicklungen der Kommunikationstechnologie, verbunden mit der rasanten Verbreitung des Internets, bieten eine außergewöhnliche Gelegenheit, den Kontakt von Heilberuflern und Patienten zu erleichtern. In den letzten Jahren wurden Computer auf verschiedene Weise bei der Behandlung einer PTBS eingesetzt. Es existieren mehrere Studien zum Einsatz von virtueller Realität, online-gestützter Selbsthilfegruppen sowie internetbasierter Therapien. Allerdings ist die Aussagekraft aufgrund der bisher noch begrenzten Anzahl der bisherigen Veröffentlichungen nicht abschließend zu beurteilen. Der Einsatz von virtuellen Umgebungen, in denen Patienten mit Szenen der ursprünglichen traumatischen Situation konfrontiert wurden, wurde bisher größtenteils in Einzelfallstudien überprüft (Geradi et al., 2010). Zudem beschränkt sich der Einsatz von virtueller Realität primär auf Kriegsveteranen, Verkehrsunfallopfer und Überlebende von Terroranschlägen. Trotzdem zeigen sich erste positive Ergebnisse, die für eine weitere Erforschung der Einsatzmöglichkeiten dieser Medien sprechen.

11.2 Internetbasierte Edukation und Selbsthilfeprogramme für Traumatisierte

Das Internet ist bereits heute das zentrale Medium zur Suche von Gesundheitsinformationen. Eine unüberschaubare Anzahl von Webseiten und Informationsportalen zu Posttraumatischen Belastungsstörungen wird aktuell im Internet zur Verfügung gestellt. In einer Analyse von 80 Informationsseiten zur PTBS zeigten 42 % der PTBS-Informationsseiten falsche bzw. schädliche Informationen, nannten lediglich 18 % wissenschaftliche Referenzen für die Information und waren 50 % nicht durch klinische Experten entwickelt bzw. autorisiert (Bremner et al., 2006). Verlässliche Qualitätssiegel bzw. Gütekriterien, die auch für Laien schnell ersichtlich sind, fehlen sowohl national als auch international. Für Laien ist eine Einordnung der Seriosität daher oftmals kaum oder nur schwer möglich.

Ein gelungenes Beispiel für die Gestaltung einer PTBS-Informationsseite ist das Portal der Virtual Clinic der Swinburne University. Neben der Definition und Erklärung traumatischer Ereignisse gibt die Seite Informationen über häufige und zu erwartenden psychischen Reaktionen, eine Übersicht über die klinischen Symptome nach dem DSM-VI, nennt Risikofaktoren und zählt Möglichkeiten zur Selbsthilfe auf. Des Weiteren werden klinische Ansprechpartner (online und offline) genannt, die Betroffene kontaktieren können, sobald sie den Eindruck haben, umfassendere Unterstützung zu benötigen. »My trauma recovery« ist eine Webseite, die eine Vielzahl von interaktiven Anwendungen anbietet. Podcasts (kurze Videos) enthalten Filme zu sozialer Unterstützung, Entspannungsverfahren, Auslösereizen etc. Diese Videos sind jeweils mit Übungen und Selbstratings verbunden, um das Ausmaß der aktuellen psychischen Belastung – bei gleichzeitiger Exploration vorhandener Ressourcen – zu erfassen. Hierbei handelte es sich allerdings um reine Selbsthilfeanwendungen ohne Interaktionsmöglichkeit mit einem Psychologen oder Psychiater. Der Vorteil gegenüber herkömmlicher Ratgeber- und Selbsthilfeliteratur liegt vor allem in der großen Benutzerfreundlichkeit und der ausgeprägten Anpassungsleistung entsprechender Programme. So können entsprechend den Antwort- und Beschwerdeprofilen der Betroffenen bestimmte Module empfohlen bzw. verkürzt werden, um so möglichst spezifisch auf die Belastung des einzelnen Nutzers eingehen zu können. Bei deutlicher pathologischer Symptombelastung bzw. spezifischen Indikatoren (z. B. Suizidalität) wird unmittelbar die Empfehlung gegeben, sich direkt an einen klinischen Experten zu wenden. Hohe Abbruchraten und eine insgesamt niedrige Compliance schränken allerdings den umfassenden Einsatz solcher reinen Selbsthilfeportale ein.

11.3 Therapeutengestützte Onlinetherapie für PTBS-Patienten

Zum jetzigen Zeitpunkt haben sich bisher fünf Forschungsgruppen schwerpunktmäßig mit der Entwicklung internet-gestützter Therapieangebote für PTBS-Patienten beschäftigt. Alle bisher veröffentlichten Programme sind primär kognitiv-verhaltenstherapeutisch ausgerichtet, unterscheiden sich aber durch variierende Interaktionsintensität mit einem Psychotherapeuten.

Anfang 2000 wurde von der Arbeitsgruppe um Lange und Kollegen an der Universität Amsterdam ein internetgestütztes Behandlungsprogramm zur Therapie Posttraumatischer Belastungsstörungen – Interapy – entwickelt. Die Behandlung findet über eine virtuelle Plattform statt und besteht aus strukturierten Schreibaufträgen. Die Diagnostik und gesamte Kommunikation findet ausschließlich online statt. Die Kommunikation ist rein textbasiert und zeitlich versetzt (asynchron), d. h. Texte werden mit entsprechender Latenz beantwortet. Das Behandlungsmanual basiert auf Ansätzen der kognitiven Verhaltenstherapie (Exposition, kognitive Restrukturierung), die sich bereits in konventionellen psychotherapeutischen Behandlungssettings als wirksam erwiesen haben (Bradley et al., 2005). Über einen Zeitraum von sechs Wochen schrieben die Teilnehmer zu festen Terminen jeweils zwei Texte (jeweils über 45 Minuten). Durchgängig konnten signifikante and langfristige Verbesserungen der posttraumatischen Belastungssymptomatik, der Ängstlichkeit und Depression gefunden werden (Knaevelsrud & Maercker, 2007, 2010; Lange et al., 2003; Wagner et al., 2005). In den Niederlanden führten diese Ergebnisse zu einer Integration des psychotherapeutischen Angebots von Interapy in das reguläre Versorgungssystem, und die Behandlung wird von den dortigen Krankenkassen vergütet. Auch erste Ergebnisse der Anwendung einer modifizierten, kulturell angepassten Version des Interapy-Ansatzes bei Kriegs- und Folterüberlebenden im Irak (Ilajnafsy) deuten auf eine hohe Akzeptanz und gute Wirksamkeit hin (Knaevelsrud et al., 2007; Knaevelsrud & Wagner, 2009). Mit regelmäßigen und individualisierten Rückmeldungen ist Interapy allerdings eines der interaktionsintensivsten Programme. Einerseits erlaubt dieses vergleichbar hohe Ausmaß an Individualisierung, sehr persönlich und intensiv auf die einzelnen Patienten einzugehen, was sich auch in sehr niedrigen Abbrecherquoten zeigt, andererseits ist dieser Ansatz deutlich kosten- und zeitintensiver als vergleichbare Programme.

Ein deutlich weniger kontaktintensives Programm ist ein Ansatz, den Litz und Kollegen anbieten (Litz et al., 2004, 2007). Mit einem online-basierten Selbsthilfe-Stressimpfungstraining mit der Option einer bedarfsorientierten therapeutischen Unterstützung für traumatisierte Kriegsveteranen konnten die Autoren gute Effekte in den Bereichen PTBS, Angst und Depressivität erzielen. Im Gegensatz zu Interapy umfasst das Programm ein circa zweistündiges Eingangstreffen, bei dem der Patient eine Einführung in die Anwendung der Webseiten erhält und die Anwendung einfacher Entspannungsverfahren erlernt. Daran anschließend folgt ein circa siebenwöchiges Programm, in das sich die Patienten täglich einloggen, wonach sie entsprechende Übungen (Psychoedukation über PTBS und häufig auftretende komorbide Probleme, Strategien zur Verbesserung der Schlafhygiene, Optimierung der Bewältigungsfähigkeiten, kognitive Neubewertung und Traumaexposition) absolvieren. Zusätzlich zu dem einmaligen Face-to-face-Kontakt zu Beginn der Intervention wird bedarfsweise E-Mail- oder Telefonkontakt angeboten, um die Komplementierung der Aufgaben sicherzustellen und bei Bedarf Krisenunterstützung zu gewährleisten.

Ruggiero und Kollegen (Ruggiero et al., 2006) bieten ein Programm an, zu dem zwar auch eine PTBS-Intervention gehört, das insgesamt allerdings umfänglicher auf Funktionseinschränkungen und Suchtproblematiken nach traumatischen Erfahrungen eingeht (Module zu depressiver Stimmung, generalisierter Angst, Alkohol-, Drogen- und Nikotinabusus). Im Gegensatz zu den bisher vorgestellten Programmen ist der Ansatz als »early intervention« konzipiert. Das Programm wurde von den Teilnehmern als hilfreich eingeschätzt und es wurde ein Zuwachs an Wissen über eine PTBS festgestellt. Daten zur Wirksamkeit bezüglich der traumabezogenen Symptomatik wurden jedoch nicht berichtet.

Klein und Kollegen (2010) haben kürzlich eine weitere PTBS-Intervention entwickelt und überprüft. Die Behandlung umfasst ein 10-wöchiges Programm, bestehend aus Psychoedukation, Angstbewältigungstraining (Video- und Audioapplikation zu Atem- und Entspannungstechniken, Übungen zur kognitiven Restrukturierung bzw. Selbstexposition und Rückfallprävention). Die einzelnen Module wurden durch Rückmeldungen von Therapeuten begleitet. Die Autoren berichteten über einen signifikanten Symptomrückgang und über eine gute Akzeptanz der Intervention.

11.4 Die therapeutische Beziehung zu PTBS-Patienten online

Die Qualität der therapeutischen Beziehung gilt als ein zentraler Prädiktor der Wirksamkeit psychotherapeutischer Interventionen (Martin et al., 2000). Die Möglichkeit, auch über Distanz eine positive und tragfähige therapeutische Allianz herzustellen, wurde bisher mit Skepsis betrachtet. Generell wird die Distanz als kompromittierender Faktor hinsichtlich der Möglichkeit, Verständnis, Empathie und Sensibilität zu vermitteln, verstanden. Diese Befürchtungen haben sich allerdings gerade auch in der Onlinetherapie von PTBS-Patienten nicht bestätigt. Sowohl in primär schriftlich basierten therapeutischen Internetinteraktionen (Knaevelsrud & Maercker, 2006) als auch bei multimodalen Ansätzen (Klein et al., 2010) und ebenso bei videounterstützten Onlinetherapien (Germain et al., 2010) konnten bei PTBS-Patienten hohe Bewertungen der therapeutischen Allianz und niedrige Abbrecherquoten beobachtet werden. Auch im direkten Vergleich von konventionellen Therapiekontexten und Onlinesettings konnten keine signifikanten Unterschiede hinsichtlich der Bewertung der therapeutischen Beziehung festgestellt werden (Germain et al., 2010). Dies ist insofern bemerkenswert, als gerade die Posttraumatische Belastungsstörung mit einem hohen Maß an interpersonellen Herausforderungen (Misstrauen, Entfremdung, sozialer Rückzug) verbunden ist. Interessant ist auch, dass die ursprüngliche Wahrnehmung und Einschätzung einer distanzvermittelten Kommunikation die Beziehungsqualität offenkundig nicht signifikant beeinflusst (Germain et al., 2010). Das bedeutet, dass Patienten selbst bei bestehenden Vorbehalten bezüglich dieser Kommunikationsform von einer Onlinetherapie profitieren können. Die Entstehungs- und Aufrechterhaltungsprozesse einer onlinebasierten therapeutischen Beziehung sind allerdings weitestgehend ungeklärt. Patientenvariablen, die in der Face-to-face-Therapie negativ mit der therapeutischen Beziehungsentwicklung assoziiert sind (wie z.B. abwertende Haltung bzgl. Psychotherapie, fehlende psychologische Vorbereitung), zeigten keinen signifikanten Einfluss auf die Beziehungsbewertung im Rahmen einer Onlinetherapie (Germain et al., 2010).

11.4.1 Onlinetherapie für Hochrisikogruppen

Die weitere Entwicklung der Onlinetherapie bei einer PTBS und anderen psychischen Störungen wird sich zunehmend auf spezielle Hochrisikogruppen fokussieren.

Ein Beispiel ist die Integrative Testimonial Therapy (ITT, www.lebenstagebuch.de), die derzeit als einzige strukturierte Onlinetherapie bei einer PTBS in Deutschland angeboten wird (für eine exemplarische Beschreibung dieses Ansatzes wird auf Kap. E3: »Trauma und Alter« verwiesen). Ein anderes Beispiel ist, wie bereits erwähnt, Ilajnafsy, eine Intervention für irakische Kriegs- und Folteropfer im heutigen Nachkriegsirak (Knaevelsrud & Wagner, 2009). Ilajnafsy ist ein erster Versuch, eine Onlinetherapie in einem nicht-westlichen Land, in dem die medizinisch-psychologische Infrastruktur aufgrund einer anhaltenden instabilen Sicherheitslage dramatisch unterentwickelt ist, anzubieten. Grundlage für Ilajnafsy ist das oben beschriebene Behandlungsprogramm Interapy. Für den Einsatz im Irak wurde das Behandlungsmanual übersetzt und mit Unterstützung einheimischer arabischer klinischer Experten kulturell angepasst.

Ilajnafsy besteht aus einem multilingualen Interface (arabisch, englisch, deutsch). Über Presse- und TV-Meldungen sowie Informationsbeiträge bei Youtube (u. a. http://www.youtube.com/watch?v=l_EQeItto04) sowie eine eigene Facebook-Seite werden regelmäßig neue Informationen veröffentlicht und Teilnehmer rekrutiert. Potentielle Patienten loggen sich ein und füllen den Screeningfragebogen online aus. Patienten werden gebeten, eine kurze Beschreibung des erlebten traumatischen Ereignisses zu geben. Ein typisches Beispiel ist die Beschreibung eines 20 jährigen Mannes aus Bagdad: »[...] Sie töteten meinen Freund direkt vor meinen Augen, ich werde diesen Moment nie vergessen. Ich musste zusehen, wie er verblutete. Ich konnte nichts tun. Er starb direkt vor meinen Augen – einfach so. Ich sah auch ein Auto, das bombardiert wurde – alle Menschen, die drinnen saßen, waren vollkommen verbrannt. Ich wurde dabei auch verletzt.«

Leiden Teilnehmer unter schweren Depressionen, Suizidalität oder psychotischem Erleben und dissoziativen Tendenzen, bietet das Ilajnafsy-Programm keine ausreichende Unterstützung. In solchen Fällen wird versucht, den Betroffenen alternative Adressen und Kontaktstellen vor Ort zu vermitteln. Zeigen sich die Patienten als ausreichend stabil, um an der Behandlung teilzunehmen, erhalten sie einen persönlichen Ilajnafsy-Account, über den innerhalb des Systems eine geschützte Kommunikation während der Behandlung ermöglicht wird. Ilajnafsy wird von arabisch-sprachigen Psychotherapeuten angeboten, die im Irak selbst oder in benachbarten Ländern (z. B. Ägypten, Syrien, den palästinensischen Gebieten, den Vereinigten Arabischen Emiraten) bzw. Europa niedergelassen sind. Während ihrer Behandlungstätigkeit nehmen die Therapeuten an einer wöchentlichen onlinegestützten Supervision teil und beteiligen sich an dem geschützten Supervisionsforum, das integraler Bestandteil der Behandlungswebseite ist.

Erste Datenauswertungen zeigen signifikante Effekte hinsichtlich der Reduktion der posttraumatischen Belastungssymptomatik, Depression und Angst (Wagner et al., eingereicht). Die positiven Ergebnisse deuten darauf hin, dass Ilajnafsy in der arabischen Kultur anwendbar und akzeptabel ist. Der Einsatz neuer Medien scheint eine erste Möglichkeit zu sein, dem bisher unbeantworteten Bedarf im Bereich psychologischer Gesundheitsförderungen im Nachkriegsirak und potentiell auch in anderen Nachkriegsgebieten entgegenzukommen.

11.5 Konklusion und Ausblick

Die hohen Prävalenzraten Posttraumatischer Belastungsstörungen und die damit verbundenen klinischen Beeinträchtigungen, unter denen die Betroffenen leiden, verdeutlichen die Notwendigkeit wirksamer, einfach zugänglicher und kosteneffektiver therapeutischer Angebote (Amstadter et al., 2009). Zusammenfassend, haben sich mehrere onlinebasierte Behandlungsansätze als wirksam in der Behandlung einer PTBS-Symptomatik gezeigt. Gleichwohl zeichnen sich die vorgestellten Programme durch eine hohe inhaltliche Überschneidung der Behandlungskomponenten aus. Eine höhere Anzahl methodisch hochwertiger Studien, die potentiell unterschiedliche Behandlungskomponenten überprüfen, könnten helfen, die Wirksamkeit einzelner Interventionen besser einzuschätzen. Neben methodischen Einschränkungen – wie dem Fehlen von Vergleichstudien mit aktiven Behandlungsalternativen (in Kontrast zu Wartelistenkontrollgruppen) – ist zu vermerken, dass bisher kaum Wissen über spezifische Wirkmechanismen im Internet besteht. Dismanteling-Studien zu Veränderungsmechanismen und -prozessen wären wünschenswert. Auch Forschungsbemühungen zum Indikationsbereich onlinebasierter Interventionen für PTBS-Patienten wurden bisher kaum unternommen.

Die Schwere der Symptomatik bzw. eine bestehende Komorbidität haben sich nicht als Prädiktoren bezüglich der Anwendbarkeit/Wirksamkeit einer Onlinetherapie identifizieren lassen. Auch Persönlichkeitsprofile, Bildungsstand oder andere demografische Charakteristika lassen bisher keine Schlussfolgerungen bezüglich einer potentiellen (Kontra-) Indikation zu. Die Beantwortung der Frage nach der Passung von Behandlungsangebot und Personencharakteristika umfasst darüber hinaus sicherlich eine wesentlich umfangreichere Berücksichtigung von Variablen wie z. B. bisherige Therapieerfahrungen, Wahrnehmung von Selbstwirksamkeit und Kontrollüberzeugungen, Veränderungsmotivation bei der Entscheidung, welche Form der Behandlung indiziert ist. Aus Kostenperspektive ist bisher unklar, wie ausführlich und intensiv die Therapeut-Patient-Interaktion gestaltet werden sollte, um eine möglichst hohe Compliance zu gewährleisten, bzw. welchen Umfang die therapeutische Intervention haben sollte, um optimale Ergebnisse zu erzielen.

Weitere Entwicklungsmöglichkeiten der Onlinetherapie bei einer PTBS könnten u. a. Behandlungsangebote für Kinder und Jugendliche umfassen, eine Gruppe, die ja bereits mit einer weitaus größeren Selbstverständlichkeit mit dem Internet umgeht.

Abschließend kann festgestellt werden, dass die vorhandenen Daten konsistent für den Einsatz neuer Kommunikationsmedien bei der Behandlung Posttraumatischer Belastungsstörungen sprechen. Die Wirksamkeit ist vergleichbar hoch und nachhaltig wie bei inhaltlich vergleichbaren konventionellen Behandlungsansätzen der PTBS. Entsprechend gehört die internetbasierte PTBS-Therapie nach den neusten Therapieempfehlungen der International Society for Traumatic Stress Studies (ISTSS) zu den gesicherten Alternativmethoden (Foa et al., 2009). Die Onlinetherapie erweitert die Erreichbarkeit von klinischen Interventionen substantiell und kann so helfen, die Versorgungslage maßgeblich zu verbessern.

11.6 Literatur

Amstadter A. B., Broman-Fulks J., Zinzow H., Ruggiero K. J. & Cercone J. (2009). Internet-based interventions for traumatic stress-related mental health problems: A review and suggestion for future research. *Clinical Psychology Review*, 29, 410–420.

Bisson J. & Andrew M. (2007). Psychological treatment of post-traumatic stress disorder (PTSD) (Cochrane Review). *Cochrane Database of Systematic Reviews*, 3, Art. No.: CD003388.

Bradley R., Greene J., Russ E., Dutra L. & Westen D. (2005). A multidimensional meta-analysis of psychotherapy for PTSD. *American Journal of Psychiatry*, 162, 214–227.

Bremner J. D., Quinn J., Quinn W. & Veledar E. (2006). Surfing the net for medical information about psychological trauma: An empirical study of the quality and accuracy of trauma-related websites. *Medical Informatics and the Internet in Medicine*, 31, 227–236.

Elhai J. D., North T. C. & Frueh B. C. (2005). Health service use predictors among traumasurvivors: A critical review. *Psychological Services*, 2, 3–19.

Foa E. B., Keane T. M., Friedman M. J. & Cohen J. A. (2009). *Effective treatments for PTSD. Practice guidelines from the International Society for Traumatic Stress Studies*. 2. Aufl. New York: Guilford Press.

Geradi M., Cukor J., Difede J., Rizzo A. & Rothbaum B. O. (2010). Virtual reality exposure therapy for post-traumatic stress disorder and other anxiety disorders. *Current Psychiatry Reports*, 12, 298–305.

Germain V., Marchand A., Bouchard S., Guay S. & Drouin M.-S. (2010). Assessment of the therapeutic alliance in face-to-face or videoconference treatment for posttraumatic stress disorder. *Cyberpsychology, Behavior, & Social Networking*, 13, 29–35.

Hoge C. W., Castro C. A., Messer S. C., McGurk D., Cotting D. I. & Koffman R. L. (2004). Combat duty in Iraq and Afghanistan, mental health problems, and barriers to care. *New England Journal of Medicine*, 351, 13–22.

Klein B., Mitchell J., Abbott J., Shandley K., Austin D., Gilson K., Kiropoulos L., Cannard G. & Redman T. (2010). A therapist-assisted cognitive behaviour therapy internet intervention for posttraumatic stress disorder: Pre-, post- and 3 month follow-up results from an open trial. *Journal of Anxiety Disorders*, 24, 635–44.

Knaevelsrud C. & Maercker A. (2007). Internet-based treatment for PTSD reduces distress and facilitates the development of a strong therapeutic alliance: A randomized controlled trial. *BMC Psychiatry*, 7, 13.

Knaevelsrud C. & Maercker A. (2010). Long-term effects of an internet-based treatment for posttraumatic stress. *Cognitive Behavior Therapy*, 39 (1), 72–77.

Knaevelsrud C. & Wagner B. (2009). Humanitäre Hilfe im Internet: Onlinepsychotherapie im Irak. *E-beratungsjournal* 5 (2), 1–10.

Knaevelsrud C., Jager J. & Maercker A. (2004). Internet-Psychotherapie: Wirksamkeit und Besonderheiten der therapeutischen Beziehung. *Verhaltenstherapie*, 14, 174–183.

Knaevelsrud, C. & Maercker, A. (2006). Does the quality of the working alliance predict treatment outcome in online therapy for trauma patients? *Journal of Medical Internet Research*, 8 (4): e31.

Knaevelsrud C., Karl A., Wagner B. & Müller J. (2007). New treatment approaches: Integrating new media in the treatment of war and torture victims. *Torture*, 17, 67–78.

Lange A., Rietdijk D., Hudcovicova M., van de Ven J.-P., Schrieken B. & Emmelkamp P. M. G. (2003). Interapy: A controlled randomized trial of the standardized treatment of posttraumatic stress through the Internet. *Journal of Consulting and Clinical Psychology*, 71, 901–909.

Litz B. T., Williams L., Wang J., Bryant R. & Engel C. C. (2004). A therapist-assisted internet self-help program for traumatic stress. *Professional Psychology, Research and Practice*, 35, 628–634.

Litz B. T., Engel C. C., Bryant R. A. & Papa A. (2007). A randomized, controlled proof-of-concept trial of an internet-based, therapist-assisted self-management treatment for posttraumatic stress disorder. *American Journal of Psychiatry*, 164, 1676–1684.

Martin D.J., Garske J.P. & Davis K.M. (2000). Relation of the therapeutic alliance with outcome and other variables: A meta-analytic review. *Journal of Consulting & Clinical Psychology*, 68, 438–50.

Ruggiero K.J., Resnick H.S., Acierno R., Coffey S.F., Carpenter M.J., Ruscio A.M., Stephens R.S. et al. (2006). Internet-based intervention for mental health and substance use problems in disaster-affected populations: A pilot feasibility study. *Behaviour Research and Therapy*, 37, 190–205.

Van de Werker L.C. & Prigerson H.G. (2004). Social support and technological connectedness as protective factors in bereavement. *Journal of Loss and Trauma*, 9, 45–57.

Wagner B., Knaevelsrud C. & Maercker A. (2005). Internet-based cognitive-behavioural therapy (INTERAPY) for complicated grief: A controlled evaluation. *Death Studies*, 30, 429–453.

Wagner B., Schulz W. & Knaevelsrud C. (eingereicht). Efficacy of an internet-based intervention for posttraumatic stress disorder in Iraq: A pilot study.

HANS-PETER KAPFHAMMER

12. Pharmakotherapie der frühen posttraumatischen Krise, der Akuten und der Posttraumatischen Belastungsstörung

12.1 Einleitung

Schwerwiegende traumatische Erlebnisse lösen bei den meisten betroffenen Personen sowohl psychische als auch körperliche Symptome in variierender Intensität aus. Diese unmittelbar nach einer Traumaexposition auftretenden Symptome lassen sich über die Symptomcluster Intrusion, Vermeidung, autonomes Hyperarousal, Dissoziation und Depression klinisch gut erfassen (Shalev, 2002).

Die Mehrheit der Personen zeigt im Laufe eines Jahres nach einer Traumaexposition eine gute Erholung (Wittchen et al., 2009). Es lassen sich neben dieser allgemeinen Entwicklungstendenz aber auch andere Verlaufsgestalten empirisch nachweisen. So liegt der Gesamtdistress bei jenen Personen, die später die diagnostischen Kriterien einer Posttraumatischen Belastungsstörung (PTBS) erfüllen, bereits initial auf einem höheren Niveau, verringert sich keineswegs, sondern kann im Verlauf der ersten Monate noch signifikant zunehmen (O'Donnell et al. 2007). Eine PTBS mit verzögertem Beginn stellt in prospektiven Studien nach einem als Trauma definierten Ereignis meist eine sukzessive Fortentwicklung initial schon nachweisbarer posttraumatischer Reaktionen mittlerer Intensität dar, bis schließlich die diagnostisch geforderten Kriterien einer PTBS erreicht sind (Adams & Boscarino, 2006). Eine weitere Subgruppe zeigt im Umgang mit dem Trauma und den unmittelbaren peri- und posttraumatischen Turbulenzen wiederum ein erstaunliches Coping und kann als »resilient« (»widerstandsfähig«) bezeichnet werden (Bonnano & Mancini, 2008).

Für diese prototypischen Verlaufsmuster posttraumatischer Symptome und Beeinträchtigungen ist ein komplexes Zusammenspiel von Risiko- und protektiven Faktoren verantwortlich zu machen. Vulnerabilität und Resilienz bestimmen sowohl das initiale Distressniveau als auch die Wahrscheinlichkeit, dass ein Übergang zur PTBS erfolgt (Brewin, 2005). In einer ätiopathogenetischen Perspektive ist die PTBS nicht als eine normative, sondern als eine atypische Reaktion zu verstehen, deren wesentliches Kennzeichen ist, dass die Erholung bzw. Entwicklung zurück in einen balancierten psychosozialen und psychobiologischen Zustand behindert ist (Shalev, 2009). Die PTBS verkörpert einen speziellen klinischen Prägnanztyps neben anderen ernsthaften psychischen und psychosomatischen Störungen. Sie verläuft nicht selten chronisch, geht mit einer hohen psychiatrischen und somatischen Morbidität einher und bewirkt anhaltende nachteilige psychosoziale Folgen. Mittlerweile können auf den biologischen, psychologischen und sozialen Ebenen zahlreiche relevante ätiopathogenetische Faktoren und Mechanismen beschrieben werden (Kapfhammer, 2011).

12.2 Rationale für pharmakotherapeutische Ansätze

Entsprechend einer multifaktoriellen, biopsychosozialen Konzeptualisierung der PTBS sind auch multimodale Behandlungen entwickelt worden. In der Versorgungspraxis kommen sowohl psychotherapeutische als auch psychopharmakologische Interventionen zum Einsatz. Spezielle psychotherapeutische und medikamentöse Verfahren können sich hierbei auf eine je eigenständige empirische Datenbasis der Wirksamkeitsüberprüfung stützen. Hier sollen lediglich pharmakotherapeutische Ansätze skizziert werden.

Das theoretische Rationale eines medikamentösen Vorgehens kann zunächst global auf die zahlreichen neurobiologischen Veränderungen verweisen, die mit der Konfrontation und der Verarbeitung eines traumatischen Ereignisses einhergehen und die schließlich die Entstehung und den Verlauf einer PTBS entscheidend charakterisieren. Die empirische Forschung ist bisher mehrheitlich dem Muster gefolgt, einzelne pharmakologische Substanzklassen in ihren Effekten auf die PTBS insgesamt bzw. auf ihre diagnostisch als zentral erachteten Symptomcluster wie Intrusion, Vermeidung und autonomes Hyperarousal zu überprüfen. Hierbei wurden überwiegend solche Substanzen erprobt, die sich in der Behandlung sowohl von anderen Angststörungen als auch von depressiven Störungen bewährt haben. Hinweise auf gemeinsame neurobiologische Prozesse einerseits, auf eine häufige Koexistenz von PTBS mit anderen Angst- und depressiven Störungen im Krankheitsverlauf andererseits machen eine solche Untersuchungsstrategie plausibel. Aus der hohen Komplexität der neurobiologischen Veränderungen, die bei der PTBS mittlerweile bekannt sind, muss allerdings abgeleitet werden, dass medikamentösen Ansätzen, die maßgeblich auf nur ein biologisches Teilsystem, z. B. vorrangig auf ein Neurotransmittersystem einwirken, nur mäßige Effekte beschieden sein können. Pharmakologische Behandlungsprinzipien, die gezielt neurobiologische Mechanismen zu beeinflussen trachten, denen ein pathogenetischer Stellenwert in der Entstehung oder im Verlauf der PTBS zugesprochen werden kann, sind bisher allenfalls in ersten Ansätzen erforscht worden.

Im Weiteren sollen die zu einzelnen pharmakologischen Substanzklassen vorliegenden empirischen Ergebnisse geschildert werden. Vorangestellt werden jeweils unterstellte neurobiologische Argumente als Behandlungsrationale. Unterschieden wird nach einem Einsatz von Medikamenten in den jeweils aufeinanderfolgenden Abschnitten a) einer frühen posttraumatischen Krise, b) einer Übergangsphase mit erhöhtem Risiko eines Übergangs in eine PTBS, wie sie beispielhaft für Zustände einer akuten Belastungsstörung (ABS) anzunehmen ist, und schließlich c) einer etablierten PTBS.

12.3 Frühe posttraumatische Krise

Die große klinische Herausforderung gerade nach schwerwiegenden Traumatisierungen besteht darin, jene Personen rasch zu erfassen, die insgesamt ein erhöhtes PTBS-Risiko aufweisen. Gerade die Kollektivtraumata durch Geschehnisse der jüngeren und jüngsten Vergangenheit (z. B. Anschlag am 11.9.2001 auf das World Trade Center, Tsunami-Katastrophen) haben deutlich gemacht, dass nationale Gesundheitssysteme und internationale Hilfsorganisationen in der Bewältigung der anfänglich schier unbegrenzten Herausforderungen rasch an Grenzen stoßen (Blumenfield & Ursano, 2008). Speziell für die Versorgung von frühen psychischen Problemen ist es entscheidend, dass die Maßnahmen gezielt und – an Grundproblemen orientiert – flexibel eingesetzt werden und nicht globale Strategien favorisiert werden.

Bei den während oder rasch nach einem Trauma auftretenden Symptomen handelt es sich in der Regel um universelle, adaptive Stressreaktionen, die mehrheitlich im Verlauf der nächsten Wochen abnehmen und in einen allmählichen Erholungsprozess übergehen, vorausgesetzt, es gelingt, sekundäre Stressoren nach dem Trauma einzudämmen oder eine vorliegende spezielle Vulnerabilität rasch zu erkennen und therapeutisch aufzunehmen. Beeinträchtigende klinische Symptome, die während der ersten Wochen nach einem Trauma bei einer Subgruppe von traumatisierten Personen persistieren oder gar noch zunehmen, stellen – aus einer Versorgungsperspektive – eine schon sicherere Indikation für notwendige Interventionen dar. Im Falle einer ABS oder schwerwiegender intrusiver und autonom-hyperaktiver Symptome liegt eine zeitabhängige Sensitivierung nach dem Trauma vor, die wiederum von Relevanz für die Entwicklung einer PTBS ist. Eine wiederholte psychopathologische Befunderhebung in definierten Zeitabständen nach dem Trauma ist zu fordern, ein Wissen um mögliche Risiko- und protektive Faktoren ist hierbei grundlegend (Kapfhammer, 2011).

Maßnahmen wie das Leisten von Erster Hilfe, menschlicher Beistand, Trost spenden und Beruhigung, das Entfernen der Betroffenen aus der traumatischen Situation sowie ein zuverlässiges Verhindern sekundärer Stressoren sind grundlegend für die ärztliche und psychologische Betreuung von Traumaopfern. Für ein notfallpsychiatrisches und -psychotherapeutisches Vorgehen können zwar orientierende Richtlinien formuliert werden, die aber unter Gesichtspunkten der Evidenz-basierten Medizin (EbM) noch erstaunlich wenig untersucht worden sind (O'Donnell et al., 2008; Watson & Shalev, 2005). Dies gilt speziell auch für eine klinische Psychopharmakatherapie in der unmittelbaren peri- und posttraumatischen Krisensituation. Nur wenige Forschungsarbeiten haben sich bisher darauf konzentriert, ob der Prozess der Bildung von traumatischen Erinnerungen selbst durch den frühen Einsatz von Medikamenten so beeinflusst werden kann, dass ein PTBS-Risiko sinkt (Friedman, 2008; Zohar et al., 2009; Fletcher et al., 2010; Hellmann et al., 2010).

12.3.1 Präventive medikamentöse Strategien

Tierexperimentelle Daten belegen, dass die Konsolidierung emotionaler, d. h. auch traumatischer Erinnerungen nach dem Paradigma der klassischen Konditionierung entscheidend in den basolateralen Anteilen der Amygdala vollzogen wird (LeDoux, 2007). Dieser komplexe molekularbiologische Prozess wird auf einer Neurotransmitterebene vorrangig durch Noradrenalin gesteuert. Eine noradrenerge Hyperaktivität führt zur Überkonsolidierung traumatischer Emotionen und reduziert gleichzeitig durch präfrontal kortikale Strukturen vermittelte Hemmeffekte, die grundlegend für eine Modulation bzw. Extinktion wären (Arnsten, 2000; McGaugh, 2002). Eine erhöhte noradrenerge Aktivität trägt ferner zu gehäuften intrusiven Wiedererinnerungen bei, die im Sinne einer Retraumatisierung den Konsolidierungsprozess zusätzlich bestärken (Roozendaal et al., 2009). Ein stressbedingter Anstieg von Cortisol trägt synergistisch mit Noradrenalin zur initialen Gedächtniskonsolidierung bei. Cortisol übt aber auch einen wichtigen modulierenden Hemmeinfluss auf die Phase der Wiedererinnerung aus.

Modellhaft wurden hieraus zwei pharmakologische Interventionsmöglichkeiten abgeleitet, denen eine mögliche prophylaktische Wirksamkeit zukommen könnte (Pitman & Delahanty, 2005):
- einerseits die Reduktion des noradrenergen Tonus,
- andererseits die Stärkung des Hemmeffektes auf den Gedächtnis-Retrievalprozess durch die Gabe von Cortisol.

Studien zur Reduktion der noradrenergen Überaktivität

Eine Reduktion der noradrenergen Überaktivität ist sowohl durch einen postsynaptischen β-adrenergen und einen α_2-adrenergen Antagonismus als auch durch eine präsynaptische, α_2-agonistisch vermittelte Reduktion der Noradrenalinfreisetzung erzielbar.

Pitman et al. (2002) rekrutierten 41 Patienten, die sich unmittelbar nach einer Traumatisierung (mehrheitlich schwere Verkehrsunfälle) mit Vorliegen der DSM-IV-Trauma-Kriterien A1 und A2 und Anzeichen einer erhöhten autonomen Aktivität (Ruhepuls > 80/Min) in einer Notfallambulanz vorstellten. Die Patienten wurden in einer randomisierten, doppelblinden und plazebokontrollierten Studie über 10 Tage entweder mit 4-mal 40 mg *Propranolol*/Tag (n = 18) oder mit einem Plazebo (n = 23) behandelt. In einer ersten Evaluation nach 1 Monat fand sich eine Überlegenheit der Verumgruppe in der *Clinician-Administered PTSD-Scale*. Zu diesem Zeitpunkt erfüllten 2 Patienten aus der Propranolol-Gruppe, hingegen 6 aus der Plazebogruppe die diagnostischen Kriterien einer PTBS (p = 0.19). In der Follow-up-Untersuchung nach 3 Monaten erhielten ein Patient aus der Propranolol-Gruppe und 3 aus der Plazebogruppe die Diagnose einer PTBS (p = 0.35). Dieser positive, aber aufgrund der kleinen Fallzahl statistisch nicht signifikante Trend in der kategorialen Diagnostik wurde verdeutlicht, wenn bei letzterer Evaluation kein Patient aus der Verum-Gruppe, aber 8 Patienten aus der Plazebogruppe in einem traumaerinnerungsprotokoll-gestützten Untersuchungsparadigma Anzeichen eines physiologischen Hyperarousal zeigten (p = 0.04).

Eine weitere kontrollierte, aber nicht verblindete und nicht randomisierte Frühinterventionsstudie sowie eine Fallstudie legten einen vorteilhaften Effekt einer β-adrenergen Blockade hinsichtlich einer reduzierten Schwere von späteren PTBS-Symptomen nahe (Vaiva et al., 2003; Taylor et al., 2002).

Eine andere randomisierte, doppelblinde und gegenüber Placebo bzw. Gabapentin kontrollierte Studie mit Patienten nach körperlichen Verletzungen zeigte aber keine Vorteile für Propranol (Stein et al., 2007). Negative Berichte stammen auch aus dem prophylaktischen Einsatz von Propranolol bei Brandopfern hinsichtlich eines späteren PTBS-Risikos (McGhee et al., 2009; Sharp et al., 2010).

Eine Bewertung von Propranolol nach EbM-Gesichtspunkten ist derzeit noch schwer möglich. Ein potentiell prophylaktischer Effekt in speziellen posttraumatischen Situationen ohne schwerwiegende körperliche Verletzungen könnte aber bestehen. Eventuelle geschlechtsdifferentielle Effekte müssen beachtet werden (Krauseneck et al., 2010).

Therapeutische Beobachtungen mit α_2-agonistischen Substanzen, die wie *Clonidin* oder *Guanfacin* zu einer verminderten Freisetzung von Noradrenalin aus den präsynaptischen Vesikeln und damit zu einer Reduktion des noradrenergen Einflusses beitragen, zeigten in offenen Studien ein präventives Potential dieser Substanzen auf (Kinzie & Leung, 1989; Kolb et al., 1984; Harmon et al., 1996; Morgan et al., 2003; Horrigan, 1996). Kontrollierte Studien zum präventiven Einsatz wurden aber bisher nicht durchgeführt. Kontrollierte therapeutische Studien mit Guanfacin an Veteranen mit chronischer PTBS verliefen negativ (Davis et al., 2008; Neylan et al., 2006).

Eine erfolgversprechende Reduktion von PTBS-assoziierten Schlafstörungen und Alpträumen wurde bei Gabe des α_1-Antagonisten *Prazosin* registriert und in drei kontrollierten Studien belegt (Raskind et al., 2003, 2007; Taylor et al., 2008). Günstige Ergebnisse liegen auch aus einer Langzeittherapie vor (Byers et al., 2010). Als Haupteffekt wurde eine Abwandlung der als quälend erlebten alptraumartigen Inhalte in Richtung normaler Trauminhalte beobachtet. Objektive Parameter in der Schlafpolygraphie signalisierten eine Normalisierung der zuvor auffällig gestörten Schlaf- und Traumarchitektur. Da sich darüber hinaus auch ermutigende Besserungen der übrigen PTBS-Symptomatik abzeichneten und da auch günstige Effekte auf häufig komorbide Störungen wie z. B. Substanz- bzw. Alkoholmissbrauch beobachtet wurden, könnte Prazosin ein möglicher Kandidat für künftige prophylaktische Interventionsstudien sein (Raskind, 2009).

Der Einsatz von Benzodiazepinen

Dem Früheinsatz von Benzodiazepinen käme in der klinischen Erwartung eine mögliche protektive Rolle zu, würde man nur einen isolierten Blick auf einige tierexperimentelle Befunde richten. So üben GABAerge Interneurone einen modulierend-hemmenden Effekt an der Amgydala aus (Roozendaal et al., 2009). Es könnte hieraus abgeleitet werden, dass Benzodiazepine beispielsweise einer bestimmenden noradrenergen, aber auch glutamatergen Hyperaktivität entgegenwirken und damit eine überstarke Konsolidierung verhindern könnten (Kapfhammer, 2011).

Diese in der Praxis häufig unterstellte positive Wirkung von Benzodiazepinen konnte empirisch jedoch nicht bestätigt werden. Eine unter Aspekten einer Frühintervention konzipierte doppelblinde und placebokontrollierte Studie von Gelpin und Mitarbeitern (1996) erbrachte ein bemerkenswert negatives Ergebnis. Je 13 Patienten wurden innerhalb von 18 Tagen nach einer Traumaexposition über die Dauer von zwischen 1 und 6 Monaten mit Benzodiazepinen (Clonazepam: 2,7 mg/Tag, n = 10; Alprazolam: 2,5 mg/Tag, n = 3) bzw. mit einem Placebo behandelt. Zum Evaluationszeitpunkt 6 Monate nach dem Trauma erfüllten 15 % der Placebogruppe die diagnostischen Kriterien einer PTBS, aber 69 % der Benzodiazepin-Gruppe. Als klinisch bedeutsam musste ferner erachtet werden, dass niemand (0 %) in der Placebogruppe, aber 54 % aus der Benzodiazepin-Gruppe zu diesem Follow-up-Termin auch eine komorbide Major Depression zeigten. In einer weiteren doppelblinden und placebokontrollierten Frühinterventionsstudie konnte kein Unterschied zwischen Temazepam (30 mg/Tag) und einem Placebo gefunden werden (Mellman et al., 2002). Angesichts dieser relativ klaren Befunde, die zwar noch auf wenigen kontrollierten Studien beruhen, sollte in der Frühintervention nach Traumatisierungen gegenüber Benzodiazepinen Zurückhaltung geübt werden.

Diese in einer empirischen Überprüfung ernüchternden Befunde zum prophylaktischen Einsatz von Benzodiazepinen sind vermutlich mehrfach vermittelt. Ein bekannter dissoziativer, dysmnestischer (die Gedächtnisorganisation behindernder) Effekt, aber auch eine allgemeine zerebrale Suppression könnten die kognitive Prozessierung traumatischer Erfahrungen beeinträchtigen und wichtige Lernschritte zu einer Extinktion verhindern (Friedman, 2008). Zu beachten ist weiter, dass Benzodiazepine zu einer reduzierten Cortisolresponse der HPA-Achse führen und damit einen intrusiven Wiedererinerungsprozess mit nachteiligen Langzeiteffekten begünstigen könnten (Zohar et al., 2009).

Hydrokortison

Die HPA-Achse scheint bei der Entwicklung einer PTBS eine grundlegende vermittelnde Rolle zu spielen, wobei die Befunde einer reduzierten Cortisolantwort auf traumatischen Stress ein erhöhtes Risiko anzeigen. Die psychobiologische Bedeutung dieser atypischen neuroendokrinen Aspekte bei der PTBS ist noch nicht ganz geklärt. Die initiale Furchtreaktion wird durch die aktivierte Amygdala ausgelöst. Projektionen über die Stria terminalis zum Hypothalamus triggern eine Freisetzung von CRF (Cortico-releasing-Faktor) und leiten damit die HPA-Kaskade ein. Einem relativ erniedrigten Cortisol würde es nach einer traumainduzierten Stressreaktion nur unzureichend gelingen, die primäre noradrenerge Aktivität wirksam einzudämmen. Es könnte so zu einer Sensitivierung des noradrenergen Systems beitragen. Innerhalb des HPA-Systems würde eine erhöhte Sensitivität der Glukokortikoidrezeptoren, aber auch eine verstärkte negative Feedbackhemmung resultieren. Mehrere Befunde sprechen dafür, dass sowohl durch genetische und epigenetische Mechanismen als auch durch frühe Umwelteinflüsse bereits prätraumatisch eine solche HPA-Achsen-Dysfunktionalität entstehen kann (Yehuda, 2009). Einer konsequenten Erhöhung des posttraumatisch verfügbaren Cortisols könnte also eine mögliche prophylaktische Bedeutung zukommen.

Das Prinzip einer präventiven Gabe von stressbezogenen Dosen von *Hydrokortison* wurde erstmals in doppelblinden und placebokontrollierten Studien an Patienten mit intensivmedizinischer Behandlung bei septischem Schock und nach herzchirurgischen Bypass-Operationen erfolgreich durch Schelling et al. (2001, 2004) und Weis et al. (2006)

erprobt. Vor allem Patienten mit akutem Lungenversagen (ARDS) und septischem Schock weisen in der Folgezeit ein bedeutsam erhöhtes PTBS-Risiko auf (Kapfhammer et al., 2004; Schelling et al., 1999). Pathophysiologisch gehen diese schwerwiegenden körperlichen Erkrankungen häufig mit einer relativen Cortisolinsuffizienz einher. In diesem engen somatisch-medizinischen Behandlungskontext kann durch die Substitution von Hydrokortison das beträchtliche PTBS-Risiko signifikant reduziert werden.

Der Einsatz von Hydrokortison zur möglichen Reduktion eines PTBS-Risikos in anderen Traumatisierungskontexten muss aber empirisch erst untersucht werden. Auch in der Akutbehandlung von PTBS-Symptomen könnte Hydrokortison künftig eine wichtigere Rolle spielen, wobei der therapeutisch erwünschte Effekt am ehesten durch eine aktive Unterdrückung von intrusiven Traumaerinnerungen vermittelt zu sein scheint (Roozendaal, 2002; de Quervain, 2008).

Opiate

Eine Beteiligung des endogenen Opiatsystems bei der Einwirkung traumatischer Stressoren ist gut belegt. Endogene Opioide hemmen die Schmerzwahrnehmung und reduzieren die vor allem noradrenerg getriggerten Panikaffekte. Die Amygdala ist besonders reich an Opiatrezeptoren. Eine über Opioide vermittelte psychomotorische Erstarrung und affektive Betäubung (freezing/numbing) erlaubt es möglicherweise dem Organismus, einen überwältigenden Stress bei nicht klarem Bewusstsein zu überstehen und auch die traumatische Erfahrung nicht exakt zu erinnern. Hohe endogene Opiatkonzentrationen können aber gleichzeitig mit Lern- und Gedächtnisleistungen negativ interferieren.

Die initiale Gabe von Opiaten nach schwerwiegenden körperlichen Verletzungen wie z. B. traumatischen Verbrennungen hat sehr wahrscheinlich einen protektiven Effekt gegenüber einem späteren PTBS-Risiko (Saxe et al., 2001; Stoddard et al., 2009). Militärmedizinische Erfahrungen bei durch einen Kampfeinsatz im Irak schwer verwundeten US-amerikanischen Soldaten bestärken ebenfalls eine solche prophylaktische Interventionsstrategie (Holbrook et al., 2010). Der Einsatz von Fentanyl spielt vermutlich auch eine bedeutsame modulierende Rolle in der intensivmedizinischen Behandlung von Patienten mit ARDS oder septischem Schock und bezüglich des damit assoziierten PTBS-Risiko (Schelling, 2008). Unkontrollierbare Schmerzen während und infolge eines Traumas müssen als eigenständiger Risikofaktor für eine PTBS gewertet werden (Norman et al., 2008). Ob dem frühen Einsatz von Opiaten jenseits dieser schmerzbezogenen Indikation aber ein allgemeines, die PTBS verhinderndes Potential zukommt, gilt es in empirischen Studien erst zu klären (Bryant et al., 2009).

Serotonerge Substanzen

Serotonin moduliert die noradrenerge Reagibilität und das autonome Arousal. Es beeinflusst die HPA-Funktionen. Serotonin besitzt allgemein eine hemmende Wirkung auf die neuronale Aktivität und spielt eine wichtige Rolle in der Plastizität des ZNS. Eine balancierte serotonerge Funktionalität zentriert und pointiert die Wahrnehmung und scheint eine entscheidende Voraussetzung für eine flexible Realitätsorientierung und einen situationsadäquaten Einsatz von

Reaktionsweisen zu sein. Nicht zu bewältigende Stressoren bzw. Traumata führen rasch zu einer serotonergen Dysfunktionalität.

Angesichts der vielfältigen verhaltenssteuernden und -ökonomisierenden Funktionen von Serotonin erstaunt es, wie wenig der Einsatz von serotonerg wirksamen Antidepressiva hinsichtlich ihres prophylaktischen Potentials der Verhinderung einer PTBS nach einem Trauma bisher empirisch untersucht worden ist. Basierend auf sehr ermutigenden tierexperimentellen Daten wird derzeit der frühe Einsatz von Escitalopram unmittelbar nach einer Traumaexposition in einer doppelblinden und placebokontrollierten Studie erprobt (Zohar et al., 2009).

12.4 Akute Belastungsstörung

Gerade bei der Subgruppe mit starker ABS und früher Ausprägung von Symptomen einer PTBS sowie starker psychischer und psychosozialer Beeinträchtigung stellen sich dringende Fragen auch nach einer primären bzw. zu psychotherapeutischen Interventionen komplementären *psychopharmakologischen Behandlung* in diesem Abschnitt. Die empirische Fundierung von medikamentösen Ansätzen bei dieser Indikation steht noch weitgehend aus (Shalev, 2009). Trotzdem können sich Behandlungsempfehlungen sowohl an den ersten empirischen Daten zur Frühintervention als auch an vorliegenden Studienergebnissen zur Psychopharmakotherapie der PTBS orientieren.

12.5 Posttraumatische Belastungsstörung

Nach klinischer Konvention wird jede PTBS, die länger als 3 Monate besteht, als chronisch bezeichnet. Patienten, die in die Behandlung kommen, leiden unter ihren PTBS-Symptomen oft schon mehrere Jahre. Das in der empirischen Literatur zusammengetragene Therapiewissen bezieht sich also mehrheitlich auf die chronische PTBS. Die facettenreiche Psychopathologie posttraumatischer Belastungssyndrome mit ihrer komplexen Verwobenheit psychischer und körperlicher Symptome, eine häufige psychiatrische Komorbidität, eine unterschiedliche Verlaufsdynamik, in vielen Fällen mit bedeutsamen Einbußen in der Lebensqualität und psychosozialen Behinderungsgraden, nicht selten mit schwerwiegenden Persönlichkeitsveränderungen und zermürbenden interpersonalen Problemen; dies alles macht verständlich, dass isolierte therapeutische Ansätze meist zu kurz greifen. In empirischen Studien nur unzureichend erforscht sind Fragen nach dem Zeitpunkt einer notwendigen therapeutischen Intervention während der Entwicklung posttraumatischer Symptome, danach, ob oder wann eine bestimmte psychosoziale versus psychopharmakologische Therapiemodalität gewählt werden soll, Fragen nach der klinischen Praktikabilität oder Interferenz einer Kombinationsbehandlung, nach der notwendigen Dauer einer durchgeführten Therapiemaßnahme, der möglichen Extrapolation von Erfahrungen mit einer therapeutischen Strategie bei PTBS-Patienten nach einer definierten Traumaexposition in einen anderen Traumakontext, nach dem therapeutischen Vorgehen bei unterschwelligen, aber persistierenden PTBS-Symptomen sowie bei chronischen therapierefraktären Verläufen. Die Darstellung hier folgt deshalb keiner schon klinisch validierten Systematik. Sie bietet lediglich eine konzeptuelle Skizzierung und Bewertung unterschiedlicher Behandlungsansätze (Kapfhammer, 2011).

12.5.1 Die Patienten-Therapeuten-Beziehung in der Pharmakotherapie der PTBS

Patienten, die nach einer Traumatisierung eine PTBS-Symptomatik entwickeln, sprechen bei den aufgesuchten Ärzten und Therapeuten häufig nicht spontan über ihre schlimmen Erfahrungen. Störungsinhärente kognitive und affektive Veränderungen können bereits primär die Schilderung des Traumakontextes erschweren bzw. sogar unmöglich machen. Hinzu kommt, dass ein Offenlegen dieser Erlebnisse regelhaft heftige Emotionen wie Angst, Panik, Beschämung, Schuld und Hilflosigkeit provoziert und deshalb verständlicherweise einer starken innerseelischen Abwehr unterliegt. Wiederum besteht bei einer initial unvorsichtig forcierten Befragung nach eventuellen Traumainhalten stets auch die Gefahr einer Retraumatisierung. Keineswegs als entschieden gilt in der vorliegenden Literatur die Frage, ob für einen erfolgversprechenden therapeutischen Zugang überhaupt das ursprüngliche Trauma voll thematisiert werden muss. Einigkeit besteht aber darüber, dass eine Arbeit an der traumatischen Erfahrung nur im Kontext einer zuverlässigen therapeutischen Beziehung mit stabilem Arbeitsbündnis erfolgen kann.

Ziel aller Ansätze in der Behandlung Posttraumatischer Belastungsstörungen und damit auch einer Psychopharmakotherapie ist es, die PTBS-Symptome eines Patienten weitestgehend zu beseitigen und ihm wieder zu einer befriedigenden psychosozialen Funktionsweise zu verhelfen (Foa et al., 2009).

Die bei der PTBS vielfältig nachgewiesenen neurobiologischen Veränderungen in zahlreichen Neurotransmittersystemen, die häufige Koexistenz anderer psychiatrischer Störungen, ferner chronische, therapierefraktäre Verläufe, aber auch ein nur partielles Ansprechen auf gängige Psychotherapieverfahren bei hartnäckigem Fortbestehen einzelner PTBS-Symptome: dies alles begründet die Rationale für einen Einsatz von Psychopharmaka. Wichtige Grundprinzipien sollten für die Anwendung von Psychopharmaka bei PTBS-Patienten beachtet werden:

- Einbettung in eine tragende therapeutische Beziehung,
- Gabe der Medikamente als Ergänzung zu einer formalen Psychotherapie,
- für die Effizienz von Psychotherapien ist es erforderlich, dass das Ausmaß von Angst noch tolerabel ist,
- systematische Reflexion der bewussten und unbewussten Bedeutungen einer Medikation für den Patienten,
- häufige Probleme der Non-Compliance bei Psychopharmakagabe,
- zielsymptomorientierter Einsatz von Psychopharmaka entsprechend der Schwere der psychopathologischen Syndrome in der posttraumatischen Entwicklung,
- insgesamt günstigeres Ansprechen positiver Symptome auf Psychopharmaka,
- konsequente Standardbehandlung komorbider psychiatrischer Störungen mittels Psychopharmaka,
- Beachtung der potentiellen Risiken einer

Medikation hinsichtlich Nebenwirkungen, Missbrauch, Suizidalität,
- nicht selten Resistenz gegenüber Standarddosierungen.

12.5.2 Psychopharmakologische Substanzklassen in der medikamentösen Therapie der PTBS

Die Darstellung einer medikamentösen Therapie bei der PTBS orientiert sich hier an den einzelnen psychopharmakologischen Substanzklassen. Die aufgeführten Studienergebnisse beziehen sich mehrheitlich auf kurzfristige Interventionen von wenigen Wochen. Nach wie vor existieren noch zu wenige Studien zur Langzeitbehandlung, was angesichts der hohen Chronizität der PTBS-Verläufe bei einer bedeutsamen Patientengruppe ein großes Manko darstellt.

Serotoninwiederaufnahmehemmer (SSRI) und andere serotonerg wirksame Medikamente

Serotonerg wirksame Antidepressiva, speziell die SSRI zählen zu den empirisch am besten und umfangreichsten untersuchten Substanzen in der Behandlung von ABS/PTBS. Als theoretisches Rationale wird insbesondere auf eine grundlegende serotonerge Dysfunktionalität bei der PTBS verwiesen (s. oben; Kapfhammer, 2011).

Es existieren zahlreiche randomisierte, doppelblinde, placebokontrollierte Studien, die aber nicht durchgängig eine Überlegenheit der Medikamente gegenüber Placebos erbrachten (im Folgenden durch [–] gekennzeichnet):
- *Fluoxetin* (Connor et al., 1999a; Hertzberg et al., 2000 [–]; Martenyi et al., 2002; Meltzer-Brody et al., 2000; van der Kolk et al., 1994, 2007);
- *Sertralin* (Brady et al., 2000; Davidson et al., 2001b; Zohar et al., 2002 [–]; Friedman et al., 2007 [–]);
- *Paroxetin* (Marshall et al., 2001, 2007; Stein et al., 2003; Tucker et al., 2001);
- *Citalopram* (Tucker et al., 2003 [–]) und
- *Fluvoxamin* (Spivak et al., 2006).

In der Bewertung der empirischen Wirksamkeit der SSRI bei der PTBS werden kontroverse Positionen eingenommen (Benedek et al., 2009; Dent & Bremner, 2009; Friedman et al., 2009; Raskind, 2009; Zhang & Davidson, 2009). So stellte das systematische Review des einflussreichen Institute of Medicine (2007) eine Wirksamkeit der SSRI speziell bei Veteranen mit chronischer PTBS grundlegend in Frage. In der Tat verliefen die Studien zu Fluoxetin (Hertzberg et al., 2000), aber auch zu Sertralin (Zohar et al., 2002; Friedman et al., 2007) negativ. Und auch in den beiden Studien von van der Kolk et al. (1994, 2007) fand sich lediglich in den sekundären Outcome-Maßen der Depressivität ein signifikanter Vorteil von Fluoxetin gegenüber einem Placebo, nicht aber in den PTBS-Kernsymptomen. Festzuhalten aber ist, dass die in diese Untersuchungen eingeschlossenen Veteranen eine hohe Chronizität bei langer PTBS-Verlaufsdauer aufwiesen. Fluoxetin erwies sich hingegen in der sehr viel breiter angelegten Studie mit kriegstraumatisierten Bosniern mit wesentlich kürzerem Krankheitsverlauf sowohl hinsichtlich der PTBS- als auch der depressiven Symptomatik als hoch überlegen. In einer ausgewogenen Haltung ist Konsens darüber herzustellen, dass jene US-amerikanischen Veteranen mit oft viele Jahre langem PTBS-Verlauf nicht nur in pharmakologischer, sondern auch in psychotherapeutischer Hinsicht eine Subgruppe von Patienten mit großer Therapierefraktärität definieren (Friedman et al. 2009). Der genaue Stellenwert des Einsatzes von SSRI unter der speziellen Indikation einer PTBS, die mit Kampfeinsätzen in Zusammenhang steht, ist derzeit aber offen zu halten.

Andere Studien zur PTBS nach Ziviltraumata belegen mehrheitlich positive Resultate einer *Akuttherapie* mit SSRI. Diese sind imstande, alle drei Symptomcluster – intrusive Wiedererinnerung, traumabezogenen Vermeidung und autonomes Hyperarousal – zu bessern.

Solche breit gestreuten Effekte auf die PTBS-Symptomatik stellen sich in den einzelnen Studien in unterschiedlichem Ausmaß dar. Es ist aufgrund der vorliegenden empirischen Datenlage nicht möglich, ein bestimmtes SSRI-Präparat gegenüber anderen differenziell herauszuheben. Interessant erscheint in einer Studie, dass auch das Vergleichspräparat zu Fluvoxamin, das selektiv noradrenerg wirksame *Reboxetin,* ähnlich positive Effekte zeigte (Spivak et al., 2006).

Die SSRI wurden in den auch für eine antidepressive Behandlung üblichen Dosierungen eingesetzt. Die Studien währten in der Regel zwischen 5 und 12 Wochen. Für das Verständnis der in den einzelnen Studien berichteten Therapieresponse-Raten ist wichtig, dass eine Reduktion der PTBS-Scores schon um 30 % in der zumeist eingesetzten CAPS (Clinician Administered PTSD Scale) als ein therapeutisches Ansprechen gewertet wurde (Hammer et al., 2004 a).

In den wenigen durchgeführten *Langzeitstudien* zeigte sich einerseits eine auch nach 24 Wochen noch signifikante Überlegenheit der SSRI gegenüber einem Placebo, andererseits eine während des Gesamtbehandlungszeitraums kontinuierliche Besserung in allen drei PTBS-Symptomclustern (Davidson et al., 2001 a – Sertralin; Martenyi et al., 2002 – Fluoxetin). In der Studie von Londborg et al. (2001) waren 92 % der Patienten, die in der Akutbehandlung auf Sertralin positiv ansprachen, auch nach der Erhaltungstherapie Therapieresponder. 54 % der Non-Responder in der Akutphase wurden während der Erhaltungstherapie zu Therapierespondern. Eine 20- bis 25-prozentige Besserung der PTBS-Symptomatik (gemessen über CAPS) wurde während der Langzeitperiode erzielt. Jene Patienten mit sehr hohen CAPS-Ausgangsscores benötigten offensichtlich für eine zufriedenstellende Besserung ihrer Beschwerden einen wesentlich längeren Zeitraum, als er in den üblichen 12-wöchigen Akutbehandlungen zur Verfügung stand. Eine wichtige Zusammenstellung der wenigen Langzeitstudien legten Davis et al. (2006) mit einem systematischen Kommentar vor.

Eine randomisierte, doppelblinde und placebokontrollierte Studie belegte im Vergleich zu Sertralin eine analoge Effizienz von *Venlafaxin XR* (Davidson et al., 2006 a). Eine weitere kontrollierte Studie replizierte eine signifikante Überlegenheit gegenüber einem Placebo (Davidson et al., 2006 b). Ermutigende Ergebnisse liegen aus einer naturalistischen Studie bei männlichen Patienten mit therapie-refraktärer PTBS auch für Duloxetin vor (Walderhaug et al., 2010).

Mirtazapin zeigte in einer kontrollierten Studie gegenüber einem Placebo keinen Unterschied, wobei aber die Effektstärken in beiden Behandlungsgruppen beachtlich waren (Davidson et al., 2003), und gegenüber Sertralin eine äquivalente Wirksamkeit bei gleichermaßen guten Effektstärken (Chung et al., 2004). Für *Trazodon* (Hertzberg et al., 1996) existiert nur eine offene Studie. Diese ebenfalls für eine Akutbehandlung konzipierten Untersuchungen deuteten Besserungsraten in einem den SSRI und Venlafaxin XR vergleichbaren Ausmaß an. Trazodon und Mirtazapin können zudem PTBS-assoziierte Schlafstörungen gut bessern.

Der partielle Serotoninagonist bzw. -antagonist *Buspiron* kann zu einer Besserung von Intrusions- und Übererregbarkeits-, weniger aber von Vermeidungssymptomen beitragen (Wells et al., 1991; Duffy & Malloy, 1994). Buspiron kann vorteilhaft zur Potenzierung der Wirkung von SSRI eingesetzt werden (Hamner et al., 1997).

Bupropion erzielte gegenüber einem Placebo keine Überlegenheit (Canive et al., 1998; Becker et al., 2007).

MAO-Hemmer

Für den irreversiblen MAO-Hemmer *Phenelzin* (Kosten et al., 1991; Shestazky et al., 1988) und die reversiblen und selektiven MAO_A-Hemmer *Brofaromin* (Baker et al., 1995; Katz et al. 1995) und *Moclobemid* (Neal et al., 1997) existieren positive Resultate aus placebokontrollierten Studien. Die Symptomremission unter den selektiven MAO-Hemmern war insgesamt moderat, aber immerhin ca. die Hälfte aller behandelten Patienten mit einem chronischen PTBS-Verlauf (> 1 Jahr) erfüllte nach Behandlungsende mit Brofaromin die PTBS-Kriterien nicht mehr (Katz et al., 1995).

Trizyklische Antidepressiva

Zu *Desipramin*, *Amitriptylin* und *Imipramin* liegen Resultate aus kontrollierten Studien vor (Reist et al., 1989; Davidson et al., 1990; Kosten et al., 1991). Sie zeigen für Desipramin keine Vorteile gegenüber einem Placebo, moderate, aber statistisch signifikante Effekte für Amitripylin, eine Überlegenheit von Imipramin gegenüber einem Placebo, aber eine geringere Effizienz gegenüber Phenelzin. Die Bedeutung einer genügend langen Behandlungsperiode, um ein eventuelles Ansprechen auf Desipramin einschätzen zu können, war erkennbar. Zu beachten war ferner, dass eher Patienten mit einer geringeren PTBS-Symptomausprägung positiv von Amitriptylin profitierten. Immerhin 64 % der Patienten erfüllten auch nach einer 8-wöchigen Behandlungsperiode noch die diagnostischen Kriterien einer PTBS (Davidson et al., 1990). Trizyklika scheinen bei dieser Indikationsstellung insgesamt weniger wirksam als MAO-Hemmer zu sein (Demartino et al., 1995).

Aufgrund der vermutlich geringeren therapeutischen Effizienz der Trizyklika und des ungünstigeren Nebenwirkungsspektrums sowohl von Trizyklika als auch von MAO-Hemmern werden beide Substanzklassen den SSRI und SSRNI (Venlafaxin XR) in evidenzbasierten Empfehlungen nachgeordnet (Asnis et al., 2004).

Moodstabilizer

Als Moodstabilizer eingesetzte *Antikonvulsiva* versprechen in einer theoretischen Perspektive einerseits positive Wirkungen auf häufig mit einer ABS und einer PTBS verbundene Symptome wie Irritabilität, Ärger, Aggressivität und gestörte Impulskontrolle. Einflüsse sowohl auf das GABerge als auch auf das glutamaterge System scheinen diesen pharmakodynamischen Effekten zugrunde zu liegen. Andererseits wird Antikonvulsiva ein Anti-Kindlingeffekt zugesprochen, der sich ebenfalls bei einer posttraumatischen Entwicklung vorteilhaft auswirken könnte.

Die meisten der unter dieser Indikationsstellung eingesetzten Antikonvulsiva wurden bisher nur in offenen Studien erprobt. Durchaus erfolgversprechende Effekte wurden für Carbamazepin, Oxcarbazepin, Valproat, Gabapentin, Topiramat, Tiagabin und Phenytoin registriert. Kontrollierte Studien konnten bisher die in offenen Studien gefundenen Besserungen – beispielsweise für Valproat gegenüber einem Placebo – nicht bestätigen (Hamner et al., 2004 b; Hollander et al., 2003). Eine metaanalytische Bewertung hielt für Valproat eine moderate Effizienz fest (Adamou et al., 2007). In einer doppelblinden und placebokontrollierten Untersuchung zeigte sich *Lamotrigin* dem Placebo gegenüber tendenziell, aber nicht signifikant überlegen (Hertzberg et al., 1999). Das besondere Risiko dermatologischer Nebenwirkungen (Stevens-Johnson-Syndrom, ca. 0,3 %) verlangt zudem eine vorsichtige, über viele Wochen durchgeführte Höherdosierung. Tiagabin erwies sich gegenüber einem Placebo nicht (Davidson et al., 2007), Topiramat gegenüber einem Placebo nur in sekundären Outcome-Parametern als überlegen (Tucker et al., 2007). Derzeit kann für Moodstabilizer allenfalls eine sehr bescheidene, auf kontrollierte Studien gestützte Wirksamkeit in der Pharmakotherapie der Kernsymptome der PTBS notiert werden. Es existiert bis jetzt auch kein empirischer Beleg, der für einen Antikindling-Effekt spräche. Offen bleiben muss, ob Moodstabilizer nicht trotzdem einen modulierenden Effekt auf spezielle, im Verlauf einer PTBS häufig auftretende Symptome wie Ärger, Aggressivität und gestörte Impulskontrolle entfalten.

Antipsychotika
Der Stellenwert von Antipsychotika in der Behandlung der ABS bzw. PTBS war, abgesehen von einem vorteilhaften Einsatz bei psychotischen Entgleisungen nach schweren Traumatisierungen, lange Zeit als unbedeutend eingestuft worden. Dies hat sich zunächst durch zahlreiche offene Studien mit *Anipsychotika der 2. Generation* geändert. Dieser potentiell positive Effekt wurde mittlerweile auch durch eine Reihe placebokontrollierter Studien für Olanzapin (Butterfield et al., 2001 [-]; Stein et al., 2002) und für Risperidon (Bartzokis et al., 2005; Hamner et al., 2003; Monelly et al., 2003; Padala et al., 2006; Reich et al., 2004) mehrheitlich nachgewiesen.

Eine bedeutsame dopaminerge Dysfunktionalität in der posttraumatischen Verarbeitung begründet neurobiologisch das Rationale für eine dopaminblockierende Medikation. Atypische Antipsychotika versprechen eine interessante Therapieoption – entweder als Monotherapie oder aber als Add-on-Therapie beispielsweise zu den SSRI. Positive Effekte können vor allem beim Vorliegen von Aggressivität oder negativer Affektivität, bei Intrusionen und dissoziativen Zuständen, aber auch bei Schlafstörungen und Alpträumen erwartet werden. Allerdings sollte bei einer Kombination von serotonergen Antidepressiva und Antipsychotika mit komplexen Einwirkungen auch an die Möglichkeit ernsthafter Nebenwirkungen gedacht werden, wie dies in einer Add-on-Studie zu Sertralin und Ziprasidon beobachtet wurde (Kellner et al., 2010).

Benzodiazepine
Beim Einsatz von Benzodiazepinen in der Behandlung der ABS bzw. PTBS gilt es vor allem, die im Abschnitt über »Präventive

medikamentöse Strategien« gemachten Aussagen zu bedenken (s. oben). In der einzigen, bis jetzt vorliegenden placebokontrollierten Therapiestudie waren Benzodiazepine nicht imstande, die Kernsymptome einer ABS/PTBS zu bessern (Braun et al., 1990).

In einer pragmatischen Perspektive sollte ein Einsatz von Benzodiazepinen allenfalls als eine sehr begrenzte Kurzzeitintervention erwogen werden. Es ist unklar, ob die $GABA_A$-Agonisten Zolpidem, Zopiclone und Zaleplon unter der Indikation von ABS-/PTBS-assoziierten Schlafstörungen gegenüber den Benzodiazepinen Vorteile besitzen. In einer ersten zu Eszopiclone veröffentlichten randomisierten, doppelblinden und placebokontrollierten Studien fanden sich recht ermutigende Ergebnisse (Pollack et al., 2011).

Opiatagonisten bzw. -antagonisten
Während das endogene Opiatsystem und extern zugeführte Opiate in der unmittelbaren peri- und posttraumatischen Situation durchaus eine grundlegende abschirmende Wirkung haben können (s. oben), sind bei Vorliegen einer PTBS vor allem mit chronischem Verlauf komplexe Veränderungen anzunehmen (Kapfhammer, 2011). Substanzen, die in diesem Abschnitt auf das Opiatsystem einwirken, entfalten differenzielle Wirkungen. So kann der Einsatz des Opiatantagonisten Naloxon nach einer schwerwiegenden Traumatisierung und konsekutiver Entwicklung einer ABS/PTBS Opiatentzugssymptome provozieren (Pitman et al., 1990). Andererseits kommt Opiatantagonisten bei prolongierten dissoziativen Zuständen im Rahmen eines chronischen PTBS-Verlaufs eine möglicherweise wichtige Indikation zu. Für den Einsatz von Opiatantagonisten wie *Naloxon* oder *Naltrexon* liegen positive Hinweise bisher aber nur aus offenen Studien bei Patienten mit Borderline-Persönlichkeitsstörungen und selbstverletzendem Verhalten in Depersonalisationszuständen vor (Bohus et al., 1999). Dieser antidissoziative Effekt von Opiatantagonisten zeichnete sich auch in der bisher einzigen offenen Studie an Patienten mit einer primären Depersonalisationsstörung ab, die mit Naloxon behandelt wurden (Nuller et al., 2001).

Experimentelle Substanzen
Der Einsatz von niedrigdosierten *Glukokortikoiden* wurde bereits im Abschnitt »Präventive medikamentöse Strategien« angeschnitten und könnte durchaus auch für selektive Indikationen (z. B. stark ausgeprägte intrusive Symptome) eine Option in der Therapie darstellen (de Quervain, 2008). In einer ersten doppelblinden, placebokontrollierten Crossover-Studie zeigten Aerni et al. (2004) an drei Patienten mit chronischer PTBS-Symptomatik nach einem terroristischen Anschlag, dass eine niedrig dosierte Gabe von Hydrokortison (10 mg/Tag) zu einer signifikanten Reduktion vor allem der intrusiven Traumaerinnerungen führte.

Eine Übersicht zu medikamentösen Strategien bei mit einer PTBS assoziierten Schlafstörungen und Alpträumen bieten van Liempt et al. (2006). Für den α_1-Antagonisten *Prazosin* besteht in der Indikation traumaassoziierter Schlaf- und Traumstörungen eine überzeugende Evidenzlage (Lydiard & Hamner, 2009).

Die unter theoretischen Aspekten interessanten glutamatergen NMDA-Antagonisten *D-Cycloserin* und *D-Serin*, die in der Behandlung verschiedener Angststörungen vor allem in der wirksamen Verstärkung von Expositionsverfahren ein vielversprechendes Potential zeigten, haben bisher in kleinen placebokontrollierten Studien mit chronisch erkrankten PTBS-Patienten zu widersprüchlichen Ergebnissen geführt (Heresco-Levy et al., 2002 [–], 2009).

12.5.3 Effizienzbewertung psychopharmakologischer Behandlungsverfahren

Systematische Reviews sprechen den SSRI zwar den Status von Medikamenten der ersten Wahl zu (Baker et al., 2009; Berger et al., 2009; Raskind, 2009; Ravindran & Stein, 2009; Stein et al., 2009; Sullivan & Neria, 2009; Zhang & Davidson, 2009). Es liegen günstige Daten für sowohl die Akut- als auch die Erhaltungstherapie vor. Gegenüber den Trizyklika besitzen SSRI ein deutlich breiteres therapeutisches Wirkspektrum. Gegenüber den MAO-Hemmern zeichnen sie sich vor allem durch ein günstigeres Nebenwirkungsspektrum aus. SSRI können die PTBS-Kernsymptome signifikant reduzieren und bessern die häufig assoziierten Angst- und depressiven Störungen entscheidend. Insgesamt müssen die Effektstärken als bescheiden beurteilt werden. In einer Langzeitperspektive ist vorrangig ein symptomsuppressiver Effekt hervorzuheben, nach Absetzen der Medikation besteht weiterhin ein hohes Rückfallrisiko.

Den SSRI in der Wertigkeit nachgeordnet sind aufgrund der knapperen empirischen Datenlage die SSNRI (Venlafaxin XR) und NaSSA (Mirtazapin) als Mittel der zweiten Wahl. Antipsychotika (Olanzapin, Risperidon) zeigen durchaus ein günstiges Wirkprofil, das aber noch weiter untersucht werden muss. Zusammen mit den Mood-Stabilisatoren werden sie derzeit noch vorrangig in Add-on-Strategien eingesetzt. Benzodiazepine sollten nur sehr gezielt und jedenfalls nur kurzfristig eingesetzt werden.

Insgesamt zielt die Behandlung posttraumatischer Syndrome auf eine Langzeitperspektive. Eine medikamentöse Behandlung der akuten PTBS ist auf 6 bis 12 Monate anzusetzen. Chronische PTBS-Verläufe verlangen häufig eine sehr viel längere Pharmakotherapie. Für häufig durchgeführte Kombinationstherapien können zwar theoretische Argumente gefunden werden, denen aber mehrheitlich eine empirische Datenbasis fehlt.

Bei der kritischen Beurteilung pharmakologischer Therapieoptionen müssen ähnliche Vorbehalte angemeldet werden, wie sie auch bei psychotherapeutischen Ansätzen beachtet werden müssen. Diese betreffen die oft nur bescheidenen Therapieeffekte in den empirischen Studien, die weitgehende Vernachlässigung des Problems der psychiatrischen Komorbidität, die mangelhafte Untersuchung der Langzeitdimension in der Behandlung, fehlende kontrollierte Untersuchungen zu den Themen der Therapieresistenz einerseits, der Kombination von Psychotherapie und Phamakotherapie andererseits (Kapfhammer, 2011).

12.6 Literatur

Adamou M., Puchalska S., Plummer W. & Hale A.S. (2007). Valproate in the treatment of PTSD: Systematic review and meta analysis. *Current Medical Research and Opinion*, 23 (6), 1285–1291.

Adams R.E. & Boscarino J.A. (2006). Predictors of PTSD and delayed PTSD after disaster: The impact of exposure and psychosocial resources. *Journal of Nervous and Mental Disease*, 194, 485–493.

Aerni A., Traber R., Hock C. et al. (2004). Low-dose cortisol for symptoms of posttraumatic stress disorder. *American Journal of Psychiatry*, 161, 1488–1490.

Arnsten A.F. (2000). Stress impairs prefrontal cortical function in rats and monkeys: Role of dopamine D1 and norepinephrine alpha-1 receptor mechanisms. *Progress in Brain Research*, 126, 183–192.

Asnis G.M., Kohn S.R., Henderson M. & Brown N.L. (2004). SSRIs versus Non-SSRIs in posttraumatic stress disorder: An update with recommendations. *Drugs*, 64, 383–404.

Baker D.G., Diamond B.I., Gillette G. et al. (1995). A double-blind, randomized, placebo-controlled, multi-center study of brofaromine in the treatment of posttraumatic stress disorder. *Psychopharmacology*, 122, 386–389.

Baker D.G., Nievergelt C.M. & Risbrough V.B. (2009). Post-traumatic stress disorder: Emerging concepts of pharmacotherapy. *Expert Opinion on Emergin Drugs*, 14, 251–272.

Bartzokis G., Lu P.H., Turner J. et al. (2005). Adjunctive risperidone in the treatment of chronic combat-related posttraumatic stress disorder. *Biological Psychiatry*, 57, 474–479.

Becker M.E., Hertzberg M.A., Moore S.D. et al. (2007). A placebo controlled trial of bupropion SR in the treatment of chronic posttraumatic stress disorder: *Journal of Clinical Psychopharmacology*, 27, 193–197.

Benedek D.M., Friedman M.J., Zatzick D. & Ursano R.J. (2009). Practice guideline for the treatment of patients with acute stress disorder and posttraumatic stress disorder. *Focus*, 7, 2004–213.

Berger W., Mendlewicz M.V. et al. (2009). Pharmacologic alternatives to antidepressants in posttraumatic stress disorder: A systematic review. *Progress in Neuro-Psychopharmacology & Biological Psychiatry*, 33, 169–180.

Blumenfield M. & Ursano R.J. (Hrsg.) (2008). *Intervention and resilience after mass trauma.* New York u.a.: Cambridge University Press.

Bohus M.J., Landwehrmeyer G.B., Stiglmayr C.E., Limberger M.F., Böhme R. & Schmahl C.G. (1999). Naltrexone in the treatment of dissociative symptoms in patients with borderline personality disorder: An open-label trial. *Journal of Clinical Psychiatry*, 60, 598–603.

Bonanno G.A. & Mancini A.D. (2008). The human capacity to thrive in the face of potential trauma. *Pediatrics*, 121, 369–375.

Brady K., Pearlstein T., Asnis G.M. et al. (2000). Efficacy and safety of sertraline treatment of posttraumatic stress disorder: A randomized controlled trial. *JAMA*, 283, 1837–1844.

Braun P., Greenberg D., Dasberg D.H. et al. (1990). Core symptoms of posttraumatic stress disorder unimproved by alprazolam treatment. *Journal of Clinical Psychiatry*, 51, 236–238.

Brewin C.R. (2005). A systematic review of screening instruments for adults at risk of PTSD. *Journal of Traumatic Stress*, 18, 53–62.

Bryant R.A., Creamer M., O'Donnell M., Silove D. & McFarlane A.C. (2009). A study of the protective function of acute morphine administration on subsequent posttraumatic stress disorder. *Biological Psychiatry*, 65, 438–440.

Butterfield M.I., Becker M.E., Connor K.M. et al. (2001). Olanzapine in the treatment of post-traumatic stress disorder: A pilot study. *International Clinical Psychopharmacology*, 16, 197—203.

Byers M.G., Allison K.M., Wendel C.S. & Lee J.K. (2010). Prazosin versus quetiapine for nightmare posttraumatic stress disorder symptoms in veterans. An assessment of long-term comparative efficacy and safety. *Journal of Clinical Psychopharmacology*, 30, 225–229.

Canive J.M., Clark R.D., Calais L.A. et al. (1998). Bupropion treatment in veterans with posttraumatic stress disorder: An open study. *Journal of Clinical Psychopharmacology*, 18, 379–83.

Chung M.Y., Min K.H., Jun Y.J. et al. (2004). Efficacy and tolerability of mirtazapine and sertraline in Korean veterans with posttraumatic stress disorder. *Human Psychopharmacology*, 19, 489–494.

Connor K.M., Davidson J.R., Weisler R.H. & Ahearn E (1999a). A pilot study of mirtazapine in post-traumatic stress disorder. *International Clinical Psychopharmacology*, 14, 29–31.

Connor K.M., Sutherland S.M., Tulper L.A. et al. (1999b). Fluoxetine in post-traumatic stress disorder: Randomised, double-blind study. *British Journal of Psychiatry*, 175, 17–22.

Davidson J.R.T., Kudler H., Smith R. et al. (1990). Treatment of post-traumatic stress disorder with amitriptyline and placebo. *Archives of General Psychiatry*, 47, 259–266.

Davidson J, Pearlstein T, Londborg P et al. (2001a). Efficacy of sertraline in preventing relapse of posttraumatic stress disorder: Results of a 28-week double-blind, placebo-controlled study. *American Journal of Psychiatry*, 158, 1974–1981.

Davidson J.R., Rothbaum B.O., van der Kolk B.A. et al. (2001b). Multicenter, double-blind comparison of sertraline and placebo in the treatment of posttraumatic stress disorder. *Archives of General Psychiatry*, 58, 485–92.

Davidson J.R.T., Weisler R.H., Butterfield M.I. et al. (2003). Mirtazapine vs. placebo in posttraumatic stress disorder: A pilot trial. *Biological Psychiatry*, 53, 188–191.

Davidson J., Rothbaum B.O., Tucker P. et al. (2006a). Venlafaxine extended release in posttraumatic stress disorder: A sertraline- and placebo-controlled study. *Journal of Clinical Psychopharmacology*, 26, 259–267.

Davidson J., Baldwin D., Stein D.J. et al. (2006b). Treatment of posttraumatic stress disorder with venlafaxine extended release: A 6-month randomized controlled trial. *Archives of General Psychiatry*, 63, 1158–1165.

Davidson J.R., Brady K., Mellman T.A. et al. (2007). The efficacy and tolerability of tiagabine in adult patients with posttraumatic stress disorder. *Journal of Clinical Psychopharmacology*, 27, 85–88.

Davis L.L., Frazier E.C., Williford R.B. & Newell J.M. (2006). Long-term pharmacotherapy for posttraumatic stress disorder. *CNS Drugs*, 20, 465–476.

Davis L.L., Ward C., Rasmusson A. et al. (2008). A placebo-controlled trial of guanfacine for the treatment of posttraumatic stress disorder in veterans. *Psychopharmacology Bulletin*, 41, 8–18.

De Quervain D.J.F. (2008). Glucocorticoid-induced reduction of traumatic memories: Implications for the treatment of PTSD. *Progress in Brain Research*, 167, 239–247.

Demartino R., Mollica R.F. & Wilk V. (1995). Monoamine oxidase inhibitors in posttraumatic stress disorder. *Journal of Nervous and Mental Disease*, 183, 510–515.

Dent M.F. & Bremner J.D. (2009). Pharmacotherapy for posttraumatic stress disorders and other trauma-related disorders. In: Antony M.M. & Stein M.B. (Hrsg.). *Oxford handbook of anxiety and related disorders*. Oxford: Oxford University Press, 405–416.

Duffy J.D. & Malloy P.F. (1994). Efficacy of buspirone in the treatment of posttraumatic stress disorder: An open trial. *Annals of Clinical Psychiatry*, 6, 33–37.

Famularo R., Kinscherff R. & Fenton T. (1988). Propranolol treatment for childhood posttraumatic stress disorder, acute type: A pilot study. *American Journal of Diseases of Children*, 142, 1244–1247

Fletcher S., Creamer M. & Forbes D. (2010). Preventing post traumatic stress disorder: Are drugs the answer? *Australian and New Zealand Journal of Psychiatry*, 4, 1064–1071.

Foa E.B., Keane T.M., Friedman M.J. & Cohen J.A. (Hrsg.) (2009). *Effective treatments for PTSD. Practice guidelines from the International Society for Traumatic Stress Studies*. 2. Aufl. New York, London: Guilford Press.

Friedman M.J. (2008). The role of pharmacotherapy in early intervention. In: Blumenfield M. & Ursano R.J. (Hrsg.). *Intervention and resilience after mass trauma*. Cambridge: Cambridge University Press, 107–125.

Friedman M.J., Marmar C.R., Baker D.G. et al. (2007). Randomized, double-blind comparison of sertraline and placebo for posttraumatic stress disorder in a department of veterans affairs setting. *Journal of Clinical Psychiatry*, 68, 711–720.

Friedman M.J., Davidson J.R.T. & Stein D.J. (2009). Psychopharmacotherapy for adults. In: Foa E.B., Keane T.M., Friedman M.J. & Cohen J.A. (Hrsg.). *Effective treatments for PTSD. Practice guidelines from the Internatio-*

nal Society for Traumatic Stress Studies. 2. Aufl. New York u. a.: Guilford Press, 245–268.

Gelpin E., Bonne O., Peri T. et al. (1996). Treatment of recent trauma survivors with benzodiazepines: A prospective study. *Journal of Clinical Psychiatry*, 57, 390–394.

Hamner M., Ulmer H. & Horne D. (1997). Buspirone potentiation of antidepressants in the treatment of PTSD. *Depression and Anxiety*, 5, 137–139.

Hamner M.B., Faldowski R.A., Ulmer H.G. et al. (2003). Adjunctive risperidone treatment in post-traumatic stress disorder: A preliminary controlled trial of effects on comorbid psychotic symptoms. *International Clinical Psychopharmacology*, 18, 1–8.

Hamner M.B., Robert S. & Frueh C. (2004a). Treatment resistent posttraumatic stress disorder: Strategies for intervention. *CNS Spectrums*, 9, 740–752.

Hamner M.B., Faldowski R.A., Robert S. et al. (2004b). A preliminary controlled trial of divalproex in PTSD. Poster. New Clinical Drug Evaluation Unit. Phoenix, AZ.

Harmon R.J., Riggs P.D. et al. (1996). Clonidine for posttraumatic stress disorder in preschool children. *Journal of the American Academy of Child and Adolescent Psychiatry*, 35, 1247–1249.

Hellmann J., Heuser I. & Kronenberg G, (2010). Prophylaxe der posttraumatischen Belastungsstörung. *Der Nervenarzt* (Epub ahead of print).

Heresco-Levy U., Kremer I., Javitt D.C. et al. (2002). Pilot-controlled trial of D-cycloserine for the treatment of post-traumatic stress disorder. *International Journal of Neuropsychopharmacology*, 5, 301–307.

Heresco-Levy U., Vass A., Bloch B. et al. (2009). Pilot controlled trial of D-serine for the treatment of posttraumatic stress disorder. *International Journal of Neuropsychopharmacology*, 12, 1275–1282.

Hertzberg M.A., Feldman M.E., Beckham J.C. et al. (1996). Trial of trazodone for posttraumatic stress disorder using a multiple baseline group design. *Journal of Clinical Psychopharmacology*, 16, 294–298.

Hertzberg M.A., Butterfield M.I., Feldman M.E., Beckham J.C., Sutherland S.M., Connor K.M. & Davidson J.R. (1999). A preliminary study of lamotrigine for the treatment of posttraumatic stress disorder. *Biological Psychiatry*, 45, 1226–1229.

Hertzberg M.A., Feldman M.E., Beckham J.C., et al. (2000). Lack of efficacy for fluoxetine in PTSD: A placebo-controlled trial in combat veterans. *Annals of Clinical Psychiatry*, 12, 101–105.

Holbrook T.L., Galarneau M.R., Dye J.L. et al. (2010). Morphine use after combat injury in Iraq and posttraumatic stress disorder. *New England Journal of Medicine*, 362, 110–117.

Hollander E., Tracy K.A., Swann A.C. et al. (2003). Divalproex in the treatment of impulsive aggression: Efficacy in cluster B personality disorders. *Neuropsychopharmacology*, 28, 1186–1197.

Horrigan J.P. (1996). Guanfacine for PTSD nightmares. *Journal of the American Academy of Child and Adolescent Psychiatry*, 35, 975–976.

Institute of Medicine (2007). *Treatment of PTSD. An assessment of the evidence*. Washington: National Academies Press.

Kapfhammer H.P. (2011). Anpassungsstörung, akute und posttraumatische Belastungsstörung. In: Möller H.J., Laux G. & Kapfhammer H.P. (Hrsg.). *Psychiatrie, Psychosomatik, Psychotherapie. Bd. 2: Spezielle Psychiatrie*. 4. Aufl. Berlin u.a.: Springer, 605–679.

Kapfhammer H.P., Rothenhäusler H.B., Schelling G. et al. (2004). Posttraumatic stress disorder in survivors of ARDS. Results of a follow up study in a university C/L service. *American Journal of Psychiatry*, 161, 45–52.

Katz R.J., Lott M.H., Arbus P. et al. (1995). Pharmacotherapy of posttraumatic stress disorder with a novel psychotropic. *Anxiety*, 1, 169–174.

Kellner M., Muhtz C. & Wiedemann K. (2010). Primary add-on of ziprasidone in sertraline treatment of posttraumatic stress disorder. Lessons from a stopped trial. *Journal of Clinical Psychopharmacology*, 30, 471–473.

Kinzie J. D. & Leung P. (1989). Clonidine in Cambodian patients with posttraumatic stress disorder. *Journal of Nervous and Mental Disease*, 177, 546–550.

Kolb L. C., Burris B. C. & Griffiths S. (1984). Propranolol and clonidine in the treatment of post-traumatic stress disorders of war. In: Van der Kolk B. A. (Hrsg.). *Posttraumatic stress disorder: Psychological and biological sequelae*. Washington, DC London: American Psychiatric Press, 98–105.

Kosten T. R., Frank J. B., Dan E. et al. (1991). Pharmacotherapy for posttraumatic stress disorder using phenelzine or imipramine. *Journal of Nervous and Mental Disease*, 179, 366–370.

Krauseneck T., Padberg F., Roozendaal B. et al. (2010). A beta-adrenergic antagonist reduces traumatic memories and PTSD symptoms in female but not in male patients after cardiac surgery. *Psychological Medicine*, 40, 861–891.

LeDoux J. (2007). The amygdala. *Current Biology*, 17, R868–R874.

Londborg P. D., Hegel M. T., Goldstein S. et al. (2001). Sertraline treatment of posttraumatic stress disorder: Results of 24 weeks of open-label continuation treatment. *Journal of Clinical Psychiatry*, 62, 325–331.

Lydiard R. B. & Hamner M. H. (2009). Clinical importance of sleep disturbance as a treatment target in PTSD. *Focus*, 7, 176–183.

Marshall R. D., Beebe K. L., Oldham M. & Zaninelli R. (2001). Efficacy and safety of paroxetine treatment for chronic PTSD: A fixed-dose, placebo-controlled study. *American Journal of Psychiatry*, 158, 1982–1988.

Marshall R. D., Lewis-Fernandez R., Blanco C. et al. (2007). A controlled trial of paroxetine for chronic PTSD, dissociation, and interpersonal problems in mostly minority adults. *Depression and Anxiety*, 24, 77–84.

Martenyi F., Brown E. B., Zhang H. et al. (2002). Fluoxetine versus placebo in posttraumatic stress disorder. *Journal of Clinical Psychiatry*, 63, 199–206.

Martin E. I., Ressler K. J., Binder E. & Nemeroff C. B. (2009). The neurobiology of anxiety disorders: Brain imaging, genetics, and psychoneuroendocrinology. *Psychiatric Clinics of North America*, 32, 549–575.

McGaugh JL. (2002). Memory consolidation and the amygdala: A systems perspective. *Trends in Neurosciences*, 25, 456–461.

McGhee L. L., Maani C. V., Garza T. H. et al. (2009). The effect of propranolol on post-traumatic stress disorder in burned service members. *Journal of Burn Care and Research*, 30, 92–97.

Mellman T. A., Bustamante V., David D. et al. (2002). Hypnotic medication in the aftermath of trauma. *Journal of Clinical Psychiatry*, 63, 1183–1184.

Meltzer-Brody S., Connor K. M., Churchill E. & Davidson J. R. (2000). Symptom-specific effects of fluoxetine in post-traumatic stress disorder. *International Clinical Psychopharmacology*, 15, 227–231.

Monelli EP, Ciraulo DA, Knapp C, Keane T (2003). Low-dose risperidone as adjunctive therapy for irritable aggression in posttraumatic stress disorder. *Journal of Clinical Psychopharmacology*, 23, 193–196

Morgan C. A. 3rd, Krystal J. H. & Southwick S. M. (2003). Towards early pharmacological post-traumatic intervention. *Biological Psychiatry*, 53, 834–843.

Musselman D. L., Somerset W. I., Guo Y. et al. (2006). A double-blind, multicenter, parallel-group study of paroxetine, desipramine, or placebo in breast cancer patients (stages I, II, III, and IV) with major depression. *Journal of Clinical Psychiatry*, 67, 288–296.

Neal L. A., Sapland W. & Fox C. (1997). An open trial of moclobemide in the treatment of post-traumatic stress disorder. *International Clinical Psychopharmacology*, 12, 231–237.

Neylan T. C., Lenoci M., Samuelson K. W. et al. (2006). No improvement of posttraumatic stress disorder symptoms with guanfacine treatment. *American Journal of Psychiatry*, 163, 2186–2188.

Norman S. B., Stein M. B., Dimsdale J. E. & Hoyt D. B. (2008). Pain in the aftermath of trauma is a risk factor for post-traumatic stress disorder. *Psychological Medicine*, 38, 533–542.

Nuller Y. L., Morozova M. G., Kushnir O. N. & Hamper N. (2001). Effect of naloxone therapy on depersonalization: A pilot study. *Journal of Psychopharmacology*, 15, 93–95.

O'Donnell M. L., Elliott P., Lau W. & Creamer M. (2007). PTSD symptom trajectories: From early to chronic response. *Behaviour Research and Therapy*, 45 (3), 601–606.

O'Donnell M. L., Bryant R. A., Creamer M. & Carty J. (2008). Mental health following traumatic injury: Toward a health system model of early psychological intervention. *Clinical Psychology Review*, 28, 387–406.

Padala P. R., Madison J., Monnahan M. et al. (2006). Risperidone monotherapy for post-traumatic stress disorder related to sexual assault and domestic abuse in women. *International Clinical Psychopharmacology*, 21, 275–280.

Pasternak E. R., Reynolds C. F., Schlernitzauer M. et al. (1991). Acute open-trial nortriptyline therapy of bereavement-related depression in late life. *Journal of Clinical Psychiatry*, 52, 307–310.

Pitman R. K. & Delahanty D. L. (2005). Conceptually driven pharmacologic approaches to acute trauma. *CNS Spectrums*, 10, 99–106.

Pitman R. K., van der Kolk B. A., Orr S. P. & Greenberg M. S. (1990). Naloxone reversible stress induced analgesia in posttraumatic stress disorder. *Archives of General Psychiatry*, 47, 541–547.

Pitman R. K., Sanders K. M., Zusman R. M. et al. (2002). Pilot study of secondary prevention of posttraumatic stress disorder with propranolol. *Biological Psychiatry*, 51, 189–192.

Pollack M. H., Hoge E. A., Worthington J. J. et al. (2011). Eszopiclone for the treatment of posttrauamatic stress disorder and associated insomnia: A randomized, double-blind, placebo-controlled tria. *Journal of Clinical Psychiatry* (Epub ahead of print).

Raskind M. A. (2009). Pharmacologic treatment of PTSD. In: Shiromani P. J., Keane T. M. & LeDoux J. E. (Hrsg.). *Post-traumatic stress disorder: Basic science and clinical practice*. New York: Humana Press, Springer, 337–361.

Raskind M. A., Peskind E. R., Kanter E. D. et al. (2003). Reduction of nightmares and other PTSD symptoms in combat veterans by prazosin: A placebo-controlled study. *American Journal of Psychiatry*, 160, 371–373.

Raskind M. A., Peskind E. R., Hoff D. J. et al. (2007). A parallel group placebo controlled study of prazosin for trauma nightmares and sleep disturbance in combat veterans with post-traumatic stress disorder. *Biological Psychiatry*, 61, 928–934.

Ravindran L. N. & Stein M. B. (2009). Pharmacotherapy of PTSD: Premises, principles, and priorities. *Brain Research*, 1293, 24–39.

Reich D. B., Winternitz S., Hennen J. et al. (2004). A preliminary study of risperidone in the treatment of posttraumatic stress disorder related to childhood abuse in women. *Journal of Clinical Psychiatry*, 65, 1601–1606.

Reist C., Kauffman C. D. & Haier R. J. (1989). A controlled trial of desipramine in 18 men with post-traumatic stress disorder. *American Journal of Psychiatry*, 146, 513–516.

Roozendaal B. (2002). Stress and memory: Opposing effects of glucocorticoids on memory consolidation and memory retrieval. *Neurobiology of Learning and Memory*, 78, 278–295.

Roozendaal B., McEwen B. S. & Chattarji S. (2009). Stress, memory and the amygdala. *Nature Reviews, Neuroscience*, 10, 423–433.

Saxe G., Stoddard F., Courtney D. et al. (2001). Relationship between acute morphine and the course of PTSD in children with burns. *Journal of the American Academy of Child and Adolescent Psychiatry*, 40, 915–921.

Schelling G. (2008). Post-traumatic stress disorder in somatic disease: Lessons from critically ill patients. *Progress in Brain Research*, 167, 229–237.

Schelling G., Stoll G. C., Haller M., Kapfhammer H. P. et al. (1999). The effect of stress doses of hydrocortisone during septic shock on post-traumatic stress disorder and health-related quality of life in survivors. *Critical Care Medicine*, 27, 2678–2683.

Schelling G., Briegel J., Roozendaal B. et al. (2001). The effect of serum cortisol levels and the norepinephrine dosage-cortisol ratio during septic shock on traumatic memories and post-traumatic stress disorder in survivors. *Biological Psychiatry*, 50, 978–985.

Schelling G., Kilger E., Roozendaal B. et al. (2004). Stress doses of hydrocortisone, traumatic stress, and symptoms of posttraumatic stress disorder in patients after cardiac surgery: A randomized trial. *Biological Psychiatry*, 55, 627–633.

Shalev A. Y. (2002). Acute stress reactions in adults. *Biological Psychiatry*, 51, 532–543.

Shalev A. Y. (2009). Posttraumatic stress disorder and stress-related disorders. *Psychiatric Clinics of North America*, 32, 687–704.

Sharp S., Thomas C., Rosenberg L. et al. (2010). Propranolol does not reduce risk for acute stress disorder in pediatric burn trauma. *Journal of Trauma*, 68, 193–197.

Shestatzky M., Greenberg D. & Lerer B. (1988). A controlled trial of phenelzine in posttraumatic stress disorder. *Psychiatry Research*, 24, 149–155.

Spivak B., Strous R. D., Shaked G. et al. (2006). Reboxetine versus fluvoxamine in the treatment of motor vehicle acident-related posttraumatic stress disorder: A double-blind, fixed-dosage, controlled trial. *Journal of Clinical Psychopharmacology*, 26, 152–156.

Stein D. J., Davidson J., Seedat S. et al. (2003). Paroxetine in the treatment of post-traumatic stress disorder: Pooled analysis of placebo-controlled studies. *Expert Opinion on Pharmacotherapy*, 4, 1829–1838.

Stein D. J., Ipser J. & McAnda N. (2009). Pharmacotherapy of psottraumatic stress disorder: A review of metaanalyses and treatment guidelines. *CNS Spectrums*, 14 (Suppl. 1), 25–33.

Stein M. B., Kline N. A. et al. (2002). Adjunctive olanzapine for SSRI-resistant combat-related PTSD: A double-blind, placebo-controlled study. *American Journal of Psychiatry*, 159, 1777–1779.

Stein M. B., Kerridge C., Dimsdale J. E. & Hoyt D. B. (2007). Pharmacotherapy to prevent PTSD: Results from a randomized controlled proof-of-concept trial in physically injured patients. *Journal of Traumatic Stress*, 20, 923–932.

Stoddard F. J., Sorrentino E. A., Ceranoglu T. A. et al. (2009). Preliminary evidence for the effects of morphine on posttraumatic stress disorder symptoms in one- to four-year-olds with burn. *Journal of Burn Care and Research*, 30, 836–843.

Sullivan G. M. & Neria Y. (2009). Pharmacotherapy in post-traumatic stress disorder: Evidence from randomized controlled trials. *Current Opinion in Investigational Drugs*, 10, 35–45.

Taylor F., Cahill L. et al. (2002). Propranolol for reemergent posttraumatic stress disorder following an event of retraumatization: A case study. *Journal of Traumatic Stress*, 15, 433–437.

Taylor F. B., Martin P., Thompson C. et al. (2008). Prazosin effects on objective sleep measures and clinical symptoms in civilian trauma posttraumatic stress disorder: A placebo-controlled study. *Biological Psychiatry*, 63, 629–632.

Taylor H. R., Freeman M. K. et al. (2003). Prazosin for treatment of nightmares related to posttraumatic stress disorder. *American Journal of Health-System Pharmacy*, 65, 716–722.

Tucker P., Zaninelli R., Yehuda R. et al. (2001). Paroxetine in the treatment of chronic posttraumatic stress disorder: Results of a placebo-controlled, flexible-dosage trial. *Journal of Clinical Psychiatry*, 62, 860–968.

Tucker P., Potter-Kimball R., Wyatt D. B. et al. (2003). Can physiologic assessment and side effects tease out differences in PTSD trials? A double-blind comparison of citalopram, sertraline and placebo. *Psychopharmacology Bulletin*, 37, 135–149.

Tucker P., Trautman R. P., Wyatt D. B. et al. (2007). Efficacy and safety of topiramate monotherapy in civilian posttraumatic stress disorder: Results of a placebo-controlled study. *Journal of Clinical Psychiatry*, 68, 201–206.

Vaiva G., Ducrocq F., Jezequel K. et al. (2003). Immediate treatment with propranolol decreases posttraumatic stress disorder two months after trauma. *Biological Psychiatry*, 54, 947–949.

Van der Kolk B. A., Dreyfull D., Michaels M. et

al. (1994). Fluoxetine in posttraumatic stress disorder. *Journal of Clinical Psychiatry*, 55, 517–522.

Van der Kolk B.A., Spinazzola J., Blaustein M.E. et al. (2007). A randomized clinical trial of eye movement desensitization and reprocessing (EMDR), fluoxetine, and pill placebo in the treatment of posttraumatic stress disorder: Treatment effects and long-term maintenance. *Journal of Clinical Psychiatry*, 68, 37–46.

Van Liempt S., Vermetten E., Beuze E. & Westenberg H.G.M. (2006). Pharmacotherapy for disordered sleep in post-traumatic stress disorder: A systematic review. *International Clinical Psychopharmacology*, 21, 193–202.

Walderhaug E., Kasserman S., Aikins D., Vojvoda D., Nishimura C. & Neumeister A. (2010). Effects of duloxetine in treatment-refractory men with posttraumatic stress disorder. *Pharmacopsychiatry*, 43, 45–49.

Watson P.J. & Shalev A.Y. (2005). Assessment and treatment of adult acute responses to traumatic stress following mass traumatic events. *CNS Spectrums*, 10, 123–131.

Weis F., Kilger E., Roozendaal B., de Quervain D.J. et al. (2006). Stress doses of hydrocortisone reduce chronic stress symptoms and improve health-related quality of life in high-risk patients after cardiac surgery: A randomized study. *Journal of Thoracic and Cardiovascular Surgery*, 131, 277–282.

Wells G.B., Chu C.C., Johnson R., Nasdahl C., Ayubi M.A., Sewell E. & Statham P. (1991). Buspirone in the treatment of posttraumatic stress disorder. *Pharmacotherapy*, 11 (4), 340–343.

Wittchen H.-U., Gloster A., Beesd K., Schönfeld S. & Perkonigg A. (2009). Posttraumatic stress disorder: Diagnostic and epidemiological perspectives. *CNS Spectrums*, 14 (Suppl. 1), 5–12.

Yehuda R. (2009). Status of glucocorticoid alterations in post-traumatic stress disorder. Glucocorticoids and mood. *Annals of the New York Academy of Sciences*, 1179, 56–69.

Zhang W. & Davidson J.R.T. (2009). Pharmacotherapy for posttraumatic stress disorder. In: Stein D.J., Hollander E. & Rothbaum B.O. (Hrsg.). *Textbook of anxiety disorders*. Washington, London: American Psychiatric Publishing, 583–602.

Zohar J., Amital D., Miodownik C., Kotler M., Bleich A., Lane R.M. & Austin C. (2002). Double-blind placebo-controlled pilot study of sertraline in military veterans with posttraumatic stress disorder. *Journal of Clinical Psychopharmacology*, 22, 190–195

Zohar J., Sonnino R., Juven-Wetzler A. & Cohen H. (2009). Can posttraumatic stress disorder prevented? *CNS Spectrums*, 14 (Suppl. 1), 44–51.

H

Schnittstellen von Psychotraumatologie und Justiz

MANUELA DUDECK UND KIRSTIN DRENKHAHN

1. Trauma und Justiz

Wie die meisten Menschen werden auch Psychotraumatologen die Justiz als einen Lebensbereich ansehen, mit dem man am liebsten nichts zu tun hätte. Die Justiz erscheint den meisten Nicht-Juristen als mysteriös oder sogar bedrohlich. Nahellegende Informationsquellen helfen auch nicht weiter, da man gerade bei Gerichtsreportagen häufig den Eindruck gewinnt, dass das Geschehen für den beobachtenden Journalisten genauso undurchschaubar ist wie für sein Publikum: Die Juristensprache wird nur imitiert, jedoch nicht erklärt. Sie ist aber erklärungsbedürftig, denn obwohl juristische Fachbegriffe üblicherweise deutsche Ausdrücke sind, haben sie in rechtswissenschaftlichem Zusammenhang häufig eine andere oder eine viel genauere und damit engere Bedeutung als in der Umgangssprache oder in anderen Fachsprachen.

Psychotraumatologen werden, anders als die meisten Menschen, möglicherweise häufig mit der Justiz in Kontakt kommen, da ihre Patienten z. B. Opfer oder Zeugen von Straftaten sein können. In diesem Beitrag wird es darum gehen, was einen Patienten bei Justizkontakten erwartet und welche Rechte und Pflichten er hat; so soll es Therapeuten ermöglicht werden, die Folgen dieser Kontakte für das psychische Wohlbefinden des Patienten einzuschätzen. Dabei beschränken wir uns auf Grundlegendes zum Strafverfahren (dazu Stang & Sachsse, 2007), zum Zivilprozess und zum Prozess im Sozialrecht. Probleme des Ausländerrechts und insbesondere des Asylverfahrensrechts bleiben hier außer Betracht (dazu etwa Gierlichs et al., 2005; Wilk, 2005). Auch die Durchsetzung von Versorgungsansprüchen von Bundeswehrangehörigen wird nicht behandelt (vgl. Knickrehm, 2010; Weitz, 2009).

1.1 Grundsätzliches

Zunächst einmal muss man sich darüber im Klaren sein, was ein Gerichtsverfahren nicht leisten soll und daher allenfalls zufällig leisten kann: Es soll die Beteiligten nicht heilen. Das Strafverfahren z. B. soll durch das »gewissenhafte Streben nach Gerechtigkeit« Rechtsfrieden schaffen (Meyer-Goßner, 2010, Einl. Rn. 4), aber eben keinen Seelenfrieden. Soweit es im Strafverfahren darum geht, einen Rechtsbruch zu »heilen«, ist dies in einem abstrakten Sinn zu verstehen und nicht bezogen auf den Schmerz und den persönlichen Schaden, den die Beteiligten durch das Geschehen erlitten haben. Ein Gerichtsverfahren ist ganz im Gegenteil durchaus geeignet, den Schmerz noch zu verstärken, da das Geschehen ausführlich rekonstruiert wird, und zwar auch unter direkter Beteiligung des Patienten, denn Grundlage des Strebens nach Gerechtigkeit im Strafverfahren ist die Rekonstruktion der historischen Wahrheit (LR/Kühne, 2006, Einl., Abschnitt B, Rn. 20).

Bei der Entscheidung, ob rechtliche Schritte eingeleitet werden sollen, ist auch zu bedenken, dass Verletzte im Strafrecht nur bedingt die Kontrolle darüber haben, ob ein Verfahren eingeleitet wird, nämlich dann, wenn sie außer den Tätern die Einzigen sind, die von der Tat wissen. Wenn Polizei und Staatsanwaltschaft nicht von einer möglichen Straftat erfahren, wird auch kein Ermittlungsverfahren stattfinden. Geht es darum, zivilrechtliche oder sozialrechtliche Ansprüche geltend zu machen, so hat der Anspruchsberechtigte es in der Hand, ein Verfahren in Gang zu bringen, denn hier gilt: Wo kein Kläger, da kein Richter. Soweit der Patient in einem Strafverfahren der Verfolgte ist oder im Zivilverfahren verklagt wird, kann er sich dem Zugriff des Justizsystems nicht entziehen.

Anhaltspunkte dafür, was einen Patienten in den verschiedenen Zweigen des Justizsystems erwarten wird, bieten die sogenannten Prozessmaximen oder Verfahrensprinzipien (LR/Kühne, 2006, Einl., Abschnitt I; Meyer-Ladewig et al./Keller, 2008, Vorbemerkung vor § 60 Rn. 3 ff.; MüKo-ZPO/Rauscher, 2004, Einl., Rn. 271 ff.). Den verschiedenen Prozessarten sind die Grundsätze der Mündlichkeit, Unmittelbarkeit und Öffentlichkeit gemein. Das bedeutet z. B., dass nicht irgendein Richter in seinem Büro den Terminkalender des Opfers liest, sondern dass die Richter, die das Urteil fällen, persönlich diese Person als Zeugen in einer Verhandlung vernehmen, in der Menschen zuhören dürfen, die mit dem Fall überhaupt nichts zu tun haben. Es gilt zudem der Grundsatz der freien Beweiswürdigung, d. h. es gibt keine gesetzlichen Beweisregeln (insb. im Zivilverfahren mit Ausnahmen, MüKo-ZPO/Prütting, 2004, § 286 Rn. 24 ff.), die Würdigung der Beweise muss nachvollziehbar sein, muss die Denkgesetze und gesicherte wissenschaftliche Erkenntnisse beachten. Es wird also nicht abgezählt, wie viele Beweismittel für die eine oder die andere Version der Geschichte sprechen. Auch den Beschleunigungsgrundsatz, also das Bestreben, ein Verfahren zügig zu beenden, kennen alle Verfahrensordnungen. Allerdings kann es trotzdem Jahre dauern, bis ein Verfahren rechtskräftig abgeschlossen ist.

Im Strafverfahren und in verwaltungsgerichtlichen Verfahren gilt außerdem der Amtsaufklärungsgrundsatz. Das bedeutet, dass das Gericht das Geschehen aufklärt, also die Beweise beschafft. Im Zivilverfahren gilt der Beibringungsgrundsatz, hier müssen die Parteien die Beweise beschaffen, die ihre Position belegen bzw. die gegnerische widerlegen. Im Strafverfahren gelten außerdem das Offizialprinzip und das Legalitätsprinzip, d. h. die Rechtsgemeinschaft (in Form der staatlichen Strafverfolgungsbehörden) und nicht der Einzelne ist für die Strafverfolgung zuständig, und es besteht die Pflicht zur Verfolgung und Anklage von Straftaten. Im Zivil- und Verwaltungsgerichtsverfahren gilt hingegen der Dispositionsgrundsatz, die Parteien bestimmen also, ob und was verhandelt wird.

1.2 Fristen: Ist überhaupt noch etwas zu erwarten?

Um absehen zu können, welche Justizkontakte während der Behandlung anstehen können, muss man klären, an welchem Punkt im Prozess einer justiziellen Verarbeitung des Geschehens ein Patient steht und welche Form der justiziellen Verarbeitung überhaupt in Frage kommt.

Bei menschengemachten Traumata wie z.B. gewalttätigen Übergriffen, Freiheitsentziehungen oder sexuellem Missbrauch oder auch Unfällen können Patienten in Strafverfahren involviert werden – oder in zivilrechtliche Verfahren wegen Schadensersatz und Schmerzensgeld. In diesen Fällen können durchaus auch die Patienten die Verursacher des Ereignisses sein. Bei anderen Traumata wie Naturkatastrophen, schweren Krankheiten oder Kriegseinsatz haben Patienten eventuell Ansprüche gegen Versicherungen, Renten- oder Versorgungsansprüche. Da es in allen Fällen Fristen gibt, die eingehalten werden müssen, um Ansprüche auch noch durchsetzen zu können bzw. damit eine Straftat überhaupt noch verfolgt werden kann, ist es wichtig herauszufinden, wann sich das traumatische Geschehen ereignet hat. Ist der Patient Auslöser einer entsprechenden Situation, kann der Ablauf dieser Fristen eventuell die Arbeit erleichtern, da dann keine rechtliche Verfolgung mehr droht.

Im *Strafverfahren* sind für den Patienten zwei Arten von Fristen wichtig: die Antragsfrist und die Verjährungsfrist. Beide Fristen sind insbesondere dann wichtig, wenn der Patient Opfer einer Straftat wurde, da die Strafverfolgungsbehörden üblicherweise durch Anzeigen von Straftaten erfahren.

Die Antragsfrist ist die Frist, innerhalb der der Antragsberechtigte (der Verletzte bzw. dessen nahe Verwandte, § 77 StGB) einen Strafantrag stellen kann, also der Polizei oder Staatsanwaltschaft mitteilt, dass er will, dass ein bestimmtes Geschehen strafrechtlich verfolgt wird. Sie beträgt drei Monate ab dem Tag, an dem der Berechtigte von der Tat und der Person des Täters Kenntnis erhält (§ 77b StGB), denn man kann nur über etwas berichten, wenn man davon weiß, und es gibt Situationen, in denen der Täter unbekannt ist oder erst später klar wird, dass eine Straftat begangen wurde. Diese Frist betrifft nur Straftaten, bei denen das StGB ausdrücklich festhält, dass sie nur auf Antrag verfolgt werden wie z.B. Hausfriedensbruch (§ 123 StGB), exhibitionistische Handlungen (§ 183 StGB), Beleidigung (§ 185 StGB), einfache vorsätzliche Körperverletzung und fahrlässige Körperverletzung (§§ 223, 229 StGB). Verstreicht in einem solchen Fall die Antragsfrist, so kann die Tat nur ausnahmsweise ohne Antrag, also von Amts wegen, verfolgt werden.

Die Verjährungsfrist bestimmt den Zeitpunkt, ab dem eine Tat nicht mehr strafrechtlich verfolgt werden darf. Das Gesetz (§ 78 StGB) knüpft diese Frist an das Höchstmaß der Strafdrohung eines Straftatbestandes. Eine Ausnahme davon ist nur der Mord (§ 211 StGB), der nicht verjährt.

Die Verjährungsfrist beträgt, mit Sexualdelikten als Beispiel: 30 Jahre bei Taten, für die lebenslange Freiheitsstrafe angedroht ist (z.B. sexueller Missbrauch von Kindern mit Todesfolge, § 176b StGB), 20 Jahre bei Taten, für die im Höchstmaß eine Freiheitsstrafe von mehr als 10 Jahren angedroht ist (schwerer sexueller

Missbrauch von Kindern, § 176a StGB; sexuelle Nötigung/Vergewaltigung, § 177 StGB), 10 Jahre bei Taten, für die im Höchstmaß eine Freiheitsstrafe von mehr als 5 Jahren und bis zu 10 Jahren angedroht ist (sexueller Missbrauch von Kindern, § 176 StGB), 5 Jahre bei Taten, für die im Höchstmaß eine Freiheitsstrafe von mehr als einem Jahr und bis zu 5 Jahren angedroht ist (Förderung sexueller Handlungen Minderjähriger, § 180 StGB; sexueller Missbrauch von Jugendlichen, § 182 StGB), und 3 Jahre bei den übrigen Taten. Wichtig ist, dass die Verjährung bei Straftaten nach §§ 174 bis 174c und 176 bis 179 StGB (sexueller Missbrauch, sexuelle Nötigung und Vergewaltigung) bis zum 18. Geburtstag des Opfers ruht, also nicht läuft (§ 78b StGB).

Nach § 78c StGB kann die Verjährung innerhalb der Verjährungsfrist durch bestimmte Handlungen im Rahmen der Strafverfolgung – wie z. B. die Vernehmung des Beschuldigten (nicht aber durch die Erstattung einer Anzeige!) – unterbrochen werden, was bewirkt, dass die Verjährung neu beginnt. Sie kann maximal doppelt so lange laufen wie die oben genannten gesetzlichen Verjährungsfristen.

Im *Zivilrecht* kommt es auf die Frist zu Verjährung von Ansprüchen an, also die Frist, nach deren Ablauf ein Anspruch nicht mehr durchgesetzt werden kann. Für die bei Trauma-Patienten besonders relevanten Schadensersatzansprüche gilt die regelmäßige Verjährungsfrist von drei Jahren (§ 195 BGB). Sie beginnt gemäß § 199 Abs. 1 BGB mit dem Ende des Jahres, in dem der Anspruch entstanden ist, also insbesondere der Schaden eingetreten ist (MüKo-BGB/Grothe, 2006, § 199 Rn. 9). Für Schadensersatzansprüche wegen der Verletzung höchstpersönlicher Rechtsgüter (Leben, körperliche Unversehrtheit, Gesundheit und Freiheit) gibt es eine absolute Verjährungsfrist von 30 Jahren; danach können diese Ansprüche auch nicht mehr durchgesetzt werden, wenn der Gläubiger vorher nicht davon erfahren hat (§ 199 Abs. 2 BGB).

Im Zivilrecht ist die Verjährung ähnlich wie im Strafrecht bei Ansprüchen wegen Verletzung der sexuellen Selbstbestimmung gehemmt, hier allerdings bis zum 21. Geburtstag des Gläubigers (die Person, die den Anspruch hat) bzw., wenn der Gläubiger bei Verjährungsbeginn mit dem Schuldner (dem Anspruchsgegner, also in diesem Fall demjenigen, der die sexuelle Selbstbestimmung des Gläubigers verletzt hat) in häuslicher Gemeinschaft lebt, bis diese Gemeinschaft beendet ist (§ 208 BGB). Auf Familienverhältnisse oder Ähnliches kommt es hier nicht an, sondern nur darauf, dass beide tatsächlich zusammen wohnen (MüKo-BGB/Grothe, 2006, § 208 Rn. 6).

Im *Sozialrecht* wie im gesamten Verwaltungsrecht sind vor allem Widerspruchs- und Klagefristen wichtig. Erlässt eine Behörde einen Bescheid (Verwaltungsakt), mit dem der Adressat nicht einverstanden ist, so muss er in der Regel zunächst dagegen Widerspruch einlegen, damit die Behörde ihre Entscheidung noch einmal überdenken kann. Dieser Widerspruch muss innerhalb eines Monats, nachdem der Verwaltungsakt demjenigen, der dadurch belastet ist, bekanntgegeben wurde, bei der Behörde, die ihn erlassen hat, eingelegt werden (§ 84 SGG). Ist der Antragsteller mit der Entscheidung über den Widerspruch (Widerspruchsbescheid) nicht einverstanden, so kann er innerhalb eines Monats ab Bekanntgabe des Widerspruchsbescheids Klage erheben (§ 87 SGG).

Auch wenn eine Behörde über einen Antrag gar nicht entscheidet, kann dagegen gerichtlich vorgegangen werden. Diese Klage, mit der die Behörde zur Entscheidung verpflichtet werden soll, ist sechs Monate nach der Antragstellung zulässig. Falls eine Behörde über einen Widerspruch nicht entscheidet, ist die Verpflichtungsklage bereits nach drei Monaten zulässig (§ 88 SGG).

Die Sozialgerichte sind auch für die Entscheidung in Streitigkeiten um Versorgungsansprüche nach dem *Opferentschädigungsgesetz* (OEG – Gesetz über die Entschädigung für Opfer von Gewalttaten v. 11.5.1976; Stang & Sachsse, 2007; Voß, 2005) zuständig, mit Ausnahme von Ansprüchen, die denjenigen im Rahmen der Kriegsopferfürsorge nach dem Bundesversorgungsgesetz (Gesetz über die Versorgung der Opfer des Krieges v. 27.6.1960) entsprechen (§ 7 OEG). Für diese Ansprüche sind die Verwaltungsgerichte zuständig; das Verfahren ist in der Verwaltungsgerichtsordnung (VwGO) geregelt. Die Fristen in der VwGO entsprechen weitgehend denen im SGG, nur wenn die Behörde gar nicht in der Sache entscheidet, ist eine Klage früher zulässig, nämlich bereits nach drei Monaten (§ 75 VwGO).

Die Fristen für die verschiedenen sozialrechtlichen Ansprüche sind nicht so wie im Zivilrecht einheitlich geregelt. Patienten sollten sich hier anwaltlich beraten lassen – obwohl vor den Sozialgerichten, das Bundessozialgericht ausgenommen, kein Anwaltszwang besteht (§ 73 SGG) –, da die Gesetze hier verhältnismäßig unübersichtlich und kompliziert formuliert sind.

1.3 Welche Rolle spielt der Patient in welchem Verfahren?

Innerhalb dieser Fristen kann ein Patient in verschiedenen Rollen mit der Justiz in Kontakt kommen. In allen Verfahrensarten können Patienten als Zeugen gebraucht werden, im Strafverfahren können sie außerdem Nebenkläger oder Angeklagter sein oder einen Antrag auf Entschädigung stellen, im Zivilverfahren Kläger oder Beklagter und im sozial- bzw. verwaltungsrechtlichen Verfahren können sie Kläger sein. Im Strafverfahren kommt zwar grundsätzlich auch eine Beteiligung als Privatkläger in Betracht, allerdings werden die zugrunde liegenden Straftaten regelmäßig so schwer sein, dass die Staatsanwaltschaft das Verfahren führt

1.3.1 Zeuge

Was einen Patienten als Zeugen erwartet, wird am Beispiel des Strafverfahrens erklärt. Die Regeln über Zeugen sind in den anderen Prozessordnungen ähnlich und werden jeweils mit zitiert.

Zeugen sind Beweismittel, und ihre Aussage wird wie alle anderen Beweismittel auch gewürdigt. Das Gericht untersucht dabei, welche Bedeutung die durch das Beweismittel gelieferten Informationen für den Tatvorwurf gegen den Angeklagten haben: ob sie für oder gegen den Angeklagten sprechen. Bei Zeugen kommt es wesentlich auch auf die Glaubwürdigkeit des Zeugen als Person und die Glaubhaftigkeit der konkreten Aussage an. Ein Zeuge sollte daher darauf vorbereitet sein, dass ihm im schlimmsten Fall unterstellt wird, dass er lügt.

Zeugen werden zu einem bestimmten

Termin geladen und müssen erscheinen (§ 51 StPO; § 380 ZPO; § 118 Abs. 1 SGG), auch dann, wenn sie ein Zeugnisverweigerungsrecht haben. Kann sich ein Zeuge nicht auf ein solches Recht berufen oder will er es nicht wahrnehmen, ist er zur richtigen und vollständigen Aussage verpflichtet, soweit er nicht sich oder einen Angehörigen dadurch der Gefahr aussetzt, wegen einer Straftat oder Ordnungswidrigkeit verfolgt zu werden (§§ 55, 57 StPO; §§ 384, 390 ZPO; § 118 Abs. 1 SGG). Durch eine falsche Zeugenaussage vor Gericht – nicht nur einem Strafgericht – macht man sich strafbar (§§ 153 ff. StGB). Eine Vernehmung (§§ 68 ff., 239 ff. StPO; §§ 394 ff. ZPO; § 118 Abs. 1 SGG) beginnt mit Fragen zur Person (Name, Alter, berufliche Stellung und Wohnort), durch die die Identität festgestellt werden soll und auch erste Anhaltspunkte zur Glaubwürdigkeit des Zeugen gesammelt werden, wie z. B. das Verhältnis zum Angeklagten. Anschließend wird der Zeuge zur Sache, also zum Gegenstand des Verfahrens, vernommen – und zwar mit der Bitte, im Zusammenhang seine Wahrnehmungen zu berichten, und nicht mit geschlossenen Fragen, auf die nur mit »ja« oder »nein« geantwortet werden kann. Die Fragen stellt der Vorsitzende Richter (§ 238 Abs. 1 StPO), es dürfen aber auch die beisitzenden Richter (Berufsrichter und Schöffen), die Staatsanwaltschaft, Nebenkläger, Privatkläger, der Verteidiger und der Angeklagte selbst fragen (§ 240 StPO; § 397 ZPO, § 116 SGG: Fragerecht der Parteien bzw. der Beteiligten). Im Strafverfahren gibt es die Möglichkeit des Kreuzverhörs, bei dem Zeugen und Sachverständige, die von Staatsanwaltschaft oder Verteidigung benannt sind, nur von Staatsanwaltschaft und Verteidigung befragt werden (§ 239 StPO).

Allerdings wird sie in der Praxis kaum angewendet (Meyer-Goßner, 2010, § 239 Rn. 1).

Für das Strafverfahren gibt es in der StPO eine Reihe von Regeln zum Zeugenschutz, in den übrigen Prozessordnungen gibt es keine vergleichbaren Normen. Diese Rechte gelten – ebenso wie das Zeugnis- und Auskunftsverweigerungsrecht – bereits bei Vernehmungen im Ermittlungsverfahren durch die Polizei, die Staatsanwaltschaft und den Richter, soweit sie nicht ausdrücklich die Hauptverhandlung (das eigentliche Gerichtsverfahren) betreffen.

Der Schutz beginnt schon bei der Vernehmung zur Person: Im Extremfall, wenn bei Bekanntwerden der Identität des Zeugen eine Gefahr für sein Leben, seine körperliche Unversehrtheit oder Freiheit oder für eine andere Person bestünde, kann auf die Angaben zur Person ganz verzichtet werden (§ 68 Abs. 2, 3 StPO). Außerdem ist es nicht erlaubt, Zeugen in Bezug auf Tatsachen Fragen zu stellen, die ihnen »zur Unehre gereichen oder deren persönlichen Lebensbereich betreffen«, es sei denn, es ist zur Aufklärung der Wahrheit unerlässlich (§ 68a StPO). Das gilt auch für entsprechende Tatsachen über Angehörige. Gemeint sind damit Informationen, die nach objektiven Maßstäben die sittliche Bewertung des Zeugen oder des Angehörigen in der Umwelt nachteilig beeinflussen können. Mit dem persönlichen Lebensbereich ist das Privatleben gemeint, also der Bereich, der jedem zur freien Persönlichkeitsentfaltung gewährleistet sein muss (Meyer-Goßner, 2010, § 68a Rn. 3f.).

In der Hauptverhandlung dürfen Zeugen unter 16 Jahren nur durch den Vorsitzenden Richter vernommen werden, die übrigen sonst Frageberechtigten dürfen nur indirekt – über den Vorsitzenden – fragen (§ 241a

StPO), um kindliche und jugendliche Zeugen vor den mit der Vernehmung verbundenen psychischen Belastungen so gut wie möglich zu schützen (Meyer-Goßner, 2010, § 241a Rn. 1).

Der Angeklagte hat nicht nur ein Anwesenheitsrecht, sondern im Strafverfahren auch eine Anwesenheitspflicht (§§ 230, 231 StPO). Trotzdem kann er zum Wohl eines Zeugen aus dem Sitzungszimmer gebracht werden (§ 247 StPO), wenn zu befürchten ist, dass ein Zeuge sonst nicht die Wahrheit sagen würde, wenn bei einem Zeugen unter 16 Jahren sonst ein erheblicher Nachteil für dessen Wohl zu befürchten ist – gemeint ist das körperliche und seelische Wohl, das über die Vernehmung hinaus noch einige Zeit beeinträchtigt sein müsste – oder wenn bei einem erwachsenen Zeugen die dringende Gefahr eines schwerwiegenden Nachteils für seine Gesundheit und daher das Risiko der Vernehmungsunfähigkeit besteht; der Nachteil braucht nicht dauerhaft, muss aber schwerwiegend sein (z. B. Zusammenbruch bei der Vernehmung; Meyer-Goßner, 2010, § 247 Rn. 3 f.; 11 f.).

Außerdem gibt es in § 58a StPO die Möglichkeit, Vernehmungen im Ermittlungsverfahren aufzuzeichnen, und in § 247a StPO die Möglichkeit einer audiovisuellen Zeugenvernehmung im Rahmen der Hauptverhandlung. Die Aufzeichnung im Ermittlungsverfahren ist bei Opferzeugen unter 16 Jahren zulässig und bei Zeugen, bei denen zu befürchten ist, dass sie in der Hauptverhandlung nicht vernommen werden können, z. B. weil sie schwerkrank sind oder Repressalien aus dem Umfeld des Angeklagten zu befürchten sind. Bei der audiovisuellen Zeugenvernehmung befindet sich der Zeuge in einem anderen Raum, von wo aus die Vernehmung zeitgleich in Bild und Ton in den Sitzungssaal übertragen wird. Das Gericht und die übrigen Verfahrensbeteiligten bleiben im Sitzungssaal und fragen von dort aus. Die Aussage wird aufgezeichnet, wenn zu befürchten ist, dass der Zeuge nicht noch einmal vernommen werden kann. Voraussetzung für diese Abweichung vom Grundsatz der Unmittelbarkeit ist die dringende Gefahr eines schwerwiegenden Nachteils für das körperliche oder seelische Wohl des Zeugen durch die Vernehmung in Anwesenheit aller Beteiligten. Wenn die Voraussetzungen sowohl für den Ausschluss des Angeklagten nach § 247 StPO als auch für diese Vernehmungsart erfüllt sind, kann das Gericht die Variante wählen, die den Rechten des Angeklagten und den Interessen und Bedürfnissen des Zeugen am besten gerecht wird (Meyer-Goßner, 2010, § 247a Rn. 4).

Wegen der erheblichen Belastung vor allem – aber nicht nur – kindlicher Zeugen durch die Vernehmungssituation kann das Gericht für die Dauer der Vernehmung einen Rechtsanwalt als Zeugenbeistand beiordnen (§ 68b StPO), d. h. der Anwalt wird von der Staatskasse bezahlt. Voraussetzung ist, dass ohne weiteres erkennbar ist, dass ein Zeuge seine oben geschilderten Rechte nicht selbst wahrnehmen kann und seinen schutzwürdigen Interessen nicht auf eine andere Weise Rechnung getragen werden kann. Eine andere Möglichkeit der Unterstützung ist die Anwesenheit einer Vertrauensperson, wenn ein durch die Straftat Verletzter als Zeuge vernommen wird (§ 406f Abs. 3 StPO). Diese Vertrauensperson kann auch ein Mitarbeiter einer Opferhilfeorganisation sein, der mit den Abläufen vor Gericht vertraut ist.

1.3.2 Stellung des Verletzten im Strafverfahren: Nebenklage, Adhäsionsverfahren und sonstige Rechte

Durch das Opferschutzgesetz von 1986 wurden unter der Überschrift »Sonstige Befugnisse des Verletzten« Rechte in die StPO (§§ 406 d–406 h) eingeführt, durch die ein Verletzter – die StPO spricht nicht von »Opfer« – unabhängig von der Zulassung als Nebenkläger am Strafprozess beteiligt wird. Es sind auf Antrag bestimmte Informationen mitzuteilen, nämlich über eine Einstellung des Verfahrens bzw. den Ausgang des gerichtlichen Verfahrens, über Kontakt- und Verkehrsverbote sowie bestimmte Ereignisse im Verlauf der Vollstreckung einer Freiheitsstrafe oder einer freiheitsentziehenden Maßregel. Außerdem können sich Verletzte durch einen Rechtsanwalt vertreten lassen, der auch bei richterlichen und staatsanwaltschaftlichen Vernehmungen zugegen sein darf und für den Verletzten dessen Akteneinsichtsrecht wahrnimmt.

Darüber hinaus können sich gemäß § 395 StPO als Nebenkläger u. a. diejenigen an einem Strafverfahren beteiligen, die durch ein sexuelles Missbrauchs- oder Gewaltdelikt, ein Beleidigungsdelikt, versuchten Mord oder Totschlag, Aussetzung, Körperverletzung, Menschenhandel, Menschenraub, Verschleppung oder Entziehung Minderjähriger, qualifizierte Freiheitsberaubung, erpresserischen Menschenraub/Geiselnahme oder Nachstellung (»Stalking«) verletzt sind. Wurde das Opfer durch die Straftat getötet, können Eltern, Kinder, Geschwister, Ehegatten oder Lebenspartner als Nebenkläger auftreten. Die Rechte des Nebenklägers schließen das Recht zur dauernden Anwesenheit in der Hauptverhandlung, das Fragerecht und das Beweisantragsrecht ein (§ 397 StPO). Bestimmten Nebenklägern wird auf Antrag ein Rechtsanwalt bestellt, also von der Staatskasse bezahlt (§ 397 a StPO): Opfern von sexuellen Missbrauchs- oder Gewaltdelikten oder Menschenhandel und den Hinterbliebenen der Opfer von (versuchten) Tötungsdelikten, soweit es sich bei der Tat um ein Verbrechen (bedroht mit mindestens einem Jahr Freiheitsstrafe, § 12 Abs. 1 StGB) handelt. Nebenklägern unter 16 Jahren und solchen, die ersichtlich nicht in der Lage sind, ihre Interessen ausreichend wahrzunehmen, ist auch dann ein Rechtsanwalt zu bestellen, wenn es sich bei dem Sexualdelikt oder dem Menschenhandel um ein Vergehen (bedroht mit einer Mindeststrafe von weniger als einem Jahr Freiheitsstrafe oder Geldstrafe, § 12 Abs. 2 StGB) handelt oder es um einen Fall der Misshandlung von Schutzbefohlenen geht. In anderen Fällen kann der Nebenkläger Prozesskostenhilfe nach der ZPO (§§ 114 ff.) beantragen. Dabei kommt es maßgeblich auch auf die wirtschaftlichen Verhältnisse des Nebenklägers an.

Unabhängig von der Stellung als Nebenkläger kann ein Verletzter bzw. können dessen Erben im Strafverfahren mit einem sogenannten Adhäsionsverfahren vermögensrechtliche Ansprüche aus der Straftat geltend machen (§§ 403 ff. StPO), also vor allem Schadensersatz- und Schmerzensgeldansprüche. Dabei wird im Strafprozess vor dem Strafgericht gleichzeitig ein Zivilprozess gegen den Angeklagten geführt.

1.3.3 Beschuldigte, Angeschuldigte, Angeklagte

Es ist auch denkbar, dass ein Patient aufgrund seiner Traumatisierung eine Straftat begangen hat oder seine eigene Tat traumatisch erlebt hat und sich wegen dieser Tat Strafverfolgungsmaßnahmen ausgesetzt sieht (Dudeck et al., 2007; Frauenfelder, 2002; Stiels-Glenn, 2002). Im Strafverfahren wird der Täter je nach Verfahrensabschnitt unterschiedlich bezeichnet: Zum Beschuldigten wird ein Tatverdächtiger durch einen Willensakt der Strafverfolgungsbehörden, einen sogenannten Inkulpationsakt, z. B. indem er ausdrücklich als Beschuldigter vernommen wird (LR/Kühne, 2006, Einl., Abschnitt J, Rn. 72; Meyer-Goßner, 2010, Einl., Rn. 76). *Angeschuldigt* ist jemand, gegen den öffentliche Klage erhoben wird, bis zur Eröffnung des Hauptverfahrens, also bis zur Zulassung der Anklage. Danach wird diese Person bis zum Urteil als *Angeklagter* bezeichnet (LR/Kühne, 2006, Einl Abschnitt J Rn. 71).

Ab dem Zeitpunkt, zu dem aus einem Tatverdächtigen ein Beschuldigter wird, hat diese Person ein umfassendes Schweigerecht in der Sache, das Recht, sich mit einem frei wählbaren Verteidiger zu beraten sowie Beweiserhebungen zu ihrer Entlastung zu beantragen. Über diese Rechte muss die Person bei der ersten Vernehmung als Beschuldigter belehrt werden (§§ 136 Abs. 1, 163a StPO).

Anders als Zeugen sind Beschuldigte während des gesamten Verfahrens auch dann nicht zur wahrheitsgemäßen Aussage verpflichtet, wenn sie sich zur Sache äußern, die §§ 153 ff. StGB stellen allein die falsche Aussage als Zeuge oder Sachverständiger unter Strafe. In schweren bzw. schwierigen Fällen wird dem Beschuldigten vom Gericht ein Verteidiger bestellt (§ 140 StPO), der Verteidiger wird dann von der Staatskasse bezahlt. Das muss u. a. geschehen, wenn die vorgeworfene Tat ein Verbrechen ist, der Beschuldigte in Untersuchungshaft ist, aufgrund eines Unterbringungsbefehls nach § 126a StPO in einer psychiatrischen Klinik oder einer Entziehungsanstalt ist, wenn eine Unterbringung in einem psychiatrischen Krankenhaus zur Vorbereitung eines Gutachten zur Schuldfähigkeit nach § 81 StPO in Frage kommt oder wenn ein Sicherungsverfahren zur selbständigen Anordnung von Maßregeln durchgeführt wird. Damit ist ein wesentliches Problem mit Patienten als Verfolgten angedeutet: Ihnen kann bereits im Ermittlungsverfahren durch die Vollstreckung der Untersuchungshaft oder eines Unterbringungsbefehls die Freiheit entzogen werden, so dass die Fortsetzung der Behandlung erst einmal nicht möglich ist.

Es wurde bereits erwähnt, dass Angeklagte die Pflicht haben, zur Hauptverhandlung zu erscheinen und dort anwesend zu sein (§§ 230 f. StPO). Von dieser Pflicht wird nur auf Antrag und nur in Ausnahmefällen abgesehen (§§ 231c, 233 StPO) bzw. wenn in der Ladung darauf hingewiesen wurde, dass in Abwesenheit verhandelt werden wird (§ 232 StPO), der Angeklagte seine Verhandlungsunfähigkeit vorsätzlich verschuldet hat (§ 231a StPO) oder er wegen ordnungswidrigem Verhalten das Sitzungszimmer verlassen musste (§ 231b StPO).

1.3.4 Prozesspartei in anderen Verfahrensarten

An einem Zivilprozess oder einem verwaltungs- bzw. sozialgerichtlichen Verfahren werden Patienten in der Regel als Partei beteiligt sein, also als derjenige, der vom Gericht Rechtsschutz begehrt (Kläger) oder gegen den Rechtsschutz begehrt wird (Beklagter) (Meyer-Ladewig et al./Leitherer, 2008, § 69 Rn. 2 ff.; MüKo-ZPO/Lindacher, 2004, Vor §§ 50 ff. Rn. 2). Die Parteien können sich vor Gericht durch einen Rechtsanwalt vertreten lassen. Im Zivilprozess herrscht ab dem Landgericht Anwaltszwang (§ 78 ZPO), man muss also einen Rechtsanwalt haben. Im Sozialgerichtsverfahren ist das erst beim Bundessozialgericht, also in der letzten Instanz, der Fall (§ 73 SGG).

Anders als im Strafprozess ist man hier immer selbst für die Finanzierung des Anwalts verantwortlich. Es gibt nur die Möglichkeit, Prozesskostenhilfe zu beantragen, die dann gewährt wird, wenn die Partei nach ihren persönlichen und wirtschaftlichen Verhältnissen die Prozesskosten nicht vollständig oder nur in Raten aufbringen kann, ihr Anliegen hinreichende Erfolgsaussichten hat und nicht mutwillig erscheint (§ 114 ZPO; § 73a SGG).

Wenn eine Partei im Zivilprozess anwaltlich vertreten ist, muss sie grundsätzlich nicht persönlich erscheinen, es sei denn, dass dies vom Gericht ausdrücklich angeordnet wird (§ 141 ZPO). Auch nicht anwaltlich vertretene Parteien können gerichtlich nicht zum Erscheinen gezwungen werden, allerdings wird dann regelmäßig ein Versäumnisurteil gegen sie ergehen. Für den ausgebliebenen Kläger bedeutet das, dass die Klage abgewiesen wird, für den ausgebliebenen Beklagten, dass das mündliche Vorbringen des Klägers als zugestanden gilt und auf dieser Grundlage geurteilt wird (§§ 330 ff. ZPO). Im Verfahren vor den Sozialgerichten wird nach Lage der Akten entschieden, wenn eine Partei ausbleibt, es sei denn, das persönliche Erscheinen wurde angeordnet (§§ 110, 111 SGG).

Prozessparteien sind zwar nicht wie Zeugen und Sachverständige ausdrücklich zur Wahrheit verpflichtet, allerdings dürfen sie anders als Beschuldigte im Strafverfahren auch nicht lügen. Eine Lüge, die als solche erkannt wird, kann hier zu einem Strafverfahren wegen Betruges (»Prozessbetrug«) führen.

1.4 Wie können Therapeuten persönlich beteiligt sein?

Therapeuten müssen an die Konsequenzen aus ihrer Verschwiegenheitspflicht denken: Grundsätzlich haben Ärzte, Psychologische Psychotherapeuten sowie Kinder- und Jugendlichenpsychotherapeuten nach § 53 Abs. 1 Nr. 3 StPO ein Zeugnisverweigerungsrecht hinsichtlich aller Tatsachen, die ihnen in ihrer Berufsausübung anvertraut oder bekanntgegeben wurden. Sie sind jedoch zur Aussage verpflichtet, wenn der Patient sie von der Verpflichtung zur Verschwiegenheit entbindet (§ 53 Abs. 2 StPO). Die gleichen Grundsätze gelten im Übrigen auch für Sachverständige: Sie dürfen gem. § 76 Abs. 1 StPO aus denselben Gründen, die zur Zeugnisverweigerung berechtigten, das Gutachten verweigern. Allerdings wird ein Therapeut üblicherweise nicht gerichtlich mit der Erstattung eines

Gutachtens über einen Patienten beauftragt werden, da in einer solchen Konstellation die Gefahr zu groß ist, dass dieser Sachverständige von den dazu Berechtigten abgelehnt wird, weil man befürchtet, er werde nicht unparteilich sein (§§ 24, 74 StPO).

1.5 Fazit

Dieser Beitrag kann nur einen knappen Überblick über verschiedene Kontaktmöglichkeiten von Trauma-Patienten mit dem Justizsystem geben. Wichtig sind in diesem Zusammenhang zunächst einmal Verjährungsfristen, von deren Ablauf abhängt, ob überhaupt noch Justizkontakte zu erwarten sind. Außerdem bestimmen die verschiedenen Rollen, in denen sich Patienten bei Justizkontakten wiederfinden können, inwieweit sie verpflichtet sind, über das Trauma und dessen Bedeutung für das eigene Leben vor Fremden und eventuell auch dem Verursacher zu sprechen.

1.6 Literatur

Dudeck M., Spitzer C., Gillner M. & Freyberger H. J. (2007). Dissoziative Erfahrungen während der Straftat bei forensisch-psychiatrischen Patienten – eine Pilotstudie. *Trauma & Gewalt*, 1, 34–41.

Erb V., Esser R., Franke U., Graalmann-Scheerer K., Hilger H. & Ignor A. (Hrsg.) (2006). *Löwe-Rosenberg – Die Strafprozessordnung und das Gerichtsverfassungsgesetz*. 26. Aufl. Berlin: de Gruyter Recht. (Zitiert: LR/Bearbeiter, 2006, § Rn.)

Frauenfelder A. (2002). Neuinszenierungen der Traumen. *Recht & Psychiatrie*, 4, 215–223.

Gierlichs H. W., van Keuk E. & Greve C. (2005). Grenzen und Möglichkeiten klinischer Gutachten im Ausländerrecht. *Zeitschrift für Ausländerrecht und Ausländerpolitik*, 25, 158–163.

Knickrehm S. (2010). Traumata bei »Auslandseinsätzen« und posttraumatische Belastungsstörung im Unfallversicherungs- und Soldatenversorgungsrecht. *Die Sozialgerichtsbarkeit*, 57, 381–388.

Merk B. & Leutheusser-Schnarrenberger S. (2010). Verlängerung der Verjährung bei Kindesmissbrauch? Pro & Contra. *Zeitschrift für Rechtspolitik*, 43, 135.

Meyer-Goßner L. (2010). *Strafprozessordnung*. 53. Aufl. München: C. H. Beck.

Meyer-Ladewig J., Keller W. & Leitherer S. (2008). *Sozialgerichtsgesetz*. 9. Aufl. München: C. H. Beck. (Zitiert: Meyer-Ladewig et al./Bearbeiter, 2008, § Rn.)

Rauscher T., Wax P. & Wenzel J. (Hrsg.) (2004). *Münchener Kommentar zur Zivilprozessordnung mit Gerichtsverfassungsgesetz und Nebengesetzen*. München: C. H. Beck. (Zitiert: MüKo-ZPO/Bearbeiter, 2004, § Rn.)

Rebmann K., Säcker F. J. & Rixecker R. (Hrsg.) (2006). *Münchener Kommentar zum Bürgerlichen Gesetzbuch*. München: C. H. Beck. (Zitiert: MüKo-BGB/Bearbeiter, 2006, § Rn.)

Stang, K. & Sachsse U. (2007). *Trauma und Justiz*. Stuttgart: Schattauer.

Stiels-Glenn M. (2002). »Täter – Opfer« · »Opfer – Täter«. Geschlechtsspezifische Ansätze in der Arbeit mit Straftätern. *Bewährungshilfe*, 49, 384–394.

Voß J. (2005). Opferentschädigung – Dissoziative Identitätsstörung als Folge sexuellen Missbrauchs? *Zentralblatt für Sozialversicherung, Sozialhilfe und Versorgung*, 100–105.

Weitz T. (2009). Versorgungsanspruch bei posttraumatischen Belastungsstörungen nach Auslandseinsätzen. *Neue Zeitschrift für Verwaltungsrecht*, 28, 693–695.

Wilk T. (2005). Krankheitsbedingte Abschiebungshindernisse (insbes. PTBS und Suizid). *Verwaltungsrundschau*, 7–13.

1.7 Abkürzungen

BGB: Bürgerliches Gesetzbuch
Rn.: Randnummer
SGG: Sozialgerichtsgesetz
StGB: Strafgesetzbuch

StPO: Strafprozessordnung
VwGO: Verwaltungsprozessordnung
ZPO: Zivilprozessordnung

1.8 Weiterführende Hinweise

Deutsche Gesetze im Internet: http://www.gesetze-im-internet.de

Informationen des Bundesministeriums der Justiz zum Opfer im Strafverfahren auf http://www.bmj.de unter den Stichworten »Themen« und »Service«.

Bundeswehr (Territoriale Wehrverwaltung/Sozialdienst der Bundeswehr): Broschüren über finanzielle und soziale Absicherung im Internet (http://www.terrwv.bundeswehr.de/).

Weißer Ring: https://www.weisser-ring.de/internet/opferhilfe/index.html.

URSULA C. GASCH

2. Der strafrechtliche Kontext

Längst spielt die Psychotraumatologie international in verschiedenen juristischen Bereichen eine bedeutsame Rolle und ist im Zusammenhang mit forensisch-gutachterlichen Fragestellungen auch im deutschen Raum zu einer bedeutsamen Thematik geworden. Die im Fokus stehenden Rechtsgebiete sind vor allem das Sozialrecht, das Versicherungsrecht sowie das Asyl- und Ausländerrecht (dazu Frommberger, 2009). Fragen, die in verschiedenen Zusammenhängen immer wieder gestellt werden, sind beispielsweise: »Hat das postulierte traumatisierende Erlebnis so (überhaupt) stattgefunden?«, oder: »Wie lassen sich Pseudoerinnerungen von echten Erinnerungen unterscheiden?« Die Diagnose einer Posttraumatischen Belastungsstörung (PTBS) stützt sich wesentlich auf Angaben des Klienten. Insofern spielt bei jeder forensischen Begutachtung der Aspekt der Simulation eine erhebliche Rolle.

Ein weiteres juristisches Feld, in dem die Psychotraumatologie eine zunehmend bedeutsame Rolle spielt, ist das Strafrecht. Im Rahmen der Prüfung der Schuldfähigkeit zum Tatzeitpunkt – unabdingbare Voraussetzung dafür, dass eine strafbare Handlung vorgeworfen werden kann – kann eine PTBS zur Einschränkung bis Aufhebung derselben führen: mit weitreichender Konsequenz. Eine im Rahmen der Glaubwürdigkeitsbegutachtung aktuell geführte Diskussion betrifft die Frage, ob es nicht vernünftig wäre, einen neuen Kriterienkatalog für die Begutachtung der Glaubwürdigkeit traumatisierter Personen zu schaffen. Vertreter dieser Ansicht zweifeln die Tauglichkeit der vom Bundesgerichtshof (BGH) bereits im Urteil von 1999[1] bestätigten Realkennzeichen in ihrer Gültigkeit für traumatisierte Personen an (Hinkeldey & Fischer, 2002). Nicht zu unterschätzen ist weiter die Rolle des Sachverständigen im Strafverfahren, der schnell selbst ins Kreuzfeuer der Kritik geraten kann, sofern er neben seiner fachlichen Expertise nicht auch mit den rechtlichen Grundlagen seines Tuns und den Mindestanforderungen in Bezug auf die Erstellung der in Auftrag gegebenen Gutachten (vgl. Boetticher et al., 2007; Tondorf, 2005) vertraut ist.

Die folgenden Ausführungen widmen sich praxisnah den

---

[1] BGHSt 45, 164 = NJW 1999, 2746 Grundsatzentscheidung des BGH zur psychologischen Glaubhaftigkeitsprüfung von Zeugenaussagen.

- grundlegenden Aspekten des forensisch-psychologischen Sachverständigenwesens,
- traumaspezifischen Gesichtspunkten im Rahmen der Schuldfähigkeitsbegutachtung sowie
- den Prinzipien der Glaubwürdigkeitsbegutachtung und den damit in Zusammenhang stehenden aktuellen Diskussionen.

2.1 Aspekte des forensisch-psychologischen Sachverständigenwesens

Wenngleich eine gesetzliche Definition des Sachverständigen nicht existiert, herrscht Einigkeit darüber, dass nur derjenige als Sachverständiger hinzugezogen werden kann, der über »besondere Sachkunde« verfügt (Tondorf, 2005; Boetticher et al., 2007). Seine Aufgabe ist es, aufgrund spezieller Kenntnisse und Untersuchungsmöglichkeiten auf einem bestimmten Fachgebiet vorhandene Tatsachen festzustellen oder Erfahrungssätze aufzuzeigen. Die besondere Sachkunde des Sachverständigen kann durch einschlägige Berufspraxis oder wissenschaftliche Vertiefung in einem bestimmten Fachgebiet erworben und nachgewiesen werden. Gutachtenaufträge an den psychologischen Sachverständigen kommen in der Regel von Gerichten aller Rechtszweige und den Staatsanwaltschaften. Die Verantwortlichkeit aller Psychosachverständigen wird in § 79 Abs. 2 StPO angesprochen sowie in den ethischen Richtlinien der jeweiligen Berufsgruppen, wonach das Gutachten »unparteiisch und nach bestem Wissen und Gewissen« zu erstatten ist.[2]

»Unparteiisch« bedeutet: Unabhängigkeit gegenüber den viefältigen Erwartungshaltungen der Prozessbeteiligten und mitunter eine deutliche Absage gegenüber dem Ansinnen, den Gutachter zu instrumentalisieren. Besondere Vorsicht ist beispielsweise geboten, wenn der Sachverständige quasi in die Rolle des Richters gedrängt und aufgefordert wird, »hundertprozentige« Aussagen zu tätigen. Ebenso wenig ist der Gutachter zusätzlicher Verteidiger, der den Probanden im Strafprozess »raushaut«. Dies erfordert die deutliche Wahrung der Kompetenzgrenzen und im Zweifel auch den explizit geäußerten Hinweis darauf. Zu den Aufgaben des forensischen Sachverständigen zählt es nicht, juristische Entscheidungen zu treffen oder gesellschaftliche oder politische Fragen zu lösen. Er schafft lediglich Voraussetzungen für eine juristische Entscheidung. Ebenso gilt es, dem steigenden öffentlichen Erwartungsdruck in Fällen zu widerstehen, die sich zu Medienspektakeln entwickeln.

Ein Sachverständiger handelt »nach bestem Wissen« auf der Grundlage seiner Kompetenz. Neben der gründlichen Beherr-

---

[2] Neben den ethischen Richtlinien richtet sich die Verantwortlichkeit des ärztlichen Sachverständigen nach § 25 der ärztlichen Berufsordnung. Danach haben Ärzte bei der Erstellung von Gutachten mit der notwendigen Sorgfalt zu verfahren und ihre ärztliche Überzeugung nach bestem Wissen und Wissen auszusprechen. Die vom Berufsverband Deutscher Psychologen BDP herausgegebenen »Ethischem Richtlinien« für Psychologen enthalten ebenfalls entsprechende Ausführungen: »Allgemein gilt, dass die Erstellung und Verwendung von Gutachten und Untersuchungsberichten größtmögliche sachliche und wissenschaftliche Fundiertheit, Sorgfalt und Gewissenhaftigkeit erfordert. [Sie] müssen für die Adressaten inhaltlich nachvollziehbar sein Gefälligkeitsgutachten sind nicht zulässig, ebenso wenig die Abgabe von Gutachten, die Psychologen durch Dritte ohne eigene Mitwirkung erstellen lassen.« (Vgl. http://www.bdp-afw.de/psychologie/richtlinien.shtml, Zugriff 26.10.2010.)

schung des eigentlichen Fachgebietes muss er auch über Grundkenntnisse der Rechtsgebiete verfügen, in denen er tätig ist. Dazu gehört auch die Kenntnis bezüglich der aktuellen Diskussionen im juristischen Schrifttum, soweit dieses seine Tätigkeit betrifft. Weiter muss er in der Lage sein, die im konkreten Fall für die jeweilige juristische Fragestellung bedeutsamen Tatsachen herauszuarbeiten. Dazu zählt es auch, die fachbezogenen, mitunter komplexen Sachverhalte und Schlussfolgerungen in einer für den Auftraggeber verständlichen Sprache zu formulieren.

Die Forderung, ein Gutachten »nach bestem Gewissen« zu erstellen und zu erstatten betrifft die persönliche Integrität und Vertrauenswürdigkeit des Gutachters. Daraus ergibt sich beispielsweise auch die Forderung, dass der Sachverständige zu Beginn einer Exploration den Probanden über seine Aufgaben und seine Stellung informiert. Weiter ist das Gutachten immer auf der Grundlage einer persönlichen Untersuchung anzufertigen. Erstellt ein vom Gericht ernannter Sachverständiger vorsätzlich oder grob fahrlässig ein unrichtiges Gutachten, so sieht er sich unter Umständen mit einem Schadensersatzanspruch des Geschädigten gemäß § 839a BGB konfrontiert.

2.2 Traumaspezifische Fragen in foro

Nachfolgende Ausführungen widmen sich zwei ausgewählten Feldern, in deren strafrechtlichem Zusammenhang sich psychologisch-sachverständiger Hilfe bedient wird und wo traumaspezifische Fragen eine wichtige Rolle spielen können. Die derzeit noch größte Domäne psychologisch-gutachterlicher Tätigkeit im strafrechtlichen Kontext betrifft die Glaubwürdigkeit. Zum anderen handelt es sich um die Schuldfähigkeitsbegutachtung – vorrangig die Beurteilung von Affekttaten oder psychologische Aspekte der Begutachtung unter dem strafrechtlichen Eingangskriterium der sogenannten »schweren anderen seelischen Abartigkeit« (SASA).[3]

2.2.1 Schuldfähigkeitsbegutachtung

Die Gerichte haben im Normalfall von der Schuldfähigkeit bzw. der Verantwortlichkeit eines Täters auszugehen, sofern kein Anlass für Zweifel besteht. Besteht Anlass für einen solchen Zweifel, muss die Schuldfähigkeit[4] vor dem Hintergrund von § 20 und 21 StGB geprüft werden.

---

§ 20 StGB Schuldunfähigkeit wegen seelischer Störungen

Ohne Schuld handelt, wer bei Begehung der Tat wegen einer krankhaften seelischen Störung, wegen einer tiefgreifenden Bewusstseinsstörung oder wegen Schwachsinns oder einer schweren anderen seelischen Abartig-

---

[3] Dieses Kriterium wurde erst 1975 eingeführt. Allerdings stellt der Terminus einen schweren Missgriff dar, weil er einer nationalsozialistischen Ideologie entspringt, die »Auszugrenzendes« mit dem Begriff der »Abartigkeit« assoziierte (»Degenerationslehre«). Die SASA umfasst die »Grauzone psychischer Abnormität«, d. h. Menschen, die nicht böse genug sind, um Strafe als eine angemessene Reaktion für ihr Fehlverhalten erscheinen zu lassen, und Menschen, die nicht verrückt genug sind, als dass man sie zwanglos als Patienten einstufen möchte.

[4] Sehr empfehlenswert: Der Inhalt der Bestimmungen über die Schuldfähigkeit im Strafrecht wird in Kapitel 7.3 des Handbuchs *Psychiatrische Begutachtung* von Foerster & Dreßing (2009) ausführlich beschrieben.

keit unfähig ist, das Unrecht der Tat einzusehen oder nach dieser Einsicht zu handeln.

§ 21 StGB Verminderte Schuldfähigkeit

Ist die Fähigkeit des Täters, das Unrecht der Tat einzusehen oder nach dieser Einsicht zu handeln, aus einem der in § 20 bezeichneten Gründe bei Begehung der Tat erheblich vermindert, so kann die Strafe nach § 49 Abs. 1 gemildert werden.

Das Vorgehen bei der Begutachtung nach § 20/§ 21 StGB erfolgt mittels eines zweistufigen Verfahrens. Von Interesse ist dabei die Auswirkung der jeweiligen psychischen Verfassung des Täters auf dessen
1. *Einsichtsfähigkeit* (kognitive Komponente); diese wird bei psychisch und geistig gesunden Erwachsenen als gegeben unterstellt.
und/oder
2. *Steuerungsfähigkeit* (voluntative Komponente); sie hebt auf die Kompetenzen des Täters ab, sich gegen seine auf Normbruch hinauslaufenden Handlungsimpulse durchzusetzen.

In § 20 StGB sind die vier Arten psychischer Ausnahmezustände aufgezählt, unter deren Voraussetzung es zu einer Einschränkung oder Aufhebung der Schuldfähigkeit kommen kann:
- *Krankhafte seelische Störung* bezieht sich auf eine Störung, welche primär hirnorganisch bedingt ist oder aus dem Formenkreis der Schizophrenie oder des Manisch-Depressiven stammt.
- *Tiefgreifende Bewusstseinsstörung:* Dieses Merkmal zielt grundsätzlich auf psychische Ausnahmezustände bei ansonsten psychisch gesunden Personen ab, die zu einer passageren, jedoch erheblichen Beeinträchtigung der ansonsten intakten kognitiven und motivationalen Handlungskompetenzen führen.
- *Schwachsinn:* Erfasst werden bei diesem Merkmal alle nicht auf nachweisbaren organischen Ursachen beruhenden Defekte der Intelligenz.
- *Andere schwere seelische Abartigkeit (SASA):* Diesem Eingangsmerkmal werden psychische Störungen und Abnormitäten zugerechnet, die in der Regel übersituatives Erleben und Verhalten beschreiben. Dazu zählen auch erworbene Störungen bzw. Abnormitäten, welche sich als abnorme Erlebnisreaktion darstellen und einer Behandlung zugänglich sind.

Erst wenn mit hoher Wahrscheinlichkeit ein kausaler Zusammenhang zwischen psychischem Status und Aufhebung bzw. Einschränkung der Einsichts- oder Steuerungsfähigkeit zum Tatzeitpunkt angenommen werden kann, greift die juristische Folge der Aufhebung bzw. Einschränkung der Schuldfähigkeit.

Kasuistik: Der Irak-Veteran

Der 28-jährige US-amerikanische und in Deutschland lebende H. wird beschuldigt, den ihm unbekannten Freund eines WG-Mitbewohners unvermittelt und ohne ersichtlichen Grund im Beisein zweier weiterer Personen mit einem Schraubenzieher angegriffen und verletzt zu haben. Während des Angriffs rief er wiederholt: »Ich töte dich!« H. gibt an, sich nicht daran zu erinnern, dass er den Kontrahenten angegriffen oder gerufen habe, er wolle ihn töten. Er erinnere nur, dass dieser Mann komisch gewesen und einfach auf ihn zugekommen sei, obwohl er ihn ermahnt hatte, nicht näher zu kommen. Plötzlich habe er sich bewegungsunfähig im Schwitzkasten des anderen befunden. Weiter berichtet H., Personen, die ihm fremd seien und deren Absichten für ihn nicht klar erkennbar seien, würden ihn verwirren und nervös machen. Wenn er merke, dass eine solche Situation auf ihn zukomme, zöge er sich zurück, um eine Auszeit zu nehmen – meist ins Badezimmer. Wenn er wieder klar denken könne, wundere er sich dann, wo die Zeit geblieben sei. Seine letzte Partnerin habe sich vor zwei Jahren von ihm getrennt, da er sie mitten in der Nacht attackiert habe. Er erinnere sich aber nicht daran, sie jemals angegriffen zu haben. H. war von seinem 17. bis zu seinem 22. Lebensjahr Angehöriger des US-Militärs und im Jahr 2004 für mehrere Monate im Irak stationiert gewesen. Dort war er offenbar in Kampfhandlungen verwickelt und eher zufällig einem Anschlag auf die Militärbasis, welcher Tote in den eigenen Reihen forderte, entgangen.

Gerade im Zusammenhang mit Kriegsheimkehrern aus dem Irak und Afghanistan zog in den USA die Problematik von Veteranen mit Posttraumatischer Belastungsstörung infolge von Kriegs- und Gefechtserfahrungen in strafrechtlichem Kontext große Aufmerksamkeit auf sich (Brown, 2008). Infolgedessen wurden bereits 20 Veteranengerichte, die sich über die gesamte USA verteilen, eingerichtet. Aktuelle Befunde einer Untersuchung (Thomas et al., 2010) von 18 300 Kriegsheimkehrern, die zwischen 2004 und 2007 im Irak und/oder in Afghanistan eingesetzt waren, belegen, dass 31 % der Veteranen schwerwiegende Verhaltensprobleme hatten, die mit einer PTBS im Zusammenhang standen – in der Hälfte der Fälle wurde die PTBS von Alkoholmissbrauch und aggressiven Verhaltensproblemen begleitet. International gesichert und unbestritten ist bei Einsatzkräften mit einer PTBS der Konnex zwischen einerseits Problemen mit der Kontrolle von Ärger und einer damit gesteigerten Neigung zu Gewalttätigkeit und andererseits Schwierigkeiten im Bereich der Konfliktfähigkeit mit dem Intimpartner (Brown, 2008; Gasch, 2000, 2007). Die Probleme beginnen sich meist ca. 3 bis 6 Monate nach Beendigung eines Einsatzes zu manifestieren. Die Armee erkundigt sich nach der Beendigung des Dienstverhältnisses in der Regel nicht nach dem Befinden der Veteranen. Brown (2008) stellt fest, dass sich viele der Veteranen ihrer Probleme zunächst gar nicht bewusst sind – bis sie sich als Angeklagte in den Mühlen der Strafjustiz wiederfinden. Auch die deutsche Gerichtsbarkeit wird sich angesichts einer wachsenden Anzahl traumatisierter Kriegsheimkehrer und dem damit verbundenen offensichtlich erhöhten Risiko, in den strafrechtlichen Fokus zu gelangen, mit der Frage der strafrechtlichen Verantwortlichkeit dieser Personen auseinandersetzen müssen.[5]

Bezüglich der genannten Merkmalskategorien des § 20 StGB gilt, dass Reaktionen auf Belastungen und posttraumatische Belastungsstörungen als »tiefgreifende Bewusstseinsstörung« eingeordnet werden (vgl. Rasch, 1999; Tondorf, 2005). Der äußere Tatablauf einer Affekttat ist durch einen »explosionsartigen« Durchbruch des

---

[5] Das Verteidigungsministerium registrierte im Jahr 2006 noch 83 PTBS-Fälle, im Jahr 2008 waren es 245 Fälle. Im Jahr 2009 wurden 407 Soldaten mit der Diagnose PTBS behandelt. Dies wirft angesichts von fast 62 000 deutschen Soldaten, die in den letzten drei Jahren in Afghanistan und auf dem Balkan eingesetzt waren, Fragen bezüglich einer offensichtlich erheblichen Dunkelziffer auf.

aggressiv-destruktiven Handelns ohne Hinweis auf eine Vorkonstituierung der Tathandlung gekennzeichnet. Das innere Erleben ist durch einen Zustand der hochgradigen Einengung der eigenen Wahrnehmung und Aufmerksamkeit sowie den Verlust der Reflexionsfähigkeit aufgrund eines affektspezifischen Auslösereizes geprägt. Dem destruktiven Handeln muss ein konflikteigentümlicher Reiz (»Trigger«) vorangegangen sein, der eng mit den traumatischen Erfahrungen des Probanden im Zusammenhang steht und der zur »tunnelartigen« Einengung des Bewusstseins sowie situativen Verwirrtheit des Denkens führt.

Sollte die Analyse der prädeliktischen Situation allerdings darauf hinweisen, dass bereits vor der Tat eine psychopathologische Symptomatik des Täters vorlag, unter Umständen kombiniert mit einer fortschreitenden sozialen Isolierung sowie einer erheblichen depressiven Symptomatik oder schwer ausgeprägten Persönlichkeitsveränderung, ist eher die Einordnung unter die Merkmalskategorie der »schweren anderen seelischen Abartigkeit« in Erwägung zu ziehen. Bei der Subsumption unter dieses Merkmal muss allerdings deutlich werden, dass durch die beschriebene anhaltende Störung nicht nur die Tathandlung, sondern auch das tägliche Verhalten so empfindlich und nachhaltig gestört war, dass keine Sinngesetzlichkeit mehr enthalten oder diese nur noch teilweise aufrechtzuerhalten war.

Sollte die gutachterliche Analyse eine hohe Wahrscheinlichkeit einer verminderten Schuldfähigkeit oder gar den Verlust der Schuldfähigkeit zum Tatzeitpunkt ergeben, besteht aus Gründen der Gefahrenabwehr die Möglichkeit, dass bestimmte Maßnahmen angeordnet werden – beispielsweise die Unterbringung in einem psychiatrischen Krankenhaus gemäß § 63 StGB. Voraussetzung ist dabei nicht, dass ein Täter ununterbrochen vermindert schuldfähig oder schuldunfähig ist, sondern dass seine Befindlichkeit so beschaffen ist, dass bereits alltägliche Ereignisse die akute erhebliche Beeinträchtigung der Steuerungsfähigkeit in Bezug auf die konkrete Tat (wieder) auslösen können (BGHSt 44, 369, 374 ff.).

2.2.2 Glaubwürdigkeitsbegutachtung

Der zweite Bereich, in dem traumaspezifische Gesichtspunkte eine wesentliche Rolle im rechtlichen Kontext spielen können, ist die Glaubwürdigkeitsbegutachtung. Wenn von juristischer Seite nach der »Glaubhaftigkeit« gefragt wird, sind gleich drei übergeordnete psychologische Konstrukte, welche zusammen die »aussagepsychologische Konstrukt-Trias« bilden, angesprochen und zu prüfen: Aussagetüchtigkeit, Aussagequalität und Aussagevalidität. Zunächst erfolgt eine Darstellung der grundlegenden Vorgehensweise sowie der Prinzipien der Glaubwürdigkeitsbegutachtung.

Allgemeine Prinzipien bei der Begutachtung der Glaubwürdigkeit

Die Leitfrage bei der aussagepsychologischen Begutachtung lautet: »Könnte dieser Zeuge mit den gegebenen individuellen Voraussetzungen unter den gegebenen Befragungsumständen und unter Berücksichtigung der im konkreten Fall möglichen Einflüsse von Dritten diese spezifische Aussage machen, ohne dass sie auf einem realen Erlebnishintergrund basiert?« (Volbert S. 19 2004)

Schon das BGH-Urteil von 1999 (1 StR

618/98) betonte die Notwendigkeit eines hypothesengeleiteten Vorgehens bei Glaubhaftigkeitsbegutachtungen. Das Grundprinzip besteht darin, einen zu überprüfenden Sachverhalt so lange zu negieren, bis diese Negation mit den Fakten nicht mehr vereinbar ist. Es wird daher zunächst angenommen, dass die in Frage stehende Aussage unwahr ist. Der Rückgriff auf das wissenschaftstheoretische Prinzip der Nullhypothesenüberprüfung stellt dabei keine Diskreditierung von Opferzeugen, sondern implizit eine Erinnerung an die Selbstverständlichkeit der Unschuldsvermutung dar. Das methodische Vorgehen der aussagepsychologischen Begutachtung ist als fallspezifisches Grundraster des aussageanalytischen Prozesses zu begreifen. Es werden auf den konkreten Fall bezogene Ausgangshypothesen aufgestellt, die dann im Rahmen der »aussagepsychologischen *Konstrukt-Trias*« zu verifizieren oder falsifizieren sind.

Die Aussagetüchtigkeit

Im Vorfeld der Beurteilung der Aussagequalität geht es darum, ob die Person über die notwendigen Fähigkeiten verfügt, eine gerichtsverwertbare Aussage bezüglich des in Frage stehenden Sachverhalts zu machen (vgl. Greuel et al., 1998). Damit ist gemeint, dass der Zeuge

- den in Frage stehenden Sachverhalt zuverlässig wahrzunehmen vermag,
- fähig ist, ihn in der zwischen dem Geschehen und der Befragung liegenden Zeit im Gedächtnis zu behalten,
- über ausreichendes Sprachverständnis für die Befragung sowie
- über hinreichende sprachliche Ausdrucksfähigkeit für die Schilderung des Ereignisses verfügt,
- ein ausreichendes Maß an Kontrollmöglichkeiten gegenüber Suggestiveinflüssen zur Verfügung hat,
- Erlebtes von Phantasievorstellungen unterscheiden kann.

Die Aussagetüchtigkeit kann von entwicklungs- und persönlichkeitsbedingten sowie von psychopathologischen Faktoren beeinträchtigt werden. Nicht erfasst wird auf der Stufe der Aussagetüchtigkeit die Frage, ob eine konkrete Aussage auf einem tatsächlichen Erlebnis basiert oder ob es sich um eine im Einzelnen zutreffende Darstellung eines Ereignisses handelt (vgl. Volbert 2004).

Die Aussagequalität

Erst auf dieser Ebene geht es darum, ob eine Schilderung erlebnisfundiert ist. Von Bedeutung ist, ob die Aussage einen Komplex inhaltlich-strukturierter Qualitätsmerkmale aufweist, der in erlebnisfundierten Schilderungen zu erwarten ist, in absichtlichen Falschaussagen aber erfahrungsgemäß fehlt.

Der Zugang zur qualitativen Einschätzung der Glaubhaftigkeit in Deutschland ist inhaltsanalytischer Art[6] und basiert auf der kognitiven Theorie des Lügens. Grundlage ist die sogenannte »Undeutsch-Hypothese«, welche besagt, dass eine Aussage über erlebte Ereignisse sich in ihrer Qualität von erfundenen Aussagen unterscheidet (vgl. Greuel et al., 1998). Ein aufrichtiger Zeuge rekonstruiert seine Schilderungen aus dem Gedächtnis, während der lügende Zeuge

---

[6] Der psychophysiologische Zugang unter Einsatz des Lügendetektors gilt in Deutschland, anders als beispielsweise in den USA, als nicht beweisverwertbar.

auf gespeichertes Allgemeinwissen bzw. abstraktes Schemawissen über ähnliche Ereignisse zurückgreifen muss – Letzterer ist damit gezwungen, wesentlich mehr kognitive Energie auf kreative Prozesse und Kontrollprozesse zu verwenden. Die Handlungsschilderung wird damit, so die Annahme, im intraindividuellen Vergleich regelmäßig weniger elaboriert ausfallen.

Dieser Unterschied zeigt sich anhand von Glaubwürdigkeitskriterien oder inhaltlichen »Realkennzeichen« (Steller & Köhnken, 1989). Zentrale Methode zur Prüfung der Hypothese einer nicht erlebnisbasierten, konstruierten Aussage ist die *Aussageanalyse,* welche die Elemente Realkennzeichen- und Konstanzanalyse (bei wiederholter Befragung) umfasst. Bei der *Realkennzeichenanalyse* wird die Aussage nach bestimmten inhaltlichen Qualitätsmerkmalen untersucht, die in nicht erlebnisbasierten Aussagen eine geringere Auftretenswahrscheinlichkeit haben als in erlebnisfundierten Aussagen (vgl. Tab. 1: Realkennzeichen nach Steller & Köhnken, 1989). Führt die Evaluation der Befunde der Realkennzeichenanalyse zu dem Ergebnis, dass der Zeuge die Aussage mit den darin festgestellten Qualitäten unter Berücksichtigung der fallspezifischen Umstände nicht ohne Erlebnisgrundlage hätte konstruieren können, wird die Hypothese verworfen. Zu beachten ist, dass es keinen normierten Grenzwert gibt, ab welcher Anzahl vorliegender Realkennzeichen eine Wahrheit beginnt. Es kann sich daher bei der Überprüfung des Tatsachengehalts niemals um eine absolute Prüfung handeln, sondern lediglich um eine mittels Kontrastierung verschiedener Hypothesen vorgenommene relative Plausibilitätskontrolle (vgl. Volbert 2004). Negativmerkmale im Sinne von Lügensignalen konnten bislang nicht belegt werden. Das fehlende Vorliegen von Realkennzeichen belegt nicht per se, dass eine Aussage nicht erlebnisfundiert ist.

Tab. 1: Realkennzeichen nach Steller & Köhnken (1989)

Allgemeine Merkmale	Logische Konsistenz Ungeordnet sprunghafte Darstellung Quantitativer Detailreichtum
Spezielle Inhalte	Raum-zeitliche Verknüpfungen Interaktionsschilderung Wiedergabe von Gesprächen Schilderung von Komplikationen im Handlungsverlauf Inhaltliche Besonderheiten Schilderung ausgefallener Einzelheiten Schilderung von Nebensächlichkeiten Phänomengemäße Schilderung unverstandener Handlungselemente Indirekt handlungsbezogene Schilderung Schilderung eigener psychischer Vorgänge Schilderung psychischer Vorgänge des Angeschuldigten
Motivationsbezogene Inhalte	Spontane Verbesserung der eigenen Aussage Eingeständnis von Erinnerungslücken Einwände gegen die Richtigkeit der eigenen Aussage Selbstbelastungen Entlastung des Angeschuldigten
Deliktsspezifische Inhalte	Deliktsspezifische Aussageelemente

Die Aussagezuverlässigkeit
Auf dieser Eben ist zu klären, ob die internen und externen Rahmenbedingungen der Aussage frei von Störungen sind, die Zweifel an ihrer Zuverlässigkeit begründen könnten. Von entscheidender Bedeutung ist insofern die Analyse der Aussageentstehung und -entwicklung. Sollte im Vorfeld der aussagepsychologischen Exploration eine suggestive Beeinflussung des Klienten stattgefunden haben, liefert die Realkennzeichenanalyse in einer Aussage über fabulierte Ereignisse sehr ähnliche Befunde wie bei erlebnisbasierten Aussagen (vgl. Volbert, 2004). Die Überprüfung der *Suggestionshypothese* erfolgt mittels Beantwortung der Frage, wann, unter welchen Bedingungen, aus welchem Anlass und wem gegenüber erstmals vom Zeugen etwas über den fraglichen Sachverhalt geäußert wurde. Wichtig ist dabei auch die darauffolgende Reaktion des Adressaten, dem gegenüber der Zeuge sich erstmals äußert.

Ziel einer *Motivanalyse* ist die Identifizierung möglicher Motive des Zeugen für eine möglicherweise unzutreffende Belastung des Beschuldigten. Um Hypothesen über eine mögliche Aussagemotivation zu bilden, ist es notwendig, die subjektive Bedeutung, die der Zeuge seiner Lebenssituation zum Zeitpunkt der Aussage und der Aussagesituation selbst beigemessen hat, zu kennen. Die Analyse der Aussagemotivation beruht auf der Basis von Informationen wie beispielsweise über die emotional-affektive Einstellung des Zeugen zu den von der Aussage betroffenen Personen, über seine sonstigen zwischenmenschlichen Bezüge, die psychische Situation des Zeugen zum Zeitpunkt der Erstaussage sowie über vom Zeugen vorhersehbare Folgen der Aussage und sein Verhalten nach den bezeugten Vorgängen. Zu betonen ist dabei, dass sich aus der Feststellung einer Persönlichkeitsakzentuierung oder -störung noch keine Schlussfolgerung in Bezug auf die Glaubhaftigkeit der Aussage ergibt. Zu prüfen ist vielmehr, inwieweit sich störungsspezifische Besonderheiten, aus denen sich eine Gefährdung der Aussagezuverlässigkeit ergeben könnte, tatsächlich auf den zu beurteilenden Sachverhalt ausgewirkt haben könnten. Daher sind schon bei der Aufstellung der relevanten Alternativhypothesen störungsspezifische Aspekte zu beachten. Weiter gilt es, externe Validierungsmöglichkeiten zu berücksichtigen. Es ist angezeigt, die Widerspruchslosigkeit der Aussage in Bezug auf andere Tatsachen und Befunde, die als feststehend gelten können, als Kontrollkriterium miteinzubeziehen.

Nach der Darstellung des generellen Procedere im Rahmen einer Glaubwürdigkeitsbegutachtung beziehen sich die nachfolgenden Ausführungen auf den Vorschlag einiger Vertreter aus der Tramatherapie bzw. -forschung, die Realkennzeichen für den Sonderfall traumatisierter Probanden zu modifizieren.

Sollte die aussagepsychologische Begutachtung für traumatisierte Personen modifiziert werden?

In den letzten Jahren werden Stimmen aus der psychologischen Traumaforschung bzw. Traumatherapie mit dem Tenor laut, die vom BGH bestätigte aussagepsychologische Methodologie bei traumatisierten Personen, die potentielle Zeugen in Bezug auf Opfererfahrungen sind, sei ungeeignet (vgl. Fischer & Riedesser, 1999; Hinckeldey & Fischer, 2002). Als Grund für ihre Ansicht nennen Vertreter dieser Auffassung

Erkenntnisse der psychobiologischen Gedächtnisforschung, wonach in extremen Situationen sensorische und emotionale Aspekte des Ereignisses nicht in das persönliche Gedächtnis und die Identität integriert werden können und stattdessen von normalen Bewusstseinsinhalten isoliert bleiben; die Erfahrung wird in verschiedene vereinzelte somatosensorische Elemente aufgesplittet, mit der Folge, dass sie nicht explizit abgerufen werden kann (van der Kolk & Fisler, 1995). Danach bleibt lediglich ein raum- und zeitloses sowie weitgehend dissoziiertes Erinnerungsbild der traumatisierenden Ereignisse. Infolgedessen könnten traumatisierte Personen in ihren Schilderungen des traumatisierenden Geschehens einige der Realkennzeichen wie beispielsweise »Detailreichtum« nicht produzieren.

In diesem Zusammenhang gilt es, zwei wesentliche Aspekte zu berücksichtigen. Zum einen ist zu hinterfragen, ob sich die Gedächtnis- und Erinnerungsstruktur von Personen mit PTBS in aussagepsychologischem Kontext tatsächlich im Hinblick auf verschiedene Ereignisqualitäten maßgeblich von der von Personen ohne PTBS unterscheidet. Weiter geht es bei aussagepsychologischen Bewertungen um die Abgrenzung zu absichtlichen Falschaussagen und andererseits zu Pseudoerinnerungen. Folglich ist auch die Möglichkeit der Genese von Pseodoerinnerungen zu berücksichtigen.

Bezüglich der Spezifität von Traumaerinnerungen existieren mittlerweile diverse Untersuchungen (vgl. Volbert, 2004). Empirische Befunde, die Aussagen zu Erinnerungen an extrem stressreiche Ereignisse mit denen zu positiven und neutralen Ereignissen systematisch vergleichen, ergaben keinerlei bedeutsamen Unterschiede im Hinblick auf Realkennzeichen wie Detailreichtum, Lebhaftigkeit, Kohärenz und Länge der Darstellung. Methodisch einschränkend ist hier zu berücksichtigen, dass sich die zugrunde gelegten Ereignisse nicht immer auf extrem stressreiche, sondern auch auf belastende Ereignisse bezogen und traumatische Ereignisse nicht immer belegt waren.

Probanden mit PTBS wiesen in weiteren Studien im Vergleich zu nicht traumatisierten Personen auf der Basis von Selbstauskünften sowie auf der Grundlage von Aussagevergleichen ein höheres Maß an Desorganisation auf. Gemeint ist damit nicht, dass diese Personen Schwierigkeiten gehabt hätten, überhaupt über das Ereignis zu berichten oder nur fragmentarisch darüber gesprochen hätten, sondern dass die Erinnerungen weniger klar und nicht so detailreich waren oder die Reihenfolge von Handlungssequenzen nicht benannt werden konnte. Weiter führt das Vorliegen intrusiver Erinnerungsqualität bei Personen mit PTBS zu dem Versuch, diese Erinnerungen zu vermeiden und bereits Hinweisreizen darauf auszuweichen – meist erfolglos.

Befunde von Studien, welche den Einfluss traumatischer – gegenüber positiven und neutralen – Ereignisse bezüglich der Richtigkeit und Konstanz von Aussagen untersuchten, zeigen, dass traumatische Ereignisse infolge ihrer hohen affektiven Intensität regelmäßig besonders dauerhaft und bei wiederholter Befragung eher konstanter erinnert werden als neutrale Ereignisse. Dabei sind die Erinnerungen zumeist detailliert und zutreffend. Auch Erinnerungen an traumatisierende Ereignisse unterliegen aber mitunter Irrtümern und mit der Zeit dem Prozess des Vergessens. Fehler und Erinnerungslücken treten scheinbar nicht in anderer Art auf wie bei Erinnerungen an andere autobiografische Ereignisse. Infolge des erhöhten Arousals bei traumatisierten Personen und der damit einhergehenden Aufmerksamkeitsfokussierung kommt es offenbar zu einer Wechselwirkung zwischen der affektiven Intensität eines Ereignisses und der Zentralität der Information. Kernaspekte des Geschehens werden bei emotionaler Tönung regelmäßig besser behalten als bei neutralen Ereignissen. Randelemente des Geschehens werden hingegen bei emotionaler Tönung schlechter erinnert als bei einem neutralen Geschehen. Dieses Phänomen ist im kriminalistischen Bereich unter dem Begriff »Waffenfokus« bekannt ist und führt dazu, dass das lebensbedrohliche Element einer auf einen gerichteten Waffe derart ins Zentrum der Wahrnehmung rückt, dass bei einer späteren Befragung beispielsweise das Gesicht des Aggressors als nur peripherer Stimulus nicht erinnert wird.

Eine wichtige Feststellung ist es auch, dass Flashback-Erinnerungen, die infolge der Intensität meist so erlebt werden, als handle es sich um die ursprüngliche Erfahrung selbst, nicht notwendigerweise das traumatische Ereignis selbst spiegeln. Flashbacks können sich auch aus realen, befürchteten und vorgestellten Elementen zusammensetzen.

Nach der aktuellen Befundlage spricht nichts für die Annahme eines für traumatische Erlebnisse spezifischen Gedächtnisses. Sie erweisen sich nicht als fragmentierter als andere Erinnerungen, und die Annahme, sie könnten nicht in das narrative Gedächtnis eingebaut werden, findet ebenfalls keine empirische Unterstützung. Auch das Auftreten von Amnesien ist eher selten. Über normale Vergessensprozesse hinausgehende, bis zur kompletten Amnesie reichende Beeinträchtigungen bei Personen mit PTBS gibt es offensichtlich nur in wenigen Einzelfällen. Die diesbezüglich unter methodischen Gesichtspunkten nur wenigen interpretierbaren Studien belegen lediglich bei 5 bis 15 % der Untersuchten, dass sie sich auf Nachfrage nicht an das traumatische Ereignis erinnern. Inwieweit dabei absichtlich verschwiegen wird, dass es eine Erinnerung gab, bzw. unterschiedliche Erinnerungsprozesse oder eine traumabedingte vollständige oder partielle Amnesie eine Rolle spielen, ist nicht zu klären (vgl. Volbert, 2004).

Neben möglichen Besonderheiten der Gedächtnisstruktur traumatisierter Personen gilt es im aussagepsychologischen Kontext auch, die Möglichkeit des Entstehens von Pseudoerinnerungen zu berücksichtigen. Charakteristisch für Pseuoerinnerungen ist es, dass sich die Person subjektiv sicher ist, ein bestimmtes Geschehen habe sich – wobei dies objektiv nicht zutrifft – ereignet. Anhand von Simulationsuntersuchungen und der Dokumentation von echten Fällen ist belegt, dass Menschen im Rahmen von Auto- und Fremdsuggestion Erinnerungen an traumatische Ereignisse generieren können, die sie tatsächlich nicht erlebt haben. Dies wird besonders durch die häufige Bearbeitung der vermeintlichen Ereignisse gefördert, wodurch die mentalen Repräsentationen besondere Lebendigkeit erhalten und zunehmend leichter abrufbar werden. Die Schilderungen entwickeln sich dabei von zunächst kaum vorhandenen hin zu sehr komplexen und elaborierten Aussagen – also von zunächst fragmentarischen hin zu detaillierten Darstellungen.

Die Annahme, es sei für traumatische Ereignisse typisch, dass sie zunächst fragmentarisch und dann zunehmend – mittels therapeutischer Unterstützung – detaillierter erinnert werden, widerspricht nicht nur der Empirie, sondern lässt zudem Pseudoerinnerungen wie angebliche typische Traumaerinnerungen erscheinen (vgl. Steller, 2002; Volbert, 2004). Die von Hinckeldey & Fischer (2002) postulierte Modifikation der im Rahmen der Glaubwürdigkeitsbegutachtung zu berücksichtigenden Realkennzeichen läuft nach Steller (2002) letztlich darauf hinaus, dass »inhaltlich defizitären Aussagen besondere Glaubhaftigkeit zuzusprechen ist«. Auch handelt es sich bei der Annahme, das Fehlen einzelner Realkennzeichen basiere auf der mangelnden Erlebnisfundiertheit einer Aussage, um ein Missverständnis. Erinnern wir uns an die Leitfrage der Glaubwürdigkeitsbegutachtung, wonach es nicht darum geht, ob alle Realkennzeichen vorliegen, sondern darum, dass es für die Aussage keine andere Erklärung gibt als einen tatsächlichen Erlebnisbezug. Der Erlebnisbezug einer Aussage kann nach der aussagepsychologischen Prüfstrategie nur durch den Ausschluss der Gegenhypothese zur Annahme einer Schilderung als »wahr« belegt werden und nicht durch das Vorliegen von Realkennzeichen, welche bestenfalls Aufschluss über den Erlebnisgehalt einer Schilderung geben.

2.3 Die Simulationsproblematik bei forensischen Begutachtungen im Zusammenhang mit einer PTBS

Grundsätzlich ist anzumerken, dass die PTBS-Symptomatik, wie jedes andere psychische Krankheitsbild auch, simuliert werden kann und dieser Aspekt bei jeder Begutachtung zu berücksichtigen ist. Die Symptomatik einer PTBS zumindest ansatzweise zu erlernen ist vergleichsweise einfach. Hinweise mehren sich, dass in den USA vor forensisch-psychiatrischen Untersuchungen mitunter ein regelrechtes »Coaching« stattfindet. Nordamerikanische Studien kommen zu dem Ergebnis, dass die Häufigkeit einer PTBS-Simulation in Begutachtungssituationen zwischen 20 % und 30 % liegt.[7] Allerdings dürfen diese Zahlen aus den USA nicht einfach auf europäische bzw. deutsche Verhältnisse übertragen werden, da zum einen die zu entschädigende Anzahl der Veteranen in den USA wesentlich höher ist und zum andern die Rechtssysteme unterschiedlich sind.

Die Frage, ob ein objektiv traumatisierendes Ereignis tatsächlich stattgefunden hat, ist anhand der geschilderten PTBS-Symptomatik nicht zu klären. Die Diagnose einer PTBS setzt zwingend den Nachweis voraus, dass in der Vorgeschichte ein entsprechendes Ereignis stattgefunden hat (Foerster & Dreßing, 2009). Die Ursache einer PTBS liegt nicht in ihren Symptomen! Daher ist beispielsweise die zumeist implizit an den Gutachter mitgestellte Frage im asyl- und ausländerrechtlichen Verfahren, ob der zu begutachtende Proband in seinem Heimatland tatsächlich einer Verfolgung oder Traumatisierung ausgesetzt war, strenggenommen nicht statthaft. Gleiches gilt für den Bereich der Schuldfähigkeits-

---

[7] In der Stellungnahme Nr. 9 vom 6.10.2009 der Deutschen Gesellschaft für Psychiatrie, Psychotherapie und Nervenheilkunde wird bezüglich der nordamerikanischen Studien methodenkritisch angemerkt, dass in diesen nicht zwischen Simulation, Aggravation und falscher Kausalattribution tatsächlich vorhandener, aber nicht traumatisch bedingter psychischer Beschwerden unterschieden wurde.

Tab. 2: Hinweise auf eine simulierte PTBS-Symptomatik nach Dreßing & Meyer-Lindenberg (2008)

Hinweis auf PTBS	Hinweis auf eine Simulation
Bericht über Symptomatik wird eher vermieden	Ausführliche und übertriebene Symptomschilderung
Symptome werden zögernd und erst auf gezielte Fragen hin berichtet	Symptome werden früh und spontan angesprochen
Unterschiedliche Wahrnehmungsqualitäten bei Flashbacks; Bericht eher im Präsens	Flashbacks werden wenig plastisch beschrieben
Vegetative Erregung und emotionale Anspannung sind in der Explorationssituation bei dem Bericht eines Flashbacks beobachtbar	Flashback wird ohne Zeichen emotionaler Anspannung oder vegetativer Erregung berichtet
Existieren von Erinnerungsinseln und kein Ausweiten der Amnesie mit zunehmendem zeitlichen Abstand zum Ereignis	Andere Personen werden beschuldigt
Alpträume mit unterschiedlicher Häufigkeit und ängstigenden aber durchaus wechselnden Inhalte	Alpträume mit dem immer gleichen Inhalt und in der gleichen Frequenz
Selbstvorwürfe	Für die Zeit vor dem Trauma wird von einem völlig konfliktfreien Leben ohne Belastungen berichtet
Frühere Konflikte und Probleme werden als Ursache für das Entstehen der Symptomatik erwogen	Behandlung wird unmittelbar im Zusammenhang mit einer juristischen Auseinandersetzung begonnen, die erste Aktivität des Therapeuten ist die Ausstellung eines Attests
Frühere Therapiebemühungen	Symptome werden im Zeitverlauf als stabil und unveränderlich dargestellt
Fluktuierende Symptomatik	Obwohl bei der traumatischen Situation auch andere Menschen umgekommen sind, besteht keine »survivor guilt«

begutachtung. Es ist daher zu fordern, dass der Auftraggeber in diesen Bereichen vorab klärt, ob der Gutachter von einem entsprechenden Ereignis auszugehen hat oder nicht. Einen Überblick über Befundkonstellationen, welche eher für das Vorliegen einer PTBS oder eher für die Simulation sprechen, gibt Tabelle 2.

Anders gelagert ist der Fall bei Glaubwürdigkeitsgutachten, bei denen die hypothesengeleitete Methodik, wie bereits dargelegt, sich grundlegend von der klinischen Diagnostik unterscheidet. Eine Vermischung der Ansätze würde zu sehr spekulativen Resultaten führen. Im Zweifel ist daher ein zusätzliches aussagepsychologisches Gutachten in Auftrag zu geben. Mit Foerster & Dreßing (2009) ist festzuhalten, dass vor einer schleichenden Verlagerung der Wahrheitsfindung aus dem Gerichtsaal in die psychiatrische oder psychologische Begutachtung gewarnt werden muss.

2.4 Literatur

Boetticher A., Nedopil N. & Bosinski H. A. G. (2007). Mindestanforderungen an Schuldfähigkeitsgutachten. *Zeitschrift für forensische Psychiatrie, Psychologie und Kriminologie*, 1, 3–9.

Brown W. B. (2008). Another emerging »storm«: Iraq and Afghanistan veterans with PTSD in the criminal justice system. *Justice Policy Journal*, 5 (2), 2–37.

DGPPN (2009). Stellungnahme der Deutschen

Gesellschaft für Psychiatrie, Psychotherapie und Nervenheilkunde: Stellungnahme Nr. 9/06. Oktober 2010. http://www.dgppn.de/publikationen/stellungnahmen/detailansicht/browse/1/article/141/stellungnahm-7.html (Zugriff 27.10.2010).

Dreßing H. & Meyer-Lindenberg A. (2008). Simulation bei posttraumatischer Belastungsstörung. *Vericherungsmedizin*, 60, 8–13.

Fischer G. & Riedesser P. (1999). *Lehrbuch der Psychotraumatologie*. 2. Aufl. München: Ernst Reinhardt.

Foerster K. & Dreßing H. (2009) (Hrsg.). *Psychiatrische Begutachung. Ein praktisches Handbuch für Ärzte und Juristen*. 5. Aufl. München u. Jena: Elsevier/Urban & Fischer.

Frommberger U. (2009). Begutachtung. In: Maercker A. (Hrsg.). *Posttraumatische Belastungsstörungen*. 3. Aufl. Heidelberg: Springer, 111–133.

Gasch U. (2000). *Traumaspezifische Diagnostik von Extremsituationen im Polizeidienst*. Berlin: dissertation.de Verlag im Internet.

Gasch U. (2007). Traumatisierungsrisiko polizeilicher Einsatzkräfte vor dem Hintergrund eines berufsbezogenen Selbstverständnisses. *Trauma & Gewalt. Forschung und Praxisfelder*, 2 (1), 70–80.

Greuel L., Offe S. & Stadler M. (1998). *Glaubhaftigkeit der Zeugenaussage*. Weinheim: Psychologie Verlagsunion.

Hinckeldey S. v. & Fischer G. (2002). *Psychotraumatologie der Gedächtnisleistung*. München: Ernst Reinhardt.

Rasch W. (1999). *Forensische Psychiatrie*. 2. Aufl. Stuttgart u. a.: Kohlhammer.

Steller M. (2002). Aussagepsychologie und Strafjustiz: Kooperation ohne Trauma. *Sonderheft für Gerhard Schäfer zum 65. Geburtstag am 18. Oktober 2002*. München: C.H. Beck, 69–72.

Steller M. & Köhnken G. (1989). Criteria-based statement analysis. Credibility assessment of children's statements in sexual abuse cases. In: Raskin D.C. (Hrsg.). *Psychological methods for investigation and evidence*. New York: Springer, 217–245.

Thomas J.L., Wilk J.E. & Riviere L.A. (2010). Prevalence of mental health problems and functional impairment among active component and National Guard soldiers 3 and 12 months following combat in Iraq. *Archives of General Psychiatry*, 67 (6), 614–623.

Tondorf G. (2005). *Psychologische und psychiatrische Sachverständige im Strafverfahren. Verteidigung bei Schuldfähigkeits- und Prognosebegutachtung*. 2. Aufl. Heidelberg: C.F. Müller Verlag.

Van der Kolk B.A. & Fisler R. (1995). Dissociation and the fragmentary nature of traumatic memories: Overview and exploratory study. *Journal of Traumatic Stress*, 8, 505–525.

Volbert R. (2004). *Beurteilung von Aussagen über Traumata*. Bern: Hans Huber.

Volbert R & Steller M. (2009). Die Begutachtung der Glaubhaftigkeit. In: Foerster K. & Dreßing H. (Hrsg.). *Psychiatrische Begutachtung*. 5. Aufl. München: Urban & Fischer, 818–850.

FERDINAND HAENEL, DORIS DENIS UND HARALD J. FREYBERGER

3. Die Begutachtung psychisch reaktiver Traumafolgen im Rahmen des Opferentschädigungsgesetzes

3.1 Einleitung

Das Gesetz über die Entschädigung für Opfer von Gewalttaten (Opferentschädigungsgesetz, OEG) ist seit 1976 für deutsche Staatsbürger und seit 1983 für Ausländer in Kraft, die mindestens drei Jahre in der Bundesrepublik leben. Opfer von Gewalttaten erhalten – wenn Letztere nicht selbstverschuldet sind und nicht auf politischer oder kriegerischer Auseinandersetzung in jeweiligen Heimatstaaten beruhen oder Folgen organisierter Kriminalität sind – finanzielle Hilfe; diese kann in Form von schädigungsabhängigen Einmalzahlungen, Entschädigungsrente, Berufsschadensausgleich sowie als Ersatz für die Kosten von Heilbehandlungen und medizinischer Rehabilitation einschließlich einer psychotherapeutischer Behandlung geleistet werden.

Entschädigung nach dem OEG kann man nicht nur bei rechtswidrigen tätlichen Angriffe auf die eigene Person erhalten, sondern auch dann, wenn man – wie z.B. bei einem Banküberfall – Zeuge eines solchen Angriffs auf fremde Personen geworden ist. Ebenso sind Schockschäden aufgrund der Bedrohung mit einer Waffe oder der Art, wie die Nachricht vom Tod eines Angehörigen überbracht wird, einbezogen. Die Regelung der Leistungsansprüche erfolgt im Rahmen des Sozialen Entschädigungsrechtes auf der Grundlage des Bundesversorgungsgesetzes.

Nun ist die Begutachtung von psychisch reaktiven Traumafolgen von jeher problematisch gewesen. Schon vor 100 Jahren, als der Berliner Nervenarzt Hermann Oppenheim die »traumatischen Neurose« als eine eigenständige ereignisreaktive psychopathologische Diagnose im deutschen Sprachraum einführte, hat sich die Fachgesellschaft der Deutschen Nervenärzte in der sozialrechtlichen Begutachtung in zwei Lager zerteilt. Die einen meinten, es handele sich bei traumatischen Neurosen um »zweckneurotische« Symptome, um Vorteile zu erlangen, die andern waren der Auffassung, dass es sich um eine echte Erkrankung handele, die durch lebensbedrohliche Erfahrungen – wie z.B. bei Arbeitsunfällen bei der Eisenbahn oder durch Kriegserlebnisse – verursacht werden könne (Oppenheim, 1889; Fischer-Homberger, 2004).

3.2 Besonderheiten bei der psychotraumatologischen Begutachtung und Diagnosestellung

Die Divergenzen in der gutachterlichen Beurteilung haben sich – zum Teil mit polemischen und polarisierenden Auseinandersetzungen unter Fachkollegen verbunden – in der Medizingeschichte im Rahmen des Bundesentschädigungsgesetz (Eissler, 1963; Hoppe, 1967), des Strafrechtlichen Rehabilitierungsgesetzes (Denis et al., 2000; Haenel, 1998), aber auch beim Opferentschädigungsgesetz (Bundessozialgericht, 1995) mit »schöner« Regelmäßigkeit wiederholt. Grund hierfür sind Besonderheiten bei der psychotraumatologischen Begutachtung und Diagnosestellung, wie sie in anderen Bereichen der psychiatrischen Begutachtung in der Regel nicht vorkommen. Folgende Ursachen hierfür werden in diesem Beitrag im Weiteren näher dargestellt:

1.) symptombezogene Hindernisse,
2.) traumaspezifische Beziehungsaspekte,
3.) Schwierigkeiten bei der Abgrenzung schädigungsabhängiger von schädigungsunabhängigen Störungen,
4.) unzureichende Kenntnisse rechtlicher Hintergründe.

3.2.1 Symptombezogene Hindernisse bei der Exploration

Fallvignette: Herr F. – »Ich spreche nicht über das, was mir passiert ist«
Herr F. hatte beim Landessozialgericht, in dessen Auftrag die Begutachtung erfolgte, ausdrücklich darum gebeten, von einer Frau, also einer Gutachterin, untersucht zu werden. Aus den Befunden der behandelnden Ärzten und Therapeuten war ersichtlich, dass Herrn F. im Alter von 20 Jahren von einer Gruppe Gleichaltriger, die er auf einem Dorffest kennengelernt und mit denen er später in der Nacht gemeinsam die Wohnung eines der Männer aufgesucht hatte, um dort weiterzufeiern, Gewalt angetan wurde. Im Laufe dieser Nacht wurde Herr F. von mehreren dieser Männer vergewaltigt und körperlich misshandelt. In den Befundberichten wurden typische Symptome einer Posttraumatischen Belastungsstörung, agoraphobische Ängste und ausgeprägte depressive Phasen ausgewiesen, die in der Vergangenheit zu mehrfachen Suizidversuchen und in diesem Zusammenhang zu jeweils kurzen stationären psychiatrischen Aufenthalten geführt hatten.

Der Kläger bittet beim telefonischen Vorgespräch um Nachmittagstermine, da er wegen seiner Schlafstörungen am Vormittag immer sehr müde sei. Er wird zu der Untersuchung, die an zwei Nachmittagen stattfindet, von seiner polnischen Ehefrau zur Praxis gebracht. Er wirkt zu Beginn sehr konfus und hilfsbedürftig. Die Ehefrau bittet darum, ihn bis ins Untersuchungszimmer begleiten zu dürfen, hilft ihm beim Hinsetzen und beim Ordnen der mitgebrachten Unterlagen und verabschiedet sich dann.

Bei Herrn F. handelt es sich um einen stark übergewichtigen, gepflegten, gut gekleideten 27-jährigen Mann, der durch seinen üppigen Bart und seine Haartracht auffällt. In ausgesprochen dysphorischer Grundstimmung ist er zu Beginn beider Untersuchungstermine sehr verschlossen und misstrauisch. Beide Gespräche beginnt er mit der Erklärung, dass ihm schlimme Dinge widerfahren seien, die er an dieser Stelle somit erwähne, im Weiteren aber nicht thematisieren könne, da die damit verbundenen Belastungen zu groß für ihn seien. Er fühle sich durch den Umstand, dass er sich erneut begutachten lassen müsse, erniedrigt. Im weiteren Gespräch drückt er immer wieder seinen Missmut und seine Ablehnung gegenüber der Begutachtungssituation aus, betont dabei, dass sich dies gegen die Sachverständige in ihrer Funktion und nicht gegen ihre Person richte.

Bei beiden Gesprächen wird der Kläger zwar während der Untersuchung offener, die Exploration der schädigenden Ereignisse bleibt dennoch schwierig. Nachfragen zu Einzelheiten der Tatnacht werden vom Kläger durchgehend mit dem Hinweis abgeblockt, dass er darüber nicht sprechen könne und es bei seiner Erklärung belassen möchte. Der intrusive Charakter der durch Nachfragen ausgelösten Erinnerungen wird deutlich, wenn er beschreibt, dass er bei diesen Fragen alle Einzelheiten der damaligen Erfahrungen erinnere, als würden sie gerade passieren. Die hohe Belastung durch diese intrusiven Erinnerungen ist durch die parallel auftretenden Körperreaktionen – wie Schweißbildung an den Händen, die er sich mit einem Taschentuch ständig trocken wischt, und eine deutlich blassere Gesichtsfarbe sowie eine zunehmende beobachtbare Unruhe – sehr glaubhaft.

Insgesamt erscheint Herr F. bei der Exploration unkonzentriert, er erzählt weitschweifig, verliert phasenweise den Faden, was er selbst bemerkt und problematisiert. Als er über den Besuch seiner Mutter im Krankenhaus, in dem er wegen der körperlichen Folgen der Gewalttat behandelt wurde, berichtet, versagt ihm die Stimme, und er beginnt zu weinen, was ihm sehr unangenehm zu sein scheint und wofür er sich entschuldigt.

Die Exploration wurde durch die hier beschriebenen Probleme deutlich erschwert. Eine detaillierte Exploration des schädigenden Ereignisses war nicht möglich, ein Insistieren an dieser Stelle war medizinisch nicht vertretbar.

Die Kennzeichen der Posttraumatischen Belastungsstörung (PTBS) sowie der Persönlichkeitsänderung nach extremer Belastung bzw. Traumatisierung, wie sie im DSM-IV (APA, 1994) und in der ICD-10 (WHO et al., 2008) definiert sind, umfassen Symptombestandteile, welche die gutachterliche Exploration in entscheidendem Maße beeinflussen können: Demnach ist für Personen mit einer Posttraumatischen Belastungsstörung eine intensive psychische Belastung bis zu körperlichen vegetativen Reaktionen typisch, wenn die Betroffenen mit inneren oder äußeren Hinweisreizen konfrontiert werden, die einen Aspekt des traumatischen Ereignisses symbolisieren oder mit ihm assoziativ verknüpft sind. In der Folge werden Gedanken, Gefühle oder Gespräche, die mit dem Trauma in Verbindung stehen, bewusst vermieden, ebenso wie Aktivitäten, Orte oder Personen, die Erinnerungen an das Trauma wachrufen. Diese Vermeidung kann bis zur Unfähigkeit führen, einen wichtigen Aspekt des Traumas zu erinnern. Eine Übersicht zu den die Exploration behindernden Aspekten der Posttraumatischen Belastungsstörung – entsprechend der Definition im DSM-IV – wird in Tabelle 1 wiedergegeben.

Tab. 1: Diagnostische Kriterien für das Vorliegen einer Posttraumatischen Belastungsstörung nach DSM-IV

C-1: bewusstes Vermeiden von Gedanken, Gefühlen oder Gesprächen, die mit dem Trauma in Verbindung stehen;
C-2: bewusstes Vermeiden von Aktivitäten, Orten oder Menschen, die Erinnerungen an das Trauma wachrufen;
C-3: Unfähigkeit, einen wichtigen Aspekt des Traumas zu erinnern;
C-4: deutlich vermindertes Interesse oder verminderte Teilnahme an wichtigen Aktivitäten;
C-5: Gefühl der Losgelöstheit oder Entfremdung von anderen;
C-6: eingeschränkte Bandbreite des Affekts (z. B. Unfähigkeit, zärtliche Gefühle zu empfinden);
D-2: Reizbarkeit oder Wutausbrüche;
D-3: Konzentrationsstörungen.

Hier wird nachvollziehbar, dass diese Symptome einer psychiatrischen oder psychologischen Exploration nicht entgegenkommen. Im Gegenteil: Die Begutachtung von Personen mit psychischen Traumafolgen unterscheidet sich von der Begutachtung von Menschen mit anderen psychischen Erkrankungen ganz entscheidend darin, dass es ein Bestandteil der Symptomatik selbst ist, welcher die gutachterliche Exploration behindern und damit zu Fehlbeurteilungen führen kann (Denis et al.,1999, Haenel, 1998). Das ist keineswegs eine neue Entdeckung, sondern ein Phänomen, das früher schon in Untersuchungen über psychisch reaktive Folter- und Traumafolgen bei Überlebenden der Konzentrationslager im Nationalsozialismus festgestellt worden ist (»Abkapselung extremtraumatischer Erfahrungen von der Umwelt, weil sie nicht *kommunikationsfähig* sind«; »Widerstand gegen die Exploration«; vgl. v. Baeyer et al., 1964). Die Kausalitätsbeurteilung kann insbesondere dann problematisch werden, wenn im Langzeitverlauf auch salutogene und weitere Aspekte Einfluss gewinnen (Freyberger & Freyberger, 2007), die die in der Versorgungsmedizinverordnung noch immer zwischen schädigendem Ereignis und aktueller Gesundheitsstörung geforderten, auch unspezifischen psychischen Symptome (»Brückensymptome«) in den Hintergrund treten lassen können (BMAS, 2009, C 2). Die Störungsbilder jener, die Folter und die Haft in Konzentrationslagern überlebt haben, wären nach heutiger Diagnosenklassifikation am ehesten als »Andauernde Persönlichkeitsänderung nach Extrembelastung« gemäß ICD-10, F62.0 einzuordnen. Auch in dieser Klassifikation findet man Symptome vor, die der gutachterlichen Exploration entgegenstehen (vgl. Tab. 2).

Tab. 2: Andauernde Persönlichkeitsänderung nach Extrembelastung gemäß ICD-10, F62.0 (früher: erlebnisbedingter Persönlichkeitswandel)

Eine feindliche und misstrauische Haltung gegenüber der Welt;
sozialer Rückzug;
Gefühle der Leere oder Hoffnungslosigkeit;
ein chronisches Gefühl von Nervosität wie bei ständigem Bedroht-Sein;
Entfremdung.

Tab. 3: Weitere symptomspezifische Explorationshindernisse in der Begutachtung psychisch reaktiver Traumafolgen

Schamgefühle,
Schuldgefühle,
mangelnde Kommunizierbarkeit extremtraumatischer Erfahrungen,
Vermeidung der Thematisierung traumatischer Erfahrungen aus Furcht vor affektivem Kontrollverlust,
assoziative Verknüpfung der gutachterlichen Exploration mit vergangenen Verhör- und Foltererfahrungen,
dissoziative Symptome wie Amnesie, qualitative Bewusstseinsveränderungen,
dissoziativ bedingte Einschränkung des Affekterlebens (Affektisolierung, Affektabspaltung, Affektabstumpfung, Parathymie).

In den voranstehenden Übersichten nicht aufgeführt sind Scham- und Schuldgefühle, weil sie nicht mehr in die Definition der Diagnosen der Posttraumatischen Belastungsstörung oder der Persönlichkeitsveränderung nach Extrembelastung mit aufgenommen worden sind. Sie dürfen aber – wie andere traumaspezifische Begleiterscheinungen – in unserem Zusammenhang nicht unerwähnt bleiben (Wenk-Ansohn, 2002). Tabelle 3 zeigt diese weiteren symptomspezifischen Explorationshindernisse, welche die Begutachtung ebenfalls erschweren können.

3.2.2 Traumaspezifische Beziehungsaspekte

Fallvignette: Herr O. – das jähe Ende eines glücklichen Familienlebens

Der Gutachter ist ein junger Arzt, der sich im letzten Drittel seiner psychiatrischen Facharztweiterbildung befindet und in einer sozialpsychiatrischen Abteilung eines Landeskrankenhauses tätig ist. Im Rahmen der monatlich stattfindenden Supervisionssitzung möchte er dieses Mal über einen Patienten sprechen, den er begutachtet hat. Die Untersuchung lag schon einige Wochen zurück, er dachte häufig – auch in der Freizeit – an diesen Mann und schob die Ausarbeitung des Gutachtens entgegen seiner sonst so disziplinierten Art vor sich her.

Herr O., der eine Entschädigung nach dem OEG beantragt hat und mit dessen Begutachtung der Kollege vom Sozialgericht beauftragt worden ist, hatte vor drei Jahren durch den tödlichen Messerangriff eines psychisch kranken Täters seine Ehefrau verloren. Das Ehepaar hatte mit seinen beiden Töchtern im Alter von 2 und 5 Jahren die Schwiegereltern von Herrn O. im Rheinland besucht. Während die Großeltern auf die beiden Töchter aufpassten, hatten die Eheleute einen gemeinsamen Stadtbummel mit anschließendem Restaurantbesuch geplant. Beim Betrachten einer Schaufensterauslage war der Täter neben die Ehefrau getreten und hatte sie – vom Ehemann zunächst unbemerkt – mit einem Messer attackiert. Trotz schneller notärztlicher Versorgung verstarb die Ehefrau auf dem Weg ins Krankenhaus.

Im Befundbericht der Psychotherapeutin, die Herrn O. in den ersten beiden Jahren nach dem Tod der Ehefrau behandelt hatte, wurden intrusive Symptome bezüglich der notärztlichen Versorgung der Ehefrau, ausgeprägtes Vermeidungsverhalten, Angst in Menschenmengen, ausgeprägter sozialer Rückzug und eine schwere depressive Symptomatik beschrieben. In der Untersuchung berichtete Herr O., wie schwer ihn der Verlust seiner Frau getroffen habe, dass er häufig damit hadere, dass sein glückliches Familienleben so jäh zerstört worden sei, und dass er jeden Tag an seine Frau denke.

Vom Supervisor nach der Beurteilung des Folgeschadens befragt, gab der Gutachter an, es handele sich um eine Posttraumatische Belastungsstörung und eine schwere depressive Störung, die aktuell einen Grad der Schädigung (GdS) von 60 bedinge. Nach seinen Gefühlen gegenüber Herrn O. befragt, erklärte er, dass dieser ihm sehr sympathisch sei, dass er – selbst Vater zweier Kleinkinder – sich sehr gut in sein Schicksal einfühlen könne und den Gedanken, dass seine eigene Partnerin so jäh aus dem Leben gerissen werde, unerträglich finde. Er wisse nicht, wie man einen solchen Schicksalsschlag überhaupt jemals bewältigen könne. Er fühle so etwas wie ein schlechtes Gewissen, dass er im Unterschied zu Herrn O. sein glückliches Leben leben könne.

Bei der Erörterung, welche beruflichen und sozialen Funktionseinschränkungen den vom Gutachter eingeschätzen GdS von 60 v. H. bedingten, wurde dem Gutachter deutlich, dass seine Identifizierung mit Herrn O. ihm eine objektive Beur-

teilung erschwert hatte. Die anfängliche Symptomatik von Herrn O. hatte sich durch die therapeutische Behandlung deutlich gebessert. Zusätzlich hatten die Verantwortung für seine Kinder und ein unterstützendes soziales Umfeld ihm bei der Bewältigung des tragischen Verlustes seiner Ehefrau geholfen. Seine eigenen Eltern entlasteten ihn bei der Kinderversorgung, so dass er seinen Beruf in einem großen Verlagshaus weiter ausüben konnte, was für ihn eine zusätzliche wichtige Ressource darstellte. Die gemeinsame Erörterung des aktuell noch bestehenden Leidens von Herr O. ergab, dass die noch bestehende Restsymptomatik zu keinen wesentlichen Einschränkungen der Erlebnis- und Gestaltungsfähigkeit mehr und lediglich zu leichten Anpassungsschwierigkeiten führte. Die noch vorhandenen Funktionseinschränkungen wurden mit einem GdS von 20 v. H. bewertet.

Nach der Supervision fühlte sich der Gutachter nicht nur deutlich entlastet, sondern gestärkt, die Beweisfragen des Gerichtes sach- und fachgerecht zu beantworten, und arbeitete noch in der gleichen Woche sein Gutachten aus.

Wenn es auf der einen Seite die reaktiven psychischen Symptome selbst sind, welche die gutachterliche Beurteilung erschweren können, so kann es auf der anderen Seite die Gegenübertragung des Gutachters in Bezug auf den Traumatisierten und dessen Geschichte sein, welche seine objektive Einschätzung und Beurteilung behindert. Ebenso wie in der therapeutischen Beziehung mit traumatisierten Patienten (Haenel, 2011) können sich auch beim Gutachter in seiner Beziehung zum zu Begutachtenden sehr schnell extreme Gegenübertragungsphänomene einstellen, die mit entweder zu großer Distanz und fehlender Empathie oder mit zu geringer Distanz mit der Gefahr der Überidentifizierung und sogar der persönlichen, empathischen Verstrickung verbunden sein können (Hoppe, 1967; Wilson & Lindy, 1994).

Eine zu große Distanz und eine zu geringe Empathie können sich beim Gutachter entwickeln, wenn dieser über nur unzureichende Kenntnisse bezüglich traumatisierender Lebensereignisse und der möglicherweise auf sie folgenden psychischen Störungen verfügt, aber auch dadurch, dass er, ausgehend von seiner eigenen Lebenserfahrung und seinem Bild von einer im Grunde harmonischen Welt, die Darstellungen des anderen für übertrieben und unglaubhaft hält (Wilson & Lindy, 1994; vgl. Tab. 4). Aus der Sicht des Traumatisierten nimmt der Gutachter dann insofern eine Eigenschaft der früheren Täter an, als er ebenso wie diese das Geschehene zu verschweigen und zu verleugnen scheint. Eine derartige Beziehungskonstellation kann auch ein Grund für die oft zu beobachtende resignative Zurückhaltung von traumatisierten Menschen in den Explorationsgesprächen sein, was nicht selten Gutachter zu der irrtümlichen Annahme gelangen lässt, hier einen Menschen ohne oder mit nur gering ausgeprägten traumabedingten psychischen Symptomen vor sich zu haben. Eine solche fehlende Anerkennung bedeutet für die Betroffenen eine erneute Kränkung, und oft schließt sich hieran eine zeit- und kostenaufwendige Kette von Wi-

Tab. 4: Gründe für zu große Distanziertheit des Gutachters

Unzureichende Kenntnisse und Erfahrung in Psychotraumatologie,
unzureichende Kenntnisse über traumatisierende Lebensereignisse,
idealisiertes Weltbild,
Abwehr eigener traumatischer Erfahrungen.

derspruchs- und Klageverfahren über sämtliche Verwaltungs- und Gerichtsinstanzen an (Haenel, 2000).

Eine zu geringe Distanz und zu große Empathie mögen beim Gutachter aus der Abwehr eigener Schuld- und Schamgefühle entstehen, weil er erschüttert und über die geschilderte traumatische Erfahrung entsetzt ist, oder aufgrund der bewussten oder unbewussten Furcht, in die Nähe des Täters (»Täterübertragung«) gerückt zu werden (vgl. Tab. 5). Hieraus kann eine zu große, undistanzierte und kämpferische Hilfsbereitschaft gegenüber dem Traumatisierten erwachsen, die, wenn sie unreflektiert bleibt, den Gutachter dazu verleitet, gegenüber Kollegen und Behörden unsachlich, pauschal und polemisch zu argumentieren.

Bei der Begutachtung von Personen mit psychischen Traumafolgen sind natürlich allgemeine und spezifische psychiatrische und klinisch-psychologische Fachkenntnisse sehr wichtig, es ist aber – ebenso wie in der Psychotherapie – auch von grundlegender Bedeutung, dass mögliche, bei dieser Klientel sich schnell einstellende extreme Gegenübertragungsphänomene bei entweder zu großer oder zu geringer Distanz wahrgenommen werden. Ziel sollte es sein, eine »mittlere Position« einzunehmen, welche sich durch »größtmögliche Empathie im Verbund mit größtmöglicher Distanz« (Lansen, 1996) oder »kontrollierter Identifikation« (Hoppe, 1967) charakterisieren lässt.

3.3 Abgrenzung schädigungsabhängiger von schädigungsunabhängigen Störungen

Fallvignette: Frau M. – »Einfach so geschlagen werden«

Frau M., eine 22-jährige türkische kaufmännische Angestellte, hatte vor einem Jahr auf einem U-Bahnhof eine schwere Körperverletzung durch einen Jugendlichen erlitten. Der Täter habe sie an der Brust angefasst und sie, nachdem sie sich dagegen gewehrt habe, völlig unerwartet mit der Faust mehrmals ins Gesicht geschlagen. Es seien noch andere Jugendliche anwesend gewesen, die ihr jedoch nicht geholfen, sondern zugeschaut hätten. Sie habe anschließend ambulant behandelt werden müssen. Frau M. hatte aufgrund von Ängsten und Depressionen einen Entschädigungsantrag nach dem OEG gestellt.

Bei der Exploration der Biografie berichtete Frau M., dass sie mit ihrer Mutter (15 Jahre älter) und ihrer 5 Jahre jüngeren Schwester zusammenlebe. Als sie 7 Jahre alt gewesen sei, hätten sich die Eltern scheiden lassen. Der Vater sei weggezogen, habe wieder geheiratet, es gebe keinen Kontakt mehr zwischen ihnen. Ihre Mutter habe ebenfalls einen neuen Lebenspartner, mit dem sie jedoch nicht verheiratet sei und der nicht mit ihnen zusammenwohne. Sie verstehe sich gut mit ihm, die Mutter sei allerdings grundlos eifersüchtig auf sie. Die Mutter sei sehr wechselhaft in ihrer Stimmung. Wenn es ihr nicht gutgehe, werde sie von ihr als Schlampe und mit schlimmeren Ausdrücken beschimpft und geschlagen. Auch sage die Mutter häufig, dass sie ihre Tochter hasse. Sie sei immer von ihren Eltern geprügelt worden, sei manchmal voller blauer Flecken gewesen, auch im Gesicht, so dass die Lehrer sie in der Schule

Tab. 5: Gründe für zu geringe Distanz des Gutachters (Überidentifizierung)

Schuld- und Schamgefühle,
überwältigt sein von Empathie,
Furcht vor Identifizierung mit Tätern,
unbewältigte eigene traumatische Erlebnisse.

darauf angesprochen hätten. Ihre Mutter erlaube ihr erst auszuziehen, wenn sie heirate. Sie möchte jedoch erst heiraten, wenn sie einen Mann gefunden habe, den sie wirklich liebe. Die Mutter werde wegen ihrer Probleme nervenärztlich behandelt. Wenn es ihrer Mutter gutgehe, sei ihr Verhältnis sehr gut, seien sie wie Freundinnen miteinander.

Die psychiatrische Anamnese ergab, dass Frau M. seit mehreren Jahren unter depressiven Symptomen leidet. Sie fühle sich phasenweise völlig wertlos, habe dann an nichts mehr Freude oder Interesse, melde sich auf der Arbeit krank, da sie sich dort dann sowieso nicht mehr konzentrieren könne. Vor zwei Jahren sei sie nach einem Streit mit einer Freundin so verzweifelt gewesen, dass sie versucht habe, sich mit Tabletten und Alkohol das Leben zu nehmen. Sie habe sich allerdings übergeben müssen und danach lange geschlafen. Seit dem Angriff des Jugendlichen habe sie Angst, alleine das Haus zu verlassen, fühle sich überall bedroht. Wenn mehrere Menschen zusammen seien, bekomme sie Herzrasen, schwitzige Hände, leide unter Übelkeit und könne sich kaum mehr auf den Beinen halten. Um nicht zusammenzubrechen, müsse sie möglichst schnell an einen ruhigen, stillen Platz. Die U-Bahn könne sie nur mit mehreren Freundinnen gemeinsam benutzen, sie habe dann auch immer das Handy in der Hand für den Fall, dass sie wieder angegriffen werde. Da ihr aber trotzdem immer übel werde und sie sich die ganze Fahrt über durch Gespräche mit den Freundinnen ablenke müsse, fahre sie seither nach Möglichkeit mit dem Bus.

Die psychischen Symptome von Frau M. sind in diesem Fall als Angststörung und als Depression zu klassifizieren. Die Angststörung ist als schädigungsabhängig zu bewerten, denn sie hat sich in engem zeitlichen Zusammenhang mit dem tätlichen Angriff entwickelt. Ähnliche Symptome waren vor dem Vorfall nicht vorhanden. Die Beschwerden zeigen inhaltliche Bezüge zum schädigenden Ereignis (Ängste vor erneuten Angriffen; Angst, wegen möglicher Angriffe alleine das Haus zu verlassen; phobische Symptome in der U-Bahn). Der Gesundheitsschaden wäre nicht mit Wahrscheinlichkeit auch ohne das für den Entschädigungsantrag relevante Ereignis durch ein alltäglich vorkommendes Ereignis zu annähernd derselben Zeit und in annähernd gleichem Ausmaß aufgetreten. Der kausale Zusammenhang zwischen der Körperverletzung und der Angststörung kann aus diesen Gründen als wahrscheinlich angenommen werden.

Die Depression ist hingegen als schädigungsunabhängig zu beurteilen. Sie hat bereits vor dem schädigenden Ereignis bestanden und ist durch dieses nicht wesentlich verschlimmert worden. Die Entwicklung der depressiven Störung wird im Zusammenhang mit dem ambivalenten Verhalten der Mutter, den Abwertungen und den körperlichen Misshandlungen im Elternhaus und den daraus resultierenden Schwierigkeiten bei der Entwicklung eines stabilen Selbstwertgefühls gesehen.

Die Abgrenzung schädigungsbedingter Störungen von schädigungsunabhängigen Krankheitsbildern stellt in psychotraumatologischen Begutachtungen vor allem deswegen eine besondere Herausforderung dar, weil die Posttraumatische Belastungsstörung zwar eine spezifische, aber nur eine von vielen anderen möglichen psychischen Traumafolgen ist. Angst-, depressive, somatoforme, dissoziative sowie Borderline-Störungen und auch Suchterkrankungen können als unspezifische Traumafolgestörungen auftreten. (Flatten et al., 2004). Aus diesem Grund ist eine gründliche biografische und psychiatrische Anamnese, die eine Differenzierung anderer Einflüsse erlaubt, außerordentlich wichtig und hilfreich (Haenel, 2002, 2006). Hieraus ergeben sich Anhaltspunkte dafür, inwieweit lebensgeschichtliche Konflikte oder andere traumatische Erfahrungen, die nicht in den Geltungsbereichbereich des Opferentschädigungsgesetzes fallen, ursächlich für die aktuelle Symptomatik sind. Im Sozialen Entschädigungsrecht muss auch berücksichtigt werden, inwieweit ein extremtraumatisches Ereignis zu einer wesentlichen Verschlimmerung einer vorbestehenden oder latent, lediglich in Disposition vorhandenen und bislang kompensierten psychischen Störung beigetragen hat. In diesem Falle müsste diese Störung zwar nicht im Sinne der Entstehung, so doch im Sinne einer wesentlichen Verschlimmerung ebenfalls als Schädigungsfolge bewertet werden.

3.4 Rechtliche Hintergründe

Grundlegend für die psychotraumatologische Begutachtung im Sozialen Entschädigungsrecht ist die Kausalität, deren Feststellung die Beantwortung folgender Fragen beinhaltet (BMAS, 2009, C; Freyberger & Widder, 2010):

1.) Gibt es ein schädigendes Ereignis, und welches ist es?
2.) Liegt selbiges im Anwendungsbereich des betreffenden Gesetzes?
3.) Liegen primäre Gesundheitsschädigungen vor, und wenn ja: welche?
4.) Liegen bleibende Gesundheitsschäden vor, und wenn ja: welche?

Um das Vorliegen dieser vier Tatbestände festzustellen, muss als Beweismaßstab der »Vollbeweis« zugrunde gelegt werden, was bedeutet, dass ein Ereignis »mit an Gewissheit grenzender Wahrscheinlichkeit eingetreten oder in so hohem Maße wahrscheinlich ist, dass alle Umstände des Falles nach vernünftiger Abwägung und nach der allgemeinen Lebenserfahrung geeignet sind, die volle richterliche Überzeugung zu begründen« (Bundessozialgericht, 2001). Sie müssen belegt sein oder – wenn Belege nicht zu beschaffen sind – nach den gegebenen Umständen, z. B. aufgrund einer »Glaubhaftmachung«, die Überzeugung gewinnen lassen, dass es so und nicht anders gewesen ist. Die beiden ersten Fragen hat die Versorgungsverwaltung, die beiden letzteren der medizinische oder psychologische Gutachter zu beantworten.

Für die Begründung der Kausalität, die den ärztlichen oder psychologischen Gutachter angeht, d. h. die Annahme eines ursächlichen Zusammenhangs zwischen schädigendem Ereignis und der festgestellten Gesundheitsstörung, genügt als Beweismaßstab die »hinreichende Wahrscheinlichkeit«, die dann gegeben ist, »wenn nach der geltenden medizinisch-wissenschaftlichen Lehrmeinung mehr für als gegen einen ursächlichen Zusammenhang spricht (BMAS, 2009, C 3).

Von den gesundheitlichen Schädigungsfolgen sind Vor- und Nachschäden zu unterscheiden. Das sind Gesundheitsstörungen, die zeitlich vor und nach dem schädigenden Ereignis aufgetreten sind und in keinem kausalen Zusammenhang zu dem schädigenden Ereignis stehen. Anders verhält es sich mit Folgeschäden, die im weiteren Verlauf von gesundheitlichen Schädigungsfolgen mittelbar verursacht worden und ebenso als Schädigungsfolgen zu bewerten sind. Bei einem Vorschaden muss immerhin auch berücksichtigt werden, inwieweit dieser möglicherweise durch das schädigende Ereignis wesentlich verschlimmert worden ist, wodurch er wenigstens zum Teil – nicht im Sinne der Entstehung, sondern im Sinne einer wesentlichen Verschlimmerung – als Schädigungsfolge anerkannt werden müsste.

Wenn die Kausalität schädigungsabhängiger Störungen über längere Zeiträume hinweg im Rahmen von Nachuntersuchungen beurteilt wird, muss der Gutachter berücksichtigen, inwieweit bei unverändert bestehendem Störungsbild eine andere mögliche Ursache als die des ursprünglichen schädigenden Ereignisses hinzugetreten sein und dieselbe hinsichtlich ihrer Folgen überwiegen könnte. In einem solchen Falle spricht der Gutachter von einer »Verschiebung der Wesensgrundlage«, wobei hier die ursprüngliche Kausalität zwischen schädigendem Ereignis und Schädigungsfolgen aufgehoben ist.

3.5 Fazit

Symptombedingte Behinderungen der Exploration, besondere traumaspezifische Beziehungsaspekte sowie komorbide psychische Störungen, die psychische Traumafolgen überlagern und die Unterscheidung von schädigungsunabhängigen psychischen Störungen erschweren können, sind Gründe dafür, dass psychotraumatologische Begutachtungen zu höchst unterschiedlichen Ergebnissen gelangen können. Dieses Phänomen ist in der Medizingeschichte seit der Einführung der »traumatischen Neurose« als eine eigenständige ereignisreaktive psychopathologische Diagnose durch den Berliner Nervenarzt Hermann Oppenheim vor 120 Jahren bis heute immer wieder zu beobachten. Kontroverse Auseinandersetzungen unter Fachkollegen und eine lange Verfahrensdauer auch im Bereich des Opferentschädigungsgesetztes sind oft die Folge. Daher bieten seit mehreren Jahren die Bundes- und Landesärztekammer bundesweit sehr erfolgreich curriculare Fortbildungen zur Begutachtung psychisch reaktiver Traumafolgen, unter anderem auch für den Bereich des Sozialen Entschädigungsrechtes und damit auch des Opferentschädigungsgesetzes, an.

3.6 Literatur

American Psychiatric Association (Hrsg.) (1994). *Diagnostic and statistical manual of mental disorders*. 4. Aufl. (DSM-IV). Washington DC: American Psychiatric Press. Dt.: *Diagnostisches und statistisches Manual psychischer Störungen DSM-IV* (2001). Bearb von H. Saß. Göttingen u. a.: Hogrefe.

Baeyer W. von, Häfner H. & Kisker K. (1964). *Psychiatrie der Verfolgten*. Berlin: Springer.

BMAS (Bundesministerium für Arbeit und Soziales) (2009). *Versorgungsmedizin-Verordnung*. Bonn: BMAS. (Im Internet: http://www.bmas.de/portal/33270/property=pdf/k710_2009_05_13_versorgundsmed_verordnung.pdf).

Bundessozialgericht, Urteil vom 18. 10. 1995/9/9a RVg 4/92.

Bundessozialgericht, Urteil vom 8. 8. 2001/B 9 V 23/01 B (im Internet: http://vsbinfo.de/content/view/240/13/).

Denis D., Bauer M. & Priebe S. (1999). Die Begutachtung psychischer Störungen nach politischer Haft in der DDR. In: Collatz J., Hackhausen W. & Salman R. (Hrsg.). *Begutachtung im interkulturellen Feld*. Berlin: VWB, 221–232.

Denis, D., Kummer, P. & Priebe, S. (2000). Entschädigung und Begutachtung psychischer Störungen nach politischer Haft in der SBZ/DDR. *Der Medizinische Sachverständige*, 96, 77–83.

Eissler K. (1963). Die Ermordung von wievielen seiner Kinder muß ein Mensch symptomfrei ertragen können, um eine normale psychische Konstitution zu haben? *Psyche*, 17, 241–291.

Flatten G., Gast U., Hofmann A., Liebermann P.,

Reddemann L., Wöller W., Siol T. & Petzold E.R. (2004). *Posttraumatische Belastungsstörung. Leitlinie und Quellentext*. Stuttgart: Schattauer.

Fischer-Homberger E. (2004). *Die traumatische Neurose*. Gießen: Psychosozial-Verlag.

Freyberger H.J. & Freyberger H. (2007). 60 Jahre danach. Posttraumatische Belastungsstörungen, salutogene Faktoren und gutachterliche Einschätzungen bei Holocaust-Überlebenden im Langzeitverlauf. *Zeitschrift für Psychsomatische Medizin und Psychotherapie*, 53, 380–392.

Freyberger H.J. & Widder B. (2010). Begutachtung von Traumatisierungen. *Psychotherapeut*, 55, 401–408.

Haenel F. (1998). Special problems in the assessment of the psychological sequelae of torture and incarceration. In: Oehmichen M. (Hrsg.). *Maltreatment and torture*. Lübeck: Schmidt Roemhild Verlag, 273–287.

Haenel F. (2000). Die Beziehung zwischen Gutachter und zu Untersuchenden und ihre Bedeutung bei der Begutachtung chronisch psychischer Traumafolgen. *Der Medizinische Sachverständige*, 96, 84–87.

Haenel, F. (2002). Zur Abgrenzung psychisch reaktiver Haft- und Folterfolgen von schädigungsunabhängigen neurotischen Störungen. *Der Medizinische Sachverständige*, 98, 194–198.

Haenel F. (2006). Zu Problemen der Begutachtung psychischer Haft und Folterfolgen bei Personen mit Persönlichkeitsstörungen. *Der Medizinische Sachverständige*, 102 (5), 171–174.

Haenel F. (2011). Posttraumatische Belastungsstörung – Psychiatrisch-psychotherapeutische Behandlung von Folter- und Bürgerkriegsüberlebenden. In: Machleidt W. & Heinz A. (Hrsg.). *Praxis der interkulturellen Psychiatrie und Psychotherapie*. München: Elsevier, Urban & Fischer, 307–319.

Hoppe K. (1967). The emotional reactions of psychiatrists when confronting survivors of persecution. *Psychoanalytic Forum*, 3, 187–196.

Lansen J. (1996). Was tut »es« mit uns? In: Graessner S., Gurris N. & Pross C. (Hrsg.). *Folter – an der Seite der Überlebenden*. München: C.H. Beck, 253–270.

Hoppe, K. (1967). The emotional reactions of psychiatrists when confronting survivors of persecution. *Psychoanalytic Forum*, 3, 187–196.

Oppenheim H. (1889). *Die traumatischen Neurosen nach den in der Nervenklinik der Charitè in den letzten 5 Jahren gesammelten Beobachtungen*. Berlin: Hirschwald.

Pross C. (1988). *Wiedergutmachung. Kleinkrieg gegen die Opfer*. Frankfurt a.M.: Athenäum.

Wenk-Ansohn (2002). Folgen sexualisierter Folter. Therapeutische Arbeit mit kurdischen Patientinnen. In: Birck A., Pross C. & Lansen J. (Hrsg.). *Das Unsagbare. Die Arbeit mit Traumatisierten am Behandlungszentrum für Folteropfer Berlin*. Berlin: Springer, 57–77.

Wilson J. & Lindy J. (1994). Empathic strain and countertransference. In: Wilson J. & Lindy J. (Hrsg.) *Countertransference in the treatment of PTSD*. New York: Guilford Press, 5–30.

Weltgesundheitsorganisation, Dilling H., Mombour W. (Hrsg.) (2008). *Internationale Klassifikation psychischer Störungen: ICD-10 Kapitel V (F), Klinisch diagnostische Leitlinien*. Bern: Huber.

MANUELA DUDECK

4. Traumafolgestörungen bei Patienten und Patientinnen in Forensischen Kliniken

4.1 Einleitung

Eine humanistisch geprägte Gesellschaft bemisst sich u. a. daran, wie sie Straftätern und Maßregelpatienten begegnet, und muss deshalb für diese Menschen eine differenzierte Verantwortung übernehmen (Chevalier, 2007).

Der Versuch, Erklärungsansätze zu straftatrelevantem Verhalten zu finden, löst sowohl in der Öffentlichkeit als auch im wissenschaftlichen Kontext oft heftige Diskussionen aus. Das wissenschaftliche Herangehen wird häufig mit der Entschuldung der Täter gleichgesetzt. In keinem anderen Bereich mischen sich so sehr allgemeine Moralvorstellungen mit empirischen Befunden zu tatrelevanten Faktoren. Insbesondere Untersuchungen zum Opfersein von Tätern sind stark moralisch konnotiert, obwohl das Wissen um Risikofaktoren für Kriminalität den besten Opferschutz darstellt.

Eine Vielzahl von Gefängnisinsassen und Maßregelpatienten ist seit frühester Kindheit emotionaler Vernachlässigung, multiplen Misshandlungen, früher Institutionalisierung, etwa durch Heimaufenthalte, und somit problematischen Beziehungserfahrungen durch instabile Bezugssysteme ausgesetzt (Adams, 2002). Viele Autoren gehen mittlerweile davon aus, dass Straftaten eine »Reinszenierung eigener Traumatisierungen« sein können und somit den »cycle of violence« aufrechterhalten (Stiels-Glenn, 2002). Lerntheoretisch betrachtet, handelt es sich bei der »Reinszenierung« um soziales Lernen, indem sich die Straftäter als Kinder eine bestimmte Form des sozialen Umgangs durch Beobachtung ihrer Bezugspersonen aneignen und das Gelernte aus Mangel an Alternativen imitieren (Bauer, 1996).

Der psychotraumatologische Ansatz bietet eine Basis zur Erklärung des Zusammenhanges zwischen Persönlichkeit und Straftat (Dudeck et al., 2007). Die Auseinandersetzung mit traumatischen Lebensereignissen hat die Funktion von präventivem Opferschutz und ist zudem behandlungsrelevant. Traumata erklären neben der Posttraumatischen Belastungsstörung (PTBS) viele weitere psychische Erkrankungen. Gefängnisinsassen haben ebenso wie Maßregelpatienten einen Anspruch auf psychiatrische Versorgung, die der der Allgemeinbevölkerung gleichgestellt ist. Behandelbar ist aber nur, was letztendlich bekannt ist.

4.2 Wer kommt in den Maßregelvollzug

Die Frage, wie man auf abweichendes, sozial schädliches Verhalten mit welcher Sanktion reagiert, stellt sich in jeder Gesellschaft. Strafe ist Sühne für eine Tat und sollte dabei die Sozialschädlichkeit derselben gewichten, dem Zwecke der Besserung dienen und gleichzeitig auch andere – potentielle Täter – abschrecken. Im Strafgesetzbuch (StGB) werden alle strafbaren Handlungen mit ihrem jeweiligen Strafrahmen definiert. Daneben werden die möglichen Strafen wie Freiheitsstrafe und Geldstrafe erklärt, und es wird aufgezeigt, welche anderen Sanktionen unter welchen Voraussetzungen möglich sind. Zu den anderen Sanktionen gehören die Maßregeln zur Sicherung und Besserung.

Wenn jemand in einer Gesellschaft kriminelles Verhalten bewusst einsetzt, dabei das Risiko von Konsequenzen einkalkuliert und diese wissend in Kauf nimmt, macht eine Sanktion entsprechend dem allgemeinen Strafkodex Sinn (Volckart, 1999; Klemm, 2003). Es gibt aber Straftäter, die zum Tatzeitpunkt aufgrund einer psychiatrischen Erkrankung in ihrer Schuldfähigkeit eingeschränkt sind bzw. bei denen diese ganz aufgehoben ist. Nach derzeit geltendem Recht geht man davon aus, dass das bei krankhaft seelischen Störungen, bei tiefgreifenden Bewusstseinsstörungen, bei Schwachsinn und bei anderer schwerer seelischer Abartigkeit gegeben ist. Diesen normativ juristischen Begriffen werden durch psychiatrische Sachverständige psychiatrische Diagnosen der ICD-10 zugeordnet. Die rechtliche Basis bilden die Paragraphen 20 und 21 des Strafgesetzbuches (StGB).

§ 20 Schuldunfähigkeit: Ohne Schuld handelt, wer bei Begehung der Tat wegen einer krankhaften seelischen Störung, wegen einer tiefgreifenden Bewusstseinsstörung oder wegen Schwachsinns oder einer anderen seelischen Abartigkeit unfähig ist, das Unrecht seiner Tat einzusehen und nach dieser Einsicht zu handeln.

§ 21 Verminderte Schuldfähigkeit: Ist die Fähigkeit des Täters, das Unrecht der Tat einzusehen oder nach dieser Einsicht zu handeln, aus einem der in § 20 bezeichneten Gründe bei der Begehung der Tat erheblich vermindert, so kann die Strafe nach § 49 Abs. 1 gemildert werden.

Die eingeschränkte oder aufgehobene Schuldfähigkeit hat nicht zur Folge, dass sich eine Gesellschaft nicht vor diesen Straftätern schützen muss. Es bedarf anderer Sanktionen, die diesem Personenkreis gerecht werden. In unserer Gesellschaft existiert das Mittel der freiheitsentziehenden Maßregeln zur Besserung und Sicherung. Für suchtkranke Straftäter regelt der Paragraph 64 StGB die Unterbringung in einer Entziehungsanstalt. Die anderen psychisch kranken Straftäter werden nach Paragraph 63 StGB in einen Maßregelvollzug eingewiesen. Die Ziele der Unterbringung – die Besserung und Sicherung – werden vom Gesetzgeber festgeschrieben. Es geht also zum einen um die Besserung des Patienten und zum anderen um den Schutz der Allgemeinheit durch Sicherung, bis davon ausgegangen werden kann, dass vom psychisch kranken Rechtsbrecher keine Straftaten mehr zu erwarten sind.

4.3 Traumafolgestörungen am Beispiel von Substanzabhängigkeit, Schizophrenie und Persönlichkeitsstörung

Obwohl psychotraumatologische Studien darauf hindeuten, dass psychiatrische Patienten wie auch Straftäter im Vergleich zur Allgemeinbevölkerung ein deutlich höheres Ausmaß an traumatischen Erfahrungen und, damit verbunden, Merkmale einer PTBS aufweisen, sind Untersuchungen bei Maßregelpatienten die Ausnahme geblieben. Dabei weisen 95 % aller Maßregelpatienten mindestens ein Trauma auf, sie leiden zu 36 % an einer PTBS und erfüllen zu 45 % die Kriterien einer komplexen PTBS (Spitzer et. al., 2001, 2006). Dissoziative Störungen finden sich bei einem Viertel aller Maßregelpatienten (Spitzer et al., 2003).

Suchterkrankungen führen, wie oben gesagt, über den Paragraphen 64 in bis zu 5 % der Fälle zur Aufnahme in den Maßregelvollzug und sind bei 59 % der Maßregelpatienten bei ihrer Einweisung Zweit- oder Drittdiagnose (Leygraf, 1988; Seifert & Leygraf, 1997). Insbesondere bei Cluster-B-Persönlichkeitsstörungen wird häufig ein Substanzkonsum beschrieben. Bei 75 % der Patienten spielt Alkoholeinfluss während der Straftat eine beachtliche Rolle (Spitzer et al., 2001). Die Korrelation zwischen frühem traumatischem Stress und späterer Substanzabhängigkeit ist mittlerweile unumstritten, denn mehr als 86 % ehemaliger Entwöhnungspatienten berichteten über mindestens ein traumatisches Erlebnis vor Beginn der Gymnasialzeit (Umeno et al., 2009). Patienten eines Methadonprojekts wurden in mehr als 50 % der Fälle positiv auf eine PTBS gescreent und nutzten vor allem Cannabinoide als Beikonsum zur Mindnerung von Hyperarousal (Villagonzalo et al., im Druck).

Nahezu ein Drittel aller Maßregelpatienten kommt mit einer Erkrankung aus dem schizophrenen Formenkreis zur Aufnahme in die Forensische Psychiatrie, und die Tendenz ist angesichts der Kriminalisierung psychiatrischer Patienten steigend (Jöckel & Müller-Isberner, 1994; Seifert & Leygraf, 1997). Cutajar et al. (2010) fanden in einem 43-Jahres-Follow-up nach sexuellem Missbrauch in der Kindheit zu 3 % psychotische Folgeerkrankungen, und Lysaker & LaRocco (2008) diagnostizierten bei Patienten mit einer Schizophrenie und/oder schizoaffektiven Störung in 50 % der Fälle das zeitgleiche Auftreten von schizophrenen und traumaassoziierten Symptomen. Zusammenfassend gesagt, sind Trauma und Dissoziation enger mit verschiedenen schizophrenen Symptomen verknüpft als früher angenommen (Vogel et al., 2006, 2009).

Der Anteil an Patienten, welche mit einer Persönlichkeitsstörung in den Maßregelvollzug eingewiesen werden, beträgt ebenfalls 30 % (Seifert & Leygraf, 1997; Jöckel & Müller-Isberner, 1994). Auch wenn die dissoziale Persönlichkeitsstörung nicht zwingend zur Schuldunfähigkeit und damit zur Aufnahme in den Maßregelvollzug führt, ist sie als komorbide Erkrankung häufig anzutreffen. Patienten mit einer dissozialen Persönlichkeitsstörung zeigen hohe bis höchste Prävalenzraten hinsichtlich Missbrauch und Vernachlässigung und weisen eine Komorbidität von bis zu 20 % mit einer PTBS auf (Kopp et al., 2009; Goldstein et al., 2010). Daneben sind Menschen mit narzisstischer und mit emotional-instabiler Persönlichkeitsstörung vom Borderline-Typus überzufällig häufig in Forensischen Kliniken anzutreffen. Beide Störungen sind eng mit einer traumatischen Genese verknüpft, und die betreffenden Patienten neigen dazu, ihre Traumata zu reinszenieren (Dudeck et al., 2007; Pietrzak et al., im Druck).

Schlussendlich seien die Patienten mit einer Intelligenzminderung erwähnt, welche aufgrund ihrer kognitiven Defizite fast nie an Erhebungen teilnehmen können und häufiger in ihrer Lebensspanne Opfer von Gewalt als Täter werden. Diese machen nahezu 10 % der Maßregelpatienten aus.

4.4 Zusammenfassung

Trotz der großen Bedeutung, die traumatische Erlebnisse für die spätere Entwicklung psychischer Störungen haben, werden nach wie vor nur vereinzelt Studien in forensischen Kliniken durchgeführt, die sich diesem Thema widmen. Dabei kann der in Maßregelkliniken lange Therapieprozess bei Diagnose einer PTBS neue, wesentliche Impulse für die Deliktbearbeitung bekommen. Patienten mit einer PTBS haben möglicherweise große Schwierigkeiten, therapeutische Interventionen angemessen zu rezipieren und umzusetzen. Umso wichtiger ist es daher, dass sich der Therapeut darüber im Klaren ist, dass diese Patienten zur Vermeidung neigen, wenn sie mit traumaassoziierten Reizen konfrontiert werden. Eine Deliktbearbeitung erscheint unmöglich, gerade wenn man bedenkt, das 3 bis 10 % der Maßregelpatienten und Gefängnisinsassen ihr eigenes Delikt traumatisch erleben und das Vollbild einer PTBS entwickeln (Spitzer et al., 2001; Dudeck et al., im Druck). Doch nur wenn über das Delikt gesprochen wird, welches zur Einweisung in den Maßregelvollzug geführt hat, können Ursachen erkannt, Veränderungsmöglichkeiten geschaffen und eigene Schuldanteile geklärt werden. Eine PTBS aufgrund des als traumatisch erlebten Deliktes macht das unmöglich.

Vor diesem Hintergrund lässt sich festhalten, dass bereits bei der Begutachtung, spätestens jedoch bei der Aufnahme in die forensische Psychiatrie eine detaillierte Traumaanamnese und eine entsprechende Diagnostik in höchstem Maße relevant sind, um für psychisch kranke Straftäter mit einer PTBS eine optimale psychotherapeutische Behandlung zu planen. Dabei ist es sinnvoll, auch nach externen und unabhängigen Belegen für das Vorliegen einer Traumatisierung zu suchen, da sich forensisch-psychiatrische Patienten oft nicht als traumatisiert erleben. Der eigene Leidensdruck wird oft externalisiert. Es bleiben viele untersuchte Patienten bei dem Gedanken stehen, dass es für ein Trauma eine äußere Ursache gibt (Weissaeth, 1989; Weeks & Widom, 1998). Hier zu intervenieren und andere Möglichkeiten anzubieten, sollte dringliche Aufgabe des Therapeuten sein, da sich Delinquenz zumeist aus einer eigenen Viktimisierung ergibt. Auch psychisch kranke Rechtsbrecher benötigen einen Therapeuten, der über Traumafolgestörungen gut informiert ist, um eine akzeptable Wiedereingliederungs-, Sozial- und Kriminalprognose erreichen zu können (Reddemann & Sachsse, 1999).

4.5 Literatur

Adams J. (2002). Child abuse: Fundamental issue in forensic clinical practice. *Journal of Offender Therapy and Comparative Criminology*, 46 (6), 729–733.

Bauer M. (1996). Modellernen in der Verhaltenstherapie. In: Reinecker H. & Schmelzer D. (Hrsg.). *Verhaltenstherapie, Selbstregula-*

tion, Selbstmanagement. Göttingen: Hogrefe, 223–233.

Chevalier C. (2007). Kindliche Traumata und komplexe Posttraumatische Belastungsstörung bei forensischen Patienten. Universität Greifswald: Unveröffentlichte Dissertation.

Cutajar M. C., Mullen P. E., Ogloff J. R. P., Thomas S. D., Wells D. L. & Spataro J. (2010). Psychopathology in a large cohort of sexually abused children followed up to 43 years. *Child Abuse & Neglect*, 34, 813–822.

Dudeck M., Spitzer C., Stopsack M., Freyberger H. J. & Barnow S. (2007). Forensic inpatient male sexual offenders: The impact of personality disorder and childhood sexual abuse. *Journal Forensic Psychiatry and Psychology*, 18 (4), 494–506.

Dudeck M., Drenkhahn K., Spitzer C., Barnow S., Kopp D., Freyberger H. J. & Dünkel F. (im Druck). Traumatisation and mental distress in long-term prisoners in Europe. *Punishment & Society*.

Goldstein R. B., Compton W. M. & Grant B. F. (2010). Antisocial behavoiral syndromes and additional psychiatric comorbidity in posttraumatic stress disorder among U. S. adults: Results from wave 2 of the National Epidemiologic Survey on Alcohol and Related Conditions. *Journal of the American Psychiatric Nurses Association*, 16 (3), 145–165.

Jöckel D. & Müller-Isberner R. (1994). Entwicklungen im psychiatrischen Maßregelvollzug. *Monatsschrift für Kriminologie und Strafrechtsreform*, 77, 353–359.

Klemm T. (2003). *Delinquenz, Haftfolgen, und Therapie mit Straffälligen*. Leipzig: Edition Erata.

Kopp D., Spitzer C., Kuwert P., Barnow S., Orlob S., Lüth H. J., Freyberger H. J. & Dudeck M. (2009). Psychische Störungen und Kindheitstraumata bei deutschen Strafgefangenen mit antisozialer Persönlichkeitsstörung. *Fortschritte der Neurologie und Psychiatrie*, 77, 152–159.

Leygraf N. (1988). *Psychisch kranke Straftäter*. Berlin: Springer-Verlag.

Lysaker P. H. & LaRocco V. A. (2008). The prevalence and correlates of trauma-related symptoms in schizophremia spectrum disorder. *Comprehensive Psychiatry*, 49, 330–334.

Pietrzak R. H., Goldstein R. B., Southwick S. M. & Grant B. F. (im Druck). Personality disorders associated with full and partial posttraumatic stress disorder in the U. S. population: Results from wave 2 of the National Epidemiologic Survey on Alcohol and Related Conditions. *Journal of Psychiatry Research*.

Reddemann L. & Sachsse U. (1999). Trauma first! *Persönlichkeitsstörungen*, 3, 16–20.

Seifert D. & Leygraf N. (1997). Die Entwicklung des psychiatrischen Maßregelvollzuges (§ 63 StGB) in Nordrhein-Westfalen. *Psychiatrische Praxis*, 24, 237–244.

Spitzer C., Dudeck M., Liß H., Orlob S., Gillner M. & Freyberger H. J. (2001). Posttraumatic stress disorder in forensic patients. *Journal of Forensic Psychiatry*, 4, 63–77.

Spitzer C., Liß H., Dudeck M., Orlob S., Gillner M., Hamm A. & Freyberger H. J. (2003). Dissociative experiences and disorders in forensic inpatients. *International Journal of Law and Psychiatry*, 26 (3), 281–288.

Spitzer C., Chevalier C., Gillner M., Freyberger H. J. & Barnow S. (2006). Complex posttraumatic stress disorder and child maltreatment in forensic inpatients. *Journal of Forensic Psychiatry und Psychology*, 17 (2), 204–216.

Stiels-Glenn M. (2002). Straftaten als Traumafolge – ein Widerspruch in Forensischer Psychiatrie und Psychotherapie. *Werkstattschriften Forensische Psychiatrie und Psychotherapie*, 10 (3), 29–47.

Umeno M., Morita N., Ikeda T., Koda M., Abe Y., Hirai H., Takahashi K., Aikawa Y., Senoo E. & Nakatani Y. (2009). Correlation between childhood traumatic stress and present drug abuse: Results of a nationwide survey of drug addiction rehabilitation facilities in Japan. *Nihon Arukoru Yakubutsu Igakkai Zasshi*, 44 (6), 623–635.

Villagonzalo K. A., Dodd S., Ng F., Mihaly S., Langbei A. & Berk M. (im Druck). The relationship between substance abuse and posttraumatic stress disorder in a methadone maintenance treatment program. *Comprehensive Psychiatry*.

Vogel M., Spitzer C., Barnow S., Freyberger H.J. & Grabe H. (2006). The role of trauma and PTSD-related symptoms for dissociation and psychopathological distress in inpatients with schizophrenia. *Psychopathology*, 39 (5), 236–242.

Vogel M., Spitzer C., Kuwert P., Möller B., Freyberger H.J. & Grabe H. (2009). Association of childhood neglect with adult dissociation in schizophrenic inpatients. *Psychopathology*, 42 (2), 124–130.

Volckart B. (1999). *Maßregelvollzug – Das Recht des Vollzuges der Unterbringung nach §§63, 64 StGB in einem psychiatrischen Krankenhaus und in der Entziehungsanstalt.* Neuwied: Luchterhand.

Weeks R. & Widom C.S. (1998). Self reports of early childhood victimization among incarcerated adult male felons. *Journal of Interpersonal Violence*, 13, 346–366.

Weissaeth L. (1989). Importance of high response rates in traumatic stress research. *Acta Psychiatrica Scandinavica*, 80, 131–137.

Register

Fett gedruckte Seitenzahlen kennzeichnen das Kapitel zum Stichwort

A

A1-Kriterium 167 f.
A2-Kriterium 97, 167 f.
Abhängigkeit (Dependenz) 304 f.,
  s. a. Dependente Persönlichkeitsstörung
Achtsamkeit 639 f.
Adhäsionsverfahren 716
Adrenocorticotropin (ACTH) 98
Adverse Childhood Experience-
  (ACE-) Wert 435–448
Adynamie 210, 217
Affekte 38 f., 46
– dysphorische 39
– soziale 39, 46 f.
AIP-Modell (Accelerated Information
  Processing bzw. Adaptive Information
  Processing) 569 f., 576
Akkomodationssyndrom 453
Aktualisierungstendenz 127, 129
Akute Belastungsreaktion (ABR) 150, 370,
  372 f., 662, 665, 670
Akute Belastungsstörung 150, 159, 163,
  685
Alkoholabhängigkeit, -abusus 99, 245–249,
  252
Alter u. Trauma **469**
Alterspsychotherapie 474
Alzheimer-Demenz 287 f.
Amnesie 234, 237 f.
Amygdala 62–68
Andauernde Persönlichkeitsänderung nach
  Extrembelastung 522, 738 f., s. a. Erlebnisbedingter Persönlichkeitswandel
Androgene 98
Angst 111
– u. Trauma 111
Angstbereitschaft 96
Ängstlich-vermeidende Persönlichkeitsstörung 292, 296, 303 ff.
Angstsymptome 320, 323 f.
Angstsyndrom 217
Anpassungsstörung 149 f., 163, 193 f., 221
Anscheinend normaler Persönlichkeitsanteil/
  Apparentley Normal Personality (ANP) 32,
  459, 465, s. a. Emotionaler Persönlichkeitsanteil (EP)
– Anteriores Cingulum, s. Cingulum:
  anteriores
Antipsychotika 697, 699
Antisoziale Persönlichkeitsstörung 292, 294,
  297 ff., 301, 306
Antragsfrist 711
Apparentley Normal Personality (ANP),
  s. Anscheinend normaler Persönlichkeitsanteil
Arbeitsschutzgesetz (ArbSchG) 332, 338
Arbeitsunfälle **329**
Ärger 189, 191, 194 f.
Assisted Recovery from Trauma and
  Substances (ARTS) 251
Asylsuchende 530
Aufstellungsarbeit 139 ff.
Autoaggression 300
Automatismen, psychologische 232

B

Basisemotionen 189 f.
Begutachtung 735, s. a. Glaubwürdigkeitsbegutachtung; Schuldfähigkeitsbegutachtung
– u. Kausalität 738, 742 ff.
– von psychisch reaktiven Traumafolgen,
  s. Trauma: u. Begutachtung psychisch
  reaktiver Traumafolgen
Behandlung (der PTBS) 99
Behinderte als Opfer von Sexualdelikten,
  s. Opfergruppen (bei Sexualdelikten),
  spezielle: Behinderte
Belastungsfähigkeit, seelische 205 f., 216, 218
Belastungsreaktion, akute, s. Akute Belastungsreaktion (ABR)
Belastungsstörung 644, 647, 650, 656 f.
– chronische 647, 656
Belastungstrauma 111
Benzodiazepine 689 f., 697 ff.
Berufskrankheit 332 ff.
Beschuldigter 712, 717 f.
Besessenheit 234 f.

Bewegungsstörungen 236
Beweiswürdigung 710, 713
Bewertung (eines Ereignisses) 96
Bewusstseinsanteile, alterierte 232
Beziehungsaspekte, traumaspezifische,
  s. Traumaspezifische Beziehungsaspekte
Beziehungstrauma 182f.
Bindung, emotionale 298
Bindungserfahrungen
– desorganisierte 323
– unabgegrenzte 321
– unsicher-vermeidende 321
Bindungsmuster 298
Bindungstheorie 321, 323
Bindungstrauma 451, 460, 464
– primäres 451
Biografische Realität, doppelte 87
Bläschenmetapher 452, 458
Blut (-Mythos) 554–559
Borderline-Persönlichkeitsstörung 92, 99,
  149, 180–187, 236, 238, 292ff., 299–306,
  454, 456, 459, 748
– u. komorbide PTBS 183, 187
Brainspotting 578f.
Brandverletzung 659, 661, 667, 672ff.
Brückensymptome 738
Bundesentschädigungsgesetz 736
Bundeswehr 360–367
Bundeswehrkrankenhaus 364–367
Burn-out-Syndrom 380f.

C

Cherished beliefs 591
Cingulum 34
– anteriores 63–68
Clinician-Administered PTSD (PTBS) Scale
  (CAPS) 159ff., 473
Compartmentalization 28ff.
Compassion Fatigue (Mitgefühlserschöpfung) 380f.
Completion tendency 590
Compliance 670, 682
Complicated-Grief-Symptoms-Questions 224
Complicated Grief Treatment (CGT) 226f.
Concurrent treatment of PTSD and cocaine
  dependence (CTPCD) 251
Coping(strategien) 97, 100

Cortisol 98, 51–54, 58f., 97, 100, 138
Critical Incident Stress Management
  (CISM) 645f., 654
Cycle of violence 325, 746

D

D-Arzt (Durchgangsarzt) 331, 339, 341
DDNOS (Dissociative Disorders Not Otherwise Specified) 234f.
Debriefing 407
Default mode-Netzwerk (DMN) 64f.
Dekompensation 404
Dekontextualisierung 35
Delayed onset PTSD 172f.
Delinquenz 318f., 321f.
Dementielle Erkrankungen 287–290
Dependente Persönlichkeitsstörung 292,
  304ff.
Dependenz, s. Abhängigkeit
Depersonalisation 22, 29, 30f., 34, 150
Depersonalisationsstörung 234, 238
Depression 221, 226, 288, 290, 321, 324, 529,
  533
– u. Trauma **264**
Depression 224, 264f., 306, s.a. Depressive
  Persönlichkeitsstörung; Depressive Störungen; Major Depressive Disorder (MDD);
  Komplizierte Trauer: u. Depression
Depressive Persönlichkeitsstörung 292, 306
Depressive Störungen, s. Major Depressive
  Disorder (MDD)
Deprivation, s.a. Vernachlässigung
– emotionale 239
– physische 239
– psychische 239
Deprivationstrauma 111
Derealisation 22, 29, 31, 34, 150, 164
DESNOS (Disorders of Extreme Stress Not
  Otherwise Specified) 148f., 181, 454, 522
Desymbolisierung 113
Detachment 28ff.
Diagnosesysteme (DSM u. ICD) **144**
Diagnostic and Statistical Manual of Mental
  Disorders – DSM-III 144
Diagnostic and Statistical Manual of Mental
  Disorders – DSM-IV 146–150, 172ff.,
  231–236

Diagnostic and Statistical Manual of Mental Disorders – DSM-IV-TR 170 ff.
Diagnostic and Statistical Manual of Mental Disorders – DSM-V 168 ff., 231
Diagnostik
– psychologisch-psychiatrische 663–667
– der PTBS, standardisierte 155 ff., s. a. Differentialdiagnostik
Diathese-Stress-Modell 232
Differentialdiagnostik 156, 163 f.
Disclosure 46 f.
Diskriminationslernen, -training 564, 567
Disorder of Extreme Stress Not Otherwise Specified, s. DESNOS
Dissociative Experiences Scale (DES) 238
– DES-Taxon 28 f.
Dissoziale Persönlichkeitsstörung 748
Dissoziation **22**, 15–19, 29 f., 38, 40, 46, 96, 114 f., 132, 320 ff., 325, 614, 616 ff., 620, 660 f., 664 f., 669, 670, 672, s. a. Compartmentalization; Detachment; Peritraumatische Dissoziation
– als autoregulative Verarbeitungsstörung traumatischer Erfahrungen 240
– dissoziative Abwehr 114 f.
– primäre 30
– sekundäre 30 f.
– strukturelle, s. Strukturelle Dissoziation
– tertiäre 31
Dissoziationskonzepte, -modelle 25 ff., 28, 30 f., 34, s. a. Neodissoziationstheorie
Dissoziative Bewusstseinsstörung 234 ff., 240 f.
Dissoziative Identitätsstörung (DID, auch DIS), s. Multiple Persönlichkeitsstörung
Dissoziative Phänomene 23, 28 f., 35
Dissoziative Störung **22**, 92, 99, 163 f., **231**, 255, 259 f., 321, 323 ff., 614, 664, 748, s. a. Dissoziation
Dissoziieren, s. Dissoziation
Drogenabhängigkeit, -konsum 246–249, 252
Duales Prozess-Modell 221
Dual Representation Theory (Duales Repräsentationsmodell) 40, 44 f., 123, 125 f.
Dysfunktionale Gedanken 563, 564
Dysfunktionale Interpretationen des Traumas 564, 566 f.

E

Effizienz
– psychopharmakologischer Behandlungsverfahren 699
– von Psychotherapien 693
Ego-State-Theorie 614 ff., 622
Ego-State-Therapie 603, 613
Einsatznachbereitung 363, 365
EMDR-Standardprotokoll 571–578; s. a. Eye Movement Desensitization and Reprocessing (EMDR)
Emotionale Dysregulation
– dissoziativer Subtypus 34
– übererregt-intrusiver Subtypus 34
Emotionaler Persönlichkeitsanteil (EP) 32, s. a. Anscheinend normaler Persönlichkeitsanteil (ANP)
Emotionale Taubheit 145, 150
Emotional-instabile Persönlichkeitsstörung vom Borderline-Typus, s. Borderline-Persönlichkeitsstörung
Emotional Processing Theory 121, 123, 125
Emotionsfokussierte Psychotherapie 590, 595
Emotionsregulation 627, 630
Emotionsstupor 205
Empathischer innerer Anderer 113
Entschädigung 330, 332, 339, 344 f.
Entwertung, s. Misshandlung, emotionale
Entwicklungsreihen 28, 30
Entwicklungstrauma(folge)störung (Developmental Trauma Disorder) 182, 186, 454 f.
Entwicklungstraumatisierung 182 f., 185
Entwurzelungsreaktion 209
Epidemiologie 173 f.
Ereigniskorrelierte Potentiale (EKP) 65 ff.
Ereigniskriterium 167 f.
Erkrankungen, körperliche: aufgrund von belastenden Kindheitserfahrungen **435**
Erlebnisbedingter Persönlichkeitswandel **202**, 738, s. a. Andauernde Persönlichkeitsänderung nach Extrembelastung
Erlebnisreaktion
– abnorme 204 f., 207, 210
– übercharakterliche 207
Erlebnisrepräsentanz 204–207
Ermittlungsverfahren 710, 714 f., 717

Erwerbslosigkeit **348**
- Langzeiterwerbslosigkeit 348–357
- u. Phasenmodell bezüglich der Folgen 350, 356f.

European Guideline for Target Group oriented Psychosocial Aftercare (EUTOPA) 497f., 505

Existentielle Erschütterung 636ff.
Existentielle Psychotherapie 634–640
Experimentelle Substanzen 698f.
Explizites Gedächtnis 17
Exploration (durch Gutachter) 737–741
- Hindernisse bei der Exploration 736–739, 744
- Widerstand gegen die Exploration 738

Exposition 226f., 247, 249, 251, 374f., 410f., 525, 564f., 568
- Exposition in sensu (imaginative Exposition) 226f., 229, 373f., 564ff.
- Exposition in vivo 226f., 373f., 564ff.
- lang andauernde Exposition, prolonged exposure (PE) 565

Expositionsverfahren 404, 409, 410f.
Extremsituationen 204ff., 215
Eye Movement Desensitization and Reprocessing (EMDR) 68, 141, 366, 373, 375, 462, 465, 567, 569, 587, 603, s. a. EMDR-Standardprotokoll

F

False memory 407
Familienklima 300
Familientherapie 134
- Therapieschulen 134ff.

Fehlentwicklungen (bei Psychotherapie), s. Psychotherapie: u. Fehlentwicklungen
Fehlverhalten (des Therapeuten) 406, 411
Flashbacks 40, 130f., 168f., 222
Flüchtlinge 529f., 532
Focusing 595, 598
Folter
- schwarze (physische Methoden) 520f.
- u. psychotraumatologische Folgen 519
- weiße Folter (psychische Methoden) 520f.

Fragebogen zu Dissoziativen Symptomen (FDS) 238
Frauenspezifische Hilfsangebote 514

Fremdaggression 300
Frontsoldaten 556
Frühe posttraumatische Krise 685
Fugue 234, 237, 660
Fünf-Achsen-Modell 608–611
Funktionelle Konnektivität 64f.
Funktionelle Magnetresonanztomographie (fMRT), s. Magnetresonanztomographie
Funktionen der Arbeit 349f., 356ff.
Furchtstrukturmodell, s. Traumatheorien: Furchtstrukturmodell

G

Ganser-Syndrom 234f.
Gedächtnis 38, 40, 43–47, 288, 291, s. a. Explizites Gedächtnis, Implizites Gedächtnis
- autobiografisch-deklaratives 234
- prozedurales 288

Gedächtniskonzepte 15, 17
- Netzwerkmodelle 17

Gefährdungsbeurteilung 330, 337f.
Generalisierte Angststörung 529
Gen-Umwelt-Interaktion 264, 266, 270f., 273
Geschlecht u. Zuschreibung von Opfer-Sein 485–487
Geschlechterstereotyp 486f., 491
Gesetzliche Unfallversicherung 330, 332, 334
Gesprächspsychotherapie 590
Gewalt
- am Arbeitsplatz 329
- häusliche 437, 442f.
- sexuelle, s. Sexuelle Gewalt

Gewaltkriminalität 317, 321, 323, 325, 414
Gewaltopfer 483, 486–491
- in Alltagsvorstellungen 488ff.

Glaubhaftmachung 737, 743
Glaubwürdigkeitsbegutachtung 721f., 726–733
Grenzüberschreitungen, -verletzungen 392, 394ff., 399f.
- sexuelle 393f., 397f.
- u. Folgen für die Betroffenen 394, 397f.
- in der Therapie 406

Großschadenslagen 493, 501

Gruppentherapie 624
– traumafokussierte kognitiv-behaviorale 627, 629
– traumafokussierte psychodynamische 627, 630f.
Guideline 496, 503
Gynäkologie u. Traumatisierung **275**

H

Haftentschädigung 214
Halluzinationen 256, 258–260, 442
– dissoziative 260
– Pseudohalluzinationen 260
Havard Trauma Questionnaire 531
Heimlicher Beobachter (hidden observer) 27
Herzkreislauferkrankungen 445ff.
Hilflosigkeit 264, 272, 275, 279f., 283f.
– gelernte 272
Hippokampus 62–69
Hirnentwicklung u. Trauma 461
Histrionische Persönlichkeitsstörung 302f.
Hochrisiko-Hypothese 249
Holocaust **83**, 112f., 536
Hydrokortison 690f., 698
Hyperarousal 144, 166f., 170
Hypnose 232, 241
Hypnotherapie 614, 617f., 621
Hypothalamus-Hypophysen-Nebennierenrinden-Achse (HHNA) 50–54, 59, 62, 97f., 100f., 269ff.
– Dysregulation 240
Hypothalamus-Hypophysen-Schilddrüsen-Achse (HHSA) 54f.
Hysterie 231f.

I

Ich-Funktionen, defizitäre 239
Ich-Psychologie 232
Idées fixes 25
Identifikation
– mit dem Angreifer 319
– unbewusste 240
Identifizierung 84f.
– Identifizierungsprozess 83–86, 90
– primitive 84
– projektive 84f.
– »radioaktive« 88

Impact of Event Scale (IES) 161, 533
Implizites Gedächtnis 17
Indikation der Onlinetherapie 682
Individuationsweg 637f., 641
Informationsvermittlung 676f., 681
– Informationsportale zur PTBS 678
Inkongruenz 128–132
Innerer Freiraum 595, 599f.
Inneres Kind 613, 616, 619
Inneres System 136f.
Integrative Testimonial Therapy (ITT) 476f., 681
Integrativ-kognitive Verhaltenstherapie 228f.
Integrierte Versorgungsstrukturen 284f.
Intelligenzminderung 749
International Statistical Classification of Diseases and Related Health Problems (ICD-10) 144–150, 167, 170, 172, 231, 233–237
International Statistical Classification of Diseases and Related Health Problems (ICD-11) 231
Internetbasierte Psychotherapie bei Komplizierter Trauer 228
Internet-Therapie
– u. visuelle Anonymität 676
Interpersonale Traumatisierungen, s. Traumatisierung: interpersonale
Interpersonelle Psychotherapie (IPT) 226f.
Interventionen 667–671
– lebensrettende 500
– risikoabhängige 504f.
– risikounabhängige 501
Interventionen bei Erwerbslosen 355–358
– zielgruppenorientiertes Vorgehen 356f.
Interviews
– standardisierte 156ff.
– strukturierte 155–164
Introjekt, transgenerationales 84
Introjektion 613, 615f.
Intrusionen, intrusives Wiedererleben 130, 132, 144, 166–169, 222f., 227, 276, 282f., 567
Invalidierung 183
Inventory of Complicated Grief (ICG) 225

K

Katecholaminwerte 100
Kausalitätsbeurteilung, *s.* Begutachtung:
  u. Kausalität
Kernspintomographie 62
Kinder
– u. akute Krisenintervention 674
– als Opfer von Sexualdelikten, *s.* Opfergruppen (bei Sexualdelikten), spezielle: Kinder
Kindesmissbrauch 292f., 297f., 415ff., 421, 423, 430, 442, *s.a.* Missbrauch
Kindesmisshandlung 295, 453, 454, *s.a.* Misshandlung
Kindheitstraumata
– u. chronische Lebererkrankungen, *s.* Lebererkrankungen, chronische
– u. chronisch obstruktive Lungenerkrankung (COPD), *s.* Lungenerkrankung, chronisch obstruktive (COPD)
– u. Drogenkonsum 441f.
– u. eingeschränkte Arbeitsfähigkeit 438ff.
– u. Herzkreislauferkrankungen, *s.* Herzkreislauferkrankungen
– u. körperliche Erkrankungen **435**
– u. körperliche Erkrankungen, Fallbeispiel 447f.
– u. krankheitsbedingte Todesursachen, *s.* Todesursachen
– u. Rauchen, *s.* Rauchen
– u. Suizidversuche, *s.* Suizidversuche
– u. Teenagerschwangerschaften, *s.* Teenagerschwangerschaften
– u. Verordnung von Psychopharmaka 438
Kindling 175f.
Klagefrist 712
Kognitive Bewertung 40f.
Kognitives Modell der PTBS 123ff.
Kognitive Umstrukturierung 227ff., 525
Kognitive Verhaltenstherapie (KVT) 228f., 373ff., 525, 563, *s.u.* Integrativ-kognitive Verhaltenstherapie
– bei Komplizierter Trauer 227
– bei PTBS 563
Kölner Risikoindex (KRI) 494, 498, 500, 503, 647–655

Kommunikationsmedien, neue 676
– in der Onlinetherapie 676f., 679, 682
Kommunikations- und Stressbelastungsmuster (IKS-Muster) 604f., 609f.
Komorbidität 237f., 242
– geschlechtsspezifische 99
– bei PTBS 155f., 163
Komplexe Posttraumatische Belastungsstörung (kPTBS) 148, 172, **178**, 236, 300f., 448, 513, 522, 525, 581, 588f.
– charakteristische Symptomatik 180f.
Komplizierte Trauer 163, **220**
– u. Depression 224
– u. PTBS 220–223
Konditionierung 39f.
– klassische 39
– operante 39
Konflikte
– interpersonelle 239, 241f.
– intrapsychische 232, 239–242
Konfliktpathologie 239
Konfrontation 404, 409f., 564ff.
Konsensuskonferenz 493ff., 498, 502
Konstriktion 130ff
Kontemplation 639f.
Kontextbezogenheit 603, 606
Kontextorientierung 141
Kontinuumshypothese 28
Kontrazeptiva, orale 97f.
Konversionsprozess 232
Konversionsstörung 231, 234, 236–243
Körper, männlicher 555, 559
Kortiko-limbische Inhibition 34
Krampfanfälle 234, 236, 242
Krankheit, Kranksein 202ff., 207, 209f., 219
Krankheitsgewinn 210
– primärer 240
– sekundärer 240, 242
Krankheitskonzept, somatisches 239
Kränkung 193ff., 197
Krebs 659, 661f., 670, 674
Kriegshysterie 558
Kriegsneurosen 108
Kriegsroman 552
Kriegstraumatisierte 470ff.
Kriegs- und Konfliktgebiete 508, 510, 514, 516

Kriegsvergewaltigungen 508–513
Kriegszitterer 361, 558
Kriminalprognose 749
Kriminalstatistiken 414, 416
Krisenintervention 498, 500, 644 ff., 650 ff., 655 ff.
– akute 659
Kulturspezifische Syndrome 532
– Amok 532
– Attaques des nervios 532
– Latah 532
– Susto 532
Kumulative Traumatisierung 111, 179, 182
Kurzzeittherapie 138
Kybernetik 605
– zweiter Ordnung 603, 605 f.
KZ-Syndrom 144

L

Labeling Approach (Etikettierungstheorie) 485
Late Onset Stress Symptomatology (LOSS) 470, 472
Lebenskontinuität, Unterbrechung 215 f.
Lebensrückblickstherapie (LRT, Life-Review-Therapy) 475 f.
Lebenszeitprävalenz der PTBS 92 f., 95
Lebererkrankungen, chronische 444 f., 447
Limbisches System 34, 62 f., 65, 68
Lösungsorientierung 138, 141
Lösungs- und Zukunftsorientierung 603, 607 f.
Lungenerkrankung, chronisch obstruktive (COPD) 446 f.

M

Magnetresonanztomographie (funktionelle) (MRT, fMRT) 33, 62, 64 f.
Major Depressive Disorder (MDD) 264, 266–273
Man made disasters 113, 519
MAO-Hemmer 696, 699
Maschinenkrieg 553
Meditation 636, 639 f.
Mehrdimensionale psychodynamische Traumatherapie (MPTT) 582, 584 ff.
Mehrgenerationenperspektive 137 f.

Menschenrechtsverletzungen 517
Mentalisierung 460
Migration 528
– Grundzüge des Begriffs 528
– u. Trauma/PTBS 528
Migrationsprozess 529
Mild Cognitive Impairment (MCI) 288
Militärische Einsätze u. Traumatisierung **360**
Mimikryentwicklung 452, 459 f.
Minderung der Erwerbsfähigkeit (MdE) 343
Missbrauch 292–307, 319, 323 ff., 441, 451, 453, 455, 459, 461, s. a. Kindesmissbrauch
– emotionaler 292 f., 437, 453
– narzisstischer **391**, Definition 393, Ursachen 395 ff.
– ökonomischer 392, 399
– physischer 292–299, 304 f., 325, 437
– psychischer 323
– sexueller 114 f., 245 f., 249, 292–306, 318 ff., 323 ff., **391**, 406 f., 410, 415 f., 420–424, 427, 428 f., 437, 443, 452–456, 461 f., Definition 393, Ursachen 395 ff.
– u. Psychotherapie **391**
Misserfolg (einer Psychotherapie) 405, 408, 412
Misshandlung 114, 245 f., 249, 293 f., 300, 303, 307, 451–455, 459, 460 f.
– emotionale 294 f., 297, 302–306
– physische 115, 292–306
Mitgefühlserschöpfung, s. Compassion Fatigue
Moodstabilizer 696 f.
Multifaktorielles Rahmenmodell der PTBS 74–80
Multiple Persönlichkeitsstörung 234 ff., 407 f., 616
– soziokognitives Modell der DID 235

N

Narrative Expositionstherapie (NET) 567 f.
Narzisstische Persönlichkeitsstörung 292, 303, 306, 748
Nebenkläger 713 f., 716
Nebenwirkungen (u. Therapie)
– ambivalente 410 ff.
– positive 405
– unerwünschte 405, 407

Neodissoziationstheorie 26–30
Netzwerke, psychosoziale 365f.
Neurobiologische Theorien zum Verständnis der PTBS **61**
Neurose 205–210, 217f.
– traumatische 144, 735, 744
Noradrenalin 50, 53f., 58
Noradrenerge Überaktivität 688f., 691
Notfallfunktionen 205
Nötigung, sexuelle, s. Sexuelle Nötigung
Nullhypothesenüberprüfung 727
Numbing 169

O

Objektbeziehungstheorie 232
Onlinetherapie 676
– u. therapeutische Beziehung zu PTBS-Patienten 680
– u. visuelle Anonymität 676
Opfer
– Definition 483f.
– Opfer-Sein als Konstruktionsprozess 484f.
Opferanwalt 413, 425ff.
Opferentschädigungsgesetz (OEG) 735
Opfergruppen (bei Sexualdelikten), spezielle 415
– ältere Frauen 415f.
– Behinderte 416f.
– Kinder 416, 423
Opferschutz 413, 425ff., 644, 652f., 746
– präventiver 746
Opferstereotyp 485, 488
Opiatagonisten 698
Opiatantagonisten 698
Opiate 691, 698
Oxytocin 98, 100

P

Paranoide Persönlichkeitsstörung 292–294, 303, 306
Paraplegiologie 659
Parentifizierung 87
Passiv-aggressive Persönlichkeitsstörung 292, 306
Patienten-Therapeuten-Beziehung 693f.
Patient Health Questionnaire 533

Peritraumatic Dissociative Experiences Questionnaire (PDEQ) 31
Peritraumatische Dissoziation 28–31, 34, 43, 96f., 100, 240, 283, 664
Peritraumatische Dissoziative Erfahrungen – Fragebogen, s. Peritraumatic Dissociative Experiences Questionnaire (PDEQ)
Persönlichkeitsänderung 149
– andauernde 147f.
– strukturelle 147
Persönlichkeitsanteile 135ff., 140, 235, 241
– switches 235
Persönlichkeitsreaktion 207
Persönlichkeitsstörungen **292**, s. a. Ängstlich-vermeidende Persönlichkeitsstörung; Antisoziale Persönlichkeitsstörung; Borderline-Persönlichkeitsstörung; Dependente Persönlichkeitsstörung; Depressive Persönlichkeitsstörung; Histrionische Persönlichkeitsstörung; Narzisstische Persönlichkeitsstörung; Paranoide Persönlichkeitsstörung; Passiv-aggressive Persönlichkeitsstörung; Schizoide Persönlichkeitsstörung; Schizotype Persönlichkeitsstörung; Zwanghafte Persönlichkeitsstörung
– u. Trauma **292**
Persönlichkeitswandel, s. Erlebnisbedingter Persönlichkeitswandel
Pharmakotherapie 685
Phobische Reiseängste 368, 370
Postmigrationsstressoren 524
Posttraumatic Diagnostic Scale (PDS) 162
Posttraumatische Belastungsstörung (PTBS) 172, 379, 647, 685, 737, 739, 742, 746, s. a. Delayed onset PTSD; Sekundäre traumatische Belastungsstörung (sPTBS)
– u. Anpassungsstörungen **144**
– u. Depression **264**
– u. geschlechtsspezifische Aspekte **92**
– grundlegende Kennzeichnung **166**
– Hochrisikogruppen für Ausbildung der PTBS 382–386
– u. neurobiologische Theorien zu ihrem Verständnis, s. Neurobiologische Theorien zum Verständnis der PTBS
– u. Onlinetherapie 676

- partielle 173, 380
- psychologische Theorien zu ihrem Verständnis **38**
- u. posttraumatische Reifung 636
- u. präventive medikamentöse Strategien 687f., 690, 698
- u. psychoneuroendokrinologische Befunde **50**
- PTBS-Prävalenz 147
- Punktprävalenz der PTBS 92
- u. Verhaltenstherapie **118**
- verzögert auftretend 289
- vollständig ausgeprägte 379

Posttraumatische Reifung **73**, 636, 640
Posttraumatische-Stress-Skala-10 (PTSS-10) 365
Posttraumatische Verbitterungsstörung (Posttraumatic Embitterment Disorder (PTED) **189**
Potentially harmful therapies (PHT) 407
Präfrontaler Kortex 33f.
Prävalenz 173f.
- Lebenszeitprävalenz 173f.

Prävention 99, 330–345, 493, 496ff.
Primitivreaktionen, übercharakterliche 204, 207
Prognose 237, 241
Prolongierte Trauer, s. Komplizierte Trauer
Prozess-experienzielle Psychotherapie 590f., 598f.
Prozesskostenhilfe 716, 718
Pseudodemenz 288
Pseudoerinnerungen 721, 730ff.
Pseudohalluzinationen, s. Halluzinationen
Psychodynamische Therapie 580
Psychodynamisch imaginative Traumatherapie (PITT) 582–586, 603
Psychoedukation 226f., 251f., 373ff., 625, 627, 630, 676, 679f.
- psychoedukative Gruppenansätze 630f.

Psychoinformation 499, 502ff.
Psychoneuroendokrinologie 50
Psychoonkologie 659
Psychosoziale Netzwerke, s. Netzwerke
Psychosoziale Notfallversorgung (PSNV) 493–506, 644
- Situationstypologien 644

Psychotherapie
- u. Beschwerden von Seiten der Patienten 392, 397ff.
- u. Fehlentwicklungen 391, 396
- Formen des Missbrauchs 392f.
- u. Häufigkeit von narzisstischem od. sexuellem Missbrauch 394f.
- Therapie von Opfern 400
- unerwünschte Wirkungen 391, 399

Psychotische Symptome 256, 259f.
Psychotraumatisierung, Verlaufsmodell 646
Psychotraumatologie 92
Psychovegetative Übererregung, s. Hyperarousal
PTSD Checklist-Military Version 533

Q

Querschnittslähmung 659f., 666f., 671, 674

R

Rahmenmodell der PTBS, s. Multifaktorielles Rahmenmodell der PTBS
Rationale, für pharmakotherapeutische Ansätze 686, 693f., 697
Rauchen 440f., 446f.
Reaktive Störungen 196ff., 200
Rechtsprechung 510
Reenactment 458, 463, 465
- traumspezifisches 456

Rehabilitation 330–345, 644, 652f.
Reifungsphase 208
Reinszenierung 451, 458, 746, 749
- traumatische 458f.

Reizschutz 108, 110f.
Reizverarbeitungskapazität 239f.
Rekonstruktion 116
Religiosität 635f., 640f.
Repräsentanz, individuelle 206, 218
Resilienz **73**, 97, 101, 514, 634, 636–638
Ressourcen 135f., 138, 140, 447, 640
Ressourcenaktivierung 608, 610, 613, 617–620
Ressourcenorientierung 134f., 141, 603, 606–610
Retraumatisierung 276, 278ff., 285, 404
Retrospektives Trauma 111
Reviktimisierung 95

Risiko (der Erkrankung an einer PTBS) 94
– konditionales Risiko 92–95
Risikofaktoren (einer PTBS) **73**, 93–97, 100, 174 ff., 38 f., 42 f.
Risikofaktorenmodell 646 f., 649–652, 655 f.
Risikoindikatoren 437–444
Rite de passage 455

S

Sachverständige 722 f.
– Rolle im Strafverfahren 721 ff.
SARI-Modell 614, 617–622
Schizoide Persönlichkeitsstörung 294 f.
Schizophrenie 232, 238
Schizotype Persönlichkeitsstörung 294–297
Schlachtfelder, imaginäre 552
Schmerz 554 ff.
– chronischer 370–374
Schmerzensmänner 555
Schuldfähigkeit 747
– verminderte 747
Schuldfähigkeitsbegutachtung 722–726, 733
Schuldunfähigkeit 747
Schutzfaktoren (gegen PTBS) 38, 42, 73 f., 76, 78, 82, 94, 97, 101
Screening 494 f., 499 f., 503 f.
Sekundäre traumatische Belastungsstörung (sPTBS) 378 f., 381 f., 385–388
Sekundäre Traumatisierung, s. Traumatisierung, sekundäre
Selbst, kohäsives 239
Selbstbeurteilungsverfahren 156, 161 ff.
Selbsthilfe 676–679
– Selbsthilfeportale 678
– Selbsthilfeprogramme 678
Selbstkohärenz 353
Selbstkonzept 127–133
Selbstmedikations-Hypothese 246 f., 249
Selbstverletzendes Verhalten 185 f.
Selbstwirksamkeit 97
Sensibilitäts- und Empfindungsstörungen 236
Serotonerge Substanzen 691 f., 694, 697
Serotonintransportergen 271, 273
Serotoninwiederaufnahmehemmer (SSRI) 694–699

Sexualdelikte **413**
– Behinderte als Opfer, s. Opfergruppen (bei Sexualdelikten), spezielle: Behinderte
– Dunkelfeld 415
– Kinder als Opfer, s. Opfergruppen (bei Sexualdelikten), spezielle: Kinder
– u. Alkohol 417 ff.
– u. Anzeigeerstattung 414 ff., 424 ff.
Sexualisierte Gewalt 508
Sexualisierung 320
Sexualstrafrecht 419 f.
Sexualstraftäter 414 f., 417
Sexuelle Gewalt **413**
– psychische Aufarbeitung 413
Sexuelle Nötigung 414 f., 417, 421 ff., 427 f.
Sexuelle Selbstbestimmung 414, 416, 419–422, 424
Shattered assumptions 45
Sicherheit finden, Seeking Safety (Programm zur Behandlung von substanzbezogenen Störungen u. Trauma) 252
Sicherheitsverhalten 169
Situationstypologie traumatischer Erfahrungen 354 f.
Skillstraining 627, 630
Somatisierung 320
Somatoforme Störungen 231, 236 ff.
Sozialgesetzbuch (SGB VII) 332
Sozialprognose 749
Sozio-interpersonelles Kontextmodell 46 ff., 126
Sozioökonomischer Status 94
Spiritualität 634
– Begriffsklärung 635
Stabilisierende Verfahren, s. Therapieverfahren, stabilisierende
State-Dissoziation 34 f.
Stellungskrieg 553 f.
Sterben (im Krieg) 553, 555 f., 559
Stereotypisierung (als Täter, Opfer, nach Geschlecht) 483
Stigmatisierung 508, 510, 512, 514
Strafrechtliches Rehabilitierungsgesetz 736
Strafverfahren, Belastungsfaktoren 430
Strain-Trauma, s. Trauma: Strain-Trauma
Stress, traumatischer 233
Stressor 167, 173 ff.

Stressorkriterium, *s.* Ereigniskriterium
Stressreaktion
– autonome 53
– endokrine 54
– hormonelle 50 f.
– posttraumatische 59
– psychobiologische 50
Stress-Reaktions-Modell, Stress Response Theory 119 f., 221
Stress-Reaktions-Syndrom 17 f.
Strukturelle Dissoziation 31 f., 135, 141
– primäre 32
– sekundäre 32
– tertiäre 33
Strukturierte klinische Interviews 665
– für DSM-IV – Dissoziative Störungen (SKID-D) 238
Strukturpathologie 239
STTOP-Schema (Stabilization, Talking and Teaching, Operating, Peers) 667–671
Studien, randomisiert kontrollierte 405, 407, 411
Stupor 234, 660
Substanzbezogene Störungen, Traumatherapie 245, 250 ff.
Substanzmissbrauch 245 f., 248, 252
Sucht 245–252
– Suchtbehandlung 250 ff.
– Suchtpatienten 249 f.
Suggestive Therapieverfahren, *s.* Therapieverfahren: suggestive
Suizidversuche 443 f., 447
Supportive Psychotherapie 670, 674
Survivor-Syndrom 144
Switches, *s.* Persönlichkeitsanteile: switches
Symptombilder (nach Traumatisierung im militärischen Kontext) 360 f.
Symptomwahl 239
Systembezogenheit 603 ff., 609
Systemische Traumatherapie **134**, 140 ff., 603

T

Tabuisierung 508–511
Target Group Intervention Program (TGIP) 494, 496, 498–506, 644, 651–656
Täterintrojekt 618
Teenagerschwangerschaften 437 f.

Teilearbeit 616
Texas Revised Inventory of Grief 224
Therapeutengestützte Onlinetherapie 677–680
Therapieverfahren, *s. a.* Expositionsverfahren
– Konfrontative, *s.* Konfrontation
– stabilisierende 409
– suggestive 407 f.
Todesursachen 447
Trait-Dissoziation 34 f.
Trance 234 f.
Transcend (Programm zur Behandlung von substanzbezogenen Störungen u. Trauma) 251
Transgenerationale Folgen 516 f.
Transgenerationales Introjekt, *s.* Introjekt, transgenerationales
Transgenerationseffekt 318
Transmarginale Hemmung 404
Transmissionen traumatischer Erfahrungen 453
Transpersonal 635, 637 f.
Transpersonale Psychotherapie 636
Trauer, pathologische 220, 224 f., *s. a.* Komplizierte Trauer
Trauma
– u. Begutachtung psychisch reaktiver Traumafolgen **735**
– u. Demenz **287**
– u. Gedächtnis **15**
– aufgrund von Gewaltkriminalität **317**
– u. Justiz **709**
– kumulatives 452
– sequentielles 452
– nach sexueller Gewalt **317**
– u. Spiritualität 635 f.
– stilles 452
– u. Strafrecht **721**
– Strain-Trauma 452
– transpersonale Dimension 637
– transgenerationelle Weitergabe, *s.* Traumatransmission, transgenerationale
– Trauma-Typ I 450 f.
– Trauma-Typ II 450 f.
Traumaanamnese, detaillierte 749
Traumaassoziierte Persönlichkeitsstörungen 586 ff.

Traumabezogene Informationsverarbeitung 15–19, s. a. Stress-Reaktions-Modell
Traumafokussierte kognitive Verhaltenstherapie 563–567
Traumafolgen 531
– psychisch reaktive **735**
Traumafolgestörungen 155 ff., 163, **746**
– bei gefährdeten Berufsgruppen **378**
– u. Gesprächspsychotherapie 590
– u. Gruppentherapie 624
– bei Kindern u. Jugendlichen **450**
– bei Patientinnen u. Patienten in Forensischen Kliniken **746**
– nach Verkehrsunfällen 368
Traumafolgesymptome, psychotherapeutische Behandlung 186 f.
Traumagedächtnis 15, 18
Trauma History Questionnaire 533
Traumakriterium, s. Ereigniskriterium
Trauma-Reaktivierung 289
Trauma Recovery and Empowerment Model (TREM) 252
Trauma-Spektrumstörungen 92
Traumaspezifische Beziehungsaspekte 739 ff.
Traumatheorien
– in der Psychoanalyse **107**
– Furchtstrukturmodell 18 f., 44 f.
– u. Gesprächspsychotherapie **127**
– u. Verhaltenstherapie **118**
– kognitive 15, 17 f.
– Modell der Emotionen 19 f.
Traumatherapie 634–641
– Nebenwirkungen **404**
– u. psychodynamische Verfahren 580
– u. Risiken **404**
– u. Spiritualität 634
– Systemische Therapie **134**
Traumatic Grief Evaluation of Response to Loss 224
Traumatische Belastung 222
Traumatische Neurose, s. Neurose, traumatische
Traumatischer Stress, s. Stress, traumatischer
Traumatische Trauer, s. Komplizierte Trauer
Traumatisierung 634–640
– Art der Traumatisierung 94 f., 99 f.

– u. Darstellungen des Kriegsromans 552
– u. Geburtshilfe 280 ff.
– durch Großschadenslagen 493
– iatrogene 276, 278
– interpersonale 94 f.
– durch Krankheit 275, 279 f., 282 ff.
– kumulative; s. Kumulative Traumatisierung
– u. Psychose **255**
– sekundäre 378–387
– sequentielle 112
– stellvertretende, s. Vicarious Traumatization
– u. Sucht **245**
Traumatisierung 182, s. a. Entwicklungstraumatisierung
Traumatisierungskaskade 463
Traumatisierungssequenzen 511
Traumatransmission, transgenerationale **83**, 317 ff.
Trennung
– der Eltern 298
– von der Mutter 298
Trennungsschmerz 220 ff.
Trennungsschuld 87
Trizyklische Antidepressiva 696, 699
Tumorerkrankung 659–666, 671, 673 f.

U

Überengagement, emotionales 321
Über-Ich-Entlastung 240
Überlebenden-Syndrom 112
Unfallversicherung 334, s. a. Gesetzliche Unfallversicherung
Unfallversicherungsträger 329–333, 336–342, 345
Ungerechtigkeit, Ungerechtigkeitsgefühle 190–198
Unterstützungsansätze 508, 510, 513 ff.
Urteil als moralische Genugtuung 429

V

Vasopressin 98, 100
Verbitterung **189**
Verbitterungsemotionen **189**, s. a. Ärger; Kränkung; Ungerechtigkeit
Verbitterungsstörung 345
Verbrennungen 659
Verfahrensprinzipien 710

Verfolgung aus politischen/ethnischen Gründen 211–216
Verführungstheorie 108, 178
Vergewaltigung 414–428, 508ff., 512, 517, s. a. Widerstandsdilemma
- mittel- u. langfristige Folgen 428ff.
- Stereotype 429
Verhaltenstherapie 563, 564
Verjährungsfrist 711f., 719
Verkehrsunfälle **368**
Verletzung, Schweregrad 371
Verleugnungstendenz 319
Verlusterfahrungen 443
Vermeidung 566f.
Vermeidungsverhalten 144, 147, 166f., 169f., 222, 225, 227, 229, 282
Vernachlässigung 245, 292–307, 318–325, 452f., 455, 461
- emotionale 292, 294f., 297, 299, 302–305, 318
- materielle 295, 297, 299, 302
- psychische 300
- im Kindesalter 115, 179, 180, 182f.
Verschlechterung (u. Therapie) 405–411
- Verschlechterungs-Effekt 408
Versuchungs- und Versagungssituationen 239
Verurteilungsstatistik 414
Verwundung (im Krieg) 553–556, 559
Vicarious Traumatization (stellvertretende Traumatisierung) 380f.
Viktimisierung 417f., 429
multiple 418
- sekundäre 428f.
Viktimologie 483

Virtuelle Realität 677f.
Vulnerabilitäts-Hypothese 249
Vulnerabilitäts-Stress-Modell 35, 240

W

Wahn 256, 258ff.
Wechselwirkungen (verschiedener Kindheitstraumata), kumulative 442f.
Wehrdienstbeschädigung 366
Weisheitstherapie 195
Widerstandsdilemma 427
Widerstandshandlung (des Opfers) 427f.
Wiedereingliederungsprognose 749
Wiedererleben, s. Intrusionen, intrusives Wiedererleben
Wiedergutmachungskonflikt 345
Wiederholungszwang 86, 452, 458
Wirbelsäulenerkrankung 671f.

Z

Zeugen 709f., 713–718
Zeugenbeistand 715
Zeugenschutz 714
Zeugenvernehmung, audiovisuelle 715
Zeugnisverweigerungsrecht 714, 718
Zielgruppenorientierte Intervention (ZGI) 499f.
Zielorientierung 603, 608
Zustandswechsel 17
Zwanghafte Persönlichkeitsstörung 292, 296, 305f.
Zweck- und Entschädigungsreaktionen 218
Zwei-Faktoren-Theorie 119
Zweiter Weltkrieg 509, 513, 516
Zyklusphase 97f.

Herausgeber, Autorinnen und Autoren

Die Herausgeber

Prof. Dr. med. **Harald J. Freyberger**,
Direktor der Klinik und Poliklinik für Psychiatrie und Psychotherapie
der Universität Greifswald,
Rostocker Chaussee 70, 18437 Stralsund,
E-Mail: freyberg@uni-greifswald.de

Prof. Dr. phil. Dr. med. **Andreas Maercker**,
Lehrstuhl für Psychopathologie und Klinische Intervention,
Psychologisches Institut der Universität Zürich,
Binzmühlestr. 14/17, CH-8050 Zürich,
E-Mail: maercker@psychologie.uzh.ch

Prof. Dr. Günter H. **Seidler**,
Leiter der Sektion Psychotraumatologie
im Zentrum für Psychosoziale Medizin,
Klinik für Allgemeine Innere Medizin und Psychosomatik,
Thibautstr. 2, 69115 Heidelberg,
E-Mail: guenter.seidler@med.uni-heidelberg.de

Die Autorinnen und Autoren

PD Dr. med. **Hans-Jörg Assion**, Facharzt für Psychiatrie und Psychotherapie, Neurologie, Geriatrie, forensische Psychiatrie. Ärztlicher Geschäftsführer der gpz GmbH, Klinik für Psychiatrie, Psychotherapie und Psychosomatik, Schlabrendorffweg 2–6, 32756 Detmold, E-Mail: h.assion@gpz-lippe.de

PD Dr. phil. **Rosmarie Barwinski**, Psychoanalytikerin, Psychotherapeutin SPV/FSP, Privatdozentin an der Universität zu Köln, Vertretungs-Professur an der Universität Kassel, Dozentin und Supervisorin am Psychoanalytischen Seminar Zürich sowie am Institut für psychotherapeutische Forschung, Methodenentwicklung und Weiterbildung (IPFMW) an der Universität zu Köln, Leitung des Schweizer Instituts für Psychotraumatologie, Heiligbergstr. 38, CH-8400 Winterthur, www.psychotraumatologie-sipt.ch, E-Mail: r.barwinski@swissonline.ch

Dr. **Kai Baumann**, Psychologischer Psychotherapeut, Reha-Zentrum Seehof der Deutschen Rentenversicherung Bund, Lichterfelder Allee 55, 14513 Teltow, E-Mail: kai.baumann@gmx.de

PD Dr. **Robert Bering**, Facharzt für Psychiatrie und Psychotherapie, Dipl.-Psych., Chefarzt des Zentrums für Psychotraumatologie, Alexianer GmbH Krefeld, Leiter des Alexianer-Instituts für Psychotraumatologie Berlin/Krefeld, E-Mail: robert.bering@alexianer-krefeld.de

Dr. phil. **Dorothee Bernheim**, Psychologische Psychotherapeutin (VT)/DBT-Therapeutin, Klinik und Poliklinik für Psychiatrie und Psychotherapie der Ernst-Moritz-Arndt-Universität Greifswald, Ellernholzstr. 1–2, 17475 Greifswald, E-Mail: bernheim@uni-greifswald.de

Eva-Maria Biermann-Ratjen, Dipl.-Psych. Psychologische Psychotherapeutin, Loehrsweg 1, 20249 Hamburg, E-Mail: Biermann-Ratjen@web.de

Dr. phil. **Werner Bohleber**, Psychoanalytiker in eigener Praxis in Frankfurt am Main, Kettenhofweg 62, 60325 Frankfurt, E-Mail: WBohleber@gmx.de

Dr. med. **Ahmad Bransi**, Facharzt für Psychiatrie und Psychotherapie, Stellvertretender ärztlicher Direktor der gpz GmbH, Klinik für Psychiatrie, Psychotherapie und Psychosomatik, Schlabrendorffweg 2–6, 32756 Detmold, E-Mail: a.bransi@gpz-lippe.de

Lic. phil. **Rebecca Brönnimann**, Doktorandin am Lehrstuhl Klinische Psychologie und Psychotherapie, Universität Zürich, Binzmühlestr. 14/Box 26, CH-8050 Zürich, E-Mail: r.broennimann@psychologie.uzh.ch

Dr. **Doris Denis**, Dipl.-Psych., Psychologische Psychotherapeutin, Praxis für Psychotherapie und Begutachtung, Schwerpunktpraxis für posttraumatische Erkrankungen, Bergmannstr. 5, 10961 Berlin, E-Mail: denis@snafu.de

Prof. **Dr. Kirstin Drenkhahn**, Juristin, Juniorprofessorin für Strafrecht und Kriminologie an der Freien Universität Berlin, Fachbereich Rechtswissenschaft, Van't-Hoff-Str. 8, 14195 Berlin, E-Mail: kirstin.drenkhahn@fu-berlin.de

Prof. Dr. med. **Martin Driessen**, Facharzt für Psychiatrie und Psychotherapie, Facharzt für Psychosomatische Medizin und Psychotherapie, Chefarzt Klinik für Psychiatrie und Psychotherapie Bethel, Ev. Krankenhaus Bielefeld, Remterweg 69–71, 33649 Bielefeld, E-Mail: martin.driessen@evkb.de

Dr. med. **Manuela Dudeck**, Fachärztin für Nervenheilkunde, TFP, Schwerpunktbezeichnung Forensische Psychiatrie, Oberärztin der Klinik und Poliklinik für Psychiatrie und Psychotherapie der Ernst-Moritz-Arndt Universität Greifswald am HANSE-Klinikum Stralsund, Rostocker Chaussee 70, 18437 Stralsund, E-Mail: manuela.dudeck@uni-greifswald.de

Dr. med. **Birger Dulz**, Chefarzt, Facharzt für Psychosomatische Medizin, Facharzt für Psychiatrie und Psychotherapie, Asklepios Klinik Nord – Ochsenzoll, Klinik für Persönlichkeitsstörungen und Trauma, Langenhorner Chaussee 560, 22419 Hamburg, E-Mail: b.dulz@asklepios.com

Prof. Dr. med. **Wolfgang U. Eckart**, Direktor des Instituts für Geschichte und Ethik der Medizin, Ruprecht-Karls-Universität Heidelberg, Im Neuenheimer Feld 327, 69120 Heidelberg, E-Mail: direktor@histmed.uni-heidelberg.de

Prof. em. Dr. **Jochen Eckert**, Psychologischer Psychotherapeut. Stellvertretender geschäftsführender Direktor des Instituts für Psychotherapie (IfP) der Universität Hamburg, Von-Melle-Park 5, 20146 Hamburg, E-Mail: jeckert@uni-hamburg.de

Prof. Dr. rer. nat. **Ulrike Ehlert**, Ordinaria für Klinische Psychologie und Psychotherapie, Universität Zürich, Psychologisches Institut, Binzmühlestr. 14/26, CH-8050 Zürich, E-Mail: u.ehlert@psychologie.uzh.ch

Dr. Dr. med. Dipl.-Phys. **Robert E. Feldmann**, Jr. Ärztlicher und wissenschaftlicher Mitarbeiter, Klinik für Psychosomatik und Psychotherapeutische Medizin, Zentralinstitut für Seelische Gesundheit (ZI), J 5, 68159 Mannheim, E-Mail: robert.feldmann@zi-mannheim.de; robert_feldmann@gmx.li

Prof. Dr. med. em. **Hellmuth Freyberger**, ehemaliger Leiter der Abteilung für Psychosomatische Medizin und Psychotherapie an der Medizinischen Hochschule Hannover, jetzt: Wallmodenstr. 25, 30625 Hannover, E-Mail: prof.freyberger@gmx.net

PD Dr. med. **Ulrich Frommberger**, Dipl.-Biol., Facharzt für Psychiatrie und Psychotherapie, Facharzt für Psychosomatische Medizin und Psychotherapie, Chefarzt der MediClin Klinik an der Lindenhöhe, Klinik für Psychiatrie, Psychotherapie und Psychosomatik, Bertha-von-Suttner-Str. 1, 77654 Offenburg, E-Mail: ulrich.frommberger@mediclin.de

Dr. **Ursula Gasch**, Studium der Rechtswissenschaften und der Psychologie in Tübingen; Dipl.-Psych. und Kriminologin, Fachpsychologin für Klinische Psychologie und Psychotherapie BDP, Notfallpsychologin BDP, Forensisch-Psychologische Sachverständige, Privates Institut für Kriminalpsychologie. Lange Gasse 29–31, 72070 Tübingen, E-Mail: mail@dr-gasch.de

Dr. P. H. **Heide Glaesmer**, Dipl.-Psych., Psychologische Psychotherapeutin. Wissenschaftliche Mitarbeiterin an der Selbständigen Abteilung für Medizinische Psychologie und Medizinische Soziologie, Universität Leipzig, Universitätsklinikum Leipzig AöR, Phillipp-Rosenthal-Str. 55, 04103 Leipzig, E-Mail: Heide.Glaesmer@medizin.uni-leipzig.de

Prof. Dr. med. **Hans-Jörgen Grabe**, Facharzt für Psychiatrie und Psychotherapie, leitender Oberarzt und stellvertretender Direktor der Klinik für Psychiatrie und Psychotherapie der Universität Greifswald, Rostocker Chaussee 70, 18437 Stralsund, E-Mail: grabeh@uni-greifswald.de

Karin Griese, MA, Soziologin, qualifiziert u. a. in Traumaberatung und Systemischer Therapie, seit 2000 verantwortlich für den Fachbereich Trauma-Arbeit bei der international tätigen Frauenrechts- und Hilfsorganisation medica mondiale e.V. (www.medicamondiale.org) mit dem Arbeitsschwerpunkt: fachliche Begleitung der psychosozialen Arbeit und der integrativen Trauma-Arbeit von medica mondiale in Kriegs- und Konfliktregionen; darüber hinaus verantwortlich für die Konzeption und Durchführung von Fortbildungsprogrammen der Organisation im In- und Ausland; medica mondiale e.V., Hülchrather Str. 4–6, 50670 Köln, kgriese@medicamondiale.org.

Dr. **Thomas Gruyters**, Dipl.-Psych. und Psychologischer Psychotherapeut, Praxis für Psycho-Trauma-Therapie, Jäckhstr. 3, 34121 Kassel, E-Mail: info@traumatherapie-kassel.de

Dr. med. **Ferdinand Haenel**, Facharzt für Psychiatrie und Psychotherapie, Leiter der Tagesklinik im Behandlungszentrums für Folteropfer/Abteilung für Psychiatrie und Psychotherapie, Charité – Campus Mitte, Turmstr. 21, 10559 Berlin, E-Mail: f.haenel@bzfo.de

Reinert Hanswille, Dipl.-Päd., KJPsychTh, Systemischer Therapeut, Supervisor (DGSF, DGSv, AGPT), Lehrtherapeut (DGSF, SG), Lehrsupervisor (DGSF, SG und DGSv). Spezielle

Psychotraumatherapie mit Kindern und Jugendlichen (DeGPT), PITT, EMDR-Therapeut (EMDRIA). Institutsleiter des Aus-, Fort- und Weiterbildungsinstituts ifs (Institut für Systemische Familientherapie, Supervision und Organisationsentwicklung), Bochumer Str. 50, 45276 Essen; E-Mail: R.Hanswille@ifs-essen.de, www.ifs-essen.de

Dr. **Monika Hauser**, Gynäkologin, Gründerin und geschäftsführendes Vorstandsmitglied der international tätigen Frauenrechts- und Hilfsorganisation medica mondiale e.V. (www.medicamondiale.org), im Jahr 2008 ausgezeichnet mit dem Alternativen Nobelpreis/Right Livelihood Award; medica mondiale e.V., Hülchrather Str. 4–6, 50670 Köln. E-Mail mhauser@medicamondiale.org

Dr. rer. nat. **Andrea B. Horn**, Dipl.-Psych., Psychologische Psychotherapeutin, FSP Fachpsychologin Gesundheitspsychologie; Oberassistentin Psychopathologie und Klinische Intervention, Psychologisches Institut der Universität Zürich, Binzmühlestr. 14/17, CH-8050 Zürich, E-Mail: andrea.horn@psychologie.uzh.ch

Dr. phil. **Anke Joseph** (geb. Kirsch), Universität des Saarlandes, Klinische Psychologie und Psychotherapie, Psychotherapeutische Hochschulambulanz, Stellvertretende Leiterin der Hochschulambulanz, Psychologische Psychotherapeutin i. A., Fachkunde Verhaltenstherapie, Universitäts-Campus, Gebäude A 1.3, 66123 Saarbrücken, E-Mail: a.joseph@mx.uni-saarland.de

Universitätsprof. Dr. med. Dr. phil. **Hans-Peter Kapfhammer**, Dipl.-Psych., Facharzt für Psychiatrie und Neurologie, Facharzt für Psychotherapeutische Medizin, Vorstand der Klinik für Psychiatrie, Medizinische Universität Graz, Auenbruggerplatz 31, A-8036 Graz, E-Mail: Hans-peter.kapfhammer@klinikum-graz.at

Sophie Kaczmarek, Dipl.-Psych. Wissenschaftliche Mitarbeiterin am Institut für Psychosoziale Medizin und Psychotherapie des Universitätsklinikums Jena, Friedrich-Schiller-Universität Jena, Stoystr. 3, 07740 Jena, E-Mail: sophie.kaczmarek@med.uni-jena.de

Prof. Dr. **Anette Kersting**, Fachärztin für Psychosomatische Medizin und Psychotherapie, Direktorin der Klinik und Poliklinik für Psychosomatische Medizin und Psychotherapie am Universitätsklinikum Leipzig, Semmelweisstr. 10, 04103 Leipzig, E-Mail: anette.kersting@medizin.uni-leipzig.de

PD Dr. rer. nat. **Peter Klaver**, Oberassistent, Arbeitsgruppenleiter Abteilung Psychopathologie und Klinische Intervention, Psychologisches Institut der Universität Zürich, Binzmühlestr. 14/17 – BIN 3.E.16, CH-8050 Zürich, E-Mail: p.klaver@psychologie.uzh.ch; sowie: Zentrum für MR-Forschung, Universitäts-Kinderkliniken Zürich, Steinwiesstr. 75, CH-8032 Zürich, E-Mail: peter.klaver@kispi.uzh.ch

Prof. Dr. **Christine Knaevelsrud**, Psychologische Psychotherapeutin. Wissenschaftliche Leitung Behandlungszentrum für Folteropfer e.V., Turmstr. 21, 10559 Berlin, E-Mail: c.knaevelsrud@bzfo.de; sowie: Juniorprofessorin für klinisch-psychologische Intervention, Freie Universität Berlin, Klinische Psychologie und Psychotherapie, Habelschwerdter Allee 45, 14195 Berlin.

José-Marie Koussemou, Facharzt für Psychiatrie und Psychotherapie, Oberarzt, gpz GmbH, Klinik für Psychiatrie, Psychotherapie und Psychosomatik, Schlabrendorffweg 2–6, 32756 Detmold, E-Mail: j.koussemou@gpz-lippe.de

Christopher Kress, Rechtsanwalt, Anwaltskanzlei Hänssler & Häcker-Hollmann PartG, Freihofstr. 6, 73730 Esslingen am Neckar, E-Mail: C.Kress@hh-h.de

PD Dr. **Philipp Kuwert**, Facharzt für Psychiatrie und Psychotherapie, Oberarzt, Balintgruppenleiter (DBG), Klinik für Psychiatrie und Psychotherapie der Ernst-Moritz-Arndt Universität Greifswald im Hanseklinikum Stralsund, Rostocker Chaussee 70, 18437 Stralsund, E-Mail: kuwert@uni-greifswald.de

Dr. (rer. nat.) **Johanna Lass-Hennemann**, Dipl.-Psych. Wissenschaftliche Mitarbeiterin in der Abteilung für Klinische Psychologie und Psychotherapie, Universität des Saarlandes, Campus, Gebäude A 1.3, 66123 Saarbrücken, E-Mail: Lass-hennemann@mx.uni-saarland.de

Dr. phil. **Alexandra Liedl**, Dipl.-Psych. Wissenschaftliche Mitarbeiterin, Behandlungszentrum für Folteropfer Berlin, Turmstr. 21, 10559 Berlin, E-Mail: a.liedl@bzfo.de

Prof. Dr. med. **Michael Linden**, Dipl.-Psych., Arzt für Neurologie, Psychiatrie und Psychosomatische Medizin, Psychotherapie, Sozialmedizin und Rehabilitationswesen. Psychologischer Psychotherapeut. Leitender Arzt des Reha-Zentrums Seehof der Deutschen Rentenversicherung Bund und Leiter der Abteilung Verhaltenstherapie und Psychosomatik. Leiter der Forschungsgruppe Psychosomatische Rehabilitation an der Charité Universitätsmedizin Berlin. Adresse: Reha-Zentrum Seehof der Deutschen Rentenversicherung und Forschungsgruppe Psychosomatische Rehabilitation an der Charité Universitätsmedizin Berlin, Lichterfelder Allee 55, 14513 Teltow/Berlin, E-Mail: michael.linden@charite.de

Jessie Mahler, Dipl.-Psych., Psychotherapeutischer Konsiliar- und Liaisondienst am Institut für Medizinische Psychologie der Ernst-Moritz-Arndt Universität Greifswald, Walter-Rathenau-Str. 48, 17475 Greifswald, E-Mail: jessie.mahler@uni-greifswald.de

Professor Dr. phil. et rer. nat. habil. **Rolf Manz**, Dozent für Psychologie und Soziologie, Fachhochschule des Bundes für öffentliche Verwaltung – Fachbereich Bundeswehrverwaltung –, Seckenheimer Landstr. 10, 68163 Mannheim, E-Mail: rolf1manz@bundeswehr.org

Prof. Dr. **Tanja Michael**, Approbation für Psychologische Psychotherapie, Eintrag ins Facharztregister, Fachkunde Verhaltenstherapie, Leiterin der Psychotherapeutischen Hochschulambulanz, Universität des Saarlandes, Abt. Klinische Psychologie und Psychotherapie, Geb. A1.3, Postfach 151150, 66041 Saarbrücken, E-Mail: t.michael@mx.uni-saarland.de

Lic. phil. **Naser Morina**. Wissenschaftlicher Mitarbeiter, MAS in Psychotraumatologie UZH; Klinik für Psychiatrie und Psychotherapie, UniversitätsSpital Zürich, Culmannstr. 8, CH-8091 Zürich, E-Mail: naser.morina@usz.ch

Dr. phil. **Julia Müller**, Psychologische Psychotherapeutin (Schwerpunkt Kognitive Verhaltenstherapie), Co-Leiterin des Ambulatoriums für Folter- und Kriegsopfer, Klinik für Psychiatrie und Psychotherapie, UniversitätsSpital Zürich, Culmannstr. 8, CH-8091 Zürich, E-Mail: julia.mueller@usz.ch

Prof. Dr. **Frank Neuner**, Psychologischer Psychotherapeut, Professor für Klinische Psychologie und Psychotherapie, Abteilung für Psychologie der Universität Bielefeld, Postfach 100131, 33501 Bielefeld, E-Mail: frank.neuner@uni-bielefeld.de

Dr. med. **Jochen Peichl**, Facharzt für Psychosomatische Medizin und Psychotherapie, Facharzt für Nervenheilkunde, Leiter der Institutes für hypno-analytische Teilearbeit und Ego-State-Therapie (InHAT) und in eigener Praxis, E-Mail: kontakt@teiletherapie.de

Laura Pielmaier, Dipl.-Psych., Doktorandin/Assistentin, Abteilung Psychopathologie und Klinische Intervention, Psychologisches Institut der Universität Zürich, Binzmühlestr. 14/17, CH-8050 Zürich, E-Mail: l.pielmaier@psychologie.uzh.ch

Prof. Dr. med. **Reinhard Plassmann**, Nervenarzt, Facharzt für psychotherapeutische Medizin, Lehr- und Kontrollanalytiker (DPV), EMDR-Therapeut. Professor der Universität Kassel. Ärztlicher Direktor des Psychotherapeutischen Zentrums Kitzberg-Klinik in Bad Mergentheim, Erlenbachweg 22, 97980 Bad Mergentheim, E-Mail: r.plassmann@ptz.de

Prof. Dr. med. **Luise Reddemann**, Fachärztin für psychotherapeutische Medizin, Psychoanalytikerin (DGPT, DPG), Institut für Psychotraumatologie Kall, Holzgasse 4, 53925 Kall, E-Mail: L.Reddemann@t-online.de

Dr. med. **Johanna Rönfeldt**, Assistenzärztin, Asklepios Klinik Nord – Ochsenzoll, Klinik für Persönlichkeitsstörungen und Trauma, Langenhorner Chaussee 560, 22419 Hamburq, E-Mail: j.roenfeldt@asklepios.com

Prof. Dr. phil. **Rita Rosner**, Dipl.-Psych., approbierte Psychologische Psychotherapeutin und Supervisorin, Lehrstuhl Klinische und Biologische Psychologie, KU Eichstätt-Ingolstadt, Ostenstr. 26, 85071 Eichstätt, E-Mail: rita.rosner@ku-eichstaett.de

Prof. Dr. med. **Ulrich Sachsse**, Facharzt für Psychiatrie und Psychotherapie, Facharzt für Psychotherapeutische Medizin und Psychotherapie, Psychoanalyse – Spezielle Psychotraumatherapie (DeGPT), Honorarprofessor der Universität Kassel. Wissenschaftlicher Berater des Asklepios Fachklinikums Göttingen, Rosdorfer Weg 70, 37081 Göttingen, E-Mail: u.sachsse@asklepios.com

PD Dr. med. **Martin Sack**, Leitender Oberarzt, Klinik für Psychosomatik und Psychotherapie, Klinikum rechts der Isar der TU München, Langerstr. 3, 81675 München, E-Mail: m.sack@tum.de, private Homepage: http://www.martinsack.de

PD Dr. med. **Ingo Schäfer**, MPH, Facharzt für Psychiatrie und Psychotherapie, Oberarzt, Klinik für Psychiatrie und Psychotherapie, Universitätsklinikum Hamburg-Eppendorf, Martinistr. 52, 20246 Hamburg, E-Mail: i.schaefer@uke.de

Claudia Schedlich, Dipl.-Psych., Psychologische Psychotherapeutin, Alexianer-Institut für Psychotraumatologie, Dießemer Bruch 81, 47805 Krefeld, E-Mail: cschedlich@aol.com

Dr. med. **Silke Schermann**, Ärztin in Weiterbildung Psychosomatische Medizin und Psychotherapie, E-Mail: silke.schermann@gmx.de

Dr. med. **Harald Schickedanz**, Facharzt für Innere Medizin, Facharzt für Psychosomatik und Psychotherapie, Sportmedizin, EMDR, MHBA, Chefarzt Plankrankenhaus im Psychotherapeutischen Zentrum Bad Mergentheim, Erlenbachweg 22, 97980 Bad Mergentheim, E-Mail: h.schickedanz@ptz.de

Nicole Schlosser, Dipl.-Psych. Wissenschaftliche Mitarbeiterin, Ev. Krankenhaus Bielefeld, Klinik für Psychiatrie und Psychotherapie Bethel, Abteilung für Forschung, Qualitätssicherung und Dokumentation, Remterweg 69/71, 33617 Bielefeld, E-Mail: nicole.schlosser@evkb.de

Oliver Schubbe, Dipl.-Psych., Psychologischer Psychotherapeut, Leiter des Instituts für Traumatherapie, Carmerstr. 10, 10623 Berlin-Charlottenburg. E-Mail: schubbe@traumatherapie.de

Dr. med. **Julia C. Seidler**, Abteilung für Psychosomatik, Filderklinik, Im Haberschlai 7, 70794 Filderstadt, E-Mail: seidlerjulia@googlemail.com

Prof. Dr. med. **Carsten Spitzer**, Facharzt für Psychiatrie und Psychotherapie, Facharzt für Psychosomatische Medizin und Psychotherapie. Leitender Oberarzt, Universitäre Klinik für Psychosomatische Medizin und Psychotherapie, Universitätsklinikum Hamburg-Eppendorf und Schön Klinik Hamburg-Eilbek. Adresse: Universitätsklinikum Hamburg-Eppendorf, Martinistr. 52, 20246 Hamburg, E-Mail: c.spitzer@uke.uni-hamburg.de

Prof. Dr. rer. nat. **Rolf-Dieter Stieglitz**, Universitäre Psychiatrische Kliniken (UPK); Abteilung Klinische Psychologie und Psychiatrie, Missionsstr. 62A, CH-4055 Basel, E-Mail: rolf-dieter.stieglitz@upkbs.ch

Prof. Dr. phil. **Bernhard Strauß**, Dipl.-Psych., Psychologischer Psychotherapeut, Psychoanalytiker, Direktor des Instituts für Psychosoziale Medizin und Psychotherapie am Universitätsklinikum Jena, Friedrich-Schiller-Universität, Stoystr. 3, 07740 Jena, E-Mail: bernhard.strauss@med.uni-jena.de

Prof. Dr. med habil. **Annette Streeck-Fischer**, Ärztin für Kinder- und Jugendpsychiatrie und Psychotherapie, Psychoanalytikerin, Hochschullehrerin an der International Psychoanalytic University Berlin, Chefärztin der Psychiatrie und Psychotherapie des Kindes- und Jugendalters des Asklepios Fachklinikums Tiefenbrunn, 37124 Rosdorf/Göttingen, E-Mail: a.streeck@asklepios.com

Dr. **Angelika Treibel**, Dipl.-Psych. Wissenschaftliche Mitarbeiterin, Institut für Kriminologie, Universität Heidelberg, Friedrich-Ebert-Anlage 6–10, 69117 Heidelberg, E-Mail: treibel@krimi.uni-heidelberg.de

Prof. Dr. med. **Ulrich Venzlaff**, Facharzt für Neurologie, Psychiatrie und Psychotherapie, ehem. Ärztlicher Direktor des Nds. Landeskrankenhauses Göttingen, Fachklinik für Psychiatrie und Psychotherapie, Tuckermannweg 3, D-37085 Göttingen

Matthias Vonmoos, lic. phil., Universität Zürich 2006 (Politikwissenschaft und BWL); BA in Psychologie, Universität Zürich 2009; derzeit kurz vor dem MA in Psychologie (Abschluss Herbst 2011); ab Herbst wissenschaftlicher Mitarbeiter an der Psychiatrischen Universitätsklinik Zürich, Forschungsgruppe Neuropsychologie und Bildgebung, Lenggstr. 31, Postfach 1931, CH-8008 Zürich, E-Mail: vonmoos@gmx.net

Dr. phil. **Birgit Wagner**, Dipl.-Psych. Wissenschaftliche Mitarbeiterin, Universitätsklinikum Leipzig, Department Psychische Gesundheit, Klinik und Poliklinik für Psychosomatische Medizin und Psychotherapie, Semmelweisstr. 10, 04103 Leipzig, E-Mail: birgit.wagner@medizin.uni-leipzig.de

Dr. **Frank Wagner**, Dipl.-Psych., Psychologischer Psychotherapeut, von 2002 bis 2011 wissenschaftlicher und klinischer Mitarbeiter der Klinik für Allgemeine Innere Medizin und Psychosomatik am Universitätsklinikum Heidelberg, seit 2011 in eigener Praxis in Bensheim tätig. Praxisanschrift: Wormser Str. 5–7, 64625 Bensheim, E-Mail: frank.wagner@psychotherapie-bensheim.de

Dr. **Anke Weidmann**, Dipl.-Psych. Wissenschaftliche Mitarbeiterin, Institut für Psychologie der Humboldt-Universität zu Berlin, Abteilung Psychotherapie und Somatopsychologie, Rudower Chaussee 18, 12489 Berlin, E-Mail: anke.weidmann@psychologie.hu-berlin.de

Dr. med. **Dennis Wibisono**, Assistenzarzt für Psychosomatische Medizin und Psychotherapie, Universitätsklinikum Hamburg-Eppendorf/Schön Klinik Hamburg-Eilbek, Dehnhaide 120, 22081 Hamburg, E-Mail: dwibisono@schoen-kliniken.de; d.wibisono@uke.de

Dr. rer. nat. **Katja Wingenfeld**, Dipl.-Psych., Psychologische Psychotherapeutin und Forschungskoordinatorin bei Charité Universitätsmedizin Berlin, Klinik für Psychiatrie und Psychotherapie, Campus Benjamin Franklin, Eschenallee 3, 14050 Berlin, E-Mail: Katja.Wingenfeld@charite.de

Priv.-Doz. Dr. med. **Wolfgang Wöller**, Facharzt für Psychosomatische Medizin und Psychotherapie sowie für Neurologie und Psychiatrie. Psychoanalytiker, Lehranalytiker, EMDR-Supervisor. Dozent an der Heinrich-Heine-Universität Düsseldorf. Ärztlicher Direktor der Rhein-Klinik Bad Honnef, Krankenhaus für Psychosomatische Medizin und Psychotherapie, Luisenstr. 3, 53604 Bad Honnef, E-Mail: wolfgang.woeller@johanneswerk.de

Dr. med. **Peter Zimmermann**, Facharzt für Psychiatrie und Psychotherapie, Leiter des Zentrums für Psychiatrie und Psychotraumatologie der Bundeswehr, Bundeswehrkrankenhaus Berlin, Scharnhorststr. 13, 10115 Berlin, E-Mail: plzimmermann@aol.com

Gisela Zurek, Dipl.-Psych., Alexianer-Institut für Psychotraumatologie, Dießemer Bruch 81, 47805 Krefeld, E-Mail: gisela.zurek@online.de